KB152106

WORLD POLITICS

Trend and Transformation

15th Edition

Charles William Kegley
Carnegie Council for Ethics in International Affairs
and
Shannon Lindsey Blanton
The University of Memphis

World Politics: Trend and Transformation, 2014 - 2015

15th Edition

Charles W. Kegley
Shannon L. Blanton

Original edition ©2015 Wadsworth, a part of Cengage Learning.
World Politics: Trend and Transformation, 2014 - 2015, 15th Edition
by Charles W. Kegley, Shannon L. Blanton
ISBN: 9781285437330

For permission to use material from this text or product, email to
asia.infokorea@cengage.com

ISBN-13: 9788964212059

Cengage Learning Korea Ltd.
14F YTN Newsquare 76 Sangamsan-ro
Mapo-gu Seoul 03926 Korea
Tel: (82) 2 330 7000
Fax: (82) 2 330 7001

Cengage Learning is a leading provider of customized learning solutions with office locations around the globe, including Singapore, the United Kingdom, Australia, Mexico, Brazil, and Japan. Locate your local office at: **www.cengage.com**

Cengage Learning products are represented in Canada by Nelson Education, Ltd.

To learn more about Cengage Learning Solutions, visit **www.cengageasia.com**

Printed in Korea
Print Number: 02   Print Year: 2018

15th Edition

World Politics Trend and Transformation

세계정치론 경향과 변환

Charles W. Kegley and **Shannon L. Blanton** 지음　　**조한승 · 황기식 · 오영달** 옮김

 CENGAGE　　 한티미디어

Andover • Melbourne • Mexico City • Stamford, CT • Toronto • Hong Kong • New Delhi • Seoul • Singapore • Tokyo

역자약력

조한승(曺漢承)
미국 University of Missouri-Columbia 국제정치학 박사
現) 단국대학교 정치외교학과 부교수

황기식(黃基植)
영국 University of London 국제정치학 박사
現) 동아대학교 국제대학원 부교수

오영달(吳永達)
영국 Aberystwyth University 국제정치학 박사
現) 충남대학교 정치외교학과 부교수

세계정치론 경향과 변환

발행일   2014년 10월 1일 초판 1쇄
2018년 1월 25일 초판 2쇄

지은이   찰스 W. 케글리 · 섀넌 L. 블랜턴
옮긴이   조한승 · 황기식 · 오영달
펴낸이   김준호
펴낸곳   한티미디어 | **주소** 서울시 마포구 연남로 1길 67 1층
등 록   제15-571호 2006년 5월 15일
전 화   02)332-7993~4 | 팩스 02)332-7995
ISBN   978-89-6421-205-9 (93340)
정 가   37,000원

마케팅 박재인 최상욱 김원국 | **편집** 이소영 박새롬 김현경 | **관리** 김지영

이 책에 대한 의견이나 잘못된 내용에 대한 수정정보는 한티미디어 홈페이지나 이메일로 알려주십시오.
독자님의 의견을 충분히 반영하도록 늘 노력하겠습니다.

홈페이지 www.hanteemedia.co.kr | **이메일** hantee@hanteemedia.co.kr

■ 잘못된 도서는 구입처에서 바꾸어 드립니다.

Brief Contents

CONTENTS

CHAPTER 13   469

인간개발과 인권의 증진   469

CHAPTER 14   506

환경보전을 위한 범지구적 책임   506

PART 5:   세계정치의 미래   545

CHAPTER 15   546

글로벌 경향과 변환을 내다보기   546

저자 서문

21세기 세계정치를 이해하기 위해서는 최신의 정보, 분석, 그리고 해석을 필수로 한다. 끊임없이 그리고 급속하게 변화를 겪고 있는 세계에 있어서, 국제문제에서 펼쳐지고 있는 중요한 사건들과 쟁점들을 정확히 기술하고, 설명하며, 예측하는 것이 급선무이다. 이러한 지적인 과제가 제대로 수행됨으로써 세계시민들과 정책결정자들이 이러한 지식을 활용하여 세계문제에 대하여 결정을 내릴 때, 세계문제에 대한 가장 실제적인 접근에 바탕을 둘 수 있을 것이다. 왜 어떤 국제문제가 존재하고 그것이 어떤 식으로 펼쳐지고 있는지에 대한 적절한 설명뿐만 아니라 세계의 조건과 경향 궤적에 대한 오직 충분한 정보에 기초한 해석만이 세계를 이해하고 향상시키는 데 필요한 도구를 제공할 수 있다. 인구에 회자되는 선도적인 관점들과 최신의 정보들을 제시함으로써, 『세계정치론: 경향과 변환(World Politics: Trend and Transformation)』은 역사의 현 시대에 있어서 세계문제를 이해하는 데 필요하고 가능한 상황발전을 예측하며, 나아가 이러한 상황발전이 전 세계의 국가들과 개인들에 대해 갖게 되는 잠재적 영향에 대해 비판적으로 생각하는 데 필요한 도구들을 제시한다.

『세계정치론: 경향과 변환』은 변화와 지속성 모두를 적절하게 조망하는데 목표를 둔다. 이 책은 모든 초국가적 행위자들 사이의 진화하는 관계들, 그러한 행위자들의 관계에 영향을 미치는 역사적 상황발전들, 그리고 그러한 상호작용이 창출하는 오늘날의 두드러진 세계적 경향에 관한 모습을 제공한다. 국제관계의 저변에 자리하고 있는 동학을 설명하기 위해 학자들이 활용하는 주요 이론들이—페미니스트와 마르크시스트 해석뿐만 아니라 현실주의, 자유주의, 그리고 구성주의—이러한 연구의 틀을 형성한다. 그럼에도 불구하고, 이 책은 복잡성을 감추고, 현실을 왜곡할 수 있는 피상적인 처리로 인하여 세계정치를 지나치게 단순화 하는 유혹을 저항한다. 나아가, 이 교과서는 단순히 주관적인 의견이 증거에 기초한 평가를 대체하는 것을 거부하고 의도적으로 경쟁적인 견해들을 제시하여 학생들이 서로 반대되는 입장들을 비판적으로 평가하고, 주요한 문제에 대하여 그들 자신의 판단을 구성할 수 있는 기회를 가지도록 한다. 그리하여 학생들이 세계 미래의 가능성과 그들 삶에 대한 그것의 잠재적 영향을 평가하도록 반복적으로 권유함으로써 비판적 사고를 배양할 수 있게 한다.

이 책의 개관

학생들의 학습을 촉진하고 세계정치의 복잡성을 분석하기 위한 도구와 정보들을 제공하기 위하여 이 책은 5부로 나뉜다. 1부는 세계정치, 범세계적 경향, 그리고 그 의미의 이해에 대한 중심적인 개념을 소개한다. 또한 국제관계를 해석하기 위해 사용되는 주요 이론들을 소개하고 초국가적 행위자들이 정책결정을 하는 과정과 절차들을 소개한다. 2부는 세계의 초국가적 행위자들을—강대국들, '지구 남반구'의 저개발국들, 정부간기구들, 그리고 비정부기구들—그리고 그들 사이의 관계와 상호작용을 자세히 검토한다. 3부는 세계정치에 대한 무력 위협에 대하여 면밀히 고찰하는데, 무력갈등에 대처할 수 있는 최선의 방법을 둘러싼 경쟁하는 방안과 이론적 관점에 대하여 중점을 둔다. 4부는 인간안보와 번영이 어떻게 진정으로 세계적인 쟁점이 되는가에 대하여 탐구하고 지구 인간 조건의 경제, 인구, 환경적 차원에 대하여 살펴본다. 이 책은 5부에서 끝을 맺게 되는데, 여기에서 세계정치의 가능한 미래에 대한 시나리오들을 고려하고 세계의 미래에 대해 더 많이 생각할 수 있도록 하기 위해 지배적인 경향에 의해 제기되는 여섯 가지 질문들을 던진다.

2014-2015년 판의 변화사항들

여러분들이 최근 상황발전들의 중심에 설 수 있도록 하기 위해, 이 책 『세계정치론』은 우리의 세계에서 일어나는 사건들에 맞춰 계속 개정판을 내왔다. 2013년 1월에 2013-2014년 개정증보판을 낸 이래, 국제관계에서 수많은 변화가 일어났다. 학생들에게 가장 최신의 정보들을 제공하기 위해, 이 2014-2015년 판은 최근의 세계적 사건들과 학문적 연구성과를 포함시키는 전면 개정을 단행하였다.

디자인, 주제의 소개방식, 그리고 부교재의 변화사항들

『세계정치론』의 2014-2015년 판은 이전 판의 세계정치에 대한 종합적이고 시기적으로 중요한 문제들의 논의 내용 그리고 높이 평가받았던 편집 특징들을 유지하면서도, 좀 더 매력적인 내적인 새 디자인을 특징으로 한다. 이 책의 내용적 흐름을 향상시키기 위하여, 5개의 부와 15개의 장으로 구성하였는데 무력갈등과 군사에 초점을 두는 장들을 경제, 인간안보, 인구학, 그리고 환경과 관련된 주제들 앞에 두었다. 이 판 전체를 통하여 '논쟁'상자들, '심층 논의', 많은 '지도와 예화'들, 가장자리의 '핵심용어'들, 그리고 각 장 끝의 '권장 독서자료' 목록 등 풍부한 교수학습 도구들이 통합되어 있다. 이 개정 15판은 자료들의 구조와 소개를 강화시키는 방향으로 변화를 꾀했다.

● 새로운 '고려해야 할 질문들' 부분　각 장의 시작부분에 제공되는 아주 새로운 면모는 그 특정의 장에서 다루고자 하는 핵심적 질문들을 강조한다. 이것은 학생들의 공부를 안내하는 틀을 제공하며 그 장의 공부를 마치면서 학생들은 이 질문들에 대하여 그들 자신의 답을 형성하기 위해 필요한 지식들을 갖추게 된다. 이 면모는 수업시간의 토론을 증진하고 자료의 이해를 평가하기 위해 활용될 수 있다.

● 새롭게 개정된 '심층 논의'와 '논쟁' 상자들은 실제 세계의 사건들을 강조하며 필수적인 논쟁들을 집중적으로 다룸　14판에서 처음으로 도입되었고 이 판을 위해서 새롭게 개정된 '심층 논의' 상자들은 학생들이 개념들과 이론들을 실제 세계의 사건들을 이해하는 데 적용하도록 고무, 자극한다. 이 교수법적 측면은 뉴스의 가치가 있는 쟁점들을 검토하는데 학생들이 비판적 사고를 발전시킬 수 있도록 하기 위해 '최종적으로 여러분의 판단은?'이라는 질문을 제시함으로써 주된 관점을 현재의 세계문제 쟁점과 사건들에 적용할 수 있도록 돕는다. 오랫동안 찬사를 받아왔던 '논쟁'이라는 상자들 각각은 서로 상반된 입장이 존재하는 주요 쟁점들에 초점을 두는데 '여러분은 어떻게 생각하는가?'라는 질문으로 끝맺는다. 이와 같은 교수법적 보조측면들은 학생들이 경쟁적 관점들을 고려하고 그들 자신의 관점을 형성하도록 고무한다. 수 개의 아주 새로운 '심층 논의'와 '논쟁' 상자들이 이 판에 포함되어 있으며, 수업시간의 토론 또는 연구논문을 위해 훌륭한 출발점이 된다.

● 개정된 최신의 지도와 예화들　이 교과서의 가장 인기 있는 교수법적 측면의 하나로 예화들은 이 책에서 다루는 내용을 확대하기 위해 개정되었는데, 학생들의 관심을 자극하고 주요 상황발전과 가장 최근의 자료들에 대한 가시적 효과를 높인다. 오늘날 학생들은 종종 세계지리에 대하여 너무 학습이 되어 있지 않은데 많은

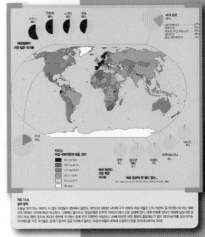

양의 지도들은 이 문제를 바로 잡아줄 것이다. 이 2014-2015년 판『세계정치론』은 24개의 지도들과 19개의 그림들에 더하여 아주 새로운 19개의 지도와 그림, 표를 포함시켜서 오늘날 시기에 가장 중요한 주제들과 최신의 자료들을 소개하고 있다. 또 28개의 아주 새로운 사진들이 있다. 여기에는 교과서에서 논의되는 좀 더 큰 범주의 쟁점과의 관련성을 설명하는 자세한 캡션이 있다.

■ **핵심용어를 정의하는 개정된 용어설명**   이 참고자료는 이 교과서의 끝에 나온다. 학생들은 그들이 앞 장들에서 나오는 용어들을 잘 기억할 수 없을 때 여기에 용이하게 다가갈 수 있다. 학생들이 세계정치의 공부에 있어서 핵심적 개념들의 최신 경향을 지속적으로 알 수 있도록 새로운 용어들이 추가되었다. 이 용어설명은 또한 그 용어가 처음 나타나는 장을 표시한다.

STUDY. APPLY. ANALYZE.

■ **장 끝부분의 향상된 내용들**   이 판에서 추천도서의 목록을 개정, 포함시킴으로써 논의된 주제에 대한 가장 최근의 그리고 가장 권위 있는 연구성과에 대하여 주의를 환기시킨다. 또한 소개된『핵심 용어들』을 가나다 순서로 배열해 놓았다.

각 장별 내용의 변화사항들

이 교과서는 계속하여 국제문제에 있어서 가장 최근의 상황발전들을 확인하고 보고하며, 가장 중요한 관련 경향들에 관한 최신의 자료들을 제공하고 있다는 점에서 긍지를 갖는다. 이 2014-2015년 판은 전 세계에 걸쳐 핵능력의 전파로부터 인민들에 대한 지속적인 억압까지, 무력적 갈등의 불안정과 분출로부터 세계금융의 불안정성과 세계적인 빈곤까지, 지구온난화에 의해 가해지는 위험으로부터 기술혁신의 함의까지 지구의제에 있어서 가장 중요한 문제들을 다룬다.

항상 그렇듯이, 이 선도적 교과서는 우리들 세계의 핵심적 쟁점과 문제들을 이해하는 데 있어서 최근의 변화들을 포착하는 강조점과 관련하여 주제들의 전환을 많이 포함시키고 있다. 케글리와 블랜턴(Kegley and Blanton)은 모든 페이지를 점검하여 책의 전체 내용을 개정함으로써 2013-2014년 판이 발간된 이래 얻을 수 있는 최신의 정보들을 반영시켰다. 두 저자들은 실제 쟁점들에 대하여 철저하고도 참여적으로 다룸으로써 이론적 논의와 개념들과 관련하여 뚜렷한 입장의 설명을 포함시켰는데 모두 지배적인 영향력을 갖는 연구와 정책적 입장의 참고문헌에 의하여 뒷받침하고 있다. 그 결과, 이 교과서는 세계정치의 경향과 변환에 대하여 종합적이고 강한 설득력을 갖는 논의와 분석을 보여주고 있다.

이 신판에서 개정된 부분을 일일이 열거함이 없이 다음과 같이 중요한 개정 부분만을 각 장별로 간단히 언급하고자 한다.

1장, '세계정치의 탐구'는 이 책의 접근법과 구성을 일목요연하게 제시하는데 현재 일어나고 있는 사건들과 관련하여 최근에 얻을 수 있는 정보들을 포함하는 새 서론을 담고 있다. 미국과 쿠바 간의 관계에 대한 수정된 논의가 '심층 논의' 상자에서 제시되고 있다. 이 장은 또한 세계정치에 있어서 변환적인 현상으로 부상하는 중국의 전망뿐만 아니라 시리아의 갈등에 대하여 새롭게 수정하여 논의하고 있다.

2장, '세계정치의 이론들'은 이론들에 대한 수정된 논의와 변화의 설명을 포함하고 있다. 이 장은 현실주의와 자유주의의 변종들에 대하여 면밀한 고찰을 하고 있으며, 이 두 가지를 비교한다. 이 장은 또한 구성주의와 페미니즘, 그리고 이러한 이론들의 관점이 세계정치의 이해를 향상시키는 측면에 대하여 논의를 확장하고 있다. 이에 더하여, 마르크스주의적 관점을 갖는 이론들에 대한 논의도 수정되고 확장되었다.

3장, '국제정책결정 이론들'은 정책결정 이론들에 대한 개관을 통해 『세계정치론』의 1부를 종결짓는다. 정책결정에 영향을 미치는 '세 부분의 틀'에 대한 논의는 국제정책결정에 대한 세계적인 원천에 앞서 개인적이며 또 국가 내적인 원천을 다룸으로서 재구성하고 수정하였다. 향상된 논의와 아주 새로운 그림은 인격적 속성의 역할에 대한 통찰력을 제공하고 지도자들의 동기와 행동에 대한 이해를 촉진한다.

4장, '강대국의 경쟁과 관계'는 주요 강대국들의 군사력 및 경제력에 대한 최신적 논의들을 포함하고 있는데, 군사비지출과 세계적 번영에 관한 수정된 자료에 기초하고 있다. 미국의 상대적인 쇠퇴 전망에 대한 향상된 논의가 있고 새로운 '심층 논의' 상자는 중국이 미국의 패권에 심각한 도전을 제기하는가 여부의 문제를 검토하고 있다. 수 개 주요 강대국들에 있어서 지도력의 변화에 유의하면서 미-러 관계와 미-중 관계의 본질과 위상에 대한 최신적인 논의를 제공한다.

5장, '국제정치에서 남반구 국가들'은 지구 남반구 국가들이 처해 있는 도전들에 있어서 변화와 부국과 빈국들 간 격차의 축소 가능성을 반영하기 위하여 수정되었다. 가장 최근에 얻을 수 있는 자료들을 활용하여, 지구 남반구에 있어서 인구의 증가, 세계 전체에 있어서 다양한 발전 수준, 지속되는 디지털 격차, 그리고 부패의 도전에 대해 새로운 논의들을 전개하였다. 이 장은 또한 지구 남반구로의 돈의 흐름을 검토하는데 이에는 대외원조, 송금, 무역, 해외직접투자 등이 포함된다. 이러한 변화들을 반영하기 위하여 표들, 그림들, 그리고 지도들을 철저하게 수정하였다.

6장, '비국가 행위자들과 지구공동체의 모색'는 세계정치에 있어서 어떤 역할을 수행하는 많은 정부간기구와 비정부기구들에 대한 수정된 논의를 포함한다. 수정된 논의는 유엔에 초점을 두고 있으며 완전히 새로운 그래프는 유엔이 처한 예산상의 어려움을 부각시키고 있다. 김 용의 지도력 하에 있는 세계은행 그리고 지구빈곤의 축소 전망, 유럽연합의 확장과 변화, 그리고 정부간기구들, 비정부기구들 및 기타 전 세계에 걸쳐 존재하는 비국가 행위자들에 대한 향상된 논의가 있다. 새로운 '심층 논의' 상자는 시리아에 있어서 유엔의 역할을 검토하고 있다.

7장, '세계에 대한 군사적 위협'은『세계정치론』의 3부를 민주평화, 경제평화, 제3자 중재, 그리고 신뢰할만한 약속(credible commitment)의 본질뿐만 아니라 무력갈등과 실패국가들에 대한 수정된 논의들로 시작한다. 또한 아랍 세계에 걸친 지속적인 봉기의 논의뿐만 아니라 젊은이들의 급증, 빈곤, 정권 형태, 교육, 그리고 갈등을 위한 여성들의 대우가 갈등에 대해 가지는 함의들이 다루어진다. 지구평화의 수준들뿐만 아니라 전 세계의 실패한 국가들에 관한 수정된 지도들이 포함되는데 국가들 내의 갈등과 쿠데타 시도에 대한 논의에 가장 최근의 자료들이 추가된다.

8장, '무기와 동맹에 의한 국력의 추구'는 전쟁과 평화에 대한 현실주의적 접근의 저변에 자리하고 있는 핵심적 전제와 정책적 처방들을 소개한다. 군사적 준비에 있어서 최근의 국제적 경향이 군사적 지출, 군사적 기술, 그리고 핵 및 화학무기의 확산에 관한 갱신된 자료를 통해 포착되고 있다. 전쟁에서 무인항공기의 사용에 관한 찬성과 반대를 고려하는 새로운 '논쟁' 상자 뿐만 아니라 전 세계에 있어서 탄도미사일의 보유와 사용에 관한 새로운 지도가 제시된다. 이 장은 또한 군사적 개입과 동맹에 관한 향상된 논의를 포함한다.

제9장, '국제법과 집단안보를 통한 평화의 모색'은 평화를 향한 자유주의와 구성주의의 노

정에 초점을 둔다. 이 향상된 논의는 세계의 평화유지자로서 유엔의 현재 역할과 미래 전망에 초점을 두고 있다. 세계 전체에 있어서 다양한 조약들, 협정들, 핵능력, 그리고 지뢰의 확산에 대한 갱신된 논의가 있다. 이 판에서는 국제형사재판소를 포함하는 세계의 사법적 틀에 대한 논의를 그 목적과 회원국에 있어서의 변화를 반영하여 수정하였다.

10장, '국제금융의 글로벌리제이션'은 세계화와 국제금융에 대한 그 함의를 향상시켜 논의하였다. 2008년 세계경제위기와 전 세계 국가들에 대한 그 결과의 논의가 최신의 정보와 전문가 분석을 포함시켜 갱신되었다. 해외직접투자, 무역균형, 물가상승에 관한 논의가 최신 수치와 경향을 반영하여 수정되었다. 또한 국제통화기금과 G-20의 활동들뿐만 아니라 경영계와 정부들에 있어서 여성들에 대한 논의를 수정하였다.

11장, '글로벌 시장에서의 국제무역'은 국제정치경제에 대하여 계속하여 다룬다. 세계수출과 해외직접투자에 대한 갱신된 논의를 통해 무역과 노동의 세계화에 대한 논의를 수정하였다. 나아가 이 장은 세계무역기구와 그 분쟁관리, 정책도구로서 제재와 보조금의 효과성, 전 세계의 경제적 자유의 상태, 그리고 다국적기업의 영향 등에 대하여 수정, 논의한다. 완전히 새로운 지도들은 지역무역협정의 정도를 예증하며 세계무역을 위한 다면적 협정, 공급망, 니어소싱의 중요성에 대해 확대하여 논의한다.

12장, '글로벌리제이션의 인구학 및 문화적 차원'은 세계적 인구변화의 경향과 그것이 제기하는 도전들을 검토한다. 세계적 이주, 세계 난민들이 처한 어려움, 그리고 심화되는 도시화와 거대도시들의 확산을 향한 최신의 경향을 반영하는 수정된 수치뿐만 아니라 지구 북반구와 지구 남반구 사이의 인구학적 격차에 대하여 수정, 논의한다. 이러한 논의들을 갱신하여 전 세계 사람들이 직면한 질병의 위협과 통신기술의 확산이 자유와 사회적 이동에 대해 갖는 함의를 다룬다. 또한 전혀 새로운 지도와 수정된 통계수치들이 포함되어 세계의 고령인구들이 제기하는 문제가 다루어진다.

13장, '인간개발과 인권의 증진'은 지구 북반구와 지구 남반구 간의 격차에 대한 수정된 논의를 포함하는데 빈곤, 교육, 민주주의, 그리고 기대수명에 대한 갱신된 자료들을 바탕으로 한다. 세계의 국가들 중 사회의 법들과 규범들의 위반에 대한 처벌로 사형제도를 활용문제를 논의하고 그와 관련 새로운 지도를 넣었다. 여성의 지위에 관한 논의는 양성불평등, 엄청난 수의 여성 난민들, 공공기관에 있어서 여성의 역할 등에 관한 최신의 정보들을 포함한다. 아동들의 인권에 대한 논의도 수정되었는데 특히 갈등지역에 있어서 그들의 폭력에 대한 취약성을 중심으로 한다.

14장, '환경보전을 위한 범지구적 책임'은 기후변화와 지구온난화, 가뭄, 사막화, 그리고 삼림파괴에 관한 수정된 논의를 포함하여 지구생태계 쟁점의 모든 문제들을 고려하게 된다. 지구의 수용능력, 몬트리올 의정서의 위상, 다양한 형태의 대체 에너지와 관련된 잠재적 이익과 위험성을 다루는 환경정치에 대한 향상된 논의가 있다. 사람이 만든 기후변화와 기상이변사건들에 대한 논의는 지난 100년 이상의 기간 동안 평균 기온의 경향을 나타내는 아주 새로운 지도를 포함시키는 등 수정, 증보되었다. 이 장에 또한 포함된 것으로는 세계에 있어서 식량의 위기와 폭동에 관한 향상된 논의이다.

15장, '글로벌 경향과 변환을 내다보기'는 계속하여 철학자들과 정책결정자들의 세계의 조건에 대한 통찰력을 상세히 논의한다. 이 장은 지구의 미래에 대한 여섯 가지 주요 논쟁을 소개하는데, 이 판에서는 정찰과 전쟁을 위한 무인항공기의 사용 증가에 의해 제기되는 문제들, 지구상 학정에 대하여 세계가 짊어져야 할 책임의 정도, 전 세계에 걸쳐서 통신기술과 정보접근의 진보가 주는 약속, 국제관계에 있어서 확대되는 변경으로서 우주의 가능성, 그리고 에너지의 미래를 좌우할 기술발전의 잠재력 등을 고려한다. 이 장은 학생들이 미리에 있어서 인류 공통의 가능성에 대하여 그들 자신의 구상을 형성해보도록 도전의식을 북돋우면서 끝맺는다.

감사의 말씀

많은 사람들이—사실 여기에 밝히며 일일이 감사를 표하기에는 너무 많은—국제관계의 선도적인 이 교과서의 발전에 기여하였는데, 이 책의 처음부터 6판까지 공동저자로 있었던 유진 위트코프(Eugene R. Wittkopf)가 포함된다. 우리 저자들은 다음과 같은 수많은 학자들과 동료들이 제공한 건설적인 촌평, 조언, 그리고 자료들에 대하여 감사한다;

이 2014-2015년 판을 검토해준 분들;

Duane Adamson, Brigham Young University - Idaho

Daniel Allen, Anderson University

Christopher R. Cook, University of Pittsburgh at Johnstown

Rebecca Cruise, University of Oklahoma

Agber Dimah, Chicago State University

John Freeman, University of Minnesota - Minneapolis

Todd Myers, Grossmont College

Jeff Ringer, Brigham Young University

Seth Weinberger, University of Puget Sound

이 교과서의 과거 판을 검토해주신 분들과 기타 기여해주신 분들;

Ruchi Anand, American Graduate School of International Relations and Diplomacy in Paris

Osmo Apunen, University of Tempere

Bossman Asare, Graceland University

Chad Atkinson, University of Illinois

Andrew J. Bacevich, Boston University

Yan Bai, Grand Rapids Community College

George Belzer, Johnson County Community College

John Boehrer, University of Washington

Pamela Blackmon, Penn State Altoona

Robert Blanton, The University of Memphis

Linda P. Brady, University of North Carolina at Greensboro

Leann Brown, University of Florida

Dan Caldwell, Pepperdine University

John H. Calhoun, Palm Beach Atlantic University

John Candido, La Trobe University

Colin S. Cavell, Bluefield State College

Roger A. Coate, Georgia College & State University

Jonathan E. Colby, Carlyle Group in Washington, D.C.

Phyllis D. Collins, Keswick Management Inc. in New York City

Reverend George Crow, Northeast Presbyterian Church

Jonathan Davidson, European Commission

Philippe Dennery, J-Net Ecology Communication Company in Paris

Drew Dickson, Atlantic Council of the United States

Agber Dimah, Chicago State University

Gregory Domin, Mercer University

Thomas Donaldson, Wharton School of the University of Pennsylvania

Nicole Detraz, The University of Memphis

Zach Dorfman, Carnegie Council for Ethics in International Affairs

Ayman I. El-Dessouki and Kemel El-Menoufi, Cairo University

Sid Ellington, University of Oklahoma

Robert Fatton, University of Virginia

Matthias Finger, Columbia University

Eytan Gilboa, Bar-Llan University

in Israel

Giovanna Gismondi, University of Oklahoma

Srajan Gligorijevic, Defense and Security Studies Center of the G-17 Plus Institute in Belgrade Serbia

Richard E. Grimmett, Congressional Research Office

Ted Robert Gurr, University of Maryland

Aref N. Hassan, St. Cloud State University

Russell Hardin, New York University

James E. Harf, Maryville University in St. Louis

Cristian A. Harris, North Georgia College and State University

Charles Hermann, Texas A&M University

Margaret G. Hermann, Syracuse University

Stephen D. Hibbard, Sherman & Sterling LLP

Steven W. Hook, Kent State University

Jack Hurd, Nature Conservatory

Lisa Huffstetler, The University of Memphis

Patrick James, University of

Southern California

Loch Johnson, University of Georgia

Christopher M. Jones, Northern Illinois University

Christopher Joyner, Georgetown University

Boris Khan, American Military University

Michael D. Kanner, University of Colorado

Mahmoud Karem, Egyptian Foreign Service

Deborah J. Kegley, Kegley International, Inc.

Mary V. Kegley, Kegley Books in Wytheville, Virginia

Susan Kegley, University of California-Berkeley

Julia Kennedy, Carnegie Council for Ethics in International Affairs

Lidija Kos-Stanišic, University of Zagreb in Croatia

Matthias Kranke, University of Tier

Barbara Kyker, The University of Memphis

Imtiaz T. Ladak, Projects International in Washington, D.C.

Jack Levy, Rutgers University

Carol Li, Taipei Economic and Cultural Office, New York

Urs Luterbacher, Graduate Institute of International and Development Studies in Geneva

Gen. Jeffrey D. MaCauseland, U.S. Army War College in Carlisle, Pennsylvania

Kelly A. McCready, Maria College, Albany, New York

Karen Ann Mingst, University of Kentucky

James A. Mitchell, California State University

Mahmood Monshipuri, San Francisco State University

Robert Morin, Western Nevada Community College

Donald Munton, University of Northern British Columbia

Ahmad Noor, Youth Parliament Pakistan

Evan O'Neil, Carnegie Council for Ethics in International Affairs

Anthony Perry, Henry Ford Community College

Jeffrey Pickering, Kansas State University

Desley Sant Parker, United States Information Agency

Albert C. Pierce, U.S. Naval Academy

Alex Platt, Carnegie Council for

Ethics in International Affairs

Ignacio de la Rasilla, Universitéde Genève

James Ray, Vanderbilt University

Gregory A. Raymond, Boise State University

Andreas Rekdal, Carnegie Council for Ethics in International Affairs

Neil R. Richardson, University of Wisconsin

Peter Riddick, Berkhamsted, Collegiate

James N. Rosenau, George Washington University

Joel Rosenthal, Carnegie Council for Ethics in International Affairs

Tapani Ruokanen, Suomen Kuvalehti, Finland

Alpo M. Rusi, Finnish Ambassador to Switzerland

Jan Aart Scholte, University of Warwick, UK

Rebecca R. Sharitz, International Association for Ecology

Shalendra D. Sharma, University of San Francisco

Richard H. Shultz, Fletcher School of Law and Diplomacy, Tufts University

Dragan R. Simić, Center for the Studies of the USA in Belgrade,

Serbia

Michael J. Siler, University of California

Christopher Sprecher, Texas A&M University

Jelena Subotic, Georgia State University

Bengt Sundelius, National Defense College in Stockholm

David Sylvan, Graduate Institute of International and Development Studies in Geneva

William R. Thompson, Indiana University

Clayton L. Thyne, University of Kentucky

Rodney Tomlinson, U.S. Naval Academy

Deborah Tompsett-Makin, Riverside Community College, Norco Campus

John Tuman, University of Nevada, Las Vegas

Denise Vaughan, Bellevue Community College

Rob Verhofstad, Radmoud University in Jijmegen, the Netherlands

William C. Vocke, Jr., Carnegie Council for Ethics in International Affairs

Robert Weiner, University of Massachusetts/Boston

Jonathan Wilkenfeld, University of Maryland

Alex Woodson, Carnegie Council for Ethics in International Affairs

Samuel A. Worthington, InterAction

또한 멤피스대학교의 대학원생들인 윌리엄 와그스타프(William Wagstaff)와 애쉴리 허들톤(Ashley Huddleston)이 제공한 역할이 도움이 되었으며 귀중한 연구보조를 제공하였다. 또 늘 협조적이고 수용적인 인테그라(Integra)의 과제관리자 인더마디 군나세카란(Indumathy Gunasekaran)과 프리메디어글로벌(PreMeidaGlobal)의 아이스와리야 나라야난(Aiswarya Narayanan) 사진연구가는 이 책에 귀중한 기여를 하였다. 게다가, 우리들의 아주 수완 있고 헌신적이며 협조적인 센게이지출판사의 편집인들에게도 특별히 감사를 표하고 싶다; 이 판이 출판되기까지 생산팀 관리자인 캐롤린 메릴(Carolyn Merrill)과 내용개발자인 레베카 그린(Rebecca Green)은 과제관리팀원인 조슈아 알렌(Joshua Allen)과 제시카 라실(Jessica Rasile)의 도움을 받아 전 과정을 통해 대단한 전문성을 발휘하였다. 또한 센게이지출판사의 수완 있는 정치학 마케팅관리자인 발레리 하르트먼(Valerie Hartman)의 유익한 조언에 대해서도 감사를 표한다.

찰스 윌리엄 케글리

섀넌 린제이 블랜턴

Kegley & Blanton, Cengage Learning, 2015

찰스 윌리엄 케글리(CHARLES WILLIAM KEGLEY)는 현재 카네기국제문제윤리위원회의 이사회에서 봉직하고 있다. 국제정치학회(International Studies Association)의 회장을 역임한 케글리는 사우드캐롤라이나대학교의 국제관계 피어스 명예석좌교수직을 가지고 있다. 아메리칸대학교에서 학사학위, 시라큐스대학교에서 박사학위를 취득했고, 하버드대학교에서 퓨 교수연구원을 지낸 케글리는, 과거 조지타운대학교에서 교수로 봉직한 적이 있으며 텍사스대학교, 럿거스대학교, 중국인민대학교, 스위스 제네바의 국제개발고등연구대학원에서 방문교수로 일한 적이 있다. 그는 또한 국제정치학회 외교정책분석분과의 저명학자상(Distinguished Scholar Award) 수상자이기도 하다. 케글리 인터네셔널(출판, 연구, 자문 재단)의 창설 동업자인 케글리는 50권 이상의 연구서(그리고 100편 이상의 학술지 논문)를 저술하였다. 또한 유진 위트코프와 7판까지 낸 *American Foreign Policy: Pattern and Process* 뿐만 아니라 센게이지출판사를 위해 그레고리 레이몬드(Gregory A. Raymond)와 5판까지 낸 *The Global Future*가 있다.

섀넌 린제이 블랜턴(SHANNON LINDSEY BLANTON)은 멤피스대학교의 정치학 교수이며, 여기에서 학부 교무부처장도 맡고 있다. 그녀는 모든 학부 교육프로그램을 감독하는데 교과과정개발, 교양교육, 유지 프로그램, 국제교류센터, 우수학생 프로그램, 학습공동체와 학문적 조언업무 등을 지도하고 있다. 그녀는 학과장과 학부교육 조정자를 역임하였으며, 국가적으로는 고등교육에서 지도력개발의 촉진자로 일하였다. 조지아 칼리지에서 학사학위, 조지아대학교에서 석사학위, 그리고 사우드캐롤라이나대학교에서 박사학위를 각각 취득한 그녀는 수많은 연구상을 받았다. 2007년에는 멤피스대학교 동문회의 권위있는 사회과학 및 경영분야 대상에서 저명연구의 수상자로 지명되었다. 그녀는 국제정치학 분야에서 가장 높은 권위를 인정받는 4개 학술지들인 *International Studies Quarterly, Foreign Policy Analysis, International Interactions, International Studies Perspectives*를 포함하는 수 개의 편집위원회에서 일하였다.

케글리 교수와 블랜턴 교수는 개인적으로 주요 학술지들에 폭넓게 논문들을 게재하였는데, Alternatives, American Journal of Political Science, Armed Forces and Society, Asian Forum, The Brown Journal of International Affairs, Business and Society, Comparative Political Studies, Conflict Management and Peace Science, Conflict Quarterly, Cooperation and Conflict, Ethics and International Affairs, The Fletcher Forum of World Affairs, Foreign Policy Analysis, Future Research Quarterly, Harvard International Review, International Interactions, International Organization, International Politics, International Studies Quarterly, The Jerusalem Journal of International Relations, The Journal of Conflict Resolution, The Journal of Peace Research, The Journal of Poliitcs, Journal of Political and Military Sociology, Journal of Third World Studies, The Korean Journal of International Studies, Leadership, Orbis, Social Science Journal, and Western Political Quarterly가 있다.

케글리와 블랜턴은 함께 세계정치론의 여러 판들(12판의 2009-2010년 증보판 이래)뿐만 아니라 *Brown Journal of World Affairs, Future Research Quarterly, Mediterranean Quarterly*, 그리고 *Rethinking the Cold War*에 게재된 논문들을 공동저술하였다.

헌사

나의 사랑하는 아내 데비(Debbie)에게 그리고 교육을 통해 보다 정의롭고 안정된
세계를 구축하는 데 값진 기여를 하는 카네기국제문제윤리위원회(Carnegie Council for
Ethics in International Affairs)에 감사하며
- 찰스 윌리엄 케글리

나의 남편 롭(Rob)과 우리들의 아들들인 오스틴(Austin)과 쿨렌(Cullen)의
사랑과 지원에 감사하며
- 섀넌 린제이 블랜턴

옮긴이 서문

2010년 1월 『세계정치론: 경향과 변환』 12판의 한국어 번역서가 나온 지 4년이 훨씬 지났다. 당시 국내의 국제정치학 교과서로는 처음으로 올 컬러로 인쇄되어 많은 주목을 받았고, 전국의 여러 대학에서 교재로 채택되어 학생들과 일반인 독자들로부터 큰 사랑을 받았다. 그 사이에 국제정치적으로 커다란 변화가 있었고 수많은 사건들이 발생했다. 이러한 변화와 사건들을 새롭게 정리하고 올바르게 이해할 필요가 생겨 원서의 2014~2015년 개정판에 맞추어 새롭게 번역서를 출판하게 되었다.

어떠한 변화와 사건들이 이루어졌는가? 2001년 9.11 테러사건 이후 약 10년간 국제정치의 가장 큰 이슈가 되어 왔던 세계 테러와의 전쟁이 어느 정도 일단락되는 가운데 2008년 세계 경제위기가 자본주의 경제질서를 뒤흔들었다. 또한 중국의 국력신장에 따른 국제관계의 권력 재편성이 뜨거운 관심사로 등장하고 있다. 이와 더불어 인권, 환경, 보건, 에너지, 식량, 문화 등의 영역에 더 많은 행위자가 참여하고 다양한 이슈들이 만들어지면서 세상은 점점 더 복잡다양해지고 있다. 하지만 역사의 큰 줄기 속에서 이러한 변화들은 거대한 흐름, 즉 경향을 보이고 있음도 사실이다. 보다 나은 세상을 만들기 위해서 세계정치의 큰 흐름, 즉 경향은 무엇이며, 그 안에서 각각의 사건과 현상은 어떻게 변환하는지를 올바로 이해해야 한다.

이 책의 원서 *World Politics: Trend and Transformation*은 현재 세계 여러 나라 대학에서 국제정치학 교재로써 가장 많이 사용되고 있는 책 가운데 하나이다. 원래 이 책은 개정 10판까지 찰스 W. 케글리(Charles W. Kegley)와 유진 R. 위트코프(Eugene R. Wittkopf)의 공저로 출판되었다. 하지만 2006년 위트코프의 사망으로 11판과 12판은 케글리 단독으로 출판되었다. 12판의 증보판부터 섀넌 블랜턴(Shannon L. Blanton)이 조력자로 참여하였고, 2014~2015년 개정판은 케글리와 블랜턴의 공저로 출판되었다.

이 책은 국제정치의 변화하는 모습들을 소개하고 설명하면서도 국제정치학의 전통적 해석과 시각의 틀을 깨뜨리지 않는다. 일부 국제정치학 교과서들이 최근에 발생한 단편적인 사건과 변화를 지나치게 강조하면서 기존과는 완전히 차별되는 새로운 국제환경이 만들어지는 것처럼 과장하는 경우가 있으나, 이 책은 그러한 단편적 조류에 휩쓸리지 않고 주류 국제정치학의 입장을 지키면서도 새로운 변화를 어떻게 이해해야 할 것인지를 보여주고 있다. 그리고 궁극적으로 보다 나은 세상을 위해 어떠한 노력이 필요한지를 독자 스스로 고민하고 판단할 수 있도록 도와준다. 아울러 다양한 사례들과 보조 자료를 함께 제시함으로써 대학에서 국제정치학 공부를 처음 시작하는 학생들뿐만 아니라 국제관계에 관심을 가진 일반인들이 읽기에도 무리가 없다.

『세계정치론: 경향과 변환』의 2014~2015년판을 번역하여 한국의 학생들이 국제정치학을 보다 쉽고 편리하게 학습할 수 있게 된 것에 옮긴이들은 커다란 보람을 느낀다. 옮긴이들은 번역을 하면서 지난 12판 번역서에 대해 보여준 독자들의 관심과 애정에 어떻게 보답할 수 있을 것인가를 함께 고민하였다. 비록 개정판이기는 하지만 원서의 저자가 추가되고 국제정치의 새로운 사건과 현상들이 다루어졌기 때문에 적지 않은 분량이 새롭게 추가되었고 수정되었다. 이러한 부분들을 하나하나 검토해가면서 번역하는 작업은 결코 쉬운 일이 아니었다. 세 명의 옮긴이가 전공별로 나누어 번역하고 몇 차례 수정 보완하는 작업을 거쳤다. 그럼에도 불구하고 혹시라도 발생할 수 있는 번역의 오류는 옮긴이들 공동의 책임이다.

저자 케글리는 헌사에서 "교육을 통해 정의롭고 안정된 세계가 건설될 수 있다."는 믿음을 피력했다. 옮긴이들도 그러한 믿음이 이루어지기를 희망하며, 이 책이 보탬이 될 수 있기를 바란다. 그리고 이러한 취지에 공감하여 이 책을 출판하는 한티미디어의 김준호 사장을 비롯한 관계자 여러분께 감사한다.

2014년 여름
조한승 · 황기식 · 오영달

PART 1

세계정치의 경향과 변환

오늘날 인류는 우려와 희망이 공존하는 격동의 시대에 살고 있다. 세계 앞에 어떤 일이 놓여 있는가? 세계의 미래에 대해 우리가 생각해야 할 것은 무엇인가? 이 책의 1부는 여러분에게 급속히 변화하는 시대에 있어서의 세계정치의 학습에 대하여 소개한다. 또한 때때로 서로 반대 방향으로 펼쳐지기도 하는 새로운 경향들에 대한 시각의 창을 열어준다. 1장은 범세계적 사건과 현실에 대한 우리의 인식이 왜곡된 이해에 이를 수 있음을 설명하고 어떻게 이러한 견해들의 제한된 범위를 극복할 수 있는지에 대한 방법론을 제안한다. 2장에서 학자들과 정책결정자들이 세계정치를 해석하는 데 있어서 가장 많이 활용하는 현실주의, 자유주의, 그리고 구성주의적 이론 전통들에 대한 개관을 통해 이러한 여행을 계속한다. 또한 이 주류 이론들에 대한 여권주의(페미니즘, feminism)와 마르크스주의(Marxism)라는 두 가지 비판적 접근도 검토한다. 세계정치에 대한 이해는 3장에서 모든 초국가적 행위자들에 의한 외교정책결정 과정을 바라보는 세 가지 방법을 공부함으로써 더욱 튼튼해지게 된다.

국경 없는 세계

대기권에서 바라볼 때처럼 지구는 국경 없는 대륙들만 가진 것으로 보인다. 그의 우주왕복선 경험을 회상하면서, 우주인 술탄 빈 알-사우드는 말하기를 "첫째 날 무렵에는 우리 모두 각자의 국가들을 가리켰다. 셋째 또는 넷째 날에 우리는 모두 우리의 대륙들을 가리키고 있었다. 다섯째 날이 되었을 때 우리는 모두 단 하나의 지구에 대해 인지하고 있었다."라고 하였다. 그러나 신문의 제1면 머리글 기사에서 봤을 때 세계정치는 매우 다른 것으로 보여진다.

"세계는 중대한 기로에 있으며 여러분도 마찬가지입니다. … 그러니 가서 계획을 세우시오. … 그리고 학습을 중단하지 마시오. 그러나 새로운 발견에 이르는 우회도로에 대해서도 열린 마음을 가지기 바란다."

— 코피 아난(Kofi Annan), 전 UN 사무총장

CHAPTER 1
세계정치의 탐구

AP Photos/Aleppo Media Center AMC

인류에게 어떠한 미래가 기다리고 있는가?
변환해 가는 지구 전체를 통하여 많은 범지구적 경향들이 휩쓸고 있다. 이러한 경향들 중에는 세계의 70억 인구 중 일부 구성원들에게 더 많은 정치적 대표성과 보다 향상된 인간안보를 요구하는 대중운동도 있다. 2013년 6월 28일 시리아 알레포(Aleppo)의 시위장면을 보여주는 이 사진에서 시리아 혁명 깃발을 들고 있는 시위자들은 억압적인 바트당(Ba'ath Party) 정부의 종식을 요구한다.

고려해야 할 질문들

- 국제관계를 공부하는 데 있어서 만나게 되는 과제는 무엇인가?
- 인식은 우리가 세계의 현실에 대하여 갖는 이미지에 어떻게 영향을 미치는가?
- 우리는 세계정치를 어떻게 개념화하고 논의하는가?
- 기본적인 초국가적 행위자에는 무엇이 있는가?
- 분석수준은 무엇인가?

뉴스를 전혀 들을 수 없는 열대의 조그만 섬에서 2주의 휴가를 마치고 귀가하고 있는 여러분을 상상해보자. 이 휴가여행은 새로운 학기가 시작되기 전에 당신에게 귀중한 휴식을 주었을 것이지만, 이제 여러분이 떠나 있던 동안에 무슨 일이 일어났는지에 대해 궁금해 하게 된다. 신문을 흘깃 보는 순간 1면 머리기사들이 시선을 끈다. 사망과 파괴가 중동과 북아프리카를 통하여 횡행하고 있다. 시리아에서 반정부시위자들이 정권교체를 추구하면서 전투와 많은 수의 사상자 발생이 지속되고 있음에도 불구하고 러시아는 현 정부를 지원하고 이러한 반란을 중지시키려는 국제사회의 직접적인 개입을 반대한다. 남수단에서 혼란스런 폭력이 지속되어 사람들은 식량부족과 만연하는 부패에 허덕이고 있다. 선거로 선출된 이집트 대통령 모하메드 모르시(Mohamed Morsi)는 군사 쿠데타에 의해 축출되어 다른 지역에서처럼 아랍의 봄(Arab Spring)의 유산은 불투명한 상태에 있다. 튀니지(Tunisia)와 말리(Mali)처럼 북아프리카의 다른 국가들도 소수민족 간 또는 종교적 동기에 의한 분파주의적 폭력의 참화에 직면해 있다. 리비아의 새 정부는 반대파 민병대로부터 그 권위에 대한 심각한 도전을 받고 있다. 이라크와 아프가니스탄에서도 미국이 10년 동안의 전쟁 후에 그 군대를 철수하고 이들 국가의 효과적인 자체 국방력을 수립하는 과정에서 여전히 폭력사태가 지속되고 있다.

공항에서 집으로 자동차를 타고 오는 동안 라디오 방송을 통해 전 세계의 경제적인 조건에 대하여 듣게 된다. 비록 국제통화기금(International Monetary Fund, IMF)의 추계에 따르면 중국은 2014년도에 무려 7.7%의 높은 성장을 예상하고 있지만 그 경제성장률은 둔화하고 있다. 훨씬 더 절망적인 경우로서 그리스의 상황은 급증하는 부채와 열악한 공공재정의 문제를 다루기 위한 긴축조치에 직면해 있어 끔찍하다. 비록 유럽 전체를 통하여 금융상황이 동요하고 있음에도 불구하고 영국, 독일, 프랑스처럼 몇몇 국가들은 불황으로부터 천천히 벗어나고 있음을 보여주는 신호도 있다. 마찬가지로, 미국도 경제후퇴의 저점에서 서서히 벗어나고 있는 것으로 보이지만 정부지출의 급격한 삭감 등이 이러한 추세를 되돌리지나 않을까 하는 우려가 여전히 존재한다. 여러분은 이러한 상황이 여러분이 졸업하여 취업시장에 진입하기 전에 호전되기를 바라게 된다.

당신은 집에 도착하자마자 곧 인터넷에 접속하여 남아프리카의 반인종차별주의 혁명가이며 전 대통령인 넬슨 만델라(Nelson Mandela)의 건강 악화에 대하여 읽게 되고, 중국 북서부의 두 지진에 의해 95명이 사망하고 1,000명 이상이 부상당했음을 알게 된다. 또한, 미국의 국가안보처(National Security Agency) 전 계약직원인 에드워드 스노든(Edward Snowden)이 미국 정부의 광범위한 디지털 감시활동을 묘사하는 비밀문건들을 기자들에게 넘긴 후 미국 정부가 간첩 혐의로 그를 기소하는 것을 피하기 위해 정치적 망명을 신청하고 있다.

마지막으로, 그날 저녁 CNN을 청취하면서 당신은 그 밖의 몇 가지 보도를 접하게 된다: 파키스탄, 인도, 이란의 핵능력 향상 노력에 대한 우려, 그리고 북한에 의한 추가적 핵실험 공포가 있다. 프랑스에서는 몸을 덮는 옷의 착용 금지에 대한 저항으로 부르카를 입은 여성에 대한 프랑스 정부의 벌금 부과에 반대하여 무슬림들의 항의 시위가 분출되었다. 게다가, 멕시코 마약카르텔의 폭력에 대한 보도가 있고, 당신은 이러한 사실이 겨울방학에 계획하고 있는 해외수학여행에 영향을 미치지 않을까 걱정하게 된다.

이제까지 묘사된 시나리오는 가상적인 상황이 아니다. 위에서 구체적으로 언급된 사건들은 2013년 7월에 실제 일어난 것들을 기록하고 있다. 의심의 여지없이 많은 개인들이 이 시기에 두려움과 혼란을 경험하였다. 이는 안타깝게도 다른 시기와 크게 다르지 않다. 현재 펼쳐지고 있는 사건들에 관한 정보들을 종합적으로 볼 때, 여러분은 국제문제는 중요하며 세계 곳곳에서 일어나는 사건들이 여러분의 환경과 미래에 강한 영향을 갖는다는 것을 상기하지 않을 수 없게 된다. 당신이 접한 '뉴스들'은 실제 그리 새로운(new) 것이라고 할 수 없는데, 그 이유는 이러한 뉴스들이 오늘날 세계를 휩쓸고 있는 광란의 바다에 관한 것이면서도 과거로부터의 오래된(old) 이야기들의 반향에 불과하기 때문이다. 그럼에도 불구하고, 이처럼 우울하리만치 혼란스런 세상이 한시 바삐 사라지기를 바라는 유혹 또한 압도적으로 크기만 하다. 차라리 이처럼 불안정한 세계만이라도 충분히 오랫동안 조용하게 지속되어 미래에 대해 예측하고 질서를 유지할 수 있다면 얼마나 좋을까? 안타깝게도 그러한 일은 일어나지 않을 것 같다. 여러분은 세계로부터 도피하거나 세계의 혼란을 통제할 수도 없으며 또한 혼자의 힘으로 이 세계의 성격을 바꿀 수도 없다.

우리는 모두 이 세계의 한 부분이다. 그러므로 우리가 거친 바람과 같은 세계의 변화 속에서 적응하며 살아가기 위해서는 세계정치(world politics)의 역동적인 속성을 발견해가는 도전에 맞서지 않으면 안 된다. 세계의 사건들은 모든 사람들에게 점점 더 영향을 미치고 있기 때문에 모든 사람들은 세계 체제가 어떻게 작동하고 있으며, 또 이러한 변화들이 우리의 정치 및 경제적 삶에 어떻게 영향을 미치고 있는지 학습함으로써 이득을 얻을 수 있다. 강력한 국가 정부들과 비정부 초국가 행위자들뿐만 아니라 우리의 결정과 행동이 세계적 삶의 환경에 어떻게 기여하느냐, 그리고 나아가 모든 사람과 단체들이 세계정치의 변화에 의해 어떻게 조건 지워지느냐에 대한 학습을 통해서만 우리는 빌 클린턴(Bill Clinton) 전 미국 대통령이 "우리 시대의 문제는 변화를 우리의 적이 아니라 우리의 친구로 만들 수 있느냐 여부이다."라고 정의한 것을 제대로 다룰 수 있게 된다.

세계정치

글로벌 행위자들의 활동이 그들의 목표와 이상을 성취하고 방어하기 위한 영향력의 행사에 어떻게 관계되는지, 그리고 그것이 세계 전체에 대하여 어떻게 영향을 미치는지 연구하는 학문 분야

교육은 젊은 세대가 현재 체계의 논리에 통합되고 일치되게 하는 것을 촉진시키는데
활용되는 기능을 하거나 또는 자유의 습관이 되어 여성과 남성이 현실을 비판적 또는 창조적으로 다루고,
그들 세계의 변화에 어떻게 참여할 것인가를 발견하는 수단으로써 자유의 습관이 되기도 한다.

– 리차드 샤울(Richard Shaull), 미국의 신학자

국제관계를 학습하는 데 있어서의 도전

세계의 70억 인구가 직면해 있는 정치적 격동을 가장 잘 이해하기 위해서는 우리의 시대를 정확히 이해하는 것이 무엇보다 중요하다. 그러나 우리가 현재 살고 있는 세계를 해석하고 지구의 미래 (그리고 여러분) 앞에 무엇이 놓여 있는지 예측하는 것은 엄청난 도전으로 다가오지 않을 수 없다. 정말, 그것은 여러분이 직면할 어떤 문제보다도 더 어려울 수 있다. 왜 그럴까? 부분적으로 국제관계에 대한 학습은 인간의 행동에 영향을 미치는 모든 요소들에 대한 고려를 필수로 하기 때문이다. 이것은 독창성이 뛰어난 과학자인 알버트 아인슈타인이 믿고 있었던 것처럼 지극히 어려운 과제이다. 그는 한때 "인간의 마음은 원자의 구조도 밝힐 수 있을 만큼 멀리 뻗어 나가면서도 왜 원자가 우리를 파괴할 수 없도록 만드는 정치적 수단은 고안할 수 없는가?"라는 질문을 받고 세계정치를 설명하는 것이 얼마나 큰 도전인가를 넌지시 비춘 적이 있다. 그는 "그 답은 간단해요, 나의 친구; 정치가 물리학보다 더 어렵기 때문이지요."라고 답했던 것이다.

이 도전의 또 다른 부분은 당황스러울 만큼 끊임없이 많이 밀려오는 새 정보와 사건, 그리고 세계문제에 관한 습관적인 사고방식에 반하는 새 정보와 관념에 저항하려는 사람들의 성향에 기인한다. 우리는 반복된 연구들로부터 사람들이 이전의 믿음에 일치하지 않는 관념들을 수용하지 않기를 바란다는 것을 알게 된다. 이 책의 한 가지 목적은 세계문제와 세계무대의 많은 행위자들에 관한 여러분의 기존 믿음에 대해 질문을 던져보도록 도와주는 것이다. 그러한 목적을 위해 세계의 여러 쟁점에 대한 경쟁적 관점들이 여러분의 현재 이미지와 다르다고 할지라도 꼼꼼히 따져볼 것을 부탁한다. 우리는 여러분이 확신을 가지지 못하며 심지어 거부감조차 느낄 수 있는 지배적인 학파들에게 노출되도록 할 것이다.

왜 그들이 포함되는가? 왜냐하면 많은 사람들이 그들의 견해를 행동의 토대로 삼고 있으며, 그 결과 그들의 관점들이 대중의 추종을 받고 있기 때문이다. 이러한 이유로 이 책은 심지어 저자 본인들이 동의하지 않을 수 있는 세계정치의 비전들까지 설명함으로써 여러분이 경쟁적인 이러한 관점들의 현명함 또는 우매함을 가늠할 수 있게 할 것이다. 이렇게 볼 때, 세계정치를 해석함에 있어 안게 되는 도전은 눈앞에 펼쳐지는 세계의 현실을 객관적으로 관찰하여 그것을 정확하게 묘사하고 설명하는 것이다.

현실에 대한 우리의 이미지가 어떻게 우리의 기대감을 좌우하는지 이해하기 위해 우리는 현실에 대한 주관적인 이미지가 세계정치의 이해와 관련하여 수행하는 역할에 대해 간단히 소개하는 것으로부터 시작하고자 한다. 그 다음에 여러분의 세계정치 이해에 대한 인식적 장애를 극복하고 세계의 변화와 지속의 힘을 보다 자신 있게 해석할 수 있는 능력을 배양하는 데 도

우리는 우리가 보는 것을 그대로 믿어야만 하는가?

많은 사람들은 그들의 인식을 조직하는 방식이 정확한지에 대해 의문을 제기함이 없이 '백문이 불여일견'이라고 가정한다. 그러나 보는 것에는 눈에 와 닿는 것 이상의 무엇이 있는가? 현실을 바라보고 해석하기 위해 우리는 편향된 왜곡을 만들어낼 수 있는 방식으로 인지하는가? 인지심리학자들은 그렇다고 생각한다. 그들은 보는 것이 엄격히 수동적인 행위가 아니라고 주장한다. 우리가 관찰하는 것은 부분적으로 우리들에게 선재하는 가치와 기대(그리고 사회가 대상을 어떻게 볼 것인가에 대해 우리에게 주입한 의미(construction)에 의해 강화된 시각적 습관)에 의해 영향을 받는다. 인지학자들은 "여러분이 보는 대로 얻으며" 같은 대상을 보고 있는 두 관찰자는 쉽사리 서로 다른 현실을 볼 수 있다고 주장한다.

　이 원칙은 국제관계를 연구하는 데 있어서 크게 중요하다. 국제관계에서는 어떤 사람의 관점에 따라 국제적인 사건들과 행위자들 그리고 쟁점들을 어떻게 볼 것인가에 대해 크게 다를 수 있기 때문이다. 경쟁하는 이미지들로부터 강렬한 불일치가 나올 수 있는 것이다.

　비록 똑같은 것을 보고 있을지라도 서로 다른 사람들이(서로 다른 관점을 가지고) 서로 다른 현실을 볼 때 서로 다른 결과가 나타나는 현상을 이해하기 위해서 세계 대륙들의 위치, 크기 등 기본적인 사항 등을 객관적으로 보는 경우를 고려해보자. 모든 세계지도들은 왜곡되어 있는데 그 이유는 3차원의 지구를 2차원의 종이 위에 완벽하게 나타내는 것이 불가능하기 때문이다. 지도 제작자들이 부딪치는 어려움은 오렌지 껍질을 평평하게 펼쳐볼 때 잘 이해될 수 있다. 여러분은 구면 상태로 붙어 있던 오렌지 껍질들을 분리함으로써만 평평하게 할 수 있을 뿐이다.

　지구를 서로 다른 조각으로 나눔이 없이 종이 위에 그리려는 지도 제작자들은 똑같은 문제에 부딪친다. 비록 종이 위에 3차원의 물체를 나타내는 여러 가지 방법이 있지만 그들 모두 어떤 식으로든 왜곡과 관련되지 않을 수 없다. 그리하여 지도 제작자들은 세계의 지리 중에서 가장 정확히 묘사하는 것이 중요하게 여겨지는 측면들을 선택하고 동시에 다른 부분들은 조정을 하여 지구를 나타냄으로써 불완전한 방식들 중에서 취사선택하지 않으면 안 된다.

　지도 제작자들 사이에 지구를 지도로 나타내는 '옳은' 방법, 즉 정확한 도법에 대한 오랫동안의 논쟁이 존재한다. 세계 지리에서 무엇이 가장 중요한가에 대한 지도제작자들의 생각은 그들 자신의 지구적 관점에 따라 달랐다. 나아가서 그들의 서로 경쟁적인 지도들의 정확성은 정치적으로 중요한 의미를 갖는데, 그 이유는 그 지도들이 사람들로 하여금 어떤 것이 중요한 지 크게 영향을 미치기 때문이다.

　이들 네 지도들(지도 1.1, 1.2, 1.3, 1.4)을 살펴보자. 각 지도들은 지구 지표면과 영토의 분포를 묘사하고 있지만 서로 다른 이미지들을 그리고 있다. 각각은 현실에 대한 하나의 모델로 지구의 어떤 면은 강조하고 또 다른 면들은 무시하는 추상화인 것이다.

여러분은 어떻게 생각하는가?

- 각 도법에서 묘사한 세계의 이미지와 관련되는 어떤 정책적 함의는 무엇인가?
- 왜 지도들의 어떤 측면은 왜곡되는가? 여러 가지 중에서도 정치, 역사, 문화, 인종주의 등이 수행할 수 있는 역할을 고려해보자. 여러분은 근대의 지도제작자들의 세계지도 도법들 중 어떤 부분이 수정될 수 있는 방법에 대해 생각할 수 있는가?
- 이미지들과 그것이 외교정책에서 수행하는 중요한 역할에 대하여 생각함에 있어서 '최소한으로'으로 왜곡된 세계도법에 대하여 합의가 이루어져야 하는가? 모든 사람들이 하나의 지도를 사용하는 것이 더 나은가, 아니면 서로 다른 형태의 도법을 사용하는 것이 더 나은가? 그 이유는?

계속

지도 1.1 메르카토르 도법

플랑드르의 지도제작가 제라드 메르카토르(Gerard Mercator)의 이름을 따서 지은 이 메르카토르 도법은 16세기 유럽에서 유행하였는데 세계에 대한 유럽 중심의 모습을 보여준다. 그것은 방향에 대한 왜곡 없이 지구를 지도로 나타냄으로써 항해자들에게 유용했다. 그러나 거리는 정확하지 않아 유럽을 세계의 중심에 둠으로써 다른 대륙에 비하여 유럽의 중요성을 과장하였다. 유럽이 그보다 2배 이상 큰 남아메리카보다 더 크게 보이며 지도의 2/3 이상이 세계의 북반구를 나타내는 데 사용되고 단지 1/3만이 남반구를 나타내는 데 사용되고 있다. 경선들이 수렴적이기보다는 평행선으로 나타내져 있기 때문에 이 도법은 또한 그린란드와 북극의 크기를 크게 과장하고 있다.

지도 1.2 피터의 도법

피터의 도법에서는 각 대륙들이 서로 간에 정확한 비율로 나타나지만 지구의 각 대륙들의 형태와 위치를 왜곡한다. 대부분의 지리적 표현과는 대조적으로 이 도법은 오늘날 세계 인구의 75% 이상 살고 있는 지구 남반구의 빈곤한 국가들에 주의를 환기시킨다.

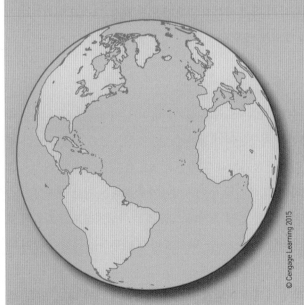

지도 1.3 정사 도법

대서양 중앙을 중심에 두는 이 정사도법은 가장자리를 둥글게 함으로써 지구의 만곡감을 보여준다. 원의 외부 가장자리를 향하고 있는 대륙들의 크기와 형태는 구형의 원근감을 나타내기 위해 왜곡되어 있다.

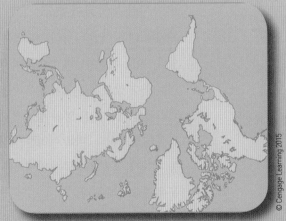

지도 1.4 역립식 도법

이 도법은 세계를 거꾸로 나타내 지구의 남반구를 지구의 북반구 위에 위치시킴으로써 세계에 대하여 또 다른 시각을 제공한다. 이 지도는 지구의 남반구를 위에 둠으로써 지구 국가 및 국민들과 관련한 근대의 '유럽중심적인' 위치개념에 도전한다.

움이 될 수 있도록 이 책에서 활용되는 일련의 분석도구들을 제시한다.

세계현실의 이미지에 영향을 미치는 인식

우리는 비록 무의식 속에 잠재해 있는 세계에 대한 인식을 명확하게 정의할 수 없을지 몰라도, 모두 이미 세계정치에 대한 정신적 이미지를 지니고 있다. 우리의 자기 인지 수준이 어떻든 간에 이러한 이미지들은 똑같은 기능을 수행한다: 이러한 이미지들은 현실세계의 어떤 측면은 과장하고 어떤 측면들은 무시함으로써 '현실'을 단순화한다. 그리하여 우리는 우리들의 이미지에 의하여 정의된 세계에 살고 있다.

세계의 정치적 현실에 대한 많은 이미지들은 환상과 오해에 기초하여 구축된 것일 수 있다. 그것들은 심지어 지구 그 자체와 같은 물리적인 대상의 복잡성과 윤곽을 충분히 포착할 수 없다(논쟁: 우리는 우리가 보는 것을 그대로 믿어야만 하는가? 참조). 현재 정확한 이미지조차도 오늘날 세계의 변화를 인식하지 못할 때 곧 낡은 것이 될 수 있다. 정말, 세계의 미래는 그 정확성이 어떻든 간에 세계정치의 '객관적' 사실들의 변화에 의해서 뿐만 아니라 사람들이 그러한 사실들에 대해 부여하는 의미, 사람들의 어떤 해석의 기초가 되는 가정, 그리고 이러한 가정과 해석으로부터 흘러나오는 행동들에 의해 좌우된다.

이미지들의 본질과 원천

세계에 대한 어떤 사람의 견해를 단순화하려는 노력은 불가피하며 심지어 필요하다고 할 수 있다. 지도 제작자들의 투영법이 복잡한 지구물리적 공간을 단순화함으로써 세계를 보다 잘 이해할 수 있게 하는 것처럼 우리들 각자는 불가피하게 '정신적 지도'를 만들어낸다. 이것은 혼란스러울 만큼 많은 양의 정보에 대하여 그 의미를 부여하거나 추출해내는 정보 조직화의 습관적인 방식이다. 비록 이러한 정신적 지도는 본래 옳거나 그른 것은 아닐지라도 우리들이 보통 세계가 실제 존재하는 방식보다 우리들에게 보이는 방식에 따라 반응하는 경향이 있기 때문에 중요하게 된다.

세계의 실제 모습이 아니라 우리가 세계를 어떻게 보는가에 따라 우리의 태도, 믿음, 행동이 결정된다. 정치지도자들을 포함하여 우리들 대부분은 세계에 대한 기존의 믿음을 강화시켜주는 정보를 찾고 새로운 자료를 익숙한 이미지에 동화시키며, 그릇되게도 우리가 믿는 것을 우리가 아는 것과 동일시하며, 우리의 기대와 어긋나는 정보는 무시한다(Ariely, 2012; Walker et al., 2011). 이러한 경향을 유념하여, 리차드 네드 레보우(Richard Ned Lebow,

1981, p. 277)는 "정책결정자들은 심지어 비교적 분명한 것으로 보이는 상황에서조차도 그들의 필요에 맞게 현실을 왜곡하는 경향이 있다."라고 경고한다.

    게다가 우리는 새로운 정보를 보고 판단을 내리는 데 있어서 학습된 습관에 의존하는데 그 이유는 이러한 '도식(schema)'이 인식을 안내하고 정보의 체계를 조직해주기 때문이다. 인지심리학의 연구는 인간이 분류자들(categorizers)로서 도식적 추론(schematic reasoning)에 의해 세계를 이해하려 할 때 바라보는 대상을 기억 속에 있는 전형적인 사건/사람들에 견주는 경향이 있음을 보여준다. 정신이 나간 듯한 교수, 비밀을 감추는 듯한 변호사, 친절한 할머니는 많은 사람들이 보통 사람들의 어떤 유형에 대해 갖는 '스톡' 이미지의 사례이다. 비록 우리가 만나는 교수, 변호사, 할머니들이 이러한 전형적인 이미지들과 그저 피상적으로만 닮았다고 할지라도 우리가 누군가에 대해 거의 알고 있지 못할 때 우리의 기대감은 이러한 인물들에 대해 갖게 되는 가정된 유사점에 의해 형성된다.

    우리가 어릴 때 겪은 사회화 과정, 인격과 심리적 결핍에 중요한 영향을 미치는 유년기의 심리적 외상, 전문성과 관련하여 존경하는 사람들의 생각에의 노출, 친한 친구나 동료직원처럼 자주 어울리는 사람들이 표출하는 세계문제에 대한 의견을 포함하여 수많은 요소들이 우리의 이미지를 형성한다. 우리가 일단 어떤 이미지를 습득하면, 그것은 자명한 것처럼 보인다. 따라서 우리는 그러한 이미지를 다른 믿음과 일치시키려 노력하는데, 이때 인지적 불일치(cognitive dissonance)라고 알려진 심리학적 과정을 통해 그 이미지의 세계와 모순되는 정보들은 거부하게 된다. 간단히 말해, 우리의 마음은 정보를 선택하고, 심사하며, 거른다; 결과적으로 우리의 인식은 일상생활에서 실제 일어나는 것 뿐만 아니라 그러한 사건들을 어떻게 해석하고 내면화하느냐에 의존하는 것이다.

세계정치에 대한 인지의 영향

우리들은 개인에게 적용되는 원리가 모든 국가들에게 자동적으로 적용되는 것으로 가정하지 않도록 주의해야만 하며 국가의 수반과 같은 정치지도자의 믿음을 그의 정치적 권위 하에 있는 국민들 모두의 믿음과 동일시해서는 안 된다. 그럼에도 불구하고 정치지도자들은 커다란 영향력을 가지며, 그들이 역사적 상황에 대해 갖게 되는 이미지는 종종 객관적인 사실과 관계없이 다른 사람들에 대해 어떤 특별한 방식으로 행동하도록 유인하기도 한다. 예를 들면 대(大)조국전쟁(Great Patriotic War, 러시아인들이 제2차 세계대전을 부르는 용어)에서 소련인 2,600만 명이 목숨을 잃었던 사실은 외국의 침략에 대한 소련인들의 장기간에 걸친 두려움을 강화시켰다. 이것은 이후 한 세대 소련 지도자들로 하여금 미국의 방어적인 움직임조차 의심하게 만들었고 종종 경각심의 눈으로 보게 하였던 것이다.

도식적 추론

기억구조, 즉 도식에 따라 새로운 정보가 해석되는 추론 과정으로써 여기에서 기억구조 또는 도식은 관찰되는 대상과 현상에 대한 포괄적인 대본, 은유, 그리고 단순화된 특징화들의 연계망을 포함한다.

인지적 불일치

어떤 사람의 기존 믿음(인지)과 새로운 정보 사이의 불일치를 거부하는 일반적 심리 경향

유사한 경우로, 미국의 건국자들은 18세기 유럽의 권력정치와 반복적인 전쟁들을 부패한 것이며 또한 후에 미국 외교정책의 두 가지 모순적인 경향을 조장하는 것으로 보았다. 하나는 자신을 고립시키려는 미국의 충동(세계문제로부터 물러나 있으려는 성향)이고 다른 하나는 세계정치 환경이 매우 위협적일 때는 언제나 그의 이미지에 따라 세계를 개혁하고자 하는 결의이다. 전자는 제1차 세계대전 후에 미국이 국제연맹의 회원국이 되지 못하도록 하였으며, 후자는 제2차 세계대전 이후 미국의 세계주의적 외교정책이 등장하게 됨으로써 세계 거의 모든 곳의 거의 모든 문제에 대해서 적극적으로 관여하도록 만들었다. 자신의 국가를 덕스럽게 여기는 대부분의 미국인들은 왜 다른 나라 국민들이 미국의 광범위한 국제적 행동주의를 때때로 오만스럽거나 위협적인 것으로 간주하는지 이해하기 어려워한다; 대신에 그들은 미국의 적극적인 개입주의에서 선한 의도만을 볼 뿐이다.

정치지도자들과 시민들은 그들의 믿음과 가치 체계에 반하는 정보를 무시하거나 재해석하는 경향이 있기 때문에 세계정치에 있어서 상호 간의 오해는 종종 불화를 부추기는데, 특히 국가의 관계가 적대적일 때 그러하다(심층 논의: 인식, 자유, 평등 참조). 불신과 의심은 서로 갈등관계에 있는 쌍방이 서로를 똑같이 부정적인 면에서 바라볼 때, 즉 바로 거울 이미지(mirror images)가 작동할 때 일어난다. 이러한 현상은 냉전 동안에 워싱턴과 모스크바에서 일어났다. 각 측은 자신의 행동을 건설적인 것이라 생각한 반면 상대의 반응은 호전적인 것으로 보았다. 또한 양측은 상대측이 자신의 정책 발의 의도에 대해 확실하게 해석하고 있는 것으로 그릇되게 가정하고 있었다. 예를 들면 심리학자인 어리 브론펜브레너(Urie Bronfenbrenner, 1961)가 모스크바를 여행할 때, 러시아인들이 미국을 묘사할 때 미국인들이 소련을 묘사하는 방식과 너무도 유사하게 말한다는 것을 알고 매우 놀랐다. 각 측은 자신을 고결하고 평화애호적인 것으로 본 반면에, 상대는 신뢰할 수 없고 호전적이며 부패한 정부에 의해 통치되고 있는 것으로 보았다.

거울 이미지는 오랫동안 서로 다투는 두 반대집단 사이의 장기간 대항관계(enduring rivalries)에서 거의 언제나 나타는 특성이다. 예를 들면 중세시대 십자군전쟁 동안 기독교도와 무슬림, 1948년 이스라엘 주권국가의 수립 이래 이스라엘과 팔레스타인, 그리고 오늘날 미국과 알카에다의 상호 대항에서 양측 각각은 자신을 덕스럽게 여기는 반면 상대는 악마화 하고 있는 것이다. 독선의 작용으로 인하여 한 측은 그 자신의 행동을 건설적인 것으로 보는 반면에 상대의 반응은 부정적이며 호전적인 것으로 본다.

이러한 상황이 전개될 때, 갈등 해결은 지극히 어렵다. 서로 반대하는 양측은 결과물들 중 어떤 결과물을 더 선호할 수 있을 뿐만 아니라 사안의 저변에 자리하고 있는 쟁점도 똑같은 관점에서 바라보지 않는 것이다.

거울 이미지

경쟁적인 상호작용 관계에 있는 국가와 국민들이 서로를 비슷하게 인지하는, 즉 상대방이 그들을 호전적인 것으로 보는 것과 똑같이 상대방을 호전적인 것으로 보는 경향

장기간 대항관계

서로 반대편에 있는 행위자들이 깊게 자리한 상호 간 증오심에 의해 추동되어 오랜 기간 동안 그들의 갈등을 해결하지 못하면서 서로 불화하고 싸우는 장기적인 경쟁

심층 논의

인지, 자유, 그리고 평등

1959년 피델 카스트로(Fidel Castro)는 혁명을 이끈 결과 권위주의 독재자 풀헨시오 바티스타(Fulgencio Batista)를 축출하였고 공산주의 정부를 수립하였다. 이 혁명 후에 쿠바와 미국 간의 관계는 급속하게 악화되었고 두 국가는 서로를 의심의 눈초리로 바라보게 되었다.

미국의 카스트로 정권에 대한 이미지는 호전적이고 팽창주의적이며 나아가 미국의 국익에 적대적인 억압적 공산주의 독재자의 그것이다. 쿠바에 대한 이러한 인식이 근거 없는 것은 아니다. 권력을 장악하자 카스트로 정부는 사유지를 장악하고 수개 미국 회사들의 지역 하부업체들을 포함하는 개인회사들을 국유화하였으며, 미국 상품에 대해 과중한 세금을 부과하여 미국의 수출이 2년 만에 반으로 감소하였다(Suddath, 2009). 어떤 설명에 따르면, 카스트로 정권은 250억 불에 이르는 사유재산을 국유화하였는데 그 중에 10억불은 미국 기업인들의 것이었다(Lazo, 1970). 또한 미국을 더욱 분노케 한 것은 쿠바가 1960년대에 소련의 편에 가담하여 그 영토에 소련의 미사일 배치를 허용한 것이다(이후 쿠바 미사일 위기로 귀결되었다; 9장 참조). 쿠바는 또한 앙골라와 에티오피아 같은 국가들에서 여러 번의 '반제국주의(anti-imperialist)' 전쟁에 참여하였다. 국내적으로 쿠바 정부는 정치적 반대파를 송두리째 분쇄하고 단기적 구금, 구타, 공적인 따돌림, 여행제한, 그리고 강제추방 등을 통한 정치적 순응의 강요를 자행함으로써 휴먼라이트워치 등에 의하여 비난받았다(HRW, 2013). 엄청난 수의 쿠바인들이 미국에 망명을 시도하였다; 미국 인구조사국(Census Bureau, 2011)의 보고에 따르면 2010년 현재 180만 명의 쿠바인들이 미국에 거주하고 있다.

쿠바도 마찬가지로 미국 정부에 대하여 호전적이고 팽창주의적이며 쿠바의 이익에 적대적이라는 이미지를 지니고 있다. 미국은 카스트로의 사유재산 국유화에 대하여 의약품 조달과 식품을 제외한 모든 물품에 대하여 무역제한을 가함으로써 대응하였으며 1962년 존 케네디 대통령은 이러한 경제제재를 영구화하였다. 쿠바가 소련과 무역을 확대했을 때 미국은 외교관계를 단절하였다. 쿠바인들은 그들의 계속되는 경제적 곤란 궁핍상황이 부분적으로 미국의 금수조치 탓으로 보고 있는데 유엔 총회는 이 금수조치를 1992년 이래 해마다 국제법의 위반으로 비난하고 있다. 카스트로 정권은 또한 미국을 장기간 미주 전체를 통하여 그 영토와 힘을 침략적으로 확대하고자 한 제국주의적 강대국으로 묘사하면서 이와 관련하여 미국의 명백한 운명(Manifest Destiny)과 라틴아메리카에 대한 반복적인 개입뿐만 아니라 중앙정보국(CIA)에 의한 카스트로 정권의 전복 및 암살 노력을 가리킨다(Frasquieri, 2011).

2012년 2월 2일은 미국의 쿠바에 대한 금수조치가 50주년을 맞는 날이었다. 많은 사람들이 이러한 금수조치의 비효과성을 지적하였으며 리차드 루가 공화당 상원 의원의 말처럼 미국이 오해, 의심, 그리고 공개적 적개심의 특징을 갖는 양국의 복잡한 관계에 대하여 재평가할 것을 요구하였다(Fetini, 2009). 그러나 이 정책의 지지자들조차 1960년대 이래 미국의 많은 전략적 관심이 현재에도 소련의 영향력 억제와 라틴 아메리카에 대한 피델 카스트로의 혁명 수출 금지와 같이 과거에 머물러 있으며(NYT, 2012, p. A8), 낡은 이미지와 인식이 깊게 남아 있어 양국 간 관계에 있어서의 변화의 성취를 어렵게 한다는 것을 인정한다.

계속

최종으로 여러분의 판단은?

1. 여러분의 인식은 여러분이 쿠바 정부와 쿠바 국민들을 보는 것을 어떻게 결정짓는가?

2. 미국은 현재 중국, 러시아, 베트남과 무역한다. 미국은 왜 쿠바를 다르게 취급하는가?

3. 미국과 쿠바 간의 부정적 이미지는 변화될 수 있는가? 그렇다면, 어떻게? 다르게 생각하여 여러분은 이러한 이미지들이 아직 정당화될 수 있다고 생각하는가?

일을 더욱 복잡하게 하는 것은 경쟁자들이 각자의 거울 이미지와 관련하여 자기 확신적인 경향을 보여준다는 점이다. 한 측이 다른 측에 대해 호전적일 것으로 기대할 때, 그 측은 상대로 하여금 이 원래의 기대를 확인하는 대응행위를 취하도록 함으로써 결과적으로 평화에 대한 전망을 감소시키고 호전성을 심화시키는 악순환을 배태하는 것이다(Sen, 2006). 상호 간의 오해를 씻어냄으로써 당사자 간 협상을 촉진시킬 수는 있지만, 평화의 앙양이라는 것이 단순히 무역을 확대하고 기타 형태의 초국가적 접촉을 늘리거나 또는 국제적인 정상회담에 정치지도자들을 모으는 것과 같은 일은 아니다. 차라리, 그것은 마음속 깊은 곳에 자리하고 있는 신념을 변화시키는 문제이다.

비록 세계정치에 대해 구성된 우리의 이미지들이 변화에 저항적이기는 하지만 변화는 가능하다. 오래된 사고습관의 극복은 때때로 잘못된 가정의 고집 결과로써 처벌 또는 고통을 경험할 때 일어난다. 벤자민 프랭클린(Benjamin Franklin)이 한 때 말한 것처럼 "아픔을 준 일은 교훈을 준다." 특히 극적인 사건들은 국제이미지를 변화시킬 뿐만 아니라 그것도 때때로는 급격하게 일어난다. 베트남 전쟁은 많은 미국인들로 하여금 세계정치에 있어서 군사력 사용에 대한 기존의 이미지들을 거부하게 만들었다. 독일 제3제국의 패전과 제2차 세계 대전과 전쟁 기간에 자행된 나치 학정은 독일인들이 승전 연합국에 의해 부여된 민주적인 미래를 준비하는 과정에서 과거를 직시하게 했다. 좀 더 최근에, 미국의 길어지는 이라크전쟁 수행과정에서 초래된 인적 및 재정적 비용은 미국의 개입이 초기의 전투행위를 넘어 거버넌스(governance)와 안정의 문제를 다루는 방향으로 이동해가면서 다수의 정책결정자들과 정치평론가들로 하여금 '승리'의 의미에 대한 그들의 가정을 재검토하도록 만들었다.

종종 그와 같은 충격적인 경험들은 우리들로 하여금 새로운 정신적 '지도(地圖)', 인식적 여과장치, 그리고 기준을 만들도록 고무시킴으로써 우리는 이들을 통해 나중의 사건을 해석하고 상황을 정의하게 한다. 우리가 세계의 정치와 그 미래에 대해 이미지를 형성·재형성하면서 우리의 인식이 기초하고 있는 토대에 대해 비판적으로 생각할 필요가 있다. 그러한 인식들은 정확한가? 그러한 인식들은 제대로 된 정보에 근거하고 있는가? 그러한 인식들은 다른 사람들에 대한 보다 향상된 이해를 얻기 위해 수정되어야 하는가? 우리가 지니고 있는 이러한 이미지들에 대한 문제 제기는 오늘날 세계정치를 다루어가는 데 있어서 우리 모두가 직면한 주요 도전 중의 하나이다.

세계정치의 이해를 위한 주요 개념과 용어들

만약 우리가 우리들 인식의 정확성을 과장하고, 우리가 믿는 것을 뒷받침 하는 정보를 추구한다면 우리는 우리의 선입견에 의해 만들어진 편견들을 어떻게 피할 수 있는가? 우리는 어떻게 하면 우리의 직관과 반대되는 증거들을 등한시하거나 거부하는 문제를 극복할 수 있는가?

정확한 관찰을 보장하는 확실한 해결책은 없으며, 또한 국제관계에 대하여 치우침 없는 견해를 구성하였다고 보장할 만한 방법도 없다. 그럼에도 불구하고 세계정치를 해석하는 능력을 향상시킬 수 있는 여러 가지 활용가능 도구들이 있다. 여러분이 발견이라는 지적 여행을 함에 있어서 일련의 도로지도들은 당신이 과거, 현재, 미래의 세계정치를 해석하고 이해하는 과정에 길잡이 역할을 제공할 것이다. 이러한 여행을 떠나는 여러분을 준비시키기 위해 이 책 『세계정치론: 경향과 변환』은 여러분의 학습을 돕는 네 가지 열쇠를 제시한다.

어떤 사람이 자신의 현실에 대한 견해가 유일한 현실이라고 믿는 것은 모든 착각 중에서 가장 위험하다.
— 폴 왓치아윅(Paul Watziawick), 오스트리아 심리학자

용어의 소개

이 교과서의 주된 목표는 세계사회의 사태발전을 꾸준히 고찰하는 학자들, 정책결정자들, 그리고 '참여적 대중(attentive public)'에 의해 사용되는 용어를 소개하는 것이다. 여러분이 세계정치와 외교정책을 논의하기 위해서는 세계적으로 널리 사용되는 공통 용어들의 공유된 의미에 대해 학식과 정보를 갖출 필요가 있기 때문이다. 이러한 언어들 중 어떤 것들은 고대 이래 사용되어 왔고 또 어떤 것들은 최근에서야 외교가, 학계, 그리고 텔레비전이나 신문, 그리고 인터넷과 같은 대중매체에서 사용되게 되었다. 이러한 용어들은 여러분이 공식적인 대학교육 (그리고 *세계정치론(World Politics)*를 공부하는 과정)을 마친 한참 후에나 접하게 될 것들이다. 그것은 또한 미래 고용주나 교육받은 이웃이 여러분에게 알고 있을 것으로 기대하는 용어들이다. 이러한 용어들 중 어떤 것들은 이미 일상적으로 사용하는 언어들의 한 부분이겠지만

다른 것들은 새롭고, 난해하며, 현학적이고 또는 지나치게 세련되게 보일 수 있다. 그럼에도 불구하고 여러분은 다른 세계문제 관련 학자들, 실무자들, 그리고 참여적 관찰자들과 함께 효과적 분석과 식견 있는 토론에 참여하기 위해 이러한 용어들의 의미를 알 필요가 있다. 그러므로 여러분은 이 *세계정치론*(*World Politics*)의 특징이라고 할 수 있는 고화질 용어들을 활용하기 바란다. 다른 사람들을 이해시키기 위해서가 아니라 총명하게 이해하고 소통하기 위해서 여러분의 삶 속에서 이러한 용어들을 배우고 사용하기 바란다.

여러분이 이미 파악했겠지만, 이러한 용어들을 확인하는 데 도움이 될 수 있도록 어떤 용어들은 본문에서 **굵은 글씨체**로 인쇄하였으며 여백에 대략의 개념 정의를 제시하였다. 어떤 용어가 다른 장에서 다시 사용되는 경우, 비록 여백의 정의는 반복되지 않더라도 최소한 한 번 *이탤릭체*로 강조될 것이다. 모든 경우에 있어서 주된 개념정의는 이 책 끝부분의 용어해설에 나온다.

주요 초국가적 행위자들의 구분

지구는 하나의 무대이며 드라마에는 많은 연기자들이 있다. 국제적인 상호작용에 참여하는 행위자들(actors, 때때로 주체(agents)로 불리기도 함)의 주요 범주를 확인하고 분류하는 것이 중요하다. 초국가적 행위자(actor) 각각의 행동은 개인적이며 집단적인 면에서 그리고 다양한 정도로 영향을 미치며 세계정치를 변환시키는 경향을 형성한다. 그러나 학자들은 통상적으로 어떻게 행위자들을 국제문제의 연기자로 생각하며 그 유형을 범주와 구조로 나누는가?

물론 가장 중요한 기초적 구성단위는 개인들로서 모두 70억 명에 달한다. 매일 우리들 각자는 쓰레기를 버리고, 담뱃불을 붙이며 또는 아이를 돌보는 등 그 무엇을 하든 세계의 경향이 어떻게 펼쳐질 지에 대하여 조금씩 영향을 미친다. 그러나 사람들은 여러 가지 단체에 가입, 참여하게 된다. 이러한 단체들 모두는 사람들과 그들의 선택을 여러 집합체를 통해 결합시키고 그렇게 함으로써 각 단체의 힘(power)을 결집한다. 그러한 단체들은 종종 서로 경쟁하기도 하는데 그 이유는 그들이 서로 다른 이해관계와 목표를 가지기 때문이다.

세계 역사의 대부분 기간에 있어서 최초의 행위자들은 종교집단들, 구성원들이 종족적 기원을 공유하는 부족 집단들, 그리고 제국 또는 팽창주의적 힘의 중심부들이었다. 그들이 접촉하게 되는 경우 그들은 때때로 이익을 위해 협력하기도 했으나 대부분 가치 있는 자원을 둘러싸고 경쟁하고 싸웠다. 이러한 집단들 사이의 국제관계에 관한 8,000년 이상의 기록역사는 오늘날 상호작용하는 체제의 모습에 대한 선례를 제공하고 있다.

독립된 영토 단위체 사이의 관계망으로써 근대국가 체제는 유럽에서 30년 전쟁을 종결한 1648년 베스트팔렌조약 이후에 탄생했다. 이후 통치자들은 로마가톨릭 교황의 세속적 권위의

행위자

세계정치에서 주요한 역할을 하는 개인, 집단, 국가 또는 기구

힘

한 행위자가 다른 행위자로 하여금 그의 선호에 반하는 행동을 하도록 변화시킬 수 있게 하는 요소들

인정을 거부하고 중세시대의 교황통치 체제를 지리적, 정치적으로 분리된 국가들로 교체하였는데 이 국가들은 그들보다 더 높은 어떤 권위도 인정하지 않았다. 새로이 독립한 모든 국가들은 통치자들에게 똑같은 법적 권리를 부여했다: 오직 그들만의 통제 하에 있는 영토, 국내 문제에 대한 제한받지 않는 통제, 다른 국가들과 외교관계를 수행하고 조약을 체결할 수 있는 자유 등이다. 다른 어떤 행위자도 국가보다 더 위에 있을 수 없다는 국가주권(state sovereignty) 개념은 아직도 이러한 법적 권리를 표현하고 있으며 오늘날 국가를 중심적 행위자로 확인시켜 주고 있다.

베스트팔렌 체제는 세계정치의 모든 차원에 계속 영향을 끼치고 있으며 국제문제에서 중심적 단위체들을 묘사하는데 사용되는 용어를 제공한다. 비록 민족국가(nation-state)라는 용어는 종종 '국가(state)'와 '민족(nation)'이라는 용어와 교환, 사용될 수 있지만 엄격히 보면 이 세 가지는 서로 다르다. 국가라는 것은 영속적인 인구, 뚜렷이 정의된 영토, 그리고 주권을 행사할 수 있는 정부를 지니는 법적인 실체이다. 민족이라는 것은 종족적, 언어적, 문화적 공통성에 기초하여 현실을 구성하여 기본적으로 자신들이 정체성을 공유하는 같은 집단의 구성원이라고 인식하는 사람들의 집합체이다. 그리하여 *민족국가(nation-state)*라는 용어는 영토국가와 그 안에 있는 사람들의 심리적 일체감 사이의 수렴을 의미한다(Steward, Gvosdev, and Andelman, 2008).

그러나 이 익숙한 용어를 사용함에 있어서 우리는 주의해야만 하는데, 그 이유는 이러한 조건이 충족되는 경우가 비교적 드물기 때문이다; 단일 민족으로 구성된 독립국가는 거의 존재하지 않는다. 오늘날 대부분의 국가들에는 많은 민족들이 살고 있는데 어떤 민족은 국가를 형성하지 못하고 있다. 이 '비국가 민족'은 소수종족집단(ethnic groups)으로—미국의 토착 원주민들, 인도의 시크족, 스페인의 바스크족 같은 경우—그들이 살고 있는 영토에 대하여 주권력을 가지지 못하는 사람들로 구성되어 있다.

1648년 이래 세계정치의 역사는 대체로 세계의 지배적인 정치조직으로 남아있는 국가들 사이의 상호작용에 관한 연대기이다. 그러나 국가의 최고성은 최근 비국가 행위자들에 의하여 크게 도전받고 있다. 점점 더 세계문제는 정부간기구(IGOs)와 비정부기구(NGOs)에 의하여 영향 받고 있다.

정부간기구(Intergovernmental organizations, IGOs) 들은 국가의 범위를 초월하고 그 구성원은 국가들인데, 독립적인 외교정책을 수행하기 때문에 그 자체만으로 범세계적 행위자로 생각될 수 있다. 공동의 문제를 해결하기 위하여 국가들에 의해 의도적으로 만들어진 정부간기구는 유엔, 북대서양조약기구 같은 범지구적 조직을 포함하며 그 회원국들의 의지로부터 그들의 권위를 얻는다. 정부간기구들은 영속성 및 제도적 조직을 특징으로 하며 그 크기와 목

국가주권

내부문제와 대외관계를 관리하는 국가의 최고 권위

국가

통치하는 영토와 국민에 대하여 배타적인 통제력을 행사하는 하나의 독립적인 법적 실체

민족

사람들이 동일한 인종적 특징, 문화 또는 언어를 공유함으로써 그들 자신을 동일한 집단의 구성원으로 보는 하나의 집합체

소수종족집단

기본적으로 공통 조상에서 유래하는 민족성, 언어, 문화유산, 혈연을 공유한다는 의식에 기초하여 단일한 정체성을 갖는 것으로 정의되는 사람들

정부간기구(IGOs)

국가 정부들에 의해 창설되고 가입되는 제도들로 국가 정부들은 이러한 제도들에게 세계적 의제 중 특정의 문제들을 관리하기 위한 집단적 결정을 내릴 수 있는 권위를 부여한다.

적에 있어서 다양하다.

비정부기구(NGOs)

유엔과 협의지위를 유지하는 사적인 시민들의 초국가적 조직들로 이러한 기구들에는 전문가 협회, 재단, 다국적기업들 또는 그저 공통의 이해관계를 위해 서로 다른 국가들에서 서로 힘을 합쳐 일하며 적극적으로 활동하는 국제적인 단체들이 포함된다.

비정부기구(Nongovernmental organizations, NGOs)들은 사적인 개인과 집단들을 회원으로 하는데 비국가 행위자의 또 다른 주요 유형이다. 비정부기구들은 범위와 목적에 있어서 다양한데 그들 자신의 의제를 추구하며 환경보호, 군축, 인권 같은 다양한 문제들에 대하여 범세계적인 영향력을 행사한다. 예를 들면 국제사면위원회(Amnesty International0, 세계야생동물연합(World Wildlife Federation), 국경 없는 의사들(Doctors Without Borders)은 모두 비정부기구로서 세계에 변화를 일으키고 국제적인 정책결정에 영향을 미치기 위해 활동한다. 그러나 비록 많은 비정부기구들이 긍정적인 관점에서 인식되지만 테러집단이나 국제마약 카르텔 같은 것들은 우려를 야기하는 비국가 행위자들이다.

우리는 세계정치와 그 미래를 생각함에 있어서 이러한 '단위체(units)' 또는 행위자 범주 모두를 면밀히 검토하게 될 것이다. 각 단위체에 대해 얼마나 많이 강조하고 많이 언급하느냐 하는 문제는 각 장에서 다루는 주제에 따라 달라진다. 그러나 오늘날 모든 행위자들이(개인, 국가, 비국가 기구들) 동시에 활발하게 활동하고 있으며 그들의 중요성과 힘은 고려하는 경향이나 쟁점에 따라 다를 뿐이라는 점을 명심해야 한다. 그러므로 끊임없이 현재 그리고 미래에 다음과 같은 질문을 던져야 한다; 어떤 행위자들이 가장 적극적으로 활동하며 가장 영향력 있고 그리고 어떤 쟁점과 어떤 조건에서 그러한가? 그렇게 함으로써 여러분은 국제관계 분야의 학자처럼 사고하는 데 도움을 받을 수 있을 것이다.

분석수준의 구분

우리는 국제 현상들을 묘사할 때, '무엇(what)'이라는 질문에 답하게 된다. 무엇이 일어나고 있는가? 무엇이 변화하고 있는가? 우리는 어떤 현상에 대한 묘사로부터 설명으로 옮겨갈 때 '왜(why)'라는 질문에 답해야 하는 보다 어려운 과제에 처하게 된다. 왜 어떤 특정 사건이 일어났는가? 왜 지구온난화가 발생하고 있는가? 왜 부국과 빈국 사이의 격차가 벌어지고 있는가?

이러한 문제들을 다루는 데 유용한 한 가지 열쇠는 어떤 알려지지 않은 과정의 최종 결과의 부분으로 한 사건이나 경향을 시각화하는 것이다. 이렇게 하면 우리가 설명하고자 하는 현상을 낳은 원인에 대해 생각하는 데 도움이 된다. 세계정치와 그 미래에 있어서 대부분의 사건들과 사태발전은 의심의 여지없이 인과적 연계의 복잡한 거미줄 속에 서로 연결되어 있는 많은 결정인자들에 의해 동시에 영향을 받는다.

이 책은 왜 어떤 국제적인 사건과 상황들이 발생했는가를 설명하는 복수의 원인들에 대해 해석적인 의미도출에 도움을 주기 위하여 일련의 분석적 범주들을 제공한다. 이러한 분석적 구분이 국제적 사건과 사태 발전을 가장 잘 이해하기 위해서 먼저 관찰 및 질문대상을 구성하는 복수의 조각들을 서로 다른 범주들(또는 수준들)로 분리해야 한다는 학자들 사이의 폭넓은 합의에 일치한다. 가장 흔한 관례로 연구자들은 세 가지 수준 중 하나(또는 그 이상)에 초점을 맞춘다. 그림 1.1에서 보여주는 것처럼, 분석수준들(levels of analysis)이라고 알려진 이 분류법은 국제 체계 전체에 대하여 개인들의 영향, 국가 또는 그 내적인 영향, 그리고 범세계적 영향을 구분한다.

　어떤 힘이 미래를 지배할 것인가에 대해 예측하기 위하여 우리는 또한 많은 힘들이 동시에 작용하고 있다는 것을 인정하지 않으면 안 된다. 어떤 경향이나 문제도 홀로 존재하는 법이 없다; 모든 관련 요소들이 동시에 상호작용한다. 미래는 복잡하게 얽힌 그물망 속에서 각 행위자가 나머지 행위자들과 연결되는 많은 결정인자들에 의해 영향을 받는다. 집합적으로 이 결정인자들은 어떤 단 하나의 분열적 힘의 영향을 제한함으로써 안정을 가져올 수도 있다. 그러나 만약 상호작용 하는 힘들이 수렴하는 경우 이들이 결합하여 창출하는 효과는 세계정치에 있어서 변화의 속도를 가속화함으로써 그렇지 않았다면 가능하지 않을 방향으로 움직여 갈 수 있다.

　개인적 분석수준은 국가와 비국가 행위자들을 대표하여 중요한 정책결정에 책임이 있는 사람들과 중요한 정책적 의미가 있는 행동을 하는 보통 시민

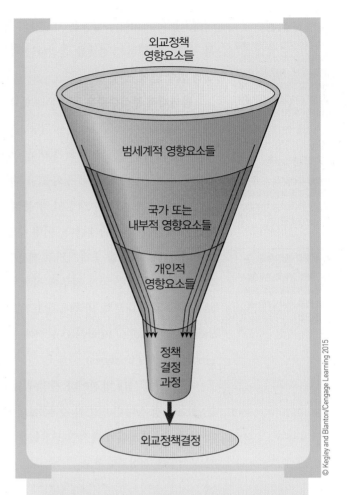

그림 1.1
세 수준의 영향요소: 외교정책결정과 국제관계에 영향을 미치는 주요요소들
국가들의 외교정책들과 다른 모든 범세계적 행위자들의 정책결정의 모습을 형성하는 요소들은 세 가지 기본적 수준에서 범주화될 수 있다. 범세계적 수준에서는 세계적인 내전의 확대와 무역 상호의존 정도와 같은 국제 체제의 구조적 측면들이 존재한다. 국가수준에서는 국가의 정부 형태 또는 그 시민들의 여론과 같은 내부적 또는 국내의 영향요소들이 있다. 개인적 수준에서는 지도자들의 개인적 신념, 가치, 인성 등을 포함하는 특징들이 있다. 이 세 가지 모든 수준들이 동시에 정책결정에 영향을 미치지만 그들의 상대적 중요성은 대체로 정책결정 시의 쟁점과 환경에 달려 있다.

들을 포함하는 인간의 개인적 특징을 의미한다. 예를 들어 우리는 개인들이 그들의 정치적 태도, 신념, 행동들에 대해 지니는 인식의 영향을 적절하게 찾아낼 수 있다. 우리는 또한 왜 개별적 인간들이 범세계적 드라마의 중요한 부분이 되며 왜 세계정치의 공부는 우리들의 삶과 미래에 의미를 갖는지의 문제를 탐구할 수 있다.

　국가적 분석수준은 국가의 외교정책 과정을 지배하는 권위 있는 정책결정 단위체들과 그러한 국가들의 국내적 속성들로(즉, 정부의 유형, 경제 및 군사적 힘의 수준, 민족집단의 수 등)

분석수준들

어떤 분석자가 초점을 두고자 하는 '전체(완전한 세계 체제와 커다란 집합체들)' 또는 '부분들(개별 국가들 또는 사람들)' 여부에 따라 글로벌 현상들을 해석하고 설명하는 데 있어서 특별히 강조될 수 있는 국제문제의 서로 다른 여러 측면들과 행위자들

구성되는데 이러한 속성들은 지도자의 외교정책 모습을 형성하거나 제한한다. 국가들이 전쟁과 평화와 관련되는 정책을 결정하는 과정과, 그러한 결정을 수행하는 능력은 국가적 분석수준의 범주 안에 든다.

범세계적 분석수준은 세계무대에서 행동을 통해 궁극적으로 국제정치 체제의 모습을 결정짓고 세계정치의 특정으로서 갈등 및 협력의 수준을 형성해 가는 국가와 비국가 행위자의 상호작용을 가리킨다. 빈국의 선택을 강제할 수 있는 부국의 능력은 바로 적절한 범세계적 분석수준의 범주에 해당된다. 평화를 유지하는 (또는 그렇지 못한) 유엔의 능력도 마찬가지이다.

전 세계적인 경향과 쟁점이 각 분석 수준에 있어서 영향의 산물이라는 점을 보여주는 다양한 사례들이 많이 존재한다. 어떤 수입국에 의한 보호주의적 무역정책은 의류와 자동차의 소비자들에게 비용을 증가시키고 제조업 국가에 있어서 시민들의 삶의 질을 떨어뜨린다. 그러한 정책들은 어떤 국가 정부에 의해 주도되지만(국가적 분석수준, state level of analysis) 보호주의 국가 내부와 외국에 살고 있는 사람들의 삶의 질을 떨어뜨리고(개인적 분석수준, individual level of analysis) 동시에 보복적 무역전쟁의 촉발을 위협한다(세계적 분석수준, global level of analysis).

물론 어떤 사태 발전이나 쟁점에 있어서는 주로 하나 또는 두 개의 수준으로부터 비롯되는 요소와 힘이 다른 수준의 것(들)보다 더 높은 분석적 비중을 제공한다. 따라서 우리는 다음의 장들에서 세계의 구체적인 쟁점들을 다루면서 이러한 쟁점들에 가장 중요한 시각을 제공하는 분석수준을 강조한다.

변화, 지속성, 그리고 주기들의 구분

결합하여 어떤 결과를 낳을 수 있는 서로 다른 분석수준의 요소들을 확인한 후에는 그러한 요소들을 연대기적인 순서에 따라 배열하면 도움이 된다. 다이얼자물쇠를 가지고 있는 사람은 누구나 적절한 순서에 따라 정확한 숫자를 눌러야만 자물쇠가 열린다는 것을 안다. 유사한 경우로, 세계정치에서 왜 어떤 일이 일어났는가를 설명하기 위해서 우리는 여러 가지 개인적, 국가적, 그리고 범세계 체제적 수준의 요소들이 시간 속에서 펼쳐지는 어떤 모습 속에 함께 맞닿아 있는지 결정하지 않으면 안 된다.

앞으로 다가올 가능성이 높은 인간의 운명에 대해 예측할 수 있는 한 가지 열쇠는 바로 직후의 순간이라는 제한된 틀을 넘어 바라보는 것이다. 오늘날 현실에 대하여 이전의 관념과 사건이 미친 영향을 이해하는 것은 아주 중요하다. 철학자 조지 산타야나(George Santayana)가 경고한 것처럼 "과거를 기억하지 못하는 사람은 그것을 반복할 운명에 처하게 된다." 마찬가지로, 윈스턴 처칠(Winston Churchill) 전 영국 수상은 "더 멀리 뒤로 바라보면 볼수록 더 멀리 앞을 내다보게 될 것이다.”라고 조언한다. 그리하여 오늘날 세계정치의 극적인 변화를 이해하고 그러한 변화들이 미래를 어떤 식으로 형성해갈 것인가에 대해 예측하기 위해서 그러한 변화들을 장기적인 시각의 맥락에서 보는 것이 중요하다. 이렇게 할 때 행위자들 간의 초국가적 상호작용 경향이 어떻게 바뀌었으며, 상호작용의 근본적인 특징들 중 어떤 부분들이 변화에 어떻게 저항했는지를 면밀히 검토할 수 있게 한다.

변천하는 외교 관행은 현재 세계정치의 상태에 대해 무엇을 시사하는가? 전 세계에 걸친 일시적인 충격파는 진정으로 21세기 새로운 세계 질서로의 길을 닦고 있는 것인가? 아니면, 오늘날 발생하는 많은 극적인 혼란은 일시적인 것이어서 그저 역사라는 지진계에 있어 한두 번 나타나는 급상승점으로 판명되고 말 것인가? 우리는 여러분이 우리와 함께 이러한 질문들의 탐구에 나설 것을 초대한다. 이러한 탐구를 시작함에 있어서 우리는 세계 역사에 있어서 지속성, 변화, 그리고 주기들 사이의 차이가 여러분이 해석의 방향을 잡는데 어떻게 도움이 될 수 있는지에 대해 논의한다.

역사의 모든 시기는 어느 정도 변화라는 특징을 갖는다. 그러나 오늘날 변화의 속도는 그 어느 때보다도 빠르며 그 결과는 보다 심대한 것으로 보인다. 많은 관측자들에게 있어서 오늘날 폭포수처럼 쏟아지는 사건들은 세계정치의 혁명적인 재편을 시사한다. 수많은 통합적 경향이 그러한 가능성을 가리킨다. 세계의 국가들은 통신과 무역 등에 있어서 점점 더 가까워지고 있으며 세계화된 시장을 낳고 있다. 그러나 동시에 분열적인 경향도 있어서 미래가 그리 밝은 그림이라고만 할 수는 없다. 무기 확산, 지구환경 악화, 소수민족 분쟁의 재흥 등은 모두 혼란을 내포한 재편의 전조가 되고 있다.

어떤 힘이 미래를 지배할 것인가 예측하기 위해서 우리는 어떤 경향도 홀로 존재하지 않으며 또 다양한 경향들이 어떤 단 하나의 분열적 힘의 영향을 제한함으로써 안정을 가져올 수 있다는 것을 인정하지 않으면 안 된다. 또한 경향들의 수렴은 변화의 속도를 가속화하여 그렇지 않을 경우 가능하지 않은 방향으로 움직여갈 수 있다.

세계정치는 현재 전환의 시기를 경험하고 있다. 통합과 분열이라는 상반된 힘은 지평선 너머로 다가오는 변환(transformation)을 가리키고 있지만 또한 진정한 역사적 분수령을 일시적 변화와 구분하는 것은 어렵기만 하다. 한 체제로부터 다른 체제로의 변환을 추동하는 힘이 무엇인지 당장 분명하지는 않다. 그럼에도 불구하고 세계역사의 연구자들을 위한 또 하나의 유용한 열쇠는 어떤 시대들이 특히 가능성이 높은 후보자라는 것이다.

과거에 세계정치의 주요한 전환점은 보통 많은 국가들이 참여한 전쟁이 종결될 때였다. 이러한 전쟁은 흔히 기존의 국제체제에 혼란을 가하거나 파괴한다. 20세기의 제1차, 2차 세계대전과 냉전은 과거로부터 근본적인 단절을 가져왔으며 중대한 변환을 태동시킴으로써 각 국가

변환

세계정치에 있어서 가장 적극적인 참여자들 간의 상호작용 유형과 관련하여 하나의 '글로벌 체제'가 또 다른 것을 대체하는 것으로 보일 만큼 높은 강도의 특징적인 변화

들의 이익과 목적, 우선순위의 저변에 자리하고 있는 전제에 대해 재고할 유인동기를 제공하였다. 마찬가지로, 많은 사람들은 2001년 9월 11일의 테러 공격이 세계문제에 있어서 근본적인 변환을 가져왔다고 결론짓는다. 정말 9.11은 모든 것을 변화시키는 것 같았다; 조지 W. 부시 전 미국 대통령 말에서처럼 "하나의 다른 세상에 밤이 드리웠다."

그러나 분명한 변환 속에서도 지속의 가능성을 찾는 것이 마찬가지로 중요하다. 9.11테러 이후에 모든 것이 현격하게 달라진 것처럼 보이지만 얼마나 많은 것들이 그대로 남아 있는지 생각해보자. 윌리엄 돕슨(William Dobson, 2006) 기자가 9.11의 5주년 전야에 썼던 것처럼 "괄목할 만한 것은 세계에 변한 것이 거의 없다는 점이다." 같은 맥락에서 역사가 후안 콜(Juan Cole)은 "국제무역과 세계화의 엄청난 대세는 이 공격에 의해 별로 영향을 받지 않았다."라고 결론지었다(2006, p. 26). 인도와 파키스탄, 북한과 미국, 이스라엘과 남부 레바논 및 팔레스타인 영토의 무장세력 간 분쟁들을 포함하는 수십 년 묵은 분쟁 위험지역은 아직도 그대로 남아 있다. 콜은 결론짓기를 "그 모든 가시성과 극적인 효과에도 불구하고 9.11테러는 국제정치 모습의 저변에 자리하는 많은 힘들과 지속적인 긴장상태를 변화시키지 못하고 그대로 남겨 놓았다."라고 하였다.

우리는 종종 미래에 변화가 자동적으로 찾아오기를 기대하지만 나중에 과거로부터의 어떤 유형들이 다시 나타나는 것을 발견하고 놀라게 된다. 신문 머리글 기사들이 곧 경향을 나타내는 것은 아니며 한 가지 경향이 반드시 변환의 신호인 것은 아니다. 심지어 급속한 변화와 함께 남아있는 장기간의 지속성들을 감안할 때, 세계정치에서 중대한 변환이 진행되고 있다고 가정하는 것은 위험하다.

기존의 관계 유형이 완전히 새로운 세계 체제에게 자리를 내주었음을 결정하는 데 도움을 주는 기준은 무엇일까? 스탠리 호프만(Stanley Hoffmann, 1961)은 우리가 다음의 세 가지 질문 중 하나에 새로운 대답을 할 수 있을 때 새로운 세계 체제(global system)를 확인할 수 있다고 주장한다. 이러한 노선의 주장에 따라 우리는 이제 하나의 새로운 체제가 등장했다고 결론지을 수 있을지 모른다.

세계 체제

주요 세계적 조건들을 지배적으로 정의하여 인간과 국가의 활동에 중대한 영향을 미치는 행동과 신념의 우세한 유형들

■ 글로벌 거버넌스를 위한 이 체제의 기본적 단위체는 무엇인가?

비록 국가들은 국제 체제의 대표적인 행위자로 남아있기는 하지만 초국가적 제도와 비정부 행위자들은 점차 그 위상이 두드러지고 있다. 새로운 무역동반자 관계가 유럽과 남아메리카의 원추형지역, 북아메리카와 태평양 연안에서 형성되었는데 이러한 무역블록은 서로 경쟁하면서 단일한 또는 독립적인 비국가 행위자로서 행동할 수 있다. 더구나 유럽연합(EU)과 같은 국제기구는 이제 개별 국가들과의 경쟁에서 영향력을 행사하고 있고 이슬람 과격

단체들과 같은 초국가적 종교운동체는 세계 체제 그 자체에 도전하고 있다.

■ 이러한 단위체들이 서로에 대하여 추구하는 지배적인 외교정책 목표는 무엇인가?

영토 정복은 더 이상 국가들의 지배적인 외교정책 목표가 아니다. 대신에, 그 중심이 전통적으로 군사적 수단에 의한 영향력 행사에서 경제적 수단으로 전환되어왔다. 한편 냉전시대의 민주적 자본주의와 마르크스-레닌주의적인 공산주의 간의 이념적 경쟁이 국제정치의 중심 간극이 되지 못하고 있으나 아직 어떤 새로운 중심축도 뚜렷하지 못하다.

■ 이러한 단위체들은 서로에 대하여 군사 및 경제적 능력을 가지고 무엇을 할 수 있는가?

무기기술의 확산은 적들이 서로에게 입힐 수 있는 손상을 심오하게 변화시켰다. 강대국들 (Great powers)만이 독자적으로 더 이상 치명적인 무기들을 통제할 수 없다. 그러나 강대국의 번영은 점점 더 전 세계적인 경제 환경에 의존하게 됨으로써 그들이 성장을 꾀할 수 있는 능력은 축소되고 있다.

최근 몇 해 동안 행위자(단위체), 목표, 능력에 있어서의 심대한 변화는 국가들 사이에 위계적 힘의 서열을 크게 바꾸었지만 위계구조 그 자체는 지속적으로 존재하고 있다. 부국과 빈국을 나누는 경제적인 위계구조, 지배자와 피지배자를 분리하는 정치적인 위계구조, 어떤 행위자들은 공급자가 되고 다른 행위자들은 의존자가 되는 자원적(資源的) 위계구조, 강자와 약자를 경쟁시키는 군사적 비대칭 등 모두는 과거에 그랬던 것처럼 국가들 간의 관계를 결정짓는다. 마찬가지로, 국제적 무정부상태의 영속화는 전 지구를 통치하는 제도의 부재와 계속되는 국가 안보의 불안 속에서 국제적인 승인 없이 전쟁 준비와 무력의 사용을 고무시키고 있다. 그러므로 변화와 지속성이라는 두 힘은 공존하면서 오늘날 세계정치를 함께 형성해가고 있다.

항상성과 변화의 상호작용 속에서 세계적 행위자들 간의 미래관계는 결정될 것이다. 이것이 십중팔구 왜 주기들, 즉 이전 시기의 유형과 닮은 사건들의 주기적인 발생이 그토록 자주 세계정치를 특징짓는 것으로

강대국들

세계 체제에 있어서 군사 및 경제적으로 가장 강한 국가들

무정부상태

세계 체제에 있어서 그 단위 행위체들이 그들의 행동을 규제하는 상위 제도들의 통제 하에 거의 있지 않은 상태

주기들

전에 존재했던 상태들과 유사한 상태들이 정기적으로 다시 등장하는 것

AP Photo/Carmen Taylor

9.11은 세계적 변환의 사건이었는가?
9월 11일 세계무역센터의 쌍둥이 건물에 대한 테러 공격은 세계사에 있어서 혁명적인 날짜로 널리 간주되는데 세계정치에 있어서 상전벽해와 같은 변화를 낳았다는 것이다. 이 사건이 1945년 8월 6일 미국이 히로시마를 폭격했던 핵시대의 탄생이나 냉전 종식의 신호가 되었던 1989년 11월 베를린 장벽의 해체와 같이 세계를 진정으로 변화시킨 사건들과 버금가는 것으로 평가될지 여부는 시간이 말해줄 것이다. 또 다른 관점에서 부상하는 중국이 세계정치의 변환적인 현상으로 9.11을 대체하는 새로운 도전을 제기할지도 모른다.

작은 세계
여러분이 세계정치에 대한 지식을 늘리기 위한 발견의 여행을 시작하면서, 여러분 주변의 세계에 대해 지니고 있는 이미지에 대해서 알고, 그에 대한 새로운 경험과 해석에 개방적인 것이 여러분에겐 중요하다. 따라서 지구공동체에 대하여 공부하고 학습할 수 있는 기회들을 충분히 활용하기 바란다. 여기 2013년 3월의 사진은 미국 멤피스대학교의 학생들로 남아프리카에서의 해외탐방 학습 프로그램을 즐기고 있다.

보이는지를 설명해준다; 새로이 등장하는 세계 체제는 과거의 시기와 많은 특징을 공유하고 있기 때문에 역사적인 의식을 가진 관측자들은 처음 경험하는 어떤 것을 이미 경험한 것으로 착각하는 기시감(旣視感)을 경험할 수 있다.

여러분의 지적 여행을 위한 준비

세계정치는 복잡하고 그에 대한 이미지도 각각 다르기 때문에 학자들마다 세계정치의 이해를 위한 접근방식도 서로 다르다. 어떤 학자들은 거시정치적 관점을 통해 세계 체제를 전체적으로 개관하면서 세계 행위자들의 행동을 세계 체제 내 그들의 상대적인 위치에 기초하여 설명한다. 어떤 학자는 미시정치적 관점을 채택하여 개별 행위자들의 특징을 철저하게 밑바닥으로부터 바라보며 그들의 행동들로부터 외삽(外揷)하여 세계 체제를 총합적인 전체로 묘사한다.

두 가지 접근법 모두 세계정치의 이해에 중요한 기여를 한다; 전자는 세계 환경이 정치적 선택에 어떤 제한을 가하는지 보여준다; 후자는 초국가적 행위자들 각각의 선호도, 능력, 전략적 계산이 세계의 조건에 어떻게 영향을 미치는지에 대해 주의를 환기시킨다. 세계정치를 거시정치적 관점에서 봄으로써 우리는 왜 이 체제 내의 비슷한 위치에 있는 행위자들이 내적인 차이에도 불구하고 유사한 행동을 하는지 알 수 있다. 미시정치적 관점을 취함으로써 우리는 왜 어떤 행위자들이 세계 체제 내에서 유사한 위치에 있으면서도 서로 매우 다르거나 또는 다르게 행동하는지 이해할 수 있다(Waltz, 2000 참조).

이러한 분석적 출발점으로부터 이 책은 1)행동에 한계를 부여하는 세계정치의 주요 거시적 경향과 2)이러한 세계적 경향에 의해 영향을 받는 개별적 행위자들의 가치, 이해관계, 능력 3)이러한 행위자들이 그 개별적 또는 집단적 노력을 통해 기존의 세계 환경을 바꾸기 위해 상호작용하는 방식, 이러한 상호작용이 범세계적 경향의 궁극적 궤적을 형성해가는 방식 등을 면밀히 고찰할 것이다. 분석적 접근법은 행위자들이 어떻게 서로의 행동에 반응하고 영향을 미치는지에 관한 것뿐만 아니라 행위자들과 그들의 환경 간의 역동적 상호작용을 보게 된다.

여기에 소개된 접근방식은 여러분이 오늘날 *세계정치*를 이해하고 또 다가올 세계의 미래에 대해 예측할 수 있는 창을 열어줄 수 있다. 이 접근법은 가깝고 또 멀리 있는 설명 요소들의 상호작용을 개인, 국가, 범세계라는 분석수준에서 고려하면서도 장기적으로 의미가 감소할 것으로 보이는 특정 국가, 개인 또는 일시적인 사건들에 대한 지나친 고려는 피할 수 있는 이점을 가지고 있다. 대신에 이 책은 세계의 생활 조건에 뚜렷한 영향을 미치는 일반적 경향으로 수렴되어 나타나는 행동들을 찾아내고자 한다. 그리하여 여러분은 역사 및 현대의 사건들을 좀 더 크고 지속적인 맥락 속에 위치지우는 어떤 시각으로부터 세계정치의 본질을 탐구하게 될 것이며, 그 결과 여러분 삶에서 나중에 일어날 사태발전을 해석할 수 있게 하는 개념적 도구를 제공받게 될 것이다.

> *학습하는 법을 배울 수 있는 능력이 미래를 위해 당신이 가지는 유일한 보장이다.*
> – 토머스 프리드먼(Thomas L. Friedman), 정치 전문기자

STUDY. APPLY. ANALYZE.

핵심 용어

강대국들	국가주권	변환	소수종족집단	행위자
개인적 분석수준	도식적 추론	분석수준들	인지적 불일치	힘
거울 이미지	무정부상태	비정부기구	장기간 대항관계	
국가	민족	세계정치	정부간기구	
국가적 분석수준	범세계적 분석수준	세계 체제	주기들	

추천 도서

Ellis, David C. (2009) "On the Possibility of 'International Community,'" *The International Studies Review* 11 (March):1-26.

Friedman, George. (2011) *The Next Decade: Where We've Been ... and here We're Going.* New York: Doubleday, Random House.

Fukuyama, Francis. (2011) *The Origins of Political Order: From Prehuman Times to the French Revolution.* New York: Farar, Straus and Giroux.

Holsti, K. J. (2004) *Taming the Sovereigns: International Change in International Politics.* New York: Cambridge University Press.

Jervis, Robert. (2008) "Unipolarity: A Structural Perspective, *World Politics* 61:188-213.

Puchala, Donald. (1994) "The History of the Future of International Relations," *Ethics & International Affairs* 8: 177-202.
Rosenau, James N. (1992) "Normative Challenges in a Turbulent

World," *Ethics & International Affairs* 6:1-19.

Shapiro, Robert J. (2008) *Futurecast: How Superpowers, Populations, and Globalization Will Change the Way You Live and Work.* New York: St. Martin's Press.

Stewart, Devin T., Nikolas K. Glosdev, and David Andelman. (2008) "Roundtable: The Nation-State," www.carnegiecouncil.org.

"이론은 없이 실제만 좋아하는 사람은 방향타와 나침반 없이 승선하여 어디에 닻을 내리는지 모르는 선원과 같다."

– 레오나르도 다 빈치(Leonardo da Vinci), 예술가

CHAPTER 2
세계정치의 이론들

이론적 도전들

우리는 항상 변화하는 조건들 속의 세계에 살고 있다. 많은 경향들이 펼쳐지고 있는데 이 중에 어떤 것들은 서로 상반된 방향으로 진행되고 있어서 세계정치를 정확히 이해하는 데 장애로 존재한다. 여러분이 세계정치의 경향과 변환에 관한 공부를 시작함에 있어서 가지게 되는 어려움은 변화하는 세계의 의미를 이론적으로 해석하는 것이다.

고려해야 할 질문들

- *이론은 왜 중요한가?*
- *현실주의는 무엇인가?*
- *자유주의는 무엇인가?*
- *구성주의는 무엇인가?*
- *국제관계에 관한 몇 가지 대안적인 관점은 무엇인가?*
- *세계정치 이해를 위한 이러한 이론들의 강점과 한계점은 무엇인가?*

여러분이 새로 당선된 미국 대통령이라고 상상해보자. 여러분은 현재의 범세계적 상황과 그를 다루기 위한 외교정책에 관한 견해를 밝히는 신년 국정연설을 할 예정으로 있다. 여러분은 주의를 가장 많이 기울일 만한 국제문제의 양상들을 정의하고 그에 부여한 우선순위에 대해 이유를 설명해야 하는 과제를 앞두고 있다. 이러한 문제들의 중요성에 대하여 국민들을 설득하기 위해 그것들을 세계의 보다 큰 그림의 한 부분으로 제시하지 않으면 안 된다. 그러므로 여러분은 세계정치에 대한 여러분의 인식(perception)에 기초하여 이론적으로 생각하지 않으면 안 된다. 이때 매우 조심스럽게 접근해야 한다. 그 이유는 여러분의 해석이 필연적으로 국제현실(international realities)에 대한 여러분의 가정(assumptions)에 의존할 것이고 국민들은 이에 대해 의문시할 수 있기 때문이다. 세계를 설명하고, 세계의 새로운 문제를 예측하며, 다른 사람들에게 그러한 문제를 다룰 어떤 정책에 대해 납득시키려고 노력하다보면 종종 논란의 결과로 나타난다. 이렇게 되는 이유는 심지어 합리적인(reasonable) 사람들조차도 종종 현실(reality)이라는 것을 서로 다르게 보기 때문이다.

정치지도자들은 이러한 종류의 지적인 도전에 직면할 때, 세계정치의 이론(theories of world politics)들을 활용함으로써 도움을 받을 수 있다. 이론(theory)이라고 하는 것은 성격, 원인, 있을 법한 결과, 윤리적 함의를 포함하여 어떤 현상에 대한 가정과 증거로부터 도출되는 일련의 결론이다. 이론들은 우리 주변의 복잡하고 어려운 세계를 알기 쉽게 해주는 지도(地圖) 또는 준거틀(frame of reference)을 제공한다.

이론

특정의 목표를 추구하고 윤리적 원칙들을 따르기 위한 정책처방을 하고 현상들에 대해 묘사, 설명, 또는 예측하기 위해 발전된 것으로 변수들 또는 조건들 간의 관계를 어떤 근거에 의해 가정하는 일련의 가설들

세계정치에 있어서 이론들과 변화

국제관계 이론들은 둘 또는 그 이상의 요소들 사이에 존재하는 관계의 조건들을 구체화하며 그러한 연계에 대한 이유를 설명한다. 정치학자들인 브루스 젠틀슨(Bruce Jentleson)과 엘리 라트너(Ely Ratner, 2011, p. 9)가 설명하듯이, "이론은 상황적이고 특수한 것을 넘어 깊이 통찰하여 좀 더 폭넓게 적용할 수 있는 요소들에 도달함으로써 어떤 특별한 사례 내의 인과유형에 대한 이해를 심화시킨다." 어떤 이론을 선택하여 활용할 것인가 하는 문제는 하나의 중요한 과제인데 그 이유는 각각의 이론이 국제정치의 본질에 대해 서로 다른 가정에 의존하고 있으며, 원인에 대해 서로 다른 주장을 제기하며, 서로 다른 외교정책 대안을 추천하기 때문이다.

선택할 수 있는 이론의 범위는 정말 넓다. 세계정치와 관련하여 서로 경쟁하는 이론들은 많지만 어떤 이론이 가장 유용한 것인지에 대한 합의는 없다(Snyder, 2004; Walt, 1998). 이렇게 된 근본 이유는 세상이 계속 변화하고 있으며, 어떤 단 하나의 이론도 모든 국제적 사건을 각각의 세계 환경에서 이해될 수 있게 만들 수 있음을 증명하지 못했기 때문이다. 따라서 국제정치 이론에 대한 인기에도 열광과 유행이 있다; 국제정치 이론들 각각의 인기와 유용성은 오랜 시간 속에서 어떤 역사적 시기를 지배하는 세계의 조건에 따라 상승하기도 하고 하락하기도 한다.

세계의 역사는 국제관계에 대한 이론적 해석에 있어서 변화의 역사이다. 어떤 주어진 시대에 있어서, 하나의 패러다임(paradigm), 즉 국제관계 같은 어떤 특정의 주제를 바라보는 지배적인 방식은 그 주제의 어떤 특징이 가장 중요하며, 어떤 문제가 해결되어야 하고, 나아가 어떤 분석적 기준이 연구과정을 다스려야 하는지에 관한 판단에 영향을 미친다. 시간이 흐르면서 패러다임들은 그들의 주장이 지배적인 국제적 행동유형을 반영하지 못함에 따라 수정되고 포기된다. 이러한 패러다임들, 즉 '학자들이 각자 연구하고 있는 세계에 대해 가지는 근본적인 가정(Vasquez, 1997)'은 결국 새로운 상황발전을 설명하기 위해 수정되는 경향이 있다.

그러나 이론들은 역사적 사건들을 설명하기 위해 존재하는 단지 수동적인 역할만 하는 것은 아니다. 이론들은 또한 정책결정을 하는 지도자들의 세계관 형성에 중요한 역할을 함으로써 정책 선택에도 핵심적 영향을 미치게 된다. 정책결정자들에게 이론은 세 가지 측면에서 중요하게 적용될 수 있다(Jentleson and Ratner, 2011);

> **패러다임**
>
> *사례, 모델 또는 근본적 유형을 의미하는 그리스어 (paradeigma)에서 파생된 것으로 어떤 연구 분야에 대한 사고의 구조를 형성한다.*

- 진단적 가치 이론은 정책결정자들 자신이 직면한 쟁점들에 대하여 그 유형을 파악하고 중요한 인과적 요소들에 초점을 맞추는 능력을 촉진시킴으로써 그 쟁점들을 평가하는 데 도움을 준다.
- 처방적 가치 이론은 전략을 개념화하고 정책적 대응을 위한 틀을 제공한다.
- 교훈 도출 가치 이론은 비판적 평가를 촉진시켜서 정책결정자들이 어떤 정책의 성공과 실패에 관하여 정확한 결론에 도달할 수 있게 한다.

예를 들면 현실주의 이론의 통찰력(이 장의 뒷부분에서 논의), 특히 세력균형의 중요성은 닉슨 미국 대통령이 1971년에 중국과 외교관계를 수립하는 결정에 있어서 견인차적인 역할을 하였다. 현실주의의 이론적 노선에 따라 그는 그와 중국 정부 간에 존재하는 커다란 이념적 차이를 눈감아주고 공통의 전략적 이익, 특히 소련의 힘에 대한 대응이라는 고려에 기초하여 외교관계를 수립하고자 했던 것이다. 좀 더 최근에, 민주주의의 확산에 관한 자유주의적 이념은 현실주의의 군사력 강조 및 국제제도 경멸과 결합하여 외교정책에 대한 신보수주의(neocon-servative) 접근을 형성하여 2003년 미국의 이라크에 대한 전쟁 결정에 핵심적 역할을 하였다.

영국의 경제학자 존 메이나드 케인즈(John Maynard Keynes, 1936, p. 241)는 "경제학

> **신보수주의**
>
> *다른 국가들에게 자유와 민주주의를 전파하기 위하여 군사력과 경제력의 사용을 요구하는 미국의 한 정치운동*

자와 정치철학자들의 이념은 그들이 옳을 때 또는 그를 때 모두 흔히 이해되는 것보다 훨씬 더 강력하다. 정말 세계는 다른 것에 의해 지배되는 것이 아니다. 자신이 어떤 지적인 영향으로부터 벗어나 있다고 믿는 실용적인 사람들은 보통 몇몇 죽은 경제학자의 노예이다."라고 유명한 주장을 하였다.

간단히 말해, 이론과 역사적 사건의 관계는 상호작용적이다. – 이론들은 세계정치의 사건과 행동들에 영향을 주기도 하고 반대로 영향을 받기도 한다. 이 장의 목적은 정책결정자들과 학자들이 국제관계를 해석하기 위해 가장 흔히 사용하는 현실주의, 자유주의, 구성주의의 이론적 가정들, 인과관계적인 주장들, 그리고 정책 처방들을 비교하는 것이다. 나아가 이러한 세 개의 지배적인 이론학파에 대한 페미니즘 및 사회주의적 비판을 소개하고 국제적 상호작용의 이해를 위해 각 이론이 제공하는 이론적 시각을 설명함으로써 오늘날 논의되는 국제관계 이론 분야의 범위를 더 확대한다.

> *실제에 대한 비판적 성찰은 이론과 실제의 관계에 있어서 필수적인 요소이다. 그렇지 않으면, 이론은 단순히 공허한 논쟁이 될 뿐이고 실제는 단순한 행동주의가 될 뿐이다.*
> – 파울로 프레이레(Paulo Freire), 브라질 교육 이론가

현실주의

현실주의

세계정치는 근본적으로 그리고 변함없이 무정부상태 하에서 권력과 위상을 추구하기 위한 이기적인 국가들의 투쟁으로, 이 과정에서 각 국가는 그 자신의 국가이익을 추구한다는 전제에 기초하고 있는 패러다임

현실주의(Realism)는 고대 그리스의 펠로폰네소스전쟁에 관한 투키디데스(Thucydides)의 저술까지 거슬러 올라가는 길고 뚜렷한 역사를 가지는 것처럼 지배적인 이론학파들 중 가장 오래되었다. 현실주의 사상에 기여한 다른 영향력 있는 인물들 중에는 16세기 이탈리아의 철학자 니콜로 마키아벨리(Niccolò Machiavelli)와 17세기 영국의 철학자 토마스 홉스(Thomas Hobbes)가 포함된다. 현실주의 세계관은 국제정치에 대한 많은 이해와 관련하여 계속하여 중요한 길잡이 역할을 하고 있으므로 면밀히 검토될 필요가 있다.

현실주의 세계관

오늘날 국제정치에 적용되고 있는 것처럼, 현실주의는 국가를 세계정치 무대에서 가장 중요한 행위자로 보는데 그 이유는 국가들이 그들보다 더 높은 정치적 권위에 대해 책임을 지지 않기 때문이다. 국가는 주권자이다; 국가는 영토, 인구에 대하여 최고의 *권력(power)*을 지니며 그 밖의 어떤 행위자도 국가보다 우위에 서서 정당성과 강제력을 행사하며 세계 체제를 다스리지 않는다. 현실주의자들은 국가들 자신의 보호와 분쟁해결을 위해 도움을 요청할 수 있는 더 높

은 권위체가 존재하지 않는다는 것을 강조하고 나아가 세계정치를 끊임없고 반복적인 권력투쟁의 장으로써 간주하며 이곳에서는 강자가 약자를 지배하는 것으로 묘사한다. 각 국가는 궁극적으로 그 자신의 생존에 대한 책임을 져야 하며 이웃 국가들의 의도는 불확실한 것으로 느껴지기 때문에 신중한 정치지도자들은 국가안보를 향상시키기 위해 강한 군대와 동맹국을 구축하게 된다는 것이다. 달리 말해, 국제적 무정부상태 하에서 심지어 선한 의도의 지도자들조차 자력구제(self-help)를 실행하며 잠재적 적을 억제하기 위해 자체의 군사력을 증가시키고 다른 국가들과 기회주의적인 동맹관계를 유지한다.

그러나 현실주의 이론은 경쟁하는 강대국들이 군비통제 또는 그 밖의 공동이익이 걸려 있는 안보문제에 대하여 협력할 가능성을 배제하지 않는다. 다만, 현실주의는 협력이 단지 드물게 일어날 것이라고 주장하는데 그 이유는 협력으로부터 나오는 상대적 이득(relative gains)이 당사국들 사이에 불평등하게 배분될 가능성, 그리고 상대측이 합의사항에 대해 속임수를 쓰지 않을까 우려되기 때문이라는 것이다. 정치지도자들은 자기보호의 임무를 국제안보기구 또는 국제법에 위탁해서는 절대 안 되며, 글로벌 거버넌스를 통해 국제적 행위를 규제하려는 노력에도 저항해야 한다고 주장된다.

과도한 단순화의 위험성에도 불구하고 현실주의의 이론적 입장은 다음의 가정들 및 관련 명제들로 요약될 수 있다.

■ 사람들은 본성상 이기적이어서 지배와 자기이익을 위해 다른 사람들과 경쟁하지 않을 수 없게 된다. "이득과 탐욕에 대한 집착은 도덕이 국가들 간의 관계에 있어서 어떤 역할을 수행하리라 기대할 수 없는 한 가지 이유이다(Rathbun, 2012, p. 611). 이것은 사람들 사이에서도 마찬가지이다. 마키아벨리가 그의 저술 『군주론(Prince)』에서 주장한 것처럼, 사람들은 일반적으로 "배은망덕하고, 변덕스러우며, 사기적이고, 또 위험 회피를 간절히 원하며, 이득에 탐욕스럽기 때문에 당신이 그들에게 도움이 되고 위험이 멀리 있는 한 그들 모두 당신과 함께 하며 당신에게 그들의 피, 재산, 자식들을 제공하지만, 위험이 가까이 다가올 때 그들은 당신에게 반항하게 된다."는 것이다.

■ 마찬가지로, 각 국가의 주된 의무는 – 국가의 다른 모든 목표들도 이에 종속되어야 하는 최고 목표로 – 국가이익(national interest)을 증진시키기 위해 힘(power)을 획득하는 것이다. 힘은 "국제정치에서 다른 사람으로부터 그것을 얻어내고 또 다른 사람이 이를 훔쳐내기 위해 기울이는 불가피한 노력을 방지하는 가장 중요한 가치이다(Rathbun, 2012, p. 622)." '힘이 곧 정의'이어서 국가의 철학적 또는 윤리적 선호도는 좋은 것도 나쁜 것도 되지 못한다. 중요한 것은 그것이 국가의 자기이익에 도움이 되는가 하는 것이다. 투키디데스가

자력구제
국제적 무정부상태에서 세계의 모든 행위자들은 독립적이기 때문에 그들의 안보와 복지를 공급하기 위해 그들 자신들에게 의존할 수밖에 없다는 원칙

상대적 이득
협력적 상호작용에서 몇몇 참여자가 다른 참여자들보다 더 많은 이익을 얻는 조건 상태

국가이익
국가들이 그들의 국가를 위하여 이기적으로 최선이라고 인식하는 것을 극대화하기 위하여 추구하는 목표들

말했듯이 "정의의 기준은 강제할 수 있는 힘의 동등성 여부에 달려있다.··· 강자는 그들이 가지고 있는 힘으로 할 수 있는 일을 하고 약자는 받아들이지 않을 수 없는 것을 받아들일 뿐이다." 세제정치는 *권력(power)*을 위한 투쟁으로써–토마스 홉스(Thomas Hobbes)가 말했듯이–"만인의 만인에 대한 투쟁"이며 권력추구 본능의 발본 가능성은 실현될 수 없는 유토피아적 열망일 뿐이다. 권력의 추구에 있어서 국가들은 잠재적 적을 억제하고 다른 국가에 대하여 영향력을 행사하는 데 필요한 충분한 군사력을 확보해야만 한다; 그러므로 국가는 "평화를 지키기 위해 전쟁을 준비한다." 경제성장도 주로 국가의 힘과 위신을 획득, 확장하는 수단으로 중요하고 국가안보에 대하여 군사적 힘보다 그 관련성이 덜하다.

안보 딜레마

적대국가의 방어 목적 군사력을 위협으로 간주하여 그에 맞서 자신도 군사력을 증강하는 성향으로 결과적으로 모든 국가들의 안보가 쇠퇴

■ 국제적 무정부상태와 신뢰의 결여는 자력구제의 원칙을 영구화하며 **안보 딜레마**(security dilemma)를 야기할 수 있다. 어떤 국가가 그 자신을 보호하기 위해 힘을 구축함에 따라, 다른 국가들은 불가피하게 위협받게 되어 같은 방식으로 반응하기 쉽다. 안보 딜레마의 표출현상으로 흔히 군비경쟁이 보여지게 되는데 그 이유는 어떤 국가가 진정으로 방어목적만을 위해 무장을 한다고 할지라도 상대방은 자력구제 체제 하에서 최악의 상황을 가정, 어떤 군비증강에도 보조를 맞추는 것이 합리적이기 때문이다.

세력균형

평화와 안정은 군사력이 단 하나의 초강대 패권국 또는 진영이 세계를 통제할 수 없도록 분포될 때 가장 잘 유지될 가능성이 있다는 이론

■ 만약 모든 국가들이 힘을 극대화하고자 하면, 안정은 어떤 **세력균형**(balance of power)을 통해 유지된다. 이때 이러한 세력균형은 다른 국가의 증가하는 힘 또는 팽창주의적 행동에 대항하는 동맹들에 있어서 전환들에 의해 촉진된다. 이 과정은 동기를 상쇄하는 대항 동맹의 형성과 쇠퇴에 있어서 보여지는 전환에 의해 원활하게 된다. 국가들은 그 자신의 방어 능력을 증가시키기 위해 동맹국을 찾을 수 있지만 그 동맹국의 신의와 믿음성을 가정해서는 안 되며, 동맹국에 대한 헌신약속은 그것을 지키는 것이 더 이상 국가이익에 도움이 되지 않을 때는 폐기되어야 한다(이에 대한 좀 더 자세한 논의를 위해서는 8장을 참조).

국제적인 삶의 무자비성을 강조하면서, 현실주의자들은 종종 외교정책의 검토에 윤리적 고려가 개입하는 것에 의문을 갖는다. 현실주의자들이 보듯이, 어떤 정책들은 국가지도자들이 도덕규범을 무시하지 않으면 안 되는 전략적 시급성에 의하여 좌우되는 것이다. 이러한 '필연의 철학(philosophy of necessity)'에 내재된 논리는 일상생활에 종사하는 보통사람들의 행동을 안내하는 사적인 도덕과 국가의 안보와 생존을 책임지는 지도자들의 행동을 다스리는 국가이성(reason of state) 사이의 구분필요성이다. 사적인 도덕의 견지에서 아무리 혐오스런 것이라 할지라도 국가안보에 이익이 되면 어떤 것도 수행되어야만 한다. 2009년 아프가니스탄에 대한 미군의 추가 파병 결정을 되돌아보면서 오바마 대통령은 그의 노벨평화상 수락연설을 할 때 "나는 세계를 있는 그대로 대하며 미국 국민에 대한 위협에 직면하여 한가로이 있을 수 없다."라고 말하였다.

현실주의의 진화

우리는 현실주의의 지적인 근원이 고대 그리스까지 거슬러 올라감을 보게 된다. 현실주의 사상의 전통은 또한 서구세계를 넘어 인도와 중국에서도 찾아볼 수 있다. '힘의 정치'에 대한 논의는 기원전 4세기경 인도 카우틸야(Kautilya)의 치국책 관련 저술인 *아타샤스트라(Arthashastra)* 와 고대 중국의 한비자와 상앙에 의해 집필된 저술에서도 많이 나타난다.

현대의 현실주의는 제2차 세계 대전 전야에 등장하였는데 당시 국가 간 이해관계의 자연적 조화에 대한 폭넓은 믿음이 비판받고 있었다. 바로 10년 전에 이러한 믿음에 기초하여 많은 국가들은 1928년의 켈로그-브리앙 조약(Kellogg-Briand Pact)에 서명하였는데, 이 조약은 전쟁이 외교정책의 수단이 될 수 있음을 포기하였다. 나치 독일, 파시스트 이탈리아, 일본 제국 모두가 이 조약을 위반하는 상황에서 영국의 역사가이자 외교관인 카(E. H. Carr, 1939)는 "평화에 관한 보편적인 관심이 존재한다는 가정 때문에 너무 많은 사람들이 현상유지를 바라는 국가들과 현상변경을 바라는 국가들 사이의 탐탁지 않은 이해관계의 차이를 외면하도록 만들었다."고 비판하였다.

켈로그-브리앙 조약

1928년 국가 간 분쟁을 해결하기 위한 수단으로 전쟁을 불법화한 다자적 조약

라인홀드 니버(Reinhold Niebuhr, 1947), 한스 모겐소(Hans J. Morgenthau), 그리고 다른 현실주의자들은 그들의 견지에서 국제문제에 대한 유토피아적이고 법률적인 이러한 접근에 대해 반박하면서, 인간성에 대해 비관적인 견해를 표시하였다. 17세기의 철학자 스피노자(Baruch Spinoza)의 견해를 인용하면서, 그들 중 많은 학자들은 열정과 이성 간의 본래적인 갈등을 지적했다. 나아가 성 아우구스티누스의 철학적 전통에 따라 물질적 욕구로 인하여 열정이 이성을 압도한다는 것을 강조했다. 따라서 그들에게 있어서 인간의 조건은 이러한 것으로 빛과 암흑의 세력이 통제권 장악을 위해 영원히 싸우는 것이다.

국제적인 삶의 현실주의적인 묘사는 제2차 세계대전 후에 특히 설득력 있는 것으로 보였다. 미국과 소련의 경쟁 시작, 동서 진영으로의 냉전 확대, 범세계적 폭력으로 분출할 듯 위협적이었던 주기적 위기 모두는 갈등의 불가피성, 협력에 대한 초라한 전망, 그리고 항상 이기적이고 권력추구적인 국가들 간의 국가이익 상이성 등을 강조하는 현실주의자들의 견해를 뒷받침하였다.

이들 소위 고전적 현실주의자들은 개인적 분석수준에서 사람들의 동기에 대한 가정을 면밀히 검토함으로써 국가의 행동을 설명하고자 한 반면에, 그 후에 등장한 현실주의 이론화의 물결은 세계적 분석수준을 강조하였다. 신현실주의(neorealism, 종종 구조적 현실주의라고 불림)는 인간의 정체성, 동기, 그리고 행동이 행위자가 처해있는 환경에 의해 좌우되는 것으로

신현실주의

국가의 도덕적 가치나 정부 유형 혹은 국내 환경보다는 주로 세계 위계질서 내 군사력의 분포에 의해 정의되는 상대적 힘의 차이에 의해 결정되는 국가의 행동을 설명하는 이론

Scala/Art Resource, NY

Thomas Hobbes (oil on canvas), Fuller, Isaac (1606 — 72) (circle of)/
Burghley House Collection, Lincolnshire, UK/The Bridgeman Art
Library

권력정치론의 현실주의 이론의 선구자들

『군주론(1532)』과 『리바이어던(1651)』에서 니콜로 마키아벨리(왼쪽)와 토마스 홉스(오른쪽)는 각각 외교정책결정에 있어서 무엇보다도 자기 이익, 신중성, 힘, 그리고 편의성에 기초하여 고려할 것을 주장하였다. 이러한 견해는 무엇보다도 힘의 추구는 필연적이며 현명한 치국책임을 수긍하는 거대한 근대 현실주의 사상 집단의 기초를 형성하였다.

행위주체

어떤 선택을 하고 목적을 성취할 수 있는 어떤 행위자의 능력

이해한다. 달리 말해, 현실주의는 "환경조건이 행위주체(agency)에 대해 갖는 결정력에 대한 믿음에 기초하고 있다(Harknett and Yalcin 2012, p. 500)."

신현실주의의 지도적인 주창자로서 케네스 월츠(Kenneth Waltz, 1979)는 국제적 무정부상태가—흔히 가정적으로 말하는 인간성의 사악한 측면 때문이 아니라—국가들이 서로 치열한 경쟁에 빠져드는 이유를 설명해준다는 명제를 제시하였다. 중심적 중재자가 없는 것이 국제정치의 결정적인 구조적 특징이었다. 홀로는 취약하고 안전하지 못하기 때문에 국가들은 다가올 위협에 대비하여 동맹을 형성함으로써 방어적으로 행동하였다. 월츠에 의하면 무정부적 환경에서 세력균형은 자동적으로 형성된다. 심지어 세력균형에 혼란이 생길 때조차도 그것은 금방 회복된다.

비록 현실주의 사상 전체를 통하여 공통의 주제가 있음에도 불구하고, 현실주의의 서로 다른 변종들은 각각 어떤 측면들을 더 강조한다. 표 2.1이 보여주는 것처럼, 고전적 현실주의는 주로 '국력의 원천과 사용 그리고 지도자들이 외교정책을 수행하면서 겪는 문제들'에 초점을 둔다(Taliaferro et al., 2009, p. 16). 케네드 월츠에 의해 관점이 제시된 구조적 현실주의는 보다 최근의 이론적 변종인 공격적 현실주의와 구분하기 위하여 종종 방어적 현실주의로 불린다. 비록 이 둘 모두가 구조적 현실주의 이론이지만, 이 두 가지 이론적 시각은 국가 행동과 갈등의 근원적인 동기에 관련하여 서로 다르다. 방어적 현실주의(defensive realism)는 국가들이 다른 국가들과 균형을 유지하고 근본적으로 현상유지를 보존함으로써 안보를 유지하는데 초점을 두는 것으로 보는 반면에, 공격적 현실주의(offensive realism)는 국가들이 적극적으로 국력을 극대화함으로써 그들의 안전보장을 추구하는 것으로 본다. 공격적 현실주의에

방어적 현실주의

행위자의 주된 안보목적으로 힘의 확장보다는 힘의 보존을 강조하는 현실주의의 한 이형

공격적 현실주의

무정부상태의 국제 체제에서 국가들은 항상 더 많은 힘을 얻을 수 있는 기회들을 찾아야 함을 강조하는 현실주의의 한 이형

종류	국제체제관	체제적 압력	국가의 중심 목적	국가의 합리적 선호
표 2.1	현실주의 이론의 다양한 종류 간 비교			
방어적 현실주의	매우 중요	잠재적 침략자를 억제하기 위한 힘의 구축	생존	현상유지
공격적 현실주의	매우 중요	힘의 광범위한 축적 강조	생존	수정주의(패권국은 예외)
고전적 현실주의	다소 중요	방어적 또는 공격적	상황에 따라 변화 (즉 ,안보, 힘, 또는 영광)	현상유지 또는 수정주의
신고전적 현실주의	중요	방어적 또는 공격적	상황에 따라 변화 (즉, 안보, 힘, 또는 영광)	현상유지 또는 수정주의

따르면, 상시적인 투쟁 상태에 있는 "국가들은 공격을 위한 준비가 돼 있어야만 하는데 그 이유는 장기적으로 생존하기 위하여 그들이 얼마만큼의 군사력을 필요로 하는지 확실히 알 수 없기 때문이다(Kaplan, 2012; Mearsheimer, 2001)." 신고전적 현실주의는 고전적 현실주의와 신현실주의 모두에 기초하여 "체제-수준의 변수가 정책결정자의 인식과 국내적 국가구조 같은 단위-수준의 개재변수를 통해 어떻게 변환되는지"를 강조한다(Rynning and Ringsmose, 2008, p. 27).

현실주의 사상의 한계

국제정치의 근본적 속성에 대한 현실주의의 이미지가 아무리 높은 설득력을 지닌다고 할지라도, 현실주의의 정책적 권고안은 힘(power)과 국가이익(national interest) 등과 같은 핵심 용어들의 사용에 있어서 정확성의 결핍 문제를 안고 있었다. 그리하여, 일단 분석의 문제가 국가 지도자들은 국익을 위해 힘을 획득해야 한다는 주장을 넘어서게 되면 중요한 질문들이 남는다; 국력의 핵심적 요소는 무엇인가? 힘을 어떻게 사용할 때 국익에 가장 큰 도움이 되었는가? 군비는 국가에게 보호막을 갖추게 해주는가 아니면 고비용의 군비경쟁을 촉발시키는가? 동맹은 당사자의 방어태세를 향상시켜주는가 아니면 위협적인 대항동맹의 출현을 조장하는가?

현실주의의 비판자들 시각에서 보면 힘을 집적함으로써 안보를 추구하는 것은 자멸적이다. 한 국가에 의한 절대적 안보 추구는 그 국제 체제의 다른 국가들에게는 절대적 안보불안을 낳는 것으로 인식될 수 있으며, 결국 국가들 각각은 국가들 전체의 안보를 위험에 빠뜨리는 대응 조치의 상승적 소용돌이에 휘말려들게 되는 것이다(Glaser, 2011).

현실주의는 그 주장들을 평가하는 데 있어서 어떤 역사적 자료들이 중요한 의미가 있으며 또 관련 정보를 해석하는 데 있어서 어떤 인식론적 규칙을 따라야 하는지를 결정하는 어떤 기준도 제시하지 못하고 있다(Vasquez and Elman, 2003). 심지어 뚜렷이 현실주의의 논리를 염두에 두고 제시된 정책 권고안들조차도 종종 서로 상반된다. 예를 들면 현실주의자 자신들도 미국의 베트남 개입이 미국의 국익에 도움이 되었는가, 그리고 핵무기가 국제안보에 기여했는가에 대하여 크게 분열된 견해를 가지고 있다. 유사한 경우로 일부 관찰자들은 미국의 2003년 이라크 침공에 대한 논리적 근거를 설명하기 위해 현실주의를 사용하는 반면에(Gvosdev 2005), 다른 관찰자들은 이 침공을 비판하기 위해 현실주의의 주장을 이용하였다(Mansfield and Snyder, 2005a; Mearsheimer and Walt, 2003).

점점 더 많은 수의 비판자들 또한 현실주의가 세계정치에서 나타나는 중요한 새로운 상황 발전을 설명하지 못한다고 지적했다. 예를 들면 현실주의는 1950년대와 1960년대 서유럽에서 만들어진 새로운 무역 및 정치제도들을 설명할 수 없었다. 당시 서유럽에서는 이러한 제도들을 통해 상호이득을 협력적으로 추구함으로써 약 3세기 전에 민족국가가 생긴 이래 끊임없는 전쟁의 고삐 풀린 권력정치로부터 유럽인들이 벗어날 수 있게 했던 것이다. 또 다른 비판자들은 윤리원칙을 무시하는 현실주의의 경향과 현실주의적 정책 처방이 강요하는 물질적 및 사회적 비용에 대해 우려하기 시작했는데, 제한받지 않는 군사비 지출에 의해 야기되는 경제성장의 지체는 그 한 예이다.

현실주의의 단점에도 불구하고 많은 사람들은 계속하여 현실주의자들에 의해 만들어진 언어로 세계정치를 생각하는데, 특히 세계적인 긴장의 시기에 그러하다. 이는 이스라엘 벤자민 네탄야후(Benjamin Netanyahu's) 수상이 2013년 3월 이스라엘은 자신을 방어할 권리와 능력을 모두 가지고 있다고 선언한 데서 잘 보여진다(Yellin and Cohen, 2013). 군사안보와 국가이익을 크게 강조한 그의 선언은 이스라엘이 이란의 지속적인 핵프로그램 추구에 대응하여 일방적 군사 공격의 가능성이 예상되는 가운데 나왔다.

자유주의

자유주의(Liberalism)는 오늘날 현실주의에 대한 가장 강력한 도전으로 불린다(Caporaso, 1993, p. 465). 현실주의처럼 자유주의도 뚜렷한 계보가 있는데 철학적인 뿌리는 존 로크, 칸트, 그리고 아담 스미스의 정치사상까지 거슬러 올라간다. 자유주의는 우리의 주목을 끌 만한데 그 이유는 그것이 현실주의가 간과하는 쟁점들에 대해 말하기 때문이다. 국가의 행동에 대한 국내정치의 영향, 경제적 상호의존의 함의, 그리고 국제협력을 증진하는 데 있어서 범세계

자유주의

국제관계에 대한 이성과 보편적 윤리의 적용으로 인류는 보다 질서 있고 정의로우며 협력적인 세계에 도달할 수 있다는 희망에 기초하고 있는 패러다임으로, 무정부 상태와 전쟁이 국제기구와 국제법에 힘을 실어주는 제도적 개혁에 의해 감시될 수 있다고 가정한다.

적 규범과 제도의 역할은 좋은 사례들이다.

자유주의의 세계관

자유주의적 전통 내에는 뚜렷이 구분되는 여러 개의 학파들이 있어서 이처럼 다양한 이론들의 집단으로부터 대체적인 결론을 도출하다 보면 어떤 특정 저자의 이론적 입장을 잘못 드러낼 위험이 있다. 그럼에도 불구하고 어떤 일반적인 논점들을 추출해낼 수 있는 충분한 공통점이 있다.

　자유주의자들은 몇 가지 중요한 점에 있어서 현실주의자들과 다르다. 자유주의의 핵심에는 이성과 진보의 가능성에 대한 믿음이 자리하고 있다. 자유주의자들은 개인을 도덕적 가치의 소재처로 보며 인간은 수단이 아니라 목적으로 취급되어야 한다고 주장한다. 현실주의자들은 정책결정자들에게 절대적인 선보다는 좀 더 작은 악을 추구하도록 조언하는 반면에 자유주의자들은 힘의 추구보다는 윤리적 원칙을, 그리고 군사적 능력보다는 제도를 강조한다 (Ikenberry, 2011; Wilkinson, 2011). 현실주의는 힘과 자원을 둘러싼 경쟁과 갈등을 예상하는 반면에 자유주의는 "국제문제에 있어서 흔히 증가된 평화와 번영으로 정의되는 것으로 중가중이거나 잠재적으로 더 큰 협력과 진보를 기대한다(Rathbun, 2012, p. 612)." 이렇게 볼 때, 세계 수준에 있어서 정치는 힘과 위신을 추구하기 위한 투쟁이라기보다는 차라리 합의 도출과 상호이득을 위한 투쟁이 된다.

　여러 가지 추론적인 이해를 바탕으로 다음과 같이 자유주의 이론에 대한 정의를 도출할 수 있다.

- 독립주권국가들에 대한 편협한 민족적 충성심보다는 인류의 단합 강조
- 개인의 – 그들의 근본적 존엄성과 기본적 평등 – 중요성 그리고 나아가 인권과 자유의 보호 및 증진을 국가이익과 국가자율성보다 우선시 할 논리적 필요성
- 전쟁을 반대하는 세계여론을 일으키기 위해 교육을 통한 관념의 힘(the power of ideas) 활용
- 국제갈등의 근본적 원천으로 본래적 권력욕심보다는 사람들의 삶의 조건에 관심. 자유주의자들의 주장에 따르면, 이러한 삶의 조건 개선은 평화의 전망을 향상시킬 것이다.

　이에 더하여, 다양한 자유주의적 사상들의 한 가지 공통적 요소는 안정적 민주주의의 수립을 위한 정치개혁의 강조이다. 관용, 타협, 시민의 자유에 기초하여, 민주적 정치문화는 분쟁을 해결하는 수단으로서 치명적인 폭력의 사용을 멀리한다는 것이다. 예를 들어 우드로 윌슨 (Woodrow Wilson)은 "민주적인 정부는 전쟁을 일으킬 가능성이 덜하다."고 선언했었다. 프

랭클린 루스벨트(Franklin Roosevelt)도 이에 동의했는데 "민주주의의 계속적인 유지와 향상은 국제평화 보장의 가장 중요한 요소가 된다."고 주장했다.

폭력 대신에 외교(diplomacy)는 공동의 문제에 대한 상호수용 가능한 해결책의 성취 수단을 제공하고 정치지도자들로 하여금 평화적인 방법으로 서로 협상, 타협하게 한다. 정치를 영합(zero-sum) 게임으로 보지 않는데 강압보다는 설득 그리고 경쟁적 주장의 해결을 위한 사법적 방법 의존이 주된 분쟁해결 방법이다.

자유주의 이론에 의하면, 가정에서 활용되는 갈등해결 관행은 또한 국제분쟁을 다루는 데 있어서도 활용될 수 있다. 민주적인 문화 안에서 사회화된 정치지도자들은 서로 공통의 관점을 지닌다. 자유주의자들은 국제정치를 국내정치의 연장으로 보아 국제 경쟁을 규제하기 위한 규범의 적용 가능성에 대하여 일반적 결론을 갖는다. 민주 정부들 간의 분쟁은 전쟁으로 악화되는 일이 거의 없는데 그 이유는 한 정부가 다른 정부의 정당성을 받아들이고 평화적인 분쟁해결 수단에 의존할 것으로 기대하기 때문이다. 이러한 기대는 민주주의의 특징으로서 투명성에 의해 더욱 강화된다. 개방된 정체의 내적인 운영과정은 그 누구도 면밀히 지켜볼 수 있다; 그러므로 민주적으로 통치되는 국가를 상대국에 대해 음모를 꾸미는 악마 같은 국가로 만드는 것은 쉽지 않은 일이다.

자유주의적인 이론화에서 공통적인 두 번째 요소는 자유무역에 대한 강조이다. 무역이

외교

무력의 사용에 의존하지 않고 협력적 해결책을 모색하는 글로벌 행위자들 간의 소통과 협상

영합

완전히 갈등적인 관계에서 한 경쟁자가 얻는 것은 다른 경쟁자가 잃게 되는 교환관계

Christie's Images/Corbis

세계질서에 대한 자유주의적 모색의 선구자들
계몽사상기의 한 인물로서 스코틀랜드 철학자 데이비드 흄은 사람들을 결합시켜 평화로운 시민사회를 창조하는 부(富) 창출적 자유시장과 자유무역에 대한 자유주의적 믿음을 포용함으로써, 이성은 "열정의 노예"라는 현실주의적 관심을 완화시키고자 하였다.

갈등을 줄일 수 있다는 생각은 이마뉴엘 칸트(Immanuel Kant), 샤를르 드 스콩다 몽테스키외(Charles de Secondat Montesquieu), 아담 스미스(Adam Smith), 장 자크 루소(Jean-Jacques Rousseau), 그리고 여러 계몽사상가들의 저술에 뿌리를 두고 있다. "교양과 학문의 발전을 위해서 무역으로 연결된 다수의 이웃한 독립 국가들의 존재보다 더 좋은 경우는 없다."라고 자유주의 철학자 데이비드 흄(David Hume, 1817)은 지적하였다. 이러한 견해는 후에 맨체스터 정치경제학파에 의해 수용되었으며 군사적 정복이 경제적 번영을 창출한다는 주장에 대한 노만 에인절(Norman Angell, 1910)의 유명한 반박논리의 기초를 형성하였다.

오늘날, 일부 연구들은 경제적 연결성이 평화를 증진하는 데 있어서 민주주의보다 훨씬 더 중요한 요소라고 주장한다(Mousseau, 2013). 제한받지 않는 무역은 분쟁을 전쟁으로 악화시키지 않는다는 이 이론은 여러 가지 주장에 근거하고 있다. 첫째, 무역 관계는 분쟁을 평화적으로 해결하려는 물질적 유인동기를 창출한다; 전쟁은 사활적 경제교류에 혼란을 가져옴으로써 이익을 감소시킨다. 둘째, 이러한 교류로부터 가장 많은 이익을 보는 사해동포주의적인 경영엘리트들은 고통을 주는 분쟁의 우호적 해결 모색에 깊은 이해관계를 갖는 강력한 초국가적 이익집단을 형성한다. 마지막으로 국가들 사이의 거미줄 같은 무역망은 의사소통을 증가시키고 국가이기주의를 잠식하며, 양측이 파멸적인 충돌을 피하도록 의지를 북돋운다. 한때 영국의 국제적인 곡물무역을 규제했던 보호무역주의적인 곡물법(Corn Laws)의 반대자였던 리처드 코브던(Richard Cobden)은 이렇게 말했다. "자유무역! 그것은 무엇인가? 그야 물론 국가들을 분리하는 장벽들을 무너뜨리는 그 무엇이다. 이 장벽들 뒤에 자리하고 있는 자만심, 복수심, 증오심, 그리고 시기심은 종종 그 경계 너머로 폭발, 모든 국가들을 피로 범람하게 한다."

마지막으로, 자유주의의 세 번째 공통점은 범세계적 제도들의 옹호이다. 자유주의자들은 치열한 세력균형 정치를 국제기구에 의해 교체할 것을 제안하는데, 이 국제기구는 어떤 곳에서 일어나는 평화의 위협은 모두에 대한 공통의 위협이라는 원칙에 기초하고 있다. 자유주의자들은 오해, 손상된 지각력, 또는 부추겨진 민족 감정 등이 평화로운 관계를 위협할 때마다 갈등의 비용을 인식하고, 중요한 이해관계를 공유하며, 분쟁을 중재할 제도를 활용하여 그러한 이해관계를 실현할 수 있는 행위자들이 모여 사는 초기 단계의 세계사회에서 외교정책이 펼쳐질 것으로 본다. 그러나 현실주의자들은 세계화나 국제제도가 강대국들에게 진정한 제한을 가할 수 없으며, 이는 바로 국가들이 주권을 해석할 수 있는 충분한 힘을 가지고 있고(Ziegler, 2012, p. 402), 오직 그들의 이익에 부합되는 정도에 있어서만 국제제도에 참여하기 때문이라고 반박한다.

자유주의의 변천

현대의 자유주의 이론은 제1차 세계대전 직후에 활발하게 논의되기 시작했다. 이 전쟁은 이전의 어떤 전쟁보다도 더 많은 참가자와 더 넓은 지리적 영역을 포함했을 뿐만 아니라 근대의 과학과 기술은 이 전쟁을 기계화 전쟁으로 만들었다. 구식 무기들은 기능이 향상되었고 대량으로 생산되었으며 새롭고 훨씬 더 치명적인 무기들이 급속도로 개발되어 실전에 배치되었다. 살육전이 끝나갈 무렵 거의 2,000만 명에 가까운 사람들이 목숨을 잃었다.

미국의 우드로 윌슨 대통령 같은 자유주의자들에게 제1차 세계대전은 '모든 전쟁을 종식시키기 위한 전쟁'이었다. 만약 국가들이 힘의 정치를 반복한다면 끔찍한 전쟁이 또 일어날 것으로 확신하면서 자유주의자들은 세계 체제 개혁의 길로 들어섰다. 현실주의자들에 의해 '이상주의자들(idealists)'이라고 불렸던 이들은 일반적으로 세 그룹 중 하나에 해당되었다(Herz, 1951). 첫 번째 그룹은 아전인수적이고 상호의심 하는 국가들 사이에 설익은 힘의 투쟁을 봉쇄하기 위한 범세계적 제도의 창조를 옹호하였다. 국제연맹은 이러한 부류에 속하는 자유주의자들 이념구현의 한 모습이었다. 국제연맹의 설립자들은 집단안보(collective security) 체제를 조직함으로써 미래의 전쟁 방지를 희망했는데, 이러한 집단안보 체제에 의해 미래의 잠재적 침략자에 대항하여 국제사회 전체를 동원하려는 것이었다. 국제연맹의 설립자들은 평화가 분리될 수 없다고 선언하였다; 국제연맹의 한 회원국에 대한 공격은 모든 회원국에 대한 공격으로 간주되었다. 어떤 국가도 나머지 모든 국가들의 결합된 힘보다 더 강할 수 없기 때문에 침략자들은 억제되고 전쟁은 회피될 수 있다는 것이다.

두 번째 그룹은 국가 간 분쟁이 무력 갈등으로 상승되기 전에 사법적으로 다루는 법적 절차의 활용을 요구하였다. 사법적 결정은 구속력 있는 판결을 내리는 상설법원에 국가 간의 갈등을 회부하여 해결하는 국제 사법적인 절차이다. 제1차 세계대전 직후에 몇몇 정부들은 상설국제사법재판소(Permanent Court of International Justice, PCIJ)를 설립하기 위한 규약을 기초하였다. 이 재판소의 초대 재판소장이었던 베르나르 로데르(Bernard C. J. Loder)에 의해 문명의 새 시대를 위한 선구자로 격찬 받았던 상설국제사법재판소는 개소 회합을 1922년 초에 가졌고 그 다음 해에는 논란이 되던 한 사건에 대해 첫 번째 판결을 내렸다. 이 재판소에 대한 자유주의적 지지자들은 이제 군사적 보복이 상설국제사법재판소라는 상설적 사법기구에 의해 교체될 것이라고 주장했다. 그들은 이 재판소가 어떤 분쟁에 관련된 사실을 조명하고 정의로운 판결을 내릴 수 있을 것으로 내다봤던 것이다.

자유주의적 사상가들 중 세 번째 그룹은 국가들이 무기를 두들겨 부숴 보습으로 만들어야 한다는 성경의 가르침에 따라 전쟁 회피 수단으로 군축을 추구하였다. 이들의 노력은 1921년과 1922년 사이에 개최된 워싱턴해군회담(Washington Naval Conference)에 의해 예증되었

집단안보

평화유지를 위한 규칙을 정하는 강대국들에 의해 합의되는 안보 레짐으로, 어떤 국가의 침략행위도 나머지 국가들의 집단적인 대응에 부딪치게 될 것이라는 원칙에 의해 지도 된다.

다. 이 회담은 전함보유에 대해 제한을 가함으로써 미국, 영국, 일본, 프랑스, 이탈리아의 해양 경쟁을 감소시키고자 노력했다. 이 그룹의 궁극적 목표는 일반적 군축을 증진함으로써 국제적인 긴장을 감소시키는 것이었는데 그 결과 1932년 제네바군축회의(Geneva Disarmament Conference)가 소집되었다.

비록 이상주의적인 논조가 전간기의 정책적 수사와 학문적 논의를 지배하였지만, 자유주의적 개혁 구상의 어떤 것도 진지하게 시도되지 못했으며 그 실현은 더더구나 성취되지 못했다. 국제연맹은 일본의 만주침략(1931)이나 이탈리아의 에디오피아침략(1935)을 방지하지 못했다; 주요한 분쟁들이 상설국제사법재판소에 거의 회부되지 못했으며 1932년 제네바군축회의(Geneva Disarmament Conference)는 실패로 끝났다. 1930년대 말 유럽과 아시아에서 전쟁 위협이 증가하기 시작했을 때 자유주의적 이상주의에 대한 열정은 퇴조하였다.

자유주의적 이론화에 대한 다음의 고조는 몇 십 년 후에 현실주의가 초국가적 관계(transnational relations)를 무시하는 데 대한 응답으로 일어났다(Keohane and Nye, 1971 참조). 현실주의자들은 계속하여 국가에 초점을 맞추었지만 1973년 석유위기를 둘러싼 사건들은 비국가 행위자들이 국제 사건의 진로에 영향을 미칠 수 있으며 때때로 국가와 경쟁도 할 수 있음을 보여주었다. 이러한 통찰력은 복합적 상호의존(complex interdependence, Keohane and Nye, 1977; 2013)이 때때로 현실주의보다 세계정치의 모습, 특히 국제경제나 국제환경 문제에 대해 보다 잘 묘사한다는 것을 깨닫게 하였다.

고위 정부 공무원들에게만 한정되어 있는 국가들 간의 접촉보다는 다수의 소통 통로들이 사회들을 연결한다. 안보문제가 외교정책의 고려에 있어서 지배하는 대신, 국가의 현안 쟁점들이 항상 고정된 우선순위를 갖는 것은 아니다. 비록 군사력은 종종 치국의 주요한 수단으로서 역할을 수행하지만 경제적으로 상호연결된 국가들 사이에 타협이 일어날 때 다른 수단들이 빈번히 더 효과적이다. 간단히 말해, 현실주의자들의 정부 대 정부 관계에 대한 집착은 국경을 종횡으로 넘나드는 공공부문과 사적부문 사이의 복잡한 네트워크를 무시하는 결과로 나타났다. 국가들은 점점 더 상호의존화 되어가고 있어서 현실주의 이론에 의해 포착되지 않는 방식으로 서로에게 의존하며, 민감하고 또 서로에 대해 취약하다.

비록 상호의존론이 새로운 것은 아니었지만, 20세기 말 20여 년 동안 그 영향력이 커지면서 많은 자유주의 이론가들이 현실주의 개념인 무정부 상태론에 도전장을 낼 수 있게 하였다. 비록 자유주의 이론가들은 세계 체제가 무정부적이라는 점에 동의하면서도 그들은 또한 세계 체제를 '질서 있는' 무정부 상태로 개념화하는 것이 더 적절하다고 주장했다. 그 이유로 대부분의 국가들이 상하위계적 강제성이 없음에도 불구하고 공통적으로 인정되는 표준규범을 따르고 있음을 들었다. 일단의 규범이 존재하여 어떤 특정 문제에 대한 협력의 정례화된 유형을 안

초국가적 관계

국가나 정부간기구의 요원이 아닌 사람을 최소한 한 명 이상 포함하면서 국경을 넘나드는 상호작용이 일어나는 관계

복합적 상호의존

세계정치의 한 모델로 국가들이 유일하게 중요한 행위자가 아니며, 안보는 국가의 지배적인 목표가 아니고, 또 군사력은 외교정책에 있어서 유일하게 의미가 있는 외교정책의 도구가 아니라는 가정에 기초하고 있다. 이 이론은 초국가적 행위자들 사이의 점증하는 유대가 그들로 하여금 서로의 행동에 취약하고 또 각자의 필요에 민감하게 만드는 복잡하게 얽힌 방식을 강조한다.

국제레짐

어떤 특정의 문제에 대하여 범세계적인 기대감이 수렴하는 일련의 규범, 원칙, 규칙, 그리고 제도들

내하는 공유 기대감을 촉진시킬 때 우리는 그것을 국제레짐(international regime)이라고 부른다. 어업이나 강물과 같은 공동의 자원에 대한 접근을 관리하기 위해서 뿐만 아니라 무역과 통화문제 관련 행동을 통제하기 위한 여러 가지 유형의 레짐들이 고안되었다. 20세기에서 21세기로 바뀔 무렵, 절박한 경제 및 환경 문제가 국가의 정책의제로 부상함에 따라 많은 자유주의적 '제도주의' 연구는 어떻게 레짐이 발전하며 무엇이 국가로 하여금 이러한 레짐의 명령을 수용하게 하는지 탐구하였다.

국제관계는 변할 수 있으며 또 증가된 상호의존은 보다 높은 수준의 협력에 이를 수 있음을 시사하는 최근의 역사에서 동력을 얻은 신자유주의(neoliberalism)가 1990년대에 등장하여 현실주의와 신현실주의에 도전하고 있다. 이러한 새로운 이론적 출발은 '신자유주의적 제도주의(Grieco, 1995)', '신이상주의(Kegley, 1993)', 그리고 '신-윌슨주의적 이상주의(Fukuyama, 1992a)' 등을 포함한 여러 가지 명칭으로 통하고 있다.

신자유주의

국제제도가 개혁을 위한 집단적 프로그램을 통해 세계적 변화, 협력, 평화, 그리고 번영을 증진하는 방법을 설명하는 '새로운' 자유주의적 이론 관점

현실주의와 신현실주의처럼 신자유주의도 일관성 있는 지적 운동이나 사상학파를 대표하는 것은 아니다. 그러나 그들을 나누는 차이가 무엇이든 모든 신자유주의자들은 보통 독립적으로 행동하는 초국가적 행위자들 사이의 어떤 조건 하에서 이해관계의 수렴과 중복이 협력으로 귀결되는 지 고찰하는 것에 공통적 관심을 가진다. 신자유주의는 많은 이론적 가정에 있어서 신현실주의와 거리를 둔다. 특히 신자유주의는 민주적 거버넌스, 자유주의적 거래를 하는 기업, 국제법과 국제기구, 집단안보, 그리고 윤리적 가치에 기초한 치국책 같은 것들의 영향이 지구상 인류의 삶을 향상시킬 수 있는 방법에 초점을 맞춘다. 그들은 세계 조건의 변화는 오랜 시간 속에서 협력적 노력을 통해 진보하는 것으로 파악한다. 따라서 그들은 자유주의적 유산에 기초한 이념과 이상들을 통해 갈등으로 점철됐던 냉전 기간에는 불가능했던 방식으로 국제 행동들을 묘사하고, 설명하며, 예측하고, 처방할 수 있다고 주장한다.

자유주의의 한계들

자유주의 이론가들은 행위자들 사이의 유사한 이해관계가 협력으로 귀결될 수 있는 조건을 고찰하는 데 관심을 갖는다. 공동체의 합의를 통해 노예제, 해적 활동, 결투, 식민주의의 사례들과 같이 이전부터 오랫동안 뿌리박힌 관습들의 국제적인 폐지에 대해 진지한 관심을 가짐으로써 그들은 제도 개혁을 통한 진보의 가능성을 강조한다. 그들은 1950년대와 1960년대 동안의 유럽통합에 대한 연구를 바탕으로 1990년대에 등장한 자유주의적 제도주의 이론을 위한 길을 닦아놓았다. 무역, 통신, 정보, 기술, 이주노동의 확대는 유럽인들로 하여금 주권적 독립성의 일부를 희생하면서까지 이전의 분리된 단위체들로부터 새로운 정치적, 경제적 연합을 창조하게 하였다. 이러한 상황발전은 현실주의의 세계관 밖에 있었던 것으로 자유주의의 전통에 기초한 이론의 요구가 좀 더 설득력을 가질 수 있는 조건을 마련하였다. 빌 클린턴 전 미국 대통령은 "폭정이 아니라 자유가 힘차게 행진하는 오늘의 세계에서, 냉소적인 순수 힘의 정치라는 수식은 그저 통용되지 않을 뿐이다. 그것은 새로운 시대에 잘 맞지 않는다."라고 말했다.

그러나 21세기 초엽에 있어서 자유주의적 제도주의가 커다란 설득력이 있는 것처럼 보이는 만큼, 많은 현실주의자들은 그것이 이상주의적 유산을 뛰어넘지 못하고 있다고 불평한다. 현실주의자들은 국제연맹과 상설국제사법재판소(PCIJ)가 그랬던 것과 마찬가지로 오늘날 국제제도는 국가의 행동에 미미한 영향력을 미칠 뿐이라고 비난한다. 국제기구들은 국가들이 세력균형의 논리에 따라 행동하고 또 국가들의 전략적 행동이 냉혹한 경쟁 세계에서 그들의 상대적 위치에 어떤 영향을 미치는지 계산하는 것을 막지 못한다는 것이다.

자유주의의 비판자들은 나아가 국제제도를 지지하는 대부분의 연구들은 무역, 금융, 환경 문제와 같은 분야에서 나타날 뿐이고 국방과 같은 분야에서는 나타나지 않는다고 주장한다. 비록 경제문제와 안보문제 간에 뚜렷한 선을 긋기는 어렵지만 몇몇 학자들은 '서로 다른 제도적 장치'가 경제와 안보 각각의 영역에 존재하며 후자보다 전자에 있어서 이기적인 국가들 간의 협력 전망이 더 높다고 주장한다(Lipson, 1984). 현실주의자들은 국가의 생존이 안보문제의 효과적인 관리와 맞물려 있다고 주장한다. 집단안보기구를 주장하는 사람들은 순진하게도 모든 회원국들이 위협을 똑같은 방식으로 인식하고 또 그러한 위협을 대항하는 데 있어서 똑같이 위험을 감수하고 똑같은 비용을 지불할 용의가 있는 것으로 가정한다는 것이다. 힘의 추구에 혈안이 되어 있는 국가들은 그들의 사활적인 이익을 항상 이러한 식으로 보지 않을 가능성이 있기 때문에 세계의 제도는 침략에 대하여 시기적절하고 강력한 대응을 제공할 수 없다고 지적한다. 현실주의자들은 국가들이 안보문제에 대하여 그 자신들의 힘을 믿을 뿐이지 초국가적 제도의 약속을 믿지 않을 것이라고 결론짓는다.

자유주의에 대해 제기되는 현실주의의 한 가지 마지막 불평은 자유주의자들이 외교정책을 도덕적 십자군운동으로 전변시키는 경향이 있다는 것이다. 현실주의자들은 국가 수뇌들이 전략적 필연성에 의해 움직인다고 주장하는 반면에 많은 자유주의자들은 도덕적 책임도 정치지도자들의 행동을 안내하고 제약할 수 있다고 믿는다. 북대서양조약기구(NATO)와 유고슬라비아연방이 서로 맞서 싸웠던 1999년의 코소보전쟁을 생각해보자. 코소보 지역에 살고 있던 알바니아계 소수민족집단에 대한 유고슬라비아 지도자 슬로보단 밀로세비치(Slobodan Milosevic)를 가리키면서, NATO의 사무총장 하비에르 솔라나(Javier Solana), 영국 수상 토니 블레어(Tony Blair), 미국 대통령 빌 클린턴 모두는 인도주의적 개입이 도덕적 필연이라고 주장했다. 비록 다른 국가들의 국내 문제에 간섭하지 않는 것이 오랫동안 국제법의 중요한 원칙이었지만 그들은 유고슬라비아에 대한 군사적 행동을 의무로 보았다. 그 이유는 인권이 국제적으로 인정된 권리이며 인권을 침해하는 정부는 국제법의 보호를 상실하기 때문이라는 것이다.

많은 자유주의 사상가들에 따르면, 주권은 신성하지 않다. 국제사회는 취약한 사람들의 인권을 보호하고 그러한 인권에 대한 극악무도한 유린을 중단시키기 위해 무력을 사용해야 할 책임이 있다(보호책임, responsibility to protect, RtoP). 2011년 리비아에 대한 미국의 군사 개입을 설명하면서 오바마 대통령이 "미국은 무아마르 알-가다피의 군대에 의해 자행된 폭력에 대응해야 할 책임과 도덕적 의무가 있다."고 선언한 것은 이러한 분위기를 반영한 것이다. 오바마 대통령은 "어떤 국가들은 다른 국가들 내에서 벌어지는 학정에 대하여 외면할 수 있을 것입니다. 미국은 다릅니다. 그리고 대통령으로서 나는 대량학살과 집단무덤의 모습이 나오기까지 기다렸다가 행동하는 것을 거부하였습니다."라고 소리 높여 말하였다.

요약하자면, 현실주의자들은 도덕적 필연이라는 자유주의자들의 주장에 냉소적이며 "국가들에 의한 내적인 인권유린이 – 민간인의 대량학살을 포함하여 – 자동적으로 '국제적 위협'의 자격을 갖추는 것은 아니다"라고 주장한다(Doyle, 2011). 한편으로, 그들은 문화적으로 다원적인 세계에 있어서 어떤 단일한 도덕적 표준의 보편적 적용가능성을 부인한다. 다른 한편으로 그들은 그러한 표준의 채택은 독선적이고 구세주적인 외교정책을 낳을 수 있음을 우려한다. 현실주의자들은 결과주의(consequentialism)를 신봉한다. 만약 도덕적 선택이 취해져야만 하는 많은 상황에 대한 보편적 표준이 없다면, 결국 정책결정은 어떤 특정 환경에서의 결과에 의해서만 판단될 수 있다는 것이다. 신중한 국가지도자라면 어떤 주어진 상황에서 경쟁적인 도덕적 가치가 걸려 있는 상황에 처하게 될 때 이러한 가치들 간 손익교환과 더불어 그러한 가치들의 추구가 국가안보 및 다른 중요한 국가이익에 어떻게 맞물리는지를 당연히 숙고하게 된다는 것을 인정한다는 것이다. 미국의 전 외교관이며 유명한 현실주의 학자이기도 한 조지 케넌(George Kennan, 1985)이 과거에 말했듯이, 정부의 우선적인 의무는 "그것이 대표하는 국가사회의 이익에 맞춰져야지 그 사회의 개별 구성원들이 경험할 수 있는 도덕적 충동에 맞춰져서는 안 된다."는 것이다.

> 우리는 보편적 선의 또는 보편적 적의의 어떤 단순한 세계가 아니라 실제 존재하는
> 복잡하고 변화무쌍하며 그리고 때때로 위험하기도 한 세계를 냉철하게 바라보는 것이 중요하다.
> – 지미 카터(Jimmy Carter), 미국 대통령

보호책임

2005년 유엔 총회에 의하여 만장일치로 채택된 결의에서, 이 보호책임원칙은 국제사회가 전쟁범죄, 종족청소, 대량학살, 그리고 반인도범죄로부터 사람들을 보호하는 데 조력해야 한다고 주장한다.

결과주의

취해진 어떤 행동의 결과에 기초하여 도덕적 선택을 평가하는 접근법

구성주의

구성주의(constructivism)는 세계정치 연구를 위한 하나의 접근으로 그 영향력이 급속도로 증가하고 있다. 20세기 비판적 사회 이론의 프랑크푸르트학파에 지적인 뿌리를 두고 있는데 오늘날 이 관점의 이론적 발전에 영향을 미친 학자들 중에는 알렉산더 웬트(Alexander Wendt), 프리드리히 크라토치빌(Friedrich Kratochwil), 그리고 니콜라스 오누프(Nicholas Onuf)등이 있다. 구성주의는 주의를 기울여 고려될만한 가치가 있는데 그 이유는 우리의 세계에 대한 이해가 어떻게 개인적이며 사회적으로 구성되고 또 지배적인 관념이 어떻게 변화 불가능한 것과 개혁될 수 있는 것에 대한 우리의 믿음을 형성하는지 아는 것이 우리들로 하여금 국제관계를 새롭고 비판적인 시각에서 볼 수 있게 해주기 때문이다.

구성주의

세계정치는 국가들이 현실에 대한 이미지를 구성하고 그러고 나서 이를 받아들이며 나중에 권력정치에 부여한 의미들에 반응하는 방식의 함수라는 전제에 기초하는 패러다임이다; 합의적 개념정의들이 바뀜에 따라 갈등적 또는 협력적 관행의 발전이 가능하다.

구성주의 세계관

때때로 본격적인 일반 이론이라기 보다 어떤 철학적 조예가 있는 관점으로 불려지기도 하는 구성주의는 세계정치가 상호주관적인 인간행동과 정치적 삶의 사회적 구성이라는 본질을 통해 가장 잘 이해될 수 있다고 가정한다(DeBardeleben, 2012; Rathbun, 2012). 이러한 이론적 관점에 따라 국제관계의 완전한 이해를 위해서는 그 국제관계 저변의 사회적 맥락을—행위자의 정체성, 그들의 행동 규범, 그리고 국제 체계 내에서 그들의 사회적 상호작용—아는 것이 필수이다.

앞 장에서 논의된 것처럼, 세계에 대한 우리의 이미지와 이해들이 현실을 정의하고 형성한다는 것이다. 비록 구성주의자들이 그들의 분석을 개인적인 수준에 한정하지는 않지만, 그들은 관념(ideas), 규범, 그리고 개인의 언어행위가 세계의 구조를 형성하는 것으로 보며(Simáo, 2012) 나아가 이미지들의 상호주관적인 특질을 강조한다.—지배적인 태도가 어떻게 인식을 형성하는가의 문제와 같이. 구성주의자들에게 이것은 *행위주체(agency)*가 행위자로서 그들의 환경에 대해 성찰하고 변화를 추구할 수 있는 잠재력을 강조한다는 것이다. 관념은 정체성을 정의하는데 정체성은 차례로 물질적 능력과 행동에 의미를 부여한다는 것이다.

냉전이 종식된 연간에 주권에 관한 새로운 규범들이 등장했는데, 특히 끔찍한 인권유린의 경우에 있어서 개입의 수용가능성과 관련해서이다. 구성주의는 자유주의처럼 개입이 실제상 베스트팔렌 주권개념의 위반 가능성이 있음에도 불구하고 공유관념의 진화가 *보호책임(responsibility to protect)* 개념의 증가하는 정당성을 밑받침하고 있다는 것을 인정한다. 구성주의적 관점으로부터, 이것은 "주권의 주요 요소들인 영토, 민족정체성, 권위 등이 상수가 아니라 사회에 따라 변화하고 진화할 것임을 예증한다(Ziegler, 2012, p. 404)."

마찬가지로 '무정부상태'와 같은 어떤 개념의 의미는 저변에 자리하는 공유 지식에 달려 있다. 웬트(Wendt, 1992, p. 395)는 "무정부상태는 국가들이 그것을 어떻게 생각하기 나름이다."라고 피력하였다. 예를 들면 동맹국들 사이의 무정부상태는 쓰라린 경쟁국들 사이의 무정부상태와 다른 의미를 가진다. 그리하여 영국의 핵무기는 북한이 보유하고 있는 핵무기보다 미국에 대하여 덜 위협적인데, 그 이유는 영국과 미국 사이에 존재하는 서로에 대한 공유 기대감이 워싱턴과 평양 사이의 공유 기대감과 다르기 때문이다. 따라서 무정부적인 국제 체계의 본질은 주어져 있는 어떤 것(a given)이 아니다. 무정부상태와 '주권'이나 '힘'과 같은 기타 사회적으로 구성된 개념들은 우리들이 그것들을 어떻게 이해하기 나름인 것이다(Wendt, 2013).

나아가, 이러한 관계들의 저변을 형성하는 사회적 구조는 변화가능성이 있기 때문에 행위자들의 관념과 이해관계도 그들의 상호작용의 본질처럼 변화할 수 있고 그들이 다른 행위자들을 이해하는 방식도 변화한다. 그리하여, 경쟁의 역사를 가진 국가들도 오랜 시간 속에서 평화로운 상호작용과 협력의 관계유형을 확립할 수 있을 때 그들 관계의 근본적인 성격을 변화시킬 수 있다. 이의 뚜렷한 사례는 유럽연합인데 유럽연합은 제1차 세계대전과 제2차 세계대전에서

표 2.2	현실주의, 자유주의, 그리고 구성주의 이론들의 비교		
특색	**현실주의**	**자유주의**	**구성주의**
핵심적 관심	전쟁과 안보: 다른 국가들의 의도와 능력에 대해 확실히 알 수 없는 상황에서 위험에 취약하고 이기적인 국가들이 어떻게 생존할 것인가?	제도화된 평화와 번영: 어떻게 자기이익만 챙기는 행위자들이 집단적 이익을 성취하기 위해 규칙과 기구들을 통해 행동을 조정함으로써 이익이 있다는 것을 학습할 것인가?	사회적 집단의 의미와 이미지 공유: 어떻게 관념, 이미지, 그리고 정체성이 세계정치를 발전시키고, 변화시키며, 형성할 것인가?
주요 행위자들	국가들	국가들, 국제제도들, 세계적인 기업들	개인들, 비정부기구들, 초국가적 연계망
중심적인 개념들	무정부상태, 자력구제, 국가이익, 상대적 이득, 세력균형	집단안보, 상호성, 국제 레짐, 초국가적 관계	관념, 이미지, 공유지식, 정체성들, 담론, 그리고 새로운 이해와 규범적 변화에 이르는 설득
평화에 대한 접근법	군사적 대비와 동맹을 통해 주권적 자율성을 보호하고 경쟁국을 억제	민주화, 시장개방, 그리고 국제법과 기구를 통한 제도적 개혁	진보적인 관념을 증진하고, 국가들로 하여금 적절한 행동을 준수하도록 고무하는 활동가들
세계에 대한 관점	비관적: 냉엄한 안보경쟁에 잡혀있는 강대국들	낙관적: 인간성에 대한 협력적 관점 그리고 진보에 대한 믿음	불가지론: 세계의 미래전망은 지배적인 관념과 가치들의 내용에 맞물림

국가들은 좀비의 창궐에 어떻게 대응할 것인가?

좀비들은 칼튼대학교(Carleton University)와 오타와대학교(Ottawa University) 연구자들이 지적하듯이, "대중적인 문화/오락에서 인기 있는 형상으로, 그들은 보통 창궐 또는 유행병을 통해 발생하는 것으로 묘사된다(Munz et al., p. 133)." 이 연구자들은 수학적으로 치명적 전염병의 확산가능성 모델을 만들었다. 좀비 창궐을 하나의 전략적 위협으로 보고 서로 다른 국제관계 이론들의 상대적 유용성과 적용가능성을 평가해보는 것은 이론들에 대해 학습하는 흥미로운 방법이 되는데, 이러한 이론들을(우리가 바라건대) 뚜렷이 가상적인 상황에 적용해보는 것이다. 그러나 이러한 연습은 학생들로 하여금 어떤 대격변적인 체제변화에 대한 국가, 그리고 개인의 대응과 관련하여 다양한 국제관계 이론들이 이들을 설명할 수 있는 정도를 탐구하게 함으로써 실제적인 통찰력을 얻을 수 있게 한다(Blanton, 2012).

이러한 질문들을 고려해보자; 좀비의 창궐로 인하여 고통을 받고 있는 세계에서 서로 다른 체계적 국제관계 이론들은 어떤 결과를 예측할 것인가? 그 결과는 그리 중요하지 못할 것인가, 아니면 우리가 알고 있는 인류사회의 끝으로 귀결될 것인가?

- **구조적 현실주의**　불균등한 능력의 분포 때문에, 구조적 현실주의는 어떤 국가들이 다른 국가들보다 좀비들을 더 잘 격퇴할 수 있을 것이라고 예측한다. 세력균형의 정치가 뒤따르게 되면서 인간 국가들은 다른 인간국가들과 연합하여 좀비신앙의 세계적 확산을 차단한다. 아니면 정치분석가인 다니엘 드레즈너(Daniel Drezner, 2010b, p. 37)가 주장하듯이 "국가들은 또한 이 살아있는 시체들로부터의 위협을 이용하여 새로운 영토를 취득하고, 민족통일주의 운동을 억누르며, 묵은 원한을 해결하거나 숙적을 제압할 수 있다."

- **자유주의적 제도주의**　자유주의의 한 형태로 자유주의적 제도주의는 좀비의 창궐에 대하여 국경을 초월하며 대규모 인류 공동체를 위협하는 문제로 본다. 따라서 신중한 국가들은 다른 국가들과 협력하여 좀비들의 위협을 봉쇄하고 퇴치하기 위한 노력들을 조정하고자 한다. 세계 및 지역의 국제 레짐들과 제도들이 소통을 촉진하고 인간의 대응책을 지휘하는 중요한 수단으로 기능할 수 있다. 예를 들면 세계좀비기구(WZO)는 좀비 창궐에 대응하기 위한 규칙과 절차를 법전화하는 데 있어서 도움이 될 수 있다(Drezner, 2011 참조).

- **사회적 구성주의**　규범과 관념개발을 강조함으로써, 사회적 구성주의는 다수의 서로 다른 시나리오를 구상할 수 있다. 한편으로 인간과 좀비들 간의 관계는 홉스적인 '죽이기 아니면 죽임을 당하는' 규범에 의하여 가장 잘 반영될 수 있다. 또 다르게는 칸트적인 다원주의적 반 좀비 공동체가 등장하여 "세계국가를 수립하기 위한 노력에서 서로 단결하여 민족주의적 분열을 분쇄할 수 있다(Drezner, 2009)." 인간들과 좀비들 간의 교전은 집단정체성을 강화하게 되는데 여기에서 좀비 바이러스에 전염되지 않은 인간들은 동료 뇌식자로서 서로를 인식하는 좀비들에 반대하는 측의 정체성을 형성하게 된다.

여러분은 어떻게 생각하는가?

- 만약 당신이 당신 국가의 지도자라면, 어떤 이론적 정향이 당신이 좀비 창궐을 다뤄가는데 가장 도움이 될 것이라고 생각하는가? 그 이유는?

- 오늘날 우리가 직면하고 있는 '실제의' 지구문제들, 테러리즘으로부터 지구온난화, 세계적인 경제하강까지에 대하여 반추하자. 어떤 문제가 우리의 안보에 가장 큰 영향을 미치며, 현실주의, 자유주의, 그리고 구성주의는 이러한 위협들을 어떻게 다룰 것인가?

계속

- 어떤 국가는 국제적인 협력 또는 국제적인 지배를 위해 노력해야 하는가? 현실주의, 자유주의, 또는 구성주의를 활용하여 여러분 자신의 대답의 틀을 만들어 보시오.

서로 싸웠지만 이후 20세기의 후반부에 공동의 정체성 즉, '우리-의식'을 발전시킬 수 있었던 많은 국가들로 구성되어 있다. 전쟁 및 노예 제도와 같은 국제관계의 주요 개념들은 그들에 관한 규범적 합의가 진화함에 따라 오랜 시간 속에서 마찬가지로 변화할 수 있다.

표 2.2는 구성주의자들이 현실주의자들이나 자유주의자들과 어떻게 다른지 보여준다. 세계정치의 근본적 구조는 물질적인 것으로 가정하며 군사력이나 경제적 부와 같은 객관적인 요소들이 국제관계에 어떻게 영향을 미치는지 강조하는 현실주의와 자유주의와는 반대로 구성주의는 이 근본적 구조를 사회적인 것으로 본다. 현실주의와 자유주의는 행위자의 선호들이 주어져 있고 고정된 것으로 가정하는 반면에 - 현실주의는 힘, 자유주의는 평화와 번영에 초점을 둔 - 구성주의는 합리주의를 거부하고 사회적 구조가 행위자의 정체성과 이해관계뿐만 아니라 행동을 형성한다고 주장한다. 달리 말해서 현실주의와 자유주의는 "무차별적인 합리적 행위자들(즉, 자기 이익추구적인 국가들)에 의해 차지된 세계를 상정하며 그들의 관계는 물질적 힘의 균형에 의해 구조화된다. 이와 대조적으로 구성주의는 이러한 행위자들이 행위자들 자신을 구성하기도 하고 행위자들 자신의 상호작용에 의해 구성되기도 하는 하나의 사회적 구조 속에 존재함을 본다(Farrell, 2002, p. 50)." 현실주의와 자유주의는 이해관계와 정체성이 주어진 것으로 보는 반면에 구성주의에 있어서는 이러한 개념들이 바로 중심적인 관심사이다.

구성주의적 사고의 변천

바르샤바조약기구의 붕괴와 이후의 소련 분열, 종교적 근본주의의 발흥, 그리고 1990년대를 통한 소민족주의의 성장은 세계정치의 구성주의적 해석에 대한 학자들의 관심을 자극하였다. 정치학자 배리 부잔(Barry Buzan, 2004, p. 1)은 "오랫동안 간과되다가 구성주의에 대한 관심의 고조로 인하여 국제관계론 분야 내에서 국제 체계의 사회적 차원이 유행처럼 번지고 있다."고 말했다. 현실주의와 자유주의의 어떤 이론도 냉전의 평화로운 종식을 예견하지 못했으며 이 두 이론은 냉전이 종식되었을 때 그것이 왜 꼭 그때 발생했는지에 대하여 설명하는 데 어려움이 있다(4장의 표 4.2 참조). 구성주의자들은 이에 대하여 현실주의와 자유주의의 물질적이고 개인주의적인 정향을 탓하며 이 체계차원의 변화에 대해 변화하는 관념과 정체성을 다루는 것이 훨씬 더 우수한 설명을 제시한다고 주장한다.

현실주의와 자유주의처럼 구성주의적 관점 내에는 몇 가지 사고의 요소가 존재한다. 가장 두드러진 것 중의 하나는 사회적 구성주의(social constructivism)로서 이것은 집단적 정체성 형성을 강조한다. 세계정치 분야에서 현대의 사회적 구성주의를 적용한 기여가 널리 인정되는 알렉산더 웬트는 현실주의와 자유주의의 물질적이고 개인주의적 기초에 이의를 제기한다. 사회적 구성주의자들에게 자기와 타자에 대한 관념적 구성은 아주 중요하다; "우리가 우리의 정체성과 이해관계 정의의 기초가 되는 비교적 지속적인 사회구조를 만들고 실제적 사례로서 이해하는 것은 상호 간의 작용을 통해서이다(Wendt, 2013)." 그들은 국제 체계의 구조를 공유관념의 분포 측면에서 보는 반면에, 신현실주의자들은 체계의 구조를 물질적 능력 분포의 맥락에서 보고, 신자유주의자들은 제도적 상부구조 내에서 능력의 분포로서 본다('논쟁: 국가들은 좀비의 창궐에 어떻게 대응할 것인가?' 참조). 사회적 구성주의에 의하면 우리 모두는 우리가 속하는 준거집단으로부터의 사회적 압력에 의해 강화되는 세계정치의 집단적 개념에 영향 받는다.

사회적 구성주의
관념과 정체성의 발전에 있어서 사회적 담론의 역할을 강조하는 구성주의의 이형

그럼에도 불구하고 사회적 구성주의는 사회적 구조의 역할을 지나치게 강조하면서 관행을 통해 이러한 구조를 만들고 변화시키는 데 기여하는 의도적인 행위자들의-국가 또는 조직의 정치지도자들-역할을 간과한다는 우려가 존재한다. 사회적 구성주의는 국가들을 마치 정책결정을 통해 국제적인 삶의 주체가 되는 개인들처럼 구상화하는 경향이 있으며 구성주의는 국가를 생산자로서 생산하는 관행에 대해 거의 이야기하지 않는다는 것이다(Weber, 2005. p. 76). 구성주의의 두 번째 요소인 행위자-지향적 구성주의(agent-oriented constructivism)는 정체성에 관한 개인의 영향을 강조함으로써 이러한 약점을 다룬다.

행위자-지향적 구성주의
관념과 정체성이 독립적인 행위자들에 의하여 부분적으로 영향 받는 것으로 보는 구성주의의 이형

행위자-지향적 구성주의에 따르면, 세계정치의 독립적인 행위자들은 그들의 내적 관념과 정체성에서 다를 수 있다. 그리하여 국내 또는 그 내적인 정체성은 "국제적인 장에 있어서 서로에 대한 그들의 인지에 크게 중요하다(Risse-Kappen, 1996, p. 367)."는 것이다. 어떤 행위자는 국내적이며 국제적인 정체성 두 가지 모두 지니게 될 수 있는데 이러한 정체성들은 국내와 국제공동체 내에서 갖는 각각의 대화에 의해 내용이 형성된다. 사회적 구성주의자들은 이러한 정체성의 발전 원인을 반복적인 사회적 관행에서 찾고 대부분의 정체성을 공유 또는 집단적 이해로 보는 반면에, 행위자-지향적 구성주의자들은 정체성이 보편적으로 공유될 필요는 없다고 보며 이러한 집단 내에서 개인적 또는 자율적 정체성을 인정한다. 그들은 관념의 발전이 부분적으로 독립적이고 비판적인 사고를 할 능력이 있는 개인 행위자들의 공헌으로 본다. 그리하여 이러한 개인 행위자들은 새로운 관념이 국제 체계를 (재)구성하고 변화시키는 것을 훨씬 더 용이하게 한다는 것이다.

따라서 행위자-지향적 구성주의자들은 미하일 고르바초프(Mikhail Gorbachev)의 '신사고(new thinking)'가 국가안보에 대한 러시아의 전통적 관념에 제기한 도전을 지적한다. 자본주의와 공산주의 간의 화해할 수 없는 갈등에 대한 믿음으로부터 도덕 및 윤리 원칙의 공유에 기초한 외교정책으로 전환함에 있어서, 고르바초프의 신사고는 군사력을 통한 위협과 대치보다는 정치적 영향력, 외교관계, 그리고 경제협력에 대한 더 많은 강조에 반영되어 있다. 행위자-지향적 구성주의자들은 고르바초프의 신사고가 모스크바와 워싱턴 사이의 관계를 규율하는 새로운 규범들(norms)을 등장시켰다고 넌지시 말한다.

도덕 및 법적 규범에 대한 공유개념은 또한 인권감시기구(Human Rights Watch)나 그린피스(Greenpeace)처럼 어떤 행동주의적인 초국가 비정부기구들이 사람들에게 정치적 자유와 환경보호에 관한 그들의 생각을 수용하도록 확신시키는 등 세계의 변화를 증진할 수 있는 능력을 통해 세계를 변화시킬 수 있다. 이해관계, 자기정체성, 세계의 이미지에 대한 합의적 인식은—사람들이 그들 자신을 어떻게 생각하는가, 그들은 누구인가, 세계의 다른 사람들은 어떻게 생겼을까 등—명백히 국제적 현실에 대한 이러한 구성(construction)이 변화할 때 세계를 변화시킬 수 있다(Finnemore, 2013; Barnett, 2005).

규범들

일단 받아들여지면 적절한 행동과 관련하여 집단적 기대감을 좌우하는 행동의 일반적 표준

구성주의의 한계

비록 구성주의자들은 "국제정치 연구에 있어서 어떤 독특한 주제를 공유하는 획기적인 관점을 제공하였을지라도(Palan, 2000, p. 576)" 구성주의 그 자체는 하나의 이론이 아니라, 차라리 일반적인 사회과학적 틀 또는 '형이상학적 접근(meta-approach)'이다. 이론적 패러다임들은 정치가 어떻게 작동하는가에 대한 일련의 가정들을 포함하지만, '구성주의는 정치를 어떻게 연구할 것인가에 대한 일련의 가정들이며', 따라서 다양한 패러다임들과 양립가능하다(Barkin, 2003, p. 338; Rathbun, 2012). 이러한 노선의 주장에 따르면, 구성주의는 현실주의와 자유주의를 대체하기보다는 보완한다.

현실주의자들은 구성주의가 규범과 가치를 강조하는 것에 대해 비판하면서 규범은 단지 국가 또는 개인 이익의 표출일 뿐이어서 전략적 이유에서 피상적으로 채택될 수 있음을 시사한다. 마찬가지로 자유주의자들도 문제를 제기하는데 이들에 따르면, 비록 많은 구성주의자들이 세계정치를 설명하는 데 있어서 규범과 가치에 주목하지만 구성주의는 불가지론적이어서 국제문제에 있어서 어떤 것이 옳고 윤리적인 것인가에 관한 핵심적 개념을 제공하지 않는다고 비판한다(Hoffmann, 2009 참조). 비록 구성주의자들은 변화를 설명하고자 하지만, 그 비판자들은 구성주의자들이 어떤 요인들에 의해 특정 관념이나 사고는 지배적으로 되는 반면에 다른 것들은 중도에 버려지는지에 대하여 불분명다고 지적한다. "중요한 것은 사람들의

구성주의적 사상에 선구적 영향을 미친 학자들

많은 구성주의자들은 특히 막스 호르크하이머(Max Horkheimer, 1947, 왼쪽)와 유르겐 하버마스(Jurgen Habermas, 1984, 오른쪽)에 의해 발전된 비판 이론에 의해 영향을 받았다. 비판 이론의 근원은 1920년대의 독일 프랑크푸르트 학파(Frankfurt School)로 거슬러 올라갈 수 있다. 비판 이론의 목표는 조건들을 단지 이해하는 것만이 아니라 비판하고 변화시키는 것이었다. 세계에 대해 관찰이 일어나는 상황으로부터 벗어나 파악될 수 있는 일련의 중립적이고 객관적인 '사실들'로 보기보다는, 비판 이론가들은 모든 현상들이 정보에 규범적 의미를 부여하는 어떤 특별한 사회역사적 맥락 속에 내장되어 있다고 보았다(Price and Reus-Smit 1998; 또한 Cox 1996).

생각이 아니라 그것을 추동하는 요소이다."라고 로버트 저비스(Robert Jervis, 2005, p. 18)는 주장한다. 그는 계속하여 구성주의자들이 오늘날 그 자체를 복제하고 유지하는 것이 자명한 것처럼 보이는 관념의 능력에 대하여 지나친 믿음을 가지고 있다고 하였다; 그러나 다른 삶의 환경에서 생활하고 다르게 생각할 수 있는 미래 세대들은 이러한 관념들을 쉽사리 거부할 수 있다는 것이다.

　비록 구성주의는 현실주의의 객관적인 물질적 측면 강조 그리고 구성주의의 상호주관적인 관념에 대한 초점의－또한 많은 구성주의 학자들의 자유주의 규범적 성향－측면에서 보이는 차이로 인하여 종종 현실주의의 반대로 묘사되어왔지만, 이제 현실주의와 구성주의는 서로 화해할 수 없을 만큼 상반되지 않는다는 것이 좀 더 공통된 생각이다(Jackson, 2004; Nexon, 2011). 비록 구성주의자들은 관념의 공유가 사전에 정해진 것은 아니며 시간 속에서 변화할 수 있다는 것을 인정하지만, 그들은 구성주의와 현실주의 및 자유주의 패러다임과의 결합은 국제 체계에 있어서 변화를 좀 더 잘 이해할 수 있게 할 것이라고 주장한다. 예를 들면 현실주의적 구성주의자들은 힘의 구조가 규범적 변화의 유형을 어떻게 형성하는 지, 그 양태를 볼 수 있다고 한다.

　비록 구성주의적 접근은 점점 더 세계정치의 이해를 위한 중요한 관점으로 보여지고 있지만, 그것은 여전히 방법론적인 문제에 대하여 주의를 제한적으로만 기울인다는 점에서 비판받는다. 아미르 루포비치(Amir Lupovici, 2009, p. 197)에 따르면 "이 학자들은 방법론적인 차원을 무시하는 경향이 있어서 구성주의적 연구를 어떻게 수행하는 지에 대한 안내를 거의 제공하지 않는다."라고 했다. 이러한 결함을 보완하기 위한 노력에서 학자들은 기존의 다수 방법론들을 결합하여 우리로 하여금 "인과적 효과에 대한 구성적 효과의 상호영향을 검토할 수 있게 하고 그 반대도 가능하게 하는(Lupovici, 2009, p. 200; Pouliot, 2007)" 좀 더 체계적이고 통일된 틀을 요구하기 시작하였다. 달리 말해, 그와 같은 다원적인 방법론은 우리들이 세계정치를 형성하는 물질적이고 관념적인 요소들 모두를 고려할 수 있도록 도와준다는 것이다.

이러한 비판들에도 불구하고 구성주의는 세계정치에 있어서 매우 인기가 높은 이론적 접근이다. 사회적으로 구성된 세계의 이미지가 여러분들의 국제적 사건 해석에 미치는 영향을 강조하고 그들의 본래적인 주관성을 알게 함으로써 구성주의는 여러분으로 하여금 모든 지식이 맥락적인 성격을 띠고 있으며 세계정치의 어떤 이론도 세계의 복잡성을 완전히 포착할 수 없다는 것을 알게 한다.

> *내가 미국 정부에서 일하며 미국 외교정책의 형성을 돕고 있을 때, 나는 이 세 가지 형태의*
> *모든 사고방식으로부터 정책적 안목을 얻고 있음을 깨닫게 되었다; 현실주의, 자유주의,*
> *그리고 구성주의. 나는 그 이론들이 비록 서로 다른 방식으로, 그리고 서로 다른 맥락이긴 하지만*
> *모두 도움이 됨을 알았다.*
>
> – 조지프 S. 나이(Joseph S. Nye,) 국제관계론 학자이며 미국의 정책결정가

기타 이론적 관점들: 페미니즘 그리고 마르크스주의 비판

비록 현실주의, 자유주의, 그리고 구성주의가 오늘날 학계와 정책 공동체에 있어서 국제관계에 대한 사고방식을 지배하지만, 이러한 이론학파들은 도전을 받아왔다. 물론 서로 다른 많은 이론적 도전이 존재하지만, 그 중에 가장 중요한 두 가지 비판은 페미니즘과 마르크스주의이다.

페미니즘적 비판

1980년대 후반 이래 페미니즘(feminism, 여권주의)은 통상적인 국제관계 이론에 문제점을 제기하기 시작했다. 하나의 '비판 이론'으로 분류되는 이 페미니스트 이론의 오늘날 학자들은 "기계적 인과설명으로부터 좀 더 역사적 맥락을 고려한 해석 이론에 대한 관심으로의 전환을 요구한다(Tickner, 2010, p. 37)." 특히, 페미니즘 이론은 국제문제의 주요 이론과 관행 모두에

본래적으로 존재하는 성적인 편향에 관심을 가지며 성차의 고려가 포함된 관점이 얼마나 세계정치에 만연한지 증명하고자 한다. 페미니스트 이론(feminist theory)이 시간 속에서 변천함에 따라, 이 이론은 차별의 역사에 초점을 맞추던 것에서 벗어나 성정체성이 어떻게 외교정책 결정의 형태를 결정하며 성적 위계구조 속에서 남성과 여성 사이의 불평등 지속화 관행이 어떻게 재강화되는지 탐구하기 시작했다(Ackerly and True, 2008; Bolzendahl, 2009; Enloe 2004; Peterson and Runyan, 2009; Tickner, 2013).

페미니스트 이론

세계정치의 연구에 있어서 성의 측면을 강조하는 학문적인 접근들

페미니즘적 비판에 따르면 세계정치에 관한 주류 문헌들은 여성의 곤경과 기여를 외면하며 남성과 여성의 위상, 믿음, 행동에 있어서 차이들을 중요하지 않은 것으로 다룬다. 사회적 구성주의처럼 페미니즘 비판은 지식의 구성에 있어서 정체성의 역할을 강조하며—그러나 특히 성정체성에 초점을 둔다.—국제관계 연구가 국제문제를 설명하는 데 있어서 과도하게 남성의 경험을 활용하고 대체로 여성의 차원은 외면한다고 주장한다.

예를 들면 페미니즘 학자로서 앤 티크너(J. Ann Tickner)는 "현실주의자들이 그들의 이론들은 '객관적'이며 보편적 타당성이 있다고 주장하지만 국제 체계 내의 국가들을 분석하고 그들의 행위를 설명할 때 활용하는 가정들은 서구에서 우리가 남성성과 연결시키게 되는 특징들에 과도하게 의존하고 있다. … 그것은 우리들에게 현실에 대한 어떤 부분적인 관점을 제공하는 하나의 세계관일 뿐이다. … (Tickner, 2013, p. 280)"라고 주장한다. 이러한 모습은 모겐소(Morgenthau)가 무정부적 국제환경에서 국가들이 자신들의 이익을 증진하기 위해 끊임없이 힘을 추구하는 것으로 묘사한 고전적 현실주의에서 찾아볼 수 있다(Hutchings, 2008). 페미니즘은 그러한 가정에 과도하게 의존하는 것에 이의를 제기하며 '여성성' 때문에 외면된 특징들이 국제문제에서도 중요한 역할을 한다고 단정한다.

페미니즘은 네 가지 방법으로 전통적인 국제관계 이론의 근본적 교리에 이의를 제기한다.

■ **근본적인 성 편향**   페미니즘은 주류 이론 문헌들 그리고 외교정책 실제의 기본적 가정이 과도하게 남성적 사상전통에 의하여 물들어 있음을 주목한다. 합리성, 독립성, 강함, 보호자, 공공성 등은 본질에 있어서 남성적인 것으로 생각되는 특징들인 반면에, 감정, 관계성, 약함, 피보호, 사적 성격 등은 여성성과 관련된다(Tickner and Sjoberg, 2006). 개인이든 국가든 특징을 지움에 있어서 이러한 속성들은 불평등한 것으로 보여진다. "병사가 되는 것은 여성이 아니라 남성이어야 한다; 다른 어떤 사회제도보다도 군대는 남성을 여성으로부터 분리시킨다. 군인다움은 학교와 놀이터에서 소년들이 사회화될 때 연관되는 역할이다. 군인은 반드시 한 명의 보호자가 되어야 한다; 그는 반드시 용기, 강함, 책임감을 보여주어야 하며, 두려움, 취약성, 자비의 감정을 억눌러야 한다. 그러한 감정들은 여성적인 특징으로 전쟁 시에 큰 부담이 된다(Tickner, 2013, p. 285; 또한 Tickner and Sjoberg, 2007 참조)."

■ **핵심개념의 재형성**   페미니스트들은 세계정치의 핵심개념들에 대해 ─ 국가, 힘, 이익, 안보 등 ─ 좀 더 면밀히 검토할 것을 요구하면서 이러한 관념들의 남성적 개념화가 외교정책 수행을 좌우하지 않는가 묻는다. 예를 들면 현실주의는 위계적인 지도자, 전쟁수행 능력, 부와 평판의 바람직성, 그리고 국민들의 국내문제에 대한 관심과 분리된 국제문제의 수행 등을 강조하는 주권의 남성적 특징을 국가의 속성으로 본다. 그러나 페미니즘 학자인 신시아 엔로에(Cynthia Enloe, 2007)는 힘의 관계는 전쟁과 외교의 관행을 좌우하는 식으로 성별에 의해 영향을 받으며 또한 핵심개념에 대한 대안적인 이해는 세계정치에서 사회 및 경제 문제 등 다른 폭넓은 쟁점들의 적실성을 허용한다고 주장한다.

■ **여성적 관점의 포함**   역사적으로 여성들의 역할은 대부분의 사회에서 주변화 되었다. 불평등한 양성관계가 외교정책에서 얼마나 여성들을 제외시켰으며 불의와 억압을 영속화하고 국가이익과 행동을 좌우했는지 이해하기 위해서 여성의 경험을 의도적으로 검토하는 것이 아주 중요하다. 크리스틴 실베스터(Christine Sylvester, 2002)의 짐바브웨 여성 협동조합과 그린 코먼(Green Common) 여성 평화운동에 대한 연구는 안보에 대한 좀 더 유연한 이해를 시도하고자 하는 페미니스트들의 노력을 반영하는 것으로 이는 외부 침략자들로부터의 보호라는 전통적 국가중심 안보개념을 더 확대하여 경제 및 가족적 관심사도 포함한다.

■ **세계정치의 과학적 연구**   우리가 앞에서 논의한 것처럼 전통적 국제관계 이론은 ─ 특히 신현실주의 ─ 세계정치의 과학적 연구에 영향을 미쳤는데 이러한 연구는 보편적이고 객관적인 법칙에 의해 국제 체계 내의 국가들 행동을 설명하고자 한다. 그러나 페미니즘은 이러한 접근들의 진정한 객관성에 의문을 갖는다. 저명한 페미니즘 이론가인 스파이크 피터슨(Spike Peterson)은 17세기의 과학혁명에 과학/추론은 '남성'의 속성, 그리고 감정/직관은 '여성'의 속성으로 보는 명시적인 남성 편향이 존재했음에 주목한다. 페미니즘은 단일한 방법론적 접근을 수용하지 않으며 많은 페미니스트들은 "이론화는 객관적이라는 관념"을 거부하며 대신에 "통찰력을 어떤 특정의 관점 및 정치 의제와 연결하는 '관점적 접근(perspectival approach)'을 선호한다(Hutchings, 2008, p. 180; Tickner, 2005)."

페미니즘에 대한 어떤 비판자들은 연구문제의 조사에 대한 역사적이고 해석적인 접근에 냉소적이다. 그들은 페미니스트 학자들이 과학적으로 검증 가능한 가설들을 좀 더 많이 발전시킬 필요가 있다고 주장한다(Keohane, 1998); 이렇게 할 때 상호 경쟁하는 주장에 대한 평가가 용이해지고 페미니스트 연구의 타당성도 증가할 것이라고 본다. 다른 비판자들은 페미니즘이 본래적으로 규범적 편향성과 정치적 의제를 지니고 있다고 주장하며 페미니스트 학계의 객관성에 대하여 냉소적이다. 페미니즘 학자인 앤 티크너(J. Ann Tickner, 1997, p. 622)

마침내 자유?

역사의 대부분의 기간 동안 여성들은 신자유주의 이론화의 연장이라고 할 수 있는 페미니즘 이론에 의하여 설명되는 것처럼, 선거에서 투표하는 기본적 인권이 박탈되었었다. 최근의 개혁으로 그러한 상황은 변화하기 시작했다. 이 사진은 소말리아의 하르게이사(Hargeisa)의 한 투표소에서 헌법에 관한 국민투표 중에 소말리랜드의 여성들이 2001년 5월 31일 처음으로 투표하기 위해 줄을 지어서서 노래하는 모습을 보여주고 있다. 2006년 7월 30일 자유에 있어서 또 하나의 발걸음이 내딛어졌는데 바로 수백만의 콩고인들이 46년 만에 처음으로 민주선거라는 역사적 순간에 동참할 수 있었던 것이다.

가 말한 것처럼, 페미니스트 통찰력과 정치적 행동 사이의 연계는 "빈번히 그러한 지식주장을 상대주의적이고 객관성이 결여된 것으로 규정하는 과학적 방법론의 주창자들에게는 불안요인이 된다." 또 다른 학자들은 페미니즘이 여성들을 하나의 동질적인 범주로 취급하는 것은 오류라고 비판한다(Mohanty, 1988). 모든 여성들이 동일하거나 유사한 삶의 경험을 공유하는 것은 아니어서 사회계급, 종족, 그리고 문화와 같은 요소들에 의해 조건 지워진 중요한 차이들이 존재할 수 있다.

　　비록 모든 페미니스트들이 국제관계를 연구함에 있어서 성의 중요성을 강조하고 성해방에 관심을 갖지만, 페미니즘 내에는 많은 이론적 관점들이 존재한다. 자유주의적 페미니즘(liberal feminism)은 페미니스트 이론의 두드러진 범주로 자유와 평등에 대한 자유주의의 강조를 활용한다. 자유주의 페미니스트들은 국제문제에 있어서 여성의 주변화와 배제를 반대한다. 그들은 여성들이 남성들처럼 재능과 능력이 있으며 세계정치에 참여할 평등한 기회를 가져야 한다고 주장한다. 뿐만 아니라 정치적, 경제적, 또는 군사적 지도력 등 어떤 위치에 있든지, 여성을 배제하는 것은 재능을 헛되게 낭비하는 것이며 국가와 조직의 능력이 그들의 충분한 잠재력에 미치지 못함을 의미하는 것이다. 자유주의 페미니스트들은 여성의 완전한 참여

자유주의적 페미니즘

수완과 능력에 있어서 남성과 여성을 동등한 것으로 보아 기존의 정치, 법, 그리고 사회적 제도와 관행 하에서 여성의 동등한 참여를 고양하고자 하는 페미니스트 이론의 한 범주

를 방해하는 법적, 사회적 장벽의 제거를 요구하며 그만큼 국가와 국제공동체를 여성의 억압을 극복하기 위한 가능한 동맹으로(또는 어떤 경우에는 적으로) 본다. 페미니스트 이론의 다른 변종들과 달리, 자유주의 페미니즘은 여성들의 기존 구조에 대한 좀 더 많은 참여를 요구하는데, 지도력의 위치에 여성이 포함된다고 해서 세계정치의 관행 또는 국제 체계의 본질이 근본적으로 바뀔 것으로 생각하지는 않는다.

관점 페미니즘
여성은 실제에 대하여 남성과 매우 다른 경험을 하는 것으로 보아 결과적으로 국제 문제에 대하여 다른 관점을 지니게 되는 것으로 보는 페미니즘의 한 범주

관점 페미니즘(standpoint feminism)은 남성들과 여성들 사이에 차이가 실제 존재한다고 주장한다. 기원에 있어서 생물학적이거나 또는 문화적이거나, 세계 대부분의 사회들에 있어서 여성의 삶과 역할은 남성들과 매우 다르며 그렇기 때문에 여성들은 독특한 시각 또는 관점을 갖는다는 것이다. 예를 들면 여성들은 양육과 사회적 상호작용에 더 많은 적성을 가지고 있으며 그만큼 또한 공동체 건설과 갈등해결에 더 큰 재능이 있는 것으로 생각된다. 이러한 종류의 페미니즘은 우리들에게 수많은 여성들의 개인적 관점에서 사건들을 검토할 것을 촉구하는데 이러한 여성들은 돌봄이, 풀뿌리 활동가, 또는 비공식적 노동력의 참여자로서 국제문제에 관련되어 왔다는 것이다. 그러나 관점 페미니즘은 특히 여성의 종속과 이러한 조건이 어떻게 여성의 관점을 형성하는지에 초점을 둔다(Dietz, 2003). 여성들은 그 경험들을—정치적 권리 또는 목소리를 갖지 못하는 국가의 시민으로서 또는 매춘의 삶 또는 노예적 노동에 처한 인신매매의 희생자로서 또는 전 세계 공장의 값싸고 쉽게 착취되는 노동자로서—통해 세계문제에 대하여 남성들의 관점과는 매우 다른 모습을 그린다는 것이다.

탈구조적 페미니즘
세계정치에 대하여 성의 의미가 반영된 언어가 갖는 함의에 초점을 두는 페미니스트 이론의 한 범주

세 번째 종류인 탈구조적 페미니즘(post-structural feminism)은 "우리의 현실이 우리들의 언어사용에 의해 매개된다(Tickner and Sjoberg, 2006, p. 191)."고 주장한다. 이 범주의 페미니즘은 성별화된 언어와 행동이 세계정치에 스며드는 방식에 초점을 둔다(Steans, 2006). 예를 들면 남성의 정력과 여성의 순종 이미지를 환기시키는 군사무기와 무력행사의 남근적 성격을—무기의 '강력(potency)', 목표의 '관통(penetration)', 그리고 남성적 '전사(warrior)'—고려해보자. 마찬가지로 합리적/감정적, 강함/약함, 보호자/피보호자와 같은 이분법적 구성은 남성 선호성을 전달한다. 탈구조적 페미니스트들은 이러한 언어적 구성에 비판적이며 그것이 세계정치에 실제 영향을 가진다고 믿는다. 그들은 또한 그러한 의미를 구성하고 정당한 지식 여부를 결정하는 사람들(일반적으로 남성들)이 권력을 얻는다는 것에도 관심을 갖는다(Hooper, 2001). 탈구조적 페미니스트들은 여성들이 흔히 지식의 생산자 및 지식의 주체로서는 주변화 되었지만 성에 관한 구어적 의미는 변화될 수 있다고 주장한다.

탈식민적 페미니즘
여성들의 경험에 있어서 차이에 주목하면서 보편적인 여성적 관점이나 접근법은 존재하지 않는다고 주장하는 페미니즘 이론의 한 범주

탈식민적 페미니즘(Postcolonial feminism)은 남성과 여성 간에 차이가 있을 뿐만 아니라 세계 다른 지역의 여성들 간에도 차이가 있다고 주장한다. 탈식민적 페미니스트들은 문화, 소수민족성, 지리적 위치와 같은 요소들이 여성의 주변화와 억압의 이해에 중요하며 또한 "개

Martin Bernett/AFP/Getty Images

여성의 힘

아직 남성들의 수에 훨씬 미치지 못하지만, 여성들은 점점 더 많이 고위 정치 지도자의 직위를 추구하고 있다. 비록 미국 대통령직을 향한 그녀의 노력이 성공적이지는 못했지만, 힐러리 클린턴은 "우리가 이번에 그 가장 높고 견고한 유리 천장을 깨뜨릴 수 없었지만, 여러분 덕분에, 거기에 약 1,800만 개의 금을 내놓았다."라고 말함으로써 많은 사람들에게 영감을 불어넣었다. 여기 사진은 자유주의적 페미니즘이 고무하는 것처럼, 기존의 정치적 구조 내에 참여하고 있는 세 명의 여성 국가원수들이다; 왼쪽으로부터 지우마 호세프(Dilma Rousseff) 브라질 대통령, 앙겔라 메르켈(Angela Merkel) 독일 총리, 그리고 크리스티나 페르난데스 데 키르츠네르(Cristina Fernandez de Kirchner) 아르헨티나 대통령이다. 2013년 1월 26일 칠레 산티아고에서 개최된 중남미공동체 및 카리브국가들(CELAC)과 유럽연합(EU)의 첫 정상회담 개회식에 참석 중인 장면이다.

발도상국에 있어서 여성의 경험은 서구/선진 세계의 특권적 백인여성과는 크게 다르다고 주장한다(Kaufmann and Williams, 2007, p. 11)." 그리하여, 여성의 예속을 이해하고 극복하기 위한 어떤 보편적인 접근법이 있는 것은 아니라는 것이다.

이러한 여러 가지 유형의 페미니스트 이론들이 서로 배타적이지 않다는 것을 명심할 필요가 있다. 오히려 "끊임없는 혼합 현상이 예외가 아니라 일반적이어서 서로 다른 시각이 각각 별개의 결과를 구성한다고 가정하는 것은 많은 이론적 시각들 간의 다양성, 범위, 그리고 특히 폭넓은 중복 측면을 제대로 나타내지 못하게 된다(Peterson and Runyan, 2010, p. 80)." 그러나 성차의 문제에 대해 취하는 이론적 입장의 차이에 관계없이 페미니스트 학자들은 국제관계의 형성에서 양성이 수행하는 역할 방식을 무시하는 전통적 이론 시각에 대하여 비판적이다.

페미니즘적 비판은 외교정책으로부터 인도주의적 개입, 테러리즘에 이르는 폭넓은 쟁점들로 그리고 국가로부터 비정부기구에 이르는 다양한 행위자들로 확대되고 있다. "여성들은 세계정치에서 결코 자리하지 않은 적이 없다."라고 프랑크 윌머(Frank Wilmer, 2000)는 쓴다. "그들은 대부분의 경우 남성들에 의해 행해지는 담론 내에서 보이지 않는 상태로 있을 뿐이다." 여성에 대한 이러한 주변화에 대항하기 위하여 "성 위계질서가 이처럼 사회적으로 구성된 경계를 강화시키고 여성들과 남성들 사이의 차별을 영구화 하는 기제를 깊숙이 찾아 나서지 않으면 안 된다(Tickner, 2010, p. 38)."

마르크스주의적 비판

20세기의 오랜 기간 동안 사회주의는 주류 국제관계 이론화에 대한 중요한 급진주의적 대안이었다. 비록 사회주의에는 많은 사상적 가닥이 있지만, 이들 대부분은 칼 마르크스(Karl Marx)가 세계문제의 설명과 관련하여 범세계적인 현상으로 자본주의의 폐해적 효과를 이해하는 것이 필수적이라고 한 주장에 의해 영향을 받고 있다. 현실주의자들은 국가안보를 강조하고, 자유주의자들은 개인의 자유를 강조하며, 구성주의자들은 관념과 정체성을 부각시키는 반면에, 사회주의자들은 계급갈등과 각 계급의 물질적 이해관계에 초점을 둔다.

"지금까지 존재하는 모든 사회의 역사는 계급투쟁의 역사이다."라고 마르크스와 그의 공저자인 프리드리히 엥겔스(Friedrich Engels, 1820~1895)는 『공산당 선언(*Communist Manifesto*)』에서 말했다. 그들은 자본주의가 서로 적대적인 두 계급의 등장을 가져왔다고 주장했다; 생산수단을 소유하는 지배계급(부르주아, bourgeoisie)과 그저 표시뿐인 보상을 위해 노동을 파는 종속계급(프롤레타리아, proletariat). 노동계급은 그들의 생산품으로부터 소외되고 또 그들의 생산품에 대해 어떤 권위도 결여하게 된다. 대신에 지배계급이 불균형적으로 종속계급의 노동 열매를 통제하고 또 그로부터 이익을 취한다.

제국주의

외국 영토의 정복 또는 군사적 지배를 통해 국가 권력을 팽창하는 정책

이러한 적대적 관계는 나아가 국제관계의 성격을 결정하는 데 있어서 핵심적 역할을 한다. 마르크시즘에서 인간성 그 자체는 어떤 주어진 것이라거나 또는 국제관계의 주된 결정요소로 취급되지 않고 "다른 사람들 그리고 환경과 상호작용하면서 형성되는 것으로 보여진다(Brown, 2012, p. 650)." 이러한 상호작용은 약탈적 국제 체제를 만들고 여기에서 핵심부 국가들은 주변부 국가들의 억압을 통해 이익을 얻는다. 마르크스와 엥겔스에 의하면 "상품을 팔 시장의 끊임없는 확장 필요성 때문에 부르주아는 지구의 전 영토를 손에 넣으려고 애쓰게 된다." 지구 전체로 확장함으로써 부르주아는 "각 나라에서 일어나는 생산과 소비에 대해 코스모폴리탄(cosmopolitan)적인 성격을 부여한다."

INTERFOTO/Alamy

칼 마르크스의 정통 국제정치 이론에 대한 도전
이 사진은 독일의 철학자 칼 마르크스(1818~1883)이다. 세계역사의 경제적 결정론이라는 그의 혁명적 이론은 대부분의 국가들에서 만연하고 있던 계급투쟁을 극복하기 위한 방법론으로 공산주의의 확산을 고무시켰다. 그의 비판 대상은 부유한 강대국들이 군사력에 의하여 외국인들을 복속시켜 경제적 착취를 위한 식민지를 만들고자 하는 강박관념이었다. 마르크스는 식민지 인민들에 대한 제국주의의 정복 방지는 오직 인류가 자본주의적 경제 및 사회로부터 사회주의적 경제 및 사회로 전환할 때 가능하다고 경고하였다.

이러한 생각들을 더욱 발전시켜 소련의 레닌(Vladimir Ilyich Lenin, 1870~1924)은 마르크스의 분석시각을 제국주의(imperialism) 연구로까지 확대했는데, 제국주의를 자본주의 발전의 한 단계로 해석하면서 바로 독점주의가 자유시장 경제를 추월할 때 일어난다고 하였다. 영국의 경제학자

존 홉슨(John Hobson, 1858~1940)의 저술에 근거하여 레닌은 발전된 자본주의 국가들이 결국 과잉생산과 과소소비라는 두 가지 문제에 직면할 것이라고 주장하였다. 이들 국가들은 그 대응책으로 전쟁을 일으켜 세계를 영향권으로 분할하여 새로운 시장이 잉여 상품과 자본을 소화하도록 강압한다. 비록 레닌의 주장은 개념적 및 경험적인 이유로 심한 비판을 받았지만 그가 사회계급과 불균등 발전에 대해 기울였던 주의는 범세계적 현상으로서 자본주의에 대한 몇몇 파상적인 이론화 노력들에 중요한 자극이 되었다.

한 가지 두드러진 사례는 **종속 이론(dependency theory)**이다. 앙드레 군더 프랑크(André Gunder Frank, 1969), 사미르 아민(Samir Amin, 1976)과 여타 학자들(Dos Santos 1970; 4장 참조)의 저술에 표현되었듯이 종속 이론가들은 아시아, 아프리카, 라틴아메리카의 많은 빈곤이 약탈적인 자본주의 세계경제로부터 비롯되었다고 주장한다. 그들이 보는 것처럼 저발전국의 경제는 선진국에 대한 값싼 원재료와 농산물의 수출에 의존하면서도 동시에 선진국들로부터는 값비싼 공업제품을 수입하였다는 것이다. 유명한 종속 이론가인 테오토니오 도스 산토스(Theotonio Dos Santos, 1971, p. 158)는 종속을 "특정 국가들에게는 이익을 주면서 다른 국가들에게는 손해를 끼치는 세계경제의 어떤 구조를 형성하는 역사적 조건"으로 묘사한다. 종속 이론은 세계경제로부터의 퇴각을 권유하는 이론으로 비판되었고(Shannon 1989), 결국 장기적이고 체제 전체적인 변화의 한 부분으로서 개별 국가들의 경제적 부상과 쇠퇴를 추적하기 위한 이론적 노력들이 등장했다(Clark, 2008).

세계체제 이론(world-system theory)은 마르크스주의자와 종속 이론가들 모두로부터 영향을 받은 것으로, 통합된 자본주의의 노동분업 측면에서 세계정치를 해석하는 가장 최근의 노력이다(Wallerstein, 1988, 2005). 16세기에 등장하여 결국 전 지구를 포괄할 수 있을 만큼 확장된 자본주의적 세계경제는 세 가지 구조적 위치를 포함하는 것으로 이해된다; 중심부(core, 경제활동이 다양하고 자본의 소유와 사용을 중심으로 하는 강력하고 잘 통합된 국가들), 주변부(periphery, 강력한 국가기구가 결여되어 있고 비숙련, 저임금 노동에 의한 비교적 적은 미완제품의 생산에 종사하는 지역들), 그리고 반주변부(semiperiphery, 중심부와 주변부의 생산 특징 모두를 보여주는 국가들). 중심부 내에서 어떤 국가는 경쟁국가에 대한 생산적, 무역적, 그리고 금융적 우위를 성취함으로써 경제적 우위를 획득할 수 있다. 그러나 이러한 우위는 지속되기 어렵다. 기술혁신의 확산, 경쟁국으로의 자본 유출, 그리고 이에 더하여 세계질서를 유지하는데 드는 막대한 비용 모두는 지배적 국가의 경제적 우위를 잠식한다. 그리하여 세계체제 이론은 중심부에 의한 주변부의 착취를 강조하는 것에 더하여 중심부 위계 체제의 최상층부에서 패권적 초강대국의 주기적인 부상과 추락에 주의를 환기시킨다.

주류 이론화에 대한 이러한 여러 가지 급진적 이론들의 도전은 기업, 초국가적 종교운동

종속 이론

세계 자본주의가 저발전 국가들로 하여금 무역과 생산의 착취적 규칙을 만든 부국(富國)들에 의존하도록 만들기 때문에 저발전 국가들이 착취된다고 가정하는 이론

세계체제 이론

자본주의 세계경제는 16세기에 전 세계를 아우르는 상호연결된 분석 단위에서 기원하며 여기에는 국제적 노동분업과 모든 초국가적 행위자들의 행동을 제한하고 공유하는 복수의 정치적 중심부들과 문화들의 규칙이 존재하는 것으로 보는 이론 집단들

그리고 다른 비국가적 행위자들에 의해 수행되는 역할을 부각시킴으로써 우리의 세계정치에 대한 이해를 향상시켜준다. 뿐만 아니라, 그들은 주류 이론가들이 자체의 가정과 이론적 성향을 확인하고 질문을 던지며 명확히 할 것을 촉구한다. 그러나 그들은 국제문제의 경제적 해석을 너무 강조함으로써 결과적으로 잠재적으로 중요한 다른 설명요소들을 누락시킨다. 또한 마르크시즘에 대한 어떤 비판자들은 마르크스주의가 원래 극복하고자 했던 이론적 단순화에 빠짐으로써 혁명적 사회변화와 같은 핵심적 정치이념을 모호하게 만들고 있다고 비난한다. 사실 국제관계학자인 앤드류 다벤포트(Andrew Davenport, 2013)는 더 나아가 이것이 오늘날 마르크스주의 이론화의 주요 결점 중의 하나라고 주장한다.

국제관계 이론과 지구의 미래

변화하는 우리의 세계를 이해하고 그 미래에 대한 합리적 예측을 위해서 우리는 우리 자신에 대해 일련의 정보와 개념적 도구를 갖추도록 하고, 세계의 관념(idea) 시장에 있어서 세계정치에 관한 경쟁적인 해석들을 염두에 두어야 하며, 이러한 경쟁적 세계관들이 의존하고 있는 가정들에 대해 질문을 제기하지 않으면 안 된다. 세계정치에 관한 이론적 연구를 체계화 하는 서로 다른 대안으로서, 그리고 때때로 양립 불가능한 많은(그리고 증가하는) 방법들이 있기 때문에 세계의 정치문제들을 포착해내는 도전적 작업은 어떤 한 가지의 단순하면서도 강력한 힘을 갖는 설명으로 귀결될 수 없다(Chernoff, 2008). 과거에 그렇게 해보려는 각 패러다임의 노력이 있었음에도 불구하고 결국 세계 문제에 있어서 새로운 상황 발전은 그러한 패러다임들 각각이 갖는 지속적인 적실성이 잠식되면서 그 옹호자들도 잃게 되었다.

여러분이 변화하는 세계의 조건들을 이해하기 위해 노력하는 과정에서 우리의 세계정치에 대한 이해의 한계를 인정하는 겸손함을 가짐과 동시에 그 성격에 대해 골똘히 탐구하는 것이 중요하다. 해석의 과제는 복잡다기한데 그 이유는 세계가 복잡하기 때문이다. 도널드 푸찰라(Donald Puchala)는 2008년 이러한 도전을 다음과 같이 적절히 표현하였다;

개념적으로 말할 때, 오늘날 세계문제는 분해된 조각퍼즐이 우리 앞의 책상 위에 흩어져 있는 것에 비유될 수 있다. 각각의 조각은 커다란 그림의 한 부분을 보여주면서도 아직 파악되지 않은 상태로 남아 있다. 어떤 조각들은 재흥하는 민족주의를 표시한다; 다른 조각들은 확산 중인 민주주의를 보여준다; 어떤 그림은 대량학살을 보여준다; 또 다른 그림들은 무역과 투자를 통한 번영을 나타낸다; 어떤 그림들은 핵군축을 나타낸다; 또 다른 그림들은 핵확산을 보여준다; 어떤 조각들은 다시 활력을 찾은 유엔을 나타낸다; 다른 조각들은 유엔이 아직 쇠약하고 제대로 기능을 발휘하지 못함을 보여준다; 어떤 조각들은 문화적 세계화를 묘사한다; 다른 조각들은 충돌하는 문명을 예측한다.

이러한 조각들은 서로 어떻게 어울릴 것이며 그들이 적절하게 어울릴 때 어떤 그림으로 나타날 것인가?

모든 이론들은 가능한 미래에 대한 지도들이다. 이론들은 우리가 조각들을 서로 맞춰 정확한 그림을 형성하도록 안내해준다. 그러나 세계의 조건을 해석하는 어떤 이론의 유용성을 평가하는 데 있어서 이 장에서 시도한 역사적 개관이 시사하는 것은 어떤 특정 이론만이 미래에도 유용할 것이라고 지나치게 단순화하거나 가정하는 것은 옳지 않다는 점이다. 그럼에도 불구하고 미국의 시인 로버트 프로스트(Robert Frost)는 우리가 충분히 오랫동안 지니는 어떤 믿음은 언젠가 미래에 다시 진실이 될 수 있는데, 그 이유는 "우리가 삶 속에서 보고 있다고 생각하는 대부분의 변화들은 우리 마음에 들거나 거슬리는 진실에서 비롯되기 때문이다."라고 말했다. 따라서 세계정치에 관한 이론적 탐구에 있어서, 우리는 우리들이 가지는 인상의 정확성에 대하여 비판적으로 평가함으로써 이론들의 상대적인 가치가 영원히 고정되어 있다는 확증 없이 하나의 세계관을 안고 다른 것은 포기하려는 유혹을 피하지 않으면 안 된다.

비록 현실주의, 자유주의, 그리고 구성주의가 오늘날 세계정치에 대하여 생각하는 지배적인 방식이기는 하지만, 이러한 이론들 중 어떤 것도 완전히 만족스런 것은 아니다. 현실주의는 모호한 개념에 의존하고 있기 때문에 빈번히 비판받으며, 자유주의는 이상주의적 가정에 기초한 순진한 정책대안을 제시하는 것으로 종종 조소당하며, 또 구성주의는 하나의 '진정한' 이론이라기보다는 하나의 사회과학적 틀일 뿐이라고 비판받는 점을 상기하자. 더구나 급진주의와 페미니즘이 제기한 이론적 도전이 시사하는 것처럼, 이 세 가지 주류 이론들은 세계정치에 있어서 중요하게 보이는 측면들을 간과하고 있어서 그들의 설명력을 제한하고 있는 것이다. 이러한 단점들에도 불구하고 이론들 각각은 어떤 종류의 국제적인 사건들과 외교정책 행태를 설명하는데 강점을 가지고 있다.

우리는 세계정치의 모든 측면을 설명할 수 있는 포괄적인 단 하나의 범용 이론을 가지고 있지 못하기 때문에 이후의 장(章)들에서는 맥락에 따라 현실주의, 자유주의, 그리고 구성주의적 사고를 활용할 것이다. 뿐만 아니라 해당 주제를 해석하는 데 가장 큰 도움을 주는 경우 이러한 이론들에 더하여 페미니즘과 마르크스주의 비판론을 보충적으로 활용할 것이다.

만약 당신이 세계는 복잡하다고 말한다면 그것은 당신이 사회과학자로서
당신의 본분을 다하고 있는 것이 아니다. 사람들은 세계가 복잡하다는 것이 이미 알고 있다.
— 새뮤얼 헌팅턴(Samuel Huntington), 정치학자

가치와 이해관계

이스라엘과 팔레스타인 사이에 지속되고 있는 분쟁에서 가장 첨예한 쟁점 중의 하나는 6일 전쟁 중 점령한 땅에 이스라엘인들이 계속하여 정착하는 것이다. 국제사회의 많은 사람들은 이 땅을 점령지로 간주하며 정착촌 건설을 국제법의 위반, 팔레스타인인들의 인권침해, 그리고 평화노력에 대한 장애물로 본다. 팔레스타인인들은 그러한 활동이 팔레스타인의 주권을 규정하는 어떤 협정을 사전에 차단하거나 약화시키기 위한 노력이며 또 유대인 정착촌의 존재는 자립적이며 이웃하는 국가의 수립을 방해한다고 주장한다. 이스라엘은 이러한 견해에 동의하지 않으면서 이러한 정착촌 대부분은 합법적인 동시에 이스라엘의 안보를 위해 필요하다고 주장한다(Balmer, 2012).

이스라엘의 확고한 동맹국으로 미국은 종종 그 자신이 전략적 이익의 추구와 규범적 가치 및 선호라는 두 가지 사이에서 긴장 상황에 처하게 된다. 2009년 6월, 버락 오바마 대통령은 "미국은 이스라엘의 계속된 정착촌 건설의 정당성을 받아들이지 않는다."고 말함으로써 이스라엘을 비판하였다. 이는 이스라엘의 격렬한 반응으로 나타났는데, 주미 이스라엘 대사인 마이클 오렌(Michael Oren)의 말대로 미국-이스라엘 관계에 있어서 지각변동 현상이며 30년 동안의 외교관계에서 최저점을 의미한다고 개탄하였다.

그러나 미국은 계속되는 정착촌 건설을 수용하지 않음에도 불구하고 2011년 1월 이 문제를 유엔 안전보장이사회에 상정하는 것을 반대하였다. 팔레스타인-이스라엘 분쟁의 협상에 의한 해결이라는 오랜 입장을 재확인하면서, 힐러리 클린턴 당시 미 국무장관은 "뉴욕[유엔 본부]은 이 해묵은 분쟁을 해결할 장소가 아님을 강하게 믿고 있다."라고 말했다. 비판자들은 주요 중동평화문제에 대하여 전략적으로 영향을 미칠 수 있는 능력을 보유하는 것이 미국의 대체적인 입장이라고 주장한다.

최종으로 여러분의 판단은?

1. 어떤 주어진 정책에 있어서도 가치와 이해관계 간에 항상 교환적 거래가 있는가?

2. 가치와 이해관계가 서로 일관성을 가질 수 있도록 이 간격을 연결하는 것이 가능한가?

3. 여러분은 이 난문제가 서구 국가들, 특히 미국과 이스라엘 사이의 관계에 어떻게 반영되어 있다고 생각하는가?

4. 이 장에서 소개된 이론들은 정보 면에서 여러분의 사고에 어떤 도움을 주는가?

STUDY. APPLY. ANALYZE.

핵심 용어

결과주의	보호책임	신현실주의	제국주의	페미니스트 이론
공격적 현실주의	복합적 상호의존	안보 딜레마	종속 이론	행위자-지향적 구성
관점 페미니즘	사회적 구성주의	영합	집단안보	주의
구성주의	상대적 이득	외교	초국가적 관계	행위주체
국가이익	세계체제 이론	이론	켈로그-브리앙 조약	현실주의
국제레짐	세력균형	자력구제	탈구조적 페미니즘	
규범들	신보수주의	자유주의	탈식민적 페미니즘	
방어적 현실주의	신자유주의	자유주의적 페미니즘	패러다임	

추천 도서

Drezner, Daniel W. (2011) Theories of International Politics and Zombies . Princeton, NJ: Princeton University Press.

Lobell, Steven E., Norrin M. Ripsman, and Jeffrey W. Taliaferro. (2009) Neoclassical Realism, the State, and Foreign Policy . New York: Cambridge University Press.

Puchala, Donald J. (2003) Theory and History in International Relations . New York: Routledge.

Smith, Martin A. (2012) Power in the Changing Global Order: The US, ussia and China . Cambridge: Polity Press.

Tickner, J. Ann and Laura Sjoberg (Eds.). (2011) Conversations in Feminist International Relations: Past, Present and Future? New York: Routledge.

Waltz, Kenneth. (2001) Man, the State, and War . New York: Columbia University Press. Revised ed.

Wendt, Alexander. (1999) Social Theory of International Politics . Cambridge: Cambridge University Press.

"국제정치 장에서의 결정과 행동은 오직 결정에 영향을 미치는 요소들이 확인되고 따로 떼어내질 수 있는 한에 있어서만 이해되고, 예측되고, 그리고 조작될 수 있다."

– 아놀드 울퍼스(Arnold Wolfers), 정치학자

CHAPTER 3
국제정책결정 이론들

선택과 결과

지도자들의 선택 그리고 정책결정은 의도했든 아니든지 간에 그들 주변의 국가들 및 세계에 광범위한 결과를 가져온다. 그리스 의회 밖의 이 사진은 그리스 재정위기에 대한 대응으로서 국제 채권자에 의해 요구되고 그리스 정책결정자들에 의해 승인된 긴축조치에 반대하는 대중적 반발의 한 부분인 항의자들을 보여주고 있다.

고려해야 할 질문들

■ *분석수준의 틀은 어떻게 외교정책결정을 설명하는가?*
■ *개인지도자들에 의한 정책결정에 영향을 미치는 요소들은 무엇인가?*
■ *외교정책결정의 국내적 원천은 무엇인가?*
■ *외교정책결정의 세계적 원천은 무엇인가?*

여러분 이 국제관계학 분야의 학위를 마치고 이제 막 진로를 시작한다고 가정하자. 여러분의 직장은 그동안 여러분이 얻은 지식들을 활용하여 세계를 더 좋은 곳으로 만들 수 있는 기회가 된다. 여러분은 세계보건기구(WHO)의 업무수행에서 여러분의 분석능력을 현명하고 효과적으로 활용한 결과 이제 매우 중요한 직책에 임명된다; 여러분의 전문 분야에 있어서 하나의 주요 NGO(nongovernmental organization)의 수장이 되어 그 기구를 이끌어간다. 그러한 역할에 있어서 여러분은 그 NGO의 *외교정책*(*foreign policy*)을 수립해야 하는 상황에 있다. 여러분은 이 NGO의 가치에 기초하여 그 NGO가 추구해야 할 외교정책 목표뿐만 아니라 그러한 국제적 목표들이 최고로 실현될 수 있는 수단에 관해 정책결정을 하는 도전을 안고 있다.

축하! 여러분은 정책결정의 권한을 갖는다. 이제 여러분의 임무는 외교정책의 성공 여부가 달려있는 중대한 운명의 선택을 하는 것이다. 세계무대에서 활동하는 초국가적 *행위자*(*actor*)의 통치적 권위를 행사하는 사람으로서 여러분은 이 기구의 이익에 가장 도움이 되면서도 나아가 세계 전체의 이익에도 기여할 정책결정을 어떻게 내리겠는가?

국제정책의 결정자로서 여러분의 접근법은 부분적으로 여러분의 선호도와 우선순위에 의존할 것이다. 그러나 어떻게 하면 제대로 작동하고, 도덕적이며, 또한 성공적인 외교정책을 결정할 것인가에 대한 확실한 길이 있는 것은 아니다. 여러분은 충분한 정보에 기초한 정책선택을 하기까지 많은 장애물과 능력의 제한이라는 상황에 처하게 될 것이다. 미국의 전 국무장관 헨리 키신저(Henry Kissinger)가 경고하는 것처럼, 외교정책결정이 모든 사실들을 파악한 사람들에 의해 내려지는 경우는 거의 없다; 정책결정자는 "나중에 분석가들에게는 입수 가능할 정보가 없이 불완전한 지식이라는 안개 속에서 행동을 취해야만 한다." 뿐만 아니라, 여러분의 어떤 선택도 반드시 여러분이 귀하게 여기는 또 다른 가치들을 손상시키며 여러분이 추구하는 또 다른 목표들을 잠식함으로써 그에 따른 비용을 수반하게 된다. 따라서 여러분은 이제 초국가적 행위자를 대표하여 외교정책결정의 권한을 보유한 모든 사람들이 어려워했던 그런 종류의 도전에 직면하게 되는 것이다.

국제문제에 있어서 외교정책결정

이 장의 목적은 여러분들에게 국제정책결정의 다양한 접근법들을 둘러싼 유형, 단점, 그리고 대가에 관하여 역사가 제공하는 교훈들을 소개하는 것이다. 이러한 소개는 초국가적 행위자들이 외교정책을 결정할 때 경험하는 과정들을 묘사하는 경쟁적 방식에 대한 안목의 창을 열어준다.

초국가적 행위자들과 정책결정의 과정들

이 장은 역사적인 경험과 국제관계 이론들에 기초하여 모든 초국가적 행위자들에 의한―세계 정치에서 어떤 역할을 수행하는 모든 개인들, 단체들, 국가들, 그리고 국제기구들―국제적인 정책결정의 유형들을 살펴본다. 따라서 이 장은 국가들의 정책결정 관행뿐만 아니라 유엔과 같은 국제기구들, 국제사면위원회(Amnesty International)와 같은 비정부기구들(NGOs), 엑슨(Exxon)과 같은 다국적기업들, 이란, 이라크, 터키의 쿠르드족과 같은 토착 소수민족들, 그리고 알카에다(Al Qaeda)와 같은 테러조직망까지 다루게 된다.

게다가 우리들 각자가―모두 개인적인 사람들―어떻게 이러한 방정식의 한 부분이 되는가에 대하여 성찰하는 것이 중요하다. 어떤 의미에서 우리 모두는 세계정치의 경향에 영향을 미치는 자유로운 선택을 할 수 있는 초국가적 행위자들이다. 어떤 목적의식에서 동원되고 고무될 때, 개인들은 세계 역사의 진로과정에서 중요한 의미를 가질 수 있다. 진정으로 우리가 매일 내리는 결정들 그리고 우리가 가입하는 단체들은 우리가 그러한 일상적인 선택의 결과를 알고 있든지 않든지 간에 우리 자신의 개인적 '외교정책들(foreign policies)'의 반영이다. 모든 사람 각자가 중요하다. 미국의 문화인류학자 마가릿 미드(Margaret Mead)가 "사려 깊고 헌신적인 소규모 집단의 시민들이 세계를 변화시킬 수 있다는 것을 의심하지 말지어다. 진정, 그들이야말로 세계를 변화시켰던 유일한 존재들이다."라고 조언하였다.

모든 유형의 초국가적 행위자들에 의한 국제정책결정에 관한 여러분의 사고를 자극하기 위해, 이 책은 *외교정책*이 결정되는 과정을 분석하고 설명하는 틀을 제공한다.

외교정책결정에 영향을 미치는 요소들

국제정책결정에 관한 이론적 사고의 구조를 형성하기 위해서는 모든 초국가적 행위자들에 의해 외교정책이 결정되는 방식에 영향을 미치는 요소들 또는 원인들의 측면에서 사고하는 것이 도움 된다. 어떤 변수들 또는 인과적 영향요소들이 외교정책결정에 영향을 미치는가?

우선, 어떤 단일한 인과범주도 외교정책결정을 충분히 설명할 수 없다는 점을 인식하는 것이 중요하다; 오히려, 다수의 영향 요소들이 수렴하여 외교정책 '결과(outputs)'를 산출하는 정책을 함께 결정한다. 미국의 외교정책결정에 대하여 이야기하면서 헨리 키신저 미국 전 국무장관은 "외국인들을 가장 불안하게 하는 것들 중 하나는 우리의 외교정책이 어떤 새 대통령의 개인적 선호에 의하여 변경될 수 있다는 인상이다."라고 하였다. 그러나 비록 어떤 대통령의 성향이 그 외교정책결정에 영향을 미칠 수 있을지라도 모든 정치지도자들은 자유로운 선택을 한정하는 여러 가지 환경에 의해 제한받는다. 미 대통령의 전 보좌관 조지프 칼리파노(Joseph A. Califano)는 "대통령은 정책 목적에 있어서 그의 선호도가 무엇이든지 간에 그의 주의를 요하는 역사적인 대세의 수인(囚人)이다."라고 말했었다. 따라서 결정이 어떻게 내려지는가라는 문제의 핵심에 도달하기 위해서 우리는 단일 요소 설명을 넘어서지 않으면 안 되며 복수의 원인들이라는 측면에서 생각하지 않으면 안 된다.

그것을 위해 모든 유형의 초국가적 행위자들이 외교정책 선택을 할 때 영향을 미치는 여러 가지 변수집단을 확인하는 것이 필요하다. 1장에서 소개한 분석수준의 구분과 유사하게 우리는 어떤 단일한 범주의 인과관계도 외교정책결정을 충분히 설명할 수 없다. 그보다는 다수의 범주들이 함께 수렴되어 외교정책의 '산출'을 낳는 결정들을 한다. 1장에서 소개된 *분석수준(level-of-analysis)*의 구분처럼(그림 1.1 참조), 우리는 또한 외교정책결정 과정 중 개인, 내부적, 그리고 범세계적 분석 수준에서 영향을 미치는 주요 인과관계 변수를 참조하여 정책들의 결정인자의 틀을 구성할 수 있다;

- **개인적 정책결정자들** 국제 행위자들을 대표하는 지도자들의 개인적 특성은 국제정책결정에서 큰 중요성을 갖는다. 그 이유는 그들의 개인적 가치관념, 인성, 신념, 지능, 이전의 경험이 어떤 국제문제에 대하여 특정의 입장을 취하도록 영향을 미칠 수 있기 때문이다. 정치학자인 아놀드 울퍼스(Arnold Wolfers, 1962, p. 50)가 설명한 것처럼, 지도자들은 영향력을 가지는데 그 이유는;

  행위자의 밖에 위치하는 요소들은 오로지 정책결정자의 마음, 가슴, 그리고 의지에 영향을 미침으로써만 결정인자가 될 수 있기 때문이다. 어떤 특별한 방식으로 행동하고자 하는 인간의 결정은 필연적으로 어떤 정책 행위의 과정에 있었던 사슬과 같은 일들의 마지막 연결고리를 의미한다. 예를 들면 지리적 조건들은 오로지 구체적인 사람들이 이러한 조건을 인식하고 해석할 때만 한 국가의 행동에 영향을 미칠 수 있다.

  비록 세계의 조건에 있어서 변화와 행위자들의 집단적인 내부 특징이 어떤 특정 외교정책 방안의 손익 계산에 영향을 미칠 수 있으며 정책선택의 필요성에 자극을 줄 수 있음에도 불구하고 이러한 측면들은 지도자들의 인식에 의해 매개된다. 구성주의 이론이 주장하는 것처럼, 지도자들 머릿속의 관념과 기대감은 객관적인 현실이 해석되는 지적인 여과장치가 되는 것이다. 그러므로 왜 어떠한 국제정책결정이 내려졌는가에 관한 어떤 설명에 있어서도 지도자들의 관념과 이미지가 구체적인 선택에 어떻게 영향을 미쳤는지를 고려에 넣는 것은 지극히 중요한 것이다.

- **내부적 영향요소들** 세계무대에 있어서 각 행위자들은 그들 자신의 속성에 의하여 정의되는데 이러한 속성들은 또한 그 행위자의 외교정책이 어떻게 결정되는가에 중요한 요소로

작용한다. 정책결정자 개인이 중요한 것처럼 외교정책 지도자 홀로 국제정책결정의 유일한 추동력이라고 생각하는 것은 잘못이다. 정책결정을 내리는 초국가적 행위자의 내부적 특징들은―부, 군사력, 여론―정책결정자 개인에게 열려있는 선택들의 폭을 크게 좌우하는 것이다.

해외에서 행동을 취할 수 있도록 조직된 모든 국제 행위자들은 개인들의 집합으로 구성된다. 이러한 집단 행위자들이 어떻게 지배되는가와 그들이 외교정책결정에 도달하기 위해 밟는 과정과 절차들은 그 자체가 힘이 되어 도달된 정책결정의 구조를 형성하고 결정하게 된다. 행위자 내의 조직규모, 상호작용 하는 다른 행위자들에 대한 그의 상대적인 힘, 재원, 그리고 내부의 여론 분포 모두는 세계의 환경 변화에 대한 대응으로서 외교정책 선택에 있어서 행위자들의 능력에 영향을 미친다.

■ 범세계적 요소들   세계적인 조건들은 국제정책결정에 대하여 제한점과 기회를 제공하며 어떤 행위자의 내적인 속성과 정책결정자 개인의 선호가 그 정책적 선택과 관련하여 어떤 정도로든 영향을 미친다. 세계의 변화하는 상태는―행위자를 벗어나서 일어나는 모든 것―국제 행위자들의 결정에 영향을 미친다. 지배적인 세계의 환경은 정책결정의 상황을 정의하면서 정책결정을 해야만 하는 필요성을 제기하고 또한 행위자가 취할 수 있는 정책방안들을 제한한다. 존 퀸시 애덤스(John Quincy Adams)가 국무장관으로 재직 시에 "나는 정책에 있어서의 변화는 알지 못한다. 다만 환경의 변화만을 알 뿐이다."라고 지적하였다. 이 책『세계정치론』에서 강조하고 있는 어떤 세계적 경향을 예로 보더라도 우리는 곧 세계 상태의 변화가 지구적 의제상에 있는 쟁점들에 얼마나 확실한 조건을 제공하는지 눈에 그릴 수 있게 된다; 지구온난화, 핵확산, 국제무역, 국제테러, 그리고 시민들의 소요 등 그 예는 무수히 많다. 지구 환경의 모든 전환은 국제적 행위자들의 정책결정에 중요한 영향을 미친다. 지구환경의 변화가 국제정책결정에 촉진자 역할을 한다는 견해는 리처드 닉슨(Richard Nixon) 미국 대통령이 "세계는 변했다. 우리의 외교정책도 그에 따라 변화하지 않으면 안 된다"라고 선언했을 때 잘 포착되고 있다.

이 세 부분의 틀은 여러분으로 하여금 왜 특정의 정책결정이 내려졌는지를 설명하는 현상의 범주들에 대하여 인과적 측면에서 생각하도록 고무한다. 각 범주는 많은 수의 요소들을 포함하는데, 이들은 다른 두 범주에 분류된 영향요소들과 함께 여러분이 어떤 국제 행위자에 의해 왜 어떤 특정의 정책결정이 내려졌는지에 대한 설명을 구성할 때 무엇을 관찰해야 하는지 말해준다. 이 세 범주에 속하는 요소들은 정책결정 과정을 좌우하는 '투입'으로 작용한다. 이러한 요소들은 궁극적으로 외교정책의 결정과 결과, 즉 외교정책의 '산출'에 도달하고, 이러한 것들은 차례로 환류(feedback)를 제공하여 다음 순서에서 투입 그 자체에 영향을 미친다(그림 3.1 참조).

해석을 위한 이러한 모델 구성은 설명을 위한 것이다. 이러한 틀은 '왜' 어떠한 외교정책이 결정되었는가에 대해 물을 때 어디를 봐야할 지에 대한 단서를 제공한다. 각 정책결정은 깔대기에서 일어나는 사전의 많은 인과관계의 결과로 볼 수 있다. 그리하여 이 모델은 사전에 존재하여 정책결정을 진척시키는 조건들에 대하여 명기하고 있다(그러나 빈번히 정책결정 그 자체를 그 전 단계의 조건과 구별하는 것이 어렵다는 것을 염두에 두어야 한다).

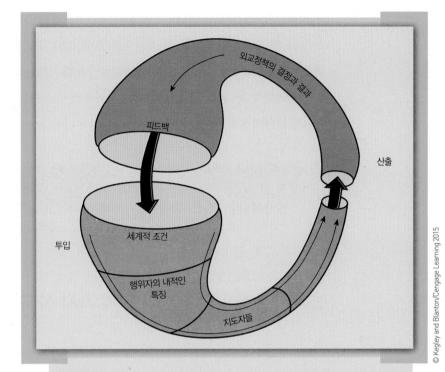

그림 3.1
국제정책결정에 대한 영향요소들의 '깔때기 비전'
이 그림에서 초국가적 행위자들의 외교정책 선택에 영향을 미치는 결정인자들 또는 요소들이 '인과의 깔때기'로서 보여지고 있다. 이러한 도식은 외교정책결정 과정에 영향을 미치는 요소들을 세 가지 범주로 나누는데 이에 의하면 정책 '투입'이 정책 '산출'을 낳는 결정을 좌우한다.

또한 이러한 틀은 외교정책결정 과정에 있어서 투입으로부터 산출로의 시간적인 순서를 시사하고 있음을 관찰해야 한다. 즉 t라는 시점에 일어나는 외교정책의 결정인자의 변화는 (t+1)이라는 시점의 정책결정을 낳고, 이것은 다시 훨씬 뒤인 (t+2)라는 시점의 모든 인과관계적 요소들에 영향을 미치는 정책결과에 이른다. 더구나 이러한 정책결과들은 (t+3)이라는 시점의 투입요소들 그 자체에 대해 중요한 영향을 미치는데, 그 이유는 그 정책 결과들이 다음 (t+4) 시점의 정책결정에 영향을 미치는 조건들을 변화시키면서 이러한 인과적 요소들에 대하여 환류적 작용을 하기 때문이다. 예를 들어 t라는 시기의 어떤 시점에 있어서 여러 요소들이 결합하여 미국으로 하여금 2003년 3월(t+1)에 이라크를 침공하게 했다(t+2). 나아가, 이러한 결정은 이 침공이 원래 종식시키고자 구상했던 국제 테러의 수준을 증가시킴으로써 미국 내와 해외의 여론에 대해 고통스럽도록 부정적인 환류로 작용하였다. 이러한 반응은 순차적으로 나중에(t+3) 세계적 조건뿐만 아니라 미국 사회 내의 태도들을 변화시켰고, 이는 원래 정책결정의 수정을 자극하기 시작했다(t+4). 이처럼 여기에 제시된 모델은 동태적이다. 이 모델은 과거의 정책결정과 행태뿐만 아니라 그러한 정책결과들이 나중의 정책결정에 미치는 영향을 설명하는 데 활용될 수 있다. 이러한 방식으로 국제정책의 결정인자와 결과들을 추적함으로써 정책분석가 여러분들은 역사적 관점에서 초국가적 행위자들의 외교정책을 살펴보고 설명할 수 있는 렌즈를 얻을 수 있게 되는 셈인데, 그 이유는 이 모델이 분석적으로 어떤 한 시점이나 행위자에 묶여있지 않기 때문이다.

우리는 우리의 외교정책에 대해 삽화적이고 피상적인 것에만 의존하여 이해함으로써 서로 관계되지 않는 것처럼 보이는 사건들의 만화경에서 나타나는 보다 중요한 사태발전들의 모습을 잃게 되는 심각한 위험을 안게 된다. 계속성을 뚜렷이 보지 못하고 인과적 요소들을 확인하지 못하게 될 것이다.

— 조지 볼(George W. Ball), 미국 전 국무차관

초국가적 행위자들에 의한 세 가지 정책결정 모델들

이러한 '인과관계의 깔때기' 분석틀을 염두에 둘 때, 국제정책결정에 대해 보다 심도 있게 천착할 수 있는 지적인 무장을 한 셈이 된다. 하지만 국제정책결정의 원인들에 대해 분석하는 여러분에게 좀 더 나은 혜안을 가질 수 있도록 하기 위해 이러한 주제의 전문가들에 의해 형성된 세 가지 정책결정 모델을 고찰해보자; 합리적 선택, 관료 정치, 그리고 지도자와 지도력의 정치심리학.

합리적 선택으로서 정책결정

*현실주의(realism)*는 대체로 외교정책결정이 국제 행위자가 본질적으로는 변하지 않는 무정부적 세계 체제의 압력에 대한 적응이라고 가정한다. 따라서 현실주의는 모든 정책결정자들이 외교정책결정에 대한 접근에 있어서 본질적으로 유사하다고 가정한다;

만약 그들이 [정책결정] 규칙을 따른다면, 우리는 그들에 대하여 아무것도 더 알 필요가 없다. 본질에 있어서 정책결정자가 합리적으로 행동한다면, 관찰자가 합리성의 규칙을 알고 있는 경우 그 자신의 마음속에서 정책결정 과정에 대해 예행연습을 할 수 있다. 그리하여 그 관찰자가 정책결정자의 목표들을 알고 있는 경우 그 정책결정에 대해 예측할 수도 있고 또 왜 그 특정의 정책결정이 내려졌는지를 이해할 수도 있다(Verba, 1969, p. 225).

현실주의자들은 모든 정치지도자들의 목표들과 그들의 외교정책 선택에 상응하는 접근이 똑같기 때문에, 각 행위자의 정책결정 과정은 마치 각 행위자가 단일 행위자(unitary actor)인 것처럼 연구될 수 있다고 믿는다. 여기서 단일 행위자라는 것은 그 행위자가 동질적이거나 한 몸체여서 정책선택에 영향을 미칠만한 중요한 내적 차이가 거의 또는 전혀 존재하지 않는 단위체임을 의미한다. 이러한 가정으로부터 국제 행위자들은 서로 다른 정책선택의 손익에 대한 합리적 계산에 의해 정책결정을 할 수 있고 또 그렇게 한다는 기대감이 도출될 수 있다. 우리는 여기에서 합리성 또는 합리적 선택(rational choice)을 '국제적 사건에 대응하는 개인이 입수 가능한 최선의 정보를 활용하여 가능한 대응방안들 중에서 자신의 목표들을 가장 극대화할 것으로 보이는 대안을 선택할 때 보여지는 의도적이고 목표지향적인 행동(Verba, 1969)'으로 정의한다. 학자들은 합리성을 다음과 같은 지적인 단계들을 포함하는 순차적인 정책결정 활동으로 묘사한다:

> **단일 행위자**
> 내적으로 통일되어 있는 것으로 가정되는 하나의 초국가적 행위자(보통 주권국가)로서 그 내부 여론의 변화는 그 행위체의 지도자가 세계적 환경변화를 극복하기 위해 내려는 정책결정만큼 큰 영향을 미치지 않는다.

> **합리적 선택**
> 상황의 조심스런 정의, 목표의 가늠, 모든 대안의 고려, 그리고 최고의 목표를 성취할 가능성이 있는 대안의 선택 등에 의해 안내되는 정책결정절차들

- 문제의 인식과 정의   정책결정을 해야 할 필요성은 정책결정자들이 외부의 문제를 인식하고 그 두드러진 특징을 객관적으로 정의하려고 하면서 시작된다. 객관성을 확보하기 위해서는 다른 행위자들의 행동, 동기, 그리고 능력뿐만 아니라 세계 환경 및 그 안의 경향에 관한 충분한 정보를 필수로 한다. 이상적인 면에서, 정보의 조사는 남김없이 해야 하며 해당 문제와 관련되는 모든 사실들이 수집될 것이다.
- 목표 선택   다음으로, 외교정책 선택에 책임이 있는 사람들은 그들이 달성을 원하는 것이 무엇인지 결정해야 한다. 이처럼 방심되리만큼 단순한 필수사항도 종종 어렵다. 그것은 가장 선호되는 것으로부터 가장 선호되지 않는 것까지의 위계구조에서 모든 가치들(안보와 경제적 번영 같은)을 확인하고 그 서열화를 필수로 하기 때문이다.
- 대안들의 확인   합리성은 또한 모든 입수 가능한 정책 대안들을 망라하여 축적하고 각 대안과 관련되는 비용 산정을 필수로 한다.
- 선택   마지막으로, 합리성은 바라는 목표를 가장 잘 성취할 가능성이 있는 단 하나의 대안 선택을 필수로 한다. 이러한 목적을 위해 정책결정자들은 각 대안의 성공확률에 대한 정확한 예측에 기초하여 엄격한 분석을 수행하지 않으면 안 된다.

정책결정자들은 종종 그들의 행동이 가능한 한 '최선의' 정책결정에 도달할 수 있도록 고안된 합리적 정책결정 과정의 결과물로 묘사하는데, 이때 내려진 정책결정으로부터 기대될 수 있는 결과들을 평가하는 *결과주의(consequentialism)*의 논리를 활용한다.

예를 들면 합리적 정책결정에 대한 열망은 2011년 5월 2일 오사마 빈 라덴(Osama bin

"외교정책결정은 어떻게 내려지는가?"
그것이 이 책의 저자 중 한 명인 찰스 케글리가 전 미 국무장관 헨리 키진저와의 인터뷰에서 던진 질문이었다. 키신저는 "외교정책 결정의 많은 고민은 서로 경쟁하는 그리고 때때로 상충되는 요구 사항들 중에서 우선순위를 확립해야 할 필요성에서 비롯된다."라고 말한다.

Laden)이 사망한 후 아프가니스탄에 대한 미국의 관계수준을 어느 정도로 유지해야 하는지에 대한 논쟁에서 조명될 수 있다. 미군의 철수와 확실한 출구전략을 옹호했던 사람들은 빈 라덴의 사망이 이 전쟁에 대해 재평가를 필수로 하고 있다고 주장하였다. 그 이유는 부분적으로 이 테러 지도자가 아프가니스탄의 10만 명 지상군이 아니라 파키스탄의 소규모 특수작전군에 의해 발견됨으로써 미군 병사들의 생명에 대한 위험을 감수하며 미국 자원을 대규모로 투입하는 것이 테러 위협과 싸우는 가장 효과적인 방법인지에 대하여 의문을 제기하기 때문이라는 것이다. 나아가 이 비판자들은 오사마 빈 라덴의 사망으로 아프가니스탄인들은 이제 그들의 안보에 대하여 스스로 더 많이 책임질 수 있게 되었다고 지적한다. 리처드 루가(Richard Lugar) 미 상원 외교관계위원회 전 위원장은 "아프가니스탄에서 우리의 엄청난 지출이 우리의 군대와 재정적 자산에 대한 합리적 할당이었다고 결론을 내리기는 극도로 어렵다."고 주장하였다. 이 메시지는 회의론자들을 확신시키기 위하여 모든 선택방안의 비용과 이득을 조심스럽게 평가하였다는 의도적인 합리적 선택의 언어를 반영하고 있다.

그러나 아름다움처럼 합리성은 종종 보는 사람의 눈에 달려 있어서 합리적이고 명쾌한 사고를 하는 사람들은 서로 동의하지 않을 수 있으며, 종종 사실문제와 외교정책 목표들의 현명성에 대하여 실제 서로 동의하지 않는다. 미 하원 존 베이너(John Boehner) 의장은 동료 공화당 국회의원의 아프가니스탄 개입 축소 요구를 비난하였는데, 대신에 그는 빈 라덴의 암살이 아프가니스탄에서 미국의 대(對)반란 작전전략에 더 많은 노력을 기울이고 그 장점을 유지, 밀고나가야 하는 증거로 보았던 것이다(Fahrenthold and Kane, 2011). "이 테러 전쟁은 미 국민의 안전과 안보에 매우 중요하다." 또 "우리는 아직 복잡하고 위험스런 테러 위협에 직면해 있다. 따라서 우리는 경계심을 유지하는 것이 중요하다."라고 베이너 의장은 말했다.

이러한 논쟁은 비록 합리성이 모든 초국가적 행위자들의 정책결정 목표로서 열망의 대상임에도 불구하고 언제 합리적 선택의 기준이 충족되었다거나 실제에 있어서 합리적 선택이 어떤 모습인가를 결정하는 것은 어렵다. 이러한 현실은 다음의 질문을 제기하게 한다; 합리성에 대한 장애물들은 무엇인가?

정책결정자들이 어떤 행동과정을 선택하기 전에 그 장점들에 대한 논쟁을 청취하고 그들을 신중하게
따져보는지 의심스럽다.

— 다니엘 카네만과 조나단 렌숀(Daniel Kahneman and Jonathan Renshon), 정책결정 이론가들

합리적 선택에 대한 방해물   이러한 위기들에 있어서 합리성의 분명한 적용에도 불구하고 합리
적 선택은 종종 현실세계 행동의 정확한 묘사라기보다는 하나의 이상화된 표준일 뿐이다. 케
네디 대통령의 최측근 중 한 명으로 쿠바 미사일 위기 대응팀의 일원이었던 씨어도어 소렌슨
(Theodore Sorenson)은 케네디 행정부의 정책결정자들이 합리적 선택과정에 따라 취했던
조치들에 대해서 뿐만 아니라 실제 정책결정의 결과가 종종 합리적 결정으로부터 얼마나 동떨
어져 있었는지에 대하여 저술하였다. 그는 우리가 지금까지 설명한 합리적 모델에 부합되는 8
가지 단계의 정책결정 과정을 기술하였다. 1)사실에 대한 합의 2)전반적인 정책 목적에 대한
합의 3)문제에 대한 정확한 정의 4)모든 가능한 해결책에 대한 정밀한 검토 5)각 해결책에서
나오는 결과들의 목록화 6)하나의 방안추천 7)선택된 방안의 전달 8)실행을 위한 제공. 그러나
그는 이러한 단계들을 따르기가 얼마나 어려운지 다음과 같이 설명했다.

> 각 단계를 순서대로 밟아갈 수 없다. 사실들은 의심될 수 있거나 논쟁의 대상이 될 수 있다.
> 몇몇 정책들은 모두 좋은데도 서로 충돌할 수 있다. 몇몇 수단들은 모두 좋지 않지만 사용
> 가능한 전부일 수 있다. 가치판단은 서로 다를 수 있다. 선언된 목표는 부정확할 수 있다. 무
> 엇이 옳으며, 무엇이 가능한지, 그리고 무엇이 국가이익에 도움이 되는지에 대해 많은 해석
> 이 존재할 수 있다(Sorensen 1963, pp. 19-20).

합리적 선택 이론이 약속하는 장점에도 불구하고, 외교정책결정의 실제에 있어서 그 실현
에 대한 방해물은 확실히 있다. 정책결정자들은 많은 제한 요소들의 발생으로 인하여 흔히 합
리적 정책결정에 단지 근접할 수 있을 뿐이기 때문에 사실 제한된 합리성(bounded rational-
ity)이 보다 흔하다(Kahneman, 2011; Simon 1997).

외교정책결정에 있어서 오류를 그토록 흔하게 만드는 장벽들 중 어떤 것들은 인간의 속성
과 관계있는 것으로 외교정책결정자들의 지능, 능력, 심리적 긴박감, 그리고 열망의 부족에서
파생된다. 다른 것들은 조직의 문제인데 그 이유는 대부분의 정책결정이 그 행위자의 최상의
이익과 행동의 가장 현명한 방향에 대한 집단적 합의를 필요로 하기 때문이다. 그러나 서로 다
른 가치관을 지니는 합리적인 사람들은 목표, 선호도, 그리고 대안적 선택방안의 가능한 결과
들에 대하여 종종 서로 동의하지 않기 때문에 합의에 도달하기란 쉽지 않다. 그리하여 합리적

제한된 합리성

*정책결정자들이 최선의 방
안을 선택할 수 있는 능력은
종종 인간과 조직에서 비롯
되는 많은 장애요소에 의해
제한을 받는다는 개념*

AP Photos/Pool Reuters/Kevin Lamarque

여행 외교
버락 오바마 대통령은 미국 관여정책의 새로운 장을 개인적으로 주도하겠다는 서약을 하며, 그 외교의 핵심적 요소로 모든 국가 지도자들과의 대화에 적극적으로 임하겠다는 뜻을 강조하였다. 여기 사진은 2013년 6월 17일 북아일랜드의 G8 정상회담에서 범대서양무역투자동반자 회원국들의 회합 장면으로 그는 영국의 데이비드 캐머런 수상, 독일의 앙겔라 메르켈 수상, 그리고 다른 지도자들과 대화하고 있다.

정책결정에 대한 방해물은 과소평가되지 않아야 한다.

정책결정의 실제과정에 대한 면밀한 고찰은 다른 장애요소들도 드러낸다. 입수 가능한 정보는 종종 긴박한 문제를 정확히 인식하기에는 충분하지 않아서 부분적인 정보와 어렴풋한 기억들을 기초로 정책결정을 하는 결과로 나타난다. 미국의 이라크와 아프가니스탄 전쟁 사령관 데이비드 퍼트레이어스(David Petraeus) 장군이 1987년 프린스턴대학교 박사학위 논문에서 찰스 케글리와 유진 위트코프(Charles W. Kegley and Eugene Wittkopf, 1982)를 인용했듯이, '문제는 당장 긴박한데 정보는 불충분한 상황에 직면하여, 정책결정자들이 지침을 얻기 위해 과거로 눈을 돌림으로써' 역사적으로 유사한 사례들에 의존하는 것은 놀라운 일이 아니다. 더구나 입수 가능한 정보도 종종 부정확하다. 그 이유는 정치지도자들이 조언을 받는 과정에서 의존하게 되는 관료조직이 그 정보를 거르고, 분류하고, 재정리하기 때문이다.

문제를 더욱 복잡하게 하는 것은 정책결정자들이 *인지적 불일치(cognitive dissonance)*에 취약하다는 것이다. 그들은 심리적으로 그들이 선호하는 선택방안에 대하여 불일치하거나 벗어나는 정보와 인지를 차단하고, 대신에 그들의 선택방안을 정당화하기 위해 기존의 신념에 일치하는 정보들을 찾는 경향이 있다. 이에 더하여, 그들은 "[비록] 정식의 통계분석이 모든 것을 예측하는 데 있어서, 심지어 전문가들의 직관보다도 훨씬 더 나은 것임을 시사해주는 많은 양의 자료가 존재함에도 불구하고 첫 인상 또는 직관, 또는 '실제 모습(what is)'과 '가능한 모습(what could be)'의 모호한 혼합으로 우리가 상상이라고 부르는 것에 기초하여 정책결정을 하는 경향이 있다(Brooks, 2005; 그러나 글래드웰(Gladwell, 2001)의 즉석의 판단과 '신속한 인지'가 조심스럽고 신중하게 내려진 결정만큼 좋을 수 있다는 주장도 참조). 자신들을 '정치 전문가'로 보는 사람들도 그들의 판단과 예측에 있어서 끊임없이 실수를 범하는 수가 있고 (Tetlock, 2006), 지도자들은 자신들의 과거 편견을 신뢰하는 경향이 있어서 이전의 사건들에 대하여 잘못된 유사 사례를 끌어오는 경향이 있으며(Brunk, 2008), 또 감정에 기초하여 정책결정을 하는 경향도 있다(McDermott, 2013). 정책결정과 게임 이론(game theory)에 관한 소위 '행태주의적 국제관계론' 연구가 보여주는 것처럼(Mintz, 2007), 지도자들은 정보를 처리하고 편견을 피하는 능력에 있어서 제한적이며, 손실의 방지에 집착하며, 또한 '소망적 사고'와 '충동적' 행동을 하는 경향도 있어 빈번히 비합리적인 정책결정의 결과로 나타난다. 이러한 지적 성향들은 왜 정책결정자들이 때때로 경고에 귀를 기울이지 않고 위험에 대한 정보를 간과하며 과거의 지적인 실수를 반복하는지 설명해준다.

> **게임 이론**
> 결과가 한 행위자의 선호도 뿐만 아니라 또한 관련된 모든 행위자들의 선택에 의하여 결정되는 전략적 상호작용에 관한 수학적 모델

대부분의 지도자들이 정책결정을 하는 방식을 보다 잘 포착하기 위해 로버트 퍼트남(Robert Putnam)은 양면 게임(two-level games)이라는 용어를 만들었다. 현실주의의 가정에 이의를 제기하면서, 그는 지도자들이 외교와 국내 분야 동시에 정책을 형성해야 하며 '게임'이 강요하는 규칙에 따라 정책 선택을 하게 된다고 주장하였다.

> **양면 게임**
> 국가 정책결정자들이 정책결정을 할 때 국내와 국외의 목표를 모두 만족시킬 결정을 해야 할 필요성이 증가하고 있음을 가리키는 개념

국가수준에서 국내집단들은 정부에게 그들이 선호하는 정책을 채택하도록 압력을 가함으로써 그들의 이익을 추구하고 또 정치인들은 이러한 단체들과 연합을 형성함으로써 권력을 추구한다. 국제수준에서 국가정부들은 국내의 압력을 만족시키기 위해 그들 자신의 능력을 최대화하려고 하면서 동시에 대외적인 상황발전의 결과에 있어서 부정적인 결과를 최소화하려고 한다. 이러한 두 게임의 어떤 것도 그들 국가들이 상호의존되어 있으면서도 주권적인 한에 있어서 중앙 정책결정자들에 의해 무시될 수 없다(Putnam, 1988, p. 434).

대부분의 지도자들은 종종 서로 양립할 수 없는 국내정치의 요구와 대외적 외교의 요구들을 충족시켜야 한다. 그런데 합리적으로 두 가지 목표들에 응답하는 것은 좀처럼 가능하지 않다. 종종 국내에서의 정책들은 해외에서 많은 중요성을 갖는다. 마찬가지로 대외적인 활동은

보통 어떤 행위자의 국내적 조건에 크게 영향을 미친다. 이러한 이유로 많은 지도자들은 정책결정을 심사숙고하는 데 있어서 두 부문을 융합할 가능성이 있다.

그러나 비판자들은 양면 게임 모델이 충분히 나아가지 못하고 있으며 *구성주의(construc-tivism)*의 통찰력을 포함시킴으로써 향상될 수 있다고 시사한다. 이 비판자들은 양면 게임이 국제협상이 뚜렷한 자기 이익을 가지고 있고, 어떤 국내 및 국가 이익을 대표하며, 이익들을 극대화 하고자 한다고 가정하는데 있어서 지나치게 합리주의에 의존하고 있다고 주장한다; 이러한 이익들이 어떻게 구성되는가의 문제는 탐구되지 않은 채로 남아있다는 것이다(Deets, 2009, p. 39). "이데올로기, 경쟁하는 이익들, 정치적 제도들 간의 권력투쟁에 기초한 국내적 분열들은 합리적 정책결정을 불가능하게 할 정도로 심각한가?(Kanet, 2010, p. 127)."

국가들은 다양한 신념, 가치, 선호, 그리고 심리적 필요 상태에 있는 개인들에 의하여 관리되는데 그러한 차이들은 좀처럼 뚜렷하고, 질서정연하며, 합리적인 과정에 의해 해결되지 못하는 목표들과 대안들에 대한 견해 차이를 낳는다. 더구나, 이러한 개인들은 그들 자신의 정책결정 공동체와 문화 내에서 사회적으로 수용되는 공유이해(共有理解)에 의해 크게 영향을 받는다(O'Reilly, 2013). 국제정책결정을 좀 더 완전히 이해하기 위해서는 국내적 이해관계와 정체성 뿐만 아니라 이러한 "이해관계와 정체성이 생성되고 변화하는 국내 및 국제 행위자들 간의 상호작용 과정을 고려하는 것이 중요하다(Deets, 2009, p. 39)."

그러나 외교정책의 결정에 있어서 보통 자신 있는 근거는 존재하지 않는다. 외교정책결정은 종종 여러 가치들 중의 선택이 중요한 과제가 되어 한 방안의 선택은 다른 방안의 희생을 의미하게 된다. 이러한 연유로 하여 정말 많은 정책결정들은 의도하지 않았던 결과들을 창출하는 경향이 있는데 이를 경제학자들은 **외부효과(externalities)**라고 부른다. 특히, 위험성이 높고 불확실성이 많은 외교정책 분야에서 신속하게 많은 양의 정보를 수집하고 소화시킬 수 있는 능력을 갖지 못하는 정책결정자들은 제대로 된 정보에 기초한 정책선택을 하는데 한계를 갖는다.

정책결정자들은 과중한 정책 현안들(policy agenda)과 촉박한 기한 속에서 일하기 때문에 정책대안의 모색은 좀처럼 철저성을 기하기 어렵다. "지도자들에게 조용히 성찰할 시간은 거의 없다."라고 헨리 키신저(1979)는 말했다. "그들은 항상 시급성이 중요성을 능가하는 끊임없는 전투에 갇혀 있다. 모든 정치적인 인사들의 공적인 삶은 환경의 압력으로부터 정책선택의 요소를 구해내는 지속적인 투쟁이다." 그리하여 정책 선택의 단계에서 정책결정자들은 가치를 극대화하는 결정을 거의 하지 못한다.

아모스 트베르스키(Amos Tversky)와 2002년 노벨경제학상을 받은 다니엘 카네먼(Daniel Kahneman)의 실험에 뿌리를 두고 있는 전망 이론(prospect theory)은 마찬가지로 정책

외부효과

방만한 정부 지출로부터 귀결되는 인플레이션과 같이 정책결정 당시에는 고려되지 않았지만 어떤 선택으로부터 나타나는 의도되지 않은 부대효과

정책 현안들

정부들이 어떤 주어진 순간에 특별한 주의를 기울이는 문제 또는 쟁점들의 변화하는 목록

전망 이론

불확실성과 위험의 상황 하에서 개인적 위험 성향과 손실회피 및 큰 이득 실현에 대한 인지적 전망 사이의 관계를 보는 정책결정을 설명하는 사회-심리학적 이론

결정자들이 합리적으로 행동한다는 이해에 크게 이의를 제기한다. 전망 이론은 사람들이 불확실성의 조건 하에서 선택을 할 때 위험성을 어떻게 제대로 또는 그릇되게 인식하는가에 대해 관찰하여 사람들이 합리적 정책결정과는 동떨어진 방식의 편향성을 보여주며, 이러한 편향성은 일관성 있고 예측가능하다고 가정한다. 사람들은 그들의 잠재적 이득과 손실의 측면에서 대안을 인식한다.ㅡ"이득의 상황에 처한 사람들은 위험을 회피하는 경향이 있는 반면에, 손실의 상황에 처한 사람들은 훨씬 더 위험을 감수하는 경향이 있다(McDermott et al., 2008, p. 335)." 정말 "사람들은 이득에 부여하는 가치의 두 배의 가치를 손실에 부여한다는 것이 많은 증거에 의해 시사된다(Elms, 2008, p. 245)."

이러한 이론이 정책결정에 대해 갖는 한 가지 함의는 사람들이 '현상유지(status quo)'로 기우는 경향이 있다는 것이다(Grunwald, 2009). 어디에나 있는 사람들처럼, 정치지도자들은 그들에게 손해가 됨에도 불구하고 확실성과 '마음의 평화'를 과대평가 하는 경향이 있다. 그들은 선택의 결과를 따져보지 않고 변화로부터 귀결될 잠재적 이득보다 잠재적 손실에 더 많은 관심을 갖는다. 이처럼 문제가 되는 결과는 또 다른 흔한 오류에 의하여 가중되는데 바로 장기적이기 보다는 단기적인 선택에 초점을 두는 근시안적 정책 선택의 틀을 짜는 경향이다(Elms, 2008). 예를 들면 미국의 지도자들은 종종 유엔 또는 국제형사재판소 같은 국제기구의 좀 더 증가된 권위와 관련하여 이로부터 귀결될 수 있는 세계의 진전된 통합과 공유 거버넌스로부터 얻게 될 이득보다 미국의 주권과 권한의 손실 가능성에 대하여 더 많은 관심을 갖는다.

전망 이론의 또 다른 함의는 지도자들이 위험을 감수하면서 과감한 새 외교정책을 시도할 때 그들은 그러한 외교정책의 방향들이 나중에 잘못된 것임이 판명되어도 정책선택들의 잘못을 인정하고 시정하는 데 어려움이 있을 것이라는 점이다. 이라크전쟁과 관련하여 정책결정의 실패를 인정하기를 거부하는 조지 W. 부시 대통령에 대하여 그의 비판자들이 개탄하는 것처럼(Draper, 2008; Goldsmith, 2008), 지도자들은 그들 정책들의 결함이 분명해진 오랜 후에도 실패한 정책에 매달리는 경향이 있다. 유사한 비판이 미국을 인기 없는 베트남전쟁의 수렁에 빠지게 하는 정책결정을 한 존슨과 닉슨 정부에 대해서도 가해졌다(Polsky, 2010).

물론 전망 이론이 제기하는 곤경은 "만약 사람들이 스스로 올바른 정책선택을 하는 것으로 신뢰될 수 없다면, 그들이 나머지 우리들을 위해 올바른 정책결정을 하는 것으로 신뢰될 수 있을 것인가?"하는 것이다(Kolbert, 2008). 그러나 합리성에서 동떨어진 정책결정이 문제가 될 수 있는 반면에, 비합리성도 여전히 '좋은(good)' 결정을 낳을 수 있다. 이러한 이해의 선상에서 경험에 근거한 문헌들은 사람들이 그들 자신의 이익에 역행함에도 불구하고 공평성을 정책결정에 삽입하는 경향이 있음을 시사한다. 경제적 행태주의자인 댄 아리엘리(Dan Ariely, 2008)의 연구가 증명하는 것처럼 "사람들은 그것이 실제 아무런 의미가 없을 때조차도 후한

표 3.1	외교정책결정의 이론과 실제
이상적인 합리적 과정	**실제적인 흔한 관행들**
정확하고 종합적인 정보	왜곡되고 불완전한 정보
국가 이익의 명확한 정의	개인적 동기와 조직적 이익이 국가의 목표를 좌우
모든 선택방안에 대한 남김 없는 분석	제한된 수의 선택방안에 대한 고려; 어떤 것도 철저하게 분석되지 못함
원하는 결과의 산출을 위해 최적의 행동과정 선택	정치적 흥정과 타협에 의해 선택되는 행동 과정
국내 지지를 동원하기 위한 효과적인 결정의 진술과 근거	혼란스럽고 모순적인 결정의 진술, 종종 대중매체용으로 틀이 짜여짐
외무관료 조직에 의하여 결정 실행의 조심스런 감시	외무관료 조직에 의하여 결정 실행의 따분한 관리임무의 무시
결과의 즉각적 평가와 후속적인 오류 시정	피상적인 정책평가, 불확실한 책임성, 형편없는 실행추적, 그리고 지연된 시정

인심을 보여주기를 원하며 그들의 존엄성 유지를 원한다는 것이 사실로 나타난다(Kolbert, 2008, p. 79)."

정책결정자들은 객관적이고자 한다는 이미지에도 불구하고 종종 그 합리성의 정도는 "공무원들이 심의를 수행하고 있는 세계와 거의 관련이 없다(Rosenau, 1980)." 비록 합리적 외교정책결정은 현실이라기보다는 차라리 이상이지만, 우리는 그래도 정책결정자들이 합리적 정책결정 행동을 열망하고 있다고 가정할 수 있다. 정책결정자들은 종종 이러한 행동에 근접하기도 한다. 하나의 연구 명제로, 정책결정 과정이 어떤 식으로 작동되어야만 하는가 뿐만 아니라 그것이 실제 어떻게 작동하고 있는가에 관한 주요요소들에 대한 설명으로써 합리성을 받아들이면 많은 도움이 된다(표 3.1 참조).

지도자들의 힘과 영향

역사의 진로는 정치 엘리트들의 결정에 의하여 정해진다. 지도자들과 그들이 행사하는 지도력의 특성이 세계정치에 있어서 외교정책의 결정과 그에 따른 행위자들의 행동방식을 좌우한다. "제대로 말해 역사는 없고 단지 자서전이 있을 뿐이다."라고 랄프 왈도 에머슨(Ralph Waldo Emerson)은 개별 지도자들이 역사를 움직인다는 견해를 단적으로 표현했다.

역사창조적 개인모델
역사적 진로에 영향을 미치는 외교정책결정은 강한 의지의 지도자들이 그들의 개인적 신념에 기초하여 행동한 산물이라는 세계정치의 해석

세계사를 움직이는 사람들로서의 지도자   이와 같은 정책결정의 역사창조적 개인모델(history-making individuals model)은 세계지도자들을 세계의 변화를 창조해가는 사람들로 파악한다. 역사에는 서로 다른 시기, 장소, 그리고 환경에서 등장하여 세계사를 형성하는 데 지극히 중요한 역할을 수행하여 창의적 중요성을 갖는 정치지도자들의 사례가 많이 있다. 미하일 고르바초프(Mikhail Gorbachev)는 역사의 진로를 바꾸는 개인의 능력을 극적으로 예증한다. 많은 전문가들은 만약 고르바초프의 비전, 용기, 그리고 혁명적이고 체제변환적인 변화를 추진하려는 헌신적 의지가 없었다면 냉전이 종식될 수 없었으며, 모스크바에 있어서 공산당 통치가 끝나고 소비에트 국가가 민주주의와 시장경제를 향한 새로운 노정을 걸을 수도 없었을 것이라고 믿는다.

우리는 지도자들이 이끌어갈 것을 기대하며 또한 새로운 지도자들이 무엇인가 다른 면을 보여줄 것으로 가정한다. 우리는 흔히 정책들에 지도자들의 이름을 붙일 때—마치 지도자들이 주요 국제적인 사태 발전과 동의어나 되는 것처럼—그리고 외교정책들 대부분의 성공과 실패와 관련하여 그러한 결과가 발생한 당시에 책임을 맡고 있던 지도자들에게 돌려질 때 지도자들과 관련한 이러한 이미지는 더욱 강화된다. 2000년대의 미국 외교정책을 **부시 독트린**(Bush Doctrine)과 동일시하는 것은 이러한 최근의 사례이다.

지도자들을 국가 외교정책의 결정적인 요소이며 나아가 세계사 진로의 중요한 요소라고 생각하는 것은 시민들만이 아니다. 지도자 자신들도 다른 지도자들에게 엄청난 권력이 있는 것으로 말하면서 그들 자신이 매우 중요하다는 인상을 창출하고자 한다. 그들이 상대편 지도자들의 인성에 관하여 가지는 가정들은 알게 모르게 그들 자신의 행동에 영향을 미치게 된다.

더구나 지도자들은 그들이 차지하고 있는 자리에 대해 서로 다르게 반응한다. 지도자들 모두는 어떤 **역할**(roles)과 기대감에 의해 영향을 받는데 이러한 역할과 기대감은 법과 전통에 의해 정책결정자가 그 역할과 관련하여 어떻게 그것을 수행해야 하는 지에 관한 지배적인 기대감에 일치하여 행동해 나가도록 한다. 대부분의 사람들은 그들이 갖는 자리를 정의하는 관습적인 규칙에 따라 순응적으로 행동하는데, 이것은 곧 그들의 선임자가 같은 자리에서 보여줬던 경향대로 행동해나가는 것을 의미한다. 그럼에도 불구하고, 또 다른 사람들은 인성 또는 선호에 의해 보다 과감하고 야심적이어서 그들의 역할이 어떻게 수행되어야 할지에 대해 다시 정의함으로써 그들에게 주어진 새 역할의 한계를 확실하게 벗어나고자 한다.

인성의 역할에 관한 보다 엄격한 이해를 하기 위해 인성의 특징이 5가지 범주로 나눠질 수 있다는 합의가 등장하고 있다; 외향성, 친화형, 성실형, 정서적 안정성, 개방성. 수천 가지의 인격적 속성을 아우르는 소위 5요인 모델(Big Five Model, 그림 3.2 참조)은 양성, 문화, 소수 민족, 그리고 시간에 걸쳐 일관성을 갖는다. 이러한 범주들은 지도자들의 동기에 대한 통찰력을 제공하여 행동을 예측하는데 활용될 수 있다(Gallagher and Allen, 2013; Mondak and Halperin, 2008).

세계정치에서 "모든 지도자들은 불확실성 하의 정책결정 상황에 처하게 된다. 어떤 특정

부시 독트린

미국은 다른 국가들의 불평에 수긍하거나 그들의 승인을 얻기 위해서가 아니라 그 나름대로 인식하는 국가이익에 부응하는 방향으로 정책을 결정할 것이라고 선언한 조지 W. 부시 행정부의 일방적 정책노선들

역할

법이나 관습에 씌어있는 제한으로서 어떤 특정의 정부 직위에 있는 정책결정자들로 하여금 그들의 역할이 일반적으로 어떻게 수행되어야 하는지에 대해 기대가 수렴되는 방식과 스타일에 부합되는 방향으로 행동하도록 미리 방향을 제시해준다.

지도자의 인성은 그 또는 그녀가 그러한 불확실성을 어떻게 다룰지에 관하여 많은 것을 말해줄 수 있다(Gallagher and Allen, 2013, p. 7)." 예를 들면 높은 수준의 외향성과 개방성 그리고 낮은 수준의 성실성은 더 높은 수준의 위험 수용 가능성과 관련되는 것으로 나타났다(Kam and Simas, 2010). 이것은 위험 수용적인 지도자들이 벼랑 끝 외교와 무력의 사용에 관계할 가능성이 더 많음에 따라 갈등의 원천에 대한 이해와 관련하여 함의를 갖는다.

그림 3.2
5요인 인성표지
5요인 인성모델은 위의 그림에 묘사된 것처럼 폭넓은 차원의 많은 성격적 측면들이다. 매우 외향적인 사람들은 사교적이어서 다른 사람들과 어울리는 것을 즐긴다. 성실형의 사람들은 계획에 의한 행동을 선호하고 높은 수준의 개방성을 지닌 사람들은 창의성과 지적인 호기심을 반영한다. 정서적 (불)안정성은 어떤 사람의 스트레스 수용성 및 감정의 규제 능력과 연결된다. 친화성이라는 요소에서 높은 점수를 얻은 사람은 협조적이고 단호한 경향이 있다(Gallagher and Allen, 2013; McCrae and Costa, 2003 참조).

© Kegley and Blanton/Cengage Learning 2015

지도자 중심의 국제정책결정 설명에 의해 부각되는 어려움들 중의 하나는 역사를 움직이고 흔드는 사람들이 종종 결정적으로 비합리적인 정책들을 추구한다는 점이다. 인성은 어떤 특정 상황에서 어떤 선택방안을 수용 가능한 것으로 보이도록 영향을 끼침으로써 어떤 합리적 행위자의 최적화 과정에 영향을 미치게 된다. 예를 들면 "위험 수용적인 지도자들은 그 외교정책의 수행을 위해 무력의 사용을 하나의 대안적 선택방안으로 파악할 수 있는 반면에, 위험 회피적인 지도자들은 그러한 행동을 심각하게 고려하지 않을 것이다(Gallagher and Allen, 2013, p. 2)." 하나의 고전적 사례는 아돌프 히틀러(Adolf Hitler)인데, 전 유럽대륙을 군사적으로 점령하고자 했던 그의 무자비한 결의는 독일에게 재앙적인 결과로 나타났다.

우리는 이러한 식의 행동을 현실주의의 논리와 어떻게 조화시킬 수 있는가? 현실주의는 "국제정치의 결과는 바로 환경적 압력이 결정적 영향력을 행사하기 때문에 개별 지도자들은 그들의 차이가 존재함에 관계없이 이러한 국제정치의 역학에 의해 크게 제한받을 것이라고 가정함으로써(McDermott, 2013, p. 1)" 지도자들의 역할을 평가절하 한다. 현실주의는 생존이 모든 국가들의 최고 목표이며 모든 지도자들은 그 국가들의 자기 이익을 진척시킬 합리적 계산에 몰두한다고 말한다. 그러나 현실주의는 지도자들이 취한 선택들이 궁극적으로 역효과를 가져오는 때를 설명할 수 없다. 심지어 국가 외교정책결정 과정의 결함으로도 지도자들이 내리는 결정과 이해득실에 대한 냉정한 계산 사이의 그토록 확연한 차이를 쉽게 설명할 수 없는 것이다.

개인의 지도력에 대한 제한요소들   역사를 창조하는 개인 모델의 강한 설명력에도 불구하고, 우리는 좀 더 신중하여 지도자들이 국가 외교정책 행위의 전능한 결정인자가 되지 못한다는 것을 기억하지 않으면 안 된다. 아이젠하워(Dwight D. Eisenhower) 대통령의 보좌관이었던 에머트 존 휴즈(Emmet John Hughes, 1972)는 다음과 같이 결론지었다. "과거의 모든 미국 대통령들은 가장 모험심이 많은 사람으로부터 가장 신중한 사람까지 한 가지 낙심되는 경험을 공유하고 있다; 바로 법, 역사, 환경 등에 의해 정해진 제약조건들의 발견이다. 이러한 제약들은 지도자들의 명확한 구상을 흐리게 하거나 예리한 목표를 무디게 만든다."

지도자들의 개인적 영향력은 맥락에 따라 다르게 나타나며 종종 이 맥락은 지도자들보다 더 영향력이 클 수가 있다('논쟁: 지도자들은 남다른 중요성을 갖는가?' 참조). 구성주의 이론가들이 언급하기 좋아하듯이 '위대한 인간' 대 '시대정신(zeitgeist)' 논쟁이 여기에 깊이 관련된다. 장기간 지속되는 이 논쟁의 핵심에는 어떤 시대가 지도자들의 등장에 도움을 주는 것인가 아니면 유명한 지도자들이 언제 어디서든 그들이 사는 시간과 장소에 영향을 미치는가라는 질문이 자리하고 있다. 이 질문은 대답될 수 없을지 모르지만 그것은 최소한 우리들에게 국가의 외교정책결정에 다수의 요인들이 영향을 미친다는 것을 상기시켜준다. 역사창조적 개인 모델 하나만으로는 초국가적 행위자들이 외부적인 도전에 어떻게 반응하는가를 설명하기에 너무 단순한 것으로 보인다.

문제는 정치엘리트들이 지도력을 발휘하는가 또는 남다른 중요성을 갖는가의 여부가 아니다. 그들은 확실히 두 가지 모두의 측면을 가진다. 그러나 지도자들이 상황을 완전히 통제하고 있는 것은 아니며 그 영향력은 심하게 제한받는다. "비록 지도자들은 외교정책의 성공에 대하여 금방 공을 인정받기도 하고 대중은 종종 외교정책의 실패에 대하여 금방 비난하기도 하지만 지도자들이 외교정책을 혼자 결정하는 경우는 거의 없다(Breuning, 2007, p. 9)." 미국의 전 국무장관 헨리 키신저가 주의를 환기시켰듯이, 우리는 인성과 개인의 정치적 선호에 너무 많이 의존하지 말아야 한다.

외교정책이 정신의학의 일부분이며 국제관계는 사람들 사이의 관계인 것으로 믿으려는 뿌리 깊은 미국적 유혹이 있다. 그러나 오래된 갈등을 완화시키는 문제는 그렇게 간단하지 않다. 긴장은 어떤 객관적인 원인을 지니게 마련이며, 따라서 우리가 이러한 원인들을 제거할 수 없으면 아마 어떤 개인적 관계도 그것을 다룰 수 없게 된다. 우리가 그 쟁점을 인성 간의

시대정신

어떤 특정 시대에 살고 있는 사람들의 행동에 영향을 미치는 것으로 가정되는 '시대의 정신'이나 지배적인 문화 규범

경쟁으로 환원하는 것은 문제해결에 아무런 도움도 되지 않는다(사우스 캐롤라이나대학교 졸업식 연설, 1985).

그리하여 우리가 다루어야 할 적절한 문제는 지도자들의 개인적 특징이 중요한지 여부가 아니라 차라리 어떤 조건 하에서 그들의 특징이 영향력을 발휘하는가 하는 것이다. 마가렛 허만(Margaret G. Hermann)이 언급했듯이, 지도자들의 영향력은 최소한 6가지 요소들에 의해 수정된다.

1)그들의 세계관은 무엇인가? 2)그들의 정치적 스타일은 어떠한가? 3)어떤 동기가 그들이 가지고 있는 입장을 가지게 했는가? 4)그들이 대외 문제에 관심을 가지고 있는지 여부와 그와 관련하여 어떤 훈련을 받았는가? 5)어떤 지도자가 정치적 진로를 시작했을 때 외교정책적인 분위기는 어떠했는가? 6)지도자는 그의 현재 자리에 이르기까지 어떤 식으로 사회화 되었는가? 세계관, 정치적 스타일, 그리고 동기는 우리들에게 지도자의 인성에 대하여 무엇인가를 말해준다. 그 밖의 다른 특징들은 지도자의 이전 경험이나 배경에 대한 정보를 전해준다(Hermann, 1988, p. 268).

외교정책결정에 관한 지도자들의 영향력은 일반적으로 그들의 권위와 정통성이 널리 수용되거나 또는 지도자들이 광범위한 대중의 비판으로부터 보호될 때 증가한다. 더구나 어떤 상황들은 개인들의 잠재적 영향력을 향상시킨다. 그러한 것들로는 지도자로 하여금 상황해석에 대한 전통적 접근으로부터 자유롭게 해주는 새로운 상황, 서로 다른 많은 요인들과 관련되는 복잡한 상황, 사회적 제재가 없는 상황, 즉 허용 가능한 범위를 정의하는 규범이 불분명하여 선택의 자유를 가능케 하는 경우 등이 있다(DiRenzo, 1974).

정치적 효능성

정책결정자들의 자신감이 그들 자신에게 그들은 효과적으로 합리적 선택을 할 수 있다는 믿음을 고취하는 정도

어떤 지도자의 정치적 효능성(political efficacy) 또는 자기 이미지, 즉 사건들을 정치적으로 통제할 수 있는 그 자신의 능력에 대한 스스로의 신념은 지도력에 대한 시민들의 상대적 바람과 결합되어 개인적 가치관과 심리적 욕구가 정책결정을 지배하는 정도에 영향을 미친다. 예를 들면 여론이 강력한 지도자를 매우 선호할 때 그리고 국가의 수뇌가 존경받고 싶은 욕구가 유난히 클 때, 외교정책은 그 지도자의 내적인 심리적 욕구를 반영할 가능성이 더 커진다. 그리하여 어떤 견해에 의하면 카이저 빌헬름 2세의 자기도취적인 인성은 상징적으로 강력한 지도자를 갈망하는 독일 국민들에게 닿았고, 다음 순서로 독일 국민의 선호는 빌헬름 치세하에 추구된 외교정책에 영향을 미쳤으며, 결국 제1차 세계 대전으로 귀결되었다는 것이다(Baron and Pletsch, 1985).

논쟁

지도자들은 남다른 중요성을 갖는가?

AP Photo

신현실주의의 옹호자들과 같은 몇몇 이론가들은 합리성의 가정을 받아들여서 어떤 지도자도 어떤 선택에 대하여 같은 식으로 반응할 것이라고 가정한다. 상황이 어떤 선택의 기존 이익에 대한 반응의 구조를 좌우한다. 그러나 이러한 가정은 사실과 부합하는가? 우리는 사람들의 인식과 가치가 그들의 선택을 바라보는 방식에 미치는 영향에 대하여 무엇을 아는가? 정치심리학과 구성주의는 같은 선택방안도 서로 다른 지도자들에게는 서로 다른 가치를 띨 수 있음을 말해준다. 이것은 서로 다른 지도자들이 비슷한 상황에 대하여 서로 다르게 반응할 것임을 의미하는가? 닉슨의 경우를 생각해보자. 1971년에 미국인들은 닉슨의 엄청난 베트남 폭격의 비도덕성을 항의하기 위해 백악관 밖에서 시위했다. 이와 같이 위협적으로 보이는 상황에 대한 그의 반응은 그 자신을 사람들의 원성으로부터 보호하는 것이었는데 결과가 보여준 것처럼 성공하지 못했다. 닉슨은 "누구도 한 대통령이 백악관에 늦게까지 앉아서 수십만 명의 시위대들이 거리를 통하여 돌진해가는 것을 보는 것이 무엇을 의미하는지 알지 못한다. 심지어 귀마개도 그 소음을 막을 수 없었다." 더 일찍인 1962년의 어느 비오는 날 오후 케네디는 유사한 시민들의 항의에 직면했다. 미국인들은 '핵금지' 시위를 위해 백악관 앞에 모였었다. 그의 반응은 커피 항아리들과 도넛을 내보내고 시위대 지도자들을 안으로 들어오게 하여 그들의 입장을 진술하게 하는 것이었는데 민주주의는 반대와 논쟁을 고무해야 한다고 믿고 있었기 때문이었다.

닉슨은 시위대를 위협으로 보았다. 케네디는 그들을 하나의 기회로 보았다. 이처럼 대조적인 모습은 지도자들의 유형에 따라 비슷한 상황에 대한 대응으로 행해질 선택의 종류를 결정하는 데 차이가 있을 수 있음을 시사한다. 그러나 대통령 각자의 항의자들에 대한 처리보다 더 중요한 것은 그가 항의에 기초하여 그의 정책을 바꾸었는가 여부이다.

비록 케네디는 항의자들에게 환대를 베풀었지만 핵무기를 금지하지는 않았다. 사실, 케네디 정부하에서 군사비 지출은 연방예산의 반을 차지할 만큼 증가하였다. 많은 사람들은 케네디 혼자서 핵무기를 제거할 것으로 기대해서는 안 될 것이라고 항의할 수 있을 것이다. 당시의 시대정신은 소련에 대한 염려 그리고 국가안보에 대한 강한 관심에 의해 지배되고 있었다는 것이다.

그러나 1971년의 항의자들은 그 시대의 정신과 더 잘 보조를 맞추고 있었다. 비록 그들만으로는 닉슨이 그의 베트남 정책을 바꾸도록 설득할 수 없었을지 몰라도, 이 전쟁에 대한 광범위한 항의와 불만 그리고 승리할 수 없는 미국의 능력은 닉슨으로 하여금 군대의 점진적 철수를 명령하게 함으로써 결국 미국의 베트남 참전에 종식을 가져왔다. 이러한 결과는 지도자들이 그들의 시대에 있어서 국제관계를 추동해가는 시대정신 또는 보다 큰 힘의 포로라는 것을 시사한다.

여러분은 어떻게 생각하는가?

- 케네디와 닉슨은 그들이 개인들로서 누구인가를 반영하는 행동경로를 선택하였는가? 아니면 어떤 대통령도 그들 각각의 시대에 있어서 유사한 선택을 했을 것인가?
- 합리적 선택 이론가들은 닉슨의 행동을 어떻게 이해할 것인가? 케네디의 행동에 대해서는? 그들의 정책결정을 설명하는 데 있어서 합리적 선택접근의 한계는 무엇인가?
- 좀 더 나아가 생각할 때, 케네디와 닉슨의 군사적 대결정책과 관련하여 국내적이든 아니면 국제적이든 시대정신을 넘어 그들의 결정에 영향을 미쳤을 기타 요소들은 무엇인가?

지도자들의 성적 정체성도 그들의 정책결정에 영향을 미칠 수 있다. *페미니즘(Feminism)*은 남성들과 여성들이 전쟁, 평화, 안보, 그리고 군사력의 사용과 같은 문제들에 대하여 서로 다른 식으로 보는 경향이 있다는 관점을 내비친다. 이러한 점은 지도자들 그들이 처해있는 세계와 관련하여 정책결정을 하고 상호작용을 하는 방식에 영향을 줄 수 있다는 것이다. 마찬가지로 *사회적 구성주의(social constructivism)*는 여성들과 남성들이 독특한 사회화 경험의 산물로써 그들 사이의 서로 다른 가치와 관점이 존재한다는 것을 고려한다. "여성들은 남성들보다 더 그들 자신에 대해 관계를 통하여 정의하는 경향이 있기 때문에, 그들의 언행은 좀 더 그들의 관계를 유지하고 보호하는 방향으로 지향될 수 있다. 이와 대조적으로, 남성들은 결과적 이득에 초점을 두는 경향이 있어서 개인적 선호와 목표의 성취를 그들의 정책결정에서 더 중심적인 사항으로 만든다(Boyer et al., 2009, p. 27)." 그러므로 성적 정체성은 비록 정책결정의 최종적 결과라는 측면에서 큰 의미를 갖지 않는다고 할지라도 그 과정에 영향을 미칠 가능성이 있다.

다른 요소들도 지도자들이 그들 국가들의 정책선택을 얼마나 좌우하는가와 관련하여 영향을 미친다는 것은 의심의 여지가 없다. 예를 들면 지도자들은 그들 자신의 이해관계와 복지가 걸려있을 때 그들의 사적인 필요와 심리적 욕구의 측면에서 반응하는 경향이 있다. 그러나 상황이 안정되어 있을 때 그리고 지도자들의 자아가 정책결과와 맞물려 있지 않을 때 그들 개인적 특징의 영향은 덜 뚜렷해진다. 지도자가 권력을 잡은 시점도 또한 중요하다. 한 개인이 지도자의 위치에 오르게 된 초기에는, 그 역할에 대한 공식적 필수사항이 있다 할지라도 그 또는 그녀가 무엇을 할 수 있을 것인가에 대해 최소한으로 밖에 제한하지 않는 경향이 있다. 이러한 경우는 새로 선출된 지도자들에 흔히 주어지는 '밀월' 시기에 나타나게 되는데 이 때 지도자들은 비판과 지나친 압력으로부터 비교적 자유롭기 때문이다. 더구나 어떤 지도자가 극적인 사건(예를 들면 압도적인 선거승리 또는 전임자의 암살) 후에 취임하게 되면 그는 정책을 거의 자유롭게 수립할 수 있게 되는데 이 시기에 "유권자들의 비판은 일시적으로 중단되기 때문이다(M. Hermann 1976)."

국가의 위기는 외교정책결정에 대한 지도자들의 통제력을 강화하는 중요한 환경이 된다. 위기 동안의 정책결정은 흔히 집중화되고 최고 지도부에 의하여 배타적으로 이루어진다. 중요한 정보는 종종 얻을 수 없고 지도자들은 결과에 대한 책임이 그들 자신에게 있다고 본다. 놀랄 일이 아니듯이, 위대한 지도자들은(예를 들어 나폴레옹, 윈스턴 처칠, 프랭클린 루스벨트) 보통 지극히 혼란스런 시기에 등장한다. 위기는 보통 한 지도자가 사건을 통제하거나 외교정책의 변화를 추진할 능력을 억제하는 제한 요인들로부터 자유롭게 해줄 수 있다.

나의 업무책상에 오는 것들 중 어떤 것도 완벽하게 해결될 수 있는 것은 없다.
당신이 내리는 어떤 정책결정에서도 당신은 30-40%의 실패 가능성에 처하게 된다.
당신은 그것을 인정하고 당신이 결정을 내린 방식에 대하여 편안하게 느껴야 한다.

– 버락 오바마(Barack Obama), 미국 대통령

외교정책결정의 관료정치

올바른 정책선택을 하기 위해 지도자들은 정보와 조언을 구하고 또 그들의 결정이 필요로 하는 행동들이 적절히 수행될 수 있도록 주의를 기울여야 한다. 이러한 임무들에 있어서 누가 도움을 줄 수 있는가?

오늘날의 세계에서 지도자들은 중대한 외교정책의 선택에 직면할 때 정보와 조언을 위해 대규모의 조직에 의존하지 않으면 안 된다; "제도와 개인들은 외교정책의 결정과 실행에 있어서 중요하다(Kanet, 2010, p. 127)." 심지어 큰 예산과 복잡한 외교정책 관료제가 없는 초국가 행위자들조차도 변화하는 세계 환경을 극복하기 위해서는 좀처럼 많은 개인들과 행정기구의 조언 없이 정책결정을 하지 않는다.

관료제적 능률성과 합리성   관료제는 독일의 사회과학자 막스 베버(Max Weber)의 이론적 저술에 의하면, 서로 다른 과제에 대한 임무를 서로 다른 사람들에게 부여함으로써 능률성과 합리성을 증가시키는 것으로 널리 믿어지고 있다. 관료제는 과제가 어떻게 수행되어야 하는지를 구체화 하는 규칙과 표준운용절차를 정의한다; 관료제는 정보를 모으고 저장하기 위해 기록제도에 의존한다; 관료제는 노력의 중복을 피하기 위해 서로 다른 조직 간에 권위를 분담한다; 관료제는 종종 가장 능력이 뛰어난 개인들을 채용하고 승진시킴으로써 능력주의제에 이른다.

관료제는 또한 장기적 필요와 그 달성 수단을 결정하는 미래지향적 계획도 수립할 수 있는 혜택도 허용한다. 당장의 위기에 주의를 기울여야만 하는 지도자들의 역할과 달리, 관료들은 현재 뿐만 아니라 미래까지지도 고려할 수 있다. 또한 여러 개의 조직들이 존재함으로써 서로 경쟁적인 선택방안들을 둘러싼 **복수의 옹호집단들**(multiple advocacy)로 귀결될 수 있고 (George, 1972) 그리하여 가능한 모든 정책 방안들이 고려될 수 있는 가능성을 향상시킨다.

관료조직의 한계   관료제(bureaucracy)에 관한 위의 묘사는 정책결정 과정에 대한 또 하나의 이상화된 모습이다. 그러나 관료적 정책결정이 근대의 축복이라고 속단하기 전에 우리는 앞의 관료제에 대한 서술이 단지 관료적 정책결정이 당위적으로 어떤 식으로 일어나야만 하는지에 (*should*) 대해 말해주고 있음을 강조하지 않을 수 없다; 그러한 서술은 정책결정이 어떻게 실

복수의 옹호집단들

어떤 정책결정이 집단이라는 맥락 속에서 내려질 때 보다 낫고 보다 합리적인 선택에 도달될 수 있다는 개념인데, 그것은 서로 다른 정책대안들의 옹호자들이 그들의 입장을 표현하고 이에 대하여 비판적으로 평가할 가능성이 허용되기 때문이다.

관료제

중앙정부 또는 비국가·초국가적 행위자의 기능을 수행하는 기관들 또는 부서들

제 일어나는지에(does occur) 대해서는 말해주지 않는다. 실제적 관행과 그로부터 나오는 외교정책 선택은 관료제가 이득뿐만 아니라 부담도 낳는다는 것을 보여준다.

1962년 쿠바 미사일 위기, 아마도 제2차 세계 대전 이후 가장 위협적이었던 유일한 위기라고 할 수 있는 이 사례를 생각해보자. 이 위기의 대응책을 도출하기 위해 미국의 정책결정자들이 활용한 방법은 종종 합리적 정책결정의 원칙에 거의 근접했던 것으로 보인다. 그러나 또 다른 정책결정론의 시각에서 보면 이 미사일 위기는 조직적 맥락에 의한 그리고 조직적 맥락 안의 정책결정이 때때로 합리적 선택을 촉진시키기보다는 오히려 그것을 저감시킬 수 있음을 보여준다.

이 미사일 위기에 대한 그라함 앨리슨(Graham Allison)의 유명한 저서『결정의 엣센스(Essence of Decision, 1971)』에서 저자는 널리 알려진 관료정치 모델(bureaucratic politics model)을 제시하였다(Allison and Zelikow, 1999도 참조). 이 정책결정 모델은 정책결정 과정에서 정책 네트워크(policy networks) 내의 조직이 정책결정자들의 선택에 가하는 제한적 측면과 주요 참여자와 관료제 연합의 이익집단들 사이에 일어나는 밀고 당기기를 크게 부각시키고 있다.

관료정치 모델은 대규모 관료조직이 지정과제의 수행에 있어서 따라야 할 확립된 방법으로써 표준운용절차(standard operating procedures, SOPs)를 고안함으로써 정책결정 과정에 어떻게 기여하는지 강조한다. 놀랄 일이 아니듯이, 정책선택에 도달하는 심의작업에 참여하는 사람들 또한 종종 그들이 속한 조직의 필요에 도움이 되는 방향에서 문제를 정의하고 정책대안을 선호한다. '여러분이 어디에 서있는가는 여러분이 어디에 앉아 있느냐에 달려 있다.'라는 경구는 이러한 관료제의 불가피한 특징을 반영하는 것으로 흔히 인용된다. 왜 직업외교관들은 정책문제에 대하여 외교적 접근을 선호하는 반면에, 군 장교들은 흔히 군사적 해결책을 선호하는지 고려해보라.

그 결과는 "서로 다른 집단이 서로 다른 방향으로 끌다 보면 어떤 사람이나 어떤 집단이 의도했던 것과 뚜렷이 다른 결과 또는 합성물, 즉 서로 상충하는 선호들과 여러 개인들의 불평등한 힘의 혼합물을 만들어내게 된다(Allison, 1971)." 그리하여 정책결정 그 자체가 가치를 극대화 하는 과정이기보다는 심하게 경쟁하는 정치(politics) 게임이 된다. '관료정치'는 단일한 행위자(unitary actor)의 존재를 전제하기보다는 "왜 게임과 경기자들을 확인하고, 연합, 흥정, 그리고 타협을 드러내며, 그러한 혼란에 대한 어떤 감각을 전달하는 것이 필요한지 보여 준다(Allison, 1971)."

외교정책결정 방향에 대해 싸움을 하는 내부자들 간의 투쟁과 분파의 형성은 거의 모든 초국가적 행위자들의 행정에 있어서 만성적으로 일어난다(그러나 정책결정 과정에 많은 사람

관료정치 모델

외교정책의 선택이 경쟁하는 정부 부서들 간의 흥정과 타협에 기초하여 이루어지는 것으로 보는 정책결정의 설명.

정책 네트워크

어떤 특정의 외교정책결정에 영향을 미치는 일시적 연합체를 형성하는 정치지도자들과 기관의 이해관계(예를 들면, 로비집단)

이익집단

정부와 기타 단체의 개인들이 그들의 공통 이익을 증진하기 위해 참여하는 비공식적 집단

표준운용절차

특정의 상황 유형에 대하여 정책결정에 도달하는 규칙

들의 참여를 허용하는 민주적 행위자들에게 있어서는 특히 그러하다). 미국을 생각해보자. 중요한 외교정책의 선택을 둘러싸고 핵심적 보좌관들 사이의 분열은 빈번히 있어왔다. 예를 들면 닉슨 대통령과 포드 대통령 하에서 헨리 키신저 국무장관은 베트남 전쟁을 놓고 종종 국방부를 이끌고 있던 제임스 슐레진저(James Schlesinger) 그리고 도널드 럼스펠드(Donald Rumsfeld)와 싸웠다; 지미 카터의 국가안보 보좌관이었던 즈비그뉴 브레진스키(Zbigniew Brzezinski)는 이란의 인질위기를 놓고 국무장관 사이러스 밴스(Cyrus Vance)와 빈번히 갈등했다. 그리고 로널드 레이건 하에서 국방부의 캐스퍼 와인버거(Caspar Weinberger)와 국무부의 조지 슐츠(George Shultz)는 대부분의 정책문제에 대하여 서로 충돌하기로 유명했다.

　　그러한 갈등들이 반드시 나쁘다고만 할 수는 없는데 그 이유는 그러한 갈등은 각 측으로 하여금 각각의 관점을 더 잘 설명하기 위해 노력하도록 하며 이것을 통해 국가 수뇌들이 정책을 결정하기 전에 경쟁적인 조언들을 가늠할 기회를 가질 수 있기 때문이다. 그럼에도 불구하고, 보좌관들 사이의 싸움은 정책결정 과정의 마비로 이어질 수 있으며 형편없는 결과를 낳는 경솔한 정책결정으로 이어질 수 있다. 그러한 가능성은 2002년 가을에 분명했는데 당시 조지 W. 부시 행정부 자체 내에서 대통령의 목표인 이라크의 사담 후세인에 대한 전쟁 수행을 둘러싸고 '어떻게 그리고 왜'에 대하여 심각한 분열이 나타났었다. 핵심적인 관리들이 공개적으로 외교 대 침공의 지혜에 대하여 그리고 어떻게 하면 그러한 공격을 가장 잘 실행할 수 있을 것인가에 대하여 논쟁을 벌이면서 그 균열은 분명해졌다. 마찬가지로, 그러한 긴장은 제도적 기구의 본성으로 인하여 베트남에서 미국의 실패한 전쟁으로 이끌린 결정이 내려졌었다는 전 국무차관 조지 볼(George W. Ball's)의 경고에서 분명해진다; "그 과정이 그 정책을 만든 장본인이다."

　　정치지도자들의 정책선택에 대한 그 영향 외에도, 관료조직은 정책결정에 영향을 미치는 또 다른 몇몇 특징들을 지닌다. 하나의 견해에 따르면 관료조직들은 편협한 경향이 있으며 또 국제적 행위자의 외교정책을 결정하는 관료제 내의 각 행정 단위들은 그 자신들의 목적과 권력을 증진하고자 노력한다. 많은 인원 그리고 예산과 같은 조직상의 필요가 그 행위자의 필요보다 우선시 되고, 때때로 관료조직의 이익을 위해 그 행위자 집단 전체 이익의 희생을 고무하기도 한다.

　　특징적으로, 관료부서들은 그들의 특권을 확대하고 업무개념을 확장하는 쪽으로 치닫게 되는데 그리하여 다른 조직 단위의 책임과 권한을 떠맡고자 한다. 중립적이고 불편부당하여 오직 지도자들로부터 내려온 명령의 실행을 기대하게 하는 것과는 동떨어지게, 관료조직들은 빈번히 다른 기관의 영향력에 대하여 그들 자신의 영향력을 증가시키려는 의도의 정책 입장을 취한다. 더구나 단일한 행위자에 의해 정책결정이 내려진다고 가정하는 합리적 선택 이론과는 대조적으로, 관료적 부서들과 그 직원들은 지도자의 가치와 우선순위에 동의하지 않을 수 있다. 전 국가안보보좌관 즈비그뉴 브레진스키(Zbigniew Brzenski)가 주의를 환기시킨 것처럼(2010, p. 18), 어떤 행위자의 외교정책 우선순위는 동감하지 않는 관료들에 의하여 희석되거나 지연될 수 있는데, 그 이유는 "옹호된 정책들에 동감하지 않는 관리들이 훌륭한 집행자가 되는 경우는 거의 없기 때문이다."

2001년 9월 11일의 비극적 기습 테러 공격은 관료정치의 탓으로 여겨지는 이러한 특징들의 뚜렷한 사례를 제공한다. 9.11 테러는 많은 사람들에 의해 진주만 공격 이래 최악의 정보 실패로 간주된다. 경악한 미국 시민들은 첩보를 수집하는 그 엄청난 수의 기관들이 존재함에도 불구하고 왜 세계무역센터와 국방부 공격에 관한 수많은 메시지들과 경고들이 제때에 번역되어 그러한 재앙을 방지하지 못했는가에 대해 의문을 제기한다. 왜 그러한 모스 부호의 점들은 연결되지 않았는가? 왜 그 경고들은 무시되었는가?

대부분의 분석가들에게 처음으로 받아들여졌던 대답은 미국의 혼란스런 정보 체계가 상호개입적인 관료들의 진흙탕에 의해 마비되었기 때문이라는 것이다. 그들은 서로 영역싸움을 하고 있었으며 거의 틀림없이 알카에다의 음모를 확인하고 방지할 수 있는 사활적인 정보를 공유하지 않았다는 것이다. 문제는 의사소통의 오류와 의사소통의 부재였다; 그 공격에 대한 신호들은 제 시간에 집행부서에 전달되지 않았다. 왜 그랬을까? 레이건 행정부에서 국무차관보를 지냈던 모톤 아브라모위츠(Morton Abramowitz, 2002)는 다음과 같이 그의 의견을 피력하였다; "세 가지 양상이 오늘날 워싱턴의 외교정책결정에 스며들어 있다; 극심한 과중업무, 내적인 알력, 장기적이기보다는 단기적인 시각의 우세이다." 이러한 문제들은 모든 행정부에 존재하지만 강렬한 이데올로기적인 관점이 작용할 때 특히 문제가 된다.

9.11의 공포가 지속되면서 2001년 9월 11일 이전에 알카에다 테러망의 작전을 와해시키기 위해 누가 무엇을 했는가에 대한 관심과 염려도 그러하였다. 미 행정부의 국가안보와 대테러에 관한 정책결정 방식에 있어서 필요한 시정을 위해 의회에 초당적 위원회가 설치되어 무엇이 잘못되었는가를 조사하였다. 이 9.11위원회(2004)는 왜 9.11재앙을 막을 수 있었던 많은 기회들을 놓쳤는지에 대해 새로운 설명들을 산출하였다.

이 위원회는 미 중앙정보국(CIA)이나 연방수사국(FBI) 같은 국가의 테러담당 기관들의 역량 부족이나 내부 알력에 비난을 집중하지 않았다. 대신에 이 위원회는 실제적이고 임박한 테러 공격 위험 가능성에 관한 미 정보 관리들의 큰 소리와 뚜렷한 경고에 대해 9.11 이전 백악관이 행동을 취하지 않거나 경시 내지 무시한 것에 관한 점증하는 불평에 그 비판을 거누었다(Mann, 2004; Woodward, 2004). 이 경우 미국 정부가 시민들을 보호하지 못한 것은 관료적 암투의 파멸적인 효과 때문이 아니라 미 지도부가 그 국가안보 관료들의 경고에 귀를 기울이지 않으려 했기 때문이라는 것이다.

그러나 '정보원과 수집방법'의 손상을 우려해 습관적으로 정보공유를 싫어하는 수백 개의 경쟁적 정보기관들과 그 하부기관들을 관리 해야만 하는 미국 대통령들이 직면하는 문제들을 고려해보자. 유혈적인 스포츠처럼 각 정보기관들은 그들의 적수들과 경쟁하며 비난과 속죄양 만들기에 여념이 없다. 더구나 연방수사국의 특수요원인 콜린 로우리(Coleen Rowley)가 증언한 것처럼 "관료사회에는 상호보호의 협약이 있다. 중간 수준의 관리자들은 그들의 진로에 부정적인 영향을 미칠지도 모르는 실수가 두려워 결정을 회피하는가 하면 경직된 위계구조는 요원들이 상사에 도전하지 못하게 만든다. 이런 말이 있다; '큰 경우에는 큰 문제들; 작은 경우에는 작은 문제들; 그리고 아무 경우도 아니면 아무런 문제도 없다.' 무행동이 성공의 열쇠라는 생각이 반복적으로 그 자신을 드러낸다(Toner, 2002)."

우리는 관료정치의 또 다른 속성을 식별할 수 있다; 즉, 전문가들은 큰 조직에서 일할 때 그 조직의 지배적인 관점과 신념에 자신을 순응시키려는 자연적 경향이 있다. 구성주의 이론이 설명하는 것처럼, 모든 관료제는 공유하는 사고방식 또는 현실을 보는 지배적인 방식이 있는데 이는 작은 규모의 집단이 종종 드러내는 집단사고(groupthink)의 특징과 유사하다(Janis, 1982). 학자들은 종종 집단사고에 대해 정책결정 과정을 지배하면서 보다 위험한 선택에 이르

집단사고
어떤 집단의 구성원들이 그들 자신의 소신을 소리 높여 말하기보다는 집단의 지배적인 태도를 수용하고 그에 맞추고자 하는 성향

White House Photo/Alamy

집단적 정책결정
정책결정은 종종 소규모 집단에서 이루어진다. 여기의 사진은 2013년 2월 7일 버락 오바마 대통령의 내각 구성원들과 고문들의 회의 장면으로, 그는 존 케리 국무장관이 이민 문제에 대하여 논의하는 것을 경청하고 있다.

게 하는 요인으로 언급한다. 이 경우 동료집단의 압력이 없는 개인들에 의해 도달되었을 정책결정보다 더 위험스럽고 극단적인 정책에 이르게 될 가능성이 더 높다(결국 비참한 실패로 나타나게 됨). 어떤 조직적인 사고방식이나 또는 사회적으로 구성되는 합의 또한 창의성, 반대, 그리고 독립적 사고를 저하시킨다; 그것은 새로운 도전에 대응하기 위한 새로운 방안을 탐구하게 하기 보다는 표준운용절차나 선례에 대한 존중에 의존하도록 고무한다. 이렇게 하여 흔히 인습적인 선호에서 거의 벗어나지 않는 정책결정의 결과로 나타난다.

그러나 연구에 따르면 논쟁과 비판은 정책적 사고를 방해하기보다는 자극하는 것으로 나타난다. "여럿이 함께 일할 때 해야 할 가장 중요한 것은 항상 긍정적이고 친화적이며 누구의 감정도 다치지 않게 하는 이 극도의 낙천적인 개념이 있다"라고 심리학 교수인 찰란 네메스(Charlan Nemeth)는 설명한다. "글쎄요, 그것은 아주 잘못이다. 아마도 논쟁은 덜 유쾌할 것이다. 하지만 그것은 언제나 더 생산적이다(Lehrer, 2012, p. 24)."

여러분이 미래에 취업을 하게 되면 합리적 정책결정을 하려는 고용주의 노력을 직접 관찰하게 될 것이다. 또한 여러분은 여러분의 조직 안에서 관료적 경영의 장점과 취약성을 직접 목격하게 될 것이다. 많은 학생들은 그들이 노동인구에 합류하기 전에 여기에 기술된 합리적 선택의 결말과 실제 관행을 둘러싼 관료정치의 함정이 학자들의 단순한 허구가 *아님*을 알게 되었다. 오히려 정책결정에 있어서 이러한 속성과 경향은 정책결정자의 위치에 오른 전문가들의 실제적 경험에 의해 확증되고 있는 것이다(이전 판『*세계정치론*』을 읽었던 수많은 학생들은 나중에 이러한 해석이 그들로 하여금 직장에서 부딪치는 일들에 대비하는 데 도움을 주었으며 그 결과 정부와 비국가 행위자들이 그들 내부의 정책결정 부서 *내에* 참여하는 분파들 사이에 토론하고 논쟁할 때 항상 단합되어 있다는 순진한 기대를 극복할 수 있었다고 말했다). 또한 하버드 대학교의 존 F. 케네디 행정대학원의 교과과정은 정부 또는 국제업무 종사자들이 이와 같은 부서 간 관료적 홍정과 경쟁이 합리적 정책결정에 대해 갖게 되는 기여사항과 방해요소에 대해서 이해하고 있어야만 한다는 확신에 기초하고 있음을 명심할 필요가 있다.

국제 행위자들의 외교정책결정인자들을 분류함에 있어서 1장(그림 1.1 참조)에서 소개된 분석수준들은 정책결정 과정에 대한 복수의 영향요소들을 묘사하는 데 도움을 준다. 개인적 수준의 정책결정자에 더하여 내부적이고 세계적인 분석수준들 또한 외교정책결정에 영향을 미친다는 것을 상기하자. 정책결정이라는 현상을 적절한 조망 속에 위치시키기 위해서 이 장은 다음에 비교외교정책론으로부터의 통찰력을 고려하고 우리들이 국가들에 의한 외교정책 형성과정을 보다 잘 이해할 수 있도록 한다.

외교정책결정의 국내적 결정인자들

내부적 또는 '국내적' 영향요소들은 세계 체제(global system)가 아니라 국제 행위자(international actor)의 수준에 존재하는 것들이다. 비국가 행위자들은 그들의 정책결정을 좌우하는 내부적 속성을 지니지만, 우리는 여기에서 국가들에 초점을 둔다. 그 이유는 국가들이 세계무대에서 가장 강력한 역할수행자이며, 그들의 외교정책결정이 가장 큰 결과를 가져오고, 그리고 그들의 정책결정 능력에 영향을 미치는 요소들은 다른 국제 행위자들의 정책결정에 영향을 미치는 다른 많은 요소들과 확실히 다르기 때문이다. 내부적 요소들의 영향을 예증하기 위하여 국가의 속성들 차이가 ─ 군사적 능력, 경제발전 수준, 정부 형태의 차이 ─ 서로 다른 국가들의 외교정책 선택에 어떻게 영향을 미칠 수 있는지 고려하자.

군사적 능력   국가들의 내부적인 능력은 외교정책의 우선순위를 좌우한다는 현실주의적 명제는 국가들의 전쟁 준비상태가 훗날 그들의 군사력 사용에 강한 영향을 미친다는 사실에 의하여 지지되고 있다(Levy, 2001). 그리하여 비록 대부분의 국가들이 유사한 목표를 추구할 수 있지만, 그러한 목표들을 실현할 수 있는 그들의 능력은 군사력에 따라 다르게 나타난다.

군사적 능력은 한 국가의 신중한 외교정책의 선택 범위를 제한하기 때문에 지도자들의 국가안보 정책결정에 매개적 요소로 작용한다. 예를 들면 1980년대에 리비아의 지도자 무아마르 가다피(Muammar Qaddafi)는 반미, 반이스라엘 수사(修辭)와 다양한 테러활동 지원을 통해 미국에 반복적으로 도발하였다. 가다피가 그런 식으로 행동할 수 있었던 것은 대체로 리비아에는 그의 개인적 변덕을 제한할 수 있는 관료조직이나 동원 여론이 존재하지 않았기 때문이다. 그러나 의심의 여지없이 가다피가 분노를 발산했던 군사적 강국의 지도자들보다 외부세계에 의하여 더 많이 제한받았다. 미국과 비교하여 제한적인 군사력은 그가 위협했던 그런 종류의 호전적 행동을 불가능하게 하였다.

반대로, 사담 후세인은 이라크의 군사력을 구축하기 위해 분투적인 노력을 기울였고 1990년경에는 세계에서 네 번째로 큰 군대를 양성했었다. 그리하여 유전들을 장악하기 위한 쿠웨이트 침공은 타당성 있는 외교정책 방안이 되었다. 하지만 결국 이라크의 경이적인 군사력도 미국에 의해 주도된 엄청나게 우월한 연합 군사력에 의하여 별 효과가 없게 되었다. 1991년의 페르시아만 전쟁은 사담 후세인으로 하여금 항복과 함께 점령한 영토로부터 철수하게 하였다. 12년 후 미국은 이라크를 침공하였고 마침내 사담 후세인을 권좌에서 축출하였다. 그 교훈은 국가들이 그 자신의 군사적 능력과 상대방의 군사적 능력에(그리고 그들의 의도에) 대해 어떻게 믿느냐가 전쟁과 평화에 대한 정책결정을 안내한다는 것이다.

경제적 조건   어떤 국가가 누리는 경제 및 산업 발전수준 또한 그 국가가 추구할 수 있는 외교정책 목표들에 영향을 미친다. 일반적으로 어떤 국가가 경제적으로 더 발전되어 있을수록, 그 국가는 세계의 정치경제에 있어서 행동주의자적인 역할을 더 많이 수행할 가능성이 있다. 부유한 국가들은 그들의 국경을 훨씬 넘어 이해관계를 갖으며 흔히 그러한 이해관계를 추구하고 보호할 수 있는 수단을 보유한다. 우연이 아니라 산업능력이 높고 국제무역에 광범위하게 관련되어 있는 국가들은 또한 군사적으로 강한 경향이 있는데, 일반적으로 말해서 이는 부분적으로 경제력이 군사력의 선결조건이기 때문이다.

비록 경제적으로 발전된 국가들은 세계에서 보다 적극적으로 행동하지만, 그렇다고 해서 그들의 특권적 환경이 모험적인 정책을 강제한다는 것을 의미하지는 않는다. 부유한 국가들은 종종 '만족스런' 국가들로 혁명적인 변화와 세계의 불안정으로부터 잃을 것이 많다(Wolfers, 1962). 그 결과, 그들은 보통 현상유지가 그들의 이익에 도움이 되는 것으로 인식하며 종종 세계 위계구조의 정점에서 그들의 선망 받는 위상을 보호하고 확장하기 위한 국제경제 정책을 형성한다.

생산성과 번영의 수준 역시 세계 위계구조의 맨 밑에 있는 가난한 국가들의 외교정책에 영향을 끼친다. 몇몇 경제적으로 약한 국가들은 그들이 의존하는 부국들의 뜻을 순순히 따름으로써 그들이 처한 상황에 반응한다. 다른 국가들은 대담하게 반항하는데 때때로 그들의 행동을 통제하려는 강대국들과 강력한 국제기구들의 노력에 대한 저항에서(그들의 불리한 협상 입장에도 불구하고) 성공하기도 한다.

그리하여 국가들의 국제정치 행동과 관련하여 경제적인 기초에 대한 일반화는 종종 정확하지 못하게 된다. 비록 세계 체제에 있어서 경제발전의 수준들은 국가들 사이에 크게 다르지만, 그것만으로 외교정책의 결정이 좌우되지는 않는다. 대신에, 그 국가들이 갖는 기회와 제한 요소에 대한 지도자들의 인식이 외교정책 선택에 있어서 보다 큰 영향을 미칠 수 있다.

입헌민주주의
국민들이 그들의 선출 대표자들을 통해 권력을 행사하고 국가의 정책에 영향을 미칠 수 있도록 허용하는 통치과정

전제적 통치
단 한 명의 지도자에게 무제한적인 권력이 집중되어 있는 권위주의적 또는 전체주의적 정부 체제

정부의 유형   국가들의 국제 행동에 영향을 미치는 세 번째 속성은 그들 정치 체제의 유형이다. 비록 현실주의는 모든 국가들이 그들의 이익을 보호하기 위해 유사하게 행동할 것이라고 예측하지만, 한 국가의 정부유형은 분명히 군사력 사용 위협의 실행을 포함하여, 정책 선택을 크게 제한한다. 여기에서 중요하게 구분되는 것은 스펙트럼의 한 끝에 있는 입헌민주주의(constitutional democracy, 대의 정부)와 또 다른 끝에 있는 전제적 통치(autocratic rule, 권위주의 또는 전체주의) 사이이다.

그것이 민주적(개방적)인 정치 체제이든 전제적(폐쇄적)인 정치 체제이든 간에 정치지도자들은 조직화된 국내 정치이익 그리고 때때로 대다수 시민들의 지지 없이 살아남을 수 없다.

그러나 민주적인 체제에 있어서 그러한 이익들은 정부 그 자체를 넘어 확산될 수 있다. 여론, 이익단체, 그리고 대중매체는 민주적 체제의 정책결정에 있어서 좀 더 눈에 띄는 부분들이다. 마찬가지로, 민주적인 사회들에 있어서 선거과정은 실제적인 선택이 막후의 소수 엘리트들에 의해 행해지는 권위주의 정권에서보다 훨씬 의미 있게 정책선택의 틀이 된다. 민주주의에서 여론과 선호도는 중요하고 따라서 누구의 참여가 허용되고 얼마나 많이 참여할 권리를 행사할 수 있는가에 대한 차이들은 외교정책 선택에 있어서 중요한 결정인자이다.

　　단순히 국제적인 사건들뿐만 아니라 국내적인 자극들이 외교정책의 원천이 된다는 주장은 새로운 것이 아니다. 예를 들면 고대 그리스의 현실주의 역사가 투키디데스(Thucydides)는 그리스 도시국가들 내에서 일어난 일들이 종종 도시국가들 서로 간에 일어난 일보다 도시국가들의 대외적인 행동에 더 많은 역할을 했다고 말한다. 그는 덧붙이기를, 그리스의 지도자들은 빈번하게 그들 자신의 정체 내 정치적 분위기에 영향을 미치는 데 노력을 집중했다고 하였다. 마찬가지로 오늘날 지도자들은 때때로 국내정치적인 목적을 위해 외교정책을 결정하는데, 예를 들면 해외에서의 과감하고 침략적인 행동을 통해 국내의 경제적 어려움으로부터 대중들의 주의를 전환시키고, 그들 지도자의 정책에 대한 여론을 개선하거나 또는 선거결과에 영향을 미치려는 경우들이다. 이것은 때때로 '희생양' 현상 또는 **전쟁의 관심 전환 이론**(diversionary theory of war)이라고 불린다(DeRouen and Sprecher, 2006; Gallagher and Allen, 2013).

　　어떤 사람들은 외교정책결정에 대한 국내정치의 개입을 민주적 정치 체제의 불리함으로 보기도 하는데, 그 이유는 위기에 단호하게 대응하거나 덜 민주적인 상대와 동맹국들에 대해 효과적으로 협상할 능력을 떨어뜨리기 때문이다(심층 논의: '민주적 거버넌스—외교정책의 장애물?' 참조). 민주주의 국가들은 관성의 지배를 받는다. 그들은 어떤 쟁점들에 대하여 느리게 반응하는데 그 이유는 정책결정 과정에 서로 다른 요소들이 관련되어 있기 때문이다. 나아가 민주주의에서 관료들은 여론에 책임을 져야 하고 다양한 국내 이해집단의 압력에 응답하지 않으면 안 되기 때문이다(이해집단들은 그들에게 크게 중요한 문제들과 관련해서 외교정책의 방향에 영향력을 행사하기 위해 동원된다).

전쟁의 관심 전환 이론
지도자들은 논란적인 국내 정책 쟁점들과 내부의 문제들로부터 여론을 전환시킴으로써 국내에서 국민들의 응집력을 증가시키기 위한 방법으로 때때로 해외에서 갈등을 일으킨다는 가설

Jason Reed/Reuters/Landov

세계 지도자의 외교정책 선택의 부담
미국은 세계에 대하여 비전 있는 지도력을 제공하도록 요구되며 이러한 이유로 정책적 우선순위들과 전략들에 대하여 신중한 평가를 해야만 한다. 버락 오바마 대통령은 선언하기를 "나는 우리의 공통 인류에 더 많은 노력을 기울임으로써 우리의 공통 안보를 강화할 것이다. 세계에 대한 우리의 관여는 우리가 반대하는 것에 의해 정의될 수 없다; 그것은 우리가 대표하는 것이 무엇인지에 대한 뚜렷한 사명감에 의하여 지도되지 않으면 안 된다. 우리는 오늘 공포와 결핍 속에서 살아가는 사람들이 내일 자존과 기회 속에서 살아갈 수 있도록 보장하는 데 중요한 이해관계를 갖는다."고 하였다."

심층 논의

민주적 거버넌스 – 외교정책의 장애물?

현실주의는 국가이익을 보호하기 위하여 국가들은 이상적으로 볼 때 이데올로기나 국내적 제한으로부터 자유롭게 그들의 외교정책을 수행해야하는 것으로 기대한다. 그러한 사고의 선상에서 민주주의들은 대중의 지지에 의존해야 하고 정치권력이 덜 집중화되어 있다는 점에서 비교적 '약한' 것으로 보일 수 있다. 자유주의 이론가들은 바로 이러한 제한 그 자체가 평화에 도움이 될 수 있다고 반박하는데, 그 이유는 그러한 제한들이 지도자들로 하여금 충동적인 외교정책결정을 막기 때문이라는 것이다.

민주적 거버넌스와 효과적인 외교정책결정 사이의 이러한 긴장관계는 2011년 3월 19일 미국 주도의 리비아 공격 후에 미국 내에서 보여졌다. 유엔 안전보장이사회에 의해 승인된 연합군 노력의 한 부분으로써, 미국 군사력은 리비아의 방공부대와 정부군에 대한 일련의 공습에 참여하였다. 비록 리비아의 지도자 무아마르 가다피 정권에 의해 야기된 평화와 안보에 대한 위협에 대한 대결이 미 의회의 많은 사람들에 의해 승인되었을지라도–정말 3월 1일 상원은 유엔이 리비아에 비행금지구역을 설정하도록 요구하는 결의를 만장일치로 승인하였다.–버락 오바마 미 대통령은 미국을 임무에 투입하기 전에 먼저 의회의 승인을 얻지 않았다는 이유로 격노를 표시한 두 정당의 의원들로부터 불폭풍 같은 비판에 직면하였다. 그들은 오바마가 그의 헌법적 권한을 넘었으며 "이 군사작전의 가치"는 "누가–대통령 또는 의회–미국의 전투 참여결정 권한을 보유하는가라는 국내법 문제와 별개"라고 주장하였다 (Savage, 2011, p. A14).

오바마 또한 그의 입장에서 그의 행동이 미국의 행정수장 그리고 미군의 최고 사령관으로서 국가이익에 부합되는 것이며 그는 그 공격을 승인할 권한을 보유한다고 반박하였다. 오바마의 결정은 사전의회 승인 없이 대통령이 군사적 행동을 승인한 긴 역사 중 가장 최근의 한 사례로써 이에는 해리 트루먼의 한국전 참전, 빌 클린턴의 1999년 코소보 폭격 등이 포함된다. 그럼에도 불구하고 오바마는 나중에 리비아에서 미군의 계속되는 개입을 위해 의회의 지지 결의를 추구하였는데, 그 과정에서 "의회의 관여, 협의, 그리고 지지 속에서 군사적 행동을 취하는 것이… 더 낫다는 것이 나의 한결같은 견해"라고 하였다

최종으로 여러분의 판단은?

1. 민주적 통치의 본질은 그러한 정부들이 외교정책 목표를 성취할 수 있는 능력을 증진하는가 아니면 저해하는가?

2. 여러분의 일반적 결론을 지지하기 위하여 여러분은 어떠한 주장과 증거를 제시할 수 있는가?

3. 여러분은 권위주의 정부들이 효과적인 외교정책을 더 잘 수행할 수 있다고 생각하는가? 그렇다면, 그 이유는? 그렇지 않은 경우, 그 이유는?

　　다수 인구의 주의와 행동을 촉발시키기에 충분한 위기의 분출이 커다란 정책적 변화를 일으키기 위해 필요할지도 모른다. 프랑스의 정치사회학자 알렉시스 드 토크빌(Alexis de Toc-queville)이 1835년에 주장했던 것처럼, 민주주의 국가들은 신중하기보다는 충동적인 경향이 있을 수 있는데 그 이유는 그들이 일단 외부의 위험을 인식한 후에는 과잉반응하기 때문이다. "민주국민이 항상 어렵게 생각하는 두 가지가 있는데 그것은 바로 전쟁을 시작하는 것과 전쟁을 끝내는 것이다."라고 드 토크빌은 분명히 말했다.

　　대조적으로, 권위주의 정부들은 "정책결정을 보다 신속하게 할 수 있으며, 그들의 결정에 대한 국내의 수용을 보장할 수 있고, 아마도 그들의 외교정책에 있어서 보다 일관적일 수 있다(Jensen,1982)." 그러나 비용이 있다; 비민주주의들은 "종종 혁신적인 외교정책을 개발하는 데 있어서 덜 효과적인데, 그 이유는 부하들이 문제를 제기하는 것에 대하여 만연하는 두려움을 가지기 때문이다." 간단히 말해, 권력의 집중과 대중적 반대에 대한 억압은 유리할 수도 있고 불리할 수도 있다.

외교정책에 관한 세계적 영향요소들

국가들의 내부적 속성들은 그들의 외교정책에 영향을 미친다. 그러나 그 안에서 국가들이 작동하는 세계 환경 또한 국가들의 행동을 위한 기회들에 매우 중요한 영향을 미치는데 어떤 외교정책 선택은 제한하고 또 다른 것들은 촉진하는 생태적 맥락을 마련하기 때문이다(Sprout and Sprout, 1965; Starr and Most, 1978). 외교정책에 관한 세계의 또는 대외적 영향요소는 어떤 국가의 국경 너머에서 발생하여 그 국가의 관리들과 그 관리들이 통치하는 국민들이 하게 되는 정책적 선택에 영향을 미치는 모든 활동들을 포함한다. 군사적 동맹과 국제무역 수준 같은 요소들은 정책결정자들의 선택에 중대한 영향을 미친다. 대외적 요소들의 영향을 인식하기 위하여, 여기에서 우리는 국제환경의 또 다른 두 요소가 – 권력의 세계적 분포와 전략지정학적 위치 – 국제정책결정에 어떻게 영향을 미치는지 간단히 언급한다.

권력의 세계적 분포

국가의 힘은 많은 방식으로 분포될 수 있다. 힘은 로마제국이 절정에 있었을 당시의 고대 지중해처럼 단 하나의 국가 수중에 집중될 수 있으며, 또는 1648년 30년 전쟁 후 국가 체제(state system)의 탄생 시에 대략 동등한 힘을 보유했던 10여 개 경쟁 강대국들처럼 몇몇 국가들 사이에 분산될 수도 있다. 학자들은 세계 체제(global system)의 구성국들 사이의 힘의 분포를

극성

힘의 중심 즉, '축'의 수를 결정하는 것으로 세계 체제에 있어서 군사 및 경제적 힘이 집중되어 있는 정도

극화

경쟁 중인 주요 힘의 축 또는 중심과 연대하는 동맹국들로 구성된 경쟁적인 연합이나 진영의 형성

기술하기 위해 극성(polarity, 極性)이라는 용어를 사용한다. 4장에서 더 설명되는 것처럼, 단극 체제는 하나의 지배적 힘의 중심을 가지며, 양극 체제는 두 개의 힘의 중심을 포함하고, 다극 체제는 세 개 이상의 그러한 힘의 중심을 가진다.

힘의 분포와 밀접히 관련된 것으로 국가들 사이의 제휴 유형이 있다. 극화(Polarization, 極化)라는 용어는 국가들이 강한 국가의 주변에 집단으로 모이는 정도를 말한다. 예를 들면 높은 정도로 양극화된 체제는 소규모와 중규모의 국가들이 지배적인 두 강국들 중 하나와 동맹을 형성하는 경우이다. 냉전 동안 미국과 소련 주위의 동맹 네트워크가 그러한 체제의 대표적인 경우이다. 오늘날 "국제 체제의 본질은 새로운 국가가 부상하고, 오래된 국가들이 약화되고 있으며, 대서양으로부터 태평양으로 주의(注意)가 전환되면서 다시 생각되지 않으면 안 된다 (Mead, 2010, p. 64)." 세계정치의 적극적인 행위자로서 중국의 점증하는 부상과 아시아에서의 발전에 대한 미국의 주의집중은 전 세계에 걸친 정치권력의 전환을 반영한다.

극성과 동맹 극화는 국가들이 가지는 정책결정의 자유에 영향을 미침으로써 외교정책에도 영향을 준다. 예를 들어 4장과 8장에서 논의될 것처럼, 힘이 단 하나의 국가 수중에 집중되어 있는 단극 체제에서 어떤 국가는, 국가들의 공유적 힘의 분포를 특징으로 하여 경쟁국들이 특정 국가의 행동을 차단할 수 있는 국제 체제에서보다 더 쉽게 군사력 사용을 선택하고, 다른 국가들의 내부 문제에 개입할 수 있다. 그러나 동맹들이 견고한 군사적 블록일 때, 각 동맹의 소규모 구성국들은 그 동맹의 지도국 지시에 동조하지 않을 수 없다는 것을 느끼게 될 것이다.

반대로 동맹들이 유동적인 회원제로 느슨하게 전환할 때, 작은 국가들은 보다 쉽게 강대국의 의중으로부터 독립적인 외교정책의 형성을 선택할 수 있다. 물론 여러분은 세계 체제의 구조적 속성이 정책결정의 자유에 어떻게 영향을 미치는지 보여주는 다른 사례들을 생각할 수 있다. 그러한 사례들이 보여주는 것은 극성과 극화의 외교정책에 대한 영향이 어떤 주어진 국가의 전략지정학적 위치와 맞물려 있다는 것이다.

지정학적 요소들

한 국가의 외교정책 행동에 대한 가장 중요한 영향요소 중의 어떤 것들은 국제 체제에서 다른 국가들과 관련한 그 위치, 그리고 이러한 위치가 제공하는 전략지정학적 이점에서 발생한다. 예를 들면 자연적 국경의 존재는 외교정책결정자들의 선택에 있어서 중요한 고려사항이 될 수 있다(지도 3.1 참조). 미국을 생각해볼 때 이 국가는 초기 역사시기의 대부분 동안 안전했는데, 그 이유는 거대한 대양들이 유럽과 아시아의 잠재적 위협으로부터 그 국가를 분리시키고 있었기 때문이다. 외국의 개입에 대한 장벽으로서 대양들을 가졌고 이웃에 군사적으로 강력한 이웃이 존재하지 않았다는 이점은 미국이 산업 강국으로 발전하고 150년 이상 동안 고립주

의 외교정책을 안전하게 실행하는 것을 허용하였다. 또한 산악국가인 스위스를 생각할 수 있다. 이 국가의 방어에 유리한 지형은 그의 중립을 실효성 있는 외교정책 방안이 되게 하였다.

마찬가지로 대륙 정치로부터의 자율성 유지는 영국 외교정책에 있어서 지속적인 주제였는데, 영국은 섬나라로 유럽으로부터 물리적으로 떨어져 있어 오랫동안 완충역할을 함으로써 대륙의 주요 강대국들 사이의 세력분쟁에 휘말리지 않는 데 도움을 얻었다. 이러한 보호막의 보존은 오랫동안 영국 외교정책의 우선순위였는데, 이는 왜 영국이 지난 20년 동안 유럽연합(European Union)에 완전히 통합되는데 그토록 망설였는지를 설명하는 데 도움을 준다.

그러나 대부분의 국가들이 섬나라들처럼 외떨어져 있는 것은 아니다; 국가들은 다른 많은 국가들과 국경을 접하고 있어서 세계문제에 관련되지 않으려 해도 그렇게 할 수 없다. 지리적으로 유럽의 중앙에 위치한 독일은 역사적으로 국내정치 체제와 외교정책 선호도가 전략지정학의 위치에 의하여 좌우됨을 보여준다. 예를 들면 20세기에 독일은 통치제도에 있어서 무려 6회나 되는 주요 급진적 변화를 경험하였는데 각각은 서로 매우 다른 외교정책을 추구하였다; 1)카이저 빌헬름 2세의 제국; 2)바이마르 공화국; 3)아돌프 히틀러의 독재; 제2차 세계대전 후 그를 승계했던 두 정부들로 4)서독의 자본주의 연방공화국 5)동독의 공산주의 독일민주공화국 6)냉전 후의 재통일된 독일로, 이제 자유민주주의와 EU에의 완전한 통합을 적극적으로 추구하고 있다. 이들 각 정부들은 이웃 국가들과의 관계에 열심히 임하였지만 독일이 유럽의 중앙에 위치하는 데서 오는 기회와 도전들에 대해 각각 아주 다른 외교정책 목표를 가지고 반응하였다. 그러나 어떤 경우에도 대륙문제에 대해 고립주의로 후퇴하는 것은 실용적인 전략지정학적 선택방안이 아니었다.

역사에는 국가들의 외교정책 목표가 지리에 의해 영향을 받는 사례가 아주 많이 있다. 이러한 이유로 지정학 이론들은 중요하다. 현실주의 사상 그리고 정치지리학 일반의 지정학파(geopolitics)는 국력과 국제적 행동에 있어서 지정학적인 요소의 영향을 강조한다(S. Cohen, 2003). 초창기 지정학적 사고의 대표적인 사례에는 알프레드 테이어 마한(Alfred Thayer Mahan)의 『역사에 있어서 해양강국의 영향(*The Influence of Sea Power in History*)』이 있는데, 이것은 해양들의 통제가 국력과 외교정책을 좌우한다고 주장한다. 광대한 해안선과 항구를 가진 국가들은 경쟁적 우위를 누렸다. 핼포드 매킨더경(Sir Halford Mackinder, 1919)이나 니콜라스 스파이크먼(Nicholas Spykman, 1944) 같은 나중의 지정학자들은 위치에 더하여 지형, 크기(영토와 인구), 기후, 국가 간의 거리도 개별 국가들의 외교정책에 강력한 결정인자라고 주장하였다. 지정학적 관점의 이면에 자리하고 있는 원칙은 자명하다: 지도자들의 가용한 외교정책 선택방안들은 세계무대에서 그들 국가들의 위상을 정의하는 지정학적 환경에 의해 영향을 받는다.

지정학파

국가들의 외교정책은 그들의 위치, 자연자원, 그리고 물리적 환경에 의하여 결정된다는 이론적 가정

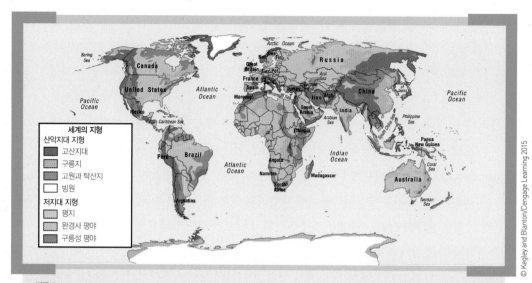

지도 3.1
외교정책에 대한 지리적 영향
국가들이 서로에게 어떻게 행동하는가 하는 것은 그들 국경에 있는 이웃 국가들의 수 그리고 산맥이나 대양과 같은 자연적 장벽에 의하여 침략으로부터 보호되는가 여부에 의해 좌우된다. 이 지도는 유라시아로부터 미국의 분리가 최근까지 미국 역사에 있어서 많은 시기에 얼마나 고립정책을 고무시켰는지 시사한다. 또한 유념해야 할 것은 지형학, 위치, 그리고 다른 지정학적 요인들이 어떻게 영국, 독일, 중국, 핀란드, 그리고 남아메리카 국가들의 외교정책 우선순위에 영향을 미쳤는가 하는 점인데 이것이 바로 국제정치에 대한 지정학적 접근이 제시한 가설이다.

국가든 비국가 행위자든 세계의 행위자들은 대외적 도전과 국내정치가 그들의 지도자들에게 동시에 부과하는 요구들에 대하여 대응할 수 있을까? 세계정치에서 현재 펼쳐지고 있는 경향과 변환은 세계 전체를 통하여 매일 만들어지고 있는 무수한 정책결정들의 산물이다. 어떤 결정들은 다른 것들보다 더 중요하며 행위자들이 서로 어떻게 상호작용 하는가는 세계정치의 전체 드라마에 대하여 심대한 의미를 갖는다. 이것을 보다 잘 이해하기 위해 2부는 세계무대에서 강대국들의 경쟁의 동학을 검토하는 4장으로부터 시작한다. 지구 남반구의 국가들에 대해서는 5장에서 검토되는데 그 다음의 6장에서는 비국가 행위자들에 대하여 논의할 것이다.

STUDY. APPLY. ANALYZE.

핵심 용어

게임 이론	복수의 옹호집단들	외부효과	정책 네트워크	표준운용절차
관료정치 모델	부시 독트린	이익집단	정책 현안들	합리적 선택
관료제	시대정신	입헌민주주의	정치적 효능성	
극성	양면 게임	전망 이론	제한된 합리성	
극화	역사창조적 개인모델	전쟁의 관심 전환 이론	지정학파	
단일 행위자	역할	전제적 통치	집단사고	

추천 도서

Hermann, Margaret G., ed. (2007) *Comparative Foreign Policy Analysis: Theories and Methods.* Upper Saddle River, NJ: Prentice Hall.

Hudson, Valerie M. (2007) *Foreign Policy Analysis: Classic and Contemporary Theory.* Lanham, MD: Rowman & Littlefield Publishers.

Kahneman, Daniel. (2011) *Thinking, Fast and Slow.* New York: Farrar, Straus, and Giroux.

Gallagher, Maryann E. and Susan H. Allen. (2013) "Presidential Personality: Not Just a Nuisance," *Foreign Policy Analysis* (Feb): 1–21.

McCausland, Jeffrey D. (2008, March 6) "Developing Strategic Leaders for the 21st Century," http://www.carnegiecouncil.org/resources/articles_papers_reports/0004.html..

Renshon, Jonathan, and Stanley A. Renshon. (2008) "The Theory and Practice of Foreign Policy Decision Making," *Political Psychology* 29: 509–536.

Rosenthal, Joel H. (2009, July 20) "Leadership as Practical Ethics," *The Essence of Ethics*, http://www.carnegiecouncil.org/education/001/ethics/0003.html..

Wittkopf, Eugene R., Christopher Jones, and Charles W. Kegley, Jr. (2007) *American Foreign Policy: Pattern and Process*, 7th ed. Belmont, CA: Thomson Wadsworth.

PART 2

세계정치의 행위자와 그들의 관계

AP Photos/Ariana Cubillos

셰익스피어는 "세계는 하나의 무대이며 모든 남녀는 연기자에 불과하다"고 말했다. 그 말을 세계정치에 적용한다면 세계 무대에서는 사람들뿐만 아니라 국제기구, 각종 단체, 그리고 국가가 다양한 역할을 맡는다. 제2부는 오늘날 세계정치의 주요 행위자들을 살펴보고, 각 행위자가 수행하는 역할들, 추구하는 정책들, 그리고 직면하는 상황들을 기술한다.

2부의 3개의 장은 국제적 행위자들의 두드러진 유형에 초점을 맞춘다. 4장은 가장 큰 군사력과 경제력을 갖춘 행위자인 강대국의 시각과 현재의 국가안보 전략의 윤곽을 제공한다. 5장은 강대국들과 흔히 남반구 세계로 불리는 국가들을 비교한다. 상대적으로 약하고 경제적으로도 덜 발달된 남반구 국가들의 운명은 다른 국가들에 의해 크게 좌우된다. 6장은 UN과 EU 같은 정부간기구들과 더불어 그린피스(Greenpeace)와 국제사면기구(Amnesty International)와 같은 비정기구들의 역할을 살펴본다. 이들은 글로벌 변화를 위해 역동적으로 활동하고 있다. 그밖에도 다국적 기업과 인종집단 및 종

변화를 위한 행진

국가 및 국제기구들과 마찬가지로 사람들도 초국가적 행위자이다. 집단적으로 동원된 대중은 불만을 표출하거나 자신들의 주장에 대한 세상의 이목을 끌기 위해 종종 집단 시위를 사용한다. 사진은 2013년 3월 베네수엘라 대통령 선거 결과에 대해 선거 과정의 의혹을 제기하며 냄비를 두드리면서 시위를 벌이는 야당의 지지자들이다.

"강대국들은 서로 두려워한다. 강대국들은 서로 불신하며, 곧 전쟁이 일어날지 모른다고 우려한다. 그들은 위험을 예상한다. 신뢰의 여지가 거의 없다. … 개별 강대국의 입장에서 보았을 때 다른 모든 강대국들은 잠재적인 적이다. … 이러한 두려움은 강대국들이 서로 공격할 능력을 갖고 있고 그렇게 할 동기도 가질 수 있다는 사실 때문이다. 이러한 세상에서 생존하고자 하는 국가는 의심하고 신뢰하려 하지 않는다."

– 존 미어샤이머(John Mearsheimer), 현실주의 이론가

CHAPTER 4
강대국의 경쟁과 관계

가지 않았을 수도 있었던 길?

제2차 세계 대전이 끝난 후 미국과 소련은 갈림길에 섰다. 그들이 내린 결정과 그들이 취한 행동은 서로 동맹이 되느냐 아니면 경쟁자가 되느냐를 결정하였다. 실제로 그들이 다른 선택을 내렸다면 냉전이 되어버린 열핵폭탄 경쟁은 일어나지 않았을 것이다. 멜빈 레플러(Melvyn Leffler, 2007)는 "냉전은 사전에 결정된 것이 아니라 이들 지도자가 선택한 것이었다."라고 주장하였다. 사진은 해리 트루먼(Harry Truman)과 요시프 스탈린(Joseph Stalin)의 모습이다.

고려해야 할 질문들

- *어떻게 힘의 전이가 주기적인 패턴을 따를 수 있는가?*
- *제1차 세계 대전의 원인과 결과는 무엇인가?*
- *제2차 세계 대전의 원인과 결과는 무엇인가?*
- *냉전의 원인은 무엇이고 과정은 어떠했는가?*
- *탈냉전시대 국제 관계의 특징은 어떠했는가?*
- *강대국들의 미래는 어떨 것인가?*

누가 1등인가? 누가 선두를 따라잡고 있는가? 최강자가 선두 자리를 도전받고 있다면 앞으로 그것은 무엇을 뜻하는가? 이러한 질문은 지난주 시합 결과에 따라 상위 팀들의 순위가 바뀌는 것에 대해 스포츠팬들이 던지는 질문이다. 세계 지도자들도 비슷한 질문을 던지는데, 미국의 전 국무장관 딘 러스크(Dean Rusk)는 이를 "미식축구식(땅따먹기식) 외교접근법"이라고 불렀다. 그리고 전 세계 많은 사람들은 습관적으로 어떤 국가가 가장 크고, 가장 강하고, 가장 부유하며, 가장 군사적으로 막강한지를 질문한다. 또는 어떤 국가가 떠오르고 있으며 다른 국가들에 비해 어떤 국가가 몰락하는지를 평가하는 식으로 국가들을 비교한다. 그런 식으로 순위를 매기는 것은 국제정치를 현실주의의 측면에서 바라보는 것이다. 사람들은 최고 지위를 차지하기 위한 시합에서 승자가 있고 패자가 있는 경쟁의 세계로 국제 체계를 바라본다. 특히 사람들은 국제적인 힘의 서열에서의 상위권 순위 변동을 보다 면밀하게 주시하는데, 여기서 '강대국' 간의 경쟁과 갈등이 이루어진다. 더욱이 그들은 이러한 갈등을 끊임없는 것으로 묘사한다. 아놀드 토인비(Arnold J. Toynbee, 1954)의 유명한 '역사 주기 이론'은 다음과 같이 설명하고 있다. "하나의 반복되는 주기에서 다른 주기로 잇달아 일어나는 일련의 사건들 중 가장 중요한 분기점은 대규모 전쟁의 발발이다. 그 전쟁에서 모든 경쟁국들의 선두로 나서는 강대국은 세계 지배를 시도할 만큼 매우 강력하고, 이에 다른 모든 강대국들은 반대 연합을 형성한다."

토인비의 결론은 현실주의의 핵심을 찌르는 것이다. 제2차 세계 대전 이후 현실주의 이론의 대가인 한스 모겐소(Hans J. Morgenthau, 1985)가 말한 것처럼 세계정치에 대한 이해는 "모든 역사가 보여주듯이 국제정치에서 활동하는 국가들은 전쟁이라는 형태의 조직화된 폭력을 계속해서 준비하거나, 그것에 적극적으로 개입하거나, 혹은 그것으로부터 회복하는 중"이라는 사실을 인식하는 데에서 시작한다.

20세기 세계정치의 특징은 전쟁과 평화가 번갈아 나타나는 사이클이며, 3차례의 글로벌 전쟁이 발생했다. 제1차 세계 대전과 제2차 세계 대전은 무기를 사용하고 피를 흘리며 싸웠다. 냉전은 그러한 정도의 파괴는 없었지만 앞선 두 차례의 전쟁만큼 격렬했다. 각각의 전쟁은 세계정치의 주요 변환을 일으켰다.

이 장은 강대국 경쟁의 원인과 결과를 분석한다. 세계 지도력에 대한 3차례의 투쟁의 기원과 충격을 이해함으로써 여러분은 21세기에 강대국들이 또 다른 글로벌 전쟁을 피할 수 있을 것인지를 보다 잘 예측하게 될 것이다.

인류는 반드시 전쟁을 종식시켜야 한다. 그렇지 않으면 전쟁이 인류를 종식시킬 것이다.
— 존 F. 케네디(John F. Kennedy), 미국 대통령

세계 지도력의 추구

장주기 이론

근대 세계 체계의 핵심적 정치과정으로 주도적 글로벌 강대국의 성장과 몰락에 초점을 맞춘 이론

강대국 간 경쟁은 세계정치의 오랜 특징이었다. 토인비(Toynbee)가 말한 것처럼 세상의 역사는 반복되는 주기(cycle)가 나타나는 경향이 매우 크다. 장주기 이론(long-cycle theory)은 이러한 입장에서 세계정치를 이해하는 것으로서 강대국 경쟁의 전개에 대한 분석틀을 제공한다. 장주기 이론에 의하면(7장 참조) 세계 지도력의 변화는 일련의 단계들을 통해 전개되는데, 그러한 단계는 상대적으로 안정적인 국제적 규칙 및 제도의 형성의 시기가 지난 후 글로벌 전쟁의 시기가 이어지는 양상으로 나타난다(표 4.1 참조). 주기의 변동은 강대국들의 상대적 힘의 변화에 따라 발생했으며, 이것은 그들 사이의 관계를 변화시켰다(Chase-Dunn and Anderson, 2005). 지난 5세기 동안 글로벌 전쟁 이후에는 새로운 패권국가(hegemon)가 부상하였다. 경쟁세력이 없는 패권국은 자신의 우월적 지위를 유지할 글로벌 체계의 새로운 제도와 규칙을 만들었다.

패권국가

국제정치경제 관계의 운영을 주도할 수 있는 우월적 능력을 가진 국가

패권(hegemony)은 언제나 세계 지도국가에게 과도한 부담을 지운다. "강대국, 특히 초강대국은 가용할 막강한 자원 때문에 특별한 권리와 특별한 책임을 가진다. 그러나 그들의 강력한 힘은 그들을 과도하게 팽창하게 만들고 스스로의 임무를 등한시하는 유혹에 빠뜨릴 수 있다."고 정치학자 로버트 저비스(Robert Jervis, 2012, p. 623)는 설명한다. 패권국가는 자신의

힘은 공포를 초래한다.
사진은 미국의 글로벌 지배에 대한 저항을 보여준다. 파키스탄 시민들이 파키스탄 부족지역에 대하나 미군의 드론 공격에 항의하는 반미시위에서 성조기를 불태우고 있다. 미국 CIA 국장 존 브레넌(John Brennan)은 드론을 이용한 목표물 공습이 생명을 보호하고 테러공격의 가능성을 예방한다고 주장하며 파키스탄에서의 드론 공격을 옹호했다. 하지만 파키스탄 시위대들은 무고한 어린이들을 포함한 많은 시민들이 희생되었다고 주장한다.

시기	대표적인 패권추구 국가	패권에 저항한 국가	세계 전쟁	전후 새로운 질서
1495–1540	포르투갈	스페인, 발루아, 프랑스, 부르고뉴, 영국	이탈리아 인도양 전쟁 (1494–1517)	토르데시아스 협정(1517)
1560–1609	스페인	네덜란드, 프랑스, 영국	네덜란드 독립 전쟁 (1580–1608)	1608년 휴전, 복음주의 연합과 가톨릭 동맹결성
1610–1648	신성로마제국 (스페인과 오스트리아-헝가리의 합스부르크 왕가)	교황권에 맞선 신교도 국가들(스웨덴, 네덜란드)과 독일 공국 및 프랑스의 임시연합	30년 전쟁(1618–1648)	베스트팔렌조약(1648)
1650–1713	프랑스(루이14세)	네덜란드 연합주, 영국, 합스부르크 제국, 스페인, 독일지역 주요 국가들, 러시아	아우구스부르크 동맹 전쟁(1668–1713)	유트레히트조약(1713)
1792–1815	프랑스(나폴레옹)	영국, 프로이센, 오스트리아, 러시아	나폴레옹 전쟁 (1792–1815)	빈회의와 유럽협조 체제 (1815)
1871–1914	독일, 터키, 오스트리아-헝가리	영국, 프랑스, 러시아, 미국	제1차 세계 대전 (1914–1918)	베르사유조약과 국제연맹창설(1919)
1933–1945	독일, 일본, 이탈리아	영국, 프랑스, 소련, 미국	제2차 세계 대전 (1939–1945)	브레턴우즈 체제(1944), UN 창설과 포츠담회담(1945)
1945–1991	미국, 소련	영국, 프랑스, 중국, 일본; 냉전(1945–1991)	나토의 평화를 위한 동반자관계 수립(1995)	세계무역기구(1995)
1991–2025?	미국	중국, 유럽연합, 일본, 러시아, 인도	차가운 평화 혹은 패권 전쟁(2015–2025)?	세계질서 유지를 위한 새로운 안보 레짐?

표 4.1 강대국 간 세계 주도권 경쟁의 변화(1495–2025)

지위를 지키고 지배력을 유지하는 동안 정치적, 경제적 질서를 유지하는 비용을 지불해야만 한다. 시간이 지나면서 글로벌 개입의 부담은 손실을 가져오고 심지어 스스로 한계를 넘어 과도팽창하게 된다. 도전세력이 부상하면서 지난번 전쟁 이후 조심스럽게 체결된 안보의 합의는 마침내 공격을 받는다. 역사적으로 이러한 세력투쟁은 또 다른 세계 대전, 즉, 패권국의 쇠퇴와 또 다른 패권국의 부상의 토대를 만들었다. 표 4.1은 500년 동안에 이루어진 강대국들의 주기적 흥망성쇠와 세계 대전 그리고 전후 질서의 복원 노력을 잘 보여준다.

　　장주기 이론의 비판론자들은 이러한 주기가 경제, 군사, 혹은 국내 요인들에 의해 이루어지는 것인지에 대해 장주기 이론이 뚜렷한 설명을 제공하지 못한다고 지적한다. 또한 비판론자들은 세계의 운명이 정책결정자들의 통제 밖에 있다고 설명하는 장주기 이론의 결정론적인 입장에 대해 불만을 드러낸다. 위로 올라간 것은 떨어지게 마련이라는 중력의 법칙처럼 강대국의 흥했다가 쇠락하는 것은 당연한 것 아닌가?

장주기 이론은 우리로 하여금 강대국의 상대적인 힘의 이동이 세계정치에 어떤 영향을 미치는가를 살펴보도록 한다. 장주기 이론은 패권의 전이, 즉 글로벌 체계에서 주도국가의 부침에 주목하고, 그렇게 함으로써 현재의 오랜 주기가 과연 깨어질 것인가를 질문하도록 만든다. 세계 지도력을 향한 투쟁의 중요성을 강조하고 그것이 세계정치의 경향과 변환에 미치는 영향을 이해하기 위해 이 장은 20세기 세계 대전들을 살펴보고, 21세기에 이들 전쟁으로부터 얻을 수 있는 교훈을 발견할 것이다.

제1차 세계 대전

제1차 세계 대전은 1914년 6월 사라예보에서 오스트리아 지배로부터 민족을 해방시키려던 세르비아 민족주의자가 오스트리아-헝가리 제국의 합스부르크 왕관을 물려받은 페르디난트 대공(Archduke Ferdinand)을 저격하면서 요란하게 시작했다. 이 저격 사건은 5주 동안의 강대국 간 상호행위를 일으켰고, 결국 세계 평화를 무너뜨렸다.

유럽에서 20세기 최초의 대규모 전쟁이 종결되었을 때 거의 1,000만 명이 사망했고, 3개의 제국들이 몰락했으며, 새로운 국가들이 태어났고, 러시아에서의 70년 동안의 공산주의 통치가 시작되었으며, 나치 독일의 아돌프 히틀러(Adolf Hitler)가 부상하는 길로 나아가는 세계의 지정학적 지도가 다시 그려졌다.

제1차 세계 대전의 원인들

이와 같은 비극적인 전쟁을 어떻게 설명할 수 있을까? 다양한 답들이 가능하다. 가장 일반적인 답은 구조적 신현실주의가 제시하는 설명이다. 즉 제1차 세계 대전은 불가피했으며, 어떤 특정한 계획에 의한 결과가 아니라는 것이다. 신현실주의는 이 전쟁이 관련 국가들의 통제 범위를 넘어서는 환경에 의해 만들어진 것이며 누구도 원하지 않았고 예상하지도 못했던 것이라고 설명한다. 하지만 수정주의 역사학자들은 이 전쟁은 의도된 선택의 결과였다고 설명한다. 즉, "전쟁 발로로 이어지던 일련의 사건들은 첫 번째 무력충돌을 야기했던 5주 동안의 위기 기간 중에 얼마든지 막을 수 있었던 것이었기 때문에 비극적이고 불필요했던 분쟁은 신중하게 처리될 수 있었으며, 공동의 선의가 주도할 수도 있었다(Keegan, 1999, p. 3)."

구조주의

국가의 행위가 개별 지도자 혹은 국가적 속성의 변화가 아니라 세력균형의 변화와 같은 글로벌 체계의 속성의 변화에 의해 주로 결정된다고 설명하는 현실주의 이론

구조주의적 해석   글로벌수준의 분석을 제시하는 구조주의(structuralism)는 무정부적인 글로벌 체계 내의 세력분포 변화가 국가의 행위를 결정하는 주요 요인이라고 설명한다. 제1차 세계 대전 직전의 분위기에 주목하는 많은 역사가들은 강대국들 사이의 경쟁적 동맹이 무력분쟁을 일으키는 환경을 만들었다는 가설을 제시한다. 강대국들의 동맹과 그에 맞서는 대응 동맹의 체결과 더불어 그들의 재무장 노력이 유럽의 정치가들로 하여금 군대동원과 군비경쟁의 압력으로 작용했고 결국 전쟁으로 나아가는 결정적 동기를 만들었다(Tuchman, 1962).

이러한 구조주의적 해석은 영국이 세계정치를 주도하던 19세기에 초점을 맞추고 있다. 영국은 기질, 전통, 지리 등으로 인해 대륙 문제로부터 떨어져있던 섬나라였다. 영국의 해군력은 세계의 대양 항로를 지배할 수 있게 했고 지중해로부터 동남아시아에 이르는 거대한 제국의 지배를 가능하게 했다. 이러한 지배력은 침략을 억제하였다. 그러나 독일이 영국에 도전했다.

1871년 통일국가가 된 독일은 번영했고 증대된 재원으로 막강한 군대를 양성했다. 힘을 갖게 된 독일은 야심을 품고 영국의 우위에 도전했다. 유럽 대륙에서 압도적인 군사력과 기술력을 갖춘 독일은 국제적 위치와 지위 확보를 위해 경쟁에 나서고자 했다. 1898년에 빌헬름 2세(Kaiser Wilhelm II)가 선언한 대로 독일은 "구유럽의 협소한 경계 밖에서 큰 임무"를 수행하고자 했다. 상승세를 탄 독일의 세력 부상과 국제적 야심은 유럽의 지정학적 형세를 변화시켰다.

그러나 20세기를 맞이하면서 새로이 부상한 강대국은 독일만이 아니었다. 러시아 또한 독일에 위협이 될 만큼 팽창하고 성장하고 있었다. 독일은 유일한 동맹인 오스트리아-헝가리제국의 쇠락은 러시아에 대한 독일의 불안감을 고조시켰다. 이러한 불안감은 페르디난트 대공 암살에 대한 독일의 강경한 대응에서 잘 나타났다. 장기간의 전쟁이 *세력균형*을 원하지 않는 방향으로 변화시킬 수도 있다고 우려했던 독일은 보다 유리한 결과를 가져올 수 있는 단기간의 지역 전쟁을 바랐다. 따라서 독일은 오스트리아-헝가리가 세르비아에 대해 무제한적 공격을 할 수 있도록 지원했다.

전쟁의 승리가 오스트리아-헝가리를 부흥시키고 러시아의 영향력을 차단할 것이라는 독일의 계산은 분명한 것이었지만 결국 이것은 심각한 오산이었다는 사실로 드러났다. 세르비아를 방어하기 위해 프랑스와 러시아가 힘을 합쳤고 곧이어 독일을 견제하고 벨기에의 중립을 지키기 위해 영국이 개입했다. 1917년 4월 독일 잠수함 공격에 대응하여 미국이 분쟁에 참여함으로써 마침내 전쟁은 문자 그대로 세계 대전이 되었다.

여기서 우리는 글로벌 분석수준에서의 전쟁 원인으로 *세력균형* 변화의 역학을 발견하게 된다. 어떤 특정 강대국 혹은 국가 집단이 다른 강대국 혹은 국가 집단을 심각하게 위협하는 것을 막기 위해 강대국들 사이에 군사력의 '균형잡기'를 만들기 위한 연합이 형성되는 것이 역사적 추세라는 사실이다. 실제로 이러한 현상은 프란츠 페르디난트 대공이 살해되기 10년 전부터 일어났다. 유럽의 군사적 제휴는 독일, 오스트리아-헝가리, 오토만 제국의 삼국동맹(Triple

Alliance)과 이에 맞서는 영국, 프랑스, 러시아의 삼국협상(Triple Entente)의 양극으로 형성되었다. 이러한 구조주의적 해석에 따르면 오스트리아가 세르비아를 공격한데 대해 러시아가 군대를 동원하면, 동맹들의 연쇄적 개입으로 유럽 강대국들 모두가 전쟁에 참여하게 되는 것이다.

민족주의적 해석   *국가수준의 분석*에서 많은 역사가들이 제1차 세계 대전의 원인으로 제시하는 것은 민족주의(nationalism)의 성장이다. 특히 남동부 유럽에서 민족주의는 전쟁 가능성의 여론을 고조시켰다. 민족적 전통의 특성을 미화하는 세력들은 자기네 나라가 다른 어떤 민족들보다도 우월하다는 주장을 폈다(Woodwell, 2008). 곧이어 오랜 기간 억눌려왔던 인종적 편견이 표면으로 드러났고, 이는 심지어 지도자들 사이에서도 나타났다. 예를 들어 러시아 외무장관 세르게이 사조노프(Sergei Sazonov)는 발언마다 오스트리아를 '모욕'했고, 독일 황제 빌헬름 2세는 공공연히 "나는 슬라브족을 혐오한다."고 말했다(Tuchman 1962).

국내의 불안정은 민족주의적 열정에 불을 지폈고, 다른 방식으로 바라보는 것을 불가능하게 만들었다. 민족적 영광을 최우선으로 생각했던 오스트리아 사람들에게 러시아가 자신들을 침략자로 규정하는 것은 이해될 수 없는 것이었다. 다른 민족의 감정 따위에는 신경 쓰지 않았던 독일인들은 "러시아인들의 강한 자존심, 러시아의 피보호국인 세르비아가 독일 및 오스트리아에 의해 파괴되는 경우 발생할 수 있는 러시아의 굴욕감과 분노를 이해할 수 없었다.(White, 1990)." 각 국가가 상대의 민족적 특징과 인종적 속성을 과소평가하면 전쟁을 외교로 대체하는 것은 불가능해진다.

합리적 선택 이론의 해석   제1차 세계 대전의 원인에 대한 세 번째 해석은 *개인수준의 분석*에서의 *합리적 선택 이론(rational choice theory)*이다. 이 이론은 지도자가 자신과 자국에게 최선의 이익이 될 수 있는 여러 가지 선택들을 신중하게 평가하고 상대적 효용성을 따져 정책을 결정한다고 설명한다(3장 참조). 이 이론에 의하면 전쟁의 발발은 유럽대륙에서 독일의 입장을 공고히 하고 강대국으로서의 지위를 확인하며 국내의 관심을 안에서 바깥으로 돌리기 위해 독일 엘리트들이 프랑스와의 전쟁을 선호한 결과라는 것이다(Kaiser, 1990). 이러한 해석에 의하면 베를린의 황궁에 모인 지도자들이 유럽을 벼랑 끝으로 몰아갔던 것이다.

정책결정의 합리적 선택 모델은 제1차 세계 대전이 세계패권을 놓고 서로 경쟁한 강대국들이 선택했던 결과였다고 설명한다. 이는 현실주의적 믿음이 '역사의 철칙'이라는 것을 의미한다. 점차 강력해진 러시아가 독일과 대등한 위치에 도달하기 전에 독일의 지위를 보호하기 위해 독일이 취했던 시도에서 전쟁이 비롯되었다는 것이다(Levy, 1998b).

민족주의

특정 국가 혹은 그 국가 내에 거주하는 특정 민족집단을 미화하고, 국가 이익을 최상의 가치로 여기는 사고방식

이러한 경쟁적 해석들이 보여주듯이 제1차 세계 대전의 원인에 대해서는 논란이 많다. 구조주의적 해석은 국제적인 힘의 배분을 강조하고, 국가적 해석은 국가 내의 우발적 요인에 주목하며, 합리적 선택 해석은 직접적으로 특정 지도자의 계산과 목표에 주목한다. 각각의 해석은 모두 세계 최초의 글로벌 전쟁을 야기했던 정황을 이해하는데 부분적으로 도움을 준다.

제1차 세계 대전의 결과

제1차 세계 대전은 유럽의 형세를 변화시켰다(지도 4.1 참조). 이에 따라 세 개의 취약했던 다민족 제국, 즉, 오스트리아-헝가리, 러시아, 오토만(터키)가 붕괴했고, 그 자리에 폴란드, 체코슬로바키아, 유고슬라비아 등의 독립 국가들이 등장했다. 추가로 핀란드, 에스토니아, 라트비아, 리투아니아 등의 국가들이 생겨났다. 전쟁은 또한 1920년 아일랜드가 영국으로부터 독립하는데 영향을 주었고, 1917년 러시아 차르(황제) 체제가 볼셰비키에 의해 무너지는데 기여했

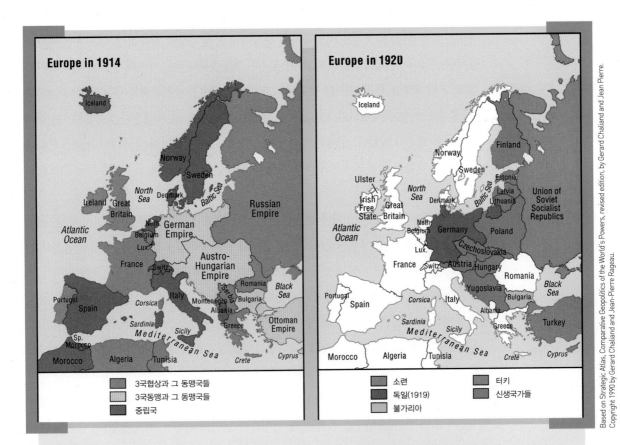

Based on Strategic Atlas, Comparative Geopolitics of the World's Powers, revised edition, by Gerard Chaliand and Jean Pierre. Copyright 1990 by Gerard Chaliand and Jean-Pierre Rageau.

지도 4.1
제1차 세계 대전 이후 유럽에서의 영토변화
좌측의 지도는 1914년 전쟁 직전의 국가들의 경계를 보여준다. 2개의 주요 적대 동맹세력이 구성되었음을 알 수 있다. 우측의 지도는 1920년 새로운 경계를 보여준다. 9개의 신생국이 지도에 새로 등장하였다.

다. 블라디미르 레닌(Vladimir Lenin)이 주도한 공산주의는 정부 체제와 이념의 변화를 가져 왔고, 이는 향후 70년 동안의 지정학적 결과를 결정했다.

적지 않은 희생에도 불구하고 영국, 프랑스, 러시아, 그리고 (후에) 미국과 이탈리아가 포함된 연합국 세력은 중부 유럽의 강대국들(독일, 오스트리아-헝가리, 터키, 그들의 동맹국들)의 우월적 지위를 밀어냈다. 더욱이 전쟁은 또 다른 전쟁을 예방할 새로운 글로벌 체제 설립에 결정적 노력의 발판을 마련했다.

대부분의 유럽인들에게 세계 대전은 환멸을 느끼게 하는 것이었다. … 전쟁이 끝났을 때 그러한 전쟁이 다시는 일어나지 않을 것이라고 확신하는 이들은 거의 없었다. 많은 사람들 사이에는 바로 이 시점에서 당사국들이 전쟁을 끝낼 뿐만 아니라 사고방식을 바꾸고 국제 질서의 새로운 유형을 세울 평화를 설계해야 한다는 신념이 만들어졌다. …

역사상 최초로 광범위한 대중들과 평화중재자들이 전쟁은 국제관계의 핵심문제라는 인식을 공유했다. 이전에는 패권국가의 등장이나 특정국가의 침략적인 행태 혹은 혁명이 문제였다. 1648년, 1713년, 그리고 1815년에 평화중재자들은 과거의 문제를 해결하려고 했고, 전쟁 재발을 막는 질서를 구축하려고 했다. 그러나 1919년에는 목표가 보다 높아졌다. 전쟁이 어떻게 시작되었나보다는 전쟁 그 자체가 보다 중요해졌다. 과거가 아닌 미래를 바라볼 필요가 있었다. 문제는 평화를 조성할 뿐만 아니라 미래의 국제적 갈등을 계속해서 관리할 평화적 국제질서를 구축하는 것이었다(K. Holsti, 1991, pp. 175-176; 208-209).

제1차 세계 대전은 전쟁에 대한 혐오뿐만 아니라 강대국 간의 경쟁, 무장, 비밀동맹, *세력균형* 정치를 정당화 하는 *현실주의* 이론들에 대한 혐오를 불러일으켰다. 4년 동안의 엄청난 인적, 물적 피해는 외교술에 대한 확신을 재평가하려는 많은 대표자들을 1919년 파리 외곽의 베르사유 평화회담으로 이끌었다. 이제 세계질서를 수립할 새로운 접근을 이행할 때였다. 현실주의에 환멸을 느낀 많은 이들은 글로벌 미래를 관리하는 방식으로 *자유주의*적 정책을 원했다.

제1차 세계 대전 이후 10년 동안은 자유주의적 이상주의가 절정이었다. 세계질서에 대한 우드로 윌슨(Woodrow Wilson)의 아이디어는 1917년 1월 '14개 조항' 연설에서 나타난 바와 같이 자유주의적 원칙에 따라 세계질서를 재조정함으로써 '대전쟁(나중에 제1차 세계 대전으로 불림)'이 '모든 전쟁을 끝내는 전쟁'이 될 것이라는 신념에 바탕을 두고 있었다. 윌슨의 핵심 제안은 모든 국가들의 독립과 영토적 통합을 보장하는 국제연맹(League of Nations)을 창설하는 것이었다. 그밖에도 그는 국제법을 강화하고, 자결주의를 토대로 영토적 요구를 처리하며 민주주의와 군축 그리고 자유무역을 촉진하자는 주장을 제안하였다.

그러나 평화회담이 시작되자마자 편협한 국가이익은 윌슨의 제안의 토대인 자유주의적 철학을 훼손하기 시작했고, 유럽의 지도자들은 독단적인 미국의 대통령에 대해 불쾌하게 생각했다. 프랑스의 냉소적인 현실주의자 조르주 클레망소(Georges Clemenceau) 총리는 "신은 십계명으로 만족하셨다." 그런데 "윌슨은 14개 조항이나 지켜야 한다고 주장한다."고 비판했다.

회담에서 협상이 진행됨에 따라 현실적인 권력정치가 만연했다. 궁극적으로 대표자들은 14개 조항 중 자국에 이익이 되는 내용만을 지지했다. 격한 논쟁을 거친 후 윌슨의 국제연맹은 총 440개 조항으로 이루어진 독일과의 평화조약에 첫 번째 조항으로 포함되었다. 조약의 나머지 내용은 강대국 지위의 국가를 해체하는 데 목적을 두는 처벌적인 것이었다. 나중에 유사한 내용의 조약들이 오스트리아-헝가리 및 독일의 전시 동맹국들에게 요구되었다.

베르사유조약은 징벌적 요구로 구성되었다. 요약하자면 독일의 군대는 신속하게 감축되어야 했고, 중포, 군용기 혹은 잠수함을 보유하는 것과 라인란트에 군사력을 배치하는 것이 금지되었다. 독일은 또한 서쪽으로 프랑스와 벨기에에게, 남쪽으로 체코슬로바키아의 신설 국가들에게, 그리고 동쪽으로 폴란드와 리투아니아 등의 신흥국가들에게 영토를 잃었다. 해외에서도 독일은 모든 식민지를 잃었다. 마지막으로 조약의 가장 굴욕적인 조항은 독일이 전쟁에 대한 책임을 지고 피해에 대한 막대한 배상금을 지불토록 했던 것이다. 쫓겨난 독일 황제는 조약의 가혹한 규정을 알게 된 후 "전쟁을 끝내는 전쟁이 평화를 끝내는 평화로 귀결되었다."고 탄식했다.

제2차 세계 대전

제1차 세계 대전에서의 패배와 베르사유조약의 굴욕에도 불구하고 독일의 패권 욕구는 소멸되지 않았다. 오히려 패배와 굴욕은 패권에 대한 야욕을 배가시켰다. 따라서 독일, 일본, 이탈리아 등의 3개 추축국(樞軸國, Axis)과 그에 맞서 양립할 수 없는 이데올로기적 배경을 가진 4개 강대국의 믿기 어려운 '대동맹'(grand alliance, 공산주의의 소련과 민주자본주의의 영국, 프랑스, 미국의 동맹)이 싸움을 벌이는 제2차 세계 대전의 조건이 만들어졌다.

세계의 운명은 이들 추축국을 좌절시키기 위한 노력의 결과에 달려 있었다. 강대국 동맹은 성공했지만 끔찍한 비용을 치러야 했다. 매일 23,000명이 목숨을 잃었고 싸움이 벌어졌던 6년 동안 적어도 5,300만 명이 죽었다. 이러한 파괴적인 갈등의 기원을 이해하기 위해서 우리는 전쟁의 원인들이 어떻게 작동했는지를 각각의 분석 수준에서 살펴볼 것이다.

제2차 세계 대전의 원인들

1918년 독일의 항복에 이어 바이마르(Weimar)에서 열렸던 제헌의회 모임은 민주적 헌법을 기초했다. 많은 독일인들은 바이마르 공화국에 열광적이지는 않았다. 독일인들에게 새로운 정부는 굴욕적인 베르사유조약과 연계되어 있었을 뿐만 아니라 1923년 루르 산업지역의 프랑스 점유, 다양한 정치적 반란, 1929년의 심각한 경제 붕괴 등을 겪게 했다. 이에 1932년 의회 선거까지 유권자의 반 이상은 민주적인 정부를 경멸하는 극단적인 정당들을 지지했다. 이 극단적인 정당 중 가장 큰 것이 나치, 즉 국가사회주의 독일노동자(National Socialist German Workers)당이었다. 이는 비극의 시작이었다.

전쟁의 촉발요인(近因)　1933년 1월 30일 나치 당수 아돌프 히틀러(Adolf Hitler)는 독일의 수상으로 지명되었다. 그 후 한 달이 채 되지 않았을 때 의문의 사고로 의회 건물이 전소되었다. 히틀러는 이 화재를 활용해 시민의 자유를 억누르고 공산주의와 그 밖의 다른 경쟁자들을 제재할 수 있는 긴급명령을 정당화했다. 모든 주요 야당이 제거되자 나치는 헌법을 정지하고 히틀러에게 전제적 권력을 부여하는 법령을 통과시켰다.

1924년에 집필된 『나의 투쟁(Mein Kampf)』에서 히틀러는 독일이 베르사유조약에서 잃은 영토를 복구해야 하고 주변 국가들에 살고 있는 독일인들을 흡수해야 하며, 동유럽을 식민화해야 한다고 주장했다. 그러나 권좌에 오른 첫 해인 1934년에는 폴란드와 불가침조약을 서명함으로써 평화적 이미지를 조성했다. 이듬해에 그가 (무력사용을 금지하는) 켈로그-브리앙조약(Kellogg-Briand Pact)을 무시했을 때 『나의 투쟁』에서 윤곽을 드러냈던 본래의 목적이 히틀러의 외교정책의 최우선 의제로 떠올랐다. 1935년에 그는 베르사유조약의 군사조항을 거부했고, 1936년에 비무장지대가 된 라인란트에 군대를 진주시켰으며, 1938년 3월에 오스트리아를 합병했고, 1938년 가을에는 체코슬로바키아의 독일인 거주지역인 수데텐란트(Sudetenland)에 대한 지배권을 요구했다. 수데텐란트의 독일인 문제를 처리하기 위해 뮌헨에서 회담이 열렸고 히틀러와 영국 수상 네빌 체임벌린(Neville Chamberlain), 그리고 프랑스와 이탈리아의 지도자들이 참석했다(역설적으로 체코슬로바키아는 초대받지 못했다). 유화정책(appeasement)이 독일의 팽창주의를 막을 수 있다고 확신한 체임벌린과 다른 국가의 지도자들은 히틀러의 요구에 동의했다.

유화정책은 독일을 만족시켰다기보다는 오히려 국제적 현상을 뒤엎고자 새로 형성된 독일, 이탈리아, 일본의 파시스트(fascist)연합의 야욕을 자극했다. 동반구에서 일본은 서구 자유주의와 파리평화회의에 실망하기 시작했고, 1930년대 대공황의 파급효과로 경제적 고통을 겪게 되었다. 독일과 마찬가지로 일본은 군국주의를 선택했다. 민족의 부강을 추구하는 독

유화정책

상대가 만족하여 더 이상의 요구를 하지 않을 것이라 희망하면서 다른 나라에 양보하는 전략

일 제국주의가 만들어낸 '힘이 곧 정의'라는 분위기하에서 일본 민족주의자들은 일본을 제국주의와 식민주의(colonialism)로 이끌었다. 일본의 1931년 만주침략과 1937년 중국 본토 침략은 이탈리아의 1935년 아비시니아(Abyssinia, 현재의 에티오피아) 병합과 1939년의 알바니아 병합을 이끌었다. 1936년부터 1949년까지의 스페인 내전에서 독일과 이탈리아는 프란시스 프랑코(Francisco Franco) 장군이 이끄는 파시스트를 지원했고, 소련은 반파시스트 세력을 지원했다.

> **식민주의**
>
> *특정 지역에 대한 외부 주권의 통치*

1939년 3월 독일이 체코슬로바키아의 나머지 지역을 병합하자 영국과 프랑스는 다음번 희생이 될 가능성이 있는 폴란드를 보호하기 위한 동맹을 결성했다. 또한 영국과 프랑스는 소련을 동맹에 참여하도록 설득하기 위해 모스크바에서 협상을 했지만 결국 실패했다. 1939년 8월 23일 파시스트인 히틀러와 소련 독재자인 스탈린은 서로를 공격하지 않는다는 불가침조약에 서명했다고 발표해 세계를 경악시켰다. 이제 영국과 프랑스가 개입하지 못할 것이라고 확신한 히틀러는 폴란드를 침공했다. 폴란드를 방어하기로 약속한 영국과 프랑스는 이틀 후에 독일에 선전포고를 선언했다. 마침내 제2차 세계 대전이 시작된 것이다.

전쟁은 급속도로 확산되었다. 히틀러는 군대를 발칸의 나라들과 북아프리카, 그리고 서유럽으로 진격시켰다. 독일의 기계화군단은 노르웨이를 침공했고 덴마크, 벨기에, 룩셈부르크, 네덜란드로 전진했다. 독일군은 프랑스가 돌파되지 않을 것이라고 장담한 동부전선의 방어벽인 마지노선(Miginot line)을 우회하여 진격했다. 독일이 신속하게 별다른 피해 없이 승리를 거두자 영국은 프랑스 연안 덩케르크(Dunkirk)에 배치된 약 34만의 군대를 철수시켜야 했다. 파리는 1940년 6월에 함락되었다. 독일군은 프랑스와 그 동맹국들보다 현저히 열세였음에도 불구하고 프랑스는 6주 만에 독일에 항복했다. 이어 수개월 동안 독일 공군 루프트바페(Luftwaffe)는 영국으로부터 항복을 받아내기 위해 영국을 맹폭격했다. 하지만 나치군대는 영국을 정복하지 못한 채로 1941년 6월 히틀러의 동맹이었던 소련에 대한 공격을 전격적으로 시작했다. 이러한 결정은 훗날 엄청난 전략적 실수였음이 밝혀졌다.

한편 동아시아에서는 전운이 감도는 가운데 미국, 영국, 프랑스는 일본의 제국주의적 팽창을 이 지역에서의 자국이익에 대한 위협으로 간주했다. 일본아 글로벌 야망을 위해 힘을 사용하지 못하게 할 목적으로 미국은 고철, 철강, 석유와 같은 전략적 원자재의 일본에 대한 판매를 금지하였다.

천연자원이 부족했던 일본은 미국을 자국 국가안보에 대한 심각한 위협으로 간주하였다. 1940년 9월 일본은 독일 및 이탈리아와 3국 군사동맹을 맺어 3개 추축국이 미국과 같은 다른 강대국의 공격을 받을 경우 서로 돕기로 하였다. 일본은 계속해서 공격적 팽창을 이어나갔고, 1941년 7월 남부 인도차이나, 즉 오늘날 라오스, 베트남, 캄보디아를 포함하는 동남아시아로 진격했다. 이에 대해 미국은 미국 내 일본 자산을 동결하고 일본의 철수를 요구하였다. 태평양에서 미국을 축출하는 것이 일본의 국익에 절대적이라고 결정한 일본은 같은 해 12월 7일 진주만에서 미국에 대한 기습공격을 감행했다. 일본의 공격 직후 독일도 미국에 대해 전쟁을 선포했다. 일본의 공격과 독일의 도발은 미국의 무관심과 고립주의(isolationism)를 종식시켰고, 프랭크린 루즈벨트(Franklin Roosevelt) 대통령으로 하여금 파시즘에 맞서기 위해 영국 및 소련과 동맹을 체결하도록 만들었다.

3개 분석수준에서의 배후요인(遠因)   구조적 현실주의는 국제 체계의 결정적 속성으로 극성(*polarity*)을 강조하며, 글로벌 분석수준에서 제2차 세계 대전 발발의 핵심요인으로 글로벌 세력 분포가 다시 다극 체제(multipolarity)로 변화한 사실을 지적한다. 강대국들의 쇠퇴와 동시에 주권국가들의 수가 증가했기 때문에 제1차 세계 대전 이후 글로벌 체계는 불확실했다. 1914년에 유럽은 22개 주요 국가들만이 있었지만 1921년경에 그 수는 거의 두 배가 되었다. 베르사유조약에 대한 분노와 러시아혁명과 파시즘의 부상이 결합했을 때 증가하는 국가 수와 민족주의적 반감과 위기는 "제 1 · 2차 세계 대전 사이의 기간을 30년 전쟁, 프랑스혁명과 나폴레옹 시기의 전쟁 이후 가장 폭력적인 시기"로 만들었다(K. Holsti, 1991, p. 216)."

　　1930년대 세계 경제 체제의 붕괴 또한 전쟁을 가져왔다. 영국은 제1차 세계 대전 이전에 세계정치경제(political economy)에서 수행했던 리더십과 규칙제정의 역할을 더 이상 감당할 수 없었다. 정황상 미국이 영국의 지위를 이어받아야 했지만 미국이 주도적 역할을 거부함으로써 전쟁이 부추겨졌다. 1929년부터 1931년까지의 불황기는 미국에 의해 기획된 1933년 세계통화경제회의로 이어졌지만 "이 회의가 실패하자 암담한 분위기가 더욱 심화되었고 해외무역에 있어 관세, 쿼터제 등 보호무역장벽을 촉진시켰으며 혁명을 낳았다(Calvocoressi, Wint, and Pritchard, 1989, p. 6)." 이처럼 세계적인 불경기 속에서 국내경제 환경이 현저하게 악화된 독일과 일본은 해외로의 *제국주의*를 통한 해결책을 모색했다.

　　국가수준의 분석에서 볼 때 집단적 심리 또한 제2차 세계 대전을 초래한 원인이었다. 이러한 요인들로는 "세계 전쟁을 준비해야 한다는 군국주의 선동에 의한 민간 담론의 지배", "유럽 전역에서 다른 국가를 헐뜯으면서 자신의 신화적 역사를 학습한 과도한 국수주의의 거대한 물결", "민주정권의 몰락 등이 있다(Van Evera, 1990-1991, pp. 18, 23)." 제2차 세계 대전이 끝난 후 열린 뉘른베르크 전범재판에 나치 장교들이 홀로코스트 과정에서의 전쟁범죄로 기소되었을 때 나치의 고위 장교였던 헤르만 괴링(Hermann Goering)은 나치의 선전선동이 어떻게 먹혀들었는지를 보여주었다. 그는 "당연히 국민들은 전쟁을 원하지 않는다. 하지만 사람들을 이끌고 가는 것은 언제나 간단하다. 정부가 민주주의이든지, 파시스트 독재이든지, 의회정부이든지, 공산독재이든지 상관없다. … 당신들이 해야 하는 것은 단지 국민들이 지금 공격받고 있다고 말하는 것뿐이다. 그리고 평화주의자들은 애국심이 없으며 국가를 위기에 빠뜨리는 사람들이라고 비난하면 된다."고 말했다.

국내적으로 독일 민족주의는 잠재되어 있던 실지(失地)회복주의(irredentism)를 자극했고, 과거에 다른 국가에게 잃었던 지방을 다시 회복하여 독일 영토를 확장하고 오스트리아, 체코슬로바키아, 폴란드 등에 살고 있는 독일인들을 흡수하는 정책을 합리화했다. 나치문양, 조국개념, 민족주의, 제국주의, 반유대주의 등을 옹호하는 나치정권의 이데올로기(ideology)인 파시즘(fascism)은 이와 같은 새로운 제국주의 팽창을 불러일으켰고, 독일과 독일의 동맹인 추축국의 무력 팽창을 정당화하는 권력정치를 강조하는 극단적 현실주의를 옹호했다. "모든 것은 국가를 위해 존재하고, 국가 외에는 아무것도 아니며, 국가를 넘어서는 것은 아무것도 없다."는 식이었는데, 이는 이탈리아의 독재자 베니토 무솔리니(Benito Mussolini)가 국가는 인간의 모든 것을 무력으로 통제할 권한을 가진다는 극단적 현실주의 주장을 담은 파시스트 정치 철학의 이해를 구축한데서 비롯되었다.

개인수준의 분석에서는 지도자의 중요성이 강조된다. 무력으로 세계를 정복하려는 히틀러와 그의 계획이 없었다면 전쟁도 없었을 것이라는 것이다. 제2차 세계대전은 무엇보다도 독일의 침공으로부터 시작되었다. 증오에 찬 반유대주의와 반공산주의에 따라 '지배 민족'으로서 독일의 우월성을 공언한 히틀러는 독일의 경쟁국들을 제거함으로써 유럽에서 강대국들과의 위태로운 공존과 역사적 경쟁을 일거에 해결할 수 있는 제국을 만들기 위해 전쟁을 선택했다.

천년제국의 거대한 비전은 독일의 중심부가 광활하게 확대되고 계속해서 넓어지는 것이었다. 독일은 러시아 내륙으로 깊숙이 들어가고 프랑스, 베네룩스, 스칸디나비아, 중부 유럽, 발칸을 포함해 수많은 속국과 지역을 장악할 것이며, 이들 지역은 독일에게 자원과 노동을 제공할 것이라는 주장이었다.

실지회복주의

혈연적 민족집단이 상실한 영토의 통제권을 회복하여 국가의 새로운 경계가 더 이상 민족집단을 분할하지 않도록 하자는 운동

이데올로기

정치, 정치 행위자의 이익, 사람들이 행동해야 하는 방식에 관해 지도자와 국민들이 집단적으로 구축하는 일련의 핵심 철학 원리

파시즘

극단적 국수주의와 독재 리더십의 유일당을 중심으로 만들어진 권위주의 사회의 수립을 표방하는 극우 이념

The Print Collector/Alamy

히틀러와 독일 민족주의의 부상

국가는 팽창하려는 속성을 가진다는 현실주의적 견해에 공감한 아돌프 히틀러는 유대인을 박해하고 군사력과 침공을 통해 독일 국경을 확장할 필요가 있음을 독일 국민들에게 설득했다. 그는 독일 주민들 사이에 이러한 인식이 구축되고 뿌리내리도록 만들기 위해 다음과 같이 말했다. "위대한 국가의 모든 남녀와 어린이들을 위협하는 악이 존재한다. 우리는 국내 안전을 확고히 하고 조국을 지키기 위한 조치를 취해야만 한다." 사진은 1941년 4월 20일 히틀러(오른쪽)가 주요 나치 지도자들과 상의하고 있는 모습이다.

이러한 독일제국주의에는 어떠한 문명적 의무감도 없었다. 오히려 중하위 민족들에게는 천한 노동만 하도록 가르쳤으며, 히틀러가 농담으로 말했던 것처럼 독일 자동차에 치이지 않도록 도로 표지를 읽을 수 있는 정도만 교육받도록 했다. 최하위 민족들, 즉 폴란드인과 유대인들은 몰살될 것이었다.… 히틀러에게 있어 정책의 목적은 기존 체계를 파괴하고 인종구분으로 그것을 재수립하는 것이었으며, 이는 광대하게 확장된 독일에 명백히 위계적이고 착취적인 질서를 만드는 것이었다. 주권의 흔적들은 남을지 몰라도 그것은 거대한 질서를 위장하는 눈속임에 불과한 것이었다. 전쟁이 벌어지는 동안 독일의 점령정책은 새로운 세계질서라는 히틀러의 개념을 실제 적용함으로써 정복된 국가들을 위성국, 관할국, 노예노동 공급국으로 전락시키는 것이었다. 그 정책들은 즉흥적인 것도 아니었고, 군사적인 이유로 계획된 것도 아니었다(K. Holsti, 1991, pp. 224-25).

제2차 세계 대전의 결과

러시아에서의 참혹한 패배와 국내에서의 대규모 연합군의 폭격에 직면한 독일의 천년제국은 1945년 5월에 끝이 났다. 같은 해 8월, 히로시마와 나가사키에 대한 미국의 원폭은 일본의 정복 전쟁을 종결시켰다. 추축국에 대한 연합국의 승리는 힘의 재분배와 국경선의 재설정을 가져와 새로운 지정학적 지형이 만들어졌다.

소련은 에스토니아, 라트비아, 리투아니아 등 발트해 국가들과 핀란드, 체코슬로바키아, 폴란드, 루마니아 등 제1차 세계 대전 이후 1918년의 브레스트-리토프스크(Brest-Litovsk) 조약으로 상실한 러시아 영토를 포함하여 약 60만 평방미터를 영토에 편입시켰다. 소련 팽창주의의 희생자인 폴란드는 독일로부터 획득한 영토로 보상받았다. 독일은 점령지역으로 분할되었는데, 영토 분할의 결과에 따라 냉전시대의 동독과 서독으로 나뉘게 되었다. 결국 동유럽 전반에서 친소 체제가 권력을 잡았다(지도 4.2 참조). 극동에서는 소련이 일본으로부터 쿠릴열도 4개 섬(일본은 '북방영토'로 부름)을 획득했고, 한반도는 38도를 기준으로 미소 점령지역이 나뉘었다.

추축국의 패배로 하나의 글로벌 체제가 종결되었지만 새로운 체제의 성격은 아직 불확실했다. 비록 신뢰를 상실한 기존의 국제연맹을

Courtesy of the Franklin D. Roosevelt Library, Hyde Park, New York

동맹인가 아니면 새로운 라이벌인가?
전쟁에서 승리한 강대국 동맹의 '3거두(윈스턴 처칠, 프랭클린 루즈벨트, 요지프 스탈린)'이 얄타에서 만나 제2차 세계 대전 이후의 글로벌 질서하에서 국가들에 적용될 규칙에 대해 논의하였지만 그러한 협력은 곧 치열한 경쟁으로 바뀌었다.

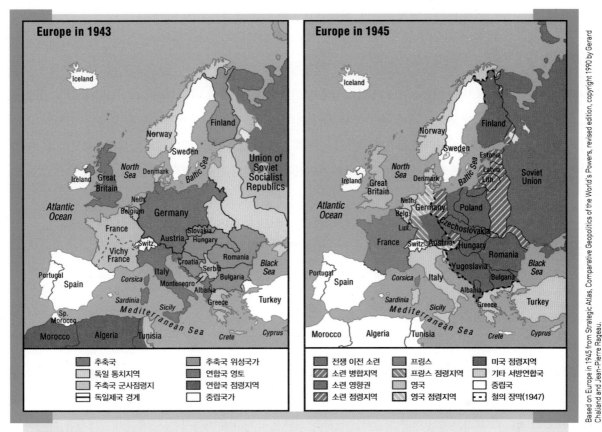

Based on Europe in 1945 from Strategic Atlas, Comparative Geopolitics of the World's Powers, revised edition, copyright 1990 by Gerard Chaliand and Jean-Pierre Rageau.

지도 4.2
제2차 세계 대전과 새로 그려진 유럽 지도
왼쪽의 지도는 1943년 독일이 가장 확대되었을 때의 모습으로 독일은 대서양과 발트해로부터 소련의 모스크바 코앞까지 유럽을 석권했다. 오른쪽의 지도는 연합군의 '대연합(영국, 미국, 소련)'이 추축국의 정복야욕을 꺾은 후 새롭게 유럽이 재편성된 모습이다.

대체하기 위해 UN이 만들어지기는 했으나 세계 문제의 관리는 여전히 승전국의 손에 남아 있었다. 하지만 승리는 서로 간의 불신을 확대했다.

　이른바 '3거두(Big Three)' 지도자들(윈스턴 처칠, 프랭클린 루스벨트, 요시프 스탈린)이 새로운 세계질서를 기획하기 위해 1945년 2월 얄타회담(Yalta Conference)에서 만났다. 그러나 그들이 이뤄낸 모호한 타협은 겉으로 드러나지 않은 차이를 감추었을 뿐이었다. 그해 5월 독일의 무조건 항복이 있은 후 3거두(이 때는 해리 트루먼이 미국을 대표함)는 1945년 7월에 포츠담에서 다시 만났다. 모임은 협정 없이 끝났고, 연합국 사이의 단결은 붕괴되기 시작했다.

　전후 미국과 소련은 여전히 강력하고 의지를 강요할 능력을 가진 단 2개의 강대국으로 남았다. 다른 주요 승전 강대국들, 특히 영국은 피폐해졌으며 강대국 서열의 1인자 자리에서 물러났다. 패전한 독일과 일본은 강대국의 지위를 상실했다. 그리하여 알렉시스 드 토크빌(Alexis de Tocqueville)이 1835년에 예견했듯이 미국인들과 러시아인들이 이제 인류 절반

얄타회담

세계질서를 집단적으로 관리할 UN의 표결과 전후 영토문제 해결을 위해 논의한 연합 승전국들의 1945년 정상회담

의 운명을 떠맡게 되었다. 이에 반해 모든 다른 국가들은 왜소해졌다.

이러한 분위기에서 20세기가 '미국의 세기'가 될지 아니면 '소련의 세기'가 될지에 대한 이념논쟁이 고조되었다. 아마도 제2차 세계 대전이 만들어낸 가장 중요한 결과는 세계의 권력 분포가 *다극 체제*로부터 아주 짧은 막간을 거친 후 **양극 체제**(bipolarity)로 변환된 것이다. 이른바 **냉전**(Cold War)으로 불리기 시작한 1949년 이후 미국과 소련은 평화를 유지하기 위해서가 아니라 경쟁을 추구하기 위해 갓 생성된 UN을 이용했다. 20세기의 세 번째이자 마지막 패권 투쟁으로 냉전과 그 교훈은 여전히 오늘날의 전략지정학적 환경에 영향을 미치고 있다.

> *미국은 세상이 굴러가야만 하는 방식으로 세상이 굴러갈 수 있도록 앞장서야 한다.*
> – 해리 S. 트루먼(Harry S. Truman), 미국 대통령

양극 체제

권력이 두 개의 경쟁적 핵심 국가에 집중되어 있는 상태로, 나머지 국가들은 두 개의 경쟁적 초강대국(극極) 사이에서 어느 한 쪽과 밀접한 관계를 맺음

냉전

42년 동안(1949~1991) 미국과 소련 및 그들의 연합 세력들 사이에 경쟁적 라이벌 관계가 지속된 시기로, 상대방의 팽창을 봉쇄하고 전 세계적 지배권을 차지하고자 경쟁했다.

냉전

참여 국가의 수와 파괴의 정도에서 역사상 유례가 없었던 20세기의 두 번째 거대한 전쟁은 두 개의 강대국에 의해 지배되는 글로벌 체계를 가져왔으며, 이들 강대국이 보유한 핵무기는 세계정치에서 전쟁 위협이 수행하는 역할을 급격하게 변화시켰다. 패권적 리더십을 사이에 둔 미국과 소련 사이의 경쟁은 이러한 환경에서 더욱 커져갔다.

냉전의 원인과 전개과정

20세기의 세 번째 패권다툼의 기원에 대해서는 논란이 많다. 왜냐하면 역사적 사건에 대한 해석이 서로 다르기 때문이다(Leffler and Westad, 2009 참조). 몇 가지 원인들이 주로 언급된다. 첫 번째는 글로벌 분석수준에서 현실주의로 설명된다. 즉, 냉전은 세력과 주도권의 전환으로부터 비롯된 것이고, 이러한 전환은 미국과 소련을 국제 위계질서의 최고 지위로 끌어올렸으며 그들 사이의 경쟁은 불가피한 것이었다는 설명이다. "양쪽이 모두 전략적 우위를 점하기 위해 핵심 동맹들을 확대시키고자 함으로써 냉전은 전 세계적인 범위에서 국가들과 정치적 동향에 영향을 미쳤다(Freedman, 2010, p. 137)." 그러한 환경은 양 초강대국에게 상대방의 글로벌 주도권 가능성에 대한 두려움과 투쟁의 원인을 제공하였으며, 두 경쟁 세력이 **영향권**을 차지하고 확대하도록 만들었다.

영향권

강대국에 의해 주도되는 일부 지역

두 번째 해석은 국가 분석수준에서 냉전이 단지 초강대국들이 정치와 경제에 대한 상대방 신념의 상호비난의 연장이었다고 주장하는 것이다. 소련에 대한 미국의 반감은 1917년 볼

셰비키혁명으로부터 촉발되었으며, 이 혁명으로 자본주의 제국주의에 비판적인 급진적인 마르크스주의를 표방하는 정부가 권력을 잡게 되었다(2장 참조). 마르크스주의에 대한 미국의 우려는 대항 이데올로기로 반공산주의의 출현을 가져왔다. 그리하여 미국은 무신론적 공산주의를 봉쇄하고 지구상에서 궁극적으로 제거하는 것이 자신들의 십자군적 임무라고 여기게 되었다.

마찬가지로 소련의 정책은 자본주의와 공산주의는 공존할 수 없다는 신념에 의해 만들어졌다. 소련 정책의 목적은 궁극적으로 공산주의가 확장되는 역사적 과정을 추동하는 것이었다. 그러나 소련정책 입안자들은 이러한 역사적 결과물이 보장된 것이라고 생각하지는 않았다. 그들은 미국을 중심으로 하는 자본주의 국가들이 공산주의를 요람 안에서 꼼짝 못하게 했기에 소련이 저항해야 한다고 생각했다. 결국 이념적 속성의 차이는 타협을 선택하지 못하게 만들었다(논쟁 : '이데올로기가 동서 갈등의 원천이었는가?' 참조)

세 번째 설명은 개인수준 분석에서의 정책결정에 관한 것으로, 강대국들이 상대의 동기를 오해한 데서 냉전이 비롯되었다는 입장이다. 이러한 구성주의적 시각에서 이익충돌은 오해와 이념의 부산물이다. 서로 믿지 못하는 행위자들은 오로지 자신의 행위만 도덕적인 것으로 간주하고 상대의 행위는 악의적인 것으로 보는 경향이 있다. 자신의 적을 자신과 완전히 반대되는 존재로 바라보는 경향, 혹은 *거울 이미지*(mirror image)는 적개심을 전적으로 불가피한 것으로 만든다. 더욱이 상대가 악의를 가지고 있다는 인식이 사회적으로 구성되고 진리로 여겨지는 경우 자기충족적 예언이 커질 수 있고, 미래는 그러한 예상에 의해 영향을 받는다. 그러므로 서로를 의심스럽게 바라보는 경쟁적 강대국들은 적대적 방식으로 행동하게 되고, 바로 그러한 행동은 상대의 의심을 불러일으킨다.

상충적 이해관계, 이념, 이미지 등에 뿌리를 둔 요인들 외에도 여러 다른 요인들이 결합되어 미소 간의 격렬한 패권경쟁이 초래되었다는 사실은 확실하다. 여러 가지 원인들의 상대적인 인과관계를 구분하기 위해 1945~48년의 잉태기간 이후에 탄생한 냉전이 42년이 넘는 기간 동안 얼마나 변화했는지 평가해보자. 냉전의 성격은 오랜 역사 동안 세 가지 국면으로 변동했으며(표 4.1 참조), 몇 가지 뚜렷한 양상들이 냉전의 배후에 존재했던 영향력에 대한 통찰력을 보여줄 뿐만 아니라 다른 경쟁적 강대국의 특성을 설명해준다.

대립(1947-1962)　제2차 세계 대전 직후 짧은 기간 동안 미국과 소련 사이에 화기애애한 분위기가 있었지만 두 거대 강대국의 핵심 이익이 충돌하면서 이러한 호감은 곧 사라졌다. 이러한 미묘한 시점에 당시 모스크바주재 미국 대사였던 조지 케난(George F. Kennan)은 소련 행위의 원천을 평가하는 그 유명한 '긴 전문(long telegram)'을 워싱턴으로 보냈다. 1947년 유명

논쟁

이데올로기가 동서 갈등의 원천이었는가?

냉전 중 미국은 소련뿐만 아니라 공산주의에 대한 '거대한 두려움'에 사로잡혀 있었다. 상원의원 조지프 매카시(Joseph McCarthy)는 정부 내 공산주의 동조자들에 대한 악랄한 사냥을 이끌었고, 할리우드 영화 제작사들로 하여금 공산주의 동조자로 추정되는 이들의 블랙리스트를 작성토록 했으며, 일반 시민들도 종종 직장에서 충성 맹세를 강요받았다. 도처에서 공산주의는 반역적인 것이고, 반미행동과 동일시되었다. 핵무기 경쟁이 확대되고, 미국이 소련을 봉쇄하는 군사적 조치를 취할 때 이데올로기의 측면에서 그러한 행동의 정당성이 표출되었다. 대중들이 그렇게 인식하도록 학습됨에 따라 미국의 근본 원칙인 민주적 자본주의에 도전하는 무신론적 공산주의 체제는 위협이었다. 또한 공산주의는 한 나라에서 다른 나라로 확산된다는 도미노 이론(domino theory)에 따라 소련 공산주의는 태생적으로 팽창적인 것으로 여겨졌다. 공산주의 체제 역시 냉전을 제국주의적 자본주의 체제에 반대하는 이데올로기적 측면에서 설명하였다. 즉, 소련은 미국이 자본주의 이데올로기를 전 세계에 주입하려 한다고 주장하였다.

냉전에서 이데올로기보다는 상대측의 세계 지배에 대한 두려움이 더 중요했다는 주장도 있을 수 있다. 미국 정부와 소련 정부는 모두 자신들의 원칙을 지키기 위하는 것만큼이나 세계질서에서의 자신의 상대적 권력을 지키기 위해 냉전에 돌입했을 것이라는 설명이다. 미국과 소련은 제2차 세계 대전에서 동맹국으로서 행동할 당시 서로 다른 이데올로기를 초월할 수 있었다. 하지만 제2차 세계 대전 이후 유럽의 전통적 강대국의 쇠퇴로 만들어진 권력 공백은 서로 갈등을 벌이게 만들었고, 그들이 경쟁하면서 이데올로기적 정당성이 부각되었다.

자유주의, 공산주의, 사회주의, 자본주의는 모두 국제정치 이데올로기의 사례들이다. 이데올로기는 우리가 삶의 의미를 해석하는 것을 도우며, 사고와 가치를 조직하는데 없어서는 안 되는 근거가 된다. 사회구성주의가 설명하듯이 이데올로기는 사회적 맥락 내에서의 의미를 제공하며, 사회가 자체의 이익과 신념을 형성하는 내재적 가치와 규범을 활용할 수 있도록 만든다. 하지만 이데올로기를 지키는 행동은 때때로 적개심과 증오를 가져온다. 특정 이데올로기의 제도적 추종자들은 다른 이데올로기를 경쟁적인 것으로 인식하는 경향이 있다. 즉, 자신의 이데올로기의 핵심적 믿음에 대한 도전이라는 것이다. 이러한 일이 나타나면 이데올로기는 무력적 폭력을 위해 사용될 수도 있다. 공산주의 이론가 블라디미르 레닌은 냉전의 원인이 되는 상황을 이렇게 예견했다(결국 그것은 예견대로 되었다). "자본주의와 사회주의가 존재하는 한, 우리는 평화롭게 살 수 없다. 둘 중 하나가 승리해야 할 것이다. 만가(輓歌)는 소련에 대한 것이거나, 자본주의에 대한 것이거나 둘 중 하나이다." 비록 학자들은 냉전의 원인에 대해 여전히 논쟁을 벌이고 있지만 우리는 과연 그것이 이데올로기의 경쟁이었는가, 아니면 보다 일반적인 권력 투쟁이었는가를 질문할 필요가 있다.

여러분은 어떻게 생각하는가?

- 과연 냉전은 자유민주주의가 후원하는 자유시장 자본주의와 국제공산주의 사이의 이데올로기 경쟁이었는가? 아니면 보다 깊이 내재된 이익의 싸움이었는가?
- 냉전의 종식은 공산주의 가치에 대한 서구적 가치의 승리였는가? 두 나라 사이의 분쟁을 다시 일으키는 이데올로기 차이가 가지는 힘은 무엇인가?
- 보다 최근에 이데올로기적 차이가 국가들 사이의 분쟁을 만드는데 핵심 역할을 했던 사례로 무엇을 들 수 있는가? 특히 중국의 부상과 관련된 함의를 생각해보라.

도미노 이론

연속해서 쓰러지는 일련의 도미노처럼 한 국가가 공산주의로 넘어가면 인접한 국가들도 연쇄적으로 공산화될 것이라고 예측한 냉전시대에 유행했던 비유

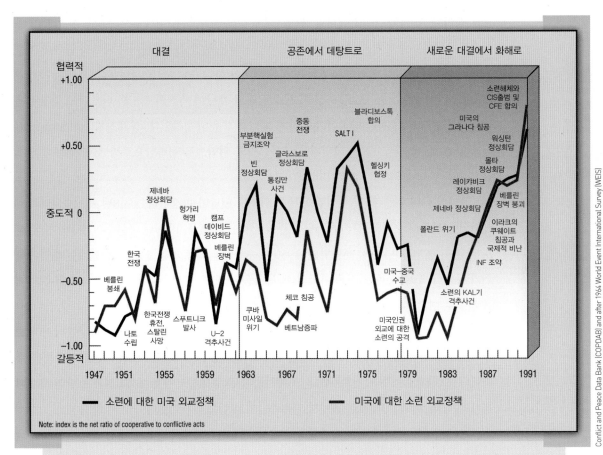

대결 | 공존에서 데탕트로 | 새로운 대결에서 화해로

협력적
+1.00

+0.50

중도적 0

-0.50

-1.00
갈등적

1947 1951 1955 1959 1963 1967 1971 1975 1979 1983 1987 1991

—— 소련에 대한 미국 외교정책   —— 미국에 대한 소련 외교정책

Note: index is the net ratio of cooperative to conflictive acts

Conflict and Peace Data Bank (COPDAB) and after 1964 World Event International Survey (WEIS)

그림 4.1
냉전시기(1947-1991) 미소관계의 주요 사건들
냉전기간 미소관계의 발전은 갈등과 협력 사이를 오고갔다. 그래프에서와 같이 상대 초강대국에 대한 다른 초강대국의 행동은 상호적이었고, 1983년
이전 대부분의 기간 중에는 협력보다는 대결이 더 많았다.

학술지『포린 어페어즈(*Foreign Affairs*)』에 신분을 감추기 위해 'X'라는 필명으로 출판된 이
글에서 케난(Kennan)은 소련 지도자들이 소련 사회와 바깥 세상에 존재하는 힘에 맞서 자신
들의 영향력을 유지할 수 있는 정치적 능력에 대해 계속해서 불안해할 것이라고 주장했다. 그
들의 불안감은 적극적 혹은 침략적인 소련의 외교정책으로 표출될 것이다. 그러나 미국은 긴
장을 고조시킬 능력을 가지고 있으며, 소련의 지도부는 그러한 긴장 속에서 행동해야만 하고,
그것은 소련의 힘을 점차 녹여버리거나 종식시킬 것이다. 케난은 결론적으로 "이러한 환경에
서 미국의 대소 정책의 핵심은 러시아의 팽창 경향에 대해 장기적으로 인내하며 확고히 경계
하는 봉쇄정책이 되어야 한다."고 주장했다(Kennan, 1947).

　그 직후 트루먼(Harry S. Truman) 대통령은 케난의 평가를 미국의 전후 외교정책의 초석

으로 삼았다. 터키와 그리스에서의 폭력사태에 대해 트루먼 등 미국의 지도자들은 이것이 공산주의자들의 사주로 발생했다고 보고 "미국의 정책은 무장 소수세력이나 외부의 압력에 의한 지배에 저항하는 자유 인민을 지원하는 것이 되어야 한다."는 입장을 선언했다. 트루먼 독트린(Truman Doctrine)이라고 알려진 이 성명은 훗날 캐난이 자신의 의도와 다르다고 주장했음에도 불구하고 40년 동안 미국이 추구하게 되는 전략을 규정하였다. 봉쇄정책(containment)이라 불린 이 정책은 소련을 에워싸고 군사공격의 위협으로 협박함으로써 소련 영향력 팽창을 막고자 한 것이었다.

곧이어 끝이 없을 것 같은 일련의 냉전 위기가 잇달아 발생했다. 1948년 체코슬로바키아에서의 공산주의 쿠데타, 같은 해 6월 소련의 서베를린 봉쇄, 1949년 공산주의자들의 중국 본토 정권 획득, 1950년 한국전쟁 발발, 1950년 중국의 티베트 침공, 그리고 간헐적인 대만해협 위기 등이다. 1949년에 소련은 미국의 핵 독점을 깨뜨렸다. 그 이후 대량파괴의 위험은 억제를 필요로 했고, 강대국 경쟁의 성격을 변화시켰다.

소련이 전략적으로 미국에 열세였기 때문에 (1953년 스탈린 사후 정권을 잡은) 니키타 흐루시초프(Nikita Khrushchev)는 자본주의와의 평화공존(peaceful coexistence) 정책을 추구했다. 그럼에도 소련은 기회가 있는 곳에서는 힘을 증대하고자 했다. 그 결과 스탈린 사후에 헝가리, 쿠바, 이집트, 베를린 등에서 일촉즉발의 대립이 이루어졌다.

1962년에는 쿠바에 소련 미사일을 은밀히 배치해서 강대국들의 분쟁 능력을 시험하는 국면에 이르기도 했다. 쿠바 미사일 위기에 강대국들은 정면으로 맞섰다. 다행히도 한쪽(소련)이 물러서면서 위기는 끝났다. 이 고통스러운 학습경험은 양국으로 하여금 군사적 수단으로 냉전을 치르고자 하는 욕망을 줄이도록 만들었고, 핵전쟁의 결과는 자멸이라는 사실을 더 확실히 인식하도록 하였다.

공존으로부터 데탕트로(1963-1978)   미소 양국이 군사 능력을 증강하면서 상호파괴의 위협도 증가되자 공존이냐 아니면 공멸이냐를 선택하는 것이 유일한 대안처럼 여겨졌다. 1963년 한 대학의 졸업식에서 케네디(John F. Kennedy) 대통령은 이렇게 경고했다.

… 언젠가 전면전이 어떤 식으로든 다시 일어나게 된다면 우리 두 나라는 주요 목표가 될 것입니다. 아이러니 하지만 두 개의 가장 강한 나라가 파괴의 위험이 가장 높은 두 나라라는 것이 사실입니다. … 우리 모두는 한 쪽의 의심이 다른 쪽의 의심을 낳고 새로운 무기가 대응 무기를 양산하는 위험하고 끔찍한 사이클에 휩쓸려 있습니다. 요컨대 미국과 그 동맹국 그리고 소련과 그 동맹국 양측은 상호 공정하고 진정한 평화를 이루고 군비경쟁을 끝

트루먼 독트린

미국의 해리 트루먼 대통령이 선언한 미국외교정책 노선으로 공산주의의 팽창적 정복에 맞서 미국과 동맹을 맺은 국가의 주민들을 지원하기 위해 개입정책을 펼칠 것임을 표방

봉쇄정책

경쟁세력이 영향권을 확대하려는 시도에 맞서 무력 혹은 무력사용의 위협을 통해 세력균형의 변경을 막기 위한 전략

평화공존

1956년 소련 지도자 니키타 흐루시초프가 선언한 외교정책 노선으로 자본주의 국가와 공산주의 국가 사이의 전쟁은 피할 수 있으며 양 블록이 평화적으로 경쟁할 수 있음을 표방

내는 데 깊은 관심을 갖고 있습니다. …

　　그러므로 서로의 차이를 외면해서는 안 되며, 공동의 이해관계뿐만 아니라 서로의 차이를 해결할 수 있는 수단에 직접적인 관심을 가져야 합니다. 그렇게 된다면 우리가 당장 그 차이를 없앨 수 없더라도 적어도 세상을 안전하게 만드는 것을 도울 수는 있을 것입니다.

　　케네디는 미국이 소련과 협상하기를 얼마나 원하는지를 보여주는 신호를 보냈고 소련은 협조적인 관계에 관심을 표명했다. 그러한 움직임은 1968년 닉슨(Richard Nixon) 대통령의 당선 이후 한 단계 더 나아갔다. 국가안보보좌관 키신저(Henry A. Kissinger)의 조언에 따라 닉슨은 소련과의 관계에 대한 새로운 접근을 주도했다. 이 접근은 1969년에 공식적으로 '데탕트(détente)'라고 명명되었다. 키신저가 설명한 것처럼 데탕트는 "경쟁국들이 서로의 차이를 규제하고 제한하며 궁극적으로 경쟁으로부터 협력으로 나아갈 수 있는 환경"을 만드는 목적을 가진 외교정책이었다. 이러한 노선에 따라 미국의 연계전략(linkage strategy)의 목표는 초강대국 사이의 관계를 형성하여 상호보상의 교환을 통해 전쟁의 동기를 낮추는 것이 되었다. 이에 따라 적대관계보다는 협조적인 상호작용이 더 자주 일어났다(그림 4.1 참조). 위협, 경고, 대립 대신에 방문, 문화교류, 무역협정, 공동 기술사업 등이 이루어졌다.

데탕트
전쟁 가능성을 낮추기 위해 적대국들 간의 긴장 완화를 추구하는 전략

연계전략
지도자들은 특정 이슈에 관한 협정을 맺을지 결정할 때 다른 국가의 전반적인 행위를 고려하여 협력과 보상을 연결시켜야 한다는 전략

새로운 대결로부터 화해로(1979-1991)　　조심스럽게 데탕트를 유지하려 했음에도 그 정신은 따라오지 못했다. 1979년 소련의 아프가니스탄 침공으로 데탕트가 끝났을 때, 지미(Jimmy Carter) 대통령은 그 상황을 "냉전이 시작된 이후 가장 중대한 전략적 도전"이라고 규정했다. 카터는 보복 조치로 페르시아만으로부터의 석유 공급을 보호하기 위해 기꺼이 군사력을 사용할 것이라고 선언하고, 소련에 대한 곡물 수출을 지연시켰으며, 1980년 모스크바 올림픽에 대한 세계적 규모의 참가거부를 이끌어내고자 했다.

　　그 후 관계는 급속히 나빠졌다. 로널드 레이건(Ronald Reagan) 대통령과 처음에는 소련 지도자 유리 안드로포프(Yuri Andropov), 후에는 콘스탄틴 체르넨코(Konstantin Chernenko))는 대립각을 세우는 공격적인 발언을 주고받았다. 레이건은 소련이 "현재 진행 중인 모든 소요의 원인"이라고 주장했고, 소련을 "오늘날 세계 악의 핵심"으로 묘사했다. 그러한 분위기는 1981년 레이건의 정치 참모였던 리처드 파이프스(Richard Pipes)가 소련은 "공산 체제를 평화적으로 변화시키거나… 전쟁으로 가는 것" 가운데 하나를 선택해야 할 것이라는 대담한 요구를 제기함으로써 더욱 악화되었다. 소련의 대응도 마찬가지로 거리낌 없었고, 대중의 동요를 일으켰다.

　　전쟁에 대한 논의가 많아지자 전쟁 준비도 증강되었다. 국내경제에 투입되어야할 비용으로 군비경쟁이 재개되었다. 또 강대국들의 대립은 중앙아메리카 등의 새로운 지역으로 확장되었고, 세계 전역에 각각의 체제의 장점을 찬양하는 공공외교(선전)를 새로이 전개했다. 레이건은 아프가니스탄, 앙골라, 니카라과에서 친소련 정부를 전복시키기 위해 반군들을 지원했다. 게다가 미국 지도자들은 만일 재래전이 벌어지면 핵무기의 '선제 사용' 위협을 포함한 '우세한' 군사전략으로 핵전쟁의 승리 가능성을 마구 언급했다. 이러한 상호활동은 서로에게 손상을 입히며 관계는 악화되었다. 소련 새로운 지도자 미하일 고르바초프(Mikhail Gorbachev)는 1985년 초강대국 사이의 관계가 심상치 않음을 경고하면서 "이 상황은 매우 복잡하며 위험하다. 나는 이것이 폭발하는 상황까지 갈 수 있다고 본다."고 언급했다.

그러나 폭발하는 상황까지 가지는 않았다. 대신에 경쟁국가와의 화해(rapprochement)를 이루려는 고르바초프의 '신사고(new thinking)'가 등장하여 건설적인 국면으로 크게 개선되었다. 그는 소련의 경제와 국제적 입지의 악화를 막기 위해 서구자본주의 국가들과 소련의 입장 차이를 조정하려고 했다.

이러한 신사고의 초석으로 고르바초프는 '글라스노스트(glasnost)'와 '페레스트로이카(perestroika) 정책'을 추진했다. 전자는 광범위한 개방과 개인의 자유를 의미하였고, 후자는 정치경제 체제의 재건을 의미했다. 이러한 원칙하에서 고르바초프는 민주화와 시장경제로의 변화를 도모하는 개혁에 착수했고 냉전 경쟁의 종식을 희망했다. 그는 1987년 첫 방미기간 동안 이렇게 말했다. "우리는 우리가 심원한 역사적, 이데올로기적, 사회경제적, 그리고 문화적 차이로 나뉘어 있다는 것을 깨달았다. 하지만 오늘날 지혜로운 정치는 이러한 차이점들을 대립과 반목 그리고 군비경쟁의 구실로 사용하지 않는 것이다." 소련 대변인 게오르기 아르바토프(Georgi Arbatov)는 "우리는 미국에게 끔찍한 일을 할 것이다. 우리는 미국으로부터 적을 빼앗을 계획이다."라고 부연 설명했다.

지배권에 대한 강대국의 경쟁을 필연적으로 보고 전략적 항복이나 패배의 수용은 불가능하다고 여겼던 현실주의 입장에서 놀라운 일이 일어났다. 소련이 약속했던 것을 지켰던 것이다. 그들은 적이 아니라 동맹처럼 행동하기 시작했다. 소련은 쿠바에 대한 원조와 지원을 중단하는데 동의했고, 아프가니스탄과 동유럽에서 철수했으며 일방적인 군비감축을 선언했다. 또 고르바쵸프는 새로운 두 개의 군축협정에 동의했다. 전략무기를 대폭 감축하는 조약인 전략무기감축협정(Strategic Arms Reduction Treaty, START)과 유럽의 소련 주둔을 감축하는 유럽 재래식무기(Conventional Forces in Europe, CFE) 감축협상이 그것이다.

1989년 베를린 장벽이 무너지고, 1991년 소련이 해체되어 자본주의적 자유시장 원칙을 수용하고 민주개혁을 시작함으로써 냉전이 정말로 끝났다. 거의 모든 사람들이 깜짝 놀랄 정도로 소련은 공산주의의 패배, 독일의 재통일, 동유럽 동맹 블록인 바르샤바조약기구 해체를 순순히 받아들였다. 동과 서의 경쟁이 종식되고 70년 동안의 이념적 갈등이 끝난 것은 역사적

화해

외교에서 적대국 사이의 정상적인 우호관계를 재정립하기 위한 정책

인 변환이었다. "단순히 자본주의가 아니라 서방, 특히 미국이 표방하던 민주주의와 법의 지배로서의 자유주의가 승리한 것으로 보였다(Keohane and Nye, 2001a)."

냉전의 종식은 강대국의 경쟁이 불가피하게 무력분쟁으로 귀결됨을 보여준 20세기의 두 차례 전쟁의 교훈과는 사뭇 다른 무엇인가를 제시해준다. 실제로 이러한 예상치 못했던 결과는 어떤 강대국도 싸움 없이 다른 패권적 경쟁자에게 지위를 뺏기는 것을 용납하지 않는다고 주장했던 전통적인 현실주의 이론의 적실성을 뒤흔들었다. 냉전은 달랐다. 다양한 요소들이 결합되어 냉전 전개의 각 단계에서 세계 경쟁을 안정적이고 협조적인 관계로 전환하도록 기여함으로써 평화적으로 종결되었다(표 4.2 참조). 이는 강대국의 경쟁도 그들의 경쟁적 차이를 무력사용 없이 조화시키는 것이 가능함을 보여주는 것이다.

냉전의 결과

적대적인 이데올로기와 상호 오해에 의해 악화된 전략지정학적 경쟁에 묶여 있었을지라도 미국과 소련은 치명적인 대결을 피했다. 러시아 지도자들이 제국의 퇴화를 받아들임으로써 소련은 역사상 가장 극적이고 평화적으로 강대국 자리에서 물러날 수 있었다. 냉전의 종식은 세계 질서를 복잡하고 다양하게 변화시켰다. 1991년 소련의 해체 이후 어떤 강대국도 미국의 패권에 도전하지 않았다. 그러나 북한, 이란과 같이 핵무장 추구 국가로부터 알카에다와 같은 테러 네트워크에 이르기까지 새로운 안보 위협이 등장했다. 폭풍우의 20세기가 서서히 끝나가면서 명확하게 적이 규정되었던 단순한 냉전 세계가 사라지고 적이 누구인지 규명하기 어려운 불명확한 세계가 등장하였다.

탈냉전시대

세계정치의 급속하고 예측 불가능한 변화는 미래에 대한 불확실성을 낳고 있다. 낙관론자들에게 있어 공산주의의 붕괴 이후 급속한 변화는 "상대적인 정치적 안정의 출현을 이끌었고(Zakaria, 2009)", "인류의 이데올로기적 전개의 종결과 정부의 마지막 형식으로서 서구자유주의적 민주주의의 보편화의 조짐이 되었다(Fukuyama 1989)." 하지만 비관론자들에게 있어서 이러한 큰 변화는 역사의 끝이 아니라 패권우위를 향한 경쟁의 새로운 시작이자 경쟁적인 사상과 이데올로기에 대한 대립을 의미하는 것이었다.

낙관론자와 비관론자 모두 냉전의 *양극 체제*가 **단극체제**(unipolarity), 즉 유일 초강대국의 패권적 권력 집중으로 대체되었다는 점에는 인식을 같이 했다. 하지만 시간이 지나면서 다

단극 체제

하나의 지배적 강대국 혹은 패권국가가 존재하는 글로벌 체제.

표 4.2	냉전종식의 원인에 대한 서로 다른 해석들		
분석수준	**이론적 관점**		
	현실주의	**자유주의**	**구성주의**
개인	**권력정치**	**역사 추동자로서의 지도자**	**리더십에 대한 외부의 영향**
	"핵억제와 강력한 군사력을 주장했던 사람들이 결국 소련 지도부가 덜 호전적이고 덜 위협적인 국제정치 접근법을 선택하도록 만드는 상황을 만들었다." – 리처드 펄, 미국 대통령 보좌관	"냉전의 종식이 가능했던 것은 미하일 고르바초프라는 사람이 있었기 때문이다. 만약 그가 없었더라면 변환은 시작되지 않았을 것이다." – 제임스 베이커, 미국 국무장관	"레이건의 '강한' 정책과 군비증강이 공산주의자들이 '포기'하도록 만들었다는 주장은 말도 안된다. 오히려 그러한 강경책은 일생동안 민주적 변화를 열망했던 모든 사람들의 개혁 노력을 더 어렵게 만들었다.… 공산주의 강경파 보수주의자들과 반동주의자들은 압도적인 영향력을 가지고 있었다." – 게오르기 아르바토프, 소련의 미국–캐나다 연구소 소장
국가	**경제적 관리의 실패**	**일반대중운동**	**관념과 이상**
	"소련의 공산주의와 함께한 군사정책은 소련 경제를 파탄시켰고 소련 제국의 자기붕괴를 재촉했다." –프레드 찰스 이클레, 미국 국방차관	"우리가 눈치 채지 못하도록 냉전을 종식시킨 것은 무기나 기술 혹은 군대나 전쟁이 아니라 바로 사람들이다. 그들은 서방 주민들뿐만 아니라 한때 우리의 적이었지만 냉전이 종식될 때 거리로 나와 총탄과 곤봉에 맞서 더 이상은 못 참겠다고 외친 동구권 시민들이다." – 존 르 카레, 작가	"분쟁의 원인은 사회시스템의 충돌과 세계질서에 대한 이념의 충돌이었다. 이러한 상황에서 상호 안보는 달성하기 어려웠다. 냉전의 진정한 종식은 소련 외교정책에서의 근본적인 변화가 이루어짐으로써 가능했다." – 로버트 저비스, 정치학자
글로벌	**봉쇄**	**국제여론**	**초국경적 확산효과**
	"냉전에서 승리한 봉쇄정책은 현실주의의 산물이었다. 봉쇄정책은 처음부터 모스크바가 주변의 주요 산업 국가들을 점령하지 못하도록 만들면서 동시에 군사력으로 공산주의를 밀어붙이는 시도를 회피하도록 만들었다." – 스티븐 월트, 정치학자	"전 세계 참호 속의 수많은 병사들이 만들어낸 변화는 적어도 부분적으로는 냉전 종식을 가져오는데 역할을 하였다." – 데이비드 코트라이트, 정치학자	"공산주의 붕괴의 결정적 순간은 소련 바깥에서 시작되어 소련으로 전파되었다. 1987년 고르바초프는 공산권 국가들의 내부 실험에 개입하지 않겠다고 선언했다. 일단 동유럽에서 공산주의가 붕괴하자 소련의 대안은 내전이냐 아니면 해체냐의 선택이 되었다." – 다니엘 클렌보트, 정치평론가

른 강대국들이 세계정치에서의 영향력과 가능성을 확대하기 위해 경쟁하기 시작했다. 이러한 새로운 경쟁은 오늘날 등장하는 세력분포가 다극 체제로 보다 잘 설명되느냐에 대한 논란을 불러일으켰다. 탈냉전시대의 세계정치에서 새로우면서도 어려운 도전에 직면한 강대국들 사이의 관계가 과연 무엇을 의미할 것인가가 관심거리이다.

미국의 '단극적 순간'

단극 체제는 권력이 압도적인 한 국가에 집중되는 것을 말한다. 냉전의 종식과 더불어 미국은 세계사의 역사적인 '한순간'에 국제적 위계질서의 정점에 홀로 서게 되었다(Krauthammer 2003). 미국은 자신이 선택한 세상의 어떤 부분에서든 결정적 역할을 할 수 있는 군사적, 경제적, 문화적 자산을 가진 유일한 나라로 남아있다. 2013년도 미국의 군사비 지출이 거의 모든 다른 국가들의 군사비를 합친 것보다 많다는 점에서 미국의 군사력은 단지 어떤 국가보다 강한 것이 아니라 그 밖의 모든 국가들보다 강하다.

　　미국의 군사력을 유지하는 것은 엄청난 경제력이다. 세계 인구의 5% 미만으로 미국은 세계 수입의 1/5을, 전 세계 연구 개발비용의 2/5를 책임지고 있다. 더욱이 미국은 미국의 가치를 전 세계로 전파하는 글로벌 커뮤니케이션과 대중문화의 허브이기 때문에 계속해서 막대한 소프트 파워(soft power)를 행사하고 있다(Nye, 2008). 전 프랑스 외무장관 위베르 베르딘(Hubert Verdine)의 말대로, 미국은 단순한 초강대국(superpower)이 아니고 '극초강대국(hyperpower)'이다.

　　이처럼 보기 드문 군사적, 경제적, 문화적 힘의 총합은 미국으로 하여금 자신의 의지대로 세계의 미래를 만들 수 있는 비상한 능력을 가진 존재로 스스로를 여기도록 만들었다. 이는 글로벌 권력 피라미드의 꼭대기에 있는 미국의 독특한 초강대국 지위가 미국으로 하여금 상대적으로 약해보이는 다른 강대국들의 저항에 대한 우려 없이 독립적으로 행동할 수 있도록 하는 이유이다. 다른 국가들과 협력하여 일하지 않는 강하고 우월한 패권은 불쾌한 외교적 비판을 받기는 하지만 국제문제를 세계기구에 의존하지 않고 '혼자 힘으로' 다룰 수 있는 것이다.

　　이러한 일방주의(unilateralism)는 다른 강대국의 간섭이나 압력을 받지 않고 강대국으로서 유연하게 외교정책을 펼치고자하는 열망에서 비롯된다. 고립주의 정책, 패권적 주도권 행사, 특정 국익을 위한 외부 개입에 집중하는 선별적 관여(selective engagement), (다른 강대국들 사이에서 군사적 균형을 유지할 필요가 있는 경우에 한해서) 조심스럽게 어느 한 쪽 강대국을 편드는 '균형자' 역할 등에서 일방주의가 나타날 수 있다.

　　하지만 일방주의는 비용이 든다. 혼자 행동하는 것은 편리하기는 하지만 테러와의 전쟁과 같은 문제에서 국제적 지지를 상실하게 된다. 테러와의 전쟁에서 미국은 다른 국가들로부터

소프트 파워

국가의 가치관과 제도에 대한 호감과 같이 무형적 요소를 통해 사람들을 끌어들이는 능력으로서 군사적 힘으로 강제하는 '하드 파워'에 대비된다.

일방주의

독립적이고 자력구제적인 외교정책에 의존하는 접근법

선별적 관여

강대국이 개입주의적인 '글로벌 경찰' 역할과 무관심적인 고립주의 사이에서 균형을 유지하면서 오로지 중요한 특정 상황이나 국가 혹은 글로벌 이슈에 대해 영향을 미치기 위해 경제적, 군사적 힘을 사용하는 강대국 전략

의 협력을 절실히 바랬다. 극단적인 경우 일방주의는 글로벌 지도자가 세상을 이끌어감에 있어서 국제적인 깡패처럼 행동하도록 만들기도 한다. 헨리 키신저가 말한 것처럼 압도적인 힘은 "거의 자동적으로 다른 사회가 더 큰 목소리를 가지고 강한 자의 상대적 지위를 위축시키려는 시도를 추구하도록 만든다." 금세기 초 미국의 외교정책을 특징 지은 *부시 독트린(Bush Doctrine)*의 이기적 일방주의는 2003년부터 2008년에 걸쳐 거대한 반미주의를 초래했다.

반미주의는 논쟁적인 외교정책결정이었다기 보다는 미국의 독단적인 계획과 일방적인 실행에 대한 반작용이었다. 세계 여론의 관점에서는 독단적이고 일방적인 결과보다는 외교정책결정 과정에서의 정당성이 더 중요한 것이었다(Fabbrini, 2010, p. 557).

실제적인 도전자가 없는 초강대국, 즉 유일한 '극(pole)' 혹은 힘의 중심으로써의 지위는 미국으로 하여금 무겁고 중대한 책임을 안겨주었다. 비록 미국이 오늘날 세계에서 경쟁자 없는 지위를 유지한다 하더라도 장기적으로 단극 체제는 계속 지속될 것 같지 않다. 실제로 과거의 모든 주도적 강대국들은 내적 자원과 외적 약속이행 사이의 차이, 즉, 제국의 과잉팽창(imperial overstretch)에 취약했다(Kennedy, 1987). 역사를 통해서 패권국가는 반복적으로 자신의 안보이익을 다른 국가들보다 넓혔으며, 결국 통제할 수 있는 범위를 넘어섬으로써 권력의 정점으로부터 미끄러졌다.

제국의 과잉팽창

패권국가가 경쟁국가의 경제관계에서 자국경제를 약화시킬 만큼의 값비싼 제국적 정책과 군사지출을 지속하여 자신의 힘을 쇠진하는 역사적 경향.

단극 체제로부터 다극 체제로: 다른 국가들의 부상?

군사적 수단으로 미국 제국을 유지하는 과도한 비용은 '미국 지상주의의 거품'을 터뜨릴 것임이 증명되었다(Sanger, 2005; Soros, 2003). 최근의 보고서에 따르면 이라크에서의 전쟁은 결국 40억-60억 달러의 비용을 미국에게 안겼다(Bilmes, 2013). 이러한 수치는 군사작전, 기지 보호, 재건, 해외원조, 대사관 비용, 그 밖의 테러와의 전쟁 관련 프로그램 등과 같은 분쟁의 가시적 비용을 포함하는 것이다. 하지만 더 많은 비용으로 돌아오게 될 것은 참전 군인들이 필요로 하는 장기적인 의료지원이 될 것이다.

전반적으로 미국의 군사비 지출은 2001년 9.11 테러공격 이후 두 배 이상 증가했으며, 물가인상분을 반영할 때 이것은 제2차 세계 대전 이후 가장 높은 수준이었다. 미국의 전 국방장관 로버트 게이츠(Robert Gates)는 미군의 구조가 현재의 위협수준과 어울리지 않는다고 우려를 표시했다. "나머지 13개 국가의 해군을 합친 것보다 미해군의 전투함대가 더 크고, 그 가운데 7개 국가는 미국의 동맹 혹은 파트너 국가인 상황에서 미국이 보유하고 건조 중인 군함의 숫자가 미국을 위험에 빠뜨릴 것인가? 2020년까지 미국이 중국보다 단지 12배 많은 최신 스텔스 전투기를 가지게 될 것이라는 사실이 심각한 위협이 되는가?"

엄청난 국가 자원을 군사적 대비태세에 할당함에 따라 만들어지는 부작용은 미국의 전 대통령 드와이트 아이젠하워(Dwight Eisenhower)의 경고에서 잘 나타난다. "국방비 지출의 문제는 군사력 없이 지킬 수 있는 것을 군사력을 가지고 얼마나 오래 버틸 수 있느냐하는 것이다." 그러나 국제 체계에서 미국이 지배적 지위를 유지하는 능력에 관련하여 단순히 값비싼 군사적 공약 그 자체의 금전적 비용만이 우려스러운 것은 아니다. 세계에서 미국의 지배력은 2008년 금융위기에 의해 크게 부식되었다. 이 위기는 미국에서 시작되어 글로벌 금융 시스템을 통해 확산되었다.

비록 미국은 군사력의 규모 면에서 최고의 지위를 유지하지만, 다른 지표들은 상대적인 하락을 보여주고 있다. 예를 들어 2000년 미국은 세계 경제의 31%를 생산하였지만 2010년에 그 수치는 23.5%로 줄었고, 2020년에는 16%로 더 떨어질 전망이다(Debusmann, 2012). 미국의 적자는 매년 늘어나고 있으며 현재 미국은 세계 제1의 채무국으로서 5조 7천억 달러 이상을 다른 나라에 빚을 지고 있고 이 가운데 1/3은 중국과 일본에 갚아야 하는 금액이다(U.S. Treasury Department, 2013). 이러한 부채 때문에 경제전문가 스티븐 코헨(Steven Cohen)과 브래드포드 드롱(J. Bradford DeLong)은 "미국은 강력해졌다가 미래를 대비하지 못하고 어리석고 빈번하게 돈을 빌려 서서히 망해가는 나라의 전형적인 패턴을 따르고 있다."고 주장했다(Thomson, 2011, p. 14 참조). 그들은 미국이 초강대국 지위의 기반을 서서히 잠식하고 있다고 결론지었다.

세계가 '다른 국가들의 부상'을 보여줄 것이라 예상하는 현실주의 정치평론가 파리드 자카리아(Fareed Zakaria)는 탈냉전 기간에 전 세계의 여러 나라들이 경험한 경제성장과 그 이후 많은 사람들이 대공황 이후 가장 심각한 경제침체라고 여기는 경제적 어려움이 중대한 변화를 초래했다고 설명한다.

> 다른 국가들의 부상은 주로 경제적인 현상이지만, 우리가 목도하고 있는 변환은 단순히 금전적인 문제가 아니다. 이것은 정치적, 군사적, 문화적 중요성을 가진다. 국가들이 점점 더 강해지고 부유해질수록, 그리고 미국이 세계의 운명을 되돌리기 위해 투쟁할수록, 우리는 부상하고 있는 나라들이 보다 도전적이고 더 강한 자기주장을 펴는 것을 보게 될 것이다(Zakaria, 2009, p. xxiii).

국제 체계의 권력 분포가 정치학자 새뮤얼 헌팅턴(Samuel Huntington, 2005)이 단극적 다극 체제(uni-multiplar)라고 묘사한 상황으로 옮겨가고 있다는 인식이 확산되고 있다. 이 개념에 의하면 비록 미국은 계속해서 유일한 초강대국으로 남겠지만, 다른 국가들이 쉽게 지배되지는 않는다. 다른 국가들, 특히 유럽과 아시아 국가들이 미국 패권에 저항하고 도전하기 시작하면서 강대국 경쟁의 가능성이 커진다(심층 논의: '중국은 미국 패권의 심각한 도전인가?'

단극적 다극 체제

하나의 지배적 국가가 존재하지만 중요한 국제적 이슈는 항상 지배적 강대국과 다른 강대국이 힘을 합쳐 해결해야 하는 글로벌 체제

러시아의 귀환
탈냉전 시기의 침체기를 벗어나 최근 러시아는 "독립국가연합(CIS) 지역의 가장 중요한 지역강대국으로서, 그리고 유럽과 아시아의 매우 중요한 강대국으로서 뿐만 아니라 글로벌 이슈 전반에 걸쳐 미국과 경쟁하는 글로벌 강대국으로서" 자신의 이미지를 투사하며 영향력을 확대하고 있다 (Nygren, 2012, p. 520). 사진은 러시아의 블라디미르 푸틴 대통령이 2012년 5월 7일 자신의 3번째 대통령직 취임을 위해 크렘린궁으로 들어오는 모습이다.

참조). 비록 미국의 개입은 중요한 국제적 이슈를 다루는 데 결정적인 것으로 계속 남겠지만 초국가적 문제들의 해결은 또한 다른 강대국들의 협력적 행동을 필요로 한다. 다면적인 안보 위협을 다루는 데 있어서 그와 같은 단극 체제의 한계는 9/11 테러공격과 뒤이은 글로벌 테러와의 전쟁에서 이미 드러났다.

비(非)베스트팔렌 방식의 위협에 대한 미국의 취약성은 안보가 어떻게 개념화되고 작동하는지에 대한 새로운 사고를 필요로 한다. 미국이 여전히 가장 중요한 군사 강대국으로 남는다고 하더라도 조지 W. 부시 행정부 초반에 나타난 일방주의적 접근은 결국 오래지 않아서 의지의 연합으로 대체되었고 아프가니스탄과 이라크와 같은 먼 나라에서 장기적인 평화를 유지하기 위해서는 국제 공동체에 점점 더 의존하게 되었다(Simao, 2012, p. 487).

미국의 지배에는 점점 더 많은 제약이 가해지고 있으며 "경제적, 정치적 힘의 변화는 세계 질서에 중대한 함의를 가진다. 약화되는 미국은 세계의 경제적, 정치적 위기를 해결하는 주도적 역할을 수행하려고 하지도 않고 할 수도 없는 상황을 만든다(Drezner, Rachman, and Kagan, 2012)." 만약 미국의 제국적 과잉팽창과 미국의 주요 도전자들의 경제적, 정치적 영향력의 성장이 결합하여 현재의 글로벌 권력분포를 변환시킨다면 많은 학자들과 정책결정자들은 2개 이상의 지배적 권력중심이 등장하는 다극적 글로벌 체계를 예상할 것이다.

앞을 내다보기: 강대국들에게 미래는 어떤 모습인가?

글로벌 힘의 분포가 변화하는 중이라는 인식이 확산되고 있다. 최근의 논쟁은 미국이 계속해서 핵심적인 글로벌 리더로서의 지위를 유지할 것인가에 관련된 것이다. 저명한 외교정책 전문가인 레슬리 겔브(Leslie Gelb)는 앞으로 미국이 다른 강대국들에 비해 더 이상 영향력을 갖지 못할 것이라는 주장을 일축한다. 그는 다가올 미래에도 미국이 계속해서 꼭 필요한 지도국가로 남을 것이라는 인식을 공유하고 있다.

심층 논의

중국은 미국 패권의 심각한 도전인가?

지금 우리는 "어떤 한 나라 혹은 한 블록만이 정말로 국제화된 의제를 이끌어갈 정치적, 경제적 영향력을 가지지 못하며, 그렇게 하려고도 하지 않는" 세상에 살고 있다는데 많은 사람들이 동의하고 있다(Bremmer and Roubini, 2011, p. 2). 하지만 국제 체계에서 미국의 주도력이 어떻게 유지되는가에 대한 예측의 차이에 따라 견해도 달라진다. 여러 의견이 있기는 하지만 지난 70년 동안의 미국의 강력한 국제적 주도력이 세상을 보다 평화롭게 만들고 번영으로 이끌었으며, 미국은 "오늘날 세계에서 제국으로서의 역할을 할 의지가 있으며 그만한 비용을 지불하고 있다(Ajami, 2010, p. 195)." 글로벌 권력의 분산과 변혁에도 불구하고 미국은 계속해서 세계에서 가장 강력한 군사력과 가장 역동적인 경제력을 가지고 있다. 또한 미국의 국제적 리더십은 반드시 필요한 것으로 여겨지고 있다(Gelb, 2009; Von Drehle, 2011).

하지만 오늘날 많은 사람들은 미국의 힘에 대한 경제적 제약이 커지고 있다고 보며, 미국이 계속해서 국제안보와 기타 글로벌 공공재를 주도적으로 제공할 자원이 있는지의 여부에 의문으로 제기한다(Bremmer and Roubini, 2011; Mandelbaum, 2010). 동시에 중국이 국제무대에 일약 떠오르는 별로 주목받으면서 많은 사람들은 국제 체계에서 미래 중국의 역할을 궁금해 하고 있다. "미국은 여전히 유일한 지배적 초강대국이지만 고대 로마가 카르타고의 도전을 받고 제1차 세계 대전 직전 영국이 독일의 도전을 받았듯이 미국은 중국의 세력 부상으로 도전을 받을 것이다(Feldman, 2013)." 중국은 과연 강력한 글로벌 강대국으로서 미국을 대신할 수 있는 유력한 도전자인가?

어떤 학자들은 세상이 결국 중국의 주도권하에 들어갈 것이라고 주장한다(Cardenal and Araujo, 2013). 그들은 중국이 남반구 세계와 긴밀한 경제 관계를 맺는 것에 주목하면서 "미래에는 서방의 시장을 잠식하고 결국에는 베이징에 의해 통제되는 새로운 세계질서를 수립할 것이라고 예상한다(Anderlini, 2013)." 중국의 지속적인 군사력 증강과 경제적 팽창은 글로벌 야망의 신호탄이다. 하지만 또 다른 학자들은 중국은 단지 '부분적 강대국'으로만 남을 것인데, 왜냐하면 중국이 국제적 존재감을 키운다 하더라도 국제적 사건에 대한 영향력이 부족하기 때문이라는 것이다(Shambaugh, 2013).

분명한 사실은 글로벌 강대국으로서 중국은 당분간 사라질 것 같지 않다는 것이다. 그렇다면 이것은 미중관계에 무엇을 의미하는가? 두 나라가 냉전의 잔재인 적대적인 지정학적 대결을 시작할 것인가? 아니면 계속해서 서로 관여하면서 상대로부터의 전략적 위협을 평화적으로 관리하고자 할 것인가?

아마도 미국과 중국은 과거의 글로벌 강대국 투쟁과는 다른 길을 걸을 것이다. 특히 "그것이 지배관계가 아니라 국가들 사이의 평화를 강조하는 경제적 제도를 따른다면(Mousseau 2013, p. 1194)", 두 나라 사이의 관계는 '경제적 평화'로 특징지어지는 관계가 될 것이다. 하버드대학의 법학교수 노아 펠드먼(Noah Feldman)이 언급한 것처럼 "세계의 강대국과 그 도전자는 전례 없을 정도로 경제적으로 상호의존적이다. 중국은 자국 상품을 계속해서 구매하는 미국이 필요하다. 미국은 자국에 계속해서 투자하는 중국이 필요하다. 계속해서 당분간 그들의 경제적 운명은 서로 얽혀있다."

최종으로 여러분의 판단은?

1. 국제정치에서 미국이 계속해서 핵심적인 역할을 수행하는 것은 얼마나 중요한가?

2. 만약 그렇지 않다면, 미국은 자국의 이익을 보다 좁혀서 해석해야 하는가? 어떤 내용이 국가이익에 포함되어야 하는가?

계속

3. 여러분은 중국이 미국의 패권에 커다란 도전이 될 것으로 생각하는가? 만약 그렇다면 이것은 미국에게 문제가 될 것인가?

4. 다극 체제로의 움직임은 미국의 힘이 줄어드는 것을 의미하는가? 아니면 나머지 국가들의 성장의 결과인가? 그렇지 않다면 미국과 중국이 지배하는 양극 체제로 전환되는 중인가?

글로벌 힘의 분포는 분명히 피라미드 형태이다. 미국이 홀로 정점에 위치하고, 그 아래에 (중국, 일본, 인도, 러시아, 영국, 프랑스, 독일, 브라질 등의) 다른 강대국들이 있으며, 그 아래에 몇 개의 층들이 존재한다. 심지어 아주 작은 나라들도 국제적인 피라미드에 올라서고 있으며 강대국에 맞설 충분한 힘도 가지고 있다. 하지만 모든 나라들 가운데에서 오로지 미국만이 글로벌 영향력을 갖춘 진정한 글로벌 강대국이다(Gelb, 2009, p. xv).

하지만 어떤 사람들은 사뭇 다른 관점에서 세상을 바라본다. 그들은 '탈미국(post American) 시대'라 이름 붙여진 세계에서 다른 강대국들의 부상으로 거대한 변환이 이루어진다고 보며, 이러한 세계에서 많은 국가들과 비국가 행위자들은 우리가 어떻게 글로벌 변화에 대처할 것인지를 규정하도록 도우며 방향을 안내한다. "정치군사적 수준에서 우리는 단일한 초국가 세상에 살고 있다. 하지만 다른 차원, 즉 산업, 금융, 교육, 사회, 문화 등에서 힘의 분포는 변화하고 있으며 미국의 지배에서 멀어지고 있다(Zakaria, 2009, p. 4)." 지도 4.3이 보여주는 바와 같이 우리가 번영을 의미하는 다양한 측면을 살펴본다면 미국은 다른 여러 서방 동맹들과 함께 최고층에 존재하고 있다. 하지만 미국은 더 이상 세계에서 가장 번영하는 유일한 국가는 아니다.

미래에 강대국들 사이에 어떤 균열과 동반자 관계가 만들어질 것인지 예상하기는 어렵다. 왜냐하면 다음에 발생할 주요 분쟁의 축이 어떨 것인지 예측하기 곤란하기 때문이다. 냉전 이후 수년 동안 침체기를 겪은 러시아는 강대국들 사이에서 스스로를 지도적 역할을 하는 국가로 보고 있고 이를 회복하기 위해 노력하고 있다. 러시아는 비록 직접적으로 서방에 도전하려는 생각을 가지고 있지는 않지만(Mankoff, 2009), 미국과의 관계는 냉탕과 온탕을 오가고 있다. 미국과 러시아 사이의 협조적 관계는 글로벌 테러와의 전쟁, 핵무기의 추가 감축, 세계무역기구(WTO)에의 러시아 가입 등에서 잘 나타난다. 하지만 아랍의 봄, 리비아 독재자 무아마르 카다피 정권의 전복, 푸틴의 대통령직 복귀를 위한 선거가 비민주적이었다고 보는 미국의 시각 등에서 긴장이 표출되었다.

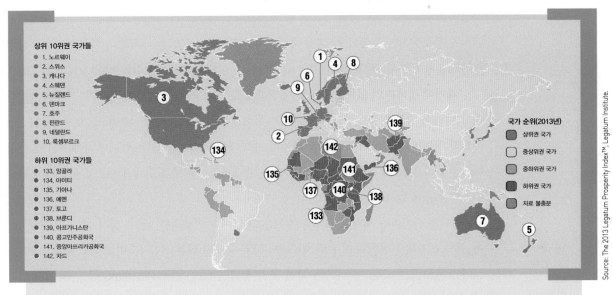

Source: The 2013 Legatum Prosperity Index™, Legatum Institute.

지도 4.3
글로벌 번영
부와 복지에 관한 89개 지표를 바탕으로 2013년도 번영지수는 경제, 기업가 정신, 기회, 교육, 보건, 정치, 안전, 안보, 사회자본, 개인적 자유 등 여러 분야의 업적을 평가하였다. 근대 이후 최악의 금융위기와 독재에 맞선 전 세계적 시민봉기에도 불구하고 지난 5년 동안 전 세계 모든 지역에 걸쳐 글로벌 번영이 이루어졌다. 총 142개 국가들의 번영지수 순위에서 미국은 11등을 기록했다. 노르웨이, 스위스, 캐나다가 가장 높은 수준의 번영을 누리고 있다.

그럼에도 불구하고 미국과 러시아는 주요 글로벌 이슈에 관해 지속적인 대화를 나누고 있다. 예를 들어 시리아에서 탐탁지 않은 정부를 권좌에서 축출하기 위한 국제적 개입에 대해 러시아가 반대하는 반면 미국에게는 힘으로 보다 적극적인 대응을 할 것을 요구하는 목소리가 커짐에 따라 양국 간 갈등이 만들어졌음에도 불구하고 러시아의 외무장관 세르게이 라프로프(Sergey Lavrov)와 미국 국무장관 존 케리(John Kerry)는 2013년 5월 회담을 가지고 시리아 내전을 협상으로 해결하자는 제안을 논의하였다(Meyers and Herzenhorn, 2013). 러시아 의회 상원 외교위원회 의장인 미하일 마르게로프(Mikhail Margelov)는 이렇게 말했다. "세상은 변했다. 이제 더 이상 양극 체제의 세상이 아니다. 우리는 많은 위협에 직면하고 있을 뿐만 아니라 그 대부분은 공통의 위협이다. 우리는 협력해야 한다."

세계경제의 발전소로 중국의 역할에 대해 어떤 사람들은 글로벌 권력이 미국으로부터 중국으로 넘어갈 것이라고 예상한다. 키신저(Kissinger, 2012a, p. 546)가 말한 것처럼 "중국은 스스로를 새로운 강대국으로 바라보는 것이 아니라 강대국 지위를 되찾고 있는 중이라고 생각한다.… 중국은 강한 중국이 세계질서에 어긋나는 도전으로 경제적, 문화적, 정치적, 군사적 문제에 영향력을 행사하기보다는 정상적인 국가문제에 대한 강대국이 되고자 한다." 중국의 경제가 2040년에 123조 달러로 2000년 전 세계 경제생산규모의 약 3배에 달할 것이라고 예측하는 사람도 있다. 그렇게 된다면 중국의 1인당 소득은 85,000 달러로 유럽연합 주민들의 예상

수입의 2배에 달하고, 인도와 일본을 합친 것보다도 클 것이다. 1인당 부의 측면에서 미국에는 미치지 못하겠지만 중국이 전 세계 국내총생산(GDP)의 40%를 차지하여 미국(14%), 유럽연합(5%)을 능가하여 '아시아의 세기(Asian Century)'의 진입을 가시화할 것이다(Fogel, 2010).

"과거에 겪어본 적 없는 방식으로 도전받고 있는 서구, 특히 미국의 경제적, 정치적 영향력이 쇠퇴하여 권력과 영향력의 재분배가 이루어질 가능성이 있다(Bradsher, 2009, p. 1)." 구매력평가(PPP)를 사용하여 국가들 사이의 가격 차이를 배제할 경우 2050년 세계적인 경제 강대국은 표 4.3과 같은 순위로 이루어질 것이다. 2050년 전 세계 경제 발전소 순위는 오늘날의 순위와는 크게 달라질 것이다.

하지만 아시아는 세계에 경제적 족적을 더 많이 남기겠지만 "군사, 정치, 외교적 영향력에서, 그리고 경제 안정성의 대부분 지표에서 미국에 크게 뒤질 것이다." 미국 외교협회(Council on Foreign Relations) 수석 연구원인 조슈아 커란치크(Joshua Kurlantzick, 2010)가 언급한 것처럼 "현재 아시아의 힘의 원천인 아시아의 성장은 심각한 한계점을 가지고 있다. 즉, 개발을 좌절시킬 수 있는 불평등의 심화, 심각한 인구문제, 증가하는 불안정성 등이 그것이다."

만약 강대국 사이의 경쟁, 예를 들어 주도권을 두고 경쟁하는 두 강대국인 미국과 중국 사이에서 경쟁이 고조되고 미국이 중국의 성장을 막기 위해 봉쇄정책을 편다면(심층 논의: '중국은 미국 패권의 심각한 도전인가?' 참조) 강대국 쌍무관계에서의 적대감이 표출될 수 있다. 하지만 이러한 종류의 군사적 경쟁은 필요하지 않으며 오히려 협력이 보다 많아질 수 있다(Kissinger, 2012b). 강대국 관계에서의 너무나 다른 정치적 형태가 경제적 및 군사적 분야에서도 등장할 수 있다. 잘 결속된 영향력의 연계망 속에서 글로벌 무역이 국가의 경제를 통합으로 확대되면서 경제적 경쟁관계가 증가할 가능성이 있다. 하지만 같은 강대국 간 관계에서의 군사적 협력의 가능성도 역시 높다. 이런 상황 속에서 극화(極化, polarization)의 위험성은 강대국이 국제규칙과 제도를 개발하여 그들의 유동적이고 복잡한 동기를 가진 관계를 잘 조정할 수만 있다면 충분히 관리될 수 있을 것이다. 그러한 협력의 가능성은 중국의 전 국방부장 량광례(梁光烈)의 발언 속에서도 나타난다.

세계안보협력에 대한 중국의 참여는 결코 영향권의 팽창이나 영토의 확장이 아니다.… 국제안보협력에 대한 중국의 군사적 참여는 국제 체계를 손상시키려는 의도를 가지는 것이 아니라 체계의 행위자와 건설자가 됨으로써 국제 공동체에 더 많은 공공재를 제공함으로써 모두가 안보의 혜택을 누리도록 만드는 것이 목적이다.

역설적으로 오늘날 가장 적극적인 무역 파트너인 강대국 사이의 관계는 동시에 가장 큰 군

표 4.3	부와 경제력의 변환?				
2012년도 구매력 기준 GDP 순위	국가	구매력 기준 GDP	2050년 구매력 기준 GDP 예상순위	국가	구매력 기준 예상 GDP
1	미국	$14,991	1	중국	$59,475
2	중국	$11,290	2	인도	$43,180
3	인도	$4,532	3	미국	$37,876
4	일본	$4,303	4	브라질	$9,762
5	독일	$3,227	5	일본	$7,664
6	러시아	$3,134	6	러시아	$7,559
7	프랑스	$2,306	7	멕시코	$6,682
8	브라질	$2,289	8	인도네시아	$6,205
9	영국	$2,234	9	독일	$5,707
10	이탈리아	$1,984	10	영국	$5,628

단위: 10억 달러
Source: "The World in 2050," 2011, London: PwC; World Bank, 2013.

사적 경쟁관계이다. 하지만 핵심 문제는 미래에 경제적 협력이 군사적 경쟁의 잠재력을 완화시키는데 도움이 될 것인가이다. 오늘날 이 세상에서 우리가 직면하는 기회와 도전은 강대국 모두가 협력하여 글로벌 해결책을 이루기 위해 다차원적 접근을 요구한다.

이러한 측면에서 한 가지 가능성은 강대국들이 글로벌 체계를 함께 관리하고 국제 분쟁이 전쟁으로 고조되지 않도록 예방하는 협조 체제(concert) 혹은 협력적 합의의 발전이다. 1815년에서 1822년에 최고조에 달했던 유럽 협조 체제(Concert of Europe)는 평화를 향한 이러한 경로를 추구했던 과거 강대국들의 노력을 보여주는 전형이다. 9.11 이후 글로벌 테러와의 전쟁을 치르기 위해 강대국들이 협력을 이루었던 경험은 집단적 행동을 통해 협조 체제를 구축하기 위한 다자주의(multilateralism)의 최근 사례이다. 일부 정책결정자들은 오늘날 강대국들이 진정한 *집단안보*를 이루기 위해 보다 약한 나라들과도 힘을 합칠 것을 권고한다. 1919년 국제연맹의 형성은 다자주의 조건 하에서 평화를 향한 *다차원적 접근*의 좋은 사례이다. 2008년 러시아의 인접 그루지아 침공에도 불구하고 어떤 사람들은 러시아가 나토에 협력할 것이라는 약속이 강대국 동맹을 통한 평화유지를 위한 집단안보를 보여주고 있다고 여긴다.

협조 체제

강대국들이 함께 글로벌 체계를 운영하기로 하는 협력적 합의

다자주의

집단적이고 조율적인 조치를 통해 공동의 문제를 관리하기 위한 협력적 접근

Yohsuke Mizuno/AFP/Getty Images

새로운 글로벌 패권국가?
영국의 홍콩총독을 지낸 크리스 패튼에 따르면 중국은 지난 2000년 가운데 1800년에 걸쳐 주도적인 경제 강국
이었다. "서양의 관점에서 글로벌 경제 중심의 본거지가 아시아에 있는 세상은 상상하기 어려울 것"이라고 말했
다. 하지만 경제학자인 로버트 포겔(Robert Fogel, 2010, p. 75)은 "이것은 처음이 아니다"라고 말한다. 사진은
미국 국무장관 존 케리가 2013년 4월 13일 중국 외교부장 왕이(王毅)와 만나는 모습이다. 케리는 '태평양 구상'
의 비전을 설명했는데, 이것은 "아시아 국가들이 미국과 더불어 앞으로 다가오는 시대에 경제와 안보 이슈에 대해
과거보다 서로 더 가깝게 성장할 수 있다는 것이다(Taylor, 2013)."

도전과 기회는 언제나 동시에 찾아온다. 어떤 조건이냐에 따라 그 가운데 하나가 다른 하나로 바뀔 수 있다.
– 후진타오(胡錦濤), 중국의 전 국가주석

물론 우리는 미래가 어떤 모습일지 아무도 모른다. 경향과 행동은 변할 수 있으며 정책결
정자들이 과거의 실수로부터 교훈을 얻어 그것의 반복을 피할 가능성도 있다. 중요한 것은 강
대국들이 권력과 책임이 보다 광범위하게 분산되는 새로운 글로벌 체계의 등장에 어떻게 대
응할 것인가이다. 전쟁과 평화에 대해 강대국들이 선택하는 것이 세상의 운명을 결정할 것임
은 분명하다. 5장에서 우리는 세계의 중심에 있는 부유하고 강하며 상업적인 강대국으로부터
글로벌 남반구의 못살고 약하며 경제적으로 의존적인 국가들과 글로벌 동반구의 신흥 강대국
들로 관심을 옮길 것이다.

STUDY. APPLY. ANALYZE.

핵심 용어

고립주의	데탕트	실지회복주의	일방주의	평화공존
구조주의	도미노 이론	알타회담	장주기 이론	협조 체제
냉전	민족주의	양극 체제	정치경제	화해
다극 체제	봉쇄정책	연계전략	제국의 과잉팽창	
다자주의	선별적 관여	영향권	트루먼 독트린	
단극적 다극 체제	소프트 파워	유화정책	파시즘	
단극 체제	식민주의	이데올로기	패권국가	

추천 도서

Cohen, Steven, and J. Bradford DeLong. (2010) *The End of Influence: What Happens When Other Countries Have the Money.* New York: Basic Books.

Gelb, Leslie H. (2009) *Power Rules: How Common Sense Can Rescue American Foreign Policy.* New York: HarperCollins.

Kissinger, Henry. (2012b) "The Future of U.S.-Chinese Relations: Conflict Is a Choice, Not a Necessity," *Foreign Affairs* 91(2):44–55.

Mandelbaum, Michael. (2010) *The Frugal Superpower: America's Global Leadership in a Cash-Strapped Era.* Philadelphia, PA: Public Affairs.

Mankoff, Jeffrey. (2009) *Russian Foreign Policy: The Return of Great Power Politics.* New York: Rowman and Littlefield.

Morris, Ian. (2010) *Why the West Rules—for Now: The Patterns of History, and What They Reveal about the Future.*

New York: Farrar, Straus, and Giroux.

Shambaugh, David. (2013) *China Goes Global: The Partial Power.* Oxford, UK: Oxford University Press.

Speedie, David C. (April 15, 2010) "Rise of the Rest," http://www.carnegiecouncil.org/resources/articles_papers_reports/0049.html.

Zakaria, Fareed. (2009) *The Post—American World.* New York: W.W. Norton.

"소수의 부자들과 다수의 빈자들에 바탕을 두고, 빈곤이라는 바다에 둘러싸인 부자라는 섬들로 규정되는 국제인간사회는 지속불가능하다."

-타보 음베키(Thabo Mbeki), 전직 남아프리카공화국 대통령

CHAPTER 5
국제정치에서 남반구 국가들

Jake Lyell/Alamy

새로운 친구 만들기

약소국의 운명은 점차 강대국의 운명에 종속되어 왔다. 국제통화기금(IMF)에 따르면, 사하라 이남 아프리카에 대한 중국의 투자가 2013년 5.5% 경제성장률이라는 수치로 경기성장을 이끌어 왔다고 한다. 또한 현재도 중국은 아프리카의 가장 큰 무역상대국으로 같은 해 1조 6천 6백 10억 달러의 교역 규모를 달성하였다(IMF, 2013, The Economist, 2013). "정치적, 사회적 위험성이 도사리는 대륙 간 대규모 투자를 통해, 중국은 다수의 아프리카 국가들이 초기 원유 개발을 함과 동시에 석유 판매에서 유리한 거래를 실현할 수 있도록 도움을 주어 왔다(Alessi and Hanson, 2012)." 이제 환자들이 떠나가고 있는 탄자니아 다르에스살람의 중국식 운영 병원을 보라.

고려해야 할 질문들

- 강대국들은 왜 과거 남반구를 식민지화 했을까?
- 식민주의의 유산은 무엇인가?
- 북반구와 남반구의 차이점은?
- 남반구 저발전의 근원은 무엇인가?
- 남반구와 북반구 간 격차 해소 전망은?
- 미래는 남반구를 위해 무엇을 할 수 있을 것인가?

지구는 적도를 기준으로 남과 북, 두 개의 반구로 나뉘어 있다. 물론 이러한 인위적 경계선은 지도제작자가 지도 위에 거리와 위치를 기입하기 위해 사용하는 것 외에는 아무런 의미가 없다. 하지만 이러한 분할은 빈국과 부국으로 나누어 불평등을 기술하는 일반적인 방식을 의미하기도 한다. 대체로 이러한 두 개의 그룹은 적도의 한 쪽에 위치되어 있다(지도 5.1 참조).

남반구에 살고 있는 대부분 사람들의 삶은 북반구에 사는 사람들의 삶과 매우 다르다. 불평등은 골이 깊고 다방면으로 증가하고 있다. 남반구(Global South)와 북반구(Global North) 간에 존재하는 권력과 부의 차이는 정신적인 문제, 안보적인 문제 모두를 내포하고 있다. 기원전 5세기에 철학자 플라톤이 "극도의 궁핍이나 과도한 부는 그 모두가 심각한 악을 생성하기 때문에 존재해서는 안 된다"라고 충고했고, 플라톤과 동시대 철학자인 아리스토텔레스가 "소득차가 커지는 것이 전쟁의 원인이다."라고 경고했듯이, 가난과 불평등은 역사 전반에 존재했다. 그러나 오늘날 그 수준은 극단에 이르고 있다. 빈국들은 국제 서열 체계에서 하위에 자리잡고 있으며 소외되고 있다고 느끼고 있다. 강대국과 가난으로 인한 불리한 입장의 국가들의 깊은 불평등의 원인과 결과는 무엇인가? 이 장에서 살펴볼 중심 문제이다.

남반구
주로 남반구에 위치해 있는 저개발 국가들을 지칭하는 '제3세계' 대신에 현재 종종 쓰는 용어

북반구
주로 북반구에 위치해 있는 세계의 부유하고 산업화된 국가들을 언급할 때 쓰는 용어

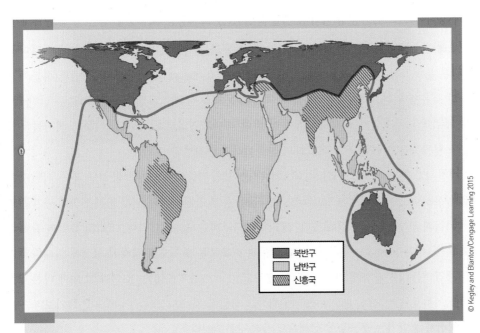

© Kegley and Blanton/Cengage Learning 2015

지도 5.1
북반구와 남반구
국가들은 부유하고 민주적이다. 반대로 세계은행에 따르면, 남반구 국가들은 세계 인구의 83.7%의 주거지이나, 그 곳의 빈곤한 자들은 세계 총생산(GDP)의 단지 46.4%만을 영위하고 있다(WDI, 2013). 그러나 남반구 몇몇 국가에서는 거대한 변주곡이 일고 있다. 다른 곳에 비해 더 높은 번영과 지구적 영향력을 향유하는 것이다. 이러한 '신흥 파워'는 이전의 남반구를 일깨우며, 글로벌 거버넌스, 그리고 기관에서 더욱 주요한 역할을 맡아 북반구에 새롭게 도전하고 있다.

남반구의 현 상황과 식민지적 기원

많은 분석가들은 오늘날의 국가 불평등의 근원을 *세계 수준 분석*에서 찾는다. 왜냐하면 국제체계는 부국들과 간극을 좁히기 위한 대부분 빈국들의 무능력을 설명하는 데 들어맞는 속성을 갖고 있기 때문이다. 세계적으로 확산된 상황이 보다 오래된 역사적 패턴의 일부라는 그들의 가정에 의하면 현재의 국제정치를 다루는 규칙이 유럽에서의 30년 전쟁 이후 맺어진 1648년 베스트팔렌 평화조약으로 구축되었다고 본다. 이러한 규칙은 세계무대에서 가장 강력한 행위자(당시의 강대국)가 약소국들이 국제세력 피라미드에 편입되는 것을 막음으로써 피라미드의 압도적인 상위를 유지하면서 자국의 편협한 이익에 봉사하도록 만들어졌다(Kegley and Raymond 2002a).

국가 간 불평등의 기원과 존속은 부분적으로 오늘날의 현대 국제 체계가 처음에 가장 강력한 국가들에 의해, 가장 강력한 국가들의, 가장 강력한 국가들을 위해 사회적으로 구축된 현실이고, 여전히 남아 있다는 사실로부터 기인한다. 강대국들은 국제 체계를 공평하게 설계하지 않았고, 언제나 자국의 이익을 추구한다는 현실주의 사상의 관습을 따랐다. 그러므로 강대국들은 약소국과 혜택을 받지 못하는 국가들의 희생을 막으려는 의도로 국제 체계를 만들지는 않는다.

그래서 오늘날 국제 체계에 대해 이와 같은 유산을 고려하면서 연구를 시작하는 것이 좋다. 많은 분석가들은 식민주의, 즉 토착민(indigenous peoples)들에 대한 유럽의 정복과 독점적인 소유를 위한 유럽의 영토획득의 역사를 문제의 근원으로 본다. 분석가들은 남반구에 있는 독립적인 주권국가들 거의 대부분이 한때 *식민지*였다고 지적한다. 이들 분석가들은 오늘날의 불평등은 이러한 과거 식민화의 산물이라고 주장한다.

냉전시기 동안 제3세계(Third World)란 용어는, 점증하는 신생독립국 중 과거 식민지 경험을 공유하며 경제적으로는 약소국인 국가들을 동부 공산주의나 서부 자본주의에 관계를 맺은 국가들과 구분하는데 사용해왔다. 그러나 '제3세계'는 곧 유럽, 북미, 그리고 북미와 같이 산업화된 제1세계(First World) 선진 강대국들과 비교하는 방식으로 경제적 성장에 실패한 국가들을 언급하는데 사용하게 되었다. 소위 제2세계(Second World)는 소련과 그 외에 다른 공산주의 국가들로 구성되어 재화와 용역의 생산과 공급을 자유시장의 결정에 의존하기보다는 계획경제정책에 맡기는 공산주의 이데올로기로 구분되었다.

제2세계와 제3세계라는 용어는 쓸모없게 된 냉전적 인식을 내포한다. 이전 시기 제1세계로 알려졌던 이들 국가들을 언급하는 단어로 현재는 통상 북반구라는 용어를 사용하고 있으며, 남반구는 대개 지리상 적도 남쪽에 위치한 저개발 국가를 일컫는데 쓰인다(일반적으로

토착민
'제4세계'로 언급되는 다른 국가들에 의해 통제되는 정부에 의해 지배되는 국가들 내의 인종적, 문화적 거주민들

제3세계
아프리카, 아시아, 카리브해 제국, 라틴아메리카의 저개발 국가들을 기술하는 냉전 용어

제1세계
미국, 일본, EU, 캐나다, 호주, 뉴질랜드를 포함해 민주적 정치제도와 발달된 시장경제의 다양한 형태에 대한 헌신을 공유하는 상대적으로 부유한 산업화된 국가들

제2세계
냉전시기 동안 소련을 비롯한 동유럽 동맹국들. 중국을 포함해 경제성장을 촉진하기 위한 중앙계획과 공산주의를 채택한 국가들의 그룹

Northern[Southern] Hemisphere를 북[남]반구라고 하지만, 이 책에서는 Global South를 남반구 세계 혹은 남반구 국가들, Global North를 북반구 세계 혹은 북반구 국가들로 사용한다.-옮긴이). 게다가 이러한 현 시대 용어는 *강대국*과 약소국(small powers) 간 구분에도 부합한다(Kassimeris, 2009). 또한 이들 남반구 국가군에는 국제문제에 좀 더 적극적인 역할을 맡은 신흥세력(emerging powers)이라는 구분이 생성되었다. 이들은 잠재적으로 그들 목표를 실현할 수 있는 충분한 자원을 소유하고 있으며, 국제정치에 대한─특히 국제경제 관하여, 점증하는 영향력을 경험하고 있다.

이러한 카테고리 내에서 특정한 국가들에 대한 배치는 쉽지 않다. 언론인들, 정책결정자들, 그리고 학자들이 빈번하게 남반구에 대해 일반화하더라도 분류된 국가그룹 내에는 상당한 다양성이 존재한다. 예를 들어 이들 국가 그룹에는 가나, 아이티와 같이 인구 대다수가 생계형 농업으로 살아가는 저임금 국가들이 있고, 제품을 생산해 살아가는 브라질, 말레이시아와 같은 중임금 국가들이 있으며, 원유 수출로 북반구 국가들과 경쟁하며 소득을 생산하는 쿠웨이트, 카타르와 같은 국가들도 포함되어 있다.

남반구 국가들은 다른 측면에서도 차이가 있다. 이 그룹에는 미국보다 더 넓은 바다에 흩어져 있는 17,500개 이상의 섬으로 이루어진 군도 인도네시아가 있는가 하면, 코네티컷 규모의 티모르도 존재한다. 또한 1억 4천 8백만 이상의 주민이 살고 있는 나이지리아와 150만 명이 있는 기니비사우도 포함되어 있다. 이러한 지리학적, 인구통계학적 차이와 더불어 남반구 국가들은 또한 민주적인 코스타리카로부터 독재적인 미얀마에 이르기까지 정치적, 문화적으로도 다양하다.

인식 가능한 국가 그룹으로서 남반구의 출현은 뚜렷한 오늘날의 현상이다. 대부분의 라틴아메리카 국가들이 제2차 세계 대전 이전에 독립했지만 남반구의 다른 국가들은 그때까지도 독립하지 못하고 있었다. (식민지 사람들이 종속적 지위에서 자유를 얻는) 탈식민화(decolonization)가 속도를 붙인 1947년에 영국은 인도와 파키스탄의 독립을 인정했다. 400년 전에 영국, 스페인, 포르투갈, 네덜란드, 프랑스 제국의 부속물이었던 식민주의로 건설된 대부분 새로운 다수의 주권국가들은 그 이후 전 세계적 공동체에 가담했다.

오늘날 식민지는 거의 없다. 그리고 탈식민화 과정은 거의 끝났다. 그러나 그 영향은 지속되고 있다. 현재 널리 퍼진 인종/민족적 갈등의 대부분이 식민지적 뿌리를 갖고 있다. 제국의 힘이 토착민들의 민족적 정체성을 고려하지 않고 영역 간에 혹은 영역 내에 경계선을 그었기 때문이다. 유사하게도 부유한 북반구와 빈곤한 남반구 간 부의 편중은 식민지 시기 동안의 불공평하고 착취당하는 구조에 기인하였기 때문이란 것이다. 즉 이러한 전 지구적 경계뿐 아니라, 이전 식민 국가의 처지가 유지되고 있다는 불신과 불안의 유산인 것이다(지도 5.2 참조).

약소국
제한된 정치적, 군사적 혹은 경제적 능력 및 영향력을 지닌 국가

신흥세력
국제문제에서 적극적 역할을 맡아 나아감에 따라, 정치적, 군사적 혹은 경제적 능력 및 영향력 측면에서 부상하는 국가

탈식민지화
한 때 강대국 식민지였던 국가들이 주권 독립을 성취해 나아가는 과정

그 중 하나의 사례로 콩고(현재 콩고민주공화국)를 들 수 있다. 중세를 거치며 콩고가 다져 왔던 강성한 힘이 식민경험에 의해 얼마만큼 침식되어 갔는지 알 수 있다(Gebrekidan, 2010). 포르투갈이 주도한 노예무역 4세기 동안 1,300백만 명 이상의 목숨이 거래되었으며, 벨기에 레오폴드 2세의 지배 하에 수 십 년 간 더욱 혹독한 착취가 1885년까지 이어졌다. 레오폴드 2 세는 콩고를 사실상의 노동기지로 탈바꿈시켜, 생고무 수확에 동원하여 개인 자산을 축적하여, 이 과정에서 적어도 1,000만 명의 죽음에 직간접적 책임이 있는 것이다(Haskon, 2005). 1960년 독립하였으나 평화와 번영은 뒤따르지 못했다. 식민 지배는 폭력적 내부 분열로 대체 되었다. 1965년 정권을 장악한 모부투 세세 세코(Mobutu Sese Seko)는 독재정권을 수립한 후, 1997년 퇴진 때까지 국민들을 공포와 탄압으로 다스렸다. 모부투는 치세 기간 동안 식민 시대 착취 유산을 영속화시켰다. 국제투명성기구(Transparency International)에 따르면, 그 는 국가자산 중 50억 달러를 횡령하여, 지난 20여 년의 기간 동안 가장 부패한 아프리카 지도 자로 손꼽히고 있다.

유럽 제국주의의 첫 번째 물결

유럽제국 건설의 첫 물결은 15세기 말에 시작되었다. 네덜란드, 영국, 프랑스, 포르투갈, 스페 인은 통상에 필요한 영토를 점령하기 위해 해군력을 사용했다. 과학적 혁신은 유럽 탐험가들 의 모험을 가능하게 했기 때문에 상인들은 탐험가의 뒤를 따랐다. "상인들은 사업과 이윤을 증 가할 수 있는 기회들을 재빨리 포착했다. 동시에 유럽 정부는 그들의 세력과 부를 증가할 가능 성을 인식했다. 상업적 회사들은 해외 영토에 대한 정치적 통제를 보장받기 위해 파견되는 군 대와 해양탐험대로부터 재정지원과 특허를 얻었다(Cohen, 1973, p. 20)."

이 같은 '전통적 제국주의' 시기 동안 식민국가와 피식민국가 간의 관계에 있어 기본이 되 는 경제 전략은 국력을 증강시키기 위해 경제적 삶의 정부 규제를 옹호하는 경제철학인 중상 주의(mercantilism)로 알려졌다. 유럽의 통치자들은 금과 은으로 측정되는 국부로부터 국력 이 나오고, (수입하는 것보다 수출을 많이 하는) 무역수지를 크게 달성할 광산과 산업을 장려 하는 것이 부국이 되는 최선의 길이라고 생각했다.

중상주의

수출을 장려하고 수입을 자 제시킴으로써 국가의 부와 권력을 축적하는 정부의 무 역정책

이런 면에서 식민지들은 상업경쟁에서 승리할 수 있는 기회를 제공해주기 때문에 더욱 요 구되었고, 식민지는 개척되지 않은 시장과 값싼 원료의 공급원에 대한 독점적 접근을 보장 해주었다(뿐만 아니라 어떤 경우에는 귀금속의 직접적 공급지가 되기도 했다). 각 국가는 이와 같은 해외의 상업적 기회들을 가능한 한 많이 독점하려고 했다(Cohen, 1973, p. 21)."

세계 권력을 추구하는 경쟁적 활동에 대해 현실주의적 정당화로 생각하는 국가들은 전쟁에 의한 외국 영토의 제국주의적 정복을 정부의 적극적인 경제 관리의 자연스러운 부산물로 보았다.

18세기 말까지 유럽의 강대국들은 비록 약하지만 실질적으로는 거의 전 세계에 걸쳐 영역을 확장했다. 그러나 유럽 강대국들이 세운 식민제국은 붕괴되기 시작했다. 1776년에 영국의 13개의 북미 식민지들이 독립을 선언했고, 19세기 초에 스페인 점유의 남미 대부분이 자유를 획득했다. 전 세계에서 거의 100여 개의 식민관계가 1825년 이전에 종결되었다(Bergesen and Schoenberg 1980).

유럽의 식민제국이 해체되자 중상주의 철학의 신념 또한 쇠퇴했다. 자유주의적 정치경제

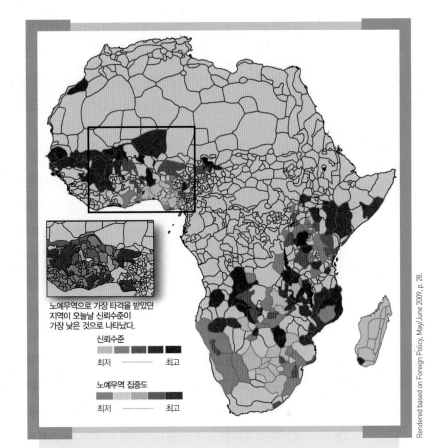

지도 5.2
불신의 유산
신세계에서의 노동력 수요에 따라(아프리카인이 아메리카 원주민보다 유럽인이 퍼뜨린 질병에 더 강하다는 사실이 입증됨), 식민지 확장에 대한 열강의 참여는 1500년대 중반부터 1700년대 후반에 이르기까지 대서양 노예무역을 통해 행해졌다. 하버드대 경제학자 나산 눈(Nathan Nunn)은 아프리카 대부분의 경제개발 고착화가 이러한 식민지 유산의 트라우마 영향이 지대하며, 가장 중요한 원인은 인간의 행동양식을 변화시킴에 있다고 주장하였다. 실제로 노예무역이 극심하게 집중되었던 아프리카 지역에서는 현재 거주자들도 서로를 불신하며, 이러한 불신이 이방인뿐만 아니라 친척이나 이웃에 이르기까지 널리 퍼져 있는 것이다.

학자 아담 스미스(Adam Smith)는 1776년『국부론(*The Wealth of Nations*)』에서 국부는 값비싼 금속의 축적을 통해서보다는 오히려 그러한 금속을 살 수 있는 자본과 상품으로부터 성장한다고 주장했다. 통제되지 않은 시장의 '보이지 않는 손'이라는 이유에 대한 스미스의 생각은 고전적 자유주의 경제 이론(classical liberal economic theory)의 지적 토대가 되었다. 스미스와 다른 자유시장 무역 이론가들의 뒤를 이어 자유방임주의 경제학(laissez-faire economics, 시장에 대한 정부의 개입 최소화)의 개념에 대한 신념이 널리 수용되었다(12장 참조). 차후 유럽 강대국들은 계속해서 식민지를 추구하기는 했지만 제국주의 정책의 원리는 변화하기 시작했다.

고전적 자유주의 경제 이론

개인이 그들의 이익을 추구할 때, 사회적 이익과 경제적 이윤을 강조하면서, 시장에서의 공급과 수요의 힘에 관한 아담 스미스의 생각에 토대를 둔 이론

자유방임주의 경제학

정부의 최소한의 통제로 사람들이 자유 선택할 수 있도록 하는 자유시장과 자유무역의 학문 원칙

Rendered based on Foreign Policy, May/June 2009, p. 28.

나는 제국주의가 싫다. 나는 식민주의를 혐오한다.
그리고 그들의 평생에 걸친 최후의 격렬한 투쟁의 결과에 공포를 느낀다.
우리는 세계의 작은 모퉁이 중 하나로 행위 하는 것이 아니라 우리 국가 그리고 전체 세계에 의해 결정된다.
— 수카르노(Sukarno), 인도네시아 전 수상

유럽 제국주의의 두 번째 물결

1870년대부터 제1차 세계 대전이 발발하기까지 나중에 합류한 미국, 일본과 더불어 유럽은 새로운 영토를 공격적으로 식민화했기 때문에 제국주의의 제1의 물결은 전 세계를 휩쓸었다. 전 세계에서 유럽이 통제하는 영역은 1800년대에 1/3이었다가, 1878년까지 2/3, 1914경에는 4/5였다(Fieldhouse 1973). 지도 5.3에서 보듯이 19세기의 마지막 20년 동안 아프리카는 7개의 유럽 강대국(벨기에, 영국, 프랑스, 독일, 이탈리아, 포르투갈, 스페인)의 통제 하에 들어 갔고, 극동과 태평양의 전 지역은 중국, 일본, 그리고 샴(태국)을 제외한 모두가 정복되었다. 그러나 중국은 강대국들이 개별적으로 통제하고 이익을 추구하는 통상 지역을 국가별로 나누었기에, (실제로는) 강대국들의 영향권으로 분할되어 있었다. 또한 일본은 그 스스로가 제국주의적으로 조선과 포모사(현재 대만)를 점유하고 있었다.

미국은 대륙을 가로질러 영역을 확장했다. 1898년 스페인-미국 전쟁에서 푸에르토리코와 필리핀을 획득했고, 식민지를 서쪽으로 하와이까지 이르도록 확장했으며, 파나마의 새로운 국가로부터 파나마운하 지대(미국이 건설)를 '영구' 임대했고, 몇몇 카리브 섬들, 특히 쿠바에 대한 상당한 통제권을 행사했다. 압도적인 제국주의 세력인 영국은 한 세대에 걸쳐 제국을 전 세계의 1/5 정도까지 확장했고, 아마도 인구의 1/4을 포함했다(Cohen 1973). 영국 제국주의자들이 자랑스럽게 얘기하듯이, 영국은 해가 지지 않는 제국이었다.

왜 강대국 대부분과 강대국 지위를 원하는 국가들은 다른 민족과 영토를 통제하기 위해 이처럼 값비싸고 때로는 잔인하기도 한 경쟁에 나선 것일까? 신제국주의는 무엇을 말하는가?

이에 대한 해답 중 하나는 글로벌 경제의 본성이라 할 수 있다. 산업혁명과 더불어 자본주의는 자유시장, 생산수단의 사적 소유, 부의 축적 등을 강조하면서 성장했다. 칼 마르크스와 블라드미르 레닌을 따르며 스스로 공산주의(communism)의 지지자라고 부르는 급진적 이론가들은 제국주의의 공격적 경쟁이 잉여 생산품의 해외 판매를 통해 자본가들이 이익을 거두기 위함이라고 보았다. 자본주의 세계경제에 대한 비판적 시각을 공유하고 있는 *세계 체제 이론*에서는 단일한 자본주의 세계경제가 (산업적인) '핵심' 지역이 (비산업적인) '주변부' 지역을 착취하여 세계노동을 분업시킨다고 보았으며, 식민지화는 이국의 땅을 통제하기 위한 제국적 수단을 제공한다고 하였다. 반면 자유주의 경제학자들은 신제국주의를 자본주의 산물이 아닌

공산주의

사회 모든 사람이 그들의 능력에 따라 생산하고, 그들의 욕구에 따라 소비하도록 조직된다면, 계급 차별 없는 공동체가 등장할 것이고, 주권 국가는 더 이상 필요 없게 되며, 식민지 정복의 제국주의 전쟁은 역사로부터 사라질 것이라고 주장하는 급진적 이념

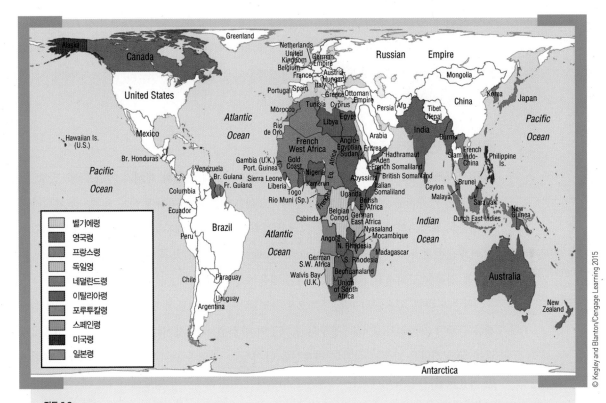

지도 5.3
글로벌 제국주의
1914 제국주의 열강 10개국은 오늘날의 남반구를 식민지화하기 위해 전 지구적 경쟁을 펼쳤다. 1차 세계 대전 직전, 그들의 통합된 영토는 세계 대부분을
점령하였다.

수정될 수 있는 불균형 정도로 간주하였다. 이러한 차이점에도 불구하고, 세 가지 시각은 경
제가 신제국주의를 설명할 수 있다는 확신을 공유하였다; 값싼 원자재 공급처와 생산된 제품
의 소비를 위한 새로운 시장 등, 제국주의는 선진 자본주의 사회의 물리적 욕구에 기반하고 있
다(2장 참조).

신제국주의에 대한 또 다른 설명은 제국주의 제2의 물결의 근원으로서 순수하게 정치적
요인을 강조하는 것있다. 영국의 자유주의 경제학자 홉슨(J. A. Hobson)은 1902년 독창적인
저서 '제국주의'에서 경쟁적 제국들 간에 세력과 권위를 얻기 위해 책략을 쓰는 것은 유럽의 세
력 균형 체제에서의 강대국들의 행태로 성격지어 왔다고 주장했다. 홉슨은 해외 팽창을 통한
제국주의는 그저 모든 국가가 보다 많은 권력에 대한 억제할 수 없는 갈등을 갖는다는 현실정
치(realpolitik) 논리에 의해 고무된 유럽국가들 간의 우위 경쟁이라고 보았다.

영국은 1800년대까지 유럽의 끊임없는 분쟁으로 세계의 주도적 국가로 자리를 잡았다. 그
러나 1870년경 영국의 헤게모니는 기울기 시작했다. 독일은 강력한 산업국가로 부상했고, 미

현실정치

*국가들은 다른 국가들과 경
쟁하고 지배하기 위해 세력
과 부를 늘려야 한다고 규정
하는 이론적 전망*

국도 그랬다. 알려진 바대로 영국은 점증하는 신흥 핵심국가들과의 경쟁에 맞서 특권적 위상을 지키려고 노력했다. 현상유지를 바라는 영국의 노력은 (지역)분할로 (식민)지역 주민을 희생시켜 제국주의적 세력에 봉사하게 하는 제국주의적 팽창, 특히 아프리카에서의 제국주의적 팽창의 제2의 물결을 설명하는데 도움을 준다.

20세기의 민족자결주의와 탈식민화

여론의 사조는 제1차 세계 대전을 끝내는 1917년 베르사유 평화 체제가 *자유주의*—진보, 번영, 평화를 창출하는 제도와 이상, 이념의 중요성을 강조하는 이론적 사고 체계—를 채택하면서 명확히 제국주의에 등을 돌렸다. 그러한 개혁 프로그램의 하나가 미국 대통령 우드로 윌슨에 의해 옹호된 민족자결주의(self-determination) 원칙이다. 민족자결주의는 토착 국민이 통치자를 결정할 도의적인 권리를 갖는다는 것을 주장한다.

민족자결주의(자결주의)

사람들은 자신들의 업무를 관리할 정부를 결정할 수 있어야 한다는 자유주의 독트린

윌슨과 다른 *자유주의 이론가*들(2장 참조)은 자유가 영토적 경계에 만족하고 그래서 전쟁을 감행할 가능성을 줄이는 정부와 국가들의 창건을 이끌 것이라고 설명했다. 그러나 실제로는 국민 집단을 가르는 국가의 경계선을 다시 긋는 시도가 오로지 전쟁으로 파괴된 유럽에만 적용되었는데, 유럽에서는 이전의 오스트리아-헝가리제국의 영토에 6개의 새로운 국가들이 창건되었다(오스트리아, 체코슬로바키아, 헝가리, 폴란드, 루마니아, 그리고 인종적으로 분할된 유고슬라비아). 다른 영토 조정 역시 유럽에서 이뤄졌지만 민족자결주의가 유럽의 해외 제국까지 확장되어야 한다는 제안은 지지 받지 못했다.

그러나 제1차 세계 대전에서 패한 강대국들의 식민지 영토는 과거에 으레 그랬던 것처럼 승전국들 간에 분배되지만은 않았다. 대신에 독일과 오토만 제국에 의해 지배되던 영토는 자치정부 수립 시까지 국제연맹의 원조 하에서 '위임' 통치할 국가들로 넘겨졌다. 이러한 영토 결정들은 전 지구적으로 끊임없는 갈등을 낳았다. 예를 들어 국제연맹은 팔레스타인에 유대민족 조국의 최종 창설을 요청했고, (나미비아로 불리는) 남서아프리카에 대한 통제권의 양도가 남아프리카의 소수 백인 체제로 이뤄졌다.

국제연맹의 위임통치 체제에 내재된 원칙은 "식민지들은 마치 소속원들이 자신만의 고유권리가 없는 것처럼 다뤄지고 착취될 소유물이라기보다는 위탁물이다(Easton 1964, p.124)."라는 생각을 낳았다. 이는 제2차 세계 대전 후에 중요한 선례가 된다. UN의 신탁통치 체제에 들어간 패전국의 영토는 다른 국가에 흡수되지 않고 자치정부 수립을 보장했다. 따라서 민족자결주의의 지원은 힘을 얻었다. 탈식민화 과정은 영국이 인도와 파키스탄의 독립에 동의한 1947년에 속도를 붙였다. 전쟁은 결국 이 신생독립국가들 간에 일어났는데, 서로 카슈미르 지역에 대한 지배권을 획득하고자 했기 때문이다. 전쟁은 1965년, 1971년에 일어났고, 다시 핵무장 국가가 된 후인 2002년에 벌어졌다.

폭력은 또한 베트남, 알제리에서 1950년대와 1960년대 초에 일어났는데, 이때는 프랑스가 제2차 세계 대전 이전의 식민지 영토에 대한 지배권을 다시 획득하려 했다. 유사하게 콩고에서도 1960년 벨기에가 지배하던 아프리카 식민지를 독립시켜준 바로 뒤에 유혈참사가 일어났고, 그 유혈참사로 1960년대 내내 아프리카를 휩쓸었던 탈식민화의 바람과 싸우던 포르투갈의 노력은 실패로 돌아갔다.

이러한 정치적 격동에도 불구하고 탈식민화는 놀랄 만큼 빠르게 그리고 주목할 만큼 평화롭게 이뤄졌다. 이는 제2차 세계 대전으로 대다수 식민 강국들이 경제적,

자유와 민족자결주의

제1차 세계 대전이 발발할 당시 세계에는 62개의 독립국가만이 존재하고 있었다. 미국 정부에 의하면 2011년 7월 남수단이 수단으로부터 분리 독립함으로써 195개의 신생국가가 존재하게 되었다. 사진은 수단의 알바시르(Omar al-Bashir, 좌측) 대통령과 남수단의 살바 키르(Salva Kiir, 오른쪽) 대통령이 남수단의 국가 연주에 참여한 모습이다. 알바시르 대통령은 2013년 4월 금요일, 남수단 독립 이후 처음으로 남수단의 주바(Juba)를 방문하였다.

군사적 활력을 잃었다는 사실을 설명해주는 것이기도 하다. 세계 체제 분석은 점증하는 제국의 비용 상승 또한 식민제국에 대한 지지를 손상시켰다고 주장한다(Strang, 1991). 근원적인 원인이 무엇이든 식민주의는 잘 받아들여지지 않았다. 동서의 경쟁이 점점 두드러진 세계에서 정치적 동맹을 위한 냉전 경쟁은 동서 양측의 초강대국에게 해외 식민 지역의 해방을 요구하도록 했다. 이니스 클로드(Inis Claude)가 언급했듯이, 탈식민화는 "서구가 식민주의의 영속화보다 공산주의의 봉쇄를 더 우선시했기 때문에 승리를 거뒀다(1967, p.55)."

구질서가 붕괴되었기 때문에—그리고 새로이 해방된 영토의 지도자들은 저절로 자유가 자치, 경제 독립, 혹은 국내 번영으로 변형되는 것은 아니라는 것을 깨달았기 때문에—부유한 북반구 국가들과 부상하는 남반구 국가들 간의 충돌이 시작되었다.

북과 남의 현재: 양극화 심화

남반구 국가들은 평화적이고 민주적인 북반구 국가들과 비교해서 국민들 대부분이 전쟁, 폭정, 혼란의 한복판에서 만성적인 가난에 직면해 있기 때문에 오늘날 때때로 '불안의 지대' 혹은 '격변의 축'으로 묘사되곤 한다. 기존의 독재정권과 암담한 경제 전망이 지속되는 남반구의 가장

가난한 나라들에서는 무장투쟁과 내전을 경험할 가능성이 커진다(Collier 2005; Ferguson, 2009). 확실히 내전의 90% 이상 그리고 지난 60년 간 사상자의 90%가 남반구에서 발생하였다(7장 참조).

1980년대 이후 민주주의가 경제발전과 평화를 도모하는 수단으로 남반구 국가들 전반에 선호되는 정부형식이 되었기 때문에 급속히 그리고 널리 확산되어 왔다. 남반구 역사는 다음의 사항을 제시한다. "경제적 그리고 기술적 진보가 사회적, 문화적, 그리고 정치적 변화를 일목요연하게 불러일으키며, 이러한 발전은 또한 민주적 제도와 엘리트집단에 부응하는 행동들에 대한 대중의 요구를 유발한다(Inglehart and Welzel, 2009, p. 39)." 이 때문에 끊임없는 자본주의하의 남반구 시장경제 확산은 민주화를 재촉하는 경향으로 나타나는 것이다.

하지만 자유민주주의의 지속적인 확산이 보장되지 않으며, 선거가 좀 더 일상적으로 시행되고 있으나, 민주주의가 실패하는 모습이 일부 보고되어 진다. 많은 지역에서 민주주의가 단지 피상적 형태일 뿐인 것이다. 옥스퍼드대 경제학자 폴 콜리어(Paul Collier)는 다음과 같이 지적하였다(2009, p. 49).

세계 인구의 10억 명 가량 빈곤층들 사이에서 시행되는 일반적인 선거에서는, 대게 유권자가 많은 불만거리를 가지고 있음에도 불구하고 재임자가 74% 정도의 확률로 승리한다. 특히 약한 규제의 선거에서는 88% 확률을 나타낸다. 어떻게 해서든 이러한 사회에서의 재임자들은 선거당선에 적당한 것이다.

국민총소득(GNI)
국민총소득, 생산의 지리적 범위를 정하기 위해 사용되는 주어진 기간 내의 재화와 용역의 생산 측정. GNI는 생산이 발생된 장소에 개의치 않고 국가의 국민들과 기업들에 의한 생산을 측정한다.

개발도상국
1인당 국민총소득이 1,025달러 미만인 저임금 남반구 국가들과 1,026달러 이상 12,476달러 미만인 중임금 국가들을 규정하기 위해 세계은행에서 사용하는 범주 (WDI, 2013)

선진국
연평균 1인당 국민총소득이 12,476달러 이상인 북반구 국가들을 규정하기 위해 세계은행에서 사용하는 범주 (WDI, 2013)

게다가 많은 남반구 국가들에는 기업가 정신과 사기업에 기반한 잘 발달된 국내시장 경제가 결핍되어 있다. 실제 글로벌 금융위기는 남반구 내에서 "현저한 경제성장을 제공하고, 지역의 지루한 불평등을 감소시킬 자유시장 정책의 실패"라는 낙담을 가속화시켰다(Schmidt and Malkin, 2009, p. 5). "비교우위 시장, 원자재 생산과 금융투기로 구성된 세상에서 내제된 모순의 자연스런 부산물로 이 위기를 간주한 칼 마르크스(Karl Marx)에 의하면, 글로벌 금융위기는 새로운 이익을 발생시켜 왔다는 것이다(Panitch, 2009, p. 140).

세계인구의 83.7%가 가난하다는 사실은 이러한 불평등한 자원배분을 반영하고 불평등한 자원배분을 설명한다. 불평등을 측정하기 위해 세계은행은 국민총소득(gross national income, GNI)이 평균 2천 5백 60억 달러인 개발도상국(developing countries)의 '저임금'과 '저중임금'이 평균 6천 2백 40억 달러인 상황을 선진국(developed countries)의 '고임금'과 비교했다(WDI, 2013).

여기서 나타난 수치들과 북반구와 남반구를 가르는 자료들은 심각한 차이와 불균형을 제

특징	개발도상 남반구	선진 북반구
국가/경제권 수	146	80
인구(백만)	5,839.2	1,135
연평균 인구성장률, 2010–2020	13%	0.7%
인구밀도(km² 당 인구수)	61	33
의회 내 여성(%)	20%	24%
면적(1,000km²)	95,718.5	33,991.4
1인당 국민총소득(PPP)	$6,451	$38,471
연평균 GDP 성장률, 2010–2011	6.3%	1.5%
해외직접투자 순유입(% of GDP)	2.8%	2.1%
수출-상품 및 서비스(10억 $)	$7,009.4	$15,509.8
수입-상품 및 서비스(10억 $)	$7,031.0	$15,306.3
근로자의 송금수령(백만)	$358,394	$120,853
난민(천만)	10,032.6	77.5
개선된 위생시설에 대한 접근(인구비)	56%	100%
영양결핍률 (인구비)	14%	5%
보건지출(% of GDP)	5.8%	12.3%

표 5.1　발전의 두 세계: 국제적 계급 분화

Source: WDI, 2013.

시한다. 저·중임금 국가들과 고임금 국가들을 구별하는 몇 가지 핵심적인 지표의 차이를 비교해보면, 거대한 간극을 발견하게 된다. 표 5.1이 나타내는 바와 같이 지구상의 사람들은 그들이 어디에 사느냐가 그들이 어떻게 사느냐에 영향을 미치는 것이다. 이러한 상황은 대부분의 남반구형 국가들이 포진한 이른바 남반구보다 북반구 선진 국가들에 훨씬 호의적이며, 삶의 질이 상대적으로 유리하도록 작용하는 것이다.

　이 표는 초점이 저임금 개발도상국가들 중에서 가장 가난한 국가의 빈곤으로 이동할 경우보다 더 암울하다. 8억 천 6백 8십만 이상의 인구(인류의 11.7%)가 국제 체계 서열에 있어 최하위에 속하는 36개국의 하나에 살고 있는데, 이들 **최빈개도국**(least developed of the less developed countries, LLDCs)에서는 (돈보다는) 1차 생산물의 물물교환으로 경제 거래가 이뤄진다(WDI, 2013).

　때때로 제3세계의 제3세계로 묘사되는 이들 국가들은 가장 빈곤하고, 경제성장이 거의 일

최빈개도국(LLDCs)

남반국에서 가장 빈곤한 국가들

어나지 않은 상태에서의 빠른 인구성장을 통해 이미 과부하 된 사회와 환경에 지속적으로 무리한 짐을 얹고 있는 것이다. 이들 국가들은 가난의 고리를 끊고 부상하거나 재부상하지 않고 있다. 그 국가들은 다른 남반구 국가들보다 더 뒤처져 있다.

가난과 소외의 위압적인 규모는 남반구 전역에 두드러져서 남반구 국가들 중 일부만이 벗어나기 시작하고 있다. 대부분의 남반구 국가들에게 있어 미래는 삭막하고, 공포와 가난으로부터 벗어날 가장 기본적인 기회와 선택이 불가능하다. 21세기에는 거의 모든 인구증가가 국제화된 시장에서 거래가 단절된 가장 가난한 국가들, 남반구 국가들에서 일어날 것을 고려하면, 그 차이를 좁히고 가난한 지역에서 테러리즘과 내전이 일어나는 것을 막을 방법을 상상하기도 어렵다.

남반구의 수많은 국가들에 대한 이와 같이 말할 수 없는 절망에 대한 비관적인 묘사는 기본적이고 이론적인 의문을 제기한다. 이와 같이 중요한 역사적 시점에 왜 남반구는 그처럼 암담한 빈곤을 겪는 것일까?

왜 이러한 격차는 지속되는가?

왜 남반구는 복지와 발전에서 북반구보다 많이 뒤처져 있는가? 그리고 왜 남반구 내에서조차도 발전(development)이 천차만별로 차이가 나는가? 남반구에서 분명하게 드러나는 다양성은 저발전이 여러 요소들을 조합해야 설명 가능하다는 결론에 이르게 한다. 일부 이론가들은 대부분의 개발도상국 경제 중 저발전을 국가 내 *내적* 요인에서 설명한다. 또 다른 이론가들은 국제정치경제에 있어 개발도상국들의 위상과 같은 *국제적* 요인에 초점을 맞춘다. 우리는 이러한 학파의 각 이론을 간략히 살펴볼 것이다.

발전

한 국가가 국민들의 기본적 인간욕구를 충족시키고 그들의 생활수준을 향상시킬 능력을 늘리기 위해 발전하는 경제적, 정치적 과정들

저발전의 내적 원인

자유주의 경제발전 이론의 근대화(modernization)가 제2차 세계 대전 직후 가장 먼저 등장했다. 그들은 발전의 주요 장애물이 남반구 국가들 내의 국내적 성격에 있다고 주장했다. 대부분의 고전적 이론가들은 이러한 장애를 극복하기 위해서 부유한 국가들이 해외 원조나 민간의 해외직접투자를 통한 투자자본과 같은 남반구 발전에 '누락된 요소들'을 지원할 것을 제안했다.

이들 자유주의적 이론가들은 충분한 자본이 경제성장을 촉진하기 위해 축적되면 그 이익이 결국에는 사회 각 분야로 폭넓게 흘러들어 갈 것이라고 예측했다. 특권을 가진 몇몇이 아니라 모두가 풍족함을 누리기 시작할 것이라고 예측했다. 경제역사가이자 미국 정책 입안자였던 월트 W. 로스토우(Walt W. Rostow)는 이러한 이론을 『*경제성장의 단계(The Stages of*

근대화

부는 능률적인 생산, 자유기업, 그리고 자유무역을 통해 창출되며, 국가의 상대적인 부는 기후나 자원과 같은 부존자원보다는 기술적 혁신과 교육에 달려 있다고 보는 남반구에 유행하는 발전 시각

Economic Growth, 1960))』에서 공식화했다. 그는 발전으로 가기 시작한 전통사회는 자유 시장의 수단에 따라 다양한 단계를 거치게 되고, 결국 자본주의 북반구 국가들의 대중 소비사회와 유사하게 '도약'할 것이라고 예측했다. 심지어 부익부 상황인 것 같더라도 세계의 소득은 전체적으로 성장하기 때문에 산업화 이전 경제가 보다 빠르게 성장하고 결국 보다 부유한 국가들과의 간극을 줄일 가능성은 높아진다고 주장했다.

남반구 국가들은 그 이론의 토대가 되는 예상과 추정을 거부했다. 남반구 국가들의 지도자들은 남반구 국가들이 근면, 신상품의 혁신적인 개발, 학교 교육에 대한 투자에 집중하면 번영하게 된다는 고전적 자유주의 이론을 받아들이지 않았다. 게다가 1970년대 중반까지 북반구의 부유한 국가들로부터의 원조가 남반구가 기대하는 번영 혹은 민주주의를 가져다주지 못했다는 것은 명백한 사실이다. 대신에 그 지도자들은 남반구의 가난이 개발도상국과 국제정치경제에서의 남반구 지도력 간의 국제적 연계 때문이라는 경쟁 이론을 믿었다.

저발전의 국제적 원인

고전 이론이 대부분 개발도상국의 저개발 원인을 국내의 내적 조건에 두었던데 반해, 종속 이론은 대체로 국제적 요소, 그중에서도 특히 주요 강대국에 대한 남반구 국가들의 종속을 강조한다. 2장에서 설명했듯이 종속 이론은 제국주의에 대한 레닌의 마르크시즘에 의한 비판에 토대를 두고 있지만, 최근 수십 년 동안 일어났던 변화를 충분히 설명해주고 있다. 그 이론의 중심 명제는 자본주의 세계경제의 구조는 주요한 핵심부와 종속적인 주변부 간의 노동 분업에 토대를 두고 있다는 것이다. 식민주의의 결과로 주변부를 구성하는 남반구 국가들은 원자재를 수출하고 완제품을 수입하는 경제적 역할이 강요되었다는 것이다. 고전적 자유주의 이론가들은 비교우위에 따른 생산의 특화가 자유로운 시장에서 소득을 증가시킬 것이고 그 가운데 세계의 부국과 빈국 간의 간극이 좁혀질 것이라고 주장하는데 반해, 종속이론가들은 개발도상국들이 계속해서 수많은 경쟁적 공급자와 수요가 한정되어 있는 1차 생산물을 생산하는데 특화하는 한 국제 불평등이 완화되지 않을 것이라고 주장한다.

그들의 의존적 처지에서 벗어나, 독자적 산업발전을 추구하는 것이 남반구 국가들의 대외 정책에서 최고 우선순위라 할 수 있다. 이를 위하여 몇몇 국가들(특히 라틴 아메리카 지역 국가들)은 전통적으로 해외로부터 수입해 온 생산품을 국내기업이 제조하도록 권장하는 수입 대체 산업화(import-substitution industrialization) 전략을 통해 발전을 추구해 왔다. 정부는 (종종 독재정부) 국내경제를 운용하는데 더 깊이 관여하게 되고, 때에 따라서는 산업을 직접 소유하거나 경영하게 되는 것이다.

수입 대체 산업화는 결국에 타락하기 마련이며, 이는 제조 기업이 자국 내 시장을 위한 상

수입 대체 산업화

해외로부터의 상품수입을 감소시키기 위해 대체 상품을 생산하는 국내 투자자에게 인센티브를 제공하는데 중점을 둔 경제 발전 전략

품을 생산하기 위해 여전히 북반구 기술에 의존해야만 한다는 사실에 부분적으로 원인이 있다. 현재는 수출 지향 산업화(export-led industrialization)에 대한 선호가 우세하다. 부자를 부유하게 만들어 온 것은 수입으로부터의 단절(사실상 부국도 모든 종류의 상품을 수입한다)에서가 아닌, 제조업 수출의 성공에 기인하며, 남반구의 원재료보단 더 높은 가격을 용인 받아 온 것이다(Sklair, 1991).

수출 지향 산업화

해외 시장과 경쟁할 수 있는 국내 수출 산업을 육성하는 데 집중하는 성장 전략

종속 이론가들은 또한 남반구의 국가들이 그 국가들과 동떨어진 가치에 젖어들게 하는 다국적 기업(multinational corporations, MNCs)과 다른 외부의 힘에 의한 문화적 침투에 취약하다고 주장한다. 그러한 침투가 일어나면 착취하는 국가와 착취당하는 국가 간에 맺어진 본래의 불평등한 거래를 침투에 젖어든 사회 내의 엘리트들이 지속시킨다는 것이다. 그 엘리트들은 개인 소득을 위해 국가의 번영을 희생시키면서 그렇게 한다는 것이다. 특권적 소수가 사회를 희생시켜 종속을 통해 이익을 얻는다는 주장은 많은 개발도상국들의 이중적 속성을 강조한다.

다국적 기업(MNCs)

모국에 본사를 두고 다수의 다른 국가에서 광범위하게 운영되는 비즈니스 기업

양분론(Dualism)은 나란히 작동하고 있는 두 개의 개별적인 경제적, 사회적 부문의 존재를 언급한다. 양분된 사회는 도시의 개발되고 진보된 부문과 그것의 주변에 존재하는 전형적인 시골의 가난하며 소외된 부문으로 구분된다. 그러나 두 부문 간에는 거의 상호작용이 없다. 다국적 기업은 다른 나머지 사람들보다 소수의 안정적인 소득의 사람들에게 호의적이어서 급료의 차이를 늘리고, 그들의 본사를 주로 도시 지역에 세워, 각 지방에서 도시로 유입되게 하기 때문에 시골경제와 도시경제 간의 기회 차이를 키움으로써 양분론의 원인이 된다.

양분론

국가를 주요 도시 중심으로 현대화하고 번영한 부문과 주변부에 경시되고 가난한 부문의 두 개의 부문으로 분할하는 주장

비록 종속 이론이 남반구 내에서는 크게 호소력을 가졌지만, 생산품을 북반구로 수출하기 시작한 남반구 국가들인 소위 신흥공업국(newly industrialized countries, NICs)이라는 국가들의 출현을 쉽게 설명하지는 못했다. 오늘날 신흥공업국은 제조업 상품의 가장 큰 수출국 중 하나이며, 정보처리 산업의 주역 국가이다.

신흥공업국(NICs)

자본재를 수출하는 주요 선진국들에 대해 수입시장뿐만 아니라 제조 상품의 중요한 수출국이 된 남반구의 가장 번영한 국가들

쿠바, 미얀마, 그리고 북한 등과 같이 경제적 성과에 내심 집중하고 있으나, 국제통상에 거의 관여하지 못하는 국가들의 지속적 발전결핍을 설명하기에는 어려움이 있다. 하지만 최근 사회적, 문화적 상태와 같은 내적 특성이 정치적, 경제적 발전을 어떻게 형성하는지에 관한 관심, 즉 근대화 이론이 다시 한 번 부활하고 있다(논쟁: '발전 전략 – 근대화로의 회귀?' 참조).

격차 해소? 강대국 세상에서 남반구의 전망

북반구와 남반구를 나누는 커다란 정치, 경제, 사회 차이는 남반구의 나머지 국가들이 점점 취약하고, 불안정하며, 무방비라는 것, 그리고 이러한 조건들은 국내적, 국제적 요소들의 산물이

논쟁

발전 전략 – 근대화로의 회귀?

시간이 흘러 발전전략의 지각된 효율성과 신뢰성은 흥망성쇠를 거듭하였다. 현재의 세상 이치를 설명하고, 예측하는 능력에 의존함에 특히 그러하다. 1960년대 전성기를 맞이하여 고전 이론은 국가들이 발전을 위해 산업 민주주의 경로를 모방할 것이라는 처방을 내렸다. 그러나 이러한 노력이 광범위한 번영 혹은 민주주의로 귀결되지 못하였다는 것이 1970년대에 명백해 졌다. 예컨대, 라틴 아메리카의 다수 국가들이 독재와 극도의 빈곤으로 고통 받았다는 점을 들 수 있으며–남반구 국가들의 내부적 문제점 보다–영구적 저발전의 요인으로 글로벌 자본주의 시스템에 집중하고 있는 종속 이론은 이러한 시기 인기가 상승하였다. 하지만 이러한 이론적 설명의 연관성은, 특히 글로벌 시장에 참여 및 수출 주도형 전략의 추구를 통해 의미 있는 성장을 경험한 국가들의 성공을 고려하면, 의문이 제기되기에 이르렀다.

두 가지 시각이 모두 시류에 뒤처짐에 따라, 비평가들은 근대화 이론은 종식되었음을 제의하였다. 그러나 냉전 종식 이후 근대화 이론의 미묘한 버전이 출현하여 신뢰를 쌓고 있다. 공산주의의 종식이나 동아시아 국가들의 경제 공과 같은 세계의 변화에 대응하여, 이의 핵심 전제는 경제성장이 가능한 세계시장을 산출함에 있다; 인적 자원에 대한 수익 투자와 첨단 기술 상품 생산 노동자의 승진은 더 나은 수익을 창출하고, 교육 중산층을 확대시킨다; 일단 중산층이 확대되어 충분히 명료해지면, 자유민주주의, 즉 선진 산업사회를 위한 가장 효과적인 정치 체제를 자극하게 된다(Inglehart and Welzel, 2009, p. 36).

초기 근대화 이론의 시기와 같이, 유사하게도 이의 최신 버전은 경제발전을 정치, 문화, 그리고 사회에서 중요하면서도 예측 가능한 변화를 끌어내는 것으로 간주하였다. 하지만 이는 여러 가지 방법으로 좀 더 복잡한 이해를 제공한다(Inglehart and Welzel, 2009);

- 역사문제 사회의 믿음, 가치, 그리고 전통은 더 큰 세계관 그리고 근대화 세력에의 참여를 형성한다.
- 근대화는 서구화가 아니다. 동반구의 산업화 성공은 초기 자민족중심 가정에 도전한다.
- 근대화는 민주화가 아니다. 일인당 GDP의 증가가 자동적으로 민주주의로 귀결되는 것은 아니다.
- 근대화는 선형이 아니다. 근대화의 개별 단계는 사회의 특정 변화와 연관된 경향이 있기 때문에 여러 변곡점이 존재한다.

여러분은 어떻게 생각하는가?

- 자유주의, 구성주의, 그리고 마르크시즘 관점은 근대화 이론의 다양한 버전을 어떻게 반영하는가?
- 성평등 제고를 위한 신 근대화 이론의 시사점은 무엇인가? 정치적 개혁과 민주화를 위함인가? 발전 수단으로써 국제기구를 위함인가?
- 신 근대화 이론은 중산층의 부상이 민주주의로의 국가의 발전을 위해 중요하다는 것을 시사한다.

AP Photo/Ismael Francisco, Cubadebate

남반구 사회주의의 새 인물

빈곤과 억압이 실망스럽게도 거의 완화되지 않았음에도 불구하고, 사회 구성주의자들이 쿠바 내 경제 사상에서 확고한 변화로 간주할 수 있는 징후들이 존재한다. 2008년 대통령으로서 그의 형제 피델(Fidel)을 승계한 카스트로(Raul Castro)는 모든 분야를 국가가 부담하는 시스템의 종식 필요성을 언급하며, 사회주의는 "사회적 정의와 동등성을 의미하는 것이며, 소득이 아닌 권리와 기회의 평등을 뜻한다."고 하였다. 동등성이 평등주의와 같지 않다는 것이다. 평등주의는 그 자체로 착취의 한 형태일 수 있다; 이를테면 덜 생산적이고 게으른 자들에 의한 좋은 노동자에 대한 착취

라는 것을 보여준다. 남반구 국가들의 안보와 번영에 방해가 되는 복합적인 문제들이 있다고 할 때, 여러분이 남반구 국가의 지도자가 되었다고 가정하고 이 끔찍한 도전을 어떻게 접근할지 자문자답해 보라. 여러분의 선택은 의심할 바 없이 남반구 국가들이 목표를 추구하기 위해 취한 접근법과 다른 접근법을 고려함으로써 이익, 특히 북반구 국가들과의 관계에서 이익을 얻을 것이다.

기술 및 글로벌 커뮤니케이션

북반구와 남반구는 각각의 기술능력에서 오랜 차이가 있어 왔다;

20여 년 전 북아메리카, 유럽, 그리고 일본은 세계 과학의 거의 대부분을 생산해 냈다. 그들은 기술적 지식 귀족이었으며, 한 세기에 걸친 구 레짐을 통솔하였다. 그들은 최고의 비용을 들이며, 최고의 저작물을 출판하였으며, 최고의 특허를 냈다. 그리고 그들의 생산물은 다시 그들의 산업, 군사, 그리고 의료 산업에 피드백 되어 혁신, 생산성, 권력, 건강, 그리고 번영을 이루어 냈다(*The Economist*, 2010b, p. 25).

일반적으로 남반구 국가들은 자국의 자원에 적합한 고유의 기술을 발전시키는 것이 불가능해 왔다. 따라서 기술적 노하우를 이전하기 위해 북반구 강대국의 다국적 기업(6장 참조)에 의존해 왔다. 이는 북반구 문제를 해소하기 위해, 연구개발 지출이 헌납되고 있음을 의미하며, 이 기술적 진보는 남반구의 요구와는 좀처럼 부합하지 않는 것이다. 그러나 북반구가 1990년 글로벌 연구 개발의 95% 이상을 책임지고 있었으나, 2009년 72.9%로 수치가 감소되었다(UNESCO, 2013).

남반구 국가들은 자신만의 기술혁신과 진보를 이루어 왔다(그림 5.1 참조). 남반구의 신흥 다국적 기업은 발전해 왔으며 "혁신적 생산품과 대담한 합병을 통해 부유한 세계에 설립된 다국적 기업들을 위협해 왔다(The Economist, 2009i, p. 20)." 그렇다 하더라도, 기술이 지리적으로 동등하게 배분되어 있지는 않다; 남반구에는 인터넷 연결망이 가장 낮은 밀도를 나타낸다(지도 5.4 참조).

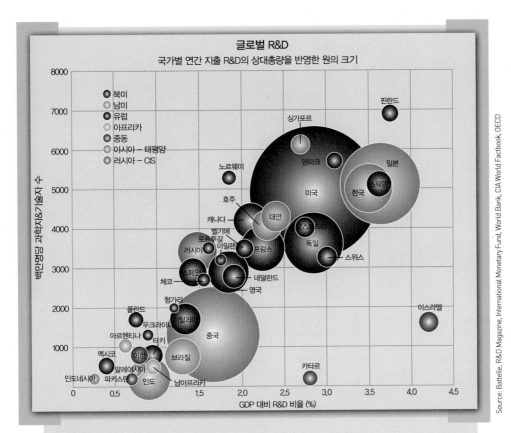

그림 5.1
글로벌 연구 및 개발
국가가 과학 연구 및 개발(R&D)에 지불하는 막대한 비용은 글로벌 과학지위의 한 지표이다. R&D에 드는 국내총지출
(GERD)을 국가의 총 GDP 퍼센트로 비교하면, 2013년 저널 '과학적 발견(SCIENTIFIC DISCOVERY)'의 수치 상 가장 높은
비율을 점하는 국가는 이스라엘(GDP의 4.2%)이다. 미국과 유럽연합이 과학에 대한 지출을 꾸준히 늘리고 있으며, 동시에
남반구 신흥국 다수도 과학계에 꾸준히 지출하여, '나머지의 상승'효과를 목도할 수 있다.

Source: Battelle, R&D Magazine, International Monetary Fund, World Bank, CIA World Factbook, OECD

글로벌 상거래 및 통신에 대한 인터넷의 중요성이 확산됨에 따라, 비평가들은 통신기술
(communications technology)에 접근성에 있어 디지털 격차(digital divide)가 충분히 빠른
시일 내 끝나지 않을 것이며, 남반구의 작은 기업들이 불이익에 처할 것이라 우려한다. 현재
북반구(특히 인터넷이 개발된 미국)는 정보기술(information technology, IT) 혁명의 뚜렷하
고 주된 수혜를 입고 있다. 하지만 미디어와 전기통신 산업의 성장 대부분이 남반구에서 발생
되기를 기대하고 있다.

불안정과 전쟁의 무기

남반구 국가들은 폭력, 테러, 무정부 사태 발발 시 강대국에 도움을 요청하거나 국제기구에 지
배받아야 할 것을 선택해야 할 운명적 문제에 처해 있다. 외부로부터의 개입이 있는 지역에는

통신기술

정보통신을 이동시키는 기술 수단

디지털 격차

인터넷 이용자 및 호스트 비율에서 기술이 풍부한 북반구와 남반구 간 기술 격차

정보기술(IT)

컴퓨터화와 인터넷 데이터 기록 그리고 연구 지식을 이용하여 저장, 검색 및 전파를 가능하게 하는 기술

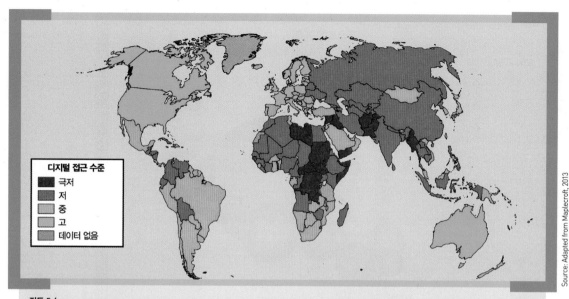

Source: Adapted from Maplecroft, 2013

지도 5.4
정보통신기술에서 디지털 격차

최근 정보통신기술(ICT)은 빠르게 확산되어 왔다. 그러나 국제 및 국내에서 진출 정도는 다양하다: 몇몇 국가에서는 초고속 접속이 가능한 반면, 어떤 국가에는 제한된 접속만이 용인되는 등 디지털 격차가 나타나고 있다. 디지털 위기 지수 2013(Digital Inclusion Risk Index 2013)에 근거하여, 개인 컴퓨터, 인터넷 브로드밴드, 모바일 폰 및 유선전화에 대한 접속을 고려하면, 위 지도와 같이 지구 전역에 걸쳐 각각의 ICT 접속 레벨을 묘사할 수 있다. 국가들은 ICT 접속의 고저에 따라 네 개 군으로 나누었다. 지도에 나타난 바와 같이, 미국은 높은 접근력을 보이는 반면, 아프리카 서해안에 위치한 국가들은 제한된 접근성을 나타내고 있다.

외세의 영향력에 처하게 마련이며, 이를 반기지 않는 까닭에 도움에 대한 외침은 위험에 처하기 쉽다. 외부의 개입과 간섭 사이의 적합한 경계선이 존재한다. 이러한 문제에 덧붙여 또 다른 문제가 있다: 폭력, 인종청소 및 테러가 발생한 남반구 국가의 국경 내 문제에 언제, 어디에, 왜, 그리고 어떻게 집단적으로 관여할 것인가에 대해 강대국의 무관심이나 무능력에 관한 위협이다.

외견상으로 국내와 국제 간 끊임없는 혼란에 직면하여 군사적 불안정성에 고심하고 있는 처지를 고려하면 남반구 국가들이 중국, 인도, 북한 및 파키스탄의 사례와 같이 핵무기를 포함한 현대무기를 획득하고자 고심하는 것도 놀랍지 않다. 그 결과 군사지출의 부담(GNP 대비 군사비 지출 비율)이 이를 견딜 수 있는 정도 한에서 가장 높은 편이다(SIPRI, 2013). 남반구에서 군사지출은 전형적으로 보건 및 교육 지출을 초과한다; 인종, 종교 및 종족 간 갈등으로 빈곤화한 국가들은 무기를 획득하기 위해 경제발전을 희생할 각오가 되어 있는 것이다.

스스로 무기를 생산할 수 있는 남반구 국가는 거의 없다. 대신에 대부분의 남반구 국가들은 북반구가 생산해낸 무기를 구매하기 위해 군사적 지출을 증가해 왔다(SIPRI, 2013). 따라서 힘의 논리에 대한 응답으로 남반구는 역사적으로 군사력과 경제적 지배를 겪으며 가장 두려워하며 분개해 온 대상인, 부유한 국가의 무기판매에 점점 더 의존하게 되는 것이다.

경제질서의 개혁

몇몇 남반구 국가들이 글로벌 경제통합의 수혜를 입어 번영하였으나, 나머지는 글로벌리제이션(globalization)의 이익이라 주장되는 사항들을 이용할 능력이 없는 것으로 보이며, 특히 글로벌 경제에서 경기 후퇴를 겪을 정도로 취약한 상태이다. 따라서 어떻게 지배와 종속을 극복할 것인가가 남반구의 주된 관심사로 남아 있다.

남반구 국가들의 등장은 그들이 발언권을 갖지 못했던 정치-경제질서가 구축되면서 비롯되었다. 경제적 미래에 대한 통제권을 갖기 위해 그들은 다른 방법으로 획득할 수 없었던 보다 큰 영향력을 주는 UN에서 점증하는 국가 수와 투표권으로 의지를 통합하기 시작했다. 1960년대에 그들은 연합을 형성하여 77그룹(Group of 77, G-77)을 만들었고, UN무역개발회의(UNCTAD)를 소집하는데 자신들의 투표권을 사용했다. UNCTAD는 후에 남반구 국가들이 개발 이슈에 관해 자신들의 이해를 주장하는 영구적인 UN 기구가 되었다. 10년 후 (당시 120개국 이상의 회원국을 가진) 77그룹은 제2차 세계 대전 이후 미국과 그 밖의 자본주의 국가들에 의해 옹호된 국제경제 체제를 대체할 신국제경제질서(New International Economic Order, NIEO)를 요구하기 위해 다시 UN에서의 수적 우위를 이용했다. OPEC의 높아가는 협상력에 고무된 남반구 국가들은 북반구 국가들에게 종속을 영속화하는 것으로 간주되는 책략들을 포기할 것을 강요하고자 했다.

당연하게도 북반구 국가들은 이 제안을 거부했지만, 제기된 이슈들 중(부채경감과 같은) 일부는 국제 의제로 남았다. 예를 들어 멕시코의 칸쿤에서 열린 2003년 세계무역기구회의에서 빈국들은 부국들로부터 주요한 양보, 특히 해외 보조에 관해 양보를 얻어내고자 연대했다. 2008년에는 또 다른 조치를 취했는데, 이때는 브라질과 아르헨티나가 세계은행과 직접적으로 겨뤘고, 그렇게 함으로써 북반구 국가들의 간섭을 피해 석유자원에 의한 부를 이용하려는 거대한 기반사업에 투자하기 위해 방코델수르(남미은행)를 출범시켰다. 국제통화기금(IMF)에 의한 회원국 거시경제정책 전반의 명시적 감시감독 권한이 지정되기를 원하는 북반구와, IMF가 더 큰 권한을 가지는 것에 반대하는 남반구가 존재하는 오늘날, 글로벌 거버넌스와 국가 주권 사이의 적절한 교차에 대한 분쟁이 끈질기게 지속되고 있다(Patrick, 2010).

해외 원조 및 송금

남북 간 격차를 해소하기 위한 하나의 접근법으로 해외 원조를 배분하는 방법이 있다. 2009년 2월 후진타오 중국 주석은 부유한 국가들이 빈국을 도와야 함을 설득하며 다음과 같이 말하였다. "선진국은 그들의 책임과 의무를 자각하여, 원조수행 및 채무 변제수행을 지속하여야 하며, 개발도상국을 지지하고 지원을 늘려야 하고, 그들이 금융안정과 경제성장을 유지할 수 있

77그룹(G-77)

북-남 무역에 있어 보다 평등이 이뤄지도록 개혁하자는 요구인 1963년 개발도상국들의 합동 선언을 지원한 제3세계 국가들의 연합

신국제경제질서(NIEO)

신국제경제질서. 남반구의 저개발 국가들이 국제경제질서를 형성하는데 보다 충분히 참여할 수 있도록 길을 열어주는 북-남 대화를 요청하는 1974년 UN 정책 결의안

빈국에서 부국으로

이전의 가난한 남반구 국가들 중 상당수가 자유시장과 공격적인 무역을 통해 혹은 풍부한 천연자원을 자본화함으로써 도약하고 있다. 두바이(사진 왼쪽)와 쿠웨이트(사진 오른쪽)는 유가가 아랍 왕국에서 번영지대로 변화시키는 붐을 형성함으로써, 자원의 자본화로 도약한 국가의 대표적인 사례이다. 두바이에는 세계에서 가장 큰 쇼핑몰 중 하나를 건설 중이며, 세계에서 가장 큰 수족관 및 5층 구조 수중호텔 등이 이들의 부를 대변하고 있다. 쿠웨이트는 2천 5백 6억 달러 가치의 유사한 구조물이 2013년 건설 프로젝트 단계에 있다.

도록 효과적으로 도와야 한다."

해외 원조

다양한 목적으로 수원국에 제공되는 공여국의 대부와 보조금 형식의 경제적 지원

해외 원조(foreign aid)는 다양한 형태로 이뤄지고 다양한 목적으로 이용되고 있다. 일부 원조는 순전히 금전적 지원으로, 일부는 양허비율로 대출을, 또 일부는 기술적 지식 공유로 구성된다. 비록 대부분의 해외 원조는 쌍무(bilateral) 간의 공적개발원조(official development assistance, ODA)—금전적 지원이 직접적으로 한 국가에서 다른 국가로 흘러가는 것을 의미—이지만 현재 세계은행과 같은 정부 간 국제기구를 통해 들어가는 '다자 원조'의 양이 증가하고 있다. 더욱이 원조의 목적은 형태만큼이나 다양하다(6장 참조).

쌍무(양자)

가령 미래의 관계를 지배하는데 수용한 조약과 같은 두 초국가적 행위자 간의 상호작용

통상 공식적인 해외 원조의 목표는 경제개발을 통한 빈곤 감소뿐만 아니라 인적 개발, 환경보호, 감축된 군사비용, 개선된 경제관리, 민간기업의 발전, 증가된 여성 파워, 민주정부의 도모와 인권, 그리고 인도주의적인 재난 제거와 도피처로의 지원 등을 포함한다(Barrett, 2007; Dimiral-Pegg and Moskowitz, 2009; Woods, 2008). 안보목표는 전통적으로 경제적 원조와 군사적 지원에 대한 기부자의 배분 목적에 따랐고 여전히 그렇다. 예를 들어, 미국이 친선을 상징화하고 세력균형을 유지하며, 중동에서의 저울을 평화로 기울이기 위한 중요한 수혜자로 이스라엘과 이집트를 정한 것이다. 또한 안보는 미국이 9.11 이후 테러와의 전쟁에 동맹국에게 기금을 제공하기 위해 해외 지원 예산을 두 배로 늘린 주요한 동기이기도 했다.

공적개발원조(ODA)

공적개발원조. 통상 경제개발과 복지의 촉진을 주목적으로 하는 세계은행과 같은 다국적 원조기구를 통해 들어가는 공여국들의 다른 국가들에 대한 보조금이나 대부

발전이 동맹국들 간의 연대를 강화하고, 상업적 이득이나 자유시장, 민주화를 촉진하는 것과 같은 다른 목적을 지원할 것이라는 가정은 공여국 대부분의 지원 프로그램에 버팀목이 되고 있다. 밀레니엄 원조자금(MCA: Millennium Challenge Account)과 함께 미국은 2006년부터 매년 적어도 50억 달러 이상의 원조를 17개 수원국에 공여해 왔다. '정당하게 통치하라.

사람에 투자하라. 그리고 경제적 자유를 장려하라.' 이 문구는 1948년 마셜플랜 수행 이래 미 원조국의 최대 성장을 대변한다.

해외 원조 배분에 있어 1970년대 이래 일반적인 경향은 점진적으로 확대되고 있다. 그러나 공여국의 총국민소득에 대한 해외 원조의 비율은 여전히 침체되어 있는 모습이다(OECD, 2013). 다수의 공여국은 일부 세계경제 침체기를 맞이하여, 여전히 그들의 ODA 수행목표를 채우지 못하고 있다(그림 5.2 참조).

많은 원조 공여국들은 많은 남반구의 원조 수원국들의 느린 성장률에 좌절감을 느끼게 되었고 해외 원조가 긍정적인 차이를 가져온다는 강력한 증거에도 불구하고 원조 프로그램의 효율성에 의심하고 조바심을 내고 있다(Easterbrook, 2002). 비판자들은 특히 최근 개발에 장애가 되고 있는 많은 남반구 국가들의 문화에 깊이 자리 잡고 있는 의식 상태를 인지하고 분개했다. 그 의식 상태란—가난을 유감스럽게 생각하지만—동시에 자본주의 정신의 핵심인 이윤 동기, 경쟁, 소비자 중심주의를 비난하는 것이었다. 공여국들은 특히 원조를 원하는 국가들이 발

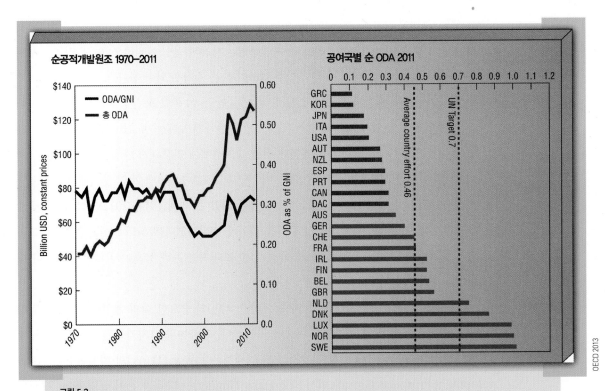

그림 5.2
파기된 약속
UN 결의안 2626에 따라 북반구 부유국들은 1970년 GNP의 0.7%를 남반구 빈국의 장기개발을 위한 원조로 할당하기로 하였다. 실제 1970년대에서 2011년까지 ODA는 증가하였으나, 총국민소득(좌측)의 해당 퍼센트에는 미치지 못하고 있다. 사실상 2011년 GNI에 대한 비율로써 ODA는 0.46% 이상 감소하였다. 절대가치로 미국, 독일, 영국, 그리고 프랑스는 가장 많은 공여를 수행하는 국가이다; 그러나 국가경제 규모와 비교하면 룩셈부르크, 스웨덴, 그리고 노르웨이가 가장 관대한 국가이다.(우측)

전과 번영에 있어 중요하다고 믿는 노동, 경제적 경쟁, 기업가적 창의성 등의 핵심적 서구 가치 들을 존중하지 않는다는 데 분개했다.

이러한 시각에 대해서 공여국들은 점차 원조 수원국들에게 도움을 받기 위해 충족시켜야 할 '조건'이나 요구사항을 주장하고 있다. 비록 세계은행이 이러한 관행이 원조의 의의를 15% 에서 30%까지 감소시키고, 효용성을 떨어뜨렸으며, 남반구에서 모색하는 것과 동일한 자유시 장 원칙을 위반했다고 평가했지만, 공여국들은 또한 습관적으로 공여국들로부터 구매를 요구 하는 것과 같은 이익을 내는 '구속성' 개발지원을 고집하고 있다.

이에 덧붙여 남반구 국가들은 북반구 공여국들이 지난 40년 동안 국민총생산의 0.7%를 해 외 원조에 할당할 것을 약속했지만, 오로지 소수 국가만이 약속을 지키거나 목표에 근접했던 것에 대해 불평을 한다(그림 5.2 참조). 적당하게 계획되고 민주적 정부로 개선하려는 기록을 낸 국가들에게는 한결같이 원조를 제공해 많은 원조가 실제 발전에 기여했다는 게 명백함에도 이러한 불평은 사실이다(Sachs, 2005). 하지만 최근 많은 남반구 지도자들은 해외 원조 분야 북반구 비평가들과 연계하여, 원조가 신식민주의 및 신제국주의 도구로써 해석되며, 국제통화 기금(IMF), 그리고 다른 다자간기구에 의해 부가된 원조 수원의 조건에 대해 분개하고 있다. 2009년 5월 카가메(Paul Kagame) 르완다 대통령은 다음과 같이 설명하였다. "우리는 외부의 도움에 감사하고 있다. 그러나 우리 자신이 얻고자 하는 것을 도와야 한다."

보다 많은 돈-세계 전체 해외 원조의 두 배 이상의 돈-이 주로 북반구 국가에서 일하는 이 주노동자들이 급료를 벌어 고향에 있는 가족에게 충실하게 보내는 송금(remittances)을 통해 남반구 국가로 유입된다. 민간자본 흐름에 의한 경기침체에 민감하게 반응하지 않은 채, 국제 송금은 1970년대 이래로 해마다 꾸준히 증가해 왔다. 2000년 천 3백 20억 달러에서 2012년 5 천 2백 90억 달러로 지난 12년 간 송금액은 4배가 되었다. 세계은행은 2012년 개발도상국으 로 유입된 전체 송금액이 4천 10달러에 이를 것이라 추정하였다(World Bank. 2013a). 그리 고 실제 송금에서 비공식적 네트워크를 통해 자주 보내지는 돈과 상품이 공식적 수치보다 더 클 것이라 생각된다(지도 5.5 및 그림 5.3 참조).

이 송금은 다수의 개발도상국 내 가족(그리고 국민)의 중요한 삶의 원천이 되며, 몇몇 사 례에서 대상 국가 GDP의 유의미한 비중을 차지한다. 레바논과 타지키스탄을 예로 들면, 몇 년 간의 송금은 GDP의 1/5 이상을 차지하였다. 세계은행(Word Bank)의 개발전망그룹(De- velopment Prospects Group) 이사 티머(Hans Timmer)는 다음과 같이 설명한다. "송금의 역할이 사람들을 가난에서 벗어나도록 돕기 위함만으로 알려져 있으나, 이주와 송금은 국가 들이 교육 접근, 안전한 물, 위생시설 및 의료시설 등에 대한 진보를 성취하도록 돕고 있다."

송금

부유한 국가에서 벌어들인 수입(거의 대부분 그들 본국 에서 일한 대가를 초과한다) 을 본국 가족에게 보내는 돈

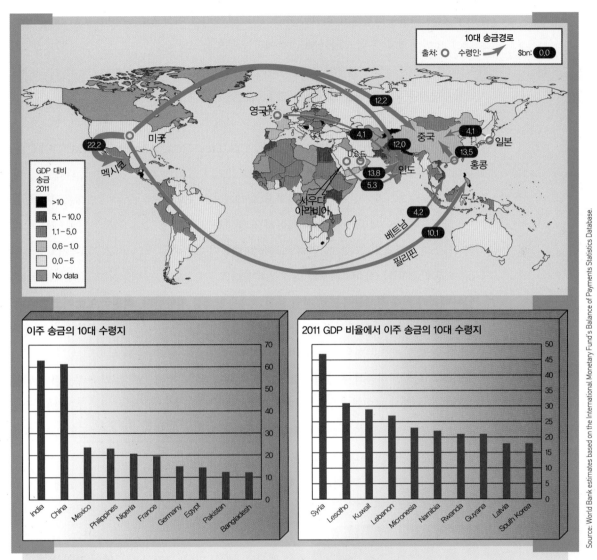

Source: World Bank estimates based on the International Monetary Fund's Balance of Payments Statistics Database.

지도 5.5 및 그림 5.3
집으로 돈 보내기
이주노동자가 매년 집으로 보내는 수십 억 달러는 개발도상국의 생명줄이다. 최근 글로벌 경제위기 동안 다른 자원흐름은 각각 정체되어 있으나, 송금은 해마다 8.8% 가량 증가가 기대되어 2015년 5천 백 50억 달러에 이를 것으로 전망된다(WORLD BANK, 2013B). 인도와 중국은 이주 송금의 수혜자가 가장 많은 곳이며, 타지키스탄 및 라이베리아와 같은 저소득 국가들은 GDP 중 송금이 차지하는 비율이 가장 높은 수혜국으로 구분된다(아래).

무역 및 해외직접투자

개발도상국들은 북반구의 시장에 대한 접근이 남반구 국가들의 경제성장에 중요하다는 견해를 지원해주는 신흥공업국들과 동반구의 경험으로 돌아서서 국제적 지위를 향상시키기 위해 오랫동안 '원조가 아닌 무역'을 요구했다.

그리고 그러한 장벽을 낮춰 보다 많은 무역을 요구하면서 성공을 맛보게 된다; 남반구와 북반구 간의 자유무역협정의 회원국 수는 2012년 350건 이상으로 늘어났다(World Bank, 2013c). 남반구의 많은 국가들이 어떤 점에서는 무역을 촉진하는 국내 조건을 개선함으로써 다시 교역을 증진시키는 '선순환'으로부터 수혜를 입어왔으며(Blanton and Blanton, 2008), 지역경제협정을 통해 성장을 향상시킨 몇몇 최근의 개발에 관하여 알아보자.

- **아메리카**   중앙 아메리카-도미니카 공화국 FTA(Free Trade Agreement, CAFTA-DR)은 북미자유무역협정(NAFTA)을 본보기로 하고 있으며 미국, 도미니카 공화국, 과테말라, 엘살바도르, 니콰라과, 온두라스, 그리고 코스타리카를 포함하는 자유무역지대를 형성하였다. 미국과 중앙아메리카 시장 간 자유화에 열중하고 있는 동 협정은 불공평한 교역 상대국 간 '소지역화협정'이라는 첫 번째 목적을 이행한다.—미국을 제외한 CAFTA-DR회원국의 GDP 총합은 미국 GDP의 1%를 조금 초과한다(WDI, 2013). 남미공동시장(Mercosur)은 남아메리카 최대 경제블록으로 지역 완전 경제통합체를 지향한다. 회원국으로 아르헨티나, 브라질, 파라과이, 우루과이 및 베네수엘라를 포함하고 있으며, 볼리비아, 콜롬비아, 에콰도르, 페루 및 칠레가 준회원국 상태이다.

- **아시아**   1989년 비공식 포럼 형태로 창립된 아태경제협력체(APEC)은 자유 무역과 지역경제통합을 지향하고 있다. 또한 1967년 창설된 동남아국가연합(ASEAN)은 초기 회원국으로 브루나이, 인도네시아, 말레이시아, 필리핀, 싱가포르 및 태국으로 구성되었으며, 현재 베트남, 캄보디아, 라오스 및 미얀마가 회원국으로 확대되었다. 이들은 자유무역 지대 형성에 합의한 바 있다. 좀 더 최근에는 환태평양 경제협력체(TPP)가—브루나이, 칠레, 싱가포르 및 뉴질랜드가 2005년 초기 회원국으로 설립되었다. 이후 연소하여 호주, 캐나다, 일본, 말레이시아, 멕시코, 페루, 미국, 그리고 베트남이 가입을 희망해왔다.—지역의 교역과 투자를 심화시켜 세계 교역의 40% 이상을 점하고 있다(Kaneko, 2013).

- **중동**   미국-중동 자유무역협정(MEFTA)은 미국과 바레인, 이스라엘, 요르단, 모로코 및 오만 간 협정이다. 2003년 미국에 의해 초안이 제안되었으며, 알제리, 쿠웨이트, 그리고 예멘과 같은 국가들이 회원국 협상을 준비 중이다. 1981년 안보회의를 포함하는 지역 공동시장으로써 걸프협력회의(GCC)가 창설되었다. 동 기구는 이슬람 신앙이라는 유사한 정

신흥시장 자이언트
2009년 3월 출시된 티타나노(Tita Nano)는 세계에서 가장 값싼 차로, 인도 무바이에 위치한 신흥 다국적기업의 혁신작이다. 값 싼 지역노동력을 토대로 한 저비용 생산모델과 성장하는 내수시장을 바탕으로 남반구 기업들은 북반구의 부유한 다국적 기업과 경쟁 중이다.

Face to Face/UPPA/Photoshot, Inc.

치 체제에 기초한 국가들로 바레인, 쿠웨이트, 오만, 카타르, 사우디아라비아, 그리고 UAE
로 구성되었다.

■ 사하라 사막 이남 아프리카   남아프리카 개발공동체(SADC)는 이 지역의 12개 자유무역지
대 중 가장 크다. 25개 남부 아프리카 회원국으로 구성되며, 사회경제적 공동체를 지향한
다. 1975년 지역경제무역연합으로 서아프리카 지역의 서아프리카 경제공동체(ECOWAS)
가 설립된 바 있다.

경제 그룹들의 높은 기대가 실현될 것인가? 과거에 정치적 의지와 공유하는 미래상은 회
원국들의 협동을 위한 규칙을 세운 성공적인 지역무역 체제에서 필요불가결한 요소라는 것이
밝혀졌다. 목표는 다른 지역과의 무역이 아니라 자유무역 지역의 회원국들 간의 보다 큰 무역
을 자극하기 때문에 경제적 상보 상태가 또 다른 근본적인 요소이다.

지구경제의 기반을 강화하기 위해 글로벌 리더들은 교역에 대한 재정적 지원을 약속하고,
보호조치에 저항하며, 남반구를 지원해 왔다. 이러한 노력은 결실을 맺어, 2008년 가파르게 감
소하였던 전 지구적 교역량이 2010년 시작부터 회복되기에 이르렀다(Gregory et al., 2010).
2010년 토론토에서 개최된 G-20 정상회담에서는 글로벌 경제위기에 대한 응답으로 부채감축
관련 프로그램을 강조하며 변화에 대하여 입증하였으나, 선진국과 신흥경제국들은 지출을 줄
이고, 보호조치를 강화하였으며, 자신들의 경제문제에 집중하게 될 가능성이 있다. ―이는 유약
한 세계경제의 회복을 방해하고, 남반구에 불이익을 줄 수 있는 접근이다.

최근의 글로벌리제이션 기간 동안 남북 격차는 좁혀지지 않았다(Reuveny and Thomp-
son, 2008, p. 8). 다수의 남반구 국가들은 그들의 많은 부분을 개선시키지 못했다; 남반구 저
소득 국가 내에서는 그들의 산업 경쟁상대 생산품의 수입을 줄이기 위해 국가에 로비하는 등
국내 이익 단체 탓에 시장접근에 어려움이 있어 왔다. 게다가 몇몇은 교역 적자로 부정적 영향
에 고통 받았다.―후발 개발도상국들 중에는 평균 무역적자가 GDP의 15%를 넘는다.―이러한
불균형은 남반구의 경제성장을 저해하고, 의존을 조장한다(WDI, 2013). 교역은 원조보다 선
호되나 정치적 장벽이 종종 자유무역을 방해한다.

남반구의 또 다른 빈곤 및 침체 경제성장 극복 전략으로 해외직접투자(foreign direct
investment, FDI) 유입을 들 수 있다. 실제 "남반구 유입 FDI가 교역보다 가파르게 증가하여,
개발도상국의 자본 유인 원천으로 해외 원조를 뛰어넘었다.(Blanton and Blanton, 2012a,
p. 1)." 또한 자본 형성에 공헌하고, 국제 마케팅 네트워크 접근을 조장하며, 생산기술 및 과
학기술, 국가 간 조직적 관행 등을 제공함으로써 남반구 유치국에 매력적인 방안이라 하겠다
(Blanton and Blanton, 2009).

해외직접투자(FDI)

*한 국가에 토대를 둔 개인이
나 기업이 다른 국가에 공
장이나 은행과 같은 자산을
구매하거나 구축해 외부인
의 성과에 의해 기업 통제와
장기적 관계가 이뤄지는 국
가 간 투자*

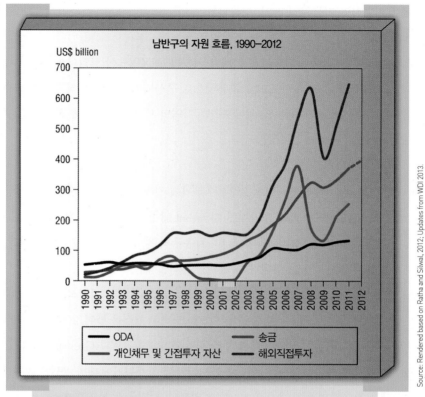

Source: Rendered based on Ratha and Silwal, 2012; Updates from WDI 2013.

그림 5.4
글로벌 경제의 등락
지난 10여 년 간 해외 자본은 남반구 경제의 원천이었다. 그러나 최근 글로벌 경기 하강은 미래 성장을 시험하게 되었다. 비록 송금과 ODA가 좀 더 안정적이었으나 민간 자기자본, 포트폴리오 투자, 그리고 해외직접투자는 2007년부터 2009년까지 압도적 휘발성을 경험하였다. 동 시기 이후, 남반구로의 자본흐름은 증가해 왔다.

그러나 경제성장을 위한 동 전략은 다국적기업(그리고 더 작은 규모 혹은 개인 투자자)에 의해 지역 혹은 국내 비즈니스 벤처로의 자본투자가 진정한 재정적 해결방안인지에 관한 의문으로 비평가들의 표적이 되어 왔다. 이 전략은 해외에서 통제되는 기업에게 이익을 목적으로 하는 사업을 국내에서 하도록 허용하는 것과 관련해 많은 숨겨진 비용이나 *외부효과*가 있기 때문에 논쟁이 되어왔다. 해외투자를 하는 국가인가 아니면 투자를 받는 국가인가, 어떤 국가가 궁극적으로 수혜자가 되는가의 문제이다. 남반구 내 평범한 사람들은 수혜를 받고 있는가? 혹은 그들은 기업과 엘리트에 의해 착취되고 있는가? 이러한 정책들은 엄청난 리스크와 거래 비용을 수반하며, 가치와 목적을 두고 경쟁하는 자들 간 혼란을 야기한다.

이러한 전략에 따르는 근본적인 위험은 해외 통제와 국경 내 경제를 통제할 주권국의 능력 약화를 이끄는 해외투자의 잠재력이다. 추가적 위험은 다국적 해외 투자자들이 이익을 지역에 투자하지 않고 새로운 투자를 위해 해외로 유출하거나 부유한 북반구 국가의 주주들을 위해 배당금으로 분배할 가능성이다.

더구나 국가가 해외 투자자들을 유인하기 위해 벌이는 '하향 출혈 경쟁'이 노동권리와 인권을 제한할 수 있다는 두려움이 오랜 기간 있어 왔다(Blanton and Blanton, 2012a, 2012b).

그러나 이러한 위험성에도 불구하고 많은 개발도상국들은 해외투자를 유치하기 위해 투자 규제를 풀고 국내경제 경쟁을 개방하도록 하는 것보다는 합작회사에 대해 세금 혜택과 기회를 제공하는 식으로 규제를 느슨하게 하고 있다. 이는 최근 남반구 국가들로의 자본투자 유입증가를 자극했다(그림 5.4 참조).

남반구의 상대적으로 작은 경제를 가정해보면 이와 같은 개발도상국으로의 새로운 해외투자의 유입영향은 상당하다. 경쟁으로 위협받는 지역산업과 투자가 야기하는 소득불평등에 대해 불평하는 비평가들의 저항에도 불구하고 해외투자는 경제발전 비율을 높이는 시장으로의 길을 용이하게 한다. 그러한 두려움과 결과에도 불구하고 개발도상국들은 종속과 가난으로부터 벗어나기 위해 해외투자 자본에 대한 경쟁을 강화하고 있다. 그리고 해외직접투자는 남반구 국가들의 도시 지역에서 농장일로부터 서비스업으로 전환(현재 개발도상국의 노동력의 42%)하도록 이끄는 원인이다. 그것은 가난으로부터 수백만 명을 구제하고 있고, 동시에 북반구로부터 외주 받아 기술력으로 해결할 일들이다(WDI, 2011, p. 168; WDI, 2013).

부채 관리 및 정부 부패

남반구 국가들의 미래 발전과 빈곤 구제에 기여하는 해외 원조나 해외직접투자에 대한 전망들은 다른 수많은 요소들에 달려 있다. 가장 우선적인 것은 많은 남반구 국가들이 직면하고 있는 엄청난 수준의 채무를 관리할 수 있는 정도이다. 세계은행은 2009년에 남반구 국가들의 채무가 4조 760억 달러를 초과하고, 채무원리금 상환 지불은 그들의 총국민소득의 21%에 해당한다고 추정하였다(WDI, 2012). 이는 지속불가능하며, 그들의 경제 건전성과 미래성장을 위협할 수 있다.

그러나 국가채무만이 국가의 경제 및 정치적 자원을 유출시키는 것은 아니다; 부패 또한 필수적인 제도적 구도를 약화시키고, 공포와 불신의 문화를 조성한다. 개별적 이득을 위해 맡겨진 권력의 남용은 4가지 차원에서 막대한 비용을 제기하게 된다(Transparency Internationl, 2013).

- 정치 부패는 민주적 통치와 법 규제에 대한 장벽이다. 관청이 그들의 근무처를 사적 이익을 위해 사용할 때, 그들은 정부의 적법성과 의무에 대한 기대감을 저하시킨다.

- 경제 국부는 부정행위를 통해 격감되어진다. 종종 공공재는 교육 및 의료 서비스와 같은

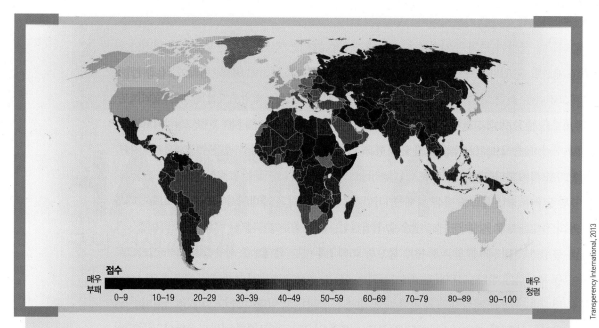

Transperency International, 2013

지도 5.6
부패의 도전

공공조달에서의 리베이트, 공무원 뇌물수수, 공금횡령, 그리고 공공영역 반부패 노력의 효율성과 관련한 질문에 기초하여, 2012년 부패인지지표(Corruption Perceptions Index)는 공공영역에의 부패 인식을 높은 부패 정도를 자각하는 0점에서 매우 깨끗하다고 자각하는 상태를 가리키는 100점으로 분류한다. 지도의 레벨에 따르면 부패는 지구 전역의 심각한 문제다. 176개 국가의 70%가 50점 미만이다. "우리는 빈부를 떠나 항변자의 플랫카드에서 부패를 보아 왔다. 부채위기에 의해 타격을 입은 유럽이든 새로운 정치 시기가 시작된 아랍세계든 리더들은 더 나은 정부에 대한 요구에 귀를 기울여야 한다."라고 투명성 기구(Transparency International)의 위겟 라벨르(Huguette Labelle)는 말한다.

부문에 사회기반 시설의 개발에 쓰여 진다. 또한 만연한 부패는 또한 시장구조와 절충하고 투자를 막게 된다.

■ **사회** 만연한 부패에 기인한 공신력의 위배는 시민사회를 약화시킨다. 일반시민의 만성적 무관심과 일탈은 관리가 그들의 지위와 국가 자산을 개인이익을 위해 사용할 수 있도록 기회를 강화시킨다. 뇌물수수가 일반화되는 것이다.

■ **환경** 환경규제는 종종 무시되고 있으며, 환경 프로젝트는 사적이익을 위해 착취되기 쉽다. 결과적으로 부패는 흔히 국가 내에서 확연한 환경 저하를 이끈다는 것이다.

남반구는 공공부패에 면역성이 없다. 그러나 남반구 전역의 국가에서 만연한 문제이다(지도 5.6 참조). 2011년 튀니지 쟈스민 혁명 여파는 벤 알리(Ben Ali) 가족에 대한 판결에 의해 부패 행위의 폭과 범위가 밝혀졌다. '국제금융청렴(Global Financial Integrity)'은 "부패, 뇌물수수, 리베이트, 교역의 잘못된 가격책정, 그리고 범죄행위 등으로 2000년부터 2008년까지 튀니지에서 사라진 불법적 자금의 양은 매해 평균 10억 달러를 초과한다(*The Economist*, 2011h,

p. 32)." 한 해 800억 달러의 GNP 규모 국가임을 감안하면 놀라운 일이다.

남반구의 미래

국제무대의 행위자로서 남반구 국가들의 부상의 토대를 이루는 역사적 경향을 기억하는 것이 유용하다. 많은 국가들이 유사한 특성을 공유한다. 다른 민족에게 식민화되었던 대부분은 각종 빈곤과 굶주림을 경험했고 한때 그 국가들을 통제하고 아마도 여전히 통제하고 있는 부국들에 의해 지배되는 세계 체제에서 무기력함을 느낀다. 제2차 세계 대전 이후 탈식민화가 진행되면서 새로이 출현한 국가들 가운데에는 상당한 변화가 있었지만, 많은 국가들은 그대로 남아 있었다. 세계의 선진국과 개발도상국 간의 관계가 계속해서 변화할 것이라는 것은 의심할 여지가 없다.─정확하게 어떻게 남을지는 불확실하다(심층 논의: 민주주의와 해외 원조 참조). 하지만 남반구 국가들 개발의 미래는 가까운 시기에 북반구 국가들이 하는 행위에 달려 있음은 분명하다. 북반구 국가들이 고립주의 외교정책으로 선회하는 것은 남반구 국가들을 '점잖게 무시하는' 입장으로 나타날 것이다. 거꾸로 통상에서 환경과 안보 문제에 이르는 공통의 문제들의 해결책을 찾기 위한 북반구-남반구-동반구 협력이 시작될 수도 있다. 모두의 접근법의 요소들은 이미 명백하게 드러났다.

　　남반구와 북반구의 관계는 여전이 강대국이 지배하고 있다. 그 우위는 강대국들이 만든 세계은행과 UN과 같은 강력한 국제기구를 통해 부분적으로 이뤄지게 된다. 동시에 정부간 기구(IGOs)는 세계정치에 영향력을 미치는 남반구의 작은 권력에 기회를 제공한다. 국제문제의 변화의 근원과 국제정치를 이해하기 위해서 국제무대에서 행위자로 영향력 있는 정부간 기구들(IGOs)의 영향을 살펴보는 것이 중요하다. 그 모습을 완성하기 위해서는 북반구와 남반구 국가들 모두를 위해 비국가 행위자로서 존재하며 압력을 가해 국제정치를 변화시키고 있는 수천 개의 비정부기구들(NGOs)을 살펴볼 필요가 있다. 6장에서 이러한 초국가적 행위자들에 대해 공부한다.

다극 체제 세계는 개발도상국의 지위와 참여를 인식하지 않고 존재할 수 없다.
─ 리펑(Li Peng), 전 중국 총리

심층 논의

민주주의와 해외 원조

2011년 봄 아랍은 혁명적 저항과 민주화의 물결에 접어들었다. 튀니지와 이집트에서의 혁명으로부터 리비아의 시민 전쟁 및 알제리, 시리아, 예멘, 그리고 바레인의 시민불안에 이르기까지, 일반시민이 부패 독재자에 대항하여 집단으로 터져 나왔다. 26세의 모하메드 부하지지(Mohamed Bouazizi)는 대학교육을 받은 튀지니인 과일판매상으로 경찰의 뇌물 요구와 폭력에 저항하는 뜻으로 스스로 분신하였다. 제물이 된 모습이 드라마틱하게 묘사된 이후, 이 사태는 민주주의와 같은 정의와 순수가치를 부르짖는 계기가 되었다. "청장년층의 높은 실업률, 터무니없는 불평등, 폭력 경찰, 매도되는 지도층, 그리고 표현의 자유를 억누르는 독재 시스템(Coll, 2011, p. 21)"의 사회에서 민중의 힘에 관한 이러한 쇼는 만연한 불만과 현존하는 레짐의 근본적 불안정성을 폭로케 한다.

이러한 발전에 응답하여 북반구는 어떠한 역할을 할 수 있을까? "이러한 운동은 또한 외세의 간섭일 수 있다는 의미있는 의혹이 제기된다." 전 UN평화유지활동(PKO) 사무차관 장 마리 게노(Jean-Marie Guehenno)는 말한다. "그리고 오랜 시간 동안 독재자와 착취 지도자와의 복잡한 관계를 맺어온 서구 국가들은 유용할 수 있다. 그러나 선진국들은 신뢰하기 어렵고 공산체계가 붕괴했던 1989년 모델을 적용할 것 같지도 않다." 과연 북반구가 개입과 자제 사이의 균형과 더불어 신흥 민주주의 지원과 국내정치과정의 발전 존중 사이에서 균형을 유지할 것인지가 관건이다.

이 지역 독재 정권에 대한 미국의 장기간 지원에도 불구하고, 2011년 5월 19일 오바마 대통령은 민주주의의 이익과 인권 존중을 환영하며, 봉기에 대한 미국의 지지를 표명하였다. 대통령은 튀니지, 이집트, 그리고 민주주의를 포용하는 그 밖의 국가에 수십억 달러의 해외 원조가 수행될 것이라 발표하였다. 미국은 1989년 베를린 장벽 붕괴 이후 이전 공산주의 국가들에게 제공된 노력과 원조와 같은 평행선을 외교정책으로 그려내고 있다.

최종으로 여러분의 판단은?

1. 중동과 북아프리카 내 민주주의를 중흥시키기 위해 북반구, 특히 미국은 어떠한 역할을 할 수 있을까?

2. 만약 북반구가 재정적, 정치적 지원을 하지 않으면 어떠한 결과가 도출될까?

3. 원조 공여국은 반민주주의 혹은 정치적으로 극단주의 국내 단체와 함께 할 수 있을까?

4. 아니면 정치적 과정에서 그러한 단체들을 배제하여, 재정적 원조를 제한해야 하는 것일까?

STUDY. APPLY. ANALYZE.

핵심 용어

77그룹	남반구	송금	양분론	탈식민지화
개발도상국	다국적 기업	수입 대체 산업화	자유방임주의 경제학	토착민
경제 이론	디지털 격차	수출 지향 산업화	정보기술	통신기술
고전적 자유주의	민족자결주의(자결	신국제경제질서	제1세계	해외 원조
공산주의	주의)	신흥공업국	제2세계	해외직접투자
공적개발원조	발전	신흥세력	제3세계	현실정치
국민총소득	북반구	쌍무(양자)	중상주의	
근대화	선진국	약소국	최빈개도국	

추천 도서

Barry, Christian. (2003) "Privatization and GATS: A Threat to Development?" (September 9) http://www .carnegiecouncil. org/resources/articles_papers_reports/1016.html.

Chant, Sylvia, and Cathy McIlwaine. (2009) Geographies of Development in the 21st Century: An Introduction to the Global South. New York: Edward Elgar Publishing.

Halperin, Sandra. (2013) Re-Envisioning Global Development: A Horizontal Perspective. New York: Taylor and Francis.

Mahbubani, Kishore. (2009) The New Asian Hemisphere: The Irresistible Shift of Global Power to the East. New York: Basic Civitas Books.

Palley, Thomas I. (2003) "Sovereign Debt Restructuring Proposals: A Comparative Look," Ethics & International Affairs 17, no. 2 (Fall):26–33.

Pettifor, Ann. (2003) "Resolving International Debt Crises Fairly," Ethics & International Affairs 17 no.2 (Fall):2–9.

Prashad, Vijay. (2013) The Poorer Nations: A Possible History of the Global South. London, UK: Verso.

Reuveny, Rafael, and William R. Thompson, eds. (2008) North and South in the World Political Economy. Malden, MA: Blackwell.

Williams, Glyn, Paula Meth, and Katie Willis. (2009) New Geographies of the Global South: Developing Areas in a Changing World. New York: Taylor & Francis.

Woodward, Susan L. (2009) "Shifts in Global Security Policies: Why They Matter for the South," IDS Bulletin 40:121–128.

World Bank. (2011) Atlas of Global Development, 3rd edition. Washington, DC: World Bank.

"국가들, 시장들, 그리고 시민사회 간에 새로운 힘의 분포가 진행되고 있어서 1648년 베스트 팔렌강화조약에서 시작된 국가들의 수중에 집중된 힘의 축적이 끝나가고 있다."

– 제시카 T. 매튜스(Jessica T. Mathews), 국제관계학자

CHAPTER 6
비국가 행위자들과 지구공동체의 모색

민중의 힘

여기 사진의 내용은 지구공동체 정신에서 활동하는 국제인도주의 조직인 적십자사 회원들로서 시리아인들에게 구호품을 전달하고 있다. 바샤르 알-아사드 대통령에 대한 반란이 시작된 이후 국제적십자위원회는 민간인들에게 음식과 의약품을 전달하고 있다. 시리아에 구호요원들을 두고 있는 유일한 구호기구인 국제적십자위원회는 전투가 쉬는 동안에 구호활동을 전개한다. 국제적십자위원회의 대변인 비한 파누디 (Bihan Farnoudi)는 "인도주의적 상황은 계속 악화되고 기초적인 물품은 바닥나고 있다. 공급물품을 확보할 수 있는 경우에도 사람들은 그들의 집을 떠나는 것이 두려워 이러한 물품들에 접근 조차 못한다."

고려해야 할 질문들

- 서로 다른 비국가 행위자들의 유형에는 무엇이 있는가?
- 가장 중요한 정부간기구들 중에는 무엇이 있으며 그들의 기능은 무엇인가?
- 지역 정부간기구의 기본적 특징은 무엇인가?
- 비정부기구의 주요 유형에는 무엇이 있으며 그들의 기능은 무엇인가?
- 악의의 비국가 행위자들에는 무엇이 있으며 국제관계에서 그들의 역할은 무엇인가?
- 비국가 행위자들은 세계정치에서 다소간 중요해지고 있는가?

여러분은 인류의 한 구성원이며, 여러분의 미래는 전 세계가 직면하고 있는 많은 공통의 문제를 효과적으로 관리하기 위해 함께 일할 수 있는 인류의 능력 여부에 따라 크게 결정될 것이다. 그러나 세계는 이러한 도전에 어떻게 대응하고 있는가?

수세기 동안 그 대답은 주로 주권 영토 국가들에 의존해왔다. 현실주의가 가정하는 것처럼, 국가들은 세계무대에서 가장 영향력 있는 행위자로 남아 있다. 또한 다른 어떤 행위자들보다도 바로 국가들의 외교정책과 상호작용 속에서 세계정치의 변화 경향과 변환이 일어나고 있다. 그러나 오늘날 자유주의 이론이 가정하는 것처럼, 세계 운명에 대한 국가들의 그같은 특별한 힘은 약화되고 있는데, 그 이유는 세계가 점점 더 복잡해지고 상호의존화 하고 있으며 비국가 행위자들의 수가 계속 증가하고 세계 공동체에서 좀 더 큰 영향력을 추구하고 있기 때문이다. 게다가 새로운 책임의 주권(responsible sovereignty) 개념, 즉 국가들이 그들 자신의 국민을 보호할 뿐만 아니라, 국경을 넘어 협력하여 지구의 자원을 보호하고 초국가적 위협들을 다루어야만 한다는 하나의 원칙이 세계 지도자들 사이에 영향력을 얻고 있다.─그것은 "그 자신의 시민들뿐만 아니라 다른 국가들에 대해서도 책임과 의무가 발생한다는 원칙으로 국내문제에 대한 불간섭원칙으로서의 주권에 대한 전통적 해석과(때때로 베스트팔렌 주권이라고 불림) 다르기 때문에(Jones, Pascual, and Stedman 2009, p. 9)" 정부간기구들(IGOs)과 비정부기구들(NGOs)에게 더 많은 역할을 기대하게 된다.

그렇다면, 고려해야 할 중대한 질문은 예측된 국가주권의 쇠퇴가 궁극적으로 지구문제에 대해 어떤 치료제로 나타날 것인가의 여부이다. 반대로, 개별 국가들이 *자력구제(self-help)* 조치에 의존하여 문제들을 일방적으로 다룰 수 있는 능력의 축소가 어떤 저주가 될 것인가?

이 장은 여러분이 이러한 질문을 평가하는 데 도움을 줄 정보와 통찰력을 제공한다. 보다 구체적으로 말하면, 이 장은 여러분으로 하여금 세계은행의 유럽 담당 전 부총재로서 세계적 지도자 반열에 있는 장-프랑수아 리샤르(Jean-Francois Rischard)에 의해 제시된 이론적 가설을 직시하고 평가할 수 있게 해준다. 그는 다음과 같이 주장했다; "한 가지는 분명하다. 세계의 복잡성은 글로벌 거버넌스의 위기를 낳고 있다. 이러한 위기는 오랫동안 믿어온 개념에서 과감하게 벗어나 범세계적으로 함께 일하는 새로운 방식을 통해 해결되어야 한다."

세계의 문제들은 종종 범세계적인 해결을 필요로 한다. 세계무대에는 괄목할 만한 수의 비국가 행위자들이 등장하여 세계의 변화를 추동해가기 위한 과정에서 점점 더 많은 정치적 위력을 보이고 있다. 이 장은 두 가지 폭넓은 비국가 행위자들의 유형에 대하여─초국가적 행위자로서 독립적 외교정책을 수행하는 국제기구와 사적인 시민들의 연합체를 통해 단결하여 국제적 영향력을 행사하는 개별적 인민들로 구성되어 있는 비정부기구들─탐구한다. 이러한 논의의 도입을 위해, 우리는 비국가 행위자의 두 가지 유형의 특징들을 개관하는 것으로 시작한다.

책임의 주권

국가들이 그들 자신의 국민들을 보호해야 할뿐만 아니라 국경을 넘어 지구 자원을 보호하고 초국가적 위협을 다뤄야 함을 요구하는 원칙

국제안보를 모색해가기 위해서는 각 국가들에 의한 행동의 자유,
달리 말하면 어느 정도에 있어서 그 주권의 조건 없는 양도가 관련된다.
또 의심의 여지없이 분명한 것은 그 어떤 다른 길도 그러한 안보에 도달할 수 없다는 것이다.

− 알버트 아인슈타인(Albert Einstein), 노벨평화상 수상 물리학자

세계정치에 있어서 비국가 행위자들

국제적인 비국가 행위자들에는 두 가지 주요 유형, 즉 *정부간기구(intergovernmental orga-nizations, IGOs)*와 *비정부기구(nongovernmental organizations, NGOs)*가 있다. 이 두 유형을 구분하는 것은 정부간기구는 그 회원이 국가들인 국제기구인 반면에 비정부기구는 사적인 개인들로 구성된 결사체라는 점이다. 정부간기구들은 공유하는 문제를 해결하기 위해 국가들에 의해 특별히 만들어진다. 두 유형 모두 20세기에 그 수가 급격히 증가하였다; 1909년에 37개 정부간기구와 176개의 비정부기구가 있었다; 1960년경에는 정부간기구 수가 154개, 비정부기구 수는 1,255개로 늘어났으며, 2012년 초에는 통상적인 정부간기구 수가 262개, 통상적인 비정부기구 수는 8,382개로 급증하였다(그림 6.1 참조). 이것은 국제기구연감에 기록된 707개의 비통상적인 정부간기구들과 4,566개의 비통상적 비정부기구들을 (국제적인 기금과 재단 같은 경우) 포함하지 않는다(Yearbook of International Organizations, 2012/2013, Vol. 5, p. 25).

정부간기구들

정부간기구는 어떤 문제들을 해결하기 위해 국가들에 의해 목적을 가지고 만들어진다. 일반적으로 정부간기구가 비정부기구보다 더 중요한 것으로 간주되는데 그 이유는 부분적으로 정부간기구의 구성원은 강력한 국가정부들이고 보다 지속적이기 때문이다. 정부간기구들은 정기적으로 회합을 가지며 의사결정을 위한 확립된 규칙이 있고 상설 사무국 또는 본부 직원들이 있다.

정부간기구는 그 규모와 목적에 있어서 매우 다양하다. 단지 34개 정부간기구만이 '대륙간기구(intercontinental organizations)'의 자격이 있고, 또 단지 36개만이 UN의 경우처럼 '보편적 회원제'의 정부간기구이다. 전체의 73% 이상을 차지하는 나머지는 그 범위상 제한적이어서 특정 지역에 한정된다. 각 하위 범주에 있어서 기구들 간의 다양성은 매우 크며, 특히 단일 목적을 가지며 회원국 가입이 제한되는 정부간기구들에서 그러하다. 예를 들면 북대서양조약기구(NATO)는 기본적으로 군사동맹인 반면에 미주기구(Organization of American

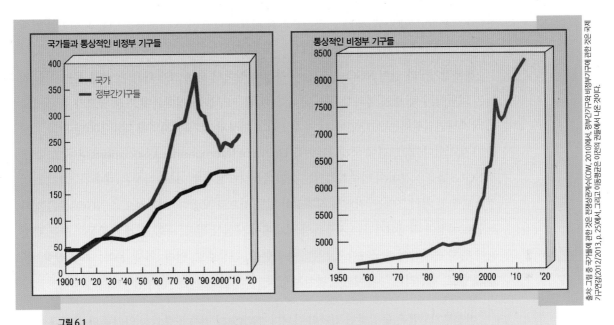

출처: 그림 중 국가들에 관한 것은 전쟁상관계수(COW, 2010)에서, 2010에서, 정부간기구와 비정부기구에 관한 것은 국제기구연감(2012/2013, p. 25)에서, 그리고 이동평균은 이전의 경들에서 나온 것이다.

그림 6.1
1900년 이래 정부간기구, 비정부기구, 그리고 국가 수의 경향
1900년 이래, 독립국의 수는 극적으로 증가하였는데 그러한 증가는 특히 탈식민화운동이 시작된 제2차 세계 대전 후에 가속화되었다. 그러나 이 시기에 정부간기구의 수는 더 급속하게 증가했다는 점에 유의할 필요가 있다. 정부간기구의 수는 단지 1980년대 말 이래 감소 현상이 있는데 당시에 이전의 많은 독립적 정부간기구들이 서로 통합하기 시작했기 때문이다. 비정부기구의 수는 한층 더 급속하게 증가하였는데 세계 전체적으로 약 8000개의 통상적인 비정부기구들이 활동하고 있다.

States) 같은 기구들은 경제발전과 민주개혁 모두를 촉진한다. 그러나 대부분의 정부간기구들은 무역이나 운송의 관리처럼 그들의 특별한 관심사가 되는 구체적인 경제나 사회 활동들에 집중한다.

정부간기구들의 확대는 광범위한 세계 문제를 다루기 위해 서로 협력하는 중첩적 국제기구들의 복잡한 네트워크를 만들어놓았다. 정부간기구들은 서로 지원하게 되는데, 예를 들면 무역, 방위, 군축, 경제개발, 농업, 보건, 문화, 인권, 예술, 불법 약품, 관광, 노동, 성적 불평등, 교육, 부채, 환경, 범죄, 인도주의적 원조, 민간 위기 구호, 통신, 과학, 세계화, 이주, 그리고 난민 등과 같이 다양한 쟁점들을 다루기 위하여 서로 협력한다.

비정부기구들

NGO라는 용어는 자원을 가지고 있는 집단과 그 대상 집단 사이에 초국가적 교량을 구축하는 중간자로서 기능하는 모든 비국가 및 비영리 조직에 적용된다. 그리하여 NGOs는 거의 모든 국제공공정책 문제들에 관하여 글로벌 거버넌스를 위한 합의에 도달하기 위해 두 국가들 또는 다수 국가들 사이의 협상에 기여하는 협회들 간의 기구로 보는 것도 관행이다. 비정부기구는 정책적 변화를 위해 일하는 '초국가적 대의 옹호 네트워크'를 형성함으로써 지구사회를 연결한다(Keck and Sikkink, 2004). 구성주의적 시각에 따르면, NGOs들은 그들의 이익과 가치에 의하여 행동에 나서는 영감을 얻는다.

정부간기구와 같이 NGOs는 그들의 특징에 있어서 서로 크게 다르다. 예를 들면 어떤 것들은 회원이 수백 명에 불과할 정도로 작다. 다른 기구들은 거대한데 가장 규모가 큰 것으로서 국제사면위원회는 2013년에 전 세계 150개 이상의 국가와 지역에 걸쳐 300만 명의 회원을 가지고 있다. 2013년에 국제단체연합(Union of International Associations)은 주요 '통상적'NGOs들을 세분하여 범주화하였는데 거의 6%는 '보편적', 15% 이상은 '대륙간', 그리고 엄청난 다수인 거의 79%는 '지역적 정향성이 있는'것으로 보았다. 기능적으로, NGOs들은 점차적으로 국경이 희미해져가는 지구화의 세계에서 사실상 정치, 사회, 경제적 활동의 모든 측면들에 걸쳐 존재하여 지구과학으로부터 종족단합, 건강보호, 언어, 역사, 문화, 교육, 신학, 법, 윤리, 안보, 방위라는 주제에까지 펼쳐져 있다.

비정부기구들은 동질적인 집단이 아니다. NGOs의 이름을 축약한 약자들의 긴 목록이 그 점을 잘 예증해준다. 사람들은 비정부기구(NGOs), 국제비정부기구들(INGOs), 기업 분야 국제비정부기구들(BINGOs), 종교 분야 국제비정부기구들(RINGO), 환경 분야 비정부기구들(ENGOs), 준비정부기구들(QUANGOs, 최소한 부분적으로 국가에 의해 설립되었거나 지원을 받음)과 기타 많은 것들을 이야기 한다. 정말, 이러한 유형의 모든 비정부기구들과 그 밖의 많은 NGOs들은 UN에서 협의지위를 가진다. 그러한 비정부기구들 중에는 UN체제학회(Academic Council on the United Nations System), 인도전여성회의(All India Women's Conference), 캐나다화학물질생산자협회(Canadian Chemical Producers Association), 케어인터내셔널(CARE International), 세계기독교여성청년회(World Young Women's Christian Association), 세계자연보호기금(World Wide Fund for Nature International), 아랍은행연합(Union of Arab Banks), 평화와 자유를 위한 국제여성연맹 (Women's International League for Peace and Freedom), 세계에너지협의회(World Energy Council), 세계노동조합연맹(World Federation of Trade Unions), 세계참전용사협회(World Veterans Association) 등이 포함된다. 따라서 UN에서 NGO들에 대하여 일반화한다는 것은 어려운 일이다(Stephenson, 2000, p. 271).

일반적으로 세계에서 널리 받아들여지는 NGOs에 대한 사회적 구성 이미지는 매우 긍정적이다 – 대부분 사회의 큰 부문들에 의해 견지되는 목적들을 추구하고 그만큼 많은 반대를 촉발하지 않는다. 이러한 관점은 세계은행이 비정부기구에 대해, "가난한 사람들의 고통을 완화하고, 이익은 증진하며, 환경을 보호하고 또 기본적 사회서비스를 제공하거나 또는 지역사회개발을 수행하는 활동을 추구하는 사적인 조직"이라고 정의한 것에 반영되어 있다(World Bank, 2013m). 예를 들면 국제사면위원회, 국제상공회의소, 국제적십자사, 세이브더칠드런, 세계야생생물보호기금 같은 NGOs들은 폭넓은 대중의 지지를 받는다. 그러나 다른 NGOs들은 좀 더 논란이 되기도 하는데 그 이유는 테러집단, 국제마약조직, 또는 초국가적 해적들처럼 그들이 집단적 목적을 위해 다른 사람들을 해칠 수 있는 방식으로 사람들을 단합시키기 때문이다.

많은 NGOs들은 공식적으로 정부간기구들과 상호작용한다. 예를 들면 3,000개 이상의 NGOs들이 UN 체제의 광범위한 여러 기관들과 협의하고, 수백 개의 도시에 사무소를 유지하며, 국가들이 대표단을 파견하는 정부간기구들의 회의에서는 병행회의를 개최하기도 한다. 비정부기구와 정부간기구 사이의 그러한 동반자관계는 공통의 정책과 사업의 추구에 있어서 두 유형의 기구가 함께 일할 수(그리고 로비활동에 종사할 수) 있게 한다. 정부간기구들과 비정부기구들이 수와 영향력에서 있어서 부상함에 따라 생각해보아야 할 핵심적 질문은 하나의 '세계사회'가 실제적으로 등장하여 전통적 국가중심의 세계 체제를 뛰어넘을 수 있을 것인가 여부와 만약 그렇다고 한다면, 이러한 구조적 변환이 글로벌 거버넌스를 민주화할 것인가 아니면 교란시킬 것인가 여부이다.

대표적인 정부간기구들

세계 문제에 있어서 비국가 행위자들에 대한 분석을 계속하기 위해 가장 현저하고 대표적인 정부간기구들에 대하여 면밀히 검토해 보자; 국제연합(UN), 유럽연합(EU), 그리고 다양한 지역기구들. 우리는 그렇게 하면서, 여러분 자신에게 정부간기구들의 활동이 인간복지에 대한 시급한 위협을 적절히 다룰 수 있는지 여부와 이러한 정부간기구들이 국가들의 계속되는 자율성을 잠식하고 있는지 여부, 만약 그렇다면, 국력의 잠식은 바람직할 것인가 아니면 해로울 것인가 여부에 대하여 물어보자.

국제연합

UN(국제연합, United Nations)은 가장 잘 알려진 세계기구이다. UN이 대부분의 다른 정부간기구들과 구별되는 것은 오늘날 지구의 남반구와 북반구의 193개 회원국들을 포함하는 거의 보편적인 회원국 구성 때문이다. 1945년 UN의 설립 당시에 가입했던 51개 국가들로부터 거의 4배 증가한 UN 회원국 수는 괄목할 만하지만, 가입 절차는 처음부터 정치적 갈등에 의해 지배되었다. 이러한 갈등들은 이 기구를 창설했고 안전보장이사회의 거부권을 통해 이 기구를 지배하는 5개 상임이사국의 관계를 반영하는 정도를 보여준다. 원칙적으로, UN의 목표와 규정을 수락하는 어떤 주권국가들도 가입할 수 있지만, 강대국들은 종종 국가들이 세계 공동체에 대한 관심보다 자신들의 국가이익을 우선시해야 한다는 현실주의적 믿음이 그들의 가입결정에 대한 지침이 되게 하였다. 이러한 사정은 특히 냉전기간 동안에 뚜렷했는데 당시 미국과 소련 모두는 상대국 편에 있는 국가들의 가입을 막았다.

UN의 의제 평화와 안보라는 주제는 UN과 그 전신인 국제연맹의 창설에 책임이 있었던 강대국들의 사고에서 중심적 위치를 차지하였다. 이러한 제도적 형태들은 전쟁과 기타 세계 문제의 관리가 세계무대에서 범세계적 *무정부상태(anarchy)*—국가들 사이의 관계를 규제하는 초국가적 권위의 결여—를 관리함으로써 가장 잘 통제될 수 있다는 확신으로부터 영감을 얻었다. 국제연맹은 평화유지를 위한 규칙, 어떤 국가에 의한 침략행위는 나머지 국가들의 집단적인 보복대응으로 대처될 것이라는 원칙에 안내되는 *집단안보* 체제의 수립이 세력균형 체제를 대체함으로써 재앙적인 제1차 세계 대전의 재발을 방지하고자 하였다. 국제연맹은 독일, 일본, 이탈리아의 팽창주의적인 침략을 억제하지 못하면서 붕괴되고 말았다.

　　제2차 세계 대전 동안 미국, 영국, 소련 연합국은 전후 평화를 보존하기 위한 새로운 국제기구인 UN에 대한 설계를 시작했는데, 그 이유는 평화가 특정의 한 강대국이 일방적으로 행동한다고 해서 유지될 수 없다고 믿었기 때문이다. UN 헌장 제1조는 UN의 목적들을 다음을 중심으로 정의한다;

■ 국제평화와 안전의 유지
■ 국민들의 평등한 권리와 자결 원칙의 존중에 기초한 국가들 사이의 우호적인 관계 발전
■ 경제, 사회, 문화, 인도주의적 성격의 국제문제를 해결하고 모든 사람들의 인권과 기본적 자유에 대한 존중을 증진, 고무하는 데 있어서 국제협력의 달성
■ 이러한 공통의 목적을 성취하기 위한 국가들의 행동을 조화시키는 중심으로 기능

　　UN의 역사는 지구의 북반구와 지구의 남반구 국가들 모두가 그들 자신의 외교정책목표를 증진하는 데 있어서 이 기구를 성공적으로 활용하였다는 사실을 반영한다. 이러한 성과는 UN의 6가지 근본적 가치들, 즉 국제적 자유, 평등, 단결, 관용, 자연에 대한 존중, 그리고 책임감의 공유와 상통하는 300개 이상의 조약과 협약의 비준에 이르게 하였다. 비록 예상하지 못했던 냉전에 의하여 UN의 기능이 마비되면서 그 능력에 대한 믿음이 잠식되기도 했지만, 탈냉전시대에는 그러한 마비로부터 해방되어 그 본래의 사명으로 복귀하였다.

UN은 오늘날 긴급한 군사적 및 비군사적 문제들의 증가되는 의제들을 관리하고 있으며 이러한 수요에 부응하여 오랜 시간에 걸쳐 방대한 행정기구로 진화하였다(지도 6.1 참조). 증가하는 책임을 이행하기 위한 UN의 능력을 평가하기 위하여 UN이 어떻게 조직적으로 구성되어 있는지 검토해보자.

조직 구조   UN의 한계는 아마도 그 광범위한 목적을 위해 그것이 조직되어 있는 방식에 뿌리가 있다고 할 수 있다. UN헌장에 의하면, UN의 구조는 다음의 6가지 주요 기관을 포함한다.

- 총회   UN의 주된 심의기관으로 설립되어 모든 회원국들은 1국 1표 방식에 따라 평등하게 대표된다. 의사결정은 2/3 다수를 필요로 하는 소위 중요한 문제들을 제외하고는 단순 과반수 투표로 내려진다. 그러나 총회가 통과시키는 결의는 단지 권고에 불과하다.
- 안전보장이사회   헌장에 의해 국제평화와 안전에 대한 위협을 다루는 일차적 책임이 주어져 있으며, 실질적인 결정을 거부할 수 있는 권력을 가진 5개 상임이사국(미국, 영국, 프랑스, 러시아, 중국)과 총회에 의해 2년 임기로 선출되는 10개의 비상임이사국으로 구성되어 있다.
- 경제사회이사회   UN의 사회 및 경제 프로그램, 기능적 위원회, 그리고 전문기구들의 조정을 책임지는 기관으로서 54개 이사국은 총회에 의해 매년 3/1씩(18개국) 3년 임기로 선출된다. 이 기관은 특히 경제발전 문제를 다루는데 적극적이다.
- 신탁통치이사회   자치를 얻지 못한 영토의 행정을 감독하는 임무를 담당하는 기관으로써 1994년에 운영이 중지되었는데, 당시에 마지막 남아있던 신탁영토가 독립을 했기 때문이다.
- 국제사법재판소   UN의 주된 사법기관으로 15명의 독립적인 판사들로 구성되는데 이들은 9년 임기로 총회와 안전보장이사회에 의해 선출된다(9장 참조). 이 재판소의 권한은 국가들 사이의 분쟁에 국한되며 그 관할권은 분쟁 당사국들의 동의에 기초한다. 이 재판소는 또한 총회, 안전보장이사회, 또는 기타 UN 기관들에 의해 제기된 법적인 질문에 대하여 구속력이 없는 권고의견을 제공할 수 있다.
- 사무국   사무총장에 의해 지휘되는 사무국은 UN의 행정 및 사무 기능을 수행하는 국제공무원들을 포함하고 있다.

UN의 창설자들은 안전보장이사회가 중심적 기관이 되기를 기대했는데 그 이유는 그것이 평화를 유지하기 위해 마련된 기관이며 상임이사국들은 제2차 세계 대전 중에 연합한 승전 강대국들이었기 때문이다. 안보리는 UN헌장에 의해 행동들을 발의하는 것이 배타적으로 허용되었는데 특히 무력의 사용과 관련해서이다. 그러나 총회는 단지 권고만 할 수 있을 뿐이다.

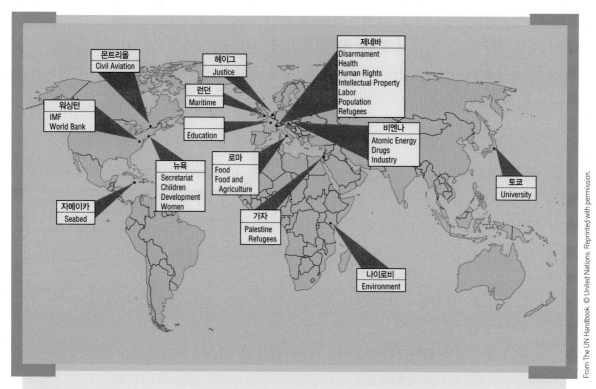

지도 6.1
UN의 본부들과 범세계적 연계망
UN은 그 열망과 실제적 성취 사이의 간극을 줄이기 위해 지구의 여러 곳에 행정 기구를 분포시켜 국제협력의 선봉이라는 중요한 목적을 실행하고 있다. "비록 평화유지, 평화구축, 분쟁방지, 그리고 인도주의적 원조 등으로 가장 잘 알려져 있지만, UN과 그 체제는(전문기구들, 기금들, 프로그램들) 기타 많은 방식으로 우리들의 삶에 영향을 미치고 세계를 보다 더 살기 좋은 곳으로 만들고 있다. 이 기구는 현 세대와 미래의 세대들을 위해 그 목표를 성취하고 보다 안전한 세계를 위한 노력들을 조정하기 위해 폭넓은 범위의 근본적 문제들에 관하여 임무를 수행하는데, 지속가능한 개발, 환경 및 난민보호, 재난구호, 대테러, 군축과 비확산으로부터 민주주의, 인권, 거버넌스, 경제 및 사회적 발전, 국제보건, 지뢰의 제거, 식량생산의 증대 등에 이른다.

UN 창설자들의 의도에도 불구하고, 총회는 지구 남반구 국가들이―총회의 1국 1표 규칙 하에서 그 증가하는 수의 이점을 활용하여―그들에게 특별한 관심이 있는 방향으로 UN의 활동이 관련되도록 이끌고 있다. 오늘날 UN 회원국 수의 3/4을 구성하는 지구 남반구 국가들의 연합은 지구 북반구의 지배에 저항하고자 한다. 이 연합은 UN이 경제 및 사회적 분야의 필요문제들을 다루도록 촉구하고 있으며 UN이 지구 남반구의 이익을 존중하지 않을 때 항의하기도 한다.

그러나 총회의 권한 증가는 지구 남반구의 의제 통제를 보장하기에는 충분하지 않을 수 있는데 그 이유는 안전보장이사회의 원래 5대 강국들이 계속하여 UN 운영의 주도권을 쥐고 있고, 특히 *패권국(hegemon)* 미국이 현저한 우위에서 그렇게 하고 있다. 미국은 안전보장이사회를 24개 이사국으로 확대하자는 2005년 제안에 반대하였는데, 그 이유는 그것이 미국의 영향력을 약화시킬 것이기 때문이다. 그리고 미국은 기존 5대 강국 상임이사국이 보유하고 있는 거부권을 다른 회원국으로 확대하는 것을 지지하지 않을 것이라고 발표하였다. UN에서 권력

반기문(2007-현재)
옳은 일을 할 그러한 사람으로 세계적인 평판을 가지고 있으며 세계에서 가장 인기 있는 지도자들 중 한 명이다.

코피 아난(Kofi Annan, 1996-2006)
조용한 카리스마를 지니고 있었으나 석유 식량 프로그램 관련 추문으로 그의 두 번째 임기가 손상을 받았다.

**부트로스 부트로스-갈리
(Boutros Boutros Ghali, 1992-1996)**
미국은 이 신랄하고 비외교적인 이집트인을 격변속의 단임 후에 저버렸다.

**하비에르 페레즈 데 쿠에야르
(Javier Perez de Cuellar, 1982-1991)**
그는 유엔을 냉전의 마비로부터 정상 상태로 조용히 인도하여 되돌려 놓았다.

**쿠르트 발트하임
(Kurt Waldheim, 1972-1981)**
효율적인 관료였던 발트하임은 이제 주로 그의 나치 전력 때문에 기억된다.

**우 탄트
(U Thant, 1961-1971)**
차분했던 탄트는 삼가는 태도를 보였으면서도 시나이반도에서 유엔 평화유지군을 철수시킴으로써 맹공격을 받았다.

**다그 함마르셸드
(Dag Hammarskjold, 1953-1961)**
유엔의 가장 역량 있는 지도자였던 함마르셸드는 콩고에서 평화유지 임무를 수행 중에 사망하였다.

**트리그브 리
(Trygve Halvdan Lie, 1946-1952)**
이 걸걸한 정치인은 유엔의 창설을 도왔지만, 임기 중에 이룬 것이 거의 없다.

을 유지하기 위한 하나의 유사한 움직임으로, 중국은 인도가 2008년 상임이사국 의석을 얻기 위해 기울인 노력에 대한 지지를 거부함으로써 많은 국가들을 놀라게 하였다.

예산 논란   지구 북반구와 지구 남반구 국가들 사이의 세계의제들을 둘러싼 견해차는 UN 예산에 관한 열띤 논쟁에서 뚜렷이 드러난다. 이러한 논쟁은 회원국들이 UN 헌장을 어떻게 해석해야 하는가를 중심으로 일어나는데 UN 헌장은 "이 기구의 지출비용은 총회에 의해 할당된 대로 회원국들에 의해 부담되어야 한다."고 쓰고 있다.

UN의 예산은 세 가지 구분되는 요소들로 구성된다; 핵심 예산, 평화유지활동 예산, 그리고 자발적 프로그램을 위한 예산. 국가들은 스스로 적절하다고 보는 수준에서 자발적 프로그램과 평화유지활동의 어떤 부분에 재정적으로 기여한다. 핵심예산과 기타 평화유지활동은 할당된 분담금에 따른다(그림 6.2 참조).

분담금이 결정되는 정확한 기제는 복잡하지만, 역사적으로 분담금은 각 국가의 지불능력에 따라 할당되었다. 그리하여 가장 큰 자원을 보유하고 있는 미국은 분담금으로 UN 정규 예산의 22%를 할당받아 2013년에 6억 1천 800만 달러 이상의 순기여였다. 그러나 UN 회원국 중 가장 빈곤한 70%의 국가들, 즉 총 33개 회원국들은 분담금의 최소한 비율을 할당받는데(0.001%),

각각 1년에 단지 28,113달러를 납부할 뿐이어서 다 합쳐도 2013년 UN 예산의 1% 미만이다. 이와 비교하여 가장 부유한 20%의 국가들이 2013년 UN 예산의 거의 95%를 납부하도록 할당되었다. 이러한 할당방식은 많은 부유 국가들에서 비난받고 있지만 여전히 유지되고 있다.

UN 활동의 재원조달을 위한 이와 같은 예산 방식에 대한 저항은 항상 존재해왔고 대체로 점점 더 악화되어왔는데, 그 이유는 총회가 분담금을 할당할 때 다수결에 따라 하기 때문이다. 문제는 가장 많은 투표수를 가지고 있는 국가들(최빈국)은 돈이 없고, 가장 부유한 국가들은 투표권이 없다는 것이다.

이로부터 폭넓은 불균형이 증가해왔는데, 그 이유는 가장 많은 분담금 기여국들이 단지 10표 밖에 행사하지 못하면서 UN 지출비용의 65%를 납부하는 반면에, 기타 회원국들은 UN 예산의 35%만을 지불하면서 183표를 행사하기 때문이다. 심지어 2013년의 8.7% 예산 증액에 있어서도, 또는 이 증액 때문에, 부유한 회원국들은 현존하는 예산절차가 공평한 대표권 없는 납세 체제를 제도화하고 있다고 비난한다. 이의 비판자들은 공평성과 정의를 위해 강대 회원국들이 그들의 부와 영향력에 걸맞는 재정적 의무를 감당해야 한다는 주장으로 반박한다.

물론 쟁점은 단순히 얼마 안 되는 돈의 문제가 아니다. "UN과 그 모든 기관들, 그리고 기금들은 매년 약 300억 달러, 즉 세계에 살고 있는 사람들 1인당 약 4달러를 지출한다. 이것은 대부분 국가들의 예산과 비교할 때 매우 적은 액수이며 세계 군비지출의 3% 미만이다." 비교하자면 2013년 초에 세계 군사비지출은 1조 7,600억 달러였는데 이는 매년 전 세계 사람들 1인당 평균 249달러에 해당한다(SIPRI, 2013). 실제의 쟁점은 중요한 문제가 무엇이며, 어떤 국가들이 정치적 영향력을 보유해야 하는가에 대한 견해차이다. 빈국들은 부국들의 이해관계가 아니라 필요에 따라 지출수준이 결정되어야 한다고 주장하는 반면에, 주요 분담금 기여국들은 그들이 반대하는 사업을 위해 분담금 내는 것을 원치 않는다. 2013년 초에 22개 회원국들이 분담금을 체납하고 있어서 총회에서 투표권을 상실할 위험에 처해있다(UN, 2013).

미래의 도전들   UN의 미래는 불확실하며 만성적인 그 재정적 어려움은 세계 문제와 싸우고 그에게 부여된 임무를 수행할 자원의 결핍상황에 놓이게 하고 있다. 그러나 도전들에 대한 UN의 조직상 적응에 있어서 성공적인 역사를 감안하면, UN의 지지자들은 이 기구가 세계 문제를 척결할 것으로 기대했던 그 설립자들의 과감한 임무 부여에 부응할 수 있을 것으로 보고 있어서 이 기구의 장기적인 전망에 대해 낙관할 만한 이유를 가진다(심층 논의: UN과 시리아 내전 참조). 반기문 사무총장이 거액 기부자들의 압력에 굴복하여 약소국들의 이익에 손상을 끼칠까 우려하는 글로벌 남반구 회원국들의 다소 저항들에도 불구하고, UN은 2006년부터 그 관리절차에 있어서 일련의 개혁을 단행하여 직원 채용, 사업계약서 체결, 그리고 연수업무가 방대한

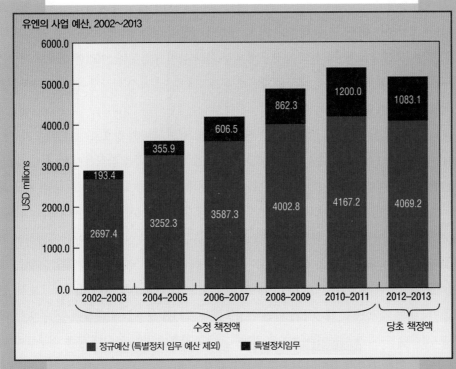

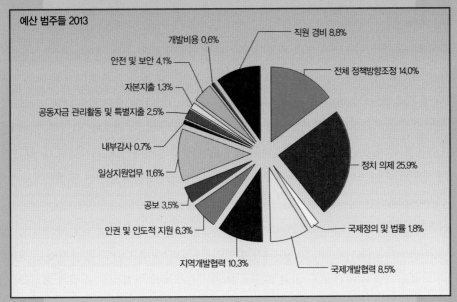

유엔의 사업 예산, 2002~2013

■ 정규예산 (특별정치 임무 예산 제외)　■ 특별정치임무

예산 범주들 2013

Rendered based on "United Nations Regular Budget 2012-2013," United Nations, Department of Management, February 2012.

그림 6.2
UN 예산의 우선 순위들
UN 총회는 2012-2013 회계연도를 위해 51억 5천만 달러의 사업예산을 승인하였다(윗 그림). 비록 그것은 전 해에 비하여 전반적인 예산의 감소를 반영하지만, 특별 정치 임무에 할당된 액수는 10년 전의 예산 전체의 6.7%로부터 21%로 증가하였다. 다양한 예산의 범주들 중에서(아래 그림), 정치문제가 가장 크며 사업 예산의 25.9%를 차지한다.

새 임무에 부합할 수 있도록 하였다. 이러한 개혁들에는 사기방지 및 부패척결 정책의 일환으로 부패를 고발하는 내부인사들에 대한 보호, 평화유지군의 성적 학대방지를 위한 통일된 행동기준 마련, 그리고 고위공무원의 재산공개 의무 확대 등이 포함된다. 이러한 대규모 개혁은 또한 사무국의 행정비용을 핵심 예산의 38%에서 25% 수준으로 1/3 삭감하여, 그 절약비용을 빈곤국들을 위한 개발기금에 넣었다.

UN은 회원국들과 지구의 남·북반구 진영들 간의 열띤 책략의 장으로 남아 있을 가능성이 높은데 이것은 UN이 새로운 세계 문제를 해결할 수 있는 능력을 잠식하지 않을 수 없다. UN은 빈번히 그 실패에 대하여 비난받는데 그러한 실패가 실제는 그 회원국들, 특히 지구 북반구 국가들의 탓일 때도 그러하다. "그들 강대국들은 그들이 UN에게 정해준 야심찬 임무들을 성취할 수 있도록 UN에게 현장에서 충분한 자원, 관심, 그리고 신명을 좀처럼 제공하려 하지 않는다(Fukuyama, 2008, p. 14)." 게다가 UN은 종종 개별적 국가들이 해결할 수 없는 매우 어려운 임무들에 직면한다. 전 UN 사무총장 우 탄트(U Thant)가 말한 것처럼, "보통 큰 문제들이 UN에 제기된다. 왜냐하면 회원국 정부들이 그러한 문제들에 대하여 할 수 있는 어떤 것도 생각할 수 없기 때문이다. UN은 막판, 그리고 최후에 찾는 곳인데 종종 정부들이 이미 해결할 수 없는 것으로 확인된 문제들을 해결하지 못했다는 이유로 비난받는 것은 놀랄만한 일이 아니다."

결국 UN은 회원국들이 부여한 위임사항과 권한 이상의 것이 될 수 없다. 그러나 그 지지자들이 지적하는 것처럼, UN은 "다투어지는 현대의 도전들을 위한 국제제도 협상 및 규범 증진의 장이 되고 있다(Thakur and Weiss, 2009, p. 18)." *구성주의(constructivist)* 시각에서 보면 UN의 정당성은 그것이 국가들의 공통적인 의지를 대표하는데 기초하며, 어떤 경우에 있어서 UN은 인류의 집단적 의지를 대표하는 것으로 주장되기도 한다(Ellis, 2009, p. 4). 여기에서 구성주의자들은 의지라는 것의 정확한 의미가 무엇인지 확인하는 것은 동태적이고 치열하게 다투어질 수 있는 문제라는 것을 인정하기는 한다.

인권위원회(Commission on Human Rights)의 결의들을 통해 인권 유린자들에게 망신을 주고(Lebovic and Voeten, 2009), 후천성면역결핍증(HIV/AIDS) 같은 세계적 유행병의 퇴치에 노력을 기울이며(Thakur and Weiss, 2009), 또 갈등의 방지를 넘어 실제 회원국들로 하여금 그들의 불만을 적극적으로 논의, 해결할 수 있도록 하는(Shannon, 2009) 그 역할들의 성공에서 볼 수 있는 것처럼, UN은 세계적 적실성과 적용성을 갖는 정책들을 형성할 수 있는 좋은 입장에 있다. UN은 많은 비판을 받고 있음에도 불구하고 아주 필요한 존재이다. 전 UN 사무총장인 코피 아난은 "오직 세계적인 기구만이 세계적인 도전들에 대처할 수 있다. 우리가 함께 행동할 때, 우리는 더 강하고 개별적 재해에 덜 취약하게 된다."고 말했다.

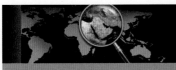

심층 논의

UN과 시리아 내전

부분적으로 아랍의 봄에 의해 고무된 시리아 반군과 시리아 바샤르 알-아사드 대통령에 충성하는 군대 사이의 교전은 2011 년 3월에 시작되었다. 이는 시위자들이 반정부 낙서를 이유로 투옥, 고문을 당한 젊은 학생들과 관련하여 거리로 나서 평화로운 항의를 하면서 촉발되었다. 그러나 군대가 폭동 군중에 발포한 후, 항의는 알-아사드 통치의 정당성을 둘러싼 무장갈등으로 변하였다. 시리아 군대와 여러 반정부 세력 간의 전투는 계속되었고 2013년 5월 현재 UN 총회 의장 빅 제레믹(Vuk Jeremic)은 "교전이 시작된 이후 최소한 8만 명이 사망했는데 희생자 대부분은 민간인들인 것으로 믿는다."고 추정하였다(Nichols, 2013). UN은 또한 최소한 400만 명의 시리아인들이 이 폭력사태에 의해 삶의 터전에서 쫓겨난 것으로 추산하고 있다(Abedine et al., 2013).

시리아 갈등에 대한 국제사회의 상당한 우려에도 불구하고 UN 내, 특히 안전보장이사회 이사국들 사이에 어느 정도로 개입할 지에 대하여 분열이 있어 왔다. 미국과 기타 많은 서방 정부들은 시리아 정부의 항의자들에 대한 잔인한 대응을 규탄하면서 알-아사드의 하야를 요구하였다. 그들은 이 폭력적 갈등을 다루는 데 있어서 UN의 좀 더 강력한 역할을 지지하였다. 많은 지지자들은 UN의 개입이 UN 헌장에 의하여 뒷받침되는 것으로 보는데 UN 헌장은 인권보호를 국제사회의 책임으로 구상하였기 때문이다. 2005년 UN 회원국들에 의하여 만장일치로 채택된 보호책임(Responsibility to Protect) 규범 또한 국가가 전쟁범죄, 종족청소, 대량학살, 반인도 범죄 등으로부터 그 시민들을 보호하지 못하는 경우 국제 공동체에 의한 개입을 요구하고 있다.

그러나 개입 비판론자들은 비인도적 이유에 동기가 있는 행동은 주권의 원칙에 기초하여 어떤 국가의 정치적 독립과 영토적 고결성을 위반하는 강제적 개입을 금지하는 UN 헌장에 위배된다고 주장한다. 중국과 러시아는 UN의 행동을 반대하였는데 그것이 주권 국가의 국내 문제에 대한 개입에 해당한다고 보기 때문이다. 비록 그 국가들은 이 내전을 종식시킬 평화과정을 요구한 미국과 기타 국가들에 동참하였지만, 그들은 UN 안전보장이사회 이사국으로서 반복적으로 그들의 거부권을 활용하여 이미 실행 중인 감독 임무를 넘는 UN의 결정적인 행동을 봉쇄하였다(UN, 2012). 러시아는 명시적으로 UN 결의들을 비난하였는데, 예를 들면 UN 인권이사회가 2013년 5월 통과시킨 것으로 외국 전투원들의 시리아 정부 측 가담을 규탄하는 내용을 담고 있다. 러시아 외무장관 세르게이 라브로프(Sergey Lavrov)는 이 결의에 대하여 '혐오스럽고 일방적'이라고 하였다.

이러한 교착 상태, 그리고 시리아의 폭력을 중단시키지 못하는 UN의 무능력은 이 기구의 효용성에 대하여 의문을 제기한다. 이러한 상황은 또한 한 국가의 그 영토에 대한 주권적 권위, 그 국민들에 대한 보호와 꼭 필요한 물품들의 제공의무, 그리고 국제사회의 개입 근거 사이에 존재하는 긴장을 부각시키고 있다.

최종으로 여러분의 판단은?

1. 인도주의적 위기에서 주권 원칙은 보호책임 원칙에 의하여 대체되어야 하는가? 그렇다면, 누가 개입해야 하는가?

2. 안전보장이사회는 세계의 현 권력 분포를 반영한다고 생각하는가? 그것은 변화되어야 하는가? UN 안전보장이사회는 특히 교착 상태의 잠재성에 비춰볼 때 이러한 결정들을 할 수 있는 권위와 정당성을 갖는가?

3. 여러분은 UN이 시리아에 개입해야 한다고 생각하는가?

기타 주요한 범세계적 정부간기구

UN 외에도 말 그대로 수백 개의 다른 정부간기구들이 국제적으로 활동하고 있다. 우리는 이러한 기타 정부간기구들 중 가장 현저한 세 가지 사례를 간단히 살펴보는데 이들은 모두 그 초점에 있어서 국제정치경제에 전문성을 갖고 있다; 세계무역기구(WTO), 세계은행(World Bank), 그리고 국제통화기금(IMF)이다.

이러한 정부간기구들 각각은 안정적인 국제경제질서를 원하는 강대국의 필요를 위해 강대국 그들의 주권을 자발적으로 희생하면서까지 설립되었음에 주목해야 한다. 왜 국가들은 그들의 운명에 대한 일부 통제력의 감소라는 것을 알면서도 자신의 독립적 자율성의 일부분을 포기하려 할까? 주된 이유는 다자적 협력을 할 때 국가들은 그렇지 않을 경우에 얻지 못할 이득을 얻을 수 있기 때문이다. 글로벌 거버넌스를 위한 국제적 레짐(regime)과 권위를 행사하는 정부간기구라는 제도의 설립은 주식시장의 배당금 같은 이득을 되돌려줄 수 있다. 인류가 공유하는 문제들은 종종 다자적 협력 없이는 제대로 관리될 수 없다. 세계의 많은 문제들은 심지어 가장 강력한 국가가 독립적으로 행동하는 것을 포함하여 한 국가만의 단독적인 조치로는 그 효과를 기대할 수 없다.

레짐

일련의 국가들에 의해 상호 작용을 위해 합의된 규범, 규칙, 절차들

세계무역기구 1929년의 경제 대공황으로 인해 야기된 어려움을 기억하면서, 미국은 제2차 세계 대전 후 세계무역의 확대를 촉진시킴으로써 또 하나의 경제공황을 방지할 수 있는 국제경제제도의 설립을 추구하였다. 당시 제안된 하나의 제도는 UN의 전체적 틀 내에서 전문기구로서 처음 구상된 국제무역기구(International Trade Organization, ITO)이다. 고대했던 국제무역기구의 설립을 위한 협상이 오랫동안 지연되자 많은 사람들은 즉각적인 행동을 촉구했었다. 1947년 제네바에서 회합을 가지면서 23개 국가들은 두 개 국가 간에 이루어지는 수많은 양자적 관세 양허에 합의하였다. 이러한 조약들은 '관세 및 무역에 관한 일반협정(General Agreement on Tariff and Trade, GATT)'이라고 불리는 최종의정서로 다시 쓰여졌는데, 이것은 원래 ITO가 정상적으로 운영될 때까지의 일시적인 제도로 생각했었다.

ITO에 대한 최종 합의가 어렵다는 것이 판명되었을 때, GATT는 관세 및 여타 무역장벽의 감축에 관한 지속적 다자협상의 기제를 마련하였다. 이후 몇 십 년 동안 무역을 자유화하기 위한 여덟 차례의 협상이 있었다. 무차별원칙 하에서, GATT의 회원국들은 그들의 최혜 무역상대국에 제공하는 대우를 서로에게 제공하도록 되어 있었다.

1995년 1월 1일, GATT는 세계무역기구(World Trade Organization, WTO)에 의하여 대체되었다. 이것은 제2차 세계 대전 직후에 구상된 ITO 그 자체는 아니었지만, 그럼에도 불구하고 아직까지 실현된 가장 야심적인 관세감축 노력이라고 할 수 있다. GATT와 달리, WTO

는 공식적인 정책결정 절차를 갖는 본격적인 정부간기구이다. 그 무역상대국들 간에 발생하는 분쟁의 관리 임무를 위임받고 있는 WTO는 무역규칙을 강제하고 무역분쟁을 심판할 수 있는 권위가 주어져 있다.

WTO는 이제 2개 국가들 사이 또는 특정 지역, 즉 자유무역 블록 내의 자유무역협정이라는 기존의 틀을 초월하고 그것을 통합적이고 종합적인 범세계적 자유무역 체제를 통해 대체하고자 한다. 이러한 자유주의적 정책 의제는 어떤 국가들에게 위협을 제기한다. 그들의 불평의 핵심은 WTO가 국가의 영토적 관할권 내 경제적 관행의 관리를 포함하여 주권국 내의 국내 문제에 대한 간섭을 금지하는 전통적 국제법의 원칙을 잠식한다는 것이다. 그러나 명심해야 할 것은 WTO가 국가들의 주권적 정책결정의 자유 중 일부의 포기에 대해 국가들이 자발적으로 동의한 결과로서 등장했다는 점이다. 이것은 국가들 간 이러한 주권의 합동이 손해보다는 더 큰 이득을 가져올 것이라는 확신에서 기초하고 있다. 그럼에도 불구하고 WTO는 "그 운영에 있어서 민주주의의 증거가 거의 존재하지 않는다."는 이유 때문에 비판받고 있다(Smith and Moran, 2001). UN에서 그러한 것처럼, 그 정책들 중 많은 부분이 전체 회원국들이 포함되지 않는 비공식적 회합들에서 가장 강한 국가들에 의해 좌우되고 있다는 것이다.

세계은행   1944년 7월 뉴햄프셔주의 브레턴우즈에서 44개국 대표들이 참석한 가운데 개최된 'UN 통화재정회의(Monetary and Financial Conference)'에서 만들어진 세계은행(또는 국제부흥개발은행, International Bank for Reconstruction and Development)은 원래 제2차 세계 대전 후 유럽의 재건노력을 지원하기 위해 설립되었다. 그 다음 10년 동안 세계은행은 그 정책적 관심을 재건으로부터 개발원조로 전환하였다. 남반구 국가들이 종종 그들의 경제성장에 목표를 둔 사업의 재원 차입에 어려움을 가졌기 때문에, 세계은행은 그들에게 상업적 은행들보다 더 낮은 이자와 더 장기적인 상환계획의 차관을 제공한다. 가장 최근에 세계은행은 2030년까지 세계 전체를 통하여 극도의 빈곤을 종식시킬 목표를 수립하였다. 그리하여 "세계 전체적으로 극도의 빈곤을 3%로 감축하는데 세계의 각 개발도상국가들에 사는 사람들의 하위 40%를 대상으로(Wroughton, 2013)" 하고자 한다. 지금까지, 이러한 야심적 목표는 원조 공여국들의 찬사를 받고 있다.

행정적으로 세계은행의 최종적 정책결정권은 이 은행의 188개 회원국들 각각에 의해 지명되는 한 명의 위원과 한 명의 대리위원으로 구성되는 총회(board of governors)에 주어져 있다. 이 위원은 관례적으로 회원국의 재무장관 또는 그에 해당하는 공무원이 맡는다. 이 총회는 1년에 한 번씩 이 은행의 워싱턴 본부에서 회합을 가져 정책의 방향들을 결정하며 은행 운영의 일상적 업무 책임을 25명의 집행이사회(executive board)에 위임한다. 세계은행의 자본금 중 가장 큰 출자주식 지분을 보유하는 5개 국가(미국, 독일, 일본, 프랑스, 영국)가 그들 자신의 집행이사를 임명하며, 나머지 집행이사는 임명되거나(사우디아라비아), 그들 국가들에 의해 선출되며(중국, 러시아, 스위스) 또는 국가군에 의해 선출된다. 이러한 가중투표제도는 회원국의 출자주식 지분의 차이를 인정하고 세계은행의 자본금에 보다 중심적인 기여를 하는 강대국들의 이익을 보호한다. 한 국가의 경제상황이 어느 기간 동안 변화하면, 그 분담액은 조정되며 그에 따라 출자 주식보유지분 할당과 투표권도 변화한다.

여러 해가 지나가는 동안 세계은행의 자기 이미지와 운영상황 모두가 변화하여 이전의 엄격히 금융 분야 정부간기구로부터 이제는 국가들의 개발기획과 연수를 돕는 기구로 바뀌었다. 2012년 7월 세계은행 총재가 된 김 용(Jim Yong Kim)은 세계은행이 "지속적인 성장을 지원할 보다 강력한 결과를 낼 것이며; 이념보다는 증거에 기초한 해결책을 우선시하고; 개발도상국의 목소리를 증폭하며; 세계은행에 의해 도움을 받는 사람들의 전문성과 경험을 활용할 수 있도록 확실한 노력을 기울일"의지를 천명하였다(Lowrey, 2012, p. B3). 세계은행이 빈곤을 다루는 데 성공적이었던 것은 부분적으로 빈곤한 사람들 자신들로부터의 투입을 포함하는 빈곤감축전략(Poverty Reduction Strategy) 사업들의 도입 때문이다(Blackmon, 2008). 이제 2030년을 목표연도로 하여 세계은행은 시급한 문제들을 다루기 위해 혁신적인 방법들을 공격적으로 추구하고 있다. 최근에 김용 총재는 인도에서 임금 지급을 향상시키는 새 휴대용 현금입출금기의 도입에 찬사를 보냈는데 그는 "우리가 어떻게 좀 더 대규모로 이러한 기술을 금융 서비스 접근을 확장하기 위한 대폭적인 노력에 통합시킬 수 있을 것인지에 대하여 생각해야만 한다(World Bank, 2013d)."고 말했다. 세계은행은 또한 민간융자기관들에 대부하기 위한 차관단에 점점 더 많이 참여하면서도 민주적 개혁을 경제원조의 조건으로 하고 있다. 이에 더하여 케냐의 도로 건설로부터 레소토의 댐 건설에 이르기까지 세계은행의 사업과 관련하여 제기되는 뇌물, 상납, 유용의 비난에 대하여 최근 3명의

Beth A. Keiser/AP Images

세계화의 상징에 대한 격노
얼마 전까지 항의자들은 크게 이목을 끌었던 두 개의 강력한 정부간기구들의—세계은행과 국제통화기금—회합을 공격 목표로 하였다. 여기의 사진도 그러한 격노의 분출을 보여주는 것으로 세계무역기구의 회합에 대해 비정부기구들의 광범위한 연합이 형성되어 경제적 세계화의 영향을 비판하였다. 그러나 최근 연간에 시위의 수는 감소하였다. 정치학자인 다니엘 드레즈(2010c)는 이렇게 된 까닭에 대하여 2001년 카타르 도하 개최 제4차 각료회의에서 처음 도입된 자유화 조치들을 추가적으로 추진하지 못하는 세계무역기구의 무능력뿐만 아니라 2008년 세계금융위기에서 논란이 된 세계금융(무역과 상대되는 요소로)의 역할 때문이 아닌가 생각한다.

이 은행 총재들은(제임스 울펀슨(James Wolfensohn), 폴 울포위츠(Paul Wolfowitz), 로버트 졸릭(Robert Zoellick)) 부패 퇴치를 위한 개혁도 강력히 요구하고 있다.

그러나 세계은행은 개발도상국에 대한 모든 재정적 원조 수요를 충족시킬 수 없다. 그럼에도 불구하고, 이러한 세계은행의 부족한 점은 또 하나의 융자업무 정부간기구인 국제통화기금(International Monetary Fund)의 설립에 의해 부분적으로 상쇄되고 있다.

국제통화기금(IMF) 제2차 세계 대전 이전 국제사회는 국경을 넘는 화폐들의 교환을 관리할 제도적 장치가 결여되어 있었다. 1944년 브레턴우즈회의에서 미국은 IMF, 즉 국제통화 협력과 질서정연한 교환 체제를 증진시킴으로써 외환거래의 안정을 유지할 수 있도록 구상된 진정한 범세계적 정부간기구를 설립하는 데 중심적 역할을 하였다. 뿐만 아니라 IMF는 종종 재정위기를 겪는 국가들에게 최종적으로 찾는 대부자로서의 기능도 수행한다.

IMF는 이제 UN 체제 내 16개 전문기구들 중의 하나이다. 각 회원국은 총회에 대표되는데 이 총회는 총괄적인 정책을 확정하는 연차총회를 개최한다. 일상적인 업무는 총재에 의해 주재되는 집행이사회가 수행하며, 총재는 또한 약 2,000명의 직원으로 구성되는 사무국의 행정수장이기도 하다.

IMF는 그 운영자금을 188개 회원국의 출자금으로부터 마련한다. 출자금은 어떤 국가의 국민소득, 대외지급준비금, 그리고 회원국의 기타 출자 능력에 영향을 미치는 요소들에 따라 정해진 할당 체제에 기초하고 있다. 이러한 식으로 IMF는 신용협동조합처럼 운영되어 참가국 각각은 반드시 공유재원을 위해 분담금을 납부해야 하며, 또한 필요할 때는 이 공유재원으로부터 차입할 수 있다. IMF의 투표권은 국가의 출자금 규모에 따라 가중치가 있어서 보다 부유한 국가들에 더 큰 발언권이 주어진다.

IMF는 그 융자에 대하여 엄격한 조건을 붙임으로써 그 융자사업이 느린 경제성장(Vreeland, 2003) 뿐만 아니라 늘어나는 인권침해의 원인(Abouharb and Cingranelli, 2007)이 되고 있다는 이유로 상당한 비판을 받고 있다(10장의 논쟁: 'IMF, 세계은행, 그리고 구조조정 정책: '치유'가 '병'보다 나쁜 것인가?' 참조). 노벨 경제학상 수상자이며 세계은행의 전 수석경제전문가인 조지프 스티글리츠(Joseph Stiglitz)는 세계은행의 정책들이 자유시장이라는 독단적 교리에 기초하기 때문에 그 정책들이 적용되는 국가들의 독특한 사회문화적 맥락을 무시함으로써 실망스런 결과를 가져오고 있다고 불평한다. 지구 남반구 국가들의 다양성을 고려할 때, 미래의 개발전략은 보편성과 일률적 정책들이라는 거창한 주장을 피해야 한다는 것이다. 한 국가에서 효과가 있는 정책이 다른 국가들에서는 비현실적이거나 바람직하지 않을 수 있다는 것이다.

지역의 정부간기구

UN, 세계무역기구, 세계은행, 국제통화기금 내에서 개별 국가들과 국가집단들 사이의 주도권 싸움은 정부간기구들이 그에 가입한 국가들에 의하여 운영된다는 드러나지 않지만 근본적으로 자리하는 원칙을 상기시켜준다. 이러한 현실은 정부간기구들이 국가 간 경쟁의 위로 올라서서 독립적으로 그 조직의 목적을 추구할 수 있는 능력을 크게 저해하고 있다. 이러한 이유 때문에 현실주의자(realist)의 시각에서 볼 때 보편적 정부간기구들은 종종 독립적인 비국가 행위자라기보다는 회원국들의 외교정책 도구 또는 토론을 위한 장으로 더 많이 인식될 뿐이다. 국가들이 UN과 같은 보편적인 국제기구를 지배할 때, 국제협력의 전망은 감소하는데 그 이유는 현실주의가 강조하듯이, 국가들이 그들의 사활적 국가이익을 손상시킬 수 있는 다자적기구들에 대해 우려감을 갖기 때문이다. 이러한 사실은 세계적 변화를 추동하기 위한 다자적 정책결정을 증진할 정부간기구의 능력을 제한한다.

이에 대한 하나의 경쟁적 가설이—강대국들 사이에 협력은 가능하며 국제기구는 그것을 돕는다.—자유주의적(liberal) 이론으로부터 등장한다. 이러한 관점에서 보면 "상호 연결되어 있고 초국가적인 위협의 세계라는 현실은 단순한 것이다: 당신은 다른 사람이 당신과 협력하게 하기 위해서 다른 사람과 협력하지 않으면 안 된다(Jones et al., 2009, p. 5). 이러한 관점은 지역에 기반을 둔 정부간기구들에 폭넓게 적용될 수 있는데 가장 뚜렷하게 유럽연합(European Union, EU)이 그렇다. EU는 세계에서 단일경제 하에 통합된 안보공동체(security community)를 창출한 평화로운 초국경적 협력의 가장 성공적인 사례로서 다른 지역의 정부간기구들이 모방하는 하나의 모델 역할을 하고 있다. 게다가, EU의 자유민주적 거버넌스와 자본주의적 자유시장에 대한 믿음, 그리고 인간의 고통을 완화하기 위한 제3의 길(Third Way)의 모색에 대한 강조는 다른 지역의 정부간기구들이 추구하고자 하는 접근의 선례가 되고 있다.

유럽연합

유럽연합(EU)은 엄격히 말해서 유럽의 역내 및 대외문제의 집단적 관리를 위한 그 자체만의 독립적 초국가기구는 아니다. EU는 유럽의 다른 많은 정부간기구들과 공존하는데 이들 기구들과 기능이 중첩되기도 하고 또 공동으로 정책을 결정하기도 한다. 이러한 것들 중, 유럽안보협력기구(OSCE)와 유럽평의회(Council of Europe)는 지역안보를 관리하고 또 민주화를 통한 소수민족들의 인권을 증진하기 위해 구상되었는데, 경계구분선에서 자유로우며 유럽 내의 동등한 동반자적 지역제도로서 두드러진 경우이다. 유럽에서 정부간기구들의 이와 같은 중첩적 네트워크 내에서조차 EU는 그 자체를 단일목적으로부터 다목적의 비국가 행위자로 변환

유럽연합

유럽석탄철강공동체, 유럽원자력공동체, 유럽경제공동체가 통합하여 창설된 지역기구로(1993년까지는 유럽공동체로 불림) 이후 지리적으로 그리고 그 권위에 있어서 확대되어 왔다.

안보공동체

국가들 사이에 높은 수준의 제도적인 또는 관습적인 협력이 존재하여 분쟁에 대한 해결이 군사력이 아니라 타협에 의해 이루어지는 국가집단들

제3의 길

자유주의적 자본주의에 대한 대안이 거의 없다는 것을 인정하면서도 사회적 정의를 보존하고 세계경제의 혼란에 의해 야기되는 물질적 박탈을 방지하기 위해 정부의 개입을 허용함으로써 자유-시장 개인주의의 잔인한 사회적 영향을 완화시키고자 하는 유럽의 많은 지도자들에 의해 주로 옹호된 거버넌스 접근법

시킨 강력한 기구의 주요 사례로 두드러진다.

유럽연합의 확장과 정치적 통합   *구성주의(constructivism)*가 주장하는 것처럼 관념은 결과를 가져온다. 큰 관념은 종종 참혹한 전쟁 같은 고통스런 경험과 위기들로부터 나온다. 그것이 제2차 세계 대전 후에 일어났다.―유럽의 지도자들은 전쟁의 유인동기를 제거함으로써 전쟁의 저주를 뿌리 뽑을 과감한 계획을 구상하였다. 이러한 그들의 개혁작업은 새로운 초국가적 제도를 구축함으로써 유럽의 정치적 통합(political integration)을 목표로 하는 것이었는데, 이 제도는 바로 유럽의 개별 국가들을 초월하여 국제관계를 국가의 도구로부터 국가들의 위에 있는 기구로 변환(transformation)하고자 하였다.

> **정치적 통합**
> *많은 또는 모든 국가들의 국민들이 그들의 충성심을 통합된 정치 및 경제적 단위체에 이전하는 과정과 활동들*

　유럽 통합은 1951년 유럽석탄철강공동체(ECSC), 1957년 유럽원자력공동체(Euratom), 그리고 1957년의 유럽경제공동체(EEC)로부터 시작되었다. 이러한 독창적 제도 구상과 추진은 처음에 무역발전을 중심으로 하였다. 1960년대 후기 이래 이 세 기구는 하나의 공통적인 조직을 공유하게 되었고 또 연이은 조치들을 통해 EU의 사명을 확대하여 '유럽공동체'가 되었다. EU의 회원국 수는 늘어났고 지리적 범위는 넓어졌는데 EU는 여러 번에 걸쳐 확장되면서 1997년에 15개국을 포함하게 되었다; 벨기에, 프랑스, 독일, 이태리, 룩셈부르크, 그리고 네덜란드(원래의 6개 회원국); 덴마크, 아일랜드, 영국 (1973년 가입); 그리스 (1981); 포르투갈과 스페인 (1986), 오스트리아, 핀란드, 스웨덴 (1995). 2004년에 EU는 새로운 10개 회원국의 가입을 공식적으로 승인하면서 확장을 향한 노정의 새로운 이정표에 도달하였다(체코공화국, 슬로바키아, 에스토니아, 헝가리, 라트비아, 리투아니아, 몰타, 폴란드, 슬로베니아, 그리스령 키프로스). 이처럼 과감한 확장은 7,500만 명의 인구를 추가하여 세계에서 가장 큰 자유무역블록을 낳게 되었고 이것은 또한 이 대륙의 분열을 종식시킴으로써 유럽의 면모도 변형시켰다. 나아가 이러한 확장 과정은 2007년에 불가리아와 루마니아 그리고 2013년 크로아티아가 가입하면서 EU의 회원국 수는 28개국이 되었다(지도 6.2 참조).

　더 이상의 확장도 또한 생각해볼 수 있는데 그 이유는 가능한 새 회원국들에 대한 가입승인 절차가 8개의 추가 국가들에 대해 현재 진행 중에 있기 때문이다. 터키는 2005년에 가입회담을 시작하였는데 2015년과 2020년 사이에 받아들여질 가능성이 있다. 서부 발칸지역의 다른 국가들도―알바니아, 세르비아, 몬테네그로, 코소보, 전 유고의 마케도니아 공화국, 보스니아-헬쩨고비나―또한 미래의 회원국이 되기 위해 노력을 기울이고 있다. 2009년, 자원이 풍부한 북극에 더 많은 접근을 가능하게 할 국가인 아이슬란드가 유럽연합에 2011년을 가입 목표연도로 하여 가입신청을 하였다. 그러나 가입 회담은 고등어 어획을 둘러싼 분쟁과 민감한 재정개혁문제로 인하여 교착 상태에 있다.

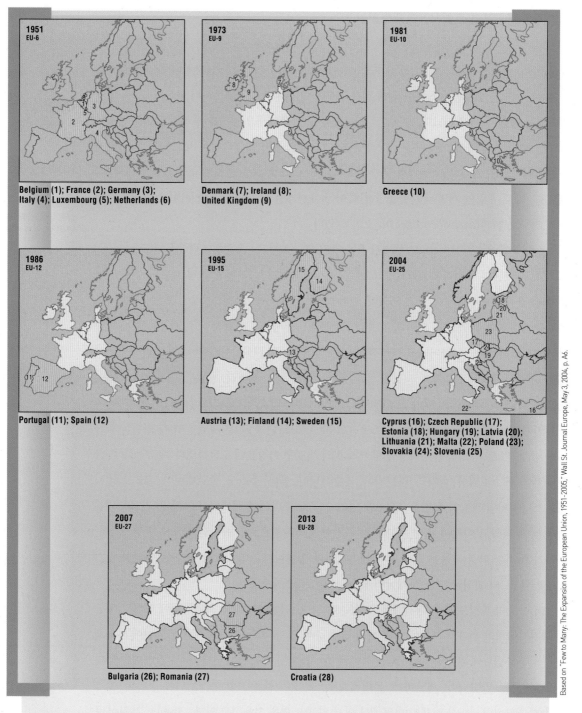

1951 EU-6
Belgium (1); France (2); Germany (3); Italy (4); Luxembourg (5); Netherlands (6)

1973 EU-9
Denmark (7); Ireland (8); United Kingdom (9)

1981 EU-10
Greece (10)

1986 EU-12
Portugal (11); Spain (12)

1995 EU-15
Austria (13); Finland (14); Sweden (15)

2004 EU-25
Cyprus (16); Czech Republic (17); Estonia (18); Hungary (19); Latvia (20); Lithuania (21); Malta (22); Poland (23); Slovakia (24); Slovenia (25)

2007 EU-27
Bulgaria (26); Romania (27)

2013 EU-28
Croatia (28)

Based on "Few to Many: The Expansion of the European Union, 1951-2005," Wall St. Journal Europe, May 3, 2004, p. A6.

지도 6.2
소수국가들로부터 다수국가들로: EU의 확장, 1951-2014
EU는 초국가적 지역 정부간기구의 형성과 통합적 성장의 가장 대표적인 사례이다. EU는 8차례의 확장을 통해 1951년 6개국으로부터 2013년 28개국으로 성장하였으며 아직 가입을 대기하고 있는 국가들에는 터키와 기타 국가들이 있다. 이러한 확장을 통해 EU는 그 자신을 진정한 초강대 세력의 위치에 올려놓았다(4장 참조).

유럽연합의 확장은 단순히 그 회원국수를 늘려가는 절차가 아니다; 그것은 하나의 외교정책이 되었는데 그 이유는 이러한 과정을 통해 외부의 회원 신청국을 회원국으로 변환하고자 하기 때문이다. 유럽법 교수인 크리스토프 헬리온(Christophe Hellion, 2010, p. 6)이 지적하는 것처럼, 유럽연합은 그 확장절차를 통해 "그 규범 권력을 행사함으로써 유럽 대륙을 그 자체의 이미지에 따라 조직할 수 있게 되었다." 그와 같은 변환적 효과를 가지기 때문에, 유럽연합의 확장조차도 논란을 거의 피할 수 없다는 것은 놀랄만한 일이 아니다. 최근 연간에 민족주의가 이 과정에 끼어들어 법적이고 정치적인 장애물을 세움으로써 회원국이 되기를 열망하는 국가들에 대한 유럽연합 약속의 진실성과 신빙성에 대하여 의구심을 갖게 하고 있다. "리스본 조약에 의해 재확인된 유럽의 (재)통일이라는 목표 그 자체는 물론이고 또한 이 조약 조항들의 고결성을 손상하고 유럽법의 근본적인 원칙과 충돌할 수 있다(Hellion, 2010, p. 6)."

지속적인 확장과 통합에 대한 수많은 도전이 존재한다. 그 하나로서 많은 인구를 가진 무슬림 터키가 유럽연합에 가입할 전망은 유럽의 정체성에 대한 근본적인 문제를 제기한다. 구성주의 이론가들이 지적하는 것처럼, 정체성은 행위자들이 그들의 이익을 어떻게 볼 것인가와 나아가 그들이 어떻게 행동할 것인가에 대해 중대한 영향을 미친다. 터키 그리고 아마도 좀 더 멀리 떨어져 있으며 문화적으로 상이한 국가들의 가입 가능성은 많은 사람들, 특히 유럽 연합의 6개 원 설립 회원국 국민들이 유럽에 대해 생각하는 방식에 대하여 중대한 함의를 가질 수 있다.

2011년 아랍의 봄에서 항의와 폭력이 진행되는 동안 수천 명의 북아프리카인들과 시리아 난민들이 유럽에서 피난처를 찾게 되면서 이러한 민족주의적 경향은 셴겐(Schengen) 규정에 대한 개정 요구에 더욱 강하게 반영되었다. 이 이주 위기는 무국경 셴겐지역의 지속적 유지가능성을 위협하였는데 이 무국경 셴겐지역은 그것이 유럽연합 내에서 이동의 자유를 허용함으로써 유럽의 대통일 사업의 하나로서 인식된다. 이탈리아, 프랑스, 벨기에는 이 관련 규정들이 개정되어 국가 정부들이 예외적인 경우에 좀 더 용이하게 국경통제를 다시 할 수 있도록 요구하였는데(*The Economist*, 2011a, p. 57), 각 국가들은 그들 국경 사이에 북아프리카인들의 유입을 통제하고자 하였던 것이다.

동쪽으로의 확장을 통한 유럽연합의 확대는 가장 최근에 가입한 12개 회원국들이 그 경제력을 다 합쳐도 EU 전체의 10% 미만이라는 사실에 의하여 또 다른 어려움을 안게 되었다. 이 새 회원국들은 이전의 15개 회원국들보다 경제적으로 더 빈곤하며 인구도 더 작기 때문이다. 그 결과 새 회원국들은 서로 다른 필요와 이해관계를 가지기 때문에 정책결정 과정에 있어서 합의도달을 점점 더 어렵게 하고 있다. 이러한 사실은 2010년 그리스가—유로존 국가로서는 처음으로—긴축조치를 대가로 3년간의 경제 구제안에 대해 유럽연합 및 국제통화기금과 협상할 때 극적으로 분명해졌다. 이 협상의 결과는 그리스에서 20년 내 최초로 인명살상이 있는 폭력적인 항의를 촉발하였다.

또한 몇몇 국가들의 취약한 경제 조건과 정부 재정적자 상승, 그리고 이것이 다른 회원국들에게 안길 부담에 대하여 우려가 있다. 북유럽의 많은 회원국에서 유로를 반대하는 분위기가 상승하고 있는데, 이 국가들에서는 위기에 허덕이고 있는 유로존 국가를 위해 납세자들의 돈으로 지원하는 구제안에 대하여 저항이 거세지고 있다(Ward, 2011). 2013년 초, 유럽의 여론조사기관인 유로바로미터는 유럽인들 중 30%만이 유럽연합을 찬성하는 것으로 발표하였다. 이 수치는 5년 전의 52% 찬성률로부터 크게 하락한 것이다(Spiegel, 2013). 만약 독일, 프랑스, 그리고 기타 북유럽 국가들이 단합하여 좀 더 작고 경제적으로 덜 발전된 국가들에 반대한다면, 어떤 '한 클럽 속의 클럽'이 유럽연합을 서로 반대하는 두 연합집단으로 나누는 셈이 될 것이다. 그럼에도 불구하고, 단 하나의 통합 유럽이라는 구상은 1800년 전에 붕괴된 로마의 평화(Pax Romana) 이래 서로 싸워온 유럽의 민족과 국가들의 망령에 시달리는 사람들에게 강한 설득력을 가진다.

EU의 조직과 관리   EU가 성장하고 그 권위가 확대됨에 따라 그 주요 거버넌스 기관들도 변화하였다. 그림 6.3에서 보듯이 EU의 조직은 각료이사회(Council of Ministers), 유럽집행위원회(European Commission), 유럽의회(European Parliament), 그리고 법원(Court of Justice)을 포함한다.

EU의 중심적 행정단위인 각료이사회는 EU 회원국 정부들을 대표하며 정책결정에 대한 최종적 권위를 가진다. 각료이사회는 32명의 집행위원(영국, 프랑스, 독일, 이탈리아, 스페인은 각 2명씩, 기타 나머지 국가들은 1명씩)으로 구성된 유럽집행위원회(European Commission)에 대하여 일반적인 정책지침을 제시한다. 집행위원들은 EU 회원국 정부에 의해 지명되며 유럽의회에 의해 승인되어야만 한다. 브뤼셀에 본부를 둔 유럽집행위원회의 주요 기능은 EU를 위한 새 법안을 제안하며, EU의 조약 협상을 감독하고 또 유럽이사회의 결정을 집행하며 나아가 EU의 예산을 관리한다(EU 예산의 일부분은 대부분의 국제기구들의 예산과는 대조적으로 회원국의 통제 하에 있지 않은 재정적 원천으로부터 염출한다).

유럽의회는 유럽 내의 정당과 여론을 대표한다. 유럽의회는 정치적 통일을 향한 여행을 시작할 무렵부터 존재했는데 창설 당시에는 선출제가 아니라 지명제였고 권한도 거의 없었다. EU 회원국들의 시민들은 직접선거에 의하여 유럽 의회를 선택한다. 600명 이상의 의원들은 거대한 유리구조물의 브뤼셀 본부와 또 스트라스부르에 있는 호화로운 대건물에서 민주국가들의 의회가 하는 방식으로 현안들에 대해 토론한다. 유럽의회는 각료이사회와 권위를 공유하지만 유럽의회의 영향력은 시간이 흐르면서 증가해왔다. 이 선출직 의원들은 각료이사회와 함

유럽집행위원회

유럽연합의 행정적 책임을 맡는 집행 기관

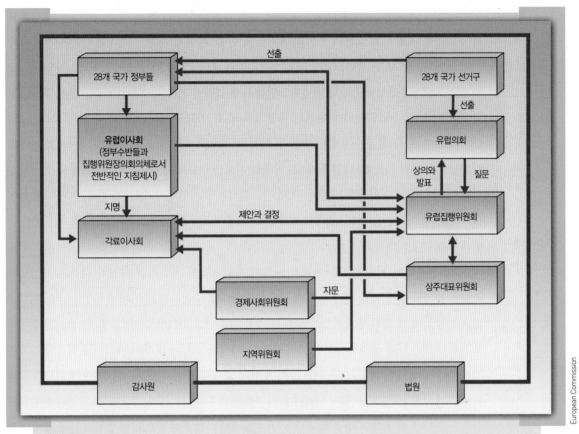

그림 6.3
EU 통치구조의 진화적 발전
EU는 복잡한 조직으로서 다양한 조직단위들에 의하여 수행되는 서로 다른 임무들이 있다. 이 그림은 주요 제도들과 그들 사이의 관계를 나타
내고 있는데 이들 제도들은 집단적으로 EU의 결정과 정책에 도달한다.

께 법을 통과시키고, EU의 예산을 승인하며, 유럽집행위원회를 감독하는데 이 의원들은 집행
위원회의 결정을 뒤집을 수 있다.

　룩셈부르크에 있는 유럽법원 또한 유럽통합이 진전되면서 그 역할과 권한에 있어서 성장
하였다. 이 법원은 EU 정부들 사이뿐만 아니라 이 정부들과 EU가 만든 새 기관들 사이의 권리
주장과 갈등에 대하여 사법적으로 다루기 위해 설립되었다. 이 법원은 회원국들의 법원을 위
하여 EU법을 해석하며 EU 기관들 내에서 발생하는 법률문제에 대하여 판결을 하고 개별적 시
민들에 관련되는 사건에 대하여 결정을 내린다. 이 법원의 결정이 구속력을 갖는다는 사실은
그것을 기타 대부분의 국제적인 법원들과 차별화해준다.

EU 정책결정의 어려움　EU가 어느 정도로 단일한, 진정으로 통일된 초국가, 즉 '유럽합중국'
으로 진전되어야 하는가에 대해서는 의견의 불일치가 지속되고 있다. 또한 공동주권(pooled

공동주권

*지금까지 각 주권국가들에
의하여 배타적으로 다루어
졌던 공공정책의 특정 측면
에 대하여 정부간기구가 집
단적 결정을 내릴 수 있도
록 회원국들이 부여하는 법
적인 권위*

sovereignty)을 향한 그러한 과정이 얼마나 멀리 그리고 얼마나 빨리 진전되어야 하는가에 대해서 논쟁이 계속되고 있는데 유럽의 국가들을 한층 더 통합하려는 여러 노력들이 저항에 부딪히고 있다.—1992년 덴마크인들의 마스트리히트 조약 거부, 2001년 아일랜드인들의 니스조약 거부, 2005년 프랑스인들과 네덜란드인들의 유럽헌법 거부는 그 예들이다. 27개 회원국들은 2007년 10월 유럽연합의 지속적인 통합 노력의 가장 최근 사례라고 할 수 있는 리스본조약(Lisbon Treaty)의 최종안에 합의하였다. 이것은 하나의 제도 관련 조약으로 제안되었는데 유럽연합의 전임직(全任職) 대통령과 EU 정부들 전체를 대표하는 단 한 명의 외교정책 수장을 신설함으로써 EU의 정책결정 과정을 좀 더 간소화하는 것이었다. 그것은 또한 많은 분야에 있어서 국가들의 거부권을 없앨 것이며, 회원국의 가중투표권을 바꾸고, 유럽의회에 추가적인 권한을 부여할 것이다.

리스본조약의 지지자들은 제도적 개혁이 유럽연합의 지속적인 확장과 다른 강대국들과 균형을 유지할 통일 세력이 되기 위해 매우 중요하다고 주장하는 반면에 유럽연합 내의 저항은 많은 사람들이 현 상태에 만족하고 있다는 것을 나타낸다. 이 반대자들은 좀 더 심화된 정치적 통합의 추구와 개별 국가이익의 추구에 대한 더 이상의 제한에 대하여 꺼리며 유럽연합 정책결정의 민주성 정도에 대하여 염려한다. 이 조약이 효력을 가지기 위해서는 27개 회원국 모두가 비준을 해야 하는데, 처음에는 2008년 말이전까지 마무리되리라고 예상했다. 그러나 아일랜드인들은 초기에 이 조약의 비준에 관한 국민투표에서 이를 거부함으로써 연방적인 유럽에 대한 대중의 충분한 지지가 존재하지 않는 것이 아닌가라는 억측을 낳게 하였다. 아일랜드인들의 이러한 결정은 2009년 10월에 있었던 추후 국민투표에서 번복되었고 체코의 마지막 비준으로 리스본조약은 2009년 12월 1일 발효하였다. 벨기에의 헤르만 반 롬푸이(Herman Van Rompuy)가 유럽연합의 최초 전임직 대통령이 되어 2010년 1월 4일 공식적으로 직무를 시작하였다.

이러한 문제들은 미래에도 논의될 것이며 오직 시간만이 그러한 문제의 해결 결과를 말해줄 것이다. 그럼에도 불구하고, EU는 국제관계사에 있어서 괄목할 만한 성공담에 속한다. 그들 역사의 대부분을 상호 간 전쟁으로 보내왔던 경쟁적 국가들이 이제 충돌하는 이데올로기와 영토적 야심을 제쳐놓고 통일과 연합의 정책결정 위에 구축된 하나의 '유럽적 정체성(European-ness)'을 구성할 것이라고 누가 기대했겠는가?

기타 지역의 정부간기구들

1950년대에 통합을 향한 유럽의 발걸음이 처음 내딛어진 이래, 세계의 각 지역에 10여개 이상의 정부간기구들이 창설되었는데 특히 지구 남반구 국가들 사이에서 그러하였다. 이러한 지역의 정부간기구들 대부분은 해당 지역의 경제성장을 자극하고자 하였으나 많은 경우 원래의 단일 목적으로부터 정치, 군사 등 복수의 목적으로 확대되었다. 이러한 주요 지역기구들에는 다음과 같은 것들이 있다.

- **아시아태평양경제협력체(APEC) 포럼**   뚜렷하게 정의된 목표 없이 1989년 12개 국가들의 모임체로 창설되었다. 회원국 수는(미국을 포함하여) 21개국으로 늘어났다. APEC은 2013년 10월 인도네시아의 발리에서 그 경제지도자들의 회의를 개최하여 지역경제통합의 증진, 공동의 발전과 번영의 성취, 모두를 포함하는 지속성장, 아태 동반자 관계가 지역의 기업과 근로자들에 대해 가지는 엄청난 잠재력의 개척 방안 등을 논의하였다.
- **동남아시아국가연합(ASEAN)**   이 기구는 1967년 처음 5개국에 의하여 이 지역의 경제, 사회, 문화적 협력을 증진하기 위해 설립되었다. 1999년에 일본, 중국, 미국, 그리고 기타 강대국들의 세력 범위 밖에서 하나의 대항세력으로서 10개 회원국들 사이에 자유무역지대를 창설하여 국제무역에서 하나의 블록으로 경쟁할 수 있도록 하였다.
- **아랍경제단합위원회(CAEU)**   이 기구는 1957년의 협정에 따라 1964년에 북아프리카와 중동의 18개 회원국들 사이에 무역과 경제통합을 증진하기 위해 설립되었다.
- **카리브공동체(CARICOM)**   이 기구는 1973년에 15개 국가와 자치령 회원들 사이에 경제발전과 통합을 증진하기 위해 하나의 공동시장으로 설립되었다.
- **서아프리카경제공동체(ECOWAS)**   이 기구는 1975년에 15개 회원국들 사이에 지역의 경제협력을 증진하기 위해 설립되었는데 오늘날 훨씬 폭넓은 의제를 다루고 있다. 2011년 6월 7일, 서아프리카경제공동체의 의장인 제임스 빅터 그베호(H. E. James Victor Gbeho)는 "이 기구를 제도적으로 확대, 강화함으로써 민주적 통제와 인권에 보다 민감하게 반응할 수 있는 안보 체제로 개혁하고, 좀 더 높은 정도의 권력 분립, 법의 지배와 반부패원칙의 준수를 확실하게 추구하겠다는 의지를 재확인하였다."
- **라틴아메리카통합연합(LAIA)**   이 기구는 스페인어로 Asociacinón Latinoamericana de Integración(ALADI)로도 불리는데 1980년에 14개 국가들 간에 호혜적 무역을 증진하고 규율하기 위해 설립되었다.
- **북대서양조약기구(NATO)**   이것은 1949년에 주로 서유럽에서 소련의 활동을 억제하기 위해 설립된 군사동맹이다. 이 안보기구는 회원국 수가 28개국으로 늘어났으며, 임무가 확대되어 유럽 내의 그 전통적 영토 밖에서 민주화를 증진하고 내전과 테러에 대하여 경찰 역할을 수행하고 있다. 미국과 캐나다 또한 이 기구의 회원국이다.
- **남부아프리카개발공동체(SADC)**   이 기구는 1992년에 그 14개 회원국들 간에 지역경제발전과 통합을 증진하고 빈곤을 완화하기 위해 설립되었다.

이러한 기구들이 예증하는 것처럼, 대부분의 정부간기구들은 세계 전체보다는 지역을 기초로 하여 조직되었다. 이러한 기구들을 창설하는 정부들은 공통적으로 직면해 있는 모든 범위의 쟁점들을 단번에 다루려고 하기보다는(지역 내 무역의 자유화 또는 평화의 증진처럼) 보통 하나 또는 두개의 주요 목표에 집중한다.

EU 수준의 제도적 통합을 추구하는 데 있어서 대부분의 지역들이 경험하는 실질적 어려움은 이전에 분열되었던 지역에 있어서 새로운 정치공동체의 창설이 얼마나 엄청난 장애를 갖게 되는지를 시사해준다. 왜 많은 지역 정부간기구들이 때때로 실패하고 종종 비효과적인가에 대한 구체적인 이유는 다양하다. 2개 또는 그 이상의 국가들이 협력적으로 상호작용하기로 하는 것만으로는 충분하지 않다. 정치적 통합의 가능성은 지리적 인접성, 꾸준한 경제성장, 유사한 정치 체제, 열성적인 지도자들에 의해 이끌어지는 지지적인 여론, 문화적 동질성, 내적인 정치 안정, 역사 및 사회 발전에 있어서 유사한 경험, 지지적인 기업 이해관계를 갖는 양립 가능한 경제 체제, 공통의 외부 위협에 대한 인식의 공유, 관료의 능력, 그리고 이전의 협력 노력들이 결여되어 있을 때 감소한다(Deutsch, 1957).

이러한 장벽의 근저에는 한 가지 결론이 자리하고 있다; 모든 정부간기구들은 정치지도자들 모두가 국내에서 개인적 인기를 떨어뜨리며 국가주권을 잠식하는 것과 같은 정치적 비용이 높은 선택을 꺼림으로 인하여 제한받는다. 그럼에도 불구하고 협력에 있어서 지역적 노력들이 증명하는 것은 많은 국가들이 그들 모두에게 공통적으로 닥쳐온 많은 문제들을 개별적 노력으로는 관리해나갈 수 없다는 분명한 사실을 수긍하고 있다는 점이다. 정부간기구들의 확대되는 상호의존망에 의해 국가들의 힘이 침해받게 되고 세계무대에서 국가들의 상호연결 방식이 변화를 겪고 있다. 분명히 국가는 많은 초국가적 정책문제들을 해결하지 못하고 있기 때문에 정부간기구를 통한 집단적인 문제해결은 지속될 것이다.

그러나 정부간기구들은 세계정치의 잠재적 변환을 주도하는 유일한 비국가 행위자는 아니다. 또 다른 일련의 행위자들에는 비정부기구들(NGOs)이 있다. 이러한 NGO들에는 초국가적 인도주의 기구들뿐만 아니라 다국적기업, 초국가적 종교들 및 소수인종집단 그리고 범세계적 테러 및 범죄망들이 포함된다. 그러한 NGO들은 그 수에 있어서 증가하고 있으며 목소리도 무시할 수 없을 만큼 커지고 있어서 세계정치에서 점점 더 영향력을 발휘하고 있다. 다음에 우리는 그들의 행동과 세계적 영향을 평가한다.

세계의 190여개 국가들은 이제 보다 많은 수의 강력한 비주권적이면서 최소한 부분적으로 (종종 대체로) 독립적인 행위자들과 공존하는데 이러한 행위자들은 기업으로부터 비정부기구까지 그리고 테러단체로부터 마약카르텔까지 이른다.…한때 주권적 실체들에 의해 거의 독점되었던 권력은 잠식되고 있다.

― 리처드 N. 하스(Richard N. Haass), 외교협회 회장

비정부기구들의 두드러진 유형들

점점 더 많은 사람들이 비정부기구들(NGOs)에 가입함으로써 국제정책결정에 영향을 미칠 수 있음을 알게 된다. 이들은 자발적으로 여러 가지 NGO들에 가입함으로써 그들 자신이 국제정책의 결정자가 되는 길을 선택한다. 이들 수만 명의 초국가적 행동가들은 다양한 전략을 통하여 국가 정부들과 정부간기구들의 정책에 영향을 미치고 있다. 그 결과 NGOs들의 행동주의는 지방과 세계라는 전통적인 구분을 초월하고 있다(Tarrow, 2006).

오늘날 점점 더 적극적이고 자기주장이 강한 소수의 NGO들이 가장 많은 주목을 받으며 가장 많은 논란을 촉발하기도 한다. NGO들이 세계의 변화에 실제, 그리고 어떻게 기여하는지 평가하기 위해 우리는 여기서 단지 네 가지 가장 현저한 NGO 비국가 행위자들 집단을 검토한다; 소수민족들과 토착원주민을 포함하는 무국가 민족들(nonstate nations), 초국가적 종교운동체들, 다국적 기업들, 그리고 쟁점옹호집단들.

무국가 민족들: 소수민족 집단들과 토착원주민 집단들

현실주의자들은 종종 우리들이 국제정치에 대하여 전능의 국가가 통일된 민족 또는 국민을 자율적으로 통치하는 모습의 그림으로 묘사하도록 요청한다. 그러나 진실에 있어서 그러한 국제정치 구성은 사람들을 오도할 수 있다. 대부분의 국가들은 내부적으로 나뉘어 있으며 외부적으로 매우 침투되어 있어서 탄탄하게 통일되어 단 하나의 공통 목적을 위해 행동할 수 있는 국가들은 지극히 소수이다.

비록 국가는 의문의 여지없이 가장 눈에 띄는 *글로벌 행위자*로 남아있을지라도, 구성주의가 강조하는 것처럼 소수민족주의(ethnic nationalism, 어떤 특정의 소수민족집단에 대한 사람들의 충성심과 일체감)는 단일한 국가를 가정하는 이론들의 적실성을 감소시킨다. 많은 국가들은 그 국내 및 외교정책에 있어서 명백한 독립은 아니지만 좀 더 높은 수준의 자율성과 좀 더 큰 목소리를 내고자 하며 정치적으로 적극적인 다양한 집단으로 구성된 분열, 다민족, 그리고 다문화 사회이다. 민족주의적으로 사고하는 개인들은 그들의 근본적 충성심을 그들의 중앙 통치 국가나 정부가 아니라, 오히려 친족관계, 언어, 그리고 공통의 문화에 의해 서로 묶여진 것으로 인식되어 상호 일체감이 있는 소수민족집단(ethnic group)에 바칠 가능성이 매우 높다.

소수민족성(ethnicity)은 어떤 소수의 민족 또는 인종 집단 구성원들이 그들 자신을 그 집단의 구성원으로 보도록 학습하고, 그리하여 그들의 정체성이 출생 당시에 물려받은 집단의 구성원 자격에 의해 결정되는 것으로 인식한다는 점에서 사회적으로 구성된다. 그러한 인식은 다른 소수민족 집단에 의해 인정됨으로써 더 견고하게 강화될 가능성이 있다. 그러므로 소

무국가 민족들
권력과 또는 국가성을 획득하기 위해 투쟁하는 민족 또는 소수종족집단들

소수민족주의
어떤 문화, 종족, 또는 언어 공동체에 대한 헌신성

소수민족집단
기본적으로 공통 조상의 민족성, 언어, 문화유산, 혈연을 공유한다는 의식에 의하여 정의되는 정체성의 사람들

소수민족성
어떤 특정의 인종 집단에 있어서 그 구성원들 간에 서로 유사성을 인식하면서 그 구성원들로 하여금 그 집단 밖의 다른 민족집단에 대해서는 편견에 의해 외부자로 보게 하는 현상

수민족성은 관찰자의 눈에는 구성된 정체성이 된다. "정체성 아니, 보다 정확하게는 *정체성들*(*identities*)은 어떤 집단이나 개인이 위치하고 있는 특수한 역사 및 사회적 맥락에 대한 반응으로서 형성된다. 이러한 정체성들은, 심지어 복수형일지라도, 보통 그 보유자들에 의하여 매우 쉽게 협상되며 구체적인 맥락과 관련을 갖는다. 그럼에도 불구하고, 정체성에는 상황에 관계없이 항구적이며 지속적인 측면이 있는데, 이러한 정체성은 어떤 특별한 시점에서 가장 우세하게 된다(Townsend-Bell, 2007)."

세계에서 비교적 큰 국가들 중 3/4은 정치적으로 의미가 있는 소수집단을 포함하고 있는 것으로 추산되며 1998년 이래 세계인구의 18.5%(1/6 이상)를 차지하는 283개 소수집단은 그들이 살고 있는 국가에서 그 정부가 조직적 차별대우를 영속화하는 것으로 인식하여 그에 대항하는 집단적 방어를 위해 그 구성원들을 동원하게 되고, 이와 관련하여 그 정부의 박해로부터 '위험한 상태(at risk)'에 있는 것으로 분류된다(Minorities At Risk, 2013). 중국은 티벳 수도인 라사(Lhasa)에서의 폭동 후에 소수집단인 티벳인들에 대한 그 진압 때문에 국제사회의 강한 비판을 받고 있다. 티벳인들의 이익을 대표하는 달라이 라마(Dalai Lama)는 '중화인민공화국 내 모든 민족집단의 안정, 단합, 그리고 조화를 위해' 중국과 대화 재개를 모색하였다. 그

토착원주민의 보호
토착원주민 집단은 진전과 발전 중에 있는 보다 큰 국가이익이 국가정부에 의하여 결정되면서 그들의 권리와 복지가 빈번히 희생되는 경험하게 된다. 여기 사진은 지방 토착원주민 공동체의 대표자들이 2013년 5월 브라질의 상파울루에서 브라질 아마존 싱구강 유역의 벨로 몬테 댐 건설을 반대하여 벌이는 시위 장면이다. 그들의 토지와 삶에 미칠 영향을 우려하고, "협의 없는 데 대한 좌절감에서, 그리고 그들의 권리에 대한 침해에 분노하여, 브라질의 토착원주민들은 의회에 난입하고, 댐 부지를 점거하며, 철도선을 봉쇄하고, 성지를 요구하며, 단식투쟁을 전개하고, 자살을 시도하는 등의 직접 행동에 나서고 있다(Watson, 2013)."

러나 중국은 이 정신적 지도자가 1959년 중국 공산당 통치에 반대하여 일으킨 무장반란이 실패하여 티벳에서 탈출한 후 그를 '분리주의자'로 간주하고 있다(Freeman, 2010). 이러한 사례들이 보여주는 국가 내 소수집단의 분립 현상은 국제관계를 통일된 국가들 사이의 동질적 상호작용으로서 보는 현실주의의 '당구공(billiard ball)' 개념에 문제를 제기한다.

토착원주민들(indeginous peoples)은 어떤 특정 지역에 본래부터 살고 있던 인구집단으로서 종족적으로 소수문화집단이다. 대부분의 경우 토착원주민들은 과거에 정치적으로 주권체였으며 경제적으로 자급자족적이었지만 현재는 중앙 국가정부의 통제 하에 있다. 오늘날 약 3억 7,000만 명, 즉 세계 인구의 약 5.2%로 추산되는 사람들이 70개 이상의 국가들에 흩어져 살고 있다(International Work Group for Indigenous Affairs, 2013).

> **토착원주민들**
>
> *다른 사람들에 의해 통제되는 어떤 정부에 의해 통치되는 국가들 내의 소수 민족 및 문화적 배경을 가진 주민들*

뚜렷이 구분되는 무국가 민족집단들의 수는 보통 알려진 구어의 수에 의해 측정되는데, 그 이유는 각 언어가 소수민족성과 문화적 정체성을 제공하기 때문이다(지도 6.3 참조). 1930년대에 에드워드 사피르(Edward Sapir)와 벤자민 리 훠프(Benjamin Lee Whorf)가 가설로 제시했듯이, 서로 다른 언어들은 그 화자(話者)들로 하여금 서로 다른 사고방식으로 기울게 하는 상이한 세계관을 반영한다. 이러한 지표에 의하면, 토착원주민의 문화들은 사라지고 있다. "몇몇 전문가들은 세계의 언어들 중 90%가 금세기 말까지 자취를 감추거나 지배적인 언어에 의해

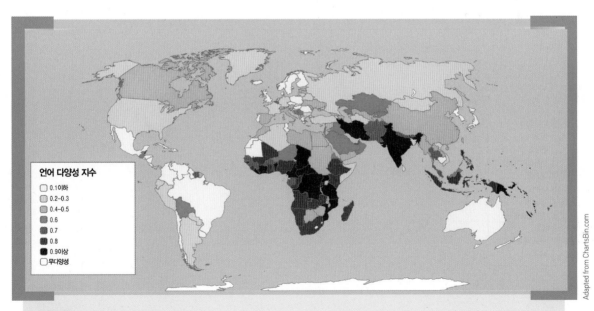

지도 6.3
민족언어학적인 경계선
언어에 있어서 차이는 종종 이해관계와 태도에 있어서의 차이를 반영한다. 다양성이 큰 곳에서, 국가 정부들은 이러한 차이들을 조화시키고, 공동의 정체성과 목표를 창출하는데 엄청난 어려움에 직면하게 된다.―복수 국가들에 대한 비교연구에 따르면 언어적 파편화는 경제적 성과와 정부의 질을 손상함을 시사한다(WDR, 2009, p. 104). 이 지도에서 보게 되는 것은 아프리카와 남아시아에서 소수민족 언어집단들의 다양성이 매우 높다는 점이다.

Adapted from ChartsBin.com

교체될 것이라고 주장한다(*Vital Signs*, 2006-2007, p. 112)." 이러한 의미는 토착원주민들이 위험에 처해 있으며 그 높은 비율이 절멸에 가까워지고 있다는 것이다.

비록 토착원주민들은 지구의 많은 다원적 국가들의 내부에 위치하고 있지만 그들은 또한 초국가적인 차원도 보여주는데 그 이유는 그들이 지리적으로 기존 국가들의 경계에 걸쳐서 분포하고 있기 때문이다. 이처럼 여러 국가에 흩어져 살게 되는 현상은 토착원주민들이 그 조상의 고향땅 범주를 넘어 이주하면서 더욱 증가하였다. 예를 들면 터키, 이라크, 이란, 시리아의 상당한 수에 이르는 쿠르드족 소수민족집단과 같은 토착원주민들은 지구상의 2개 이상 기존 독립 국가들에서 살고 있는 구성원들이 있지만 아직도 그들의 본향이라고 부를 만한 어떤 단일한 주권국가도 존재하지 않는다.

이러한 분립들의 결과 11개나 되는 서로 다른 초국가적 문화적 정체성, 즉 '문명들'이 지구 전체에 걸쳐 확인될 수 있다(지도 6.4 참조). 그 결과는 아직 확실하지 않지만 세계정치에 대한 그 어떤 가능성은 경악을 자아낸다. 새뮤얼 헌팅턴(Samuel P. Huntington, 1996, 2001a)은 가장 우려스런 결과를 비관적으로 예측한다; 이러한 문명의 정체성들 사이에 **문명 충돌**(clash

문명 충돌

21세기에 세계의 주요 문명들은 서로 충돌하여, 지난 500년 동안 국가들 사이의 갈등으로부터 귀결된 것과 유사한 무정부상태와 전쟁에 이를 것이라는 정치학자 새뮤얼 헌팅턴의 논란이 있는 주장

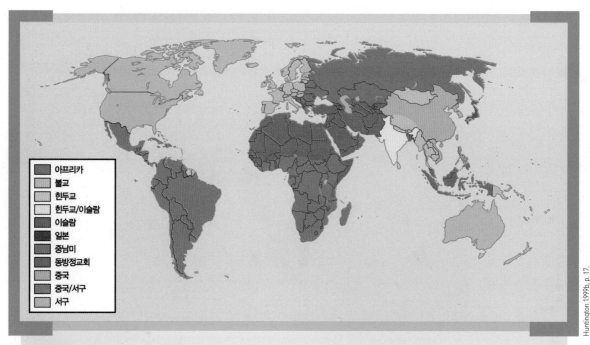

Huntington 1999b, p. 17.

아프리카
불교
힌두교
힌두교/이슬람
이슬람
일본
중남미
동방정교회
중국
중국/서구
서구

지도 6.4
세계의 주요 문명들: 그들의 충돌은 세계의 혼란을 야기할 것인가?
이 지도는 많이 논의된 새뮤얼 헌팅턴의 주장에 따라 세계 주요 문명들의 위치를 보여주고 있다. 헌팅턴은 미래의 세계 전쟁은 '문명의 충돌'에서 비롯될 것이라고 예측한다. 이러한 주장의 비판자들은 어떤 '문명'도 언어 또는 믿음에 있어서 동질적이지 않으며, 어떤 문명의 특징은 그 문명에 정체성을 갖는 개별적인 사람들이 어떻게 행동할 것인지 예측하지 못하고, 또한 심지어 뚜렷한 문화와 같은 정체성 집단들조차도 종종 그들의 차이를 넘어 서로 대화를 나누고 평화롭게 공존하는 법을 학습한다고 지적한다(Appiah, 2006; Huntington, 1999b; Sen, 2006).

of civilizations)의 개연성이 있는데 특히 서구와 이슬람 사이에 그렇다.

그 예측은 2001년 9월 11일 다소 적중한 예언이 되었는데 이때 알카에다(Al Qaeda) 테러 연계망은 서구에 대한 이슬람 극단주의의 분노 표출로써 미국을 공격했다. "최근의 사건이 보여주는 것은 소수민족집단 그리고 인종 [그리고 문화적 갈등] 문제가 사라지거나 덜 중요해지고 있지 않다는 사실이다.… 종종 세계화라는 용어로 윤색되는 최근의 범세계적 변화 과정은 소수 민족집단의 [그리고 문화적] 갈등이 발생하는 맥락을 급속히 변화시키고 있는데 이러한 문제들은 더 이상 어떤 지역에만 국한되지 않는다(T. Hall, 2004, p. 150). 그러한 이유에서 우리는 논의의 초점을 소수민족집단 NGO들로부터 벗어나 초국가적으로 활동하는 종교 운동체들이 NGO들로서 또한 어떻게 작동하는지 검토한다.

초국가적 종교 운동체들

이상적인 면에서, 종교는 글로벌 통일과 조화를 위한 자연적인 범세계적 힘으로 보인다. 그러나 종교라는 이름 하에서 수백만 명이 사망하였다. 11세기와 14세기 사이에 있었던 십자군운동은 원래 1095년에 교황 우르반 2세에 의하여 무슬림의 침략에 맞서 싸우자는 명분으로 정당화되었지만 이 싸움은 수백만 명의 기독교도와 무슬림들을 죽음으로 몰아넣었으며, "잔혹성에 있어서 양측은 차이가 없어 종교 모두 싸움을 자기성화(自己聖化) 행위의 이데올로기로 가지고 있었다(Riley-Smith, 1995). 마찬가지로 가톨릭교도와 신교도 간의 30년 전쟁(1618-1648) 기간 동안 종교적 갈등은 유럽 전체 인구의 거의 1/4의 생명을 앗아갔다.

세계 70억 이상의 인구 대부분은 어떤 수준에 있어서 초국가적 종교 운동체(transnational religious movements)에 관련되어 있다. 가장 추상적인 수준에서 종교는 한 집단에 의해 공유되는 사상 체계로서 그 구성원들에게 헌신의 대상과 윤리적 행동의 판단 기준을 제공한다. 이러한 개념정의는 세계의 아주 다양한 종교조직들의 공통점을 가리키지만 세계의 주요 종교들은 또한 그들이 가지고 있는 신학적 교의(敎義) 또는 믿음에 있어서 크게 다르다. 그들은 또한 추종자들의 수, 우세한 힘을 발휘하는 지역(지도 6.5 참조) 그리고 국제문제의 방향을 좌우하는 정치적 노력을 기울이는 정도에 있어서도 서로 크게 다르다.

이러한 차이들은 세계 문제에 관한 종교 운동들의 영향에 대해 일반화해보려는 시도를 위태롭게 한다(Haynes, 2004). 종교 운동체들을 비교 연구하는 학자들은 믿음 체계가 종교 신자들에게 정체성의 주요 원천을 제공하며 그들의 종교에 대한 이러한 일체화와 헌신은 삶의 의미와 선택의 결과를 평가하는 일련의 가치들을 찾아야 하는 자연적인 인간의 필요성에서 나온다는 점에 주목한다. 이러한 인간의 필요성은 때때로 신자들로 하여금 그들 자신 종교의 가치들이 다른 종교의 가치들보다 우월한 것으로 인식하게 함으로써 슬프게도 종종 불관용으로

초국가적 종교 운동체
초월적 신성의 숭배와 행동을 위한 그 원칙들을 선양하기 위하여 종교집단들에 의해 정치적으로 관리되는 일련의 믿음, 관행, 그리고 이념들

귀결된다.

대부분의 조직화된 종교운동의 지지자들은 그들의 종교가 보편화, 즉 전 세계에 걸쳐 모든 사람들에 의해 받아들여져야 한다고 믿는다. 그들 종교운동의 자연적인 우월성에 대한 신앙을 확인하기 위하여, 많은 조직화 종교들은 비신자들을 그들의 신앙으로 적극적으로 개종시키게 되는데, 이 과정에서 비신자들과 다른 종교의 추종자들을 끌어오기 위해 전투적인 성전에 종사하게 된다. 개종은 보통 선교활동을 통해 이루어진다. 그러나 때때로 개종은 무력에 의해 이루어짐으로써 몇몇 국제종교운동의 평판을 손상시키기도 한다(논쟁: '종교 운동체는 전쟁의 원인인가 아니면 초국가적 조화의 원천인가?' 참조).

국제문제에 관한 종교 운동체들의 영향을 평가하는 데 있어서, 이러한 종교적 조직을 대

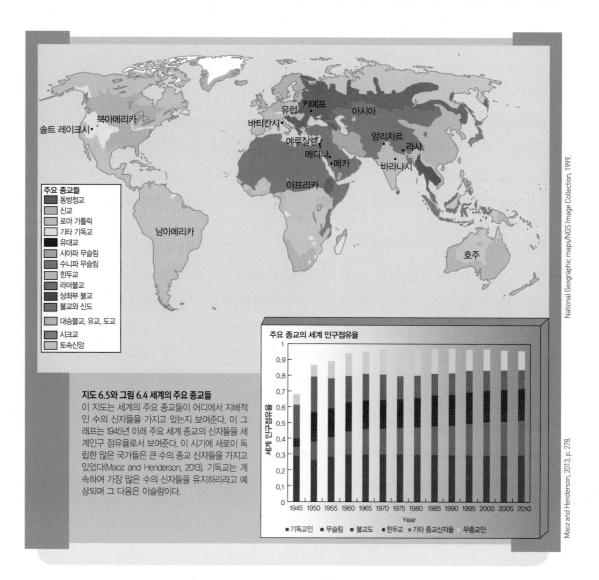

지도 6.5와 그림 6.4 세계의 주요 종교들
이 지도는 세계의 주요 종교들이 어디에서 지배적인 수의 신자들을 가지고 있는지 보여준다. 이 그래프는 1945년 이래 주요 세계 종교의 신자들을 세계인구 점유율로서 보여준다. 이 시기에 새로이 독립한 많은 국가들은 큰 수의 종교 신자들을 가지고 있었다(Maoz and Henderson, 2013). 기독교는 계속하여 가장 많은 수의 신자들을 유지하리라고 예상되며 그 다음은 이슬람이다.

National Geographic maps/NGS Image Collection, 1999.

Maoz and Henderson, 2013, p. 278.

논쟁

종교 운동체들은 전쟁의 원인인가 아니면 초국가적 조화의 원천인가?

9.11 이후 국제갈등에 대한 종교의 영향에 관하여 논쟁이 격화되었는데 그 이유는 많은 사람들이 이슬람 알카에다의 범세계적 조직의 종교 광신자들에 의하여 이 테러공격이 유발되었다고 믿기 때문이다. 그 결과 '테러의 종교적 근원(Juergens-meyer, 2003)'과 남반구 국가들에서의 민주주의에 대한 종교의 반대는(Shah, 2004) 비정부기구 범세계적 행위자들로 활동하는 종교들과 종교집단들이 일반적으로 그러한 것이라고 여겨지게 하였다.

교황 요한 바오로 2세는 2000년 기독교인들과 무슬림들 사이의 싸움이 유혈사태로 발전되었을 때 이집트에서 다음과 같이 말했다. "종교의 이름으로 해를 끼치고 폭력과 갈등을 조장하는 것은 끔찍한 모순이며 신에 대한 커다란 죄이다. 그러나 과거와 현재의 역사는 종교를 그와 같이 잘못 실천한 사례들을 많이 보여주고 있다." 그럼에도 불구하고 폭력의 종교적 기원을 이해하기는 어려운데 그 이유는 대부분의 사람들이 증오와 불관용이 아닌 평화, 자비, 용서와 종교를 동일시하기 때문이다. 진정으로 높은 이상은 세계의 거의 모든 주요 종교운동의 신자들에게 영감을 불어넣어주기 때문에 종교가 가르치는 많은 원칙들은 매우 유사하며 국민들 간의 평화로운 관계에 도움을 주는 것이다. 그들 모두는 생명의 신성함에 대한 존경과 경외심, 그리고 인종 또는 피부색과 상관없이 신의 동등한 창조물로서 모든 사람들의 수용을 크게 표현한다. 이러한 것들은 고상한 이상들이다.

종교적 갈등과 정치적 폭력의 시대인 오늘날, 국제문제에 있어서 종교 NGOs의 역할은 논란이 되고 있다. 어떤 학자는 종교적 호전성의 원인을 보편적 종교들이 종종 특수하고 독단적인 관점을 갖는 조직들에 의하여 관리되기 때문이라는 견해를 견지한다(Juergensmeyer, 2003). 종교들이 견지하는 미덕들이 역설적으로 그러한 견해를 갖고 있지 않은 사람들에 대한 무기가 될 수 있다. 교리에 대한 흔들리지 않는 믿음을 유지하기 위한 노력에서, 그들은 그들이 진리이기를 바라는 것을 그들 또는 다른 종교들이 진리라고 생각하는 것으로부터 분리하려는 시도를 거부한다. 이와 같이 구성된 현실은 폭력, 약탈, 정복을 정당화하는 도덕론을 조장한다. 부분적으로 그들은 외부인들을 경쟁적 위협세력으로 간주하는 경향이 있다. 즉, 그들과 다른 신을 추종하고 신봉하는 외부인들은 그들 자신만의 종교가 전 세계적인 보편성을 가진다는 종교적 주장에 대한 도전세력이 되는 것이다. 한 마디로 말해, 종교운동은 다양성에 대한 경멸 그리고 종교적 믿음을 자유롭게 선택할 수 있는 사람들의 권리 등에 대한 무시와 같은 불관용의 행동을 종종 보여준다.

그러나 전형적인 종교집단을 무자비한 테러에 책임이 있는 것으로 받아들이는 것은 위험한 일이다. 어떠한 최고 신도 인정하지 않는 이교도와 무신론적 사회들도 마찬가지로 외부 적들과 그들 자신의 주민들에 대하여 폭력적 전쟁을 전개한 오랜 역사를 가지고 있다. 반면에 많은 종교들은 평화구축의 사명을 수완 있게 실행하며 사실상 대부분의 종교집단체들은 역사적으로 수세기 동안 평화롭게 공존해왔다. 따라서 여러분이 세계 문제에 대한 종교 NGO들의 영향에 관한 증거들을 객관적으로 평가하는 것이 중요하다.

여러분은 어떻게 생각하는가?

- 만약 세계의 모든 위대한 종교 운동체들이 보편적 이상을 공언한다고 할 때, 똑같은 이 종교들이 왜 점점 더 국제적 갈등의 원천으로써—배타주의, 증오, 테러, 전쟁—비판받는가?
- 많은 전쟁들이 종교의 이름으로 일어나고 있다는 점을 감안할 때, 현실주의는 세계 문제에 대한 종교의 영향을 어떻게 볼 수 있을 것인가?
- 어떤 세계 행위자들이 폭력적 NGO들에 의해 세계 공동체에 가해지는 도전을 다루는 데 더 적절할 것인가? 국가들은 더 효과적으로 반응할 수 있을까, 아니면 정부간기구들일까? 그 이유는?

표하는 사람들의 높은 교리적 이상과 그 실제 활동으로부터 조심스럽게 구별하는 것이 중요하다. 이 두 영역은 같은 것이 아니며 각각은 오직 그들 스스로의 행동을 위해 정해 놓은 기준에 비추어 공평하게 판단될 수 있다. 대규모 종교 운동체들이 자신들의 원칙들을 남용할 때 그 종교 운동체가 때때로 행정적으로 하는 행동이 비판받는다고 해서 이것이 곧 원칙들 그 자체가 비난받아 마땅함을 의미하는 것은 아니다. 진리에 이르는 길은 많이 있다고 가르치며 다양한 사람들 사이의 다원주의를 받아들이는 힌두교의 다른 종교에 대한 관용적 이데올로기를 고려할 필요가 있다. 마찬가지로 불교도 초기 기독교가 그리했던 것처럼 평화주의를 가르치는데, 초기 기독교는 기독교인들이 로마제국의 군대에서 복무하는 것을 금지했었다(후에 4세기 무렵, 교회와 국가가 서로 연합하게 되었을 때 오직 기독교인들만이 로마의 군대에 지원하는 것이 허용되었다).

초국가적 종교들과 국가 정부들과의 관계는 지구공동체에 있어서 중요한 쟁점이다. 몇몇 국가들에 있어서 이 두 영역은 정치적으로 분리되며 종교의 자유에 대해 법적으로 보호하고 또 확립된 특정 종교들에 대한 국가의 지원이 거의 또는 전혀 없다. 그러나 다른 많은 국가들에 있어서 종교와 국가는 강하게 연결되어 있으며 거의 구분이 불가능하다. 그러한 국가, 즉 신정(神政)정치(theocracy)의 국가에 있어서 종교기관들은 생존과 성장 그리고 국가의 보조금을 받기 위하여, 그리고 또한 정치적 영향력을 공고히 하기 위해 그들의 종교를 국가에 순응적으로 종속시킨다. 이러한 국가들에서 군주와 교회는 동맹관계를 통해 서로를 보호하고 보존한다.

그러나 가장 다루기 힘든 것은 종종 폭력과 테러를 통해 세계적으로 그들의 대의를 선양하기 위해 쉽게 격분하고, 호전적이며 또 광신적일 만큼 헌신적인 과격한 종교 세력들이다(Kifner, 2005). 극단적인 호전적 종교 운동체들(militant religious movements)의 지도자들은 그들의 신념을 공유하지 않는 사람들은 단죄되어야 하며 타협은 있을 수 없다고 확신한다. 이러한 관점의 저변에는 급진적 종교 운동체들이 견지하는 몇몇 공통의 믿음과 인식들이 자리하고 있다;

신정정치
정부가 종교적인 신조를 중심으로 조직된 국가

호전적 종교 운동체들
강한 종교적 확신에 기초하여 정치적으로 적극적인 조직으로, 그 구성원들은 종교적 믿음의 세계적 선양에 광신적일 만큼 헌신적이다.

- 그들은 기존 정부의 권위가 부패하고 정통성이 없는 것으로 보는데 이유는 그것이 세속적이어서 종교적 권위 또는 종교적으로 규율되는 사회 및 도덕적 가치를 견지하는 데 있어서 충분히 엄격하지 않기 때문이다.
- 그들은 사회의 국내적 병폐를 다루는 데 있어서 정부의 무능력을 공격한다. 많은 경우에 있어서 이 종교 운동체는 지방 수준에서 정부의 역할을 대신하여 교육, 보건, 그리고 기타 사회복지사업에 관여한다.
- 그들은 어떤 정치적 권위체이든 모든 정부 및 사회의 활동에서 반영하고, 증진하며 또 보호

해야 한다고 종교운동체들이 믿고 있는 특정의 행동들과 견해들을 준행한다. 이것은 일반 적으로 정부와 그 모든 국내 및 대외 활동들이 신자들의 장악 하에 있어야 하거나 또는 그들 의 면밀한 감독 하에 있어야 한다는 것을 의미한다.

- 그들은 보편주의자들이어서 소수민족집단의 운동체와 달리 그들의 견해를 신자들 모두가 물려받은 유산의 일부로 생각한다. 이것은 그들에게 국가를 초월하는 동기를 부여하는 경향이 있는데, 그리하여 이것은 정치적 정당성에 대한 그들의 견해와 관련하여 행동을 취하기 위한 보다 큰 맥락으로 전환시키는 요소가 된다. 어떤 경우에 있어서, 이것은 국제적 경계들이 신앙의 전파에 대해 장애물이 될 수 없다는 것을 의미하는데 그것이 폭력에 의존할 때도 마찬가지이다.

- 그들은 배타주의자들이어서 적절한 정치 및 사회적 질서와 관련하여 상충하는 모든 견해들을 완전히 배제하는 것은 아닐지라도 주변으로 밀어낸다. 이것은 그러한 견해들이 사회, 정치적 사고를 지배하는 어떤 사회에서든 비신자들이 제2급의 시민으로 전락됨을 의미한다 (Shultz and Olson, 1994, pp. 9-10).

Vatican Pool/Getty Images News/Getty Images

교황 외교
종교 집단들은 부인할 수 없이 세계무대에서 중요한 비국가 행위자들이다. 여기 사진은 2013년 4월 9일 프란치스코 교황이 바티칸에서 반기문 유엔사무총장을 만나는 장면이다. 그의 교황 알현 중에 논의된 공통의 관심사에 대해 언급하면서, 반 사무총장은 교황이 "빈자들에 대한 그의 깊은 관심에 대하여 힘주어 말했으며, 그는 깊은 겸손의 마음, 인간의 조건을 향상시키려는 정열과 자비심을 지니고 있다."고 말했다.

호전적 종교 운동체들은 5가지 유형의 특별한 국제활동을 조장하는 경향이 있다. 첫째, 실지회복운동(irredentism)으로, 이것은 지배적인 종교(또는 소수민족집단)가 종종 무력을 사용해서라도 인접 지역의 과거 보유 영토를 현재 통제하고 있는 외국으로부터 다시 찾으려는 시도이다. 둘째, 분리운동(secession), 또는 분리주의 반란(separatist revolts)으로, 이것은 종교적 소수집단(또는 소수민족집단)이 국제적으로 인정된 국가에 대해 반란을 일으키고 그로부터 떨어져 나가려는 시도이다. 셋째, 호전적 종교들은 종교적 소수집단이 박해를 피해 그들의 원래 국가로부터 이주하고 이탈하는 것의 원인이 되는 경향이 있다. 그들이 강압에 의해서든 아니면 자발적인 선택에 의해 이동하든 그 결과는 호전적 종교들의 네 번째 의미로 나타난다; 즉, 이 주자들은 디아스포라(diasporas), 달리 말해 타향인 수용국에 살면서도 그들의 조국과 경제, 정치, 그리고 감정적 유대관계를 유지하는 공동체를 형성한다는 것이다(Sheffer, 2003). 마지막으로 우리가 나중에 이 장에서 보게 될 것처럼, 호전적 종교들의 다섯 번째 효과는 연계망으로의 성장을 통해 해외의 과격한 동일 종교 신자들을 지원하는 국제테러이다(Homer-Dixon, 2005; Sageman, 2004).

요약하여 말하자면 초국가적 종교 운동체들은 사람들을 한 데 모으기도 하지만 또한 그들을 분열시키기도 한다. 세계화를 통해 종교들은 한 개 이상의 국가에 '이중적 충성심'을 가지는 초국가적 신자공동체를 만듦으로써 사회적 세력들을 변환하고 있다. 종교 귀의자들에 의한 이민은 더 많은 종교들이 서로 직접 접촉하게 하고 국경을 초월하는 범세계적 네트워크를 형성하게 한다(Levitt, 2007). 이러한 결과에도 불구하고, 초국가적 종교들은 서로 경쟁함으로써 결국 인류를 분열시키고 국가들을 깨뜨리는 분리주의 노력의 온상이 되기도 한다.

다국적기업들

다국적기업(한 사회에서 조직되었지만 해외 직접투자를 통해 다른 사회에서의 활동이 증가하게 되는 기업들)은 세 번째 주요 비정부기구의 형태이다. 다국적기업은 제2차 세계 대전 후 세계정치경제의 지구화로 인하여 그 범위와 영향력에서 극적으로 성장하게 되었다(10장과 11장 참조). 그들의 엄청난 자원과 힘의 결과, 다국적기업은 환영을 받기도 하고 적대적인 존재가 되기도 한다. 간섭 없는 자유무역의 옹호자로서 그리고 세계정치의 지구화에 대한 활발한 기여자로서 다국적기업은 자유무역과 지구화의 긍정적인 측면으로 인해 찬사를 받기도 하지만 그들이 끼치는 비용적인 측면 때문에 비난을 받기도 한다. 이러한 현실은 그들을 매우 논란이 되는 비국가 행위자로 만들었는데, 특히 지구 남반구에서 사람들은 다국적 기업을 빈번히 착취와 빈곤의 원인으로 본다.

과거에 다국적기업은 거의 모두 미국, 유럽, 그리고 일본에 본사를 두고 있었으며 그들의

분리운동 또는 분리주의 반란

종교적 또는 종족적 소수집단이 종종 폭력적 수단에 의해 기존의 주권국가로부터 영토를 분리함으로써 독립적인 국가 지위를 얻으려는 노력들.

디아스포라

종교적 또는 종족적 소수집단이 그 원래의 영토 또는 관습에 대해 소속감을 유지하면서도 외국 땅에 이주해 살고 있는 상태

공통적 관행은 남반구의 공장들, 판매기업들, 그리고 광산운영에 단기적으로 투자하는 것이었다. 21세기의 초에 모든 다국적기업의 근로자 약 80%가 임금이 더 낮은 개발도상국에서 일하고 있었고 그렇게 함으로써 지구 북반구에 있는 모기업 본사에서 기업의 이익을 증가시킬 수 있었다. 그러나 이제는 더 이상 그렇지 않다. "점점 더 많은 다국적기업들이 기업의 주요 운용과 통제 기능들을 그들의 모국 본사로부터 전환할 것이다.… 점점 더 많은 수의 회사들이 지역 본사를 세우거나 또는 본사의 특수 기능을 다른 곳으로 재배치하고 있다(Hindle, 2004, pp. 97-98).

그처럼 임금과 비용은 더 낮지만 기술 수준은 상당한 곳으로의 외주(外注, outsourcing)는 계속될 것으로 예상되는데 그 결과 세계경제를 이음새 없는 통합된 연계망으로 공고히 하는 것을 가속화시킬 것이다. 외주와 기업구조 조정은 국경 없는 기업 활동의 촉진, 기업의 성장과 수익성, 그리고 지구 북반구와 지구 남반구 모두에서 숙련직의 보다 나은 활용을 촉진하는 데 결정적인 것으로 알려진다. 그러나 이러한 노동의 해외 이전이 지구 북반구의 노동자들에게 제기하는 위협과 관련하여 광범위한 논란이 존재하는데 그 이유는 "심지어 높은 교육수준의 기술 및 서비스 전문가들도…1/5의 임금에 2배 이상 열심히 일하고자 하는 인도, 중국, 그리고 필리핀의 배고픈 대졸자 군단과 경쟁해야 하기 때문이다(Engardio, Arndt, and Foust, 2006)."

최근의 세계적인 불황은 경제에 있어서 이러한 구조적 전환을 가속화하였다. 미국의 전 노동부 장관 로버트 라이치(Robert Reich, 2010)는 최근에 다음과 같이 언급하였다;

> 기업들은 경기하강을 활용하여 종업원 수를 적극적으로 줄임으로써 그들이 전에는 꺼렸던 인원 감축을 실행하였다. 해외 외부수주는 극적으로 증가하였다. 기업들은 새로운 소프트웨어와 컴퓨터 기술이 아시아와 라틴 아메리카의 많은 근로자들로 하여금 미국인들과 거의 같은 수준의 생산성을 낼 수 있도록 했으며 인터넷은 훨씬 더 많은 업무가 통제력의 상실 없이 능률적으로 다른 국가로 이전될 수 있게 허용하고 있음을 알게 되었다.

이러한 외주는 이제 지구 남반구의 개발도상국들에 의해 경제성장의 수단으로써 열렬히 환영받고 있는데 과거 한때 이러한 곳에서는 다국적기업의 지배가 심한 저항에 부딪혔었다. 그럼에도 불구하고 부와 힘은 고도로 집중되어 있다: 큰 기업들은 점점 더 커지는 것으로 보인다. 지구 남반구의 100대 다국적기업에 의해 통제되는 자산은 지구 북반구의 100대 다국적기업에 의해 통제되는 자산액의 20%이다(Oatley, 2012, p. 164).

다국적기업은 점점 더 영향력이 큰 NGOs가 되고 있는데 그 이유는 세계의 거대한 생산,

외주(外注)
일반적으로 북반구 국가들에 본부를 두고 있는 기업들이 비교적 낮은 임금에도 훈련된 노동자들을 공급할 수 있는 남반구 국가들로 일거리를 이전하는 것

무역, 그리고 서비스 기업들이 생산의 세계화에 있어서 주요한 행위자가 되었기 때문이다. 표 6.1은 기업들의 연매출과 국가의 국민총소득(GNI)에 순위를 매긴 것으로 세계정치에서 다국적기업의 중요성을 포착해주고 있다. 이 표는 세계의 최상위 35개 경제체 중 다국적기업은 단지 5개뿐이지만, 그 다음 35개 내에서는 12개를 차지함을 보여준다. 다 합쳐서 다국적기업의 재원적 영향력은 이처럼 대부분의 국가들과 경쟁하거나 능가하고 있다.

부분적으로 그들의 범세계적 도달과 경제적 힘 때문에 다국적 기업들의 현지 또는 숙주국(宿主國)의 국내 정치문제 관여는 논란이 되고 있다. 몇몇 사례에 있어서 이러한 우려는 다국적기업이 그들 본국 국내정치에 관여하는 문제로까지 확대되었는데 그들은 그들 사업의 수익성을 높이기 위하여 국내정치에서 그들 정부에 대하여 보다 자유로운 무역과 투자를 증진하도록 적극적인 로비를 하기도 한다. 이에 대하여 숙주국과 본국의 정부들 모두 때때로 그들의 외교정책전략에서 다국적기업을 도구로 활용하였다.

아마도 다국적기업이 숙주국의 정치에 개입한 가장 악명 높은 사례는 1970년대 초 칠레에서 일어났다고 할 수 있는데 당시 국제전화 및 전신회사(ITT)는 마르크스주의 성향의 살바도르 아옌데(Savador Allende)가 대통령으로 당선되는 것을 막고자 함으로써 수익성이 높은 칠텔코(Chiltelco) 전화회사에서 그들의 이익을 보호하고자 노력했다. 또 일단 아옌데가 당선된 후에는 미국정부에 압력을 가하여 칠레의 경제에 혼란이 일어날 수 있는 조치를 취하도록 요구하였다. 결국 아옌데는 군부 독재에 의하여 전복되었다. 보다 최근에 거대기업인 핼리버턴(Halliburton)이 2003년 미국의 이라크 침공 후에 이곳에서 기간시설을 재구축하면서 취한 엄청난 이득과 활동들에 대하여 불평이 폭넓게 일어났는데, 이 다국적기업이 미국 납세자들의 돈으로 사익을 채우기 위하여 상황을 이용하고 있다는 것이었다. 더 나아가, 시대의 하나의 징후로, 2007년에 핼리버턴은 그 본사를 텍사스에서 두바이로 옮겼다.

이와 같은 범세계적 침투를 통해 가장 큰 규모의 다국적기업들은 세계 시장에서 뿐만 아니라 국가들 사이와 국가들 내에서 변화를 추진할 입장에 놓이게 되었다. 예를 들면 다국적기업들은 최근에 "이익을 내는 생산과 서비스의 공급이 또한 세계가 기후변화, 에너지 안보, 보건, 그리고 빈곤과 같은 도전들을 잘 다룰 수 있도록 도움으로써 '사회적 책임 혁명'을 추진하는 조치들을 취하였다. 이것은 더 이상 그저 홍보차원의 문제가 아니다. 기업들은 녹색 해법에서 큰 이익을 보고 있다(Piasecki, 2007)." 연매출이 4,690억 달러 이상이며(24개국을 제외한 나머지 국가들 각각의 국민총생산보다 많은) 2백만 명 이상의 종업원을 두고 있는 월-마트(Rothkopf, 2012)에 대하여 생각해보자. 이 회사는 그 친환경 상품들을 판매하는 '지속가능 360'이라는 사업을 개발하여 현재 세계 전체의 월-마트에서 매주 끌고 있는 1억 명 고객들의 수를 증가시키기 위해 노력하고 있다.

표 6.1	국가들과 기업들: 경제규모와 수익 순위	
순위	국가/기업	국민총소득/수익 (billions of dollars)
1	미국	15,211.3
2	중국	7,305.4
3	일본	6,041.6
4	독일	3,667.9
5	프랑스	2,825.3
6	영국	2,469.9
7	브라질	2,429.9
8	이탈리아	2,177.3
9	인도	1,856.8
10	러시아	1,797.6
11	캐나다	1,705.5
12	스페인	1,447.1
13	호주	1,323.3
14	멕시코	1,162.5
15	대한민국	1,119.3
16	네덜란드	843.3
17	인도네시아	822.7
18	터키	767.2
19	스위스	676.1
20	사우디아라비아	587.2
21	스웨덴	549.2
22	벨기에	519.3
23	폴란드	494.4
24	노르웨이	494.3
25	월-마트	469.2
26	로얄 더치 쉘	467.2
27	아르헨티나	435.2
28	엑손 모빌	420.7
29	오스트리아	416.2
30	시노펙-중국석화	411.7
31	남아공	399.1
32	대영석유회사	370.9
33	아랍에미리트연합방	360.2
34	덴마크	341.7
35	태국	334.4
36	이란	328.6
37	콜롬비아	317.6
38	페트로차이나	308.9

표 6.1	국가와 기업들: 경제규모와 수익 순위	
순위	국가/기업	국민총소득/수익 (billions of dollars)
39	베네주엘라	308.8
40	그리스	281.2
41	말레이시아	280.8
42	핀란드	264.4
43	홍콩	257.4
44	폭스바겐 그룹	254.0
45	토탈	240.5
46	이스라엘	236.7
47	칠레	234.6
48	싱가포르	234.5
49	폴투갈	228.6
50	필리핀	226.1
51	도요타자동차	224.5
52	이집트	223.5
53	셰브런	222.6
54	나이지리아	221.0
55	파키스탄	219.8
56	글렌코어 인터내셔널	214.4
57	체코공화국	201.8
58	삼성전자	187.8
59	루마니아	187.3
60	알제리	181.2
61	아일랜드	178.2
62	에온 E.ON	174.2
63	카타르	169.3
64	필립스 66	166.1
65	애플	164.7
66	ENI	163.7
67	페루	163.2
68	버크셔해서웨이	162.5
69	ENI	143.2
70	삼성전자	142.4

Source: Gross National Income(GNI), World Bank, 2013 World Development Indicators; MNC revenues, Forbes(accessed June 3, 2013).

기업의 사회적 책임을 다하기 위해 많은 부문의 다국적기업들은 또한 점점 더 많이 다국적
기업 자신들이 인권에 대해 미칠 영향뿐만 아니라 잠재적 숙주국 내 인권 조건에도 민감하다.
인권을 더 잘 존중하는 지구 남반구 국가들과의 기업동반자 관계 발전은 투자자들에게 정치적

위험성의 감소와 좀 더 생산적인 인력을 의미하는 경향이 있다(Blanton and Blanton, 2009). 게다가 기업들의 인권유린 관련성을 사찰하고 공표하는 왕성한 NGO들의 증가된 감시로 인하여 다국적기업들은 인권 유린자들에 대한 지나친 접근이 기업의 이미지 손상의 결과로 나타나고 잠재적으로 주식 가치의 손상으로 나타날 수 있다는 것을 인지하고 있다(Spar, 1999).

국내 문제와 국제 문제 간 경계선의 불분명 속에서 다국적기업은 대외정책과 국내정책의 교차점에서 비국가 행위자로서 불가피하게 수행하는 정치적 역할에 더 많은 힘을 얻고 있다. 다국적기업은(투자의 경우처럼) 종종 국가 지도자들이 거의 통제력을 행사할 수 없는 문제에 대한 결정을 내리기 때문에, 다국적기업의 증가하는 영향력은 세계 체제 주요 조직원칙의—즉, 국가만이 홀로 주권자가 되어야 한다는—잠식에 기여하는 것으로 보인다. 다국적기업의 무서울 만큼 강한 재원능력은 공식통계가 보여주는 것보다 훨씬 더 크며 이것 때문에 많은 국가들이 국제적으로 자유로운 경쟁을 고집하는 다국적기업이 국가의 주권적 통제력을 앗아가지 않을까 우려하는 것이다. 그리고 실제로 어떤 점에 있어서 다국적기업들이 서로 합병하고 또 그 과정에서 어떤 한 모국 혹은 지역과의 관계를 중단하면서 국가들은 확실히 자국의 경제에 대한 통제력을 상실하고 있다.

"누가 누구를 소유하는가?"라는 질문은 더 이상 제대로 답해질 수 없다. 이러한 이유는 많은 다국적기업이 이제 글로벌 통합 기업들(globally integrated enterprises)로, 서로 다른 국가들에서 똑같은 상품을 생산하는 그들의 수평적 조직은 더 이상 그러한 회사들이 어떤 단 하나의 국가에 묶이지 않게 하는 것이다. 이것을 고려해보자; "제록스 근로자의 반은 해외의 땅에서 일한다. 그리고 소니 근로자들의 반수 이하가 일본인들이다. IBM 소득의 50% 이상이 해외에서 오는 것이다; 이것은 시티그룹, 엑손모빌, 뒤퐁, 프록터&갬블, 그리고 기타 많은 거대기업들도 마찬가지이다. 합작투자는 더 이상 단순한 국내의 결정이 아니다. 코닝은 그 이익의 1/2을 한국의 삼성, 일본의 아사히글라스, 스위스의 시바-게이지와의 합작투자를 통해서 얻는다(Weidenbaum, 2004, pp. 26-27)." 오늘날 기업조직은 '다국적'보다는 '글로벌'이라고 생각하는 것이 더 타당하다.

어떤 특정 국가의 목적을 위해 기업 간 상호관계, 합작투자, 그리고 공동소유의 거미줄 같은 연계망을 통제한다는 것은 거의 불가능하다. 1988년과 2008년 사이에 다국적기업의 수는 82,000개 이상의 모기업으로 증가하였는데, 이들은 세계의 각 대륙에 걸쳐 존재하는 810,000개의 계열사들을 통제한다(Oatley, 2012). 이러한 현실은 국가들이 통제하고자 하는 다국적기업을 찾을 능력을 한층 더 잠식함으로써 다국적기업들이 '무국적(stateless)'이 되어가고 있다는 인식에 기여한다. 따라서 어떤 국가도 어떤 다국적기업이 '우리들의 것 중 하나'라고 주장할 수 없을 때 어떤 단 하나의 국가가 그러한 거대 다국적기업을 관리할 수 있을 것인가?

글로벌 통합 기업들

많은 국가들에 위치한 공장에서 똑같은 상품을 생산하여 판매하면서 경영과 생산에 있어서 수평적으로 조직된 다국적기업들.

"단지 40년 동안에 국제적 생산에 종사하는 기업의 수는 11배 증가하였으며(Oatley, 2012, p. 161)", 다국적기업들은 세계정치에서 그만큼 점점 더 큰 역할을 수행하고 있다. 이러한 현실은 주권국가들로 하여금 많은 도전에 직면하게 하고 있다. 국가들은 어떻게 대응할 것인가? 미래에 대하여 평가하기 위해서는 오늘날 다국적기업과 기타 NGO들의 유형에 대하여 이론적으로 검토하는 것이 필수이다.

쟁점-옹호집단들

시민들은 그들이 살고 있는 삶의 조건을 형성하는 제도적 기관들 내에서 발언권을 얻고 그 제도적 기관들에 대하여 영향력을 행사하기 위해 점점 더 많이 NGO에 참여하면서 지구무대에서 쟁점─옹호집단들의 활동은 유례없는 수준으로 증가하였다. "그 가장 단순한 형태에 있어서 쟁점옹호는 세 가지에 관한 것이다; 문제의 정의(즉, 사회, 환경, 경제 등), 어떤 구체적 해결책의 확인과 옹호, 그리고 행동의 동기부여(Hannah, 2009)." 그린피스, 국제사면위원회, '국경 없는 의사들'은 세계의 조건에 영향을 미치고 이를 바꾸고자 하는 비정부 쟁점옹호집단의 단지 몇 가지 사례들이다.

많은 사람들은 이제 개인들이 국제문제의 변환을 추진해가는 데 있어서 힘을 실어주는 동력기관으로 NGOs의 역할을 본다. 확실한 것은 초국가적 활동가들의 네트워크가 NGOs를 가속적으로 형성하고 있으며, 그들의 영향력을 통하여 지구 시민사회(civil society)의 등장에 기여하는 교육적 역할을 뚜렷하게 수행하고 있다는 것이다. NGOs에 의한 초국가적 행동주의의 성장은 "권력이 중앙정부로부터 널리 분산되도록 만들며(Nye 2007)", 이러한 초국가적 사회운동의 연계망은 국제적 행동에 관한 가치를 재형성함으로써 국제문화를 바꾸고 있다(Heins, 2008; Keck and Sikkink, 1998).

하나의 증가하는 경향은 변화를 희망하는 사회적 명사들이 그들의 관심쟁점을 증진하기 위해 쟁점─옹호조직을 만들고 있다는 것이다. 손 펜(Sean Penn)은 'J/P 아이티난민구호기구'를 설립하여 임시주택과 의료봉사를 제공하였으며, 앨리샤 키스(Alicia Keys)는 '킵 어 차일드 얼라이브(Keep a Child Alive)'를 공동 설립하여 아프리카의 에이즈 고아들에게 의료지원을 하였고, 돈 치들(Don Cheadle)은 조지 클루니(George Clooney), 맷 데이먼(Matt Damon), 브래드 피트(Brad Pitt), 데이비드 프레스먼(David Pressman), 제리 웨인트롭(Jerry Weintraub)과 함께 반 제노사이드 단체인 '낫 온 아워 워치(Not on Our Watch)'를 설립하였다. 이러한 명사들은 또한 "쟁점 전문가들을 받아들여 정책을 연구하면서 프리랜스 외교관처럼 기능하는 '명사 정치인'으로서 역할도 수행하고 있다(Avlon, 2011, p. 17)." 2012년, 조지 클루니는 남수단의 정치적 폭력과 독립 노력에 주의를 집중시키는데 한 역할을 수행하였고(*The Econo-*

시민사회

인간복지를 향상시키기 위한 목표를 갖는 정책결정을 위해 강제성 없고 평화적 및 민주적 절차를 통하여 집단적으로 문제를 관리하는 공유 규범과 윤리적 표준을 지니는 공동체

mist, 2012c), 안젤리나 졸리(Angelina Jolie)는 2013년 3월 UN의 특사로서 콩고민주공화국과 르완다를 방문하여 그곳에서 자행된 잔학행위에 주의를 끌기 위해 노력했다(Blas, 2013). 언론인인 니콜라스 크리스토프(Nicholas Kristof)가 말하는 것처럼, "여론의 관심이라는 각광이 생명을 보호한다는 것은 진실이다.—그것이 대량학살, 질병이든 아니면 기아이든 유명 연예인들은 주의를 환기시킬 수 있고, 그로 인해 어떤 문제에 대해 무엇인가를 할 수 있는 정치적 의지를 창출할 수 있다."

그럼에도 불구하고 세계정책의 결정에 대한 NGO들의 영향에 대한 연구들은 NGO들의 압력활동이 국제관계의 수행에 있어서 광범위한 변환에 이를 수 있다는 기대감에 대한 믿음을 감소시키는 결론을 제시한다;

명성의 힘

조지 클루니(George Clooney)는 대량학살과 싸우기 위해 6년 이상 수단과 관계를 가져왔으며, 남수단 사람들이 평화적으로 독립을 성취할 수 있도록 돕기 위해 노력해왔다. "유명인사들은 사람들이 그 책무를 다하지 못하는 곳에서 대중매체의 초점을 모을 수 있도록 도울 수 있다. 우리들은 정책 그 자체를 결정하지는 못하지만 그 어느 때보다도 더 정치인들이 정책을 결정할 수 있도록 '고무할' 수 있다." 여기 사진에서 그는 남 수단의 외진 마을에서 사람들과 대화를 나누고 있다.

- 이익집단 활동은 지구정책결정에 대하여 한계가 있긴 하지만 항상 존재하는 제한적 요소로 작용한다. 단일쟁점 NGO 이익단체는 규모가 크고 일반적 목적을 가진 단체들보다 더 큰 영향력을 가진다. 그러나 그 영향력은 쟁점에 따라 다르다.

- 일반적으로 쟁점옹호 단체들은 국제 안보라는 분야에서 비교적 약한데 그 이유는 국가들이 방위정책을 통제하고 있으며 외부 NGO의 압력에 비교적 영향을 받지 않기 때문이다.

- 반대로 NGOs의 영향력은 위험에 처한 생물종의(예를 들면 고래) 보호 또는 기후변화에 대한 해결노력과 같이 강대국과 약소국 모두에게 관심사가 되는 초국가적 쟁점들에 대해서 가장 높다.

- 국가 정부와 NGOs 사이의 영향력은 상호적이지만 NGOs들이 정부의 외교정책에 대하여 영향력을 행사하기 보다는 정부 공무원들이 초국가적 이익단체들을 조종할 가능성이 더 많다.

- 쟁점옹호 단체들은 때때로 정부로부터의 무행동(inaction)과 현재 상태의 유지를 추구한다; 그러한 노력들은 일반적으로 국제관계에 있어서 중대한 변화를 일으키려는 노력보다 더 성공적일 수 있다. 이러한 이유로 NGOs들은 일반적으로 종종 정책 변환보다는 정책 지속성의 주도자로 보여지기도 한다.

세계정책의 방향을 재설정하고자 하는 NGO들의 노력에 관한 위의 특징들은 단순히 그러한 집단들이 존재한다는 것과 또 그들이 설득의 의도를 가지고 조직되었다는 단순한 사실만 가지고는 세계정책결정 과정에 대한 그들의 영향력이 보장될 수 없음을 시사한다. 대체로 NGOs들은 어떤 주요 문제의 처리와 관련하여 그중 어느 하나의 영향력 행사 능력이 그에 맞서는 다른 반대의 힘에 의하여 상쇄된다는 것을 감안할 때 NGO들은 실제적인 힘이 없이 참여하며, 실제적인 영향력이 없이 관여한다고 할 수 있다. 즉, 어떤 이익단체들의 연합이 정책을 어떤 한 방향으로 강력하게 추진하고자 할 때 다른 비국가 행위자들은—그들의 확립된 이익에 교란이 발생했다는 것에 자극 받아—정책을 반대 방향으로 추구하는 경향이 있다. 따라서 세계정책결정은 태피사탕(연유와 설탕으로 만드는 사탕으로 반죽을 양쪽으로 잡아 늘여서 만듦—옮긴이)을 만드는 모임과 유사하다; 비국가 행위자들 각각은 그 자신의 방향으로 정책을 끌어가려고 시도하는 반면에 다른 사람들이 끌고 가려는 방향에 대해서는 저항한다.

그 결과 합의 추구과정이 알기 어려워져, 역사를 어떤 특정 방향을 향해 빨리 밀고 나가려는 연계망의 능력이 제한받게 되고, 세계의 많은 문제에 대한 국제사회의 입장은 어떤 단일한 방향으로 움직이지 못한다. 그 결과는 보통 주요 세계적 문제들을 둘러싼 계속되는 전장인데 이로부터 투쟁에 대한 어떤 항구적인 해결책도 구체화될 수 없다. 환경보호를 세계의 우선적 문제로 만들려는 사람들과 경제성장을 환경보존보다 우선시하려는 사람들 사이의 논쟁과 경쟁은 그러한 많은 사례들 중 하나일 뿐이다.

> *단합을 하면 약자들도 강해진다.*
> — 프리드리히 쉴러(Friedrich Schiller), 독일철학자

악의의 비국가 행위자들

초국가적 테러조직들과 세계의 범죄조직들은 정확히 말해 세계무대에서 비국가 행위자들의 한 특정한 범주, 즉 NGOs로 보여질 수 있을까? NGOs를 사람들의 초국가적 비정부 결사체로서 광의의 개념으로 이해할 때, 이러한 단체들은 NGOs의 유독한 형태로 보여질 수 있다. 그러나 다른 사람들은 이러한 조직체들의 불법적인 활동과 폭력의 사용을 감안할 때 NGOs들에 대한 기대를 충족하지 못한다고 주장한다. 우리가 이러한 단체들을 어떠한 범주로 분류하든, 그들은 그들의 행동이 국경을 초월하고 세계의 복지에 위협을 가하는 분명히 비국가적인 행위자들이다.

초국가적 테러단체들

테러리즘(terrorism)은 수세기 동안 세계정치를 괴롭혀왔는데 역사가 막스 부트(Max Boot)에 따르면 이러한 비정규전은 재래전보다 훨씬 오래되었다. 어떤 사람들은 테러의 시초를 기원전 1세기 시카리 젤롯들(Sicarii Zealots)에게서 찾는데 이들은 유대교 율법을 어기고 로마인들과 협력하는 것으로 보였던 유대교 사제들을 목표물로 하여 폭력적으로 공격하였다. 그러나 오늘날 테러는 확실히 과거와 크게 다르다. 이제 테러는 다음과 같은 특징들을 보여주고 있다.

■ 거리의 제한성을 재정의 하는 새로운 기술로 인하여 국경이 더 이상 테러의 장애물이 되지 못한다는 의미에서 세계적이다.

■ 이제 테러분자들은 대중매체의 주의를 끌기 위해 그들의 전술을 극적인 폭력행동으로부터 대상 목표국의 민간 비전투원들의 의도적 파괴로 전환함으로써, 가능하면 많은 사람들에게 공포감을 불어넣기 위해 가능한 한 많은 사람들을 죽이기 때문에 치명적이라는 특징을 갖는다.

■ 테러리즘과 국가 간 선언된 전쟁 사이의 고전적 경계선을 지우는 방식과 수단에 의해 국가의 승인 없이 민간인들에 의해 자행된다.

■ 테러분자들은 세련된 기술과 현대화된 사회들을 그들의 성스러운 전통에 대한 위협으로 여기면서도 현대 문명의 가장 진보된 기술에 의존한다.

■ 많은 국가들에 위치하고 있는 테러 세포조직의 전지구적 음모 연계망을 통해 초국가적 비국가 조직에 의해 지휘되는데, 전례 없는 통신과 조정수준을 포함한다.

저명한 역사가이자 테러리즘 전문가인 월터 라퀘르(Walter Laqueur)는 기술적으로 진보한 사회들에 대해 위협을 제기하는 '탈근대 테러리즘(postmodern terrorism)'의 도래를 예상하는데 이러한 사회들에서 테러분자들은 덜 이데올로기적이며 소수민족의 원한을 중요한 문제로 다루게 되어 점점 더 다른 범죄자들과 구분하기 어렵게 된다고 하였다. 소위 탈근대 테러리즘은 확대될 것으로 보이는데, 그 이유는 세계화된 국제환경이 국가들을 나누는 장벽의 부재 속에서 테러분자들로 하여금 새로운 규칙과 방법에 의해 그들의 오래된 임무를 수행할 수 있도록 허용하기 때문이다. 정보화시대(information age)는 테러분자들 사이에 초국가적 연결망 형성을 촉진하고 전자학적인 '사이버테러리즘(cyberterrorism)'과 '인터넷을 이용한 정보전쟁(netwar)' 같은 다양한 새 기술을 획득할 수 한다. 게다가 이러한 새로운 세계 환경은 국경선을 넘어 새로운 무기와 기술의 신속한 확산을 조장함으로써 테러분자들이 잔혹행위를 저

테러리즘

보통 어떤 청중들에게 영향을 미치려는 의도로 국가 하위 단위체, 초국가적 집단 또는 비밀의 첩자에 의해 비전투적 목표물들에 대하여 자행되는 사전에 계획된 폭력

탈근대 테러리즘

월터 라퀘르에 따르면, 이러한 종류의 테러리즘은 점점 늘어나는 행위자들에 의하여 새로운 무기의 사용을 통해 "사회에 공포감을 조성함으로써 현 정부를 약화시키거나 심지어 전복시키기 위해, 그리고 정치적 변화를 일으키기 위해" 실행된다.

정보화시대

매스컴을 통해 급속히 만들어지고 전파되는 정보가 지식의 세계화에 기여하는 시대.

알 카에다(Al Qaeda)의 우두머리로서 2001년 9월 11일 미국에 대한 테러 공격의 배후 인물인 오사마 빈 라덴(Osama Bin Laden)은 2011년 5월 1일 미국에 의해 사살되었다. 그 포악한 공격이 있은 지 10년 만에 미국인들은 이를 축하하였는데 오바마 대통령은 "정의의 심판이 내려졌다."고 선언하였다. 약 1년 후인 2012년 6월, 알카에다의 2인자인 아부 야히야 알-리비(Abu Yahya al-Libi)도 파키스탄의 미르 알리에서 CIA 무인기 공격에 의해 사살되었다.

지르고 그들에 대한 성공적 반테러작전에 대한 대응을 위한 그들의 전략 수정을 위해 전례 없는 기회를 제공하고 있다. 훈련된 글로벌 테러 네트워크에 의한 공격의 탐지와 억제의 어려움 증가는 그들의 국제조직범죄(IOC) 연합체와 국제적으로 연결된 수천의 갱단과의 유대로 인하여 더욱 악화되고 있는데 이러한 연합체와 갱단들은 마약의 거래에서 그들의 이익을 촉진하고 테러활동을 지원하기 위한 자원을 제공한다.

비국가 테러조직체들의 활동은 세계정치의 고민거리로 계속 남아있을 것으로 보이는데, 그 이유는 또한 경악스런 모든 테러행위가 세계의 뉴스매체를 통해 강력한 충격효과를 발생시키고 전 세계적인 공표효과를 가져오기 때문이다. 테러분자들이 전 세계적인 주의를 끌 수 있는 능력을 축소하기 위한 노력의 일환으로 조 리버만(Joe Lieberman) 미 상원의원은 구글 등에게 테러 조직들에 의해 제작된 인터넷 비디오를 제거할 것을 요구하였다; "이슬람 테러분자들은 유튜브를 활용하여 그들의 선전을 퍼뜨리고 추종자들을 모으며 무기훈련을 제공한다.…(그리고) 유튜브 또한 뜻하지 않게 이슬람 테러단체들이 군사적인 좌절에도 불구하고 적극적이고 침투적이며, 증폭적인 목소리를 유지할 수 있도록 해준다."

표 6.2는 몇몇 잘 알려진 테러 NGO들을 보여준다. 여러분이 볼 수 있는 것처럼, 여러 단체들의 주된 목표는 다양하다. 콜롬비아혁명무장군(FARC)과 바스크조국자유(ETA) 등은 소수민족집단의 자결권이나 정부의 전복과 같은 세속적이고 비종교적인 목적에 초점을 두고 있다. 다른 테러 단체들, 특히 알카에다(Al Qaeda)는 종교적인 확신에 의해 추동되고 있으며, 좀 더 과격한 목표를 가지고 있다. 또한 이러한 단체들의 조직적 구조에도 상호 차이가 있는데 어떤 것들은 위계적인 반면 좀 더 신생의 단체들은 연계적이면서 고립된 세포 형태로 전 세계에 흩어져 있다.

비록 테러분자들은 대중들 사이에 죽음과 파괴에 혈안이 된 '광인'으로 묘사되지만, 테러 전문가 로버트 페이프(Robert Pape)가 지적하기를, 심지어 "자살 테러도 어떤 전략적 논리를 따른다. 비록 많은 자살공격자들이 비합리적이거나 광신적일지라도 그들을 모집하고 방향을 지시하는 그 지도부 집단은 그렇지 않다(2003, p. 344)."고 하였다. 여러분의 가치판단이 여러분이 위협적인 비국가 행위자들의 범주에 속한다고 믿는 집단의 정체성과 목적에 대한 해석에 어떻게 영향을 미칠 수 있는지에 대해 주의를 기울여 생각해야 한다. 흔히 말하는 "한 사람의 테러범은 다른 사람의 자유투사이다."라는 표현은 객관적인 현실에 대한 많은 사람들의 정의에 대해 사전의 그리고 주관적인 인식이 강하게 작용할 수 있다는 점에서 나온다.

표 6.2	몇 가지 테러 NGO들: 주요 거점과 목표들	
명칭	**주요 거점**	**목표**
알카에다	여러 나라에 세포조직을 가지며 수니 극렬주의자들과 유대를 갖는 세계적인 연계망. 빈 라덴의 사망에도 불구하고, 그의 최고 측근들은 아직 아프가니스탄, 파키스탄의 국경 지역, 소말리아, 그리고 예멘에서 활동하고 있는 것으로 의심받음	이슬람 극렬 집단들과 연합하여 비이슬람으로 간주되는 정권들을 전복하고 무슬림국가들로부터 서구인들과 비무슬림들을 축출하여 세계 전체를 통하여 범이슬람 통치 체제를 수립
콜롬비아 혁명군(FARC)	콜롬비아이며, 일부 활동은(예를 들면, 강탈, 납치, 후방지원 등) 베네수엘라, 파나마, 그리고 에콰도르	현 정부를 마르크스주의 정권으로 교체
헤즈볼라(신의 정당), 다르게는 이슬람 성전, 혁명정의기구, 지구상 피억압자기구, 그리고 팔레스타인해방을 위한 이슬람성전군	베카 계곡, 베이루트의 남부 교외, 남레바논. 유럽, 아프리카, 남아메리카, 북아메리카, 그리고 아시아에 세포조직을 세움	레바논에서 그 정치권력을 강화하고 이스라엘과 중동평화협상을 반대
하마스(이슬람 저항운동)	주로 이스라엘 점령영토들	이스라엘을 대체하는 이슬람 팔레스타인 국가 수립과 국제사회로부터 가자에 대한 통치권 획득
바스크 조국자유(ETA), 다르게는 바스크 조국과 자유(Euzkadi Ta Askatasuna)	주로 북부 스페인과 남서 프랑스의 바스크 자치지역	바스크 자치지역에 마르크스주의 원칙에 기초한 독립 조국의 수립
알-가마아 알-이슬라미야	주로 남부 이집트, 그러나 아프가니스탄, 예멘, 수단, 오스트리아, 그리고 영국 등 세계에 걸쳐 존재	이집트 정부를 전복하여 이슬람국가로 교체함; 이집트와 해외에서 미국과 이스라엘의 이익을 공격
타밀 엘람 해방호랑이	스리랑카	독립적인 타밀국가 수립. 2009년 5월 19일, 스리랑카 정부는 25년 동안 지속된 내전의 종식과 세계에서 가장 맹렬한 것으로 알려진 테러세력의 패배를 선언
옴 최고진리(옴), 다르게는 옴 진리교, 알레프	주요 구성원들은 단지 일본에 있지만, 정확한 인원 미상의 추종자들로 구성된 한 잔여 지부가 러시아에서 표출	먼저 일본 그리고 다음에 세계를 장악
빛나는 길(페루의 좌익 게릴라 조직, Sendero Luminoso)	페루	기존의 페루 제도들을 파괴하고 공산주의 농민혁명정권으로 대체
신 인민군(NPA)	필리핀	필리핀 정부의 전복

Source: Adapted from the Center for Defense Information (accessed June 17, 2011).

초국가적 범죄조직들

테러분자들처럼 초국가적 범죄단체도 21세기 세계 안보에 심각한 도전을 제기하며 그 세력을 계속 확장할 것으로 기대된다. 그 이유는 테러리즘, 초국가적 범죄와 부패 센터(Terrorism, Transnational Crime, and Corruption Center)의 루이즈 셸리(Louise Shelly) 소장이 설명하듯이, "이러한 범죄단체들이 세계화의 주요 수혜자들이기 때문이다." 그들은 증가된 여행, 무역, 빠른 화폐이동, 통신 및 컴퓨터 연결망의 이점을 활용하며 성장할 수 있는 유리한 입장에 있다. 복수의 국가들에 걸쳐 존재하는 이들은 체계적인 폭력과 부패에 의존하여 그들의 불법적 활동을 수행하는데 이러한 활동들에는 흔히 사이버범죄, 화폐세탁, 지적재산의 절도, 해적활동, 인신, 마약, 무기, 신체장기, 멸종위기의 생물종, 환경자원, 또는 핵물질의 거래가 포함된다(그림 6.5 참조). 테러분자들은 그 기능을 수행하기 위해 상당한 자원을 필요로 하기 때문에, 테러조직과 초국가적 범죄 조직 사이에는 빈번히 중복이 있는데 테러분자들은 종종 일련

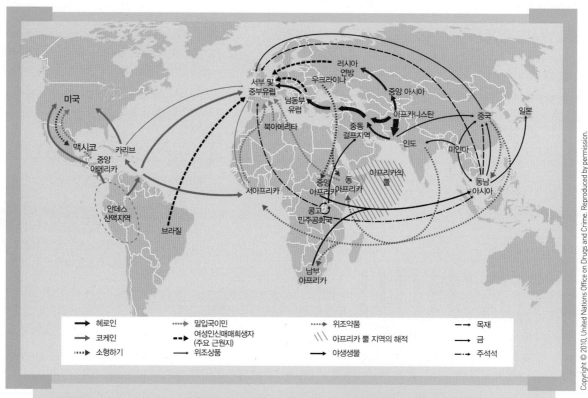

그림 6.5
주요 글로벌 범죄 흐름
초국가적 범죄조직들의 특정 시장들은 끊임없이 부침하고 있다. 마약의 확산은 일어났다가 떨어진다; 인신 및 소형 화기의 거래는 분쟁지역에서 급속히 늘어나고 있으며 평화시기에는 가라앉는다. 유엔 마약 및 범죄담당관실(2010, p. 3)에 의하면, "미래의 추세는 인구학, 이민, 도시화, 분쟁과 경제에 있어서 세계적인 전환에 의해 영향을 받을 것이다." 따라서 국제사회는 초국가적 범죄가 좀 더 넓은 사회적 변화와 관계되는 방식을 더 잘 이해하는 것이 매우 중요하다.

의 국내 및 초국가적 범죄에 관련된다.

하나의 잘 알려진 범죄 연계망으로 러시아 마피아가 있는데 이것은 거의 60개 국가들에서 활동하는 200개의 러시아 단체들을 포함한다. 또 다른 것으로는 라 코사 노스트라(La Cosa Nostra)가 있는데 달리는 이탈리아 마피아로 알려져 있다. 1920년과 1990년 사이에 이 조직은 세계에서 가장 유명한 국제조직범죄단체였다. 미국에서 이들을 표적으로 한 법의 집행으로 이들의 활동은 미국에서 크게 위축되었지만 그 활동이 이탈리아와 다른 곳에서는 활발한 상태에 있다. 일본의 야쿠자도 세계의 인신거래에 크게 관련되어 있는 또다른 조직범죄단체이다.

국제적인 범죄활동은 특히 국제적으로 조직된 범죄에 취약한 신흥국가들에서 정당한 기업활동을 통한 경제 성장에 위협이 되고 있다. 국제적으로 조직된 범죄단체는 또한 국내적으로 국가의 제도에 피해를 입히고 있다(Zartner, 2010). 미국 정부의 국립사법연구소(National Institute of Justice, 2012)에 따르면;

초국가적 범죄조직 활동은 경제와 금융 체계를 약화시키며 민주주의를 잠식한다. 이들의 연계망은 종종 그들에 반대할 수 있을 만큼 강력하지 못한 정부들을 먹잇감으로 삼아 그들에게 막대한 이익이 되는 마약거래 같은 불법활동으로 번성한다. 불법적 활동을 수행하면서 그들은 그들의 목표를 달성하기 위해 종종 뇌물, 폭력, 또는 테러를 활용함으로써 세계 전체적으로 국가들의 평화와 안정을 교란한다.

형법학자인 유리 A. 보로닌이 지적하는 것처럼, "초국가적 범죄패들은 점점 더 강력해지며 보편화되고 있고 그들의 기동성도 증가하고 있다. 어떤 국가의 수단과 자원은 그들에게 심각한 손상을 입히기에 충분하지 않다." 초국가적 조직범죄 집단의 국제적인 활동을 중지시키기 위해서는 국가적 대응을 지역 및 국제적인 전략으로 통합하는 것이 필요하다;

- **국가 간의 협력** 전통적으로 국가들은 주권에 대한 현실주의적 접근을 취하여 그들 자신의 영토를 조심스럽게 경비하였다. 그러나 UN 마약 및 범죄담당관실(UN Office on Drugs and Crime) 안토니오 마리아 코스타(Antonio Maria Costa) 국장이 경고하는 것처럼, "만약 범죄자들은 국경을 자유롭게 넘는 반면에, 경찰들은 국경선에서 멈춘다면, 주권은 이미 위반된 것이다."이와 싸우기 위해서는 국가들이 법집행과 초국경적 정보공유에 협력하지 않으면 안 된다.
- **범죄 시장의 차단** 국제범죄단체를 쫓아내는 것만으로는 충분하지 않은데 새로운 단체가

단순히 그 공백을 메울 것이기 때문이다. 조직범죄를 추동하는 시장을 차단하는 것이 필요하다.

■ 법의 지배 강화   범죄집단은 부패와 불안이 만연하고 발전이 결여된 곳에서 번성한다. 법의 강화는 범죄집단과 싸울 수 있는 좀 더 견고한 기초를 제공할 뿐만 아니라 어떤 지역에 처음부터 초국가적 범죄가 발을 붙일 가능성을 줄여준다.

■ 금융적 관행의 감시와 고결성   초국가적 범죄 집단은 돈에 의하여 동기가 부여된다. 현금의 흐름을 차단하기 위해서는 범죄적인 이익을 보호하는 비공식적 돈의 이전, 부동산을 통한 재순환, 역외 은행업, 그리고 은행의 비밀 관행을 규제하고 막는데 정부와 금융기관들이 함께 협력하는 것이 중요하다.

세계가 좀 더 상호의존화 되고 국경선을 넘는 상호작용이 사람, 정보, 무역상품의 이동을 통하여 증가함으로써 세계정치는 점점 더 정부간기구와 NGO 비국가 행위자들의 활동에 의해 영향을 받을 것이다. 많은 것들이 인간의 조건을 향상시키기 위하여 활동할 것인 반면에, 테러분자들과 초국가적 범죄조직들은 다른 사람들의 취약성과 불운을 먹잇감으로 삼을 것이다. 우리가 세계화의 이러한 '어두운 면'에 성공적으로 대응하기 위해서는 범세계적인 협력이 필요하다. 그렇지 않으면, 국가들과 다른 기구들이 테러 및 국제범죄와 싸우기 위해 기울이는 노력은 단지 그 문제를 한 국가에서 다른 국가로 옮기는 결과가 될 것이다.

비국가 행위자들과 세계정치의 미래

비국가 행위자들의 성장과 부상하는 중요성은 주권 국가들이 1648년의 베스트팔렌강화조약 이래 세계 체제의 구조와 규칙의 결정에 행사해왔던 강한 통제력에도 도전이 될 것이다;

주권평등이라는 관념은 60년 전 정부들의 의식적인 결정을 반영하는 것으로 그들은 다른 국가들의 내부문제에 간섭하는 권리를 포기하면 더 나을 것이라 이해했었다. 그러한 선택은 더 이상 의미를 가지지 않는다. 급속한 세계화시대에 있어서, 멀리 떨어져 있는 국가의 내적인 상황발전은 우리 자신의 복지에, 그리고 심지어 우리의 안보에 영향을 미친다. 그것이 바로 9.11이 우리에게 가르쳐주는 교훈이다. 오늘날 국가주권의 존중은 국가들이 단지 해외에서 뿐만 아니라 그 내부에서 어떻게 행동하는가와 관련하여 조건부가 되어야 한다. 주권은 그 자체에 대량폭력으로부터 시민들을 보호할 책임과 다른 국가들을 위협할

STUDY. APPLY. ANALYZE.

핵심 용어

공동주권	분리운동 또는 분리	신정정치	정치적 통합	테러리즘
글로벌 통합 기업들	주의 반란	안보공동체	제3의 길	토착원주민들
디아스포라	소수민족성	외주(外注)	책임의 주권	호전적 종교 운동
레짐	소수민족주의	유럽연합	초국가적 종교 운	체들
무국가 민족들	소수민족집단	유럽집행위원회	동체	
문명 충돌	시민사회	정보화시대	탈근대 테러리즘	

추천 도서

Boehmer, Charles, and Timothy Nordstrom. (2008) "Intergovernmental Organization Memberships: Examining Political Community and the Attributes of International Organizations," *International Interactions* 34:282-309.

Buchanan, Allen, and Robert O.Keohane.2006 "The Legitimacy of Global Governance Institutions," *Ethics & International Affairs* 20, no. 4 (Winter):405-437.

Jones, Bruce, Carlos Pascual, and Stephen John Stedman. (2009)

Power & Responsibility: Building International Order in an Era of Transnational Threats. Washington, DC: Brookings.

Milner, Helen V., and Andrew Moravcsik. (2009) *Power, Interdependence, and Nonstate Actors in World Politics. Princeton*, NJ: Princeton University Press.

Rothkopf, David. (2012) *Power, Inc: The Epic Rivalry between Big Business and Government-and the Reckoning that Lies Ahead*. New York: Farrar, Straus, and Giroux.

Stephenson, Max, and Laura Zanotti. (2012) *Peacebuilding Through Community-Based NGOs: Paradoxes and Possibilities*. Boulder, CO: Kumarian Press.

Thakur, Ramesh, and Thomas G. Weiss, eds. (2009) *The United Nations and Global Governance: An Unfinished Journey*. Bloomington: Indiana University Press.

Zoellick, Robert B. (2012) "Why We Still Need the World Bank: Looking Beyond Aid," *Foreign Affairs* 91, no. 2:66-78.

PART 3

군사 분쟁

Roger Ressmeyer/Historical/Corbis

세계정치를 생각할 때 마음속에 가장 먼저 떠올리는 것은 무엇인가? 많은 사람들에게 세계정치는 무기, 동맹, 글로벌 무대에서의 적이나 여타 행위자들에 대한 군사훈련과 같은 것으로 간주된다. 실제로 많은 사람들은 세계정치를 전쟁이나 국가, 도시, 더 나아가 세계 전체에 대한 위협으로 동일시한다. 이러한 선입관은 유사 이래 계속된 것이다. 여기에는 그럴만한 이유가 있다. 적에 의한 공격은 생존에 대한 가장 위험한 직접적 위협이며, 그러한 살상과 파괴를 예방하는 것은 안전하게 살아가기 위한 식량, 물, 자유, 영토와 같은 여러 가지 중요한 가치들을 획득하기 위한 전제조건이다. 하지만 전쟁은 해결되지 못한 문제이며, 군사 분쟁을 통제하고 그것의 빈도와 파괴력을 줄이기 위해서는 국가들 사이의 상호활동에 변화가 있어야 한다.

3부에서 여러분은 어떻게 군사 분쟁을 가장 잘 완화시킬 수 있느냐에 대한 여러 가지 경쟁적인 아이디어와 이론들을 고찰하게 될 것이다. 7장은 국가들 사이의 전쟁과 내전 및 국제테러와 같은 국제안보에 대한 군사적 위협들을 살펴본다. 8장에서 국가 및 국제안보에 대한 현실주의 접근법의 관점에서 군사력으로 정의되는 국익의 추구를 살펴볼 것이다. 여기서는 무기의 발전과 그 밖의 전쟁 수단, 그리고 동맹에 대해 알아본다. 9장에서 여러분은 국제적인 갈등을 해결하기 위해 전장에서 싸우는 대신 협상 테이블에서 교섭을 벌이는 자유주의 아이디어를 살펴볼 것이다. 또한 국제법의 역할, 군비축소, 경제 제재, 모든 국가의 집단안보를 유지하기 위한 국제기구의 강화 등도 살펴본다.

핵실험

사진은 1952년 남태평양에서 전개된 프랑스의 핵폭탄 실험이다. 이 폭탄은 미국의 수소폭탄보다는 작지만 3마일에 걸친 화염을 만들어냈으며, 미국이 히로시마와 나가사키에 투하했던 폭탄보다 1,000배나 강력하다. 1945년 이후 지금까지 2,000번 이상의 핵폭탄 실험이 시행되어왔다.

"전쟁이 오래 지속되어 이득을 보는 나라는 없다."

– 손자(孫子), 고대 중국의 전략가

CHAPTER 7
세계에 대한 군사적 위협

무력 분쟁의 세계화

지난 20년 동안 외부 행위자가 군사력으로 직접 개입한 경우는 모든 내전 발생의 4배가 넘는다. 하지만 그러한 분쟁의 결과에 영향을 미치려는 시도는 보다 더 교묘해지고 있다. 예를 들어 무기를 제공하거나 그럴 의사를 표명하는 것뿐만 아니라 특정한 편에 대한 국제적 지원을 이끌어내는 것이다. 사진은 시리아 내전에서 2013년 5월 20일 시리아 정부군이 다마스쿠스 근교를 폭격하는 장면이다. 외부 행위자로서 러시아는 유엔의 개입을 반대하고 시리아 정부에게 무기를 지원한 반면, 미국은 반군에 대한 지원을 주장하면서 시리아 정부의 무력사용에 대한 국제적 제재를 요구하는 유엔 결의를 주장했다.

AP Photo/Shaam News Network via AP video

고려해야 할 질문들

- 무력 분쟁의 원인은 무엇인가?
- 분쟁에는 어떤 유형들이 있으며 얼마나 자주 발생하는가?
- 국내 분쟁의 가장 중요한 특징은 무엇인가?
- 테러와 다른 형태의 분쟁 사이의 다른 점은 무엇인가?
- 무력 분쟁의 미래는 어떠한가?

2001년의 조용한 여름날 평화와 번영을 구가하고 있던 북반구 세계는 흐뭇한 만족감에 취해 있었다. 북반구 세계의 많은 지식인들은 경제대국들 사이의 전쟁이 사라졌다고 보고 전쟁이 완전히 소멸하기 시작한 것이 아닐까하는 생각을 하기 시작했다. 하지만 국제 테러분자들이 뉴욕의 세계무역센터를 파괴한 2001년 9월 11일 직후 그러한 분위기와 생각들은 모두 사라져버렸다. 9.11테러와 미국의 아프가니스탄 전쟁, 2004년 마드리드, 2005년 런던, 2011년 모스크바에서의 테러공격, 이라크에서 미국이 주도한 군사 분쟁, 2006년 레바논에서의 이스라엘-헤즈볼라 전쟁, 그리고 계속적인 내전의 물결은 평화를 향한 모든 기대를 산산조각 내버렸다. 비록 2011년 아랍세계 여러 곳에서 발생한 대중 시위는 민주화가 이루어질 수 있다는 가능성을 비췄지만 정부 당국과 반민주화 세력들과의 폭력적 충돌은 개혁의 가능성을 위태롭게 만들었고 폭력의 만연에 대한 우려를 낳았다.

이러한 몇몇 사건들에 근거하여 볼 때 왜 많은 사람들이 세계정치의 본질이 무력침공이라고 이야기하는지 이해할 수 있다. 프로이센의 전략가 카를 폰 클라우제비츠(Karl von Clausewitz)는 『전쟁론(On War)』에서 전쟁은 비록 극단적인 형태이기는 하지만 수단을 달리한 외교의 연속일 뿐이라는 유명한 말을 남겼다. 이러한 사고방식은 **전쟁**(war)은 초국가적 행위자들이 자신들의 분쟁을 해결하기 위해 사용하는 정책수단이라는 현실주의적 믿음을 강조하는 것이다. 하지만 전쟁은 분쟁해결의 가장 치명적인 수단이며, 일반적으로 전쟁의 발발은 설득과 협상이 실패했음을 의미한다.

국제관계에서 **분쟁**(conflict)은 행위자들이 상호작용하고 양립할 수 없는 이익에 대한 갈등이 불거지는 경우에 흔히 발생한다. 분쟁은 그 자체로 반드시 위협적인 것은 아니다. 왜냐하면 전쟁과 분쟁은 서로 구분되는 것이기 때문이다. 분쟁은 불가피한 것으로 여겨지는데, 두 당사자가 그들 사이의 차이를 인지하고 그 차이를 자신만이 만족하는 방식으로 해결하고자 할 때 어김없이 분쟁이 발생한다. 사람들이 상호작용할 때마다 분쟁이 발생할 수 있으며, 종교나 이념, 민족, 경제, 정치 혹은 영토적 이슈에 의해 야기되기도 한다. 따라서 우리는 분쟁을 일탈적인 것으로 여겨서는 안 된다. 하지만 우리는 분쟁을 불가피한 파괴로 받아들여서도 안 된다. 분쟁은 사회적 연대와 창조적 사고, 학습, 커뮤니케이션 등을 촉진시킬 수 있다. 이러한 요인들 모두는 갈등의 해소와 협력의 증진에 매우 중요한 것들이다. 하지만 당사자들이 화해할 수 없다고 여기는 차이점을 해결하기 위해 무기를 들거나 보복하기 위해 무력을 사용하는 경우에 분쟁의 비용은 위협적인 것이 된다. 이러한 일이 발생하면 폭력이 사용되고 우리는 전쟁이라는 새로운 영역으로 들어서게 된다.

이 장은 여러분이 살고 있는 세계에서 발생하는 **무력 분쟁**(armed conflict)의 본질을 탐구하는데 필요한 정보와 개념을 제공하며, 무력 분쟁의 유형과 빈도 및 변화의 특징과 원인을 살

전쟁
국가 내(내전) 혹은 국가 간 (국제전) 행위자들이 자신의 적을 파괴하고 적이 굴복하게끔 강제하기 위해 폭력적 수단을 사용하는 상태

분쟁
국제관계에서 상충하는 이익을 두고 발생하는 불화

무력 분쟁
둘 이상의 국가나 집단의 군사력 사이에 벌어지는 전투행위

펴본다. 또한 여러분은 이러한 군사적 위협이 야기하는 윤리적 딜레마에 직면하게 될 것이다. 즉, 무기를 드는 행위가 어떤 경우에 도덕적 혹은 비도덕적인 것으로 간주되는지를 논의하게 될 것이다. 이 책은 오늘날 무력침공이 가장 빈번하게 발생하는 세 가지 주요 방식인 국가 간 전쟁과 내전, 그리고 테러를 주목한다. 아울러 여러분은 *세계정치* 속에서 무력 분쟁의 세 가지 방식의 원인을 설명하는 주요 이론들을 고찰하는 기회를 가지게 될 것이다.

> *오로지 죽은 자만이 전쟁의 끝을 보게 된다.*
> —조지 산타야나(George Santayana), 스페인계 미국 철학자

무력 분쟁의 원인은 무엇인가?

역사를 통해 인간은 왜 조직적인 폭력을 행사하는지를 설명하기 위한 노력이 이루어져왔다. 전쟁의 기원에 관한 연구들은(Bennett and Stam, 2004; Cashman and Robinson 2007; Vasquez, Justino, and Bruck, 2009) 일반적으로 적개심은 여러 *분석수준*에서 발견되는 다양한 요인들에 뿌리를 두고 있다고 설명한다(1장과 3장 참조). 어떤 요인들은 전쟁의 발생에 직접적으로 영향을 주지만, 어떤 요인들은 여러 가지 다른 직접적 요인들이 폭력을 유발하게끔 만드는 배후조건을 형성함으로써 간접적 영향을 준다. 무력 분쟁의 원인으로 가장 많이 언급되는 요인들은 다음의 3가지 분류로 나눌 수 있다. 1)인간본성 및 개별 인간 행위와 관련된 공격적 성향 2)특정 국가를 무력 분쟁에 더 개입시키게 만드는 국가의 독특한 속성 3)갈등의 무력화를 조장하는 세계적 체계 내의 폭력적 조건들.

첫 번째 분석수준: 인간의 본성

"근본적인 수준에서 분쟁은 개인의 행동과 주위 환경과의 반복되는 상호작용으로부터 비롯된다(Verwimp, Justino, and Bruck, 2009, p. 307)." 모든 전쟁은 국가 지도자 혹은 초국가적 테러조직과 같은 비국가 행위자의 지도자의 결정으로부터 시작된다. 지도자의 선택은 무력침공이 발생할 것인가를 궁극적으로 결정한다(McDermott, 2013; 3장 참조). 따라서 왜 전쟁이 발생하는가에 대한 설명의 출발점으로 개별 지도자의 선택과 무력침공 사이의 관계를 고찰하는 것이 바람직하다. 이러한 분석수준에서의 핵심은 인간 본성에 대한 질문이다.

계속되는 전쟁 발생에 대해 심리학자 프로이드(Sigmund Freud)와 같은 사람들은 공격성이 인간의 유전적인 심리적 프로그램으로부터 발생하는 인간 본성의 일부라는 결론을 내렸다.

콘래드와 로렌츠(Konrad and Lorenz, 1963)와 같이 호모사피엔스를 가장 치명적인 종으로 간주하는 동물행동학자들은 이종 간 공격 행위(intraspecific aggression, 다른 종만을 죽이는 행위로서 열대의 일부 어류처럼 동종끼리 잡아먹는 경우는 극히 예외적임)를 벌이는 대부분의 다른 종들과 달리 인간은 동종 내 공격 행위(interspecific aggression, 같은 종끼리 일상적으로 서로를 죽이는 행위)를 하는 극소수의 종이라고 주장한다. 이와 비슷하게 현실주의 이론가들은 모든 인간은 본능적으로 힘을 추구하도록 태어났고, 이러한 피할 수 없는 본능이 경쟁과 전쟁을 일으킨다고 믿는다. 따라서 그들은 찰스 다윈(Charles Darwin)의 진화론과 자연선택설이 제시하는 사회학적 가정을 받아들인다. 삶은 적자생존을 위한 투쟁을 수반하며 자연선택은 성공적 경쟁에 방해가 되는 특성을 제거한다. 현실주의자들에게 평화주의(pacifism)는 역효과를 가져오는 것인데 왜냐하면 이것은 공격적이고 탐욕적이며 권력지향적인 것으로 간주되는 인간의 기본적 본성에 위배되기 때문이다.

이러한 이론들에 대해서는 경험론적 측면과 논리적 측면 모두에서 많은 의문이 제기된다. 만약 공격성이 전적으로 인간 본성으로부터 나오는 피할 수 없는 요인이라면 모든 인간이 이와 같이 유전적으로 결정된 행동만을 보여야만 하는 것인가? 대부분의 사람들은 윤리적인 관점에서 살인을 악으로써 거부한다. 사실 유전적으로도 인간은 분쟁보다는 합의를 추구하도록 되어 있다. 국제관계 이론가인 프란시스 후쿠야마(Francis Fukuyama, 1999a)가 주장한 것처럼 "사람들은 윤리적 규칙이 없는 사회에서 살아간다면 매우 불편하게 느낄 것이다."

자유주의 이론과 행태주의 사회과학자들의 연구는 인간이 왜 특정 시점에서만 호전적인지가 유전학적으로 설명되지 않는다고 주장한다. 인간 행위에 대한 생물학적 영향에 관한 사회적 다윈주의의 해석은 왜 인간은 협력하며 도덕적으로 행동하는가에 대한 연구에 의해 반박된다. 제임스 Q. 윌슨(James Q. Wilson, 1993)이 주장하는 것처럼 다윈의 적자생존(survival of the fittest)적인 현실주의 이론은 다음과 같은 설명을 간과하고 있다. "도덕성은 적응적 가치를 가지고 있음에 틀림없다. 만약 그렇지 않다면 자신과 반대되는 입장을 가진 사람들에 대한 동정심, 자기통제, 혹은 공정성 추구와 같은 쓸모없는 특성을 가진 사람들에 대해 자연선택은 불리하게 작동해야만 할 것이다."

비록 공격성의 생물학적 근거에 대한 선천성 대 후천성(nature-versus-nurture) 논쟁은 아직 끝나지 않았지만(Ridley 2003; Kluger 2007; McDermott, 2013), 오늘날 대부분의 사회과학자들은 인간이 근본적으로 이기적이기 때문에 공격적이며 인간의 선천적인 유전 요인이 공격적으로 작동하기 때문에 인간을 살해한다는 현실주의적 가정을 강하게 부정한다. 대신 그들은 전쟁을 학습된 문화적 관습으로 해석한다. 즉, 공격은 사회화(socialization)의 결과로써 인생의 초기에 획득하는 성향이라는 것이다. 따라서 공격성은 생물학적으로 결정되는 행위가

이종 간 공격 행위
자신의 종이 아닌 다른 종을 죽이는 행위

동종 내 공격 행위
같은 종 구성원을 죽이는 행위

평화주의
국가의 허락에 의한 것일지라도 타인의 생명을 앗아가는 것을 정당화하는 조건을 절대로 인정하지 않는 자유주의적 이상주의 윤리학파

적자생존
살인하지 말라는 도덕률을 어길지라도 생존을 위한 잔인한 경쟁은 윤리적으로 허용된다고 설명하는 찰스 다윈의 진화론에 기반한 현실주의적 인식

선천성 대 후천성
인간 행위가 생물학적 '인간'으로서의 특징에 의해 더 결정되는가 아니면 인간이 경험하는 환경적 조건들에 의해 만들어지는 것인가에 대한 논쟁

사회화
인간이 살아가는 사회의 문화에 담겨 있는 믿음과 가치 및 행동의 수용을 학습하는 과정

아니라 학습되는 것이며 "인간의 폭력적 본성은 신화일 뿐이다(Murithi, 2004)."

지도자와 국가에 대한 의무감으로 전쟁에서 스스로의 생명을 희생하려는 개개인의 의지는 역사의 퍼즐 가운데 하나이다. 조국에의 충성과 같은 신념은 목숨을 걸만한 가치가 있다는 학습된 믿음에서 이러한 자기희생이 나오는 것임은 확실하다. "병사들이 전쟁에서 싸우고 민간인들이 전쟁을 지지하는 것은 그들의 공격성 때문이 아니라 복종심 때문이라는 사실이 밝혀졌다(Caspary, 1993)." 그러나 군사훈련을 통해 학습된 복종의 습성이 타인에 의해 정당화된 공격에 참여하는 것의 기반이 되고, 외적에 대한 대중의 쇼비니즘적인 공격의 열정이 지도자로 하여금 전쟁에 나서도록 충동질한다고 해서 그것만으로 인간의 본성이 전쟁의 원인이라고 말할 수는 없다.

국민성

한 국가 내의 주민들에 속하는 총체적인 특징

이것은 왜 어떤 국가는 조직적 폭력을 행사하려는 경향이 있는가를 설명하는데 국민성(national character, 특정 집단의 사람들이 가지는 선천적인 집단적 특징)이 아닌 다른 요인들이 보다 적절하다는 것을 시사한다. 무력 분쟁은 대부분 지도자가 선택한 결정 때문에 발생했지 전체 사회의 주민들의 선호로 결정된 것이 아니다. 영국의 정치가 토마스 모어(Saint Thomas More, 1478~1535)가 말한 것처럼 "일반 주민들은 자발적으로 전쟁을 시작하지 않지만 국왕의 광란에 의해 전쟁으로 이끌려진다." 미국 외교관인 랄프 번치(Ralph Bunche)도 유엔에서 "전쟁을 좋아하는 사람은 없다. 다만 전쟁을 원하는 지도자가 있을 뿐이다."라고 주장했다.

이러한 생각은 중요한 분석적 문제를 불러일으킨다. 여러 부분의 총합인 전체로써 국가의 문화와 집단적 특징을 통해서 집단 내의 개개인의 행동을 예측할 수 있을까? 그렇지 않다. 전체를 가지고 부분을 일반화하는 것은 인구학과 통계학에서 말하는 논리상의 생태적 오류(ecological fallacy)를 범하는 것이다. 왜 그런 것일까? 단일 집단 내의 모든 구성원들이 정확하게 똑같지 않다면 (국가 전체나 문화 전체와 같은) 집단성의 특징은 집단 내의 개개인의 믿음과 행위를 확실하게 예측하지 못하기 때문이다.

생태적 오류

개개인은 모두 똑같이 전체 집단의 특징들(문화, 국가 혹은 문명)을 공유한다고 가정하는 논리적 오류

모든 미국인들, 혹은 모든 무슬림들, 아니면 모든 중국인들은 똑같이 생각할까? 그렇지 않다. 그러한 인종적, 문화적 고정관념은 잘못이다. 우리는 집단으로부터 개인을 올바르게 일반화할 수 없다. 하지만 그것의 반대, 즉 논리학에서 개체적 오류(individualistic fallacy)라고 일컬어지는 것 역시 심리적 잘못이다. 우리는 개별 지도자(독일의 앙겔라 메르켈, 중국의 시진핑, 미국의 버락 오바마, 영국의 데이비드 캐머런, 러시아의 블라디미르 푸틴)의 신념과 행동을 정확하게 일반화할 수 없으며, 지도자들을 통해 각 지도자가 이끄는 집단적 문화와 국가의 보편적 선호도를 모두 설명할 수 없다.

개체적 오류

법적인 통치권을 가진 지도자는 국민 전체와 국민의 의견을 반영하기 때문에 국민을 위해 통치하는 지도자의 미덕과 악덕에 대한 비난과 신뢰는 모두 전체 국민에게 책임이 있다고 가정하는 논리적 오류

분명한 것은 지도자들에 의한 일부 외교정책결정은 도덕적이지 않은 외교정책결정을 내린다는 사실이다. 더욱이 국가 지도자들에 의해 만들어진 정책결정 상당수는 잘못된 정책결정과정의 산물이다. 그것들은 외교정책결정의 합리적 선택 모델과는 거리가 멀다. 합리적 선택 모델은 정책결정자가 원하는 목적을 달성하기 위한 최선의 기회를 선택하기 위해 득실을 냉철하게 판단하여 선택한다고 가정한다. 더 나아가 심지어 지적이고 윤리적인 지도자들조차 개인적으로 가장 합리적인 선택이라고 믿는 것을 하기 보다는 정책결정 집단 내의 힘 있는 조언자들의 집단사고의 영향을 받기 때문에 간혹 전쟁과 같은 불필요하며 위험한 결정을 내리는 경향이 있다.

　　전쟁과 평화에 관한 지도자의 선택 결정에 대한 이러한 고찰은 이제 우리의 관심을 대외 공격적 행동을 촉진하는 국내적 요인들로 전환시킨다. 이러한 국내요인들은 지도자가 특정한 정책을 결정하는데 제약요인 혹은 촉진요인으로 작용한다.

두 번째 분석수준: 국가의 내부적 속성

우리는 이제 무력사용에 관해 지도자의 선택에 영향을 미치는 국가 내부적 특성에 대한 이론들을 고찰하게 된다. *국가수준의 분석*에서 무력침공을 설명하는 이러한 접근법에는 국가의 유형이나 분류의 차이가 국가가 전쟁을 치룰 것인가를 결정한다는 가정이 내포되어 있다. 전쟁을 치룰 것인지 아닌지는 그 국가의 속성과 국가를 위한 정책을 결정하는 지도자의 유형에 의해 가장 크게 영향을 받는다는 이러한 주장은 *구조적 현실주의*의 가정을 부정하는 것이다. 구조적 현실주의는 전쟁이 불가피하며 국내적 요인이 아닌 세계적 환경이 전쟁의 가장 중요한 결정요인이라고 설명한다.

지리적 요인과 독립의 지속성　분쟁을 일으키는 이슈들 가운데 영토적 갈등은 대부분 전쟁으로 확대된다(Vasquez, 2009; Wiegand, 2011). 경작지나 식수, 혹은 석유, 가스 등 값비싼 천연자원의 부존과 같은 핵심적 지리적 환경을 포함하는 국가의 지리적 조건과 위치, 그리고 다른 국가와의 거리는 갈등과 전쟁의 가능성에 영향을 미친다(Gibler, 2007; Starr, 2006). 자원의 부존량과 심지어 자원의 시장 가격조차도 분쟁의 강도에 영향을 미친다(van der Ploeg, 2012). "값비싼 천연자원이 어떤 나라의 특정 지방에서 발견된다면 그 지방에 거주하는 주민들은 필요하다면 무력으로라도 경제적 이득을 거두려하는 동기를 가지게 된다. … 또한 천연자원 수출에 크게 의존하는 국가에서 분쟁이 발생할 가능성이 높아진다. 왜냐하면 반란집단은 그러한 무역의 이득을 군사 활동 자금으로 사용할 수 있기 때문이다(Collier 2003, p. 41)."

　　독립의 지속성 또한 무력 분쟁과 영토적 갈등의 가능성에 영향을 미친다. 새롭게 독립한 국가는 국제공동체의 일원으로서 주권과 독립을 획득한 이후에도 정치적 불안의 시기를 겪는다. 그리고 나서 그들은 오랜 국내 불안의 치유를 모색하고 주변의 적대세력들과 경합을 벌이는 영토를 차지하기 위해 무기를 드는 경향이 있다(Rasler and Thompson 2006). 그러한 대외 분쟁은 역사적으로 신생국 내정에 대한 강대국의 개입이나 여타 국가 혹은 비국가 국제기구의 간섭을 촉발하는 경우가 빈번하다는 점에서 종종 더 큰 규모의 전쟁으로 확대된다. 남반구 세계에서 내전(civil wars)과 인접국가 간 전쟁이 자주 발생하는 것은 바로 이들 저개발 국가들 대부분이 최근에 식민주의로부터 대부분 혁명을 거쳐 독립을 쟁취했다는 사실로써 설명이 된다.

내전

한 구가 내의 적대적 집단 사이에 발생하거나 정부에 대한 반란세력에 의해 이루어지는 전쟁

민족주의와 문화적 전통   국가의 행동은 주민들의 문화와 윤리적 전통에 의해 크게 영향을 받는다. 현실주의적 규범에 지배를 받는 국가 체제하에서 무력사용에 대한 도덕적 구속은 별로 효용이 없다(Hansel, 2007). 그 대신 대부분의 정부는 주민들로 하여금 국가를 영광스럽게 여기도록 만들고, 적대 세력에 대한 전쟁을 포함하는 지도자의 어떠한 결정이든 국가안보에 필요한 것으로 받아들이게끔 만든다. 전쟁의 문화적 기원을 주장하는 사람들은 대부분의 사회에서 사람들은 무엇이 어떻게 돌아가는지 무관심하거나 '무감각'해지며, 이러한 성향은 지도자의 전쟁결정에 반대하지 못하도록 만든다고 설명한다. 따라서 근대 국가는 전쟁을 수용하도록 사회를 조직하고, '죽음을 받아들이는 문화를 구축'하며, 살육을 무감각하게 받아들인다(Caspary, 1993).

민족 혹은 국가에 대한 사랑과 충성을 의미하는 민족주의는 전쟁이 솟아오르는 가마솥과 같다고 널리 알려져 있다(Van Evera, 1994). 민족주의는 350년 전 군주제 하에서 스페인의 페르디난드 왕과 이사벨라 여왕과 같은 지배자들이 '국가수립'을 이룰 때부터 강력한 힘을 가지게 되었다. 지배자들은 주민들을 동원하고 관리하기 위해 강제적으로 민족주의를 구축하였고, 이는 종교적, 정치적 불관용과 더불어 소수파에 대한 탄압과 전쟁을 낳았다(Marx 2003). 영국 작가 올더스 헉슬리(Aldous Huxley)는 역사상 가장 파괴적인 국가 간 전쟁이 치러지는 것을 보면서 민족주의를 '20세기의 종교'라고 설명했다. 민족주의와 전쟁 사이의 연관성은 시간이 지나면서 더욱 강해졌다(Woodwell, 2008). 오늘날 민족주의는 중국과 일본 사이의 동중국해 갈등과 같이 동아시아에서 적대감을 고조시키는 역할을 하고 있다(Dittmer, 2013).

"대다수의 사람들이 민족국가에 대해 최고의 충성을 받치는 경향은 전쟁을 일으키는 가장 큰 촉매제 역할을 한다."고 잭 레비(Jack Levy)는 설명한다. "국가의 힘과 번영에 대해 강한 책임의식을 가지는 경우, 그리고 이러한 책임의식이 국가의 도덕적, 물리적, 정치적 능력을 강조하는 민족적 신화에 의해서, 또한 개개인의 무력감과 더불어 국가를 통해 자신의 정체성과 자기완성을 추구하려는 경향에 의해서 강조되는 경우… 민족주의는 전쟁을 유발한다(Levy, 1989a, p. 271)." 비록 많은 사람들이 국가 내의 단결과 연대감을 만든다는 의미의 민족주의의 장점을 옹호하지만, 민족주의에 대한 비판은 계속되고 있다. 논쟁의 결과가 어떠하든 민족주

민족주의의 어둡고 치명적인 과거

히틀러의 파시즘 독재 하에서 나치정권은 국가의 영광을 강조하고 독일 국민이 우월한 민족이라고 역설했다(왼쪽). 이러한 극단적 형태의 민족주의의 결과는 무자비한 독일의 세계대전과 유대인 및 다른 소수민족 600만 명을 학살한 대량학살이었다. 조지 패튼(George Patton)이 지휘하는 미군은 1945년 부헨발트의 집단수용소를 해방시켰다(오른쪽). 그러나 나치 수비대가 가스실에 몰아넣은 수감자들의 생명을 살리기에는 너무 늦었다.

의는 오늘날의 세계에서 가장 강한 힘이며, 만들어진 이미지에 생명을 부여하는 사상이자 *이념*이라고 널리 받아들여지고 있다.

한편 국제관계의 *페미니즘*(여성권리 운동) 관점의 비판 이론가들은 전 세계적인 전쟁의 기원은 문화적 무감각과 더불어 사람들로 하여금 전쟁을 받아들이게 만들고 전사를 영웅으로 받드는 남성중심 풍조의 현실주의에 있다고 주장한다(Enloe 2000, 2004; Tickner 2002). 페미니즘 이론이 비판하는 현실주의적 젠더(성)의 역할은 군사주의와 전쟁의 확대에 일조한다. 전쟁의 원인에 대한 문화적 해석을 받아들이는 페미니스트들과 구성주의자들에게 있어서 전쟁 선호적 성향은 빈 공백 속에서 만들어진 것이 아니라 사회가 주민의 신념과 규범을 형성하는 방식에 의해 만들어진 것이다. 정부는 학교와 여타 기관에 재정을 지원하는 등의 교육 프로그램을 통해 군사적 가치를 그들의 정치문화에 주입하여 전쟁 행위를 묵인하게 만든다. 역설적으로 세상의 다양한 민족문화들은 모두 공통적으로 그와 같은 문화적 조건(cultural conditioning)을 통해 국가에 희생하도록 하는 복종과 의무의 내용을 담고 있다. 국가가 전쟁에 나설 수 있는 권리는 의문 시 될 수 없으며, 폭력을 금지하는 종교의 윤리적 원칙과 세속적 철학은 고려될 수 없다는 내용의 신념이 국가에 의해 확산되었다. 그런 이유에서 비판 이론가들은 개개인으로 하여금 무의식적으로 전쟁을 불가피하고 정당한 것으로 받아들이게 만드는 강력한 제도의 존재를 강조한다.

페미니즘은 이러한 방식으로 무력침공을 설명한다. 폭력의 가능성은 성적 차별과 불평등

문화적 조건

침공과 같은 국가의 정책결정을 묵인하는 문화가 존재한다는 전제 하에서 국가의 행동에 영향을 미치는 국가의 전통과 사회적 가치

및 여성에 대한 폭력이 삶의 방식으로 받아들여지는 문화에서 더욱 커진다는 것이다(Hudson, 2012). 여성에 대한 그릇된 처우를 묵과하고 여성의 교육과 고용 기회가 무시되는 문화적 규범 하에서 내전이 발발할 가능성이 높게 나타난다(Caprioli 2005; Melander 2005).

빈곤, 상대적 박탈, 인구적 압박   국가 경제발전의 수준은 전쟁과 무장혁명에 휘말릴 가능성에 영향을 준다. 실제로 "저개발은 전쟁의 통계적으로 의미 있는 지표(Lemke 2003, p. 58)"이며, 세계화와 대외경제의 자유화에 대한 불만은 폭력 시위와 내전을 초래할 수 있다(Bussmann and Schneider 2007).

상대적 박탈

개인과 집단이 가지는 부와 지위 사이의 불평등으로 인해 최저 계층이 최상위 계층으로부터 착취된다고 여기는 분노

혼히 좌절에 대한 분노로 나타나는 무력침공은 **상대적 박탈**(relative deprivation), 즉 자신이 정당하게 획득해야 할 부와 지위가 다른 사람들의 혜택에 비해 부당하게 박탈되었다고 생각하는 인식의 결과이다. UN 보고서가 언급한 바와 같이 수많은 사람들이 '문화적 배척을 받는 집단에 속해 있으며 자국 내 다른 사람들에 비해 불이익을 받거나 차별받기' 때문에 폭력이 빈번하게 발생한다. 국가들 사이의 상대적 박탈도 마찬가지로 존재한다. 남반구 세계에서 무력침공의 가능성이 높은 것이 이 때문이다. 남반구 세계 주민들이 추구하는 기대치는 실제 보수보다 훨씬 빠르게 증가하고 있으며, 부와 기회의 분배 격차가 점점 확대되고 있다.

무장 반란의 성공에 가장 중요한 것은 대중의 지지이며, 빈곤은 안정된 삶과 생활수준의 개선을 약속하는 무장집단을 지지하게 만드는 중요한 동기이다. 분쟁 지역에 살고 있는 가정은 "폭력이 예상되는 경우 자신들의 경제적 지위를 지켜줄 수 있는 지역의 무장집단에 의존하며, … 분쟁의 초기에 더 가난한 가정일수록 무장집단에 가입하고 지지할 가능성이 높다(Justino, 2008, lp. 315)." 실제로 빈곤은 사회운동과 관련된 '동원비용'을 줄이기 때문에 투쟁의 의욕이 꺾이지 않는다(Kuhn and Weidmann, 2013).

청년 팽창

국가의 인구 구성에서 청년층이 많아지는 현상으로써, 시민 분쟁을 더 많이 발생시키는 경향이 있다고 여겨진다.

빈곤과 무력 분쟁 사이의 관계는 **청년 팽창**(youth bulge), 즉 젊은 연령층의 인구가 많지만 젊은이들이 안정적인 일자리를 갖지 못하고 가족을 부양하지 못하며 경제적 안정을 이룰 수 없는 상황에 처한 나라들에서 보다 두드러지게 나타난다. "학교와 일터를 그만두고 적개심으로 가득 찬 젊은 남성은 치명적 분쟁의 근원적 요인이다. 인구 구성에서 30세 이하의 성인 인구 비중이 높은 나라는 그 이상의 연령층이 상대적으로 많은 나라에서보다 새로운 시민봉기를 경험할 가능성이 2.5배 높다(Cincotta and Engleman 2004, p. 18)."

따라서 청년 팽창이 국내의 무력 분쟁과 정치적 폭력의 위험을 증가시킨다는 점에서 가까운 장래에 '세대 간 충돌'의 위협에 직면하게 될 것이다(Urdal, 2011). 이는 중동에서의 불안정이 계속될 것이라는 여러 근거들 가운데 하나로 지목되고 있다. 중동에서 청년 실업률은 25% 가까이 치솟고 있다. 이러한 실업률은 세계에서 가장 높은 수치의 하나이며 아랍의 봄을 촉발

미래가 안보인다
2013년 1월 27일 예멘의 사나(Sanaa)에서 친민주주의 시위대들이 전 대통령 알리 압둘라 살레(Ali Abdullah Saleh)를 재판정에 세울 것을 요구하고 있다. 살레를 권좌에서 몰아낸 대중의 분노는 일자리와 자원의 부족, 그리고 부정부패와 차별에 의해 촉발되었다. 예멘에서 인구의 74%는 30세 미만의 연령층이며 인구의 절반은 교육을 받지 않고 일자리도 없다. 예멘의 언론인 나디아 알사카프(Nadia Al-Sakkaf)는 "만약 당신이 젊은 예멘사람이라면 아무런 희망이 없다. 당신의 삶이 당신 부모의 삶보다 더 나아지리라는 아무런 근거도 없다(Ghosh, 2011, p. 49)."

시키는 분노의 근원적 원인이 되고 있다(Schuman, 2012).

하지만 장기적 관점에서 정부의 정책과 인구경향의 변화에 따라 이러한 전망이 바뀔 수도 있다. 정치적 폭력의 위험은 교육의 기회와 그에 따른 취업의 기회에 의해 어느 정도 낮아질 수 있다. 더욱이 "전 세계적으로 지난 수십 년 동안 출산율의 저하로 인하여 폭력을 일으키는 청년 팽창의 중요성은 점점 낮아질 것으로 예상된다(Urdal, 2011, p. 9)."

빈곤은 언제나 무력침공을 낳는다고 결론을 내리기 전에 대부분의 가난한 국가들이 주변 국들에 대해 전쟁을 먼저 시작하는 경향이 매우 낮다는 사실에 주목할 필요가 있다. *최빈국*은 그들의 좌절을 공격적으로 분출할 수 없는데, 이는 그럴만한 군사적 혹은 경제적 자원이 부족하기 때문이다. 그렇다고 이것이 최빈국들은 언제나 평화적이라는 의미는 아니다. 과거 경험을 통해 미래를 예상해본다면 아마도 가난한 나라가 언젠가 경제개발을 이루면 틀림없이 무기를 획득하고 대외 전쟁을 치룰 것이라는 예측도 가능하다. 특히 꾸준히 경제성장을 이룬다면, 즉 장기간의 호황을 겪고 그만한 능력을 갖춘다면 대외 전쟁을 유발할 가능성이 있다(Cashman and Robinson 2007). 만약 급속도로 성장하는 남반구 세계의 경제가 그들의 증가된 자원을 지속적 발전을 위한 투자가 아니라 군비증강에 바로 투입하게 된다면 이러한 예측이 현실의 위험으로 나타날 수도 있다.

군사화　현실주의는 "만약 평화를 원한다면 전쟁을 준비하라"고 조언한다. 과연 군사력 보유가 평화를 가져오는지 혹은 전쟁을 불러일으키는지는 논란이 많다. 하지만 대부분의 남반구 세계 국가들은 무기가 그들의 안보에 도움이 된다는 현실주의 주장에 동의한다. 그들은 활발한 세계적 무기 거래시장의 가장 큰 고객들이며 주변국의 잠재적 침공에 맞서기 위해 그리고 그들 자신의 시민들을 통제하기 위해 대규모 군대를 조직하고 있다(Blanton and Nelson, 2012; 8장 참조).

　　남반구 세계 국가들이 그들의 재정을 군사력 확충에 집중함에 따라 전쟁이 감소하는 것이 아니라 오히려 전쟁이 빈번해지지 않을까 하는 많은 우려가 제기된다. 다시 말해 남반구 세계에서 군사화는 평화를 가져다주지 않았다. 그렇다면 언젠가 그곳에서 폭력의 저주가 깨지는 것은 아닐까?

　　수세기 동안 유럽에서 발생한 전쟁과 군사력 변화 사이의 관계에 대한 연구로부터 한 가지 단서를 찾을 수 있다. 개발의 정점으로의 이행 기간 중에 유럽은 세계에서 가장 빈번하게 그리고 가장 치열하게 전쟁이 발생한 지역이었다. 16-17세기의 전쟁 가운데 65%는 강력한 군사력으로 무장한 유럽의 강대국들이 치른 전쟁이었다(Wright 1942). 1816년에서 1945년 사이에 모든 국제전쟁의 3/5은 유럽에서 발생했는데, 이는 매년 한 개씩의 전쟁이 발생한 꼴이다(Singer 1991). 똑같지는 않지만 유럽의 개발도상국들도 서로 경쟁하면서 열정적으로 군사력을 키울 때에도 그러한 일이 나타났다. 아마도 그 때문에 강력한 군사력을 보유한 강대국들이 가장 많이 전쟁에 개입하고 전쟁을 일으키게 된 것이다. 하지만 1945년 이후 구 유고슬라비아 국가들의 분리 독립 전쟁과 러시아-그루지아 전쟁을 제외하고 국가 간 전쟁은 유럽에서 더 이상 발생하지 않았다. 유럽 국가들은 경제와 정치의 발전을 이루면서 서로 간의 전쟁에서 점점 멀어졌다.

　　반대로 오늘날 개발도상국들은 1945년 이전의 유럽을 닮고 있다. 만약 가까운 장래에 남반구 세계가 1945년 이전의 유럽 모델을 따른다면 평화와 번영을 누리는 유럽(그리고 북반구 세계)은 남반구 세계라는 폭력에 바다에 둘러싸인 섬처럼 남게 될 것이다.

경제 체제　국가의 경제 체제 특성이 전쟁의 빈도에 영향을 미치는가? 이 질문은 수세기 동안 논쟁을 불러일으켰다. 특히 1917년 볼셰비키혁명으로 러시아에서 마르크스주의가 뿌리를 내린 이후 공산주의 이론가들은 자본주의가 제국주의 전쟁과 식민주의의 주요 원인이라고 주장했다. 그들은 자본주의 하에서 소득붕괴에 따른 "국내정치적 위기로부터의 노동대중의 관심을 돌리기 위한" 제국주의적 자본주의자들에 의 제1차 세계 대전이 발생했다고 설명한 블라디미르 레닌(Vladimir Lenin)의 1916년 해석을 즐겨 인용한다.

공산주의의 제국주의 이론(communist theory of imperialism)에 따르면 자본주의는 잉여자본을 생산한다. 이것을 수출해야 할 필요성은 해외시장을 확보하고 보호하기 위한 전쟁을 야기한다. 따라서 시장에 대한 최소한의 정부규제에 의한 자유시장의 철학적 원칙에 기반을 둔 *자유방임적 경제*는 경제적 이익을 위해 군국주의와 제국주의를 합리화한다. 부유한 자본주의 사회가 자본이익을 위해 해외영토에 군사적으로 개입했던 명백한 수치자료를 인용하면서 마르크스주의자들은 국제 전쟁을 종식시킬 수 있는 최선의 방법은 자본주의를 종식시키는 것이라고 믿었다.

마르크스 이론과 반대로 상업적 자유주의(commercial liberalism)는 자유시장 제도가 전쟁이 아닌 평화를 촉진한다고 주장한다. 자본주의 옹호론자들은 자유교역을 시행하는 자유시장 국가들이 보다 평화적이라고 오랫동안 믿어왔다. 그들은 여러 가지 이유들 가운데 상업적 기업들은 본질적으로 경제적 평화(economic peace)의 로비스트들이라는 가정에 기반을 두고 있다. 왜냐하면 기업 이익은 평화에 의존하기 때문이다(Mousseau, 2013). 전쟁은 교역을 가로막고 이윤획득을 저지하며 재산을 파괴하고 인플레이션을 야기하며 희소한 자원을 소비할 뿐만 아니라 거대 정부와 기업 활동에 대한 비생산적 규제 그리고 높은 세금을 불가피하게 한다. 마찬가지로 국가 내에서의 분쟁도 국제교역을 저해한다(Magee and Massoud, 2011). 이러한 논리의 연장선상에서 국내시장에 대한 정부 규제가 줄어들면 부는 증대되고 전쟁은 줄어든다.

이들 경쟁적인 이론의 증거는 당연히 애매하다. 결론은 국제 행위에 대한 경제적 영향력을 어떻게 인식하느냐에 달려있는데, 각각의 이론이 서로 다른 차원에서 접근하기 때문에 어느 이론이 옳다고 단정할 수 없다. 이러한 논쟁은 냉전시대 동서 진영 사이의 이념적 논쟁의 핵심이었다. 당시 공산주의와 자본주의라는 양극적 경제 체제의 상대적 선과 악은 사람들의 마음속에 가장 중요한 것이었다.

냉전의 종식에도 불구하고 경제와 전쟁 사이의 관계에 대한 역사적 논쟁은 끝나지 않았다. 특히 "군사력의 중요성은 줄어드는 반면 경제력은 더욱 중요해지고 있다는 점에서 서로 다른 권력자원의 적합성과 효용성이 서로 변모한다(Huntington, 1991b, p. 5.)"는 주장과 같이 이러한 이론적 의문은 흥미를 불러일으키고 있다.

정부의 유형   현실주의 이론은 전쟁과 평화에 영향을 미치는 요인으로 정부형태의 중요성을 무시한다. 하지만 자유주의 이론은 그렇지 않다. 2장에서 살펴본 바와 같이 *자유주의 이론은*

공산주의의 제국주의 이론

제국주의 전쟁을 자본창출을 위한 자본주의의 해외시장 필요에 따른 정복으로 설명하는 마르크스-레닌주의의 경제적 해석

상업적 자유주의

번영을 이루는 기폭제로써 자유시장을 옹호하고 무역과 자본흐름의 장벽의 철폐를 주장하는 경제 이론

경제적 평화

계약 중심적 경제제도가 국가 간 평화의 원인이라고 설명하는 논리

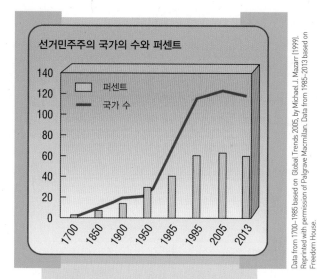

선거민주주의 국가의 수와 퍼센트

□ 퍼센트
— 국가 수

Data from 1700–1985 based on Global Trends 2005, by Michael J. Mazarr (1999). Reprinted with permission of Palgrave Macmillan. Data from 1985–2013 based on Freedom House.

그림 7.1
선거민주주의의 성장(1700-2013)
1700년 이후 250년 동안 전쟁은 주로 국왕, 폭군, 독재자, 전제군주 등에 의해 이루어졌다. 그래프에 나타난 것처럼 대규모 선거부정 없는 경쟁이 보장되고 정기적인 다당제 선거가 공개적으로 이루어지는 '선거민주주의'가 세계적인 규모에서 세 차례의 '물결'을 통해 성장함으로써 세계적인 커다란 전환이 이루어졌다. 1974년에 선거민주주의는 오직 4개 국가에서 이루어졌지만, 2013년 기준 그 수는 118개국으로 증가했고 전체 국가의 61%에 달한다(Freedom House 2013). 이러한 장기적 전환이 평화를 불러일으킬 것인지는 검토가 필요하다.

정책을 결정하기 위해 국가가 만드는 정치제도의 종류에 큰 의미를 부여하고 있으며 '자유'민주적으로 통치되는 국가의 확산은 평화로운 국제관계를 만들 것이라고 예상한다.

1795년 칸트가 『영구평화론(*Perpetual Peace*)』에서 주장한 것처럼 시민들이 선거로 지도자를 선출하는 것과 같은 기본 인권과 더불어 언론의 자유와 같은 시민적 자유를 가지게 되면 그러한 민주주의 국가는 독재자나 국왕에 의해 통치되는 국가들보다 훨씬 덜 전쟁에 나서게 될 것이다. 이것은 국민에게 책임을 지는 정부는 전쟁수행에 대한 대중의 여론에 구속받기 때문이다. 미국의 토마스 제퍼슨(Thomas Jefferson), 제임스 매디슨(James Madison), 우드로 윌슨(Woodrow Wilson)과 같은 자유주의적 개혁가들이 칸트의 주장에 동조했다. 그들은 모두 (자유민주주의 공동체의 성장에 대해 매디슨이 묘사한) '자유의 제국'이 전쟁의 저주로부터 자유롭게 될 것이라는 믿음과 자유주의제도가 전 세계로 확산되면 과거의 호전적 국제관계의 모습이 새로운 평화로운 모습으로 대체될 것이라는 믿음을 가지고 있었다.

무력 분쟁 가능성에 대해 정부형태가 미치는 영향은 많은 독재국가들이 민주적 통치로 빠르게 전환하면서 분명하게 드러났다. 1880년대 이후로 민주주의로 정부가 전환하는 현상은 3개의 연속적인 '물결'에 의해 이루어졌다(Huntington, 1991a). 첫 번째 물결은 1878-1926년에 이루어졌고, 두 번째 물결은 1943-1962년에 이루어졌다. 세 번째 물결은 1970년대부터 시작되었는데, 이 시기 많은 비민주 국가들이 정부의 통치방식을 민주주의로 전환하기 시작했다. 한 때 민주주의는 이상에 불과한 정책결정 유형이라는 급진적 아이디어로 여겨졌으나 세계 역사에서 거대한 글로벌 *변환*이 이루어지면서 민주주의는 결국 승리하였다. 프리덤 하우스(Freedom House)에 의하면 전 세계 국가의 약 2/3가 완전한 혹은 부분적인 민주주의 체제이다(그림 7.1 참조).

민주평화론

민주주의 국가들은 비민주 국가들과 전쟁을 벌이지만 민주주의 상호 간에는 싸우지 않는다는 이론

민주주의 국가들은 서로간의 차이를 전장에서 보다는 협상 테이블에서 해소하며, 비민주주의 국가들보다 전쟁에서 승리하는 경향이 있다는 사실이 여러 연구를 통해 나타났다. 이러한 경향은 민주평화론(democratic peace)의 토대를 제공한다(Ray 1995; Sobek 2005).

민주주의 국가들은 어떤 형태든 서로 무력 분쟁을 치루거나 그러한 분쟁을 전쟁으로 고조시킬 가능성이 낮다. 그들은 심지어 사소한 충돌조차 벌이지 않는다. 민주주의 국가의 쌍은 다른 형태의 국가들보다 서로 무력사용을 위협하는 것이 1/8에 불과하고 실제로 무력을 사용하는 것은 1/10밖에 안 된다. … 민주주의 국가들은 평화로운 분쟁해소를 위한 '민주적'인 수단을 사용할 가능성이 크다. 그들은 보다 쉽게 상대의 행동에 보답하고, 분쟁해결을 위해 제3자의 중개(mediation)나 주선(good-offices)을 받아들이며, 제3자의 중재(arbitration)와 심판(adjudication)의 구속을 수용한다(Russett, 2001a, p. 235; Russett, 2005).

많은 경험적 사례들에서 민주주의 국가들은 서로 전쟁을 벌이지 않는다는 주장을 입증되고 있다(Defoe, Oneal, and Russett, 2013; Rasler and Thompson, 2005). 그것의 뚜렷한 인과관계 메커니즘에 대한 논란이 남아있기는 하지만 정부의 형태, 특히 다당제 선거제도가 외교정책 목표에 크게 영향을 주는 것은 확실해 보인다(Ungerer, 2012). 또한 민주주의 국가들이 독재국가로부터의 위협에 힘을 합치는 것은 '우리 대(對) 그들'이라는 인식 때문이라는 설명도 있다(Gartzke and Weisiger, 2013). 민주평화론은 민주주의 국가가 다른 정부형태보다 "훨

중개

갈등 당사자에게 제3자가 구속력 없는 갈등해소 방안을 제시하는 분쟁해결 절차

주선

갈등 당사자 사이의 협상의 장소를 제공하는 것으로, 협상에서 제3자가 중개자로서 행동하지는 않는다.

중재

갈등 당사자 사이에서 제3자가 판정을 위한 위원회를 구성하여 구속력 있는 판정을 내리는 분쟁해결 절차

심판

국제재판소에서 제3자가 갈등에 대한 구속력 있는 판정을 내리는 분쟁해결 절차

AP Photo/Ben Curtis

환멸과 시민봉기

2009년 이란의 대통령 선거 결과에 대한 논란이 커지면서 1979년 이슬람 혁명 이후 가장 큰 규모의 거리 시위가 발생했다. 사진은 테헤란의 아자디(자유) 광장의 대중집회에 모인 시위대들이다. 당시 이란의 한 시민이 말하기를 "사람들은 침울해졌고 오랫동안 속아왔으며 그들의 권리를 빼앗겼다고 느꼈다. 이제 사람들은 모욕을 당하고 있다. … 그것은 그냥 거짓말이 아니라 엄청난 거짓말이다(Fathi, 2009, p. A6)." 2013년 대통령 선거에서 중도파 후보 하산 로하니(Hassan Rouhani)의 승리는 많은 이란 주민들에게 개인의 자유를 보다 존중하는 보다 온건적인 정부가 들어설 것이라는 희망을 가져다주었다.

씬 더 확실한 정보를 제공하는 능력이 있다고 설명한다(Lektzian and Souva, 2009, p. 35)."

투표가 민주주의 국가들 사이의 총탄과 폭탄 사용을 방지하는 역할을 했다는 인식은 지난 3세기 동안 이루어진 민주적 정부의 성장에 의해 고취되었다(그림 7.1 참조). 그러나 자유민주주의가 보편화된다거나 지속적인 민주주의의 성장이 자동적으로 평화적 세계질서를 만들 것이라는 확신은 없다. 사실 신생 민주주의 국가들은 전쟁을 치루는 경향이 있다(Mansfield and Snyder 2005a). 선거 민주주의 국가의 지도자들은 대중의 지지와 선거 패배에 책임을 진다는 사실이 그들이 다른 민주주의 국가와의 분쟁을 해결하기 위해 무력을 사용하지 않을 것임을 보장하는 것은 아니다.

민주적 제도가 얼마나 취약한지는 2009년 이란의 마흐무드 아마디네자드(Mahmoud Ahmadinejad) 대통령의 엉터리 재선에서 잘 나타난다. 전문가들은 선거가 박빙일 것이라고 예상했으나 공식결과는 그가 63% 차이로 선거에 이겼다고 발표되었다. 대부분의 이란 주민들은 선거부정이 광범위하게 이루어졌다고 믿었으며, 선거 3일 후 수만 명의 시위대가 거리로 나와 부정선거에 항의했다. 이슬람 공화국의 허울뿐인 민주주의는 정부가 시위대들을 강제 해산하고 탄압하는 무자비한 대응조치를 취함으로써 그 실체가 드러났다.

하지만 2013년 6월 선거에서 하산 로우하니(Hassan Rouhani)가 이란 대통령 선거에서 승리하였다. 중도파로서 정통 보수 세력과 개혁성향의 유권자들 모두로부터 지지를 받은 그는 개인의 자유를 보다 확대하고 더 많은 일자리로 경제를 발전시키며 이란의 핵 프로그램으로 인한 글로벌 긴장을 줄여나갈 것이라고 약속했다. 현대화와 개혁, 그리고 민주주의에 대한 존중을 제시하면서 그는 "합리성과 현대화 개혁의 태양이 다시 이란에 떠올랐으며, 이란은 세계와 단결하고 합심하게 될 것이다."라고 선언했다.

국가의 전쟁 성향에 영향을 미치는 국가의 특성에 대한 이러한 논의는 여기에서 그치지 않는다. 국가에 포함되어 있는 여러 가지 다른 잠재적 요인들이 존재한다. 하지만 국내적 영향력이 아무리 전쟁의 원인으로 작동한다 하더라도 많은 사람들은 *세계적 체계*의 본질 역시 못지 않게 중요하다고 여긴다. 다음 절에서 우리는 행위자들이 무력 분쟁에 나서도록 만드는 글로벌 차원의 맥락들을 살펴본다.

세 번째 분석수준: 세계적 체계

현실주의는 무력 분쟁의 근원이 인간 본성에 있다고 강조한다. 반대로 구조적 현실주의 혹은 *신현실주의*는 글로벌 분석수준에서의 변화로부터 전쟁이 발생한다고 본다. 즉, 전쟁은 주권 국가들이 안전을 위해 *자력구제*에 의존하도록 만드는 세계적 체계의 분산적 속성의 산물이라는 것이다.

비록 현실주의 이론들마다 서로 다른 예측을 내놓기는 하지만 핵심적인 공통 전제에 대해서 그들은 일치한다. 즉, 세계정치의 핵심 행위자는 주권국가이며, 분쟁을 규제하고 합의를 강제할 수 있는 정당한 정부적 권위가 부재한 분쟁적인 국제 체제 안에서 주권국가는 안전과 국력 및 부를 증진하기 위해 합리적으로 행동한다.

현실주의자들에게 전쟁은 몇몇 국가들이 평화가 아닌 전쟁을 원해서 발생하는 것일 뿐만 아니라 전쟁이 아닌 평화를 선호하는 행위자들과 자신의 위상을 확대하기보다는 그것을 유지하려는 행위자들이 취하는 행동의 의도하지 않은 결과로써 발생하는 것이다. 군비확충이나 동맹 및 전쟁억지적 위협으로 자신의 안전을 도모하려는 국가의 방어적 동기의 노력조차도 종종 위협행위로 간주되고, 돌이킬 수 없는 반작용과 분쟁 악순환을 초래한다. 이것이 바로 자신의 안전을 위한 국가의 행동이 자신을 포함한 모든 국가의 안전을 저해할 수 있는 결과를 초래할 수 있는 가능성, 즉 *안보 딜레마*이다(Levy, 1998b, p. 145).

국제적 *무정부상태* 혹은 글로벌 거버넌스 제도의 부재는 전쟁의 발생을 촉진시킬 수 있다. 하지만 무정부상태는 시간의 흐름에 따른 전쟁과 평화의 수준 변화와 특정한 전쟁이 왜 치러지는지에 대한 완벽한 설명을 제공하지 못한다. 전쟁의 여러 세계적 결정요인들을 살펴보기 위해서는 국제 체계가 어떻게 그리고 왜 변화하는지를 고려해야 한다. 이러한 작업은 군사력 분포, 힘의 균형(혹은 불균형), 동맹과 국제기구의 수, 국제법의 규칙 등과 같은 세계적 요인들의 영향력에 대한 고찰을 필요로 한다. 체계의 특징과 제도가 어떻게 결합하여 전쟁의 빈도 변화에 영향을 주는지가 바로 핵심 이슈이다. 여러분은 8장과 9장에서 이러한 여러 요인들을 살펴보게 될 것이다. 여기서는 우선 글로벌수준에서 전쟁과 평화의 순환에 초점을 맞추도록 한다.

폭력은 폭력을 낳는가?   세계사의 여러 해석들은 미래 전쟁의 씨앗은 과거의 전쟁에서 발견된다고 강조한다(Walter 2004). 르네상스 시대의 도덕철학자 에라스무스(Erasmus of Rotterdam)는 "전쟁은 전쟁 이외에 무엇을 낳을 수 있는가? 하지만 선의는 선의와 평등을 낳는다."라고 말했다. 마찬가지로 미국의 지미 카터(Jimmy Carter) 전 대통령은 2002년 노벨평화상 수락연설에서 "폭력은 미래의 폭력을 낳는 조건만을 낳을 뿐이다."라고 경고했다. 예를 들어 제2차 세계 대전은 제1차 세계 대전의 부산물이었고, 2003년 미국의 이라크 전쟁은 1990년 페르시아만 전쟁(걸프전)의 연장이었으며, 2011년에 발생한 중동에서의 폭력시위와 국가의 무자비한 탄압의 연속적 물결은 과거의 폭력으로부터 촉발된 무력 분쟁의 도미노효과였다.

과거의 전쟁 빈도가 이후에 발생하는 전쟁의 발생과 상관관계에 있기 때문에 전쟁은 전염적인 것으로 보이며 미래의 전쟁 발생은 불가피한 것으로 여겨진다. 만약 그렇다면 글로벌 정치의 역동성 내의 그 어떤 것이 국가 중심의 세계적 체계를 "전쟁 체계"로 만드는 것이라 하겠다. 여기서 그 어떤 것이란 세계정치의 무정부적 속성이나 취약한 법 체계, 불평등한 세력분포, 주요 행위 자간 상대적 국력의 불안한 변화의 불가피성, 구조적 특징들 사이의 특정한 조합 등을 포함한다.

하지만 과거의 전쟁이 그 이후에 발생하는 전쟁의 원인이라고 단정하는 것은 옳지 않다. 어떤 전쟁의 이전에 전쟁이 있었다는 사실이 앞선 전쟁이 뒤이은 전쟁을 일으킨다는 것을 의미하는 것은 아니다. 따라서 많은 학자들은 역사는 운명이라는 결정론적 관점을 거부한다. 즉 어떤 결과가 앞선 사건에 의해 이루어졌다고 단정하는 것을 거부한다. 그 대신 그들은 전쟁의 협상 모델(bargaining model of war)을 받아들이는데, 이것은 기대효과와 기대비용을 비교하는 합리적 선택의 결과로 전쟁을 이해하는 것이다. 전쟁을 시작하는 결정과 전쟁을 끝내는 결정은 "국경설정과 정부구성 또는 자원통제와 같은 희소한 것들"에 대한 갈등과 의견충돌을 해소하기 위해 적대 세력들 사이에 이루어지는 이해득실 계산과 협상과정의 일부이다(Reiter 2003, p. 27; Reiter 2009).

역사적으로 전쟁이 재발한다고 해서 반드시 미래에도 그럴 것이라는 것을 의미하지는 않는다. 전쟁은 보편적인 상황이 아니다. 어떤 사회는 전쟁이라는 것을 전혀 경험한 적이 없으며, 어떤 사회는 오랜 기간 동안 전쟁을 치루지 않았다. 게다가 1945년 이후에 독립국가의 수가 크게 증가했음에도 불구하고 국가들 사이의 무력침공은 크게 감소하고 있다. 이것은 무력분쟁이 불가피한 것은 아니며, 인간의 선택의 자유나 경험이 역사적 경험에 의해 제한되는 것은 아니라는 점을 보여준다.

세력전이 이러한 추이에도 불구하고 주요 국가들의 군사력 변화가 이루어지는 경우 종종 전쟁이 발생한다. 비록 불가피한 것은 아니지만 경쟁적 국가 사이의 국력비율(능력의 차이)이 좁혀지는 경우에 전쟁이 발발할 가능성이 높다. 모니카 토프트(Monica Toft, 2007)가 주장하는 것처럼 "확실히 평화는 모든 국가가 공유하는 가치이지만, 언제나 그런 것은 아니며, 언제나 다른 가치들보다 우월한 것도 아니다. … 힘의 분포 변화는 폭력의 가능성을 설명하는데 큰 설명력을 가진다."

이러한 가설은 세력전이 이론(power transition theory)이라고 불린다. 무력침공에 대한 이러한 이론적 설명은 구조적 현실주의, 즉 경쟁적인 강대국에 대한 다른 강대국의 상대적인 군사력 변화가 세계 체계 속의 국가 행위와 전쟁 가능성의 핵심 결정요인임을 강조하는 신현실주의의 중심적 논조이다(Palmer and Morgan 2007, Zagare 2007). 미셸 벤슨(Michell Benson(2007))이 설명하는 것처럼 "이 이론은 세력전이, 상대적 세력균형, 현상유지에 대한

전쟁의 협상 모델

전쟁은 적에 대한 공격을 통해 적과 흥정하기 위해 선택한 것이라는 해석으로, 도발자는 특정 이슈에서 승리하거나 영토, 석유 등의 가치를 협상으로 쟁취하고자 한다.

세력전이 이론

지배적인 강대국은 도전세력의 급속한 국력신장으로 국력의 상대적 차이가 축소됨에 따라 위협을 느끼게 되고, 이로 인해 전쟁이 일어날 가능성이 커진다는 이론

선호의 차이라는 세 가지의 단순한 조건이 강대국 전쟁의 필수조건이라고 설명함으로써 전쟁 이론의 가장 성공적인 구조적 이론임을 스스로 입증하였다."

세력전이가 진행되어 고착되는 과정에서 새롭게 등장하는 도전세력은 새로이 형성한 자신의 군사적 능력을 힘으로 인정받게 된다. 반대로 기존 강대국의 지도자가 위험을 감내하는 성격인 경우 종종 자신의 상대적인 쇠퇴에 브레이크를 걸기 위해 무력을 사용하는 경향이 있다. 따라서 성장하는 국가와 쇠퇴하는 국가가 자신의 상대적 국력 변화에 대처하고자 하는 경우 성장하는 도전세력과 쇠퇴하는 강대국 사이의 전쟁이 발생할 가능성이 높다(그림 7.2 참조). 예를 들어 군사력에서 거의 비슷한 유럽의 7개 강대국들 사이의 분열을 초래한 국력과 지위의 빠른 변화는 (그들이 발전시킨 동맹과 더불어) 제1차 세계 대전에 불을 지핀 화약고라고 흔히 설명된다.

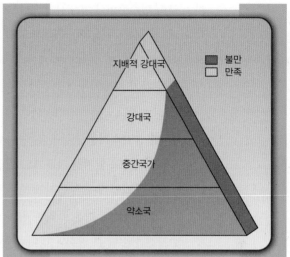

J. Kugler, R. Tammen, and B. Efird, "Integrating Theory and Policy: Global Implications of the War in Iraq," International Studies Review, vol. 6, issue 4, 165. Copyright © 2004 by Blackwell Publishing. Reprinted by permission.

그림 7.2
글로벌 위계구조 하에서의 세력전이
국가들은 세계의 힘의 피라미드 안에서 세계적 변화에 따른 자신의 지위를 예상한다. 이 그림에서 보듯이 세계적 위계에서 보다 유리한 지위에 있는 국가일수록 국제적인 현상유지에 보다 만족한다. 반대로 위계구조의 낮은 지위에 있는 국가들은 더 불만을 가지게 되고, 따라서 변화를 추구한다. 세력전이 이론은 "강대국과 지역규모의 전쟁이 언제 어디서 나타날 가능성이 있는지를 예측하는" 잣대를 제공해준다. "미래의 갈등을 야기하는 사건들을 관리할 수 있는 현재의 정책들을 수립하는 기회가 오래 전부터 충분한 경고와 더불어 찾아왔다(Kugler, Tammen and Efired, 2004)."

군사력의 세계적 분포가 빠르게 변화하는 것은 종종 침공을 발생시키는데, 특히 새로운 군사력 분포가 대략적인 균형에 가까워지고 그럼으로써 경쟁국들이 패권적 도전자에 맞서 전쟁을 치를 유혹을 가지게 되는 경우에 그러하다. 세력전이 이론에 따르면 경쟁국의 군사력이 대략적으로 균형을 이루는 기간에 "세계적 전쟁의 필요조건이 만들어진다. 하지만 불균형이 심해지면 오히려 평화를 가져오거나 혹은 최악의 경우 비대칭적인 제한 전쟁을 가져온다(Kugler 2001)." 한편 국가들의 상대적 능력의 변화는 잠재적으로 약한 쪽이 경쟁자를 추월하기 위해 혹은 상대의 지배로부터 자신을 보호하기 위해 전쟁을 먼저 도발하게끔 만들 수 있다. 아마도 대략적 균형에 의해 만들어지는 불확실성은 보다 강한 적대세력에 대한 도전세력의 (일반적으로 성공적이지 못한) 전쟁 시도를 야기하는 듯하다. 비록 도전세력이 성공을 거두는 경우가 드물지만 먼저 공격하여 승리의 이점을 선점한 예외도 존재한다(예를 들어 베트남 전쟁, 6일 전쟁, 방글라데시 전쟁, 욤키푸르/라마단 전쟁, 포클랜드 전쟁, 걸프 전쟁).

최근 세력전이가 진행 중에 있으며, 미국이 쇠퇴하고 새로이 비서구권 세력, 특히 중국이 부상하고 있다는 전망이 등장하고 있다(Kastner and Saunders, 2012; Kissinger, 2012). 이와 더불어 민주주의와 자유시장, 그리고 미국 군사력에 대한 인정과 같은 현존하는 글로벌 질서 하의 아이디어와 원칙이 권위주의적 자본주의로 나타나는 비민주적 구조로 대체되는 것이 아니냐는 우려도 제기된다. 하지만 존 아이켄베리(John Ikenberry, 2011, p. 57)는 그 차이를 다음과 같이 지적한다.

> 이러한 불안스러운 주장은 진짜 현실을 간과하고 있다. 비록 세계적 체계에서 미국의 지위가 변화하고 있지만 자유제도의 질서는 계속 남아있고 잘 운영되고 있다. 오늘날 국제질서를 둘러싼 투쟁은 근본적인 원칙에 관한 것이 아니다. 중국과 여타 신흥 강대국들은 자유제도 질서의 기본 규칙과 원칙에 도전하는 것을 원치 않는다. 그들은 오히려 그 안에서 자신들의 더 큰 권위와 리더십을 가지기를 원할 뿐이다.
>
> 비록 부와 힘의 글로벌 확산이 이루어지고 있지만 신흥 강대국들은 미국이 대부분 구축해 놓은 규칙과 제도로부터 혜택을 받고 있다. 그리고 지금까지 현존하는 국제질서의 구조에 대해 도전하는 어떠한 대안적 구조도 등장하고 있지 않다.

장주기 이론   전쟁이 재발한다 하더라도 그것이 불가피한 것이 아니라면 세력 전이 말고 장기간의 전쟁발생 변화를 설명하는 또 다른 글로벌 요인이 존재하지는 않을까? 15세기 말 이후 전쟁의 빈도에서 뚜렷한 경향이 나타나지 않는다는 사실과 간헐적인 평화의 지속 이후 주기적으로 전쟁이 발생한다는 사실은 세계역사가 전쟁과 평화의 장기적 순환 사이에서 시소처럼 왔다 갔다 한다는 점을 시사한다. 이것은 전쟁 발생에 대한 세 번째 세계적 설명을 제공한다.

*장주기 이론*은 근대역사를 통해 주기적으로 발생해온 대규모 전쟁의 발생 빈도가 높아지고 낮아지는 원인을 설명한다. 4장에서 설명한 바와 같이 장주기 이론가들은 지난 5세기 동안 세계적 리더십과 세계전쟁의 순환이 이루어졌으며, 간격이 다소 불규칙적이기는 하지만 대략 1세기마다 대규모 '전면 전쟁'이 이루어졌다고 주장한다(Ferguson, 2010; Modelski and Thomnpson 1996; Wallenstein 2005).

장주기 이론은 강대국이 매 80~100년마다 패권적 지위로 성장했다는 발견으로부터 논리를 전개한다. 압도적인 해군력 보유를 지배적 지위의 측정 지표로 사용하여 우리는 하나의 패권국가의 성장이 패권전쟁 이후에 주기적으로 등장한다는 것을 발견하게 된다(그림 7.3 참조). 포르투갈과 네덜란드는 각각 16세기와 17세기가 시작할 무렵에 성장했다. 영국은 18세기와 19세기가 시작될 때 지배적 지위에 올랐다. 미국은 제2차 세계 대전이 끝난 후 세계 지도자 지위에 올랐고, 1991년 냉전 종식 이후에 세계 초강대국의 지위를 다시 획득했다. 최근에는 중국의 부상이 계속해서 진행될 것인가, 만약 그렇다면 새로운 패권지배의 주기가 시작되는 신호가 될 것인가에 대한 논의가 한창이다(Doran, 2012).

패권 국가들은 자신의 치세 동안 군사력과 무역을 독점하고 체계의 규칙을 결정했다. 패권안정 이론(Hegemonic stability theory)은 세계질서의 안정을 위해서는 하나의 글로벌 강대국이 지속적으로 글로벌 리더십을 유지할 수 있어야한다고 설명한다. 이러한 막강한 힘을 사용하여 패권 국가는 국제체제의 질서에 필요한 조건들을 수립하고 글로벌 현상유지를 위협하는 침략세력을 억제한다.

하지만 과거의 어떤 패권국가도 최고의 지위를 항구적으로 유지하지는 못했다(표 4.1 참조). 1738년 영국의 정치철학자 헨리 세인트 존(Henry St. John)이 말하기를 "가장 잘 제도화된 정부라도 그 안에 스스로를 파괴하는 씨앗을 품고 있으며, 파괴의 씨앗이 자라기까지 시간이 걸릴지라도 조만간 붕괴를 보게 될 것이다. 국가가 지속하는 매순간은 앞으로 지속할 수 있는 시간을 그만큼 줄이는 것에 불과하다." 각각의 순환주기에서 지나친 개입과 제국유지의 비용, 그리고 궁극적으로는 경쟁국의 등장은 패권국가의 권위를 손상시켰고 세계적 규모에서 힘의 탈집중화가 이루어졌다. 패권국가에 지배에 대한 도전국가의 성장이 이루어지면서 1400년 이후 매 세기마다 장기적인 평화가 지난 후 '세계 전쟁'이 터졌다. 이러한 전면전을 치루고 난

패권안정 이론
하나의 강대국이 세계지배적 패권을 유지하는 것이 상업 거래와 국제 군사안보에서의 글로벌 질서의 필수조건이라는 일련의 이론들

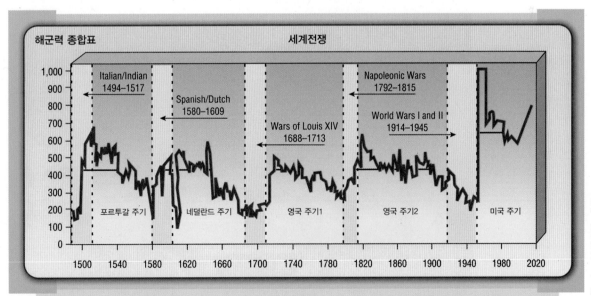

그림 7.3
세계적 주도세력과 세계 전쟁의 장주기(1494~2020)
지난 5백년 이상 5개의 강대국이 등장하여 세계 체계를 주도했지만, 결국 기존의 패권국가의 최고 지위가 갑작스럽게 무너지고, 새로운 도전자가 등장하여 다음의 세계적 주도국가가 되기 위해 세계적 전쟁을 치렀다. 그러나 앞으로 미국의 리더십이 중국과 같은 다른 군사적 도전세력에 의해 도전받게 되어 이러한 전쟁의 장주기가 깨어질 것인지에 대해서는 의문이다.

후 새로운 지도자가 주도세력으로 등장하게 되고, 주기적 과정이 새롭게 진행되었다. 브록 테스먼(Brock Tessman)과 스티브 찬(Steve Chan)은 이를 다음과 같이 요약 설명한다.

힘의 주기에 관한 이론은 대규모 전쟁의 발생을 이해하는데 국력의 부침이 핵심요인이라고 주장한다. 국가의 국력투사에서 핵심 포인트는 그러한 군사적 충돌이 발생하는 위기상황이다. 이를 통해 우리는 각각의 힘의 주기 내에서 국가의 위험 성향을 예측할 수 있다.… 그러한 위기는 국가로 하여금 대결구도를 억제하도록 나서게 하거나 대결을 전쟁으로 고조시키도록 하는 경향이 있다.… 국력의 변화는 상승, 성숙, 쇠퇴의 주기적인 유형을 따르는 경향이 있으며…이러한 경로는 국제 체계 내에서 강대국의 상대적 경쟁구도를 반영한다. 이들 국가가 국력변화의 경로에서 예상치 못하게 반대의 방향으로 나아가거나 변화의 속도가 어긋나는 경우 그들은 대규모 전쟁의 위험을 가중시키는 심각한 물리적 충격이나 결정적 도전에 직면하게 된다. 그러한 경로변경의 압박에 처한 강대국의 숫자가 많을수록 그들 사이의 갈등이 대규모 전쟁으로 발전할 가능성은 더욱 커진다(Tessman and Chan 2004, p. 131).

Paul Conroy/Alamy

국가주권과 무력사용

불간섭 원칙은 국가들이 서로 다른 주권국가의 내정에 개입하지 말아야 한다는 것을 의미한다. 하지만 이 원칙은 강대국들이 인도적 이유 혹은 전략적 이유로 작은 나라에 군사적으로 개입함으로써 점점 더 도전받고 있다. 2011년 나토(NATO)군은 리비아 지도자 무아마르 가다피(Muammar Gaddafi)의 권위주의 정권을 전복시키기 위해 리비아 반군을 지원했다. 사진은 리비아 라스라노프 마을의 반군 거점에서 500 파운드 폭탄이 폭발하는 모습이다.

이러한 결정론적 이론은 직관적인 설득력을 가진다. 예를 들어 경제에서의 장기적 불황과 회복의 순환이 경제적 행위와 조건에 크게 영향을 주는 것처럼 전쟁도 세대를 걸쳐 지속되는 후유증을 낳는다는 설명은 그럴듯하게 보인다. 전쟁을 치루는 국가는 지쳐버리고 일시적이기는 하지만 다른 전쟁을 치를 열망을 상실할 것이라는 설명은 전쟁피로 가설(war weariness hypothesis)이라고 불린다(Pickering, 2002). 이탈리아의 역사학자 루이지 다 포르토(Luigi da Porto)는 이렇게 말했다. "평화는 부를 가져오고, 부는 자부심을 가져오며, 자부심은 분노를 가져오고, 분노는 전쟁을 가져오며, 전쟁은 빈곤을 가져오고, 빈곤은 인간성을 가져오며, 인간성은 평화를 가져온다. 그리고 앞서 말한 것처럼 평화는 부를 가져오며, 그럼으로써 세계는 돌고 돈다." 각각의 단계를 거쳐 나아가는 것은 많은 시간이 걸린다는 점에서 전쟁 열망 시기와 전쟁 피로 시기가 번갈아 발생하는 데에는 오랜 시간의 학습과 망각이 영향을 주는 것으로 여겨진다.

전쟁피로 가설

대규모 전쟁을 치루는 것은 인명과 재산의 손실을 가져오기 때문에 이러한 손실에 대한 기억을 잊을 수 있는 충분한 시간이 지나기 전까지 국가는 새로운 전쟁을 수행할 의지를 크게 상실한다는 가설

무력 분쟁의 빈도와 유형

이제 여러분은 무력 분쟁의 원인에 대한 중요한 가설들과 이론들을 살펴볼 것이다. 끊임없는 변화를 겪고 있는 세계에서 한 가지 변함없는 내용은 바로 전쟁과 폭력이다. 부트로스 부트로스-갈리(Boutros Boutros-Ghali) 전 UN 사무총장의 말을 빌려 표현하자면 그것은 바로 '죽음의 문화'이다.

1900년부터 최소한 750개의 무력 분쟁이 발생하여 수백만의 인명을 앗아갔고, 수많은 난민을 초래했으며, 형언할 수 없는 인적 비극과 더불어 수조 달러 규모의 재정손실을 가져왔다. "오직 죽은 자만이 전쟁의 끝을 보게 될 것"이라는 믿음은 변화하는 세상 속에서 전쟁이 추악하면서도 변치 않는 요인이었다는 사실에 바탕을 둔다. 지난 3,400년 동안 "인간이 완전하게 평화로웠던 기간은 오로지 268년에 불과하며, 이는 기록된 역사의 8%에 불과하다(Hedges, 2003)."

*행태주의*의 과학적 방법론을 가지고 전쟁을 계량적으로 연구한 학자들은 무력 분쟁의 빈도를 측정하고 세계적 체계 수준에서의 폭력적 분쟁의 추이와 주기를 평가하려는 시도를 벌여왔다. 오랜 시간에 걸친 변화의 모습은 분쟁의 정의와 지표에 따라 제각각이다(구성주의는 이것이 당연하다고 강조한다. Gleditsch, 2004). 그럼에도 불구하고 측정결과들은 각각의 시대별로 기본적 경향과 유형으로 수렴된다. 장기적 측면에서(지난 600년 이상의 기간) 무력침공은 계속되어 왔는데 전반적으로 무력침공의 발생이 점점 더 증가하는 유형을 나타낸다. 하

지만 상대적으로 단기적인 측면에서(1950년 이후) 무력 분쟁의 빈도는 감소하지만 보다 치명적인 유형을 띠는 것으로 나타난다. 이들 기록은 여러 가지 대중매체를 통해 우리에게 폭력과 세계적 불안이 세계정치의 뚜렷한 속성임을 보여주고 있다. 2013년 시리아, 수단, 남수단, 레바논, 그 밖의 다른 지역들에서 발생한 무력 분쟁과 남중국해를 둘러싼 긴장은 어두운 그림자를 드리운다.

과거 사람들이 무력 분쟁에 대해 말하는 경우 그것은 주로 국가 간 전쟁에 관한 것이었고 주권 국가 내에서의 내전은 부차적인 것으로 여겨졌었다. 1816년부터 제2차 세계 대전까지 이두 가지 유형의 전쟁은 매년 거의 같은 비율로 발생되었다. 하지만 그 이후 변화가 이루어졌는데 내전은 점점 더 글로벌 정치환경의 특징이 되었다.

그림 7.4는 지난 반세기 동안 발생한 분쟁의 숫자와 유형이 어떻게 변화했는지를 보여준다. 내전과 더불어 적어도 어느 한편은 정부군이 아닌 무력 분쟁으로 되고 있으며 특히 1990년 이후 두드러지게 증가했다. 실제로 1989년에서 2012년까지 전 세계에서 발생한 141개의 무력 분쟁 가운데 단지 9개(6%)만이 국가들 사이에 발생한 국가 간 전쟁이었다. 에리트리아-에티오피아 분쟁(1998-2000년)과 인도-파키스탄 분쟁(1997-2003년)은 영토 분쟁이었지만 이라크와 미국 및 그 동맹국 사이의 전쟁(2003년)은 정부권력을 둘러싼 싸움이었다. 2012년 32개의

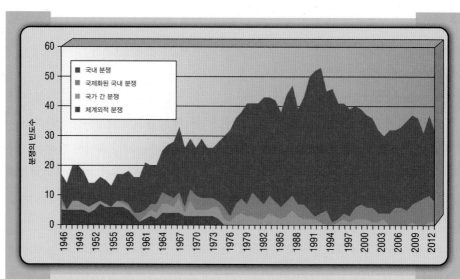

Themnér, Lotta, and Peter Wallensteen, "Armed Conflicts, 1946–2012," Journal of Peace Research, 50, no.4 (2013), p. 512. Reprinted with permission from PRIO.

그림 7.4
무력 분쟁의 빈도와 유형의 변화
1946년 이후 매년 무력 분쟁의 빈도를 측정한 이 그래프는 1992년의 최고치에 이르기까지 분쟁이 점차 증가하였다가 그 이후 약 10년간 꾸준하게 감소하였다가 다시 2003년 분쟁의 빈도가 증가하는 모습을 보여준다. 이 기간에 분쟁의 유형도 변화하였다. 체제 외적 무력 분쟁은 소멸한 것으로 나타나며 더 이상 발생하지 않을 것으로 예상된다. 국가들 사이의 국가 간 분쟁도 매우 드물게 발생한다. 하지만 동시에 국내 무력 분쟁의 발생은 증가하고 있으며 어느 한편에 대한 제3자의 개입이 이루어지는 국내 분쟁의 숫자도 증가하고 있다.

무력 분쟁 가운데 하나만 제외하고 모두 국가 안에서 발생하였다. 8개의 중요한 국가 내 무력 분쟁은 국제화되었으며, 분쟁 초기의 당사자가 아니었던 국가의 군대가 내전을 치르는 국가의 정부를 지원하기 위해 개입하였다. 이러한 분쟁에는 미국과 알카에다 사이의 분쟁과 더불어 아프가니스탄, 소말리아, 르완다, 예멘, 아제르바이잔, 중앙아시아공화국, 콩고민주공화국에서의 분쟁이 포함된다. 지난 7년 동안 분쟁에 대한 외부의 개입은 크게 증가하였는데, 2012년 분쟁의 25%에서 이러한 현상이 나타났다(Themner and Wallensteeen, 2013).

9.11사건이 발생하기 전까지 대부분의 안보 분석가들은 내전이 세계적 폭력의 가장 일반적인 유형으로 남게 될 것이라고 예상했다. 하지만 변화한 현실에 따라 그들은 자신의 전략과 사고를 바꿔야만 했다. 오늘날 군사정책 입안자들은 과거에는 없었던 두 개의 군사적 도전에 직면하고 있다. 헨리 키신저(Henry Kissinger)가 말하듯이 이러한 도전의 "첫 번째는 테러로, 지금까지 국제적 정책이 아닌 내정의 문제로 여겨졌었던 행위들에 의해 야기되고 있고, 두 번째는 과학발전과 핵확산으로, 전적으로 다른 국가의 영토 내에서 이루어진 개발이 국가의 생존을 위협하게끔 만들고 있다." 이러한 사실은 미래의 무력 분쟁은 아마도 국가의 군대에 저항하는 비정규적 민병들과(테러 네트워크와 같이) 민간인 혹은 반(半) 민간인 전사 그룹에 의한 투쟁이 되거나, 국가의 의해 '외주(外注)' 고용된 용병과 같은 '그림자 전사(shadow warriors)'

US Army Photo / Alamy

전쟁의 본질 변화

아프가니스탄에서 세계 최강의 군사력과 저항세력 사이에서 벌어지는 비대칭적 투쟁은 전쟁에 대한 전통적 이해에 의문을 제기한다. 어떻게 이러한 전쟁이 이루어지고 무엇이 도대체 '승리'인가? 이 전쟁은 미국이 참여한 전쟁 가운데 가장 오랫동안 전개된 것으로 2014년 말 미국 전투부대가 철수하였다. 소수의 병력만 남아서 아프가니스탄 군대를 훈련시키고 대테러 임무를 수행하고 있다. 2013년 6월 미국 국방장관 척 헤이글(Chuck Hagel)은 "우리는 떠나는 것이 아니라 전환하는 것이다. 우리는 아프가니스탄에 오랫동안 머물 것이다."라고 언급했다. 사진은 2013년 2월 23일 아프가니스탄의 초라(Chorah) 지역을 미군 병사들이 정찰하고 있는 모습이다.

에 의한 투쟁이 될 것임을 시사한다.

비록 국가 간 혹은 국내 무력 분쟁과 세계 테러의 전통적 특징이 지금도 계속되는 것이 사실이지만 오늘날 전쟁의 특징은 중요한 변화를 겪고 있다. 일반적 추이는 다음과 같다.

- 전 세계적으로 전쟁을 치루는 국가들 사이의 힘의 차이가 줄어들고 있다.
- 오늘날 대부분의 전쟁은 남반구에서 발생하고 있는데, 남반구 세계는 가장 많은 국가들이 속한 곳이면서 가장 많은 인구를 가지고 있고 가장 낮은 소득수준과 가장 취약한 정부를 가지고 있는 곳이다.
- 전쟁 수행의 목적으로 외국의 영토 정복은 더 이상 전쟁 동기가 되지 않고 있다.
- 강대국 간 전쟁은 점점 사라지고 있다. 1945년 이후 세계는 (1500년 이후의) 근대 역사에서 가장 강력한 국가들 사이에 전쟁이 단 한 번도 발생하지 않은 가장 오랜 기간으로 긴 평화(long peace)를 겪고 있다.

긴 평화
군사적 강대국들 사이에 장기간 지속되는 평화

언젠가 먼 미래에 국가 간 무력 분쟁이 사라질지 모르지만 기존의 국가 안에서 벌어지는 무력 분쟁과 폭력은 오히려 증가하고 있다. 이제 우리는 국가 내의 무력 분쟁을 고찰하고자 한다.

국가 내의 무력 분쟁

실패한 국가
정부의 심각한 정책 실패로 인하여 시민들이 나라를 분리하여 독립하려는 반란세력에 동조하는 위험에 처한 국가

대규모의 시민소요는 정부가 자신의 영토 내를 효과적으로 통치하는데 실패함으로써 야기된다. 권위를 잃고 시민의 기본적인 인간적 요구를 충족시키지 못하는 정부의 그릇된 국가운영이 세계적 조류의 하나가 되었다. 정부의 무능력은 전 세계적으로 실패한 국가(failed states)의 확산을 가져왔다. 오늘날 70여 개 국가의 정부가 내전의 긴장과 취약성에 직면해 있다(지도 7.1 참조). 어떤 경우에는 무력공격이 분리 독립을 추구하는 국지적 지역으로 제한되어 나타나기도 하지만, 또 어떤 경우에는 국가가 넓게 산개한 저항세력과 군벌의 산발적 공격의 희생자가 되기도 한다. 실패한 국가는 기본적인 기능을 수행할 수 없기 때문에 시민들은 내부 분쟁과 정치폭력 및 인도적 재앙에 대한 엄청난 대가를 치르게 된다. 실패한 국가의 확산은 글로벌 위험 요소가 되고 있는데 "폭력적 분쟁, 난민의 물결, 무기 밀거래, 질병이 국가의 경계를 넘어 사방으로 퍼져가기 때문이다(Patrick, 2011, p. 55)."

국가 실패와 사회 분열의 원인은 여러 가지이지만 실패한 국가들은 분열과 내전 및 테러

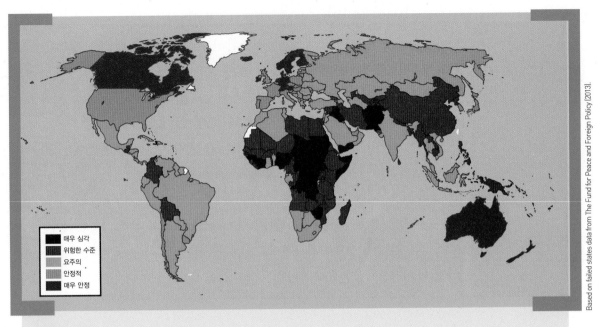

지도 7.1
실패한 국가의 위협
12가지 사회적, 경제적, 정치적 지표에 기초하여 이 지도는 정부가 극도로 위험에 처해 있으며 내전과 무정부상태에 의해 붕괴할 가능성이 매우 높은 세계에서 가장 취약한 국가 16개를 보여주고 있다. 또한 54개 국가는 '위험한 수준'으로 사회와 제도의 일부 중요한 요소들이 매우 취약한 상태이다. 이들 잠재적인 '실패한 국가'는 주변 국가의 발전과 안정을 위협한다. 국가의 실패와 내전은 특히 아프리카의 매우 위험하며 취약하고 빈곤한 국가들에서 주로 나타난다. 2013년 전체 178개 국가들 가운데 국가 실패의 순위에서 소말리아가 6년째 계속해서 가장 취약한 국가로 평가되었고, 그 다음은 콩고민주공화국이다.

에 취약해지는 몇 가지 중요한 특징을 공유한다. 일반적으로 이러한 세계적 흐름에 대한 연구들은(Collier 2007; Acemoglu and Robinson, 2012; Piazza, 2008) 다음의 내용들을 지적하고 있다.

- 국가 실패의 가장 확실한 지표는 빈곤이지만 국가 내에서의 소득의 양극화와 성(gender)의 불평등도 그에 못지않은 위험이다.
- 내란에 가장 취약한 실패한 국가는 일반적으로 불법적이고 비효율적이라고 여겨지는 부패한 정부에 의해 통치되고 있다.
- 특히 강력한 의회를 가지고 있는 민주주의는 국가 실패의 위험을 낮추는 반면, 독재는 국가 실패의 위험을 높인다.
- 하지만 빈곤한 민주주의는 부유한 민주주의나 빈곤한 비민주주의보다 훨씬 불안하고, 생활 수준을 개선하지 못하는 빈곤한 민주주의는 특히 취약하다.
- 강제이주와 난민 및 환경악화 등에 의한 인구분포의 불안정은 국가 실패와 사회 불안정의 원인이 된다.

- 인권을 보호하지 못하는 정부는 특히 실패할 가능성이 높다.
- 국가 수입을 주로 석유와 가스에 의존하는 소위 산유국들은 취약한데, 특히 정부의 권위가 약하고 정치권력과 부의 분배에 격차를 허용하는 경우에 매우 불안하다.
- 정부가 종교의 자유를 보장하지 않는 국가는 특히 실패할 가능성이 높다.
- 자유무역을 보장하는 강력한 규칙을 가진 국가는 안정성이 높아진다.
- 인구 구성에서의 '청년팽창' 현상은 전쟁을 통해 국가 실패의 위험성을 높일 수 있는데, 이는 대규모의 청년실업 인구가 군사행동으로 쉽게 동원되기 때문이다.

지구 곳곳에서 심각한 내전의 발화점이 등장하고 있는데 국가 실패, 그릇된 국가운영, 시민봉기, 폭력적 정부전복 등으로 위기에 직면한 국가들이 바로 그러한 곳이다. 세계 대부분의 주권국가들이 이러한 내용 가운데 하나 혹은 그 이상을 가지고 있는 한 실패한 국가는 세계화된 21세기의 문제점으로 등장하게 될 것이다.

국가 내 분쟁

국가 내의 무력 분쟁은 국가 간 무력 분쟁보다 훨씬 빈번하게 발생해왔다. 1989년에서 2014년까지 국가 내에서 정부 혹은 경계를 둘러싼 무력 분쟁은 지극히 일반적인 것이 되었다. 예를 들어 2012년 전 세계적으로 26개 지역에서 발생한 32개의 무력 분쟁 가운데 하나를 제외한 모든 국내 분쟁은 정부와 싸우는 것이고, 그 가운데 일부는 저항세력이 둘 이상인 경우도 있다 (Themner and Wallensteen, 2013).

1816년에서 2013년 사이에 연간 최소한 1천 명 이상의 민간인과 군인 사망자를 초래한 내전은 155차례 발생했다. 이러한 내전의 발생은 다소 불규칙적이지만, 내전의 60% 이상은 1946년 이후에 발생한 것이고, 매 10년 단위마다 꾸준히 빈도수가 늘어가고 있다(표 7.1 참조). 하지만 부분적으로 이러한 증가 추세는 세계 체계 내의 독립국가 숫자가 증가한데 따른 것이기도 한데, 국가의 수적 증가는 통계적으로 내전의 발생 가능성을 높인다. 그러나 2012년에 (최소 25명의 전투관련 사망자가 발생한) 국내 무력 분쟁의 숫자는 전년도보다 5개가 줄었고, 1,000명 이상의 전투 사망자가 발생한 내전의 숫자도 6개로 전년도와 비교해 큰 변동이 없었다(Themner and Wallensteen, 2013).

*내전*의 시작과 재발이 내전의 종식비율보다 훨씬 높아졌을 뿐만 아니라 내전의 지속기간도 더 길어졌기 때문에 내전은 글로벌 정치환경을 결정하는 요인이 되고 있다(Hironaka 2005). 하나의 내전을 겪은 나라는 둘 혹은 그 이상의 연속적인 내전을 경험하는 경향이 있으며(Quinn, Mason and Gurses 2007), 이러한 경향은 지속적 국내경쟁(enduring internal

지속적 국내경쟁(EIR)
국가 내에서 정부와 저항세력 사이의 폭력적 분쟁이 지속되는 상태

표 7.1	내전, 1816-2012		
기간	체계의 핵심적 특징	체계의 규모 (국가의 평균 숫자)	발생한 내전 수
1816-1848	유럽협조 체제의 왕조들이 민주혁명을 억압	28	12
1849-1881	민족주의와 내전의 증가	39	20
1882-1914	제국주의와 식민주의	40	18
1915-1945	세계대전과 경제 붕괴	59	14
1946-1988	탈식민지화와 독립에 따른 냉전기간 중 남반구 세계의 부상	117	65
1989-2012	실패한 국가와 내전의 시대	198	26
1816-2012			155

rivalry, EIR)의 특징을 가지는 보다 장기적인 분쟁으로 나타난다. 경험분석에 의하면 '1946년부터 2004년까지 발생한 전체 내전의 76%는 지속적 국내경쟁 속에서 발생'하였고, 그러한 내전은 상대적으로 짧은 기간의 평화가 이루어진 후에 재발할 가능성이 높다(DeRouen and Bercovitch, 2008, p. 55). 게다가 일단 내전이 발생하면 내전의 평균지속기간은 점점 증가했다. 한 연구에 따르면 제2차 세계 대전 이래로 전 세계적으로 발생한 130개의 내전은 평균 11년간 지속된 것으로 나타났다(Stark, 2007). 이러한 장기 지속적이고 재발적인 내전의 사례로는 아프가니스탄, 부룬디, 차드, 콜롬비아, 콩고, 인도네시아, 이란, 이라크, 아이보리코스트, 레바논, 라이베리아, 미얀마, 페루, 필리핀, 르완다, 소말리아, 스리랑카, 수단, 시리아, 터키, 우간다 등을 들 수 있다.

내전의 또 다른 주목할 만한 특징은 바로 그것의 격렬함이다. 내전으로 희생되는 사람의 수는 언제나 매우 많았는데, 제2차 세계 대전 이후 내전의 사상자들은 매우 심각한 수준으로 증가했다. 어린이들은 그러한 교전의 중요한 참가자이자 희생자이다. 역사상 가장 처절했던 내전들은 거의 최근에 발생한 것들이다. 특정 지역의 전체 주민을 겨냥한 집단학살과 대량살육이 최근의 내전에서 빈번하게 발생한다는 점에서 '가장 야만스러운 분쟁은 나라 안에서 발생한다.'는 표현이 이러한 추악한 현실을 잘 나타내고 있다(심층 논의: '수단 내전과 전쟁의 인적 비용' 참조).

내전의 또 다른 중요한 특징은 협상에 의한 해결이 어렵다는 점이다. 권력투쟁을 벌이는 경쟁적 분파 사이에 평화를 이룩하는 것은 매우 어려운데, 그들은 서로에 대한 반감을 가지고

심층 논의

수단 내전과 전쟁의 인적 비용

수단 내전은 정부가 권력을 유지하기 위해 소수파 저항세력을 파괴하면서 발생한 민간인 대량학살의 끔찍한 모습을 보여준다. 1955년 내전이 발생한 이후 수단은 폭력적 내전 상황이 끊임없이 계속되고 있다. 처음에 내전은 아랍계 카르툼(Khartoum) 정부가 연방체제를 만들어 남부의 주민들이 새로운 독립국가에서 대표성과 지역적 자율성을 가질 수 있도록 해주겠다는 약속을 어긴 것으로부터 시작되었다. 뿌리 깊은 문화적, 종교적 이질성과 폭력적으로 자행되는 공격으로 인하여 결국 50만 명 이상이 희생되었지만 이 가운데 전투원은 20%에 불과했다. 또한 수많은 난민이 발생하였다. 1972년 종교적 NGO들의 중개로 아디스아바바 합의가 만들어졌다. 이것은 남부에 독자적인 행정단위를 만드는 것이었고 이로써 무력적 적대행위가 끝나는 듯 했다.

하지만 휴전은 일시적인 평화를 가져왔을 뿐이었다. 북부의 의도적인 합의 위반으로 남부의 반감은 더욱 커졌다. 결국 인종적, 종교적 긴장이 고조되고 석유생산에 대한 경쟁과 더불어 정치권력의 투쟁이 격화되어 1983년 내전이 다시 시작되었다. 아랍계가 지배하는 수단 정부와 정부가 후원하는 잔자위드(Janjaweed) 군벌세력은 1989년 민주주의를 중단하고 남부의 주민들에 대한 분리토벌전술을 구사하는 <u>국가후원 테러</u>를 자행했다.

국가후원 테러

국가가 외교정책적 목적을 달성하기 위해 외국의 테러 분자들을 공식적으로 지원, 훈련, 무장시키는 행위

이 역사 깊은 지역 간 분쟁이 해결의 실마리를 찾았다. 2005년 부와 권력을 공유하고 상호안전보장을 약속하는 평화협정이 타결되었던 것이다. 하지만 다르푸르(Darfur)의 소수파 지역에서 비아랍계 민간인들에 대한 공격은 더욱 거세졌다. 2005년 7월 미국의 조지 W. 부시 대통령은 다르푸르 사태를 '명백한 집단학살' 상태로 규정하였다. UN에 따르면 2010년 2월 수단 정부가 다르푸르의 최대 반군집단인 JEM과 휴전합의에 서명할 때까지 약 30만 명의 사망자와 250만 명의 난민이 발생한 것으로 추산되었다.

2011년 평화적으로 남수단이 분리하는 과정이 이루어졌지만, 2012년 주로 남수단에 위치하는 석유시추 지역에 대한 통제권을 사이에 두고 두 나라 사이의 국경에서 격렬한 무력 분쟁이 발생하여 새로운 위기가 시작되었다. 게다가 중부 수단의 누바(Nuba) 산맥에서 격렬한 전투가 계속되고 있고 북부의 수단군은 이들 반군을 토벌하기 위해 공세전투를 벌이고 있다. 수단과 남수단에서 벌어진 피의 투쟁은 제2차 세계 대전 이후 최대의 참극이 되었으며, 지속적인 평화가 가능할 것인가에 대한 의문을 낳고 있다.

최종으로 여러분의 판단은?

1. 어떤 점에서 전쟁은 합리적이지 않은가? 합리적 행위자 모델은 어떻게 무력 분쟁의 지속을 설명하고 있는가? 전쟁에 대해 다른 이론들은 어떻게 설명하고 있는가?

2. 수단에서의 폭력이 장기화 하는 상황에서 어떠한 조건들이 평화를 가능하게 할 것인가?

3. 왜 수많은 비전투원이 희생되어야 하는가? 국제공동체는 민간인을 보호하기 위해 어떠한 책임을 가져야 하는가?

있으며 삶의 방식이 되어버린 오랜 살육의 타성에 젖어있기 때문이다. 내전에서 서로 싸우는 적대 세력들이 협상 테이블에서 타협을 통해 교전을 중지하는데 성공한 경우는 극히 드물다. 내전은 종종 약속이행의 문제와 적대세력의 군사력에 대한 불확실성 때문에 재발한다. 일반적으로 내전이 해소되기 위해서는 저항세력들이 무기를 내려놓아야만 한다. 이것은 세력균형을 정부에게 유리하게 바꿔놓고, 정부는 이 기회를 활용하여 싸움을 중지시키게 된다. "반군도 정부가 합의의 약속을 깨뜨릴 수 있음을 잘 알고 있기 때문에 평화협정에 쉽게 서명하거나 그것을 지속시키려하지 않는 경향이 있다(Matters and Savun, 2010, p. 512)." 따라서 정부가 분쟁의 평화적 해소를 위해 신뢰성 있게 스스로의 의무를 다할 수 없을 경우 약속이행의 문제가 불거진다(Hartzell and Hoddie, 2007).

　　이러한 이유에서 국가는 국제적 합의에 스스로를 구속하는 선택을 하거나 국제형사재판소(ICC)와 같은 제도적 장치에 가입함으로써 '신뢰성 있는 약속이행'을 보장한다(Simmons and Danner, 2010). 저항세력의 우려는 제3자의 보장이나, 국내 집단들 사이의 권력분배를 위한 제도적 보호조치, 혹은 군사력에 대한 투명한 정보공유를 통해 완화되고 해소될 수 있다. "잘 만들어진 평화협정은 국제적 감시를 가능하게 하고, 교전세력들이 제3자에게 군사정보를

전쟁과 어린이
어린이는 종종 내전의 주요 피해자가 되며 심지어 소년병으로 내전에 참여하기도 한다. 그 이유는 여러 가지인데, 유괴되거나 강제로 내전에 참가하기도 하고 어떤 경우에는 돈으로 유인되기도 한다. 또 어떤 경우에는 사랑하는 이를 잃고 복수하기 위해 전쟁에 참여한다. Developing Minds 재단 창립자인 필립 호다드(Philippe Houdard)는 전쟁이 끝난 다음에도 "어린이들이 살인기계로부터 정상적인 인간으로 되돌아갈 수 있도록 마음을 치유하는 것이 가장 어려운 문제"라고 지적한다(Drost, 2009, p. 8). 사진은 앙골라의 어린 소년들이 전쟁터로 나가는 모습이다.

제공하며, 이러한 정보의 검증을 가능하게 함으로써 내전의 재발을 막을 수 있다(Matters and Savun, 2010, p. 511). 하지만 제3자의 중재가 있다할지라도 서로 이해를 달리하는 여러 국가들이 협상에 참여할 경우 폭력의 장기화를 가져올 수 있다(Aydin and Regan, 2012). 이러한 경우가 시리아 내전에 관한 국제협상에서도 나타났는데, 미국과 러시아는 서로 적대적인 입장을 취하였다. 바로 이것이 이제 우리가 살펴볼 국내 분쟁의 국제화가 가지는 역동성이다.

국내 분쟁의 국제적 차원

실패한 국가가 증가하고 그들이 종종 내전으로 치닫는 상황은 내전이 전적으로 국가의 내부적 조건 때문에 발생하는 것으로 잘못 해석할 수 있다. 그러나 "국가는 진공 안에 존재하는 것이 아니라 외부 행위자의 영향을 받는다(Thyne, 2006, p. 937)." 조지 모델스키(Goerge Model-ski, 1964, p. 41)가 설명한 것처럼 "전쟁은 두 개의 얼굴을 가진다. ⋯ 내전은 국제 체계에 영향을 미치고 국제 체계는 내전에 영향을 미친다."

쿠데타

국가 내의 소수 집단에 의해 정부가 갑작스럽게 강제적으로 전복되는 현상으로, 일반적으로 자신의 새로운 권력 리더십을 수립할 목적으로 폭력적 혹은 불법저거 방식으로 이루어진다.

예를 들어 쿠데타(coup d'etat)로 폭력적 정부가 전복되는 결과를 생각해보자. 역사적으로 성공적인 쿠데타는 칠레의 피노체트나 인도네시아의 수하르토와 같이 권위주의 체제가 권력을 잡는 결과를 초래하는 경향이 있다. 1950년에서 2013년 사이에 전 세계적으로 96개 국가에서 475회의 쿠데타가 발생했다(지도 7.2 참조). 1960년대에 쿠데타가 가장 빈번하게 발생했으며, 이어서 1970년대와 1990년대 초의 순이다(Powell and Thyne, 2011). 2013년 5월 1일 차드의 이드리스 데비(Idriss Deby) 대통령을 축출하려는 반란세력이 쿠데타를 벌였다가 실패한 사례와 같이 냉전 종식 이후에도 쿠데타는 계속 발생했지만 쿠데타의 빈도는 거의 절반으로 감소했고 쿠데타 이후의 정부도 대부분 5년 내에 경쟁적 선거를 수용하는 경향을 보였다. 정치학자인 하인 고맨스(Hein Goemans)와 니콜라이 마리노프(Nikolay Marinof)는 이러한 변화의 원인을 외부적 요인에서 찾는다. "영향력 경쟁을 벌였던 냉전이 종식된 이후 서방국가들은 독재정권에 관용을 보이지 않게 되었으며 선거 여부에 따라 원조를 제공하는 경향을 보였다(Keating, 2009b, p. 28)."

강대국들은 글로벌 이해관계를 가지기 때문에 쿠데타뿐만 아니라 내전에 군사적으로 개입하여 우호적인 정부를 지원하거나 적대적인 정부를 전복하기 위한 '막후' 역할을 수행해왔다. 정부 간 관계는 국가 내 무력 분쟁의 발발과 진행에 영향을 미치는데, 이는 "내전이 시작될 경우 외부 행위자가 정부 혹은 반군을 지원할 가능성에 대한 정보를 제공해주기 때문이다(Thyne, 2006, p. 939; Thyne, 2009)." 인접한 국가들도 전쟁이 국경을 넘어 확산되는 것을 저지하기 위해 이웃 국가에 개입할 수 있다(Kathman, 2010). 국내 분쟁에 대한 외부의 개입은 매우 흔한 것으로써 1989년 이후 모든 국내 분쟁의 1/4 이상에서 그러한 외부개입이 발생

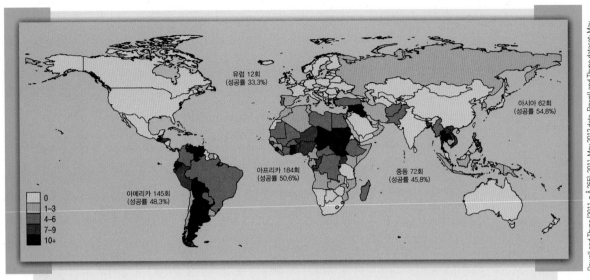

Powell and Thyne (2011, p.Å 255); 2011-May 2012 data, Powell and Thyne dataset; May 2012-May 2013 added by Shannon Blanton and Drew Wagstaff.

지도 7.2
쿠데타 발생, 1950–2013
1950년에서 2013년 사이에 발생한 476회의 쿠데타 시도 가운데 약 49%(233회)가 성공했다. 쿠데타는 남반구에서 빈번한데 아프리카와 라틴아메리카에서 가장 많이 발생했다. 2013년 7월 이집트에서 이집트 최초의 민주선거로 당선된 모하메드 모르시(Mohamed Morsi) 대통령을 축출하는 군사 쿠데타가 성공했다.

했다(Themner and Wallensteen, 2012).

　　외세개입의 결과목표가 되는 국가의 사회는 변모하게 되었다. 때때로 외부 행위자들(국가와 국제기구)은 폭력사태를 야기하는 내전을 억제하고 통제하며 정부의 권위를 다시 세우기 위해 실패한 국가에 군대를 파견한다. 내전이 외국의 개입에 의해 국제화되는 일반적 추이에 대한 최근의 예외적 사례는 미국 주도의 이라크 개입이다. 국내 분쟁이 국제 분쟁으로 확산되는 전형적 사례와는 정반대로 2004년 이라크에서 전개된 사태는 평화를 회복하기는커녕 국제 분쟁이 오히려 심각한 내전을 야기할 수 있다는 전망을 가져왔다(SIPRI, 2009).

　　내전의 국제화에는 또 다른 차원이 존재한다. 여러 학자들의 설명에 따르면 국내의 저항에 처한 지도자들이 자국민들의 저항을 줄이고 시민의 관심을 외국으로부터의 침공위협으로 전환시키기 위해 국제적 위기를 의도적으로 조장하려고 하는 경우 국내의 봉기가 국제화된다. 이러한 주장은 전쟁의 *관심전환 이론(Diversionary theory of war)*으로 알려져 있다. 이 이론은 국내 소요와 해외침공 사이에 직접적 연관이 있음을 설명한다. 즉, 지도자가 국가 내부의 분쟁으로 인해 국가가 혼란에 빠져있다고 여기는 경우 외국과의 전쟁을 통해 국내의 소요를 통제하려는 경향이 있다는 설명이다. 이때 지도자는 국제적 위험이 자신의 리더십에 대한 불만으로부터 시민들의 관심을 전환시키길 바란다.

　　해외의 경쟁국가가 존재하는 경우 국가의 단결력이 커질 것이라고 지도자들이 생각하는 것은 당연하다. 이러한 논리에서 지도자들은 대외적 도발을 통해 국내의 불안을 다스리고 자신의 능력을 보여주려고 하는 강한 욕구를 가지게 된다. 냉소적으로 말하자면 "국내 불안으로 인해 리더십 유지에 정치적으로 중요한 세력으로부터의 정치적 지지를 얻지 못할 위험에 처하게 되면 … 지도자들은 국제 분쟁을 고조함으로써 그러한 지지를 이끌어내려고 시도한다(Nicholls, Huth, and Appel, 2010, p. 915; Munster and Staal, 2011)."

실제로 많은 정치 보좌관들은 그러한 전략을 조언해왔는데, 현실주의 이론가였던 니콜로 마키아벨리(Niccolo Machiavelli)는 1513년 자국의 지도자들에게 국내 소요가 지나치게 커질 경우 대외 전쟁을 수행할 것을 조언한 바 있다. 마찬가지로 1939년 존 포스터 덜레스(John Foster Dulles)도 미국 국무장관이 되기 전에 "국내 분란을 치유하는 가장 쉽고 빠른 방법은 해외의 위험을 묘사하는 것이다."라고 조언한 바 있다. 이러한 전략은 1978년 우간다의 이디 아민(Idi Amin) 대통령이 점증하는 국내 불만을 잠재우고 우간다의 남서부 지역에서의 군사 반란을 감추기 위해 탄자니아를 침공할 때 잘 나타났다.

실제로 지도자들이 국내의 분쟁을 상쇄하고 여론 지지도를 높이기 위해 전쟁을 시작하느냐에 대해서는 논의가 분분하다. 심지어 민주주의 국가에서 경제가 어려울 때 국내의 반대에 대해 자신을 방어하기 위해 혹은 입법결과에 영향을 미치기 위해 많은 지도자들이 의도적으로 관심전환 행동을 벌인다는 것을 입증할 수는 없다(Oneal and Tir 2006). 인기가 낮은 지도자

무력 분쟁의 고통스런 유산
국가 간의 전쟁보다 국가 내에서의 무력투쟁이 보다 빈번하게 발생하며 세계정치에 보다 광범위한 후유증을 남긴다. 사진은 파키스탄의 다른 지역 주민들이 탈레반 반군과 정부군 사이의 교전을 피해 피난 가는 모습이다.

는 외교문제에 주의를 기울이며, 스스로 평화조성에 공헌한다는 평판을 얻기 위해 오히려 해외에서의 무력사용을 회피하고자 하는 경향이 있다. 저항에 직면한 지도자에게는 해외에서의 무모한 전쟁, 특히 시위를 촉발하고 지도자의 지지도를 낮출 수 있는 인기 없는 전쟁을 치루기보다는 국내문제를 진지하게 다룸으로써 상황을 의도적으로 조작하려 한다는 더 큰 비판을 회피하는 것이 더 낫다.

　　다른 한편으로 최근의 연구결과들은 임기가 제한된 지도자가 임기 말이 다가오면 폭력적 분쟁에 개입할 가능성이 높다는 사실을 지적한다(Zeigler, Peirskalla, and Mazumder, 2013). 이는 퇴임을 앞둔 지도자들은 재선을 위해 스스로 제약될 필요가 없기 때문일 것이다(Williams, 2013). 또 다른 설득력 있는 설명은 지도자의 '개념적 복잡성', 혹은 미묘한 국제관계에 대한 인식의 정도에 관한 것이다. 최근 연구에 의하면(Foster and Keller, 2013) '개념적 복잡성'이 낮은 지도자는 '개념적 복잡성'이 높은 지도자보다 관심전환 전술을 사용할 가능성이 훨씬 높다. 만약 지도자가 군사력 사용을 정당하고 효과적인 외교정책 수단으로 인식하는 성향이라면 그러한 모습이 나타날 가능성이 높다.

　　요약하자면, 국내 분쟁은 다음의 두 경우를 통해서 국제화될 수 있다. 1)내전은 외부의 개입을 불러일으키는 경향이 있으며, 2)실패한 정부의 지도자들은 국내의 반대파를 억압하고 통제하기 위해 해외의 전쟁을 일으키는 경향이 있다. 이러한 두 가지 경향은 모두 무력 분쟁의 세계화를 조장하고 있다. 그러한 세계화는 세계정치에 대한 폭력이자 무력침공의 세 번째 유형인 세계적인 테러의 위협에서도 뚜렷하게 나타나고 있다. 세계적 테러의 위협은 국경이 없으며 전 세계로 확산되고 있다.

테러

약 350년 전 근대 국가 체제가 등장한 이래로 국가 지도자들은 다른 국가와의 전쟁을 준비해왔다. 이 기간을 통해 전쟁은 주권국가의 정규군 사이의 대규모로 조직된 폭력으로 간주되었다. 비록 오늘날에도 지도자들은 그러한 국가 간 충돌에 대비하고는 있지만 비대칭 전쟁(asymmetric warfare), 즉 테러 네트워크와 전통적 군대 사이의 무력 분쟁의 가능성에 점점 더 직면하고 있다.

　　6장에서 학습한 것처럼 테러집단은 영향력을 미치기 위한 주요 수단으로서 폭력을 사용하는 특징을 가진 초국가적 비국가 행위자의 한 유형이다. 테러는 고대에도 잘 알려진 것으로서, 1세기경 유대지역에서 시카리(Sicarii, 라틴어 *sica*(단도)에서 온 말로 자객을 의미)에 의해

비대칭 전쟁

교전 세력들 사이의 군사력이 크게 불균형한 경우의 무력 분쟁으로, 대부분 약한 쪽은 비전통적 전술에 의존하는 비국가 행위자이다.

자행된 일련의 암살행위도 그러한 사례라 하겠다. 전쟁사학자인 맥스 부트(Max Boot, 2013, p. 100)는 다음과 같이 설명했다.

학자들과 언론은 테러와 게릴라를 마치 과거의 전쟁양상과 완전히 구분되는 새로운 것인 것처럼 설명하는 경향이 있다. 하지만 이러한 설명은 사실과 다르다. 우리 인류의 오랜 피의 역사를 살펴보면 대부분의 전쟁은 느슨하게 조직되고 잘 규율되지 못하며 경무장한 자발적인 집단에 의해 주로 치러져왔고, 이들은 탁 트인 전장을 피해 숨어서 기습하고 은닉하기를 좋아했다. 이러한 전략은 원시 전사들이나 근대의 게릴라, 그리고 테러집단들에서 모두 나타나는 것이다.

오늘날 테러는 다양한 집단들에 의해 수행된다(6장 표 6.2 참조). 토드 샌들러(Todd Sandler, 2010, p. 205)가 설명하듯이 정치적 테러는 "개인이나 국가 하위(subnational) 집단이 폭력을 계획적으로 사용하거나 폭력사용을 위협하여 직접적인 희생자뿐만 아니라 대규모 군중들이 불안에 떨게 만듦으로써 정치적 혹은 사회적 목적을 달성하려는 행위"를 의미한다. 테러를 저지르는 세력들은 종종 무서운 방식으로 상징적 목표를 공격하기 때문에 그러한 공격의 심리적 충격은 물리적 피해를 초월할 수 있다. 극적인 상황과 공포의 혼합으로서 테러는 단순히 무분별한 폭력이 아니다. 테러는 사람들로 하여금 때와 장소를 예측할 수 없고 피할 수 없을 것 같은 위험이 가깝다고 여기게끔 위협하는 잘 계획된 정치적 전술이다.

테러위협은 점점 더 심각해지고 있다. 미국 국무부 대테러조정실에 따르면 국제테러의 연간 발생 수는 1968년의 174건에서 1987년 최고치 666건으로 꾸준히 증가했지만, 그 이후 2002년에 200건으로 서서히 감소하였다. 미국이 테러의 정의 기준을 보다 느슨하게 잡은 이후 글로벌 테러 행위의 숫자는 다시 극적으로 증가했다(그림 7.3 참조). 많은 전문가들은 이라크의 이슬람 지역에 미국 병사들이 주둔하는 것이 오히려 반대로 전 세계적 규모에서 치명적인 테러 행위의 새로운 물결을 불러일으켰다고 믿고 있다. 알카에다(Al Qaeda) 지도자 오사마 빈 라덴(Osama Bin Laden)이 2011년 미군 특공대에 의해 사살된 이후에도 테러공격의 위협은 남아있다. 테러 전문가인 리차드 브룸(Richard Bloom)은 "안보위협은 계속해서 남아있다. 우리는 여전히 매우 위험한 상태이다."라고 경고한다.

테러는 정치적인 현상유지를 지원하거나 변경하기 위해 사용될 수 있다. 기존의 정치질서를 유지하기 위해 사용되는 억압적 테러는 무장세력 뿐만 아니라 정부에 의해서도 자행되어 왔다. 나치 독일의 게슈타포(비밀경찰)로부터 여러 나라의 '암살단'에 이르기까지 제도적 폭력은 야당 지도자를 제거하거나 일반인들을 협박함으로써 기존의 정치질서를 유지하려고 한다.

　　테러를 저지르는 사람들은 미치광이가 아니다. 그들은 장기적인 목적을 가지고 그 목적을 달성하기 위해 어떻게 여러 가지 행동을 수행할 수 있는지를 합리적으로 계산해왔음이 드러났다. 실제로 이러한 활동을 계획하고 수행하며 그것으로부터 교훈을 얻는 그들의 능력은 오늘날 테러를 더욱 위험하게 만든다. 게다가 테러에 대한 노출이 많아지면서 정치적 배타주의가 조장되고 민주적 통치의 원칙이 위협받는다(Sandler, 2011).

　　테러는 엄청난 피해와 공포와 더불어 민주주의 사회조직에 심각한 도전을 제기한다. 많은 사례에서 한편으로는 안전을 위한 근본적 요구와 다른 한편으로는 민주적 가치 및 전통을 지키려는 열망 사이에 어려운 내적 긴장이 존재한다. 보다 구체적으로 말하자면 테러위협과 심각한 손실이 발생함으로써 테러를 저지르는 세력과 직접적으로 대적하는 것이 불가능하거나 공공의 안전을 보장하지 못하는 경우 대중의 분노는 종종 약한 소수집단으로 향하게 된다. 이러한 분노는 소수파에 대한 비민주적 조치를 지지하는 것으로 쉽게 전환될 수 있다. 따라서 테러의 정치심리학적 결과의 하나는 소수집단에 대한 적대적인 느낌과 태도 및 행동이 증가한다는 것이다(Canetti-Nisim et al., 2009, p. 364).

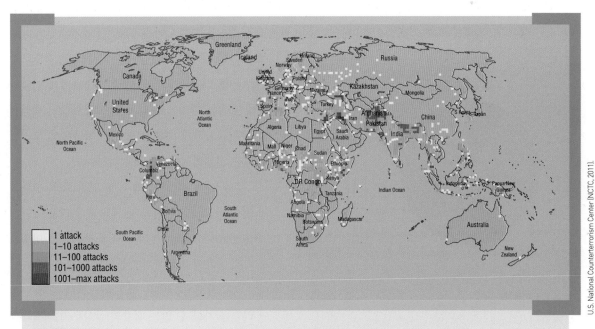

지도 7.3
글로벌 테러의 지속적인 위협
이 지도는 2005년부터 2011년 초까지 발생한 테러공격의 지역을 보여준다. 중동, 남아시아, 아프리카에서 테러공격이 빈번했음을 알 수 있다. 테러와의 전쟁에 호응하여 반기문 UN 사무총장은 "이러한 문제의 복잡성과 상호연관성은 어떤 나라 혹은 어떤 조직도 단독으로 해결책을 제시할 수 없음을 의미한다. 대화와 협력이 매우 중요하다."고 강조했다.

정치적 현상유지를 변경하기 위해 테러를 일으키는 반체제 세력들은 매우 다양하다. 앙골라 인민해방군(MPLA)과 같은 조직들은 식민 지배세력을 축출하기 위해 테러를 일으켰던 반면, 바스크 독립단체(Basque Homeland and Liberty, ETA)와 같은 조직들은 민족주의적 분리투쟁의 일환으로 테러를 일으켰다. 그밖에도 이슬람 지하드, 기독교 정체성 운동, 시크교도의 바바르 칼사(Babar Khalsa), 유대인 테러단체인 카크(Kach) 등은 자신들의 테러행위를 종교적 명령으로 간주한다. 끝으로 일본의 적군파(赤軍派)와 이탈리아의 흑교단(Black Order)과 같은 조직들은 좌익 혹은 우익 이념을 이유로 테러를 자행했다. 반체제 테러는 이처럼 반식민주의, 분리주의, 종교, 세속적 이념 등에 기반하고 있다.

이러한 목표들을 이루기 위해 테러분자들은 폭파, 습격, 항공기 납치, 인질 납치 등의 여러 가지 전술을 구사한다(그림 7.5 참조). 폭파는 알려진 전체 테러사건 가운데 거의 1/3을 차지한다. 일반적으로 항공기와 인질 납치는 혼잡한 백화점에 폭탄을 장착하거나 역에서 여행객들에게 총을 난사하는 것보다 훨씬 복잡한 작전이다. 그러한 잘 짜인 계획 가운데 한 예로 1970년 9월 팔레스타인인들에 의해 이루어진 5대의 항공기 납치사건을 들 수 있다. 당시 한 대의 항공기는 결국 카이로에서 폭파되었고 세 대는 요르단에서 폭파되었다.

이러한 종류의 납치는 성공하기 위해서 정교한 준비와 함께 오랜 시간 동안 인질들을 감시할 수 있는 능력이 필요하다. 이러한 노력의 보상 가운데 하나는 테러집단 불만을 분명하게 전달할 수 있는 기회를 가진다는 것이다. 예를 들어 1985년 TWA 여객기 847편 납치사건의 배후에 있었던 레바논 테러집단은 미국의 텔레비전 방송을 통해 그들의 불만을 미국 대중들에게 전달하는데 탁월한 능력을 발휘했다. 그럼으로써 레이건 행정부가 위기에 대한 해법을 모색하면서 고려할 수 있는 선택의 수를 줄일 수 있었다.

폭파, 습격, 항공기 및 인질 납치 등의 전통적인 전술 이외에도 미국의 전 해군장관 리차드 단지그(Richard Danzig)가 '비폭발성 전쟁'으로 명명한 두 가지 종류의 위협이 테러분자의 수단이 될 수 있다. 첫째, 반체제 세력은 혐오하는 적에 대해 엄청난 타격을 가할 수 있는 대량의 살상무기를 획득할 수 있다. 예를 들어 파키스탄에서 정치상황이 혼란에 빠져 핵물질이 극단주의 세력에게 넘어갈지도 모른다는 우려가 널리 퍼져있다(Clarke, 2013). 미

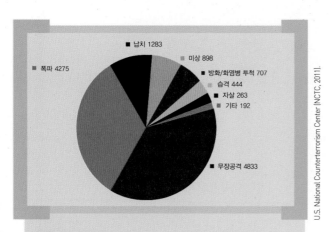

U.S. National Counterterrorism Center (NCTC, 2011).

그림 7.5
테러분자들의 전쟁수단
이 그림은 2010년에 전 세계적으로 발생한 테러 공격의 주요 수단과 수치를 보여준다. 두 번째로 빈번하게 사용되는 전술인 폭파에는 263회의 자살폭탄공격을 포함한다. 팔레스타인 지하드의 라마단 살라(RAMADAN SHALAH)는 자살폭탄 공격의 군사적 논리를 다음과 같이 비대칭 전쟁의 관점에서 설명한다. "우리의 적은 세계에서 가장 정교한 무기를 가지고 있다. … 우리는 아무것도 없다. … 다만 순교라는 무기만이 있을 뿐이다. 순교는 아주 간단하며 그 비용은 우리의 목숨에 불과하다."

국 CIA 책임자 존 브레넌(John Brennan)에 따르면 "핵테러의 위협은 현실로 존재하며 매우 심각하고 점점 커지고 있다. 그리고 이것은 미국의 안보뿐만 아니라 세계적으로 안보를 위협하는 가장 위험한 요인이다."

핵무기는 최고의 테러무기이지만 방사선무기, 화학무기, 생물무기 역시 심각한 위험을 초래할 수 있다. 조악한 방사선무기는 일반적인 폭발물에 병원이나 산업시설, 연구소 등에서 훔친 핵폐기물이나 방사선 동위원소를 결합하여 조립될 수도 있다. 초보적인 화학무기는 시중에서 구입할 수 있는 제초제나 살충제 또는 다른 독성 물질로 만들어질 수 있다. 비록 2001년 가을 우편 배달된 탄저균 사건에서 보인 바와 같이 저급기술의 박테리아 약제에 의한 공격이 놀랄만한 파급효과를 발휘하기는 했지만 바이러스 약제에 의한 생물무기는 제조하기가 훨씬 어렵다.

두 번째의 전술적 혁신의 조짐은 사이버 테러에서 나타나고 있다. 인터넷은 극단주의자들의 충원 도구로써 혹은 뜻을 같이하는 집단들 사이의 행동 조율의 수단으로 사용될 뿐만 아니라 적의 컴퓨터 시스템을 해킹함으로써 잠재적 목표를 염탐하는데 이용되기도 한다. 정보전(information warfare)에서 컴퓨터 바이러스와 같은 무기는 금융제도를 무력화시킬 경우 아수라장을 초래할 수 있다. 사이버 공격은 미국과 중국 사이에서 뜨거운 이슈가 되고 있으며, 미국은 2013년 중국이 20여 곳의 미국의 주요 무기 체계에 대해 하이-테크 스파이(high-tech spying) 활동을 벌인 책임이 있다고 주장한다. 중국은 자국이 미국의 엄청난 해킹 목표가 되고 있으며 "만약 미국 정부가 무기 프로그램을 안전하게 보호하기를 원한다면 온라인 접속이 안 되게끔 해야만 할 것"이라고 주장한다(Johnes, 2013).

> **정보전**
> 적의 국방과 경제활동에 치명적일 수 있는 기술 체계에 악영향을 미치기 위해 적의 통신 및 컴퓨터 네트워크를 공격하는 활동

생물무기와 사이버공격 모두 누가 저질렀는지 추적하기 매우 어려워 억제(deterrence)를 거부하고 방어를 불식시키기 때문에 우리를 전략적 곤경에 빠뜨릴 수 있다는 점에서 미래의 테러와 전쟁에 대해 우려하지 않을 수 없다. "억제 개념은 합리적인 공격자라면 공격을 다시 한번 더 생각해보도록 만드는 확실한 보복 위협에 달려있다. 따라서 만약 공격자가 어디에 있는지 발견할 수 없다면 확실한 보복은 무력해지고 억제는 불가능해질 것이다(Hoffman, 2011, p. 78)." 더욱이 노벨상 수상자인 조슈아 레더버그(Joshua Lederberg)가 경고한 바와 같이 우리는 공격이 임박하다는 경고와 방어의 기회가 있을 것이라 기대하는 경향이 있지만 테러를 저지르는 자들이 '우리에게 그러한 기회를 줄 가능성'은 희박하다.

> **억제**
> 적이 하고자 하는 행동을 못하도록 단념시킬 목적으로 고안된 예방적 전략

새로운 글로벌 테러

전통적인 관점에서 테러는 드물게 발생하며 먼 나라에서의 위협으로만 여겨졌으나 이러한 관점은 2001년 9월 11일의 사건에 의해 도전받았다. 미국의 세계무역센터와 펜타곤, 펜실베이

니아 상공에서 발생한 끔찍한 사건은 세계인들로 하여금 새로운 무서운 현실에 직면하도록 만들었다. 즉, 테러분자들은 정교한 무기가 없이도 어느 곳에서든 참혹한 공격을 가할 수 있는 능력이 있다는 점을 실감하게 된 것이다. 알카에다와 같은 집단은 전 세계로 침투할 수 있을 뿐만 아니라 은밀하고 정교하며 꼼꼼한 계획으로 그들의 부족한 무장력을 상쇄할 수 있다. 오사마 빈 라덴은 환호성을 지르며 이렇게 주장했다. "미국은 공포에 가득 차 있다. 미국 내 누구도 더 이상 안전하게 느끼지 못할 것이다."

비록 국가안보 위협이 정치인들에 의해 과장되고 과민반응으로 나타나기는 했지만 9.11 사건을 상징적 분기점으로 만든 것은 이 사건이 테러의 치명적인 신경향을 전형화한 것이라는 데 있다. 과거에 테러는 수많은 사람을 죽이기 위한 것이 아니라 수많은 사람들의 이목을 끌기 위한 목적의 충격적 정치 드라마로 여겨졌었다. 하지만 지금은 가능한 한 많은 사람을 살해하는 것이 목적이 되고 있는 것으로 보인다. 자신들의 주장에 대한 공감을 이끌어내는 것보다 오히려 불타오르는 적대감으로 적을 제거하는 것이 국제 테러분자들에게 더 중요한 것이 되어버렸다.

새로운 경향의 테러의 또 다른 특징은 테러 조직 형태와 이념적 강조에 관한 것이다. 예를 들어 알카에다는 위계적인 명령구조 대신 분권화되고 수평적인 구조를 갖추고 있다. 비록 테

Alissa Everett/ZUMA Press/Newscom

복면의 테러분자들
얼굴을 가린 전사들이 정규군을 조준하고 있다. 이들은 자금을 스스로 조달하는 범죄집단처럼 계급도 없고 충성심도 불명확하다. 많은 테러집단들은 신분을 감추며 보고할 상급자도 없다.

러 지휘자는 전 세계에 흩어진 소규모의 개별적 세포조직들에게 계속해서 이념적 지침을 제공하지만, 알카에다의 이름으로 행해지는 공격을 계획하고 실행하는데 직접적으로 참여하지는 않는다.

알카에다와 같은 조직에 속한 새로운 형태의 테러분자들을 기존의 테러분자들보다 더 치명적으로 만든 것은 그들의 종교적 열광주의이다. 이것은 그들이 테러행위를 두 개의 수준으로 바라보게끔 한다. 첫 번째 수준에서 테러는 잘못이라고 그들이 여기는 사람들을 압박함으로써 정치적 현상유지를 변경하는 수단으로 간주된다. 또 다른 수준에서 테러는 그 자체를 목적으로, 선과 악 사이의 종말론적 투쟁을 위해 수행되는 신성한 행위로 여겨진다(Juergens-meyer, 2003). 첫 번째 수준에서의 기능에 있어서 대부분의 세속적 테러조직들은 자살임무를 수행하지 않는다. 두 개의 수준 모두에서 움직이는 종교적 테러집단들은 순교자적 죽음을 세속적 이익뿐만 아니라 초자연적 중요성을 발견한다(Bloom 2005; P. 2005a).

국가들은 종종 자신들의 외교정책 목표에 테러분자의 행위가 부합하는 경우 테러분자들을 재정적으로 지원하고 훈련시키며 무장시키고 은신처를 제공한다. 미국의 조지 W. 부시 대통령은 2001년 9월 11일 이후 문명이 직면한 위협으로 테러조직 네트워크와 그들을 숨겨주는 불량국가들을 지목했다. 그는 이러한 위협에 맞서 싸우는 노력은 "지구상의 모든 테러조직들이 발견되고 제지되며 분쇄될 때까지 멈추지 않을 것"이라고 주장했다. 나중에 *부시 독트린*이라고 불리게 된 이 정책에서 부시 대통령은 모든 나라는 "우리와 함께할 것인지 아니면 테러분자들과 함께할 것인지" 선택해야 한다고 선언했다.

테러는 세계 안보에 심각한 위협을 가하고 있다. 하지만 글로벌 테러의 특징과 원인에 대한 견해는 여전히 충돌하고 있으며, 이러한 사전 합의 없이는 글로벌 테러에 대한 최적의 대응이 무엇인가에 대한 총의도 이루어지기 어렵다. 질병이 정확한 진단이 내려지기 전까지 처치되지 못하는 것과 마찬가지로 새로운 글로벌 테러의 폐해도 그것의 원인이 이해되기 전에는 제거되기 어렵다. 테러의 어느 한 이미지를 받아들이는 사람들은 특정한 대테러 정책에 경도되는 반면 그와는 다른 이미지를 수용하는 사람들은 상반되는 정책을 지지한다. 구성주의 이론이 말하듯이 어떻게 이해되느냐는 무엇을 예측하고 무엇을 응시하며 무엇을 바라느냐에 달려있다.

가장 효과적인 대테러 정책은 억압인가 혹은 화해인가에 대한 상반된 견해를 살펴보자. 억압을 주장하는 사람들은 테러가 극단주의자들의 냉엄한 계산으로부터 발생한다고 보고, 선제적인 국지공격에 의해서 무력화되어야 한다고 주장한다. 이러한 억압적 대테러 접근법과 반대로, 테러가 사회의 시민적 자유와 인권의 결여에 따른 좌절감으로부터 기인한 것이라고 여기고(Krueger, 2007), 빈곤의 확산과 낮은 교육수준으로부터 발생한다고 보는 사람들은(Kavanagh, 2011) 협상이나 협조적인 비군사적 접근법을 주장한다(Cortright and Lopez, 2008). 이들은 테러를 저지르는 사람을 제거하기 위한 군사작전을 묵인하기보다는 테러에 호소하는 것을 줄일 수 있는 화해적인 정책을 지지한다.

새로운 글로벌 테러를 어떻게 다룰 것인가에 대한 논쟁은 이러한 세계적 위협에 맞서 싸우는 전략에 대한 지대한 관심을 불러일으켰다(논쟁 : '글로벌 테러와의 전쟁은 승리할 수 있을까?' 참조). 이 논쟁은 여러 가지 관련된 이슈들에 대한 논쟁으로 번져나갔다. 예를 들어 '억압적 대테러 정책은 윤리적인가?', '그것은 민주적 절차에 부합하는가?', '그것은 합법적이기 위해 다자적(국제적) 뒷받침을 필요로 하는가 아니면 일방적으로 이루어질 수 있는가?', '군사적 억압보다 화해적 방법이 보다 효과적인가?', '테러와의 전투에 사용될 수 있는 이러한 접근법들의 상대적 비용과 위험, 이득은 무엇인가?' 등이다. 비록 대부분의 전문가들이 지구 전체가 직면하고 있는 테러를 완전히 뿌리 뽑기는 불가능하다는 점에는 동의하겠지만, "테러의 발생과 파급력을 줄이는 것은 가능할 것이다(Bapat, 2011; Mentan, 2004, p. 364)."

무력 분쟁과 그 미래

이제까지 무력침공의 세 가지 주요 유형, 즉 국가 간 전쟁, 국가 내의 내전, 글로벌 테러의 추이에 대해 살펴보았다. 여러분이 인지하다시피 이러한 추이 가운데 일부는 전망이 좋은 편이다. 국가 간 전쟁은 사라지고 있고 이는 국가 간 전쟁이 인간 역사에서 사라질 것이라는 낙관적 견해를 불러일으키고 있다. 한 안보 전문가가 예측한 것처럼 "숨쉬고 먹고 성관계를 가지는 것과 달리 전쟁은 인간의 생존조건으로, 혹은 역사의 추동력으로써 필수적인 것이 결코 아니다. 따라서 전쟁은 시들어 사라질 것이며, 이미 그러한 과정을 겪고 있는 것으로 여겨진다(Mueller, 2004, p. 4)."

하지만 위협은 남아 있으며, 또 다른 국가 간 대규모 전쟁이 발생할 수 있기 때문에 인간은 모두 위험에서 벗어나지 못했다. 2008년과 2013년 사이에 세계의 평화지수는 5% 하락했으며(지도 7.4 참조), 이는 대부분 "아랍의 봄에 의한 중동에서의 대규모 폭력사태 발생, 아프가니스탄과 파키스탄에서의 취약한 안보, 리비아와 시리아에서의 내전, 중앙아메리카에서 고조되는 마약과의 전쟁, 소말리아, 콩고민주공화국, 르완다에서의 계속되는 평화의 지체현상, 그리스와 같은 유럽 국가들에서 경제침체와 관련된 폭력 시위에 기인하는 것이다(The Institute for Economics and Peace, 2013, p. 1)." 그리고 말할 나위 없이 국제테러의 망령은 세계의 미래에 매우 어두운 그림자를 드리우고 있다.

지도 7.4
글로벌 평화의 추구
22개의 지표를 바탕으로 전 세계 인구의 99%가 거주하고 있는 162개 국가들을 평가한 2013년도 글로벌 평화지수(Global Peace Index)는 국가가 국제 분쟁 혹은 국내 분쟁을 겪고 있는지 여부, 군사화의 정도, 국내 안전 수준 등으로 평화의 수준을 측정하고 있다. 2013년에 시리아, 코트디부아르, 부르키나파소의 평화지수가 크게 하락했다. 유럽은 여전히 가장 평화로운 지역으로 남았지만 그리스, 스페인, 포르투갈, 프랑스와 같이 경제상황이 저하된 나라에서 분규가 발생했다.

앞으로 미래가 어떻게 될지에 대한 확실한 가이드는 없다. 하지만 한 가지 슬픈 뉴스는 여러분의 인생과 삶이 계속적인 무력침공의 발생으로 위협받는다는 것이다. 그러한 위협은 미래를 위태롭게 한다. 아울러 무력침공의 위협은 세계정치의 다른 모든 측면에도 영향을 주는데, 바로 이 때문에 모든 사람들과 전문가들이 세계사의 대부분을 무력침공의 원인과 결과에 대해 쓴 것이다. 영국의 시인 퍼시B. 셸리(Percy B. Shelley)는 다음과 같이 노래했다.

전쟁은 정치인의 게임이며, 성직자의 기쁨이며,
법률가의 농담이며, 고용된 암살자의 거래이다.
또한 배신과 유혈의 범죄로 만들어진
비천한 왕좌의 충성스러운 살인자들에게는
그들이 먹는 빵이며 그들이 의존하는 지주이다.

1세기경 로마의 정치가이자 철학자인 세네카(Lucius Annaeus Seneca)는 이렇게 비꼬았다. "사람들은 전쟁의 결과를 궁금해 할 뿐 전쟁의 원인은 묻지 않는다." 그러나 세상에서 무력 분쟁이라는 전염병을 줄이고 혹은 더 나아가 그것을 퇴치하기 위해서는 폭력적 분쟁을 일으키는 것이 무엇인지를 먼저 알아야할 필요가 있다. 전쟁의 인과관계는 평화의 인과관계를 의미한다. 이 장에서 여러분은 왜 이렇게 무자비한 형태의 정치적 폭력이 발생하는지를 설명하고자 했던 이론들에 따라 다양한 무력 분쟁의 원인들을 살펴보았다.

이제 여러분들이 살펴보게 될 것은 평화와 안보, 그리고 세계질서의 대안적 경로이다. 8장에서 우리는 전쟁의 위협을 다루기 위해 현실주의가 발전시킨 비전들, 특히 무기, 군사전략, 동맹, 세력균형을 살펴보게 될 것이다.

평화는 힘으로 얻어지는 것이 아니다. 그것은 오로지 이해로 구해질 수 있다.
– 알버트 아인슈타인(Albert Einstein), 노벨 물리학상 수상자

글로벌 테러와의 전쟁은 승리할 수 있을까?

9.11테러 이후 새로운 논쟁이 불거졌다. 당시 미국 국방장관 도널드 럼스펠드(Donald Rumsfeld)가 말한 것처럼 "만약 미국이 9.11사건으로부터 교훈으로 얻은 것이 있다면 테러분자를 제압할 유일한 방법은 그들을 공격하는 것이라는 사실이다. 다른 선택은 없다. 여러분은 언제 어디서나 모든 기법에 대해 완벽히 방어할 수는 없다. 그런 점에서 테러분자가 유리하며, 따라서 그들이 있는 곳 어디든 그들을 추격하는 것 외에 다른 선택은 없다."

어떤 사람들은 테러를 완전하게 제거하기 위해서 우리는 그것이 등장하는 근본적 조건들을 살펴봐야 한다고 주장한다. 아프가니스탄에서 알카에다를 물리치기 위한 노력에는 주민들이 원하는 것을 해결할 수 있는 정부의 수립과 싸움 대신할 수 있는 일자리를 제공하는 것이 반드시 포함되어야 한다. 코렌갈 계곡에 주둔한 미군 대대 지휘관인 브레트 젠킨슨(Brett Jenkinson) 중령은 아프가니스탄에서의 테러와의 전쟁에 승리할 것인가를 평가하면서 "우리에게 필요한 것은 불만을 품은 청년들에게 더 나은 채용기회를 제공하는 것이다. 군사적 힘으로는 희망을 이룰 수 없다. 경제발전과 좋은 통치로만 그것을 이룰 수 있다(Baker and Kolay, 2009, p. 27)."

새로운 글로벌 테러를 통제하기 위해 과연 어떻게 해야 하는 지가 논쟁거리이다. 전 세계적 규모의 전쟁을 치루기 위해서는 엄청난 비용의 장기적 참여가 필수적이다. 이 때문에 새로운 글로벌 테러에 대해 효과적이고 정당한 대응할 수 있는가에 대한 제안들이 서로 다르고, 마찬가지로 어떻게 세계가 테러를 줄일 수 있는지에 대한 권고들도 가지각색이다.

대테러 정책을 이토록 문제가 되게끔 만든 것은 전략가들이 테러의 형식이 서로 다르고 그것의 기원도 서로 다르다는 사실을 구분하는데 실패했기 때문이다. 따라서 그들은 대테러 정책을 테러의 서로 다른 형식을 다루기 위한 정교한 접근법을 마련하지 못하고 추상적이고 단일한 공식의 전략을 수립했다. 한 전문가가 조언한 바와 같이 "9.11 이후 한 가지 교훈은 테러와의 전쟁이 국가들의 복잡한 정치적 다이내믹을 바라보는 우리의 시각을 왜곡하는 렌즈를 만들었다는 것이다(Menkhaus, 2002, p. 210)."

최근의 글로벌 테러의 물결과의 전쟁에서 제기되는 통제의 문제를 평가함에 있어서 다음과 같은 일련의 모순된 주장에 직면하게 될 것이다. "양보는 미래의 테러에 대한 테러분자들의 야심만 부추길 것이다."라는 주장과 이와는 반대로 "양보는 테러를 이끌어내는 분노를 보상할 수 있다."는 주장, 혹은 "테러는 장기적 해결이 필요하다."는 주장과 이와는 반대로 "테러는 선제공격에 의해 예방되지 않고서는 치유될 수 없다"는 주장 등이 그것이다. 여러분이 추구하는 해답은 테러의 본질과 기원에 대해 여러분은 어떻게 생각하는지에 대한 서로 다른 가정들로부터 나오게 될 것이며, 그러한 가정들은 제시된 치유책이 과연 현명한 것인지 아니면 무익한 것인지에 대한 여러분의 결론에 크게 영향을 줄 것이다.

염두에 두어야 할 것은 대테러 프로그램 정책을 효과적으로 만들 수 있도록 하는 것이 여러분이 미래의 테러행위라는 문제해결을 위해 선택한 계획의 결과가 오히려 문제를 악화시킬 수 있다는 점이다. 어떤 사람의 해결방안은 다른 사람에게 문제가 될 수 있고, 해답이 종종 모호하며, 정의의 전쟁논리를 대테러 전쟁에 적용하기 위한 윤리적 잣대에 대한 정의가 필요하다는 점에서 대테러 정책은 논쟁을 불러일으킨다(Patterson, 2005).

여러분은 어떻게 생각하는가?

- 정책결정자의 입장에서 테러와 같은 비국가 행위자에 의한 무력침공은 어떻게 전쟁의 환경을 변화시키는가? 또한 그것은 어떻게 개입의 환경을 변화시키는가?
- 여러분이 정부에게 테러와 싸우는 최선의 방법으로서 무엇을 조언할 수 있겠는가? 각각의 해결책은 성공을 약속할 수도 있지만 재앙이 될 수도 있음을 명심하라.
- UN과 같은 정부간 기구는 테러와 싸우는 국가의 능력을 어떻게 보완 혹은 방해할 수 있는가?

STUDY. APPLY. ANALYZE.

핵심 용어

개체적 오류	무력 분쟁	생태적 오류	전쟁	지속적 국내경쟁
경제적 평화	문화적 조건	선천성 대 후천성	전쟁의 협상 모델	청년 팽창
공산주의의	민주평화론	세력전이 이론	전쟁피로 가설	쿠데타
국가후원 테러	분쟁	실패한 국가	정보전	패권안정 이론
국민성	비대칭 전쟁	심판	제국주의 이론	평화주의
긴 평화	사회화	억제	주선	
내전	상대적 박탈	이종 간 공격 행위	중개	
동종 내 공격 행위	상업적 자유주의	적자생존	중재	

추천 도서

Combs, Cynthia C. (2013) *Terrorism in the Twenty-First Century*, 7th edition. Boston, MA: Pearson.

Levy, Jack, and William R. Thompson. (2010) *Causes of War*. Malden, MA: Wiley-Blackwell.

Kegley, Charles W., ed. (2003) *The New Global Terrorism: Characteristics, Causes, Controls*. Upper Saddle River, NJ: Prentice Hall.

Lemke, Douglas. (2008) "Power Politics and Wars without States," *American Journal of Political Science* 52:774–786.

Sandler, Todd. (2011) "New Frontiers of Terrorism Research: An Introduction," *Journal of Peace Research* 48:279–286.

Thyne, Clayton. (2009) *How International Relations Affect Civil Conflict: Cheap Signals, Costly Consequences*. Lexington, MA: Lexington Books.

Vasquez, John. (2009) *War Puzzle Revisited. Cambridge*: Cambridge University Press.

Wallensteen, Peter. (2011) *Understanding Conflict Resolution: War, Peace, and the Global System*. London: Sage.

Zalman, Amy, and Jonathan Clarke. (2009) "The Global War on Terror: A Narrative in Need of a Rewrite," *Ethics & International Affairs* 23, no. 2:101–113.

"정치적 권력은 총구에서 나온다."

— 마오쩌둥(毛澤東), 공산 중국의 설립자

CHAPTER 8
무기와 동맹에 의한 국력의 추구

AP Photo/US Airforce

맙소사, 미사일에 폭탄에 기관포까지!

역사적으로 국가들은 적을 굴복시키기 위해 미사일과 폭탄과 탄환을 사용해왔다. 현실주의자들에게 군사력의 신중한 사용은 세계정치의 안보와 안전을 유지하기 위한 강력한 수단으로 여겨진다. 사진에서와 같이 지상전을 치루지 않고도 적을 격퇴할 수 있는 항공력의 사용이 그러한 사례이다. 무인기 프레데터 드론(predator drones)의 사용조건에 관한 논란이 커지고 있는 가운데 미국은 2001년-2013년 기간에 파키스탄, 예멘, 소말리아 등에서 425개의 목표물을 공격한 것으로 추산되며 이로 인해 최소 3,000명이 사망했다(Lobe, 2013).

고려해야 할 질문들

- 현실주의는 전쟁과 평화에 어떤 입장인가?
- 세계정치에서 국력의 역할은 무엇인가?
- 군사력은 어떻게 발전하는가?
- 강압외교와 관련된 군사전략으로는 어떤 것들이 있는가?
- 현실주의에 따르면 동맹의 장점과 단점은 무엇인가?
- 세력균형 이론의 기본 가정과 주장은 무엇인가?

여러분이 차기 UN 사무총장이라고 가정해보라. 평화를 지키기 위해 UN 헌장을 이행하는 막중한 책임을 가지게 될 것이다. 하지만 이 세상을 둘러보면 아마도 많은 나라들이 무력분쟁을 겪고 있으며, 전쟁으로 생명과 재산이 마구 파괴되고 있음을 보게 될 것이다. 게다가 여러 나라들과 일부 초국가적 테러 집단들이 새로운 대량살상무기를 가지고 그들의 적을 마비시킬 능력을 가지고 있다는 사실로 스트레스를 받게 될 것이다. 또한 많은 국가들이 자신의 무장력을 늘려 군사력을 강화시키는 동시에 계속해서 자신의 안전에 위협을 느끼며 살아간다는 현실에 전율할 것이다.

현대무기의 점증하는 파괴력으로 인해 여러분은 오늘날의 세계에 놀라지 않을 수 없다. 물리적 생존에 대한 위협에 대응하기 위해 전전긍긍하면서 무장하고 있는 UN회원국 대부분이 바로 국가안보(national security) 혹은 외세침략 공포로부터의 심리적 자유가 급속하게 위협받는다고 여기고 있는 나라들이다. 지구를 둘러싼 불안감이 충만해지고 있음을 보면서 안보 딜레마가 결국 현실로 나타나고 있다고 여길 것이다. 각각의 국가가 방어적 목적으로 계속해서 군비를 증강하는 것이 상대에게는 위협으로 여겨지며, 이것은 경쟁적인 국가들로 하여금 추가적 군비증강이라는 대응조치를 불러일으킨다. 그리고 그 결과 무장하는 국가들의 군비는 증강함에도 불구하고 그들의 안전은 더욱 취약해진다.

UN 회원국들이 국력과 지위를 위해 서로 경쟁하는 것을 보면서 여러분은 또한 국가들이 이해관계와 가치의 일치 혹은 충돌에 따라 서로 파트너 십을 구축하는 경향이 있음을 보게 된다. 현실주의적 외교정책가인 스티븐 로젠(Steven Rosen)이 언급한 것처럼 "적이 존재하기 때문에 동맹의 필요성이 제기되는 것이고, 동맹이 체결되는 것은 그것이 전투 수행에 유리하기 때문이다." 관계와 조건이 변화하면 경쟁세력의 힘에 집착하는 초국가적 행위자들이 새로 재편성되면서 새로운 동맹이 만들어지고 기존의 동맹은 해체된다.

국가들 스스로 자신을 옥죄게 만드는 불안정성이 증대하는 이러한 딜레마로부터 벗어나기 위해 여러분은 UN 회원국들에게 어떤 길을 조언해 줄 수 있을 것인가? 여러분의 조언은 아마도 제한적일 것이며 무시될지도 모른다. 왜 그럴까? 전쟁과 평화라는 주제로 논쟁을 벌일 때, 그리고 국제적 긴장이 고조될 때, 정책결정자는 (그리고 이론가는) 현실주의 이론을 지침으로 삼게 된다.

이 세상에서 상호 적대적인 세력들은 그들이 무장했기 때문에 싸우는 것이 아니다.
그들은 서로 싸우기 때문에 무장하는 것이고, 그들은 상충하는 이해관계를 해소할 수 있는
평화적인 방법을 아직 알지 못한다.

　　　　　　　　　　　　　　　　　　　　　　　　　　　　　　　　－리처드 닉슨(Richar M. Nixon), 미국 대통령

전쟁과 평화에 대한 현실주의 접근법

거의 대부분의 국가들은 무정부적인 세계 체계에서는 어쩔 수 없이 안전을 스스로에 의존하는 *자력구제(self-help)*가 필수적이라고 여긴다. 국가들은 현실주의의 교훈들을 학습해왔다. 현실주의는 자기이익을 위한 힘의 추구와 다른 행위자에 대한 지배가 세계역사에서 보편적이고 항구적인 동기라고 주장하는 학파이다. 이러한 이유에서 대부분의 국가들은 국가 및 세계 안보에 대한 현실주의의 길을 따른다. 이와 같은 내용의 세계관 혹은 개념적 패러다임은 국가에 대해 오랜 전통을 가진 가능하고 실천적인 선택적 대안 세 가지 가운데 하나를 제시한다. 1) 스스로 무장하기, 2)다른 나라와의 동맹을 체결하거나 단절하기, 3)적에 대한 군사개입과 같은 군사적 접근과 강압외교(coercive diplomacy)를 통해 자신의 운명을 결정할 수 있는 전략

강압외교
적대국가의 외교정책 혹은 국내정책을 변경하게끔 설득할 목적으로 군사력 사용을 위협하거나 제한적인 군사력을 사용하는 행위

표 8.1	안보를 위한 현실주의의 입장: 기본가정과 정책조언
글로벌 환경에 대한 현실주의적 조망	
글로벌 상황의 제1조건: 무정부 상태; 혹은 권위적 통치제도의 부재	
체계의 변화/변혁 가능성: 낮음. 단 9.11과 같은 예외적 사건에 대한 대응은 제외	
주요 초국가적 행위자: 국가, 특히 강대국	
행위자의 제1목적: 다른 행위자에 대한 힘, 자기보존, 물리적 안보	
행위자 상호관계의 주된 유형: 경쟁과 분쟁	
주요 관심사: 국가안보	
국가의 우선순위: 군사력 획득	
일반적 국가 행위: 강압외교를 위한 군사력의 사용	
정책처방	
평화를 원하거든 전쟁을 준비하라.	
어떤 국가도 국익 이상으로 더 신뢰할 수 없다.	
옳고 그름의 기준은 개인에게 적용될 뿐 국가에는 적용되지 않는다; 국제문제에서 안보를 위해 탈(脫)도덕적 행위가 종종 필요하다.	
고립주의는 적극적인 국제 개입의 대안이 아니다.	
군사력 증강을 위해 노력하고, 굴복을 받아들이기보다는 싸워라.	
다른 국가 혹은 연합국이 압도적 지위를 차지하도록 놔두지 말라.	
바람직한 군사적 균형을 유지하기 위해 경쟁자와 타협하라.	

을 구축하기.

이 장에서는 안보 위협을 줄이기 위한 현실주의 처방을 따르는 국가들의 노력을 고찰하게 될 것이다. 17세기 영국의 사상가 토마스 홉스(Thomas Hobbes)는 자연 상태에서 인간은 "만인에 대한 만인의 전쟁"에 처해있다고 하였고, 국가가 성공하기 위해서는 "검투사의 태도를 가져야 한다. 즉, 적에게 검을 겨누고 눈을 떼지 말아야 한다."고 조언하였다. 이 장에서는 국가안보와 국가이익을 지키기 위한 무기의 구매와 사용, 무기 체계의 주요 변화 및 동맹의 역할을 살펴보며, 경쟁적인 초국가적 행위자가 다른 상대에게 무력을 사용하는 것을 예방하기 위한 세력균형에 대해서도 고찰한다.

이 논의는 현실주의자들이 오랜 역사 동안 세계정치를 추동했다고 믿는 법칙에서 가장 중요한 자리를 차지하는 국력에 대한 강조로부터 시작한다. 국가안보는 국가의 외교정책 의제 형성에 책임을 지는 정책결정자들에게 가장 중요한 것이다. 무력침공의 위협은 언제나 존재하기 때문에 현실주의는 국가의 관심사에 전쟁을 가장 높은 순위로 두어야 하며, 위험을 감수하기 위해 국력의 추구는 다른 모든 것보다 반드시 우위에 두어야 한다고 조언한다. 이러한 강조는 현실주의 외교정책의 일부에 불과하다. 표 8.1에서와 같이 현실주의자들이 전통적으로 국가안보 및 국제안보의 가장 안전한 길이라고 제시하는 외교정책 조언은 매우 광범위하다(2장 참조).

세계정치에서의 국력

아주 오래 전의 현실주의 이론가들은 자신들의 사상과 정책조언의 기반을 모든 사람과 국가는 힘을 추구한다는 믿음에 두었다. 성경에 언급된 바와 같이 인간은 죄를 가지고 태어나며 인간의 불변하는 충동 가운데 하나는 자신이 접하는 사람들을 지배하는 힘을 추구하는 것이기 때문이다. 현실주의자들이 인간과 국가의 최우선적 목적이라고 가정하는 권력(국력)이라는 개념은 명확한 정의를 내리기 어렵다. 구성주의자들은 보다 넓은 관점에서 권력을 이해하는데, 그들은 일반적으로 행위자가 자신에게 유리하게끔 다른 행위자가 움직이도록 영향력을 행사하는 정치적 능력으로 권력을 해석한다.

대다수의 지도자들은 현실정치(realpolitik)를 따르며, 국가에게 국익을 증진하고 국제협상에서 승리하며 세계 체계에서의 상호관계를 규정하는 규칙들을 설정하는 능력을 가져다주는 여러 가지 요소들의 조합으로써 국력을 이해하는 전통적 방식으로 행동한다. 미국 전 국무장관 콘돌리자 라이스(Condoleezza Rice)가 지적한 것처럼 "국력은 그것을 영향력으로 전환시키지 못하면 아무 소용이 없다." 하지만 '다른 행위자를 움직이는 영향력 행사'로서의, 정치적 권력이라는 의미론적 정의를 넘어서서 권력은 모호한 개념이며 측정이 어렵다. 이러한 사전적 정의는 다음과 같은 질문을 던진다. 어떤 요인들이 한 행위자가 다른 행위자를 통제하거나 강제할 수 있도록 만드는가?

국력의 요소

국가의 잠재 국력의 내용들에 관해서 현실주의자들은 군사적 능력을 중심 요소로 여긴다. 현실주의 이론은 군사적으로 강제할 수 있는 능력이 보상을 주거나 양보를 이끌어내는 능력보다 더 중요하다고 주장한다. 따라서 현실주의자들은 신자유주의 전략을 거부하는데, 신자유주의 이론가들은 상호의존적 연계망 안의 국가들이 경제적, 정치적, 문화적으로 연결되는 *글로벌리제이션*이 이루어지면서 국가의 힘과 안보에 있어서 군사적 능력보다 경제적 자원이 점점 더 중요해지고 있다고 주장한다(Nye, 2008).

현실주의의 전통적 논리를 따라 국가의 잠재국력(power potential)을 평가하는 방법 가운데 하나는 국가들이 군사적 능력을 획득하기 위해 지출하는 금액의 크기를 비교하는 것이다. 이러한 지표에서 미국이 세계 군사력의 원동력임에는 의문의 여지가 없다. 미국은 국방비지출에서 다른 모든 나라들과 큰 격차를 벌이면서 앞서 있다. 그림 8.1은 지난 60년간 미국의 국방예산의 추이가 미국을 유례없는 군비지출 국가로 만든 것을 보여주고 있다. 미국은 2012년 군사비로 6,690억 달러를 사용하여 전 세계 군사비 지출의 39%를 차지했다. 2012년 전 세계 군사비 지출은 1조 7,600억 달러로 1998년 이후 처음으로 감소세를 보여주었다(SIPRI, 2013). 그럼에도 불구하고 미국 의회예산국은 2012 회계년부터 2018 회계년 사이에 미국이 5조 5,400억 달러 이상을 국방비로 지출할 것이라고 예상하였다(Adams and Leatherman, 2011).

군사비지출 이외에도 잠재국력의 요소들이 많다. 분석가들은 이른바 국력요소들 가운데 국가경제의 상대적 규모, 인구, 영토 크기, 지리적 위치, 천연자원, 기술적 능력, 정치문화와 가치, 이념, 정부정책결정의 효율성, 산업생산성, 무역규모, 교육수준, 국민의 단결심 등을 고려한다. 예를 들어 잠재 국력이 영토의 크기로 측정된다면 러시아는 영토 면에서 경쟁하는 다른 국가들(영토 크기순으로 캐나다, 중국, 미국, 브라질, 호주)보다 두 배나 크기 때문에 세계에서 가장 강력한 국가가 되어야 할 것이다. 마찬가지로 UN이 예측한 2025년의 인구 규모로 국력이 측정된다면 중국, 인도, 미국, 인도네시아, 파키스탄, 나이지리아, 브라질이 순서대로 가장 강력한 국가가 되어야 한다. 유사한 비교로써 미래의 경제성장과 군사력 증강을 위한 투자로서 연구 및 개발에 대한 국가지출(GDP 대비 %) 순위로 측정할 경우, 전망이 밝은 국가는 이스라엘, 핀란드, 한국, 스웨덴, 일본, 덴마크, 스위스, 미국, 독일, 오스트리아, 아이슬란드, 싱가포

잠재국력

국가가 다른 국가에 대한 영향을 미치기 위해 필수적이라고 간주되는 능력과 자원

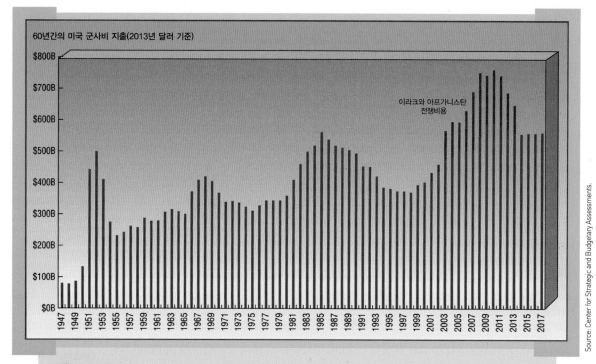

그림 8.1
60년간의 미국 군비지출
미국의 군비지출은 한국전쟁과 베트남전쟁 기간 동안 치솟았고, 로널드 레이건 대통령 치세인 1980년대에 확대되었다가, 냉전 종식 이후 줄어들었으나, 9.11과 글로벌 '테러와의 전쟁'이 시작되면서부터 급속하게 증가하였다. 군사력에 많은 비용을 지출함으로써 계속해서 미국은 경쟁자 없는 진정한 패권적 초강대국으로 인정받을 수 있었다. 2014년에 미국 국방비는 기준예산 5,266억 달러로 책정되었으나 이 수치는 핵비용과 더불어 아프가니스탄과 이라크에서의 전쟁비용 및 파키스탄에서의 대반군전 비용 885억 달러가 제외된 것이다. 이들 비용까지 합치면 2014년 미국 국방예산은 6,151억 달러가 된다(DOD, 2013).

르, 호주 순이 될 것이다(WDI, 2013). 분명히 힘은 상대적이다. 국력은 여러 가지 형태로 나타나기 때문에 잠재 국력의 특정 차원에서 앞서가는 나라라도 다른 분야에서는 그렇지 않다(지도 8.1과 지도 8.2 참조).

따라서 군사적 능력과 국력을 구성하는 다양한 요소들을 평가하기 위해서 어떻게 하는 것이 가장 좋은가에 대해서는 일치된 합의가 없다. 가장 큰 규모의 무기를 보유한 나라들이 정치적 분쟁에서 반드시 승리한 것은 아니다. 실제로 1950년 이후 엄청난 군사적 불균형을 보인 교전국들 사이의 비대칭 전쟁에서 약한 국가들이 승리한 경우가 절반 이상이다. 이것은 부분적으로 약한 쪽이 생존에 더 큰 이해관계를 가지고 있으며, 상대적인 군사력이 아닌 이해관계의 크기가 강자와 약자 사이의 전쟁에서 더 결정적인 요인이기 때문이다(Arreguin-Toft, 2006).

명백히 더 강한 적대세력과의 무력 분쟁에서 약한 초국가적 행위자가 우세했던 사례는 매우 많다. 베트남은 전통적인 군사력 관점에서 약했지만 훨씬 강한 프랑스와 대결해서 승리했고, 나중에는 미국에게도 승리했다. 마찬가지로 미국의 우월한 군사력은 1968년 북한에 의

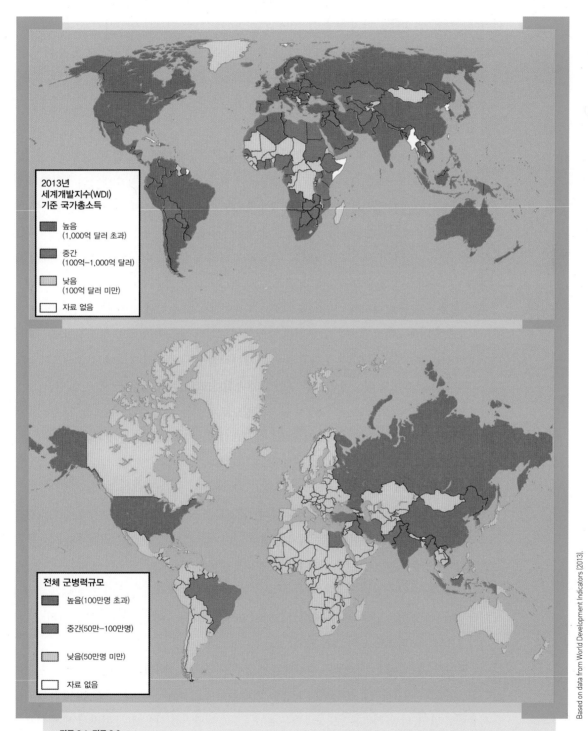

지도 8.1, 지도 8.2
잠재 국력 평가의 두 가지 방법
국가의 부와 군병력규모. 첫 번째 지도는 국력의 차이를 결정하는 요인으로 국가의 부를 평가하기 위한 것으로써 국가들의 국가총소득(GNI) 수준을 비교한 것이며, 국가의 경제규모로써 빈국과 부국(강한 국가와 약한 국가)을 구분하는데 사용된다. 국력투사의 또 다른 평가방법은 국가의 육해공군 병력 수를 비교하는 것이다. 두 번째 지도는 각국이 보유한 군사작전이 가능한 병력의 규모를 보여준다.

한 푸에블로호 피랍을 막지 못했고, 10년 후 이란에서 미국 외교관 인질사건을 예방하지 못했으며, 알카에다 테러 네트워크의 9.11 테러 공격을 막지 못했다. 해체 이전의 소련 역시 (엄청난 군사력을 가졌음에도 불구하고) 아프가니스탄과 동유럽, 심지어 소련 내 공화국들에서의 정치적 사건들을 통제하지 못했다는 점에서 군사력의 무기력함이 미국에 대한 것만은 아님을 보여준다.

역사는 작은 나라들이 군사적으로 훨씬 강한 적에 맞서 전쟁에서 승리하고 독립을 지켰던 사례들의 반복이다. 예를 들어 17세기 합스부르크 제국에 맞선 스위스, 스페인에 저항한 네덜란드, 오토만 터키에 저항한 그리스 등을 생각해보라. 각각의 사례에서 더 강한 군대에 맞서고자 하는 주민들의 의지와 조국을 지키기 위해 목숨까지 던질 수 있다는 각오와 같은 보이지 않는 요소들이 약소국이 스스로를 지킬 수 있었던 능력의 핵심요인이다. 대영제국은 이러한 요인을 마지못해 인정할 수밖에 없었고 결국 1781년(요크타운 전투에서 영국이 미국에 패배―옮긴이) 훨씬 약한 아메리카 식민지를 되찾는 비용이 너무나 값비싼 것이라고 결론지었다.

그럼에도 불구하고 무력으로 안전을 지킨다는 주장과 군사력에 대한 현실주의의 신뢰는 여전히 광범위하게 남아 있다. 군사적 능력은 제한적인 군사적 위협에 의한 *강압외교*의 성공을 위한 전제조건이기 때문에 그러한 믿음이 계속된다고 많은 안보 전문가들은 설명한다. 아마도 이러한 신념이 미국의 조지 W. 부시 대통령으로 하여금 "위험스럽고 불안한 세계는 미국으로 하여금 날카로운 검을 가지도록 요구한다."고 주장하도록 고취했을 것이다.

군비지출의 '비용'

군사력은 지도자의 국가안보 인식의 핵심이다. 냉전의 종식으로 세계적인 긴장이 줄어들고 군사적 준비 태세도 함께 줄어들기는 했지만 세계 군비지출은 2012년 1조 7,600억 달러까지 증가하였다. 이 수치는 2011년에 비해 1% 정도 약간 줄어든 것이지만 2000년에 비하면 55% 증가한 것이다. 이런 엄청난 수치는 세계 전체의 국내총생산(GDP)의 2.5%이고 전 세계 인구 1인당 246.9 달러를 지출한 셈이다(WDI, 2013; SIPRI, 2013). 이것은 전 세계가 군사비로 1분마다 3,329,528 달러를 쓰는 것과 맞먹는다.

역사적으로 부유한 나라들은 무기구입에 대부분의 돈을 소비했으며, 이러한 경향은 계속되고 있다(그림 8.2 참조). 2013년이 시작할 무렵 국방비로 북반구 세계는 1조 3,040억 달러를 사용했던 반면, 남반구의 개발도상국들은 불과 4,940억 달러를 사용했다. 따라서 세계 전체에서 고소득 선진국들의 군비지출은 75%를 차지한다. 하지만 다른 요소들을 가지고 측정할 경우 차이는 보다 분명해진다. 북반구 세계는 그들의 평균 GDP의 2.8%를 군사비로 지출한 반면, 가난한 남반구 세계는 인간개발과 경제성장에 절실하게 필요한 자금을 상대적으로 더 많

기회비용

한 가지 선택을 결정하는 것이 다른 선택으로 얻게 되는 이익을 상실하는 경우 발생하는 희생

이 희생하면서 평균 GDP 2.1%를 군사력에 사용했다(WDI, 2013).

게다가 이들 두 세계의 군비지출 수준은 시간이 지나면서 역전하고 있다. 1961년 남반구 세계의 군비지출이 세계의 약 7%였지만 2013년까지 25%로 증가하였다(WDI, 2013). 이러한 추이는 가난한 나라들이 과거 가장 부유한 나라들의 대규모 군비지출을 답습하고 있음을 보여주는 것이다.

군비지출은 또한 기회비용(opportunity costs, 어떤 한 목적에서의 수익은 다른 목적에서의 손실)을 초래한다. 따라서 특정한 선택은 반드시 지출되어야 하는 기회의 손실비용을 의미한다. 예를 들어, 군사비 사용은 경제성장을 둔화시키고 재정적자를 야기한다. 국방비의 엄청난 비용은 오히려 정책결정자가 군사력으로 지키기를 원하는 국가의 복지 자체를 잠식할 수 있다. 정치학자 리처드 로제크랜스(Richard Rosecrance)가 언급한 것처럼 "국가는 '총'의 수요를 줄이면 더 많은 '버터'를 제공할 수 있다. 이 두 가지 목표는 때때로 상쇄적이다. 어느 하나의 획득은 다른 하나를 현실화할 기회를 줄인다."

1945년 이후 소수의 국가만이 터무니없을 정도의 막대한 군사비를 사용했다. 그림 8.3에서와 같이 2012년 미국의 군비지출은 세

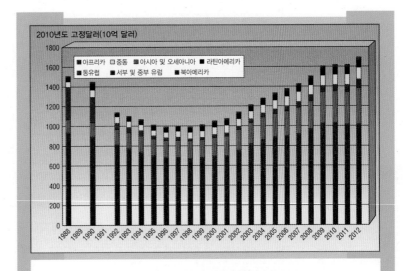

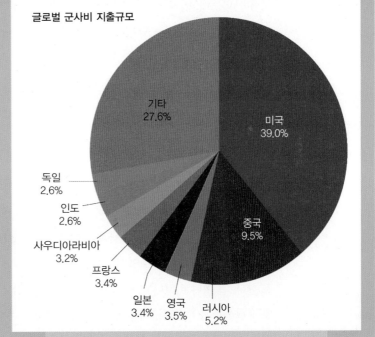

글로벌 군사비 지출규모

그림 8.2, 그림 8.3
글로벌 군비지출의 증가
글로벌 국방예산은 1960년대부터 변동을 보였는데, 1987년 세계 전체의 군비지출이 최고조에 달했다가 이후 9.11테러공격이 발생할 때까지 1/3 가량 줄었다. 위 그래프에서와 같이 남반구 개발도상국가들, 특히 아시아와 오세아니아의 국방예산은 2012년 세계 전체의 22% 규모로 세계 군비지출에서의 비중이 급속하게 커지고 있다. 하지만 아래 표에서와 같이 미국의 군비지출은 다른 국가들보다 훨씬 많으며 그 다음으로 군비지출이 많은 나라인 중국보다 4배 이상 많다(SIPRI, 2013).

계 전체의 39%에 달하며, 그 다음으로 중국이 9.5%, 러시아가 5.2%, 영국이 3.5%를 차지한다 (SIPRI, 2013). 많은 국가들은 잠재적 위협에 대한 방어를 위해 동맹과 글로벌 제도에 의존함으로써 자원을 아끼는 대신 해외수출을 위한 상품개발 연구에 투자함으로써 상대적인 경쟁력을 확대하였다. 다만 미국은 예외이다. 2012년 전 세계 군사비 지출의 39%를 차지하는 미국은 연구개발에서 가장 큰 투자자이다. 하지만 "미국 연방정부의 연구개발(R&D) 지출의 대부분은 군사력 태세에 관련된 것이다(Battelle, 2008, p. 16; SIPRI, 2013)."

군산복합체

군비지출을 높여 이익을 얻는 군부, 군수업체, 정부기관 사이의 연합으로써, 군사적 태세를 위한 군비지출을 확대할 목적으로 서로 제휴하여 로비활동을 벌인다.

이러한 군산복합체(military-industrial complex)가 미국의 국방예산과 무기판매 협상에 상당한 영향력을 발휘하는 것으로 여겨진다. 그들의 영향력은 그들의 상품에 대한 가격을 인상하여 국방부(펜타곤)에 청구하는 국방조달계약을 체결하는 데에서도 잘 나타난다. 미국 정부는 국방부의 주요 무기조달 프로그램을 통해 군사장비 구매에 20%를 초과 지불하는 것으로 추산되는데, 심지어 5,919달러짜리 튀김도구, 1,781달러짜리 와플구이틀, 1,025달러짜리 토스터 구입비용까지 포함된 것으로 알려졌다(Borenstein, 2006; Markoe and Borenstein, 2005). 군수업자들이 이윤 확대를 추구한다는 것은 당연한 것이지만, 그들의 탐욕은 많은 비판을 받고 있다. 비판을 하는 사람들은 군수업자들이 의회와 국방부에 대해 로비를 벌여 새로운 무기를 전 세계로 팔기 위한 정부의 승인을 얻기 위해 많은 군비를 지출하게끔 만든다고 우려하고 있다.

최근에 경제위기에 직면하여 군비지출을 줄일 것이냐 아니냐의 문제가 쟁점으로 떠오르고 있다. 2012년 글로벌 군비지출은 경제현실을 반영하여 1998년 이래 처음으로 세계 군비지출이 감소했는데, 이는 대부분 미국이 아프가니스탄과 이라크에서 군사력을 계속 철수함으로써 비용을 줄였기 때문에 나타난 현상이다(SIPRI, 2013).

정치는 우선순위가 무엇이고 공적 자금을 어떻게 지출해야 하는가의 어려운 선택을 필요로 한다. '총이냐 버터냐'의 문제는 모든 나라에서 심각한 논쟁거리이다. 즉, 어떻게 시민의 기초 생필품을 충족시키는데 사용될 수 있는 희소한 재정을 군사적 준비에 분배하고 그럼으로써 시민들이 안전하고 오래 살아갈 수 있도록 하느냐의 문제이다. '총'은 국가안보를 위해 무장할 것을 의미하고, '버터'는 인간안보(human security)를 강조한다. 어떠한 목표도 다른 것을 이루는 것을 어느 정도 희생하지 않고는 이루어낼 수 없다.

인간안보

개인의 복지가 보호되고 증진되는 정도를 평가하는 척도로 자유주의 이론에서 각광받고 있으며, 현실주의 이론이 다른 목표들에 비해 국가의 이익을 우선시하며 군사 및 국가안보를 강조하는 것과 대비된다.

그러한 차이는 국방에 대한 커다란 비용 부담을 치를 의지의 정도에 따라 달라진다. 즉, 국내총생산(GDP)에서 군비지출이 차지하는 비중으로 국가들을 구분 짓고, 이러한 GDP 대비 상대적 지출을 비교함으로써 그러한 차이를 확인할 수 있다. 군비의 상대적 부담(relative burden of military spending), 즉 GDP 대비 군비지출은 군비지출을 위해 요구되는 다른 부문의 희생을 측정하는 가장 일반적인 방식이다(지도 8.3 참조). 세계적 추이를 살펴보면 군사

군비의 상대적 부담

군사 활동에 대한 경제적 부담을 보여주는 지표로써 각국의 국내총생산(GDP)에서 군비지출로 할당되는 비율로 측정된다.

지도 8.3
GDP에서 군비지출의 비중
지도에서 보이듯이 군비지출에 할당되는 각국의 GDP 비중은 매우 다양하다. 많은 나라들이 전체 GDP의 상당 부분을 국방비에 할당하고 있지만, 어떤 나라들은 인간안보를 위해 국가의 부를 투입한다. 2011년 사우디아라비아와 이스라엘이 군사비 부담의 상대적 비중이 가장 높았고, 뒤를 이어 아랍에미리트연합, 아제르바이잔, 아프가니스탄 순이었다(WDI, 2013).

적 목적을 위해 사용되는 자원의 비중은 2000년 이후 꾸준하게 증가했고, 평균 군비 부담은 세계 GDP의 2.5%에 달한다(SIPRI 2013).

실제로 비교적 잘사는 일부 국가들(사우디아라비아, 이스라엘, 브루나이)의 군비 부담은 매우 높은 반면, 주민들에게 높은 평균 소득을 제공하는 국가들(일본, 오스트리아, 룩셈부르크)은 군비 부담이 낮은 편이다. 마찬가지로 일부 매우 못사는 나라들(시에라리온, 모잠비크, 차드)의 주민들은 군사비 부담이 크지만, 또 다른 저소득 국가들(부탄, 콩고민주공화국)의 주민들은 그렇지 않다. 따라서 국가의 군비 부담과 주민들의 삶의 수준, 인간개발 혹은 개발단계 사이의 정확한 관계에 대한 일반화는 어렵다. 지도는 높은 군비 부담을 가진 대부분의 국가들은 또한 무력침공의 수준이 높거나 중동이나 아프리카처럼 안보문제가 심각한 지역에 위치한 나라들임을 보여준다(7장 참조).

국가는 국가안보를 위해 얼마나 희생할 수 있는가? 많은 현실주의자들에게 그 비용은 결코 비싸지 않다. 하지만 다른 이들은 미국의 아이젠하워 대통령의 다음과 같은 경고를 지도자들이 유념할 것을 강조한다. '세상을 무장하는 비용은 단순히 돈만이 아니다. 그것은 어린이들의 땀을 대가로 하는 것이다.' 높은 군비지출을 비판하는 사람들은 이러한 고비용이 인간안보를 쉽게 저해할 수 있으며, 이미 이러한 현상이 일부 국가들에서 나타나고 있다고 주장한다. 미

표 8.2	인간안보: 미국의 실상
지표	**순위**
1인당 GNI	9
실업률(노동력 대비 %)	29
여성경제활동비율(15세 이상)	65
인간개발지수(HDI)	3
성(젠더) 평등	42
기대수명	42
이산화탄소 배출(1인당)	10
5세 이하 사망률	47
초등학생 1인당 공교육비 지출(GDP 대비 %)	46
총보건지출(GDP 대비 %)	3

Based on data from World Development Indicators (2013); Human Development Report (2013).

국의 전 국방장관 로버트 게이츠(Robert Gates)는 "현실성 없거나 별 것 아닌 위험에 대한 초과보험으로 지출되는 국방비는 우리의 국민들을 돌보고, 군대를 재정비하며, 미국이 개입한 전쟁에서 승리하고, 그동안 덜 투자되고 잠재적으로 취약한 분야에서의 능력을 개선하는 데 투입되어야 할 비용이다"라고 토로했다. 미국의 결과는 밝지 않다. 미국은 군사비지출에 우선순위를 두고 있다는 점에서 인간안보의 비군사적 지표에서 미국이 어느 정도 수준인지를 살펴보라(표 8.2 참조).

이 순위는 국가안보의 비용에 대한 심각한 의문을 제기한다. 국방의 필요성과 공공복지 제공의 필요성을 조화시키는 선택은 어려운데, 왜냐하면 그러한 선택은 필연적으로 경쟁적 가치들 사이의 상쇄를 수반하기 때문이다. 이 때문에 군비지출에 관한 결정은 어디서나 커다란 논쟁거리가 된다.

어떻게 정부가 재정을 배분하느냐를 통해 정부의 우선순위를 알 수 있다. 국가예산을 분석해보면 분명한 경향성을 발견할 수 있다. 즉, 글로벌 정치권력의 자원은 변화하지만 많은 국가들은 여전히 국가의 부 상당부분을 군사력에 지출함으로써 안보를 추구하고 있다.

매년 계속해서 사회적 개선 프로그램이 아닌 군사비에 더 많은 돈을 지출하는 나라는
정신적 파멸로 나아가는 중이다.

– 마틴 루터 킹(Martin Luther King, Jr.) 미국의 민권운동가

군사적 능력의 변화

미국과 다른 강대국들, 그리고 최근에 결집하고 있는 비국가 테러집단이 점점 더 군사화 하는 현상은 세계 군사력 판도를 바꾸고 있다. 부분적으로 그 이유는 무기제조 능력이 전보다 확대됨으로써 심지어 남반구 세계 국가들과 테러조직조차 현대적인 항공기, 탱크, 미사일 제조 사업에 참여하고 있기 때문이다. 게다가 이라크 전쟁이 시작되면서 민간군사산업(private military services)이 커지는 경향이 나타나고 있다. 이것은 정부가 과거에 필요로 했던 병력보다 훨씬 적은 병력으로 군사작전을 치를 수 있도록 만드는 군사 자원으로 부상하고 있다.

> **민간군사산업**
>
> *무장보안, 장비수리, IT 서비스, 군수, 정보서비스 등 전문적 군사업무를 민간기업으로 아웃소싱(외주) 한다.*

무기거래의 추이

냉전기간 중에 많은 나라들은 무기를 제공하여 동맹을 체결하거나 무기수출로 이익을 챙기려는 국가들로부터 무기를 구입함으로써 안보를 증진하고자 했다. 1961년 세계 무기거래는 40억 달러 규모였다. 그 이후 무기수출의 거래량은 급속도로 증가하여 1987년 정점에 달했을 때에는 820만 달러 규모였다(U.S. ACDA, 1997, pp. 10, 100). 하지만 냉전의 종식이 무기거래의 종식은 아니었다. 냉전이 끝난 1991년 이후 9.11테러로 비롯된 글로벌 테러리즘 시대를 거쳐 2012년에 이르기까지 전 세계 국제무역 거래의 총액은 5,350억 달러 이상이고 매년 무기거래의 규모는 커지고 있다(SIPRI, 2013).

최근 몇 년 동안 무기거래에 특이한 현상이 나타나고 있다. 2001년부터 2012년까지 알제리 정부가 수입한 무기는 277% 증가했다. 정치적 폭력을 겪고 있는 나이지리아의 무기수입은 지난 10년 동안 두 배로 늘었다. 강대국들 가운데 중국의 무기수입은 지난해(2012년) 47% 감소했지만, 그 이유는 중국이 보다 평화적인 정책으로 전환해서가 아니라 중국의 자체적인 무기생산의 증가에 따른 결과이다. 사실 2012년 무기수출에서 중국은 5위로 영국을 능가했다(SIPRI, 2013).

전체 세계 무기 선적의 주요 고객은 주로 남반구의 일부 주요 무기구매자들에 집중된다. 2003년부터 2012년까지 인도, 중국, 한국, 파키스탄, 싱가포르가 5대 주요 무기구매 국가였다. 주목할 점은 인도가 중국을 제치고 세계 1위의 무기수입국이 되었다는 사실이다(SIPRI, 2013). 불안정하면서 무기구매에 혈안이 된 이들 국가들로의 무기 이전은 쉽게 끝날 것 같지 않다. 페르시아만 '안보대화'를 증진시키기 위해 미국은 중동에 대해 10년간 630억 달러의 이전 효과를 가지는 새로운 무기판매를 제안했지만, 최근 미국산 무기의 상당량은 아시아로 수출되며, 전체 미국 무기수출의 45%에 달한다(Hartung, 2007, p. 8; SIPRI, 2003).

무기수입국의 요구의 변화와 더불어 무기수출국의 행동변화도 중요하다. 냉전기간 중에 초강대국은 세계 무기수출시장을 장악했다. 1975년에서 1989년 사이에 세계 무기수출에서 차지하는 미국과 소련의 비중은 1/2에서 3/4 수준 사이였으며, 냉전이 끝날 무렵 미국은 단독으로 세계 무기수출 시장의 40%를 석권했다(US ACDA, 1997). 그 기간에 두 초강대국은 "3,250억 달러 규모의 무기와 탄약을 제3세계에 공급했다(Klare 1994, p. 139)." 9.11 이후 글로벌 테러와의 전쟁에서 미국은 아프가니스탄과 이라크에서의 '뜻을 같이하는 국가들의 연합' 전쟁에 함께하기로 한 국가들에게 무기공급을 확대했다. 흥미롭게도 무기수출시장을 주도하는 나라는 여전히 미국과 러시아로, 이들은 2008년부터 2012년 사이에 전체 재래식 무기수출에서 각각 30%와 26%를 차지했다(SIPRI, 2013).

일반적으로 글로벌 무기 공급자는 국가들이지만, 일부 국가에서 민간기업들이 이윤추구를 위한 시장에서 주요 무기공급자로 서로 경쟁한다(표 8.3 참조). 2011년에 미국에 본사를 둔 록히드마틴(Lockheed Martin)은 107개 국가의 GDP보다 더 많이 무기를 팔았다. 2012년 영국 회사 BEA 시스템의 무기 판매액(291억 달러)은 미국 해병대의 기초예산보다 약 50억 달러 더 많았다.

탈냉전시대에 발전하는 또 다른 특징은 근대 용병과 비슷한 것으로서 글로벌 시장에서 민간군사 서비스를 제공하는 기업들이 성장하고 있다는 사실이다. 군대와 유사한 활동을 아웃소싱함으로써 정부는 보다 적은 비용으로 군사력을 유지할 수 있게 되었다. 하지만 전쟁지역에서 민간 청부업자에게 의존하는 것은 법률적 지위에 대한 문제뿐만 아니라 민주적 책임성과 군사력에 대한 국가의 독점을 훼손하는 것이라는 지적을 낳고 있다('심층 논의: 민간군사 청부업자와 전쟁수행' 참조).

무기판매의 전략적 결과

국경을 넘나드는 무기 이전은 몇 가지 예상치 않은 부작용을 초래했다. 예를 들어 냉전시대 미국과 소련은 주요 무기구매 국가들로 무기를 확산함으로써 평화를 유지할 수 있다고 믿었다. 1983~1987년까지 미국은 59개의 저개발 국가에 무기를 공급했고, 소련은 42개 국가에 무기를 공급했다(Klare, 1990, p. 12). 하지만 상당수의 구매국가들은 주변 국가들과 전쟁을 치루거나 국내 반란을 경험했다. 1988년 무기수입 상위 20개 국가들 가운데 절반 이상이 "정부가 빈번하게 폭력을 사용하는" 국가였다(Sivard, 1991, p. 17). 1945년 이후 남반구 세계에서의 전쟁 사망자 수는 수천만 명에 달한다.

의심할 바 없이 그러한 대규모 무기수입이 파괴 수준을 높이는데 일조하고 있다. 무기수출업자가 '가난한 사람들에게 죽음을 팔고' 다니면서도 그들은 고객들에 대한 자신의 행동이 외교정책 목표와 얼마나 상충하는지를 인정하지 않는다. 예를 들어 미국은 민주화의 촉진을 추

표 8.3		안보의 판매자인가 죽음의 상인인가? 무기생산기업 상위 20위		
순위		**무기판매액(단위: 10억 달러)**		
2011	2010	기업(국가)	2011	2010
1	1	록히드마틴(미국)	36.3	35.7
2	3	보잉(미국)	31.8	31.4
3	2	BAE 시스템(영국)	29.1	32.9
4	5	제너럴 다이내믹스(미국)	23.8	23.9
5	6	레이톤(미국)	22.5	23.0
6	4	노드롭그루먼(미국)	21.4	28.2
7	7	EADS(서유럽)	16.4	16.4
8	8	핀메카니카(이탈리아)	14.6	14.4
9	9	L-3 커뮤니케이션스(미국)	12.5	13.1
10	10	유나이티드 테크놀로지스(미국)	11.6	11.4
11	11	탈레스(프랑스)	9.5	10.0
12	12	SAIC(미국)	7.9	8.2
13	–	헌팅턴잉걸스(미국)	6.4	–
14	15	허니웰(미국)	5.3	5.4
15	16	사프란(프랑스)	5.2	4.8
16	14	컴퓨터 사이언스 Inc.(미국)	4.9	5.9
17	17	롤스로이스(영국)	4.7	4.3
18	21	유나이티드 에어 크래프트 Corp.(러시아)	4.4	3.4
19	13	오쉬코시트럭(미국)	4.4	7.1
20	18	제너럴 일렉트릭(미국)	4.1	4.3

Based on data from SIPRI (2013).

구하면서도, 미국 무기를 가장 많이 도입하는 나라들은 민주화가 이루어지지 않은 나라들이다 (Blanton, 2005). 2001년 이후 프리덤 하우스(Freedom House)가 '자유국가'로 분류한 정부들에 수출된 미국산 무기는 전체 미국 무기수출의 3/5이 조금 안되며(O'Reilly, 2005, p, 11), 현재 미국산 무기를 도입하는 국가의 4/5는 미국 국무부에 의해 비민주 국가 혹은 인권침해 국가로 분류된 나라들이다(Jacson, 2007, p. A9).

무기공급자가 그들의 군사 하드웨어가 어떻게 사용되느냐를 통제할 수 없다는 점이 문제

심층 논의

민간군사 청부업자와 전쟁수행

2007년 9월 16일 이라크에서 미국 외교관들의 경호를 맡고 있는 블랙워터(Blackwater) 소속 민간인 보안요원들이 혼잡한 바그다드 교차로인 니스루 광장에서 총을 발사했다. 분개한 이라크 정부는 그들의 총격으로 17명의 민간인이 사망하고 20명이 부상했다고 밝히고 그들을 비난했다. 희생자 가운데에는 여성과 어린이도 있었다. 블랙워터는 숨어있던 저항세력의 공격에 대응한 것으로써 범죄를 저지를 것이 아니라고 주장했지만, 총격은 정당하지 않으며 블랙워터 경호원들이 무차별적으로 총을 발사했다는 주장도 제기되었다. 이 사건으로 이라크 전역에서 반미감정이 확대되었으며, 전쟁지역에서 민간군사기업의 역할과 책임에 대한 의문이 제기되었다(블랙워터는 이 사건에 연루된 것을 감추기 위해 회사 이름을 지(Xe)서비스로 바꾸었다.).

　　민간군사청부업자가 활개를 펴는 곳은 이라크만이 아니다. 2011년 무아마르 알 카다피 정부는 최고 2,000달러를 지급하고 기아나와 나이제리아의 용병을 채용하여 리비아에서의 반정부 시위를 분쇄하였다. 민간군사산업을 옹호하는 사람들은 블랙워터, 트리플캐노피(Triple Canopy), 다인코프(DynCorp) 같은 민간 청부업자들이 과거 내전에 참전했던 비공식적 네트워크 출신의 카다피 용병들과는 다르다고 주장한다. 유명기업의 민간군사청부업자들은 전문적이고 효율적이며 효과적이다. 단일 임무를 위해 민간군사요원을 채용하는 것은 상비군을 유지하는 것보다 저렴하며 "그들의 행동 동기는 특정 이념이나 국가, 집단 혹은 부족에 대한 충성심이 아니라 금전적인 것이기 때문에 오히려 공적인 정규군보다 민간인들을 잔인하게 다루지 않는다는 주장도 있다(Leander, 2005, p. 609)." 게다가 "그들은 그들이 본사를 두고 활동하는 국가의 법을 준수해야만 하며 이론적으로 그들은 경호와 같은 비전투 작전을 위해 고용된다(물론 전쟁지역에서 비전투 작전의 구분은 매우 제한적이다, Keating, 2011)."

　　하지만 민간군사기업은 합법적인 회색지대에서 활동하며 적절한 감독과 평가도 받지 않는다고 지적하는 비판도 많다. 블랙워터 사례에서 청부업자들이 이라크법의 적용을 받는지 아니면 미국법에 적용을 받는지, 그리고 민간인 법의 대상인지 아니면 군법의 대상인지 불명확했다. 고용인들이 과실치사를 저지를 경우 회사가 법을 어길 의도가 있었음을 증명할 수 없다면 회사의 책임을 묻기가 어려웠다. 또한 민간군사기업들이 무력분쟁을 지속시켜 금전적인 이익을 챙길 수 있으며, 수익성이 높은 정부계약의 아웃소싱 과정은 경쟁성을 충분히 보장하지 못하기 때문에 민간군사기업이 일단 장기 계약을 체결하면 독점적 지위를 가지게 될 것이라는 우려도 제기되었다(Markusen, 2003).

최종으로 여러분의 판단은?

1. 민간군사청부업자를 고용하는 것은 분쟁해결을 위한 무력사용을 조장하는가? 만약 전쟁에서의 살상과 파괴가 이루어질 경우 다른 방법을 찾는 것은 용이한가?

2. 민간군사기업은 국가의 군사력 사용의 독점을 훼손하는가? 여러분은 민간군사기업 활동에 대한 의존이 지속될 것으로 보는가?

3. 민간군사 청부업자가 특히 유용할 수 있는 영역이 존재하는가?

이다. 친구가 적이 될 수 있고 제공된 무기가 역으로 내게 사용될 수도 있다. 미국의 중앙정보국(CIA)은 비밀 무기선적과 같은 해외 활동이 나중에 공급자에 대한 보복으로 사용되는 경우에 어떤 일이 발생하는가를 설명하면서 이를 **군사력 역풍(blowback)**이라고 이름 붙였다(C. Johnson, 2004). 미국은 어렵게 이러한 뼈아픈 교훈을 배운 바 있다. 1980년대 사담 후세인이 이란과 싸울 때 이라크에 제공된 무기는 나중에 페르시아만 전쟁(걸프전)에서 미군을 공격하는데 사용되었다(Timmerman, 1991). 이러한 사례는 1979년 소련의 아프가니스탄 침공에 맞서 싸운 탈레반 전사들에게 미국이 제공한 스팅어미사일이 훗날 미국을 공격대상으로 하는 테러분자들의 수중에 떨어졌을 때 다시 한 번 발생했다.

마찬가지로 1982년 아르헨티나가 영국령 포클랜드 섬을 공격하기 불과 8일 전 영국은 아르헨티나에 군사시설을 선적했었고, 1998년 미국이 중국에 판매한 군사기술이 파키스탄에 수출되었는데, 이는 핵무기 실험을 가능하게 하는 것이었다.

이러한 상황의 발전은 장기적으로 이루어진 것이며, 특히 파키스탄처럼 국가의 핵물질 보안 능력이 심각하게 우려되는 곳에서는 대단히 위험하다. 핵문제 전문가인 그레이엄 앨리슨(Graham Allison)에 의하면 "현재 무기고에 저장된 핵무기 보안은 과거보다 훨씬 나아졌다.

군사력 역풍

국가안보를 위해 이루어진 행동이 훗날 상대 국가와의 관계가 나빠지면서 보복공격을 유발하는 의도하지 않은 결과를 초래하게 되는 현상

무기로 넘쳐나는 세상
무기판매는 국경을 넘나드는 엄청난 사업이다. 부분적으로 이러한 증가의 원인은 합법적 거래와 불법적 거래의 경계가 모호하기 때문이다. "불법 암시장에서의 무기 대부분은 원래 합법적으로 거래된 것"이지만 불법집단으로 팔려가는 무기 암시장은 활력에 넘친다(De Soysa, Jackson, and Ormhaug, 2009, p. 88). 사진은 국제무기거래의 성황을 보여주는 것으로 글로벌 무기시장에서의 '무기 바자'의 한 장면이다. 8억 7,500만 정 이상의 무기가 거래되고 있으며 노벨상 수상자인 오스카 산체스(Oscar Arias Sanchez)가 지적한 것처럼 "폭력에 의한 사망의 대부분은 소형무기의 사용으로 이루어진다."

그러나 파키스탄의 경우 국가 통제력이 취약해지고 누가 핵무기와 핵실험실, 그리고 핵물질을 통제할지 모르기 때문에 파키스탄의 미래는 미지수이다(Sanger, 2009b)."

핵무기

기술연구와 개발은 국가가 가진 무기의 파괴력을 획기적으로 증대시켰다. 핵무기 개발의 기본 아이디어를 제공한 노벨 물리학상 수상자 아인슈타인은 그러한 무기들이 만들어내는 위협을 경고했다. 그는 제3차 세계 대전이 발생할 경우 사용될 수 있는 무기는 어떤 것이 될지 불확실하다고 말했지만, 제4차 세계 대전에서 사용될 무기는 '돌멩이와 막대기'가 될 뿐일 것이라 확신했다. 그는 "고삐 풀린 원자의 힘은 우리의 사고방식을 제외한 모든 것을 바꾸어놓았으며 우리는 미증유의 재난을 향해 표류하고 있다."고 경고했다.

핵무기의 사용은 도시 전체와 국가를 파괴시킬 수 있을 뿐만 아니라 아마도 세계 인류 전체를 멸망시킬 것이다. 제2차 세계 대전 당시 가장 대규모의 블록버스터 무기는 TNT 10톤의 파괴력을 가진 것이었다. 히로시마급 원자폭탄은 TNT 1만 5천 톤 이상의 파괴력을 가졌다. 20년이 채 못 되어 소련은 TNT 5천 7백만 톤의 파괴력을 가지는 원자폭탄을 만들었다.

1945년 이후 13만 개 이상의 핵탄두가 만들어졌고, 2%를 제외한 나머지는 미국(55%)과 소련(43%)이 만든 것이었다. 1986년 최고수준을 기록한 이후 대부분은 해체되었지만 2013년이 시작되는 시점에 전 세계적으로 4,000개가 여전히 실전배치 상태이다. 미국이 1,950개, 러시아가 1,740개, 프랑스가 300개 미만, 영국이 160개 미만의 핵탄두를 보유하고 있다. 그 밖의 다른 나라들도 핵탄두를 가지고 있지만 중국(300개), 인도(80-100개), 파키스탄(90-110개), 이스라엘(약80개)과 같이 실전배치하지 않은 나라들이다. 북한의 핵무기 규모는 불확실하지만 10개 미만인 것으로 추정된다(The Center for Arms Control and Non-Proliferation, 2013).

더욱이 (이란, 브라질과 같은) 21개의 국가들 또는 NGO 테러집단들도 핵클럽에 가입하려고 한다고 알려져 있다. 무기확산(proliferation)은 심각한 국제문제인데, 이는 소위 N번째 핵국가 문제(Nth country problem, 새로운 핵국가의 추가)의 가능성이 점점 더 커질 것으로 예상되기 때문이다. 수평적 핵확산(horizontal nuclear proliferation, 핵국가의 수적 증가)과 수직적 핵확산(vertical nuclear proliferation, 기존 핵국가의 핵능력 증가) 모두가 발생할 수 있다.

인도와 파키스탄의 핵무기 획득, 북한의 핵실험, 이란과 시리아의 핵무기 보유 자기주장 등을 생각해보자. 국가들이 핵클럽에 가입하고 핵을 탑재할 수 있는 미사일과 폭탄을 보유하려는 동기가 매우 크다는 점에서 핵확산은 계속될 전망이다. 이 때문에 아르헨티나, 브라질, 리비아, 대만과 같이 핵개발 계획을 실행중인 국가들이 실제로 핵무기를 제조할 수 있는 위협

무기확산

무기 성능이 일부 국가에서 많은 국가로 연쇄반응을 일으켜 퍼져나가는 현상으로서, 그 결과 점점 더 많은 국가가 파괴적인 무기(예를 들어 핵무기)로 다른 국가를 공격할 수 있게 된다.

N번째 핵국가 문제

추가적인 새로운 핵무기 보유국가의 확대

수평적 핵확산

핵무기를 보유한 국가의 수가 증가하는 현상

수직적 핵확산

기존의 핵보유 국가가 핵능력을 확대하여 자신의 핵무기의 파괴력을 더욱 강하게 만드는 현상

이 남아 있다.

마찬가지로 기존의 핵프로그램의 확대에 대한 국제적 우려가 존재한다. 세계에서 가장 빠르게 성장하는 핵프로그램을 가진 파키스탄은 쿠샤브(Khushab) 핵실험소의 시설을 매우 공격적으로 확대하고 있고 2021년까지 핵무기 보유를 100% 증가시킬 것으로 예상된다. "파키스탄 관리에 따르면 이러한 핵개발은 인도의 위협에 맞서기 위한 것이고, 인도는 향후 5년 동안 군사비에 500억 달러를 쏟아 붇고 있다(Bast, 2011, p. 45)." 또한 인도는 같은 기간에 핵무기 숫자를 67% 늘릴 가능성이 있다. 2012년 4월 파키스탄과 인도는 핵탄두를 탑재하고 수천 km를 날아갈 수 있는 미사일을 며칠 간격으로 잇달아 발사하는데 성공했다(Aboot, 2012). 보다 최근인 2013년 4월에 중국과 파키스탄 사이에 협정이 체결되어 파키스탄 차쉬마(Chashma)에 세 번째 원자로를 건설하는데 중국이 지원하기로 하였다. 이러한 조치는 파키스탄을 대상으로 하는 비확산 노력에 찬물을 끼얹은 것으로 간주되고 있다(Gertz, 2013).

"현실주의 전통에 입각하여 핵확산 및 핵억제에 기초한 안보접근에 따라서" 핵무기를 개발하고자 하는 동기는 명확하다. 왜냐하면 "여러 가지 지표를 살펴볼 때 대체로 핵무기는 안보를 증진시키고 핵보유국의 외교적 능력을 강화시키기 때문이다(Gartzke and Kroenig, 2009, p. 152)." 프랑스 대통령이었던 드골(Charles de Gaulle)은 프랑스가 독자적인 핵능력 없이는 "스스로의 운명을 결정"할 수 없다고 주장했는데, 그의 불만은 비핵무기 국가들이 기존 핵클럽 국가들과 마찬가지로 핵무기를 개발하고자 하는 강한 동기를 반영한다. 마찬가지로 1960년 영국의 어나이린 베번(Aneurin Bevan)은 핵폭탄 없이 영국은 "세계의 회의실에 벌거벗고 들어가는 것"과 다름없다고 주장했다.

이러한 감정은 오늘날에도 핵무기에 대한 열망으로 계속 나타나고 있다. 2009년의 북한 핵실험과 미사일 발사실험에 대해 UN 안전보장이사회가 제재를 강화했음에도 불구하고 북한은 "그러한 조치는 북한이 핵무기를 포기하는 것을 생각조차 할 수 없는 절대로 불가능한 선택으로 만들었다."고 반발했다(Fackler, 2009, p. A12). 2013년 북한은 추가적 핵실험을 감행했고, 북한 지도자 김정은은 도발적인 언사로 미국을 포함한 다른 국가들이 핵폐기를 위협하고 있다고 주장하면서 글로벌 긴장을 야기하였다.

군사력은 정치적 위상을 부여한다는 현실주의의 뿌리 깊은

Sipa Press Xinhua/Zhang Li/Xinhua/Sipa Press/Newscom

불량국가의 핵능력
사진은 2012년 4월 북한이 UN 안보리 결의와 미국과의 합의를 무시하고 발사한 탄도미사일이다. 전직 주한 미국 대사 도널드 그레그(Donal Gregg)는 "이것은 북한이 첨단기술을 가지고 있으며 김정은이 그것을 통제한다는 것을 북한 주민들에게 보여주기 위한 것"이라고 설명했다. 비록 발사는 실패로 끝났지만 2013년 북한의 지하 핵실험과 마찬가지로 국제적 비난을 불러일으켰다.

핵확산 금지조약(NPT)

더 이상의 핵무기 거래나 획득 및 제조를 금지함으로써 수평적 핵확산을 막으려는 국제적 합의

믿음으로 인해 이란과 북한과 같은 여러 나라들은 핵확산 금지조약(Nuclear Nonproliferation Treaty, NPT)을 위선으로 여기고 있다. 왜냐하면 NPT는 미국, 러시아, 중국, 영국, 프랑스의 핵무기 보유를 인정하면서 나머지 다른 나라들의 핵보유는 인정하지 않기 때문이다. 전쟁 억지와 정치적 영향력 및 명성을 위한 핵능력의 개발은 인정될 수 있다는 근본적인 믿음은 인도의 안보보좌관 브라제쉬 미슈라(Brajesh Mishra)가 1999년 "인도는 오늘날 중국이 받는 것만큼의 존경과 경의를 미국과 다른 나라들로부터 받아야만 한다."고 역설하면서 인도의 핵무기 보유를 정당화하는 과정에서 잘 나타났다.

핵무기를 가지고자 하는 근본적 요구는 비교적 명확하지만 핵무기를 제공하는 이유는 그렇게 뚜렷하지 않다. 경제적인 동기 이외에 핵능력을 가진 국가가 스스로 민감한 핵무기기술을 비핵국가에 제공하여 글로벌 핵확산을 일으키는 이유는 불확실하다. 예를 들어 1960년대 초 프랑스로부터 핵기술 지원을 받은 지 2년 만에 이스라엘이 처음 핵무기를 개발했다. 마찬가지로 1980년대 초 중국으로부터 기술지원을 받은 후에 파키스탄이 처음으로 핵무기를 개발했다. 파키스탄 과학자인 칸(A.Q. Khan) 박사는 1990년대 후반 핵확산의 암시장을 운영했는데, 이를 통해 리비아, 이란, 북한이 핵무기를 개발한 것으로 알려져 있다.

정치학자인 매튜 크로닉(Matthew Kroenig, 2009, p. 114)은 핵확산의 공급 측면에 초점을 맞추고 국가들이 민감한 핵기술을 공유하려는 기본적 조건 3가지를 다음과 같이 제시했다.

첫째, 국가가 잠재적인 핵기술 수혜국가보다 상대적으로 훨씬 강할수록 민감한 핵기술 지원을 제공하지 않는 경향이 있다. 둘째, 국가는 공동의 적을 가진 국가에게 민감한 핵기술을 지원하는 경향이 있다. 셋째, 초강대국에게 덜 민감한 국가일수록 민감한 핵기술 지원을 제공하는 경향이 있다.

이와 같이 공급자 측면에서의 전략적 특징은 핵확산 문제에 대해 우리에게 한 가지 중요한 통찰을 제시해주는데, 핵무기를 만드는데 필요한 물질을 여러 곳에서 구할 수 있다는 사실이 강조되어야 한다는 점이다. 부분적으로 이는 전력 생산을 위한 핵기술이 널리 확산되어 있기 때문이다. 오늘날 전 세계적으로 32개 국가에서 437개 가량의 원자로가 가동 중이다. 대략 68개의 새로운 원자로가 현재 건설 중이거나 계획 중이기 때문에 가동되는 원자로의 수는 더 늘어날 것이 틀림없다.

핵기술의 확산과 더불어 국가들은 비밀리에 핵무기를 제조하기 위해 원자력 발전소에서 폐기물로 배출되는 우라늄과 플루토늄을 재처리할 수도 있다. 상업용 재처리 원자로는 4만 개 가량의 핵무기 제조에 충분한 플루토늄을 만들어 낸다. 평시 핵에너지 프로그램의 군사적 목적으로의 전환은 공개적으로 이루어질 수 있을 뿐더러 인도와 파키스탄처럼 비밀리에 이루어질 수도 있다. 확산 금지 레짐(nonproliferation regime)을 구성하고 있는 안전장치들은 비밀 핵무기 개발계획을 억지하거나 방지하는데 불충분하다.

핵위협이 앞으로 사라질 가능성은 매우 낮아 보인다(그림 8.4 참조). 군사전문지(*Arms Control Today*)의 편집자인 매튜 번(Matthew Bunn)이 지적하는 것처럼 "우리가 모든 핵무기를 지구상에서 제거할 가능성은 죽어도 없을 것이다. 램프의 마법사 지니는 오래 전에 램프에서 떠났고, 그를 다시 램프 안으로 되돌릴 가능성은 없다."

군사기술혁신

전쟁무기를 보다 치명적으로 만드는 또 다른 추이는 무기를 장거리까지 이동시키면서도 정확하게 타격하는 능력을 높여주는 정밀기술이 빠르게 발전하고 있다는 점이다. 오늘날 미사일은 30분 내에 약 18,000km 떨어진 목표물을 30m 이내의 오차로 명중시킬 수 있다. 예를 들어 미국과 러시아는 다탄두 개별 유도미사일(multiple independently targetable reentry vehicles, MIRVs)을 개발하였다. 이러한 기술을 가지고 냉전시대 미소는 하나의 미사일에 여러 개의 서로 다른 목표물을 동시에 정확하게 타격하는 여러 개의 탄두를 탑재하여 발사할 수 있었다. 다탄두 개별 유도미사일의 하나인 미국의 MX 피스키퍼미사일은 10개의 핵탄두를 탑재하여 반경 약 80km 이내의 모든 것을 초토화하여 도시 하나를 쓸어버릴 수 있을 정도이다.

그 밖의 기술적 진보로 인해 무기의 속도, 정확성, 범위, 효과는 꾸준히 증가해갔다. 우주공간에서 전쟁을 가능하게 만드는 레이저 무기, 핵무장 전술 공대지미사일(TASM), 스텔스 공중발사 순항미사일(ACM), 인공위성요격(ASAT) 무기 등은 군사 분야의 일부로 자리매김하고 있다.

세계의 정황은 전쟁 수행을 위한 여러 종류의 무기 개발에 따른 커다란 변화에 의해 변모하고 있다. 하이테크 비살상무기(nonlethal weapons, NLWs)는 군사기술혁신(revolution in military technology, RMT)으로 만들어진 것으로써, 군중을 해산시키거나 무력화하기 위해 음파, 충격, 냄새 등을 사용한 신세대 군사기술을 포함한다. 한 가지 예로 장거리 음파기(LRAD)를 들 수 있는데, 이것은 150데시벨의 엄청난 소리를 터뜨려 300m 이내의 사람에게 일시적인 두통을 일으키게 하여 무력화시키는 무기이다. 또 다른 사례인 미국 공군의 '능동거부기술'은 섬유도 통과할 수 있는 전자방사선을 이용한 것으로써 물 분자를 진동시켜 피부조직에 화상을 입히는 무기이다. 그리고 다소 우습기는 하지만 미국 국방부는 적의 규율과 사기를 떨어뜨리기 위한 목적으로 "적 병사에게 성적 충동을 일으키는 최음효과의 화학무기" 등 여러 가지 비살상 화학무기를 고려하고 있는 것이 사실이다(Hecht, 2007).

확산금지 레짐

무기 혹은 기술을 보유하지 않은 국가들로 무기 혹은 기술이 확산되지 않게끔 군비경쟁을 통제하는 규칙

다탄두 개별 유도미사일 (MIRVs)

여러 무기가 하나의 미사일로부터 발사될 수 있도록 만든 기술적 혁신

비살상무기(NLWs)

전투원이나 민간인의 살상 없이 적의 주민, 차량, 통신 시스템, 혹은 전체 도시를 마비시킬 수 있는 여러 가지 방식의 '소프트 킬(soft kill)', 즉 저강도 처치

군사기술혁신(RMT)

대규모 군대를 사용하지 않고도 전쟁을 치룰 수 있도록 만드는 정교한 신무기기술

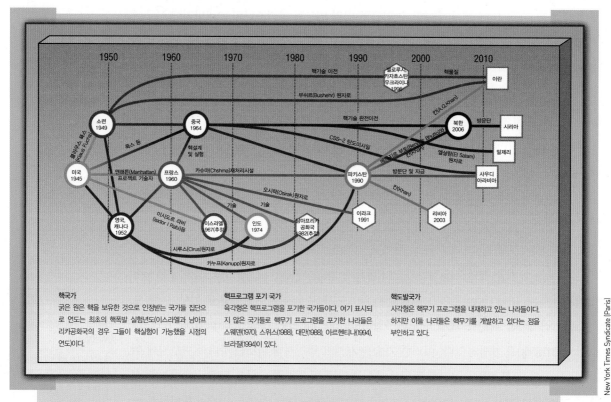

핵국가
굵은 원은 핵을 보유한 것으로 인정받는 국가들 집단으로 연도는 최초의 핵폭발 실험년도(이스라엘과 남아프리카공화국의 경우 그들이 핵실험이 가능했을 시점의 연도)이다.

핵프로그램 포기 국가
육각형은 핵프로그램을 포기한 국가들이다. 여기 표시되지 않은 국가들로 핵무기 프로그램을 포기한 나라들은 스웨덴(1970), 스위스(1988), 대만(1988), 아르헨티나(1994), 브라질(1994)이 있다.

핵도발국가
사각형은 핵무기 프로그램을 내재하고 있는 나라들이다. 하지만 이들 나라들은 핵무기를 개발하고 있다는 점을 부인하고 있다.

그림 8.4
핵확산의 연결고리
핵시대의 여명이 밝혀진 이후 국제적인 기술 이전, 유출, 혹은 스파이에 의해 핵무기 제조의 비밀이 퍼져나갔다. 위의 연결고리는 일방적 혹은 쌍방적인 기술이전을 통해 핵 정보와 기술이 흘러간 모습을 보여준다. 오늘날 공식적으로 5개의 핵국가(미국, 러시아, 영국, 중국, 프랑스)와 4개의 사실상의 핵국가(인도, 파키스탄, 북한, 이스라엘)가 존재한다. 그밖에도 여러 나라들이 핵무기 클럽에 가입하려고 준비 중에 있다. 핵확산을 막는 것이 세계가 직면하고 있는 가장 중대한 도전의 하나로 간주되고 있으며, 핵비확산조약(NPT)의 189개 회원국은 5년마다 열리는 회의(가장 최근은 2010년 5월)에서 만장일치로 핵확산의 중지를 가장 중요한 의제로 채택했다.

보다 놀라운 것은 전자적 침투 공격으로부터 군사용 컴퓨터 네트워크를 보호하기 위해 비살상무기들이 이미 정보전 부대에 배치되어 있다는 점이다. 적을 살상할 필요 없이 에너지 진동으로 적을 쓰러뜨리거나 마비시킬 수 있다. 전자기파와 음향 주파수로 투사되는 생체자기 제어무기는 목표가 되는 사람의 행동을 조종할 수도 있다(예를 들어 전자기 열선과 자기복사선으로 사람을 잠재울 수 있다). 비밀리에 사용되는 스마트 폭탄(smart bombs)은 초속 300m의 속도로 지하 벙커를 뚫고 들어가 1밀리세컨드(1/1,000초)만에 500파운드의 폭약을 터뜨려 적이 은닉한 화학무기와 생물무기를 파괴할 수 있다.

오늘날 재래식 무기의 정밀도와 파괴력은 기하급수적으로 확대되고 있는데, 이는 컴퓨터 시대에 군사기술혁신이 '보병시대의 마감'을 주도하고 있는 시점과 맞물려 있다. 국가들은(또한 오늘날에는 테러집단들조차도) 적을 억제하고 무장해제하기 위해 정보기술을 사용하는 다양한 형태의 새로운 사이버 전략에 점점 더 의존하고 있다(Dombrowski and Gholz, 2007).

스마트 폭탄
폭탄이 스스로 목표를 탐색하여 정확한 시간에 폭발하도록 하여 가장 큰 피해를 입힐 수 있도록 하는 정밀유도 미사일기술

예를 들어 전자기파(EMP) 폭탄과 같은 미래무기들은 손가방에 넣어 운반할 수 있으며 전체 도시의 컴퓨터와 통신 체계를 마비시킬 수도 있다. 마이크로 바이트의 컴퓨터 바이러스는 한 국가의 전화 체계를 무력화시킬 수 있다. 그리고 컴퓨터 논리폭탄은 목표 국가의 항공 및 철도와 같은 교통 체계를 마비시키고 재설정할 수 있다.

로봇무기

이라크와 아프가니스탄에서 급조폭발물 탐지를 위해 사용된 20kg짜리 팩봇(PackBot) 무인 시스템과 같은 로봇 군사기술의 혁신은 이미 진행 중에 있다(논쟁: '드론은 전쟁에서 사용되어야 하는가?' 참조). "2003년 미군이 이라크에 파병될 때 지상군에는 단 하나의 로봇 운영부대도 없었다. 2004년 말에 그 수는 150개로 늘었다. 2005년 말에는 2,400개였고, 그 다음 해에는 두 배 이상이 되었다(Singer, 2009b)." 2013년이 시작될 무렵 미군은 12,000개 이상의 무인지상로봇을 가지고 있었다(Singer, 2013). 모두 합쳐 최소한 22가지 종류의 로봇 시스템이 현재 지상에서 사용되고 있으며 여러 종류 로봇의 전형으로 자동화기로부터 운반로봇과 곤충 크기의 살상로봇에 이르기까지 다양하다. 나노기술(매우 작은 구조에 관한 기술)의 발달로 인간과 같이 생각하고, 보고, 반응하는 로봇 병사도 개발되고 있으며, 로보틱 테크놀로지(Robotic Technologies Inc.)의 베테랑 엔지니어인 로버트 핑켈스타인(Robert Finkelstein)은 "2035년까지 우리는 전장에서 인간과 똑같은 능력을 가진 로봇을 가지게 될 것"이라고 예측하였다.

로봇무기에 대해 펜타곤은 열성적이다. 왜냐하면 스텔스 폭격기와 핵잠수함과 같이 군사력의 상징인 무기는 게릴라 세력들에 맞서 탐색-섬멸에 필요한 최신기술을 갖춘 병사가 활동하는 오늘날의 비대칭 전쟁에서는 별로 쓰이지 않기 때문이다. 더욱이 로봇 군대는 인간의 약점에 취약하지도 않다. 펜타곤 합동지휘본부의 고든 존슨(Gordon Johnson)은 로봇 부대에 큰 기대를 걸고 있다. "로봇은 두려워하지 않는다. 로봇은 명령을 망각하지도 않는다. 로봇은 옆에 있는 사람이 총에 맞아도 동요하지 않는다. 로봇이 인간보다 더 잘 할 수 있을까? 아마도 그럴 것이다." 기술의 진보는 현재의 무기 체계 분류와 국력비율 측정방식을 쓸모없게 만들고 있다.

이러한 신무기가 병사들이 전투의 위험에 노출되지 않고도 임무를 수행할 수 있는 방법을 보여주고 있기는 하지만 장기적인 측면에서의 우려도 있다. 로버트 리(Robert E. Lee) 장군(미국 남북전쟁 당시 남군 사령관-옮긴이)은 "전쟁이 끔찍하다는 것은 다행이다. 그렇지 않으면 우리는 전쟁을 좋아하게 될지도 모른다."고 말했다. 시대가 변해서 갈등해소를 위한 수단으로 너무나 쉽게 그리고 주저함 없이 리모컨으로 싸우는 전쟁을 선택할 유혹에 빠지게 됨을 우려하는 사람들도 있다. 리 장군은 "조종사가 자신의 도요타 승용차를 타고 아침에 출근해서 수천 마일

드론은 전쟁에서 사용되어야 하는가?

전쟁수행에서 커다란 발전 가운데 하나는 흔히 드론이라 불리는 무인비행기(UAV)의 광범위한 사용이다. 대략 70개 국가가 그러한 능력을 갖추고 있으며, 그 가운데 미국이 가장 많은 최소 679기의 드론을 보유하고 있다(Rogers, 2012). 드론은 강력한 정찰능력을 가지고 있는데, 17,500피트 상공에서 한 장의 사진으로 15평방마일을 감시할 수 있으며 휴대전화로 통화하는 사람의 전화기 기종까지 선명하게 구분할 수 있다(Gayle, 2013). 전 세계 여러 나라에서 무인감시의 수단으로서 기능하는 수많은 드론이 개발되었지만 미국이 전투 현장과 그 상공에서 살상 로봇으로서 드론을 점점 더 많이 사용하고 있다는 논쟁을 촉발시켰다. 부시 행정부 시기 약 50차례에 걸쳐 "비전투원 목표 살인"을 위해 사용되었고, 오바마 행정부 하에서 2013년까지 그 수는 최소 387회로 폭증했다(Zenko, 2013a).

그러한 능력은 드론의 사용에 제한을 두어야 하느냐 아니면 두지 말아야 하느냐에 대한 중요한 의문을 제기한다. 일반 민간인의 사생활 우려에 대해 드론 옹호론자들은 드론이 안보전략의 일환으로서 훈련받은 사람들에 의해 운영된다는 점을 지적한다. 즉, 드론 조종사들은 관음증적인 아마추어에 의해 통제되는 것이 아니라는 것이다. 더욱이 목표 타격을 위한 전략적 수단이라는 점에서 이들은 비행기가 피격되어 조종사가 사망하는 경우가 없으며 정밀하여 부수적 피해를 최소화할 수 있기 때문에 드론이 오히려 인명을 보호할 수 있다고 주장한다(Shwayder and Mahapatra, 2013). 드론은 또한 비행기 조종사 훈련과 양성에 필요한 비용을 제거할 수 있기 때문에 비용대비 효율적이다(Faust and Boyle, 2012).

하지만 반대론자들은 전혀 다른 주장을 편다. 그들은 드론 사용에 대해 도덕적, 윤리적 관점에서 의문을 제기한다. 드론 사용에 관련한 법적 규정이 모호하고, 정부의 드론 사용은 비밀사항으로 덮여지며, 목표 타격으로서 군인 연령대의 불특정 남성을 확인 공격하는 것은 적합한 군사적 목표를 구분한다는 법적 원칙을 위반하는 것이라는 주장이다(Davis et al., 2013, Zenko, 2013b). 해외에서 목표 공격을 위해 드론을 사용하는 것이 오히려 일반 대중의 분노를 일으키는 부작용을 초래하여 더 많은 사람들이 무장하게 만듦으로써 더 많은 적이 만들어질 수 있다(Shwayder and Mahapatra, 2013). 게다가 드론이 비군사안보적인 목적으로 국내 비전투원을 감시하는데에도 사용될 수 있다는 우려가 커지고 있다. 미국민권연합의 나오미 길런즈(Naomi Gilens)는 "드론 사용은 점점 더 일상화되고 있으며, 이런 스파이 기계를 사용하는 것에 대해 정부는 미국 국민에게 투명하고 책임감 있게 설명할 수 있어야 한다. … 우리는 정부가 이러한 감시의 눈을 하늘에서 우리를 향해 사용하지 않는지의 여부를 추측만으로 판단해서는 안된다"고 지적한다. 이러한 감정은 드론을 사용하는 정부 기관에 향해 집중되었다. 미국연방항공국이 2013년에 발간한 목록에 의하면 드론 사용을 허가받은 미국 정부기관은 81개이며, 2018년까지 미국에서만 약 10,000기의 상업용 드론이 사용될 것으로 예상된다(Davis, Litvan, and Stohr, 2013).

여러분은 어떻게 생각하는가?

- 드론에 대한 찬반양론을 살펴볼 때, 드론은 효과적인 전쟁무기인가?
- 드론 프로그램을 비밀로 하는 것은 지도자에게 너무 많은 힘을 부여하는 것인가?
- 전 세계적으로 드론이 생산된다는 점에서 드론은 미래의 무기가 될 것인가? 어떤 측면에서 일반 시민의 권리가 침해될 것이라는 위험성이 존재하는가?

리모콘 전쟁?
미국은 신세대기술을 정밀무기에 접목시켰다. 아프가니스탄 동부의 키카이 국경마을에서 미군 지뢰탐지병사들이 다른 병사가 은신한 탈레반과 알카에다가 숨겨놓은 지뢰와 부비트랩을 탐지하기 위해 로봇을 조작하는 모습을 지켜보고 있다. 아프가니스탄 전쟁에서 처음으로 로봇이 미군에 의해 전투 목적으로 사용되었다. 로봇은 미군의 사상자를 막기 위해 사용된다.

떨어진 적에게 미사일을 발사할 수 있는 복잡한 제어실에 들어가 '전쟁을 치루고' 퇴근해서 아이들과 축구 연습하러 가는 시대를 상상도 못했다(Singer, 2009a)."

생물무기와 화학무기

생물 및 화학무기는 매우 특별한 위협이 되고 있으며, 여론에 대한 영향보다는 대량살상 자체를 목적으로 하는 테러분자들의 수중에 들어갈 경우에 매우 위험하다. 비전통적인 대량살상무기(WMD)는 때때로 '가난한 자의 원자폭탄'으로 여겨지는데, 비교적 저렴하게 만들어질 수 있으며 광범위한 사상자를 유발할 수 있기 때문이다. 화학무기의 확산은 세계적인 우려가 되고 있다. 화학무기 제조를 주도하고 있는 미국 이외에도 12개의 다른 국가들도 과거에 화학무기를 제조했다고 선언한 바 있다. 그밖에도 몇몇 나라들이 비밀리에 화학무기를 제조하고 있는 것으로 의심받고 있으며, 많은 테러분자들도 화학무기를 획득 혹은 사용할 의사가 있다고 주장하고 있다. 예를 들어 미국에 대한 9.11 테러 이후 미국의 우편 체계를 통한 탄저균 살포는 테러 네트워크에 의한 끝없는 미래 화학전의 시작이라고 여겨졌다.

국제법은 화학무기 사용을 금지하고 있다. 1925년의 제네바의정서는 전쟁에서 화학무기의 사용을 금지하고 있고, 전 세계 188개 국가(96%)가 서명한 화학무기협정(Chemical Weapons Convention)은 보유 화학무기의 폐기를 명시하고 있다. 이스라엘과 미얀마는 1993년에 협정에 서명했으나 2013년 5월 23일 기준 아직까지 비준하지 않고 있다. 화학무기협정에 서명을 거부하였거나 응하지 않은 나라는 시리아, 북한, 앙골라, 이집트, 소말리아, 남수단 뿐이다. 하지만 1980년대 8년 동안의 이란-이라크 전쟁에서 독가스를 서로 살포하고, 이라크가 1989년 쿠르드족 주민들에게 화학무기를 사용한 것은 이러한 법률적 제약이 취약하다는 사실을 보여준다. 게다가 취약한 국가의 정부 통제 바깥에 있는 많은 급진적 극단주의 세력들은 값싸고 효과적인 테러 수단으로써 화학무기와 생물무기에 관심을 가지고 있다.

생물 및 화학무기의 확산에 대한 진정한 의미의 국가초월적인 통제가 존재하지 않기 때문에 불안감이 전 세계에 만연하고 있다. 21세기는 많은 사람이 예견한 것과 같은 평화롭고 풍요로운 시대가 아니다. 2013년 5월 유명한 '운명의 시계'는 세계가 핵종말 5분 전에 있다고 평가했다. 이것은 1947년 세계종말에 대한 위협으로부터 상당히 여유 있던 시기에 이 시계가 처음 맞추어졌을 때의 시간보다 2분 더 줄어든 것이다. 성적(젠더) 정체성의 구조로 전쟁을 특징짓고, 남성적 특성을 군사적 폭력으로 연관 짓는 특정한 사회적 과정을 변화시켜야 한다고 주장하는 반전 페미니즘의 관점에서 봤을 때 "전쟁을 위해 국가안보가 종종 사용되지만 인간안보는 너무나 많이 무시된다(Cohn and Ruddick, 2008, p. 459)."

세계는 결코 안전한 곳이 아니다. 군사적 위험에 대응하여 오늘날 많은 지도자들은 여전히 "만약 평화를 원하거든 전쟁을 준비하라."는 현실주의 격언을 받아들이고 있다. 현실주의자들은 군사력이 있어야 안보가 가능하다고 주장한다. 하지만 압도적인 군사력의 보유만으로 저절로 군사력의 현명한 사용을 이끌어내는 것은 아니기 때문에 현실주의자들은 국가안보 추구에서 진짜 중요한 것은 국가의 능력을 사용하기 위해 의존하는 수단이라고 조언한다. 어떻게 하면 무기가 국익을 증진하고 국제적 영향력을 행사하는데 효과적으로 사용될 수 있을까? 이러한 질문은 군사전략 유형의 선택이 중요함을 강조한다.

군사전략

1945년 8월 6일 일본에 대한 원자폭탄 투하는 제2차 세계 대전 국제정치의 이전과 이후를 구분하는 가장 중요한 사건이다. 폭탄 하나에 의한 엄청난 섬광과 거대한 버섯구름 속에서 세계는 '세력균형' 체계로부터 '공포균형' 체계로 전환되었다. 그 이후 수십 년 동안 핵보유 국가의 정책결정자들은 다음의 두 가지의 중요한 질문과 씨름해야 했다. 1)핵무기를 사용해야 하는가? 2)다른 나라가 핵무기를 사용하는 것을 어떻게 방지할 수 있는가?

이러한 질문에 답을 구하는 것은 매우 중요한데, 핵전쟁의 장 · 단기적 영향은 생각하기조차 끔찍하기 때문이다. 심지어 강대국의 핵무기 가운데 아주 작은 일부를 사용한 단기 전쟁이라도 우리가 알고 있는 생명체를 파괴할 수 있다. 핵겨울(nuclear winter)이 발생하고 대재앙이 발생하여 지구는 황폐화될 것이다. 훨씬 제한적인 핵전쟁만으로도 세계 곳곳에 흩어진 거대한 검은 구름으로도 태양이 가려지면서 대기에 엄청난 영향을 미치게 된다(Westin, 2013). "[미국의] 잠수함 한 척에 탑재된 잠수함 탄도미사일(SLBM)만으로도 핵겨울을 야기하는데 충분하다."고 예측된다(Quester, 1992, p. 43). 그 정도만으로도 인류를 멸망시키기에 충분하다.

　　제2차 세계 대전 이후 많은 사람들은 핵무기의 숫자와 핵능력을 가진 국가의 숫자뿐만이 아니라 생물무기, 화학무기, 방사능무기 등 대량살상무기에 대한 관심이 높아졌다. 이는 대량살상무기가 엄청난 규모의 파괴와 인명피해를 불러올 수 있기 때문이다. 불량국가들과 테러집단과 같은 비국가 행위자들 역시 대량살상무기(WMD)를 가지고 글로벌 안보를 위협하려고 한다. 기술, 안보적 요구, 군사적 능력, 세계 정황 등의 변화에 따라 군사전략도 변화했다. 분석의 편의를 위해서 크게 강제전략, 억지전략, 선제전략 등 세 가지의 군사전략을 살펴보기로 한다.

강제전략　군사적으로 탁월한 능력을 가진 국가들은 흔히 무기를 외교적 협상의 도구로 간주한다. 군사력의 유용성은 반드시 그것의 실제 사용에만 있는 것은 아니다. 국가는 적에 대해 단순히 강력한 무기를 보유하고 있음을 보여주고 그것을 사용할 의지가 있음을 알림으로써 영향력을 행사할 수 있다. 무력을 보여주거나 무력사용의 위협을 확신시킴으로써 국가는 상대가 하려고 하지 않는 행위를 하도록 설득하기 위한 전략으로 강제전략(compellence)을 사용할 수 있다.

　　세계 제1의 군사력을 가지고 있으며 오랫동안 도전받지 않는 핵능력을 가진 미국은 소련에 대해 확실한 우위를 점하고 있는 동안 강제전략을 채택했었다. 미국은 실제로 핵무기를 사용할 수 있다는 인상을 줌으로써 협상력을 높이고자 했다. 이러한 태도는 아이젠하워 정부의 국무장관 존 포스터 덜레스(John Foster Dulles)가 벼랑끝외교(brinkmanship), 즉 의도적으로 미국의 경쟁국에게 핵 파괴의 위협을 가하여 전쟁의 벼랑 끝에 서 있다는 신호를 줌으로써 상대가 미국의 요구에 굴복하게끔 만드는 전술을 구사하던 시기에 특히 잘 나타난다. 벼랑끝외교는 대량보복(massive retaliation)으로 알려진 미국 전략의 일환이었다. 공산주의와 소련의 팽창을 저지하기 위해 이 전략은 미국 핵무기를 인구밀집 대도시와 산업시설과 같이 소련의 가장 큰 가지차산으로 겨냥하는 것이다.

　　대량보복은 크렘린으로 하여금 핵무기의 맞공격이 소련을 파괴시키지만 미국의 생존은 가능하게끔 만들 수 있다는 불안감을 고조시켰다. 이에 대해 소련의 지도자들은 자국의 핵 능력을 강화시켰을 뿐만 아니라 우주개발 프로그램에 박차를 가해 세계 최초의 인공위성(스푸트니크, *Sputnik*)을 발사하는데 성공했다. 이는 모스크바의 핵무기 발사능력이 유라시아 대륙을

핵겨울
핵무기가 사용될 경우 연기와 먼지의 방사능 낙진에 의해 태양이 가려지고 최초 폭발로부터 살아남은 동식물까지 파괴하는 등 지구의 대기에 영향을 주어 발생할 것으로 예상되는 결빙현상

강제전략
적이 자신의 의지를 포기하고 양보하도록 만들기 위해 사용되는 강압외교의 수단으로서 보통 전쟁수행이나 위협을 포함한다.

벼랑끝외교
적과의 협상에서 적의 굴복을 강요하기 위해 핵공격 위협과 같이 의도적이고 무모한 위험을 감수하고자 하는 행동

대량보복
아이젠하워 행정부가 소련 공산주의를 봉쇄하기 위해 구상한 정책으로, 어떠한 침략적 행동에 대해서도 핵무기를 포함한 가장 파괴적 능력으로써 대응하는 것을 천명하는 정책

전쟁과 평화의 무기

사진은 1954년 미국의 핵폭탄 실험 장면이다. 당시 미국과 소련만이 핵무기를 보유했었다. 오늘날 대량 살상무기를 전쟁에서 사용할 수 있는 능력은 여러 나라들로 확산되었고 이는 글로벌 세력균형을 변화시키고 있다. 전쟁을 위해, 그리고 평화를 위해 이러한 무기를 가지고 무엇을 할 것인가가 현실주의 이론가들의 주요 관심사이다. 그들은 군사력의 보유와 그 결과를 세계정치의 가장 중요한 차원으로 간주한다.

넘어선다는 것을 보여주었다. 따라서 초강대국들의 전략적 경쟁은 새로운 국면으로 접어들게 되었고, 미국은 처음으로 본토에 대한 핵위협에 직면하게 되었다.

억제전략 공세적인 강압적 위협에 의존하여 적대 세력이 저항 없이 무엇을 포기하게끔 설복할 목적을 가지는 강제전략과 달리, *억제*전략은 적대세력이 미래의 특정 행동을 하지 않게끔 단념시키는 것을 추구한다. 억제전략은 만약 적이 공격을 가할 경우 방어자가 적에 대해 받아들일 수 없을 정도의 엄청난 피해를 입히면서 보복할 수 있는 능력을 가진다는 전제조건이 핵심이다. 억제의 핵심요소는 다음과 같다.

- **능력**   적에 대해 군사적 보복 위협이 가능하다는 신호를 보낼 수 있을 만큼의 군사적 자원의 보유
- **신뢰성**   위협 경고를 실제로 행동으로 옮길 의지가 있다는 데 대한 상대의 믿음
- **커뮤니케이션**   잠재적 적에 대해 위협을 실행에 옮길 것이라는 분명한 메시지를 전달할 수 있는 능력

2차 타격능력

대량살상무기에 의한 적의 1차 공격을 받은 이후에도 적에게 보복할 수 있는 국가의 능력

억제전략은 적에 대해 감내할 수 없을 정도의 피해를 가할 수 있는 확실한 능력을 보유하는 것에 의존한다. 이것은 적을 억제하고자 하는 국가는 반드시 **2차 타격능력**(second-strike capability)을 가질 수 있는 무기를 구비해야 한다는 것을 의미한다. 이 능력은 국가가 적의 최초 공격에 맞서 버틸 수 있으면서도 강력한 반격으로 보복할 수 있는 능력을 유지하도록 하는 충분한 파괴력을 가진 무기를 필요로 한다. 2차 타격능력의 존재를 적이 인지하는 것을 확실히 하기 위해 억제전략은 정교한 보복 능력을 계속해서 추구하게 된다. 1961년 케네디(Kennedy) 대통령이 설명한 것처럼 "무기가 의심할 여지없이 충분하게 많은 경우에만 우리는 그것이 더 이상 사용되지 않을 것이라는 사실을 의심 없이 확신할 수 있을 것이다."

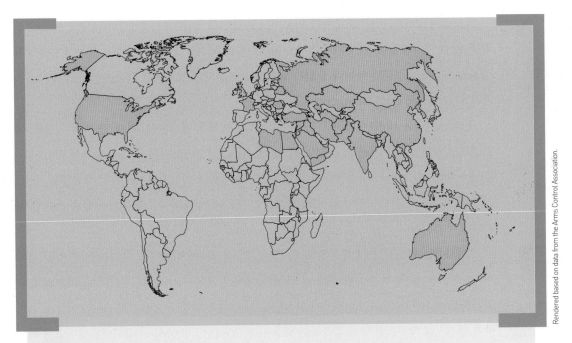

Rendered based on data from the Arms Control Association.

지도 8.4
탄도미사일 기술 보유 국가들
이 지도는 탄도미사일 능력을 가진 국가들을 보여준다. 비록 직접적인 위협은 제한되지만 이러한 군사력은 매우 우려스럽다. "1987년 이후 중국과 러시아가 실전 배치한 장거리미사일은 71% 감소되었다. 유럽과 아시아의 미국의 동맹국들을 겨냥한 중거리미사일 숫자도 80% 줄었다. 대부분의 탄도미사일 보유 국가들은 단거리 스커드(Scud)미사일을 가진 나라들이다. 이 미사일은 사거리 300마일(480km) 이내이며 낡아서 정밀도가 점점 떨어진다(Cirincione, 2008, p. 68)." 그럼에도 불구하고 2013년까지 미국은 북한을 억제하기 위한 추가적인 10억 달러를 포함하여 미사일 방어를 위해 1,570억 달러를 지출할 예정이다(Missile Defense Agency, 2013b; Shanker et al., 2013).

　　상호확중파괴(mutual assured destruction, MAD)라는 용어는 1961년 쿠바미사일 위기 이후 미국과 소련 사이에 나타난 전략적 균형을 설명하기 위해 만들어졌다. 누가 먼저 공격하든지 상대방은 공격한 쪽을 괴멸시킬 수 있었다. 이러한 상황에서 핵전쟁을 시작하는 것은 합리적 선택이 아니었다. 왜냐하면 엄청난 전쟁의 비용이 전쟁의 예상 이득을 압도하기 때문이다. 소련 지도자 니키타 흐루시초프(Nikita Khrushchev)는 "만약 여러분이 발사 버튼에 손을 댄다면, 여러분은 자살을 선택하는 것이다."라고 말했다. 영국 수상 처칠은 "안보는 공포의 강인한 자식이며, 생존은 파멸의 쌍둥이 형제"라고 말했다.

　　오늘날 억제전략은 미국이 주도하여 탄도미사일에 대해 방어망을 구축하려는 시도에서 반영되고 있다(지도 8.4 참조). 이 방어기술은 공포에 의해 혹은 분노로 아니면 실수로 발사된 무기를 지상, 바다, 우주에 설치된 레이더와 무기의 통합 시스템을 가지고 탐지, 추적, 격추하는 것이다. 탄도미사일 방어(ballistic missile defense, BMD)의 목적은 미국의 레이건(Reagan) 대통령의 표현을 빌리자면 핵무기를 '무기력하고 못쓰는 것'으로 만드는 것이고, 미국의 핵무기 전략이 상호확중 파괴로부터 벗어나는 것을 의미하는 것이었다. 미국은 최근에 26척의 이

상호확증파괴(MAD)

양측 모두가 대량살상무기에 의한 1차 공격을 받고도 생존하여 치명적인 보복공격을 가할 수 있는 능력을 가지는 상호억지의 상태

탄도미사일 방어(BMD)

적이 발사한 탄도미사일이 지구 대기권 안으로 진입하기 전에 우주에서 레이저 등으로 요격하여 파괴하는 체계의 수립계획

지스(Aegis) BMD 전투함을 포함한 탄도미사일 방어를 구축하여 대서양과 태평양 사이의 전역(戰域)에 배치하였다. 이것은 장거리 탄도미사일을 요격할 수 있도록 SM-3 블록 II 미사일의 성능을 개선하는 것뿐만 아니라 유럽과 일본에 요격미사일 배치를 포함하는 거대하고 야심찬 계획이다(Missile Defense Agency, 2013a).

반대론자들은 BMD에 들어가는 자원 할당에 문제를 제기한다. 2006년 미국 국방부 작전실험평가 책임자를 지낸 필립 코일(Philip Coyle)은 "실제조건에서 적의 공격에 맞서 미국을 방어할 수 있는 능력이 검증되지 못했다."며 이 계획을 비판했다. 또 다른 사람들은 BMD가 억제전략을 보완하는 것이 아니라 훼손하고 있으며 전 세계적인 핵무기 확산을 초래할 것이라고 우려한다.

"러시아는 미사일 방어 블록 II 요격 미사일이 러시아의 핵능력을 무력화할 수 있을 것이며, 따라서 신전략무기 감축협정(New START)에서 합의된 무기의 절묘한 균형을 깨뜨리게 될 것이라고 우려한다(Butt, 2011)." 이 협정은 2010년에 체결된 군비통제협정으로 미국과 러시아가 냉전시대 핵무기를 대폭 감축하는 내용이다. 2011년 5월 당시 러시아 대통령이었던 메드베데프(Medvedev)는 "만약 미국이 미사일 방어 체계가 러시아를 겨냥하는 것이 아니라는 점을 러시아에 확신시키지 못한다면 러시아는 핵타격 능력개발을 서두를 수밖에 없다."고 경고했다(Eshchenko and Tkachenko, 2011). 하지만 러시아의 우려는 2013년 3월 미국이 크렘린의 압력에 의해 미사일 방어 계획의 일부를 취소하면서 일부 해소되었다. 러시아는 계속해서 유럽에서의 미사일 방어가 핵무기감축의 주요 방해요인이라고 주장하였다(Herszenhorn and Gordon, 2013).

선제전략   새롭게 등장한 군사적 위협의 지속적 위험에 대처하기 위해 전략 계획자들은 계속해서 새로운 방법을 모색하고 있다. 과거와 같이 미국의 패권은 9.11 이후의 글로벌 테러 위협과 호전적 적들을 다루기 위한 새로운 전략수립의 길을 주도하고 있다. 그러한 위협으로부터 선제 전쟁(preemptive warfare)전략이라고 하는 새로운 급진적 전략이 등장하였다.

2002년도 미국 국방전략(National Security Strategy)은 '무고한 사람들을 목표로 하는 무자비한 파괴가 자신들의 전술이라고 주장하는 테러분자들에 대해서는 고전적 개념의 억지전략이 더 이상 효과적이지 않다. 소위 테러 전사들은 죽음의 순교자를 꿈꾸고 있다. 그들의 가장 강력한 보호수단은 바로 무국적성이다."라고 명시하였다. 선제전략은 동맹국들과 국제기구의 협조가 있든지 없든지 잠재적 적이 무력침공을 가하기 이전에 적을 타격할 것을 주장한다. 조지 부시(George W. Bush) 대통령은 "우리는 반드시 적들과 전투를 치러야 하며, 최악의 위협이 등장하기 이전에 그러한 위협에 맞서야 한다."고 촉구했다.

선제 전쟁

적이 공격을 개시할 준비를 하거나 보복적 대응을 취하기 이전에 적을 굴복시키기 위해 이루어지는 신속한 1차 공격

국제법 하에서 국가들은 즉각적 공격뿐만 아니라 침공에 대해 스스로를 방어할 법적 권리를 가지기는 하지만, 비판론자들은 군사적 선제라는 용어에는 보다 급진적인 예방 전쟁정책이 내포되어 있다고 비난한다(9장 참조). 선제적 군사공격은 적에 의한 임박한 공격을 진정시키는 내용을 담고 있다. 반면 예방 전쟁(Preventive warfare)은 현재로는 적이 공격을 시도할 능력이 있다고 믿을 만한 근거가 없음에도 불구하고 미래에 예상되는 적의 공격 가능성을 제거하기 위해 군사력을 사용한다는 내용이다. 선제공격은 적으로부터의 위협이 임박하다는 확실한 증거에 논리적 기반을 두고 있는 반면, 예방 전쟁의 논리는 위협의 조짐이 있다는 불확실한 의혹에 의존하고 있다(Kegley and Raymond, 2004).

비판론자들의 주장에 따르면 군사력의 예방적 사용은 위험한 선례를 남기는 것이다. 적지도자의 의도를 확인하기 어렵고, 장기적 목적에 대한 정보는 비밀에 싸여 있으며, 적의 정책 방향에 대한 신호가 중요하지 않은 정보들에 파묻혀 구분되지 못할 수 있기 때문에 적의 미래 행동을 예상하는 것은 매우 어렵다. 만약 적에 대한 의심이 군사행동을 정당화하는 근거가 된다면 모든 호전적 지도자들은 선제공격을 명령하기 위한 그럴듯한 구실을 만들어내려고 할 것이다.

2009년 버락 오바마(Barack Obama) 대통령은 전임 행정부의 선제적, 일방적 정책을 따르지 않겠다는 입장을 보였다. 그 대신에 그는 미국의 군사력을 유지하되 글로벌 공동체와의 폭넓은 협력을 추구하는 접근을 제시했다. 그는 핵확산과 핵테러가 "다른 무엇보다도 심각한 위협이 되고 있다."고 주장하면서 미국의 이익을 증진하기 위해 대화를 벌이겠다는 의지를 담은 새로운 미국 외교정책을 표방했다(Allison, 2010; Ferguson, 2010).

무력침공의 위협이 항상 존재한다는 사실은 군사력 사용이 정당화되는 조건과 목적에 대한 끝없는 의문을 제기한다. 난폭한 국가들과 이름도 얼굴도 없는 적들이 무고한 민간인들에게 무차별적인 자살공격을 시도하는 경우 어떠한 신중한 대책이 필요한가? 적의 정책결정 판단에 영향을 주기 위해 군사력은 어떻게 사용될 수 있는가? 강압외교의 성공에 영향을 미치는 조건은 무엇인가?

예방 전쟁

언젠가 먼 미래에 적이 필요한 군사적 능력을 획득하게 될 경우 공격할 의도를 품을 것이라 예상하여 이를 막기 위해 적을 상대로 치르는 전쟁. 국제법상 명백한 불법이다.

군사적 개입을 통한 강압외교

*강압외교*는 국제협상에서 상대방이 이미 취하고 있는 행동을 더 이상 추구하지 않게끔 설득할 목적으로 위협을 가하거나 제한적 군사력을 사용하는 전략이다. 강제전략의 입장에서 무력사용의 위협은 적으로 하여금 타협에 도달하도록 하거나, 더 나아가 정책을 번복하도록 만들기 위

해 사용된다. 이것의 목적은 목표가 되는 국가의 이해득실의 계산을 변경하는 것이고, 그렇게 함으로써 상대편은 요구를 무시하는 것보다 요구를 받아들이는 것이 낫다고 믿게 된다. 이러한 결과는 즉각적이고 심각한 분쟁의 고조를 약속하는 최후통첩을 전달함으로써 이루어지거나, 혹은 목표에 대해 경고하고 서서히 압력을 높임으로써 이루어진다(Craig and George 1990).

강압외교가 무력사용의 위협에 의존하는 것은 전통적인 군사작전에 따른 인명피해와 고비용 문제를 피하기 위함이다. 위협과 무력침공을 적절하게 조화시키는 것은 다양한 방법에 의해 이루어질 수 있다. 전통적인 포함외교(gunboat diplomacy)로부터 적의 국경선 근처에 해군이나 육군을 배치하여 적을 위협하는 행위, 그리고 정밀유도 순항미사일로 적을 타격하는 '토마호크 외교'에 이르기까지 광범위한 방법이 사용된다. 이러한 것들은 현실주의 정책결정자가 국력을 추구하기 위해 고안하는 일련의 군사적 선택으로서 강압외교를 위한 수단이 된다.

개입은 여러 가지 방법으로 이루어질 수 있다. 국가들은 다른 국가에 군대를 직접 보내어 물리적으로 개입할 수도 있고, 목표 국가의 주민들에게 선전방송을 보내든가 비밀작전(covert operations)을 전개하는 등 간접적 방법으로 개입할 수도 있다. 글로벌 행위자들은 또한 단독으로 개입할 수도 있으며 다른 국가들과 연합하여 개입할 수도 있다. 공개적 군사개입은 다른 나라의 국경 내에서 전개하는 개입의 가장 가시적 방법이다. 이러한 이유로 공개작전은 논란을 불러일으키고 많은 비용이 소모되기도 한다.

제2차 세계 대전 이후 발생한 우발적인 개입까지 포함할 경우 군사개입은 매우 빈번하게 발생했다(그림 8.5 참조). 개입의 빈도가 변동을 보이는 것은 세계적 환경이 변화했다는 점과 강압외교의 효과적 수단으로서 개입의 이익과 불이익에 대한 인식이 변화했다는 점을 반영하는 것이다.

각각의 군사개입 행위는 서로 다른 이유를 가지고 있고 서로 다른 결과를 초래한다. 과거의 사례들은 강압외교를 위한 군사개입에 대해 의구심을 낳는다. 그러한 행위가 개입 국가의 목적, 가령 상대 국가에 징벌을 가해서 더 이상 인권을 침해하지 않도록 만든다는 목적을 효과적으로 달성했는가? 그러한 군사개입의 대부분이 전쟁으로 상처받은 사회의 질서를 회복시켰는가? 아니면 군사개입으로 상황이 더욱 악화되었는가?

이러한 질문들은 오늘날 실패한 국가의 증가로 인해 뜨거운 국제 이슈로 논란이 되고 있다. 무고한 민간인들이 압제자에 의해 희생되는 경우에 주권국가에 개입할 필요가 있는가에 대해 강대국들은 합의를 보지 못하고 있다. 왜 그럴까? 가장 큰 이유는 그러한 개입이 국제법상의 주권국가 원칙과 불간섭 규범(nonintervention norm)을 침해하기 때문이다. UN은 윤리, 정의, 인권이라는 이름으로 이루어지는 군사개입에 대해서도 '군사개입의 새로운 책무'를 적용할 것을 주장함으로써 이에 대한 논란이 커지고 있다.

포함외교

적을 겁먹게 하기 위해 군사력으로 시위하는 행위로, 역사적으로 해군력이 사용되었다.

비밀작전

다른 나라에 관해서 정치적 혹은 군사적 목적을 달성하기 위해 자국의 영토 밖에서 비밀스러운 방식으로 수행되는 비밀 군사작전

불간섭 규범

전통적으로 다른 국가의 내정에 대해 국가가 간섭하는 것을 불법으로 정의한 국제법의 근본 원칙으로 오늘날 도전받고 있다.

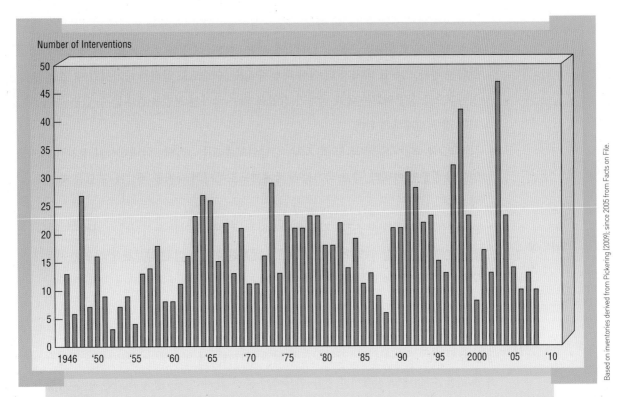

Number of Interventions

그림 8.5
1945년 이후 강압외교 목적으로 이루어진 일방적 군사개입의 수적 변화
이 자료에서 보듯이 군사개입이 전통적으로 국제법에 의해 금지됨에도 불구하고 적에 대한 영향력을 행사하기 위해 국가들은 종종 자국 군대를 다른 주권국가의 영토로 침투시킨다. 이러한 강압외교의 빈도는 해마다 변동하며, 그러한 변동은 영토 밖에서의 군사개입을 위해 군대를 사용하고자 하는 국가 지도자의 개인적 선택에 달렸음을 보여준다.

오늘날 군사적 강압의 적절한 사용에 대해 정책결정자들의 의견이 엇갈리고 있다. 강압외교에 관한 연구에 따르면 강압외교의 성공은 개별적인 상황 맥락에 달려 있다. 강압외교를 사용하는 경우 효과를 거두기 좋다고 여겨지는 조건은 다음과 같다(Art, 2005; George, 1992).

■ **분명한 목표** 강압외교를 펴는 국가의 요구가 상대 국가에 의해 명확하게 이해되어야 한다.

■ **강압외교에 유리한 비대칭적 동기** 이해관계에 있어 강압외교를 펴는 국가는 목표가 되는 국가보다도 더 큰 동기를 가져야 한다. 시기가 핵심이다. 군사적 강압은 문제가 되는 이슈에 대해 상대 국가가 분명한 입장을 취하기 이전에 이루어지는 것이 효과적이며, 상대 국가의 정부 내에 여러 의견이 분분할 때 이루어지는 것이 효과적이다. 강압외교를 펴는 국가가 이미 상대 국가가 성취한 내용을 되돌리기는 대단히 어렵다.

■ **상대방의 분쟁고조에 대한 공포감과 순응해야만 한다는 믿음** 강압을 펴는 국가는 반드시 적

의 마음속에 요구를 수용해야 할 긴박감을 심어놓아야 한다. 적의 인식에 영향을 주는데 다음의 두 가지 요인이 중요하다. 1)강압을 펴는 국가가 과거에 군사력을 성공적으로 사용했었다는 평판, 2)목표 국가가 더 이상 버틸 수 없는 수준으로 압력을 증가시킬 수 있는 능력. 일반적으로 강압외교는 목표 국가가 강압을 펴는 국가의 처벌을 감내할 수 있는 능력을 가지는 경우 실패하게 된다.

- **강압외교에 대한 적절한 국내외적 지지** 강압외교를 펴는 국가는 국내에서의 정치적 지지를 얻어야 할뿐만 아니라, 주요 국가들과 국제기구로부터의 지지를 예상할 수 있을 때 힘을 얻게 된다.

- **분쟁해결에 대한 명확한 조건** 강압을 전개하는 국가는 위기를 종식시키기 위한 구체적인 조건을 분명하게 말할 수 있어야 하고 상대가 굴복한 후에는 더 큰 양보를 얻기 위한 새로운 요구를 하지 않을 것이라는 확신을 주어야 한다.

비록 이러한 조건들은 성공적인 강압외교의 가능성을 높일 수 있는 것이지만 반드시 성공을 보장하는 것은 아니다. 강압외교를 위해 군사개입에 의존했던 지도자들이 사건을 나중에 통제할 수 없게끔 진행시킨 것을 역사에서 흔히 볼 수 있다. 종종 심각한 인권 상황을 다루기 위해 군사개입이 이루어지기는 하지만, 오히려 군사개입이 "국가의 강제력을 높이고 보다 억압적인 행동을 조장함으로써 국가의 억압을 고조시키는데 일조한다."는 주장도 제기된다(Peksen, 2012, p. 558). 개입이 실패한 결과로써 이와 같은 강압외교의 군사적 수단에 대한 신뢰가 종종 사그라지기도 했으며, 세계정치에서 힘을 행사하기 위한 다른 수단들을 찾고자 하는 노력이 더욱 커졌다.

대부분의 현실주의자들과 그 밖의 많은 사람들은 분쟁을 성공적으로 해결하기 위해서는 논리력보다는 군사력에 의존하는 것이 보다 안전하다는 현실주의 신념에 계속적인 신뢰를 보이고 있다. 하지만 안보는 무력의 추구에 달려있는 만큼이나 무력의 통제에 달려 있다. 강압외교를 위한 무력사용의 위협 혹은 실제 무력사용을 요구하는 군사전략과 무기를 강조하는 전통적 현실주의가 과연 국가안보와 국제안보의 최적의 그리고 가장 안전한 길인가에 대한 논란이 한창이다. 사실 전통적 현실주의에서 말하는 것과 같은 국가안보 증진을 위한 군사력에의 의존은 여전히 세계 각국으로부터 호응을 받고 있다. 그러나 일부 현실주의자들은 새로운 길을 제안하고 있다. 즉, 무기의 획득과 사용이 아니라 경쟁세력 간 균형을 유지하기 위한 동맹의 추구가 국익에 가장 도움이 되며, 그럼으로써 모든 초국가적 행위자들이 상대에 대한 무력사용의 유혹을 갖지 않도록 만들 것이라는 주장이다. 이들 대안적 주장을 펴는 현실주의자들은 이러한 방식이 안보를 위한 가장 안전한 길을 제공할 것이라 믿는다. 그들이 과연 옳은 것일까?

전쟁은 무자비한 폭력의 문제가 아니라, 친구를 얻느냐 아니면 친구를 잃느냐의 문제이다.
– 디에고 사르미엔토 곤도마르(Diego Sarmiento Gondomar) 백작, 1618년 런던주재 스페인 대사

세계정치에서 동맹에 대한 현실주의적 해석

국제정치에서 동맹은 당사자들이 협력하겠다는 합의를 필요로 한다. 이 때문에 상호이익을 위한 자기희생의 가능성을 강조하는 자유주의 이론이 왜 그리고 어떻게 국가들이 함께 동맹을 맺는지를 설명할 것으로 여겨진다. *자유주의 이론*에 따르면 국가들은 당장의 이익이 실현되지 않을지라도 장기적인 집단적 이익을 극대화하기 위해 동맹을 체결한다.

하지만 동맹의 형성과 와해의 역동성, 그리고 세계안보에 대한 이러한 역동성의 효과를 가장 잘 이해시켜주는 핵심적 시각을 제공하는 이론은 오래 전부터 있었다. 여러분이 배운 현실주의는 세계정치를 (지구 전체에 걸친 모든 사람의 안전과 복지의 증진과 같은 도덕적 원칙이나 범지구적 이상이 아닌) 무정부적인 상태에서 자신의 이익을 위해 경쟁하는 국가들에 의한 세력투쟁으로 묘사한다. 동맹(alliances)에 대해 현실주의자들은 다른 국가의 위험스러운 야심에 맞서서 그것을 저지하기 위해 협력하는 일시적이고 임시변통적인 시도로 묘사한다. "동맹(혹은 제휴)은 각국의 힘과 안보 및 영향력을 합치려는 의도를 가지는 두 개 이상의 국가들 사이에 이루어지는 공식적(혹은 비공식적)인 안보협력의 공약이다(Walt, 2009, p. 86; Fordham, 2010 참조)."

현실주의는 동맹결정의 기저에 깔린 냉정한 계산적 동기에 대해 가장 설득력 있게 설명한다. 즉, 현실주의자들은 약탈적인 공동의 적에 의한 위협으로부터 동맹국가들을 보호하기 위한 것이 동맹의 1차적이고 가장 중요한 동기라고 보며, '세력균형'을 유지할 수 있는 메커니즘으로 동맹을 이해한다. "동맹의 기원과 목적에 관해 현실주의자들은 아주 단순하게 설명한다. 즉, 국가는 합리적이고 안보극대화 행위자이며, 국가의 이기적 행위는 대부분 국제 체계의 구조에 의해 결정된다."는 것이다(Byrne, 2013). 현실주의 이론은 군사동맹이 체결되는 것은 동맹의 이점이 그것의 불이익보다 크다고 당사자들이 인식하는 경우라고 설명한다. 공동의 위협에 직면하는 경우 동맹은 가맹국들에게 공격받게 될 가능성을 줄이고(억제), 공격을 할 경우 더 큰 힘을 가질 수 있으며(방어), 적이 만들려고 하는 동맹으로부터 자신의 동맹 국가들을 배제시킬 수 있게 된다(Snyder, 1991).

이러한 이점에도 불구하고 현실주의자들은 종종 동맹의 형성에 대한 불이익을 지적하곤 하는데, 1848년 영국의 팔머스톤(Palmerston)경은 이렇게 지적했다. 국가는 "영원한 동맹도

동맹

둘 이상의 국가가 상호안보를 증진시키기 위해 군사력을 결합하고 정책을 협력하기로 약속하는 경우에 체결하는 정치적 제휴

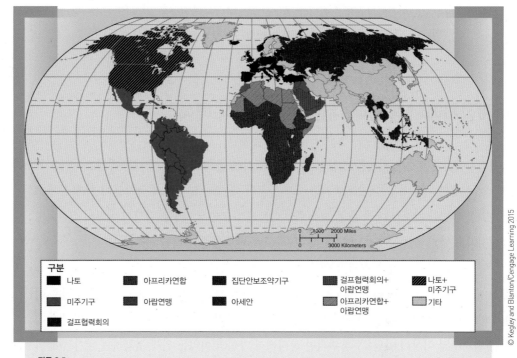

구분

■ 나토	■ 아프리카연합	■ 집단안보조약기구	■ 걸프협력회의+ 아랍연맹	▨ 나토+ 미주기구
■ 미주기구	■ 아랍연맹	■ 아세안	■ 아프리카연합+ 아랍연맹	■ 기타
■ 걸프협력회의				

지도 8.5
안보를 위한 파트너 십
위의 지도는 지역안보 혹은 경제안보 이익을 통합하고 협력을 증진시키기 위해 만들어진 동맹들을 보여준다. 미국의 오바마 대통령은 미국의 국가안보전략에서 동맹의 중요성을 강조하면서 "우리는 우리와 함께해준 옛 동맹들과의 관계를 지속적으로 강화할 것이다. … 더 많은 국가들과 도시들로 그 영향력이 커질수록 우리는 새로운 파트너 십을 구축해야 하며 보다 강력한 국제기준과 제도를 만들어야 한다."고 말했다.

없으며, 영원한 적도 없어야 한다." 무정부 상태에서 국가는 스스로 방어할 수 있는 *자력구제*에 의존해야만 하며, 어떤 국가도 자신이 공격받을 경우 와서 도와줄 동맹을 완전히 신뢰할 수 없다. 동맹은 나중에 불이익이 될 수도 있는 약속에 국가를 얽어매는 것이다.

현실주의 이론가인 투키디데스(Thucydides)가 지적했듯이 "누구나 주변 환경에 따라 친구 혹은 적으로서 행동해야 한다." 이러한 선택은 오늘의 적이 내일의 친구가 될 수 있으며 연루의 두려움과 방기(放棄) 혹은 배신의 두려움이 항상 존재하는 복잡한 전략지정학적인 실제 현장에서 이루어진다. 이 때문에 "현명하고 경험 많은 지도자는 미래의 알 수 없는 시점의 예측할 수 없는 상황에 직면하여 정부 행위에 제약을 가하는 약속을 회피하고자 한다(Kennan, 1984a, p. 238)." 상황은 시시각각 변화하며, 동맹을 만들어낸 공동의 위협이 일단 사라지게 되면 모든 동맹의 유용성은 변화할 수밖에 없기 때문에 전통적인 현실주의는 국가들에게 국익을 한 시점에 집중시키는 태도를 취하지 말고, 대신 즉각적 위협을 처리하는 목적으로만 동맹을 맺으라고 조언한다.

새로운 동맹이 비용보다 이득이 많은 합리적 선택인가를 고려할 때 국가원수는 흔히 동맹국들이 득보다는 해를 끼칠 수 있는가를 따진다. 미국의 초대 대통령 조지 워싱턴(George Washington)은 국가는 "갑작스러운 위기에 대한 일시적 동맹을 신뢰할 수 있겠지만, 이 국가 저 국가로부터 진정한 이익을 기대하거나 계산하는 것은 환상"이라고 주장하면서 미국은 "영구 동맹을 피해야 한다."고 조언하였다. 여러 현실주의자들은 다음의 다섯 가지 문제점들을 들어 방어를 위한 동맹을 형성하는 것에 반대한다.

- 동맹은 공격적인 국가들로 하여금 전쟁을 위한 군사적 능력을 결합시키도록 만들 수 있다.
- 동맹은 적을 위협하여 맞동맹의 형성을 촉발하며, 이는 양쪽 모두의 안보를 저해한다.
- 동맹의 형성은 중립적일 수 있는 국가를 적대적 연합에 가담하게 만들 수 있다.
- 일단 국가들이 힘을 합치면 그들은 반드시 각각의 가맹국들이 개별적 적에 대한 무모한 공격을 하지 못하도록 스스로의 동맹국들의 행동을 통제해야만 하는데, 그러한 무모한 행위는 동맹의 다른 가맹국들의 안보를 해치게 된다.
- 오늘의 동맹이 내일의 적이 될 수 있는 가능성은 언제나 존재한다.

동맹의 효용성이 불확실함에도 불구하고 오랜 역사 동안 많은 국가들은 동맹을 선택해왔는데, 왜냐하면 위험함에도 불구하고 위협이 존재하는 시기에 예상되는 안보적 이득이 그러한 결정을 정당화했기 때문이다.

동맹이 어떻게 세계안보에 영향을 주는지를 가장 잘 설명하기 위해서는 동맹의 결정을 개별 국가의 안보에서 바라보는 국가수준의 분석보다는 국가 간 전쟁의 빈도에 대한 동맹의 영향력을 바라보는 글로벌 수준의 분석(1장 참조)이 더 도움이 된다. 이러한 시각은 동맹의 형성이 세력균형을 유지하기에 도움이 될 수 있다는데 관심의 초점을 둔다.

현실주의와 세력균형

세력균형 개념은 오랜 역사 동안 논쟁의 대상이었다. 세력균형을 지지하는 사람들은 군사적 우월함을 추구하는 국가에 대해 균형을 유지함으로써, 그리고 비동맹 국가들이 상호 적대적인 동맹세력의 어느 한쪽과 제휴(alignments)하여 세계적 힘의 배분 상태를 균등하게 만듦으로써 평화를 유지하는 평형유지의 과정으로 세력균형을 이해한다. 하지만 비판론자들은 세력균형이 질투와 음모, 적개심을 초래할 뿐이라고 주장하면서 이것의 효과를 부인한다.

세력균형의 핵심적 논리는 어떤 국가도 다른 국가들을 지배할 수 있을 만큼 강하지 않게

제휴
외부의 적으로부터 위협받는 중립국가가 자신을 보호해줄 수 있는 강한 국가와 특별한 관계를 맺는 행위로 공식적 동맹관계보다는 낮은 수준의 관계이다.

군사력이 균형적으로 분포되어 있을 경우에 국가안보가 증진된다는 것이다. 세력균형 이론은 어떤 국가가 압도적인 힘을 보유하게 되면 그 나라는 자신의 힘의 이점을 이용하여 약한 주변 국가들을 공격하려 할 것이고, 그리하여 위협을 받는 국가들이 방어적 성격의 동맹을 맺어 단결하도록 만드는 강력한 동기가 형성된다고 설명한다. 이 이론에 따르면 위협을 받는 국가들의 군사력이 팽창주의 야심을 품은 국가를 억제(혹은 필요한 경우 분쇄)하게 된다. 따라서 국력을 극대화 하기 위해 투쟁하는 국가들의 자유방임적 경쟁은 국제적인 균형을 낳고, 이는 패권적 야심을 견제함으로써 모두의 생존을 보장한다.

아울러 세력균형 이론은 취약성이 공격을 초래하고, 잠재적 침략자를 억지하기 위해서는 대항적인 힘이 사용되어야 한다는 현실주의적 가정에 기초하고 있다. 현실주의자들은 힘의 팽창을 추구하는 시도는 다른 국가들의 행동을 유발한다고 가정한다. 이 가정은 모든 국가들은 잠재적 적이며, 각국은 스스로를 보호하기 위해 군사적 능력을 강화시켜야만 한다고 설명한다. 이러한 논리는 군사적 우위를 합리화하는데, 이는 다른 나라들도 마찬가지로 힘을 추구하기 때문이다. 의혹과 경쟁, 그리고 무정부 상태를 순환하는 이러한 시스템이 경계를 유발할 것이라는 현실주의 믿음에서 세력균형 논리가 만들어진다. 즉, 불확실성이 전쟁의 발발을 제약하는 것이다. 조지 워싱턴(George Washington) 대통령이 언급한 바와 같이 "인류의 보편적 경험에서 발견되는 한 가지 원칙은 어떠한 나라도 그 나라의 국익 이상으로 신뢰할 수 없다는 사실이다."

힘의 균형을 위한 동맹과 군비통제는 오랜 기간에 걸쳐 힘의 재분배 과정 속에서 변화해왔다. 군사력은 여러 가지 방식으로 하나 혹은 그 이상의 힘의 중심으로 분포될 수 있다. 학자들은 이것을 힘의 극성(極性, *polarity*)이라고 부른다(4장 참조). 역사적으로 힘의 분포는 하나의 국가로 완전히 집중되는 단극(*unipolarity*)으로부터 여러 국가로 분산되는 다극(*multipolarity*)에 이르기까지 다양했다. 단극의 사례로는 지역 규모의 제국으로서의 로마와 제2차 세계 대전 직후 다른 어떤 나라도 역균형을 꾀할 수 없었던 시대의 미국이 포함된다. 다극의 사례로는 1815년 나폴레옹 전쟁 이후 유럽 국가들이 서로 비슷한 규모의 힘을 가지던 시기를 들 수 있다.

단극과 다극 사이에 양극(*bipolarity*)이 존재한다. 이것은 서로 경쟁적인 군사적 강대국에 의해 주도되는 두 개의 연합집단이 세력균형을 이루는 것으로써, 각각은 상대방의 팽창을 봉쇄하고자 한다. 1949년 소련이 미국의 원자무기 독점을 깨뜨리면서 새로운 세계적 힘의 분포가 이루어졌다. 그럼으로써 군사력은 두 개의 경쟁적인 '초강대국'의 수중으로 집중되었고, 이들 초강대국의 대량파괴 능력은 다른 강대국들과의 비교를 무의미하게 만들었다.

양 초강대국은 새로운 동맹을 끌어들임으로써 힘의 균형을 이루는 것에 사활을 걸었다. 미국을 서유럽 안보에 연결시킨 북대서양조약기구(North Atlantic Treaty Organization, 나

북대서양조약기구 (NATO)

서유럽에 대한 소련의 공격을 억지하기 위해 1949년에 만들어진 군사동맹으로, 설립 이후 규모를 확대하고, 그 임무를 평화의 유지뿐만 아니라 민주주의의 증진으로 재규정하였다.

토, NATO)의 형성과 구소련이 동유럽 보호국들과 공식적 동맹을 맺도록 한 바르샤바조약기구(Warsaw Pact)는 분극화(polarization)의 과정에 의해 만들어진 것이다. 서로 적대적인 블록이 형성된 것은 부분적으로는 초강대국이 동맹 경쟁을 벌였기 때문이고, 또 부분적으로는 덜 강한 국가들이 보호받기 위해 두 초강대국 가운데 하나에 기대를 걸었기 때문이다.

힘의 균형을 이루기 위해서는 국가 행위자들이 급속하게 변화하는 동맹의 가치를 파악할 필요가 있다고 현실주의자들은 생각한다. 비록 세력균형이 자동적인 자기조정의 과정으로 묘사되는 경우도 있지만, 대부분의 현실주의자들은 세력균형을 경쟁적인 국가들 사이의 균형을 유지하기 위한 국가 지도자들의 신중한 선택의 결과라고 이해한다. 이는 정책결정 규칙들에 대한 고찰을 필요로 한다.

세력균형 정책을 위한 경쟁의 규칙

모든 지도자들은 국가들의 상대적 능력을 꾸준히 주시해야 하고, 그럼으로써 군사 및 동맹정책이 힘의 불균형을 바로잡기 위해 조정될 수 있어야만 한다. 그러한 선택은 여러 전략적 대안의 이해득실을 인식하는 합리적이고 이기적인 행위자에 의해 이루어져야 한다. 여러 이론가들은 이와 같이 구성된 안보 레짐 하에서 균형을 맞추는 과정이 효과적으로 작동할 수 있도록 반드시 고려해야 하는 규칙들을 구체화하려고 노력해왔다. 그러한 규칙들은 다음과 같다.

- 상황을 늘 주시하라 갑작스럽게 나타나는 위협과 기회를 포착하기 위해 계속해서 대외관계의 발전을 관찰하라. 국제적 무정부상태는 개별 국가로 하여금 자신의 안전을 책임지게끔 하고, 국가는 다른 나라의 의도를 확신할 수 없기 때문에 자기 이익은 국가가 자신의 상대적 힘을 극대화하도록 조장한다. 모톤 캐플란(Morton Kaplan, 1957, p. 35)은 다음과 같이 말했다. "힘을 키우기 위해 행동해야 하지만, 싸우기보다는 협상을 하라.…그래도 역시 국가는 힘을 키울 기회를 놓칠 바에는 싸워야 한다."

- 적의 군사력에 대항할 힘이 없다면 언제든지 동맹을 모색하라 국가들은 공동의 안보문제에 대해 공통된 입장에 있는 경우 서로 동맹을 체결한다. 동맹은 국가들이 특정한 환경 하에서 행동을 협력하기로 공식적으로 합의할 경우에 만들어진다. 무임승차자(free riders) 즉, 합리적 행위자로서 눈치만 보는 국가는 비동맹(nonalignment)의 위험을 감수할 수 없다. 만약 무임승차자가 동맹을 거부하면 그들의 취약성은 조만간 침략적 국가가 공격할 빌미를 제공하게 될 것이다.

- 동맹형성의 유연성을 유지하라 상황에 따른 전략적 필요에 따라 동맹은 문화 혹은 이념적 신념의 유사성과 무관하게 이루어져야만 한다(Owen, 2005). 동맹은 군사적 능력의 불균등

무임승차자

통상의 비용과 노력 없이 다른 사람의 비용으로 이득을 챙기는 사람

비동맹

국가가 불필요한 전쟁 개입에 말려들게 할 공식적 동맹을 우려해 경쟁 블록들과의 군사동맹 참여를 거부하는 외교정책 입장

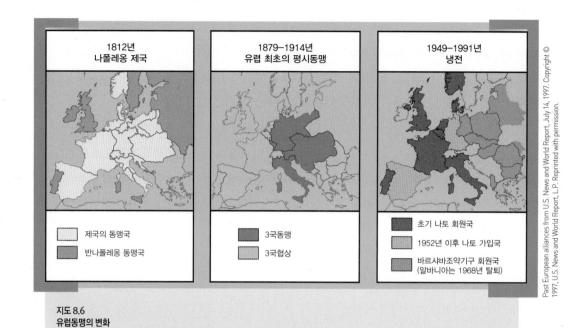

Past European alliances from U.S. News and World Report, July 14, 1997. Copyright © 1997, U.S. News and World Report, L.P. Reprinted with permission.

지도 8.6
유럽동맹의 변화
관계와 상황이 변화하면서 경쟁국가의 힘에 집착하는 초국가적 행위자들이 재편성됨에 따라 새로운 동맹이 수립되고 기존의 동맹은 해체된다. 이 지도에서 과거 유럽동맹의 세력분포 3가지 형태를 볼 수 있다.

한 분포를 조정할 목적을 가지는 도구적이며 단기적인 조정이기 때문에 국가가 잠재적 파트너를 받아들이거나 거부하는데 과거의 경험이 특정한 영향을 미쳐서는 안 된다. 과거 유럽 외교에서 활약했던 영국만큼 **균형자**(balancer)의 역할을 잘 수행했던 경우는 없다. 17세기에서 20세기 초까지 영국은 영원한 친구도, 영원한 적도 없으며, 다만 균형이 어느 한쪽으로 기울어지는 것을 막는 영원한 이익만이 있을 뿐이라고 주장하면서 유럽 대륙의 균형을 맞추기 위해 무게중심을 이쪽저쪽으로 옮겼다(Dehio, 1962). 윈스턴 처칠(Winston Churchill)은 다음과 같이 언급했다. 영국의 목적은 "가장 강하고 가장 침략적이며 가장 지배적인 대륙 세력에 맞서는 것이다. … 영국은 덜 강한 세력과 함께하고, 그들과 조화를 이루어 대륙의 군사적 지배자가 누구든지, 그리고 그가 어떤 나라를 다스리든지 그를 무찌르고 좌절시켰다."

균형자

세력균형 체계 하에서 방어적 연합에 결정적인 힘을 실어줄 수 있는 국제적 혹은 지역적으로 영향력 있는 강대국

■ **패권을 추구하는 국가에 대해서는 반대하라** 세력균형 정책을 사용하는 목적은 잠재적으로 위험할 수 있는 강대국의 세상에서 생존하기 위한 것이다. 만약 어떤 나라든 다른 나라들에 대한 절대적 지배권을 가지게 된다면 마음대로 행동할 수 있을 것이다. 그러한 상황에서 다른 국가의 영토적 통일성과 정치적 자율성은 위기에 몰릴 것이다. 강한 세력이 압도적 우월성을 가지지 못하게끔 약한 세력들이 힘을 함침으로써 국가들은 그들의 독립을 유지할 수 있다. 조지프 나이(Joseph Nye, 2008)가 말한 것처럼 "세력균형은 투견에서 패배한 개를 도와주는 정책이다. 왜냐하면 승리한 개를 도와줄 경우 그 개는 결국 돌아서서 여러분을 물

어버릴 것이기 때문이다." 지난 몇 년 동안 중국과 러시아는 냉전시대의 경쟁자의 관계를 청산하고 쌍무적 관계를 강화하여 미국의 글로벌 지배력에 맞서 역균형을 이루고자 하였다. 2010년 3월 중국 부주석이었던 시진핑(習近平)은 당시 러시아 총리였던 블라디미르 푸틴(Vladimir Putin)과의 회담에서 "중국과 러시아는 앞으로 다극 체제의 수립과 국제관계의 민주화를 촉진시켜야 한다."고 밝혔다.

■ 너그럽게 승리하라   전쟁이 일어나면 승자는 패자를 완전히 제거해서는 안 된다. 어제의 적이 내일의 동맹국으로 필요할지도 모르기 때문에 과거가 아닌 미래를 바라보면서 승자는 굴복한 국가에 대한 피해를 가급적 최소화해야 한다. 자국이익에 대한 철저함과 다른 나라의 이익에 대한 공정함을 겸비한 승리자는 패배한 국가로 하여금 전후의 세력균형에서 한 역할을 담당하도록 만든다. 마찬가지로 협상 테이블에서 승리한 국가는 상대편에게 양보에 대한 보상을 제공함으로써 세력균형을 안정시킬 수 있다.

이러한 현실주의적 정책 처방은 국가가 압도적 힘을 보유하겠다고 위협하는 강대국의 야심을 견제할 것을 촉구한다. 왜냐하면 야심적인 패권국은 모두의 잠재적 위험이기 때문이다. 인간과 국가는 본질적으로 이기적이지만, 경쟁적 이익의 균형은 그들 사이의 상호작용을 안정시킨다고 현실주의자들은 주장한다. 현실주의자들은 허약함이 침공을 유발한다고 주장한다. 따라서 불균형적인 힘에 직면해서 국가의 지도자는 자국의 국내 자원을 동원하거나 국제적 힘의 분포를 균형 상태로 되돌리기 위해 다른 나라들과 동맹을 맺어야 한다(Schweller, 2004; Waltz, 1979).

2003년 이라크의 대량살상무기 획득과 사용을 예방하기 위해 미국이 선제공격 전쟁을 벌이기로 결정한 것에 대해 독일과 프랑스 및 기타 여러 나라들이 반대한 것도 그러한 맥락을 보여주는 것이다. 이들 나라는 특히 이라크의 대량살상무기 보유, 9.11 테러와의 연관, 전쟁 준비 등의 증거가 없다는 이유로 미국에 반대했었다. 에스토니아, 라트비아, 리투아니아 등 발트해 국가들은 프랑스가 러시아에 2015년에 취역 예정인 미스트랄급 전투함을 판매하기로 한 결정에 대해 경악했다. 에스토니아 탈린 소재 국제중앙방위연구소(International Center for Defense Studies)의 정책분석가인 카를 카스(Kaarel Kaas)는 그러한 함정이 러시아 국경에서 "세력균형의 전환"을 가져올 것이라고 경계했다(The Economists, 2010i, p. 54).

세력균형 유지의 어려움

과연 대부분의 현실주의자들이 믿는 것처럼 균형잡힌 힘은 세계 질서 유지에 도움이 될까? 세력균형 이론에 비판적인 사람들은 균형이 평화를 촉진한다는 가정에 몇 가지 이의를 제기한다.

■ 학자들은 이 이론의 행동 규칙이 모순적이라고 주장한다(Riker, 1962). 한편으로 국가는 자신의 힘을 증대하도록 요구받는다. 그런데 다른 한편으로 국가는 압도적 힘을 추구하는 세력에 반대하라는 요구를 받는다. 그러나 때때로 주도적인 국가에 대해(균형 잡는 행동을 하기보다는) 편승(bandwagoning)하는 것이 미래의 전쟁의 전리품을 분배받을 수 있기 때문에 약소국의 능력을 증대시키는 것이 될 수 있다. 현상유지에 불만을 가진 국가들보다 현상유지에 가장 만족스러워하는 국가들이 점점 강대해지는 강대국에 대해 균형을 잡으려하는 경향이 있음을 역사는 보여준다.

편승

약소국이 이념이나 정부 형태와 무관하게 강대국과 동맹을 체결하여 안보를 증진시키고자 하는 행위

■ 세력균형 이론은 정책결정자들이 다른 국가들에 대한 정확하고 때맞춘 정보를 가진다고 가정한다. '국력' 개념은 다양한 의미를 가진다는 점을 생각해보라. 적대적 국가들 사이의 서로 다른 무기 형태의 수행 능력과 같은 유형적 요소들은 비교하기 어렵다. 리더십기술이나 군대의 사기 혹은 무모하거나 공격적인 대외정책에 대한 대중적 지지도와 같은 무형적 요소들은 더더욱 측정하기 곤란하다. 적대 국가의 힘과 동맹의 신뢰성을 판단하기 어렵기 때문에 세력균형의 불확실성은 종종 국방정책결정자들로 하여금 최악의 상황을 가정한 분석을 하도록 만드는데, 이것이 군비경쟁을 촉발할 수 있다. 비밀스러운 세력균형 정책이 촉발하는 강렬하고 상호적인 불안감은 적의 힘을 과장하여 평가하도록 만든다. 이는 각각의 당사자로 하여금 자신의 무기의 양을 확대하고 질을 강화하도록 만든다. 현실주의에 대한 비판론자들은 만약 서로가 깊이 의심하는 상황 속에서 무모한 무기 경쟁에 사로잡힌 국가들 사이에 심각한 분쟁이 일어나면 전쟁의 가능성은 증대할 것이라고 경고한다.

■ 세력균형 이론은 정책결정자들이 위험회피(risk-averse)적이라고 가정한다. 즉, 같은 힘을 가진 세력과 전쟁은 위험할 수 있기 때문에 서로 상쇄할 수 있는 힘을 가진 세력과 대치하는 경우 전쟁을 자제한다는 것이다. 하지만 전망 이론(3장 참조)이 설명하는 것과 같이 국가 지도자들은 위험을 서로 다르게 평가한다. 어떤 지도자들은 위험감수(risk-acceptance)적이다. 위험감수적 지도자들은 비슷한 힘의 세력에 의해 억지되는 것이 아니라 설령 승률에 큰 차이가 있다 하더라도 승리를 거둘 확률에 희망을 거는 것을 선호한다. 적대 세력과 견줄만한 힘을 위험에 대한 높은 허용수준으로 받아들이는 경우 세력균형의 효과는 위험을 회피하는 지도자의 경우에서와 다르다.

■ 세력균형의 과거성과가 일정하지 않았다는 점에서 많은 연구자들은 세력균형 이론에 대해 이의를 제기한다. 만약 세력균형 이론의 전제조건이 사실이라면 세력균형이 이루어지던 시기의 역사는 전쟁이 덜 빈번하게 발생했던 시기가 될 것이다. 그러나 그 시기는 놀랍게도 전쟁의 시대였다. 1648년 베스트팔렌 평화가 독립적 영토국가로 구성된 세계 체계를 만들어낸 이후 강대국들은 전체 세계 체계를 집어삼키고 파괴할 수 있는 대규모의 파괴적

전면전쟁을 여러 차례 치러왔다. 이니스 클로드(Inis L. Claude, 1989, p. 78)가 언급한 것처럼 이러한 전쟁들을 "세력균형 체계의 완전한 실패나 전면적 붕괴로 간주하기는 곤란하다. 하지만 그러한 전쟁들이 안정을 위한 조치나 균형을 잡기 위한 과정으로 분류될 수도 없으며, 국제적 안정의 유지에 그러한 재앙의 예방은 포함되지 않는다고 누구도 감히 말할 수 없다." 실제로 역사적 사례들은 일부 이론가들로 하여금 세력균형 이론 대신 *패권안정 이론 (hegemonic stability theory)*을 수립하도록 이끌었다. 이 이론은 경쟁적인 강대국들 사이의 서로 비슷한 군사력보다는 단일하고 지배적인 패권국가가 평화를 더 잘 보장해줄 수 있다는 주장을 편다(Ferguson, 2004a; Mandelbaum, 2006a).

세력균형 체계의 심각한 문제점은 그것의 임시방편적 특징이다. 강대국들의 조화가 강대국간 경쟁적 대결로 대치될 가능성에 대해 많은 현실주의 이론가들이 우려하고 있다. 공식적 군사협력이 사라지고 경쟁자들 사이의 비공식적이고 변동적인 제휴로 변모하는 '동맹의 종식'을 세상이 경험하게 되면 위험천만한 힘의 공백이 만들어질 수도 있다(Menon, 2007). 힘의 균형을 이루는데 이러한 어려움은 대부분의 현실주의자들로 하여금 세계정치의 변치 않는 모

변치 않는 우정인가 아니면 임시적 파트너인가?
2013년 3월 26-27일 남아프리카 더반에서 브릭스(브라질, 러시아, 인도, 중국, 남아프리카공화국) 정상들이 제5차 연례정상회담을 열었다. 균형적 역할을 할 것으로 여겨지는 이 협력체는 글로벌 경제와 정치질서 형성에 더 큰 영향을 미치려는 의도의 산물이다. 하지만 이들의 경제적 영향력은 크지만 정치적 영향력은 확실하지 않다. 전 주미 인도대사였던 라리트 만싱(Lalit Mansingh)에 의하면 "그들은 많은 국제적 이슈에서 의견일치를 보지 못한다. 그들 사이에 확고한 공동의 원칙이 존재하지 않는다." 사진의 왼쪽으로부터 인도의 만모한 싱(Manmohan Singh) 수상, 중국의 시진핑(習近平) 주석, 남아공의 제이콥 주마(Jacob Zuma) 대통령, 브라질의 지우마 호세프(Dilma Rousseff) 대통령, 러시아의 블라디미르 푸틴(Vladimir Putin) 대통령이다.

습은 국가들 사이의 분쟁과 경쟁이라는 결론을 내리도록 만든다.

앞으로 남은 과제는?

조만간 미국의 단극시대는 어쩔 수 없이 사라지고 새로운 힘의 분포가 이루어질 것이다. 세계 정치에서 그러한 전환이 어떻게 이루어질 것인지는 확실하지 않다. 어떤 사람들은 서로 적대적인 양극적 구도로 돌아갈 것이라 전망한다. 예를 들어 미국에 맞서는 새로운 중국-러시아 블록이나 유럽-러시아 협상 또는 중국-일본 동맹 등이 그것이다(Brzezinski 2004).

또 어떤 사람들은 보다 복잡한 다극적 형태의 세력균형 경쟁의 등장을 예견하는데, 미국, 중국, 일본, 러시아, 인도, EU가 여섯 개의 세계적 강대국으로 존재하는 것이다. 이러한 미래에 대한 예측에 의하면 힘이 보다 균등하게 분포될수록 적과 동지의 정체성 혼란이 이루어지면서 각각의 행위자는 점점 더 독단적이고 독립적이며 경쟁적인 성격을 띠게 된다. 다자적인 전략 지정학적 관계에 의한 지구적 규모의 체스 판이 만들어지고, 그 위에서 다른 나라의 진심이 무엇인지 알 수 없게 된다. 주요 행위자들은 그들의 이익에 따라 특정 분야에서 다른 행위자들에 맞서서 서로 연합을 결성하게 된다. 그러나 외교적 미소와 악수의 뒷면에서 한때의 친구와 동맹이 멀어지기 시작하고, 공식적으로 '특성화된' 관계가 해체되기 시작하며, 과거 적대적 국가들이 우호적 관계를 맺고 그들을 위협하는 다른 힘의 중심에 맞서는 공동의 근거를 발견하게 된다. "이러한 복잡한 국제적 현실 속에서 동맹의 고착과 공식적 기구는 이익연합의 이합집산보다 덜 중요해질 것이다(Patrick, 2010, p. 51)."

역균형과 이합집산이 가능한 보다 유연한 동맹이 등장하고 있다. 예를 들어 테러와의 전쟁을 어떻게 수행할 것인가에 대해, 특히 이라크 전쟁과 관련하여 미국과 미국의 동맹국가들 사이의 마찰이 커졌다. 특정 이슈에 대해 강대국들이 얼마나 민감할 수 있는가를 보여주는 사례로써, EU 외교위원장 크리스토퍼 패턴(Christopher Pattern)과 독일 외무장관 요슈카 피셔(Joschka Fischer)는 부시 대통령이 미국의 동맹 파트너들을 마치 '위성국'과 같이 종속된 것으로 대우한다고 혹평하였다. 최근 오바마 대통령은 "지난 몇 년 동안 우리는 우리의 동맹관계가 표류하도록 만들었다."며 이라크 전쟁으로 경색된 파트너 십을 개선하기를 희망했다. 나토(NATO) 60주년 기념 정상회의에서 그는 "우리는 알카에다와 같은 집단이 더 이상 활동할 수 없도록 만들어야 한다는 공동의 이해관계가 존재한다."는 사실을 각국 정상들에게 상기시키면서 28개 나토 회원국 모두가 알카에다와의 전쟁에서 일정한 역할을 수행할 것을 촉구했다.

21세기가 어떠한 모습일지, 혼란스러울지 아니면 안정적일지를 분명히 예측하기는 어렵

새로운 친구를 사귀되 오래된 친구를 간직하라
글로벌 정상회의는 각국 지도자들이 서로 만나 상대의 이야기를 듣고 동맹을 강화하는 기회를 가져다준다. 미국 백악관 수석보좌관 데니스 맥도너(Denis McDonough)는 "이것은 우리의 동맹에 새로운 활력을 불어넣어 21세기의 새로운 위협에 맞서게 해준다."고 설명했다. 사진은 2012년 3월 한국의 서울에서 열린 핵안보 정상회의에 모인 세계 각국의 지도자들이다. 지도자들은 함께 모여 핵테러와 핵물질 밀매를 막기 위한 논의를 벌였다.

다. 현실주의자들은 강대국들 사이에 안보를 위한 비극적 투쟁이 계속될 것이라고 주장한다(Mearsheimer, 2001). 그들의 예상은 중국이 급속한 성장으로 세계 최고의 경제대국이 될 것이며 이러한 경제적 우월성이 중국의 *하드파워*(경성권력)와 군사적 위협으로 전환될 것이라는 우려가 커지고 있다. 만약 미래가 중국에 달려있다면 다른 강대국들이 반중국 연대를 맺어 맞균형을 시도할 가능성이 있다(Kugler, 2006). 마찬가지로 미국의 거대한 군사력이 미국의 위상이 약화되는 것을 얌전히 받아들이지 않을 것이기 때문에 현실주의자들은 강대국 경쟁은 계속될 것이라고 생각한다.

어떤 현실이 나타나든, 국가안보를 위한 국가의 군사적 추구에 의해서 국제안보가 가장 잘 이루어질 수 있는지, 아니면 무기와 동맹, 그리고 세력균형을 통한 안보의 군사적 추구가 세계 구조의 파괴의 씨앗을 뿌리는 것이 될 것인지에 대한 논쟁에 관심을 가질 수밖에 없게 만든다. 다음 장에서 우리는 현실주의의 *세력균형 정치*로부터 관심을 돌려, 정상적인 세계질서를 이루기 위한 제도개혁을 만들고자 하는 자유주의 이론들을 고찰하게 될 것이다.

> *세력균형 외교를 비웃는 사람은 세력균형에 대한 대안은 세력불균형이라는 사실을 알아야 한다.*
> *역사에서 불균형보다 전쟁의 위험성을 극적으로 높였던 적은 없었다.*
> – 리처드 M. 닉슨(Richard M. Nixon), 미국 대통령

STUDY. APPLY. ANALYZE.

핵심 용어

2차 타격능력	기회비용	비동맹	잠재국력
N번째 핵국가 문제	다탄두 개별 유도미사일	비밀작전	제휴
강압외교	대량보복	비살상무기	탄도미사일 방어
강제전략	동맹	상호확증파괴	편승
국가안보	무기확산	선제 전쟁	포함외교
군비의 상대적 부담	무임승차자	수직적 핵확산	핵겨울
군사기술혁신	민간군사산업	수평적 핵확산	핵확산 금지조약
군사력 역풍	벼랑끝외교	스마트 폭탄	확산금지 레짐
군산복합체	북대서양조약기구	예방 전쟁	
균형자	불간섭 규범	인간안보	

추천 도서

Allison, Graham. (2010) "Nuclear Disorder: Surveying Atomic Threats," *Foreign Affairs* 89:74–85.

Coker, Christopher. (2012) *Warrior Geeks: How 21st Century Technology Is Changing the Way We Fight and Think About War.* New York: Columbia University Press.

Dombrowski, Peter, and Eugene Gholz. (2007) *Buying Military Transformation: Technological Innovation and the Defense Industry.* New York: Columbia University Press.

Finnemore, Martha. (2009) "Legitimacy, Hypocrisy, and the Social Structure of Unipolarity: Why Being a Unipole Isn't All It's Cracked Up to Be," *World Politics* 61, no. 1:58–85.

Gartzke, Erik, and Matthew Kroenig. (2009) "A Strategic Approach to Nuclear Proliferation," *Journal of Conflict Resolution* 53:151–160.

Singer, P. W. (2009) *Wired for War: The Robotics Revolution and Conflict in the 21st Century.* New York: The Penguin Press.

Shearman, Peter. (2013) *Power Transition and International Order in Asia: Issues and Challenges.* New York, NY: Routledge.

Snyder, Glenn H. (2007) *Alliance Politics.* Ithaca: Cornell University Press.

Walt, Stephen M. (2009) "Alliances in a Unipolar World," *World Politics* 61, no. 1:86–120.

"세상에는 단 두 개의 힘만 존재한다. 하나는 검의 힘이고, 다른 하나는 정신의 힘이다. 검은 결국에는 언제나 정신에 지배된다."

– 나폴레옹 보나파르트(Napoleon Bonaparte), 프랑스 황제

CHAPTER 9
국제법과 집단안보를 통한 평화의 모색

Jason Lee/Reuters

전쟁의 대안 모색

사진은 한국의 서울에 모인 시위대가 세계 여러 나라들이 분쟁을 비폭력적으로 해결할 것을 촉구하는 모습이다. 자유주의자들과 여러 구성주의자들은 세상에 실망하고 변화를 꾀하려 한다. 그들은 여러 문제들 가운데 특히 군비경쟁, 전쟁, 세계적 빈곤을 해결하기 위해 영향력을 행사하고 있다.

고려해야 할 질문들

- 자유주의는 평화의 전망에 대해 어떤 입장인가?
- 글로벌 평화에 대한 구성주의의 설명은 무엇인가?
- 군비통제와 군축은 어떻게 보다 평화로운 세상을 만들 수 있는가?
- 국제기구는 평화를 위해 어떠한 영향력을 발휘하는가?
- 무력사용에 대해 법규칙은 어떻게 영향을 미치고 어떻게 해석하는가?
- 분쟁해결에서 외교는 어떤 역할을 담당하는가?

만약 여러분이 당첨될 확률이 매우 낮은 복권을 구입하여 엄청난 상금을 받게 되었다고 가정해보자. 이제 여러분은 정말로 부자가 되었다! 이제 그 돈으로 뭘 하지? 죽기 전에 이 세상을 더 좋은 세상으로 만들기로 노력하겠다고 다짐했음을 기억하고 여러분은 힘보다는 도덕적 원칙을 따르기로 결심했다. 세상을 바꾸기 위해 여러분은 당첨금을 "평화의 기회를 만들자"는 프로젝트에 투자하기로 결정했다. 축하, 축하! 이제 여러분은 앤드류 카네기, 빌 게이츠, 워렌 버핏 등과 같이 세상을 더 좋은 곳으로 변화시키기 위해 자신의 행운의 많은 부분을 기꺼이 내놓은 초갑부들과 함께 할 수 있게 되었다.

어떤 사업에 여러분의 돈을 우선적으로 투자할 것인가? 여러분이 선택할 수 있는 메뉴는 다양하다. 예를 들어 여러분은 난민들에 대한 인도주의적 구제를 제공하며, 세계적인 빈곤과 질병에 맞서 싸우고, 지구온난화의 위협을 제거하기 위해 다른 사람들과 함께 하거나, 혹은 전 세계의 모든 청소년에 대한 교육 캠페인을 전개할 수 있을 것이다. 투자가 필요한 곳은 수도 없이 많다. 하지만 이것들을 여러분의 도덕적 가치에 따라 분류하면서 여러분은 이 세상의 가장 큰 위협은 역시 무력침공의 가공할 위험성이라는 것을 깨닫게 될 것이다. 이러한 신념에 따라 행동하는 여러분은 전쟁을 예방하기 위해서는 다른 사람을 돕는 것이 군사적 방법보다 더 나은 방법이라고 생각할 것이다. 전쟁무기와 세력균형에 의존하는 방법은 유사 이래 계속되어 온 것이지만 꾸준히 성공해온 적은 없다. 따라서 이제 여러분은 여러분만의 논리를 만들어내게 된다. 즉, 무력침공을 통제하는 평화적 방법을 찾는 것이 바로 그것이다.

이제 여러분은 새로운 과제를 수행하면서 여러분이 지금 품고 있는 질문, 즉 "이 사악한 세상에서 어떻게 선(善)을 행할 수 있는가?"라는 질문에 대해 일생동안 답을 찾고자 했던 정책결정자들과 사상가들로부터 교훈을 이끌어내야 할 때가 되었다. 이 장은 세계정치에 대한 현실주의 이론의 기본 가정들에 대해 직접적으로 도전하는 자유주의 국제정치 이론의 몇 가지 중요한 내용에 관심의 초점을 둔다. 또한 이 장은 구성주의 및 정체성의 관점에서 국제적 행위와 세계정치의 집단적 개념을 형성하는 진보적 아이디어와 규범의 중요성에 대해서도 살펴본다. 세계질서에 대한 자유주의와 구성주의의 방식, 특히 군축, 국제기구를 통한 집단안보, 협상과 국제법에 의한 분쟁관리가 계속 이루어진다면 그 결과는 과연 무엇이겠는가? 이러한 질문이 우리의 논의를 이끌게 된다.

> *굉장히 적극적이라는 표현은 적대적이고 선동적인 사람을 의미하기도 하지만,*
> *협상가와 평화를 지키고자 하는 지도자를 의미하기도 한다.*
> *만약 그러한 열정이 조직화되고 힘을 얻는다면 세상은 보다 나은 세상이 될 것이다.*
> — 파리드 자카리아(Fareed Zakaria), 정치평론가

국제평화를 향한 자유주의와 구성주의의 길

무력 분쟁의 통제에 대한 주요 접근들을 분석하면서 정치학자인 킴벌리 허드슨(Kimberly Hudson, 2009, p. 1)은 다음과 같이 지적했다.

> 자유주의와 구성주의의 국제정치 이론가들의 연구에서 뿐만 아니라 '책임으로써의 주권', '보호책임', '예방책임' 등의 규범이 등장하면서 주권에 대한 태도에 변화가 일어나고 있음은 확실하다. 합리적이고 단일한 주권국가에 의한 탈(脫)도덕적이고 합리적인 편협한 자기이익 추구로 국제관계를 이해하는 현실주의와 달리 자유주의는 상호의존과 협력의 가능성을 강조한다. 그리고 구성주의는 국제관계를 설명하고 이해하는데 중요한 것으로서 관념의 중심성(centrality of ideas)을 강조한다.

　자유주의 사상이 묘사하는 평화로 향하는 길들은 세계질서 접근의 측면에서 서로 다르지만 역사적으로 국가들은 전쟁을 치르는 경향이 있다는 사실에 대해 모두 우려한다. 공정한 처우가 평화와 협력을 촉진하기 때문에 도덕의 원칙에 입각한 행동은 결국 모두에게 더 많은 혜

평화를 위한 강렬한 소망
전쟁과 평화에 대한 자유주의와 구성주의는 지구촌이 공유하는 윤리와 도덕의 중요성을 강조한다. 사진은 인도 푸네(Pune)의 카페에서 발생한 폭탄테러로 11명이 희생된 것을 애도하기 위해 모인 사람들이다. 많은 인도인들은 파키스탄을 비난하였으며, 파키스탄의 신생 무장단체인 라쉬카-에-타이바(Lshkar-e-Tiaba)는 자신들의 소행이라고 주장했다.

택을 가져다준다는 자유주의의 약속에 따라 자유주의 이론은 세계정치에 있어 협조의 역할과 행위의 규칙을 강조한다.

국제적 규범과 규칙이 어떻게 만들어지는지를 우리에게 이해시키기 위해 구성주의는 대중적 관념이 매우 중요하다고 가르치고, 국가들이 원하는 국제관계 속에서 우호적인 분위기가 만들어질 때 구성되는 이미지가 세계정치를 지배하는 규칙의 개념에 영향을 미친다고 설명한다. 현실주의와 심지어 자유주의는 전쟁과 평화에 대한 물질적 기반을 강조하는 반면, 구성주의는 물질적 자원과 의사소통의 측면 모두를 중시한다. 관념은 "마구 떠다니는 것이 아니라 규칙, 규범, 레짐, 제도의 정교한 틀 안에 내재되어 있다(Kolodziej, 2005, p. 297.)"는 표현처럼 구성주의 관점은 평화에 대한 자유주의의 제도적이고 규범적인 길을 보완하며, 전쟁무기의 개발과 확산을 제한해야 한다는 관념이 글로벌 안보의 핵심이 된다. 이런 이유에서 구성주의에 동조하는 많은 사람들은 역사의 모든 시점에서 국가가 서로 버릇처럼 행동하거나 따르는 방식에 관한 대중적 이미지 구성의 변화가 국제법과 집단안보 레짐에 반영된다고 생각한다.

이러한 관점들을 염두에 두면서 여러분은 평화에 대한 또 다른 길의 혜택과 책임에 대해 생각해보게 될 것이다. 무기를 줄임으로써 무력 분쟁이 덜 발생하게 하고 세상이 보다 안전해질 것이라는 희망에 여러분의 초점을 맞추도록 하자.

검을 벼려 보습을 만들기

국가안보를 향한 현실주의 노정은 "만약 평화를 원한다면 전쟁을 준비하라"고 가르친다. 겉보기에 이것은 직관적인 언명이다. 만약 여러분의 나라가 경쟁국보다 군사적으로 더 강하다면 공격당할 가능성이 거의 없다. 하지만 만약 모든 나라들이 위의 조언을 따른다면 그 결과는 어떠할 것인가? 국가가 군사력을 증강시키면 더욱 안전해지는 것이 아니라 덜 안전해질 수도 있다.

이것이 자유주의 사상의 추론이다. 이러한 논리적 구조에서 *안보 딜레마*가 명확하게 드러난다. 즉, 국가가 군비를 증강하는 경우 이를 경계하는 주변국은 그 무기가 방어적 목적을 가지는 것이라는 주장을 신뢰하지 않고, 상대방의 그러한 두려움은 군비증강이라는 대응을 가져온다. *군비경쟁*(arms race)은 결국 군비를 증강한 어느 나라도 더 안전해지지 못하는 결과를 가져온다. 무장한 당사자 모두 더욱 취약해지는 것이다. 평화를 원했던 전쟁준비가 전쟁의 가능성을 높여놓는다. 예수 그리스도는 "칼로 일어선 자는 누구든지 칼로 망할 것이다(마태복음 26 : 22)."라고 경고했다. 같은 의미에서 그보다 수세기 이전의 헤브루 예언자 이사야는 오

군비경쟁

둘 이상의 국가가 안보를 위해 군사적 우위가 필수적이라는 인식에 의해 경쟁하면서 무기와 군사력을 증강시켜 서로를 위협하는 상황

늘날 뉴욕의 UN 본부에 새겨진 말을 권고했다. "나라들은 그들의 검을 버려 보습을 만들어야 한다(이사야 2 : 4)."

이러한 자유주의 경구와 조언은 여러 차례 반복되었다. 예를 들어 존 프레더릭 모리스(Frederick Maurice)경은 다음과 같이 비망록에 기록했다. "나는 평화를 원하거든 전쟁을 준비하라는 말을 신봉하여 영국군에 입대했었다. 그런데 지금 나는 전쟁을 열심히 준비하면 결국 전쟁을 치르게 될 것이고 믿는다." 프랑스 정치철학자 몽테스키외(Charles de Montesquieu)도 마찬가지의 자유주의적 신념을 피력했다. 그는 경쟁세력과의 관계에서 우월한 힘을 추구하는 것은 "피할 수 없는 전염병이 되어버리는데, 왜냐하면 한 국가가 원하는 군사력을 증강하는 한, 다른 국가도 즉각 자신의 군사력을 증강시키기 때문이며, 따라서 상호파괴 이외에 아무것도 얻을 수 없다."고 보았다.

현대 무기의 파괴력은 많은 사람들로 하여금 전쟁무기를 줄임으로써 글로벌 평화의 가능성을 높일 수 있지 않겠냐는 생각을 하도록 만든다. 군비나 무력분쟁에 대해 구성주의자들이 통일된 입장을 가지는 것은 아니지만 제한적인 전통적 안보개념을 진보적 사고와 인간의 창조성을 중시하는 개념으로 전환하는 것에 대해 대체로 동의하고 있다. 구성주의는 "폭력적인 정치행위와 그것의 해소 및 예방은 모두 그러한 행동을 결정하는 규범과 관념의 역할을 들여다봄으로써 해석되고 이해될 수 있다고 주장한다(Conteh-Morgan, 2005, p. 72)."

많은 페미니스트 학자들은 글로벌 안보에 있어서의 대량살상무기의 역할을 비판한다. 특히 '반전 페미니즘'의 전통은 남성성을 강조하는 사회규범이 군사적 폭력과 전쟁발발과 관련된다고 보고 그러한 사회적 과정을 거부하고 변화시키려 노력한다(2장 참조). "그런 무기를 개발하고 보유하는 사회에 대한 복잡한 효과를 보여주고, 무기의 표적이 되는 사회의 공포와 잠재적 고통을 묘사하며, 대량파괴의 위험을 감수하려는 의지의 도덕적 함의를 풀어보려는 사고방식이 필요하다(Cohn and Ruddick, 2008, p. 459)."

무기 공급을 줄임으로써 무력 분쟁이 덜 발생할 것이고 보다 안전한 세상을 만들 것이라고 보는 낙관론이 있다. 자유주의 지도자들조차 적이 군사적으로 공격하려는 것을 막을 정도로 군사력만 제한적으로 사용하는 것이 도덕적으로 합당하다는 인식을 가지고 있음에도 불구하고 무기를 더 줄이자는 주장은 계속 발전해왔다(Mapel, 2007). 하지만 무기의 세계적인 확산을 통제하자는 주장에 대해서 우리는 이것이 자유주의 혹은 구성주의 이론만의 논리는 아니라는 점을 염두에 두어야 한다. 비록 현실주의자들은 무기통제를 평화를 위한 길이라고 여기는데 주저하기는 하지만, 무기제한 협상을 벌였던 대부분의 정책결정자들은 현실주의자로서 그러한 조약이 군사력의 균형을 맞춤으로써 전쟁위협을 최소화하여 안전을 증진하는 신중한 수단이라고 여긴다.

평화를 향한 길로써의 군비축소와 군비통제

국제안보를 향한 이러한 접근법에 대해 몇 가지 구분을 고려해야 한다. 첫째는 '군비축소'와 '군비통제'의 구분이다. 때때로 이 용어들은 혼용되어 사용되지만 결코 동의어가 아니다. 군비축소(Disarmament)는 다소 모호하다. 이것은 무장력 혹은 특정 형태의 무기를 감축 혹은 철폐하는 것을 목적으로 하며, 전쟁에서 그러한 무기의 사용을 예방하기 위한 노력으로 일반적으로 둘 이상의 경쟁 국가들 사이의 상호합의에 의해 이루어진다.

군비통제(Arms control)는 상대적으로 덜 모호하다. 군비통제는 군사력의 증강을 제한함으로써 혹은 무기의 사용에 제약을 둠으로써 군비의 수준을 규제하기 위한 것이다. 잠재적 적들 사이에 상충하는 이익이 전쟁으로 분출할 가능성을 낮추고, 그럼에도 불구하고 무력분쟁이 발생할 경우 폭력의 정도를 낮추기 위해 서로 협력하는 조약을 체결함으로써 이루어진다.

자유주의와 현실주의 모두 군사력의 제한을 유용한 것으로 본다. 군비통제와 대조를 이루는 군비축소의 이점에 대해 어떤 입장인가에 따라 자유주의와 현실주의가 구분된다. 자유주의자들은 군비축소에 대해 적극적인 신뢰를 보이며 군비축소를 평화를 이룰 수 있는 가능성으로 간주한다. 군비통제는 경쟁하는 국가들의 이익충돌이 실제로 존재하고 있다는 인식 하에서 이루어지기 때문에 현실주의자들이 선호한다. 현실주의는 적대 국가들이 무기수준에 균형을 이루기 위한 협상을 시도할 경우 그러한 균형이 상호 신뢰를 구축함으로써 잠재적으로 긍정적인 결과가 이루어진다고 본다.

무기의 숫자를 줄임으로써 전쟁을 통제하는 것은 사실 새로운 아이디어는 아니다. 하지만 지금까지 협상으로 군비축소에 대한 합의를 이룬 나라는 거의 없다. 물론 과거에 일부 국가들이 무기를 감축한 적은 있다. 예를 들어 기원전 600년 경, 중국의 제후국가들은 군비축소에 대한 연합을 체결하여 그들 사이에 평화로운 시대를 만든 적이 있다. 캐나다와 미국은 1817년 러시-배것(Rush-Bagot)협정을 체결하여 5대호 지역을 비무장화했다. 그럼에도 불구하고 이러한 형태의 군비축소는 역사적으로 매우 드물다. 대부분의 군비축소는 비자발적인 것으로써, 제1차 세계 대전 이후 연합국이 패배한 독일을 비무장화했던 것처럼 전쟁 직후 승자의 강요에 의해 군사력을 축소하는 것이다.

군비통제와 군비축소를 구분하는 것 말고도 여러분은 쌍무협정(bilateral agreements)과 다자협정(multilateral agreements)을 구분해야 한다. 쌍무협정은 오직 두 개의 국가만을 포함하기 때문에 셋 혹은 그 이상의 국가들 사이의 협정인 다자협정보다 협상이 비교적 쉽고 실행도 더 용이하다. 그 결과 쌍무적 군비협정이 다자협정보다 더 성공적인 경우가 많다.

지금까지 가장 대표적인 사례는 초강대국들이 핵무기를 통제하는 협정이다. 여기서 우리

군비축소

무기 혹은 여타 공격 수단을 줄이거나 폐기하기로 한 협정

군비통제

국가들이 허용하는 무기의 숫자와 종류에 제한을 둠으로써 군비경쟁을 억제하기 위한 다자적 혹은 쌍무적 협정

쌍무협정

두 국가 사이에 체결되는 협정으로, 군사력 수준의 제한을 정하기 위해 협력적으로 합의된 군비통제협정이 대표적

다자협정

미래의 무기능력의 제한과 같은 공동의 문제를 해소하기 위한 정책의 협조를 이루기 위해 3개국 이상의 국가들이 체결하는 협정

는 먼저 소련과 미국의 협상을 간략하게 살펴보고, 다자적 군비통제와 군비축소의 역사를 고찰하도록 한다.

쌍무적 군비통제와 군비축소

소련과 미국 사이의 냉전은 결코 군사적 힘의 대결로까지 가지는 않았다. 그 한 가지 이유는 모스크바와 워싱턴이 쿠바 미사일 위기 이후 가졌던 25회 이상의 군비통제합의였다. 1963년 두 정부 사이에 직접적인 무선 및 전신 통신을 구축하는 핫라인 협정을 이루면서 소련과 미국의 지도자들은 군사적 균형을 안정시키고 전쟁의 위험을 줄이기 위한 일련의 신중한 합의에 도달하였다. 이들 쌍무적 조약은 긴장을 낮추고 신뢰의 분위기를 형성하는데 일조함으로써 추가적인 합의를 위한 협상에 나서도록 만들었다.

양 초강대국 사이에서 가장 중요한 협정들은 1972년과 1979년의 전략무기제한협정(Strategic Arms Limitation Talks, SALT), 1987년의 중거리핵미사일협정(Intermediate-Range Nuclear Forces Treaty, INF), 1991년, 1993년, 1997년의 전략무기감축협정(Strategic Arms Reduction Treaty, START), 그리고 2002년의 전략공격무기감축협정(Strategic Offensive Reductions Treaty, SORT) 등이었다. 처음 두 차례 협정은 핵무기 경쟁을 완화하는 것이었고, 나머지 것들은 각각의 핵무기 숫자를 감축하는 협정이었다. 1986년 정점에 달한 이후 양

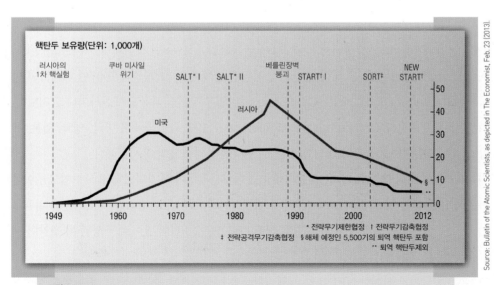

전략무기제한협정 (SALT)

1970년대 전략 핵 운반 체계에 관해 제한을 두기위해 체결된 미국과 소련 사이에 합의된 2차례의 협정

중거리핵미사일협정 (INF)

300-3,500마일 범위의 사정거리를 가지는 모든 규모의 중거리 및 단거리 핵미사일을 유럽에서 철폐하기 위한 미국과 소련 사이의 조약

전략무기감축협정 (START)

1993년에 시작된 미국과 러시아 사이의 일련의 협상으로, 핵전쟁의 위험성을 낮추기 위해 양측에서 냉전시대 최고조의 80% 수준으로 핵무기를 감축하기로 공약한 1997년의 START-III 협정은 2000년에 러시아가 비준하였다.

전략공격무기감축협정 (SORT)

전략 탄두 숫자를 2012년까지 1,700-2,200개로 줄이기로 한 미국과 러시아 사이의 협정

그림 9.1
핵 보유량의 감소
표면적으로 드러난 수치로만 볼 때 미국과 러시아 사이의 쌍무적인 군비통제와 더 나아가 군비축소까지도 이루어 경쟁적인 군사대국들이 위험스러운 무기경쟁을 합의로 제한할 수 있는 가능성을 증명하였다. 그래프에서 양국의 핵탄두 보유량은 냉전종식 이후 크게 줄었다. 하지만 이러한 합의의 취약성은 약속을 지속하고 이행하는 것이 더 어렵다는 사실이다.

초강대국의 핵무기 규모는 거의 90%가량 줄었으며, 2011년 2월 5일 체결된 신전략무기감축
협정(new-START)이 진행되면 더 큰 규모의 감축을 이룰 예정이다. 이 협정으로 양측은 7년
에 걸쳐 전략탄두를 1,550기로 감축할 것이다. 이는 1991년 START 조약에 따라 제한된 핵탄
두 규모에서 74%를 줄이는 것이며, SORT 조약에서 합의된 최대 2,200기에서 30%를 줄이는
것이다.

이러한 성과는 다른 핵국가들도 핵무기를 더 이상 개발하고 확대하지 않도록 만드는 계기
가 되었다. 대부분의 핵국가들도 핵무기 보유를 늘리지 않고 있으며, 핵무기 제조 능력을 가진
40개 국가들은 핵무기를 포기하였다. 새로운 위협이 등장함에 따라 재무장의 유혹은 언제나
존재하며, 그 결과 지속적인 군비축소는 기대하기 어렵다(Ferguson, 2010; Lodal, 2010). 실
제로 러시아와 미국이 서로 핵무기를 제한하는 진전이 있었지만 미국이 유럽에서 미사일방어
체계를 구축하는 것이 정치적 쟁점이 되면서 위협받고 있다. 2013년 4월 러시아의 부총리 드
미트리 로고진(Dmitry Rogozin)은 미사일방어 체계가 러시아로 하여금 효과적인 군사적 대
응을 개발할 필요성을 느끼게 만드는 "과도하고 도발적인" 무기라고 비판했다(Groll, 2013).
그럼에도 불구하고 미국과 러시아 사이의 군비축소의 성과는 군사적으로 경쟁적인 국가들이
위험천만한 군비경쟁을 합의에 의해 막을 수 있다는 가능성을 보여준 것이다.

다자적 군비통제와 군비축소

역사는 다자적 군비통제와 군비축소 노력의 많은 사례를 보여준다. 11세기 제2차 라테란공의
회(Lateran Council)는 전쟁에서 석궁사용을 금지하였다. 1868년 상트페테르부르크선언(St.
Petersburg Declaration)은 폭발성 탄환의 사용을 금지했다. 1899년과 1907년 헤이그의 만
국평화회담(International Peace Conferences)은 일부 무기의 사용을 제한하거나 금지했다.
워싱턴해군력회담(Washington Naval Conferences, 1921~1922)에서 미국, 영국, 일본, 프
랑스, 이탈리아 지도자들은 함대의 상호 톤수 조정에 합의한 조약에 서명했다.

제2차 세계 대전 이후 거의 30개의 대규모 다자간협정이 체결되었다(표 9.1 참조). 이들
가운데 1968년의 핵확산금지조약(NPT)이 대표적인데, 이것은 핵무기와 제조기술을 비핵무
기 국가로 이전하는 것을 금지하고 있다. 어떤 사람들은 2,400여 단어로 구성된 이 조약이 세
상을 구했다고 말한다.

190개 국가가 참여한 NPT 조약은 핵비확산을 성공적으로 증진시켰고, 비확산을 강화하
고 확대하려는 노력이었다. 2010년 4월 미국은 핵안보정상회의를 주최하였다. 여기서 47개
국가가 폭탄으로 사용가능한 핵분열물질을 통제하기 위한 4개년 계획을 수립하였으며, '핵테
러가 국제안보에 가장 위험한 위협의 하나라는 점에 합의했다(*The Economist*, 2010j, p. 67).'

표 9.1	1945년 이후 주요 다자적 군비통제조약		
연도	**조약**	**참여국 (2013년)**	**주요 목적**
1959	남극조약	49	남극에 대한 핵무기실험을 포함한 군사적 사용 금지
1963	부분적 핵실험금지조약	137	대기, 우주, 수중에서의 핵실험 금지
1967	우주조약	137	우주에서의 무기의 실험과 배치 및 군사작전 금지
1967	라틴아메리카 비핵지대조약 (Treaty of Tlatelolco)	33	라틴아메리카에서 군사적 목적으로 핵시설을 실험 및 보유하는 것을 금지하는 비핵지대의 수립
1968	핵확산금지조약	190	비핵국가로의 핵무기의 전파 및 핵무기 제조기술 이전 방지
1971	해저조약	117	12해리 한도 바깥의 해저에서 대량살상무기 및 핵무기의 개발을 금지
1972	생물무기금지협정	179	생물학적 독소의 개발 및 보유의 금지; 저장된 생물무기의 폐기
1977	환경무기금지협정 (ENMOD convention)	92	지구의 대기 패턴이나 해양조류, 오존층, 생태계 등을 교란시킬 수 있는 기술의 사용 금지
1980	핵물질 방호에 관한 협약	146	평화적 목적의 핵물질의 해상 및 공중 수송에 대한 보호 의무
1981	비인도적 무기금지협약	115	파편폭탄, 인화성 무기, 부비트랩, 민간인에게 노출될 수 있는 지뢰 등 무기의 사용금지
1985	남태평양 비핵지대조약 (Roratonga Treaty)	13	남태평양에서 핵무기의 실험, 획득, 개발금지
1987	미사일기술통제 체제(MTCR)	34	탄도미사일의 수출 및 제조시설에 대한 제한
1990	유럽 재래식 무기감축회담(CFE)	30	유럽에서 무기를 5개 분류로 제한하고 군사력 수준을 낮춤
1990	신뢰안보군축회담(CSBM)	53	무기, 군대, 군사훈련 등의 상세한 정보의 상호교환을 위한 조치의 개선
1991	유엔 재래식 무기등록제도	101	모든 국가들에게 과거 수출입한 5개 항목의 주요 무기에 대한 정보를 제출토록 함
1992	항공개방협정	35	서명한 국가의 영공에서 비무장 감시 항공기의 운항을 허용
1993	화학무기금지협정(CWC)	190	보유한 모든 화학무기의 폐기
1995	비인도적 무기금지협약 의정서	135	영구적 시력 상실을 초래하는 레이저 형태의 무기사용을 금지
1995	방콕협정	10	동남아시아 비핵지대 수립
1995	바세나르 수출통제조약	40	비가맹 국가들에게 민감한 군·민간 겸용의 기술 이전의 금지
1996	아세안 비핵지대조약	10	동남아시아에서 회원국들의 핵무기 제조, 보유, 저장, 실험을 금지
1996	포괄적 핵실험금지조약(CTBT)	180	모든 핵무기 실험의 금지

표 9.1	1945년 이후 주요 다자적 군비통제조약		
연도	조약	참여국 (2013년)	주요 목적
1996	아프리카 비핵지대조약 (Treaty of Pelindaba)	52	아프리카 비핵지대 수립
1997	대인지뢰금지협약(APLT)	160	대인지뢰의 생산 및 수출 금지와 설치된 지뢰의 제거 계획 약속
1998	비인도적 무기금지협약 의정서 IV	100	영구적인 시력손상을 일으키는 레이저 형태의 무기사용을 금지
1999	재래식 무기획득의 투명성에 대한 미주협약	21	미주기구(OAS) 34개국으로 하여금 모든 무기의 획득, 수출, 수입에 대한 연간 보고서를 제출하도록 함
2005	핵확산금지조약 재검토회의	123 (대표단)	NPT 연장을 지지를 승인하는 최종 공동성명
2007	중앙아시아 비핵지대조약 (Treaty of Semipolinsk)	5	회원국의 핵무기 비획득을 의무화 함
2008	집속탄 사용금지조약	110	집속탄의 사용, 제조, 보유, 이전을 금지함
2010	핵확산금지조약 검토회의	189 (대표단)	NTP 조약에 대한 지지를 재확인

Based on data from SIPRI Yearbook (2013).

2년 후 제2차 핵안보정상회의가 한국의 서울에서 개최되었으나 더 큰 진전은 더딘 것으로 평가되었다. 새로운 기준의 공약은 취약했고 2010년 이후 핵분열물질의 보유량을 줄이는 것도 약간의 진전만이 있었을 뿐이었다(*The Economist*, 2012d). 최근의 동향은 여러 국가들이 NPT에 제시된 이상을 따르기보다는 자신들의 핵무기를 강화하려는 시도를 보이고 있는 것으로 나타난다(Nuclear Threat Initiative, 2013).

NPT에 대한 몇 가지 심각한 장애가 등장했다. 인도와 파키스탄은 NPT에 서명하지 않았지만 1998년 핵국가가 되기 위해 NPT의 제약규정을 깨뜨렸으며 군비경쟁의 소용돌이에 빠져들었다('심층 논의: 핵무기의 미래' 참조). 마찬가지로 북한은 조약에 서명하였음에도 불구하고 비밀리에 핵무기를 개발함으로써 NPT를 위반했다.

핵확산의 우려는 이란이 핵능력을 추구함으로써 더욱 커졌다. 2009년 9월 이란은 이스라엘, 유럽, 페르시아만의 미군기지를 공격할 수 있는 핵무기를 실험했다. 곧 UN은 이란에 대한 추가적인 제재조치를 채택했고, 여기에는 우라늄 광산에 대한 이란의 투자와 핵무기 탑재가 가능한 탄도미사일 관련 활동을 금지하는 내용이 포함되었다.

이란의 군사력에 대한 추가적 의혹은 이란이 2013년 4월 지대함 탄도미사일을 시험 발사했다고 발표하면서 고조되었다. 이란이 핵국가가 되는 것은 중동의 여러 나라들의 이해관계에 심각한 영향을 미치지만, 이스라엘만큼 표면적으로 드러내지는 않는다. 이스라엘의 벤자민 네타냐후(Benjamin Netanyahu) 수상은 만약 국제적 압력이 이란의 핵능력 개발을 저지하는데 실패한다면 이스라엘은 이란에 대한 공격을 준비할 것이라고 말했을 뿐만 아니라, 이스라엘은 독일로부터 잠수함을 구입하여 *2차 타격* 능력을 강화하기 시작했다(Federman, 2013). 하지만 그러한 우려에도 불구하고 이란이 가까운 장래에 핵무기에 필요한 핵물질을 개발할 수 있을 것인가에 대한 의문이 제기되는 것도 사실이다(Hymans, 2012).

핵무기의 통제와 감축은 3가지의 심각한 장애물에 직면해있다. 즉 국가들의 불안감, 핵무기가 힘의 열세를 상쇄한다는 믿음, 핵국가가 비핵국가에 상업 원자로를 건설할 때 만들어지는 핵확산의 위험이 그것이다(Ferguson, 2010). 더욱이 협정에 서명한 일부 국가는 1968년 당시의 '핵클럽'에 의해 만들어진 협상의 틀이 과연 공정한 것인가에 의문을 갖는다. 그들은 초창기 핵국가들이 군비축소를 하겠다는 약속을 지키지 않았음을 지적하면서 NPT가 결국 "가진 자가 못가진 자를 무시하는 수단"에 불과한 것이라고 생각한다(Allison, 2010, p. 80).

여전히 4,400기의 핵탄두가 남아있고(SIPRI, 2013) 사우디아라비아, 아랍에미리트연합, 이집트와 같은 개발도상국들은 비록 평화적인 것이기는 하지만 핵선택을 확대하려는 시도를 벌이고 있다(Coll, 2009). 이러한 경향을 살펴볼 때 "초보적인 수준에 머물고 있으며 핵분쟁의 경험이 부족한 새로운 핵국가들은 훨씬 경험 많은 핵국가와 마주하여 '핵카드' 게임을 벌이고 있다. 그럼으로써 서로 핵분쟁에 빠져들게 되는(Horowitz, 2009, p. 235)" 매우 위험한 상황이 만들어지고 있다.

핵확산을 막기 위한 노력과 의지는 여전히 의문스러우며, 이러한 심각한 경향에 대해 오바마 대통령은 세계가 핵확산을 저지하기 위한 공약을 새롭게 체결할 것을 주장하였다. 그는 "어떤 사람들은 이런 무기의 확산을 막을 수 없다고 말한다. … 그러한 비관론이 바로 우리의 적이다. 만약 핵확산이 불가피하다고 우리가 믿게 된다면 언젠가 우리는 핵무기의 사용도 불가피하다는 사실을 스스로 인정하게 된다."고 경고하면서 이 문제의 중요성을 강조했다.

군비통제와 군비축소의 불안한 미래

군비통제와 군비축소에 대한 어려움은 매우 심각하다. 많은 사람들은 이러한 합의들이 종종 낡은 무기들만 규제하는 것이거나 합의한 당사자들이 그것을 발전시켜 나갈 동기를 전혀 갖지 않는 것이라고 비판한다. 심지어 현대식 정밀무기에 대한 합의가 이루어지는 경우에도 당사자들은 종종 현재 보유하고 있는 무기 보유량보다도 높은 상한선을 설정하여 그들의 무기보유량을 줄일 필요가 없도록 만든다.

심층 논의

핵무기의 미래

현실주의에 의하면 무기경쟁의 역동성은 안보 딜레마에서 시작된다. 무정부적 국제 체계 하에서 각국은 자신의 생존을 추구해야 하며 이는 국가들이 잠재적 적보다 강해지도록 경쟁하게끔 만든다. 나선형 모델(spiral model)이 설명하듯이 이는 방어 목적의 군사력 증강이 모두의 안보를 취약하게 만드는 군비경쟁이 가속되는 결과를 낳는다. 제1차 세계 대전 발발 전에 영국 외무장관이었던 에드워드 그레이(Edward Grey) 경은 이러한 과정을 다음과 같이 묘사했다.

> 각국에서 힘에 대한 자각과 안보의식을 불러일으키기 위한 군비의 증강은 그러한 효과를 거두지 못한다. 반대로 군비증강은 다른 나라의 힘에 대한 인식과 두려움을 초래할 뿐이다. 두려움은 의심과 불신, 그리고 모든 형태의 사악한 이미지를 낳는다. 군비증강은 잘못된 것이고 오히려 자국이 모든 대비책을 마련할 수 없음을 드러낼 뿐이라고 모든 국가가 여기게 될 때까지 군비증강이 계속되며, 그동안 정부는 다른 모든 나라 정부의 대비책을 적대적인 의도를 가진 것으로 간주한다(Wight, 2002, p. 254).

파키스탄과 인도 사이의 계속적인 무기경쟁을 생각해보자. 두 나라가 2012년까지 핵무기를 두 배로 늘리려고 노력하고 있는 상황에서 양국관계는 긴장의 연속이다. 파키스탄 관리들은 자국의 노력은 공격을 의도한 것이 아니라 오히려 인도의 위협에 대한 대응이라고 말한다. 즉, 인도가 핵무기를 증강하고 향후 5년 동안 군사비에 500억 달러를 투입할 것이라는 것이다(Bast, 2011). 이러한 경쟁은 2012년 양국이 핵무기 탑재가 가능한 미사일을 시험발사하면서 더욱 가속화되었다(Abbot, 2012). 비록 파키스탄은 새로운 핵국가로 간주되었지만 2013년 파키스탄의 나와즈 샤리프(Nawaz Sharif) 수상은 긴장이 지속되는 상황에서도 인도와의 우호적인 관계를 촉구했다(Georgy, 2013).

자유주의 이론은 안보가 무력을 추구하는 것만큼이나 무력을 통제하는 것에 달려있다고 주장한다. 안보 딜레마의 불확실성에 대처하고 미래의 군비축소를 위한 신뢰를 쌓기 위해서는 투명성을 높이고 군사력을 공개하는 글로벌 문화를 만드는 것과 같이 공포와 의혹을 줄이는 신뢰구축 조치를 확대하는 것이 꼭 필요하다. 핵확산과 무기경쟁이 계속해서 글로벌 안보를 위협하는 상황에서 미국의 아이젠하워(Dwight D. Eisenhower) 대통령이 언급을 되새겨볼 필요가 있다. "상호 존중과 신뢰와 더불어 군비축소는 꼭 필요하다."

최종으로 여러분의 판단은?

1. 핵무기는 국제관계의 골칫거리인가? 아니면 억제효과를 가져다주는가?

2. 군비경쟁은 무력 분쟁의 종식을 가져오는가? 그러한 경쟁을 완화시키기 위해서 어떤 조치가 필요한가?

3. 군비축소는 보다 평화로운 세상을 가져올 것인가?

나선형 모델

국방력을 강화하려는 노력이 군비경쟁의 확대를 초래하는 경향이 있음을 묘사하는 비유적 표현

두 번째 함정은 어떤 형태의 무기 체계에 대한 제한이 다른 무기 체계의 개발을 촉진시키도록 만드는 것이다. 마치 한쪽 끝을 조이면 다른 한쪽이 부풀어 오르는 풍선처럼 국가의 특정 부분의 무기에 대한 규제는 다른 부분을 증강시키도록 유도할 수 있다. 그러한 예는 1972년 제1차 전략무기제한협정(SALT I)에서 발견된다. 이 협정은 미국과 소련이 보유한 대륙간 탄도미사일의 숫자를 제한하는 것이었다. 비록 미사일의 숫자는 제한되었지만 각각의 미사일에 탑재될 수 있는 핵탄두의 숫자에 대한 제한은 이루어지지 않았다. 결국 양측은 *다탄두 개별유도미사일(MIRV)*을 개발하게 되었다. 다시 말해서, 발사체에 대한 양적 동결은 탄두운반 체계에서의 질적 발전을 만들어낸 것이다.

또한 가장 위험하면서 비생산적인 무기를 금지하는 세계 공동체가 더디고 취약하며 무능력한 모습을 보여줌에 따라 미래의 군비축소에 대한 기대가 점점 줄어들고 있다. 군인과 민간인을 구분하는 것이 불가능한 대인지뢰(antipersonnel landmines, APL)의 사례를 살펴보자. 1억 개에서 3억 개의 지뢰가 70여 개 국가에 살포되어 있는 것으로 알려져 있다(살포되지 않은 지뢰는 1억 개 가량 된다). 이것은 세계적으로 인구 50명당 지뢰 1개꼴로, 매년 2만 6천 명 이상이 지뢰로 인해 목숨을 잃거나 불구가 되고 있다. 그 대부분은 민간인들이다. 이것은 매 20분마다 한명씩 희생되고 있는 비율이다.

1994년 단 한 국가도 이러한 치명적 무기를 금지하는 것을 비준하지 않았다. 하지만 지뢰금지 국제캠페인(International Campaign to Ban Landmines)을 조직하여 1997년 12월 *대인지뢰 전면금지협약(Convention on the Prohibition of the Use, Stockpiling, Production and Transfer of Antipersonnel Mines)*의 서명을 이끌어낸 사람은 바로 평화행동주의자 조디 윌리암스(Jody Williams)였다. 이러한 노력으로 윌리암스는 노벨 평화상을 수상했다. 그러나 미국과 러시아 등 일부 강대국들은 평화 NGO들이 연대하여 이러한 웅대한 협정을 수립할 것을 강력하게 요구할 때까지 APL협약을 완강히 거부하였다(여전히 미국은 가입하지 않았다). 대인지뢰 제거를 위해 161개국이 서명한 이 조약을 실천하는 데에는 여전히 어려움이 남아있다.

군비통제와 군비축소가 직면한 마지막 문제는 방위산업의 지속적인 발전이다. 협상으로 하나의 무기 유형에 대해 제약을 가하는 순간 새로운 세대의 무기가 등장한다. 현대기술은 더 작

대인지뢰(APL)

인간(군인 혹은 민간인)이 밟을 경우 폭발하게끔 지표면 바로 아래에 매설된 무기

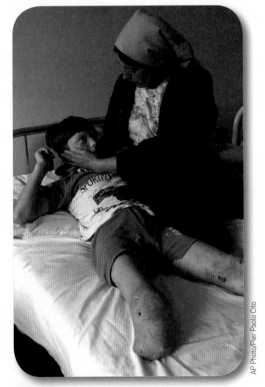

AP Photo/Pier Paolo Cito

전쟁의 유산
대인지뢰는 사람이 건드리거나 접근하면 폭발한다. 이러한 무차별적 무기는 휴전이 이루어지거나 적대행위가 종식되더라도 계속 작동하여 인명을 앗아가거나 사지가 잘리고 화상을 입으며 실명하는 부상을 일으킨다. 사진은 코소보 남부에서 딸기를 따다가 지뢰에 희생된 12살 소년 부린(Burin)이 어머니와 함께 병원에서 치료받는 모습이다. 그는 오른쪽 다리를 잃는 심각한 부상을 입었다.

고, 더 치명적이며, 더 숨기기 쉬운, 끝없이 다양한 새로운 무기들을 만들어내고 있다.

왜 국가들은 영원한 불안정에 스스로를 가둬놓게끔 무장하는 것일까? 겉으로 보기에 군비통제를 위한 동기는 다양한 것처럼 보인다. 효과적인 군비통제는 비용을 절감시키고, 긴장을 낮추며, 환경적 위험을 줄이고, 전쟁의 잠재적 파괴성을 제거할 수 있게 만든다. 하지만 대부분의 국가들은 자신의 군사력을 제한하기를 꺼려하는데, 이는 각국이 스스로를 보호해야만 하는 자력구제 체계 때문이다. 따라서 국가는 다음 두 개의 기본 원칙으로 표현되는 악순환에 스스로를 가둬버린다. 1)"네가 뒤처져 있을 때에는 협상하지 말라. 왜 영원한 제2인자의 지위를 받아들이려 하는가?" 2)"네가 앞서 있을 때에는 협상하지 말라. 왜 상대가 너를 따라잡지 못하는 상황에서 군사적인 경쟁의 장에 스스로를 묶어버리려 하는가(Barnet, 1977)?"

국가들이 국제협력을 통해 자국의 이익이 커질 것이라고 생각하면 세계는 더 좋은 곳이 될 것이라는데 현실주의자들과 자유주의 이론가들 모두 동의한다. 그러나 현실주의자들과 자유주의자들은 협력을 증진시키는 것에 대해서는 견해가 다르다. 여기서 정책결정자들은 현실주의의 가르침을 따른다. 즉 국가안보는 군사력을 키움으로써 가장 잘 지켜질 수 있고, 군사력을 줄이거나 군비지출을 줄여서는 안보를 지킬 수 없다는 것이다. 현실주의는 자기이익을 추구하는 경쟁국가들이 서로 신뢰할 수 없는 무정부적 세계에서는 그러한 군비축소나 군비통제조약들은 위험한 것이라고 여긴다. 그들은 군비통제조약을 신뢰하지 말라고 조언하는데, 왜냐하면 글로벌 정글에서 무자비한 지도자들에 의한 배신과 약속위반이 예상되기 때문이다. 따라서 현실주의자들은 지킬 수 없는 군비통제조약의 약속에 얽매이기 보다는 군사적 준비를 통한 일방적인 자력구제에 의존할 것을 조언한다.

유명한 '죄수의 딜레마' 게임의 기본 논리는 국제정치의 여러 영역에서 상호 불신적인 초국가적 행위자들 사이의 국제협력에 대한 환경적 장애물을 묘사하고 있다(그림 9.2 참조). 두 명의 무장강도 용의자가 경찰에 체포되어 각각 다른 감방에 구금되어 있는 상황을 가정해보자. 검사는 이들이 죄를 지었음을 확신하고 있지만 단지 불법무기 소지죄로 기소할 수 있는 정도의 증거만을 가지고 있다. 검사는 두

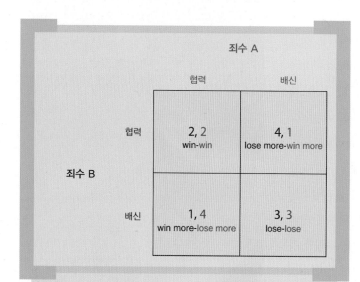

그림 9.2
죄수의 딜레마
이것은 각각의 용의자가 서로 침묵함으로써 동료와 협력할 것인가 아니면 검사에게 자백함으로써 동료를 배신할 것인가를 선택하는 결과를 수치화한 것이다. 두 용의자 모두 가능한 한 복역 기간을 줄이기를 원하기 때문에 그들의 선호도는 최선으로부터 최악의 결과에 이르기까지 다음과 같이 순서대로 나열된다. (1)기소중지(win-more), (2) 6개월 형(win), (3)5년 형(lose) (4)10년 형(lose-more). 각각의 칸에서 첫 번째 숫자는 행위자 A의 선호도 순서를, 두 번째 숫자는 행위자 B의 선호도 순서이다.

용의자에게 강도짓을 인정하는 자백과 계속 침묵하는 두 가지의 선택이 있다고 말한다. 만약 한 명의 용의자가 자백하고 다른 한명은 자백하지 않을 경우, 자백한 용의자는 공범에게 불리한 증언을 할 수 있으므로 기소중지될 수 있는 대신, 다른 용의자는 동료의 자백으로 교도소에서 10년 형을 복역하게 될 것이다. 만약 둘 다 자백하는 경우 용의자들은 교도소에서 5년 형을 복역하는 것으로 감형될 것이다.

이러한 상황에 직면하여 각각의 용의자는 어떻게 행동할 것인가? 두 용의자 모두 가능한 한 최소한의 형기를 복역하기를 원하며, 그들은 서로 격리되어 있어서 어떠한 의사소통도 할 수 없다는 점을 상기하라. 게다가 어떤 용의자든 자신이 상대를 신뢰할 수 있다는 점을 확신할 수 없다. 이러한 상황은 초국가적 행위자들 사이의 상호관계에 적용될 수 있으며 재미있는 결과를 가져온다.

비록 두 용의자에게 최적의 전략은 전술적으로 서로 협력하여 침묵하는 것이고 그럼으로써 둘 다 6개월 형을 복역하는 것이지만(득실이 2, 2로 win-win인 상황), 이 상황의 구조적 특징은 상대방을 배신하고 자신의 감형을 위해 상대에게 불리한 증언을 하도록 만드는 강력한 동기가 존재한다는 점이다. 첫째 자백함으로써 배신하게 되는 공격적 동기가 존재하는데, 만약 서로가 약속을 지킬 경우 얻는 것(둘 다 6개월 형)보다 자신의 안전을 보장받는 것(기소중지)을 선택한다. 둘째 동료의 밀고로 배신당할 수 있다는 두려움으로 상대를 배반하게 만드는 방어적 동기가 존재하는데, 밀고한 상대는 풀려나는데 입 다문 자신만 최악의 결과(10년 형)를 초래할 수 있기 때문이다.

죄수의 딜레마 논리에 따르면 자신의 동료는 자유롭게 되는 대신 자신은 감옥에 갇히는 '봉'이 되기를 원하지 않기 때문에 두 용의자 모두 결국 배신하고 상대를 시험에 빠뜨리는 것이 자신에게 보다 이익(win more)이 된다고 여기게 된다. 결과적으로 둘 다 침묵함으로써 전술적으로 협력하기보다는 차악(次惡)의 결과(득실이 3, 3으로 lose-lose인 상황, 둘 다 5년 형)를 받아들인다. 각각의 행위자에게 합리적 계산으로 보이는 것이 집단적으로는 다른 전략을 선택한 것보다 두 사람 모두에게 나쁜 결과를 초래할 수 있다는 것이 이 게임의 딜레마이다.

많은 현실주의자들은 군비경쟁이 죄수의 딜레마 게임과 유사하다고 말한다. 두 용의자 대신 대략적으로 비슷한 군사력을 가지고 있는 두 나라가 상대를 신뢰할 수 있을지 확신하지 못하며, 군비를 축소하여 협력하는 것과 군비를 늘려 배신하는 두 개의 선택을 가지고 있는 상황을 가정해보자. 그리고 각국은 상대보다 군사적으로 유리해지는 것을 선호하고 있으며, 어느 한쪽은 군비를 늘리는 반면 다른 한쪽은 축소함으로써 발생할 수 있는 심각한 불이익(그림 9.2에서 득실이 4, 1이거나 1 ,4로 win more-lose more인 상황)을 우려하고 있다고 가정하자. 협력하여 군비를 축소함으로써 그들은 더 많은 자원을 교육이나 보건과 같은 용도로 전환시킬 수 있지만(득실이 2, 2인 상황), 두 국가는 결국 안전과 무기를 모두 얻기 위해 행동하는 것이 이익이라고 여기게 된다. 상호배신(득실이 3, 3인 상황)의 결과로, 그들은 스스로를 세력균형을 불안정하게 만들 수 있는 값비싼 군비경쟁에 빠뜨리는 손실을 얻게 된다.

비록 죄수의 딜레마 게임은 장기간에 걸친 반복적인 행동에서 나타나는 결과(Axelrod, 1984 참조)를 고려하지 않은 1회성 게임이기는 하지만, 서로를 신뢰하지 않는 이기적 행위자들 사이에서 상호이익적인 군비통제를 이루는 것이 얼마나 어려운가를 잘 보여준다. 이러한 사고는 핵무기 위협을 통제하기 위해 만들어진 일련의 국제조약들을 21세기 초에 미국이 부정하는 결정을 내리는 데에서 잘 나타난다. 2001년에 미국은 1972년의 탄도탄요격미사일협정(ABM Treaty)을 폐기하기로 결정했고, 소형무기의 불법밀매 제한을 요구하는 UN회의에 참여하지 않기로 하였으며, 1972년의 생물무기금지협정(BWC)의 강제조치 제안을 거부했다. 군비통제에 대한 미국의 폄하는 다른 국가에게 하나의 행동준칙으로 여겨지게 되었다.

특히 많은 사람들에게 핵무기 통제에 대한 초석으로 간주되어 온 1972년의 탄도탄요격미사일(ABM) 협정을 미국이 거부한 것은 미국의 동맹국들에게 커다란 문제가 되었다. 이 선언은 미국이 중요 국제협약을 폐기하는 최초의 사례가 되었고, 이어서 다른 국가들이 군비통제 합의를 대규모로 거부하는 지구적 연쇄반응을 초래할 수 있다는 우려를 불러일으켰다. 실제로 2007년 러시아는 중거리핵미사일(INF)조약을 폐기하고 유럽 재래식무기감축(CFE)조약에 대해 일시적 중지 조치를 취하겠다고 위협한 바 있다. 하지만 버락 오바마 대통령은 방어적인 군사태세에 대한 공약의 지속을 인정하는 한편 "우리는 미사일 방어에 수십억 달러를 지출하고 있다. 그리고 나는 우리가 미사일 방어가 필요하다고 믿는다. … 하지만 나는 핵확산에 불과 몇 억 달러를 쓴다고 해도 그것이 큰 실수라는 사실 역시 믿는다."고 말하면서 살상무기 확산을 통제하기 위해 국익개념을 새롭게 정립할 것을 시사했다.

국가들이 통제수준 이상으로 무기를 더 가지려는 경향은 핵실험의 사례에서 잘 나타난다(지도 9.1과 그림 9.3 참조). 2013년이 시작될 때까지 8개의 핵국가들은 1945년 이래 모두 2,055차례의 핵폭발을 실험했으며(평균 12일에 한번 꼴), 보고되지 않은 실험도 많을 것으로 추정된다(SIPRI, 2013). 중국과 미국은 거의 포착되지 않는 극소규모의 폭발실험인 소위 영점폭발(zero-yield) 핵실험을 주기적으로 수행했던 것으로 여겨진다. 게다가 지하실험 이외의 대기 및 해저실험을 금지하는 1963년의 부분적 핵실험 금지조약도 핵실험의 진행을 늦추지 못했다. 모든 핵실험의 3/4은 금지조약이 효력을 발휘한 이후에 이루어졌다. 예를 들어 북한은 2013년 2월 12일 지하핵실험을 또다시 감행하여 핵에 대한 야욕을 전혀 포기할 의도가 없음을 과시했다.

군비통제와 군비축소의 지난 성과는 협상에 의한 타협이 지구적 군비경쟁을 완화시킬 것

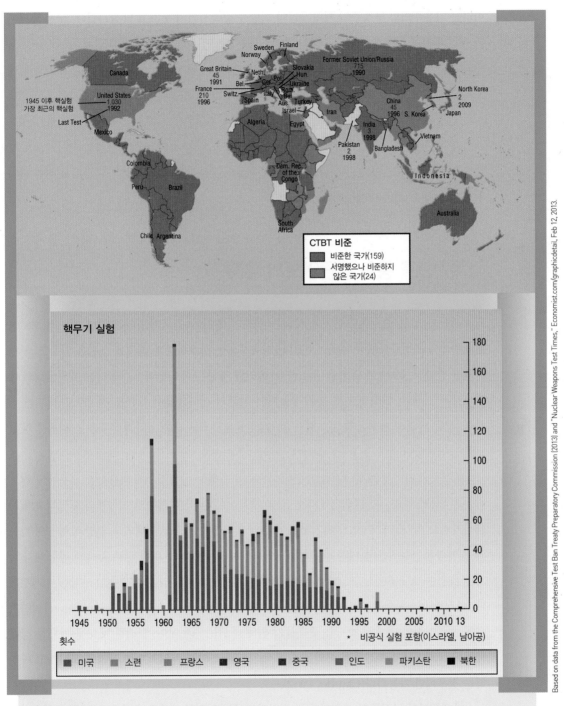

Based on data from the Comprehensive Test Ban Treaty Preparatory Commission (2013) and "Nuclear Weapons Test Times," Economist.com/graphicdetail, Feb 12, 2013.

지도 9.1, 그림 9.3
조약인가 속임수인가? 군비통제 조약은 핵확산을 막을 수 있을까?

표에서 보듯이 핵실험은 1960년대 이후 극적으로 줄어들고 있다. 무기통제에 대한 공약은 포괄적 핵실험금지조약(CTBT)에 대한 지지에서 잘 나타난다. 지도에서 보이다시피 2013년 5월 기준 183개 국가가 CTBT에 서명하였고, 159개 국가가 비준하였다. 하지만 파키스탄, 인도, 북한은 여전히 서명하지 않고 있으며 미국, 중국, 이란, 이스라엘 등 여러 나라들은 조약을 비준하지 않았다. 핵무기 경쟁이 가속화되고 새로운 핵실험의 물결이 이루어질지 모른다는 우려가 남아있다.

이라는 자유주의와 구성주의 개혁가들의 희망을 충족시키지 못하고 낙심시켰다. 군사적 태세를 통한 평화를 강조하는 현실주의가 무기획득은 세계질서를 향한 안전한 길이 아니라는 자유주의자들의 충고를 압도했다. 언젠가는 우드로 윌슨의 세계적 군비축소 주장이 그의 희망대로 승리할 수 있을 것이다. 하지만 무력침공의 위험이 세계를 위협하는 한 지도자들은 군비축소를 신중하게 고려할 가능성이 별로 없다. 자유주의자들과 구성주의자들은 보다 가능성 있는 평화를 위한 또 다른 길을 고안하고 있다. 집단안보를 위한 국제기구의 구성은 역사적으로 보다 가능성 있는 대안이 될 것이다. 왜냐하면 수많은 군사적 위기들은 평화적 관리를 위한 다자적 협력을 필요로 하기 때문이다.

국제기구를 통한 집단안보의 유지

*국제기구*가 형성되는 주요 근거의 하나는 평화의 유지이다. 국제평화를 향한 제도적 경로는 자유주의와 구성주의에서 다루어져왔다. 자유주의는 상호의존과 협력에 초점을 맞추고, 구성주의는 관념의 중심성과 규범을 강조한다. 이러한 접근은 현실주의가 주장하는 세력균형의 대안으로 제시된다. 일반적으로 지구 공동체는 기존의 세력균형이 대규모 전쟁으로 깨지는 경우에 (모든 과거의 세력균형이 그랬던 것처럼) 국제기구를 통한 평화를 추구하는 자유주의 경로를 답습해왔다.

대부분의 자유주의 사상가들이 열정적으로 권유하는 국제기구에 의존하는 것은 전통적인 현실주의 사상과는 정반대의 것이라는 점을 주목해야 한다. 현실주의는 국가의 주권적 독립을 핵심가치로 여기고 있으며, 국제기구를 국가의 외교정책 자율성을 해치고 일방적 행동의 자유와 유연성을 가로막는 것이라고 폄하하고 있다. 세계적 안정을 위한 경로로 세계 공동체가 국가를 초월한 제도를 만들고 '조직되어야' 한다는 자유주의의 주장은 현실주의 사상에서 거부된다. 이러한 현실주의적 입장에서 유일한 예외는 강대국이 국제관계에서의 군사력을 관리하기 위해 초국가적인 다자적 제도를 구축하기 위해 나서는 경우이며, 그러한 제도를 만드는 강대국들이 국제기구가 자신들의 이익을 위해서 자신들에 의해 권위적으로 관리될 것이라고 확신하는 경우에만 가능하다(Claude, 1962).

자유주의와 구성주의 개혁가들에게 집단안보는 현실주의자들이 선호하는 세력균형 정치의 대안으로써 간주된다. 집단안보는 말 그대로 국제적인 무력분쟁을 저지하고자 하는 집단적 목적을 위한 집단적 결정을 필요로 하며, 어떤 국가에 의해서든 침공은 나머지 다른 국가들의 단합된 대응에 직면하게 될 것이라는 원칙에 의해 작동한다. 미국 국무장관을 지낸 헨리 키신저(Henry Kissinger)는 "집단안보는 모든 나라가 국제질서에 대한 모든 도전이 똑같은 것이라는 것을 인식하는 것을 가정하며, 그것을 예방하기 위해 똑같은 위험을 무릅쓸 준비를 하는 것이다."라고 말했다. "개입의 능력을 가진 기구는 갈등을 벌이는 국가들이 평화로운 분쟁해소를 시도하게끔 만든다(Shannon, 2009, p. 145)."는 점에서 국제기구는 평화적인 분쟁관리의 핵심으로 여겨진다.

집단안보는 알렉산더 뒤마(Alexandre Dumas)의 〈삼총사〉에 등장하는 인물들이 외치는 맹세, '하나는 모두를 위하여, 모두는 하나를 위하여!(One for all and all for one!)'에 기반을 두고 있다. 혼란스러운 국제무대에서 집단안보가 제 기능을 발휘하도록 하기 위해 흔히 집단안보의 주창자들은 삼총사의 맹세를 다음과 같은 국가운영의 규칙으로 표현한다.

- 모든 국가는 평화에 대한 모든 위협에 대해 공동의 관심을 가져야만 한다.   집단안보 이론은 평화가 불가분의 것이라고 가정한다. 만약 어떤 곳에서의 침략이 무시되면 그것은 궁극적으로 다른 나라로 확산될 것이고, 멈추기 더욱 어려운 것이 된다. 따라서 어떤 한 국가에 대한 공격은 반드시 모든 국가에 대한 공격으로 간주되어야 한다.
- 글로벌 체계 내의 모든 구성원은 집단안보기구에 가입해야 한다.   경쟁적 동맹관계 속에서 국가들이 서로 상대에 대해 움직이기보다는 하나의 '통합된' 동맹 내에서 서로 연계되어야 한다. 그러한 보편적 집단성은 국제적 정당성을 보유하게 되며 평화 유지의 힘을 가질 수 있을 것이라 여겨진다.
- 기구 내의 구성원들은 갈등을 평화적 방법으로 해결할 것을 약속해야 한다.   집단안보는 현상유지를 고집하는 것이 아니다. 집단안보는 제도가 이익갈등을 해결할 수 있는 경우 평화적인 변화가 가능하다고 전제한다. 집단안보기구는 의견 불일치에 대한 중개의 메커니즘을 제공할 뿐만 아니라 사법적 권위를 가진 기구를 가지고 있으면서 갈등에 대한 구속력 있는 판결을 내리기도 한다.
- 만약 평화 위반이 발생하면, 기구는 침략자를 응징하기 위해 시의적절하고 단호한 제재를 가해야만 한다.   집단안보 이론을 뒷받침하는 마지막 전제조건은 집단안보기구의 구성원들은 공격을 받는 어떠한 국가에 대해서도 서로 협조하려고 하며 실제로 그럴 능력이 있다는 가정이다. 제재조치는 공개적인 망신으로부터 경제적인 수입금지조치(boycott), 군사적 보복에 이르기까지 다양할 수 있다.

집단안보기구를 통한 국제평화를 추구하는 자유주의 접근법은 이러한 내용들을 한데 묶어서 집단적 규제를 통한 국가방위를 보장함으로써 국가의 자구적(self-help) 전쟁을 제한하고자 한다. 따라서 역설적이게도 자유주의 개혁가들은 군사력의 사용을 받아들인다. 국가의 힘을 확대하려는 것이 아니라, 잠재적 침략자에 맞서 전체 글로벌 공동체의 단합된 저항을 조직화한 무력을 가지고 침략자를 억지하려는 것이다. 힘은 정의를 위해 싸우는데 사용될 수 있다.

국제연맹, UN, 집단안보

아마도 제1차 세계 대전만큼 평화가 안정적인 세력균형의 부산물이라는 현실주의 주장의 신빙성을 떨어뜨린 사건은 없을 것이다. 군비경쟁과 비밀조약, 그리고 경쟁적 동맹을 치열한 긴장의 원인으로 설명하는 자유주의자들은 세력균형을 전쟁 예방의 도구가 아닌 전쟁의 원인으로 이해한다. 미국 대통령 우드로 윌슨은 세력균형 정치에 대해 강력한 반대를 표명했다. 그가 제시한 전후 평화를 위한 14개 조항에서 제14조는 '강대국과 약소국이 똑같이 정치적 독립과 영토적 통합성을 유지하기 위한 국가들의 연합의 수립'을 주장하는 것이었다. 이러한 주장은 UN의 전신인 국제연맹의 수립을 이끌었고, 세력균형 대신 글로벌 거버넌스 체계를 가지고 어떤 국가에 의한 침략이든 단합하여 대응하는 세계질서를 만드는 것이었다.

윌슨과 다른 자유주의 개혁가들이 국제연맹의 수립을 주장하기 오래 전부터 집단안보의 아이디어는 여러 가지 평화계획에서 등장하였다. 예를 들어 11세기에서 13세기 사이에 개최된 프랑스의 푸아티에종교회의(1000), 리모주종교회의(1031), 툴루즈종교회의(1210)에서 초기 단계의 집단안보에 대한 논의가 이루어졌다. 그것과 유사한 제안들이 피에르 뒤부아(Pierre Dubois, 1306), 보헤이아의 포데브라드 국왕(King George Podebrad of Bohemia, 1462), 쉴리 공작(Duc de Sully, 1560~1641), 생피에르(Abbe de Saint-Pierre, 1713) 등의 글 속에서도 나타난다. 이러한 계획들의 기저에는 조직화된 힘의 '공동체'는 힘의 균형을 추구하는 동맹의 이합집산보다 평화를 유지하는데 더 효과적이라는 믿음이 있었다.

주창자들이 실망한 것과 같이 국제연맹은 효과적인 집단안보 체계가 되지 못했다. 제1차 세계 대전이 끝날 무렵 승리를 눈앞에 두고 있었던 강대국이었던 미국이 비준하지 않았다. 국제연맹의 또 다른 문제점은 회원국들이 '침략'을 어떻게 정의할 것인가, 그리고 침략자에 대한 조직화된 응징에 들어가는 비용과 위험을 어떻게 분배할 것인가 등의 문제에 대해 의견의 일치를 보지 못하면서 불거졌다. 국제연맹이 거대한 이상을 실현하지는 못했지만 국제연맹이 가진 집단안보의 원칙은 그 이후 UN의 창설을 이끌었다.

국제연맹과 마찬가지로 UN은 엄청난 세계대전 이후에 국제적 평화와 안전을 증진하기 위해 수립되었다. 미국의 헨리 트루먼(Henry Truman) 대통령이 말한 것처럼 UN의 목적은 "공동의 평화와 공동의 번영을 위해 세계 인민들이 … 항구적인 파트너 십을 수립하는 것"이었다. UN의 설계자들은 집단안보에 대한 국제연맹의 실망스런 경험을 뼈아픈 교훈으로 삼았다. 그들은 새로운 구조가 UN을 사라져버린 국제연맹보다 더 효과적인 것으로 만들게 되기를 희망했다.

우리는 6장에서 15개 국가로 구성된 안전보장이사회와 모든 회원국의 대표들로 구성된 총회, 그리고 사무총장의 리더십 하에서의 행정장치(사무국)를 두기로 한 UN헌장을 배웠다. 비록 UN의 설립자들은 집단안보를 지지하였지만 그들은 강대국 간 협조에 대한 아이디어로부터 많은 영향을 받았다. UN헌장은 거부권을 가진 안전보장이사회의 5개 상임이사국(미국, 소련[러시아], 영국, 프랑스, 중국)의 누구라도 제안된 군사행위에 제동을 걸 수 있음을 허용하고 있다.

안전보장이사회는 상임이사국들이 모두 동의하는 경우에만 군사 작전을 승인할 수 있기 때문에 UN은 강대국들, 특히 미국과 소련 사이의 경쟁에 의해 불구가 되었다. 냉전기간에 안전보장이사회에서 거부권이 230회 이상 행사되어 어떠한 조치도 취할 수 없게 만들었고, 이는 UN의 전체 결의 1/3에 달하는 것이었다는 점에서 "안전보장이사회는 정치적 무력화의 공식이 되었다(Urquhard, 2010, p. 26)." UN의 구조가 진정한 집단안보기구로의 기능을 스스로 제한하기 때문에 UN은 냉전기간 동안 설립자들의 야심찬 구상에 크게 못 미쳤다.

그럼에도 불구하고 적응력 있는 여타 제도들처럼 UN은 세계질서유지를 위한 능력을 발휘하지 못하게 하는 합의된 법적 제약과 강대국의 협력결여를 극복하는 다른 길을 발견했다. 예를 들어 UN은 한국 전쟁에서처럼 평화를 강제하는 방법이 아닌 새로운 접근법, 즉 적대적 행위자들을 분리하는데 목적을 둔 평화유지(peacekeeping)라 불리는 방법을 수행하게 되었다(Urquhar, 2010). 1956년 수에즈 위기에 대처하기 위해 총회에서 '평화를 위한 단결 결의(Uniting for Peace Resolution)'에 의해 구성된 UN긴급군(UNEF)은 최초의 평화유지활동이었다.

또한 1960년 다그 함마르셸드(Dag Hammarskjöld) 사무총장은 그가 예방외교(preventive diplomacy)라고 이름붙인 방법을 통해 안보를 관리할 것을 제안했는데, 이는 전쟁이 발생한 후 전쟁을 끝내는 것이 아니라 분쟁이 위기 상태에 도달하기 이전에 해결하려는 시도였다. 마찬가지로 1989년 하비에르 페레스 데 쿠에야르(Javier Pérez de Cuéllar) 사무총장은 초강대국들이 "헌장이 UN에게 명백히 부여한 역할을 효과적이고 결정적으로 수행하지" 못하게 만드는 것에 골머리를 앓고서 평화조성(peacemaking) 조치라 불리는 것을 제안했다. 이것은 교전행위를 끝내게끔 휴전을 이루는 것으로써 UN 안전보장이사회가 평화를 지키기 위한 이 활동을 수립할 수 있도록 고안된 것이다. 이후 코피 아난(Kofi Annan) 사무총장은 평화구축(peace building)에 대한 UN의 노력을 집중했는데, 이는 전쟁의 재발이 이루어지지 않도록 만드는 조건을 조성하는 한편, 동시에 (기존에 진행 중인 전쟁을 끝내는) 평화조성을 계

평화유지
UN과 같은 제3자가 내전이나 국가 간 전쟁에 개입하거나, 잠재적 교전자들의 적대감이 증폭되는 것을 예방하는 노력으로, 갈등이 협상에 의한 해결에 이르도록 완충장치의 역할

예방외교
위기의 발생이 예상되는 경우 폭력을 예방하거나 제한하기 위해 취해지는 외교적 행위

평화조성
갈등을 종식시키고 분쟁을 일으키는 문제를 해소하는 외교, 중개, 협상, 혹은 그 밖의 평화적 해결과정

평화구축
무력 분쟁에 다시 의존하는 것을 막기 위해 주로 정부와 제도의 인프라를 강화하고 재건하는 분쟁 이후의 외교적, 경제적 활동

평화활동

갈등 당사자들 사이에 평화를 수립하고 유지하기 위해 수행되는 평화유지활동과 평화강제활동을 포괄하는 광범위한 범위의 활동

평화강제

일반적으로 국제적 승인에 따라 교전 당사자에 대해 군사력을 사용하거나 무력사용의 위협을 가함으로써 평화와 질서를 유지 혹은 회복하기 위해 만들어진 결의 혹은 제재에 따를 것을 강요하는 활동

속하면서, 적대세력 간의 교전 재발 위험이 높은 분쟁을 감시하기 위한 UN의 평화활동(peace operations)을 관리하는 것이다. 이러한 시도들은 평화강제(peace enforcement) 활동을 강조한다. 이것은 필요한 경우 분쟁 당사자의 사전승인 없이도 무력을 사용할 수 있도록 훈련받고 무장한 UN군에 의해 수행된다.

40년 이상 UN은 강대국 경쟁의 희생자였다. 하지만 냉전의 종식은 UN의 능력에 대한 많은 장애물을 제거하여 평화를 유지할 수 있도록 하였다. 예를 들어 1990년 안전보장이사회는 쿠웨이트를 침공한 이라크가 쿠웨이트로부터 철수하도록 하는 군사적 강제력을 즉각적으로 승인했다. 이와 같은 성공적인 집단안보조치는 UN의 평화유지 리더십의 필요성과 효과에 대한 낙관론을 불러일으켰다. 1990년 이후 UN은 그 이전 40년 동안 수행해왔던 평화유지 임무보다 3배나 많은 임무를 수행했다. 1990년 이래로 UN은 연평균 6회의 평화유지활동을 전개했다([지도 9.2] 참조).

자유주의는 인권과 글로벌 법규칙을 신장하는 수단으로써 UN에 큰 기대를 걸었지만(Mertus, 2009b), 기구로써 UN이 직면한 제약은 주권에 대한 지속적인 강조와 권력정치에 대한 의존 때문이기도 하다. 현실주의 입장에서 "UN은 영국과 미국의 글로벌 지배를 영속화하면서 환영받지 못하는 소련의 등장을 수용하기 위해 수립되었으며, 권력정치가 다른 수단으로 추구될 수 있는 기구였다(Gray, 2010, p. 79; Mazower, 2009)." 진정한 글로벌 권위체로써 기능하는 UN의 능력을 근본적으로 강화하기 위하여 회원국들은 개별적 특권을 포기하고 UN에 더 큰 권위를 부여해야만 한다(Weiss et al., 2009). 이러한 입장에서 UN 전문가인 브라이언 어쿼트(Brian Urquhart, 2010, p. 28)는 글로벌리제이션 시대에도 UN이 계속해서 존재 의미를 가지는 것이 중요하다고 설명한다.

만약 정부가 정말로 UN의 효과를 우선적으로 고려한다면 이것(국가주권)은 UN을 가로막을 수 있는 첫 번째 문제가 될 것이다. 현재로서는 우리의 상황이 탈(脫)베스트팔렌 국제질서를 필요로 한다는 것을 확실하게 증명하는 엄청난 재앙을 불러일으킬 중대한 글로벌 문제가 도대체 어떤 것인지 궁금해 하는 방법 밖에 없다.

1945년 당시에 웬만한 국제문제는 한 국가가 단독으로도 성공적으로 해결할 수 있었다. 오늘날 세계는 핵확산, 국제테러, 글로벌 전염병, 환경악화, 자원부족과 같은 위협요인에 직면해 있으며, 이러한 글로벌 문제는 협력적인 해결책을 필요로 한다. "보편적 기구인 UN은 그러한 문제에 대해 리더십을 발휘하고 조정기능을 수행할 수 있어야 한다. 그러나 위험한 글로벌 문제를 위한 협력의 장으로 UN을 활용하는 국가들의 능력은 제한되어 있고 실망적이다

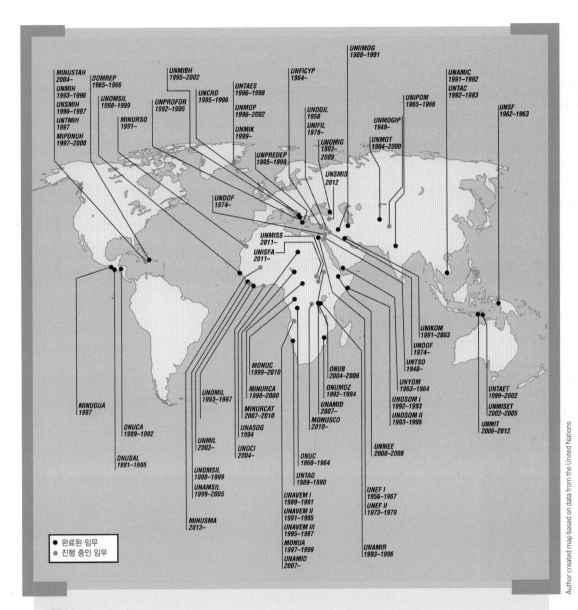

지도 9.2
UN 평화임무, 1948-2014
처음 40년 동안 UN은 18개의 평화유지활동만을 전개했을 뿐이다. 그러나 1990년 이후 UN은 보다 활동적이 되었으며, 평화유지군을 49개 분쟁지역에 파병했다. 지도에서와 같이 1948년부터 2014년 사이의 67개 임무 가운데 대부분은 최소한 10년 이상 지속된 것이다. 2013년 10월 기준으로 15개의 평화유지 임무와 아프가니스탄에서의 특별 정치적 임무가 진행 중이다.

Author created map based on data from the United Nations

(Urquhart, 2010, p. 26)."

　　UN을 제약하는 것은 안전보장이사회의 상임이사국들의 이익만이 아니라 UN의 빈약한 기반시설과 재정이다. UN이 성공하기 위해서 세계 공동체는 UN을 필요로 하는 요구에 걸맞은 수단을 제공해야 한다. 1948년 이후 67회의 UN 평화유지활동을 지원하기 위한 지출은 총

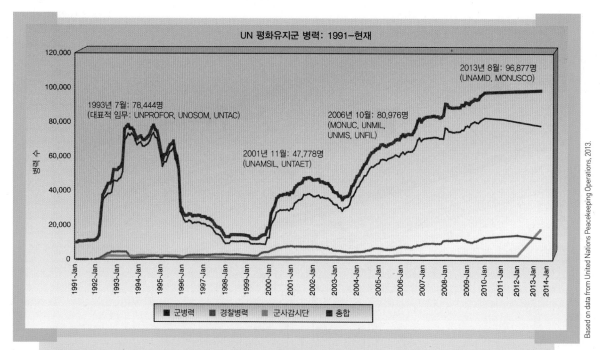

그림 9.4
'평화' 수요의 증가
그래프는 시간이 지나면서 평화유지에 대한 수요가 확실히 증가하는 추세를 보여준다. 1999년 이후 평화유지임무에 참가하는 인원이 5배 증가하였다. 평화유지군은 푸른색 헬멧 혹은 베레모를 쓰기 때문에 흔히 '블루헬멧'으로 불린다. 두 개의 다른 임무, 즉 군사감시단(분쟁지역의 상황을 감시하지만 군사적 활동의 임무를 띠지는 않음)과 경찰활동에도 참여하는 인원이 증가하고 있는 추세이다. 2013년 8월 말 기준 82,147명의 군병력과, 12,930명의 경찰병력, 1,802명의 군사감시단이 116개국에서 평화유지활동을 벌이고 있다.

843억 3천만 달러였다. 2012년 7월부터 2013년 6월까지 113,000명 이상의 UN 평화유지 요원을 지원할 예산은 73억 3천만 달러였다. 같은 기간 미국의 군비지출이 6,853억 달러였다는 사실과 비교해보라.

1999년 이후 UN 평화유지군은 9배나 증가했지만 예산은 전 세계 군비지출의 1%의 절반도 안 되는 0.42%에 불과하다. 일반적으로 UN 평화유지군은 북반구 국가들이나 나토 혹은 지역기구들이 파병한 군대의 비용보다 싸게 먹힌다. 미국 안보보좌관 수잔 라이스(Susan Rice)에 따르면 "만약 미국 혼자서 일방적으로 행동하고 여러 나라들에 미군을 파병할 경우 미국이 지출하는 돈 1달러에 대해 UN은 같은 임무를 단돈 12센트로 완수할 수 있다."

비록 완전하지는 않지만 UN은 국가가 혼자서는 하려하지 않고 그렇게 할 수도 없는 상황에서 안보위기에 대처하기 위한 국제협력을 효과적으로 조직화하는 유일한 글로벌 제도이다. 하지만 지역안보기구의 활용이 점점 늘어나고 있다. 지역수준의 정부간기구는 UN의 블루헬멧이 그 임무를 수행하기 위해 필요한 지원을 제공하지 못하는 상황에서 문제를 해결하는 역할을 맡는다.

지역안보기구와 집단방위

만약 공통의 가치와 공동의 목표를 결여하는 분단된 글로벌 공동체의 특징이 UN에 그대로 반영된다면 차라리 이익과 문화적 전통의 상당 부분을 공유하는 국가들로 구성된 지역기구가 더 나은 전망을 제공할 수 있을 것이다. 최근에 발생하는 전쟁 유형은 세계적 규모의 기구에 의해 통제되기 곤란한데, 왜냐하면 오늘날 분쟁은 거의 대부분 내전 형태를 띠기 때문이다. UN은 오로지 국가 간에 발생하는 국제전쟁만을 관리하도록 규정되어 있다. UN은 주권국가 경계 안의 국내전투에 개입하도록 조직되지도 않았고, 그럴 수 있는 법적 권한도 없다.

지역 정부간기구들(IGO)은 그렇지 않다. 지역 IGO는 자신의 안보적 이익이 역내 혹은 접경지역의 국가 내부의 무력 분쟁에 의해 심각하게 영향을 받는다고 보며, 역사적으로 지역 IGO는 치열한 국내 분쟁을 '그들의 뒷마당에서' 단속하기 위한 결정과 원칙을 보여주었다. 평화활동의 '지역화'는 세계적 경향이 되었다. 2013년이 시작될 무렵 233,642명의 군사 및 민간 요원들에 의한 53개 평화임무가 지역기구들과 UN 승인 하의 국가연합에 의해 수행되고 있었다(SIPRI, 2013). 그러므로 지역안보기구는 그 지역의 미래 안보문제에서 점점 더 많은 역할을 수행하게 될 것으로 기대된다.

나토(NATO)는 가장 잘 알려진 지역안보기구이다. 그밖에 유럽안보협력기구(OSCE), 앤저스 조약(ANZUS, 호주, 뉴질랜드, 미국), 동남아시아조약기구(SEATO) 등이 있다. 지역기구로 방위뿐만 아니라 광범위한 정치적 권한을 가지는 기구들로써는 미주국가기구(OAS), 아랍국가연맹(League of Arab States), 아프리카단결기구(OAU), 북유럽협의회(Nordic Council), 동남아시아국가연합(ASEAN), 걸프협력회의(Gulf Cooperation Council) 등이 있다.

오늘날 지역안보기구의 상당수는 뚜렷하게 규정할만한 외부의 적과 공동의 위협이 존재하지 않은 채로 합의와 단결을 유지해야하는 어려움에 처해있다. 뚜렷한 동맹의 임무가 없이 결속력을 유지하기는 어렵다. 나토를 생각해보자. 냉전 이후 유럽안보의 모호

AP Photo/Aaron Favila

평화를 향한 자유주의 군사개입의 경로?
많은 국가들과 국제기구는 자신들의 영향권 바깥에서의 국내 분쟁에 군사적으로 개입하는 것을 꺼려왔지만 2011년 리비아에 대한 나토의 개입은 예외였다. 당시 UN 안전보장이사회는 대중봉기가 일어나자 무아마르 가다피(Muammar Gaddafi)가 시위대에게 대공포를 발사하고 '바퀴벌레'같은 반군들을 '리비아 집집마다 박멸하겠다.'며 탄압하는 대응이 반인도적 범죄수준이 라고 주장했다. 개입 결정에 대한 논란이 이루어지는 가운데 가다피 정권의 궁극적 종식을 위한 지원이 핵심 논의가 되었다. 사진은 리비아로부터 미군과 나토군의 철수를 요구하는 시위대의 모습이다.

한 설정은 나토가 원래 다루기로 고안된 것이 아닌 수많은 민족갈등과 종교갈등으로 나타나고 있다. 나토의 원래 성격은 단 한가지의 목적만을 가지는 것이었다. 즉, 외부로부터의 공격에 대한 상호적 자기보호가 바로 그것이다. 나토는 한 번도 내전에 대한 단속을 목표로 정의한 적이 없다.

따라서 1995년 나토가 UN으로부터 보스니아-헤르체고비나에서의 모든 군사 활동에 대한 지휘권을 넘겨받을 때까지 동맹이 확대된 목적을 나토가 수용할 수 있을지의 여부가 불확실했다. 그 이후에 나토는 스스로를 재정의 하고, 1999년 3월 코소보 내전을 단속하기 위해 개입하였다. 2001년 나토는 처음으로 침략 받은 회원국에 대한 집단적 방위를 규정한 헌장 5장을 발동하여 9.11 테러공격을 받은 미국에 대한 강력한 지원을 아프가니스탄 전쟁에서 보여주었다. 보다 최근인 2011년 3월에 나토는 기존에 미국, 프랑스, 영국이 수행하고 있던 리비아에서의 군사작전 책임을 부여받았다.

오늘날 나토는 획기적으로 성장하여 1949년 12개 창립 회원국으로부터 현재의 22개 회원국이 될 때까지 1952년, 1955년, 1982년, 1999년, 2004년, 2009년 등 총 6차례에 걸쳐 확대되었다(지도 9.3 참조). 동유럽의 여러 나라들이 앞으로 회원국이 되기 위한 후보가 되었으며 많은 사람들은 러시아까지 회원국으로 통합되는 것이 나토와 유럽의 이익에 도움이 된다고 믿는다.

아울러 나토는 국가 간 안보와 국가 내 안보를 추구하고 지구적 테러의 확대를 억제하는 *군사적* 동맹인 동시에 민주주의 확대를 조장하는 *정치적* 동맹으로 스스로를 변모시켰다. 흔히 나토는 비록 북반구 국가들의 대리인처럼 여겨지지만 나토의 권위 하에서 집단안보 활동은 *일방적* 개입이 결여하기 쉬운 정당성을 포함한다. "이는 특히 영국과 프랑스의 경우에 그러한데, 두 나라의 식민지 지배의 전통은 중동과 북아프리카에서 커다란 부담이 되는데, 이 지역에서 최근 복잡한 역사를 가지고 있는 미국은 말할 것도 없다(Joyner, 2011)."

그럼에도 불구하고 UN과 여타 지역기구들의 사례에서와 같이 나토가 집단안보기구로 성공하는 데에는 장애물들을 극복해야 한다. 나토가 성공적으로 평화유지 활동을 수행할 수 있었던 것은 역내 강대국들 모두가 그 임무에 합의한 경우이다. 리비아 사례에서 UN 안전보장이사회는 러시아와 중국의 직접적인 반대를 피하고 자제를 통한 암묵적 동의를 유지하기 위해 민간인 보호에 초점을 맞춘 결의를 채택했다.

둘째, 나토의 임무는 그 대상이 강대국 혹은 강대의 동맹국이 아닌 경우로 범위가 제한된다. 나토의 전통적인 적인 러시아는 21세기에 나토와 러시아가 테러, 핵확산, 해적, 불법마약밀매에 함께 맞서야 한다는데 동의하였다. 하지만 "러시아는 자국의 '특별한 이익이 달린 지역'에 속한 나라들에 나토군이 주둔하는 것에 대해서는 여전히 강하게 반발하고 있다(*The*

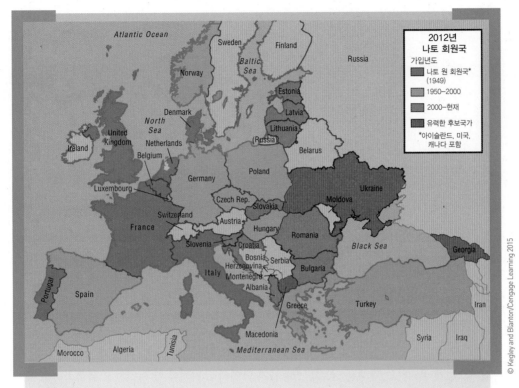

지도 9.3
새로운 전략지정학적 세력균형 속에서의 나토의 확대
21세기 지리전략적 환경은 나토가 28개 회원국으로 확대되면서 변모하고 있다. 2009년 4월 1일 알바니아와 크로아티아가 새로운 회원국이 되었다. 지도에서와 같이 현재 나토는 과거 적이었던 국가들을 포함하는 집단적 안보레짐을 형성하는 노력을 전개하여 유럽을 넘어서서 안보 우산을 펼치고 있다. 나토 사무총장을 지낸 자압 데 후프 쉐퍼(Jaap de hoop Scheffer)는 다자협력을 통한 안보의 중요성이 계속해서 중요하다고 강조하면서 "나토는 여전히 살아있으며 나토만의 고유한 임무를 가지고 있기 때문에 왕성하게 활동한다. 즉, 유럽과 북아메리카가 함께 모여서 서로 자문하고 공동의 안보를 공고히 하기 위해 함께 활동한다."고 주장했다.

Economist, 2010a, p. 67)."

나토의 유럽 회원국들은 나토의 주요 문제를 위해 자국 군대가 전면적으로 나서는 것에 대해서는 주저하고 있다. 대신 그들은 미국이 군사작전을 주도하고 대부분의 무기를 제공하기를 바란다. 미국은 나토 국가들이 지출하는 전체 군사비의 3/4를 책임지고 있다. 다른 국가들은 제한적으로 투자하는 만큼 정치적 의지도 제한적이다. 아프가니스탄에서 많은 유럽 국가들은 군사활동을 제한하였고 나토의 국제안보지원군(International Security Assistance Force, ISAF)에 참여하기를 주저하였다. 이를 두고 미국의 전투부대는 나토의 소극적 태도를 비꼬아서 ISAF을 "나는 미국이 싸우는 것을 보았다(I Saw America Fight)."로 바꿔 해석했다.

"탈소련시대에 잘사는 유럽 나라들의 방위를 위한 비용을 나토가 효과적으로 지불하지 않는다는 불만이 워싱턴에 팽배해 있다(Shanker and Erlanger, 2011)." 미국 국방장관을 지낸 로버트 게이츠(Robert Gates)는 다음과 같이 경고했다. "스스로의 방위에 충분한 자원을 제공할 의사가 없으며 중요하고 강력한 파트너가 되기 위한 변화에 주저하는 나라들을 대신하여 엄청난 자금을 지불하려는 욕구와 인내심이 미국 의회와 정치권에서 점점 줄어들고 있다는 것이 솔직한 현실이다." 나토는 변화하는 글로벌 환경에 적응하는 능력을 가진 중요한 기구이지만 만약 조만간 미국이 유럽으로부터 아시아로 관심을 돌리게 된다면 시험대에 오를 것이다 (*The Economist*, 2012e).

집단안보기구는 국제평화를 향한 자유주의의 중요한 경로이다. 그밖에도 자유주의는 세계평화를 보다 가능하게 만들기 위해 국제법이 강화되어야 한다고 오랫동안 주장해왔다. 이제 우리는 세계정치에서 국제법의 위치를 살펴보고, 법적인 방법으로 국가 간 혹은 국가 내의 무력분쟁을 통제하기 위해 고안된 규칙들을 알아볼 것이다.

국제수준에서의 법

어떤 나라가 임박한 위협이 없이 없는 상태에서 자기방어가 아닌 목적으로 다른 나라에 대해 갑작스럽게 공격하는 전쟁은 글로벌 공동체가 당연히 금지해야 할 사악하고 위험스러운 행동인가? 마찬가지로 국제 공동체는 국가에 의해 자행되는 억압과 잔혹행위로부터 무고한 시민을 보호할 책임이 있는가? 답은 '아니오'이다. 적어도 근대 세계사에서 비교적 최근까지 전쟁과 국가의 무력사용을 금지하지 않았다.

국제법의 기본 원칙

국제법은 거의 대부분 현실주의자들에 의해 구상되었고 작성되었다. 그들에게는 강대국의 특권이 주요 관심사였고, 따라서 전쟁은 국제적 위계질서하에서의 지배적 국가의 지위를 보호하고 국력을 확대하기 위해 치러질 수 있는 것으로 받아들여졌다. 헨리 휘턴(Henry Wheaton, 1846)은 "모든 국가는 강제할 권리를 가진다."고 말했다.

주권보다 더 중요한 국제법 원칙은 없다. 주권은 어떠한 권위체도 국가가 자발적으로 지위를 양보하지 않는 한 국가보다 상위에 있지 못함을 의미한다. 1648년 베스트팔렌조약 이후, 국가들은 자신의 영토 내에서 정부를 선택할 수 있는 권리를 지키기 위해 노력해왔다. 이 규범은 모든 다른 법규범의 근간이 된다. 주권국가들이 원하는 것을 따른다는 이러한 규칙들은 국제법의 핵심개념이다. 사실 17세기 이후 현실주의 전통을 따르는 학자들이 주장하듯이 국제법의 규칙들은 국가가 주권의 독립성을 유지하고 국익에 따라 행동할 자유를 보호하기 위해 만들어진 행동준칙을 나타낸다.

거의 대부분의 국제법 학설은 국가가 국제법의 기본 주체라는 기본 원칙을 수용하고 지지한다. 비록 1948년의 *세계인권선언(Universal Declaration of Human Rights)*은 국가의 개인에 대한 처우에 대해서도 관심을 보였지만, 여전히 국가는 가장 우선적인 것으로 인정되었다. 따라서 규칙의 거의 대부분은 개개인이 아닌 국가의 권리와 의무에 대해 언급한 것들이다. 기돈 고트리브(Gidon Gottlieb)가 말한 것처럼 "법은 개인으로부터 국가를 보호하기 위해 만들어진 것이지 국가로부터 개인을 보호하기 위한 것이 아니다." 예를 들어 주권평등(sovereign equality)의 원칙은 각각의 국가가 국제 체계의 법 규칙으로부터 똑같이 보호되어야 할 뿐만 아니라, 국가의 주권은 다른 국가들로부터 전적으로 존중되어야 한다고 명시하고 있다. 독립권 역시 모든 국가의 독립은 개별 국가의 독립을 전제로 한다는 논리에 따라 국가의 국내 문제와 대외관계에서 국가의 자율성을 보장한다. 마찬가지로 중립성(neutrality)의 원칙은 다른 국가의 분쟁이나 연합에 국가가 관여되는 것을 거부할 것을 인정한다.

더욱이 정치적 불간섭 원칙은 국가들이 다른 국가의 영토 내에서 초대받지 않은 행동을 억제할 것을 요구하는 불간섭 규범의 기본을 마련한다. 때때로 악용되는 고전적 규칙으로 불간섭 규범은 자국의 제한적 영토 내의 모든 것에 대한 사법권을 행사할 권리를 각국의 정부에 부여한다. 사실 국제법은 국가의 고유한 내정에 대한 국가의 통제를 허용하였고, 1952년 이전에는 "국제법상 국가가 자국 관할권 내의 소수집단에 대해 자행하는 범죄에 대해 책임을 지는 전례가 없었다(Wise, 1993)." 시민은 국가의 인권유린이나 반인도적 범죄(crimes against humanity)로부터 보호받지 못했다.

국제법에 문제점이 있기는 하지만 국제법이 타당성을 결여하거나 쓸모없다고 결론내릴 수는 없다. 국가는 국제법의 유용성을 발견하고 국제법의 발전을 위해 노력하기도 한다. 이와 같은 국가의 실제적 행동은 많은 경우 국가들이 국제법을 실제적인 법으로 간주하고 국제법에 따르고 있음을 보여준다(Joyner, 2005).

다음과 같은 비유를 통해 생각해보자. 운동장에서 '술래잡기'를 하는 어린이들은 게임의 규칙을 만든다. 예를 들어 나무 바깥으로는 도망가지 않고, 그네는 안전지역이며, 일단 잡히면 '얼음'이 되어 움직이면 안 된다. 여기에는 강제적인 메커니즘이 있는 것도 아니고 규칙을 어겼을 경우 진짜 처벌되는 것도 아니지만, 이러한 규칙은 게임을 이루는데 도움을 주며 예측을 가능하게 하고 서로 재미있게 놀 수 있게 만든다.

같은 맥락에서 국가가 국제법에 가치를 부여하고 국제법에 따를 것을 약속하는 가장 큰 이유는 구성주의가 설명하듯이 '게임의 규칙'에 대한 공통적인 이해가 필요하기 때문이다. 법은 미래를 예측하는 것을 도와주고, 규칙은 국제관계에서의 불확실성을 낮춰주며 예측 가능성을 높여준다. 이러한 커뮤니케이션 기능은 글로벌 체계의 모든 구성원들에게 도움이 된다.

주권평등

국제법 하에서 국가들은 법적으로 평등하게 보호되어야 한다는 원칙

중립성

국가가 서로 전쟁을 벌이는 적대 국가들과 비동맹인 상태를 유지할 수 있는 권리를 부여하는 법적 원칙

반인도적 범죄

뉘른베르크 전범재판소에서 불법으로 규정된 행위의 한 범주로, 인권을 유린한 국가에 대해 유죄 선고가 내려졌다.

심지어 가장 강한 국가들조차도 국제법 규칙을 따르는 가장 큰 이유는 규칙의 위반에 대한 비용보다 규칙 준수의 이득이 더 크기 때문이다. 규칙에 따라 국제정치의 게임을 치르는 행위자는 보상을 받는 반면, 국제법을 무시하거나 관습적 규범을 습관적으로 어기는 국가들은 그만큼의 비용을 치른다. 국제적 평판도 중요하다. 그러한 평판은 국가의 소프트 *파워*(*soft power*)에 도움이 된다. 국제법을 습관적으로 어기는 나라와는 다른 국가들이 협력을 꺼려하게 될 것이다. 위법 국가는 또한 위신의 손상뿐만 아니라 희생자들로부터의 보복의 두려움을 가지게 된다. 이러한 이유로 정말 야심찬 국가나 무모한 국가가 아니라면 일반적으로 받아들여지는 행동 기준을 매몰차게 무시하려고 하지 않는다.

국제법 체계의 한계

법 이론가인 윌리엄 코브든(William Cobden)은 "국제법은 국제 체계의 본질에 대한 합의를 여러 나라의 정책결정자들에게 전달하는 제도적 수단"이라고 설명했다. 그럼에도 불구하고 자유주의의 관점에서 세계 공동체보다 국가를 우선시 하는 것은 국제법의 잠재적 효과를 침해하는 심각한 잘못이다. 많은 학자들은 국제법 체계가 국제법에 참여하는 국가의 의지에 의존하기 때문에 제도적으로 결함이 있다고 생각한다. (국내 제도들과 같은) 공식적인 법적 제도는 국제수준에서 취약하기 때문에 국제법 비판론자들은 다음과 같은 점을 지적한다.

첫째, 세계정치에는 법을 체결할 수 있는 어떠한 입법기관도 존재하지 않는다. 규칙들은 오로지 국가들이 의도적으로 준수하거나 자발적으로 서명한 조약에 포함시키는 경우에만 만들어진다. 조약을 개정하거나 파기하는 체계적 방법은 존재하지 않는다. 국제사법재판소 규정 제38조는 이것을 분명히 밝히고 있다. '국제법의 연원'에 대한 권위 있는 정의로 일반적으로 받아들여지고 있는 이 규정은 국제법이 1)관습 2)국제조약 및 합의 3)국내법정 및 국제법정의 판결 4)법적 기관과 전문가들의 학설 5)로마제국 이래로 '자연법'과 '올바른 이성'의 일부로 인정되는 법의 '일반 원칙들'에 그 연원을 두고 있다고 명시하고 있다.

둘째, 국가가 수용한 규칙을 권위 있게 확인하고 기록하며, 그러한 규칙이 언제 어떻게 적용되는지 해석하고, 규칙의 위반을 확인할 수 있는 사법기관이 세계정치에는 존재하지 않는다. 그러한 행동에 대한 책임은 국가 자신에게 있다. 국제법정은 국가의 동의 없이 이러한 기능을 수행할 권한이 없으며, UN은 전체 세계 공동체에 대해 사법적 문제를 대변할 수 없다(물론 최근에 UN헌장 제7장이 세계법에 대한 권위 있는 준사법적인 해석을 내릴 수 있는 권한을 가지는 것으로 새롭게 해석되고 있기는 하다).

끝으로 세계정치에는 그러한 규칙을 집행할 수 있는 행정기관이 존재하지 않는다. 규칙의 집행은 보통 범죄 희생자의 일방적인 자력구제 행위를 통해서 이루어지거나 혹은 동맹국이나 여타 이해 당사자들의 도움으로 이루어진다. 어떠한 중앙집권적 집행절차도 존재하지 않으며, 규칙의 준수는 자발적이다. 따라서 전체 체계는 국가가 동의하는 규칙을 지키려는 국가의 의지에 달려있고, 국가가 가치를 부여한 행동규범의 위반에 대해 보복적 조치를 가할 수 있는 국가의 능력에 달려있다.

법제도를 가로막는 주권이 만들어 놓은 장애물들 이외에도, 국제법의 신뢰를 떨어뜨리고 있는 여러 취약점들이 남아 있다.

- **국제법은 보편성을 결여한다.** 효과적인 법체계는 반드시 법의 지배를 받는 사람들이 공유하는 규범을 대표해야 한다. "*사회가 있으면 법이 있다(ubi societas, ibi jus).*"는 로마법 개념에 의하면 공동체가 공유하는 가치는 법체계 형성의 최소조건이다. 그러나 오늘날 국제질서는 문화와 이념이 다양하며, 공통의 가치에 대한 합의가 없다. 전 세계에 걸쳐 서로 공존하기 어려운 법전통이 동시에 작동함으로써 보편적인 코스모폴리탄 문화와 법체계가 등장하기 어렵게 만든다.

- **국제법 하에서 적법성과 정당성이 항상 일치하는 것은 아니다.** 어떠한 법체계에서와 마찬가지로 세계정치에서도 적법한 것이 반드시 정당한 것은 아니다. 비록 행위자의 정당성을 결정하는데 적법성이 중요하기는 하지만 권위를 가지는 국제법에 대한 대중의 규범적 수용과 같은 다른 가치들도 중요하다. 아울러 행위의 적법성이 언제나 현명함 혹은 유용성을 의미하는 것도 아니다. "예를 들어 1990년대 초 유고슬라비아에서의 민족적, 종교적 탄압의 희생자들에게 무기를 제공할 것을 거부한 UN 안전보장이사회의 결정은 적법했지만 정당하지는 못했다. 반면 코소보에서의 탄압을 예방하기 위한 무력사용을 나토가 승인하지 않은 것은 적법하지 않았지만 정당했다(Sofaer, 2010, p. 117)."

- **국제법은 강대국이 약소국을 압박하기 위한 도구이다.** 자발적 동의의 체계에서 강대국이 합의하고자 하는 규칙은 강대국의 이익에 도움이 되는 것이다. 따라서 이러한 규칙은 현존하는 세계적 위계질서를 보존하는 것이다(Goldsmith and Posner, 2005). 마르크스 이론에서 지적하는 것과 같이 "국제법의 생성은 법적 권리에 대해 국가들이 가지는 관점 사이의 경쟁으로 이루어지며, 어떤 관점이 이기느냐는 어떤 국가가 더 강한가에 달려있다(Carty, 2008, p. 122)."

- **국제법은 기존의 행동을 정당화 하는 것과 다름 아니다.** 특정한 행동 유형이 널리 확산되면 그것은 법적인 의무가 된다. 행동의 규칙이 행동을 위한 규칙이 되는 것이다(Leopard, 2010). 저명한 법학자인 한스 켈젠(Hans Kelsen, 2009, p. 369)의 "국가는 관습적으로 행동해온 것처럼 행동해야 한다."는 주장은 **법실증주의 이론**(positivist legal theory)을 반영하는 것

법실증주의 이론

국가의 관습과 관습적 행동 양식이 국제법의 가장 중요한 연원이라고 주장하는 이론

이다. 법실증주의란 특정 행동 유형이 반복적으로 발생하면 그것은 법적 성격을 가진다는 설명이다. 실제로 저명한 법실증주의 이론가들은 법이 사회적으로 구성된다고 강조한다. 국제적 규칙 형성의 공식적 메커니즘이 부재한 상황에서 국가의 관습적 행동은 법이 유래하는 가장 중요한 연원이다.

■ **국제법의 모호성은 법을 선전을 위한 정책도구로 격하시킨다.** 국제법의 모호하면서도 융통성 있는 표현은 국가가 어떠한 행동이든 거의 다 합법적인 것으로 정의하고 해석하기 쉽게 만든다. 사무엘 김(Samuel S. Kim, 1991, p. 111)은 "국제법이 명확성과 일관성을 결여하고 있다는 사실은 그만큼 국제법이 치부를 가리기 위한 수단이 되거나 선전도구로 쉽게 이용될 수 있도록 만든다."고 설명한다. 이러한 모호함은 국가가 원하는 것을 획득하고, 획득한 것을 정당화 하기 위해 국제법을 악용할 수 있게 만든다.

　결론적으로 규칙이 무엇이고, 규칙이 어떻게 적용되며, 규칙이 어떻게 집행되는가를 결정하는 것은 (다른 어떤 상급 기관도 아닌) 국가 자신이다. 이러한 내용은 세계법에 대한 자유주의적 견해에 대해 커다란 의문을 제기한다. 즉, 모두가 법보다 위에 있는 경우 과연 법에 의한 지배가 이루어질까? 바로 이러한 문제가 개혁가들로 하여금 개별 국가의 이익보다 집단으로써의 세계이익을 증진시키기 위해서 국가의 주권적 자유를 제한하고 공통의 법규범에 대한 공동의 추구를 확대하도록 고무한다.

국제법의 사법(司法)구조

자유주의와 구성주의 개혁론자들은 국제법이 강화되어 국제 무력침공을 보다 효율적으로 단속할 수 있기를 오랫동안 추구해왔다. 최근 국제법이 국내 전쟁, 국가 간 전쟁, 글로벌 테러 등의 위협에 대처하는 능력을 강화시킴에 따라 개혁론자들은 다시 힘을 얻고 있다. 그들은 자신감을 가지고 이러한 발전을 지켜보고 있다. 그리고 그들은 여전히 국제법이 국가의 무력사용에 대해 적실성이 약하다고 주장하는 회의론자들에 대해 의문을 제기한다. 그들의 주장은 다음과 같다.

■ **국제법은 모든 전쟁을 예방하기 위한 것이 아니다.** 침략적 전쟁은 불법적이지만 방어적 전쟁은 그렇지 않다. 따라서 국제법은 전쟁이 발생할 때마다 실패했다는 주장은 잘못이다. 물론 전쟁이 방어적이냐 아니면 공격적이냐의 판단은 분쟁 당사자의 어느 쪽 편에서 보느냐에 따라 달라질 수 있다.

■ **국제법은 전쟁을 제거하기 보다는, 규칙 위반에 대한 제재로써의 전쟁은 인정한다.** 따라서 전쟁은 침략자를 처벌하기 위한 최후의 수단이며, 그로 인해 세계 체계의 법률적 근간이 유

지된다.

- 국제법은 제도를 가지고 전쟁을 대신하는 것이다. 법적 절차는 분쟁이 공개적인 적대감으로 분출되기 이전에 분쟁을 해결하기 위해 존재한다. 비록 법이 전쟁을 예방할 수는 없지만 법적 절차는 종종 전쟁으로 확대될 수도 있었던 갈등을 해결함으로써 폭력을 불필요한 것으로 만든다.

법의 규칙이 세계정치에서 힘을 발휘할 수 있기 위해서는 국제법의 효과와 정당성을 강화하는 국제적 판결 메커니즘을 강화시키는 것이 필수적이다. 흔히 세계재판소로 알려진 국제사법재판소(International Court of Justice, ICJ)는 지구상에서 가장 높은 지위의 사법기구로 1945년에 수립되었고 전 세계적 범위와 보편적 사법권을 가지는 유일한 국제 재판소이다. 원칙상 이 재판소는 매우 높은 지위에 있다. 192개 국가가 ICJ 규정을 받아들였고, 300여 개의 쌍무적 혹은 다자간조약들은 법적 해석의 적용으로부터 발생하는 갈등의 해결에 있어서 세계재판소가 사법권을 가지고 있음을 규정하고 있다.

세계재판소의 취약점은 국가가 주권행사에 의해 자유롭게 제기하는 갈등에 대해서만 판결을 내릴 수 있다는 사실이다. 즉, 세계재판소는 국가가 제기하지 않은 사건에 대해서는 판결을 내릴 수 없다. 국가주권은 보호되며, 전통적으로 많은 국가들은 세계재판소를 활용하는 것을 꺼려왔는데, 이는 ICJ의 판결이 최종적이기 때문이다. 다시 말해서, ICJ 판결에 대해서 항소할 기회가 없다. 이 때문에 1946년에 2013년까지 국가가 세계재판소의 심리를 허용한 사건은 153건에 불과하며, 이 가운데 1/4은 판결이 이루어지기 전에 갈등 당사자가 심리(審理)를 철회했다.

세계재판소 활동의 미미한 성과는 국제법을 촉진하는데 별다른 도움이 되지 못하고 있다. 1950년 이후 주권국가의 수는 세 배가 되었는데 비해 세계재판소가 담당하는 사건은 그만큼 늘어나지 않았다. 절반 이상의 당사국은 단 한번도 ICJ에 출두한 적이 없으며, 재판

국제사법재판소(ICJ)
국가 간 법적 갈등을 해결하고 국제기구와 UN총회에 대해 법률적 자문을 제공하기 위해 UN이 설립한 최고법원

AP Images

전쟁범죄와 글로벌 정당성 훼손
2004년 바그다드의 아부 그라이브 교도소에서 촬영된 1천여 장의 사진이 전 세계로 방송되면서 스캔들이 터졌다. 사진에는 미국 요원들이 이라크 포로를 고문하는 모습이 담겨있었다. 전기충격, 극저온 고문, 물고문 등의 방법이 관타나모의 미군 기지에 억류된 테러 용의자들을 심문하기 위해 사용되었다고 전해졌다. 이러한 사건은 무슬림 사회에서 미국의 이미지를 심각하게 훼손하였으며, 도덕과 윤리의 원칙에 대한 미국의 공약에 의문을 제기했다.

소에서 갈등을 논쟁하는 것에 대해 북반구의 자유민주주의 국가들(미국 22건, 영국 13건, 프랑스 13건, 독일 7건, 벨기에 5건)만이 가장 많이 동의하며, 중앙아메리카 국가들(니카라과 8건, 온두라스 6건)이 뒤를 잇는다. 재판소 판결이 이루어진 후 분쟁 당사국이 ICJ 판결에 승복하는 것은 절반이 조금 넘을 뿐이다. 이러한 수치는 국제 분쟁을 해결하기 위해 법정을 활용하자는 목소리가 점점 많아지고 있음에도 불구하고 대다수 국가들은 가장 중요한 국제적 갈등을 해소하기 위해 자발적으로 법적 절차를 활용하는 것은 여전히 꺼리고 있음을 보여주는 것이다.

무력 분쟁을 보다 강력한 법적 통제로 해결하려는 시도는 다른 국제사법기관들의 심판으로도 확대되고 있다. 민간인 사상의 비극을 예방하고 점점 더 자주 발생하는 대규모 학살을 억제하기 위해 지구 공동체는 서둘러 국제법을 고치고 있다. 처음 이것은 전쟁범죄와 같이 전쟁에 대한 책임을 지는 국가의 지도자들에 적용되었다. 오늘날 국제법은 지도자들이 자국의 군대가 무고한 비전투원 보호원칙과 같이 국제 공동체가 정한 특정 원칙들을 위반하는 행동을 하게끔 허용하는 것을 금지한다.

최근의 국제법의 발전이 있기 전에는 위반이 발생한 경우에도 그러한 행동을 비난하는 것 이외에는 아무 조치도 이루어지지 못했다. 왜냐하면 지도자들이 전쟁의 법을 무시한 명령을 내렸을지라도, 국제법은 '주권 면책' 원칙에 의해 법 적용으로부터 지도자들을 면제해주었기 때문이다. 비록 지도자들이 범죄적인 행동을 저지른다 할지라도 그들에 대한 경의가 전통적으로 이루어졌다(아마도 이것은 그들이 갈등을 해결하기 위한 협상의 유일한 상대였기 때문일 것이다). 이러한 전통은 오늘날 법적으로 파기되었는데, 이는 (제2차 세계 대전 나치의 전쟁범죄를 심리하기 위해 수립된) 뉘른베르크 국제군사재판소가 제시한 "국제법에 대한 범죄는 추상적인 기구가 아닌 인간에 의해 저질러지며, 그러한 범죄를 저지른 개인을 처벌함으로써 국제법 조항이 실행될 수 있다." 원칙에서 확인된다.

국제전범재판소
전시 잔학행위와 집단학살을 저지른 사람을 기소하고 피해자를 법적으로 구제하며 그러한 범죄의 재발을 억제하기 위해 UN이 설립했던 특별 재판소

1993년에 만들어진 국제전범재판소(international criminal tribunals)는 글로벌 공동체가 잔혹한 행위에 대해 용서하지 않겠다는 의지를 보여준다. 구 유고슬라비아 국제전범재판소(ICTY)가 1993년에 수립되었고, 뒤이어 르완다 국제전범재판소(ICTR)가 1994년에 수립되었다. 이들 재판소에 기소된 전범으로 가장 악명 높은 인물이 슬로보단 밀로세비치(Slobodan Milosevic)였다. 밀로세비치는 구 유고슬라비의 대통령으로서 1990년대에 4차례의 전쟁을 일으켜 25만 명 이상을 살육하고 발칸반도를 짓밟았다. 그는 2006년 3월 판결을 앞두고 헤이그의 감옥에서 심장마비로 사망했다. ICTY와 ICTR은 모두 UN에 의해 만들어진 재판소로 정해진 기간에 특정 사건에 대해서만 판결을 내리는 임시적인 것이었다. 따라서 항구적인 글로벌 형사재판소의 필요성이 대두되었다.

116개 국가가 참여한 로마규정의 결정에 따라(가장 최근인 2011년 6월 24일에 튀니지

ICC 회원국(2013년)
ICC 회원국
ICC 비회원국

© Kegley and Blanton/Cengage Learning 2015

지도 9.4
어떤 세계법원일까요?
흔히 세계법원(world court)이라고 알려진 국제사법재판소(ICJ)는 UN 헌장에 따라 1945년 수립되었다. ICJ는 UN의 최고 사법기구로서 국가들 사이의 법적 갈등을 해결하고 UN 총회와 국제기관에 법률적 자문을 제공한다. 좌측의 사진은 네덜란드 헤이그에 소재한 ICJ의 평화궁전(Peace Palace)이다. 또 다른 '세계법원'으로 불리는 국제형사재판소(ICC)는 참혹한 대규모 범죄를 저질러 기소된 범죄자에 대한 최종적 판결을 내리는 독립적 법원이다. 2002년에 설립된 ICC는 UN으로부터 법적으로 독립되어 있다. 2013년 2월 15일 코트디부아르가 비준함으로써 총 122개 국가가 ICC 조약을 비준하고 참여하였다(지도 참조). 그러나 미국, 러시아, 중국은 참여하지 않았다.

Dorling Kindersley/Getty Images

가 참여함으로써 현재는 139개국) 2002년 수립된 국제형사재판소(International Criminal Court, ICC)는 개소 이후 저질러진 집단학살, 반인도적 범죄, 전범과 같은 극악한 대규모 범죄를 조사하고 기소하는 최종적이고 독립적인 법정이다(지도 9.4 참조). ICC는 국가의 법정이 그러한 판결을 하려고 하지 않거나 그러한 능력이 없을 경우에만 사건을 맡으며, 국가들이 기소한 개인에 대해서만 판결을 내린다.

지금까지 ICC는 우간다, 콩고민주공화국, 중앙아프리카공화국, 다르푸르 등에서의 잔혹

국제형사재판소(ICC)

전쟁범죄를 저지른 사람들을 기소하고 형을 집행하기 위해 국제협정에 따라 설립된 법원

행위에 대한 법정을 열었다. 아프리카연합의 일부 국가가 반대하기는 했지만 2010년 2월 ICC는 수단의 다르푸르 지방에서 5년에 걸쳐 집단학살을 주도한 이유로 수단의 오마르 알바쉬르(Omar al-Bashir) 대통령을 기소할 수 있다고 결정했다. UN의 추산에 따르면 이 지역에서 30만 명이 목숨을 잃었고 250만 명이 난민이 되었다. 보다 최근인 2012년 6월에 UN의 시에라리온 특별재판소는 라이베리아의 전직 대통령 찰스 테일러(Charles Taylor)를 기소하고 '피의 다이아몬드'를 대가로 시에라리온 반군을 무장시켰음을 이유로 그에게 50년 징역형을 판결했다.

ICC는 반인도적 범죄, 집단학살, 전쟁범죄에 관련된 사건에 대한 최종적 판결을 내리는 법정이라는 점에서 정당성을 얻고 있지만, 재판이 열리기까지의 시간이 길고 기소된 범죄자에 대해 판결을 집행하고 물리적으로 구속할 능력이 결여되어있다는 점에서 문제가 제기되고 있다. 이 기구의 임무가 정치적으로 복잡한 성격을 띠고 있기 때문에 ICC가 정치적 압력과 편향성의 가능성이 있는 사건은 기소하지 않으려 한다는 비판도 있다(Struett, 2012). ICC가 직면하고 있는 가장 중요한 법률적 이슈는 '침략 범죄'의 모호한 정의를 재정의해야 할 필요가 있다는 것으로, 많은 국가들의 이해관계에 영향을 줄 수 있는 민감한 이슈이다. 그럼에도 불구하고 ICC는 지배자에 의한 국가후원 테러를 범죄행위로 간주함으로써 전쟁을 일으키는 행위에 대해 법적인 제약의 범위를 강화하고 확대하여, 이제 그러한 행위는 전쟁범죄(war crimes)로 구분되고 있다.

전쟁범죄
전쟁 중에 이루어지는 행위로, 국제공동체가 전쟁포로나 적국 시민 혹은 자국의 소수파 주민들에 대한 범죄로 규정한 행위

국민들의 열망을 가로막고, 국민의 재산을 빼앗거나 부정부패를 저지르며, 표현의 자유와 인권을 억압하고 고문하며 부정하는 정부는 이제 더 이상 국민으로부터 벗어날 수 없으며 국제법의 체포영장을 피해갈 수 없음을 알아야 할 것이다.

– 윌리엄 헤이그(William Hague), 영국의 정치인

무력사용에 대한 법적, 외교적 대응

도덕
선악의 차이를 구분하고 선과 악이 대립되는 상황을 규정하는 원칙들

윤리
개인과 집단의 행동 및 동기의 옳고 그름을 평가하기 위한 기준

많은 사람들은 국제법에 대해 혼동하는데, 이는 국제법이 무력사용을 금지하는 동시에 그것을 정당화하기 때문이다. 이러한 혼동은 '기독교적 현실주의' 전통의 정의의 전쟁으로부터 나타나는데, 이에 따르면 전쟁의 규칙들은 철학적으로 도덕(morals, 행동의 원칙)과 윤리(ethics, 이들 원칙이 왜 적절한 것인지에 대한 설명)에 기반을 두고 있다. 따라서 정의의 전쟁론의 기원과 오늘날 그것이 변화하는 양식을 이해하고, 법규칙이 어떻게 군사적 개입과 협상에 의한 국제 갈등의 해소를 형성하는지 살펴보는 것이 중요하다.

정의의 전쟁론

4세기 아우구스티누스(St. Augustine)는 국가를 지키기 위해 타인의 생명을 앗아가는 것이 '살인하지 말라'는 계명을 위반하는 것이라는 엄격한 관점에 의문을 제기했다. 그는 "적대세력의 잘못된 행동 때문에 현자가 정의의 전쟁을 치른다."고 주장했다. 그가 보기에 기독교인은 사악함에 맞서 싸워야 할 의무가 있다. 아우구스티누스에게 인간의 국가(City of Man)는 신의 국가(City of God)와는 달리 본질적으로 죄를 지니고 있다. 따라서 세속적 세상에서 '정의의 평화'를 얻기 위해서는 침략적 적이 저지른 죄를 응징하기 위해 (물론 여전히 죄인을 사랑해야 하지만) 어쩔 수 없이 살인이 용인될 수 있다. 이러한 현실적 논리는 교황 니콜라스 1세(Nicholas I)에 의해 계속 이어졌는데, 그는 866년 어떠한 전쟁이든 방어적 전쟁은 정당하다고 주장했다.

근대의 정의의 전쟁론(just war doctrine)은 이러한 관점에서부터 휴고 그로티우스(Hugo Grotius)와 같은 인문주의 개혁가들에 의해 발전하였다. 그는 기독교의 구교 세력과 신교 세력 사이의 30년 전쟁(1618~1648)에 대해 인도주의적 행동기준을 따를 것을 주장하였으며, 2개의 '국가' 혹은 아우구스티누스가 말하는 윤리적 영역을 법이 지배하는 단일한 글로벌 사회로 대체할 것을 주장했다. 그로티우스에게 정의의 전쟁은 적의 명백한 무력침공 행위에 의해 야기되는 피해를 응징하기 위해 자기방어적으로 치러지는 싸움에만 국한된다. "침해행위에 의한 피해 이외에 전쟁수행의 다른 어떠한 정당한 이유도 존재하지 않는다."

전쟁이 도덕적이기 위해서는 반드시 무고한 비전투원을 해치지 않는 정당한 수단에 의해서만 전투가 치러져야 한다. 이러한 개념 정의로부터 근대적 성격의 정의의 전쟁론이 발전하였으며, 정의의 전쟁론은 전쟁 목적의 정당성(jus ad bellum)과 전쟁 수단의 정당성(jus in bello)이라는 두 개의 서로 구분되는 주장으로 이루어져있다. 전자는 지도자가 전쟁을 시작하는 기준이 된다. 후자는 정의의 전쟁을 수행하는데 사용될 수 있는 전술적 범위를 구체적으로 제한하는 것이다.

생명에 더 큰 위협이 되는 침공을 예방하기 위해서 불가피한 경우 인간의 생명을 앗아가는 것은 '덜 악한 것'이라는 판단이 정의의 전쟁 전통의 핵심이었다(Ignatieff, 2004b). 기독교 이론가인 토마스 모어(Thomas More, 1478~1535)는 무고한 생명을 해치는 것을 예방할 수 있으면 사악한 지도자를 암살하여 전쟁을 일으키는 것은 정당화된다고 주장했다. 이러한 논리는 오늘날 국제공법 논의를 형성했고(Wills, 2004), 아래와 같은 핵심 원칙들의 기초를 제시했다.

- 무력에의 의존을 정당화 하기 이전에 다른 모든 도덕적으로 정당한 수단이 반드시 사용되어야 한다.
- 안정적인 정치질서를 지키기 위해서, 혹은 실제적 위협에 대해 도덕적으로 바람직한 근거

정의의 전쟁론
어떤 경우에 정의의 전쟁이 수행될 수 있으며, 어떻게 전쟁이 수행되어야 하는가를 구분하는 도덕적 기준

전쟁 목적의 정당성
정의의 전쟁론을 구성하는 논리의 하나로, 정의의 전쟁을 벌일 수 있는 기준을 규정한다.

전쟁 수단의 정당성
정의의 전쟁론을 구성하는 논리의 하나로, 무력사용이 허용되는 제한을 설정

를 지키기 위해서, 또는 실제적 피해를 입은 후 정의를 복구하기 위해서 치러지는 경우에만 전쟁은 정의로울 수 있다.

- 정의의 전쟁은 반드시 이러한 제한된 목적을 따르는 합당한 기회를 가지고 있어야 한다.
- 정의의 전쟁은 반드시 합법적인 정부당국에 의해 선언되어야 한다.
- 전쟁은 고의적인 복수가 아니라 잘못을 바로잡기 위한 목적으로 수행되어야 한다.
- 전쟁을 끝내기 위한 협상은 전투가 계속되는 한 지속적으로 이루어져야만 한다.

전쟁과 근대 국제법의 탄생
일생 동안 비인간적인 국제적 조건들을 보고 분노한 네덜란드의 개혁가 휴고 그로티우스(Hugo Grotius, 1538-1645)는 30년 전쟁이 한창일 때인 1625년에 『전쟁과 평화의 법(*De Jure Belli et Pacis*)』을 집필했다. 그는 이 책에서 강대국들이 전쟁가 아닌 법적 절차를 통해 분쟁을 해결할 것을 주장하였고, 법적 원칙을 구체화함으로써 협력, 평화, 인도적 처우를 증진할 수 있다고 여겼다.

- 전체 인구 가운데 특정한 사람들, 특히 비전투원은 의도적 공격에서 반드시 제외되어야 한다.
- 오로지 합법적이고 도덕적인 수단만이 정의의 전쟁수행에 사용될 수 있다.
- 전쟁이 초래할 수 있는 손해는 전쟁으로 고통 받는 상해만큼 크다.
- 전쟁의 궁극적 목적은 평화와 정의의 재건이어야만 한다.

이러한 윤리적 기준은 전쟁의 규칙 및 군사력 사용이 법적으로 허용되는 상황에 대한 판단에 계속해서 영향을 미친다. 미국의 시어도어 루즈벨트(Theodore Roosevelt) 대통령은 "장기적으로 볼 때 부당함과 부정의에 굴복하여 얻어진 가장 성공적인 평화보다는 정의의 전쟁이 훨씬 국가의 영혼에 바람직하다."고 조언했다. 하지만 핵무기와 생화학적 대량살상무기의 등장은 이러한 원칙들을 위반할 수 있으며, 정의의 전쟁론의 타당성에 대한 위기를 초래했다(Hensel, 2007). 국가와 비국가 행위자 모두를 포함하는 국가 내 분쟁에 대한 최근의 경향은 이러한 위기를 더욱 확대하고 있다(Hudson, 2009).

첨단기술혁신은 인정될 수 있는 전쟁과 인정될 수 없는 전쟁의 구분을 모호하게 만들었다. 예를 들어 테러반군들과 심지어 그들과 싸우는 군대까지도 공격자의 인명피해 없이 상대를 살해할 목적으로 급조폭발장치(IED)에 점점 더 의존하고 있는데, 이 장치는 동물의 사체나 휴대전화, 사망자 시체 안에 숨겨서 적을 공격할 수 있다. IED는 처음 미국에 의해 개발되었고, 현재 전 세계의 암시장에서 초국가적 극단주의 세력들이 구입할 수 있게 되었다. 이 장치는 저렴하며, 리모컨 모양의 기폭장치를 만들기도 매우 쉽다. 이러한 무기를 사용하는 공격자를 형사처벌할 수 없는 경우, 어떻게 국제법이 무력침공을 야기하는 혁신적 신무기를 통제할 수 있을 것인가? 폭력의 봉쇄와 예방이 오늘날 군대의 주요 목적이 되었기 때문에 지도자들과 학자들은 현대적 무기와 전쟁의 새로운 전술적 현실에 적합하게끔 정의의 전쟁론을 수정하고자 애쓰고 있다(J. Johnson, 2005).

그림 9.5에서처럼 제1차 세계 대전 이후 국제사회는 국가가 외교정책적 목적을 달성하기 위해 군사력을 사용할 수 있는 전통적인 법적 권리를 점점 더 부정하고 있다. 정의의 전쟁론은 목적이 수단을 정당화하는 조건에 대한 도덕적 합의를 만들기 위해서는 군사력 사용에 대해 법

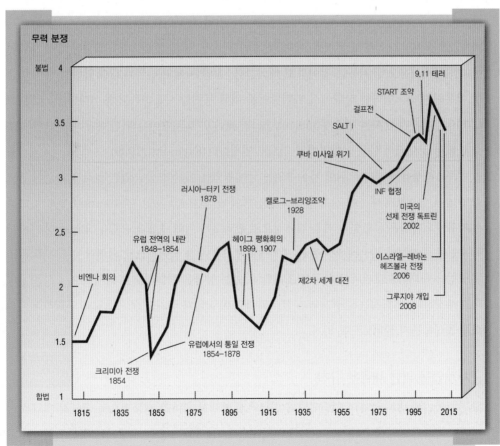

Adapted and updated from the Transnational Rules Indicators Project (TRIP), a time-series data set, as described in Charles W. Kegley, Jr., and Gregory A. Raymond, When Trust Breaks Down (Columbia: University of South Carolina Press, 1990).

그림 9.5
전쟁개시에 대한 법적 금지(1815–2011)
전쟁 개시에 대한 국가의 전통적 권한을 법으로 금지하려는 시도는 오래 전부터 있었지만, 제1차 세계 대전의 살육이 세계 공동체로 하여금 침략 전쟁을 불법화하도록 만든 이후 전쟁을 불법화하는 노력이 꾸준히 발전해왔다. 9.11 이후 다른 나라 혹은 비국가 테러 조직에 의한 잠재적 침략이 임박하지 않음에도 불구하고 미국이 선제공격을 합법적 권리로 주장하기 시작하면서 전쟁에 대한 법률적 제약은 논란의 소지가 되었다. 미국의 주장은 선제적 전쟁과 예방전쟁 사이의 구분을 모호하게 만들었다.

적인 제한을 가해야 한다는 요구를 반영하고 있다. 물론 오늘날 어떤 기준에서 그것이 받아들여져야 하느냐에 대해서는 의견이 분분한 것이 사실이다. 이러한 차이는 특히 이라크에 대한 미국의 선제공격 이후 열띤 논쟁 속에서 잘 나타난다. 많은 사람들은 미국의 침공을 국제법을 위반한 것으로 보고 미국을 '불량국가' 혹은 무법국가로 부르고 있다(Hathaway, 2007; Paust, 2007). 하지만 이에 대해 동의하지 않는 사람도 있는데(Elsthain 2003), 어떤 이들은 사담 후세인이 의도적으로 미국으로 하여금 이라크가 대량살상무기를 보유한 것으로 속였기 때문에 미국이 전쟁을 벌인 것은 정당하다고 주장한다.

2003년 미국의 이라크 침공은 무력사용의 적법성을 뜨거운 이슈로 만들었으며, 선제적 무력사용과 예방적 무력사용에 관한 우려를 불러일으켰다. 부시 행정부가 테러를 지원하거나 테러를 막지 못한 나라에 대한 무력사용을 포함하는 예방적 행위를 지지한 것이 특히 논란이 되었다. 왜냐하면 그러한 무력사용은 일반적으로 국제법의 위반으로 간주되기 때문이다. "국제사법재판소(ICJ)와 대부분의 국제법 기관들은 UN헌장이 UN 안전보장이사회가 제재 하지 않는 어떠한 무력사용도 금지하는 것이라고 해석한다. 유일한 예외는 국가가 후원하는 '무력침공'이 이루어지거나 임박한 상황에서 자기방어를 위해 무력을 사용하는 경우이다(Sofaer 2010, p. 110)." 하지만 **군사적 필요성**(military necessity) 원칙은 방어를 위한 최후의 수단인 경우에 한해서 군사력의 사용을 합법적인 것으로 인정한다(Raymond, 1999).

군사적 필요성

극단적인 비상시국에 전쟁 규칙의 위반은 방어적 목적인 경우 면제될 수 있다는 법 원칙

무력 분쟁을 통제하기 위한 자유주의는 국제협력을 이끌어낼 수 있는 글로벌 차원의 제도적 결핍이 심각하기 때문에 전쟁과 국제 불안정이 발생한다고 확신한다(Barnett, 2007). 따라서 자유주의자들은 글로벌 문제를 집단적으로 관리하기 위해 주권을 통합(pooling)하는 제도적 수단을 주장한다. 구성주의자들은 세계정치에서 분쟁을 집단적으로 해결할 수 있도록 글로벌 규범을 확대함으로써 무력침공을 초래할 수 있는 상황을 평화적으로 해결할 가능성을 높인다고 주장한다. 변화하는 주권개념과 글로벌 대응이 어떻게 국가의 군사개입과 외교적 위기해소를 형성하는지 살펴보도록 하자.

군사개입을 위한 새로운 규칙

최근 자국민에 대한 국가의 테러행위가 빈번하게 발생함에 따라 전통적으로 군사적 개입을 금지하는 국제법 원칙에 근본적인 변화가 시작되었다. 전쟁의 가장 큰 희생자는 비전투원이었다. "제1차 세계 대전은 보복을 위한 대중 징집에 의한 민주적인 전쟁이었지만, 민간인에 대한 직접적 영향력은 제한적이었다. 1914~1918년 사이에 사망한 군인과 민간인의 비율은 약 90 : 10이었다. 제2차 세계 대전에서 이 비율은 50 : 50이었다. 최근의 사례에서는 군사적 손실 10이 발생할 때마다 90의 민간인 사망자가 발생한다. 이는 제1차 세계 대전의 비율과 정반대이다

(Pfaff, 1999, p. 8)."

　　인도주의적 목적에서 정부는 다른 국가의 문제에 개입할 권리와 심지어 책임이 있다는 믿음이 설득력을 얻고 있다. 이러한 '보호책임' 규범은 호주의 전직 외무장관 가렛 에반스(Gareth Evans)에 의해 주창되었는데, "모든 국가는 대규모 잔혹행위로부터 자국 시민을 보호할 의무를 가지며 만약 국가가 그러한 역할을 다하지 못하면 다른 국가라도 그러한 책임을 수행해야 한다는 아이디어를 제도화하는 것이 우리의 목표"라고 그는 조언하였다(Malcomson, 2008, p. 9; Doyle, 2011 참조). 오늘날 국제법은 인간의 고통을 완화하고, 대량살상과 인종청소를 멈추며, 기본적 인권과 시민적 자유에 대한 국가의 억압을 방지하기 위한 권리와 의무로써 군사적 개입을 정의한다(Feinstein and Slaughter, 2004; Finnemore, 2003).

　　이것의 결과는 국가가 자국의 영역 내에서 행하는 모든 것은 국가 고유의 일이라는 베스트팔렌 원칙을 부정하는 것이다. 국제법은 글로벌 공동체가 합법적으로 군사개입을 사용할 수 있는 경우 군사개입을 허용하게끔 기존의 엄격한 정의를 완화하고 있다(그림 9.6 참조). 세계는 대량학살을 불법적인 조직적 만행으로 규정하였다. 지난 50년 동안 인도주의적 개입은 *인권을 보호하기 위한 합법적 권리*로, 거의 보편적으로 인정된다. 오늘날 글로벌 공동체는 정치

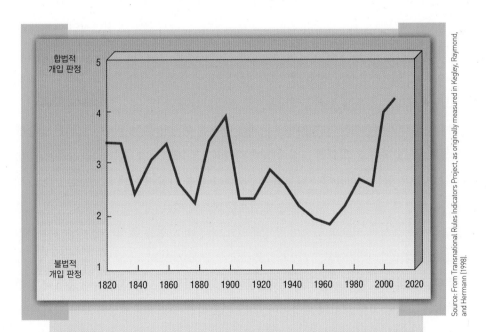

Source: From Transnational Rules Indicators Project., as originally measured in Kegley, Raymond, and Hermann (1998).

그림 9.6
1820년 이후 국제법의 불간섭 규범의 위상 변화
국제적 행위를 위한 규칙의 합의에 대한 국제법이 변화하면서 주권국가에 대한 개입의 불법성의 위상도 변화해왔다. 1960년 이후 인도주의적 지원, 대량학살 방지, 시민적 자유 보호, '개혁을 위한 간섭,' 글로벌 테러와의 전쟁 등을 포함하는 여러 가지 목적을 위해 국제법은 이러한 형태의 강압외교를 점차 수용하는 입장이다.

적 권리와 시민적 자유를 모든 나라의 모든 개개인으로부터 결코 뗄 수 없는 가치로 인정한다. 이러한 규칙의 변화는 국가와 국제기구가 다른 국가의 내정에 대한 외부의 개입을 금지하는 전통적 규칙을 재해석하고 외부세력의 개입을 인정함으로써 대량학살 행위를 처벌할 수 있도록 허용한다. 이것은 심지어 군사적 개입과 점령의 권리까지도 포함한다.

이러한 지각변화는 점점 심각해지는 세계적 문제들이 집단적 해법과 법적 치유를 필요로 함에 따라 국제법도 매우 빠르게 발전하고 변화하고 있음을 시사한다. 실패한 국가와 독재국가에서의 대량학살과 잔학행위가 확산되면서 이러한 위험성을 막기 위한 새로운 법적 규칙들이 만들어지고 있다. 마찬가지로 글로벌 위기의 증가는 국제법을 새롭게 변화시킴으로써 갈등의 비폭력적 해결을 가져오는 외교적 협상을 촉진한다.

국제위기와 협상에 의한 갈등 해결

근대 역사에서 위기는 매우 빈번하게 발생했다. 위기가 발생하는 경우 냉철한 합리적 결정을 내리는 능력이 저하된다. 무력사용의 위협은 스트레스를 유발하고 위기(crisis)를 평화적으로 성공리에 마칠 수 있는 결정에 도달할 수 있는 많은 시간을 낭비하게 된다.

1962년 쿠바 미사일 위기를 생각해보자. 당시 소련은 중거리 핵미사일을 쿠바에 배치하였고, 미국은 해상봉쇄라는 즉각적 위협으로 대처했다. 그러자 곧바로 전면적인 핵전쟁의 위험성이 불거졌다. 미국의 케네디 대통령은 전체 세계를 충분히 파괴할 수 있는 상호 핵공격의 가능성이 50 : 50이라고 예상했다. 강압적인 군사외교에 의한 그러한 위기는 협상이 실패하고 상대도 무기를 드는 경우에 종종 무력사용으로 확대되어 왔다.

자유주의적 개혁론자들이 지적하는 문제는 그러한 위기와 무력 분쟁이 그동안 갈등해소의 방법으로 시도되어 온 외교적 협상에 의해 잠재적으로 해결될 수 있는 것들이라는 점이다. 자유주의자들은 협상 테이블에서 갈등을 일으키는 문제를 찬찬히 살펴보는 것이 분노와 격정이 끓어올라 분쟁 당사자들이 무기를 손에 쥐게끔 만드는 것보다는 훨씬 낫다고 본다. 토론에 의한 협상을 통해서만 서로의 입장이 분명해지고, 전쟁의 위협을 종식시키는 양보와 타협도 가능할 수 있다.

국제법에 내재된 협상(negotiation)은 갈등해소의 합의를 도출하기 위해 문제나 상황을 처리하려는 노력에 의한 교섭의 과정이다. 가장 기초적인 수준에서 협상은 교섭 당사자들 사이에 서로 주고받는 논의를 포함하는 커뮤니케이션의 교환을 수반한다. 분쟁관리에 대한 접근법으로써 그 목적은 당사자들의 의도와 목적에 관해 서로 커뮤니케이션을 촉진하고 관련된 이해관계를 반영하는 선택들을 만드는 것이다. 합의에 의한 해결을 협상하기 위해 필요한 주고받기(give-and-take)에 있어서 일련의 작용—반작용 커뮤니케이션으로부터 일정 수준의 상호

위기

전쟁의 확대 위협이 높아지고, 결정을 내리고 협상에 의한 타협적 해결에 도달할 수 있는 시간이 촉박해지는 상황

협상

둘 이상의 행위자들 사이의 주고받기(give-and-take) 거래를 통해 이해관계의 차이와 그에 따른 분쟁을 해결하려는 목적을 가진 외교적 대화와 토론. 교섭(交涉)이라고도 한다.

주의가 나타나는 경향이 매우 높다. 즉, 상대로부터 전달받은 우호적 혹은 적대적 커뮤니케이션과 같은 종류 혹은 정도만큼 상대에게 돌려주는 것이다.

　　이러한 이유에서 상호적인 커뮤니케이션이 더 큰 협력 혹은 더 큰 분쟁을 야기할 수 있음을 주지할 필요가 있다. '위기(crisis)'의 한자어 危機는 '기회(機會)'와 '위험(危險)'을 모두 의미하며, 타협을 위해 협상하려는 노력은 긍정적 동의를 이끌어낼 기회를 제공하기도 하지만 위협과 긴장을 고조시키는 위험스러운 부정적 결과를 제공하기도 한다. 협상이 국가 간 분쟁과 위기를 해소하는 만능 치료약이 아닌 이유가 여기에 있다.

　　협상은 분쟁당사자 사이의 상호 양보를 제공함으로써 갈등의 해결을 가져온다. 러시아의 블라디미르 푸틴(Vladimir Putin) 대통령은 "오늘날 성공하기 위해서는 합의에 도달할 수 있어야만 한다. 타협할 줄 아는 능력은 외교적 공손함이라기보다는 오히려 상대방의 적절한 이익을 고려하고 존중하는 것이다."라고 조언하였다. 적대적 상황에 대한 선의와 공감의 상호주의적 태도는 타협에 의한 합의를 향한 길을 닦아준다. 실제로 상대방이 합의에 도달할 수 있도록 유도하기 위한 공동의 협상 접근법은 맞대응 전략(tit-for-tat strategy)을 통해 이루어진다.

맞대응 전략

협상에서 상대의 보상에 대해서는 그에 상응하는 정도의 보상을 제공하고, 상대의 처벌에 대해서는 그에 상응하는 처벌로 보복함으로써 상대가 제시 혹은 위협하는 것과 동일한 내용의 대응을 지속하는 상호주의의 협상전략

윈스턴 처칠, 프랭클린 루즈벨트, 이요지프 스탈린, 1945년

리처드 닉슨과 레오니드 브레즈네프, 1972년

로널드 레이건과 미하일 고르바초프, 1988년

보리스 옐친과 빌 클린턴, 1994년

블라디미르 푸틴과 조지 W. 부시, 2002년

드미트리 메드베데프와 버락 오바마, 2009년

외교적 대화

자유주의 개혁가들에게 적대 국가 사이의 직접적 대화는 평화의 길을 가능하게 만드는 중요한 진전이다. 대화는 양측이 자신들의 이해관계를 전쟁터에서 해결하기 보다는 협상 테이블에 올려놓고 진지하게 토론하도록 만든다. 비록 노골적인 적개심과 이익의 충돌이 오래되기는 하였지만 미국과 러시아 사이의 정상회담은 두 초강대국 사이의 분쟁의 고조를 '식히도록' 만들었다. 긴장은 지속되었지만 외교는 "시도할 만하다. 이러한 사실은 냉전 시대에도 변하지 않았다. 러시아와 미국이 함께하지 않으면 나머지 세상은 매일매일 불안해한다(Ghosh, 2009, p. 14)."

이것은 협력적인 제안에 대해 곧바로 상응하는 제안을 제시하는 대응을 의미한다. 상호적인 양보를 통한 보상은 상호 만족하는 합의를 촉진시킬 수 있다.

영국의 외교사가인 헤럴드 니콜슨(Harold Nicolson) 경은 외교를 '협상의 과정을 통해 독립적 국가들 사이의 관계를 관리하는 것'이라고 정의했다. 외교는 국제적 갈등을 평화적으로 해소하는 것을 목적으로 하는 것이며, 이 때문에 자유주의자들은 외교를 선호한다. 반면 현실주의자들은 평화가 아닌 전쟁을 통한 힘의 추구를 위해 외교가 사용될 수 있다고 강조한다. 마찬가지로 마르크스주의도 "같은 권리가 충돌하면 힘이 결정한다(Carty, 2008, p. 122)."고 주장하면서 평화를 위한 외교적 접근을 비관적으로 본다. 중국 외교부장이었던 저우언라이(周恩來)는 클라우제비츠(Clausewitz)의 명언에 빗대어 "모든 외교는 또 다른 수단의 전쟁의 연속이다."라고 말했다.

외교적 협상이 성공하기 위해서는 많은 여러 가지 정보, 상상력, 유연성, 창의성, 정직 등이 요구된다. 국가를 대표해 협상에 나선 외교관이 아무리 능력 있고 성실하다 하더라도, 만약 자국 정부 당국이 그를 전적으로 후원하지 않고, 적국에게 굴복하는 것이 아니냐는 대중의 비판을 지도자가 감내할 각오가 없다면 그 외교관은 성공할 수 없다. 게다가 체면을 잃지 않고 양보를 이끌어내고 타협에 도달하기 위해서는 비밀이 필요하다. 미국 대통령 리처드 닉슨(Richard M. Nixon)은 "만약 계약이 비밀리에 이루어지지 않는다면 공개적으로 합의할 수 있는 것은 아

Photo Courtesy of Charles Kegley, Jr.

협상에 관해 협상가와 협상하다.
미국의 조지 H.W. 부시 대통령과 이 책의 저자의 한사람인 찰스 케글리가 만나고 있다. 그들이 나눈 대화의 내용은 군사력의 사용 없이 갈등을 해결하는 수단의 사용과 제한에 관한 것이었다. 이러한 수단에는 외교적 협상, 국제 재판소, 집단안보, 경제제재 등이 포함된다. 분쟁해결의 또 다른 수단으로, 자유주의와 구성주의 이론을 가지고 세계정치에 대한 지도자들의 인식을 개선시키는 것도 포함된다.

무 것도 없을 것이다."라고 경고한 바 있다.

　UN 사무총장이었던 다그 함마르셸드(Dag Hammarskjold)는 "오늘날 모든 분쟁에 있어서 최선의 협상결과는 국제적인 관계에서보다는 우리의 개인적 세계에서 월등하게 더 잘 얻어질 수 있다. 국제관계에서는 명성을 고려해야 하고, 협상에 대한 여론을 협상에 포함되는 요소로 활용하고자 하는 유혹이 존재하기 때문에, 오판을 피할 수 없고, 입장을 쉽게 바꿀 수 없다."고 경고했다. 이러한 문제와 난관에도 불구하고 자유주의자들은 협상을 국제평화를 증진하는 바람직한 방법이라고 간주한다. 강압적인 군사력 사용과 같은 다른 대안들은 전쟁을 원하지 않는 사람들에게 도덕적으로 받아들여질 수 없는 것들이다.

　다행스럽게도 국제정치의 게임을 하는 사람들은 전쟁의 위협을 줄이는 협상을 가능케 하는 대안적인 방법을 만들만큼 창조적이었다. 오늘날 이 모든 것은 글로벌 공동체가 수용한 법안에 들어있다.

- **중개**　다른 국가이든 정부간기구(IGO)의 국가집단이든 외부의 제3자 직접 갈등 당사자 사이의 협상에 참여하여 그들이 공유하는 이익을 인식시키고 이러한 공통의 이익에 기반한 해결책을 제시함으로써 그들을 돕는 경우
- **주선**　분쟁 중의 두 당사자가 과거 상대적으로 평화적인 협상의 경험이 있는 경우 종종 중립적 입장에서 제3자가 협상을 '주선(good offices)'한다. 이러한 상황에서 주선 제공자는 실제 협상에 참가하지는 않는다.
- **조정**　둘 이상의 분쟁 당사자가 갈등 해결을 협상하기 원하지만 최종 합의에 대한 통제력은 유지하고자 하는 경우로, 종종 제3자가 협상 중에 양측을 도와 한쪽에 치우치지 않는 옵션과 제안을 제공하여 해결에 도달할 수 있도록 돕는다. 그러나 제3자는 중립을 지키고 최종 해결책을 직접 제안하지는 않는다.
- **중재**　갈등을 벌이는 당사자들이 제3자가 갈등을 해결하는 구속력 있는 결정을 내리는 것을 허용하는 경우로, 임시적인 결정위원회가 구성되어 양측의 주장을 고려하고 최종 결정을 내린다.
- **재판**　가장 공식적인 갈등해결방식인 이러한 접근법은 법정에서 사안을 따지고 구속력 있는 결정을 수용하거나 판사가 판결하는 것과 대략 유사하다.

　중개(Mediation)는 국제위기를 종식하는데 매우 빈번하게 사용되어 왔으며(Bercovitch and Gartner, 2008), 민주주의 국가 혹은 국제제도가 협상 서비스를 수행하는 경우 매우 성공적이었다. 이는 분쟁해결의 민주적인 사회규범의 영향력 때문이다(Mitchell et al., 2008;

여성은 글로벌 협상과 세계평화의 발전을 이룰 수 있는가?

페미니즘 이론은 세계정치 연구에서 젠더(성)의 중요성을 강조하며, 권력, 이익, 안보와 같은 중요 아이디어의 '남성적' 개념화가 국제적 행위자들의 대외관계를 형성한다고 주장한다. 몇몇 페미니즘 이론가들은 세계정치에서의 남성적 전통의 중요성을 주목하면서 평균적으로 남성과 여성의 능력에는 큰 차이가 없다는 입장을 가진다. 하지만 또 다른 이론가들은 차이가 존재하며 맥락적으로 각각의 젠더가 특정 분야에서 더 많은 능력을 가진다고 주장한다. 이러한 주장을 국제협상에 적용할 수 있는가? 여성은 협상 테이블에서 더 큰 힘을 발휘하고 분쟁해결을 촉진시킬 수 있는가? 아니면 분쟁관리에 남성이 더 적합한가?

1990년대 이후 페미니즘 학자들은 젠더 정체성이 국제적 정책결정을 형성한다는 여러 이론들을 제시했다(Ackerly and True, 2008; Bolzendahl, 2009; Peterson and Runyan, 2009). 현실주의는 합리적 행위자들이 탈(脫)도덕적으로 편협한 자기이익을 추구하는 것으로 권력의 역할을 설명하는데, 이는 경쟁적 세상을 정책결정 분야에 대한 남성적 접근으로 묘사하는 것이다. 일반적으로 권력은 내가 원하는 것을 다른 사람이 하도록 만드는 영향력을 의미하며, 이러한 맥락에서 더 강한 힘과 권위를 가짐으로써 나의 권력이 커지고 상대의 권력은 줄어드는 것으로 이해된다. 남성은 스스로를 다른 사람과 구분되는 독립적인 자기도식(自己圖式, self-schema)을 가지는 경향이 있으며, 정책결정에서는 "목표달성에 초점을 맞추는 경향이 있으며, 그럼으로써 개인적 선호와 목적을 이루는 것을 협상의 주요 목적으로 삼는다(Boyer et al., 2009, p. 27)." 따라서 분쟁이 통제될 것으로 예상되는 상황에서의 협상에서는 남성이 유리하다.

어떤 사람들은 여성의 전통적 사회적 역할 때문에 여성의 자기도식은 상호의존적이며 보육(保育)의 정향성을 가지고, 따라서 분쟁협상과 중개에서 보다 가치 있는 관점을 가져다준다고 말한다. 어떻게 여성이 협상을 구성하고 수행하느냐는 "타인에 대한 상대적 관점, 기관 고유의 입장, 분권적 지배에 대한 이해, 대화를 통한 문제해결"에 의해 영향 받는다(Kolb, 1996f, p. 139). 남성보다 여성은 '관계를 통해 스스로를 정의하는' 경향이 있다는 점에서 "협상과정에서 여성의 행위와 언사는 이러한 관계를 유지하고 보호하는 방향으로 이루어질 것이다(Boyer et al., 2009, p. 27)." 더욱이 여성은 사건을 상황의 전개뿐만 아니라 관계의 맥락에서 이해한다. 경쟁을 통한 권력획득이라는 현실주의 관점 대신에 여성은 연관성과 이해를 구성하는 협력적 상호작용을 통한 상호 간의 권력분산이라는 자유주의 입장을 따르는 경향이 있다. 여성은 서로 협력하는 경향이 있을 뿐만 아니라 "통합적 교섭에서 더 큰 성과를 거두는데 필요한 정보가 협상 당사자들 사이에 원활히 흐르도록 만드는 경향이 있다(Babcock and Laschever, 2003, pp. 169-170)."

만약 젠더의 차이가 국제협상에서 서로 다른 과정과 결과를 만든다면 정책결정과정에서 여성의 참여가 많아지는 것이 분쟁관리에 대한 새로운 관점을 제시할 수도 있다는 가설이 있다(Anderlini, 2007). 여성의 사회화 경험에 의해 만들어진 특정한 가치를 협상과 중개에 적용할 수 있음에도 불구하고 이러한 인식과 정책처방이 국제협상의 배타성으로 인해 그동안 배제되어 왔다는 주장에 따라(Hudson, 2005), 장기적 분쟁의 해결을 위한 새로운 관점과 선택을 만들어내기 위해 '분쟁해결과 평화과정의 정책결정에서 여성의 참여를 확대하는 것'을 목표로 하는 UN 결의 1325가 채택되었다.

사회적 구성주의의 측면에서 "남성과 여성의 역할은 천부적이거나 예정된 것이 아니라 오히려 관습, 상호작용, 관념과 규범의 발전 등의 변화를 만들 수 있는 사회적인 것이다(Boyer et al., 2009, p. 26)." 아마도 전통적으로 남성이 지배했던 국제협상에 더 많은 여성이 참가하게 된다면, 갈등 당사자들은 서로에 대한 이해를 통해 혜택을 볼 것이고, 분쟁의 예방 및 해결의 외교적 역할은 더욱 발전할 것이다.

계속

여성은 글로벌 협상과 세계평화의 발전을 이룰 수 있는가?

여러분은 어떻게 생각하는가?

- 두 나라 사이의 치열한 분쟁을 해결하는 협상 중개인으로서 여러분은 협상장에 여성을 포함시키는 것에 대해 어떤 가치를 부여할 수 있는가?
- 협상에서 여성의 역할은 세계 각 지역마다 크게 다른가? 어떻게 문화가 협상장에서의 여성의 권한과 정당성에 영향을 미치는가?
- 미국 외교정책에서의 두 인물을 생각해보자. 힐러리 클린턴(Hillary Clinton) 전 국무장관과 버락 오바마(Barack Obama) 대통령이다. 여러분은 그들의 협상 성향을 어떻게 구분 지을 수 있는가? 그들의 행태는 이 책에서 설명된 젠더 프레임에 포함되는가? 그 이유는 무엇인가? 분쟁해결에 대해 그들은 어떤 교훈을 제시하는가?

Shannon, 2009). 국제협상에서 여성의 참여가 많아지는 것이 갈등해결의 전망에도 영향을 미칠 수 있다(논쟁: '여성은 글로벌 협상과 세계평화의 발전을 이룰 수 있는가?' 참조). 비관적이게도 글로벌 위기의 행위자가 민족집단들인 경우 협상에 의한 해결은 성공을 거두기 어렵다는 사실이 입증되었다(Ben-Yehuda and Mishali-Ran, 2006).

> *국제안보에 대한 요구는 모든 국가가 행동의 자유, 즉 주권에 무조건 항복하는 것을 의미하며,*
> *다른 어떤 방법도 국제안보를 이끌어내지 못한다는 사실은 의심의 여지가 없다.*
> – 알버트 아인슈타인(Albert Einstein), 노벨물리학상 수상자

제도, 규범, 그리고 세계질서

전쟁과 평화, 무력 분쟁, 국제안보에 대한 자유주의와 구성주의의 믿음은 근본적으로 세계정치에서의 윤리와 도덕성에 대한 접근의 중요성으로부터 유래한 것이다. 자유주의는 원칙의 힘이 힘의 원칙보다 우월하다고 믿는다(Kegley 1992). 왜냐하면 자유주의는 평화가 도덕적 동기에 의한 행동에 달려 있다는 믿음에 근거하기 때문이다. 그러한 강조는 세계의 여러 종교들의 가르침에도 나타나는데, 기독교의 경우 예수는 "평화를 위해 일하는 자는 복이 있나니, 그들은 하느님의 아들이라 불릴 것이다."라고 가르쳤다.

평화를 향한 자유주의 경로는 옳은 것을 하고, 옳지 않은 것은 하지 않는 헌신으로부터 시

작한다. 일반적으로 구성주의는 스스로를 윤리적으로 중립적인 이론이라고 인식하지만, 윤리적 신념 체계를 설명하는 수단으로써 기능하다. 이것은 "도덕적 논의로부터 국제정치의 초월(Suganami, 1983)"을 추구하는 현실주의 이론과는 크게 다르다.

미래 세대는 군축 합의, 다자적 국제기구, 국제법 등이 다양한 글로벌 요구에 대한 집단적 대응을 이루었는지의 여부를 평가할 것이다. 분명한 사실은 국가들이 공동으로 직면하고 있는 많은 문제에 대해 스스로를 보호하기 위해 공동의 시민문화 안에서 단합하려고 노력한다는 사실이며, 이를 통해 공동의 가치에 기초한 세계적 제도를 형성하게 될 것이다. 국익을 초월하는 공동의 목표를 위해 행동하는 국가들을 통합하기 위해서 "국익에 대한 새로운 폭넓은 정의가 필요하다."고 코피 아난(Kofi Annan)이 주장했던 것처럼, 국가들은 한때 급진적 사고로 여겨졌던 자유주의를 점점 더 받아들이고 있다.

이 장에서 여러분이 살펴본 평화를 향한 경로가 설득력 있는 것이라면, 평화는 윤리적 정책을 통해 가장 잘 유지될 것이라는 자유주의 신념이 폭력적인 역사의 패턴을 과연 깨뜨릴 수 있을 것인가? 세계는 그 답을 기다리고 있다. 하지만 오늘날 세계가 직면한 글로벌 문제들이 엄청난 것도 사실이다. 인류는 거대한 초국가적 문제들에 직면해 있으며, 어떤 것도 일방적인 국가 행위로는 효과적으로 해결될 수 없다. 수많은 글로벌 문제들을 다루기 위해서는 다자적 접근이 필요하다. 즉, 집단적 해결을 통한 평화적 관리가 필요한 것이다.

4부에서 여러분은 세계정치의 글로벌리제이션을 가속화 하는 경제적, 인구적, 환경적 조건들의 경향을 살펴보게 될 것이다. 이를 통해서 여러분은 현재의 세상을 이해할 수 있을 뿐만 아니라, 배려하고 책임을 다하는 글로벌 시민으로서 더 나은 세상을 만들어낼 수 있는 변화의 추이를 예측하게 될 것이다.

STUDY. APPLY. ANALYZE.

핵심 용어

국제사법재판소	대인지뢰	전략공격무기감축협정	중립성
국제전범재판소	도덕	전략무기감축협정	평화강제
국제형사재판소	맞대응 전략	전략무기제한협정	평화구축
군비경쟁	반인도적 범죄	전쟁 목적의 정당성	평화유지
군비축소	법실증주의 이론	전쟁범죄	평화조성
군비통제	쌍무협정	전쟁 수단의 정당성	평화활동
군사적 필요성	예방외교	정의의 전쟁론	협상
나선형 모델	위기	주권평등	
다자협정	윤리	중거리핵미사일협정	

추천 도서

Armstrong, David, and Jutta Brunée. (2009) *Routledge Handbook of International Law*. New York: Taylor & Francis.

Chatterjee, Deen K., ed. (2013) *The Ethics of Preventive War*. Cambridge, UK: Cambridge University Press.

Cohn, Carol, and Sara Ruddick. (2008) "A Feminist Ethical Perspective on Weapons of Mass Destruction." In *Essential Readings in World Politics*, 3rd edition. Karen A. Mingst and Jack L. Snyder, editors, New York: W.W. Norton & Company, pp. 458–477.

Diehl, Paul F., and J. Michael Greig. (2012) *International Mediation*. Cambridge, UK: Polity Press.

Evans, Gareth. (2008) *The Responsibility to Protect: Ending Mass Atrocity Crimes Once and for All*. Washington, DC: Brookings Institution Press.

Hudson, Kimberly A. (2009) *Justice, Intervention and Force in International Relations: Reassessing Just War Theory in the 21st Century*. New York: Taylor & Francis.

Jolly, Richard, Louis Emmerij, and Thomas G. Weiss (2009) *UN Ideas That Changed the World*. Bloomington, IN: Indiana University Press.

Puchala, Donald, Katie Verlin Laatikainen, and Roger A. Coate. (2007) *United Nations Politics*. Upper Saddle River, NJ: Prentice Hall.

Simmons, Beth. (2009) *Mobilizing for Human Rights: International Law in Domestic Politics*. New York: Cambridge University Press.

PART 4

인간안보, 번영, 그리고 책임

국경 간 자본, 상품, 그리고 사람들의 이동이 빠르게 진행됨에 따라 글로벌리제이션은 세계정치학을 완전히 탈바꿈시키고 있다. 4부의 장들에서는 국경을 침식시키고 있는 지구적 조건과 방법이 국제관계를 어떻게 탈바꿈시키며, 전 지구적 후생에 영향을 미치고 있음을 탐색한다. 각 장은 번영에 대한 도전, 세계화된 세상에서 직면한 인간안보, 우리가 가지고 있는 능력과 의무, 또한 이에 대한 해결책을 강구함이라는 몇몇 측면을 탐구한다.

10장은 금융 글로벌리제이션이 국제 경제 환경을 어떻게 변화시키고 있는지를 점검한다. 그리고 11장은 국제통상의 글로벌리제이션이 세계를 어떻게 바꾸고 있는지를 고려한다. 12장에서는 글로벌리제이션의 인구사회학적 차원, 즉 증가하는 정보에 대한 접근이 문화와 정체성의 자각을 어떻게 규정하는지에 관하여 조사한다. 13장에서는 인간조건 즉 지구적 행위자와 그들의 행동이 그들의 복지와 기본 권리에 어떻게 영향을 미치는지에 관하여 알아본다. 마지막으로 14장은 지구와 인류의 지속적 생존에 심각한 도전을 제기하는 글로벌 환경에 대한 위협을 고찰한다.

세계화된 세상을 상호 이해

글로벌리제이션의 점증하는 연결망은 상호관용과 협력의 필요성을 강조한다. 2012년 여름 런던 올림픽에서 보여진 바와 같이, 본래 평화증진 및 문화 격차의 가교 역할을 위해 창설된 올림픽 경기의 문예부흥 정신은 영국의 토니 블레어 총리의 성명에 잘 반영되어 있다. 이 성명은 2012년 경기의 런던 유치를 지원하기 위한 것이다. "정부와 스포츠 지도자로서 우리는 시공간을 초월하여 우리의 후손들을 위한 비전을 제시해야 할 책임이 있다."

"글로벌리제이션에 대항하여 논쟁하는 것은 중력의 법칙에 대항해 논쟁하는 것과 같다."

– 코피 아난(Kofi Annan), 전 UN사무총장

CHAPTER 10
국제금융의 글로벌리제이션

지구금융 안정성과 성장 탐구

2008년 글로벌 금융 위기에 대한 지속적 응답을 위해, G-20(지도자들이 금융 정책 상태를 논의하기 위해 정기적 회합하는 20개 거대 경제권 비공식 그룹) 지도자들은 2013년 9월 러시아 상트페테르부르크에서 만났다. 이들은 지구 금융시장을 안정화시키고, 성장을 자극하기 위한 이니셔티브에 관하여 논의하였다. 세계 정상들은 효과적 규제와 일자리 창출, 투자 및 신뢰와 투명성 회복을 통해, 균형 있고, 지속가능한 경제성장에 박차를 가하기 위한 조치에 초점을 두었다.

고려해야 할 질문들

- 무엇이 글로벌리제이션인가, 그리고 이것은 지구경제에 어떻게 영향을 미치나?
- 국가가 글로벌 금융 시스템을 조종하고자 할 때, 어떤 한계와 기회비용에 직면하는가?
- 브레턴우즈 시스템은 무엇이었나?
- 2008년 글로벌 금융 위기의 원인과 결과는?
- 국제금융 구조물의 미래는 무엇인가?

'돈은 세계를 돌아가게 한다.', '돈은 모든 악의 근원이다.', '빛나는 것이 모두 금은 아니다.', '돈으로 행복을 살 수는 없다.', '돈을 못 번다는 것이 바로 지옥이다.' 여러분은 이러한 격언들을 한번쯤은 들어 보았을 것이다. 그러한 경구와 진부한 표현들이 다소 모순되기는 하지만 모두 일리가 있다. 여러분의 도전은 인생과 세계에서 돈의 위치를 파악함으로써 사실과 환상을 나누는 것이다. 이 과제는 상당 부분이 여러분의 개인적 가치관과 선호에 달려 있다. 그러나 여러분 결정의 질적인 부분은 돈이 세계정치의 얼마나 많은 차원에 영향을 미치는가를 — 그리고 여러분 자신의 개인 재정적 숙명 — 평가하는 분석적 기술에 달려 있다.

오늘날 돈은 그 어느 때보다 더 충실히 세계를 돌아가게 하고 있고, 속도 또한 점점 더 빠르다. 글로벌 금융의 속도는 당신의 삶의 질에 직접적 영향을 미친다. 물건을 구매했을 때 이제는 그 상품이 해외에서 생산된 것일 가능성이 매우 높다. 자세히 살펴보면 샌드위치, 스웨터, 자동차 혹은 자동차를 운행할 휘발유를 구매할 때 지불한 비용은 여러분이 살고 있는 국가의 통화가 해외 생산자 국가의 통화로 환전되고 평가되는 비율에 영향 받았을 것이다. 노동을 위해서든 아니면 여행을 위해서든 해외로 나갈 기회가 있다면, 여러분은 통화의 환전이 록 콘서트에 갈 수 있을 정도인지 아니면 여분의 와인을 살 수 있을 정도인지를 결정하는 강력한 과정임을 곧 알게 될 것이다.

이 장은 여러분에게 글로벌 금융 시스템을 설명한다. 특히 국가 간의 송금이 어떻게 국가 번영과 인류 안보수준에 영향을 미치는지에 관하여, 통화 거래를 결정하는 과정을 살펴본다. 이러한 주제는 대체로 국제경제학의 큰 부분이고 11장에서 다룰 세계정치경제에서의 국제무역에 관한 도입부가 된다는 것을 기억하라. 국제경제학의 어떤 국면 — 자본 혹은 통상 — 도 상대 없이는 고려될 수 없다. 양자는 밀접하게 연결된다. 그리고 둘을 함께 관찰해야 자본과 시장이 개인과 국가 부의 부침을 이끄는지 이해할 수 있다. 여러분은 이것이 기록된 역사만큼 오래된 현상으로써 관찰할 것이며, 21세기 삶에 어떻게 영향을 미치는지 점검하게 될 것이다.

금융시장은 매 순간 우리 자신과 세계의 자원을 가치 있게 생각하는 방법을 드러내는 인류의 거울과 같다.
—니얼 퍼거슨(Niall Ferguson), 영국 역사가

현대 경제변화의 해석

국제사회에 변화가 일어나면, 사람들은 그 변화들에 따라 새로운 방식으로 국제정치를 분석하고 생각한다. 최근의 수많은 변화 가운데에서는 어느 것도 경제세계에서 발생하는 변화들만

지리경제학

생산, 무역 그리고 상품과 용역의 소비 수준을 규정하는 '국가들의 경제 환경과 행위'와 '지리' 간의 관계

글로벌리제이션

접촉, 소통 및 무역 그리고 이러한 통합의 지구적 자각이 증가함에 따른 국가 간 통합

큰 지속적으로 침투하면서 멀리까지 미치고 있는 것은 없을 것이다. 사실 일부 분석가들은 지리경제학(geo-economics, 부의 지리학적 배분)이라고 하면 국제 경쟁을 이끌고, 세계의 미래 운명을 결정할 가장 중요한 축(4장 참조)인 지정학(군사력과 정치권력의 전략적 배분)을 생각할 것이다.

　　국가경제의 상호의존 증가는 1세기보다 더 오래 전에 시작된 글로벌리제이션(globalization)을 향한 경향의 한 부분으로 간주될 수 있으며, 국가경제가 보다 가깝게 연계되었기 때문에 국가, 환전 메커니즘, 무역, 그리고 시장 등에 관한 전통적인 기본 개념이 새로운 견해로 재검토되어야 한다(지도 10.1 참조). 중국투자자에 의한 채권매수 혹은 매수계획에 대한 성명조차도 전 세계적 각 통화가치에 영향을 미친다. 미국에서의 금융위기는 전 세계시장에 같은 종류의 격동을 일으킬 수 있다. 중동에서의 혁명 움직임은 세계 유가를 빠르게 상승시켰다. 이는 글로벌리제이션의 몇 가지 결과일 뿐이며, 세계정치가 불가분하게 연계되어 있는 까닭에 이러한 지구 경제의 암류는 더욱 중요한 것으로 평가된다.

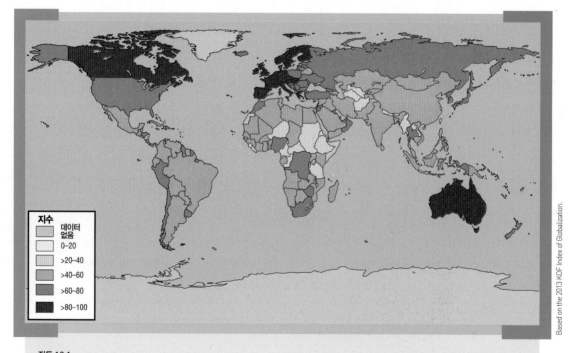

지수

| 데이터 없음 |
| 0–20 |
| >20–40 |
| >40–60 |
| >60–80 |
| >80–100 |

Based on the 2013 KOF Index of Globalization.

지도 10.1
세계 전역의 글로벌리제이션
이 지도는 전 지구적 글로벌리제이션 정도를 나타낸다. KOF 스위스 경제 기구에 의해 보도된 2013 글로벌리제이션 지수로부터 만들어졌다. 이 지수는 교역 흐름, 국경 간 개인 접촉, 국제기구 참여 등과 같은 글로벌리제이션의 경제, 사회 및 정치적 측면 등 24개 서로 다른 부분을 측정함에 기초한다. 보이는 바와 같이 글로벌리제이션은 국가 및 지역마다 다양하다. 유럽 국가들은 가장 글로벌하다(20개의 가장 글로벌화 된 국가 중 18개 국가가 동 지역에 존재한다). 미국은 글로벌리제이션 지표 점수가 100점 만점에 74.76을 나타내어 34위에 랭크되었다. 또한 덜 글로벌화 된 경향으로 발전되지 않고 대개 독재적 레짐을 띠는 국가로 부탄, 라이베리아 및 코모로스가 있다.

　　일부는 그것을 자본주의에 대한 완곡어법 정도로만 본다(Petras and Veltmeyer 2004)고 할 지라도, 그것은 상호 연계된 물질적 관계의 발전이며, 사람들이 일으키는 급증하는 신속성과 이러한 변화의 공공 자각 변화를 총망라 하는 다면적 현상이다. 이러한 여러가지 측면은 사회학자 톤키스(Fran Tonkiss, 2012)의 경제 글로벌리제이션 정의에 의해 분명해진다. "국경 간 상품, 생산, 이미지, 정보, 그리고 자본 순환의 통합 증가 … 이는 공간을 초월한 금융 거래의 복잡한 연결과 더불어 높은 수준의 통상뿐만 아니라 해외직접투자와 아웃소싱의 수준이 높아진다는 특징을 가진다."

　　따라서 글로벌리제이션을 간단히 말해 서로 연결된 일련의 현상들이고, 여러분들은 이 용어를 과정, 정책, 곤경 혹은 전 세계에 대규모 변화를 낳은 광대한, 보이지 않는 국제적 힘들의 산물로 바꿔 사용하고 있음을 알게 될 것이다. 더욱이 대부분의 분석가들은 십중팔구 세계화가 세계정치의 *변화*를 이끄는 세계적 현상으로 하나의 패턴이 끝나고 새로운 역사적 패턴이 시작되는 하나의 영구적 추세라는데 동의할 것이다. 글로벌리제이션의 주도적 분석가인 정치평론가 토마스 L. 프리드먼(Thomas L. Friedman 2000c, pp. 48-9)은 이러한 예언이 정확하다고 생각한다;

　　이러한 글로벌리제이션의 새로운 시기는 조만간 본질적인 차이로 생각될 정도의 차이로 증명될 것이다.… 세상은 둥글게 돌아가는 데서 평평하게 돌아가고 있다. 민족 국가나 산업혁명의 부상과 같은 근본적인 변화들 중의 하나로 기억될 것이다. 그 변화들은 각각 당시 개인의 역할, 정부의 역할과 형태, 우리가 사업을 수행하는 방식[과] 그 방식을 혁신하는 방식의 변화를 낳았다.

　　글로벌리제이션의 범위와 다면성이라는 점에서 이 책은 다른 장들과 마찬가지로 글로벌리제이션의 서로 다른 차원과 그 시사점을 다루게 된다. 어디에든 이러한 통합은 국제금융과 자본의 세계에서보다 좀 더 분명하다. 이제는 국제금융과 자본의 세계화에 관해 이러한 명제들을 검토해볼 것이다. 이에 자본이 투자, 무역, 해외원조, 대출로 국경을 넘어 이동할 때 국경 없는 세상에서 통화와 신용이 계산되는 변동 **국제통화 체제**(international monetary system)의 동인에 관심을 집중하라.

> *자본 흐름의 중요성은 그것이 현재와 미래를 연계하기 때문이다.*
> ― 존 메이너드 케인즈(John Maynard Keyens), 영국의 경제학자

국제통화 체제

자본이 무역, 투자, 해외원조, 대부를 통해 국가 간에 이전될 때 통화와 신용의 가치를 평가하는 데 사용되는 금융 절차

돈이 문제다: 돈의 초국가적 교환

국제경제의 운명의 방정식은 자본주의 자유방임적 성격에 달려있다. 자유 시장 메커니즘−국가 개입의 최소화−은 "자본주의의 방대한 경제 및 문화적 이익을 생산해 내는 역동성"에 기초한다(Muller, 2013:31). 이러한 부분에 대해서, 국가는 시장 참여자들에게 지장을 주는 영향을 완화하기 위한 조치뿐 아니라 제도 운용상의 규칙을 제공한다. 환전 영역에서 다수의 국가들은 서로 그들의 통화를 조정하고, 환율의 큰 변동을 안정화하는 규칙을 만드는 몇 가지 잠정적인 조치를 취하고 있다.

그러나 국가 간 환전과정에는 강력한 초국가적 규제 기관이 없다. 게다가 국가들은 종종 교환이나 세계시장에서 그들 통화 각각의 가치를 조정하는 데에 매우 제한된 능력만을 가지고 있다. 동시에 이러한 교환은 위에서 언급한 바와 같이, 교환비용을 급증시킨다. 하지만 이것이 의미하는 바는 진정 무엇이며, 시사점은 무엇일까?

금융의 세계화

국제 금융은 주식, 채권 혹은 파생상품의 구매와 같은 국경 간 투자뿐 아니라, 국가간 대출, 해외원조, 송금, 그리고 외환거래와 같이 다양한 범위를 포괄한다.

이것은 또한 국경을 넘어 이루어지는 금융 서비스를 포함한다. 글로벌 금융의 또 다른 거대 측면이 *해외직접투자*이다.−거래는 "사업생산에 있어 중요한 통제와 관련한 조치를 포함한다.(Cohen, 2005)." 해외직접투자는 타국에 생산시설을 설립하기 위해 해외기업의 주식의 상당량을 구매하는 범위를 포괄한다(5장 참조).

금융의 세계화
전 세계적인 자본흐름의 통합으로 인해 증가하는 국내 시장의 다국적화

금융의 세계화(globalization of finance)는 세계적인 자본흐름의 통합을 통해 증가하고 있는 금융시장의 초국가화나 집중화를 말한다. 부상하고 있는 금융협정의 합병 체제의 가장 근본적인 성격은 그 체제가 단일 국가에 집중되어 있지 않다는 것이다. 따라서 세계화는 단일하고 통합된 국제시장의 성장을 포함한다. 통신 전문가들이 '거리의 소멸'에 관해 논의하는데 반하고, 금융 전문가들은 금융에 있어 더 이상 지리적 위치가 중요하지 않기 때문에 '지리의 종말'에 관해 논의한다.

금융 세계화의 증거는 많다. 비록 무역이 급속하게 증가하고 있지만, 제2차 세계 대전 이후 국가 간 자본흐름의 규모는 그보다 더 증가했다. 2012년 글로벌 해외직접투자 흐름은 1조 4천억 달러에 이른다. 2008년 글로벌 금융위기 이전 도달한 수준 이하에 머물고 있으나, 이 양은 1997년 FDI 수준의 세 배이며, 1980년 FDI 총량의 약 10배에 달한다(OECD, 2013b).

게다가 통화 간 상대적 가치의 차이와 변동에 기초하여, 이익을 위해 통화를 매매하는 차익거래(arbitrage) 시장의 성장은 실로 충격적이다. 1973년 이래 이 시장은 세계무역 가치의 60배 이상 빠르게 성장하였다(McGrew, 2008). 이는 매일 4조 달러 규모의 통화를 일상적으로 움직인다(Malmgren and Stys, 2011). 비교해 보면, 2011년 동안 미국 내에서 생산된 모든 재화와 서비스의 총 가치, 즉 **국내총생산**(Gross Domestic Product, GDP)는 15조 달러였다. 다른 측면에서 보면, 4일 간의 순환이 미국 경제의 연간 총생산보다 통화량이 더 크다는 것이다.

오늘날 투기적 금융상품은 기하급수적으로 자본 흐름의 규모와 범위에서 증가하고 있다. 예컨대 2011년까지 전 세계 주식시장의 총가치는 54조 6천억 달러였으나, 세계의 실질 GDP가 70조 달러가 되지 않은 것과 대비된다. 같은 기간에, 채권 시장(이는 정부와 기업의 빚이 누적됨을 의미한다)은 158조 달러의 가치였다. 즉 글로벌 GDP의 가치의 두 배에 이른다(Roxburgh, Lund, and Piotrowski, 2011; IMF, 2012a). 그러나 파생상품(주식과 채권과 같은 자산의 미래가치에 기반한 부차적 상품을 주로 다루는 신흥 금융수단) 시장의 가격은 더욱 커졌다. 많은 파생상품 거래가 사적 계약으로 이루어지므로 공표되지 않으며, 이러한 거래에 대한 총가치의 정확한 수치를 파악하기 어려운 것이다(Sivy, 2013). 그렇기는 하지만 파생상품의 가치를 좀 더 전통적 방식으로 측정하면, 2012년에 600조 달러에서 700조 달러 가량 매매되었다(*The Economist*, 2013). 다시 말해서 순전히 예상되는 금융수단에 대한 시장이 세계에서 생산되는 상품과 서비스의 실제 총량보다 약 10배에 이른다는 것이다! 간단히 말해 "금융행성이 지구를 왜소하게 만들기 시작했다(Ferguson, 2008, p. 4)."

이러한 전 지구적 자본흐름은 전적으로 새로운 것만은 아니다. 세계화의 초기 형식으로 금융 중심지들의 네트워크가 발트해와 북해 그리고 뤼벡, 함부르크, 베르겐과 같이 금융과 무역을 주도하는 도시국가들을 따라 융성했었다. 19세기로 들어서면서 런던은 세계의 주도적 금융센터로써 암스테르담을 대체했고, 금융 허브가 도쿄, 싱가포르, 그리고 두바이로 변동하기 이전에 뉴욕은 20세기 초에 런던과 경쟁하기 시작했다.

더구나 국제금융위기는 새로울 것이 없다; 경제학자 찰스 킨들버거(Charles Kindllberger, 2000)는 글로벌금융의 "조증(躁症), 패닉, 그리고 추락"이 17세기 초반 시작되었다고 말한다. 그리고 27개 주요 금융위기가 20세기 이전에 발발하였다.

차이점은 전 지구적 금융자본의 흐름속도와 폭이다. 예를 들어, 다수의 주식매입이 짧은 기간에 많은 거래들을 수행하는 컴퓨터 프로그램에 의존하고 있는 초단타매매 회사(몇몇 회사는 그들의 거래 속도를 피코 초(1조 분의 1초) 단위로 측정한다.)에 의해 이루어지고 있다는 것이다(Malmgren and Stys, 2011).

빠른 컴퓨터 운용거래와 처리 분량의 가파른 상승분의 조합이 각각의 다양한 이유로 글로

차익거래

변화하는 환율을 통해 이익을 보기 위해 통화(혹은 상품)와 다른 물품을 팔거나 다른 통화(혹은 상품)을 사는 것.

국내총생산(GDP)

한 해 동안 국가 내에서 생산된 모든 상품과 서비스의 총 가치

벌 주식시장에서 빠른 주식변동을 만들 수 있는 것이다.

예를 들어, 누군가 A.P. 통신사의 트위터 계정을 해킹하여 백악관에 두 번의 폭발이 일어나 오바마 대통령이 다쳤다는 소식이 전해졌던 2013년 4월 23일 오후 1시 8분에 순간적 폭락이 발생했다. 단 2분 만에 미국 주식시장에서는 2천억 달러가 곤두박질 쳤다. 1시 13분경 이 소식이 거짓이라는 것을 투자자들이 발견하고서야 주식시장은 회복되었으며, 다우존스 산업평균(주식시장이 어떻게 움직이고 있는지를 평가하는데 널리 쓰이는 지수)은 순이익으로 당일 장을 마감하였다(Lauricella et al., 2013).

정치적으로 글로벌 금융시장은 국가 권한의 한계를 드러낸다. 거래되는 총 통화량은 정부들이 유지하는 준비통화의 실제 총량을 훨씬 초과한다. 정부가 환율에 영향을 미치는 능력은 제한적이다. 2011년 미정부와 G-20이 중국정부의 위안(元)화의 가치를 재평가하여, 교환 가능하게끔 조정하도록 압력을 행사했을 때 환율 긴장이 증가하였다. 중국인민은행장 저우샤오촨(周小川)은 "중국은 시장 기반의 환율 레짐이 필요하다."라고 인정하였음에도 불구하고, '충격요법보다 점진적 방식 안에서' 진행되어야 한다는 의견에는 반대했다. 2012년 4월 중국은 그들의 환율정책을 개혁하고 금융시장을 자유화하기 위한 중요한 과정을 입안하였다(Qing, 2012). 이것은 여전히 미국과 중국 간의 논쟁이슈이지만, 계속되는 개혁과 그에 대한 많은 혜택으로 낙관론이 존재하는 것이다(He, 2013).

금융의 글로벌리제이션은 국제통상을 위해서도 시사점이 있다(11장 참조). 또한 무역 거래를 수행하기 위한 통화 요소에 대한 수많은 논쟁이 있다. 정말로 환율과 무역 사이의 관계는 위안화 가치에 관한 논쟁이 진수라 하겠다. 상대적으로 낮은 화폐가치는 해외로 선적되는 중국 상품의 상대적 가격을 낮춘다. 따라서 타국 생산품에 비해 비교 우위를 점할 수 있는 것이다. 다음 절에서 논의할 테지만, 통화 환율은 즉각적으로 가격에 영향을 미치며, 국제통상 흐름에 영향을 준다. 정말로 국제통화시스템은 국제통상이 운용되는데 가장 민감한 항목이며, 거래 등의 국제무역은 판매와 투자의 가치 산출에 관한 안정되고 예측 가능한 방편 없이 존재할 수 없는 것이다.

경제적 유대를 이끌어 낼 수 있는 긍정적 파급효과에 초점을 두는 자유주의의 한 가지인 상업적 자유주의자들은(2장 참조) 국경 간 공개된 통화 교환이 모든 국가에 이익을 가져다 줄 것이라 주장한다. 그러나 금융의 글로벌화가 모든 국가에 동등하게 영향을 미치지는 않는다. 국제금융의 절대 다량은 북반구와 동반구로 향한다. 이 지역 국가들은 이와 같이 글로벌화 한 체제 내에서 자본의 급속한 이전에 상호 취약한 상태이다.

2008년 글로벌 금융위기가 보여준 바와 같이, 북반구도 이러한 문제점에서 벗어날 수 없다(Laeven and Valencia, 2012). 하지만 남반구는 전형적으로 가장 의존적이며, 금융시장의 변화에 가장 취약하다. 1970년 이래 발발한 체계적 은행위기, 통화위기 혹은 채무위기가 431건에 이르며, 이 중 341건은 개발도상지역에서 일어났다(Laeven and Valencia, 2012). 신자유주의적 제도주의 접근에 따르면, 이러한 위기의 절대다수는 국경을 넘어가는 거대한 자본이동을 잘 관리하기 위해 정책을 조율할 보다 신뢰할 만한 다자간 메커니즘을 왜 은행가와 경제학자들이 주장했는지를 보여준다. 이것이 G-20의 존재이유이며, 이 그룹은 아시아 금융위기 여파로 가장 큰 20개 경제권이 집단을 형성한 것이다.

　　글로벌 경제뿐만 아니라 전체로써 글로벌 시스템을 위한 자본 이동성의 시사점을 평가하면, 국제통화시스템과 각 국가의 상대적인 통화가치를 통한 프로세스가 어떻게 세팅되어 있는지에 관한 이해가 필요하다. 그 점을 염두에 두고, 앞으로 우리는 글로벌 통화 시스템의 핵심개념과 핵심 이슈, 통화정책을 둘러싼 딜레마, 그리고 최근의 역사적 배경을 검토할 것이다.

통화정책: 핵심개념과 이슈

통화와 금융 정책들은 국가들과 세계 체제 간 일련의 복잡한 관계들로 엮여 있으며, 꽤 난해한 전문용어들을 포함한다. 이러한 이슈를 더 잘 이해하기 위해, 표 10.1에서는 통화정책과 통화의 규칙에 관계된 핵심개념들 중 일부를 제시하였다. 이러한 설명을 통해, 이것이 독립된 현상이 아니라, 글로벌 금융 시스템의 작동하는 항목들의 집합과 연관된 것이라는 것을 명심해야 한다.

　　이러한 요소들이 어떻게 관련되어 있는지와 국가의 안녕을 결정하기 위한 **통화정책**(monetary policy)의 중요성의 조합을 시작하려면, 우리는 왜 **국가 환율**(exchange rate)이 빈번하게 변동하는지, 또 이러한 파동을 처리하며 국가들이 직면하는 도전을 고려해야 한다. 보시다시피 국가들은 통화정책을 처리하며 다양한 거래비용에 직면하게 되며, 경쟁가치, 목적, 그리고 우선순위 사이에서 힘든 균형을 구해야만 하는 것이다.

　　화폐는 몇 가지 방식으로 작동하고 다른 목적에 이용된다. 첫째, 돈은 사람들에게 폭넓게 받아들여져야만 한다. 그래서 돈을 번 사람들은 다른 사람들로부터 상품과 용역을 구하기 위해 사용한다. 둘째, 돈은 가치를 보존하는 데 사용될 수 있어야 한다. 그래서 사람들은 그들의 부를 화폐의 형태로 기꺼이 보유하려고 한다. 셋째, 돈은 연지급(deferred payment)의 기준으로 작동해야 한다. 그래서 사람들은 미래에 돈이 지불될 때 그것이 여전히 구매력을 가질 것을 알고서 돈을 기꺼이 빌려줄 것이다.

　　변화들이 국가 통화의 저변에 있는 경제적 성장이나 그 화폐의 가치를 유지하려는 정부의 능력에 대한 사람들의 평가로 드러날 때 국가의 환율에 변동이 부분적으로 일어난다. 예를 들어 한 국가의 국제수지 적자는 다른 국가들의 통화가치에 비례하여 그 국가의 통화가치의 하

통화정책

통화공급과 금리와 같은 재정정책을 이용해 국내경제를 관리하고, 물가 상승을 통제하고자 국내의 통화공급을 변경하는 국가의 중앙은행에서 하는 결정

국가 환율

국제시장에서 한 국가의 통화가 다른 국가의 통화로 교환되는 비율

표 10.1	통화의 이해: 기본용어와 개념
용어	**개념**
국제수지	대변(credits)의 수준에서 결정되는 한 국가의 외부세계와의 금융거래(수출 소득, 해외투자로부터의 이익, 해외원조 수입액)에서 국가의 총국제채무(수입, 국제채무에 대한 이자지급, 해외직접투자 등)를 차감한 계산결과, 국제수지 흑자는 한 국가의 국제적 대변이 국내의 차면(debit)을 초과할 때 달성된다. 경상계정(전 세계와의 수출입의 시장 가치)과 자본계정(한 국가의 민간자본과 해외자본의 유출입 비율)으로 표시됨.
예산 적자	국제수지 적자를 만회하기 위해 필요한 연간 부채 총량. 외국 및 국내 투자자에게 채권을 판매하는 것이 가장 일반적 방법이다.
국가 부채	해외와 국내, 다양한 채권자들이 소유한 국가의 누적 채무 총액
무역수지	국가들이 판매(수출)하는 상품의 가치에서 구매(수입)한 상품의 가치를 뺀 차액. 만일 국가가 수출보다 수익이 더 많으면, 이를 무역수지 적자라 일컫는다. 예컨대, 2011년 미국은 2조6백억 달러 이상의 상품과 서비스를 수출하였으며, 2조 6천 6백억 달러 정도를 수입하여, 약 6천억 달러의 국제수지 무역수지 적자를 기록하였다.
중앙은행	정부의 통화정책을 실행하고, 정부를 위한, 그리고 국가의 시중은행을 위한 은행으로 활동하며, 통화를 발행하고, 외국 자원을 관리하는 국가의 주요 기관
통화정책	경제를 운용하기 위한 중앙은행 정책 도구. 정책은 두 가지 카테고리로 나뉜다.−통화 공급조정(순환되는 화폐의 총량)과 이자율 조정(통화를 이용하기 위한 상대적 가격). 확장 통화정책은 부가 채권을 판매하거나, 이자율을 낮추는 등의 행위를 수반한다. 이러한 정책은 비교적 더 풍부한 화폐를 공급하고, 빌리는데 더 낮은 비용을 들이게 된다.
재정정책	경제를 운용하기 위한 정부의 정책 도구. 기본 정책 옵션은 세금과 지출이다. 확장 재정정책은 세금을 낮추는 것 그리고/혹은 지출을 증가시키는 것으로 구성된다. 반면 긴축 혹은 경기 후퇴정책은 세금을 높이는 것 그리고/혹은 지출을 감소하는 것을 포함한다.
평가절하	통상 평가절하는 외국인으로 하여금 인위적으로 낮춘 가격에 거래해 생산품을 구매하도록 할 것이라는 희망으로 한 국가의 통화의 공식 환율을 다른 국가의 통화에 비례해 낮추는 것이다.
환율	세계시장에서 한 국가의 통화가 다른 국가의 통화로 교환되는 비율. 예를 들어 2012년 10월 17일 기준으로 1달러는 0.76유로, 12.8멕시칸 페소로 교환받을 수 있다. 환율은 통상 매일 조금이라도 변하는 급격한 변동에 영향을 받는다. 그 예로, 2001년 6월 28일 1달러당 1.17유로 그리고 9.08 멕시칸 페소의 가치를 지닌다.
고정환율	교환가치가 세계통화시장에서 자유롭게 변동하지 않도록 정부가 통화의 가치를 다른 나라의 통화(통상 US달러)와의 관계에서 고정된 환율로 설정한 체제.
변동환율	국가 통화의 상대적 가치를 시장의 힘에 의해 설정한 시스템. 원칙적으로 국가 통화의 가치는 해당 경제의 기저가 되는 장점과 약점의 지표이다.
조정 가능한 고정환율제	다른 나라의 통화에 관하여 정부가 자국의 화폐가치를 고정한 시스템. 하지만 이 시스템은 자국경제의 근본적인 장단점을 변화에 반영할 수 있도록 고정된 가격을 변화 시킬 수 있다. 일반적 기대로 이러한 변화는 드물고, 오직 특별하게 지정된 환경 내에서 초래될 수 있다.
인플레이션	돈의 가치가 감소하여, 상품과 서비스를 위해 지불하는 가격이 증가하는 것. 연간 기준에서 일반적으로 퍼센테이지로 표현되거나 산출된다. 그들 통화가치를 저하시키기 때문에, 인플레이션은 시민의 구매력을 감소시킨다. 이 때 화폐의 가치가 광범위하게 가치가 없어지기 때문에, 매우 높은 레벨의 인플레이션(하이퍼인플레이션)은 사회의 심각한 혼란을 야기 시킨다. 예를 들어, 2010년 짐바브웨의 물가상승률이 12,000%가 넘었다. 이듬해 짐바브웨는 자국 화폐를 포기하였고, 달러를 채택하게 되었다.
자본 통제	정부는 글로벌 자본거래를 제한하거나 방지하려 할 수 있다. 예를 들면 외화에 대한 세금 부과에서부터 국외로의 전면적인 자본 유출금지가 있다. 이러한 정책은 일반적으로 글로벌 자본시장으로부터 경제를 '절연'시킴을 의미한다.

락을 야기한다. 이는 통화공급이 수요보다 많아질 때 일어난다. 유사하게 국제경제 거래에 관련된 통화가 미래 통화가치에 대한 기대를 변화시키면, 그들은 대부와 대출을 연기할 것이다. 환율의 변동이 잇따를 수 있다.

돈을 사고파는 *차익거래* 투기꾼들 역시 한 국가의 통화의 국제적 안정에 영향을 준다. 투기꾼들은 미래를 가늠함으로써 돈을 번다. 예를 들어 그들이 일본 엔화가 3개월 후에 지금 현재보다 더 가치가 있을 것이라고 믿는다면, 오늘 엔화를 구입해서 3개월 후에 이익을 내고 팔 수 있다. 반대로 엔화가 3개월 후에는 덜 가치가 있을 것이라고 생각하면, 오늘 엔화를 몇몇 달러에 판 다음에 같은 엔화를 3개월 후에 보다 적은 돈으로 이익을 내며 살 것이다. 글로벌 자본 흐름의 사례에 따라, 금융의 글로벌리제이션은 다른 통화가치 하락의 차이로부터 이익을 실현하기 위해 현재 투자 포트폴리오의 관리자들에게 급속히 하나의 통화에서 다른 통화로 기금을 이동시키도록 할 것이다. 국가 이자율과 환율의 세계 네트워크에서 단기 금융흐름은 이제 표준이다. IMF는 80% 이상의 위험 회피와 차익거래가 단기간에 심대한 수익 기회를 제공함으로써, 일주일이 안 걸리는 왕복여행 작전(round-trip operation)일 것이라고 추산했다.

국내에서 통화가치를 보호하려고 하는 식으로 정부들은 종종 통화시장에 개입함으로써 국제적으로 가치를 보호하려고 한다. 그들이 기꺼이 그렇게 하는 것은 수출업자와 수입업자들에게 중요하다. 수출업자나 수입업자들은 그들이 초국가적 거래를 수행하기 위해 다루는 통화가치의 질서와 예측 가능성에 달려 있다. 정부는 국가의 중앙은행이 다른 나라의 통화와 비례해서 통화가치를 변화시키기 위해 통화를 사거나 팔며 개입한다. 하지만 통화 안정의 관리자들로서 국가의 명성이 소중하기 때문에 정부들은 투기꾼들과 달리 불공정한 이익을 얻기 위해 환율을 조작하지는 않는다. 그러나 정부들이 자본의 초국가적 이동에 직면해 통화가치에 영향을 줄지는 점차 의심스럽다(표 10.2 참조).

정부들은 물가상승을 막기 위해 통화를 관리하려고 한다. 정부가 경제에서 생산되는 상품과 용역에 관련해 너무 많은 돈을 만들면 물가상승이 발생한다. 표 10.1에서 설명한 바와 같이 높은 정도의 인플레이션은 가치의 저장 혹은 교환의 수단으로써 효과적으로 기능할 화폐의 능력을 저하시킬 수 있다. 그러나 돈의 창출―통화공급(money supply)의 증가를 통하든 이자율의 감소를 통해서―경제를 자극하게 된다. 그렇지 않으면, 제한적 통화정책은 인플레이션을 억제하거나 정부가 채무를 감축하는 것을 돕는데 유용하다. 하지만 이러한 조치는 경제를 둔화시키며, 이는 실업률 증가 및 심지어 경기 후퇴로 귀결될 수 있다. 이는 통화정책과 관련되어, 가장 흔히 언급되는 절충―실업 대 인플레이션―이다.

관련된 딜레마는 특히 국가가 강하거나 상대적으로 약한 통화를 유지하도록 추주할지에 관한통화가치를 평가한다. 유연한 환율 레짐에서 해당 통화의 환율은 경제의 건전성(혹은 그

통화공급

상업은행들의 당좌예금 계좌와 같은 요구불 예금과 저축은행들의 보통예금과 채권과 같은 정기예금을 포함해 유통되고 있는 한 국가의 총 유통통화량

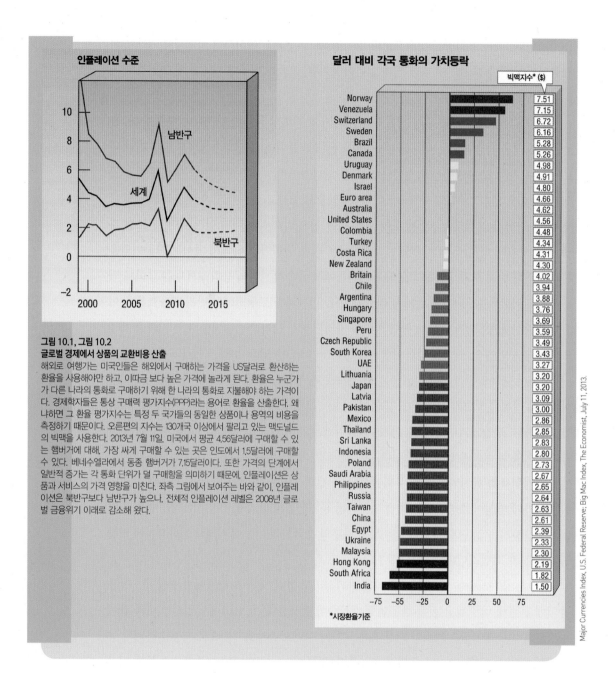

그림 10.1, 그림 10.2
글로벌 경제에서 상품의 교환비용 산출
해외로 여행가는 미국인들은 해외에서 구매하는 가격을 US달러로 환산하는 환율을 사용해야만 하고, 이따금 보다 높은 가격에 놀라게 된다. 환율은 누군가가 다른 나라의 통화로 구매하기 위해 한 나라의 통화로 지불해야 하는 가격이다. 경제학자들은 통상 구매력 평가지수(PPP)라는 용어로 환율을 산출한다. 왜냐하면 그 환율 평가지수는 특정 두 국가들의 동일한 상품이나 용역의 비용을 측정하기 때문이다. 오른편의 지수는 130개국 이상에서 팔리고 있는 맥도널드의 빅맥을 사용한다. 2013년 7월 11일, 미국에서 평균 4.56달러에 구매할 수 있는 햄버거에 대해, 가장 싸게 구매할 수 있는 곳은 인도에서 1.5달러에 구매할 수 있다. 베네수엘라에서 동종 햄버거가 7.15달러이다. 또한 가격의 단계에서 일반적 증가는 각 통화 단위가 덜 구매함을 의미하기 때문에, 인플레이션은 상품과 서비스의 가격 영향을 미친다. 좌측 그림에서 보여주는 바와 같이, 인플레이션은 북반구보다 남반구가 높으나, 전체적 인플레이션 레벨은 2008년 글로벌 금융위기 이래로 감소해 왔다.

Major Currencies Index, U.S. Federal Reserve; Big Mac Index, The Economist, July 11, 2013.

것의 결핍)을 이상적으로 반영한다. 언급한 바와 같이, 예측가능성과 안전성을 유지하기 위해, 국가는 일반적으로 자국 통화가치 혹은 다른 나라의 통화가치 조작을 삼가기를 기대한다. 하지만 자본 통제, 고정환율 혹은 심지어 통화의 평가절하와 같은 수단을 통해 약한 통화를 유지하는 것으로 이익을 얻는다.

더 약한 통화일수록 국내 소비자의 소비력에 부정적 영향을 미침에도 불구하고, 그들 상품

표 10.2	금융정책의 상충되는 목표	
균형	정책 도구	딜레마
인플레이션 vs. 실업률	통화정책(이자율과 통화공급)	활성화(확장) 정책은 인플레이션 유발 가능 제한적(긴축) 정책은 실업 야기
강한 통화 vs. 약한 통화	자본통제 환율 레짐 선택 통화 평가절하 통화정책	수출산업이나 소비자와 같은 국내 몇몇 부분에 타격을 줄 수 있는 선택
통화안전성 vs. 정책자율성	환율 레짐 선택	개방된 경제에서 안전성과 자율성은 동시에 보장될 수 없다.

이 글로벌 시장에서 더 강한 통화의 국가와 비교하여 상대적으로 덜 비싸게 되므로, 수출산업은 더욱 경쟁력을 갖추게 된다. 이것은 중국통화와 관련한 논란의 주요 원인으로, 비평가들은 과도하게 낮은 환율이 글로벌 시장에서 불공평한 경쟁을 양산할 수 있다고 주장한다. 그 대신에 상대적으로 강한 통화들은 반대편 딜레마에 직면할 수 있다. 자국 소비자들이 상대적으로 더 나은 소비력을 가지지만, 국내에서도 해외에서도 그들의 수출산업은 고통 받는다. 따라서 그들은 무역수지 적자에 직면할 수 있다.

이를 글로벌 통화정책의 핵심에는 이른바 통화안전성과 정책 자율성 사이의 선택이라는 균형이 있다고들 한다. 이 기본 문제는 자유로운 자본흐름의 시스템(즉, 상당한 자본 통제가 없는 것)에서 통화안전성과 정책 자율성 둘 다를 가지는 것은 불가능하다는 것이다. 원칙적으로 각각은 장점을 가진다. 안정된 환율은 국가의 통화가 이전에 언급한 통화의 주된 기능을 수행할 수 있도록 보장하며, 낮은 변동폭은 정책입안자와 잠재적 투자자들 모두에게 미래에 대한 기대감을 제공한다. 자율성은 국가에게 그들의 특수한 경제상황에 최상의 적합한 통화정책 추구할 수 있는 유연성을 부여한다. 이를 테면 성장을 자극할 수 있는 확장정책의 사용을 들 수 있다.

유연한 환율 레짐은 국가가 자국 통화정책을 수행하도록 자율성을 제공한다. 예를 들어, 다른 모든 것이 동등한 상황에서 시장은 통화 환율을 낮춤으로써(통화는 상대적으로 더욱 풍부해지고, 혹은 더 낮은 이자율을 제공) 확장 통화정책에 응답한다. 이 경우 통화는 글로벌 통화시장의 대상이므로, 안정성에 대한 보장이 없을지라도 자율성이 확보된다.

고정환율 레짐은 통화 안정성을 제공하나, 이는 국가가 현실적으로 통화정책을 수행할 어떤 자유도 없는 것이다. 예컨대, 만일 고정환율제의 국가가 이자율을 낮추면, 그 국가는 외환시장이 통화 과잉공급을 감축하도록 개입하거나, − 긴축 통화정책은 필수적으로 초기정책을 수행해야 한다.—혹은 고정환율정책을 전적으로 제거해야 한다. 브레턴우즈 시대의 종식 직후 미국, 1990년대 후반 아르헨티나, 2010-2012년 간 그리스 모두가 이러한 딜레마에 직면했다.

따라서 국가들은 통화정책 제정 시 경쟁하는 이익(자국 통화를 유지할 필요성, 약화 통화가치에 반대되는 강함의 상대적 유용성, 안전성과 정책 자율성 간 양립불가능성과 함께 그들 경제가 성장할 수 있도록 돕기를 바라는 바람)간 균형을 잡아야 한다. 게다가 모든 국가들은 거의 어떤 실제적 통제를 취하지 않아도, 글로벌 통화 체제의 맥락 안에서 이러한 딜레마와 직면하게 되는 것이다.

브레턴우즈 시기의 통화정책뿐만 아니라, 국제금융의 현 이슈들을 고려하여 국가권력 내 이러한 균형과 제한을 명심함이 유익하다.

브레턴우즈와 그 이후

1944년 7월, 44개 국가는 추축국(樞軸國)에 대항하고, 브레턴우즈의 뉴햄프셔 리조트에서 만나, 2차 세계 대전 이후 국제통상과 금융관계를 통치하는 새로운 규칙과 제도를 고안하기 위해 연합하였다. 세계 최강의 경제와 군사대국인 미국이 주도적 역할을 수행하였다.

이전 10년의 경제 대공황의 원인을 인식하고 있다는 점과 더불어 활동적인 미국의 리더십이 필요하다는 국가들의 믿음이 제안을 가능케 하였다. 미국은 자유무역과 시장개방 그리고 통화 안정성—'브레턴우즈 시스템'의 가장 중요한 원칙—을 추구하였다. 이러한 사항들은 상업적 자유주의의 이론적 전제에 기초하며, 교역과 자본흐름에 대한 장벽 제거로써 시장 자유화를 이끈다.

영국 또한 회담에서 주요한 역할을 수행하였다. 존 메이어드 케인즈(John Maynard Keynes)—인플레이션, 실업률, 그리고 성장관리에 관한 국가의 의무라는 그의 이론은 세계 전반의 경제적 사고에 영향을 미쳤음.—가 이끈 영국 대표단은 국가가 경제문제에 직면했을 때, 강한 국가 행동의 원칙에 대한 지지를 얻었다. 이러한 이념은 자유주의보다 중상주의 원칙에 (즉 국가가 국부를 획득하기 위한 전략으로써 경제적 상호작용을 관리하도록 더 큰 의무를 부과하는 것) 더욱 가깝다(5장 및 11장 참고).

이러한 차이점에도 불구하고, 브레턴우즈에서 설립된 규칙은 놀라운 합의의 수준을 반영한다. 이것은 세 가지 정치적 바탕에 기초한다. 첫째, 힘은 부유한 서유럽과 북미 국가들에 집중되어 있으므로 결정에 영향력을 끼치는 국가의 수가 줄어들었다. 냉전의 시작은 이러한 연을 통해 서구가 연합하는데 도움을 준 것이다. 둘째, 이는 영미 간 대비되는 이념 사이에서 중재

경제통합으로 인한 성장

중국 베이징의 새로운 고층건물들의 모습은 경제성장의 상징으로서 세계금융 주임을 이끄는 도시임을 보여준다. 이전 WTO 심의관 파스칼 라미(Pascal Lamy)는 다음과 같이 표현했다. "위대한 상업 도시들의 부는 금전 이상으로 확장된다. 무역과 교역가들에게 도시가 개방됨으로써, 이 공동체는 사고와 문화, 상품과 서비스의 교환 중심 장소로써 기능해 왔다.

된 합의에 도달한 것이었다. 특히 개방된 국제경제를 위한 사업적 자유 선호와 국가 내 경제 내에서 활발한 국가 개입에 관한 좀 더 중상주의적 바람 둘 다를 존중한 신생 질서였다. 브레턴우즈 질서를 뒷받침 하는 이러한 이념의 융합은 결국 착근된 자유주의(embedded liberalism)라 명명되었다(Ruggie, 1982). 셋째, 미국이 헤게모니 리더십의 부담을 떠맡았고, 이를 다른 국가들이 기꺼이 받아들여, 브레턴우즈는 작동하였다.

    이 기간에 시장개방에 관한 상업적 자유주의의 선호는 전 세계적으로 퍼져 나아갔으며, 오늘날에도 지배적으로 남아있다. 따라서 현 시대를 개방성과 자유무역의 자유시장 원칙에 기반한 국제경제 시스템을 자유국제경제질서(LIEO: liberal international economic order) 규정지을 수 있는 것이다. 세 가지 제도는 자유국제경제질서를 유지하기 위해 형성되었다. '관세와 무역에 관한 일반협정(GATT)', 이는 후에 세계무역기구(WTO)가 되었으며, 무역 자유화를 진흥하기 위해 설립되었다. 국제부흥개발은행(IBRD), 이는 후에 세계은행이 되었으며, 국제통화기금(IMF)은 금융과 통화 관계를 강화하기 위해 조성되었다(5장 참조).

브레턴우즈 체제의 재정 및 금융 측면

1930년대 글로벌 경제 붕괴는 금융 관계에 대한 중요한 교훈을 제공하였다. 특히 1920년대

착근된 자유주의

브레턴우즈 시스템 동안 지배적인 경제 접근, 이는 완전고용 및 사회복지와 같은 목표를 완수하기 위한 국내의 정부 개입과 개방된 국제시장을 결합한 방식임.

자유국제경제질서(LIEO)

통화 안정성을 도모하고 무역과 자본의 흐름에 대한 장벽을 제거하기 위해 전후 설립된 레짐의 집합

투기공격

미래가치의 급락에 대한 예측으로 기인한 국가 통화의 막대한 판매

후반 주요 경제권이 수축됨에 따라, 고정환율 제도를 유지하는 것이 불가능하다는 것을 깨닫게 되었다. 결과로 초래된 변동환율 제도는 통화와 평가절하에 관한 투기공격(speculative attacks)으로 가득한 매우 불안정한 제도였다. 결국 국가들은 자국 통화와 글로벌 시장으로부터 교역 레짐을 차단하기 시작하였으며, 글로벌 경제는 "폐쇄된 제국적 블록에 빠져들었다 (Ravenhill, 2008, p. 12)."

고정환율

교환가치가 세계통화시장에서 자유롭게 변동하지 않도록 정부가 통화의 가치를 다른 나라의 통화와의 관계에서 고정된 환율로 설정한 체제

지도자들은 역사의 재연을 피하기 위해, 국제 교역과 재정을 단순화하기 위한 재정 및 금융정책과 관련된 일반적 관행들을 구성하게 되었다. 협상 당사자들은 전후 통화 체제를 고정환율(fixed exchange)에 기반하여야 함에 동의하였으며, 정부는 새로운 통화 레짐을 유지하기 위한 임무를 수행하였다. 국가들이 단기 국제수지 문제를 상쇄할 수 있도록 안정화 기금을 제공하기 위해, 국제통화기금(IMF)를 설립하였다. IMF는 다소 글로벌 신뢰 연합과 같이 기능하여, 국가들은 펀드를 기여하여, 그들이 국제수지 균형을 유지할 수 있도록, 자본을 인출할 수 있도록 하였다. 이러한 이유로 환율 안정성을 유지할 수 있다. 또한 다소 유사한 계열로, 장기 개발 및 회복 프로젝트를 위해 자본을 제공하는 국제부흥개발은행(IBRD), 후에 세계은행이 설립되었다.

논란이 있을 수 있겠지만, 오늘날 국제통화기금과 세계은행은 세계화폐와 금융 체제에 있어 중요한 행위자들이다. 회원국의 85%는 두 정부간 기구에 가입해 있으며, 이 기구들은 회원국이 고통을 가져다 주는 대출조건에 합의한다면 '마지막으로 의존하는 대출기관'으로 기능한다(논쟁: 'IMF, 세계은행, 그리고 구조적 조정 정책' 참조). 제2차 세계 대전 직후, 이 기구들은 제한된 권한과 전쟁의 참상을 극복하기에는 너무나 빈약한 재원으로 활약하였다.

화폐문제

오늘날 통화는 어렵지 않게 국경을 넘어간다. 그리고 국제금융의 글로벌리제이션은 국가 정부가 경제상황에서 급작스런 변동을 통제하려는 노력에 큰 혼란을 일으킨다. 여기 소개된 예는 금융정책이 때때로 어떻게 적대적 분위기를 촉발시키는지를 보여준다: 월가 장악 운동(the Occupy Wall Street movement)의 일부로, 노동절 저항자들은 금융기관의 부패하고 부정한 행위, 여기에 이들을 관리하는데 실패한 정부에 대한 대중의 격분과 좌절감을 표출했다. 좌측 사진은 2013년 5월 1일 도쿄 거리로 경제 상황에 저항하기 위해 나온 일반인 약 32,000명의 모습이다. 우측 사진은 뉴욕에서 한 경찰이 시위자들을 대면하는 모습이다.

논쟁

IMF, 세계은행, 그리고 구조조정 정책: '치유'가 '병'보다 나쁜 것인가?

2010년 발발한 그리스에서의 항의는 IMF와 세계은행에 반대하여 논쟁이 될 만한 행위를 한 가장 가시적인 사례이다. 2003년 블랙 프라이데이, 33명이 사망한 볼리비아에서와 같은 저항 사례에서는 폭력이 사망사고로 치닫게 되었다. 1998년 인도네시아 사례에서 일어난 저항과 폭동은 심지어 정부를 전복시키기도 하였다.

남반구 내 개발의 원동력이 주요 목적이며 '글로벌 빈곤 감소 및 생활수준 개선' 그리고 '경제 성장 및 높은 취업률'과 같은 감탄할 만한 목표를 포함하는 강령으로 가진 기구와 관련하여, 왜 이렇게 많은 논란이 있는 것일까?

가장 큰 긴장의 원인은 구조조정정책(SAPs)이다.―이러한 일련의 일들은 IMF와 세계은행의 금융 조력과 연관된다. 구조조정정책의 기본 목표는 국가들이 금융 및 통화정책 개혁, 이에 더하여 글로벌 경제의 증가하는 참여의 조합을 통해 자국 외채를 상환할 수 있도록 돕는 것이다. 구조조정정책은 라틴아메리카 국가들의 채무위기 극복을 돕는 방법으로써, 1980년 초반 처음 도입되었다. 이 때 이래로 100여 개의 국가가 몇몇 종류의 구조조정정책을 수행해 왔다(Abouharb and Cingranelli, 2007). 구조조정정책은 일반정책 '계획'을 활용하였다;

- 재정적 '내핍 상태'(국가지출 감축)
- 공공영역의 총규모의 감축뿐만 아니라 국영기업의 민영화(대부분 공용설비)를 포함하여, 경제 내 국가의 역할 감소
- 이자율 상승 및 통화 평가절하를 포함한 금융 정책 변화
- 해외교역에 대한 관세 및 비관세 장벽 철폐와 같은 무역 자유화 조치

구조조정정책의 전체 목표는 지출 감소 및 자본흐름의 증진에 의해, 대상국가의 국제수지 문제 해결을 돕는 데 있다. 이러한 '계획'이 적자를 감소시키기 위한 일련의 기본 거시경제 원칙임에도 불구하고, 이러한 조치의 정치적 경제적 결과는 많은 비판의 대상이다.

구조조정정책―이는 종종 매우 빠르게 일어났다.―은 특히 단기적으로 불경기를 초래할 수 있다. 정부지출의 감축은 종종 정부 업무의 감소로 전환되며(그래서 실업률이 늘어난다.), 이에 더하여 교육, 의료 서비스, 그리고 경제 복지의 지원 수준을 저하시킨다. 이자율 상승은 시민이 대출할 때 비용을 상승시키고, 통화 평가절하는 개인구매력을 감소시킨다. 많은 사례에서 국가보조금 감축은 전기와 물과 같은 기본 서비스 그리고 가스 및 음식을 포함하여 공식적으로 보조가 주어지는 상품을 위해 시민들이 내야 할 요금의 급격한 상승으로 귀결될 수 있다. 예컨대 2001년 가나는 수도요금을 95% 인상해야만 했는데, 반면 니카라과는 30% 요금을 올렸다(Grusky, 2001). 이러한 어려움은 무역자유화에 의해 더욱 악화될 수 있다. 이는 비효율적인 국내 산업이 해외 경쟁자와 경쟁할 수 없을 수도 있기 때문이다. 결과적으로 이러한 산업은 일자리를 축소하거나 폐업을 해야만 할 수도 있다.

정치적으로, 구조조정정책에 대한 참여는 또한 문제점이 있을 수 있다.―IMF와 세계은행은 북반구 국가에 의해 폭넓게 조정되어 진다.― IMF로 대변되는 정책믹스(재정정책과 금융정책의 협조)는 종종 '워싱턴 컨센서스'라 언급된다. 남반구 국가들은 이러한 기구들을 또 다른 신제국주의 징후로 간주한다. 이는 남반구 시민들의 필요보다는 글로벌 투자자 및 기업의 이익에 더욱 부합하기 위해 기능한다. 실제로 많은 사례에서 산업 민영화가 다수의 거대 국영기업이 북반구 다국적기업에 팔려 가는 것으로 귀결되었다. 볼리비아가 수도산업의 민영화 압력을 받았을 때, 벡텔(Bechtel)에 의해 조정 받는 기업과

계속

IMF, 세계은행, 그리고 구조조정 정책: '치유'가 '병'보다 나쁜 것인가?

계약하게 되었다(Forero, 2005). 반면 아르헨티나의 상수도 민영화 계약은 엔론(Enron)이 획득하게 되었다(Nichols, 2002).

IMF에 대한 비평은 주로 개별 사례에 집중해 왔다. 그러나 지원수혜국에 대한 구조조정정책의 영향력을 체계적으로 조사하기 위한 연구가 시작되었다. 실증적 결과는 압도적으로 부정적 모습으로 나타난다.-구조조정정책은 사회적 지출의 감소와 소득불평등 확대, 그리고 경제성장 수준의 저하와 연계되어져 왔다(Vreeland, 2003). 게다가 구조조정정책 탓에 일어날 수 있는 사회 불안은 종종 정부의 탄압에 직면한다(Abouharb and Cingranelli, 2007).

IMF와 세계은행은 그들의 불완전한 기록을 인정하고, 현재 개혁을 진행하고 있음에도 불구하고, 그들은 국제통화 체제에서 자신의 역할을 변호하고 있다. 폴란드에서와 같은 성공사례를 지적하며, 사무관들은 IMF가 국가회생을 돕는 주요 역할을 수행해 왔다고 언급한다. 게다가 국가들은 금융문제 발생 시 오직 여기에 지원을 요청하기 때문에 어쨌든 직면한 문제들에 대해 이러한 조직들을 비난하기 어려운 것이다. 마침내 정치 지도자들은 인기 없지만 필요한 경제정책 제정을 대행하여 제공할 수 있는 '희생양'으로 IMF와 세계은행의 편리한 사용법을 발견하게 되었다. IMF 경제연구가 케네스 로고프(Kenneth Rogoff)의 주장에 따르면, 궁극적으로 국가들이 글로벌 경제로부터 고립된다면 더욱 못한 처지에 처할 것이라는 거다. "아마도 빈국들은 IMF의 특별한 거시경제 전문지식을 필요로 하지는 않는다.-그러나 그들은 몹시 유사한 것을 필요로 할 것이다(Rogoff, 2003)."

여러분은 어떻게 생각하는가?

- 구조조정정책에 관한 논쟁은 안정성과 정치 자주성 간 '균형'에 대해 무엇을 드러내고 있는가?
- 만약에 있다면, 개도국들의 IMF에 대한 인식 개선이 어떠한 단계에서 이끌어질 수 있을 것인가?
- 개발에 관한 다양한 이론 중, 특히 근대화 및 종속 접근은 IMF를 어떻게 조망하는가?

미국이 그 간극을 메웠다. US달러는 미국이 국제통화 체제의 관리자로서 열중했던 패권 역할에 있어서 핵심이 되었다. 활력 있고 건강한 경제, (금 1온스를 35달러로 고정하는) 금과 달러 간의 교환비율 고정, 그리고 ('금 태환성'으로 알려져 있는) 언제든 금을 달러로 교환해주겠다는 미국의 약속을 배경으로, 달러는 보편적으로 받아들여지는 '병용 통화'가 되었다. 달러는 대부분 국가들의 통화 당국과 기업, 민간은행, 그리고 국제무역과 자본거래를 하는 개인들에 의해 사용되는 보유수단으로 외환시장에서 받아들여졌다.

통화가치를 유지하기 위해 다른 국가들의 중앙은행은 가치를 올리거나 내리는데 달러를 사용했다. 그래서 브레턴우즈 통화 체제는 조정 가능한 고정 환율제에 토대를 두고 있었고(표 10.1 참조), 궁극적으로 각 정부의 운영을 위한 개입수단으로 요구되었다.

US 달러를 가장 필요로 하는 국가들에게 유입되도록 하기 위해 마셜플랜은 전쟁으로 파괴된 경제를 재복구하는 데 필요로 하는 미국의 상품을 구매할 수 있도록 서유럽 국가들에게 수십억 달러의 원조를 공급했다. 미국은 또한 국제 유동성(international liquidity)을 제공하는 식으로 달러의 국제수지 적자를 조장했다. 이러한 유동성은 국가들이 확장 통화 및 재정정책을 추구하게 할 뿐만 아니라, 글로벌경제 참여를 용이하게 하도록 의도하였다.

국제 유동성
국제계정을 지불하기 위해 사용되는 보유자산.

　　미국은 유동성 제공에 덧붙여 서유럽과 일본을 부흥시키는 데 과도한 부담을 떠안았다. 미국은 (미국 상품 수입에 대한 일본의 제한과 같은) 일종의 보호주의의 형태를 허용하면서 유럽과 일본의 무역경쟁을 지원했고, (유럽결제동맹(EPU)이 미국과의 무역을 희생시켜 유럽 내의 무역을 촉진함으로써 했던 것처럼) 달러에 대한 차별을 수용했다. 미국은 유럽과 일본에서의 경제성장을 지원하는 것이 미국 달러 수출시장을 늘리고 공산주의의 가능한 대중적 호소에 저항하는 서유럽 국가들을 강화했기 때문에 이러한 지도국의 지위에 대한 비용을 치르는 데 기꺼이 동의했다.

브레턴우즈 체제의 종결

브레턴우즈(Bretton Woods) 체제는 초기에는 제대로 작용하였으나, 과도하게 부담스러워졌다. 1960년대, 이것은 궁극적으로 지속가능하지 않은 체제라는 것이 명백해 졌다. 달러의 사용—뿐만 아니라 총달러유통량—이 계속해서 확장되어, 미국의 국제수지 적자가 지속적 문제에 처하게 되었다. 다른 나라들과는 달리 미국은 달러가 금에 연동되어 있었기 때문에, 통화 가치를 조정하는 것이 불가능했다. 고정환율제에 대한 엄격한 고착으로 국가의 정책 자율성이 제한됨—표 10.2에 나타난 바와 같음—에도 불구하고, 미국은 1960년대 당시 베트남 전쟁과 늘어나는 사회적 비용에 재정을 지원하기 위해 확장적 거시경제정책을 추구하기 시작하였다. 이러한 지출은 국제수지 적자를 더욱 악화시켰다. 1970년, 470억 달러에 대한 외국의 총량 요구는 당시 미국이 보유한 금의 가치의 4배를 초과하는 것이었다(Oatley, 2012, p. 217). 달러유통량과 금 보유에 의한 실제 총달러 사이의 간극을 '달러 과잉상태(dollar overhang)'라 한다. 간단히 말해서, 달러가 공식적으로 '금만큼' 있어야 하나, 통화 현실은 크게 차이가 있는 것이다. 이는 브레턴우즈 체제를 미약한 위치에 처하게 하였으며, 미국은 별 도리가 없게 되었다. 미국을 대신한 강한 금융정책은 국제수지 적자를 감축할 수 있었으나, 적자의 범위를 감안할 때, 이러한 삭감은 미국 경제를 중대한 충격에 할 수 있었다. 달러공급의 감축이 유동성 목적으로 달러에 의존하고 있는 국가들에 악영향을 미칠 수 있으므로, 이와 같은 정책은 국제적 파문을 일으킬 수 있다. 또 다른 잠재적 선택으로 통화 평가절하는 생각할 수 있는 바로는, 국제수지 문제를 감소시킬 수 있다. 이러한 선택사항은 또한 문제가 있다. 만약 다른 국가들이 그들의 통화가치를 똑같이 하락시키면(미국이 세계시장에 상품을 판매하는데 어떤 이점도 주어

달러 과잉상태
미 중앙은행 의부의 달러 총 보유가 실제 금교환 가능한 달러 총량을 초과하여, 브레턴우즈 시기 종식을 촉발한 상황

지지 않게 할 목적으로), 어떠한 영향력도 일어나지 않기 때문이다. 또 다른 주요 경제권들이 기꺼이 달러를 지원하는데 개입한다 하더라도, 이러한 국가들이 할 수 있는 바는 제한적이며 현재의 상황이 지속적이지 않다는 것은 잘 알려진 바이다.

> *국제금융 시스템의 구조는 위기 관련 민감성을 감소시키기 위해 개혁되어야 한다.*
> *궁극적 열쇠는 경제 혹은 금융이 아니라, 정책, 즉, 강력한 정책에 대한 지지를 이끌어 내는 기술이다.*
> —로버트 루빈(Robert Rubin), 전 미 재무장관

변동환율과 금융위기

1971년에 미국 대통령 리처드 닉슨(Richard Nixon)은—동맹국들과의 상의도 없이—갑자기 미국이 더 이상 달러를 금으로 교환해 줄 수 없다고 선언했다. 금 가격이 더 이상 고정되지 않고 금 태환성이 더 이상 보장되지 않자, 브레턴우즈 체제는 변동환율(floating exchange rates)에 토대를 둔 대체 체제에 자리를 내줬다. 이제는 정부의 개입보다는 오히려 시장의 힘이 통화가 치를 결정한다. 불리한 경제상황을 경험한 국가는 이제 무역가, 은행가, 사업가들의 선택에 따라 떨어진 통화가치를 다루어야 한다. 이는 수출을 보다 싸게 하고 수입을 보다 비싸게 할 것으로 기대되고, 그것은 중앙 은행가들의 요구 없이 통화가치를 지지하려는 중앙 은행가들의 요구 없이도 교대로 통화의 가치를 균형으로 끌어당길 것이다.

변동환율

정부가 공식 환율을 수립하지 않거나, 그들의 통화가치에 영향을 주기 위해 개입하지 않고, 대신에 시장의 힘과 민간 투자가 국가 간의 상대적 환율에 영향을 미치도록 하는 식으로 관리하지 않는 방식

변동환율은 정부들이 그들 재정 및 금융정책을 수행할 수 있도록 자율성을 주는 것임에도 불구하고, 이와 같은 시장의 힘은 정부가 그들 정책과 조치에 대한 책임을 지도록 강제한다. 따라서 시장에 대한 노출은 "국제자본의 흐름은 경솔한 거시경제정책에 불리하게 대응하기 때문에, 정책행위에 징계적 효력을 발생한다(IMF, 2005)." 결과적으로, 국가는 국제수지 적자와 인플레이션을 피하기 위해 자국 재정과 금융정책을 면밀히 모니터해야 하도록 강제 받는 것이다.

그러나 기대는 충족되지 못했다. 1970년대 후반에 시작해서 1980년대에 증가하고, 현재까지 지속되고 있는 떠오르는 금융위기의 물결은 통화와 은행 모두에서 발생했다(지도 10.2 참조). 남반구에서 이러한 상황은 1980년대와 1990년대 동안 특히 단호하였다. 라틴아메리카에서의 엄청난 채무위기뿐 아니라, 개도국과 전환국가 전체적으로 지속 불가능한 부채 단계는 글로벌 금융 시스템 전반에 경고를 울렸다.

하지만 개도국들 내 부채상황은 21세기 동안 현저하게 개선되어져 왔다. 과다채무빈국 이니셔티브(HIPC Initiative)—1996년 시작되었으며, 적어도 GDP의 280%의 채무를 지닌 40개 개도국의 채무 단계를 목표로 하였다.—와 같은 채무 감축 프로그램뿐만 아니라 다자간 채무

경감 이니셔티브(MDRI Initiative)-개도국들에 빚 감면을 제공하는 것-은 이러한 개선에 도움이 되었다. 수출증대 및 이들 국가의 판매상품 가격상승 또한 경제상황을 향상시켰다. 전반적으로 남반구의 외채는 2000년 GNI의 37.9%에서 2011년 22.1%로 감경되었다(World Bank, 2013j).

하지만 2000년대 이래로 다수의 선진국에서의 과다채무는 고질적인 것이 되었으며, 이는 2008년 글로벌 금융위기에 적지 않은 영향을 미쳤다. 북반구의 G-7 국가들은 외채가 GNI의 126%이로, 남반구 국가들의 약 6배에 달하고 있다(World Bank, 2013j). 예컨대 그리스는 지속적으로 채무 이슈를 다루어 왔으며, 국가가 채무를 감소시키도록 강제되어야 한다는 긴축 재정정책과 관련한 논란으로 여전히 둘러싸여 있다. 실제로 2009년 이래, 그리스는 총 정부지출의 32%를 감축하였다(*Trading Economics*, 2013). 이러한 감축은 공무원의 대량 일시해고를 불러일으켰고, 사회서비스 지출을 감축하게 되었으며,-공공의 의료지출 40% 감축을 포함(Stuckler and Basu, 2013)-세금 증가 및 은퇴연령 상향으로 이어졌다. 지금까지 GDP의 170%에서 157%까지 빚을 감축하였음에도, 더 많은 극단적인 조치가 여전히 빚 탕감을 위해 통제하에 놓일 필요가 있는 것이다(Eurostat, 2013; 심층 논의: '그리스 재정위기' 참조). 논란을 발생시키는 데다, 이러한 조치는 그리스 경제를 움츠러들게 해 왔으며, 실업률을 증가시켜,

금융위기 빈도
- 1
- 2
- 3–4
- 구조적 금융위기 없음

지도 10.2
브레턴우즈 체제 이래의 금융 위기
이 지도는 체계적 은행위기, 뱅크런 및 청산과 같은 은행 시스템에서의 심대한 금융 위험을 나타낸 금융위기 종류의 전 지구적 분포 및 빈도를 나타낸다. 전체적으로 1970년에서 2011년 사이 147개의 뱅킹 위기가 발발하였다. 2008년 글로벌 금융위기 이전까지는 대부분 남반구 지역 초점을 두는 경향이 있어 왔다.

2013년 약 27%가 되었다(Trading Economics, 2013).

최상의 강대국조차도 취약하다. 미국은 세계최대 경제대국으로 군림하는 패권국이지만, 1달러 지출 시 46센트 이상의 빚을 지고 있다(Dinan, 2013). 2013년 3월, 해외자본에 대한 미국의 총부채는 약 16조 달러에 달하였으며, 이는 미국 총 GDP의 107%에 이른다(U. S. Department of Treasury, 2013). 비교해 보면 미국은 세계에서 가장 큰 해외부채를 가졌지만, GDP의 퍼센트로 봤을 때 빚은 세계 순위 35위에 불과하여, 일본과 다수의 서유럽 국가 뒷 순위이다(CIA, 2013).

대량 채무뿐만 아니라 국경 간 통화흐름의 신속성을 고려해 볼 때, 이것이 빈국 관행(너무 많은 빚을 지는 것과 같은)에 기인하든, 글로벌 투자 및 통화시장의 급등락 패턴에 기인하든, 금융위기에 대한 상황은 무르익어 왔다.

브레턴우즈 통화 시스템의 종식 이후 모두 합쳐 147 건의 금융위기, 즉 세계 120여 개 국가에 직접적 영향을 미치는 위기가 있어 왔다. 게다가 이러한 위기에서 총손실은 대단하다. 1970년 이래 각 위기당 산출 손실―이는 각 위기 이전 성장 패턴과 위기 이후 GDP 성장의 편차―은 평균 GDP의 23%에 달한다(Laeven and Valencia, 2012). 이러한 손실을 고려해 보면 금융위기가 없었더라면, 이러한 국가들은 약 1/4의 상품과 서비스를 더 생산했을 수도 있다는 것이다.

역동적이고 지대한 영향력을 미치는 금융위기를 더 잘 이해하기 위해 다음 절에서는 원인, 효과, 그리고 역사적으로 가장 큰 금융 붕괴―2008년 글로벌 금융위기―중 하나의 여파에 관하여 집중해 볼 것이다. 동 위기는 미국에서 시작되어, 전 세계로 빠르게 확산되었으며, 20개 이상의 다른 국가에 연쇄적 위기를 일으켰다(Laeven and Valencia, 2012).

2008년 글로벌 금융 위기

글로벌 금융 시스템은 여전히 2008년을 강타한 거대한 위기로부터 회복 중이다. 무수히 많은 경제와 정치요인이 이 충돌을 야기 시켰으며, 동 위기의 상세는 특히 투자 기구 스스로가 믿을 수 없을 정도로 복잡하다는 데 있다. 실제로 미국 연방 준비제도이사회 전 의장 앨런 그리스펀(Alan Greenspan)은 이 위기의 핵심원인이 세계의 "가장 지적인 투자자들과 규제기관―이러한 기관에서 실제로 창조하고 근무하는 사람들―이 그들을 이해하기에 무능했기 때문이다."라고 말했다(Comisky and Madhogarhia, 2009).

그러나 동 위기의 폭 넓은 역학관계는 전례가 없는 사례가 아니어서, 킨들버거(Kindle-

심층 논의

그리스 재정위기

2010년 이래, 아테네는 시위와 폭동으로 흔들려 왔다. 시위 참가자들은 군중을 해산시키기 위해 최루가스 및 곤봉을 대량으로 사용한 데 대해 책임이 있는 경찰서를 향해 가구, 돌멩이, 그리고 심지어 요거트까지 던졌다. 이러한 저항은 의료 및 교육 지출 대규모 삭감과 공무원 감축, 국영기업의 민영화 및 난방유 등에 대한 세금 상승을 포함하는 일련의 긴축정책에 대한 응답이다(Donadio, 2011). 그리스 경제는 폭락했다.–공식 실업률이 총 26.8%에 이르며, 25세 이하 취업률은 62.5%에 불과하다. 한 시위자에 따르면 "나는 희망이 없어서 여기에 나왔다. … 나는 대학에 다니는 두 아이가 있다. 그들의 미래는 어떻게 하나?(Donadio and Sayare, 2011)."

　　그리스 정부는 2013년 초반 약 5천 833조(매년 GDP의 17%)에 이르는 외채에 대한 채무불이행을 피하기 위해 고통스런 조치를 통과시켰다. 이 위기는 2009년 12월 파판드레우(Papandreou) 총리가 그리스 부채 적자를 GDP의 6.7%에서 12.7%로 수정하면서 시작되었다. 이는 그의 정부 신뢰성을 심대하게 훼손한 것이었다. 하지만 이러한 부채 산출은 몇 가지 장기 항목들에 의해 주어진 것이었다. 즉 극심한 정부지출, 비효율적이고 부패한 조세 시스템, 광범위하게 경쟁력이 없는 산업기반, 저리융자에 대한 접근, 그리고 EU 재정 규제에 대한 느슨한 적용 등이다(Nelson, Belkin and Mix, 2010). 채무불이행(빚을 갚는데 실패)을 피하기 위해 그리스는 지금의 적자예산을 7.5% 흑자예산으로 변화시켜야 한다. 이는 거대한–주장컨대, 도달 불가능한–전환으로 표현한다(Manasse, 2011). 그러나 다수는 이 국가가 "실패하기에는 너무 크다."라며 채무불이행은 EU 전략은 물론, 나머지 세계 시장에도 피해를 미칠 것이라 주장하였다.

　　이러한 위기에서 골드만삭스와 같은 민간투자은행의 역할은 논란을 양산해 왔다. 최근 보고서에 의하면, 지난 10년간 파생상품의 복잡한 나열 그리고 그리스가 항공료나 복권수익금과 같은 장기 정부소득에 관한 권리를 팔아버린 직접거래를 통해 공공감시로부터 정부채무를 일정비율 숨겼음을 밝히고 있다. 실제로 그리스의 원죄는 유로존 가입조건을 만족하기 위해 위와 같은 방법을 통해 부채를 숨기고 가입한 데에 있다(Story, Thomas, and Schwartz, 2010). 그러나 국가가 국내채무를 어떻게 조작하는지를 다스릴 어떠한 규제도 없는 까닭에, 이러한 조치는 합법이다. IMF의 한 분석가에 따르면 "만약 정부가 속이기를 원한다면 속일 수 있다.(Story et al., 2010)."

최종으로 여러분의 판단은?

1. 그리스 정부는 어떤 정책을 제정해야 하는가?

2. 금융위기를 예방하거나 회복하기 위해 금융기관은 어떠한 역할을 할 수 있을까?

3. 이와 같은 상황은 글로벌 금융 시스템에 대해서 어떠한 것을 나타내고 있는가?

berger)의 금융위기의 전면적 역사에서 묘사된 기본적 사이클을 꼭 닮아 있다(Kindleberger, Aliber, and Solow, 2005). 위기 사이클의 첫 장은 '이동', 즉 이익 기회를 알리고, 금융 수익을 위한 새로운 기회를 창출하는 시스템 내의 변화를 언급하는 것이다. 2000년대 초반 모기지 및 증권 시장에 관심을 불러일으킬 몇 가지 발전이 있었다. 이는 중국과 OPEC 회원국 등이 보유한 대규모 현금, 미국 내 부동산 붐, 미국의 초저금리, 그리고 은행과 투자회사가 스스로 만들 수 있는 신규투자회사 등을 포함한다. 이러한 요인들은 불가분하게 연결되어 있다.―위기를 초래한 초기의 딜레마는 어떻게 하면 중국, OPEC 국가들, 그밖의 투자자들이 가진 '거대한 금고'를 열도록 만드느냐였다(Glass and Davidson, 2008).

미국의 이자율은 극도로 낮았고, 이것은 달러에 대한 투자―전통적으로 투자자들이 많은 양의 돈에 대한 가장 안전한 이동으로 고려되는―가 충분히 수익성이 있지 않다는 것을 의미하였다(당시 미국 국채는 1%의 수익을 산출하였다.). 동시에, 낮은 이자율은 또한 모기지가 미국 내 주택보유자에게 더욱 낮은 비용을 듦을 의미하며, 투자 구매자들에게 레버리지(leveraged, 자기자본에 비해 높은 비율의 차입금이 있는 것―옮긴이)가 될 수 있는 매우 비싸지 않은 대출에 사업가들이 접근할 수 있음을 의미한다. 주택가격이 높아짐에 따라, 새 집 혹은 더 큰 집(주택 담보 대출에 의해 조달된)을 사는 것이 좋은 투자가 되었다. 기회를 감지한 은행들은 대규모 투자자들에게 이러한 모기지의 가치에 기반 한 증권을 팔면서, 주택시장에 돈을 연계하기 위한 매개를 만들었다. 결과적으로 투자자들은 모기지로부터 더 많은 대가를 챙겼으며, 주택보유자들은 다 낮은 이자로 수익을 거두었고, 은행가들은 수십억 달러를 벌어들였다.

그래서 위기의 두 번째 장은―돈이 이러한 새 기회에 퍼부어지는 소위 '붐' 시기―시작되었다. 투자자와 은행가들이 계속해서 수익을 거둬들임에 따라 '공동자금'은 더 커져 갔으며, 수조 달러가 계속해서 이 시장에 유입되었다. 이 공동자금을 더 많이 조달하기 위해, 은행들은 더 많은 투자 제도를 고안하기 시작했으며(이러한 모기지 상품과 증권을 합하여 묶는 본질적으로 다른 방식), 이러한 제도에 기반 한 거대 파생상품 시장이 떠오르기 시작했다.

이는 '과다거래' 단계를 이끌었으며, 이것은 '가격상승에 대한 순수 전망, 장래 수익의 과대평가', 그리고 투기 목적의 부가적 채무에 의한 초과 레버리지를 포함한다(Kindleberger, 2000). 이 과정의 어떤 시점에서 전통적 모기지 시장은 포화되었다; 기본적으로 기꺼이 구매할 수 있는 모든 사람들이 이미 집을 구매하여, 차환을 한 것이다. 그러나 '공동자금'은 계속해서 커져 갔으며, 이러한 증권에 대한 수요는 계속하여 증가하였다.

시장을 지속시키기 위해, 은행은 보통의 상황에서는 모기지에 대한 자격이 결코 없는 저신용 구매자들에게 모기지를 팔기 시작했다. 규제완화는 예비 대출자들이 실제로 주택담보대출에 성공하기 위해 자신들의 능력을 증명해야 할 필요가 없도록 느슨해 졌다. 이제 대출자들은 실소득 증명, 급료 증명 혹은 자산 상황을 보여주기보다, 오직 담보물과 미래 소득평가를 제공하기만 하면 되는 것이다(이것은 '거짓 대출'이라는 경멸하는 단어로 알려졌다). 이러한 행위의 합리성은 심지어 일부 대출이 상환되지 않는다 할지라도, 여전히 제공된 총증권을 지킬 수 있는 충분한 자본의 흐름이 존재하는 것이다. 대출이 채무불이행 될 때조차, 은행은 당시 진가를 인정받는 것으로 판단되는 부동산을 얻을 수 있다.

그들 나름대로는 투자은행이 주택담보 증권에 기초한 상상도 안 되는 투기적 제도를 계속해서 사용해 온 것이다. 이는 모기지 담보증권(주택용이나 상업용 부동산을 담보로 하는 대부채권을 유가 증권화 한 것—옮긴이)의 수익에 연계된 파생상품뿐 아니라, 소위 '합성 증권(Synthetic security)', 즉 증권 그 자체에 토대로 한 파생상품을 다시 기반으로 하여 본질적으로 새롭게 재탄생한 파생상품이다. 부채담보부증권(CDOs: collateralized debt obligation) 시장은 모기지 담보증권 및 호황을 맞이한 다양한 파생상품을 위해 사실상의 보험으로써 기능하였다. 수많은 제도, 그것들의 교차하는 목적, 많은 투자은행들이 '무손실'인 상황을 고려하면, 그들은 이러한 제도의 모든 흐름을 처리하는 비용을 만들었으며, 심지어 증권이 추락할지라도 그들은 여전히 CDO를 통해 이를 만회할 수 있을 것이었다. 투자은행들은 추가적 투자를 얻기 위한 레버리징의 과도한 사용을 통해 이익을 극대화 할뿐만 아니라 노출도 극대화 하였다. 2007년 5대 거대 투자은행(베어 스턴스, 골드만 삭스, 리먼 브라더스, 메릴린치, 그리고 모건 스탠리)은 평균 1에 30회 이상 레버리지를 감행했다. 즉 이것이 의미하는 바는, 그들 회사의 총 자기자본의 30배가 넘는 가치의 대출을 인출하는 것으로, 그들은 자산을 보유하고, 구매했다(Government Accounting Office, 2009).

하지만 2007년과 2008년 몇 가지 직접적으로 연관된 요인들 탓에 '공포'와 '패닉'의 무대가 만들어졌다: 주택보유자에 의한 대출 채무불이행 증가, 부동산가치 급락 및 그 안에서 내 너무나 얽혀버린 극심한 은행 유동성 문제 등이 만들어졌다. 주택보유자가 모기지론을 상환할 수 없게 됨에 따라 은행들은 모기지론 소유자로부터 소득이 나오지 않고, 팔 수 조차 없는 가치 없어진 재산을 쥐고 있다는 것을 재빨리 간파하였다. 고도 레버리지 투자은행인 그들로서는 스스로의 순가치 보다 30배 더 많은 빚더미에 직면할 자신들을 발견한 셈이다. 주택담보 시장이 추락하기 시작함에 따라, 이를 근거로 건설된 투기시장과 제도들(이들의 총 실제가치는 모기지 자체가치보다 수 배 이상이었다.) 또한 붕괴되었다. 결과적으로 은행과 투자자들은 문자 그대로 돈이 바닥나 버렸으며, 미국 신용대출시장, 나아가 세계 신용대출시장이 붕괴되었다.

금융위기가 글로벌 금융체제에서 새로울 것도 없으나, 2008년 글로벌 금융위기는 특히 심오하고 광대하게 영향이 미쳐왔다. 첫째, 순전히 포함된 돈의 규모가 믿기 어려울 정도이다.-몇몇 평가사에 따르면, 미국 정부만 하더라도 은행에 대한 직접금융지원 및 통화공급 확대를 위한 국채판매를 포함한 금융 부문의 긴급구제를 단행하기 위해 130조 달러를 투입하였다 (French, 2009). 동 위기는 2009년 글로벌 해외직접투자(FDI) 및 무역에 있어 전례 없는 감소를 이끌어, (유출 FDI는 거의 42%, 세계무역은 12% 급락하였다. GDP에 의해 측정되는 총 글로벌 생산량은 2009년 2.3% 수축되었다.) 2차 세계 대전 이후 최악의 세계적 경기후퇴를 기록하였다(IMF Survey, 2009; WTO, 2010b). 글로벌 시장은 여전히 주요지수들 중 어떤 것도 2007년으로 회귀되지 못한 채, 회복 중에 있다. 예컨대, UNCTAD는 FDI 수준이 2015년 이후까지도 2007년 수준을 회복하지 못할 것으로 평가하였다(UNCTAD, 2013).

둘째, 이 위기는 미국에서 비롯되어 "세계의 많은 부분… 세계불황에 대한 미국의 금융 과잉을 비난한다(Altman, 2009, p. 2)." 미국이 자유주의 금융질서를 관리하는 지도적 역할임을 고려하면, 이 위기는 금융질서를 이끌 미국의 능력에 대한 의문을 야기한다. 일부가 미국이 결국 '글로벌 경제 성장의 기관차'로 재출현 할 것이라는 점(Altman, 2013: 8)을 주장하고 있으나, 다른 이들은 이 위기에 이어 미국의 쇠퇴를 예측하고 있다(Keohane, 2012).

2008년 글로벌 금융위기는 또한 글로벌 금융 체제에서 통화를 이끌어 온 달러의 역할에 대한 의문점을 상기시켰다. IMF에 따르면, 2012년 말 모든 외환준비의 62%(국가가 자국의 국제수지를 유지하기 위해 보유하고 있는 화폐)가 달러였다. 17개 국가가 달러를 자국 화폐로 사용하며, 다른 49개국은 어떤 방식으로든 달러에 자국 화폐가치를 연동시켰다(IMF, 2012b; 2013b). 위기 시작 이래로 세계시장에서 달러의 가치가 다시 오르는 동안, 세계 선도경제 몇몇은 (가장 뚜렷한 국가는 중국) 글로벌 시장에서 주요 화폐로써 달러를 대체해야 한다고 제안해 왔다.

그럼에도 불구하고 달러는 여전히 "엄청난 특권(Eichengreen, 2011a)"을 가지고, 선택되는 국제통화이며, 이러한 지위가 위협받지 않는다(Stokes 2013). 잠재적 경쟁자들도 문제가 없는 것은 아니다. IMF에서 조달용으로 사용하는 복합통화인 특별인출권(SDRs)은 개별국가가 사용하기에는 비현실적이다(Bosco 2011). 유로는 여전히 그리스, 이탈리아, 포르투갈, 그리고 스페인을 포함한 몇몇 회원국들이 재정문제를 처리하고 있고 분투 중이다. 중국 통화시장은 또 그 나름대로 외환투자자에게 광범위하게 닫혀있고 개혁이 진행 중이다(The Economist, 2011i; Pei, 2013). 하지만 이러한 대안 사용에 대한 논의에 조차도 미국 경제와 그들의 리더십에 대한 근원적 신뢰의 결핍에 대하여 언급한다.

이 위기는 글로벌 금융 체제의 이데올로기적 지지에 관한 의문을 대폭 증가시켜 왔다; '워싱턴 컨센서스'에서 기인한 자유시장, 자유로운 화폐교환, 그리고 자유로운 자본이동은 자유주의 경제학의 기초로 간주되나, 금융위기는 시장효율성에 관한 기본적 믿음을 약화시켰다. 세계 주요 경제권에서 이 위기 동안 가장 잘 대처한 국가는 인도와 중국으로, 주장하건대 이 두 거대 국가는 글로벌 금융질서로부터 가장 격리되어 있다고 할 수 있다. 매우 흥미롭게도, '현금으로만 사용되는 금융 체제(Tayler, 2009)' (은행과 신용카드는 존재하지 않으며, 저축은 일반적으로 매트리스 아래 혹은 속바지 속에 감춘다.)를 가진 몰도바라는 소규모 국가는 선도 금융저널이 선정한 2009년 세계 가장 안전한 경제 15위에 랭크되었다. 전직 미 재무부 관리이자 클린턴 대통령 수석자문 로저 알트만(Roger Altman)에 의하면 "시장자유화를 향한 긴 움직임은 멈추었다." 그리고 "글로벌리제이션은 그 자체로 역전되었다. 모든 이가 하나의 세계시장에서 이익을 얻는다는 오래된 지식은 기반이 약화되었다.(2009, p. 2)."

몇몇 분석가들은 시장에서 국가가 더 주요한 역할을 맡아야 한다는 '베이징 컨센서스'가 워싱턴 컨센서스의 상업적 자유주의에 대한 가능한 대안이 될 수 있다고 논쟁하고 있다(Halper, 2010). 이러한 논리에 따르면, 국가는 2008년 글로벌 금융위기 시 떠오른 자국경제를 관리하는 데에 대한 정부의 역할과 관련한 폭넓은 이슈에 대응한다는 것이다. 영국이나 스페인과 같은 몇몇 국가들은 초과하는 부채를 감축하여 인플레이션을 예방하기 위해, 긴축정책—공공지출 삭감과 같은 '긴축' 재정정책—을 도입하였다. 미국과 같은 다른 국가들은 경기회복을 촉발하기 위해 좀 더 자극적 지출에 집중하였다. 양쪽정책 경로 모두 정치적 논쟁을 만들었다. 이는 영국에서 정부의 구직 및 주택 보조금 삭감에 대한 대규모 항의(Kilkenny, 2013)로 나타나기도 하고, 미국의 티파티 그룹은 정부지출에 대항하기 위해 소리쳤으며, 월가장악 운동(Occupy Wall Street movement)은 경제 시스템을 좀 더 공평하게 만들기 위해 미 정부의 불충분한 노력에 저항하였다.

금융과 통화수단 사이의 적절한 균형을 예로드는 것뿐만 아니라, 이 경우 "인플레이션 대 실업" 사이의 균형, 즉 긴축정책 혹은 지출정책의 사용은 글로벌 경제에서 국가의 적절한 역할에 관한 광범위한 문제들을 제기한다. 어느 정도 긴축정책은 브레턴 우즈 질서에서 발견된 착근된 자유주의(embedded liberalism) 정책의 포기를 나타낸다(Bugaric, 2013). 게다가 경제적 불평등을 증가시켜 사회의 결속을 저해할 수 있는 자유시장

여성과 글로벌 금융 포춘(FORTUNE)
500개 기업의 오직 4%만이 여성 CEO가 있다. 모든 대형은행은 —시티그룹에서 골드만삭스에 이르기까지—고위직에 단지 몇몇 여성만을 고용하였다. 미국 금융과 보험 산업 내, 여성들은 오직 14%만이 임원 및 이사진을 구성한다(Goudreau, 2013). 좌측 사진은 휴렛 팩커드(Hewlett-Packard)의 최고경영자 마가렛 휘트먼(Margaret Whitman)으로 2013년 6월 포춘 500개 기업 중 가장 파워풀한 여성 CEO에 랭크되었다. 오른쪽 사진은 전 프랑스 재무장관 크리스틴 라가르드(Christine Lagarde)로, IMF의 상무이사로 재직하게 된 첫 여성이다.

내에서, 이러한 정책은 정부가 직면한 도전에 집중하도록 만들었다(Muller, 2013). 따라서 국가들은 이중적 곤경에 처한 자신들을 발견하게 된다. 수많은 사회의 목적을 이루기 위해 '창조적인 자본주의를 촉발시키며, …그리고 어떤 시장이 최적으로 기능하도록 직접 개입하는' 다소 모순된 요구에 국가가 균형을 맞추어야 하는 것이다.

많은 부분에서 이 위기는 상업적 자유주의에 비판적인 이론적 접근의 장점을 드러냈다. 마르크스주의자들은 자본주의의 내재적 불안전성을 오랜 기간 언급해 왔다. 또 투기성 패닉에 대한 자본주의의 민감성, 그리고 금융 시스템에 대한 국가의 강한 개입의 필요성에 주목하였다. 이러한 방법으로 2008년 글로벌 금융위기는 자본주의 질서에서 깊은 구조적 결함을 나타냈으며, 특히 과도한 투자의 경향은 내재적으로 불안정한 시장을 만들어냈다(Kotz, 2013). 자유주의 경제학자의 효율성에 더 많은 의문을 지닌, 쿠바 대통령 라울 카스트로(Raul Castro)는 다음과 같이 격렬하게 논쟁하였다. 이것은 "경제정책으로써 실패해 왔다." 그리고 "어떤 객관적인 분석도 시장과 규제완화의 이익 그리고 금융 기관의 신뢰성에 대한 근거 없는 믿음에 심각한 의문을 품게 되었다." 한 분석가가 결론내린 바에 따르면, 세계 자본주의는 "이데올로기적 폭락 내"에 있으며, 위기는 "칼 마르크스에 대한 관심을 부활시켰다.(Panitch, 2009, p. 140)."

페미니스트 학자들은 그들의 입장에서 남성들이 위기에 대한 책임이 있으면서, 이것의 영향으로 대부분 고통 받고 있다는 점에 주목하였다. 경제영역은 주로 남성에 의해 주도된다(Griffin, 2013). 그리고 전통적 '남성' 특성 (위험부담, 공격성, 그리고 과다경쟁)은 금융위기를 생산하는 투기적 감성 뒤의 요인들을 몰고 있었다. 다수가 테스토스테론(남성 호르몬—옮긴이)으로 가득 찬 문화를 비판적으로 지적해 왔으며(Scherer, 2010), 만일 "월스트리트에 좀 더 많은 여성이 존재했다면, 침체를 방지했을 것이다."라고 말한다(Kay and Shipman, 2009).

위기가 남성우월주의에 의해 만들어진 것과 같이, 현재의 금융위기도 남성에게 불균형한 영향력을 행사할 것이다. 예를 들어, 미국에서는 2008년 11월 이래로 실직한 인구의 80%가 남성이었다. 이는 전통적으로 남성 분야(즉 건설 및 제조업)가 가장 심한 타격을 입기 때문이다. 실제로 일부는 현재의 위기를 '남성 침체(he-cession)'라고 바꿔불렀다. 한 학자가 결론지은 바에 따르면, 금융위기는 "세계를 현재의 대참사에 처하게 만든 금융 자본주의라 불리는 마초맨 클럽을 강타했을 뿐만 아니라, 세계의 수백만 일하는 남성들에게 집합적 위기가 될 것이다(Salam, 2009, p. 66)."

또한 지정학적 파문도 있었다. 위기가 미국과 서유럽 동맹의 경제적, 이데올로기적 힘을 약화시킨 결과, 미국은 국제협상에서 자기주장을 덜 하게 되었다. 또한 이 위기는 중국의 상대적인 세계 지위를 향상시켰으며, 글로벌 침체기 동안 세계시장에 대한 중국의 지분율을, 2010년 약 10%에서 2014년 12% 전망치로 상승시켰다. 중국은 세계에서 가장 큰 수출국이 되었다. 경제위기 그리고 미국의 침체로 말미암아 중국은 미국 채권에 대한 가장 큰 채권국으로서 2008년 이래 총 미국 채무비율의 약 50% 상승한 지분을 가진 국가로서, 명성을 과감하게 드높였다.—2013년 3월 중국은 미국 채무 1조 2천억 달러 이상을 보유하였다(미 재무부, 2013b).

위기는 좀 더 다극적인 금융질서에 기여하여, 남반구가 기대보다 금융위기를 더 잘 헤쳐나온데 반해, 유럽은 여전히 분투 중이다. 영국, 포르투갈, 아일랜드, 스페인, 그리고 특히 그리스가 가파른 금융위기에 직면했으나, 독일경제는 세계무대에서 꾸준히 비교우위를 차지하고 있다. 남반구의 주택시장은 위기로부터 재빠르게 회복하여, 사적 자본흐름이 빠르게 재개됨에 따라, 북반구 다수의 국가들보다 현저히 낮은 수준의 부채수준을 유지하였다.

국제금융 구조는 어디로?

금융위기는 전통적으로 엄청난 수의 개혁안을 뒤따르게 한다. 예를 들어, "동아시아의 위기 이후 그러한 논의는 새로운 세계금융 구조에 대한 수많은 제안들로 도서관 서가를 채우게 했다.(Pauly, 2005, p. 199)." 2008년 글로벌 금융위기를 처리할 때, 국가 간 금융협력의 비공식적 시스템을 개혁하기 위한 노력이 있어왔다.

특히, 이러한 문제들은 전통적으로 7개 혹은 8개 경제대국(소위 G-7, 혹은 G-8) 간 논의에 부쳐지지만, 20개 거대경제권(G-20)으로 구성된 더 큰 그룹이 금융위기를 처리하기 위한 방법을 논의하기 위해 회동한다. 더 많은 국가 참여 그룹 모임의 이유는 세계의 더 많은 신흥경제국, 즉 아르헨티나, 브라질, 인도네시아 그리고 사우디아라비아와 같은 국가들이 위기에 대한 통상적 대응책을 구축해야하기 때문이다.

> *당신이 들어가서 체제하다 떠날 수 있는 보통의 카지노와 대형 금융거래의 글로벌 카지노 사이의 큰 차이점은, 후자에서는 우리 모두가 부지불식간에 매일의 게임에 관여되어 있다는 것이다.*
> — 수잔 스트레인지(Susan Strange), 경제학자 겸 국제관계학자

이를 비롯한 다른 제안들이 추구하는 것은 무역을 통한 번영을 좌우하는 통화 안정과 유동성을 창출하는 메커니즘이다. 그러나 어떻게 개선할 지에 대해서는 합의가 없다. 전 세계 도처에 민주주의가 확산되면서, 대부분의 정부가 현재는 실업 감축을 위해 환율 안정과 같은 목표를 희생시키라는 국내 압력에 직면하고 있다. 그래서 새로운 금융 시스템이 찾기 힘든 것처럼 보인다.

이 위기의 여파 속에 개최된 G-20 정상회의의 상반된 결과는 어떤 본질적 변화를 가져오기가 어려움을 분명히 보여준다. 현재의 위기를 회복하고 미래 위기를 방지하자는 공통의 관심사에도 불구하고, 참가국들은 그들 자신의 경제회복을 돕기 위한 공동정책에 동의할 수 없으며, 글로벌 금융교환을 처리할 초국가적 규제 기구의 설립을 원치 않는다. 오히려 주된 초점은 더 좁은 정책 이슈에 있다. 2009년 회의에서는 개별 국가가 어떻게 부채 감소에 접근할 수 있을지에 집중하였다. 계속된 금융 자극에 호의적인 미국과 같은 국가들은 경제 회복을 수행함에 너무 심한 긴축 조치가 밀어붙여지는 것에 우려를 표하고 있으나, 다른 국가들은 유럽 내 채무위기에 초점을 맞추어 정부지출의 감축 및 2013년 중반까지 국가적자를 감소해야 함을 요구하고 있다. 지금까지는 G-20이 탈세와 같은 개별적 이슈에 좀 더 집중하여 이러한 '축소'의 길을 함께 해 왔으나(Jolly, 2013), 이제는 중국의 환율 레짐과 같은 좀 더 논쟁을 일으킬 정책 이슈를 논의할 포럼이 제공되고 있다(Clover et al., 2013).

종합적으로, 주요 경제를 위한 공동 포럼이 유용한 반면 G-20은 어떤 공통 기구 혹은 금융 구조를 제공함에는 꺼려 왔다. 게다가 이들의 권고는 때때로 IMF의 정책과 충돌한다.-예를 들면 G-20은 남반구에서 자본통제의 사용을 추천함에 지원해 왔다. 이는 IMF가 전통적으로 회

Muchtar Zakaria/AP Photo

IMF에 대한 굴복?

IMF와 같은 다자간기구를 둘러싼 논란은, 이들의 정책이 북반구의 힘센 국가들이 남반구 국가를 지배하는 또 다른 방법으로 비춰진다는 점이다. 1998년 1월 15일 촬영된 사진에는, IMF 상무이사 미셸 캉드쉬(Michel Camdessus)가 지켜보는 가운데, 인도네시아 대통령 수하르토(Suharto)가 43조 달러의 원조 및 개혁 패키지를 위해 서명하고 있다. 이 사진은 수하르토와 IMF 양측에 모두 피해라는 것을 입증한다. 상징과 신체언어에 대단한 가치를 두는 인도네시아인들은 이 사진을 대통령의 굴욕적 체면손상으로 간주하여, 4달 후 실각하게 되었다. 또한 이 사건은 개도국 내에서 IMF에 대한 부정적 견해가 굳어지도록 하여, IMF에도 경제적 그리고 공적 관계의 재앙이 되었다(캉드쉬는 이후에 그가 팔짱을 긴 것과 자세에 대해 사과했다).

의적으로 판단해 온 정책 도구이다(Gallagher, 2011).

IMF는 그들 나름대로, 이러한 정책에 대한 폭 넓은 비판을 자각하고 있다(논쟁: IMF, 세계은행, 그리고 구조조정정책 참조). 그리고 글로벌 금융 체제에서 자신들의 역할을 강화하고 입법화하기 위해 몇몇 개혁을 단행해 왔다. 개별 국가가 각각 수혜하기를 원하는 특별한 요구를 더 잘 고려하여, 융자조건 요구를 느슨하게 함으로써 좀 더 유연성을 가질 수 있도록 해 왔다(IMF, 2009). IMF는 2008 글로벌 금융위기를 예측함에 실패하였음을 매우 솔직하게 인정하면서, 금융위기를 대비한 좀 더 효율적인 '조기 경고 시스템'을 개발하기 위해 시도 중이다(Bdattie, 2011; IMF; 2011). 또한 IMF는 내부 투표 시스템을 개혁하기 위해 작업 중이다. 즉 중국과 인도가 IMF에 재정적 기여를 지속적으로 늘여갈 수 있도록 영향력을 주기위한 목적이다(Wroughton, 2013). 이러한 개혁은 미국과 유럽이 주로 이 기구를 운영하고 있다는 비판을 반박하기 위한 기나긴 길이 될 것이다(Mallaby, 2011).

대부분 분석가들은 이러한 변화에 낙관적이나(Stiglitz, 2011), 여전히 해야 할 많은 일들이 남아있다. IMF는 여전히 글로벌 금융 시스템을 수행하는 주요 이슈들의 많은 부분을 처리할 수 없다. 비록 몇몇 국가들, 특히 중국은 엄청난 흑자를 유지해 왔음에도, 이를 테면 세계 다수의 경제국가 내 대규모 국제수지 불균형의 현실을 들 수 있다. 이러한 상황이 투자 흐름에 불안정성을 조장할 것이라 다수가 느끼고 있다(Eichengreen, 2011b). 게다가 남용의 여지를 용인하는 투자은행의 단편적 규제가 있다.

그래서 몇몇 개혁은 제정되었음에도 불구하고, 더 많은 할 일이 남아있다. IMF와 G-20의 진보를 묘사하기 위해 야구를 비유해 사용하면, 오바마 대통령은 "홈런을 치는 대신에, 1루타를 쳤다."라고 언급했다(Kirk, 2010b). 따라서 우리는 골치 아픈 상황에 처해 있다: 글로벌 투자 흐름은 지속적으로 급증하고, 세계가 직면한 통화 딜레마가 점점 심화될 것이라 기대하는 것이 당연하다. 그러나 현재 국제 금융 시스템의 근본적인 개혁은 가까운 미래에 있을 것 같지는 않다.

그러한 구조를 하나로 모으기 어려우며 많은 국가들이 국제금융기관을 불신하고 있다는 점에서 어떤 사람들은 금융 이슈에 관한 지역 해법이 더 나은 대안일 수 있다고 주장한다(Desai and Vreeland, 2011). 실제로 유럽연합(EU)은 단일시장 설립을 위한 단일 화폐를 희망하여, 공통 화폐에 중점을 둔 지역통화연합(regional currency union)을 창립하여, 2002년 불규칙한 환율변동의 문제를 '해결'하였으며, 유로는 경제적 성장, 국경 간 투자, 협력적 혁신과 효율성 그리고 정치적 통합을 촉진하였다.

얼마 간 유로는 성공적이었다. 빠른 시간에 현존하는 두 번째 준비통화(reserve currency)가 되어, 세계 총준비통화의 24% 근방까지 점하였다(IMF, 2013b). 그러나 다른 나라들과 지

지역통화연합

대규모 유동성 위기의 가능성을 줄이기 위해 통화블록 내의 지역 중앙은행이 통제하는 지역의 회원국들을 위한 (유럽연합의 유로와 같은) 공동의 통화와 단일통화체제를 만드는 주권의 합동

준비통화

국제채무를 대비하고, 자국 통화의 가치를 지원할 목적으로 정부들이 보유한 다량의 통화

역에 적합한 모델로써 기능하지는 않았다. EU의 공동화폐는 경제정책보다 훨씬 더 대표되었다; 이것이 수십 년 간의 경제통합의 과정의 최종결과인 것이다. 유로는 유럽 내에서 조차 논쟁이 남아있으며, 특히 주요 EU 국가들 간에서 더욱 그러하다(영국, 덴마크, 그리고 스웨덴과 몇몇 국가들은 지금까지도 공통통화를 거부해 왔다).

또한 비평가들은 유럽 국가 간 경제적, 정치적 주권을 지우고 초국가를 창조하기 위한 설계는 과도하게 야심찬 정치적 변화라 말하고 있다. 게다가 몇몇 EU국가들은 글로벌 금융위기에 이어 유로와 투쟁해 오고 있다. 예를 들어 앞서 언급한 균형을 위해 유로를 채택한 그리스는 통화안정을 위해 정책독립성을 희생시켰다. 자국의 금융 문제를 처리하면서 공무원들은 통화공급을 증가시킬 수 없고, 국제수지 문제를 해결하기 위해 급작스런 긴축조치에 직면하게 되었다. 그러나 만약 그리스가 '유로존 중단'을 통해, '독립성'을 선택한다면(Feldstein, 2010), 자국 통화는 매우 불안정해지고 붕괴될 지도 모른다.

유로가 모두에게 해결책이 될 수 없을지라도 '경제적 조치들을 더 잘 조직화' 할 수 있는 또 안도를 필요로 하는 국가들에 근접하여 '마지막 수단으로써의 대부자'로 기능할 지역통화기금을 향한 일련의 움직임이 있어 왔다(Desai and Vreeland, 2011, p. 114). 이와 유사하게 국가들이 채무를 변제할 것을 장려하기 위해 엄격한 융자조건 조치보다 비공식적 압력을 행하는 것이 더 적합한 것과 같이, 문제 있는 국가들이 신용등급을 유지하도록 돕기에는 지역기구가 더욱 적합함을 나타내는 사례가 있다. 개도국 내에서 이러한 기관들은 또한 지역 정체성을 발전시키는 데 도움이 된다. IMF나 세계은행과는 달리, 그들은 몇몇 선진국에 의해 주도된다고 여겨지지 않는다. 동아시아, 라틴아메리카, 아프리카, 그리고 중동에서 지역기금을 발전시키기 위해 노력해 왔다. 이상적으로 이러한 기구들은 글로벌 금융질서에 안전성을 제공하기 위해, IMF와 세계은행을 보충하기 위해 기여하여 왔다.

이러한 기구들이 국가가 금융위기에 대응할 수 있도록 돕는 데 유용함이 증명되었음에도 불구하고, 글로벌 금융 시스템의 불안정성을 보여주는 많은 요인들이 — 금융관행 및 규제에 관한 일련의 원칙의 결핍, 글로벌 자본과 차익거래의 빠르고 정신없는 본성, 그리고 금융과 통화정책을 포함하는 균형정책 — 남아있다.

이는 통화와 화폐 정책에 관한 논쟁이 여전히 격렬한 채로, 특히 국제무역의 격한 경기장에서 격렬한 채로 남을 것이다. 그것은 우리가 11장에서 고려할 경제적 세계화의 두 가지 차원이다.

STUDY. APPLY. ANALYZE.

핵심 용어

고정환율	국제통화 체제	변동환율	지역통화연합	통화정책
국가 환율	글로벌리제이션	자유국제경제질서	차익거래	투기공격
국내총생산	금융의 세계화	준비통화	착근된 자유주의	
국제 유동성	달러 과잉상태	지리경제학	통화공급	

추천 도서

Chinn, Menzie and Jeffry Freiden. (2011) *Lost Decades: The Making of America's Debt Crisis and the Long Recovery.* New York: W.W. Norton and Company, Inc.

Dowell Jones, Mary, and David Kinley. (2011) "Minding the Gap: Global Finance and Human Rights," *Ethics & International Affairs* 25, no. 2 (Summer):183-210.

Eichengreen, Barry. (2011) *Exorbitant Privilege: The Rise and Fall of the Dollar and the Future of the International Monetary System.* New York: Oxford University Press.

Erturk, Korkut. (2009) "Decouple the World from the Dollar," Carnegie Council, http://www.carnegiecouncil.org/publications/articles_papers_reports/0070.html.

Lewis, Michael. (2011) *The Big Short: Inside the Doomsday Machine.* New York: W.W. Norton.

Oatley, Thomas. (2012) *International Political Economy,* 5th edition. New York: Pearson.

Raffer, Kunibert. (2004) "International Financial Institutions and Financial Accountability," *Ethics & International Affairs* 18, no. 2 (Summer):61-77.

Reinhart, Carmen M. and Kenneth S. Rogoff. (2009) *This Time Is Different: Eight Centuries of Financial Folly.* Princeton, NJ: Princeton University Press.

World Bank. (2013) *Capital for the Future: Saving and Investment in an Interdependent World.* Washington, DC: World Bank.

"글로벌리제이션은 우리의 회사를 단순히 판매 혹은 공급을 하는 곳이 아니라, 세계 최고의 재능 및 아이디어, 즉 지적자본을 찾기 위해 세계를 탐색하는 곳으로 변화시켜 왔다."

– 잭웰치(Jack Welch), 제너럴 일렉트릭 전 CEO

CHAPTER 11
글로벌 시장에서의 국제무역

글로벌리제이션과 탄산화

다국적기업은 세계경제의 글로벌리제이션 내에서 주요 행위자이다. 코카콜라－세상에서 가장 잘 알아볼 수 있는 브랜드 중 하나－는 생산품이 전 세계범위가 광대한 것과 같이, 이를 상세히 설명한다. 기업보고서에 따르면, 매일 코카콜라 1조 7천억 병이 소비된다. 그 가운데 일부는 중국에서 생산되며 2011년 전체 판매량의 7%를 차지하여 가장 중요한 성장시장의 하나가 되었다. 코카콜라는 80년 넘게 생산되고 있으며, 2014년 중국에 4조 달러 이상을 투자할 계획이며, 중국 내 위치한 42개 공장에 5만 명의 현지인을 고용할 계획이다(Xinhuanet, 2013).

고려해야 할 질문들

- 무역의 글로벌리제이션의 원인과 결과는 무엇인가?
- 무역전략을 수행하는 두 가지 주요 특징은 무엇인가?
- 경제정책은 외교정책의 도구로써 어떻게 사용되어 질 수 있는가?
- 상업적 자유주의를 피하기 위해 국가들은 어떻게 할 수 있을까? 결과는 무엇인가?
- 자유무역에 대한 신뢰 그리고 자유무역 질서의 진전은 승리할 수 있을까?

여러분 이 대학 등록금을 납부하기 위해 노력할 때 아버지가 몇 가지 나쁜 소식을 전한다. 아버지의 고용주가 지출비용을 줄이기 위해 노동조합이 없고, 보다 임금이 싼 노동자들을 고용하고자 생산지를 인도로 옮기기로 결정했다는 것이다. 이제 여러분의 아버지는 실업에 직면할 것이다. 세계화된 국제무역이 부정적인 면을 드러내고 있고, 삶의 질을 하락시키고 있다. 또는 더 이상 미국에서 생산되지 않는 리바이스 청바지와 중국에서 만든 캘빈클라인 셔츠를 입게 될지 모른다는 생각이 현실화될 것이다.

여러분 주변에서 일어나고 있는 국제무역의 회오리바람 속에서 의미를 찾으려 한다면, 몇 가지 식견을 끌어낼 수 있다고 희망하는 국제경제학 과정으로부터 시작해라. 운 좋게도 오늘은 '세계 환경과 국내 환경에 대한 국제무역의 영향'에 대해 배운다. 오늘 교수님은 여러분에게 국가 간 무역은 일반적으로 국제정치의 세계화의 가장 큰 부분이라고 말하면서 주제를 소개한다. 그는 세계은행 전 총재 폴 월포위츠(Paul Wolfowitz)의 "나는 세계화를 좋아합니다. 나는 노동자들에게 그것이 작동하고 있다고 말하고 싶지만, 6백만 명의 사람들이 실직하고 있는 때 그것을 말하기란 어렵습니다."라는 말을 인용하면서 시작한다.

여러분이 배울 것처럼, 학자들 또한 국제무역의 세계화 결과에 관해 매우 다양한 견해를 갖고 있다. 이러한 경쟁적 분석들에 대한 객관적인 평가를 하는 것은 과거의 사상에 뿌리를 두고 있는 국가들의 무역정책에 대한 지도적인 사상을 이해하기 위해 뒤로 물러서는 것으로 시작한다. 이 장에서는 국가들이 권력과 부를 얻고자 추구하고 있는 서로 다른 무역 전략의 기초가 되는 자유주의와 중상주의 간의 경쟁을 형성하고 있는 경제적 초강대국 미국의 중요한 역할에 대해 초점을 맞출 것이다. 우선은 국제무역의 세계화 추세를 나타내는 자료들로부터 시작한다.

> *우리는 글로벌 시장이 광범위하게 분배된 가치와 세계의 사회적 요구를 반영하는 실행에 내재되어 있다는 것을 명심해야 한다. 따라서 글로벌리제이션의 수혜를 세계인과 나누어야만 하는 것이다.*
> —코피 아난(Kofi Annan), 전 UN사무총장

글로벌리제이션 그리고 무역

세계무역의 증거는 입고 있는 옷, 마시는 커피처럼, 가까운 데 있다. 하지만 상업이 얼마나 더 글로벌하게 되었는지에 관한 진정한 규모측정은 어떻게 할 수 있을까? 국제무역의 증가는 정말로 심대한가, 아니면 전체 상품 총량-해외 및 국내 둘 다의-의 증가에 따른 인공적 결과일

무역통합

총무역비율과 국내총생산
간의 차이

뿐으로 우리에게 유용한가? 운이 좋게도, 세계경제에서 무역통합(trade integration)의 정도를 간파할 수 있는 비교적 간단한 지표가 있다. 통상적으로 이용되는 무역통합의 측정은 세계의 국내총생산(GDP)을 통한 성장률보다 더 빠르게 세계무역 성장률이 증가하는 것으로 단순한 정도이다. 무역통합이 증가함에 따라 세계화도 증가하는데 그 이유는 수출이 각 국가들의 GDP(주어진 국가 내에서 생산된 상품과 서비스의 가치)에서 점점 더 많은 부분을 차지하게 되어 국가 간 상호의존이 증가하기 때문이다.

무역통합 지수는 국제무역이 지난 수십 년 동안 점점 글로벌화 되었음을 나타낸다. 예컨대, 제2차 세계 대전 이래로 세계무역이 20배 성장하는 동안, 세계경제(GDP로 측정된)는 세계무역이 6배 확장되어 왔으며, 2011년 세계 수출은 약 18조 달러에 달하였다(Samuelson, 2006; 2012).

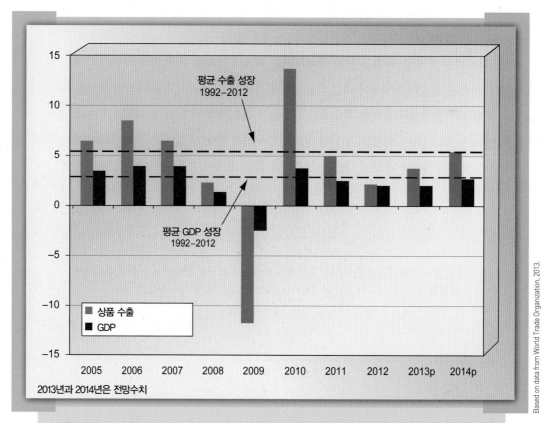

그림 11.1
세계 무역통합의 성장 2005~2014
매년 세계무역의 규모에 있어서의 백분율 변화가 세계 복합 경제의 연평균 성장률보다 빠르게 성장할 때 '무역통합'은 증가한다. 이 수치에서 보이는 바와 같이, 세계무역은 일반적으로 GDP보다 더 빠르게 성장한다. 그러나 2009년 세계무역은 2008년 글로벌 금융위기의 피해로 12.2% 급작스럽게 감소하였다. 2010년 수출물량은 13.8% 급등하여, 그 만큼을 회복하였다. 하지만 성장은 2012년 2%대로 느려졌고, 2013년 단지 3.3% 성장이 기대된다(WTO, 2013a).

그림 11.1에서 보이는 바와 같이, 글로벌 GDP 성장을 지속적으로 초과하는 세계무역 성장에 따른 경향이 지속된다. 일반적 동향이 더 많은 통합을 지향함에도 불구하고, 국가들은 글로벌 경제에 그들의 경제가 참여하는 정도에서 차이가 나고 있다. 세계무역에 남반구의 참여가 증가한 결과, 글로벌 무역통합은 빠르게 진전되어 왔다. 결국 이러한 사항은 남반구 경제성장에 연료를 공급하였다. 제조업에서 글로벌 수출의 남반구 비율은 1980년 10%에서 2011년 33.4%로 성장하여(WDI, 2013), 새로운 수출상품의 비중에서 대부분 아시아의 성장에 의해 부채질되었다.

서비스 교역(관광, 대출 등 은행업과 같은 눈에 보이지 않는 생산품)과 전기통신이 급성장하였다. 이러한 상업적 유대는 1980년대 이래 3배 이상 확장되어 왔다. 그러나 세계은행은 개발도상국들이 정보기술의 확산, 새로운 사업 소프트웨어가 사용될 수 있는 용이함, 그리고 상대적으로 보다 값싼 개발도상국의 임금비용을 이유로 세계 용역 무역의 증가하는 몫을 잡을 것으로 예측한다. 상당수의 교육받고 영어로 말하는 시민들을 가진 인도와 같은 국가들은 이미 북반구 회사의 콜센터와 소비자지원 전화상담 서비스를 운영하고 있다.

무역은 글로벌화 된 세계경제의 가장 일반적이고 가시적인 측면의 하나이다. 그러나 글로벌리제이션은 다면적 현상이며, 종종 서로 관계가 있는 행동의 다양성을 총망라한다. 환율은 교역되는 상품의 가치를 설정하고, 자본 흐름은 종종 이러한 상업 행위에 재원을 대기 때문에, 무역과 글로벌 금융시장 간 밀접한 관계가 있다. 무역은 또한 글로벌리제이션의 두 가지 다른 주요한 측면과 불가분하게 연계되어 있다: 생산과 노동의 글로벌리제이션. 글로벌리제이션의 이러한 요소뿐 아니라 무역과의 관계에 대해 이해하려면, 복잡한 세계 경제를 이해하는 것이 중요하다.

> *오늘날 글로벌 상호의존이란, 개도국에서의 경제적 재앙이 선진국 내 반발을 생산할 수 있다.*
> — 아탈 비하리 바지파이(Atal Bihari Vajpayee), 전 인도총리

무역, 다국적기업, 그리고 생산의 글로벌리제이션

다른 나라의 소비자에게 생산품을 판매하려면 회사는 종종 상품을 생산하고 용역을 제공할 수 있는 해외에 주재사무소 설립을 해야 한다. 전통적으로 *다국적기업들*(5장 참조)의 해외사업은 중앙집중화 된 허브의 '부속'이었다. 오늘날 그 패턴은 더욱 산만해졌다. 생산시설이 세계 각 곳에 위치하게 된 것은, 통신과 수송의 혁명에 의해 실현가능해졌다.

델 컴퓨터 생산의 글로벌 본산지를 생각해 보자. 이들의 공급망은 미국 외 8개 국가를 포함한다(지도 11.1 참조). 사실상 판매되는 모든 델 컴퓨터는 9개 서로 다른 국가들 간 교역을

발생시킨다. 경제학자 리처드 볼드윈(Richard Baldwin)의 언급한 바에 따르면, "글로벌 생산 네트워크와 공급방의 형성은 세계 경제의 무게 중심을 변화시켜 왔다(Baldwin et al., 2013, p. 3)." 무역은 양자 간 관계가 아닌, 더 넓은 다자국 간 생산과 상업의 사슬의 일부로써 간주 되어 진다.

이러한 생산의 세계화(globalization of production)는 국제정치경제를 변화시키고 있 다. 한때 국가 간 흐름이라는 측면에서 무역을 이해했고 그 관행은 계속되고 있다. 왜냐하면 국 민계정통계(National Account Statistics)는 여전히 분석 단위로 국가를 사용하기 때문이다. 그러나 그러한 서술은 점차 현실을 묘사하지 못하고 있다. 실제 서로 무역을 하고 있는 것은 국 가들이 아니라 기업들이기 때문이다. 현재 다국적기업은 세계 생산의 약 1/4, 글로벌 수출의 2/3를 책임지고 있다. 실제고 현재 국제 무역의 상당한 비율이 기업 내 무역(intra-firm trade) 이다. 즉 다국적 기업의 국경을 넘은 계열사 간 발생하는 무역이라는 것이다. 예컨대, 미국 총 무역의 40% 이상이 이러한 성질의 것이다(Lanz and Miroudot, 2011).

다국적기업들은 현재 생산의 세계화에 있어 주요 행위자들이다. 점차 같은 산업의 회사들 과 전략적 기업 동맹을 맺음으로써, 그리고 서로 합병함으로써 다국적기업들은 재무자원을 놓

생산의 세계화

그들의 최종판매지 외부의 다수 국가로부터 재료를 의 존하여 상품을 마감하는 생 산과정의 초국가화

기업 내 무역

같은 기업 내 상품과 서비스 를 중개하는 국경 간 거래

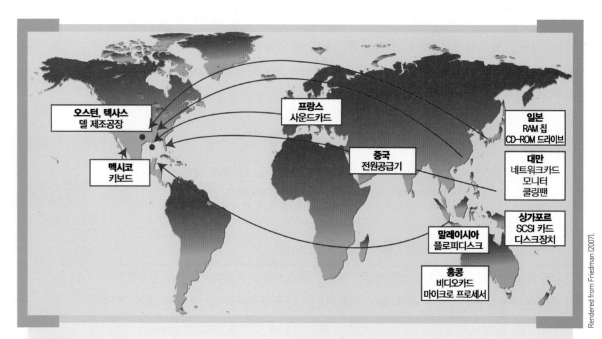

Rendered from Friedman (2007).

지도 11.1
글로벌 공급망
생산의 글로벌리제이션은 종종 상품의 원산지를 정확하게 식별하기 어렵게 함을 의미한다. 위 지도는 델 컴퓨터의 공급망을 보여준다. 이와 같은 공급망은 세계경제에 심대한 영향을 미쳤으며, 국경 간 통합과 네트워크화 된 상호의존의 본질의 증가하는 단계를 반영하는 것이다. 토마스 프리드먼(Thomas Fried-man)은 심지어 복잡한 예방의 '델 이론(Dell Theory)'를 제공하기까지 하여, 다수의 공급망 일부로써 국가들은 전쟁의 가능성마저 줄일 것이라 주장하였다.

고 국가들과 경쟁하는 대규모 NGO가 되었다(표 6.1 참조).

이러한 세계적 거대 복합기업들이 국가 간 많은 금전적 이득을 가져오기 때문에 그 기업들은 세계시장 속으로 국가경제를 통합하고 있다. 이러한 과정에서 국경 간 자본의 이동은 '회사들로 하여금 경제 수명을 부여할 유사한 기구와 책략을 선택하도록' 함으로써 경제적 수렴을 주도하고 있다. "해외직접투자는 표준과 기술, 기업관행의 전달자이다(Prakash and Potoski, 2007, p. 738)." 간단히 말해, FDI는 글로벌 정체성뿐만 아니라 글로벌 무역에도 영향을 미친다.

FDI의 궁극적 효과는 논쟁이 있음에도 불구하고(5장 참조), 다수가 생산의 글로벌리제이션이 증가할 것이라는 데 동의한다. 1970년 이래 세계 전체에서의 FDI 흐름은 2000년 1조 4천억 달러로 100배 증가하였으며, 2007년 1조 9천억 달러를 초과해 정점에 달했다. 2008년 글로벌 금융위기의 여파로, 2009년 FDI 수준은 1조 천억 달러대로 곤두박질쳤다가, 2011년 1조 6천 5백억 달러로 회복되었다(WDI, 2013). 계속되는 글로벌 경제의 혼란으로 말미암아, FDI는 2012년 말 1조 3천 5백억 달러로 떨어지는 등 요동쳐 왔다(UNCTAD, 2013).

이러한 광범위한 경향 내에서 FDI에 대한 참여에 깊게 관여되어 온 남반구의 부상이 두

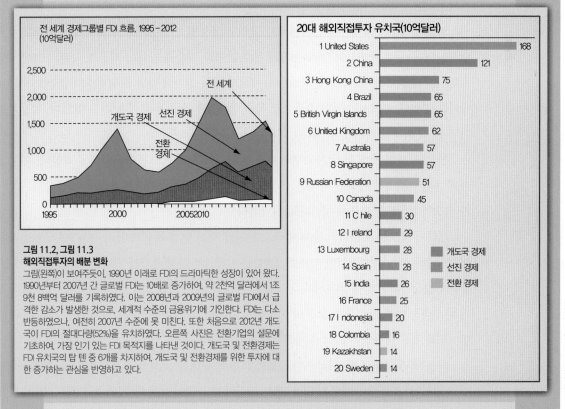

그림 11.2, 그림 11.3
해외직접투자의 배분 변화
그림(왼쪽)이 보여주듯이, 1990년 이래로 FDI의 드라마틱한 성장이 있어 왔다. 1990년에서 2007년 간 글로벌 FDI는 10배로 증가하여, 약 2천억 달러에서 1조 9천 8백억 달러를 기록하였다. 이는 2008년과 2009년의 글로벌 FDI에서 급격한 감소가 발생한 것으로, 세계적 수준의 금융위기에 기인한다. FDI는 다소 반등하였으나, 여전히 2007년 수준에 못 미친다. 또한 처음으로 2012년 개도국이 FDI의 절대다량(52%)을 유치하였다. 오른쪽 사진은 전환기업의 설문에 기초하여, 가장 인기 있는 FDI 목적지를 나타낸 것이다. 개도국 및 전환경제는 FDI 유치국의 탑 텐 중 6개를 차지하여, 개도국 및 전환경제를 위한 투자에 대한 증가하는 관심을 반영하고 있다.

Source: World Investment Report, 2013.

드러졌다. 개도국들에 대한 해외로부터 투자유입이 증가해 왔다. 1995년부터 2011년 간, 개도국에 대한 FDI 순유입은 거의 4배 증가하여, 980억 달러에서 6,480억 달러를 초과하였다. 남반구 국가들 또한 그들의 국경 밖으로 투자를 감행해 왔다. 개도국으로부터의 FDI 순유출이 2010년 31.8%로 정점에 달한 이후, 2011년 전체 FDI 유출 흐름의 26.9%를 차지하였다 (Al-Sadig, 2013).

최근 금융위기는 이러한 패턴을 고조시켜 왔다. 선진국 FDI 흐름이 25%까지 급락하였으며, 남반구에 대한 투자는 지속적으로 증가하였다(WIPS, 2009).

그러나 글로벌 금융의 현재와 무역을 확장시키는 해외투자 기업 간 큰 차이점이 존재하는 것은 FDI 흐름의 목표 간 차이만큼이나 뚜렷하다(그림 11.2, 11.3 참조).

노동의 글로벌리제이션

노동이 없이는 재화가 생산될 수 없다. 그래서 생산의 글로벌리제이션은 불가분하게 노동의 글로벌리제이션(globalization of labor)과 연계되어 있다. 특히 노동은 불법이민(12장 참조), 아동 노동, 그리고 아웃소싱과 같은 이슈에서 설명되듯, 글로벌 경제의 각각과 직접적으로 연계되어 글로벌리제이션의 논쟁적 측면이 되었다.

노동의 글로벌리제이션은 세계경제 그리고 글로벌 인구통계의 변화와 관련된 결과로써 발생하였다. 글로벌 FDI의 양적 증가로 인해 분명한 것은 증가하는 생산적 자본의 양은 이동적이며, 기업의 요구, 그리고 전망되는 유치국의 장점 인지에 따라 손쉽게 위치를 변화시킬 수 있다는 것이다. 비즈니스는 지속적으로 복수 국가로부터 노동을 이용할 수 있으며, 입장 변화가 있을 때 위치를 변경할 수 있다.

동시에, 개인 또한 한 국가로부터 다른 국가로 이동하는 노동이동성이 존재한다. 이주 흐름에 대한 완벽하게 정확한 측정은 사실상 입수하기 불가능하나, UN은 타국에서 일하는 인구가 약 2억 천 5백만 인구에 이른다고 판단한다.

게다가 글로벌 노동력의 총체적 규모는 지난 수십 년간 폭증해 왔다. 2011년 글로벌 노동인력의 총규모는 32억 6천만 명으로, 1980년 이래 4배 이상 증가해 왔다. 이러한 성장의 대부분은 BRICS 국가 및 동남아시아 국가에서 초래되었다(WDI, 2013). 이러한 두 수치의 비교의 나타내는 바는 광범위한 노동의 이동성이 자본의 이동성에는 미치지 못하며, 총노동력 풀(pool)의 적은 비율만이 타국에 재배치된다는 것이다.

이를 액면 그대로 받아들이면, 글로벌 노동력에 대한 긍정적 징조가 아니다. 수요 · 공급의 측면에서, 수요가 증가하지 않은 채로 늘어나는 공급이 노동의 '가격(임금)'을 저하하게 만든다. 더 낮은 비용으로 지구적 노동의 근원을 구하게 하는 자본의 능력을 '글로벌 소싱(global

노동의 글로벌리제이션
노동시장의 통합은 생산의 글로벌 본성뿐 아니라, 글로벌 노동인력의 늘어나는 규모와 이동성에 의해 예측되어 진다.

sourcing)' 혹은 흔히 아웃소싱(Outsourcing)이라 명명하며, 많은 산업 영역, 특히 손쉽게 노동을 대체할 수 있는 저임금 제조업에서 흔히 일어나고 있다.

하지만 고임금 산업 영역에서의 아웃소싱—정보기술에서 법률연구에 이르기까지—또한 두드러진다. 예를 들어 인도의 구르가온(Gurgaon)에서 리투 솔란키(Ritu Solanki)란 법률가는 법률 아웃소싱 기업에 근무하며, 계약초안을 만들고 법률반문을 하여 시간당 50달러를 벌고 있다. 비교해 보면 런던 법률회사는 동종의 업무에 대해 시간당 400달러를 쓰게 된다. 이 때문에 법률회사 및 기업의 법조팀은 비용절감을 위해 아웃소싱을 찾기 시작하였다. 인도의 추정에 따르면 법적 프로세스 아웃소싱이 2006년 1억 4천 6백만 달러에서 2010년 4억 4천만 달러로 증가하였으며, 2014년에는 11억 달러로 증가할 것이라 기대하고 있다(*The Economist*, 2010n, p. 69).

동 이슈에 대해 더 광범위한 평가를 구해보면, 글로벌리제이션이 두 가지 주요 목적을 달성하기 위한 노동의 협상력을 약화시킨다는 원천적 문제이다: 두 가지 목적이란 생활임금 및 노동 권리이다. 수요와 공급의 단순한 논리(증가하는 노동공급이 노동 가격을 더 낮춘다.)가 임금 수준에 더 좋지 않은 징조임에도 불구하고, 노동을 상대적으로 상품에 상응하고, 교환 가능한 것으로 간주함으로써 상황을 지나치게 단순화시키고 있다. 이는 노동생산성과 같은 비즈니스 결정에서의 핵심요소를 무시한 관점이다. 예컨대, 만약 노동생산성이 현 노동력보다 덜한 상태인 75%라면, 노동이 50% 덜 비싼 지역으로 기업이 이전하는 것은 이치에 맞지 않다. 이러한 이동은 운영비의 순증가를 초래하기 때문이다. 따라서 임금이 글로벌 자본이 위치하는 바를 결정하는 요소로 유일하지 않다는 것을 의미한다.

이러한 아웃소싱에 대한 집중은(이윤율을 극대화시키기 위해 다국가 간에 걸친 임금 격차에 대한 기업의 이용을 포함한다.) 이 실행이 덜 효과적이 되어감에 대한 반증이다. 다국가 간의 생산성 차이에 덧붙여, 몇몇 기업은 상품생산을 그들이 궁극적으로 판매할 장소와 근접하게 위치하게 함의 장점, 즉 더 낮은 재고 요구, 더 빠른 고객 서비스, 그리고 다 낮은 수용비용을 재발견하기 시작했다. 결과적으로, 니어-소싱(near-sourcing)의 실행이 증가하고 있다(Asbury, 2013).

니어-소싱

효율성을 증가시키기 위해, 상품 혹은 서비스가 판매되는 장소에 근접하여 생산 혹은 서비스 시설을 위치하는 것.

게다가 다국가 간 임금 비용 격차가 결국 줄어들고 있다는 증거도 있다. 기술과 교육의 단계에서 남반구 내 생산성이 증가함에 따라, 전통적으로 값 싼 노동력의 풍부한 원천이었던 남반구 국가들에서 지난 수 년 간 노동 비용이 비약적으로 증가하게 하였다. 예를 들어, 2002년 이래로 중국 내 비숙련 노동 임금이 매년 12% 증가해 왔다. 중국 내 다수의 산업 영역에서, 2015년에 이르면 노동비용은 미국과 동일해 질 것이라는 것이다(LeBeau, 2013). 이러한 결과는 중국 내 중산층의 확산을 함축하며(Ranasinghe, 2013), 이러한 추세는 글로벌 무역—단기간의 갈등 효과에도 불구하고—에서의 자유경제 시각을 지지하며, 결국 발전과 경제번영을 이끌 수 있다는 것이다.

그렇지만 이 문제에 대한 경험적 연구는 글로벌리제이션이 다국가 간 좀 더 손쉽게 교환 가능하도록 한 저임금 노동에 대해 문제가 있음을 지적한다. 또 몇몇 노동자가 더 낮은 임금에 처해진다 할지라도, 글로벌리제이션은 이러한 노동자의 구매력을 증진시킨다. 자유경제 이론에 부합하게도 글로벌 무역은 소비자들이 글로벌리제이션이 없는 경우보다 더 낮은 가격으로 재화를 다 많이 선택하여 구매할 수 있게 한다. 실제로, 최근 IMF 연구로 글로벌리제이션이 몇몇 국가에서 임금 수준을 저하시켰음에도 불구하고, 그 손실을 구매력 상승으로 상쇄시켜 왔음을 발견해 왔다. 간단히 말해, 글로벌리제이션은 "파이의 배당을 축소시켰으나, 전체 파이를 더 크게 만들었다는 것이다(*The Economist*, 2007b, p. 84)."

유사한 역학이 노동의 글로벌리제이션과 노동 권리 사이에서 초래되었다. 이 사례에서 자본과 증가하는 노동 공급에 대한 경쟁이 노동조합을 결사할 권리(단체교섭), 아동노동의 이용 및 노예노동과 같은 도덕적으로 의심스러운 노동 관행으로부터의 법적 보호를 포함한 노동 권리에 역작용을 초래할 수 있다는 염려다. '노동력 착취 현장'에 대한 입증되지 않은 증거와 이익이라는 이름으로의 노동조합 권리에 대한 억압은 아주 많다; 유노컬(Unocal), 월트 디즈니, 나이키, 그리고 애플과 같은 다양한 기업들이 빈약한 노동 관행과 관련한 곤란한 상황 및 재정

글로벌리제이션에 대한 투쟁

수십 년간의 공산주의 통치 이후, 베트남은 글로벌 경제에 개방에 대한 개방을 단행하여, 1990년 이래 빠른 성장을 이어 오고 있다. 이는 베트남이 해외직접투자의 입지로써 '중국보다 싼' 장소로 알려진 것이 어느 정도 해외자본 유입의 원인이 되었다(Bloomberg, 2011). 그러나 어려움이 남아 있으며, 노동권리에 대한 억압은 고질적이다. 이는 특히 경공업에서 노동력의 대다수를 제공하는 여성노동력에 대한 사례에서 보여진다. 위 사진은 노동자들이 하노이 외곽 마을의 신발 공장 조립라인에서 근무하고 있는 모습이다.

비용으로 고통 받아 왔다.

하지만 포괄적 연구는 좀 더 복잡한 현실을 반영한다. 예컨대 다국적기업(MNCs)은 종종 국내 기업보다 더 나은 기술과 노동정책을 들여온다(Graham, 2000). 그들이 숙련노동 풀을 끌어들인 결과로, 또한 교육과 보건 개혁을 통해 노동시장의 기술과 생산력을 증진시키도록 국가들을 독려할 수 있다(Blanton and Blanton, 2012a; Mosley, 2011). 게다가 증가된 해외 투자는 아동 노동 사건의 감소와 관련되어 있다는 것이 확인되었다(Neumayer and de Soysa, 2005).

대부분의 연구는 (모든 것을 감안할 때) *생산과 노동의 글로벌리제이션*의 사회발전에 긍정적으로 작용하고 그 이익이 사회 전반 혹은 사회일부에서 동등하게 확산되는 것은 아니라는 사실을 보여준다. 경제학자 로드릭(Dan Rodrik, 2008)은 "글로벌리제이션은 글로벌 시장에서 번창하기 위해 기술과 이동성을 가진 그룹과 이러한 장점을 어느 것도 가지지 않았거나, 규제되지 않은 시장의 확산이 사회 안정성을 해칠 것으로 간주하는 이들 사이에서 깊은 단층선을 노출시켜 왔다."고 주장하였다.

국제 체제의 아동 노동
글로벌리제이션은 급속한 기술 성장뿐만 아니라 세계화된 시장에서 제품이 보다 경쟁력을 갖추도록 낮은 임금의 사람들을 이용하는 일부 국가들의 값싼 노동의 이용가능에 의해 가속화되고 있다. 일부 아동은 노조가 노동자들을 보호하는 곳에서 만드는 것보다 값싸게 제품을 생산하고 있는 방글라데시에서 거의 노예와 같은 임금에 일하고 있다.

하지만 글로벌리제이션과 사회적 복지 간의 총체적 관계가 글로벌리제이션에 관해 무엇을 두려워하든지 간에 지속된다. 이것이 승자와 패자를 양산한다 해도, 글로벌리제이션의 부정적 결과는 기업이 일감을 아웃소싱하거나 아동노동을 이용하는 등 글로벌리제이션의 부정적 결과는 매우 가시적이며 사람들을 충격에 빠뜨린다. 소프트웨어 테스팅 작업을 인도에 아웃소싱한 미국인들은 다음과 같이 진술한다; "그들은 내 일거리를 외주하였을 뿐 아니라, 관련된 전적인 산업을 아웃소싱하였다는 사실은 내가 무력하고 무능하다고 느끼게 하였다.… 솔직히, 이러한 상황은 나와 같은 개인이 풀기에는 너무 큰 문제를 만들어내고 있다(Cook and Nyhan, 2004)." 그 대신에 비용절감 생산 및 기술의 단계적 확산과 같은 글로벌리제이션에 의한 이익은 종종 눈에 띄지 않는다. 이는 그들의 이익이 폭 넓게 확산되고, 모두에 의해 나눠지기 때문이다. 따라서 글로벌리제이션이 대체적으로 사회에 건강하게 작용하고 있음에도, 글로벌리제이션의 실패자들이 승자들보다 더 많은 주의를 끌고 있다. 보아온 바와 같이, 이와 유사한 역학은 많은 부분에서 무역정책을 둘러싼 논쟁이 있는 것으로 보인다.

경쟁적인 무역전략

여러분들이 배웠듯이 국제무역은 세계화의 가장 확장된 영역이며, 무역논쟁에 관한 다른 측면은 각각 자신의 정책 처방집합을 제공한다. 다른 국가들이 취하고 있는 무역 전략을 이해하기 위해 그 국가들은 국제경제 정책결정을 이끄는 자유주의와 중상주의 경제철학, 그리고 글로벌 무역 질서의 역사적 맥락을 이해하는 것이 중요하다.

대공황의 그림자

제2차 세계 대전 이후의 경제질서를 위한 제도적 기초는 1944년 뉴햄프셔 주 브레턴우즈 회의에서 시작되었다(10장 참조). 이후 3년 기간, 정상들은 태환 통화 및 자유무역에 기초한 자유무역 질서를 발견하였다. 국제통화기금과 세계은행이 선도적 금융제도로서 나타나는 동안, 세계무역을 자유화시키는 작업은 후에 관세 및 교역에 관한 일반 협정(GATT)으로 귀착되었다.

GATT의 기본 임무는 관세장벽을 낮추고 무역 분쟁 해결을 위한 공동포럼을 제공함으로써 국가들 간 자유무역을 장려하는 것이었다. GATT는 세 가지 주요 원칙을 가졌다: 호혜, 무차별, 그리고 투명성. 호혜(Reciprocity)는 무역장벽을 상호 간 낮추는 것을 의미하며, 그래서 그들의 관세를 낮춘 국가들은 자신의 교역상대국도 같은 일을 하리라 기대하게 된다. 무차별(nondiscrimination) 원칙에 따르면, 모든 회원국들은 다른 회원국 시장에 같은 수준으로 접근한다는 것이다. 실제는 무차별이 두 가지 특별한 방식인 **최혜국 원칙**(MFN: most-favored nation), 그리고 내국민 대우를 가진다. MFN 원칙이란, 한 국가에 주어진 관세특혜는 모든 다른 국가에 주어져야 함을 고수한다. ― 즉, 회원국 간 혜택을 받은 국가는 있을 수 없다는 것이다. 내국민 대우는 해외 상품이 국내 상품과 같은 대우를 받아야 함을 의미하며, 국가들은 해외 재화에 비해 국산 재화에 어떠한 이점을 주기 위해 세금이나 규제와 같은 정책들을 행사할 수 없다는 것이다. 마지막으로 GATT는 무역정책에서 투명성(transparency)을 요구한다. 이는 무역규제와 장벽이 명확히 분별되어져야 함을 의미한다.

종합적으로 GATT는 무역 자유화에 성공적이었다. 이 제도가 형성될 당시, 무역에 대한 주된 장벽은 관세였다(수입상품에 부과되는 세금). 1947년부터 1994년까지 연속적으로 개최된 회의 혹은 '라운드'에서 평균 관세 수준은 40%에서 5% 미만으로 낮아졌다. 1994년 우루과이 라운드가 종결되고, 세계무역기구(WTO)가 시작되었다. 이는 회원국 간 분쟁을 해결할 능력을 부여함으로써 조직을 더욱 강화하였다. 이러한 분쟁해결 메커니즘은 WTO에 규칙을 강제할 수 있는 능력을 부여하여, 1994년 이래 회원국 간 수백의 분쟁을 해결해 왔다. 기구로서 부가적 힘을 얻는데 더하여, 조직은 회원국 덕택에 더욱 강해졌다. ―1947년 이래로 회원

호혜

무역장벽의 상호 혹은 호혜적 낮춤.

무차별

국내외에서 생산된 상품은 동일한 수입과 수출 협정으로 다뤄져야 한다고 명기하고 있는 자유무역의 원칙들로, 최혜국 대우 원칙과 무차별 모두를 수용한 규칙

최혜국 원칙

특정 WTO의 회원국에게 주어지는 이익은 모든 다른 WTO 회원국들에게도 적용되어야 한다는 WTO의 규칙. 이를 강조하는 참여국들 간의 무역에서 무조건적이고 무차별적 대우의 관세 및 무역에 관한 일반협정(GATT)의 중심 원칙

투명성

자유무역과 관련하여, 무역을 막는 원칙은 알아 볼 수 있어야 하며, 그래서 목표로 하기 쉬워야 한다.

국은 23개국에서 159개 국가로 증가해 왔다.

비록 자유화가 정책 원칙으로 전 세계에 확산되었을지라도(Simmons and Elkins 2004), 모든 국가들이 정부가 무역흐름을 관리하는 식으로 개입해서는 안 된다는 자유주의적 교리를 일관되게 지지했던 것은 아니다. 실제로, *상업적 자유주의*(10장 참조)는 많은 국가들에서 공격받고 있다. 그들 중에는 국내에서 국내 산업과 고용을 보호하도록 압력을 가하는 일부 냉정한 자유주의 지지자들도 있다.

다음으로, 우리는 국제무역에서 국가가 사용하는 특정 정책 도구에 접근하기 위해, 무역정책과 글로벌 정치 체제 내의 무역정책과 규범을 뒷받침하는 철학적 믿음을 검토할 것이다.

단계적으로 행해지는 세계화: 공산주의 중국은 자본주의와 소비자 중심주의로의 전환을 선택했다.
사진은 중국의 점증하는 소비자 중심주의를 보여주는 하나의 사례이다. 세계에서 가장 큰 쇼핑센터로 알려진 동관 소재의 거대한 사우스 차이나 몰(South China Mall)의 전경이다. 2005년 개관한 이 몰은 710만 피트의 임대쇼핑 면적을 가지며, 풍차와 테마파크를 포함하고 있다. 중국은 세계 10대 거대 쇼핑몰 중 총 2개를 가졌다(Emporis, 2012). 중국은 현재 미국의 '할 수 있는 데까지 쇼핑하기' 정신을 철저히 물려받았고, 소비자 지출의 넓은 땅을 가진 미국을 추월하고 있다(Ranasinghe, 2013).

자유적 가치와 중상주의적 가치의 충돌

국가들은 경제 변화를 가장 잘 관리하기 위해 세계화된 정치경제를 어떻게 합리적으로 다루어야 하는가? 자국의 복리를 우선시 하는 각 국가들의 자연스런 경쟁 욕구로 국가들이 부를 극대화할 수 있다면, 그 철학과 정책들은 무역자유화에 협력하는 국가들로 하여금 가장 중요한 요구를 조정하도록 하게 한다. 국제정치경제에 관한 많은 논쟁은 궁극적으로 자유주의와 중상주의 간의 차이로 정리될 수 있다. 다섯 가지 핵심 질문에 의해 구분되는 이들의 이론적 입장 비교는 오늘날 이들 학파들을 나누는 논쟁점을 나타낸다(표 11.1 참조).

상업적 자유주의   상업적 자유주의는 인류의 자연스러운 경향이 협조하는 것이라는 가정으로부터 유래된 하나의 이론이다. 따라서 법 아래에서 개인의 자유를 확대하고 번영을 늘리기 위해 상호 이익이 되는 교환 과정이 가능하다. 상업적 자유주의에서 경제활동은 세계 복리를 가져올 수 있고 자본주의의 주요 문제점들(호황과 불황의 주기, 무역 전쟁, 빈곤, 소득 불균등)이 관리될 수 있다. 세계의 '대의(Bhagwati, 2004)' 중 하나는 국제 자유무역으로 국가들이 빈곤

표 11.1	자유주의 및 중상주의의 핵심 차이점	
	자유주의	**중상주의**
경제적 관계	조화로움	대립적임
주요 행위자	가계, 기업	정부
경제행위의 목적	글로벌 복지의 극대화	국가이익의 달성
경제 vs. 정치 우위	경제가 정치를 결정	정치가 경제를 결정
글로벌 변화에 대한 설명	역동적, 조정 가능한 평형	국가 개별적 힘의 분배에서의 이동의 산물

으로부터 벗어나게 하고, 정치적 자유를 확대하도록 하는 것이다.

아담 스미스는 상업적 자유주의에 대한 기초를 세웠다. 1776년에 그는 현재 고전이 된 『국부론(The Wealth of Nations)』에서 '교섭하고, 물물거래하며, 교환하는' 인간의 자연스러운 경향에 의해 작동하는 규제받지 않는 시장에서 개인의 이익에 따라 '보이지 않는 손(invisible hand)'이 어떻게 능률과 이익을 낸 세계의 집단적 혹은 공공의 이익에 기여할 수 있는지를 설명한다. 스미스에 따르면 만일 개인이 이성적으로 자신의 이익을 추구하면, 그들은 또한 사회적 이익을 극대화한다는 것이다.

국가 간 교역에 관하여 스미스가 발전시킨 핵심개념은 절대 우위(absolute advantage) 개념으로, 국가들이 생산 비용을 다른 나라와 비교해서 가장 낮은 재화를 생산해야한다는 것이다. 스미스는 "만일 외국에서 자국이 만드는 것보다 더 싸게 물품을 공급할 수 있다면, 그것을 사는 것이 더 나으며, 자국 내 산업 생산 시설의 일부는 다른 이점이 있는 곳에 고용하면 된다."라 추론하였다. 이 생각이 혁명적임에도, 명백한 딜레마가 떠오른다.─국가가 어떤 것에도 절대 우위가 없다면 어떻게 할 것인가?

19세기 정치경제학자 데이빗 리카르도(David Ricardo)는 이러한 쟁점을 비교 우위(comparative advantage)라는 개념을 통해 고심하였다. 리카르도는 모든 당사자, 심지어 어떤 것에도 절대 우위를 가지지 않은 국가들도 교역으로부터 이익을 얻을 수 있다고 주장하였다. 어떻게? 비교 우위 이론에 따르면 국가들은 더 낮은 기회비용(국가들이 생산하기를 포기하게 된 모든 것의 가치)을 가진 상품에 특화해야 한다. 다시 말해, 국가는 가능한 더 높은 가격에 생산할 수 있는 다른 재화보다 비교적 더 싸게 생산할 수 있는 상품의 생산에 집중해야 한다는 것이다.

이것은 자유주의 이론의 주요한 시사점으로 심오한 개념이며, 경제 이론이었다. 비교 우위는 교역이 이에 참가하는 모든 당사자에게 이익을 주는 것을 보여준다. 이 이론은 자유무역

절대 우위

국가는 다른 국가들과 비교하여 가장 낮은 생산비용을 가지는 상품의 생산에만 특화해야 한다는 자유경제 개념

비교 우위

국가가 상대적으로 값싸게 생산할 수 있는 상품에 특화하고 보다 높은 비용으로 생산할 수밖에 없는 상품을 교역을 통해 획득한다면 이득이 될 것이라는 자유주의 경제학의 개념

표 11.2		비교 우위와 교역으로부터의 이익							
	시간당 노동생산성		특화 이전		특화, 비무역		특화, 무역	
국가	직물	자동차	직물	자동차	직물	자동차	직물	자동차
중국	9	3	900	300	990	270	910	300
미국	4	2	400	200	320	240	400	200

이 오든 국가에게 함께 경제적 번영을 성취함을 가능하게 한다고 하는 상업적 자유주의 주장의 기초이다.

교역이 어떻게 파트너 양측의 이익을 생산하는지 나타내기 위해 중국과 미국을 포함한 간단한 가상의 상황을 살펴보자. 이들 각각은 직물과 자동차를 생산하지만, 표 11.2의 첫 열에 보이는 바와 같이, 서로 다른 노동생산성(시간당 생산량)을 가지고 있다.

분명 중국은 두 상품에 있어 절대적 이점을 갖고 있다. 직물과 자동차를 생산해내는데 있어 중국 노동자들이 미국 노동자들보다 생산적이다. 이것이 두 국가가 서로 무역을 해서 이익을 낼 수 없다는 것을 의미하는가? 아니다; 두 국가가 상품을 생산하는데 상대적 비용측면에서 상이성을 가지면 특화 후 교역을 통해 양측 모두가 이익을 얻을 것이다.

비교 우위 논리에 따르면 각 국가는 상대적으로 다른 국가보다 더 낮은 기회비용을 가진 상품을 생산해야 한다. 기회비용이란 첫 열에서 보이는 바와 같이, 한 대의 추가적인 자동차를 생산하는 중국의 '비용'은 직물의 세 필이다. 대신에 자동차를 하나 덜 생산함에 따라, 중국은 세 필의 직물단위를 생산할 수 있다. 그러나 미국은 자동차 한 대를 더하기 위해 직물 두 필의 비용이 들며, 자동차를 하나 덜 생산함으로써 두 필의 직물만을 획득하게 된다. 따라서 미국은 자동차 생산에서 더 적은 열위를 가지며, 이는 자동차 생산을 위한 기회비용(직물 두 필)이 같은 생산을 위해 중국이 처할 기회비용(직물 세 필)보다 덜 함을 의미한다. 바꿔 말하면, 미국이 두 가지 재화의 생산에서 열위에 처해 있다하더라도 비교 열위인 부문은 자동차이다.

다음의 시나리오는 특히 비교 우위인 재화의 생산에 특화됨으로써, 교역이 어떻게 각 국에 이익을 주는지에 관하여 나타낸다. 특화 혹은 교역(둘째 줄) 없이 각 산업에 100명의 근로자가 있다고 상정하자. 다음으로, 자동차로부터 10명의 중국 근로자를 직물생산으로 이동시켜 생산을 특화하고 직물생산으로부터 20명의 미국 근로자를 자동차로 옮기자(셋째 줄). 넷째 줄은 양 국이 교역으로부터 마침내 이익을 얻음을 보여준다. 만일 우리가 두 국가 간 교역을 허가하면 직물 80필을 미국에 팔거나 수출하게 되며, 30대의 미국산 자동차를 중국에 수출하게 된다. 중국 자원을 섬유산업으로, 미국 자원을 자동차산업으로 이동시켜 교역을 허락함으로써, 변함없는 총할당량으로 직물과 자동차 생산물 각각 10개씩을 증가시킬 수 있는 것이다. 이제 자원은 더욱 효율적으로 사용되어지며, 양국은 이익을 얻는다.—중국은 특화 및 교역 이전보다 결국 더 많은 직물을 얻게 되고, 자동차 수는 동일하다. 미국은 더 많은 자동차를 얻었으며, 직물 수는 이전과 같다. 같은 인원의 노동자로 더 많은 결과물을 획득함이란 양국이 더 높은 생활수준을 향유함을 의미한다.

자유주의에 내포된 가정은 시장이 그들 자신의 논리에 따르면 시장이 성공한다는 것이다. 이는 상당히 간단한 일련의 정책적 조언을 제공한다. 자유주의자들은 국가 경제에 관한 최소 정부 규제가 성장과 번영을 극대화할 것이라 여긴다. 최선의 정부는 사업에 간섭하지 않는 정부이고, 정치는 경제 시장과 분리되어야 한다. 자유 시장은 민주적 제도를 번영시킬 광범위하고 꾸준한 경제성장을 위한 토대이다(Naím 2007).

그러나 여기에 적어도 하나의 문제가 있다. 자유주의 이론이 '보이지 않는 손'이 모두가 이익을 얻도록 효율성을 극대화시킬 것이라 약속하지만, 모두가 동등하게 얻을 것이라 보장하지 않는다는 것이다. 사실 "모두가 전체에 대한 그의 기여에 따라 얻을 것이다. 하지만 … 개개의 생산성이 다르기 때문에 모두가 공평하게 얻을 수는 없다. 자유무역에서 사회는 대체로 보다 부유해질 것이지만, 개인들은 한계 생산성과 전체 사회 생산에 대한 상대적 기여라는 관점에서 보상받게 될 것이다(Gilpin 2001)." 이는 국가 간처럼 세계 수준에서도 마찬가지로 적용된다. 비교 우위의 원칙이 제어한다고 하더라도 국제무역에서 얻는 이익은 매우 불공평하게 배분된다. 중임금 국가들에게 세계화는 보다 부유한 국가들과 가난한 국가들에게 만큼 도움이 되지는 않는다(Garrett 2004). 상업적 자유주의 이론은 *상대적 이득*보다는 모두를 위한 *절대적 이익*에 주안점을 두고 있기 때문에 이러한 차이를 무시한다. 반대로 중상주의 이론은 경제적 보상이 분배되는 방식을 결정하는 무정부 상태에서의 국가들 간의 정치적 경쟁에 보다 관심이 있다.

중상주의

*중상주의*는 근본적으로 현실주의 사고의 경제적 확장이다. 시장의 합리성, 상호 이익, 그리고 최소 정부에 집중하는 자유주의자들과는 달리, 중상주의자들은 권력정치의 필요성을 경제에 대한 결정요인으로서 간주하고, 정부가 국가의 경제적 안녕을 보장하는 중대한 역할을 한다고 규정짓는다(5장 참조).

고전 중상주의는 15세기 말 첫 번 째 식민주의 물결이 이는 동안 등장하였다(Wallerstein, 2005). 고전 중상주의는 금과 은을 축적하는 것을 권력과 부를 나타내는 수단으로 보았으며, 제국주의에 대한 지지를 그 목적을 위한 수단으로 간주하였다. 19세기 초, 우리가 현재 중상주의라 부르는 것(또는 경제적 민족주의)이 자유주의 부상에 대한 대응으로 출현하였다. —실제 선도적 중장주의자 중 리스트(Friedrich List)의 '*정치경제학의 국민적 체계*(*National System of Political Economy*)'는 스미스의 '국부론(*The Wealth of Nations*)'을 직접적으로 비판하고 있다. 경제적 민족주의자들이 생산성의 중요성, 특화의 이익, 그리고 시장의 효율성과 같은 자유주의 핵심사고 중 일부를 차용하고 있으나, 서로 다른 정치적 결론 집합을 이끌어내고 있다.

특히, 중상주의자들은 세 가지 주요 방법에서 자유주의적 사고로부터 벗어나 있다.

- 자유주의자들이 부와 경제적 성장을 그들 자신의 목표로써 간주하는 반면, 중상주의자들은 그들이 국가 권력의 도구라 판단한다. 이는 현실주의와 긴밀히 연결되는 것으로 국가이익을 강조하며, "경제적 행위는 국가 형성의 목적과 국가이익에 종속되고, 또한 그렇게 되어야만 한다."고 받아들이고 있다(Gilpin 2001).

- 자유주의적 사고는 특화의 이익을 자세히 설명하고 있으나, 함축적으로 모든 특화가 동등한 가치를 지니는 것으로 취급한다. 중상주의자는 이러한 가정에 의문을 가지고 "부를 생산하는 힘이 부 자체보다 더욱 중요하다."라고 규정하였다(List, 1841). 예컨대, 미국의 초기 재무장관 해밀턴(Alexander Hamilton)은 미국이 농업 대신에 제조업에 특화해야함을 권고하며, 이것이 미국의 국가 이익을 더 많이 창출할 것이라 하였다. 농업과는 대조적으로 제조업은 더 높은 수준의 기술 진전을 요구한다. 따라서 산업화는 국가 내 '재능의 다양화'를 증진할 것이며, 결과적으로 산업 역량은 좀 더 순조롭게 군사력으로 전화될 수 있다.

- 중상주의자들은 국가를 경제에서 역동적이며, 필수적인 역할을 수행해야 할 주체로 간주하였다. 몇몇 특화 분야는 다른 것보다 더 우위에 있으며, 국가는 그들을 보조하고, 해외 경쟁으로부터 '보호'함으로써 특정 산업의 발전을 장려할 수 있다는 것이다. 해밀턴(1791)에 따르면, 국가이익의 핵심 사례에서 "국고는 민간 자원의 결손을 보충해야만 한다."라고 주장하였다.

이러한 시각은 다른 경제정책의 행위를 양보해야 한다. 상업적 자유주의가 협조적 경제 협정의 상호이익을 강조하는데 반해, 중상주의는 제로섬 경쟁의 가능성에 초점을 맞추고 무역에서 한쪽 파트너에 의해 현실화된 이득은 다른 무역 파트너에게 손해를 끼칠 것이라는데 보다 관심을 갖는다. 중상주의자들에게 있어 상대적 이득은 모두의 절대적 이득보다 더 중요하다. 중상주의자들이 자유무역을 우월한 효율성으로 간주함에도 불구하고, 그들은 정치적 이익에 대해 좀 더 신중한 견해를 가진다. 그들은 강력한 국가를 위해 국가의 권력을 확고히 하는데 기여한다는 점에서 자유무역을 용인되는 관행으로 판단한다. 성장하는 국가를 위해 교역 관계는 때때로 좀 더 강력하고 좀 더 발전된 국가의 경제적 우위를 위해 조작된다(Hirschman, 1945).

많은 사례에서 실천적 자유무역은 국가안보와 장기 경제발전을 약화시킬 수 있다. 실제로 중상주의자들이 지적한 바와 같이 자유주의적 사상을 공언한 강력한 국가들, 가장 뚜렷하게 미국과 영국은 그들의 산업 발전 시기 지극히 보호주의자였다. 링컨(Abraham Lincoln) 미국 대통령은 국제 간 무역의 이익을 의심하며, 관세를 미국 산업 기반을 보호할 수 있는 방편으로 간주한 열정적인 보호주의자였다.

그는 간단명료하게 다음과 같이 주장하였다. "정치는 나이 든 여성의 춤과 같이 짧고 달콤하다. 나는 국립은행 그리고 높은 보호주의적 관세를 지지한다." 간단히 말해, "미국 산업이 발전하는 동안, 국가는 자유방임을 할 어떠한 시간도 가지지 못했다. 강하게 성장한 후에야 미국은 세상의 나머지에게 자유방임을 설파하기 시작했다(Fallows, 1993)."

무역과 글로벌 정치

교역은 글로벌 체계에서 중심적 역할을 수행한다. 경제의 글로벌리제이션의 핵심 측면임에 부과하여, 글로벌 정치 체제에 많은 시사점을 가진다. 실제로 국제정치경제학의 수많은 학문 영역에서 교역과 세계정치 간의 관련 측면을 다루고 있다. 그러한 점을 염두에 두고 영향력에 있어서의 핵심개념 및 이슈, 그리고 분석에 대한 국가수준에 대해 간략히 언급하고자 한다(1장 참조).

영향력을 미치는 수준에서 글로벌 교역상 가장 영향력 있는 이론 중 하나가 *패권안정 이론*이다. 패권안정 이론은 자유무역과 국제평화가 국제 상호작용을 위한 규칙을 보호하려는 경제적, 군사적 힘을 기꺼이 사용하고(7장 참조), 사용할 수 있는 유일한 우세한 강대국 혹은 *패권국*에 달려 있다는 명제에 토대를 두고 있다. 패권국은 강대국보다 훨씬 더 큰 힘을 가진다; 패권국이란 단일 국가가 경제적, 군사적 힘의 우세를 가지고 세계에 지배적 이데올로기를 행사하며, 힘과 영향력을 기꺼이 행사하는 사례를 일컫는 용어이다.

공익

공기 혹은 태양열 정화와 같은 집합적 이익의 사용이 사실상 배타적이지 않고, 비독립적인 것; 따라서 만일 누구라도 이익을 향유할 수 있으면, 모두가 가능하다는 것.

집단행동의 딜레마

집단 이익의 공급에 관한 역설, 이는 만약 유지비용을 지불하거나 공익을 제공하는 것의 어떤 책임성이 없다면, 존재가 중단될 수도 있다는 것.

패권안정 이론의 근원적 가정은 어느 누구도 예외 없이 이익배분을 제공받는다는 집합적 혹은 공익(public good)과 안정적으로 번영하는 글로벌 경제가 거의 근사하다는 것이다. 만일 모든 분배가 공익이라면 왜 패권국은 이것을 제공하기를 요구해야 하는가? 이는 공익의 제공 혹은 집단행동의 딜레마(collective action dilemma) 자체의 문제점 있는 본성에 기인한다. 이 딜레마에서 공익의 공급은 책임성과 합리성이라는 두 가지 본연적 문제점을 야기 시킨다. 먼저 공익이 이익을 발생시킴에도 불구하고, 이를 제공하거나 유지함과 관련한 특정 비용이 발생한다. 만약 이익이 다수의 잠재적 수혜자에게 돌아간다면, 이러한 공익을 생산하는 비용의 일부를 위해 비용을 책임지는 어떤 일부 당사자를 가지는 것은 불가능한 것이다. 따라서 수익자는 딜레마에 직면하게 된다; 왜 돈을 지불하지 않고도 즐길 수 있는데, 공익을 위해 어떤 지불을 해야만 하는가? 만일 행위자가 이성적이라 가정하면, 어떤 비용을 지불하지 않고, 이익을 걷어 들이는 무임승차자로서 공익을 만끽하려 한다는 것이다. 하지만 만일 모두가 '합리적'이라면, 누구도 공익을 유지하기 위해 지불하려 들지 않을 것이고, 결국에는 사라질 것이라는 거다.

공원의 비용에 대한 사고는 이러한 원리를 명확히 하는데 도움을 준다. 만일 공원을 유지하는 중앙정부가 없다면 개인들이 질서 있게 공원을 유지하기 위해 협력해야만 할 것이다(가지치기, 잔디 깎기, 쓰레기 수거 등). 그러나 몇몇은 이런 일을 하지 않고 공원의 이익을 즐기려 할 것이다. 만약 충분한 사람들이 이러한 일을 집어치워버릴 수 있다는 것을 깨닫는다면—그들이 이것을 유지하기 위해 돕지 않아도 아름다운 공원을 즐길 수 있다는 것—얼마 지나지 않아 공원은 허름해 질 것이다. 만일 이러한 협력의 기초 양식조차 유지하기 힘들다면, 국제 체계에서 영구적 협력의 어려움을 상상해 보라.

같은 논리가 자유주의 국제경제의 집합적 이익에 적용된다. 많은 국가들이 질서 있고, 열린, 자유시장 경제의 집합적 이익을 수혜한 이래, 종종 무임승차자가 생겨난다. 그러나 안정된 글로벌 통화와 같은 패권국이 제공하는 혜택이 다른 국가들이 패권국의 구술을 받아들이도록 장려하기 때문에 패권국이 무임승차자를 용인할 수도 있는 것이다. 게다가 심지어 비용의 불균형한 배분을 감내하면서도, 패권국은 시스템 유지를 유용하다고 판단한다. 따라서 패권국과 더 작은 국가가 이러한 상황으로부터 이익을 얻는다. 만약 리더십의 비용이 크게 증폭된다면, 패권국은 무임승차자에 대해 덜 견디게 될 것이다. 이러한 상황에서 협력은 편파적이거나 제로섬으로 보여 진다. 왜냐하면, 이익의 대부분이 패권국의 경비에서 나오기 때문이다. 이렇게 되면 다른 비용에서 개인이익을 위한 비교경쟁에 초점을 맞추어 열린 글로벌 경제는 무너질 수 있다.

따라서 한 가지 상황—패권적 리더십—의 기준의 폭 넓은 정치적, 경제적 추세를 설명함과 관련한 이론은 꽤 인색하다. 이론가들은 패권의 많은 사례들이 역사를 통해 어떻게 존재해 왔는지에 대하여 동의하지 않음에도 불구하고, 가장 최근의 사례에서는 폭 넓은 동의가 있다.—제2차 세계 대전 이후 시기 미국—이러한 영역 내 연구는 미국의 패권 감소에 관한 이슈를 고려하게 해 왔으며, 세계경제질서를 위한 시사점을 제시하였다(Keohane, 1984; Shifrinson and Beckley, 2013; Wallerstein, 2002; Zakaria, 2009).

국가 분석 수준에서 연구는 교역과 안보갈등 사이의 관계를 다음과 같이 가늠해 왔다. 즉 무역의 유대관계가 안보혼란을 좌절시키는 경향이 있다는 상업적 자유주의 논지를 우세로써 평가한다(Hegre, Oneal, and Russett, 2010; Lupu and Traag, 2013; Mousseau, 2013). 기본적 주장은 무역의존성이 폭력의 기회비용을 증진시킨다는 것이다.—군사적 갈등에 수반되는 좀 더 명백한 비용 외에도, 만일 무역상대국에 대한 군사적 조치를 취할 때, 무역 유대관계의 존재는 국가가 교역의 이익을 포기한다는 것을 시사한다(논쟁: '중국과 대만—경제적 유대는 과연 전략적 라이벌을 극복할 수 있을까?' 참조). 광의의 의미로 러세트와 오닐(Russett and Oneal, 2001)의 주장에서, 민주주의 및 국제기구와 함께 교역은 국가 간 평화를 지속시키도록 하는 '칸트식 평화의 3요소' 가운데 핵심이었다.

국가 내에서 무역자유화는 사회에 유익하다. 이는 경제성장, 민주주의 수준, 평균수명, 교육, 인권, 그리고 식량안보와 연계되며 아동노동, 빈곤, 그리고 환경악화에 반비례하기 때문이다(Bhagwati, 2008b; Wolf, 2005). "국제무역에 대한 모든 우려에도 불구하고, 수출과 관련된 경제활동을 공유한 국가들이 보다 정체된 수출 활동의 국가들보다 1.5배 더 빠르게 늘어나고 있다는 사실은 그대로다(Naím 2007, 95)." 그 사실은 지난 60년 동안 제시된 것처럼 무역의 급격한 성장이 막대하게 경제 번영에 기여한다는 자유주의적 신념에 대한 계속되는 인기를 설명한다.

이러한 이점들에도 불구하고 많은 국가들이 여전히 보호무역주의를 통해 국내 생활수준을 증가시키려고 하는 많은 이유들이 있다. 이들 중 일부는 자유무역이 모두에게 공평하게 소득이 돌아가지 않기 때문에 자유롭지도 공정하지도 않다고 본다. 전체적 추세가 자유화 증가를 지향함에도 불구하고, 많은 국가들이 국내에서 개혁을 하는 것을 꺼리기 때문에 그들의 국내시장을 해외의 수입에 개방하는 것을 꺼리고 있다. 헤리티지재단의 경제자유지수(Index of Economic Freedom)에 따르면, 2013년 초에 185개 국가 중 5개 국가, 즉 세계 국가들의 3%만이 '자유'롭다. 13개국(16%)이 '거의 자유'롭고, 나머지 국가들(81%)은 '적당히 자유'롭거나 '거의 부자유'하거나 혹은 '억압'적이다(지도 11.2 참조).

정부가 자국 경제에 대한 쇄국의 정치적 압력에 직면한다 할지라도, 이러한 정책은 흔히 부정적 결론에 도달한다. 경제적으로 닫힌 국가는 가장 가난하며, 부패하는 경향이 있다. 실제로, 미얀마, 차드, 북한과 같이 경제적 자유 수준이 낮은 국가들이 세계에서 가장 부패한 국가들이다(Transparency International, 2013). 이러한 경향은 그들 국가의 국제적 경제정책에서 어떤 국가의 내부 상황에 영향을 미침을 강조하는 바이며, 글로벌 자유무역 레짐의 미래 예측에서 자유로운 정부 및 자유 경제의 수가 늘지 않아 위태로움에 처할 수 있음을 지적한다.

또한 무역은 국가의 외교정책 수단으로 기능할 수 있다. 즉 국제관계에서 '당근'과 '채찍'으로 손쉽게 사용되어진다. 교역 유대관계, 그리고 시장접근 우월성은 일반적으로 글로벌 시

중국과 대만 – 경제적 유대는 전략적 경쟁을 극복할 수 있을까?

1949년 장제스(蔣介石) 국민당은 중국 내전에서 패하여, 1백만에서 2백만 정도의 병력을 이끌고 본토로부터 대만으로 퇴각하였다. 이후로 대만은 국제문제에서 법적으로는 아니나, 사실상 주권을 행사해 왔다. 1971년 UN 회원국 지위를 상실한 이후, 대만은 주권국으로서 국제적 승인을 오랜 기간 구해왔다. 중국의 입장에서 대만은 마땅히 중국의 일부이나 '이탈한 성(省)'으로 간주되었다. 중국인들은 '하나의 중국'이라는 원칙을 단호히 고수한다. – 대만은 단지 중국이라는 국가의 일부라는 것이다. 엄밀한 의미로, 대만 독립의 공식적 선언은 전쟁 행위로 간주되었다. 2005년 중국은 반국가분열법을 통과하였다. 이는 만일 대만이 공식적 독립을 선언하면 '비평화적 수단'을 이용하여 오랜 기간 전념할 것이라는 것을 공식화하였다.

이러한 근본적인 정치적 차이점을 고려해 볼 때, 중국과 대만의 관계 혹은 '양안' 관계는 의혹과 적개심으로 변색되어 왔다. 최악의 시점은 동 지역이 전면전의 직전까지 처한 일이다. 1958년 중국이 대만 측 몇몇 연안 섬에 폭격을 퍼부은 것이다. 대만의 군사적 동맹인 미군이 근처에 위치하여 중국과 전쟁에 돌입할 수 있었다. 1996년 대만의 첫 민주제선거가 있기 직전, 중국은 다시 대만과 미국 간 군사적 호혜관계를 위협하기 위해, 대만의 주요 2개 항만 근처에 미사일을 시험 발사하였다. 클린턴 대통령은 이 지역에 항공모함을 배치함으로써 응수하였다.

최근 전략적 상황은 많은 측면에서 위태로움이 남아 있다. 중국이 대만을 향한 1,200발 이상의 미사일 무기를 증강해 왔다고 보고서는 지적하고 있다(Capaccio, 2013). 더 적은 규모임에도 대만은 강력한 군사력을 지녔다. – 한 보고서는 대만을 세계 18위의 강력한 국가로 순위 지었다(Globalfirepower.com, 2013). 대만은 미국 무기의 최고 수혜자이며, 현재 자국 자체로 중국 군사시설을 타격하기 위해 사용될 수 있는 50기의 중거리 미사일을 생산하고 있다(Agence France-Presse, 2013).

그러나 동시에 중국과 대만의 경제는 이전에 없을 만큼 한층 가깝게 통합되어 왔다. 양자 간 무역은 2000년 이래로 313억 달러에서 2012년 1,216억 달러로 급격히 늘어왔다(Kan and Morrison, 2013). 중국은 현재 대만의 가장 큰 무역 상대국으로 대만 전체 교역량의 21.9%를 책임지고 있으며, 대만은 중국의 다섯 번째 교역 파트너이다. 게다가 중국은 대만 FDI의 최대 목적지로, 1988년 이래 1,500억 달러 이상의 투자를 유치해 왔다(Roberge, 2009).

이러한 대조적인 현상은 어떻게 조화될 수 있을까? 자유주의의 이론적 관점에서 우리는 경제적 상호의존이 양국 간 군사적 갈등의 가능성을 감소시킬 수 있다 하겠다. 양측 간 근접한 통합이 주어진다면, 양쪽 경제에 광범위한 비율의 위해를 가할 수 있어 어떤 군사적 갈등도 비용을 초래한다. 게다가 경제적 유대는 두 국가 간 평화적 관계를 유지하는데 기득권을 가진 비즈니스 이해당사자에게 권한을 부여한다. 이것이 결국에 양국의 정책 선호가 수렴하도록 작용한다(Kastner, 2010). 마침내 경제적 상호의존은 각 국에 '비용발생 신호', 즉 정치적 수단보다 경제를 통해 갈등을 가지는 방법에 관여하는 방법을 제공한다. 실제로 한 연구는 2000년 대만 선거에서는 1996년 선거에서와 같은 군사적 조치가 이목을 끌지 못한 원인으로 이러한 유대를 들었다(Gartzke and Li, 2003).

양안 관계가 개선되어 왔다는 몇몇 증거가 있다. 예컨대, 2009년 중국은 대만이 UN 산하기관인 세계보건기구 회의에 참석하도록 허락하였다(Bush, 2011). 전문가들은 양 국가 간의 '상호 간 공포'가 약화되어 왔으며, 양국 평화협정들이 머지않은 장래에 가능할 것이라 기대한다(Saunders and Kastner, 2009). 하지만 고질적인 정치적 차이점도 유지된다. 예를 들자면 대다수 대만인들이 양국 간 현 상태를 선호하는 반면, 본토 국민들은 두 국가가 하나가 되기를 바란다는 설문결과가 이를 나타낸다(Bush, 2011). 따라서 아무리 경제통합에 직면했다 해도 풀리지 않는 핵심 정치 이슈들은 여전히 남아있다. 게다가 남중국해의 영토분쟁과 관련한 긴장 증폭은 대만과 중국을 다시금 갈등에 휘말리게 할 수 있다. 긍정론자 혹은 부정론자, 누가 옳을지는 시간이 말해 줄 것이다.

계속

중국과 대만 – 경제적 유대는 전략적 경쟁을 극복할 수 있을까?

여러분은 어떻게 생각하는가?

- 경제적 유대관계의 능력이 안보 갈등을 예방할 수 있다는 데 대한 어떤 사례를 제시할 수 있는가?
- 현실주의 혹은 구성주의 관점에서 이러한 사례를 어떻게 통찰할 수 있는가?
- 미국이 두 국가(중국 및 대만)와 밀접하게 연계됨에 따라, 양안 관계에 관하여 어떠한 정책이 이어질 수 있다고 생각하는가?

장에서 개도국의 경쟁을 도와 경제적 성장을 이룰 수 있는 방편으로 설명되어진다. 대표적인 사례로서 WTO의 비차별 및 호혜 원칙을 면제하는 일반특혜관세제도, 71개 개도국에 대해 EU시장 접근 우선권을 부여한 로메협정(LoméConvention), 사하라 이남 아프리카 국가에게 미국 시장에 대한 관세 면제를 허락한 아프리카 성장과 기회 조치(African Growth and Opportunities Act) 등이 있다.

경제 제재 (Economic sanctions)—특정 국가에 대해 경제적 이익을 제한하기 위한 의도적 조치—란 무역을 강압적인 외교책, 즉 '채찍'으로 활용한 가장 일반적 방법이다. 제재는 오랜 역사를 가진다; 1919년 윌슨 대통령(Woodrow Wilson)은 다음과 같이 주장하였다. "보이콧 대상 국가는 굴복에 직면한 국가이다. 이러한 경제적이며, 평화적이고, 조용한, 치명적 해결책을 적용하라. 그러면 물리력일 필요 없을 것이다.…국가를 보이콧함에 인명피해는 없으며, 해당 국가에 대한 압력만이 있다. 내 판단에는 현대국가는 더 이상 저항하지 못 한다"(Hufbauer et al., 2007;Rowe, 2010 참조).

제재는 냉전 종식 이후 흔히 사용되며, 빠르게 확산되어져 왔다. 실제로 1990년 이래 부과된 수많은 제재가 1900년에서 1990년 사이에 부과된 사례 수와 거의 맞먹는다(Drezner, 2011). 정치적으로 제재는 편리한 수단이다. 왜냐하면 상대적으로 쉽게 실행할 수 있으며(군사적 갈등과는 반대로), 실행하는 국가의 입장에서는 거의 '공짜'나 다름없기 때문이다.

제재에 관하여 상당수의 연구가 이어져 왔으며, 많은 학자들은 전략적 도구로써 이의 유용성에 대해 회의적이다. 먼저, 제재는 "목표의 잠재적 군사력을 손상시키기에 거의 효과적이지 않다(Hufbauer, Schott, and Elliot, 1990, p. 94)." 그리고 전쟁의 대체로서도 거의 성공적이지 않다. 게다가 단지 소수의 제재만이 그들의 공식 정책 목적을 성취한다; 제재는 5%에서 33% 범위에서 성공적이며, 이것도 어떻게 '성공'을 평가하느냐에 따른다(Elliott, 1998;

경제 제재

부적절한 행위에 대해 보복하기 위해 하나의 글로벌 행위자에 의해 취해지는 글로벌 무역 혹은 금융 유대관계의 중단과 같은 가혹한 경제 조치

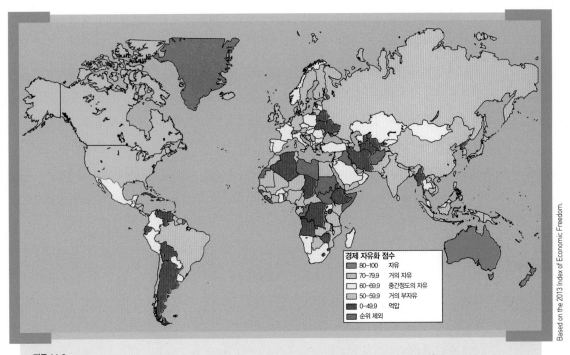

지도 11.2
세계에서 경제적 자유
경제적 자유주의자와 중상주의자들은 국제경제의 서로 다른 두 개의 비전을 그리고 있다. 하나는 시장이 사실상 통치가 없는 상태라 생각하며, 다른 하나는 국가가 활발하게 규제하기 위해 개입하며, 시장을 조정한다는 것이다. 하지만 현실주의자들의 주장은 국가 내 자유시장이 작용하는 정도의 차이점이 있다는 점에서 좀 더 미묘한 차이가 있다. 이 지도는 2013년 경제자유도 지표(2013 Index of Economic Freedom)가 측정한 경제자유도를 묘사하고 있다. 무역, 노동, 투자, 그리고 지적재산권에 관한 정부정책을 포함한 10개 경제 영역에 대한 측정으로 국가 간 경쟁, 개인의 권한, 그리고 비차별을 어느 정도 증진시키고 있는지를 측정한 것이 경제자유도 지표이다. 국가 간 향유하는 경제적 자유의 정도에 차이가 있음에도 불구하고, 경제적 자유도와 번영 간의 강한 관계가 나타난다.

Pape, 1997).

목표 국가의 레짐에 거의 영향을 미치지 않음에도 불구하고, 제재는 그들 국민에 심대한 비용을 부과할 수 있다. 예컨대 1990년대 이라크에 대한 미국 재제는 '대규모 파괴의 제재'였음을 입증하였다(Mueller and Mueller, 1999). 그에 따른 식량 및 의약품 부족은 25만으로 추정되는 이라크 어린이의 죽음과 연계되었다(Garfield, 1999). 이는 극단적 사례일 수 있지만 연구들은 경제 제재와 대상국 내 시민의 사회복지 사이에서 일관되게 부정적 관계가 나타남을 보여준다(Allen and Lektzian, 2013; Peksen, 2011).

이러한 인도주의적 개념을 최소화하기 위해 정책입안자들은 이른바 '스마트 제재'로 알려진 좀 더 정교한 목표를 겨냥한 제재를 사용하기 시작했다. 이는 대상 국가의 특정 영역에 좀 더 근접해서 초점을 두는 것으로, 이를테면 자산동결 혹은 전략적인 주요 무역에 대한 제재, 즉 모든 경제 관계보다는 무기 선적만을 제재하는 방식이다. 스마트 제재가 시민에 대한 위험을 줄일 수 있음에도 불구하고, 더욱 효과적인지에 대한 증거는 없다(Drezner, 2011; Gordon, 2011).

제재에 대한 총체적 판결이 꽤 부정적임에도 정책 도구로서써 제재의 잠재적 사용에 대한 어떤 복합성을 지적하는 연구들도 있다. 먼저 일부는 '제재 효과'로부터 고통 받는 다수의 제재 문헌에 대해 논쟁한다. 활발하게 행사되는 전략적으로 동기가 부여된 제재에 집중함에 의해 연구된 다수의 사례는 제한적이며, 이는 제재의 역동적 효과성을 강조하는 결과를 이끌었다. 경제와 환경 분쟁과 같은 이슈를 포함하여, 제재의 위협(부과라기보다)에 집중한 폭넓은 사례를 조사한 연구들은, 이들의 역동적 유용성이 이전에 생각했던 것보다 더 위대할 수 있음을 제시하고 있다(Bapat, Heinrich, Kobayashi, and Morgan, 2013; Lopez, 2012).

또한 실패에 대한 성공에의 집중이 제재의 효과성 혹은 경제 국정운영의 어떤 수단으로 논하기에 너무 단순한 방법일 수 있다(Rowe, 2010). 정책입안자들은 비용과 이익을 가지는 모든 것을 마음대로 처리할 수 있는 다양한 도구를 가지고 있다. 공식 정책 목표, 특히 영토인정이나 정권 교체와 같은 전략적 목표는 수행하기에 너무 많은 비용이 들 수 있다. 이러한 경우 그들 목표를 거의 성취하지 못함에도 불구하고, 제재는 주어진 국가가 '무엇을 하고 있다.'는 상징으로써 사용된다. 따라서 주어진 상황 내에서 "다른 선택의 정책이 더 낫다고 보여줄 만한 제재의 단점을 보여주지 못한다.(Baldwin 1999/2000, p. 84)."

경제 국정운영의 돌과 막대기
1962년 미국은 쿠바에 대해 상업, 경제, 그리고 금융 금수조치에 이르는 전면적 제재를 행사하였다. 냉전이 몇 십 년 만에 종식되었음에도 이러한 제재는 지속되어, 미국 경제에 연간 12억 달러에서 36억 달러의 비용을 안겼다(Hanson, et al., 2013). 사진은 쿠바에 대한 봉쇄의 중단을 요구하는 저항자들의 모습이다. 현수막에는 다음과 같이 쓰여 있다. "쿠바는 아메리카다. – 봉쇄를 중단하라!" 2010년 인터넷을 통해 개인 통신을 사용을 위한 서비스와 소프트웨어를 미국 회사가 수출할 수 있도록, 미 정부는 제재를 느슨하게 하였다. 또한 특별히 학생과 교육자에 대해 쿠바로의 여행 제한조치를 느슨하게 하기도 하였다(Higgins, 2011).

자유무역의 운명

글로벌 무역은 끊임없이 확산되고, 보호주의는 역사적으로 낮은 수준에 처해 있다. 그러나 보호주의에 관한 논쟁은 글로벌 경제에 대한 불안의 일부 사회적 감정에 영향을 미치며, 울려 퍼지고 있다. 이와 같은 논쟁은 경제 침체기에 특히 솔깃하여, 해외무역을 비난의 대상으로 만들게 된다. 경제적으로 개방된 다수의 국가들조차도 실업률 증가 시 불가피하게 보호주의의 압력을 받게 된다. 미국의 여성 국회의원 맥신 워터스(Maxine Waters, 민주당)의 소위 "일자리를 국내로 되찾자." 운동 그리고 미국 우익 '티파티'의 무역협정 지향에 대한 광범위한 회의론이 이러한 사항을 반영한다(*The Economist*, 2010q). 그러므로 자유무역과 중상주의 간 오래된 논쟁은 여전히 지속될 것이다.

국제 금융의 사례(10장 참조)에서와 같이, 무역정책 이슈에 부가된 비밀스러운 어휘가 있다. 따라서 세계 무역질서가 직면한 현안을 평가하기 전에, 각 국이 무역흐름에 영향을 미칠 수 있는 '무역 정책'에 관한 이해를 발전시키는 것이 유용하다.

무역정책

무역자유화는 제2차 세계 대전 이후 글로벌 경제의 성장에 핵심 역할을 수행해 왔다. 자유무역의 잠재적 이익에 관하여 경제학자들 사이에서 사실상의 만장일치가 있다 하겠다. 노벨상 수상자인 경제학자 크루그먼(Paul Krugman)은 "만약 경제학자의 교리가 있다면, '나는 비교 우위 원칙을 이해한다.' 그리고 '나는 자유무역을 옹호한다.'라는 확언이 반드시 포함될 것이다."라고 하였다(1987, p. 131).

하지만 자유무역은 중상주의에 비해 매력이 덜하다. 이는 자유무역을 동반하는 비용과 이익의 본성으로부터 기인한다. 대체로 자유무역의 사회이익은 대개 비용을 초과한다. 하지만 이러한 이익은, 특히 수입으로부터의 소비자 이익은 사회 전체를 통해 흩어져서 종종 주목받지 못한다. 예컨대 해외무역이 당신의 운동복 구매에서 10달러를 절약하게 만들어 주지만, 아마도 당신의 절약에 수입이 숨은 이유라는 것을 깨닫지 못할 것이다.—만일 운동복 가격이 10달러 오른 것을 발견하면 '수입찬성' 저항 행렬을 구성할 시간은 갖지 않을지도 모른다.

하지만 자유무역의 '비용'은 꽤 집중적이며 가시적이다. 예를 들어 더 싼 수입상품과의 경쟁 탓에 공장폐쇄 및 실업이 일어났다는 소식을 듣는 것은 흔한 일이다. 따라서 자유무역에 저항하고, 정치적 과정에 영향을 주기 위한 힘을 위해 조직함에 더 큰 정치적 이익이 주어지는 것이다. 간단히 말해 "나쁜 경제는 종종 좋은 정치의 주춧돌이다(Drezner, 2000, p. 70)."

국가들은 중상주의 정책을 시행함에 정치적 우대를 함에 따라, 무역 논쟁과 관련한 딜레마는 계속될 것이다. 이 절에서는 보호주의(protectionism)의 여러 가르침으로부터 영향을 받은 정책 도구의 일부를 설명할 것이다.—해외 경쟁으로부터 국내 산업을 '보호'하기 위해 설계된 정책들이다.

보호주의
해외경쟁으로부터 지역산업을 보호하기 위한 관세 및 할당과 같은 해외 무역의 장벽들

관세
국가에 수입되는 상품에 부과하는 세금

수입할당제
수입될 수 있는 특정 상품의 양에 대한 수치적 제한

수출할당제
국내생산자들을 보호하기 위해 두 개의 무역 국가들이 합의한 자유무역에 대한 장벽

시장질서유지협정(OMAs)
특수한 무역 규칙을 따르는 정부 대 정부의 협정을 통한 자발적인 수출 제한

수출자율규제(VERs)
수출하는 구가들이 보다 더 부담이 되는 수입할당제 부과를 막기 위해 수입국가와 특정 상품의 선적을 제한하기로 합의하는 1980년대와 1990년대 초에 유행하던 보호주의 수단

비관세장벽(NTBs)
직접세 징수 없이 수입하는 데 대해 차별하면서, 국제규제의 범위를 넘어서는 관세 이외의 수단들

상계관세
외국 정부가 자국의 생산자들에게 제공한 것으로 의심되는 보조금을 차감 계산하는 정부의 관세

- 관세(Tariffs)—수입품에 부과되는 세금—는 가장 잘 알려진 보호정책 수단이다. WTO 협정 및 개입 덕분에 평균 관세수준이 현저히 저하되어 왔으나, 여전히 가끔은 이용되어진다. 예컨대, 2002년 부시(Bush) 대통령은 철강 수입에 대하여 8%에서 30%에 이르는 관세를 부과하였다.

- 수입할당제(Import quotas)는 대개 해외로부터 수입할 수 있는 특정 상품의 양을 제한한다. 예를 들어, 1950년대 후반에 미국은 미국의 국가안보를 보호하기 위해 필요하다고 주장하면서 석유에 대해 수입할당제를 적용했다. 따라서 시장보다는 오히려 정부가 수입의 출처와 양을 결정했다.

- 수출할당제(Export quotas)는 생산국과 소비국 간의 협상된 협정으로부터 나오고, 생산국으로부터 소비국으로의 상품(예를 들면 신발이나 설탕)의 흐름을 제한한다. 시장질서유지협정(Orderly market arrangements, OMAs)은 종종 무역흐름을 감시하고 관리할 의도의 특정한 규칙 하에서 수입하는 국가의 노동자들에게 해를 끼칠지 모르는 상품의 수출을 제한하도록 수용하는 공식 협정들이다. 수출하는 국가들은 수입하는 국가들로부터 용인에 대한 대가로 기꺼이 그러한 제한을 수용한다. 다국간섬유협정(MFA: Multi-Fiber Arrangement)이 섬유와 의복의 수출을 제한하는 시장질서유지협정의 예이다. 미국은 값싼 면화 수입으로부터 국내의 생산자들을 보호하기 위해 일본, 홍콩과 보다 일찍이, 비공식적인 을 정식으로 승인했다. 할당제는 후에 다른 수입하는 국가와 수출하는 국가 수출자율규제(Voluntary export restrictions, VERs)들에게 확산되었고, 그 후에 수출자율규제가 MFA로 되었을 때, 1970년대에 다른 섬유들로 확장되었다. MFA는 1995년에 만료되었다.

- 할당과 관세가 줄어들면서 비관세장벽(Nontariff barriers, NTBs)이 직접세 없는 수입을 방해하기 위해 만들어졌다고 알려진 보다 폭넓은 범주의 무역 제한을 부과했다. 그것들은 보건과 안전 규정, 정부의 구매 과정, 보조금을 포함해 해외 경쟁으로부터 국내 특정 산업을 보호하고자 하는 광범위한 독창적 정부 규정들을 포함한다. 관세 및 할당과는 달리, 비관세장벽은 발견하기도 해결하기도 어렵다.

- 상계관세와 반덤핑관세(countervailing duties and antidumping duties)는 비관세장벽 중 특히나 인기 있는 방식이다. 둘 다 수출국에 대한 벌칙 수단이다. 상계관세는 추정된 보

조금을 차감하기 위해 관세를 부과하는 것으로, 이는 농업보조금을 상쇄하기 위해 흔히 이용된다. 다른 전략은 경쟁국이 생산가 보다 낮게 상품을 판매하는데 대해 대항하는 반덤핑관세의 부과이다. 예컨대, 2013년 5월 WTO 회원국들은 중국이 일본산 고성능 스테인리스의 이음매 없는 강관에 반덤핑관세를 부과한 혐의를 검토하기 위해 검토이사회를 소집하였다(WTO Dispute Settlement, 2013).

- 북반구의 보다 효율적인 기업들로부터 보호가 없으면 국내의 산업화의 목표가 방해받을 수도 있는 개발도상국들 가운데에는 유치산업(infant industry) 논쟁이 종종 중상주의 무역정책을 정당화하는데 사용된다. 이러한 주장에 따르면 그 사업들이 세계시장에서 성공적으로 경쟁하도록 성숙하고 생산가를 낮출 수 있을 때까지 관세나 다른 형식의 보호로 유치산업들을 양성할 필요가 있다. 한때 라틴아메리카나 그 밖의 지역에서 유행했던 *수입대체산업화* 정책들은 종종 유치산업의 보호에 달려 있다(5장 참조).

- 북반구에서 현재 비교 우위를 만드는 것은 한 국가의 산업이 경쟁력을 유지할 수 있도록 보장하는 신중상주의 방법으로서 전략적 무역 정책으로 알려진 것의 사용에 동기를 부여하고 있다. 전략적 무역(strategic trade policy)은 특정 산업들에 대한 정부 보조를 목표로 한다. 그래서 그 산업들은 해외 생산국들에 대한 비교 우위를 얻는다. 이와 같은 전략의 좋은 본보기로 동체 폭이 넓은 여객기를 생산하는 유럽기업 에어버스(Airbus)가 있다. 이 기업은 프랑스, 독일, 그리고 영국의 넓은 지역에 분포하여 해당 지역에 있는 동안 막대한 보조금을 지급받아 왔다.

경제 자유주의가 자유무역에 기초한다면, 현실주의 이론이 중상주의 정책을 추구하는 국가의 자극성을 설명한다. 글로벌 거버넌스가 부재한 국제적 무질서가 국가 간 불신을 초래할 것이므로, 협력보다 경쟁하게 된다고 하는 현실주의 주장을 상기해야 한다. 게다가 국가들은 자국의 장점과 경제적 우월성을 구한다. 이러한 의미에서 중상주의는 "전략적 중요성으로서의 경제 발전에 초점을 두고 있으므로, 전략적인 무역은 현실주의의 사리사욕과 상대이득에 대해 걱정하는 국가 해설의 주요 본보기이다(Holstein, 2005)."

자유주의와 중상우의의 불안한 공존

중상주의의 정치적 장점을 고려해 볼 때, 국가는 종종 국내산업과 이익집단의 보호 요청을 유지하기 위해 힘든 시간을 가진다. 자유주의에 따르면, 무역 파트너들과의 관계들이 악화될 지라도 그들은 그렇게 할 것이고, 무역 파트너들이 영리하고 혁신적인 반보호주의 조치들로 보복한다면 결국 모두가 겪게 될 것이다.

반덤핑관세

생산비용보다 낮은 가격으로 제품을 파는 것으로 추정되는 다른 수출 국가에 대해 부과하는 세금

유치산업

국제시장에서 성숙한 외국의 생산업자들과 경쟁하기에는 아직까지 충분히 강하지 못한 새로이 조성된 산업

전략적 무역

외국 생산자들에 대해 경쟁우위를 확보하기 위해 국내특정 산업에 대한 정부의 보조금

결론적으로 국가는 자유주의와 중상주의를 동시에 추구한다. 무역정책에 관한 이와 같은 역설적 접근은 비용을 최소화하면서 상호의존성의 이익을 취하려는 국가의 결정을 반영한다.

이는 또한 국가와 시장 사이, 모두가 이익을 얻을 것이란 약속과 이익이 동등하게 배분되지 않을 것이라는 공포 사이 긴장을 나타낸다. 세계정부의 부재는 각 국이 타국과 비교하여—절대적 이익보다 상대적 이익에서—어떻게 더 잘 할 수 있을까를 더욱 염려하게끔 만든다.

아메리카의 무역경쟁자들은 제2차 세계 대전 이후 자유무역 원칙 수호자인 미국이 종종 자신의 미사여구에 부응하지 못했음을 오랜 기간 지적해 왔다. 미국은 글로벌 무역시장에 개입하기 위한 대외경제 수단으로, 그리고 자국 경제를 보호하기 위해 다양한 방법을 사용해 왔다. 예를 들자면, 미국 해외원조의 대부분은 기국 상품과 서비스를 구매하는 데 연계되어 있다. 2003년 미국 국제개발처(USAID) 보고서는 다음과 같이 말한다; "미국의 해외원조 프로그램의 주요 수혜는 항상 미국이었다. USAID 계약의 약 80%가 직접적으로 미국회사에 보조된다(Easterly and Pfutze, 2008; Terlinden and Hilditch, 2013)." 이는 해외원조가 사실상 국내기업의 보조금으로 전환됨을 의미한다.

안보목표 또한 미국의 무역자유화 노력의 주요한 부분이다. 아프리카 성장과 기회 조치(AGOA: African Growth and Opportunities Act)는 이러한 점에서 특히 논쟁적이다. 전하는 바에 따르면 비록 전략적 이익이 이러한 주안점을 대신해 왔으나, AGOA의 원 활동 시기에는 민주적 권한과 인권 존중을 장려해 왔다(Blanton and Blanton, 2001). 예를 들어, 미국이 이라크에 대한 군사적 조치를 위해 UN안전보장이사회 승인을 구하고자 할 때, AGOA는 안보리의 아프리카 회원국들의 영향력을 이용하였다. — "메시지는 단호했다; 우리에게 지지투표하라. 아니면 무역 우선권을 잃을 것이다(Deen, 2009)."

게다가 미국의 총관세수준이 개도국보다 낮은 것은 사실이나, 다른 선진국과 같이 미국은 여전히 몇몇 핵심 영역 및 대부분의 주요 농업을 보호하고 있다. 1995년에서 2012년 사이에, 미국 농산업자들은 농업 보조금으로 약 2,560억 달러의 보조금을 받았다(EWG, 2013). 미국이 자유주의 그 자체이며 선도적 경제 슈퍼파워인 점을 고려하면, 이러한 중상주의 전략은 자유주의 무역 제도에 위해를 가한다. 개도국은 대개 산업영역에서 농업이 강한 측면이 있어 문제에 봉착하게 된다. 이상과 북반구 행위 간 간극 탓에 식민주의와 부유국이 만든 지난 위선의 자취가 되살아난다. 캠벨(Ian Campbell)은 "아마도 가장 큰 위선은 자유무역의 장점을 대부분의 다른 국가들에게 보다 강하게 선전했던 미국이 국내시장의 자유화를 막기 위해 수백 억 달러를 지출하고 있다는 것이다."라고 하였다.

자유무역을 지지하는 자유주의자들에게 무역게임은(경쟁자에게 핸디캡을 부과해 정부에게 경제적 이익을 주는) '지대(rents) 추구행위'로 알려진 틀에 박히고 돈이 벌리는 타락으로 구

지대

투자에 대해 정부의 간섭과 같은 시장결함으로부터 실현되는 정상 이윤보다 높은 재정 확보

성된다. 세계시장에서 참가자들에게 장애물을 만드는 지대는 모두에게, 특히 가난한 이들에게 해가 된다(Klein 2007). 국가정보위원회(National Intelligence Council, 2004)는 다음과 같이 예견하였다. 2020년까지 "세계화의 이득이 세계적일 수 없다.… 세계경제는 2000년보다 2020년에 약 80% 더 커질 것으로 예상되는 [가능성에도 불구하고] 경제적 세계화로부터 이익을 얻는 국가들과 … 뒤에 남겨진 저개발 국가들이나 국내 상품들 간의 차이는 더 벌어질 것이다.…"

세계경제는 성공할 것인가?

자유무역에 대한 압력에도 불구하고 "급속한 세계화는 자유주의자들이 무역에 대해 가지는 확신을 결코 잠식하지 않는다. 비록 무역을 통한 통합이 어떻게 이뤄질 수 있는지에 대해 생생한 논쟁이 있을지라도 어떤 진지한 경제학자도 상품과 용역의 흐름을 통한 국제 통합의 주장에 이의를 제기할 수 없다(Crook 2003, 3)." 그 확신은 확산될 것인가? 이러한 핵심 이슈에 더 잘 접근하기 위해, 다음으로 자유무역 질서의 진전과 현재 직면한 이슈에 관하여 조사해 보자.

WTO의 발전

자유주의 무역 제도를 유지하는데 대한 어려움, 글로벌 무역 체제와 관련한 문제점들이 있음에도 불구하고, 글로벌 무역은 글로벌 금융 체제에 비해 훨씬 발달된 구조를 가지고 있다. 10장에서 논의한 바와 같이 1971년 브레턴우즈 질서의 붕괴에 의해 금융질서는 재배열되었으며, 현재 시스템은 "공포, 패닉, 그리고 사고"로 이어지기 쉽다(Kindleberger, 2000).—시장의 요구에 따른 통화의 등락에 대해, 금융과 통화 협력 이슈를 다루는 토론 포럼이 전부이다. IMF는 금융위기에 빠진 국가들을 위해 금융시스템 및 위기관리를 모니터링 하는 기능을 제공할 뿐이다. 글로벌 금융 흐름을 강제할 광범위한 규칙과 관행을 시행하지 않는다.

이에 반해 WTO는 세계무역 체제를 위한 잘 발달된 제도적 구조를 제공한다. GATT/WTO는 다소 격동의 순탄치 않은 역사적 배경을 띠고 있다. 또한 이들의 존재 이래 발전이 없었다는 비판도 있어 왔다. 1950년대는 '잃어버린 10년'이라 공표되었고, 우루과이 라운드 협상시기와 비록 현재는 중단된 도하 라운드의 '사후 기록'이 이와 같다(Stiles, 2005; Pakpahan, 2013). 재정위기 여파로 법학자 리처드 스테인버그(Richard Steinberg)는 "무역협상장으로써 WTO는 사망하였다."라고 주장하였다(Steinberg, 2009).

하지만 바꿔 말하면, 기구의 사망에 관한 루머는 '대단히 과장된 것'이며, WTO는 계속되어 진다. 브레턴우즈 시기 동안, 연속된 회의 혹은 GATT의 '라운드'는 관세 감축에 매우 성공

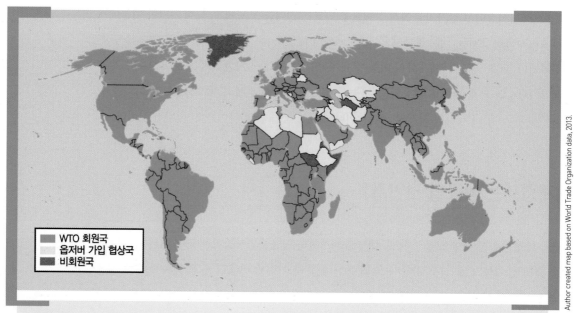

지도 11.3
글로벌한 WTO
1949년 GATT는 23개국으로 시작되었다. 2013년 7월 경. WTO는 159개국의 회원국이 있다. 게다가 (예멘과 같은) 25개 '옵저버'국가가 정식회원이 되기 위한 협상과정 중이다. WTO를 둘러싼 논쟁에도 불구하고, 동 기구는 정치적 리더 간 항소 기구로써 세계적인 회원국 자산에 가깝다.

적이었다. 1947년 최초의 협상인 제네바 라운드에서 관세는 35%까지 감소했으며, 1950년대와 60년대(케네디 라운드), 70년대(도쿄 라운드), 그리고 80년대와 90년대(우루과이 라운드)로 이어진 협상 라운드에서 사실상 제조업 상품의 관세는 제거되어져 왔다. 현재 전 세계 교역의 0.25% 이하만이 관세 대상이다(Ali et al., 2011).

2002년 공식적으로 시작된 도하 라운드는 무역자유화에 대해 매우 애매모호한 어젠다(agenda)를 다루었다. 즉 유지되고 있는 다수의 비관세장벽과 지적재산권, 환경이슈, 서비스무역 및 무역 관련 투자 조치를 포함하는 글로벌 어젠다 항목을 다루었다. 성공의 또 다른 징후는 회원국 증가이다. 현재 WTO는 159개 회원국이 있으며, 회원 자격 획득을 위해 '옵저버(observer)' 자격으로 심대한 조치를 취하고 있는 25개국이 있다(지도 11.3 참조).

우루과이 라운드는 GATT를 회원국 간 무역 관련 갈등을 조정하고, 중상주의적 조치를 책임질 수 있도록 강력한 분쟁해결 메커니즘을 가진 제도 기반 레짐인 WTO로 전환시켰다. 1995년 이래 WTO는 459건 이상의 분쟁을 조정해 왔으며(WTO, 2013c), 회원국 무역 관행에 가장 강력하게 책임질 권한을 행사할 수 있다. 예컨대, WTO는 미국이 2002년 철강 관세를 철회하도록 강제하는 중추 역할을 수행하였다.—WTO 판결에 따르면 미국은 자국 철강시장 보호를 종결하지 않았으며, EU는 이러한 미국에 대해 무역 재제에 버금가는 약 40억 달러를 부과할 수 있게 되었다(Becker, 2003).

회원국들에 일률적으로 주어지는 '채찍' 정책에 더하여, WTO 회원에 대한 '당근', 즉 159개 회원국 시장에 대한 접근성 부여로, 이들은 사회를 개방할 수 있으며, 국가 거버넌스의 질을 향상시킬 수 있다. WTO에 대한 최근 추가 회원국(러시아, 라오스, 중국, 그리고 사우디아라비아)은 WTO 가입조건을 충족하기 위해 무역정책의 책임성, 투명성을 포함하는, 그들의 무역 제도의 개혁을 단행하였다. WTO 설립자인 피터 서덜랜드(Peter Sutherland)에 따르면 국가들은 "WTO 가입 전후해서 급격하게—그리고 대부분 좋은 방향으로—변화하였다(2008, p. 127)." 가입 후에도 정치적 영향력은 계속되어 WTO 회원국은 이를테면 정치적 참여뿐 아니라 자유롭고 평등한 선거제와 같은 어떤 민주적 절차 관련 부분에서도 긍

WTO는 '농부를 죽이는가?'
농업의 자유화는 WTO 어젠더 중 가장 다루기 힘든 항목 중 하나이다. 그리고 현 상황에 대한 잠재적 '위협'에 응답하여, 종종 다루기 힘든 도화선이 되어왔다. 한국도, 특히 쌀 시장과 관련하여 확실히 이에 대해 예외가 아니었다. 이 사진은 멕시코 칸쿤에서 개최된 2003년 WTO 장관회의에서 촬영된 것으로, 쌀 자유화 조치에 저항하고자 한, 한국 쌀 재배농부 이경해씨이다(좌측, 간판을 맨 측). 사진에 찍힌 이후, 쌀 농부들을 오랜 시간 대변해 온 이씨는 무역자유화에 반대하는 인상적인 피켓을 맨 채 공개적으로 자신의 가슴을 찔렀으며, 얼마 되지 않아 사망하였다.

정적으로 변화하였음을 연구자들은 발견하였다(Aaronson and Abouharb, 2011; Aaronson and Zimmerman, 2007).

그러나 WTO는 성공에 대한 큰 규모의 희생을 치른다. GATT가 23개국 구성으로 공식화할 당시, 이는 하나의 중심 목표—관세철폐—에 경주했다. 대부분 산업 영역에서 정책적 수단으로써의 관세가 제거됨에 따라, WTO는 지난 라운드에서 고스란히 남은 다양한 비관세장벽(NTB)을 다루는데 관심을 돌렸다. 비록 다소 다른 이유이지만, 각 영역에 대한 확장은 정치적 어려움이 입증되었다.

자유주의 무역의 경제적 이점에도 불구하고, 종종 중상주의 정책을 통한 산업 보호가 정치적으로 유리하기도 하다. 농업과 같은 영역이 이러한 사례로 다수의 국가가 자국 농업 생산자에게 보조금을 지급하고, 해외 경쟁으로부터 그들을 보호하기 위한 다양한 조치를 수행함으로써 '세계 경제의 가장 왜곡된 영역'으로 오랜 기간 남아있다(Panagariya, 2005, p. 1277). 농업의 세계적 자유화가 남반구와 북반구 양측으로부터의 농업수출을 두 배 증진시켰으나(Grant and Boys, 2011), 국가들은 농업무역에 대한 보조금 및 다른 장벽을 철폐함에 드는 정치적 비용을 기꺼이 지불하려 하고 있다. 몇몇 사례에서는 농업을 자유화하는 데 걸리는 단계가 저항의 물결, 심지어 폭동을 접하기도 한다. 한국에 대한 미국 쇠고기 수출에서의 불협화음이나

(Sang-Hun, 2008), 러시아에서 유전자 조작 생산품의 잠재적 수입에 대한 저항이 좋은 예이다(Russia Times, 2012).

소위 미국과 브라질 사이의 '코튼 전쟁(cotton wars)'이 자유주의와 중상주의를 강조하는 경쟁압력으로 묘사된다. 미국은 오랜 동안 면직물에 대해 보조금을 지급해 왔으며, 미국 시장 접근을 갈망하던 브라질은 WTO에 많은 분쟁을 제기하고 승소해 왔다(Schnepf, 2011). 그러나 미국은 이러한 판결에 지속적으로 항의하며, 보조금 철폐를 거부했다. 8년간의 분쟁 결과, 미국에 대한 최후통첩이 주어졌다; 면직물 보조금을 철폐하거나 브라질에 수출하는 화장품부터 자동차까지의 범위에 이르는 다양한 상품에 처벌적 관세를 부과에 처하게 되었다(Politi and Wheatley, 2010). 면직물 보조금 철폐 혹은 브라질과의 '무역 전쟁' 개시라는 두 가지 정치적으로 곤란한 선택지에 직면하여, 미국은 다소 혁신적인 해결책을 발견하게 된다. 브라질 무역 분쟁을 감소시키는 대신, 미국과 브라질 면직 생산농에게 지급금을 지불하는데 동의하였다. 따라서 미국 농가에 대한 수십 억 달러의 보조금을 유지하는 데 더하여, 미국 무역 담당관은 브라질 면직 생산자에게 해마다 1억 5천만 달러 이상의 지급금을 제공하기로 하였다(Joffe-Walt, 2013).

WTO는 무역에 관한 비관세장벽에 집중하기 시작함에 따라, 자유무역 대 보호주의의 전통적 이분법을 넘어서는 이슈들을 다루게 되었다, 예를 들어, 노동과 환경 표준과 관련한 우려를 핵심적 인권과 개발에 관한 더 폭넓은 논쟁에 관한 무역에 연계시켰다(심층 논의: '무역과 환경' 참조). 무역정책 전문가 데슬러(I.M.Destler)의 주장에 의하면, 국제무역의 '새로운 정치'가 출현하였다. 이러한 새로운 주제는 "경제적 이익과 목표 간 부딪혀 온 균형이 아닌, 경제적 개념과 다른 사회적 가치 간 더욱 적합한 균형"을 포괄한다. 종종 공정무역이란 우산 아래 함께 들어가 있다하더라도, 이들 다른 목표와 가치는 자유무역에 찬성하거나 반대하는 논리로 말끔하게 나뉘지는 않는다는 것이다; 심지어 자유주의 무역 지지자들조차도 여전히 노동과 환경에 대한 보호주의의 권리와 같은 공정 무역 조치가 중요하다고 판단한다는 것이다(Destler, 2005, p. 253).

게다가 WTO의 회원국 증가는 더 많은 기회를 만들어 왔다. 전통적으로 GATT/WTO 협상은 정책이 없이 미국, EU, 일본이 다른 국가들을 이끄는 형태로, 무역 관료의 소규모 그룹에 의한 '클럽 모델'(Esty, 2002)을 추종해 왔다. 라운드는 공적 주의가 거의 주어지지 않은 채 전반적으로 사적영역에서 다루어 졌다. 예컨대, 1979년 무역 자유화의 전면적 승리라 전문가들이 전해 온 도쿄 라운드의 종결은 워싱턴 포스트(Washington Post)의 비즈니스 섹션 18면(Section D)에 보고되었을 뿐이다. ─주요 뉴스로 다루어지지 않았다.

이것은 더 이상 사례가 아니다. WTO 라운드에 대한 대규모 저항은 모든 회의에서 흔한 일

심층 논의

무역과 환경

무역과 환경 간 관계에 대해 다량의 논쟁이 둘러싸고 있다. 비평가들은 자유무역의 부분으로 글로벌리제이션이 환경 표준에서 '하향 경쟁'을 이끄는데 책임이 있다고 하였다. 이는 국가들이 환경규제를 느슨하게 함으로써, 자국의 우위성을 장려했기 때문이다. 하지만 많은 연구들이 무역이 활발하게 환경적 상황을 개선해 왔음을 발견하였다. 왜냐하면 진보된 기술확산 및 '캘리포니아 효과'와 같이 명명된 과정의 환경 친화적 규범이 이에 공헌해 왔다는 것이다(Prakash and Potoski, 2007; Vogal, 1995).

무역/환경 논쟁의 기원은 글로벌 거버넌스의 실체적 격차에 있다. WTO 설립에 관한 마라케쉬 협정문은 '환경을 보호하고 보존할 것'을 동 기구에 요구한다. 게다가 GATT 원문 20장은 국가가 무역법에 '인간, 동물 혹은 식물의 생명과 건강을 보호할 필요'를 강제하도록 하였으며, 이는 '고갈될 수 있는 천연자원의 보호'를 언급하였다. 이러한 모호한 지시를 넘어서서, WTO는 이들의 결정을 제시하는 환경적 의무에 관한 명쾌한 규약을 가지지는 못했다. 국가적 처리에 관한 원칙은 상품이 어떻게 만들어지든, 무역 목적이라면 동등한 처리과정을 거쳐야 함을 나타내고 있다. 따라서 어떤 국가의 제조방법 때문에 생산품을 차별하는 것은 보호주의로 여겨지는 것이다. 이의 사례로 WTO는 미국이 돌고래 안전망을 사용하지 않은 멕시코 참치에 대해, '돌고래 안전' 참치 표식을 부과하여 불공평하게 차별하는 것을 규제했다. 또한 WTO는 '바다거북 안전' 새우잡이 법 요구 및 가솔린 표준과 같은 다른 미국의 환경법에 대해서도 규제하였다. ㅡ비록 법 자체는 지지하지만, 특정 국가를 대상으로 불공평한 방법으로 강제할 수 있음에 대해 패널은 판정한 것이다.

이는 핵심 딜레마를 강조한다. 국가가 명백히 환경기준과 관행을 유지할 수 있는 권리를 가지고 있으나, 국가가 어떻게 이를 선택할 수 있을까하는 문제에서 큰 폭의 차이가 있다. 이러한 차이점을 고려하면 입법화한 환경 규제와 '떠오르는 무역 장벽에 대한 편리한 추가적 실례'와 같은 규제의 이용을 시도 사이에 어떻게 선을 그을 수 있을 것인가(Anderson, 1996)?

최종으로 여러분의 판단은?

1. 자유무역과 환경의 조정함에 있어 어려운 점은 무엇을 나타내는가?

2. 글로벌 무역은 어떻게 환경을 보호하기 위한 필요성과 조정될 수 있을까?

3. WTO는 이러한 이슈들을 결정하는 최고의 포럼인가?

이 되었으며, 이제 공공의 관심을 충분히 끌고 있다. 동시에 기구 내의 권력구조 또한 한층 더 다극화 되었다. 남반구는 국제무역 시스템 내에서 매우 활동적이며, 현재 총세계무역의 약 1/3을 차지하고 있다(WDI, 2013). 따라서 특히 'G-5' 신흥 경제권인—중국, 인도, 브라질, 멕시코, 그리고 남아프리카—개도국들은 무역협상에서 매우 적극적으로 임하게 되었다(Meltzer, 2011).

이에 WTO는 흥미로운 딜레마에 처하였다.—관세인하라는 목적에 전반적으로 성공해 왔으며 거의 모든 국가가 동 기구에 속하게 되면서, 이제는 매우 어려우며 논쟁적인 수많은 이슈에 대한 국가들의 동의를 증가시킴에 대한 임무를 수행하게 되는 것이다. 실제로 가장 최근의 WTO 협상인 도하 라운드는 7년간의 사전협상을 거쳐 시작되었으며, 2002년 이래 협상이 진행 중이다. 이는 다수의 장애물과 불확실한 미래에 처해 있다(Bhatia, 2011; Pakpahan, 2013). 현재 글로벌 경제 사정은 이러한 문제들을 간단하게 만들지 못하고 있다.

세계 무역과 글로벌 금융위기

글로벌 무역을 평가하자면, 대공황 이래 가장 큰 금융위기의 여파로 초래된 최근의 이슈들과 투쟁과 같은 지구적 전후사정을 명심해야 한다. 세계 무역은 2008년 9% 하락하였고,—연례 세계무역은 1982년 이래 처음으로 감소하였다.—2009년 12.2% 추가 하락하였다. 무역상의 이러한 감소는 대공황이 동반했던 추락보다 더욱 가파르고 급작스런 것이었다(Eichengreen and O'Rourke, 2009). 2010년 글로벌 무역은 강하게 회복하여, 13.8% 성장하였다. 이는 그때까지 4.5%만 성장하면 무역이 제 궤도에 오르는 셈이다(WTO, 2012; 2013d). 2008년 글로벌 금융위기가 세계무역에 미친 영향을 조사하면, 경제적 글로벌리제이션, 특히 무역과 금융의 상호작용의 어떤 측면에 관한 이해를 제공할 수 있을 것이다. 심지어 경제위기의 시기에 조차도, 자유주의 무역 규범의 회복력을 입증할 수 있다.

2008년 글로벌 금융위기는 세 가지 주요 원인으로 인해 세계 무역수준을 역사적으로 추락하게 하였다. 첫째, 위기는 전체 세계경제의 경기침체를 이끌었다. 이는 소비자 수요를 폭락시켰다. 해외 상품시장의 축소뿐 아니라, 일반적 생산품 모두 축소되었다. 생산의 글로벌리제이션, 특히 공급망의 본성은 더욱 이러한 영향력을 확대시켰다. 예컨대, 미국 내 델 컴퓨터 판매 축소는 9개 국가 간 교역을 축소시켰다. 따라서 글로벌 공급망은 교역 축소가 '상승효과'를 가짐을 의미하며, 무역 수축의 고통은 많은 기업과 국가 간 배분된다.

부가적으로, 신용시장의 붕괴가 일어나, 무역금융이 말라버렸다; 국제 간 무역은 종종 중단기적 신용을 요구하나, 더 이상 순조롭게 사용 불가한 것이다. 예를 들어, 수출업자들은 그들 상품이 생산 시부터 판매로부터의 소득을 거둘 때까지 단기 대출을 필요로 한다. 만일 상거래를 용이하게 하는 신용을 판매자도 구매자도 얻지 못한다면, 무역이 일어나지 못할 것이다

(Auboin, 2009; Chauffour and Malouche, 2011). 최종 결과는 주요 교역국 간 '갑작스럽고, 가혹하며, 동시다발적'인 무역 축소로 귀결되었다(Baldwin and Evenett, 2009).

경제적 침체는 보호주의를 장려하기 마련이다. 대공황은 미국이 1932년 스무드-홀리 법안(The Smoot-Hawley Act of 1932)을 추인하여 미국 관세를 50%까지 증가시켰으며, 세계 무역 붕괴를 일으켰다. 증가하는 우려에 대한 단기적 응답도 있다. 은밀한 보호주의(murky protectionism)의 부상이 특별히 주목된다(Baldwin and Evenett, 2009; Drezner, 2009). 이는 WTO 법의 직접적 위반이 아닌, 무역을 감소시키는 정책입안자를 대신하여, 보다 '합법적 재량의 부재'라 할 수 있는 미묘한 비관세장벽을 나타낸다.

좀 더 주목할 만한 사례 중 하나로, 미국이 자국 자동차 산업에 300억 달러의 보조금을 '긴급구제'한 일이 있다. 많은 해외 정부가 이들의 경제 또한 고통 받고 있고, 이들 산업 또한 보조를 요구하고 있는 상황에서 자유무역 원칙을 위반한 긴급구제에 대해 즉각 물고 늘어졌다. 전 프랑스 대통령 사르코지(Sarkozy)는 "미국이 자동차 산업의 지원을 위해 300억 달러를 내놓았으므로, 어떤 국가가 보호주의자가 된다 할지라도 비난할 수 없다."라며 주장하였다. 일련의 사태에 따라, 다른 자동차 생산국 정부들은 자국 산업을 위해 약 130억 달러의 보조금을 집행하였다(Gamberoni and Newfarmer, 2009).

그러나 더욱 광범위한 폭의 보호주의를 향한 돌진은 일어나지 않았으며, 2010년 빠르게 세계무역은 회복되었다. 글로벌 무역이 보호주의나 붕괴의 희생양이 되지 않은 데에는 몇 가지 이유가 있다. 몇몇 보호주의 정책이 시행되었음에도, 이는 협소하게 집중된 조치로 시행되었다; 위기의 절정에서 다양한 보호주의 조치가 세계 수입의 단지 2%에 영향을 미쳤다. 전 WTO 사무총장 라미(Pascal Lamy)는 "정부들이 위대한 통제를 행하였다."라고 지적하였다. WTO가 무역 붕괴의 방지를 돕는 여러 요인 중 하나일 뿐이지만, WTO의 다층적 질서는 그렇다 하더라도 중요하며, "규율과 규칙의 이 시스템은 60년 이상의 협상에 동의한 것이며, 단단히 고수되고 있다(Lamy, 2011)."

자유주의 무역질서가 온전히 유지되어 온 반면, 도하 라운드는 끝을 알 수 없이 침체되어 있다. 도하 라운드의 지지자들은 신흥경제를 좀 더 고려하고, 세계 경제의 다른 지역까지 도달하기 위해 WTO의 '현대화'를 도울 지속적인 과정이 필요하다(Lamy, 2011). 게다가, 인도네시아 무역장관 마리 빵에스뚜(Mari Pangestu, 2011)에 따르면, '심한 간극'이 있음에도 불구하고, 이미 국가들이 대다수 핵심 이슈, 특히 농업 및 식량안보에 대해 동의하였다. 게다가 다수의 신흥국은 도하 라운드의 완성만이 제공할 수 있는 '상품'을 기다리고 있다.

그러나 점점 더 많은 분석가들이 도하 라운드에 대해 우울한 전망을 내놓고 있다. "도하 라운드가 운이 다하였음을 국제사회가 인식할 시기가 되었다."라고 주장한다(Schwab, 2011, p.

은밀한 보호주의

환경 이니셔티브 그리고 정부 지출과 같은 무역에 직접적이지 않은 정부정책에 숨겨져 있는 무역에 관한 비관세장벽.

104; Rodrik, 2011). 기구의 규모와 수많은 회원국의 늘어나는 힘을 고려할 때, 과도하게 폭넓고 애매모호한 라운드는 더 이상 가능하지 않은 것이다. 어떤 면에서, 라운드의 진전이 없는 것은 실제로 WTO에 타격을 주며, 동 기구가 라운드를 더 잘 종결한다면 '모 아니면 도' 방식의 접근이 나타나게 될 것이다(Schwab, 2011). WTO의 관행과 우선순위가 정확히 세계 무역의 구조를 반영하는지, 그리고 글로벌 무역을 더욱 효과적으로 장려할 수 있는 대체되는 거버넌스 구조(지역, 복수국 간 혹은 양자 간)가 있는지에 관한 문제가 제기된다.

자유주의 무역에 대한 위험이 여전하지만, 다른 형태로 받아들여져 왔다. 무역 보호주의에 대한 전통적 조치가 거의 드문 반면, 은밀한 보호주의는 우려의 영역―게다가 문제산업에 대한 정부 보조금, 수출 인센티브 및 보건, 환경, 안전 수칙과 관련한 타국의 관행―에 남아있다. 이는 어떤 의미에서 글로벌 무역을 왜곡시킬 수 있으며, 후자가 아니라면, WTO의 원칙을 왜곡할 수 있다. 경제학자 사이먼 이브넷(Simon Evenett, 2013, p. 71)의 정리에 의하면, 보호주의의 전통적 형태에 관한 우려가 남아 있는 동안 "글로벌 경제 위기 시작 이후, 대부분 영역에서 이에 대한 행동이 이행되지 않았다." 이보다 "은밀한 보호주의로 전환되는 시기이다."

더욱이 세계 무역에서 특히 BRIC 국가와 같은 성장 경제의 늘어나는 비율이 공급망 내에서 이루어진다. 세계 재화 교역의 60% 이상이 부품 교역이다.―즉 더 큰 생산 체인의 부분을 나타내는 완성품의 일부(Baldwin, Kawai, and Wignaraja, 2013, p. 16; Gereffi and Lee, 2012 참조; World Bank, 2013). 생산과정이 다른 국가에 걸쳐서 점점 분열되면, 글로벌 무역에 대한 참여가 완성품 선적은 줄어들고, 글로벌 공급망 참여의 형태는 늘어난다. 간단히 말해, 세계 무역의 많은 부분이 더 이상 다른 나라에 물건을 파는 것이 아니라, 다른 나라와 함께 상품을 만드는 일이 되는 것이다(Baldwin, 2011). 이러한 맥락 내에서 자유화는―지역 혹은 심지어 단독 조치라 할지라도―그들이 개발한 이러한 체인에 동참하는 방법이다.

공급망이 증가하는 중요성은 국가정책뿐 아니라 WTO에도 중요하다. 다국적 기업은 수많은 이들 망을 통제하며, FDI 및 글로벌 무역관계는 잠재적 유치국에 점점 더 중요하게 되었다. WTO에게 있어 이것은 그 강조점을 관세 및 농업과 같은 '20세기 무역 이슈(Baldwin, 2013, p. 25)'에서 벗어나 보다 직접적으로 관련된 영역 즉, FDI 정책 및 무역촉진을 포함하는 공급망 형성과 더불어 관세와 선적 규칙을 포함한 행정적 '국제무역의 기본요건(Lamy, 2013)'으로 전환할 필요가 있음을 의미한다.

WTO의 야심만만한 목적과 거의 전 세계적인 회원국 그리고 도하 라운드의 성공적 종결의 어려움을 고려하면, 다수의 대체할 제도적 구조로는 회원국이든 범위이든 어느 쪽을 좁혀서 만들 것이다. 이제 우리는 가장 일반적인 무역 기구, 지역무역협정(RTA)에 집중하여 이와 같은 다른 기구로 관심을 전환할 것이다.

지역 및 복수국 간 무역 협정 : WTO의 보충 혹은 대체?

WTO의 발전이 없는 상태에서, 지역 및 양자 간 무역협정—서로의 무역 유대관계를 심화하기 위해 양국 혹은 소규모 국가그룹에 의한 노력—이 상업을 통제하기 위한 인기 있는 대체물이 되어 왔다(지도 11.4 참조). EU는 가장 최초의 기구이며, 지역통합의 가장 성공적 사례이다. 비록 덜 성공적이지만 1960년대와 1970년대 시기 동안 남반구에서 일어난 유사 이니셔티브도 있다. 하지만 1990년대 초까지 지역무역협정(regional trade agreements, RTA)과 양자 간 협정의 빠른 확산은 본격적이지 않았다. WTO에 따르면 발효된 다수의 무역협정이 1990년 이래 10배 이상 증가하였다. 2013년 1월 10일 기준으로 WTO는 546개 RTA와 354개 협정이 발효되었음을 공지하였다(WTO, 2013e).

> **지역무역협정(RTA)**
>
> 무역장벽의 제거를 통해 회원국 경제를 통합하는 조약

　　이러한 협정은 어디에도 있다; 소말리아, 몽골, 콩고민주공화국, 그리고 모리타니아만이 어떤 RTA에도 소속되지 않았다. 예컨대, 아르헨티나, 브라질, 파라과이, 우루과이(그리고 6개 준회원국)의 남미공동시장(Mercosur) 회원국 간 무역은 1990년 단 80억 달러에서 2010년 442억 달러로 증가하였다. 또 다른 거대 무역 블록인 10개 회원국의 동남아시아 국가연합(ASEAN)이 회원국 간 교역을 확산시켜, 2012년 ASEAN 내부 무역에서 총 5,980억 달러를

Based on World Trade Organization, 2013.

지도 11.4
지역무역협정의 회원국
RTA는 1990년대 이래 확산되어 왔다. 이는 국가그룹 간 무역 유대관계를 확대하는 수단으로써 세계적으로 출현해 왔다. 보이는 바와 같이, 특히 남반구의 다수 국가들이 복수 RTA에 가입한다. 북반구에는 EU 국가 다수가 30개 이상의 서로 다른 RTA에 속해 있다. 회원국은 종종 지리적 경계를 따른다. — 예를 들어, 미국이 속한 RTA의 대부분은 서반구(Western Hemisphere)에 있다. 또한 전통적으로 무역 관계를 가져 온 국가 그룹은 협정을 성문화한다. EU회원국이 가입하고 이전 식민지였던 다수의 국가가 함께 참여한 로메 협정(Lome Convention)에서도 입증된다.

기록하였다. 정치적으로 지역무역협정은 더 쉽게 수행된다. 왜냐하면 더 적은 행위자를 포함하며, 종종 정치적으로 강력한 수출 중심 산업 영역에 의해 고무되기 때문이다(Dur, 2010).

다수의 RTA는 WTO 원칙으로 구성되어 있다. 비록 더 적은 국가그룹 간일지라도, RTA는 무역자유화를 장려하므로, 이는 무역에 대한 촉매로 간주된다. 실제로, 정치적 리더들은 일반적으로 양자주의, 지역주의, 그리고 다자주의 사이에서 어떠한 본연적 갈등이 없음을 가정한다. 예컨대 세계은행 이전 총재인 로버트 졸릭(Robert Zoellick)은 '경쟁력 있는 자유화'의 과정을 통해, 양자 간 그리고 지역 간 무역 거래의 형성은 국가가 다자간 제도를 강화하게끔 압력을 행사한다고 주장한다. 게다가 북미자유무역협정(NAFTA)과 한국과 미국 사이의 양자간 무역협정과 같은 무역거래에 대한 정치적 투쟁은 자유무역과 보호주의 사이 투쟁의 틀에서 이루어졌으며, 무역협정은 자유무역을 반영하는 것이다(Destler, 2005). 자유주의 이론의 방침에 따라 양자 간, 그리고 지역 무역협정의 발전은 또한 정치적으로 효과적이다. ―이의 경제적 효과가 어떻든지 간에, 경제통합은 회원국 간 외교 정책적 유대관계를 강화시키며, 갈등 가능성을 감소시킨다(Aydin, 2010; Mousseau, 2013).

하지만 다자 간 무역질서를 지지하는 다른 이들은 이러한 협정에 대해 그다지 낙관적이지 않다. 정치적으로 그들은 다자주의를 지지할 비용으로 "관심과 로비 활동을 통해 하찮은 거래를 전환시켜 왔다.(Bhagwati, 2008a)"는 측면에서 이러한 협정들을 '키메라(chimera)'라 표현하였다. 합법적으로 국가들은 종종 복수의 RTA에 가압하며, 이러한 다양한 거래의 최종 결과는 다양한 거래가 혼란을 일으켜 때때로 모순되는 '스파게티 보울' 효과가 발생하는 것으로, 이는 무역에 대해 혼란스러운 법적 기초를 생성해 내는 것이다(Suominen, 2013). 마침내 WTO가 RTA를 위한 특별한 법적 제도를 갖추고 있지만, 그들이 몇몇 WTO 회원국에게 다른 국가보다 이점을 제공함으로써, 비차별 그리고 MFN 핵심 원칙을 어기고 있다. 경제학자 바그와티(Jagdish Bhagwati, 2008a)는 오랜 기간 다음과 같이 주장해 왔다. 즉 이러한 협정들은 '무역 시스템 내 개미들'이라 해학스럽게 지적하였다.

나는 유럽연합을 발견하였다. 이것이(지역주의의) 세계적 유행병을 시작하였다. … 단지 6개 국가―호주, 뉴질랜드, 캐나다, 일본, 대만, 그리고 미국―에게만 최혜국(MFN), 즉 최대 혜택 국가 관세를 적용하고, 모든 다른 나라에게는 나은 혜택 관세(more favorable tariffs)를 부과한다. 나는 당시 EU 무역 집행위원인 파스칼 라미(Pascal Lamy)에게 묻고 싶다. "왜 최소 혜택 국가(least favored nation) 관세라 부르지 않는 것인가?"

복수국 간 협정(Plurilateral agreements), WTO 회원국 그룹 간 형성된 특정 주에 조약은 무역 자유화에 대한 각각의 접근을 나타낸다(Hoekman, 2013). WTO 법규는 이러한 협정을 오래 전 허락해 왔으며, 이는 본래 '규정(codes)'이라 언급되었다. 현재 이러한 협정은 얼마 되지 않으며, 1996년 29개국으로 시작된 정보기술협약(ITA), 1996년 시작되어 현재 43개 회원국을 가진 정부조달협약(GPA)이 있다.

이들 논쟁 주제 중 하나의 이슈를 다루는 좀 더 유연한 포럼을 제공하고 있으므로, 일부는 이러한 협약을 WTO로 향하는 촉망받는 방법으로 간주한다(Bacchus, 2012). 복수국 간 협상은 모든 WTO 회원국에게 열려 있으나, 자발적 참여를 통해 협정상에 특별히 서명함으로써 효력이 발생한다. 따라서 주어진 이슈에 대해 적어도 어떤 협정을 나눈 국가에게만 함께 한다. 회원국이 더 적은 수인 점을 고려하면, 또한 이러한 협정이 이슈를 수행하거나 변화시키는데 좀 더 유연하고 빠를 것이다(Hoekman and Mavriodis, 2012; Nakatomi, 2013).

이상적으로 말하면 복수국 간 접근은 WTO에 유익할 수 있다. 왜냐하면 주어진 영역에서의 협정은 확산되어, 전체로써 기구 내 지지의 '임계 질량'을 획득할 수 있는 추동력을 제공한다(Saner, 2012). 게다가 RTA와는 달리, 복수국 간 협정은 WTO 맥락 속에서 협상되어진다. 따라서 이러한 협정과 더 폭넓은 WTO 법령 간 잠재적 모순의 기회를 감소시킨다. 일부 경제학자들은 복수 간 주의가 서비스, 무역 관련 투자 조치, 그리고 전자상거래와 같은 다양한 무역 관련 이슈들에 적용될 수 있을 것이라 주장한다(Nakatomi, 2013).

전반적으로 자유주의 상업 질서가 활성화되어 있음이 입증되었음에도, WTO는 더 많은 다극 체제 내에서 권력과 합법성을 확장하는데 대한 계속되는 어려움에 봉착하게 된다. 무역 시스템 내 이러한 문제점들은 현실주의 관점에 확증을 제공한다. 현실주의는 위협 발생 시, 국가는 자국 이익에 집중하기 마련이므로, 이것이 경제적이든 정치적이든 국제기구의 힘에는 절대적 한계가 있음을 주장하였다. 둘 사이의 현재 균형이 어떻든지 간에 중상주의와 자유주의 사이의 영원한 전쟁은 계속될 것이며, 국가와 기구는 무역이익에 인권 및 환경과 같은 비경제적 개념을 어떻게 하여 균형 잡히게 할 것인가의 다툼을 이어 나갈 것이다.

이 장뿐 아니라 이전 장에서도 글로벌리제이션이 '양날의 검'임을 확인했다. ─ 우리 경제가 성장하도록 돕는 같은 과정 및 유대관계는 또한 위기의 확산효과를 조장하게 된다. 더욱이 경제적 글로벌리제이션의 다양한 측면에서의 상호의존적 본성을 보아왔다. 이는 글로벌 금융, 생산, 노동, 그리고 무역 간의 연계와 같은 것이다. 하지만 글로벌리제이션은 경제 이상의 무엇이다; 이는 개인과 문화를 포괄한다. 글로벌리제이션의 더 넓은 퍼즐의 일부를 이해하기 위해 다음 장에서는 글로벌리제이션의 경제학 이후 우리 지구사회의 문화적, 인구통계학적 차원을 다룰 것이다.

복수국 간 협정
특정 이슈에 적용하는 WTO 회원국 하위집단 간 조약

STUDY. APPLY. ANALYZE.

핵심 용어

경제 제재	반덤핑관세	수출자율규제	지역무역협정
공익	보호주의	수출할당제	집단행동의 딜레마
관세	복수국 간 협정	시장질서유지협정	최혜국 원칙
기업 내 무역	비관세장벽	유치산업	투명성
노동의 글로벌리제이션	비교 우위	은밀한 보호주의	호혜
니어-소싱	상계관세	전략적 무역	
무역통합	생산의 세계화	절대 우위	
무차별	수입할당제	지대	

추천 도서

Bhagwati, Jadish. (2008) *In Defense of Globalization*. New York: Oxford University Press.

Breznitz, Dan, and John Zysman, eds. (2013) *The Third Globalization: Can Wealthy Nations Stay Rich in the Twenty-First Century?* New York, NY: Oxford University Press.

Hernandez-Truyol, Berta Esperanza, and Stephen J. Powell. (2012) *Just Trade: A New Covenant Linking Trade and Human Rights*. New York: NYU Press.

Irwin, Douglas. (2009) *Free Trade under Fire*, 3rd edition. Princeton, NJ: Princeton University Press.

Rodrik, Dani. (2011) *The Globalization Paradox: Democracy and the Future of the World Economy*. New York: W.W. Norton.

Stiglitz, Joseph, and Andrew Charlton. (2006) *Fair Trade for All: How Trade Can Promote Development*. New York: Oxford University Press.

Wenar, Leif. (2011) "Clean Trade in Natural Resources," *Ethics & International Affairs* 25, no. 1 (Spring): 27-39.

World Trade Organization. (2013f) *World Trade Report 2013: Factors Shaping the Future of World Trade*. Geneva: WTO.

"우리의 것인 글로벌화 한 세상에서, 아마도 우리는 글로벌 세상을 향해 나아갈 수 있으며, 글로벌 세상에는 수많은 다른 민족, 많은 다른 아이디어, 다양한 배경 및 여러 가지 열망이 참여한다."

– 라흐다르 브라히미(Lakhdar Brahimi), UN 특사 및 자문관

CHAPTER 12
글로벌리제이션의 인구학 및 문화적 차원

세계 70억 인구 중 가진 자와 가지지 못한 자 간의 차이점은, 7명 중 1명이 빈민촌에서 살고 있다는 점이다. 사진은 베네수엘라 320만 인구의 도시 카라카스 변두리의 불법점거 공동체 중 한 곳에서 춤을 추고 있는 어린이의 모습이다. 더 좋은 주택, 사회서비스, 그리고 교육의 제공이 인간안보를 개선시킬 주요과제이며, 도시화로부터의 수혜를 깨닫는 방법이다.

고려해야 할 질문들

- 세계의 인구변화 중 가장 중요한 특징은 무엇인가?
- 글로벌 이주는 세계를 어떻게 만들었나?
- 글로벌리제이션은 질병확산에 어떻게 영향을 미쳤나?
- 정보기술은 세계정치에 어떠한 영향을 미친 것인가?
- 글로벌리제이션의 미래는 무엇인가? 유용한가 아니면 해로운가?

세계의 모든 사람이 매일매일 보다 비슷해지고 있다. 정말로 세상은 아주 작은 것이 되었다. 여러분도 아마 한 번쯤은 생각해보았겠지만 피부색을 떠나 모든 인류는 본질적으로 유사하다. 우리 모두는 같은 행성에서 살고 있다. 그리고 우리 모두는 대부분 누구나 어디에서나 느끼는 경험인 사랑, 두려움, 소외 혹은 공동의 공동체의 관념, 운명 등에 반응하기 쉽다. 그리고 세계적 미래학자 라파엘 살라스(Rafael M. Salas)가 "구속력 있는 마지막 생각은 다가오는 세대들을 위해 보다 만족스러운 미래, 개인들이 환경 악화의 위협과 변덕스러운 불평등으로부터 벗어나 잠재력을 충분히 개발할 수 있는 세계 사회를 형성할 것이다." 라고 언급했듯이 모두가 또한 보다 나은 세상에 대한 유사한 포부를 공유한다.

이러한 희망이 이뤄질 것이라는 낙관론이 커지고 있다. 왜일까? 세계화가 이전에 경험해 본 적이 없는 상호의존의 세계로 인류를 한데 모으고 있기 때문에 전 세계의 많은 국가들이 이러한 인간적 목표를 추구하고 있다는 것이 그 질문에 대한 한 가지 설명이 될 것이다. 여러분은 장벽과 경계를 허물어 사방 구분 없이 개개인을 같은 인류의 일부로써 인식하는, 인간 가족으로 사람들을 한데 모을 수 있다고 생각하는가? 그래서 파괴적인 정치가 아니라 도덕을 실행하게 될 것인가? 그리고 그 목표가 여러분의 열정이라면, 세계적인 *비정부기구(NGO)*에 참여하는 다른 사람들처럼 당파심이 아니라 어디에서든 발견되는 진실한 장점을 인식하게 될 것인가? 이러한 인식의 부상과 세계적 행동주의가 정말로 가능할까? 사람들이 스스로를 세계 시민으로 규정하고 있는 미래는 현실적인가? 분별 있는 건가? 과거 역사에서 인류를 구분했던 개별 국가, 민족, 인종에 대한 시각을 해체하는 단계적인 세계화의 압력에 의해 추진되는 진정한 세계 사회가 여러분 생에 실현될 것인가? 이 장은 그러한 굉장히 놀라운 발전에 대한 전망을 평가하기 위한 문을 연다. 여러분은 세계적 경향이 세계를 변화시킬지 그리고 그 세계를 조건지우는 국제정치를 변화시킬지를 생각해보도록 요구받을 것이다.

> *당신이 세상을 있는 그대로, 있어야하는 대로, 나아가는 대로 보아왔다면,*
> *더 이상 세상이 있는 그대로 순응하여, 만족하며 사는 것은 불가능하다.*
>
> — 빅토리아 새포드(Victoria Safford), 유니테리언파 기독교목사

세계적 도전으로써 인구 변화

인구통계학
인구변화, 변화의 원인, 그리고 변화의 영향에 관한 학문

이러한 세계화의 인간 영역 해석을 체계적으로 말하기 위해서는 우선 세계 인구 변화가 어떻게 국제정치의 세계화의 부분인가를 살펴보는 것이 도움이 된다. 인구통계학(demography)

전문가인 제프리 크루거(Jeffrey Kluger)는 "여러분은 1분 전에 막 태어난 약 247명과는 결코 만나지 못할 가능성이 있다. … 그러나 그 1분 전에 또 다른 247명이 태어났다. 시간이 흐르면 또 다른 247명이, 그 다음에 또 247명이, 다음에는 또 다른 247명이 태어날 것이다. 내년 이때 쯤이 되면, 그 모든 시간들이 거대한 인간의 전면 무대에 수백만의 신생아를 낳았을 것이다. 그러한 거대한 군중은 확실히 눈에 띠는 존재이다."라고 주장했다.

　　지구상의 인구가 증가함에 따라, 글로벌리제이션은 국경 없이 세상으로 규정되는 초국가적 기회의 붐비는 지구촌(global village)에서 촘촘하게 살아가도록 만든다. 규제하지 않은 인구 증가가 환경 악화와 분쟁을 초래할 것이라는 강력한 징후가 보인다(7장, 14장 참조). 인구 변화는 또한 윤리(행동이나 동기의 옳고 그름을 구별하는 규범)의 기준을 고려하게 한다. 일부 사람들은 부모의 자유를 인권으로 본다. 또 어떤 사람들은 통제되지 않은 인구가 모든 사람들에게 삶을 유지시키는 데 필요한 자원이 없는, 붐비고, 살기에 적당하지 않은 미래 세계를 낳을 것이기 때문에 가족 규모의 통제가 필요하다고 주장한다. 이러한 이유로 정치—논쟁적인 이슈를 해결하기 위한 시도로 무엇인가에 유리하게 영향력을 행사하는 것—는 인구 정책에 관한 논쟁을 둘러쌌다. 인구의 세계화가 그와 같이 논쟁적 이슈가 된 이유를 이해하기 위해 이러한 주제를 문제화한 인구증가의 세계적 경향을 추적하는 것이 필요하다.

> **지구촌**
>
> *세계는 통합되고, 상호의존적으로 변화하며, 모든 사람들이 공동의 운명을 나눔을 자각하는 범세계적 시각의 묘사*

세계 인구증가율

토머스 맬서스(Thomas Malthus) 목사가 1789년에 지적한 세계 인구의 증가 속도는 단순한 수학적 원칙에 의해 기술된다. 억제되지 않은 인구는 기하급수적인 비율(예를 들어 1에서 2로, 2에서 4로, 4에서 8로)로 증가하는데 반해, 생활 수단은 산술적인 비율(1에서 2, 2에서 3, 3에서 4로)로만 증가한다는 것이다. 인구가 그처럼 기하급수적인 비유로 증가하면, 가속화는 압도적일 것이다. 칼 세이건(Carl Sagan)은 "페르시아 체스판(바둑판)의 비밀"이라 명명한 우화로 증가율을 다루는 원칙을 묘사했다.

　　내가 처음 그 이야기를 들었던 방식은 고대 페르시아에서 일어났다. 그러나 그것은 인도이거나 중국일 수도 있다. 어쨌든, 아주 오래 전에 있었던 일이다. 왕의 제일 고문인 그랜드 비저(Grand Vizier)가 새로운 게임을 창안했다. 그것은 64개의 칸 위에 말을 움직이며 하는 것이었다. 가장 중요한 말은 왕이었다. 다음으로 중요한 말은 그랜드 비저—그가 만든 게임이기에 당연한 것—이었다. 게임의 목적은 상대편 왕을 포획하는 것이었고, 그래서 게임은 페르시아어로 샤마트(shahmat)—샤(shah)는 왕, 마트(mat)는 죽다—라고 불렸다. 러시아에서는 아마도 그것이 여전히 남아있는 혁명적 열정을 뜻하는지 샤흐마띠

(shakhmaty)라고 불린다. 영어에서조차 그 이름의 흔적이 남아 있는데, 마지막 말을 움직일 때에 '체크 메이트(checkmate)'라고 외친다. 물론 이 게임은 체스이다.

시간이 흘러가면서 말, 움직임, 그리고 규칙이 진화했다. 예를 들어, 더 이상 그랜드 비저라고 불리는 말은 없어졌고, 그것은 훨씬 더 강력한 힘을 가진 여왕으로 변형되었다.

왕이 '왕의 죽음'이라 불리는 게임을 만드는 것을 좋아했을까는 수수께끼이다. 그러나 그 이야기는 다음과 같다. 왕은 매우 기뻐서 그랜드 비저에게 그러한 멋진 발명에 대한 보상으로 원하는 것을 말하라고 했다. 그랜드 비저는 답했다. 자신이 미천한 사람이라고 말했으며 미천한 보상을 원할 뿐이라고 했다. 그는 그가 고안한 체스판의 8개 열과 8개 행을 가리키면서 첫 번째 칸에 밀 한 톨이 주어지고, 두 번째 칸에 그 두 배, 세 번째 칸에는 다시 그 두 배 등으로 각 칸을 밀로 채우는 것이라고 요청했다.

왕은 안 된다며 이의를 제기했다. 너무 중요한 발명에 대한 상으로는 너무 약소하다는 것이었다. 왕은 보석, 무희, 궁전을 제안했다. 그러나 그랜드 비저는 더욱 공손하게 그 모든 것을 거절했다. 그가 원하는 것은 약간의 밀 더미라고 했다. 그래서 왕은 그의 사심 없음에 은근히 놀라면서 자비롭게 동의했다.

그러나 왕의 곡물창고 담당이 낟알을 세기 시작했을 때, 왕은 놀랄 수밖에 없었다. 낟알은 아주 작은 수로 시작되었다. 1, 2, 4, 8, 16, 32, 64, 128, 256, 512, 1,024 … 그러나 64번째 칸에 이르렀을 때 그 수는 엄청나서 압도적이 되었다. 사실 그 수는 거의 1,850경(18,500,000,000,000,000,000)의 밀알이다. 아마도 그랜드 비저는 고섬유질 다이어트 중이었나 보다.

1,850경의 밀알이 어느 정도 무게일까? 각 낟알이 2밀리미터라면 모든 낟알은 대략 75억 미터톤(metric tons) 정도 나갈 것이다. 그것은 왕의 곡물창고에 저장될 수 있던 것을 능가한다. 사실 이는 현재의 세계 밀 생산량의 약 150년 분량과 맞먹는다(Sagan, 1989, 14).

인구 증가의 이야기는 인구통계학에서 듣는다. 20세기의 연평균 인구성장률은 1900년대에 1%에 못 미치는 수준에서 1964년에 최고 2.2%까지 증가했다. 그 이후 인구증가율은 약 1.3%로 떨어졌다. 그리고 지금부터 2015년까지 1.1% 더 감소할 것이라 기대되며, 그 때는 매년 7천 4백만의 새로운 인구(터키 인구와 맞먹는)가 늘어날 것이다. 절대 수치의 측면에서 세계 인구는 20세기에 급격하게 늘어났다. 지난 20년 인구는 2000년 61억 명에서 2011년 70억 명으로 늘어났으며, 2020년 76억에 달할 것으로 전망된다(WDI, 2013). 세계은행 총재 로버트 맥나마라(Robert S. McNamara)는 다음과 같이 지적했다. "만일 누군가 인류가 단일한 부모로부터 시작되었다고 주장한다면, 인구는 그 거대한 전체에 이르는데 단지 31번 만에 두 배가 되면 되었다." 분명히 지구는 21세기 초 수많은 사람들로 가득하며, 2014년 대략 70억 명을 초과할 것이다.

　　전 세계적 출산율로 글로벌 인구의 규모가 형성되었으며, 대체출산율 수준(replacement-level fertility) 이하로 출산율(fertility rate)이 떨어지지 않는 한 이는 안정될 것이다. 즉 여성이 출산할 수 있는 세계 평균 수치인 합계출산율이 2.1 이하로 떨어져야 인구가 감소한다. "출산과 출생률의 지구적 감소는 현재 진행 중이다(Eberstadt, 2010, p. 55)."라고는 하지만—1965년 합계출산율이 4.8명에서 오늘날 2.4명으로 하락하였다.—수많은 여성들이 이제 가임연령에 들어가면서 생기는 '인구 모멘텀(population momentum)' 때문에 세계인구 증가는 계속될 것으로 보인다. 활주로에 처음 착지할 때 하락하는 비행기의 관성처럼 인구 증가는 브레이크가 완전히 적용될 때까지 즉각적으로 멈출 수는 없다. "손위 세대의 대가족은 현재의 가족보다 더 많은 엄마가 있을 수 있음을 의미하며, 따라서 가족규모가 작아지면, 성장을 향한 근본적 추동력이 떨어지는 셈이다(Parker, 2010, p. 28)." 아이들을 출산하는 세대의 규모가 사망이 일어나고 있는 세대보다 크면, 인구라는 '비행기'는 멈추지 않을 것이다. 그러나 출산조절을 위한 의도적이고 일관된 노력을 통해, "2020년 경, 글로벌 출산율은 처음으로 대체출산율을 살짝 밑돌 것이다(*The Economist*, 2010a, p. 29). 하지만 그 때의 인구는 80억에 달하게 된다(Wall, 2013)."

　　또한 기대수명의 변화가 글로벌 인구 성장을 설명한다. "1990년 약 30세, 2000년 65세로 급증한 글로벌 기대수명은, 20세기를 거치며 두 배가 넘게 되었다(Eberstadt, 2010, p. 55)." 2015년까지 기대수명은 75세에 이를 것으로 전망된다. 일반보건의료의 개선이 치사율의 감소를 이끌며, 글로벌 인구는 인간이 더 오래 살 수 있는 만큼 늘어나게 되었다.

　　2050년까지 세계 인구는 93억 명에 이르러, 그 지점에서 안정화 될 것으로 예측된다. 그 동안, 지역적 격차가 좀 더 두드러져, 남반구에서 다음 15년 동안 인구성장의 90%가 일어날 것이다(그림 12.1 참조).

인구통계학적 격차: 청년 팽창과 인구 고령화

글로벌 인구는 지속적으로 팽창하고 있으며, 수명이 점차 늘어남에도 불구하고 인구가 줄어들고 있는 부유한 북반구보다 (그들 현재 인구를 부양하기도 힘든) 발전 중인 남반구 국가들에서 보다 더 빠른 속도로 증가하고 있다. '인구통계학적 격차' 달성의 조짐으로, 북반구의 인구가 2050년까지 겨우 10% 정도로 떨어질 것(1950년 전체 세계인구의 23%로부터 2020년에 15.5%로)이라는 가능성에 토대를 두고 있다(WDI, 2013, 2010).

　　아프리카 사하라 이남 지역과 서유럽은 인구 모멘텀의 힘을 보여준다. 아프리카의 인구통

대체출산율 수준
한 국가의 인구가 안정적으로 유지되도록 하기 위해, 커플 한 쌍이 평균적으로 자신들을 대체하는 두 아이를 가지는 것

출산율
여성의 일생 동안 낳은 평균 아이들의 수

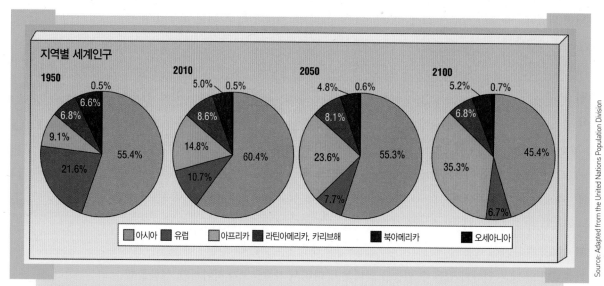

그림 12.1
2100년까지 세계 인구성장 추정
세계 인구가 10억 명이 되기까지 초기 1800년이 걸렸다. 오늘날 매 12년에서 14년 마다, 새로운 10억 명이 추가된다. 세계 인구는 2050년 93억 명에 달할 것으로 예측되며, 2100년이 되면 101억 명으로 증가할 것이다. 또한 세계 인구의 분배는 상당하게 변화할 것으로 예견된다. 그림에서 나타내는 바와 같이, 아프리카는 빠른 인구성장을 경험하여, 2100년에 세계인구의 1/3을 차지할 것이다; 유럽은 1950년 약 22%였으나, 2100년 7% 이하로 감소할 것으로 추정된다.

계학 개요는 각 신세대 그룹(집단)이 이전의 어느 그룹보다 더 많은 사람들을 포함하고 있는 만큼 급속한 인구성장의 한 예이다. 따라서 개별적인 아프리카 부모가 그들의 부모보다 적은 아이들을 가지려 할지라도, 가임 연령의 여성과 남성이 이전보다 많이 있기 때문에 아프리카의 인구는 계속해서 증가할 것이다. 지난 50년간, 아프리카 사하라 이남 지역은 2억 3천만 명에서 8억 2천만 명으로 세 배 이상이 되었다(World Bank, 2013e).

반면에 유럽의 인구는 느리게 성장하여, 최근 세대가 이전보다 더 적어졌다. 사실상 유럽은 낮은 출생률과 점증하는 중년 후까지 생존한 사람 수의 증가로 정체된 인구가 되어 대체수준 출산율 이하로 이동하고 있다. 낮은 출생률, 낮은 사망률, 그리고 점점 늘어나는 장수 등이 계속된 결과 유럽은 고령화 사회로 가장 잘 표현되게 되었다. 고령화 사회란 낮은 출생률과 노령인구로 유럽의 신생아 수가 인구를 경신하기에 충분하지 않다는 것 혹은 고령화 사회를 지탱하기 위한 재정적 부담을 져야함을 경고하고 있다.

전체적으로 남반구와 북반구 간 인구통계학적 격차를 고민해 보자. 남반구의 출산율은 평균적으로 북반구보다 약 1% 더 높다. 각 집단이 전형적으로 이전의 집단보다 커지고 있기 때문에 가임연령에 들어서는 젊은 남성들과 여성들의 수는 꾸준히 증가하고 있다(그림 12.2 참조). 평균연령이 실제 북반구에서보다 남반구에서 보다 빨라지고 있으나—저개발 국가들에서

65세가 넘는 인구는 2050년 경 35%까지 증가할 것이다.─아프리카 대부분에서인구의 70% 이상이 현재에도 30세 이하로 구성되며(Lin, 2012), 남반구 전체적으로 15세 이하 어린이는 약 28%를 차지한다(WDI, 2013).

높은 출산율은 경제적 성장과 정치적 안전성을 위협한다. 그리고 일부는 낮은 출산율을 성공적 발전을 위한 전제조건으로 간주한다. 공공정책이 시민의 욕구를 충족하여, 국부를 창출하기란 어려운 일이다. 왜냐하면 "매년 인구가 늘어날 때마다, 급상승하는 실업률, 고질적 빈곤, 그리고 혼란스러운 학교 교육을 방지하는 것을 어쩌면 불가능하기 때문이다(Ports and Campbell, 2009, p. 30)."

게다가 남반구에서 젊은층 인구가 급성장하고 있는 어떤 곳에서는 청년층 증가에 따라, 빈곤한 경제 상황과 가족에게 제공할 물자의 부족에 직면하여, 많은 수의 인구가 그들의 불만과 체념에 대항하기 위해 종교적 원리주의로 돌아서서 이슬람 부활로 치닫는다. 특히 경제적 침

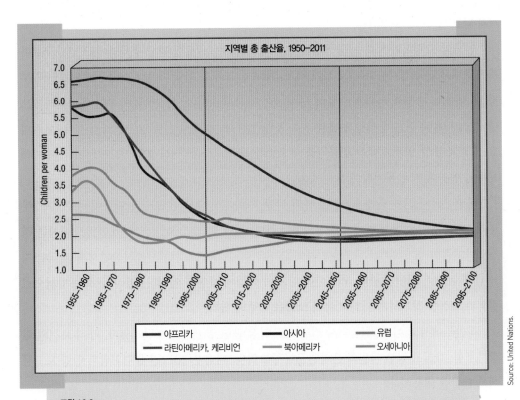

그림 12.2
지리적 인구 격차
세계 인구성장이 21세기 전반 감소할 것으로 예측되고 있으나, 2100년 경 101억 명에 달할 것으로 관측된다. 인구성장에 관한 UN예측은 대체수준 출산율과 지구촌 대부분 지역의 치사율 감소의 관측에 기초한다. 그래프는 시간흐름에 따라 흐름을 묘사한 것으로, 유럽과 북미를 제외한 모든 주요 지역에서 초래되는 감소만 일어나지 않아, 아프리카는 합계출산율을 가장 높게 유지하고 있음을 보여준다. 만일 전 지구적으로 2010년 출산율이 유지된다면, 세계는 2100년에 약 270억 명의 글로벌 인구를 대체할 수 있을 것이다.

체가 동반될 때, 청년층은 테러 및 범죄와 더 많이 연계되어 왔다(Schuman, 2012). 외교협회 국제문제 연구원 미셸 가빈(Michelle Gavin)의 설명은 다음과 같다; "만일 당신이 어떤 다른 선택지도 없고, 다른 가야할 길도 없다면, 무장단체에 가입하는 기회비용은 매우 낮은 것이다."

동시에 장수의 혁명이 펼쳐져 전 세계적 기대수명이 70세를 기록하였다(WDI, 2013). 2015년 기대수명은 75세로 오를 것이라 예측된다. 이는 계속하여 노령 세계 인구집단을 만들며, 글로벌 공동체의 윤곽선을 변화시킨다. 2025년 경, 남반구 인구의 9%는 65세 이상일 것이다. ―이는 2008년 이래 45%가 증가한 셈이다. 남반구에서의 이러한 인구통계학적 변화는 훨씬 더 심각하여, 2025년 인구의 약 20%가 65세 이상에 달할 것이다(World Bank, 2011).

지구적 고령화는 전에 없던 비율로 초래되고 있으며, 어느 정도는 약물과 보건의료의 개선 덕택이다. 현재 몇몇 내과의사는 생활연령과 생물학적 연령을 구분하고 있다. 심지어 80세에 이르는 인구수도 증가하고 있다. 1950년 1,450만 인구가 자신의 80회 째 생일을 맞이하였으나, 2009년 그 수는 1억 190만 명으로 증가하여, 2050년 약 3억 9,500만 명에 이를 것이라 예측되고 있다(*Time*, 2010).

인구의 '고령화와 노화'가 공공정책 수립을 괴롭히는 글로벌 인구 추세임에도, 남반구보다 북반구에서 더욱 심각하다(지도 12.1 참조). 급속한 고령화 인구 때문에 북반구는 고령인구 부양 및 경제적, 재정적, 사회적 저항의 큰 부담이 지워질 것이다. 선진국들이 부단히 노력하겠으나, 이는 다음과 같은 문제를 초래한다. 노동공급 감소; 경제성장 및 일인당 소득 감소; 보건의료, 장기보험 및 연금에 대한 공공지출 수요증가, 그리고 전체 생산성을 신장시키기 위해 미래 세대의 인적 자원에 투자할 필요성 증가.

북반구의 이러한 딜레마를 해소하기 위해, 가족에게 더 좋은 조건을 만들어 줌으로써, 부분적으로 인구통계학적 변화가 추진되어야 한다. 지난 몇 년간 북반구 내, 특히 유럽에서는 정책입안자들이 소가족이란 개념을 타개하고, 출산율 증가를 고무하는 '출산장려책'을 채택할 지에 대해 논쟁이 이어져 왔다. 러시아는 다자녀 여성에 재정적 인센티브를 지급하는 방식으로 결혼과 출산을 장려하기 위한 지속적 노력을 시행해 왔다.

북반구에서의 이 문제는 역시 전적으로 연령 관련 공공정책에 달려있다. 특히 보건의료, 장기보험, 그리고 정부 지원의 은퇴연금이 주요하다. 다음은 2012년 유럽위원회 연령 보고서에서 언급한 내용이다;

고령인구는 문화적으로, 구조적으로 그리고 경제적 관점으로, 우리 사회와 경제에 저항을 불러일으킨다. 정책 입안자들은 삶의 지표가 얼마나 영향을 받을 것인지에 관하여 걱정한다. 각각의 노동자가 노령인구 부양 수의 증가로 인해 늘어난 소비욕구를 제공해야 하기

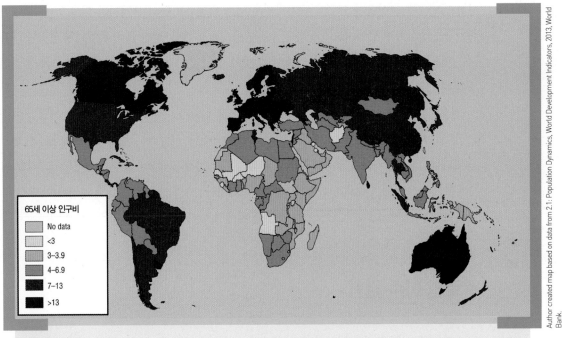

Author created map based on data from 2.1: Population Dynamics, World Development Indicators, 2013, World Bank.

지도 12.1
세계 전역의 고령화 및 노화
출산율 저화는 기대수명 상승과 맞닥뜨려 세계는 인구통계학적 주요변화—지구적 고령화—를 향해 움직이고 있다. 어떤 곳에서는 고령인구가 국가 인구의 증가분을 구성하고 있다. "젊은층에게 너무 큰 부담을 부과하지 않고, 노년층에게 품위 있는 삶의 표준을 제공하는 것이 다수 국가의 능력으로 요구될 것이다(Jackson, 2013)." 지도에서 볼 수 있듯이, 북반구에서의 변화는 이미 진행 중이다. 예컨대 독일에서는 인구의 21%가 65세 이상이며, 앙골라는 오직 2%인 것과 비교가 된다.

때문이다. 시장은 재정적 지속성을 염려하며, 정책 입안자들이 몇몇 회원국 내에서 이러한 저항을 적정하게, 충분하게 다룰 수 있는지의 능력을 걱정한다. 저항의 심각성은 우리 경제와 사회가 얼마만큼 변화하는 인구통계학적 상황에 적응할 수 있는지에 달렸다. 짐작해 보면, 정책 입안자들은 거대하지만 예측 가능한 저항과 심각한 불안전성에 직면하여 장기 재정적 지속가능성을 보장해야 할 필요가 있다. 유럽은 몇 십 년 간 깊은 침체를 경험하며, 노동자와 기업가가 전례 없는 피로가 쌓인 상태에서 공공재정에 심대한 부정적 영향을 입힌다고 생각하면 더욱 그러하다(European Commission, 2012, p. 21).

이러한 인구통계학적 모멘텀에서 초래된 차이는 선진국과 개발도상국 세계의 인구 개요를 상당히 다르게 만들어내고 있다. 그리고 "21세기 국제안보는 세계에 얼마나 많은 거주자가 살고 있느냐에 있기보다, 글로벌 인구가 어떻게 구성되고 분배되어 있느냐에 달려있다; 인구가 감소하는 곳과 인구가 늘어나는 곳, 이 국가들은 각각 더 늙거나 좀 더 젊으며, 인구통계가 어떻게 지역 전체 인구 움직임에 영향을 미치느냐에 달려 있다(Goldstone, 2010, p. 31)." 가난한 남반구는 출산율과 인구가 증가하면서 넘치는 젊은이들의 본거지가 되고 있다; 부유한 북반구는 출산율이 떨어지고 인구가 감소하면서 고령화한다. 남반구 내 취업연령 인구는 다가오는 몇 년 간 아이들의 의존을 부담해야 할 것이지만, 반면 북반구에서는 증가하는 노령 성인에 대해 의존적 부담을 지며 쩔쩔매게 된다.

이러한 세계화의 국면이 세계의 사람들을 어떻게 보다 비슷하게 만들지 않는지를 보여주는 것은 어렵지 않다. 인구의 지리학적 분포는 지구상의 사람들의 질에 있어서 차이를 늘리고 있다. 그리고 이러한 인구통계학적 다양성은 인구 성장과 구조—출산율, 치사율, 그리고 이주—의 결정요인에서 서로 다른 변화로부터 기인한다. 이제 우리는 인간의 이동이 국가 간 그리고 국가 내에서 글로벌 인구구조를 어떻게 형성케 하는지 생각해 보자.

글로벌 이주 경향

국가 간 인구 이동은 전례 없는 속도로 확산되고 있으며, 주재국의 인종 균형, 시민과 주권의 의미, 소득의 분배, 노동 공급, 외국인 혐오(xenophobia), 다문화주의의 충격, 기본적인 인권보호와 착취의 금지와 같은 다수의 도덕적 문제를 제기하고 있다. 게다가 민주정부와 국가 안정이 훼손된 실패한 국가들—정부가 더 이상 반감을 가진 시민들과 조국을 떠나거나 국가를 보다 작은 독립 단위로 나누기 위해 혁명을 조직한 사람들로부터 지지를 받지 못하는 국가들—로부터의 이주민과 피난민의 대량 유입 가능성이 잠재적 위협을 제기한다(6장, 7장 참조).

> **외국인 혐오**
>
> *외국 국적자, 타 민족, 이질 언어집단에 대한 의심스러운 반감, 무례 및 무시*

주권국가들의 정부는 국경 내에 외국인의 이동을 통제하는 지배력을 잃고 있고, 어떤 의미 있는 세계 정부를 위한 다국적 비정부기구도 전 세계적인 사람(그리고 노동)의 이주의 증가 결과를 다룰 수 없다. 구멍이 있는 국경은 대량 이주 움직임의 이론적 해석에 대한 모호한 도덕 원리를 만들었지만, 한 가지 결과는 명백하다. 이주의 세계화를 통해 승자와 패자가 존재한다는 것이다.

생활 유지 및 자유를 위한 탐구

대부분의 사람들은 일반적으로 더 나은 직업을 구하기 위해 이주한다. 유치국 입장에서, 이는 경제성장에 기여할 수 있다. 가난한 남반구 국가들이 다수인 본국의 입장에서는 송금의 유입 증가, 혹은 이주자가 해외 근로에서 벌어들인 돈을 본국 가족에게 송금함에 의해 외국통화의 가장 큰 원천 중 하나를 제공받게 되는 셈이다(Lopez et al., 2010; Singer, 2010). 2011년 남반구 출신 이주자는 본국으로 3,584억 달러를 보냈다(WDI, 2013).

그러나 이주는 본국인의 취업기회를 하락시킬 수 있고 공공 서비스에 부담을 가중시킬 것이라 염려된다. 약한 글로벌 경제는 이러한 두려움을 악화시켰으며, 다수 국가가 이주 흐름을 저지하려는 정책을 채택해 왔다(Koser, 2010; Traynor and Hooper, 2011). 미국에서는 멕시코 국경을 따라 일렬의 철책선을 확장하기 위한 공사가 진행 중이다. 2009년 유럽의회는 불법이민자를 18개월까지 구금한 후 추방하도록 하는 논란이 많은 이민법을 시행하였다. 이탈리아와 프랑스는 북아프리카로부터 이탈리아에 들어 온 2만 5천 이상의 이주자와 다른 유럽국가로 건너온 다수에 대응하기 위해, 2011년 유럽의 쉥겐 국경개방조약(Schengen open-border treaty)을 엄격히 변화시켰다. 나이지리아와 같은 남반구 국가조차도 거대한 불법 이민 흐름을 안보위협으로 간주하고, 이에 대응하는 조치를 취해 왔다(Ekhoragbon, 2008).

'이주의 시대' 또 다른 경향은 이주가 경제적 기회 탐색 때문이 아닌, 박해의 공포에서 벗어나기 위해 행해진다. 난민(refugees)은 인종, 종교, 국적, 특히 사회적 그룹 등의 소속 혹은 정치적 견해 등에 의해 그들의 본국으로부터 박해의 대상이 되는 개인이 그들의 본거지로부터 이주한 것으로, 되돌아가는 것은 불가능하다. UN 난민 고등 판무관(UNHCR)에 따르면, 2012년 초반 세계의 난민인구는 1,520만 명이며, 이들 중 1,040만 명은 UNHCR의 관할 아래 있고, 480만 명의 팔레스타인 난민은 근동의 팔레스타인 피난처인 UN 난민 구제 사업국(UNRWA)의 책임 하에 있다.

또 다른 '염려되는 사람들'은 국내 실향민(IDP)이다. 충격적이게도 UNHCR은 이러한 사람들이 세계적으로 2,950만 명이라 측정하였다(그림 12.3 참조). 게다가, 실향민은 그 자체

난민

정치적 공포, 환경적 악화 혹은 기근의 근거가 충분한 공포로 인해 타국으로 안전을 위해 도망을 친 사람

필사적으로 탈출한 난민
지난 10년 간, 연간 약 1,500만 명의 난민이 보호소를 찾아 홈리스가 되었다. 좌측 사진을 보면, 소말리아 여성들과 아이들이 2012년 5월 안전과 보금자리를 찾아 6,000명 이상의 난민들과 함께 살고 있다. 이는 소말리족과 아프리카 연합 군대가 반란군 알-샤바브(Al-Shababb)에 대항하여, 소말리아의 아프구예(Afgooye) 회랑지대에서 전투를 벌였기 때문이다. 우측 사진은 여배우 안젤리나 졸리(Angelina Jolie)가 2013년 3월 콩고민주공화국 내 난민캠프에서 여성을 만나고 있는 모습이다. UN 난민 고등 판무관 특사이며, 현재 대략 120개국 2천만 난민을 보조하고 있는 졸리는 전쟁의 수단으로 자행되는 강간을 조속히 방지하기 위해, 지구적 관심을 불러일으키고 있다. 그녀는 다음과 같이 설명한다: "꿈이 무엇이냐가 희망이다. … 만일 당신이 여성을 강간하면, 행동에 책임을 져야 할 것이다. 이는 전쟁범죄이며, 이를 모면할 수 없다."

로 고려도 되지 않았으며, 전 세계적 무국적자와 895,000명의 망명 신청자가 있다(UNHCR, 2012). 여기에 포함되지 않은 사람들에는 추가적으로 엄청난 성매매 범죄조직에 의하여 납치되거나 매춘을 위해 국경을 넘어 밀수되는 노예 같은 수백만 명의 아동들과 여성들이 있다.

난민들과 실향민들 모두 종종 전쟁의 희생자들이다. 예컨대, 1994년 르완다에서의 **대량학살(genocide)**은 170만 명 이상의 난민을 고향으로부터 떠나게 하였다; 전 유고슬라비아의 분열에 따라 일어난 박해, **인종청소(ethnic cleansing)**, 무력갈등은 거의 300만 명에 이르는 희생자들로 하여금 고향을 등지게 하였고 유럽이 많은 수의 난민들을—제2차 세계 대전 이후 처음으로 600만 명 이상—가진 대륙의 명단에 오르게 하였다. 최근 UNHCR는 아프가니스탄과 이라크 난민이 전체 난민의 거의 절반을 구성한다고 측정하였다. 2012년 초반 세계의 난민 4명 당 1명이 아프간 출신이며, 120만 명이 이라크인이 다른 나라에서 피난처를 구하고 있다(UNHCR, 2012).

커다란 비율의 세계 난민들과 실향민들은 실패한 국가에서 소수민족과 종교적 갈등이 발생하여 국내의 법과 질서를 유지할 정부가 없을 때 조국을 탈출하게 된다.

대량학살

소수의 종족, 종교, 또는 민족적 집단을 전체 또는 부분적으로 제거하려는 시도

인종청소

국가가 소수 종족집단을 절멸하여, 국제법을 위반하는 행위

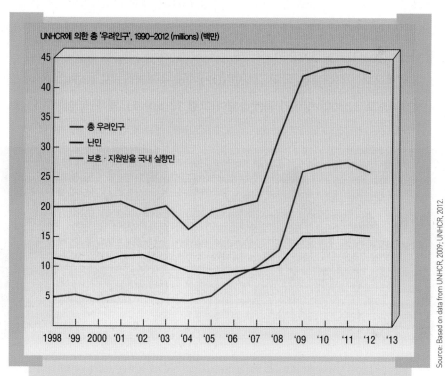

Source: Based on data from UNHCR, 2009; UNHCR, 2012.

그림 12. 3
만성적 지구 난민위기
UN 난민 고등 판무관(UNHCR)는 '우려되는 사람들'을 난민과 국내실향민(IDP)으로 정의한다. 문제는 거대하며, 2004년 이래로 꾸준히 악화되어 2012년 초반 강제적 실향민이 4,250만 명 이상에 달했다(UNHCR, 2012). 전체 난민 중 약 50%는 아시아에 거주하며, 1/4은 아프리카에 살고 있다.

게다가 수백만의 난민들은 조국에서 도망치게 되는데 그 이유는 재난이 닥쳐올 때 경찰보호, 법원의 공정한 심판, 그리고 공공부조 같은 기본적 인권이 부여되지 않기 때문이다. 이제 밀어내는 힘과 끌어들이는 힘이 결합하여 이민에 대한 경향을 지배하고 있다. 인권유린, 환경악화, 실업, 과잉인구, 기근, 전쟁, 소수민족 간 갈등, 그리고 국내의 잔학성(atrocities)은 모두 그들의 조국으로부터 수백만 명의 사람들을 밀어낸다(지도 12.2 참조).

이주자들은 또한 다른 곳에 있어서 정치적 자유의 약속, 특히 민주적으로 통치되는 북반구 국가들에 있어서 이러한 약속에 의하여 이끌린다. "우리는 현재 복잡한 글로벌 시험대에 처해 있다. 이는 장차 훨씬 강한 강제적 이동으로 위협할 수 있다."라고 UNHCR의 안토니우 구테흐스(António Guterres)는 설명한다. "그들은 다양하고 새로운 위기 관련 갈등에 처해 있다. 세계의 각 분쟁 지대 내에서 나쁜 거버넌스, 기후 유발 환경악화는 부족한 자원과 극심한 물가 앙등으로 경쟁을 촉발시키며, 많은 곳에서 불안전성을 양산하여 가난한 자들에 타격을 입혀 왔다(*International Herald Tribune*, 2008, p. 3)."

오늘날 난민들은 안전한 피난처를 찾지 못하고 있으며, 문을 닫는 것이 점점 더 하나의 해결책으로 보이고 있다. 그리고 외국인 혐오증은 증가일로에 있다(심층 논의: 글로벌 이주와 안보에 관한 탐색 참조). 선진국과 개도국 모두가 더 나은 삶을 구하는 자들에게 안식처를 기

잔학성

일정한 시민집단 또는 전쟁 포로들을 목표물로 하여 잔인하고 야만적인 행동을 저지르는 것으로 국제법에서 불법으로 규정됨

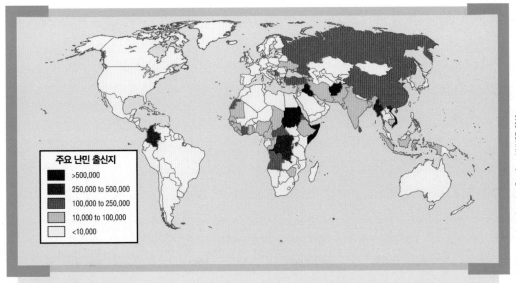

주요 난민 출신지
- >500,000
- 250,000 to 500,000
- 100,000 to 250,000
- 10,000 to 100,000
- <10,000

Author created map based on Data from UNHCR, 2012.

지도 12. 2
그들이 도망친 곳으로부터?
억압적이고 폭력적인 상황은 안보와 생존의 이익 때문에, 다수의 사람들을 고향을 버리고 떠나도록 만들었다. 2012년 초, 아프가니스탄 출신의 270만 난민이 발생하여, 세계 난민 본국의 선두국이 되었다. 이라크가 두 번째 난민배출국으로 140만 난민에 대한 책임이 있다. 소말리아와 수단 난민이 세 번째와 네 번째이며, 각각 백만 명 이상과 5십만 명 난민이 있다. 일반적으로 서부 국가들이 혼란으로부터 탈출한 난민을 가장 많이 승인하는 것으로 평가받고 있으나, 실은 다수가 남반구 이웃국가로 도망치고 있음을 지표가 입증하고 있다. 실제로 UNHCR은 난민의 75%에서 93%가 출신 지역 내 남는 것으로 판단하였다.

심층 논의

글로벌 이주와 안보에 관한 탐구

2011년 봄, 북부 아프리카 전체에 불안이 맴돈 탓에 25,000명 이상의 이주자가 이탈리아로 가는 길의 람페두사(Lampe-dusa)라는 작은 섬으로 달아났다. 대부분이 튀니지의 경제적 갈등과 정치적 격변으로부터 피난처를 구해 도망한 사람들이 었다.

북아프리카인의 대규모 유입은 불법이민에 대해 강경한 입장을 고수해 온 보수적 이탈리아 정부에게 문제점을 야기하였다. 이탈리아의 불만에 대해, 다른 EU회원국들은 불법이민의 부담을 나누려하지 않았다. EU가 여러 회원국들에 보호소를 재할당하도록 긴급구제를 채택해야 한다는 이탈리아의 요청을 차단해 버렸다. 이민 위기를 처리하기 위해 노력하는 과정에서, 이탈리아는 이주자의 일부를 그들의 본국으로 송환하였다. 나머지 수천명에게는 국가 거주증을 발급하였다. 이는 북아프리카인이 이탈리아에 머무는 것뿐 아니라, 유럽의 무국경 쉥겐조약 내 다른 나라로의 여행도 허가하는 것이었다.

후자의 조치는 프랑스를 화나게 하였다. 수천 이주자가 프랑스의 친척을 만나기 위해 이탈리아로부터 이주해 왔기 때문이다. 이탈리아와 프랑스의 긴장은 가열되어, 두 국가 정상은－프랑스 사르코지(Nicolas Sarkozy) 대통령과 이탈리아 베를루스(Silvio Berlusconi) 총리－동시에 쉥겐 국경개방조약의 개혁을 요구하였다. 이 조약은 대부분의 EU 국가 거주자들이 최소의 국경 검문만으로 국경을 넘어 여행할 수 있게 한 것이다. 양국은 조약이 유지되기를 원했지만, 예외적 상황 발생 시 단기적 통제가 허락되어야 한다고 주장하였다. EU 상급관리 회합에서 다음과 같이 주장하였다. "지중해 지역의 이주와 관련한 상황은 빠르게 위기로 전환되어, 우리 지역민이 쉥겐조약 내 여행 자유의 원칙을 향유할 수 있게 한 신뢰를 약화시킨다." 그들은 EU회원국 간 '연대의 원칙'에 더욱 헌신하여, 다른 EU 국가들도 지중해에 연안 남부 국가들이 대규모 이민에 처한 문제를 처리할 수 있도록 지원할 것을 요구했다.

최종으로 여러분의 판단은?

1. 글로벌 이주는 유치국에 유익한가? 아니면 해로운가?

2. 민주주의는 혼란스런 원칙들을 어떻게 조화시킬 수 있을까?－인간이 국경을 통제하는 주권 국가의 절대적 권리 헌신에 맞서 이주해 나갈 수 있는 기본권을 지지하는 원칙

3. 글로벌 이주에서 지구적 '보호책임' 원칙과 양립할 수 있는 당신의 입장이 있는가?

꺼이 제공하고 있다. 글로벌 경제를 약해짐에 따라 사람들은 국내 일자리와 자원을 두고 경쟁하는 외국인에게 좀 더 반대하게 되었다. 게다가 9.11 이래 안보에 대한 우려는 전 세계적으로 상승되었으며 난민들과 테러의 가능성 간 상호 관련성으로 인하여 이민자 통제는 강화되고 있다.

국경 간 인간의 흐름에서 엄격한 것은 북반구 국가들뿐만 아니라 남반구 또한 피난처를 운영하는 부담을 점점 꺼리고 있다. 이것은 심리적 불안에 대한 책임을 희생자들─안전한 곳을 찾는 난민들─에게 돌리고 있는 것인데, 그 이유는 "일반적으로 개인들과 공동체들은 그들의 생명과 자유에 심각한 위험이 없으면 조국을 포기하지 않기 때문이다. 한 국가로부터 피신하는 것은 최후의 생존전략인 것이다. … 난민들은 내적인 혼란, 인권과 인도주의적 표준의 유린에 대한 지표로써 기능하는 것이다(Loescher, 2005, p. 47)."

그렇지만 이주자의 조류를 저지하려는 노력은 피난처(sanctuary)를 찾는 사람들의 추세를 뒤바꾸진 못했다. 2011년 동안 망명(asylum)을 위해 총 876,100건의 신청 혹은 난민 지위 신청이 171개 국가 내 정부 및 UNHCR에 제출되었다(UNHCR, 2012). 이는 직전 해 보호소를 찾은 사람 수에서 3% 증가한 것으로 나타났다. 그 이전 해에서 11% 감소하였다. 107,000 이상의 망명 신청을 한 남아프리카는 지구상에서 가장 많은 개인 신청 수령국이며, 다음으로 미국과 프랑스가 뒤를 잇는다. 게다가, 약 17,700 망명 신청이 69개 국가에서 보호자 없는 어린이에 의해 제출되었으며, 이들은 대개 아프가니스탄과 소말리아 어린이이다(UNHCR, 2012). 윤리적인 문제는 미래에 부유한 국가들이 이처럼 어려운 처지에 있는 사람들에 대하여 무관심으로 반응할 것인가 아니면 자비심으로 대할 것인가 하는 것이다. *인간안보는 어떻게 국가안보와 조화될 수 있을 것인가?* 매일 사람들의 안녕과 생존은 위태로우며, 보호의 필요성은 증가하고 있다.

도시화

이주 패턴과 인구통계학에서 투영된 내용을 분석할 때, 지리학적 인구집중으로 규정된 각 국가 내의 사람 수도 고려해야 한다. 이는 사람들이 얼마나 빽빽하게 살고 있는가를 측정하는 것으로 인구밀도(population density)로 알려져 있다. 일부 국가와 지역은 매우 밀집되어 있고, 또 다른 일부는 그렇지 않다. 예를 들어, 모나코는 1㎢당 17,714명으로 세계에서 가장 밀도가 높은 나라이고, 그린란드에 있는 사람들은 1㎢당 1명 이하로 가장 흩어져서 공간을 이용한다(WDI, 2013).

피난처
피난과 보호의 장소

망명
시민권을 가지고 있는 국가 박해의 위험으로부터 피난하는 난민들의 안전을 보호하기 위해 피난처를 제공하는 행위

인구밀도
각 거주자들이 이용가능한 평균 공간의 비율로, 인구통계학적 집중을 측정하는 각 국가, 지역 혹은 도시 내의 인구수

오늘날 세계의 절반가량이 도시에 살고 있으며, 세계의 도시화는 가속화되고 광범위화 하였다. 2011년 초 36억 인구, 총 세계인구의 52%가 도시 지역에 살았으며, 2.1% 도시인구 성장률을 나타냈다(WDI, 2013). 미국은 2050년 경 63억 인구, 인구의 2/3가 도시 환경에 살 것이라 예측하였다(UNDESA, 2012).

급속한 도시화를 언급한, 경제학자 에드워드 글레이저(Edward Glaeser, 2011)은 "세상은 평평하지 않지만, 포장되었다."라고 비꼬았다. 이미 북반구 인구의 80%가 성장하는 대도시에 살고 있다(WDI, 2013). 그러나 남반구 개도국 내 도시들은 더 빨리 성장한다. '개도국에서는 매월 5백만 인구가 농촌에서 도시로 이동한다(The Economist, 2011f, p. 91).' 이것은 특히 아시아 및 태평양 지역에서 주목되며, 세계 10대 글로벌 도시 중 3곳이 위치해 있다.

메가시티

인구 천만 이상의 대도시 지역

이러한 도시화 경향 역시 상대적인 인구통계학적 격차를 내고 있다; 엄청난 크기의 메가시티(megacities), 즉 천만을 초과하는 인구가 사는 곳에 점증하는 인구의 증가가 그것이다(그림 12.4 참조). 도시군에 살고 있는 세계인구의 비율이 전 세계적으로 증가함에 따라, 도시 거주자와 시골이나 가난한 주변부에 살고 있는 사람들 간의 '*양극화*'가 도시화된 핵심 도시들을 그들이 그들 국가의 시골에서 살고 있는 사람들과 지내는 것보다 더 큰 비율로 거대 도시에 살고 있는 사람들과 서로 교류하고 평가하면서 전망, 가치, 삶의 방식에 있어 서로 유사하게 만들 것이다. "인구가 지속적으로 도심에 집중되는 도시화의 과정은 명백히 멈출 수 없는 이행 과정이며, 증가하는 삶의 지표와 연관되어 있다. 어떠한 고도 발전 사회도 시골이 아니다.(Skeldon, 2010, p. 25)." 실제로 다수의 긍정적인 외부적 성질이 도시화로부터 기인하였다: "근접성은 사람들을 좀 더 창의적으로 만들었으며, 밝은 정신은 서로를 똑같이 느끼게 한다; 점 더 생산적이다. 규모는 더 특별한 계층에게 임금을 준다; 그리고 그 곳에서는 더 친절하다. 도시 거주자는 걸어서, 버스로 혹은 기차로 좀 더 잘 갈 수 있기 때문이다.(*The Economist*, 2011f, p. 91; Glaeser, 2011)."

하지만 도시화와 메가시티의 성장은 정부에 대한 도전장을 제기할 수 있다. 세력균형 정책은 글로벌제이션이 얼마나 주권국가에 도전하는 주요 도시를 가능케 하는 것인지, 국가로부터 얼마나 떼어놓는 것인지에 대한 시사점을 이해하는데 적합하지 않다:

> 합쳐서 생각하면 글로벌 허브 및 메가시티의 도래가 글로벌 외교에 참가하기 위한 새로운 전제조건으로 국가주권 혹은 경제적 힘 중 어떤 것인지를 재고(再考)하게 만든다. 두 경우 모두의 대답은, 주권이 침식되어 이동하는 동안 도시는 현재 국가와 나란히 글로벌 영향력을 두고 경쟁 중이다(Khanna, 2010, p. 126).

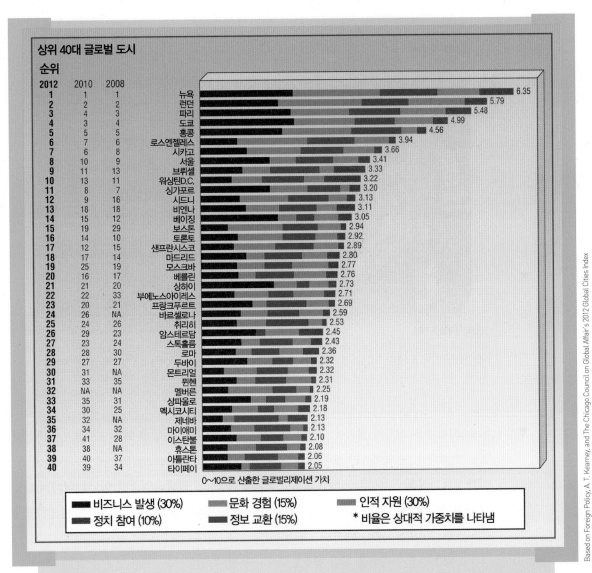

순위			도시	글로벌리제이션 가치
2012	**2010**	**2008**		
1	1	1	뉴욕	6.35
2	2	2	런던	5.79
3	4	3	파리	5.48
4	3	4	도쿄	4.99
5	5	5	홍콩	4.56
6	7	6	로스엔젤레스	3.94
7	6	8	시카고	3.66
8	10	9	서울	3.41
9	11	13	브뤼셀	3.33
10	13	11	워싱턴D.C.	3.22
11	8	7	싱가포르	3.20
12	9	16	시드니	3.13
13	18	18	비엔나	3.11
14	15	12	베이징	3.05
15	19	29	보스톤	2.94
16	14	10	토론토	2.92
17	12	15	샌프란시스코	2.89
18	17	14	마드리드	2.80
19	25	19	모스크바	2.77
20	16	17	베를린	2.76
21	21	20	상하이	2.73
22	22	33	부에노스아이레스	2.71
23	20	21	프랑크푸르트	2.69
24	26	NA	바르셀로나	2.59
25	24	26	취리히	2.53
26	29	23	암스테르담	2.45
27	23	24	스톡홀름	2.43
28	28	30	로마	2.36
29	27	27	두바이	2.32
30	31	NA	몬트리얼	2.32
31	33	35	뮌헨	2.31
32	NA	NA	멜버른	2.25
33	35	31	상파울로	2.19
34	30	25	멕시코시티	2.18
35	32	NA	제네바	2.13
36	34	32	마이애미	2.13
37	41	28	이스탄불	2.10
38	38	NA	휴스톤	2.08
39	40	37	아틀란타	2.06
40	39	34	타이페이	2.05

0~10으로 산출한 글로벌리제이션 가치

■ 비즈니스 발생 (30%)   ■ 문화 경험 (15%)   ■ 인적 자원 (30%)
■ 정치 참여 (10%)   ■ 정보 교환 (15%)   * 비율은 상대적 가중치를 나타냄

상위 40대 글로벌 도시

그림 12.4
40대 글로벌 도시
"오늘날 세계는 국가보다 도시에 집중한다. 싱가포르나 홍콩과 마찬가지로 서울과 같은 장소가 더 작은 한국의 도시가 그러한 것보다 더욱 그렇다(Haies and Pena, 2012, p. 4)." 2012 글로벌 도시지표(Global cities Index)에 기초하여, 위 수치는 다섯 가지 차원에서 세계 주요 메트로폴리탄 지역의 글로벌 관계를 묘사한다: 비즈니스 활동, 인적자원, 정보교환, 문화적 경험, 그리고 정치참여. 순위의 상위는 안정되게 뉴욕, 런던, 도쿄, 그리고 파리가 총 3번의 조사 시기 동안 10위 권 내 위치하고 있다. 적어도 3개 아시아 도시들이 매번 10위권 내에 있으며, 이는 세계문제에서 아시아의 지속적인 중요성을 반영한다.

세계는 도시화의 거센 물결을 목격하고 있으며, 여기에는 자본이 흐르고, 공급이 연결되며, 통신이 글로벌 시티 간을 연결함과 동시에 국제관계를 비국가화 한다. 오늘날 함부르크와 두바이는 해운산업 유대 및 생명과학 연구를 확장하는 파트너십을 형성해 왔다.

하지만 도시의 힘과 영향력은 현 시기에 유일무이한 것은 아니다. 사회과학자 사센(Saskia

인간의 맥박을 느끼다.
2014년 초, 70억 이상의 세계 인구는 계속하여 증가하고 있다. 절반은 도시에 살고 있으며, 도시화는 지속된다. 1975년 세계 3대 도시만이 천만 인구를 초과했다. 2025년, 37개 메가시티가 존재하여, 이 중 남반구에 거의 8개가 있을 것이라고, UN은 예측한다(Mead, 2012). 그림은 인구 1,600만의 인도 코카타(Kokata) 거리에서 공간을 다투는 행상, 보행자 및 운송수단의 모습이다.

Sassen)은 과거 국가와 제국이 도시를 억누르지 않고, 지구적 야망을 위한 여과장치로 대신했음을 지적한다. 유럽에서는 브루제(Bruges)와 엔트워프(Antwefe)라는 자주적 르네상스 도시가 초국가적 증권거래소의 혁신적 설립을 위해 처음으로 발달되었으며, 이들은 국제적 신용과 글로벌 무역 네트워크, 그리고 자국의 '주권'정책을 행하가 위한 도시의 능력을 반영하였다(Khanna, 2010; Sassen, 2008).

도시가 성장과 개발을 위한 엔진으로써 기능할 수 있음에도, 또한 인간안보에 대한 위협을 제기할 수도 있다. 해마다 수백만 불법거주자들이 메가시티로 쏟아져 들어와 경제적 불평등과 도시 파괴가 대도시권 내 만연하게 되었다. 상파울루, 상하이, 그리고 이스탄불과 같은 도시 내 멋진 빌딩과 닫힌 공동체 옆으로 슬럼에서 빈곤과 불결한 상태의 이주자들이 살고 있다. "세계 4번째 갑부인 인도인 억만장자 무케시 암바니(Mukesh Ambani)는 그의 27층 저택 공사에 20억 달러 가까이 지출했다.—가공원(架空園), 헬스센터, 그리고 헬리콥터 이착륙장 등을 완공—이는 뭄바이의 가장 큰 슬럼인 다리비(Dharavi)를 전체적으로 조감할 수 있는 곳이다.(Khanna, 2010, p. 126)."

또한 세계 도시화의 영향은 깨끗한 상수도, 피난처, 위생의 공급을 변형시키면서 보건과 환경 문제의 악화를 야기할 것이다. 세계 공동체 도처에 도시화가 현재의 속도로 계속된다면,

거의 확실히 이러한 경향은 또 다른 세계의 변화를 가져올 것이다. 확산되고 치사율이 높은 병의 발발과 같은 위협은 인구내파(population implosion, 人口內破)를 만들 수 있다. 다음으로 국경 없이 지구를 휩쓰는 생명을 위협하는 질병의 사례를 검토할 것이다.

인구내파

이전의 빠르게 증가하던 인구의 경향이 역변한 인구의 빠른 감소: 세계인구의 심각한 감소

새로운 역병? 결핵, 면역결핍바이러스, 후천성면역결핍증, 그리고 조류독감의 세계적 영향

실망스럽게도 상당수 개발도상국의 유아와 소아 사망률은 소폭 줄고 있기는 하지만 여전히 높다. UN은 세계적 수준의 기대수명이 1950년 이후 매년 증가해 70세까지 올라왔다고 추정한다(WDI, 2013). 그러나 이러한 수명 증가의 추세는 세계적으로 이동 가능한 질병이 건강보험, 영향, 수질 관리, 그리고 공중위생 등의 향상으로 가능하게 만든 수명을 단축시키면서 역전될 수 있다. 역사를 통틀어 박테리아, 기생충, 바이러스, 역병, 그리고 다양한 생태계 질병 등의 확산은 국가 경계를 개의치 않고 발전을 늦추거나 한때 막강했던 국가들과 제국들을 붕괴시켰다(Kolbert 2005). 현재와 같은 세계화의 시대에 매 10만 명당 125명에 발병하는 내성을 가진 결핵(TB) 변종과 같은 질병에는 국경이 소용없다(WDI, 2013). 그것은 국제선 비행기에서의 재채기나 기침으로도 확산될 수 있다. 마찬가지로 해마다 2억 천 9백만 명의 말라리아에 걸린 환자들 중, 2010년 66만 이상이 사망하였다(*WHO Malaria Report*, 2012). 전염병은 전 세계적으로 27%의 사망원인인 까닭에(WDI, 2013) 세계 보건은 인간안보에 대한 관심이자 위협이다(그림 12.5 참조).

우리가 공동의 세계 환경을 공유하기 때문에 악성 질환이 세계 인구를 1/10씩 줄일 것이라는 냉혹한 가능성은 후천성면역결핍증(acquired immune deficiency syndrome, AIDS)을 일으키는 면역결핍바이러스(human immunodeficiency virus, HIV)의 확산에서 가장 분명하게 나타난다. 1970년대 에이즈 전염의 발병 이후, UN은 "매일 8,000명 이상이 에이즈로 사망한다. 매시간 거의 600명이 전염된다. 매분 한 아이가 바이러스로 사망한다."고 추산했다. 오늘날 세계의 15세에서 49세 사이에 있는 5,580만 명이 HIV를 갖고 있다(WDI, 2013). 세계의 일부 지역이 다른 곳보다 이 질병으로 더 고통 받고 있다. 사하라 이남 아프리카는 지구인구의 10% 이상이 밀집된 지역으로, HIV/AIDS를 가진 채 살고 있는 인구의 67%가 존재한다(Iqbal and Zorn, 2010).

상황은 비극적이고, 그 비극을 끝내는 것은 '도덕적 의무'이다. 다행스럽게도 이 세계적 유행병은 사라지고 있다는 징후가 있다. 해마다 HIV/AIDS로 인한 사망자가 줄고 있다(Purlain,

후천성면역결핍증 (AIDS)

면역결핍바이러스(HIV) 감염으로 야기될 수 있는 종종 치명적인 건강 상태

면역결핍바이러스(HIV)

치명적인 후천성면역결핍증을 이끌 수 있는 바이러스

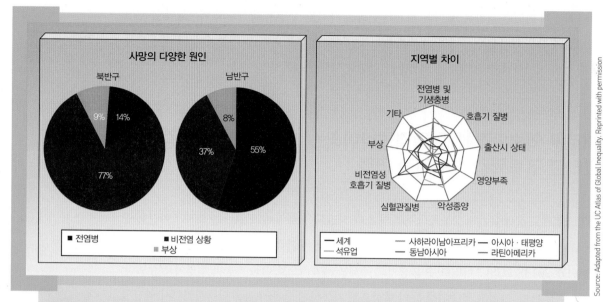

그림 12.5
질병부담
전 지구적으로 1/3의 사람들이 전염병으로 사망한다. 하지만 남반구와 북반구에서 뚜렷이 사망원인이 분할되어 진다. 좌측을 보면, 남반구 내 사망의 절반이 가장 보편적 주범인 HIV/AIDS와 같은 전염성 질병 탓이다. 북반구는 사람들이 더 오래 살고, 심혈관질병 및 암과 같은 비전염성 상황에 의해 사망한다. 오른편은 사망원인의 지역적 차이를 방사형 그래프로 보여준다.

2013). 2011년 동안 AIDS 관련 질병으로 170만 명이 사망했다. —2005년에는 230만 명으로 절정에서 하락한 수치이다(UNAEDS, 2013). 이는 전염병이 사라지고 있다는 것을 의미하지는 않는다. 대부분 심각한 에이즈 감염 국가들의 상당수는 사망이 출생을 따라 잡고, 인구는 다음 몇 년 동안 줄어들 것으로 전망된다. 세계 공공보건 전문가 로리 개럿(Laurie Garrett)은 "세계의 질병에 달려드는 것은 많은 국가들의 해외정책의 핵심 특징이 되었다."라고 지적하고 있다.

애석하게도 사람의 건강한 삶을 심대하게 위협하는 수많은 질병이 존재하여, 국경을 투과하여 우리를 자각케 한다(HIV를 바짝 뒤쫓으며). 세계보건기구는 내성을 가진 결핵(TB)을 주요보건 위기로 공표하며, 1993년 이래로 TB 치료법과 통제를 개선하기 위해 노력해 왔다. 내성을 가진 결핵은 공기감염 질병으로, 예방가능하고 치료 가능함에도 수백만 명의 목숨을 앗아간다. 140만 명의 사망을 동반한 TB의 새로운 케이스로 870만 명이 2011년 보고되었다. 질병은 아시아와 아프리카에서 가장 널리 퍼져있어, 인도와 중국에서 초래되는 사례가 거의 40%에 달한다. 그러나 상당한 진전은 글로벌한 TB 확산의 중단 혹은 역전을 일으키고 있다. "TB 치사율은 1990년 이래 41%로 감소하여 왔다. 그리고 세계는 2015년 이의 50% 감소의 글로벌 목적을 성취하기 위해 전진 중이다(WHO, 2012b)."

AP Photo

글로벌리제이션은 세계 전체를 병들게 하는가?
지구적 인플루엔자 확산의 위협 정도는 "주요 테러 공격보다 더 상위이며, 심지어 대량살상무기를 포함한 것보다 더 하다(Newsweek, 2005)." 사진은 지구적 경고를 위한 것이다: 상하이 시장에서 노동자가 닭과 함께 잠들어 있다. 감염된 조류와의 신체접촉이 인간과 동물 바이러스의 치명적 변종의 원인이 된다.

　　말라리아 또한 글로벌 보건에 중대 위협으로, 질병관리 예방센터(Centers for Disease Control and Prevention)는 매년 말라리아의 3억에서 5억 명의 발병이 있으며, 이 중 백 만 명이 사망에 이른다고 보고하였다(Lyons, 2010). 모기가 인간에게 전파하는 이 질병은 대개 예방가능하며 처치 가능한 것이어서 비극적이다. 질병의 확산에 대항하기 위한 노력은 수백만의 모기장을 포함한다.

　　또한 지난 10년 넘게 지구적 우려를 양산한 인플루엔자의 발발이 있었다. 무엇이 다른 지구적 질병으로부터 다른 인플루엔자를 만들어 내어 쉽게 확산되도록 하는가? 조류독감과 같은 유형은 조류로부터 인간에게 확산된다. 전문가들은 이러한 질병이 치킨이나 고기의 처리과정에서 직접접촉에 의해 옮겨진다고 믿으며, 새로운 유형이 인간 대 인간으로 쉽게 확산되는 것을 우려한다(Mo, 2013). 또 다른 최근의 치명적 유형은 H1N1으로 알려진 돼지 인플루엔자로 돼지에서 인간으로 종간 감염된다.

　　먼저 2009년 3월 멕시코에서 나타나서 미국으로 빠르게 확산된 후, 2010년경 절정으로 치달아 적어도 214개 국가 및 바다 건너까지 나타났다. 이제 확산은 끝났으나 인류를 위해 이것이 규정되고 보호조치가 강구되어야 하는 까닭에 공무원들은 시험대에 올라 있다. 수많은 국가, 특히 중국과 러시아는 다수 감염자로 고통 받는 국가에 여행한 사람들에 대한 강한 격리

조치를 시행하였다.

AIDS, 결핵, 말라리아, 콜레라, 라사열, 에볼라, 림프관 사상충증, 조류독감, 광우병, 그리고 돼지 인플루엔자와 같은 전염병의 확산과 통제는 세계적으로 정치가들의 관심을 끄는 일이다. 게다가 비전염성 질병—암, 뇌졸중, 당뇨병과 같은—은 오름세이며, 2030년까지 "모든 지역에서 사망과 장애 원인 선두"가 될 것이다(Bollyky, 2012). 이러한 질병은 어느 순간 사라지겠지만 초국가적 위협의 냉혹한 상기자로 국경 없는 세상에 항시 존재하며, 우리에게 글로벌 협력과 조화를 필요케 한다.

> *관계는 한 국가 내의 개인의 건강과 그 국가의 국가안보 간에 존재한다.*
> *건강한 인구는 국가의 생존능력에 있어 가장 중요하다.*
> — 제레미 유드(Jeremy Youde), 세계 보건 전문가

글로벌 정보시대

비관론자들은 다음과 같이 예측한다. 글로벌리제이션의 한 결과로, 현재 세계를 휩쓸고 있는 패권적인 힘으로부터 주권 독립을 보호하고 방어하기 위해 국가들은 지배하는 시민들의 헌신적인 충성을 유지하려고 서로 경쟁할 것이라고 본다. 반면에 낙관적인 시나리오에 관해 *자유주의적 이론*은, 문화의 세계화가 모든 사람들의 공통 이해에 충성을 다하는 '세계 시민'을 만들면서 현재의 지정학적 경계를 넘어서고 국가 정체성의 의미를 부식시키기 때문에 주권이 궁지에 몰린다고 본다. 이러한 문화적 세계화 부문의 경향은 사람들이 자신들의 정체성을 구축하는 방식에 변화를 가져오고, 세계주의(cosmopolitan)적 시각을 더욱 권장한다. 지구적 변화의 주요 원천은 커뮤니케이션의 속도와 흐름이 증가하는 것이며, 이는 *지구촌*—국경이 없어질 것이고, 세계가 하나의 공동체가 될 것이라고 미래를 나타내는 데 많은 사람들에 의해 사용되는 비유—의 특징이다.

'세계 텔레비전의 시대'에 사람들의 공동체 상과 정체성의 변화를 촉진하면서 '고국'과 '외국' 그리고 '가까운'과 '먼'의 의미는 사라진다. 휴대폰, 인터넷, 블로그 ,그리고 다른 초국가적 통신 수단은 합의, 아마도 통합된 지구촌의 전조가 될 것인가? 아니면 공유되는 정보가 이해와 평화를 만드는 그러한 지구촌의 미래상이 순수한 신화인가? 최악의 경우 세계화 내에서 상호연결의 바이러스가 남아 있는 정체성, 개인주의 그리고 독립을 지우면서 사생활을 없앨 것인가?

세계주의

거주민이 있는 특정 지역의 대도시나 도시, 예를 들어 인디애나폴리스나 미니애폴리스와 같은 다른 정체에 대해 반대하고, 우주 혹은 전 세계를 최선의 정책 혹은 정치적 지배 체제와 개인 정체성의 단위로 보면서 평가하는 전망 및 시각.

즉시 이용 가능한 세상
주요한 정보 고속도로, 인터넷은 글로벌리제이션의 연료이며, 개인을 '공공 디지털'의 일부가 되어, 국경과 신분을 초월하게 한다 (Tiessen, 2010). 북반구 시민의 73.4% 이상이 인터넷 사용자이며, 남반구는 21.5%에 그친다(WDI, 2012). 또한 인터넷 이용은 계속하여 증가한다. 위 사진은 파푸아뉴기니의 Hulitribal 의장으로, 새로운 웹사이트를 보여주며 정보기술의 속도가 아이디어와 정보의 지구적 흐름을 얼마나 용이하게 하는지를 설명하고 있다.

글로벌 커뮤니케이션의 진화

국제적 커뮤니케이션의 증가하는 편이성과 용량은 '거리의 소멸'을 야기하고, '우리'와 '그들'의 생각만큼 어디에서 일하고 사는가에 대한 사람들의 결정이 급속히 변하면서 국제통신의 규모는 기하급수적으로 증가하고 있다. 세계의 어느 지역도 정치, 경제, 사회, 또는 문화의 영역에도 *커뮤니케이션 기술*의 영향이 스며들지 않은 곳이 없다. 개인 컴퓨터와 모바일 폰의 '무선의 세상'은 남반구 시골 지역민들과 북반구의 기술혁신 국민들 사이 통신을 용이하게 해 왔다. "세계 인구의 50% 이상이 휴대폰(50억 이용자)과 인터넷(20억)을 동시에 접근할 수 있다. 이러한 사람들은 국가 내 그리고 국경 간을 통신하고, 시민에 권한을 주는 가상 공동체를 형성한다.(Schmidt and Cohen, 2010, p. 75)."

인터넷의 전 세계적 사용 확산의 결과는 사람들이 웹을 서핑하고, 이메일을 교환하며, 소셜 네트워킹 사이트에 들어가 세계의 초고속 정보통신망으로 어디에서든 자유롭게 구속받지 않고 소통할 수 있게 해주는 사이버공간(cyberspace)의 생성이다(주당 대략 100만 명 정도로). 증가하고 있는 인터넷 사용자의 수는 최초로 대부분의 세계에 정보 접근을 허용함으로써 문화적 혁명을 촉진하고 있다. 이는 공유된 정보로 결합된 단일한 세계를 창조하고 있다. 이러

사이버공간
지정학적 세계의 경계에 의해 방해받지 않는 인터넷상에서 사람들, 생각들 그리고 상호교류의 전 세계적 전산망을 기술하는 데 사용하는 은유

한 세계화의 국면은 국경을 보이지 않게 하고, 장벽을 허문다. 보다 작고, 축소된, 그리고 보다 평평한 세계를 위한 기반을 놓고 있으며, "이전에 없던 속도로 전 세계에 아이디어와 혁신을 확산시킬 글로벌 상호연락의 흥미로운 새로운 시기"로 몰고 간다(Giles, 2010, p. 4).

블로그
언론인의 방식으로 생각과 정보를 전 세계에 전파하는 온라인 일지들

인터넷 블로그(blog), 혹은 그들의 의견을 세계의 방문자들과 공유하는 블로거라 알려져 있는 적극적인 네티즌들의 성장은 정보시대라 불리게 하는 것의 영향력을 더하고 있다. 국제 미디어와 인터넷에 의존하고 있는 블로거들은 중국 내 인권으로부터 터키 내 반정부 저항에 대한 폭력적 대응에 관련한 미국의 인터넷 감시에 이르는 이슈들에 대한 의제 설정 권력을 갖는 정교한 네트워크를 함께 만들어내고 있다. "취미로 시작한 것이 저널리스트나 정책결정자들과 마찬가지로 상황을 변화시키는 새로운 미디어로 발전되고 있다(Drezner and Farrell 2006)."

이러한 경향은 아이팟(iPod), 문자 메시지 및 트위터의 급속한 보급 큰 폭으로 가속화되고 있다. 이것은 "기본적 메시지 및 소셜 네트워킹을 초월하여 운영된다(Kutcher, 2009, p. 60)." 중국과 같이 정부가 소셜 미디어 접근에 엄격한 국가 커뮤니케이션을 가능케 하기 위해, 웹사이트를 복제한다. 이에 부가하여 팟캐스트(podcast)의 거대한 인기는 사람들로 하여금 그들만의 웹사이트 채널을 만들고 방송 개시를 알려, 전 세계의 누군가와 새로이 올려놓은 시청각 내용을 공유하도록 하면서 급속히 가속화되고 있다. 그리고 페이스북과 같은 소셜 네트워킹 사이트는 친구 및 동료들과 정보를 나눌 수 있도록 하고 있다.

팟캐스트
개인이 만든 오디오 그리고 동영상. 이들은 디지털 다운로드로 확산된다.

한 가지 상수가 뛰어나면 계속적인 기술혁신이 있다. *정보기술*의 급속한 발전은 세계화를 추진했다. 그러한 발전은 오늘의 통신수단을 몇 년 내에 구형으로 되게 할 수 있고, 과정에서 사람들이 어떤 국가가 이끌고(그리고 번영하고) 따르는 것처럼 사람들도 어떻게 소통할 것인지를 변화시키고 있다.

지지자들에게 있어 세계 통신혁명의 이점은 인류에 대한 축복이다. 사람들이 디지털 통신의 혁명으로 전 세계에 연결되었다면, 공유된 정보는 인간발전과 생산을 추진한다. 지지자들은 또한 세계화된 디지털 혁명이 많은 부수적인 수익을 창출한다고 본다; 압제적인 독재의 권위를 줄이고, 소규모 사업을 성공적으로 세계와 경쟁할 수 있게 하며, 세계적인 초국가적 행위들을 보다 영향력 있게 권한을 부여해주고, 다양한 목소리와 문화의 기회를 제공해 준다는 것이다. 예컨대 2011년 트위터, 페이스북, 그리고 온라인 비디오 공유사이트인 유투브와 같은 정보기술의 사용을 통해, 이집트인들은 항의시위를 조직하여 탄압영상을 세계에 알리며, 자유를 위한 디지털 이용으로 활기를 불어 넣었다. 이러한 행동은 궁극적으로 이집트 대통령 호스니 무라바크(Hosni Mubarak)를 실각시켰다. 유명배우이자 트위터 애호가인 애쉬턴 커쳐(Ashton Kutcher)는 낙관적으로 다음과 같이 지적했다. "지금 당장 혁명이란 단어는 140자 이내이다." 유사한 표현으로, UN사무총장 반기문은 "독재자들은 반대파 군대보다 트위터를 더 두려워한다."라고 주시했다.

반면에, 글로벌 커뮤니케이션 혁명에도 '어두운 면'이 있다. 소셜 미디어가 저항운동을 촉진할 수 있었지만 그것의 발전 속도는 부정적 결과를 초래한다. 즉, 충분하게 힘있는 핵심 리더를 구축하고, 구조를 강화하며, 권력을 차지하는 것이 아니라 효과적인 승리를 위해 권력을 행사하는 헌신적 세력을 만들어낼 충분한 시간이 없다. "트위터 혁명가들은 정권을 전복시키는 데 능하지만, 중동이나 북아프리카에서 그들은 이슬람교도들을 화나게 하며, 낡은 방식에 저항하는 운동을 해나간다.(Freeland, 2012, p. 64)."

게다가 역사학자 니얼 퍼거슨(Niall Ferguson, 2011, p. 9)은 "소셜 네트워크는 민주주의를 증진시킬 수 있으나, 자유의 적들에게 권한을 줄 수도 있다." 비평가들은 점증하는 전자 네트워크가 '가상성(virtuality)'이라고 알려진 새로운 세계적 조건을 만들고 있다고 지적한다. 그 세계에서는 실제의 정체성을 숨길 수 있다. 그것은 국제 조직범죄와 테러그룹의 행위를 보다 용이하게 한다.

가상성

실세 사물, 사람, 경험의 가상 사진을 생상하는 개체와 현상의 컴퓨터 기술에 의해 만들어진 이미지.

세계의 가장 억압적 정권과 폭력적 초국가 그룹—알카에다, 멕시코 마약조직에서 마피아 및 탈레반에 이르기까지—효과적으로 새 인원을 모집하고, 지역민을 테러하며, 민주적 기구를 위협하기 위해 기술을 이용한다. 반대파가 될 경우의 결과를 설명하기 위해, 멕시코 마약상은 법률 집행에 협력한 이의 참수 동영상을 뿌렸고, 알카에다와 협력자들은 이라크에서 인질로 잡힌 외국인을 죽이는 바이러스 비디오를 만들어 냈다(Schmidt and Cohen, 2010, p. 78).

또한 몇몇은 다음 사항을 염려한다. "감시기술의 확산과 유투브와 같은 웹사이트의 증가로 사생활은 한물간 것이 될 것이다. 유투브는 하루에 65,000건 이상의 업로드 된 비디오가 내려 받아지며, 사이버 전시회를 향한 추세를 몰고 있다(Futurist, 2007, p. 6)." 새로운 프라이버시 이슈는 연구자들과 기업이 인터넷 제공업자와 휴대전화 기업가 제공하는 정보기술을 통해 알려질 수 있는 이용자의 위치서비스에 관한 정보를 어떻게 사용하는지 이해하는 데에서 유발된다. "당신은 전화기를 친구와 식당을 찾는데 사용하지만, 다른 누군가는 당신을 찾고, 당신에 대해 알고자 하는 일에 당신 전화기를 사용한다(Markoff, 2009, p. 1)." 유사하게, 세계적 회원을 가진 페이스북과 같은 온라인 소셜 네트워크는 세계 3대 인구 국가와 같은 규모이며, 이용자들에게 정보교환을 장려한다. 이 때 네트워크는 회원의 개인적 선호도와 같은 데이터를 캐게 된다(Fletcher, 2010).

국가안보라는 이름으로 정부 또한 공공장소에서 신중하게 행동들을 모니터하는 광범위한 감시 체제를 발전시켰다. 하나의 예로 '금방패(Golden Shield)'로 알려진 하이테크 감시 프로그램이 있다. 이것은 반대세력을 인식하여, 이것이 큰 움직임으로 변하기 전에 정부가 잘 다룰 수 있도록 허용하기 위한 것이다. 인간 추적기술에 대한 사용은 제네럴 일렉트릭(General Electric), IBM, 하니웰(Honeywell)과 같은 미국기업이 공급하였다. 목적은 범위 내 들어 온 어떤 이를 추적하고, 누군지 알아낼 수 있는 단일의 전국적 네트워크로, 통찰력 있는 체제를 구축하려 한 것이다(Klein, 2008, p. 60).

인터넷 통신에서 미국의 광범위한 감시는 2013년 상당한 국제적 비판의 집중을 받았다. 이는 또 다른 사례이다. 미국 국가안보국(NSA), 미국 연방수사국(FBI), 그리고 미국 중앙정보부(CIA)는 미국 텔레커뮤니케이션과 기술 회사로부터 수백만의 기록을 비밀스럽게 수집하였다. 몇몇이 프로그램을 테러리즘과 주요 범죄와 맞서 싸우기 위해 사생활의 필요한 폭력으로써 프로그램을 방어하는 동안, 비평가들은 권한남용과 민주주의 위협에 대해 비난했다. 미 상원 정보위원회, 상원의원 마크 유달(Mark Udall)은 이러한 우려를 요약하여 다음과 같이 말했다. "당신은 비밀 프로그램을 만들어내기 위해 비밀 주문을 발해하는 비밀 법원에 의해 비밀스럽게 해석된 법을 가진다. 나는 이것이 엄청난 위험을 지닌 세상에 대한 미국식 접근이라 생각하지 않는다." 지구적 광기가 더해져 2009년 G-20 경제회의에서 자국에 이점을 얻기 위해, 외교사절의 이메일과 전화 메시지가 영국 정보통신본부(GCHQ)에 가로채어진 사건이 발생했다(MacAskill et al., 2013).

글로벌 커뮤니케이션의 정치와 비즈니스

1조 달러 이상의 세계 통신 산업이 확실히 지식, 정보, 그리고 이미지를 전 세계로 급속도로 확산하는 주요 수단이다. WTO 이후 가속화된 영향은 1997년에 세계전기통신조약(WTP)을 만들었다. 이러한 레짐은 많은 국가들의 정부와 민간통신 독점을 종결지었고 통신비용의 절감은 세계경제의 팽창에 촉매로써 광범위하게 보였다.

정보기술의 진보와 글로벌 미디어의 포괄적 범위는 이러한 발전을 증가시켰다. 하지만 언론이 국가의 외교정책을 조정하는 능력을 가져야 한다는 관습적인 지식과는 반대로, 미디어가 국제문제에 영향력을 휘두르는 유형은 이론의 여지가 있지만 특수하고 제한적이다. 학자들은 미디어가 사람들이 '무엇이라고 생각하다.'보다는 '무엇에 대해 생각하다.'에 더 큰 영향을 미친다고 제시한다. 이러한 식으로 미디어는 주로 여론을 결정하기보다는 공공문제에 대한 공공토론의 의제를 설정하는 작용을 주로 한다.

의제설정(agenda setting) 과정에서 미디어는 명백히 국제 공공정책을 형성한다(Gilboa 2002). 예를 들어, 2008년 짐바브웨 무가베(Mugabe)의 재선운동에서의 무자비한 억압과 불

의제설정
통신 미디어가 이슈를 규정하고 공표하는 능력으로 정부와 국제기구로부터 주목을 받는 문제들을 결정한다는 가설

법 전술을 전 세계에 방송으로 내보내자, 국가 난민을 구조하고 정부를 개혁하라는 전 세계적인 대량 압력반응이 연쇄적으로 일어났다. 유사하게, 프로페셔널 언론인들과 개인 활동가들에 의한 보고는 이란의 저항을 부채질하고, 2009년 재임 중인 마흐무드 아흐마디네자드(Mahmoud Ahmadinejad) 대통령의 선거 승리 공표에 대해 대항하게 도왔다. 비슷하게도, 2011년 소셜 미디어는 '아랍의 봄' 기간 동안 통신과 영감을 제공함으로써, 반대를 부추기고, 시위를 조직하게 하였다.

국제정치에서 정보기술의 힘에 관한 이러한 예를 제외하고도, 일부 사람들은 이러한 종류의 '가상 외교'가 실제로 제약이 있다는 것을 경고하고 있다. 이는 글로벌 정책결정자에게 정책 선택을 강제할 수 있을 뿐 아니라, 편향되고 부정확한 정보를 제공할 수 있어, 지구적 문제에 대해 부정확하거나 제한된 이해를 이끌 수 있다.

게다가 우리 시대는 종종 정보의 시대라고 표현되지만, 사용할 수 있는 정보의 주목할 만한 부분은 소수의 거대 초국적 미디어기업의 카르텔(cartel)에 의해 통제된다는 것이다. 대부분 부유한 북반구에 본사가 위치하며, 이러한 산업 리더들은 그들의 자원을 거둬들여 녹아들게 하고 그 과정에서 그들의 시장을 세계적으로 확대한다. 그들은 "우리를 완전히 즐겁게 하고 불완전할 것으로 여겨지는 정보를 제공하며, 여기에서 성장하고 저기에서 움츠러들면서 특정한 회원들의 덩치를 키워주고 있다. 반면 다른 미디어들은 천천히 붕괴하거나 완전히 동화된다. 그러나 여러 행위자들이—거의 예외 없이—등장했다 사라지는 경향이 있는 데 반해, 전체적으로 리바이어던 자체는 모든 거리에서, 무수한 가정에서, 모든 다른 사람들에서 보다 더 많은 시간과 공간을 차지하면서 계속해서 크고, 시끄럽고, 막대하며, 강력해졌다(Miller 2006)." 세상의 사람들은 그것에 사로잡힌 독자들이고, 이러한 거대 통신기업에 의해 제공된 정보는 세상이 어떤 모습을 해야 할지에 대한 우리의 이미지와 가치관을 형성한다.

초국가적 미디어 소비주의의 '맥월드'에 대한 상대적 요소는 '지하드'—'보편화된 시장'이 아니라 '편협한 적대'로 이끄는 세계—이다(Barber, 1995). 세계화된 정보 통신은 공동체나 평화를 위해서와 마찬가지로 테러리즘과 혁명을 위한 도구로 사용될 수도 있기 때문에, 모두가 누군가의 행동을 다 알고 있는 경계 없는 세계의 창조는 보다 나은 세상을 필요 없게 할 것이다. 자신들의 국가의 문화와 역사와의 관계를 거절하면서 뿌리 없는 개인으로 점차 인격을 가지지 않는 공간이 된다면, 세계가 보다 나아질지 아니면 악화될지를 여러분이 자문해보라.

전 세계로부터 들어오는 사람들은 같은 기술의 플랫폼에서 지식과 영감을 끌어낼 것이지만, 다른 문화가 그 플랫폼 위에 번성할 것이다. 같은 토양이지만, 다른 나무들이 자라날 것이다. 세계화의 다음 단계는 보다 지역 여건에 맞는 범세계화—점점 더 지역적 내용물로 세계를 만드는—로 되어가고 있다.

— 토머스 L. 프리드먼(Thomas L. Friedman), 국제 저널리스트

카르텔

경쟁을 제한하거나, 서비스 가격을 설정하거나, 집단의 이익을 높이기 위해 연합을 형성하는 것과 같은 집단행동을 위해 결합한 정치 집단이나 독립적인 기업들의 집합

글로벌리제이션과 세계의 미래

기술에 있어서의 혁명에 의해 강하게 추진된 급속한 글로벌리제이션은 계속될 것이 거의 확실하다. 재정, 무역, 인구, 노동, 통신, 그리고 문화로 부각된 글로벌리제이션의 추정된 미덕과 부덕에 대한 논쟁이 계속해서 세계적으로 수렴되는 것을 예상해보라. 글로벌리제이션이 세계의 사람들 간의 거리를 좁히는 반면에 어떤 사람들은 얻고 다른 사람들은 잃는다. 지구촌은 모두에게 동등하게 환대하는 집인지 입증되지 않았다. 사실 국가들과 사람들이 글로벌리제이션의 복합적 힘과 관련되어 있는 수준이 변하기 때문에 단계적으로 진행하는 글로벌리제이션에 대한 만족의 수준은 폭넓게 바뀌고 있다(그림 12.6 참조). 게임에서의 승자들은 세계통합의 비용을 간과하고 있고, 비판론자들은 글로벌리제이션의 이득을 부인하고 있다. 그리고 아무런 성과 없이 논쟁자들은 반대 입장을 들으려 하지 않고 그들의 입장을 강화하고 있기 때문에, 해결하기 어려운 세계화의 영향에 대한 논쟁은 강화되고 있다.

여러분은 이제 글로벌리제이션—국제경제학, 인구통계학, 그리고 전 세계를 위한 보편적 가치의 잠재적 확산—경향의 수많은 국면을 고려해야 한다. 여러분이 조사한 경향이 실제 모든 인류를 아우르는 지구적 합의의 수준으로 최초로 도달하게 된다면, 이러한 가치와 이해는 지구상의 모든 사람들을 공동의 지구적 문화로 통합하게 될 것이다. 궁극적으로 모든 인류를 지배할 초국가적 기구가 등장하더라도 이것은 지구적 *시민사회*의 발전을 이끄는 길을 준비하게 될 것이다.

그러나 이러한 세계관과 일련의 예측들은 국제 업무에 대해 생각하는 습관적인 방식에 도전하는 놀라운 미래상에 직면할 때 *인지적 부조화*를 경험한 많은 사람들의 마음속에 공포를 불어넣고 있다. 이러한 사람들은 독립된 주권국가들의 전통적 체제가 세계 정부를 위한 강한 초국가적 규제기구를 가진 세계 공동체에 의해 대체되어야 한다거나 대체될 수 있다는 급진적 생각을 격렬히 거부한다.

그럼 사용가능한 증거를 평가하고, 글로벌리제이션의 비용과 이익의 대차대조표를 정리함으로써 국제정치에 대한 글로벌리제이션의 영향을 검토해 결론을 내려 보라(논쟁: '세계화가 도움이 되는가 아니면 해가 되는가?' 참조). 만연해 있는 경향이 짐작되지 않는가? 세계화가 경계를 무시하는 '전자 집단(electronic herd)'으로 국가를 무기력하게 한다는 토머스 프리드먼의 '평평한 세상' 개념이 유효한가? 아니면 '국가는 규칙을 만든다.'라고 하고, "강대국들은 동일한 규칙집을 수용하는데 동의하지 않는 국가들을 부추기고 강요하기' 때문에 강력한 정부는 여전히 세계 운명을 만드는 것을 관리하고 있다고 주장하는 다니엘 드레즈너(Daniel Drezner, 2007)가 보다 정확한가?

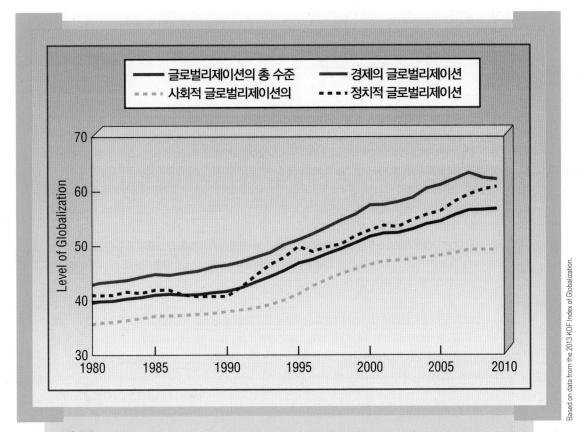

그림 12.6
글로벌리제이션의 수준
글로벌리제이션의 진행을 평가하는 노력의 일환으로 207개 국가들의 순위를 결정할 무역, 사업, 정치, 정보통신기술을 평가하는 복합적인
지표들을 검토함으로써, 2013년 글로벌리제이션의 KOF 지수는 정치, 사회, 그리고 경제 차원의 글로벌리제이션을 측정한다. 1970년대 이
래로 글로벌리제이션의 세 가지 차원에서 증가추세이며, 냉전종식 이후 강한 증가세이다. 비록 사회 및 정치적 글로벌리제이션이 지속적
으로 증가함에도, 최근의 글로벌 경제와 금융위기는 경제적 글로벌리제이션 과정을 느리게 하였다.

　글로벌리제이션은 좋든 나쁘든 현실이다. 많은 사람들이 국제적 공공 정책을 위해 글로벌
리제이션을 권장한다. 왜냐하면 그들은 이의 결과가 기본적으로 인류에게 선하다고 믿기 때문
이다. 그러나 도시들은 글로벌리제이션의 비용이 이익을 한참 초과한다고 주장한다. 글로벌
리제이션이 세계정치에서 인정된 힘이 됨에 따라, 열띤 논쟁의 주제가 되었다. 글로벌리제이
션은 이의 원인, 특성 및 결과의 극렬한 비판적 평가로 화가 난 상태이며, 국가와 인간의 증가
하는 상호의존성에 대해 새로운 윤리적 시험을 자극하며, 정치적 방지턱을 치고 지나가고 있
다. 글로벌리제이션의 불확실한 지식과 도덕성은 오늘날 글로벌 어젠다 중 가장 잘 논의된 이
슈이다. 심지어 빈곤, 질병, 도시화 혹은 신분 보호보다 더 관심을 끌고 있다.

글로벌리제이션이 도움이 되는가 아니면 해가 되는가?

많은 국제관계학 학생들에게 있어 글로벌리제이션의 두 가지 국면을 보여준다. 하나는 긍정적이고 다른 하나는 부정적이다. 글로벌리제이션의 이득에 초점을 맞춘 개념의 사람들에게 있어 글로벌리제이션은 유익한 영향을 깊고 넓게 촉구되어야 할 축복이다. 그들은 글로벌리제이션이 평화, 번영, 그리고 정의에 대한 장벽이 있는 전통적인 인류의 분할─인종, 민족, 그리고 문화─을 붕괴시키는데 도움이 된다고 본다. 다른 사람들에게 있어 글로벌리제이션은 지구온난화와 같은 것들을 양산하고 그래서 저항하게 하는 해로운 현상이다.

여러분은 그러한 보고서를 작성하는 자신을 상상해보라. 여러분은 ILO의 세계국제노동기구의 세계 위원회가 만든 보고서에 동의하는가 아니면 동의하지 않는가? 여러분의 분석을 위해 여러분의 평가가 다음과 같은 세계위원회의 결론을 지지하는지 아니면 의문을 제기하는지 살펴보라(Somavia 2004, p. 6);

글로벌리제이션은 변할 수 있고 변해야 한다. 우리는 글로벌리제이션이 긍정적 잠재력을 가진다고 평가한다. 예를 들어 글로벌리제이션은 열린사회와 열린 경제, 그리고 상품, 지식, 아이디어의 보다 자유로운 교환을 증진한다. 그러나 위원회는 또한 윤리적으로 받아들일 수 없고, 정치적으로 지지할 수 없는 세계경제의 오늘날 고질적이고 지속되는 불균형을 발견했다.

부국과 빈국 사람들의 소득격차는 결코 좁혀지지 않고 있다. 10억 명 이상이 실업상태이거나, 불완전 고용, 혹은 적은 임금에 일하고 있다. 명백히 글로벌리제이션의 혜택은 매우 많은 사람들에게는 손에 미치지 않는 곳에 멀리 있다.

또 다른 과제는 글로벌리제이션에 대해 도덕이나 부도덕의 윤리적 평가를 내리는 것이다. 철학자 피터 싱어(Peter Singer, 2004)는 모든 인류의 행복과 복리, 심지어 동물의 복리까지 최대화 하는 것이 도덕적 의무라는 공리주의 원칙을 기준으로 적용했다. 싱어는 전 세계가 윤리적 분석 단위가 될 수 있는 사고와 국가 주권 원리의 후퇴를 큰 혜택으로 보았다. UN 보고서에 나온 그의 결론은 "지구촌에서 누군가 다른 사람의 가난은 이내 곧 자신의 문제가 된다; 불법 이민, 오염, 전염병, 안보불안, 광신, 테러 등이 그것이다." 글로벌리제이션 하에서 다른 사람들에 대한 이타주의나 관심은 결실을 맺지만, 편협한 이기주의적 행동은 이기적인 경쟁자에게 의도하지 않은 결과로 해를 입게 한다.

아니라면 마지막으로 다른 생각을 시도해보자. 경제학자처럼 생각해보라. 당신의 글로벌리제이션에 대한 경제적 분석은 유명 사회과학자 자그디시 바그와티(Jagdish Bhagwati, 2004)의 결론에 동의하는가? 글로벌리제이션에 대한 유사한 경제 분석은 그의 결론에 동의하는가? 리처드 N. 쿠퍼(Richard N. Cooper)는 바그와티 교수의 자유주의적 이론의 입장과 내용을 다음과 같이 요약했다:

(바그와티) 글로벌리제이션에 반대하는 다양한 비난들을 보여준다. … 글로벌리제이션의 부정적인 면을 단언하기 전에 자본시장의 자유화와 국제 이주에 대해서도 지적했다. 즉 글로벌리제이션은 정부를 향상시키고, 사회적 의제를 가속화하며 변화의 속도를 관리한다는 것이다. 그는 글로벌리제이션에 대한 몇 가지 비판점을 인정했지만, 논리와 사실을 제시하면서 글로벌리제이션에 반대하는 대부분의 주장을 뒤집었다. 그의 결론; 세계의 가장 가난한 지역은 보다 더 글로벌리제이션이 필요하다. 필요성이 덜하지 않다. … 글로벌리제이션이 빈곤을 늘린다는 주장에 대해 바그와티 교수는 어리석다고 대응했다.

계속

글로벌리제이션이 도움이 되는가 아니면 해가 되는가?

여러분은 어떻게 생각하는가?

• 모든 것을 감안할 때, 글로벌리제이션의 이득은 비용을 초과한다고 생각하는가?

• 글로벌리제이션이 승자와 패자를 양산함에 따라, 패자를 보호하기 위해 어떠한 정책을 시행하면 좋을 것인가?

• 현실주의자들은 글로벌리제이션에 대한 논쟁에 어떠한 관점을 가지는가? 글로벌리제이션의 해석에 있어, 자유주의와 구성주의는 어느 정도까지 떨어져 있는가?

글로벌리제이션의 시대는 인류에 지대한 영향을 미치고 있다. *세계정치학*의 다음 장에서는 전 세계에 걸쳐 굶주리고, 자신을 지탱하기 위해 인간 조건을 개선하며, 삶, 자유 및 안녕을 위해 보호 해야 하는 70억 인구의 환경을 고민할 것이다.

AP Photo/Richard Vogel

글로벌 문화 조성?
몇몇 사람들은 글로벌리제이션을 지구상에 군림하는 패권인 미국의 이익과 가치의 확산으로 간주한다. 여기 관점을 부채질하는 사진이 한 장 있다. — 베트남 하노이 도심 호텔 앞에 거대하게 부풀린 산타크로스 — 이 곳은 대부분 불교인 도시, 여전히 공산주의 원칙을 지지하며, 시장 자본주의의 탐욕과 자본주의가 생산한 계급 구분을 강조한다. 여기에도 크리스마스트리의 판매가 역시 급증하고 있다.

STUDY. APPLY. ANALYZE.

핵심 용어

가상성	메가시티	외국인 혐오	인종청소	팟캐스트
난민	면역결핍바이러스	의제설정	잔학성	피난처
대량학살	블로그	인구내파	지구촌	후천성면역결핍증
대체출산율 수준	사이버공간	인구밀도	출산율	
망명	세계주의	인구통계학	카르텔	

추천 도서

Bromley, Daniel, and Glen Anderson. (2013) *Vulnerable People, Vulnerable States: Redefining the Development Challenge*. London: Routledge.

Carns, Katie. (November 25, 2009) "Globalization and Opportunity," Carnegie Council.

Friedman, Thomas L. (2007) *The World Is Flat: A Brief History of the 21st Century*. New York: Farrar, Straus, and Giroux.

Glaeser, Edward. (2011) *Triumph of the City: How Our Greatest Invention Makes Us Richer, Smarter, Greener, Healthier and Happier*. New York: Penguin.

Grewal, David Singh. (Spring 2009) "Network Power: The Social Dynamics of Globalization," Carnegie Council.

Risse, Mathias. (2008) "On the Morality of Immigration," *Ethics & International Affairs* 22, no. 1 (Spring):25–33.

Trask, Bahira Sherif. (2010) *Globalization and Families: Accelerated Systemic Social Change*. New York: Springer.

UNHCR. (2011) *UNHCR Global Trends*. Geneva: UN High Commissioner for Refugees.

World Bank. (2013f) *Atlas of Global Development*, 4th edition. Washington, DC: World Bank.

"사람들의 인권을 부정하는 것은 그들의 인간성 자체에 도전하는 것이다."

– 넬슨 만델라(Nelson Mandela), 남아프리카 전 대통령

CHAPTER 13
인간개발과 인권의 증진

국민들을 위하여

정부들은 인간개발과 관련하여 부여되는 우선순위에 관한 선택을 한다. 2013년 6월 중순, 브라질의 80개 도시들에 걸쳐서 100만 명 이상의 시위대가 거리로 나섰다. 처음 버스 요금 인상에 대한 불만으로 시작된 이 시위는 높은 세금, 물가상승, 식료품 가격상승, 그리고 정부의 부패뿐만 아니라 열악한 공공서비스, 특히 공중보건과 교육문제를 포함하는 쪽으로 확대되었다. 이 사진에서 보여지는 것처럼, 이와 같은 심각한 문제들을 감안할 때 많은 브라질 국민들은 정부가 2014년 월드컵과 2016년 올림픽과 관련하여 추진되는 공사에 260억 달러로 예상되는 돈을 지출하는 것은 잘못인 것으로 느낀다.

고려해야 할 질문들

- 세계정치에서 개인들은 행위자로서 어떤 역할을 수행하는가?
- 오늘날 세계 전체에서 인간안보는 어떻게 다른가?
- 어떤 집단이 인권 유린에 가장 취약한가? 그들은 어떤 위협에 직면하는가?
- 양성불평등의 원인과 결과는 무엇인가?
- 인권을 증진하고 강제하는 데 있어서 국제사회의 역할은 무엇인가?

여러분은 어젯밤에 웹사이트를 검색하면서 어떤 사람들이 처해있는 일상적인 공포를 설명하는 많은 기사들을 접하게 되었을 것이다. 비위생적이고 빈곤한 조건 속의 삶으로부터 민병대의 강간과 약탈로 고통을 당하는 사람들의 소식을 접하면서, 여러분은 불운한 많은 사람들이 견뎌야만 하는 시련과 고난에 놀라고 병나게 된다. 대부분의 사람들처럼 여러분은 모든 인류에게 더 나은 미래를 희망한다. 그렇다면 도덕적 가치를 증진하고 세계정치를 개혁하기 위해서 어떤 일이 행해질 수 있는가?

많은 사람들에게 미래는 암울하여, 영국의 정치철학자 토마스 홉스(Thomas Hobbes)가 삶을 "외롭고, 빈한하며, 역하고, 잔인하며, 덧없는" 것으로 묘사한 것과 닮았다. 공포와 빈곤으로부터의 자유에 가장 기본적인 기회와 선택들이 지구 남반구의 가장 가난한 국가들의 대부분 국민들에게 주어지지 않는다. 그들은 지구 북반구에서 보다 더 느린 속도의 개발과 못한 인간안보를 경험하고 있으며 빈곤층의 전망은 향상되지 않고 있다.

그토록 많은 사람들이 직면해있는 심각한 결핍을 감안할 때, 우려할 만한 많은 이유들이 존재한다. 미국의 독립선언이 말하고 있는 "생명, 자유, 그리고 행복의 추구"와 같이 모든 인간이 누릴 자격이 있다고 하는 불가양의 권리 거부는 근본적인 인간안보가 제대로 충족되지 못하고 있는 정도를 입증한다. 이러한 문제는 전 UN 인권최고대표인 메어리 로빈슨(Mary Robinson)으로 하여금 "세계의 행위자들이—기업들, 정부들, 국제금융기관들—세계화된 시민사회와 함께 세계화를 인간화 하는 책임 공유를 요청하게 하였다."

> *인간의 생명 각각은 귀중하다.… 그것은 우리가 또한 비례적이고 회복적이기를 바라는 우리의 형사적 정의 체제에 관한 것이 아니다; 그것은 우리가 구축하기를 원하는 사회, 즉 모든 사람을 귀중하게 여기고 그 국민을 포기하지 않는 형태의 사회에 관한 것이다.*
>
> — 로런스 리언(Laurence Lien), 싱가포르 국회의원

그림 속에 사람들을 그려 넣기

비교적 최근까지 세계정치의 이론적 연구에서 얼굴 없는 수십억 명의 보통 사람들의 필요는 무시되었다. 그러한 과거의 이론적 유산은 인류 대중을 주변화된 희생자로 그리거나 그들의 운명을 불운한 그들이 거의 영향을 미칠 수 없는 세력에 의해 통제되는 것으로 그림으로써 보이지 않게 두었다. 프랑스의 세계 체제 역사가인 페르낭 브로델(Fernand Braudel, 1973, p. 1244)은 "내가 개인을 생각할 때 나는 항상 그를 운명에 갇혀 있는 것으로 보는 경향이 있는데,

이 운명 속에서 그는 거의 아무런 힘도 가지지 못하고 전후로 먼 거리에 길게 펼쳐져 있는 장기간 시점(視點)의 풍경 속에 고정되어 있다,"고 썼다.

　　세계 문제에 관하여 생각할 때, 평범한 사람들은 오랫동안 단순한 '신민'으로 밀려나 있었고 통치자들은 전통적으로 이러한 신민들을 조종하여 자신들의 국가 이익을 증진하는 것으로 인식되었다. 그러한 인식은 이제 전 세계를 통하여 거부되고 있다. 이제 오늘날에는 사람들이 중요하며, 가치를 지니고 있고, 그리하여 윤리(*ethics*)와 도덕(*morals*)이 국제관계의 연구영역에 속한다는 어떤 합의가 등장하였다. 윤리학자 로널드 드워킨(Ronald Dworkin , 2001, p. 485)이 정의한 것처럼, "윤리는 사람들이 어떤 종류의 삶을 영위하는 것이 좋다거나 또는 나

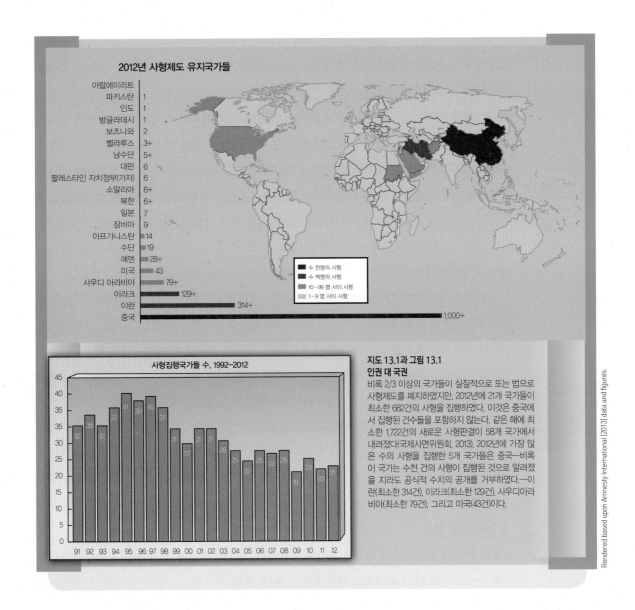

지도 13.1과 그림 13.1
인권 대 국권
비록 2/3 이상의 국가들이 실질적으로 또는 법으로 사형제도를 폐지하였지만, 2012년에 21개 국가들이 최소한 682건의 사형을 집행하였다. 이것은 중국에서 집행된 건수들을 포함하지 않는다. 같은 해에 최소한 1,722건의 새로운 사형판결이 58개 국가에서 내려졌다(국제사면위원회, 2013). 2012년에 가장 많은 수의 사형을 집행한 5개 국가들은 중국—비록 이 국가는 수천 건의 사형이 집행된 것으로 알려졌을 지라도 공식적 수치의 공개를 거부하였다.—이란(최소한 314건), 이라크(최소한 129건), 사우디아라비아(최소한 79건), 그리고 미국(43건)이다.

Rendered based upon Amnesty International (2013) data and figures.

뿐가에 대한 확신을 포함하며 도덕은 사람들이 다른 사람들을 어떻게 대우해야 하는가에 대한 원칙을 포함한다.” 이러한 원칙들은 국가 간의 관계에도 적용되며 또한 세계정치에 있어서 모든 인간안보 분석의 핵심에 자리하고 있다.

그러한 합의에도 불구하고, 많은 관찰자들은 엄청난 세계적 힘이 사람들을 무력하게 만든다는 전통적 현실주의의 가정을 수용하고 있다. 현실주의자들은 사람들이 정치적으로 참여한다는 것을 인정하면서도 그들이 실제적인 힘이 없다고 주장하는데 그 이유는 전에 '체제(system)'라고 불리었지만 보이지 않는 강력한 힘이 대부분의 사람들에게 실제적 영향력을 부여함이 없이 단지 피상적인 관련성만 가지게 할 뿐이기 때문이라는 것이다.

개별적 인간 *행위체*의 중요성과 영향력에 관한 이와 같은 부정은 오늘날 점점 더 이상하게 보이는데 그 이유는 세계에 대한 고전적 사유가 오랫동안 사람들과 인간 본성의 근본적 특징에 대해 집중해왔기 때문이다. 인류학자 로버트 레드필드(Robert Redfield, 1962)가 주장한 것처럼, “인간의 본성 그 자체가 모든 분석 방법의 한 부분이다. 누구든 그 자신의 인간성에 대하여 이해를 향한 수단으로 사용하지 않으면 안 된다. 물리학자는 그의 원자를 동정할 필요가 없으며 또한 생물학자도 그의 초파리에 대해 동정할 필요가 없다. 그러나 사람들과 제도를 공부하는 학자들은 사람들이 어떻게 생각하거나 느끼는가를 알아내기 위하여 그 자신의 자연적 동정심을 사용하지 않으면 안 된다.” 이러한 현실은 사람들에게 위상과 가치를 부여하는 인간주의적 해석을 필수로 한다. 더구나 지구 공동체에 있어서 시민사회(civil society)가 등장하고 있다. 인간의 타고난 도덕적 가치와 위상, 그리고 그러한 위상을 인정하고 보호해야 하는 국가의 동시적인 의무에 관한 규범적 합의가 등장하였다(Fields and Lord, 2004).

우리는 어떻게 빈곤과 압제로부터 자유로운 세계를 창조할 수 있을까? 만약 여러분이 국제문제를 공부하는 학생으로서 세계정치의 지배적인 경향의 배후에 있는 힘들을 이해하려면, 인류가 처해있는 조건을 고려하는 것이 중요하다. 이 장은 여러분이 세계무대의 행위자들로서 인간의 역할에 관하여 전개되는 논쟁, 인간개발의 전망, 그리고 인권(human rights)의 윤리를 평가할 수 있도록 하기 위해 인간의 조건에 관한 정보를 소개하는 것이다. 인류는 가치 있는 존재로 여겨질 것인가? 인간의 복지와 권리는 보호될 것인가?

이러한 질문들은 매우 중요하다. 인류는 정책결정자들과 학자들이 세계정치에 관하여 구성해놓은 지배적이고 가장 인기 있는 *패러다임*들 또는 이론적 정향들의 어디에 잘 들어맞는가? 대부분의 경우 고전적 현실주의는 오로지 국가와 그 통치자들의 주권적 자유에 초점을 두며, 인간의 본성에 대한 비관적 관념으로부터 국제적 현실의 이미지를 구축하는 것 외에, 지도자들의 역할과 사람들이 형성하는 *비정부기구들(NGOs)*의 역할을 무시한다. 자유주의자들은 사람들이 수단이 아닌 목적으로 대우되어야 하며, 또한 사람들의 인권과 인간의 존엄성은 보

인권

국제사회에 의하여 모든 국가들의 개인들에 대하여 그 자신의 인간성에 기초하여 불가양이며 타당한 것으로 인정되는 정치적 권리 및 시민적 자유들

호되어야 한다는 독일 철학자 임마누엘 칸트(Immanuel Kant)의 윤리적 가르침에 따라 인간에게 더 많은 중요성을 부여한다. *구성주의*는 한 걸음 더 나아간다; 그것은 인류를 주요 분석수준으로 만들고 또 어떻게 인간의 관념이 정체성을 규정하며 나아가 행위자들의 물질적 능력과 행동에 의미를 부여하는지를 강조한다(2장 참조).

인류는 어떻게 살아가나? 오늘날 인간의 조건

"인간은 자유롭게 태어나지만 도처에서 사슬에 묶여 있다."라고 정치철학자 장 자크 루소(Jean Jacques Rousseau)는 그의 유명한 1762년 저서 『*사회계약론(Social Contract)*』에서 한탄하였다. 시대는 그때 이후 바뀌었지만 많은 점에 있어서 인간 조건의 특징에 대한 루소의 묘사는 아직도 정확하다. 우리는 이러한 사실에 견주어 인간의 결핍과 절망의 깊이를 어떻게 평가해야 하는가? 인류의 최빈곤층은 인간으로서 잠재력을 실현하고 인간안보, 자유 그리고 존엄성이라는 높은 이상을 획득하기 위하여 그들의 불리한 조건이라는 사슬을 끊을 수 있을까?

　사람들의 생활수준에 있어서 뚜렷한 불평등과 불균형은 많은 사람들, 특히 지구 남반구 저발전 국가들의 국민들이 처해 있는 어려운 조건에 대하여 동정심을 일으키지 않을 수 없게 한다. 미국의 한 대학원생이 박사학위 논문을 준비하느라 남미에서 현장 연구를 수행하면서 이러한 실상에 부딪히게 되었다. 브라이언 월라스(Brian Wallace)는 미국의 남부에서 성장했던 자신의 경험과 크게 다른 현실을 보게 되었다. 1978년에 그는 느낀 바를 다음과 같이 적었다.

　나는 내 인생의 첫 24년을 사우스 캐롤라이나에서 보냈다. 내가 남미의 콜롬비아로 떠났을 때, 나는 전적으로 보고타가 미국의 어떤 큰 도시처럼 스페인어를 사용하는 시민들만이 있는 도시일 것으로 기대했었다. 내가 그곳에 도착했을 때, 나는 나의 기대가 잘못이라는 것을 알게 되었다. 나는 미국에 있지 않았고, 나는 화성에 있었던 것이다! 나는 문화 충격의 희생자였다. 하나의 개인적 경험으로써, 이러한 충격은 간혹 우습기도 하고 때로는 슬프기도 하였다. 그러나 결국 그 웃음과 울부짖음은 끝이 났고 그러한 경험은 나로 하여금 나의 삶과 내가 살고 있는 사회를 재평가하지 않을 수 없게 하였다.

　콜롬비아는 미국의 기준으로 볼 때 가난한 국가이다. 이 나라는 1인당 국민소득이 550달러 정도이고 소득이 매우 불균등하게 배분되어 있다. 이러한 사실들은 내가 떠나기 전에 알고 있던 것들이다.

　그러나 이러한 것들을 지식으로 '안다는 것'은 그러한 것들이 사람들의 삶에 어떻게 영향을 미치는지에 대해 직접 경험하는 것과 아주 다르다. 에어컨이 들어오는 강의실에서 세계의 빈곤에 대하여 강의하는 것은 4살 먹은 어린이들이 거리에서 구걸하고 잠을 자는 것과는 서로 전혀 다르다.

내가 그토록 오랫동안 공부했던 것의 현실을 보면서 감정적으로 내 가슴이 갈갈이 찢기는 것 같았다. '낮은 1인당 국민소득과 소득의 잘못된 배분', 이것이 인간적인 면에서 의미하는 것은 빵을 살 돈을 구걸하고 소매치기로 변신하는 때묻은 얼굴의 어린이들인데, 이렇게 된 이유는 사적 재산의 원칙이 배고플 때는 흐려지기 때문이다.

그것은 유아 때부터 영양실조로 인하여 어린이들의 심신이 결코 충분히 성장하지 못함을 의미하게 된다. 그것은 가족들의 연명을 위해 하루에 14시간씩 사탕과 담배를 파는 거리의 행상이 되는 것을 의미한다.

이것은 또한 매일 이러한 빈곤을 무심코 지나치며 이 도시의 북쪽에 있는 요새화된 집의 안식처를 찾는 잘 차려입은 사업가들과 저급 관료들을 의미한다.

이것은 하녀들과 경비원들을 제외하고는 가난한 사람들을 외면하고자 하는 부자들을 의미한다.

그것은 콜롬비아인들이 1년 평균 지출하는 돈을 1개월에 써버리는 나 같은 외국인들을 의미한다.

그것은 추상적인 해결책 또는 개인적 탐욕으로 가득차서 그들이 다루는 사람들이 실제 사람들이라는 것을 잊고 있는 정치인들로서 이들은 이데올로기의 스펙트럼에서 폭넓게 분포되어 있다.

정치인들의 논쟁과 사회과학자들의 '객관성' 안의 어딘가에서 인간은 상실되었다.

인류의 일부분이 전례 없는 높은 생활수준을 누릴 수 있게 하는 폭넓은 차이들에도 불구하고, 전 세계를 통하여 심각한 규모의 빈곤과 고통이 분명하며 가까운 장래에 아주 적은 부분의 사람들만 이로부터 벗어날 희망을 가진다(지도 13.2와 그림 13.2 참조). 이러한 현실에 대한 하나의 지표는 화폐이다. 극빈(extreme poverty)에 대해 하루 1.25달러 이하 소득의 삶으로 보는 세계은행의 정의에 따르면, 약 12억 명이(세계인구의 약 20.6%) 극빈 속에서 살고 있으며 또 다른 25억 명은(세계 인구의 약 36%) 하루 2달러 이하로 생존에 노력하고 있다 (WDI, 2013).

소득불평등은 또 다른 많은 어려움들과 분쟁들을 가져오는 심각한 세계 문제로서 이 문제는 뿌리가 깊다; 소비 유형은 부유한 사람들과 가난한 사람들의 분립이 증가하고 있음을 보여준다. 지구의 가장 부유한 사람들의 약 1/5이 지구 자원의 2/3에서 9/10 사이를 소비한다. 이러한 비율은 고소득 국가들의 인구 중 77.3%가 컴퓨터를 가지고 있는 것과 대조적으로 저소

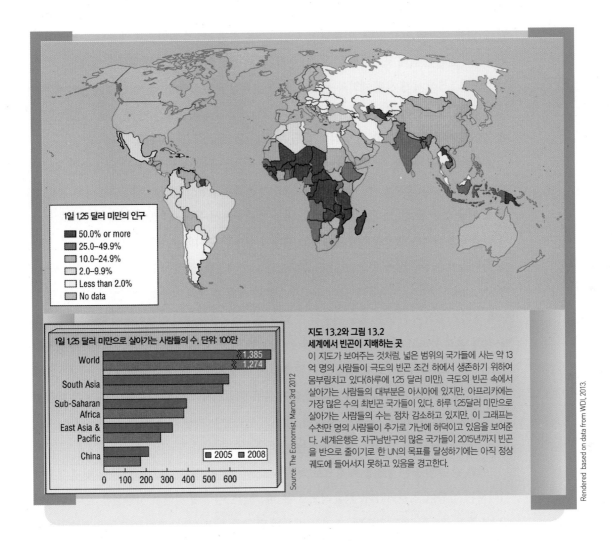

1일 1.25 달러 미만의 인구

- ■ 50.0% or more
- ■ 25.0–49.9%
- ■ 10.0–24.9%
- ■ 2.0–9.9%
- □ Less than 2.0%
- ■ No data

1일 1.25 달러 미만으로 살아가는 사람들의 수, 단위: 100만

World 1,385 / 1,274
South Asia
Sub-Saharan Africa
East Asia & Pacific
China

■ 2005　■ 2008

0　100　200　300　400　500　600

Source: The Economist, March 3rd 2012

지도 13.2와 그림 13.2
세계에서 빈곤이 지배하는 곳
이 지도가 보여주는 것처럼, 넓은 범위의 국가들에 사는 약 13억 명의 사람들이 극도의 빈곤 조건 하에서 생존하기 위하여 몸부림치고 있다(하루에 1.25 달러 미만). 극도의 빈곤 속에서 살아가는 사람들의 대부분은 아시아에 있지만, 아프리카에는 가장 많은 수의 최빈곤 국가들이 있다. 하루 1.25달러 미만으로 살아가는 사람들의 수는 점차 감소하고 있지만, 이 그래프는 수천만 명의 사람들이 추가로 가난에 허덕이고 있음을 보여준다. 세계은행은 지구남반구의 많은 국가들이 2015년까지 빈곤을 반으로 줄이기로 한 UN의 목표를 달성하기에는 아직 정상궤도에 들어서지 못하고 있음을 경고한다.

Rendered based on data from WDI, 2013.

득 및 중간소득 국가들의 단지 24.3%의 가계만이 컴퓨터를 가지고 있다는 세계은행의 추산을 반영하고 있다. 국가의 하부구조도 마찬가지로 풍요로움에 있어서 이러한 격차를 반영하는데 지구 북반구에서 84.6%의 도로가 포장되어 있는 반면에 지구남반구에서 단지 38.4%만이 그렇다(WDI, 2013).

　근근이 살아가는 다수와 대조적으로 선택된 소수만이 번성하고 있어서 "무역, 투자, 노동력에 있어서의 세계화 힘은 부유한 사람들과 가난한 사람들 사이의 격차를 증가시키는 방향으로 작용하고 있다는 다소의 증거들이 있는데," 이것은 다분히 부유한 북반구와 가난한 남반구 사이의 간격이 넓어지는 것으로 보이는 것과 같은 상황이다(Babones and Turner 2004, p. 117; 5장 참조). UN개발계획(United Nations Development Programme, UNDP)에 따르면 "인류의 약 1/5은 많은 사람들이 카푸치노 한 잔 마시는 데 2달러 소비하는 것을 생각조차

할 수 없는 국가에 살고 있다. 인류의 또 다른 1/5은 하루 1달러 미만으로 생존하고 있으며 어린이들이 간단한 침대 모기장이 없어 죽는 나라들에 살고 있다." 이러한 경향은 세계인구의 가장 빈곤한 1/5이 세계 전체 재화와 용역의 2%만을 생산하고 소비하는 엄청난 불평등의 세계를 낳고 있다; "보스턴의 길거리에서 하루에 미화 2달러를 구걸하는 노숙자 한 사람이 소득 분배에 있어서 세계의 상위 50%에 위치하게 될 수 있다(Dollar, 2005, p. 80)."

세계의 많은 곳, 특히 지구 남반구의 저소득 국가들에서 사람들이 겪는 극단적인 고통은 많은 부문에서 그 모습을 나타낸다. 예를 들면 지구 북반구에서 인간의 기대수명이 80세인 반면에, 지구 남반구에서는 평균 68세이다. 지구 남반구에서 유아사망률은 세계에서 가장 높으며 농업이 지배적인 생산활동의 형태이고 세계가 급속한 도시화를 경험하고 있는 중에도 53%의 사람들이 농촌지역에 살고 있다(WDI, 2013). 세계은행 전 총재인 제임스 울펀슨(James Wolfensohn, 2004)은 다음과 같이 지적함으로써 세계 빈곤의 점증하는 위험을 인정하였다; 수억 명의 사람들이 깨끗한 물을 이용할 수 없으며; 1억 2천만 명의 어린이들이 학교에 갈 기회를 전혀 얻지 못하고 있고; 개발도상국에서 4,000만 명 이상의 사람들이 후천성면역결핍증양성(HIV-positive)이면서도 이 가공할 만한 질병에 대해 치료받을 희망이 거의 없다. 따라서 세계는 급격한 변화의 시점에 놓여 있다; 우리가 목표를 달성하기 위한 각오를 재다짐 하지 않으면 그 목표점을 잃어버릴 수 있을 것이며, 세계의 빈곤층은 훨씬 더 뒤처지게 될 것이고, 그리하여 우리의 아이들은 그 결과에 직면하는 처지에 놓일 것이다."

이와 같이 암울한 장면을 배경으로 하여 다소 희망적인 경향도 있다. 인류의 몇몇 부분에 있어서는 상황이 호전되었다; 평균적으로 볼 때 개발도상국에 있어서 사람들은 보다 건강하고, 더 좋은 교육을 받고 있으며, 그리고 빈곤에 덜 고통 받고 있다. 그리고 그들은 복수정당의 민주주의에서 생활할 가능성을 더 많이 가지고 있다. 1990년 이래, 개발도상국에 있어서 인간의 기대수명은 63세에서 68세로 5년까지 늘어났다. 같은 시기에 초등학교 졸업률은 78%에서 89%로 증가하였다. 전반적으로 볼 때 거의 6억 명의 사람들이 1980년대 이래 최악의 빈곤을 벗어났다(WDI, 2013). 이와 같은 인간개발의 성과들은 과소평가되어서는 안 된다. 또한 그것은 과장되어서도 안 된다.

인간개발의 증진을 세계의 우선적인 정책의제로 만들기 위해서는 인간의 복지에 대한 정확한 측정이 필요하다. 인간복지는—복지 그 자체의 수준과 인류가 빈곤으로부터 탈피할 수 있는 전망—어떻게 하면 가장 잘 측정될 수 있을까?

빈곤은 폭력의 가장 나쁜 형태이다.
—마하트마 간디(Mahatma Gandhi), 인도 민족주의 지도자

인간개발과 인간안보의 측정

개발의 인간적 차원 문제는 1970년대에 처음 주목을 받게 되었는데, 부분적으로 종속 이론의 점증하는 인기에 대한 대응으로서였다(5장 참조). 지구 남반구의 일부 지도자들 사이에서 인기가 있었던 이 이론은 지속되는 빈곤의 원인을 저개발국들의 부유한 지구 북반구에 대한 종속 관계에 의해 야기된 착취의 탓으로 돌렸다. 그것은 또한 더 많은 것이 반드시 더 좋은 것은 아니라는 깨달음을 반영한다. 기본적인 인간의 필요물(human needs)이라는 시각을 옹호하는 사람들은 개발을 측정하는 데 있어서 단순히 각 국가의 1인당 평균소득과 같은 경제적 지표에 초점을 두는 방식을 넘어 새로운 방식을 추구하였다.

인간개발지수(Human Development Index, HDI)는 국가들이 그 시민들의 복지를 제공할 수 있는 비교 능력을 측정한다. 인간개발지수는 UN개발계획이 아주 최근에 그 개념을 정의하는 것처럼 하나의 단순한 종합지수에 되도록 인간개발의 많은 측면을 포착하여 인간개발 성취도의 순위를 매기고자 한다. 비록 어떤 다중-지표지수도(자세한 통계수치들) 인간개발의 진척정도를 완벽하게 추적할 수는 없지만, 인간개발지수는 하나의 추정절차에 가깝다. 그것은 인간복지의 세 가지 차원을 측정한다.—즉 얼마나 오래 그리고 건강하게 살아가는가, 얼마나 교육 받는가, 그리고 얼마나 고상한 삶의 표준을 누리는가이다.

인간개발지수는 1인당 국민소득보다 더 종합적인 측정치이며 물질적 소유로부터 인간적 필요로 주의를 전환시킬 수 있는 이점이 있다. 소득은 인간개발에 대한 한 수단일 뿐이며 목적은 아니다. 또한 그것은 인간 삶의 전부도 아니다. 따라서 각 개인의 평균소득을 넘어 인간복지의 측면에 초점을 둠으로써—소득을 고상한 생활수준을 위한 대용물로써 취급함으로써—인간개발지수는 인간 삶에 대하여 소득 단 하나에 의한 것보다 더 완전한 그림을 제공해준다. 이러한 측정치에 의해 인도주의적 열망의 성취와 실패 정도의 기본적 면모가 드러날 수 있다.

인간개발지수는 0부터 1 사이의 범위에 있다. 한 국가의 인간개발지수의 값은 그 국가가 최대 성취 가능한 값인 1을 향해 이미 어느 정도 나아갔음을 보여주며 다른 국가들과의 비교를 가능하게 한다. 한 국가가 성취한 값과 가능한 최대값 사이의 차이는 그 국가가 얼마나 멀리 가야할지를 보여주며, 개별 국가들의 도전적 과제는 그 향상시킬 방법들을 찾는 것이다.

인간개발지수에 의해 측정된 바와 같이, 우리가 그 국경 안에서 살고 있는 사람들의 인간개발에 기여하는 국가들의 능력을 고찰할 때, 우리는 개인적 복지가 제공되는 방식을 잘 나타내주는 모습을 보게 된다(그림 13.3 참조). 이러한 지표들은 소비가 인간복지와 같은 것이 아니며 경제성장이 자동적으로 인간개발을 창출하지는 않는다는 것을 보여준다.

인간 복지를 좀 더 평가하기 위해, 2010년 '불평등요소를 반영한 인간개발지수(Inequality-adjusted Human Development Index, IHDI)'가 추가되었는데 이는 건강, 교육, 그리고

인간의 필요물

음식과 자유 같은 기본적인 물질적, 사회적, 그리고 정치적 필요물로 생존과 안전을 위해서 필수적인 것이다.

인간개발지수(HDI)

어떤 국가가 그 국민들의 복지와 안전을 위해 제공하는 정도의 성적을 평가하는 데 활용하는 기대수명, 문자해득률, 평균 교육연한 및 소득 등의 지수

불평등요소를 반영한 인간개발지수(IHDI)

어떤 국가에 있어서 불평등 요소가 국민들의 인간개발에 미치는 영향을 설명하는 지수

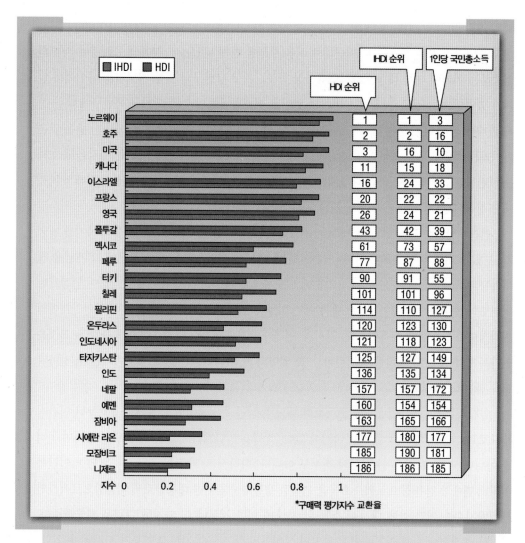

그림 13.3
인간개발의 측정: 삶의 질이란 무엇인가?
다양한 국민들 속에서 사람들의 인간복지와 개발을 측정하기 위하여 인간개발지수를 활용할 때 국가들의 1인당 국민총소득 같은 총량의 수치를 사용할 때보다 국가들의 순위가 어떻게 다르게 나타나는지 알게 된다. 불평등요소를 반영한 이 인간개발지수는 더 나아가 어떤 국가 내에서 인간적 조건의 변이가 인간개발에 미치는 효과를 고려에 넣는다; 노르웨이는 매우 높은 순위에 있는 반면에 니제르는 세 가지 측정치 모두에서 매우 낮지만, 타지키스탄과 네팔 같은 다른 국가들은 하락하는 1인당 국민소득에도 불구하고 또한 향상되는 기대수명과 학교 취학률을 보여준다(UNDP, 2013).

소득의 분포에 있어서 불평등이 한 사회의 인간개발에 미치는 영향을 고려에 넣기 위해서이다. 완벽한 평등의 국가에 있어서 HDI 점수와 IHDI점수는 동등하다; 상당한 정도의 불평등이 존재하는 국가에 있어서는 IHDI 점수는 HDI 보다 낮은데 이는 부유층과 빈곤층이 매우 서로 다른 조건에서 살아감을 의미한다.

중남미에서는 소득의 불평등 때문에 인간개발에 있어서 38.5%까지의 지역적 감소가 나타난다. 사하라 이남 아프리카를 통하여 나타나는 인간의 기대수명 차이는 가장 낮은 기대수명을 가진 사람들의 인간개발에 있어서 39%의 감소와 직결된다. 남아시아의 교육에 있어서 높은 수준의 불평등은 그들 일부 국민의 인간 개발에 있어서 42%까지의 감소라는 심각한 부정적 영향을 미친다(UNDP, 2013). 일반적으로, 더 낮은 인간개발의 수준에 있는 국가들은 보다 높은 수준의 다차원적 불평등으로 고통을 받고 있다. 반대로, 지구 북반구의 국가들은 인간개발에 있어서 최소한의 불평등을 경험하고 있다.

HDI는 어떤 국가의 개발을 평가하기 위한 중심적 기준으로서 오직 경제성장 하나보다는 사람들과 그 능력에 초점을 둔다;

HDI는 또한 국가정책선택에 대하여 문제제기를 하는데 활용될 수 있는데, 어떻게 같은 수준의 1인당 국내총소득을 가진 두 국가들이 그토록 서로 다른 인간개발의 결과로 귀착될 수 있는가를 물을 수 있다. 예를 들면 바하마와 뉴질랜드는 유사한 수준의 1인당 소득을 가지지만 기대수명과 기대되는 학교 교육 연한은 이 두 국가 사이에 크게 달라서 결과적으로 뉴질랜드는 바하마보다 훨씬 높은 HDI값을 갖는다. 이처럼 뚜렷한 대조모습은 곧바로 정부정책의 우선순위에 대하여 논쟁을 자극할 수 있다(UNDP, 2011).

그러나 인간개발지수의 한 가지 문제는 "그것이 여가, 안보, 정의, 자유, 인권, 그리고 자존감 같은 다른 인간개발의 측면들의 수치를 포함하지 않는다는 점이다. 어떤 동물원이나 잘 운영되는 감옥에서 높은 HDI가 가능할 수 있다. 또한, 낮은 소득에서의 질병은 종종 죽음에 이를지라도, HDI는 독립적인 질병률의 지표가 없는데 두 말할 나위 없이 질병에 걸리지 않는 것이 가장 기본적인 필요 중의 하나이다. 삶은 끔찍하고 잔인하면서도 길 수 있다(Streeten, 2001). 따라서 전 세계에 두루 적용할 수 있는 인간복지의 지표로서 그 강점에도 불구하고, 인간개발지수는 그것이 평가하지 못하는 인간안보와 인권의 많은 중요한 측면들이 있다.

그렇다면, 어떤 요소들이 좋은 삶을 영위할 수 있는 사람들의 능력에 영향을 미치는가? 그리고 왜 인간개발은 세계의 국가들에 따라 크게 다르게 나타나는가? 몇 가지 설명들을 고려해 보자.

세계화, 민주화, 그리고 경제적 번영

국경을 넘어 범세계적 자본과 투자의 신속한 이전은 세계의 경제를 통합하고 있으며 세계화가 인류 대다수가 처해 있는 만성적 빈곤에 대한 구제책을 제공할 것이라는 폭넓은 추론에 이르게 하고 있다. "세계화에 대하여 폭넓게 공유되는 이미지가 있는데 그것은 엄청난 평준화의 추진체로써 점점 더 커져가는 재화, 이미지, 자본, 그리고 사람들에 의하여 추동되는 소득과 생활 양식의 범세계적 수렴인데 그렇게 된 까닭은 보다 큰 경제적 개방이 변화하는 세계의 조그만 부분들을 지구촌의 본격적인 구성원으로 만들었기 때문이다.… 그리하여 세계화된 번영의 섬들이 많은 개발도상국들에서 일어나고 있다(Heredia 1999)."

그러나 세계화의 비판자들은 세계화가 상대적 박탈감을 야기하는 원인이 되는 것이지 치료해주는 것이 아니라고 불평한다. 그들은 세계화를 인간고통 문제의 한 부분으로써 볼 뿐 그해결책으로 보지는 않는다. 정신없이 진행되는 세계화의 결과로 만들어진 이미지와는 달리 어떤 국가들에 있어서, 특히 남반구의 소외된 주변부에서는 보다 세계화된 경제가 불평등을 확대시키고 있다.

어떤 비평가들은 세계화에 의하여 야기된 인간적 해악을 비판하면서, "어떤 것도 완전히 자유로운 시장에 의하여 야기된 불평등과 착취보다 더 뚜렷하지 못하다. 세계자본주의가 일으키는 불평등은 비형평성인데 그 이유는 그러한 것들이 평등주의적 개인주의의 원칙을 위반하기 때문이다.… 이처럼 세계화의 과오는 집단적이기도 하고(국가에 대한 공격), 개별적이기도 한데(국가 시민들에 상처를 야기) 인간의 존재 그 자체에 대한 상처와 무기력화를 배태함으로써 세계 도덕질서를 심하게 침해한다는 것이다(Boli, Elliott, and Bieri, 2004, p. 395)." 경제학자인 존 메이나드 케인즈(John Maynard Keynes)는 이러한 긴장에 유의하면서 말하기를 "인류의 정치적 문제는 세 가지를 결합하는 것이다; 경제적 효율성, 사회적 정의, 그리고 개인의 자유." 세계화는 도움이 가장 필요한 사람들에게 이익이 되지 못할 뿐만 아니라 또한 경제학자 롬버트 위크랜드(Rombert Weakland)가 한탄한 것처럼 "가난한 사람들은 그 밖의 사람들의 번영을 위해 대가를 지불하고 있다."

그러나 인간개발이 확대되고 있는 곳에서 한 가지 요소가 눈에 두드러지는데 바로 국가들이 그들 자신을 민주적으로 통치하고 시민들의 자유를 보호하는 정도이다. 민주주의가 번성하는 곳에서 인간개발과 인권도 또한 번성하는 경향이 있다. 민주주의와 정치적 자유가 존재하는 국가들을 상기해보자(7장 그림 7.1 참조). 2013년 초에, 118개 국가들이—세계 국가들의 반 이상 (61%)—민주적이어서 그들의 시민들에게 폭넓은 범위의 정치적 자유를 제공하였다(Freedom House, 2013).

이제 그러한 자유의 혜택을 누리고 있는 지역을 전 세계 국가들의 여러 가지 인간개발수준들을 보여주고 있는 지도 13.3에 견주어보자. 이 둘은 정비례 관계에 있다; 민주주의가 번성하는 곳에서 인간개발도 번성한다. 그러나 국민들의 의지에 의하여 통치되지 못하는 전제정부들 하에서 인간개발은 일어나지 않고 인권도 빈번하게 거부된다.

민주화와 함께, 한 국가 내의 경제적 번영의 상승은 분명히 인간개발의 속도를 촉진하는

데, 이는 앞의 그림 13.3이 보여주는 것처럼 구매력평가지수(purchasing power parity, PPP) 교환율의 비교에 기초하여 국가별 개인들 각각의 부의 수준을 시사한다. 이것이 지구 북반구에서 인간개발의 수준이 가장 높은 이유인데, 이곳에서는 경제적 번영 또한 평균적으로 가장 높다(낮은 소득의 지구 남반구와 반대이다). 비록 아직 논쟁의 주제이기는 하지만, 인권을 존중하는 국가들은 빈곤을 감소시키는 무역을 고무한다는 결론을 뒷받침하는 증거들이 있다(Blanton and Blanton, 2007; Ibrahim, 2013). 그러나 예외들은 국가들의 정권 유형, 그리고 그 국민들의 시민적 및 정치적 자유의 보호가 인간개발의 수준들을 성취하는 데 있어서 매우 중요한 의미를 가진다는 일반적 규칙을 증명한다.

어떤 사람들은 인간의 기본적 필요에 대한 충족이 장기적인 경제성장을 증진한다는 증거를 받아들이는 반면에 '범람'가설에(만약 부유한 사람이 먼저 더 부유해지면 결국 그 이익은

구매력평가지수(PPP)

동등성이−구매될 수 있는 것이 똑같을 때−달성되었을 때 통화사이에 진정한 교환율을 계산하는 지수; 이 지수는 각 통화의 한 단위를 가지고 무엇을 구매할 수 있는지 결정한다.

인간개발수준들

- 매우 높음 (HDI 0.79 이상)
- 높음 (HDP 0.67−0.79)
- 중간 (HDP 0.45−0.67)
- 낮음 (HDI 0.45 미만)
- 자료 없음

지도 13.3
인간개발의 지도
이 지도는 인간개발지수의 척도를 가지고 세계 국가들의 인간개발 수준을 측정한다. 비록 어떤 지구 남반구 국가들은 지난 25년 동안에 커다란 상승을 하였지만(좀 더 높은 수준의 민주주의에 이르는 정치적 개혁과 자유시장에 이르는 경제적 개혁 후에), 사람들의 삶의 질과 그들의 인간개발 수준에 있어서의 간격은 분명하며 어느 정도에 있어서 지구 북반구와 지구 남반구 사이의 간격과 평행선을 긋고 있다.

흘러내려서 가난한 사람들을 돕는다) 대하여 의문을 제기한다. 다른 사람들은 인간복지를 증진하기 위한 재분배정책과 '범람'의 이익에 초점을 두는 성장지향정책은 서로 상반되는 방향으로 기능한다고 주장하는데 그 이유는 후자가 오직 전자의 희생 하에 얻어질 수 있기 때문이라는 것이다.

많은 사람들은 이제 최대 다수의 최대 선을 협력적으로 창출하기 위한 노력으로써 자유기업·자본주의 시장의 능률과 정부의 경제계획과 규제라는 자비심을 결합하는 '*제3의 길 (Third Way)*'전략을 통한 인간개발의 증진을 권고한다. 이의 옹호자들은 이 혼합적인 접근이 자유시장으로 하여금 급속한 성장을 창출하게 함과 동시에 지원을 절실히 필요로 하는 대부분의 사람들에게 안전망을 제공할 수 있으며 또한 이 방식이 도덕적 인간 목적을 가진 경제성장을 추진해가는 데 있어서 최선의 해결책이라는 데 동의한다.

인권과 사람들의 보호

대부분의 국가들은 "모든 인간들이 똑같은 도덕적 지위를 지닌다는 보편주의적 주장을 수용하였으며; 보편적 인권을 받아들인다는 것은 국가에 대하여 모든 인간들의 생명, 고결성, 복지, 그리고 번영을 존중하라는 도덕적 요구이다(Vandersluis and Yeros, 2000a)." 이러한 주장은 1948년 국제인권선언의 우렁찬 언어들에서 표현되었다; "인류가족 모든 구성원들의 태생적 존엄성과 평등하고 양도할 수 없는 권리의 인정은 세계에 있어서 자유, 정의, 평화의 기초이다." 이 UN 총회의 결의는 사람들의 역량이 배양되어야 하며 따라서 어떤 역사적 역할이 없이 "단순히 불행한 운명의 희생자(Saurin, 2000)"가 되어서는 안 된다는 생각을 표현하였다.

> *자유는 어디에서나 인권의 최고성을 의미한다. 우리는 그러한 권리들을 얻기 위해서 또는 유지하기 위해 투쟁하는 사람들과 함께 한다.*
> – 프랭클린 델라노 루스벨트(Franklin Delano Roosevelt), 전 미국 대통령

국제적으로 인정된 인권

개별적 인간들을 보호하기 위해 고안된 일단의 법적 규칙과 규범들은 모든 사람들 각자가 동등한 관심과 존경심으로 대우되어야 한다는 윤리적 당위성에 근거를 두고 있다. 이러한 규범들에 대한 가장 권위 있는 표현으로 1948년 *국제인권선언(Universal Declaration of Human Rights)*은 넓은 범위의 시민 및 정치적 자유를 수립하고 있으며 집회, 사상 및 표현의 자유, 그

리고 정부에 참여할 수 있는 권리 등을 포함한다. 이 선언은 또한 사회 및 경제적 권리들이 필수불가결함을 천명하고 있는데 교육, 노동, 그리고 공동체의 문화적 삶에 참여할 수 있는 권리가 포함된다. 뿐만 아니라, 이 선언의 전문은 과감하게 "만약 사람이 최후의 수단으로서 폭정과 압제에 대항하는 반란으로 내몰리지 않기 위해서는 인권이 법의 지배에 의해 보호되는 것이 필수적이다."라고 주장한다(Clapham, 2001).

　　이후 이러한 권리들은 일련의 조약을 통해 법전화되고 확대되었는데, 가장 두드러진 것으로는 *시민적 · 정치적 권리에 관한 국제규약*(International Covenant on Civil and Political Rights) 그리고 *경제적 · 사회적 · 문화적 권리에 관한 국제규약*(International Covenant on Economic, Social and Cultural Rights)이 있다. 이러한 조약들에 수록된 권리들을 분류하는 많은 방법들이 있다. 국제윤리학자인 찰스 베이츠(Charles Beitz, 2001, p. 271)는 이들을 5개 범주로 나눈다;

- 인격적 권리들　"사람의 생명, 자유, 그리고 안전; 사생활 보호와 이동의 자유, 재산의 소유권; '공적이고 사적인' 종교 교육과 생활의 자유를 포함하는 사상, 양심, 그리고 종교의 자유; 노예제, 고문 그리고 잔인하고 비인격적인 처벌의 금지"
- 법의 지배와 관련된 권리들　"법 앞의 평등한 인정, 그리고 법의 평등한 보호, 법적 권리의 위반에 대한 효과적인 법적 해결, 치우치지 않는 청문과 재판, 무죄 추정, 그리고 자의적 체포 금지"
- 정치적 권리들　"표현, 집회, 그리고 결사의 자유; 정부에 참여할 수 있는 권리; 보편적이고 평등한 투표권에 의한 정기적이고 진정한 선거"
- 경제 및 사회적 권리들　"적절한 삶의 표준; 직장의 자유로운 선택; 실업에 대한 보호; '정당하고 유리한 보수'; 노동조합 가입권; '근로시간의 합리적 제한'; 무료 초등교육; 사회보장; 그리고 성취 가능한 가장 높은 신체적, 정신적 건강의 표준"
- 공동체의 권리들　"자결권과 소수민 문화의 보호"

　　비록 이러한 권리들을 나열하는 다자조약들은 그 비준 국가들에 대하여 법적인 구속력을 가지지만, 많은 국가들이 이러한 조약들을 비준하지 않았거나 비준하는 경우에도 상당한 유보조항을 조건으로 하고 있다. 국가들이 유보조항을 구체적으로 밝힐 때, 그 국가들은 이러한 조약들에 포함된 대체적인 원칙 선언에는 동의를 표시하면서도 또한 어떤 특별한 조항들에 대해서는 반대하여 그 규정에 구속되지 않겠다는 것을 분명히 나타낸다. 예를 들면 미국은 1992년 시민적 · 정치적 권리에 관한 국제규약에 대하여 유보사항을 둔 채 비준하였지만 경제적 · 사

잔인하고 특별한, 아니면 단지 보통의?
UN 인권이사회는 연례회의를 개최하여 어떤 UN 회원국들이 인권조약을 위반하고 있다는 힐난을 다룬다. 이 사진은 어떤 국가들이 일상적으로 자행하는 인권유린의 종류를 보여준다: 한 남성이 인도네시아의 아체지방 잔토에서 도박을 했다는 이유로 샤리아 법 당국에 의해 처벌받고 있는 모습이다. 이슬람의 성스런 책인 코란(koran)에 규정되어 있듯이, 몇몇 이슬람국가에서 매질이 관행처럼 행해지고 있다.

회적·문화적 권리에 관한 국제규약은 비준조차 하지 않았다. 모든 인간들이 유보될 수 없는 어떤 권리들을 갖는다는 일반적인 원칙에 동의하는 국가들도 여전히 이러한 권리들의 범위에 대해서는 동의하지 않는다. 그리하여 어떤 사람들은 법의 지배와 정치적 권리와 관련된 권리들을 강조하는 반면에 다른 사람들은 경제 및 사회적 권리의 중요성을 강조한다.

불행하게도 모든 사람이 국제법에 인정된 인권을 누리는 것은 아니다. 인권의 존중이 특히 문제로 남아있는 세 집단은 토착원주민들, 여성, 그리고 아동들이다.

토착원주민들의 위태로운 삶

6장의 *비국가 행위자들(nonstate actors)*에 대한 소개에서 학습한 것처럼, *토착원주민들(indigenous peoples)*은 한때 어떤 지리적 위치에서 고향을 둔 소수민족, 그리고 문화적 집단의 한 가지 대표적인 형태이다. 대부분의 경우에 있어서 토착원주민들은 과거 한때 정치적으로 주권적이었으며 경제적으로 자급자족하고 있었다. 오늘날, 대체로 조국 또는 자치권이 없는 3억 7천만 명으로 추산되는 토착원주민들은 전 세계 90개 이상의 국가들에서 살고 있는데, 각각 독특한 언어와 문화 그리고 조상들의 땅에 대한 강한 그리고 종종 정신적인 유대감을 갖고 있다 (UNDESA, 2013).

많은 토착원주민들은 박해를 받고 있다고 느끼는데 그 이유는 그들의 삶, 토지, 그리고 문

AP Photo/Karel Prinsloo

인종청소
1994년 르완다에서 후투족 민병대가 투치족을 공격하고 나중에 투치족 지배적인 르완다애국전선(Rwandan Patriotic Front)이 후투족에 대해 보복함으로써 인종청소는 대량학살로 확대되었다. 이 사진은 그러한 한 대학살의 결과를 보여주는데 80만 명이나 되는 사람들이 사망하였다.

화가 위협받기 때문이다. 터키인들의 아르메니아인들 대량학살, 히틀러의 유대인(그리고 다른 집단의) 대량학살, 크메르 루즈의 캄보디아인들 대량학살, 르완다에서 후투족의 투치족 대량학살 모두는 20세기에 자행된 잔학성의 대표적인 사례들이다.

　　나치에 의한 대량학살의 비극을 묘사하면서, 폴란드 법학자 라파엘 렘킨(Raphael Lemkin)은 그리스어 '종족, 국민(*genos*)'과 라틴어 '*죽이다*(*caedere*)'로부터 *대량학살*(*genocide*)이라는 용어를 만들었는데, 그는 이것이 인권의 가장 심각한 유린 형태이며 가장 끔찍한 범죄로서 지목되어야 하며 국제사회가 그것을 처벌해야 할 도덕적 책임이 있다고 주장하였다. "한 국가 또는 운동체가 어떤 집단의 존재 권리 여부를 결정할 권리가 있다고 주장할 때, 그것은 모든 집단들에게 위협을 가하는 것이다(Smith, 2010, p. 434)." 대량학살은 개인들 그 자체가 아니라 집단의 파괴에 초점을 두는데 이에는 몇 가지 차원이 있어 물리적(어떤 집단 구성원들의 절멸), 생물학적(한 집단의 생식 능력을 감소시키기 위해 취해진 조치들), 문화적(한 집단의 언어, 문학, 예술, 그리고 기타 제도들을 제거하기 위한 노력들) 차원들을 포함한다.

　　자민족중심주의(ethnocentrism)는 종종 대량학살 정책들의 저변에 자리하고 있다. "잔인한 힘의 현실정치는 종종 희생 소수민족집단의 물리적 절멸에 대하여 자민족중심주의에 뿌리를 둔 논리를 제시하는데 그에 따라 지도자들은 대량학살 행동이 지배적인 민족의 선(善)을 위해 불가피한 '이타적 처벌'이라고 주장한다."고 마누스 미드라스키(Manus Midlarski,

자민족중심주의
자기의 민족 또는 국가를 세계의 중심으로 여기고 따라서 특별하게 보려는 성향으로 다른 집단의 가치나 관점은 제대로 이해되지 못하고 조소당하는 결과로 나타난다.

2006)는 결론짓는다.

이제 전 세계적으로 다양한 토착원주민들은 그들에 대하여 저질러진 국가들의 잘못들에 대하여 반격하고 있다. 그러나 이들 비국가 민족들의 구성원들은 종종 수적인 열세에 있으며 그들의 목적에 대하여 분열되어 있다. 대부분의 토착원주민들 운동체는 기존의 국가들 내에서 정책의 재조정과 자원의 할당에 있어서 좀 더 큰 목소리를 내고자 할 뿐인데 그들의 주장을 인정받고 권리를 보호받기 위해 국가들에 압력을 가하는 데 있어서 비정부기구들과 정부간기구들의 지원을 얻으려 노력하고 있다.

1990년대에 상당수의 토착원주민 운동체들이 성공적인 협상을 통해 타결점을 찾아 권력 이양(devolution)으로 귀결되어 지방의 자치권을 증가시키는 지역의 정치권력을 부여받고 있다. 이러한 예들에는 니카라구아의 미스키토족, 몰도바의 가가우즈족, 그리고 이디오피아와 인도 아샘지역 대부분의 지역 분리주의자들이 포함된다. 그러나 체첸족과 러시아연방 사이의 계속적인 교전에 의하여 시사되는 것처럼, 독립을 열망하는 민족들과 확립된 국가들 사이의 충돌 해결은 지극히 어려울 수 있다.

UN 헌장에 표현된 "인권과 기본적 자유에 대한 보편적 존중과 준수"의 증진이라는 목표는 다양한 민족을 가지는 많은 국가들에 있어서 매우 어려운 문제이다. 소수민족과 문화적 구분 선에 따른 이들 국가들의 분립은 그들을 내재적으로 약하게 만들기 때문이다. 많은 국가들 내의 소수민족 집단의 구성 정도를 고려해보자; 예를 들면 볼리비아에서 토착원주민의 구성 비율은 62%이고, 페루에서는 48%이다(The Hunger Project, 2009). 또는 몇몇 국가 내에서 사용되는 서로 다른 언어들의 수를 고려해보면, 파푸아 뉴기니에서는 830개, 인도네시아에서는 719개, 나이지리아에서는 514개, 인도에서는 438개, 중국에서는 292개, 멕시코에서는 291개 등이 두드러진 경우이다(The Economist, 2012g; 지도 6.3 참조).

인종차별주의와 불관용은 극단주의와 폭력의 온상이다. 한 사람의 민족성이 나머지 다른 사람들의 민족성보다 우월하다는 믿음은 인권을 잠식한다. 비록 민족 간 경쟁은 성경시대까지 거슬러 올라가는 현상이지만, 그것은 오늘날의 골칫거리이다. 위험에 처해 있는 소수민족들에 관한 연구사업(Minorities at Risk Project, 2008)에 따르면, 1998년 이래, 전 세계에 있어서 정치적 성향을 가지고 있는 283개 이상의 소수민족집단이 그 국가 내에서 조직적 차별대우를 당하고 있으며, 그들 자신을 방어하고 자신의 스스로 정의된 이익을 증진하기 위해 집단행동에 동원되고 있다. 어떤 분석가들은 인종적으로 나뉘어져 있는 국가들 내와 국가들 사이의 갈등은 21세기 세계정치가 움직이는 주요 축이 될 것이라고 예측한다.

국내 난민법제와 피난처 제공 기준을 강화하려는 노력은 중요한 윤리적 문제를 제기한다. 노숙자들, 절망적인 사람들, 병약한 사람들, 빈곤한 사람들은 어디에서 *안식처*, 즉 인권이 보

권력 이양

좀 더 큰 자치권은 그 집단의 새로운 국가로서의 독립 추구를 감소시킬 것이라는 기대 하에 국가들이 특정의 민족지역에 있는 소수민족집단이나 토착원주민집단에게 정치권력을 인정하는 것이다.

호되는 안전한 곳을 찾을 것인가? 부유한 국가들은 자비심을 가지고 행동할 것인가 아니면 무관심으로 응답할 것인가? 그리고 보다 폭넓게 말해, 인간안보를 바라보는 최선의 방법은 무엇이며 이를 국가안보와 어떻게 조화시킬 것인가(논쟁 : 안보란 무엇인가?참조)? 이러한 질문들을 다루기 위해 만들어진 정책제안들은 논란의 여지가 있는 타협적 거래에 관계될 수 있으며, 구체적으로는 세계의 난민위기(12장 참조), 일반적으로는 인권유린에 대한 적절한 대응의 어려움을 가리켜준다.

양성 불평등과 그 결과들

지난 30년 이상 동안 개최된 세계의 회의들은 여성들의 인권에 대한 관심이 매우 중요한 역할을 하고 있음을 강조하고 있다(표 13.1 참조). 인권과 인간개발에 진전을 이루기 위해서는 여성들의 지위가 향상될 필요가 있다는 범세계적 합의가 등장하였다. 이러한 회의들은 점점 더 정치, 사회, 그리고 경제적 분야에 있어서 양성 평등과 능력배양을 근본적 권리로서 묘사하는 이정표가 되고 있다. 그것들은 세상에 대하여 사회에 있어서 여성의 지위, 특히 그들의 교육은 인간개발에 중요한 영향을 미치며 또 여성에 대한 처우가 모든 사람에게 영향을 미치는 세계의 인권적 쟁점이라는 명백한 증거를 소개한다.

UN 개발계획(UNDP)의 양성불평등지수(Gender Inequality Index, GII)에 의해 측정된 것처럼, 여성들은 전 세계에 걸쳐서 남성들에 비하여 넓은 범주에 걸쳐서 계속적으로 불리한 입장에 있다(UNDP, 2013). 0(불평등이 없음)에서 1(극도의 불평등)의 범위에 있는 종합지수는 남성과 여성 사이에 불균형이 세 가지 차원에 있어서 지속된다는 것을 보여준다; 생식건강, 역량강화, 그리고 노동시장. 양성불평등(gender inequality)은—남성과 여성 사이의 삶의 표준 차이—인간개발과 인권을 저해하고 있으며 또한 여성의 사망과 출산율, 정치권력과 학업 성취, 취업 등에서 보여지는 차이에 반영된다. 여성들은 일반적으로 남성들보다 전문 분야에 있어서 높은 수준의 연구와 연수에 더 적은 접근기회를 가지며, 빈번히 위신이 낮은 직업으로 밀려나고, 정치적 참여에서 엄청난 장애에 부딪히며, 흔히 낮은 급여를 받는다.

양성불평등은 전 세계에 있어서 너무도 다양한데 특히 지구 남반구의 세 지역에서 두드러진다; 남아시아, 중동, 그리고 사하라사막 이남 아프리카. 2013년 초 네덜란드에 있어서 양성 불평등은 0.045라는 양성불평등지수가 시사하는 것처럼 아주 미미했던 반면에, 예멘과 니제르에서 각각 0.745와 0.707인 양성불평등지수가 보여주는 것처럼 불평등 정도가 매우 높다(UNDP, 2013).

여성의 평등한 인권을 확대해야 할 필요성은 명약관화하다. "여성들이 교육받고 소득을 얻으며, 통제할 수 있을 때, 많은 좋은 결과들이 있게 된다; 유아사망률의 감소, 아동의 건강과 영

양성불평등지수(GII)

여성의 생식보건, 정치 및 교육적 역량강화, 그리고 노동시장 참여를 사용하여 양성 불평등이 어떤 국가의 인간개발 성취를 잠식하는 정도를 나타내는 지수

양성불평등

국가의 대외 및 국내정책을 안내하는 가치에 의해 결정되는 기회와 보상에 있어서 남성들과 여성들 사이의 차이

안보란 무엇인가?

안보는 어떻게 정의되어야 하는가? 정책결정자들의 견해는 일치하지 않는다. 어떤 사람들은 그것을 기본적으로 군사적 측면에서 바라본다. 다른 사람들은 인간복지의 측면에서 바라본다. 이러한 견해 차이의 저변에 흐르고 있는 것은 세계의 의제에 있어서 무엇이 가장 중요한가에 대한 생각의 차이이다. 한 이론적 전통은 국가들에 제일의 우선순위를 부여하고 그들의 영토적 순결성을 보호하는 것이 국가 지도자들의 마음에 최고의 자리를 차지해야만 한다고 가정한다. 다른 이론적 전통은 이러한 생각에 도전을 제기하고 개인들의 안보에 우선 순위를 부여하면서 사회 및 환경 보호가 세계의 우선순위로 간주되어야 한다고 주장한다.

이러한 문제를 고려함에 있어서 국가안보는 근본적으로 다른 국가 또는 비국가 테러집단에 의한 공격의 공포로부터 자유라는 전통적 현실주의 견해를 기억해보자. 현실주의자들은 무력침략이 최고의 안보문제이며 전쟁방지를 위한 전쟁의 준비가 각 국가들의 최고의 관심사로서 그 어떤 다른 안보문제보다 우선적이라고 주장한다. 군사적 수단에 의해서 국가를 보호하는 것이 가장 중요하다. 따라서 '안보'는 기본적으로 각 국가가 무력 위협에 대해 저항할 수 있는 능력의 측면에서 정의되지 않으면 안 된다. 이러한 정의는 국가의 전체적 이익 보호를 개인들의 이익 보호 위에 놓게 된다.

이와 대조적으로 '인간안보'는 개인들을 어떤 위협으로부터도 보호하는 것에 초점을 두는 것으로 최근에 부상한 개념이다. 인간안보센터(Human Security Centre, 2006, p. 35)는 이 새로운 개념이 자유주의 이론과 사상에서 파생되었으며 "안전이 보장된 국가는 자동적으로 안전이 보장된 국민들을 의미하는 것은 아니라"고 설명한다. 외부의 공격으로부터 시민들을 보호하는 것은 개인들의 안보에 필요조건은 될 수 있을지 모르지만 충분조건은 되지 못한다. 지난 100년 동안 훨씬 더 많은 사람들이 외국 군대보다 그들 자신의 정부에 의하여 죽었다. 모든 인간안보 옹호자들은 그 주된 목표가 개인들의 보호라는 데 동의한다. 그러나 어떤 위협으로부터 개인들이 보호되어야 하는가에 대해서는 합의가 깨어지고 만다. … UN의 인간안보위원회(Human Security Commission)는 "위협이라는 의제는 확대되어 기아, 질병, 자연재해 등을 포함해야 한다고 주장하는데 그 이유는 이러한 것들이 전쟁, 대량학살, 그리고 테러 등에 의해 죽은 사람들의 총합보다 더 많은 사람들을 죽이기 때문이다."라고 한다.

이러한 시각을 더 확대하면서 국가안보에 대한 '인간안보'적 접근에 있어서 많은 출발점들 중의 하나로 소위 '환경안보'에 유의하게 되는데, 이것은 지구 환경악화가 지구 전체를 통하여 인간의 복지와 안녕에 대해 가하는 위협을 강조한다(14장 참조). 이러한 자유주의의 이론적 입장은 "주로 자연자원(민물, 토질, 숲, 어족 자원 그리고 생물 다양성)과 사회적 생명유지 체계(오존층, 기후체계, 해양, 대기)에 심각한 상황 악화가 존재해왔으며, 또한 이러한 지구의 물리적 변화는…국가안보부서가 대처하는 대부분의 군사위협과 관련되는 안보문제에 버금간다는 것에 논리적 근거에 기초하고 있다(Porter, 1995, p. 218)."

여러분은 어떻게 생각하는가?

- 현실주의자들에 의해 강조되는 국가안보 접근과 자유주의자들에 의해 선호되는 인간안보 접근은 어느 정도로 서로 모순이 되며 경쟁관계에 있는가? 이들은 대신에 서로 보완적이고 상호간에 이론적으로 강화시켜줄 수 있을까?
- 페미니스트들이 이러한 논쟁에 포함시킬 수 있는 몇몇 고려들은 무엇인가? 이것은 당신의 안보에 대한 인식에 어떻게 영향을 미칠 것인가?
- 한 명의 정책결정자로서 당신은 안보의 어떠한 측면을 당신 국가의 복지에 대한 미래의 보장으로서 강조하겠는가? 그 이유는?

표 13.1	인권과 여성의 권리를 향한 노정에 있어서 중요한 발걸음들	
연도	회의	주요 내용
1975	국제여성의 해에 관한 세계회의(멕시코 시)	양성 평등에 관한 세계의 대화를 시작하였고 UN여성개발기금(UNIFEM)의 설치로 이름
1979	여성차별철폐협약 (여성협약, 뉴욕)	제12조는 국가들이 남녀평등의 기초위에서 가족계획을 포함하는 보건서비스의 접근을 보장하기 위해 보건 분야에 있어서 여성에 대한 차별을 철폐하는 적절한 조치들을 취할 것을 요청
1980	제2차 세계여성회의 (코펜하겐)	정부들이 여성의 소유권과 재산통제권을 보장하고 여성의 상속권, 아동 후견권, 그리고 국적을 인정받을 권리를 향상시킬 보다 강한 조치들을 취할 것을 요구
1985	제3차 세계여성회의 (나이로비)	정부가 여성의 문제를 중심의제로 다루고 폭넓은 양성의 평등과 여성의 역량강화를 증진할 필요성을 인정
1993	UN 세계인권회의 (비엔나)	비엔나 선언은 '여성의 평등한 지위와 인권'에 대한 9개 항을 포함하며 처음으로 '여성에 대한 폭력은 인권유린이라는 것을'인정
1995	UN 제4차 세계여성회의 (베이징)	양성불평등과 여성의 인권문제를 다룸으로써 인간개발을 증진하려는 광범위하고 야심적인 의제를 설정
2004	인신매매에 관한 NATO회의(브뤼셀)	국경을 넘어 사람들, 특히 여성과 아동들을 거래, 수출하는 문제의 증가를 봉쇄하기 위한 협약을 모색
2004	UN 성 및 생식권에 관한 회의(뉴욕)	여성의 '성 및 생식권을 포함하는 근본적 인권'을 견지하기 위한 행동계획을 출범
2005	UN 여성회의(베이징)	110항의 행동강령은 여성과 소녀들의 역량강화를 위한 전략들을 구체적으로 제시
2010	여성지위위원회(뉴욕)	베이징 선언의 실행에 관한 15년차 검토와 행동강령의 평가

양 향상, 농업생산성 상승, 인구증가율 둔화, 경제적 팽창, 그리고 빈곤의 악순환 단절 (Coleman, 2010b, p. 13)."여성들과 소녀들이 소득을 얻을 수 있을 때, 그들은 그것의 90%를 가족의 복지를 위해 재투자하여 책, 모기장, 의약품을 구입하는 반면에 남성들은 대조적으로 같은 일을 위해 단지 그들 소득의 30~40%만을 할당한다(Gibbs, 2011). 그러나 18세기 이래, 여권주의자들, 학자들, 그리고 행동가들은 정치 생활이 얼마나 많이 여성성과 남성성에 관한 선입견 위에 구축되었는지 드러내는 노력을 기울였음에도 불구하고…정권과 그 아래의 국가들은 사실 그들에게 값싼, 그리고 종종 무급의 여성 생산노동을 제공하는 일종의 위계적인 양성차별의 노동분업을 유지하기 위한 의도적 조치들을 취하였다는 많은 증거들이 있다(Enloe, 2001, p. 311)."

이러한 사실은 1900년 이래 정치에 있어서도 마찬가지인데 전 세계 국가들 중 단지 15%만이 한 명 또는 그 이상의 여성 국가수반을 가졌으며(Harper's, 2008). 오늘날 여성들은 정부의 정책결정자 직위들에서 계속하여 엄청나게 낮은 정도로 대표되고 있는데 심지어 민주 국가들과 선진국에 있어서도 그렇다. 세계의 의회들에 있어서 양성 간 차이는 남성들에게 유리한 방향으로 크게 치우쳐 있다. 2013년 초 여성들은 세계 전체 의회들 의석 수의 21%만을 차지하였는데, 이는 1990년 겨우 13%였던 것에서 상승한 것이다(WDI, 2013; 또한 지도 13.4 참조).

대부분의 사회에서 정치는 "대체로 남성들의 놀잇감으로—비무장의 전투—보여지며, 여성들은 권력을 얻거나 공고히 하기 위한 노력에서 빈번히 무시되거나 주변으로 밀려난다."고 전 미 국무장관 힐러리 클린턴은 설명한다. 그녀는 계속하여 말하기를, "여성들이 역량배양이

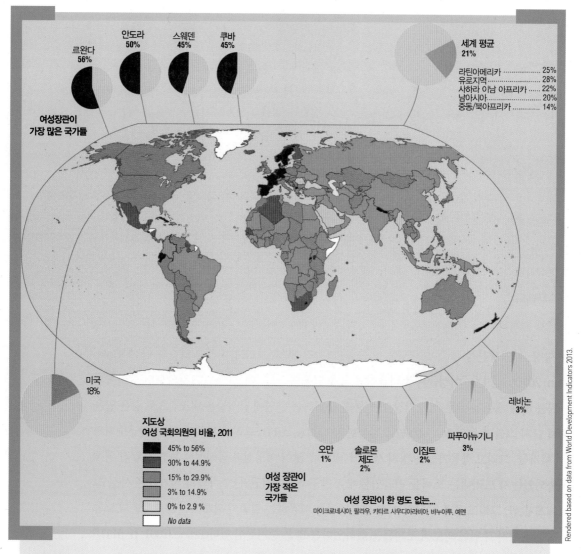

지도 13.4
성의 정치
오늘날 과거 어느 때보다 더 많은 여성들이 정부에서 일한다. 1975년과 1995년 사이에 국가 의회의 여성 비율은 단지 1%만이 증가하였는데 이는 1998년과 2008년 사이에 8%와 비교된다. 그럼에도 불구하고, 양성균형은 민주적 거버넌스에서 드문 상태에 있다. 세계 전체에 있어서 의회에 남성 4명 당 단지 여성 1명이 있으며 2013년 중반에 국가원수 중에 단지 17명만이 여성이다. UN에 따르면 어떤 형태의 할당제도가 없이 최다득표자를 당선시키는 선거제도를 가진 국가들은 금세기 말까지 공공기관에서 일하는 여성의 비율이 40%에 도달하지 못할 것이다(UNIFEM, 2013).

Rendered based on data from World Development Indicators 2013.

되지 않고 비인간화될 때 여러분들은 모국 내에서 그리고 세계 전체에서 안보적 도전에 이르는 반민주세력 뿐만 아니라 극단주의를 볼 가능성이 높다."고 하였다. "좀 더 높은 정도의 평등성이 있는 사회들은 더욱 번영하고 안정적인 민주적 제도를 유지할 가능성이 있다(Htun and Weldon, 2010, p. 207)."

더 이상의 양성 차별은 인간개발의 가장 기초적인 수준에서 계속되는데 여성들이 거의 모든 곳에서 인권유린과 차별의 희생자로 남아있는 것으로 결론짓는 것은 용이한 일이다. 소녀들이 소년들보다 더 많이 어린 나이에 사망하며, 적절한 의료혜택에 대한 여성들의 접근이 더 많이 제한되어 있다(WDI, 2013). "중동과 남아시아에서 여성들은 그 의상이 충분하게 보수적이지 않은 것으로 여겨지는 경우 산(酸, acid)으로 공격받는다. 아프리카에서 전쟁의 도구로서 대규모 강간은 이쪽 갈등에서 저쪽 갈등으로 옮겨 다니고 있다(Coleman, 2010a, p. 128)." 여성들은 계속하여 성적 인신매매와 성적 폭력의 주요 희생자가 되고 있으며, 국제형사재판소(International Criminal Court)는 2011년이 되어서야 '성적 노예'를 전쟁범죄로 확인함으로써 페미니스트들이 여성의 인권에 대한 전통적 무시의 한 사례로 지적한 것이 사실임을 보여주고 있다.

여성들의 권리를 보호한다는 것은 어려운데 그 이유는 이 문제들이 폭넓은 다양성과 뿌리깊은 종교 및 문화적 믿음과 관계되기 때문이다. 예를 들면 많은 이슬람 국가들에서 여성들은

성의 격차를 어떻게 초월할 것인가?
여기의 사진들은 여성의 역량강화가 어떻게 변화하고 있는지를 보여주는 사례들이다. 왼쪽에 있는 사진은 2011년 1월 1일 여성으로서는 처음으로 브라질의 대통령으로 취임한 딜마 루세프(Dilma Rousseff)이다. 오른쪽 사진은 미국의 매기 우드워드(Maggie Woodward) 소장으로서 2011년 미국이 리비아에 대한 공격에 참여할 때 미국 역사에 있어서 처음으로 군 공중전을 지휘한 여성이다. 역할 모델이 되는 것에 대한 그녀의 생각을 물었을 때, 그녀는 다음과 같이 대답하였다; "우리는 첫 번째 여성 같은 것이 되지는 않을 것이다. 그렇죠?…나는 내가 수많은 어린 소년들과 소녀들에게 영감을 주는 인물이 되기를 희망한다 (Thompson, 2011, p. 38)."

공공장소에서 그들의 얼굴을 베일로 가리지 않으면 안 되며, 여성들과 남성들은 종종 사회 및 종교적 활동들에서 완전히 분리된다. 미국의 사회학자인 허버트 스펜서(Herbert Spencer)가 말하듯이, "어떤 국민의 조건은 그 사회 하에서 여성들이 받는 대우에 의해 판단될 수 있다." 양성 간 사회, 정치, 그리고 경제적 평등에 초점을 두는 서구 자유주의 국가들의 많은 사람들에게, 이러한 전통들은 이해하기 어렵다.

'여성의 역량강화(gender empowerment)'라는 개념은 오직 모든 인간들의 완전한 잠재력의 실현을 통하여 진정한 인간개발이 일어날 수 있으며 이것은 여성의 인권을 포함한다는 확신에 기초하고 있다. 일단 이러한 개념이 세계적 의제 상에 있는 핵심적 쟁점들을 바라보는 관점을 구성할 수 있는 하나의 렌즈로서 받아들여지면서 양성평등의 쟁점은 중심적 관심사가 되었다. 여성과 소녀들의 권리와 안전에 대한 심각한 위협이 남아있음에도 불구하고, 변환이 진행되고 있다는 징후가 존재한다. 많은 국가들에 있어서 양성평등을 위한 의미 있는 노력들이 경주되고 있다.'

> 여성을 위한 좀 더 큰 경제적 역량강화가 차별적 관행을 금지하고, 동등한 급여를 보장하며, 여성과 남성의 출산휴가를 제공하고, 직장에서 성적 학대에 대한 보호를 실행하는 법제들을 통하여 성취되었다. 정부들은 모든 지역에서 이제 많은 형태로 나타나는 여성에 대한 폭력의 참화를 불법화하는 법을 통해 여성에 대한 폭력이 개인적인 문제라는 사고방식에 등을 돌리고 있다. 유산과 시민권에 대하여 성차에 기초한 차별을 금지하는 법제들, 그리고 가족 내 평등을 보장하는 법들과 여성들과 소녀들이 건강과 교육을 포함하는 서비스에 접근할 수 있도록 보장하는 정책들 또한 여성들 삶의 표준에 있어서 의미 있는 진척에 기여하고 있다(UNIFEM, 2011, p. 8).

고전적 현실주의에서 벗어나 있는 페미니스트 이론은 구성주의가 우리들에게 가르쳐주는 것처럼 세계정치에 대한 통상적이면서도 왜곡된 이미지가 사회적으로 구성되어 있는 방식을 바로잡고자 한다(2장 참조). 그 목적은 세계에 대하여 세계사회에 있어서 양성 평등과 여성의 문제가 무시되고 있음을 보여주며, 여성들의 역량을 강화하고 그들의 기본적 인권을 확보하는 대안적 이론의 비전을 제공하고, 국가와 군사력을 명예로 여기는 현실주의적 이론들에 도전을 제기하는 것이다(Enloe, 2007; Ticker, 2010).

여성학살, 노예제, 그리고 인신매매

정상적인 환경 하에서 여성들은 남성들보다 더 오래 살며, 그래서 세계의 많은 곳, 심지어 중남미나 아프리카의 많은 곳처럼 가난한 지역에서도 남자보다 더 많은 여성들이 있다. "그러나 여성들이 심각한 불평등의 위치에 있는 곳에서 그들은 *사라진다*(Kristof and WuDunn, 2009, p. xv)." 북인도와 중국에서는 남아에 대한 문화적 선호, 작은 가족의 현대적 선호, 그리고 부부가 그들의 태어나지 않은 아이의 성에 대해 결정할 수 있게 하는 기술의 확보가능성 때문에 여아 매 100명에 대하여 남아 매 117명이 계속하여 태어나고 있다. 특히 아시아의 점점 늘어나는 국가들에서 여성학살(gendercide) 세대의 효과가 현실로 나타나고 있는데, 인도출신 경제학자인 아마르티아 센은 무려 1억 7백만 명 이상의 여성들이 낙태, 살해, 그리고 심각한 무시로 인한 죽음 때문에 '실종되고(missing)' 있는 것으로 추산한다. 지난 50년 동안 여성들이 정확히 그들의 성 태문에 20세기의 전쟁에서 남성들이 죽은 것보다 더 많이 살해되었다(Coleman, 2010a; Kristof and WuDunn, 2009).

> **여성학살**
> 특정 성의 구성원들에 대한 체계적인 살해

어린이들뿐만 아니라 여성들이 특히 취약한 또 다른 인권의 공포는 인신매매이다(Brysk and Choi-Fitzpatrick, 2013 참조). 많은 사람들이 노예제는 이제 낡은 관행으로 가정하고 있지만, 현실에 있어서 인간들의 거래는 엄청나다. 증가하는 현대의 노예무역이 전 세계를 종횡으로 휘젓고 있어서 "지난 150년 동안 노예제를 금지하는 10여개의 국제협약에도 불구하고 오늘날 인간 역사의 어떤 시점보다도 더 많은 노예들이 존재하고 있다(Skinner, 2010, p. 56)."

노예무역이 절정에 이르렀던 1780년대 매년 약 80,000명의 아프리카인들이 신세계로 이송되었다. 비교를 위해, 미 국무성 자료에 따르면 오늘날 매년 600,000명에서 800,000명 사이의 사람들이 국경을 넘어 거래되어 성노예 또는 담보노동자로 매매되는 운명의 고통을 겪고 있다(Coleman, 2010a). 에탄 캡스타인(Ethan Kapstein)이 설명하듯이,

> 노예제와 세계노예무역은 오늘날까지 계속하여 번성하고 있다; 사실, 현재 과거의 어느 때보다도 더 많은 사람들이 그들의 의지에 반하여 국경을 넘어 거래되고 있을 가능성이 있다. 이러한 인간적 얼룩은 국제무역이라는 풍부한 테피스트리 직물 위의 단지 조그만 오점이 아니다. 그것은 세계화를 부채질한 같은 정치, 기술, 그리고 경제적 힘의 산물이다. 대서양 노예무역의 잔인한 사실이 결국 미국 역사의 재검토로 연결된 것처럼—1960년대까지 미국의 역사학은 대체로 찬사일변도였다.—현대노예무역에 대한 증가하는 인식도 오늘날 우리의 경제 및 정부 제도의 결함에 대한 인정을 촉발시키지 않을 수 없을 것이다. 현대의 제도적 체제는 범죄자들과 불법국가들이 인간을 시장에 내놓도록 하는 너무 많은 유인동기를 제공하면서도 제재조치라고 할 만한 것으로는 너무 적게 약속한다. 오늘날 노예제는 흔히 여성들과 아동들에 관련되는데 이들은 폭력과 박탈에 의해 강제적으로 굴종상태에 빠지는 것이다(2006, p. 103).

UN에 따르면, 인신거래의 주요한 형태는 노예무역의 79%를 차지하는 것으로 성적 착취이다. 희생자들의 대부분은 여성들과 소녀들이다. 인신거래의 두 번째 주요 형태는 강제노동인데(18%), 5명 중 1명의 희생자가 아동들이다. 오늘날 약 850만 명의 아동 노예가 있다. 이러한 아동 노예들의 엄청난 다수가 강제노동에 잡혀있으며, 약 1/4이 아동매춘으로 일하고 약 50만 명이 소년병으로 강제로 일한다(Aljazeera, 2011). "아동들의 날렵한 손가락들이 얽힌 그물을 풀고, 사치스런 상품을 바느질하거나 코코아 열매를 따느라 착취된다."고 UN은 보고한다. "그들의 천진함은 구걸을 위해 학대되거나 매춘부, 소아성애, 또는 아동음란물을 위한 성 착취의 대상이 된다. 달리는 아동 신부나 낙타의 기수로서 팔리는 것이다."

비록 인신거래의 많은 희생자들이 대륙들을 옮겨가지만, 지역 내 또는 국내의 거래는 훨씬 더 흔하다. 인신 거래는 많은 이득을 낳는 범죄적 활동이다. 미국 국무부의 인신거래 감시 및 퇴치실 루이스 스데바카(Luis CdeBaca) 실장에 따르면, 이러한 지하 경제는 "거래자들에게 매년 300억 달러의 이득을 낳는다(Ireland, 2010)." 그것은 마약거래와 무기교역 다음의 세 번째로 큰 불법의 세계적 영업 분야이다(Obuah, 2006). "브라질에서 벽돌을 만드는 노예에게서 얻는 평생 동안의 이익은 8,700달러이고, 인도에서는 2,000달러이다. 태국에서 성노예는 그가 일하는 평생을 통하여 그 소유자에게 8,700달러를 벌어주며, 로스엔젤레스에서는 49,000달러를 벌어준다(Hardy, 2013).

아동과 인권

아동들은 사회에서 가장 의존적이며 취약한 집단의 하나로서 그들의 인권은 빈번히 위반된다. 그들은 심한 기아와 질병, 노동 또는 성 착취를 위한 노예화, 그리고 소년병으로서의 징집으로부터 고통을 받는데서 분명한 것처럼 끔찍한 무시를 당하고 학대를 받는다. 국제인권 NGO인 국제사면위원회는 세계를 통하여 많은 아동들이 처해있는 조건을 다음과 같이 묘사한다;

아동들은 국가 공무원들에 의하여 고문을 당하고 학대된다; 그들은 자의적 또는 합법적으로 억류되는데 종종 매우 끔찍한 조건에서이다; 어떤 국가들에서, 그들은 사형의 대상이 되기도 한다. 무수히 많이 무력 갈등에서 죽거나 신체불구가 되며, 훨씬 더 많이는 집에서 도망하여 난민이 된다. 가난과 학대로 부득이 거리에서 생활하는 아동들은 사회 정화라는 이름 하에 때때로 억류되고, 공격받으며, 심지어 죽음을 당하기도 한다. 수백만의 아동들이 착취적이거나 위험한 일터에서 노동하거나 아동 거래와 강제 매춘의 희생자이다. 아동들은 '용이한 목표물'이기 때문에 그들은 때때로 쉽게 접근할 수 없는 식구들을 처벌하기 위해 위협되고, 구타되거나 강간된다(Amnesty International, 2009b).

현대판 노예제

"희생자들의 취약성을 줄이고, 인신매매자들의 위험성을 늘이며, 현대판 노예제의 상품과 서비스에 대한 수요를 낮추기 위해 더 많은 노력이 기울여지지 않으면 안 된다."라고 전 UN 마약범죄실(Office of Drugs and Crime)의 안토니오 마리아 코스타(Antonio Maria Costa) 집행국장은 말한다. 왼쪽에 있는 사진은 방글라데시에서 한 고객에 대해 그녀의 서비스를 한 후의 17살 성 노동자의 모습이다. 그녀는 15살에 결혼을 피해서 집으로부터 탈출하였고 한 공장에서 일하고자 하였으나 속임수에 넘어가 한 홍등가에 팔렸다. 오른쪽 사진은 여성 배우 미라 소르비노(Mira Sorvino)로서 인신매매에 대한 대중의 인식을 늘리고 이 문제를 척결하기 위해 좀 더 강한 의지를 불러일으키기 위한 노력의 일환으로 UN에 의하여 인신매매 척결을 위한 친선대사로 임명되었다.

아동들의 인권유린은 지구 전체를 통하여 일어난다. 그러나 "약한 국가들이 흔히 강한 국가들보다 더 심각한 인권기록을 지니는데 그것은 인권을 효과적으로 보호할 수 있는 능력을 결여하기 때문이다(Englehart, 2009, p. 163). 그들은 종종 부패에 의하여 괴로움을 당하며, 그들의 영토를 비효율적으로 경비하며, 그리고 기본적 서비스를 제공하지 못한다.

인간의 조건에 변환을 가져오기 위해서는 유니세프가 주장하듯이 "공중의 보건서비스의 향상이 필수인데 이에는 안전한 물과 좀 더 나은 위생이 포함된다. 교육, 특히 소녀들과 어머니들을 위한 교육은 또한 아동들의 생명을 구할 것이다. 소득수준의 상승은 도움이 될 수 있으나 서비스가 필요한 사람들에게 도달될 수 있도록 좀 더 많은 노력이 기울여지지 않으면 아주 조금밖에 성취될 수 없다." 1960년 이래 유아사망률은 세계의 모든 지역에서 감소하였지만, 매년 거의 1,000만 명의 아동들이 아직도 5살이 되기 전에 사망한다. "이들 중 엄청난 다수가 좋은 간호, 영양, 그리고 간단한 의학적 치료의 결합을 통해 예방될 수 있는 원인들에 의하여 사망하고 있다(World Bank, 2009, p. 44).

매년 사망하는 대부분의 아동들은 지구 남반구에 살고 있는데 여기에서 죽음은 5세 이하 100명의 아동들 중 5명 이상의 목숨을 앗아가는 반면에, 지구 북반구에서는 100명의 아동들 사망 중 1명 이하가 목숨을 잃는다(WDI, 2013). 영양실조가 세계 전체를 통하여 아동들 사망 중 반 이상의 근원적인 이유가 되고 있다; 그것은 아동들의 면역 체계를 약화시켜 말라리아, 폐렴, 설사, 홍역, 그리고 후천성면역결핍증 같은 질병과 전염병에 취약하게 만든다(12장 참조).

그러나 5세 이하 사망의 급격한 감소가 중남미와 카리브해, 중동부 유럽 및 독립국연합(CEE/CIS), 그리고 동아시아와 태평양에서 나타나고 있다. 유아사망률이 높은 국가들은 많이 있는데, 특히 사하라 이남 아프리카와 남아시아에서 그러하다(UNICEF, 2009).

열악한 인권 조건은 무력 갈등이 있는 국가들에서 더 악화된다. 아동들은 종종 고아가 되거나 음식이나 돌봄이 없이 그들의 가족들로부터 분리될 뿐만 아니라 또한 많은 경우 전쟁에 직접 참가하기도 한다. UN의 추산에 따르면(2013a), 50개국 이상에서 7살과 18살 사이의 소년과 소녀들 중 30만 명 이상이 국제법을 위반하여 아동병사로서 모집되어 활용되었다. 아동들은 흔히 성인보다 작고 특정상황에서 좀 더 쉽게 겁을 내기 때문에 그들은 흔히 순응적인 병사가 된다. 어떤 아동들은 그들의 집에서 납치되고, 다른 아동들은 죽음의 위협 하에서 싸우며, 또 다른 아동들은 가족들의 죽음을 보복하기 위한 자포자기상태 또는 바람에서 참여한다.

2013년 5월에 발표된 아동과 무력갈등에 관한 UN 보고서는 아동에 대한 해로운 결과를 더욱 강조하고 우려를 표명한다;

진화하는 무력갈등의 성격과 전술은 아동들에게 이전에 없었던 위협이 되고 있다. 분명한 일선과 확인가능한 상대편의 부재, 어떤 무장단체들에 의한 테러전략 사용의 증가와 보안군에 의해 사용되는 특정의 방법 등은 아동들을 더욱 취약하게 한다. 아동들은 자살폭탄 테러범과 인간방패로 활용되고 있는 반면에 학교들은 계속 공격대상이 되어 특히 소녀들의 교육에 영향을 미치며 군사적 목적을 위해 사용된다. 게다가 아동들은 무장단체들과의 관련성 혐의로 보안억류를 당하기도 한다. 뿐만 아니라 무인항공기 공격은 아동들의 살상으로 귀결되고 아동들의 심리적 건강에 심각한 영향을 미쳤다(UN, 2013a, p. 2).

무력갈등의 이러한 결과들에 대응하기 위하여 정치지도자들이 아동들의 복지에 헌신적인 관심을 갖는 것이 필수적이다. 2009년 8월 4일, UN 안전보장이사회는 만장일치로 하나의 결의를 채택하였다. 이 결의는 무력갈등에 관련되어 있는 단체들에 의한 아동들의 심각한 인권침해에 대한 UN 사무총장의 연례보고서를 확대해 국제법에 반하여 아동들을 죽이거나 신체적 불구로 만들며 또는 전쟁 시에 끔찍한 아동들에 대하여 끔찍한 성적 폭력을 자행하는 단체들의 명단을 포함하도록 하였다. "이것은 아동들에 대한 범죄가 처벌받지 않고 지나가는 것에 대한 싸움에 있어서 중대한 발걸음이며 소녀와 소년들이 점점 더 많이 무장단체에 모집될 뿐만 아니라 공격의 목표물이 되고, 희생물이 되며, 죽고, 강간을 당하는 오늘날 갈등의 현실에 대한 인정이다."라고 아동과 무력갈등에 관한 전 UN 특별대표(UN Special Representative for Children and Armed Conflict), 라디카 쿠마라스와미(Radhika Coomaraswamy)는 말하였

인권침해들

15살과 44살 사이의 여성들은 전쟁, 암, 말라리아, 그리고 교통사고를 합한 것보다 더 많이 남성들의 폭력에 의하여 신체불구가 되거나 살해될 가능성이 있다(COLEMAN, 2010A, P. 127). 왼쪽 사진은 아프가니스탄의 여성인 비비 아이샤(BIBI AISHA)로서 그녀의 남편은 그녀가 학대적인 시집 식구들로부터 탈출한 것에 대한 벌로 그녀의 코와 귀를 잘라버렸다. 오른쪽은 사진은 아프가니스탄의 기아에 허덕이는 농부 아크타르 모하메드(AKHTAR MOHAMMED)가 그의 열 살 먹은 아들 셰르(SHER)를 바라보고 있는 장면인데, 그는 매달 밀을 얻는 대가로 부유한 농부에게 아들을 팔아버렸다. "내가 달리 무엇을 할 수 있겠는가?"라고 그는 반문한다. "나는 나의 아들을 보고 싶어 할 것이다. 하지만, 먹을 것이 전혀 없었다."

다. 2011년 7월 UN 안전보장이사회는 아동들에 대한 공격과 학대 그리고 아동병사들의 모집을 비난하는 결의를 만장일치로 채택함으로써 아동들의 보호 의지를 재확인하였다.

아동들을 어떻게 다룰 것인가는 전통적으로 문화적 가치와 전통에 깊은 뿌리가 있는 가족적인 삶의 '사적인' 문제로 간주되어왔다. 그럼에도 불구하고, 많은 사람들은 아동들이 우리 지구사회의 순진무구한 존재들로서 안전과 자양물이라는 기본적 인권에 대한 당연한 자격이 있으며 국제사회는 이러한 권리를 보호하기 위하여 돕지 않으면 안 되는 것으로 믿는다('심층 논의: 아동기의 불안정' 참조). 아동권리에 관한 협약(Convention on the Rights of the Child, CRC)은 이러한 정서를 담고 있는데 1989년 11월 20일에 UN에 의하여 채택되었다. UN의 아동권리에 관한 협약이 세계 모든 곳의 아동들을 위해 확립한 기본적 권리는 동 협약의 54조와 두 개의 의정서에서 구체적으로 명시되어 있는데 다음을 포함한다;

- 생존의 권리
- 최대한으로 능력을 개발할 권리
- 해로운 영향, 학대, 그리고 착취로부터 보호받을 권리
- 가족, 문화, 그리고 사회적 삶에 충분히 참여할 권리

인간의 존엄성과 조화로운 발전에 대한 권리를 강조하며 미국과 소말리아를 제외한 모든 국가들에 의해 비준된 이 조약은 인권을 위해 중요한 승리로 널리 간주된다. 이에 대하여 인

심층 논의

어린 시절의 불안

2012년 4월, UN아동기금(UNICEF)은 시리아의 폭력에서 도주하는 수만 명 중 요르단, 레바논, 그리고 터키에서 피난처를 찾는 난민들의 50%는 아동들과 기타 젊은이들인 것으로 추정한다. 아랍의 봄의 한 부분으로써 2011년의 대중시위로 시작된 시리아의 봉기는 시리아 군대가 시리아 대통령 바샤르 알-아사드 정권의 종식을 요구하는 시위자들에게 강압으로 대응함으로써 확대되었다. 이제 대규모 내전으로 변한 이 갈등에서 시리아 정부가 의도적으로 민간인들을 목표물로-무고한 아동들과 여성들의 죽음과 고문을 포함하여-하고 있다는 보도가 나오고 있어서 국제사회의 규탄을 받고 있다.

시리아는 폭력과 실향으로부터 오는 육체적 및 정서적 외상의 고통을 받고 있는 많은 아동들 운명의 끔찍한 예를 보여주고 있다. 비극적으로, 이러한 이야기는 세계의 다른 국가들에서 빈번히 반복되는 것으로, 이러한 국가들에서 아동들은 기아, 미취학, 생명위협적 질병, 육체적 학대, 강제노동, 그리고 성적 노예화 등으로 고통 받고 있다. 그러나 어느 정도로 세계사회는 전 세계의 아동들을 보호할 *책임*(reponsibility to protect)이 있는가?

국제사회에 의한 개입을 옹호하는 사람들은 "원칙에 기초한 외교정책은 국가이익의 맹목적 추구라는 현실주의적 예측을 거부한다(Brysk, 2009, p. 4)." 대신에, 국가와 비국가 행위자들은 "너 자신처럼 네 이웃을 사랑하라."는 기독교의 근본적 믿음 정신에서 '세계의 선한 사마리아인'으로서 봉사하는 것이 필요하다.

세계사회로부터의 행동을 요청하면서, 비정부기구 세이브더칠드런의 집행국장인 저스틴 포사이드(Justin Forsyth)는 "이 무차별적인 살해는 즉시 중단되지 않으면 안 된다. 세계는 물러나 앉아서 이것이 일어나게 할 수 없다. 아동들은 이 분쟁에서 끔찍한 고통을 받고 있다."고 촉구하였다. 아동들을 위한 구체적인 보호조치들, 영양이 있는 공급품의 제공, 교육활동에 대한 지원 등이 필요하다. 시리아의 경우처럼 아동들이 처한 위협의 심각성을 강조하면서, 유니세프의 집행국장 안토니 레이크(Anthony Lake)는 마찬가지로 시리아의 위기에 대하여 신속하고 결정적인 대응을 촉구하였다. 그는 "얼마나 더 많은 아동들이 죽는 것이 필요한가? 시리아에서 모든 당사자들의 반복적인 아동보호 요구는 실제적인 행동을 낳지 못했다. 그러나 우리는 어떤 면에서도 이 폭력에 관련이 없으며 그 희생자가 되어서는 안 되는 무고한 사람들의 살해를 볼 때 우리들의 격노를 표출하지 않으면 안 된다."라고 말했다.

최종으로 여러분의 판단은?

1. 아동들의 인권에 대한 심각한 유린과 그들의 인간개발에 대한 소홀이 국가발전과 지구안보에 대한 미치는 영향은 무엇인가?

2. 다른 국가들, 정부간기구, 그리고 비정부기구들은 전 세계를 통하여 아동들의 조건을 다루는 데 있어서 어떤 역할을 수행해야 하는가?

권 NGO인 국제사면위원회는 다음과 같이 정열적으로 선언했다; "여기 처음으로 아동의 특별한 인권을 다루어 그들의 권리를 보호할 최소한의 기준을 정하고자 한 조약이 있다. 그것은 경제, 사회, 문화적 권리뿐만 아니라 시민 및 정치적 권리를 보장하는 유일한 국제조약이다."

인권에 대한 대응

인권의 보호와 강제를 세계사회의 의무로 만드는 것에 대하여 반대하는 최소한 세 가지 주장이 존재한다. 현실주의자들은 인권의 증진을 거부하는데 그 이유는 국제사면위원회의 집행국장 윌리엄 슐츠(William Shultz)가 설명하듯이, 그들은 "권리의 추구를 불필요하고 때때로 심지어 위험스런 사치이며 종종 국가이익과 충돌하는 것으로 여긴다." 국가주의자들 또는 법률존중주의자들은 다른 국가들 내의 인권보호를 거부하는데 그 이유는 그것이 다른 국가들의 국내문제에 대한 정당화되지 못하는 간섭이며 국가주권에 대한 침해이기 때문이라는 것이다. 상대주의자들 또는 다원주의자들은 인권증진을 도덕적 제국주의의 한 형태로 본다(Blanton and Cingranelli, 2010; Donnelly, 2005).

그럼에도 불구하고 "인권위반에 대한 관심을 국가들의 내부문제에 대한 외교, 경제적 제제로부터 군사적 행동에 이르는 여러 가지 국제적 개입의 정당한 이유로 점점 더 많은 사람들이 받아들일 만한 것으로 보고자한다(Beitz, 2001, p. 269)." 구성주의자들이 말하는 것처럼 세계적 가치의 진화는 국제적 행동에 강한 영향을 미칠 수 있다. "실제상 인권의 부상에 대한 어떤 설명도 규범과 관념의 정치적 힘 그리고 이러한 관념이 전파되고 확산되는 점증하는 초국가적 방식을 고려에 넣지 않으면 안 된다(Sikkink, 2008, p. 172)."

이러한 현상의 가장 흔한 표출은 주권국가들이 활용할 수 있는 관행들을 규제하는 법들의 확장이다. 인권혁명은 국제문제와 그 시민들에 대한 국가들의 독점권을 깨뜨리는 데 있어서 도덕적 진보를 가져왔다. 이러한 의미에 있어서 자유주의는 승리하였고 현실주의는 거부되었다고 할 수 있는데 인권운동이 17세기에 세계정치는 "만인의 만인에 대한 투쟁으로 옳고 그름, 정의와 불의의 개념이 자리할 곳이 없다."고 주장한 토마스 홉스에 의해 표현된 가혹한 현실주의적 비전을 거부하기 때문이다.

뿐만 아니라 국제법은 국가와 인간 간의 관계를 재정의함으로써 전통적인 현실주의의 국가 개념을 근본적으로 변경하였다. 전 UN 사무총장 코피 아난이 지적한 것처럼 "국가들은 이제 그 국민들에게 봉사해야 하는 도구로서 이해되는데 그 반대의 이치는 성립하지 않는다. 우리가 오늘날 UN 헌장을 읽을 때, 우리는 그 어느 때보다도 더 그 목적이 개인의 인권을 보호하는 것이며 인권을 유린하는 사람들을 보호하는 것이 아니라는 것을 인식하게 된다."

만약 당신이 불의의 상황에서 중립적 입장을 취했다면 당신은 압제의 편을 선택한 것이다.
– 데스문드 투투(Desmund Tutu) 대주교, 노벨평화상 수상자

인권의 법적 틀

세계사회는 지난 60년 동안 인권에 대한 그 법적 보호를 상당히 확대하였다. 다자적조약이 모든 인류의 권리 보호에 대한 합의를 구축하고 인권 위반을 종식시키기 위한 노력으로 확산되어왔다. 점점 더 개인의 권리를 인정하는 수많은 협약들이 제정되었는데 이것은 사람들이 전통적으로 국제법에 의해 국가들과 통치자들에게 부여되었던 자유와 존엄성의 가치가 있는 것으로 대우되어야 한다는 것을 주장하는 것이다. 국제법의 관점에서 보면, 어떤 국가는 다른 국가들의 시민들뿐만 아니라 그 자신의 시민들의 인권을 존중해야 할 의무가 있으며, 국제사회는 이러한 권리들을 존중하지 않는 국가들에 대해 도전할 수 있는 특권을 가진다. 표 13.2는 국제인권선언에 더하여 8개의 국제협정을 강조하여 보여주고 있는데 이들은 국제인권의 법적인 틀의 기초를 제공한다.

이러한 조약들과 국제법 문서들 사이에서 국제인권선언, 경제, 사회, 문화적 권리에 관한 국제규약, 그리고 시민 및 정치적 권리에 관한 국제규약은 함께 '국제인권장전'을 형성한다. 추가적으로 광범위한 인권문제들에 걸친 수백 개의 법적인 문서와 정치적 선언들이 존재하여 폭넓게 받아들여지고 있다. 그러한 문서들은 여성, 아동, 이주노동자, 그리고 신체장애자들과 같은 취약 집단과 소수민족들과 토착원주민 집단의 집단적 권리를 보호하기 위한 구체적인 기준

표 13.2	국제인권의 법적 틀에 있어서 핵심적 협약들
1948	국제인권선언
1965	인종차별철폐국제협약(ICERD)
1966	시민 및 정치적 권리에 관한 국제규약(ICCPR)
1966	경제, 사회, 문화적 권리에 관한 국제규약(ICESCR)
1979	여성차별철폐협약(CEDAW)
1984	고문방지협약(CAT)
1989	아동권리협약(CRC)
1990	이주노동자권리보호협약 (ICRMW)
2006	장애자권리협약 (CRPD)

을 제공한다. UN과 그 회원국들은 세계의 인권법 체계 발전의 뒤에 자리하고 있는 추진력이다. 국제노동기구와 아프리카연합, 미주간인권위원회, 유럽인권재판소 같은 지역기구들 또한 인권보호 체계를 확립하였다.

강제적 실행의 어려움

일단 다자조약들에서 인권 의무 내용들이 나열되고 나면, 국제적 관심은 그러한 조약들의 실행 감독과 위반의 처리로 전환된다. 불행하게도 "심화되어가는 국제인권 레짐은 인권위반 정부들이 세계의 규범에 대하여 저비용의 이행 약속을 표시할 수 있는 기회를 만들어줌으로써 그러한 조항들을 준수할 능력이나 의도도 없으면서 인권조약들을 비준하는 데 이르고 있다(Hafner-Burton et al., 2008, p. 115; 또한 Powell and Staton, 2009 참조). 어떤 국가들은 인권조약들을 단지 피상적인 상징적 약속으로서 승인하면서 인권을 계속하여 억압한다.

뿐만 아니라 국제사회가 인권을 강제하기 위하여 어느 정도 개입할 의무가 있는지에 대한 완전한 합의는 아직 도달되지 않았다. '개입과 국가주권에 관한 국제위원회(International Commission on Intervention and State Sovereignty)'가 그 보고서인 『보호책임(The Responsibility to Protect)』에서 지적한 것처럼, "군사적 행동의 가능성을 포함하는 인간 보호 목적의 개입이 받아들여지기 위해서는 국제사회가 국가 및 정부 간 관행에 지침을 제공할 일관성 있고, 신빙성 있으며, 강제 가능한 표준을 발전시키는 것이 급선무이다." 비록 인간안보를 고양시키는 세계규범의 확대가 인권을 증진시키는 데 많은 일을 하지만, 이러한 인권을 보호하고 위반을 방지하기 위해 어떤 조치들이 취해질 수 있고 또 취해져야 하는 지에 대한 중대한 정책 문제가 남아 있다(Ramcharan, 2010).

인도주의적 개입(humanitarian intervention)은 국제사회가 정치적 붕괴, 정부의 의도적인 정책, 그리고 자연 재해에 의해 야기된 모진 인간적 고통을 경험하고 있는 어떤 국가의 국민들을 지원하는 행동을 포함한다(6장과 7장 참조). 인도주의적 개입을 안내하는 원칙들은 계속적으로 열띤 논쟁의 문제가 되고 있다. 주된 쟁점은 대량학살, 기아, 또는 억압의 위험 하에 있는 사람들에 대하여 우려를 표시할 절박한 필요성과 도덕적 의무가 있는가 여부가 아니다; 주된 쟁점은 바로 어떤 대응책이 주권국가의 국내문제에 대한 간섭이 될 때 어떻게 정당한 대응책을 마련하는가 하는 것이다. 인도주의적 개입은 논란이 많은데 그 이유는 그것이 영토적 주권이라는 법적 원칙과 현저한 인권유린으로부터 취약한 사람들을 보호하는 것이 도덕적 의무라고 보는 사람들을 서로 충돌시키기 때문이다.

비록 세계인권규범의 구축은 지난 50년 동안 커다란 진전을 이루었지만, 이러한 법들의 강제는 지체되고 있다. UN 내에서 인권고등판무관실(Office of the High Commissioner for

인도주의적 개입

위험에 처한 사람들을 그들의 인권유린과 대량학살로부터 보호하기 위하여 외국 또는 국제기구에 의한 평화 유지군의 사용

Human Rights, OHCHR)이 국제인권협정의 실행, 주요 인권사업의 감독, 그리고 인권증진과 보호에 있어서 세계적인 지도력의 제공에 책임이 있다. 그것은 또한 인권이사회(Human Rights Council, HRC)의 운영을 책임지고 있다.

2006년 3월 15일 UN 총회에 의해 창설된 UN 인권이사회는 인권유린 혐의를 평가하고 최선의 행동방향을 권고할 수 있도록 하기 위해 마련된 비교적 새로운 정부간기구이다. 당시에 미국, 마셜제도, 그리고 팔라우는 그 설립 결의안에 반대하였다; 이란, 베네주엘라, 벨라루스는 투표하지 않았다. UN 인권고등판무관이 심각한 인권기록을 가지고 있는 국가들로 하여금 인권이사회의 이사국이 되는 것을 막는 권한이 없으며, 이 기구의 임무가 불간섭의 원칙을 해칠 수 있다는 우려가 있었다.

2008년 6월, 미국은 그 옵저버(observer) 지위를 포기하였고, 인권이사회에서 철수하여 인권옹호자들의 지탄을 받았다. 이들은 미국의 이러한 행동이 이 인권이사회의 역할을 약화시킬 수 있으며 세계에 인권의 중요성에 대한 부정적 메시지를 전할 수 있다고 보았기 때문이다. 그러나 2009년 5월, 미국은 인권이사회의 이사국이 되기 위해 노력했고 3년 임기의 이사국에 당선되었다. "우리는 인권이사회가 결함이 있어 그 잠재력에 부응하여 운영되지 못하는 기구인 반면에 우리가 그 내부에서 활동함으로써 이 이사회를 인권 증진과 보호에 좀 더 효과적인 장으로 만들 수 있다고 믿는다."고 미국의 전 UN 대사 수전 라이스(Susan Rice)는 설명했다.

연구에 따르면 UN과 같은 국제기구들은 "인권위반자들을 처벌하는 데 중요한 역할을 수행하며 정치적인 동기가 있는 국제기구의 얼핏보기에 상징적일 뿐인 결의들도 눈에 띄는 결과를 가져올 수 있다(Lebovic and Voeten, 2009, p. 79; 또한 Greenhill, 2010; Mertus, 2009 참조)." 그렇지만, 인권을 감시하고 규범과 합의를 강제하는 노력에도 불구하고, UN과 기타 정부간기구들의 효과성은 제한적인데 그 이유는 이러한 기구들이 회원국들에 의한 위임 권위만 행사할 수 있기 때문이다.

이러한 한계에 대한 대응으로 비정부기구들은 인권 증진에 있어서 중요한 역할을 띠게 된다. 그들은 정부들이 그들의 행동을 바꾸고 지배적인 인권규범과 법을 준수하도록 고안된 일련의 초국가적 옹호 연계망과 전략을 발전시켰다(Keck and Sikkink, 2008). *문화적 생존(Cultural Survival)*의 집행국장인 엘런 루쯔(Ellen Lutz)는 다음과 같이 설명한다;

이러한 기구들은 인권유린이 발생할 때마다 그것을 조사하는데 이는 무력갈등이 지속되고 있는 곳에서의 활동을 포함한다. 그들의 정확성에 대한 평판 때문에, 그들의 조사결과는 보도매체, 많은 정부들, 그리고 대부분의 정부간기구들에 의하여 신뢰받는다. 이러한 비정부기구들은 그들의 보고서가 집중 조명하는 인권유린을 저지른 해당 정부 또는 기타 기관들의 행동에 변화를 일으키기를 원하기도 하지만, 그들의 중심적 목표물은 인권위반 자들에게 압력을 가할 수 있는 좀 더 강력한 위치에 있는 정책결정자들이다. 그들은 다른 정부들이 그 대외원조에서 인권을 고려하도록 운동을 벌이며, UN과 기타 정부간기구들에 대하여 인권유린자들에게 압력을 넣도록 다그친다(Lutz, 2006, p. 25).

탈냉전시대에 있어서 제도적 행동주의에 대한 좀 더 커진 개방성을 바탕으로, 인권활동 가들은 강제적 실행체제를 강화시키도록 압력을 넣고 있다. 그들의 노력은 전 유고슬라비아 와 르완다의 사건들처럼 심각한 인권유린을 검토하는 UN 특별법정의 설립 그리고 국제형사 재판소(International Criminal Court)의 창설에 부분적으로 의미 있는 역할을 하였다. 활동 가들은 또한 인권 상황의 감시와 인권 유린적 관행에 대한 집중적 대중공지를 통해 인권위반 자에게 창피감을 가지게 함으로써 그들의 행동을 변화시키는 데 대한 기여도 인정받고 있다 (Barry, Clay, and Flynn, 2012; Blanton and Blanton, 2012a; Murdie and Davis, 2012). "시민들, 심지어 비교적 자체적 힘이 없는 사람들은 비정부기구 그리고 정부간기구와 동반자 관계를 형성할 때, 인권에 있어서 긍정적인 변화를 증진하였다(Smith-Cannoy, 2012, p. 3)."

비록 어떤 사람들은 우리가 모두 인류 전체에 대하여 초월적인 도덕적 의무를 지고 있다 는 주장에 대하여 냉소적이지만, 다른 사람들은 인간 각자는 인간이라는 그 이유 때문에 국제 적 보호를 정당화하는 어떤 본래적이며 불가양의 권리를 가진다는 것을 믿는다. 인권은 국가 이익과 충돌한다는 현실주의적 주장을 비판하면서 국제사면위원회의 집행국장인 윌리엄 슐 츠는 다음과 같이 한탄한다; "그들이 지지를 거의 얻지 못하는 것으로 보이는 것은 그들이 인 정하는 것보다 훨씬 더 많은 경우들에 있어서 인권의 수호는 그러한 이익의 전제 조건이다." 인권은 정치 및 경제적 자유의 버팀목이 되고 "이것은 나아가서 국제무역과 번영을 가져오는 경향이 있다. 그리고 그 자신의 국민을 관용과 존경으로 대하는 정부들은 그들의 이웃도 같은 방식으로 대하는 경향이 있다."

전 세계에 있어서 보통사람들의 권리와 존엄성을 증진하는 것은 하나의 엄청난 도전이다. 그러나 지구안보의 전문가인 데이비드 리프(David Rieff)가 지적하듯이 "국가주권이 국제관 계에 있어서 그 밖의 모든 원칙들보다 우위에 있다는 오래된 가정은 그 어느 때보다 더 공격을 받고 있다." 정치학자인 앨리슨 브리스크(Alison Brysk, 2009, p. 4)가 말하듯이 "심지어 안 보 딜레마의 세계에서조차 어떤 사회들은 그들의 장기적인 이익과 공동선의 연계성을 보게 될 것인데, 즉 어떤 때와 장소에 있어서 국가들은 그들의 주권적 안보관리자로서의 제한된 기원 을 '세계 시민'으로서 행동함으로써 극복할 수 있을 것이다." 인권에 대한 관심은 이제 국제법 에서 그 위상을 확보하였고 정부간기구와 비정부기구들에 의하여 그 어느 때보다도 좀 더 면

자유 없는 삶
"자유의 비용은 억압의 비용보다 덜 하다."라고 아프리카 출신 미국인 사회학자인 두보아(W. E. B. Dubois)는 주장하였다. 여기의 사진은
아프가니스탄의 카불에서 부부사이의 강간을 포함하여 광범위한 극도의 인권유린을 승인하는 법의 철폐를 요구하는 여성들이다. 권리와
평등을 요구하는 행진을 하면서, 파티마 후세이니(Fatima Husseini)는 "그것은 여성이 남성이 원하는 대로 사용할 수 있는 일종의 재산을
의미한다."고 말했다.

밀하게 감시되고 있기 때문에, 사람들이 대량학살 또는 기근 같은 비상 상황에 처해있을 때는 언제나 우리는 인권이 지속적인 주목을 받을 것이라고 기대한다. 엘리노어 루스벨트(Eleanor Roosevelt)는 이러한 세계시민적(cosmoplitan) 이상을 열렬히 옹호하였으며 세계가 1948년에 국제인권선언(Universal Declaration of Human Rights)을 받아들인 것은 대체로 그녀의 정력적인 지도력 덕택이었다. 21세기 초에 있는 인간의 조건에 대하여 생각할 때, 우리는 그녀가 했던 밤의 기도에 의해 많은 영감을 얻을 수 있다. "우리 자신들로부터 우리들을 구원하고 새롭게 만들어진 세계의 비전을 보여주소서."

존 D. 록펠러 2세(John D. Lockefeller, Jr.)는 한 때 말했다; 각각의 모든 권리는 의무를 의미하며, 각각의 모든 기회는 책임을, 각각의 모든 소유는 의무를 의미한다. *세계정치론*의 다음 장에서 여러분은 인류에 대한 권리와 책임과 관련되는 또 다른 쟁점을 고찰하는 기회를 가질 것이다. 우리들 세계의 지구화가 폭포수처럼 가속화되면서, 우리의 자연환경에 대한 인간적 선택은 지구 전체에 대해 중요성을 가지며, 인간의 삶과 안전을 유지할 수 있는 지구의 능력에 영향을 미친다.

STUDY. APPLY. ANALYZE.

핵심 용어

구매력평가지수
권력 이양
불평등요소를 반영한 인간개발지수
양성불평등

양성불평등지수
여성학살
인간개발지수
인간의 필요물

인권
인도주의적 개입
자민족중심주의

추천 도서

Blaton, Shannon Lindsey, and David L. Cingranelli. (2010) "Human Rights and Foreign Policy Analysis," in *The International Studies Compendium Project*, Robert Denemark et al, (eds.), Oxford: Wiley-Blackwell.

Brysk, Alison, and Austin Choi-Fritzpatrick, eds, *From Human Trafficking to Human Rights: Reframing Contemporary Slavery*, Philadelphia, PA: University of Pennsylvania Press.

Bristof Nicholas D., and Sheryl Wu-Dunn, (2009) *Half the Sky: Turning Oppression into Opportunity for Women Worldwide*, New York: Random House.

Follesdal, Andreas, Johan Karlsson Schaffer, and Geir Ulfstein, eds. (2013) *The Legitimacy of International Human Rights Regime: Legal, Political, and Philosophical Perspectives*. Cambridge, UK: Cambridge University Press.

Mertus, Julie, (2009) *Human Rights Matters: Local Politics and National Human Rights Institutions*, Stanford, CA: Stanford University Press.

Pogge, Thomas, (2005) "World Poverty and Human Rights," *Ethics & International Affairs* 19, no. 1 (Spring): 1-7.

Ramcharan Bertrand, (2010), *Preventive Human Rights Strategies*, New York: Routledge.

Smith-Cannoy, Heather, (2012) *Insincere Commitments: Human Rights Activism*, Washington,DC: Georgetown University Press.

UNDP, (2013) *Human Development Report 2013*, New York: United Nations.

"천연자원을 낭비하고 파괴하며, 토지의 유용성을 증가시키기 못하고 고갈시킨다면, 다음 세대에 개발, 발전시켜 물려주어 마땅한 자산을 약화시키게 될 것이다."

– 오도어 루즈벨트(Theodore Roosevelt), 전 미국 대통령

CHAPTER 14
환경보전을 위한 범지구적 책임

생명 유지를 위한 자원의 보존

세계 다수의 수로들은 인간 보건에 거대한 위기 문제 및 환경적 지속가능성 문제를 제기할—산업폐수, 하수, 쓰레기, 그리고 기름 유출과 같은—심각한 오염의 위협에 직면해 있다. 사진에 보면, 두 남자가 지속적으로 오염되고 있는 칠리웅강(Ciliwung R.)의 부유 쓰레기를 뒤지고 있다. 이 강은 인도네시아 수도 자카르타 가장자리에 위치해 있다.

고려해야 할 질문들

- 환경안보에 관한 논의를 둘러싼 주요 학파는 어떠한가?
- 환경이슈는 어떠한 방법으로 초국가적 문제가 되는가?
- 기후변화, 생물다양성, 그리고 삼림 파괴 관련 주요 환경정치적 문제들은 어떠한가?
- 물, 식량, 그리고 에너지 자원 관련 환경정치적 긴장은 무엇을 제기하고 있는가?
- 지속가능한 발전을 위한 전망은 어떠한가?

"**여러분**의 입장은 여러분의 자리에 달려 있다."는 말은 정책결정을 할 때 결정적 요소로써의 사람들의 입장을 기술하는데 사용되는 격언이다(3장 참조). 온난화된 지구와 악화된 환경에 의해 야기된 가장 '열띤' 논쟁적 이슈들 중 하나인 이 문제에 관한 여러분의 입장은 어떠한가? 여러분은 이미 이러한 논쟁에 관한 확고한 생각을 갖고 있을 것이다. 여러분의 견해가 어떻든 여러분의 의견에 동의하는 학계 전문가와 많은 정치인들이 있을 것이다.

일부 정치인들과 기업인 그리고 과학자들은 실제로 지구가 위험하다는 견해를 거부하고 있다. 그들은 (그들이 주장하는 것이 '실제'일지 몰라도 지구의 진화에 관한 장주기발전에서 볼 때 현재 상승하고 있는 온도는 일시적임을 제시) 기술적 혁신이 지구온난화의 경향을 역전시킬 수 있기 때문에 실제 문제는 존재하지 않는다고 주장한다. 이 사람들은 환경 악화와 자원 고갈이 사람들을 불필요하게 놀라게 한다고 주장한다.

대부분의 과학자들은 비관적으로 보며 현재 지구온난화 위협이 실제임이 확실하다고 생각한다. 그들은 스스로 환경적 위협의 '명확한 현재의 위험'을 직시하지 못하고, 지구적 변화의 조류를 저지할 개혁을 시도하는 낙관주의자들에 대해 우려한다. 우려하는 과학 공동체가 주목하고 있는 자연환경 위협은, 그것이 너무 늦어서 확실한 파멸로부터 인류를 구할 수 없게 되기 전에 즉각적이고 광범위하게 실천할 것을 주장하고 있다.

이 장에서 여러분은 지상의 모두에게 공유된 환경을 결정짓는 만연해 있는 세계적 경향에 관한 유용한 증거들을 비교 검토함으로써 여러분의 생각을 정교하게 만들 기회를 갖게 될 것이다. 그래서 현재 변하고 있는 지구 자연환경의 다양한 국면을 살펴볼 수 있다. 현재의 의견을 보다 더 잘 지지할 수 있는 정보로 세계적 이슈에 관한 여러분의 입장을 세워보라. 또한 인류가 우리 지구 환경을 보존하는데 책임이 있음을 고민해 보자.

지구는 모든 인류의 필요를 충족시키기에 충분한 것을 제공하지만, 모든 이의 탐욕에는 미치지 못 한다.
— 마하트마 간디(Mohandas Gandhi), 인도 평화 운동가

생태 논쟁 구성

환경이슈들은 포상이라고 말하는 다른 가치들 특히 안보와 경제적, 사회적 복지와 연계되어 있다. '안보'는 공포, 위기, 위험으로부터의 자유를 의미한다. 핵무기에 의한 대량 파괴와 다른 형태의 폭력에 대한 두려움은 오래도록 세계를 괴롭혀 왔기 때문에, 안보는 전통적으로 *국가*

안보, 현실주의 이론에서 중심을 이루는 국가 간 권력투쟁 그리고 무력 공격에 대한 강조와 동일시되었다.

환경안보(Environmental security)는 국경과 국경 방어를 넘어선 시각을 추진함으로써 국가안보의 정의를 확장하는 유용한 개념이다. 환경안보는 지구온난화, 오존층 파괴, 그리고 열대림과 해양서식지의 소실과 같은 현상에 의한 위협이 대량 파괴 무기를 사용하는 전쟁의 위협만큼 인류의 미래를 위협할 수 있다는 것을 인지하고, 세계 환경을 보호하는 문제들의 국경을 뛰어넘는 성격에 초점을 맞춘다. 모든 정부가 국민을 위해 추구하는 삶의 질과 국가의 경제적 복지를 환경 파괴가 약화시키기 때문에, 자유주의는 국가들이 국제기구(IGO)들이나 NGO와 어떻게 협조할 수 있는지에 관한 현재의 의견을 제공한다.

현실주의의 전통적 국가 중심적 국제정치학의 서술을 능가하기 위해 자유주의적 지식 공동체(epistemic community)는 '안보'를 재규정하기 위해 전문지식과 지식을 공유하는 데 적극적이었다.

오늘날 많은 전문가들은 사람들과 정부에게(미 국방부가 2007년 4월에 지구온난화는 미국 국가안보에 위협으로 간주되어야 한다고 했던 것처럼) 실제 안보의 구성요소에 대해 보다 광범위한 정의를 내리도록 촉구하고 있다. 이러한 변화는 안보란 삶의 질을 보호하는 능력으로 규정되어야 한다는 신자유주의 이론과 양립할 수 있다. 이러한 생각의 변화는 미래의 국제적 충돌이 공공연한 군사적 도전에 의해서라기보다는 자원—예를 들어 식량, 석유, 그리고 물에 대한 제한된 접근—의 희소성에 의해 야기될 것 같다고 예측하는 소위 빈곤의 정치학(politics of scarcity)을 부상시킨다. 게다가 불충분하거나 오염된 자원은 지구 모든 이들의 생활조건을 악화시킬 테지만, 환경변화에 적응할 능력과 정치적 의지가 제한된 남반구인들에게 특히 더욱 그러하다.

지구적 환경이슈는 낙관적 미래주의자(cornucopians)들과 비관적 신맬서스주의자(neo-Malthusians)들 간 경쟁적 관점에 사로잡혀 있다. 낙관적 미래주의자들은 자유시장 및 자유무역이 우세하게 되면, 인류를 위협하는 생태학적 불균형이 결국에는 조정될 것이라 믿는다. 그들은 가격이 궁극적으로 절대 다수에 절대 행복을 제공할 메커니즘의 핵심이라 여긴다.

반면, 신맬서스주의자들은 경제적 상업주의자들과 마찬가지로 자유시장이 지나친 자원고갈을 막는데 실패할 것이라 주장하며, 따라서 제도를 관리할 개입이 필요함을 역설하였다. 이러한 전망은 자유시장이 항상 사회 안녕을 극대화할 수 있을 것이라는 믿음을 거부한다.

환경파괴의 경고를 알리는 신맬서스주의자들, 그리고 자유시장의 미덕과 과학기술 혁신이 지구를 구할 것이라 자신감 있게 격찬하는 낙관적 미래주의자들, 양자는 글로벌 미래에 관하여 서로 다른 비전을 묘사하고 있다. 환경적 도전에 대한 이해를 어떻게 규정짓느냐에 따라

환경안보

지구생명 체계에 대한 환경 위협이 무력 충돌의 위협만큼 위험하다고 인식하는 개념

지식공동체

지구온난화와 같은 연구주제에 관하여 NGO와 같이 국제적으로 조직된 과학 전문가들. 이들은 지구적 변화 문제의 로비를 위한 '지식'의 조직적 이해를 이용하고 상호 소통하기 위한 단체임

빈곤의 정치학

식량, 에너지, 물과 같은 생명을 유지하는 데 필요한 자원이 없으면 군사적 침략과 유사한 정도의 안보 침해가 이뤄질 수 있다는 시각

미래주의자

성장한계 관점에 의문을 가지고, 시장이 인구, 자원, 그리고 환경 간 효율적으로 균형을 유지해야 한다고 주장하는 낙관론자들

신맬서스주의자

통제되지 않는 인구 증가의 전 지구적인 환경 정치적 위험을 경고하는 비관주의자들

우리의 정치적 처방에 영향을 미칠 것이다. 또한 세계 공동체는 생태계 문제에 대응하고 *인간안보* 가능성을 확장하기 위한 정치적 의지와 능력을 가지는 데 대해 영향을 미칠 것이다.

글로벌리제이션 그리고 인류공동 자산의 비극

생태학자들—살아 있는 유기체의 상호관계와 지구의 물리적 환경을 공부하는 사람들—은 이러한 상호의존을 부각하기 위해 인류공동의 자산(global commons)이라는 용어를 사용한다. 왜냐하면 그들은 지구를 어떤 단일 국가 혹은 단체의 정치적 제어 밖에 있는 공동의 환경으로 보기 때문이다. 모든 것이 그 밖의 모든 것에 영향을 미치는 세상에서 인류공동의 자산의 운명은 인류의 운명이다. 지구의 환경 수용능력(carrying capacity, 생명체를 부양하고 지탱하는 지구의 능력)은 인류공동의 자산의 미래에 관한 논의의 중심에 있다. 지구정책연구소(Earth Policy Institute)의 소장 레스터 R. 브라운(Lester R. Brown, 2012, p. 9)은 심각한 염려에 대하여 다음과 같이 주장했다;

> 지난밤에 없었으나, 오늘밤 만찬 테이블의 219,000명의 사람들이 접시를 비울 것이다. 내일 밤에는 또 다른 219,000명이 그 곳에 있을 것이다. 줄어들지 않는 인구증가는 다수의 국가에서 지역의 토양 및 수자원에 초과적 압력을 행사하며, 농업인구가 보조를 맞추는 것을 불가능하게 만들고 있다.

인류는 전례 없는 규모와 위험의 거대한 도전에 직면해 있다; 지구 환경변화의 저지, 생물다양성 보존, 깨끗한 물 제공 및 삼림 복원 그리고 어업 자원과 다른 광범위하게 고갈된 재생자원의 복원. 지구 환경에서 걱정스러운 동향에는 여러 가지 책임 있는 원인이 있다. 인류 존재가 의존하는 세계 삶의 시스템을 위협하는 서로 다른 많은 요소들이 상호작용하는 것이다. 하지만 지구적 곤경과 문제들의 기원을 과학적으로 연구해 온 생태학자들 간에는 하나의 설명이 인기를 얻고 있다.—사적 이익의 개별적 추구의 산물로써 환경 악화가 나타났다는 것이다.

공유의 비극(tragedy of the commons)이로 유명해진 이 단어는 지구 자원과 세밀하게 균형 잡힌 생태계 시스템에 대한 위협의 증가의 기원이 인간임을 포착하고 있다. 1833년 영국의 정치경제학자 윌리엄 포스터 로이드(William Foster Lloyd)에 의해 처음으로 설명이 제기된 이 개념은 후에 인간 생태학자 가렛 하딘(Garrett Hardin)이 1968년 저널 '사이언스(Science)'에 게재된 논문에 의해 유명해 졌으며, 현재의 글로벌 환경 문제로 확대되었다. 이와 같

인류공동의 자산

전 인류의 공동유산이고 인간생활을 좌우하는 대기 중의 공기와 육지, 바다의 상태와 같은 전 지구의 자원과 그 물리적, 유기적 특성

수용능력

주어진 영토가 지원할 수 있는 최대의 인류와 살아 있는 종의 수

공유의 비극

개인에 의한 합리적 사리 추구의 행동이 얼마만큼 파괴적으로 원치 않는 집합적 영향력을 미치는지에 화해 설명하는 생태학 체계에서의 인간 행동을 폭 넓게 설명하는데 이용되는 은유적 표현

재해의 비용

2013년 6월 중순 인도 북부 산악지역에서 일어난 몬순 홍수와 산사태는 약 600명의 사망자를 발생시켰으며, 파괴되거나 잔해에 의해 막힌 도로와 다리로 84,000건의 고립사태를 유발하였다(Associate Press, 2013). 일부 지역에서의 대대적 파괴가 환경 재해를 초래한 반면, 다른 지역에서의 홍수와 산사태가 히말라야 지역의 부적절한 정부 계획과 연계되어 있다는 것이다. "우타라칸드 주에서 벌어지는 삼림벌채, 모래 채광, 채석, 그리고 규제되지 않고 지나친 빌딩 공사가 대규모 환경파괴를 일으켜 왔다."고 인도 사회운동가 메다 프트카르(Medha Patkar)가 말했다. 위 사진은 인도 북부 주에서 한 차량이 산사태로 피해를 입은 길을 따라 주의해서 움직이고 있는 모습이다.

은 접근은 사적 이익을 쫓는 개인행동의 영향력을 강조한다. 개인행동과 사적 동기의 중요성을 강조함에도 불구하고, 또한 이는 기업 그리고 국가 전체의 집단적 혹은 단체적 동기의 탓으로 돌려지기도 한다.

공동의 유추를 통해 요구되는 중심 문제는 규제되지 않는 환경에서 무엇이 공동으로 소유되고 있는 자원에 대한 개연성 있는 접근법인가, 그리고 개인들(그리고 기업들과 국가들)이 주로 그들 자신의 복지를 향상시키는 것에 관심을 갖는다면, 공동으로 소유하고 있는 유한한 자원에 대해 예상되는 결과는 무엇이고, 결국 모두에게 어떤 결과가 예상되느냐이다.

로이드와 하딘은 독자들에게 마을의 공터가 전형적으로 모든 마을 사람들의 공동의 목초지였고, 그 곳에서 그들의 소를 방목할 수 있었던 중세 영국 마을에서 일어난 일을 고려해 보라고 요청한다. 공동의 목초지에 자유롭게 접근하는 것은 소중한 마을의 가치였다. 공동의 방목지역을 공유하는 것은 개인들(그리고 그들의 소)의 사용이 그 밖의 다른 사람들에게 목초지의 유용함을 줄이지 않는 한 잘 작동되었다. 마을 사람들이 이익의 동기에 의해 움직이거나 그들의 탐욕을 제한하는 어떤 법도 존재하지 않는다고 가정해 보면, 목자들은 가능한 한 그들의 이익 축적을 증가시키려는 최대한의 동기를 갖는다. 개별 목자들이 가축을 늘리기 보다는 그들 가축 떼의 규모를 자제하여 모두의 집단 이익이 제공될 것을 받아들이면, 공동의 자산은 보존될 수 있을 것이다. 그러나 자제—공동의 마을 목초지에 방목하는 자기 소유 소들의 수를 자발적으로 줄이는 것—는 있을 법하지 않다. 사실 다른 사람들이 똑같이 할 것이라는 보장도 없다. 반대로 마을 목초지에 한 마리 이상이 추가되면 그 개인의 소득을 산출될 수 있지만, 그 비용은 모두에게 부담될 것이다.

그러므로 부를 추구하는 경제적인 *합리적 선택*은 모두에게 무차별적으로 소떼의 규모를 늘리려고 하고, 그것은 공동 복지를 위한 자기희생을 단념시킨다. 궁극적으로 개별 소득을 최대화하려는 각각의 노력의 집단적 영향은 지탱할 수 있는 것보다 많은 소를 목초지에 풀어놓을 것이다. 결국 과잉 방목된 목초지는 파괴된다. 교훈은? "파멸은 모든 사람들이 자신의 최선의 이익을 추구하면서 달려드는 목적지이다."라고 하딘은 결론 내렸다(1968).

그것은 환경파괴와 많은 다른 세계적 문제나 곤경의 원천을 너무 잘 조명하기 때문에 인류 공동 자산의 비극은 생태학적 분석에서 기준 개념이 되었다. 그것은 영국의 공동 목초지가 선착순으로 개별 이익이 최대화되는 바다와 대기와 같은 지구의 '공동 재산'에 가장 비길 만하기 때문에 오늘날 세계 환경 압력에 관한 논쟁에 특히 적용될 수 있다. 많은 사람들에게 비용이 부담되는 환경 오염물질 때문에 줄어드는 만큼 바다와 대기는 소수의 사람들에 의해 사용되었을 때에도 공동 자산의 남용이 부각된다.

세계 생태 이면의 이러한 역학은 위험한가? 많은 사람들은 그렇게 생각한다. 그러나 여러분은 아마도 전문가들이 하딘의 분석의 도덕적, 윤리적 함의에 관해서는 동의하지 않는다는 것을 이미 추측하고 있다. 논리적 결론은 지구를 구하기 위해 개선이 요구된다는 것임을 유념해라. 관리되지 않은 인류 공동의 자산의 비극이란 파멸의 결과를 통제하기 위해 필요한 변화는 약간의 규제뿐만 아니라 사람들의 선택의 자유에 있어 약간의 자제가 요구될 것이다.

현실주의와 자유시장적 중상주의를 고수하는 이론가들은 최대 다수의 최대행복을 현실화하는 가장 안전한, 최선의 방법으로 규제 없는 경제적 선택의 자유를 방어하는데 성공했다. 이런 전통의 이론가들은 이기심과 개인 이익의 추구가 결국 이익을 추구하기 위한 자유 재량권을 부여받은 기업, 기업가, 그리고 투자가들에 대한 감독의 규제로 발생되는 것보다 많은 소득과 기술적 혁신을 낳으면서 모두에게 혜택을 준다고 믿는다. 그들은 또한 개인의 이득 추구에 간섭을 최소화하는 것이 지구의 생태 건강을 보전하는데 도움이 될 것이라고 본다. 그들의 추론으로는 규제가 거의 없는 개인 소득의 추구는 미덕이지, 악덕이 아니다.

거의 모든 종교적, 도덕적 전통들이 이러한 현실주의자와 중상주의자의 결론에 의문을 표한다. 예를 들어 기독교는 탐욕을 7대 죄악의 하나로써 규정하고 있는 고대 헤브루 윤리를 따른다. 디모데(Timothy)서 6장 10절에서 다음과 같이 경고한다. '돈에 대한 사랑은 모든 악의 근원이다.' 이타적 사랑과 인류 공동체에 대한 연민과 같은 다른 가치보다 이기심과 개인의 금전적 이득의 맹목적인 추구의 예측할 수 있는 결과는 파멸과 죄로 가는 확실한 길이다. 이러한 점에서 종교적 전통은 급진적 마르크스주의자들의 이론화에 토대가 된 몇 가지 생각과 연결된다(2장 참조). 이러한 생각들의 경향은 모든 사람들의 복지에 대한 관심이 행복과 혜택을 준다고 주장한다. 왜냐하면 공동체 이익이 보호되었을 때만 깨끗하고 지속가능한 환경을 유지하는 기회로 그러한 공동의 가치를 제시하면서 개인들이 그들의 가장 값비싼 개인적 이익을 실현할 수 있기 때문이다.

환경정치학은 여러분에게 경쟁적 시각을 비교검토해보고, 경쟁적인 가치를 평가하도록 한다. 여러분은 소득과 번영을 원하는가? 당연하겠지만, 무엇에 대한 의도한 비용과 의도하지 않은 비용인가? 국가들과 회사들은 모두 부를 추구한다. 이것이 독성 쓰레기를 호수, 강, 바다로 버리고 물고기를 남획하며, 다른 사람들로 하여금 개인의 이익을 위한 그들의 행동에 대한 부담을 지우도록 하며 그들의 이익 추구를 정당화하는 것을 의미하는가?

이러한 질문들과 다른 윤리적 질문들은 무엇이 지구의 공동자산에 위협을 야기하고 있는가, 무엇인가 그것들을 억제하는 것을 떠맡아야 한다면 어떻게 할 것인가, 그리고 무엇에 비용

AP Photo/Joana Coutinho, MCRCP

멸종의 벼랑에서
2013년 국제 자연 보호 연맹(IUCN)은 '세계의 5,494 포유류 중에 78종이 멸종 혹은 야생에서 멸종하였으며, 191종이 극도의 위험에 처하였고, 447종이 위험군, 496종이 취약군에 처해 있다.'고 보고하였다. 그리고 '현재의 종 멸종율은 자연 상태(인간 활동이 없는 상태)에서보다 천 배에서 만 배 정도 더 높다.'라고 하였다(IUCN, 2013). 위 사진은 마다가스카라의 '죽은 숲'이다. 이는 대개의 화전식 쌀 재배가 토양을 고갈시키고, 셀 수 없는 종의 서식지를 파괴하기 때문이며, 해당 숲의 약 80% 이상을 잃게 만들었다.

을 치르는가에 대한 논쟁의 십자포화를 직접적으로 가한다. 다음 단계에서 여러분은 환경적 위협과 도전의 성격과 크기를 규정짓고 측정할 것이다. 세계 환경 의제에 관한 다음의 세 가지 서로 관계가 있는 문제들을 고려해보라. 1)기후변화와 오존층 파괴 2)생물다양성과 삼림개간 3)에너지 공급과 수요. 이 문제들은 공공재산과 재생 자원의 지속가능한 개발에 대한 몇 가지 방해요소를 보여준다.

대기의 생태정치학

1992년 리우데자네이루에 모였던 수많은 정부 협상가들과 비정부기구의 대표들의 성적은 기록상 가장 뜨거운 10년의 결과로 나왔다. 수년 동안 과학자들은 지구온난화—세계 기온의 점진적 상승—가 세계 기후 패턴의 변화에서 기인된 것이고 바다 수면 상승은 녹고 있는 빙하에서 기인된 것이며, 특이한 폭풍은 세계의 정치경제 체제와 관계에 광범위한 변화를 불러왔다고 경고했다. 아마도 협상가들은 1980년대 동안 만성적인 혹서에 의해 지쳤기 때문에 리우에서 *기후변화협약(Framework Convention on Climate Change)*에 동의했을 것이다. 그때부터 지구의 계속되는 기온의 상승과 함께 우려가 증가했다. 21세기의 일련의 기록적인 세계 기온에 대해 지구온난화에 책임이 있는 오염원에 대한 관심이 증가했다.

기후변화와 지구온난화   기후변화에 관한 지식의 주요한 차이가 있지만, 대부분의 기후 과학자들은 지구 기온의 점진적 상승, 특히 생산된 동력으로 움직이는 기계들의 발명이 산업혁명을 일으켰던 18세기 후반부터 명확한 증가는 대기의 단열효과를 변경시키는 인위적인 가스들의 증가에서 기인했다고 확신했다. 가스분자, 무엇보다도 이산화탄소(CO_2)와 염화불화탄소(CFCs)는 빠져나갔을 열, 즉 지구로부터 우주로 방출하는 열을 붙잡음으로써 온실지붕과 같은 역할을 하였다. 18세기 이래 탄소배출은 약 40%이상 증가해 왔다(EPA, 2013). 게다가 광범위한 삼림 벌채는 지구온난화에 확연하게 영향을 미쳤다. "나무의 손실은 해마다 탄소 배출의 18%에 해당하고, 이는 온실효과의 두 번째 주된 요인이다(Badwal, 2012)."

이러한 가스들이 대기 속에 방출되었기 때문에 그것들이 지구의 기온을 올리게 하는 온실효과(greenhouse effect)를 야기해 왔다(그림 14.1 참조). 1800년대 후반 지구 표면에서 연 평균 온도는 화씨 0.7~1.4도(섭씨 0.4~0.8도) 상승해 왔다. 온도변화는 전 세계 동식물의 삶에 심오한 영향을 미칠 것으로 예측된다. "게다가, 지난 세기 화씨 2도 상승한 지구 더위는 해수면 상승, 강해진 허리케인, 세차게 변화 파도, 더 심각한 가뭄 및 폭우를 남겼다(Begley, 2011 p. 43)."

적극적인 예방 조치를 취하지 않는다면, 현재 실정으로는 지구의 기온이 2010년까지 보

온실효과

화석연료를 태움으로써 방출되는 가스가 대기의 담요로서 작용하고, 지구온난화를 야기하여 기온이 증가하는 현상

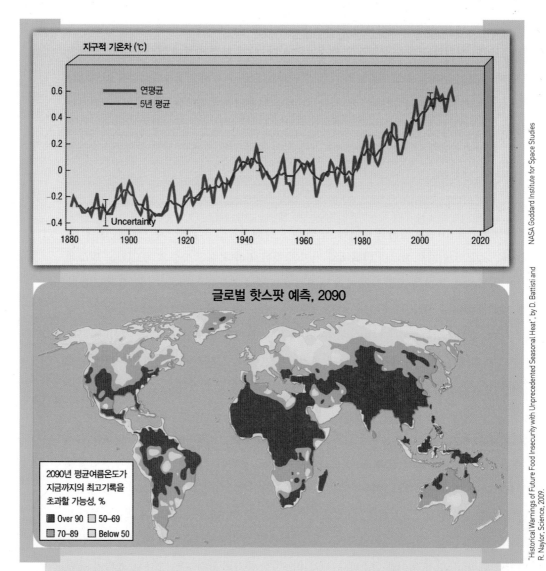

그림 14.1, 지도 14.1
상승하는 지구의 온도
NASA 고다드(Goddard) 우주연구협회에서는 세계 전체의 지구 표면 평균을 모니터하고 있다. 위의 그래프에 묘사한 바에 따르면, 1880년 이래 가장 더웠던 10번의 해 중에 9번이 2000년대 이후로 나타났다. 온실가스 방출과 상승하는 대기 이산화탄소 레벨과 함께, 과학자들은 장기적으로 온도가 끊임없이 상승할 것이라 예측한다. 아래 지도는 2090년 지구의 가장 극심하게 더운 지역이다.

다 더 급속히 증가할 것이다(지도 14.1 참조). 기후변화에 관한 정부 간 패널(IPCC)로 알려진 40개국 출신의 과학자 600명의 UN팀은, 온실가스 배출에 따라 지구 온도가 아마도 2100년경까지 화씨 2~12도 가량 상승할 것이며, 이에 따라 더 길고 혹독한 더위가 밀려올 것이라 예측하였다. 미국 항공 우주국(NASA) 또한 유사한 전망을 내 놓았다. 이 기간 화씨 2.5~10.4도 가량 온도가 상승할 것이라는 말이다.

더불어 과학적 증거에 의해 "2060년 초까지 매년 지구적으로 섭씨 4도(화씨 7도 이상) 상승을 기록할 것이다(McKibben, 2011, p. 62)." 이산화탄소가 주요 온실가스이기는 하지만, 대기 중에 메탄의 집적이 보다 급속도로 이뤄지는 것도 문제다. 메탄가스 방출은 가축 수, 쌀 경작 그리고 천연 가스의 생산과 이동으로부터 나온다. 놀랍게도 메탄이 가장 많이 집적된 곳은 대기가 아니라 얼음, 영구동토층과 해안가의 해양침전물에 가둬져 있다. 이는 온난화가 대기로 방출할 보다 많은 메탄을 야기할 가능성을 제기한다. 그래서 그것은 메탄의 강한 온난화 잠재력 때문에 지구 기온을 증가시킬 것이다.

일부 과학자들은 지구 기온의 상승이 수천 년 동안 세계가 경험해왔던 주기 변화의 일부일 뿐이라고 주장한다. "지난 40만 년 동안 온난한 기후시기에서 빙하시기로의 갑작스럽고 극적인 기온 변동이 반복되어 왔다. 이들 온난화 회의론자들은 우리가 오늘날 보고 있는 기후변화는 이러한 자연적 변동을 반영한 것이라고 말한다(Knickerbocker 2007)."라고 인용할 수 있다. 그리고 지구온난화는 기후 신화이기 때문에, 모든 '뜨거운 기온'에 부어질 필요가 있다고 본다.

그러나 "대부분 기후 과학자들은 인간이 초래하는 온실가스가 작용하고 있다고 말한다. 그리고 이러한 기온 변화가 이산화탄소 수준과 상관된다고 지적한다.(Knickerbocker 2007)." 그의 동료인 기후학자겸 빙하학자 로니 톰슨(Lonnie Thompsom)의 연설에서 다음과 같이 주장하였다. "사실상 우리 모두는 지구온난화가 시민사회의 현존하는 명백한 위험을 제기하고 있다고 확신한다(McKibben, 2011, p. 62)."

계속되는 기온증가의 효과가 극적이고 치명적일 것이라고 경고했다;

- 대부분 녹고 있는 빙하와 따뜻해진 물의 증가 때문에 수면이 상승할 것이다. 이는 낮은 지대의 해안 영토, 특히 아시아와 미국의 대서양 해안의 거대한 지역에 대량 홍수를 양산할 것이다. 뉴욕은 잠길 수 있다. 매년 수백만의 사람들이 큰 홍수에 의해 삶의 터전을 잃을 것이다.
- 고지대의 녹고 있는 빙하로부터 눈사태가 일어나면서 겨울은 점점 더 따뜻해지고 혹서는 점차 빈번해지며 심각해질 것이다.
- 강우량은 전 세계적으로 증가할 것이고, 2004년 12월의 파괴적인 아시아의 쓰나미처럼 치명적인 폭풍우는 보다 일상적이 될 것이다. 바다가 따뜻해지고 따뜻한 바다로부터 에너지를 끌어당긴 허리케인은 점차 보다 강해지고 보다 빈번해질 것이다.
- 물이 따뜻한 기후로 보다 쉽게 증발하기 때문에, 가뭄이 빈번한 지역은 보다 더 건조해질 것이다.
- 살아 있는 종의 30%까지가 멸종위기 증가에 직면할 것이며, 전체 생태계가 지구로부터 사

라질 것이다. 보다 뜨거운 지구는 농부들에게 그들의 곡물과 농산물 관리의 변화를 요구하면서 일부 식물을 보다 높은 지대로 몰고 있다.

■ 홍수와 가뭄의 결합은 말라리아와 뎅기열과 같은 열대병을 이전의 온대지역에서 번성하게 할 것이다. 전에 그 온대지역은 곤충 매개체에게 너무 추웠던 곳이다. "이산화탄소가 풍부한 보다 따뜻한 세계는 우리에게 질병을 가져다주는 식물, 곤충, 그리고 미생물에게 매우, 매우 좋을 것이다(Begley 2007)."

■ 세계는 특히 가장 가난한 국가에서 증가하는 기근과 물 부족을 직면할 것이다. 아프리카는 가장 심각한 타격을 입을 것이다. 아프리카에서는 2020년까지 2억 5천만 명의 사람들이 물 부족을 겪을 것이다(Bates et al., 2008).

모든 국가들이 같은 비율로 위협에 가담하고 있는 것은 아니다. 고소득의 북반구 국가들이 대규모로 세계 탄소 방출의 절반 이상을 담당했다. 왜냐하면 북반구 국가들의 큰 빌딩들, 수백만 대의 자동차, 그리고 상대적으로 비효율적인 산업들 때문이다. 그러나 아시아의 발전소 중국과 인도는 경제발전에 발맞춰 급격히 배출을 증가시키고 있으며, 화석 연료 수요를 급증시켜왔다. 2008년 중국은 미국이 보유한 온실가스 세계 최대 배출국 지위를 초과하여, 전체 배출의 24%를 점하게 되었다(WDI, 2013). 국제 에너지기구는 2000년부터 2030년까지 중국의 온실가스 배출이 전체 산업 국가의 산출에 맞먹을 것이라 예측하였다. 아시아의 후발 경쟁국임에도 인도는 이미 남아시아 온실가스 배출의 75%를 산출하고 있다(World Bank, 2013g).

MENAHEM KAHANA/AFP/Getty Images

AP Photo/Fang Kuang

지구온난화, 기후재앙, 그리고 대규모 고통
"지구온난화는 기후상승, 더 많은 호수, 그리고 거친 날씨를 만들 것이라 예측된다. 이러한 기후변화는 갑작스런 홍수, 해일, 사이클론, 그리고 격렬한 폭풍과 같이 기후 관련 재앙의 혹독성 및 빈도를 증가시킬 것이라 예측된다(Bergholt and Lujala, 2012, p. 147)." 2013년 1월, 20여 년 만의 혹독한 눈폭풍을 경험하면서, 예루살렘은 일시적으로 모든 것이 멈추었다(좌측 사진). 2012년 1월 중국 베이징을 강타한 극심한 폭우로 60여 년 만에 광범위한 혼란이 야기되었다(우측 사진). 글로벌 기후 변화의 증거로 이와 같은 극심한 날씨 관련 사건들이 증가하게 되었다.

　　현재 혹은 신흥 산업 자이언트들의 에너지 소비와 온실가스 배출을 저소득 남반구 국가들의 수치와 비교해 보라. 이들 역시 급격히 증가하고 있으며(5장 참조), 이들의 화석연료 자원에 대한 욕구 또한 상승 중이다. 남반구는 글로벌 에너지의 62.6% 이상을 생산하고 있으며, 세계 에너지 사용의 55.7%를 소비하고 있다(WDI, 2013). 따라서 전 지역 국가들이 대기 중에 탄소 수준을 증가시키는데 대하여 서로 다른 비율로 책임이 있다.

　　부국과 빈국을 비교하기보다 미국 *국립과학원 학술지*에서는 다음과 같이 생각하기를 제안한다. "부국보다는 부자가 대부분을 변화시킬 필요가 있다. 저자는 전체 배출의 한도를 설정하고, 이에 일인당 한도 제한으로 전환하여,… 따라서 중국과 인도에서 사치스러운 생활, 소수의 탄소 소비형 부자들은 그들의 가난하고 탄소를 덜 배출하는 동포 뒤에 숨을 수 없을 것이라는 거다(*The Economist*, 2009l, p. 62)." 시행이 쉽지는 않지만, 제안서는 국가 내에서 편차를 감춰 온 남반구에서 탄소배출 수준을 어떻게 낮출 것인지를 강조한다. 이는 가난한 자들보다 환경 악화에 더 높게 기여해 온 부가 있는 곳을 의미한다.

　　부문별 세계 온실가스 방출의 변화 비율뿐만 아니라 온실가스 방출 경향들은 에너지 실태가 변할 것이지만, 그로 인한 지구온난화와 환경 피해는 어떤 경우에도 사라지지 않을 것이라 제시 한다(그림 14.2 & 그림 14.3 참조).

　　지구온난화의 정치는 얼음 극관 아래 존재하는 자원을 개척함으로써 경제적 대가를 거두기 위해, 북극을 개척하려는 국가 간 긴장감으로 설명된다. 북극의 평균기온은 다른 지역의 비

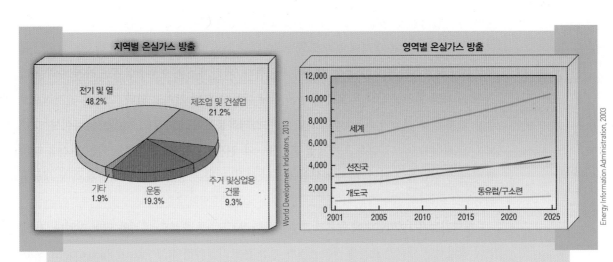

그림 14.2, 그림 14.3
온실가스 동향
산업화 이전 시기 이래로, 대기 중 CO2 농도가 약 40%까지 증가해 왔으며, 이에 18세기 280ppmv(parts per million by volume)였던 포화 정도가 2013년 5월 399.89ppmv로 증가하였다.—최소한 팔십 만년 만에 가장 높은 수치이다(EPA, 2013; WDI, 2013). 좌측 그래프는 주요 영역별 온실가스 배출 원인을 기록하였다. 오른쪽 수치는 2001년부터 2025년을 통해 탄소 당량(炭素當量) 온실가스 배출의 분포를 나타낸다.

율의 약 두 배 정도 오르기 때문에 기후변화의 영향을 심하게 받고 있다. 이는 '이산화탄소의 배출층이 판 위를 덮기 때문에' IPCC에 의해 보고된 것보다 더 빠르게 북해 바다 얼음이 녹고 있음을 의미한다(Begley, 2009a, p. 30). 이러한 추세는 이미 자원이 풍부한 중심 지대에 대한 권리를 주장하고 있는 5개 국가들(러시아, 노르웨이, 캐나다, 미국, 덴마크) 간에 환경정치학보다는 지정학적 갈등의 길을 열고 있다.

주요 동기는 북극 빙하 아래 해저에 매장된 세계 잉여 석유와 가스 매장량의 1/4 가량의 소유 때문이다. 녹고 있는 북극을 차지하기 위한 '콜드 러시'가 치열하게 벌어지고 있다(Funk 2007). 또한 사라지는 얼음은 적어도 연중 일부 동안 새로운 바닷길을 제공한다. 이는 유럽에서 아시아까지 배로 여행하는 시간을 현저히 줄일 수 있다. "지구온난화가 북극 얼음을 녹이기 때문에 아시아로의 단거리 항해로의 꿈—그리고 지표 아래의 부—은 되살아났다. 북극지방을 쟁탈하려는 러시아와 강경하게 주장하는 캐나다, 그리고 플레이어로 참여하기 원하는 미국이 벌이는 새로운 세계 게임은 누가 이길 것인가?(Graff 2007)" 이러한 국제적 마찰 중 어느 것도 구체화되지 않았기 때문에, 지구온난화가 이러한 전략지정학적 활동무대의 통제 경쟁을 가능하게 할 수 없었다.

오존층 파괴와 보호

오존층

살아 있는 유기체에 태양의 해로운 영향으로부터 지구를 보호하는 지구 표면 위의 상층부 대기의 보호막

기후변화의 내력은 대기의 보호물인 오존층(ozone layer)의 파괴에 대처하는 국가들의 노력들과 유사하다. 그러나 이런 경우에 부상했던 국제 레짐은 환경 피해가 직접적으로 인간의 행동에 의해 야기된 것이라는 과학적 증거를 늘리면서 적극적으로 강화되었다.

오존은 보다 낮은 대기에 있는 오염물질이지만, 높은 대기에서는 태양의 해로운 자외선 복사로부터 보호하는 중요한 층을 지구에 제공한다. 과학자들은 오존층의 두드러진 파괴를 발견했다. 가장 현저한 남극의 오존 구멍은 미국 대륙보다 더 커지고 있다. 그들은 결정적으로 층을 얇게 하는 것을 염화불화탄소—할론, 수소염화불화탄소(HCFC), 메틸브로마이드, 그리고 다른 화학물질로 알려진 동족계열 혼합물—와 연관시켰다. 오존층의 파괴는 인간을 다양한 종류의 건강상의 위험, 특히 피부암에 노출시켰고, 다른 종류의 해양 생물과 육상 생물을 위협하고 있다.

과학자들은 1970년대에 할론과 염화불화탄소(CFC)를 오존층 파괴와 연관 지었다. 1987년의 획기적인 사건인 오존층 파괴물질에 관한 몬트리얼의정서(Montreal Protocol on Substances that Deplete the Ozone Layer)에 2013년 7월 197개국이 비준했고, 그 의정서의 수용은 1980년대 말 이후 지구 대기 내 염화불화탄소 집적의 90%의 거대한 감축을 이끌었다(WDI 2007, 176-178). 오존 레짐의 확산은 늘어나는 과학적 증거로 가능했고, 적극적인 비정부기구의 지식 공동체가 조약을 적극적으로 촉진하도록 함으로써 가능했다. 그러나 과거 20년 동안 불화염화탄소의 감축에도 불구하고 남극 위의 오존구멍은 계속해서 확장되고 있고, 보호막인 오존층의 파괴는 그것이 스스로 재생하기 시작하기 전에 계속될 것이다.

가장 큰 생산국들(그리고 소비국들)은 완전한 단계적 철수를 준비했기 때문에, 북반구에서 염화불화탄소의 생산은 1990년대에 급속도로 감소했다. 그러나 남반구에서의 생산은 급등하고 있고, 냉장고, 에어컨, 염화불화탄소를 사용하는 다른 제품들의 소비 증가는 북반구에서의 생산 중단으로 실현된 성과를 상쇄할 것이다. 선진국들은 개발도상국들이 염화불화탄소 대체제를 채택하도록 하는 원조를 제공하는 데 동의했지만, 그들은 약속한 모든 자원을 제공하는데 실패했다. 이러한 지원 없이, 남반구의 많은 국가들이 지구적 협상의 몫을 해낼 수는 없을 것이다.

2012년 7월 8일

2012년 7월 12일

Nasa Images

■ 녹은 얼음

열감지

IPCC는 지구 온도 상승의 증거가 명백하며, 지구온난화의 90% 이상이 인간활동의 산물이라 결론지었다. 그림은 하나의 가능한 결과를 보여준다: 그린란드 표면 얼음층의 급격한 용해. 위성지도는 2012년 7월 8일(좌측)의 얼음층 표면이 약 40% 녹아내린 것이, 7월 12일(우측) 놀랍게도 97%까지 녹아버린 상태를 보여준다. 이 사태는 드문 혹서(열파)에서 기인한 것인 반면, −매 150년 마다 유사한 현상이 일어난다.− 많은 이들이 만일 광범위한 해동이 기후변화에서 기인한 것인지를 염려하며, 이는 해수면 상승으로 귀결될 것이라 우려한다. "과학자들은 만일 그린란드 얼음층 전체가 녹는다면, 지구 해수면이 23피트 상승할 것이라 측정하였다(Than, 2012)."

생물다양성의 생태 정치학, 삼림개간, 그리고 물 부족

오존 파괴 저지에 대한 성공은 다른 환경적 위협 또한 기득권적 금전적 이익보다 더 높은 우선권을 줄 수 있다는 희망을 제기하고 있다. 삼림은 지구의 생물다양성(biodiversity)을 보존하고 대기와 영토자원을 보호하는데 있어 중요하다. 이러한 이유들로, 그것들은 세계 의제로 부상하는 생태적 이슈들이다. 일부 규칙들은 생물다양성의 보존에 관한 국제적 행동을 이끌지만, 삼림에 관한 이슈들은 다루기가 훨씬 더 어려움을 보여주었다.

생물다양성

지구의 다양한 생태계에서 살고 있는 다양한 동식물 품종들

세계 생물다양성에 대한 위협   생물다양성은 지구의 다양한 생물을 언급하는 포괄적 용어이다. 기술적으로 그 용어는 생명체계의 세 가지 기본적인 수준을 포함한다. 유전자적 다양성, 종 다양성, 그리고 생태계 다양성이다. 최근까지 대중의 관심은 거의 독점적으로 오래된 삼림, 대초

원, 습지, 해안 서식지, 그리고 산호초를 포함한 종 다양성 보존에 집중되었었다.

삼림, 특히 열대림은 생물다양성을 보존하는데 있어 중요하다. 왜냐하면 삼림은 그들 중에는 여전히 알려지지 않은 것도 있는 수많은 동식물 종들의 터전이기 때문이다. 과학자들은 세계 서식지가 8백만에서 천만에 이르는 종을 포함하고 있다고 본다. 이들 중 대략 150만 종만이 이름 붙여져 있고 나머지 대부분은 북아메리카, 유럽, 러시아, 그리고 호주의 온대지역에 있다. 모든 종의 2/3에서 3/4이 살고 있다고 생각되는 열대림의 파괴는 세계의 발견되지 않은 생물의 다양성과 유전자적 유산의 상당 부분이 파괴되는 것이다.

많은 전문가들은 지구가 끊임없이 주요 종들의 멸종으로 향해가고 있다고 우려한다. 세계 보존연합(World Conservation Union, WCU)에 의해 조사된 300,000 식물종 중에서 8,000종 이상이 주로 주택, 도로, 그리고 산업시설을 위한 토지 개간으로 인해 멸종의 위협을 받고 있다. IPCC는 지구온난화가 종의 약 70%를 멸종의 위기로 내몰 것이며, 이는 최대 위기에 처한 북극곰과 같은 극지 동물들을 포함한다. 다른 전문가들은 과거 수세기 동안 생물종 중에서 극소수만 실제로 사라졌다고 추정되기 때문에 대량 소멸의 절박성에 의문을 제기한다. 실제로 낙관적 풍요주의자들은 종 멸종은 나쁜 소식일 수도 있지만, 인간에게 보다 더 유익하다고 판명될 새로운 종이 진화할 수도 있다고 주장한다(McKibben, 2006).

특히 지구의 생물학적 유산의 상당수가 열대지방에 집중되어 있기 때문에 남반구는 이 문제에 있어 특별한 이해관계를 갖고 있으며, 생물 기반 상품의 판매로부터 이익을 거두려는 다국적기업의 노력에 대해 자신들의 이해관계를 보호하려는 데 대해서도 관심을 늘려가고 있다.

북반구의 다국적기업들은 삶을 유지하는 유전자적 토대인 동식물 유전자로부터 추출한 상품의 민영화와 상업화에 맞추어 조정된 소위 인클로저 운동(enclosure movement)의 주요 행위자들이다. 특히 제약 회사들은 남반구 자원에 대한 권리를 주장한다. 그들은 열대림에서 처방약으로 사용가능한 식물, 미생물, 그리고 그 밖의 유기체들을 적극적으로 찾고 있다. 남반구의 관심은 많은 동식물 종의 유전자적 성격은 인류공동의 자산의 일부로 간주되어야 하고, 그러므로 그들의 의학적 혜택을 위해 모두가 상업적으로 사용할 수 있어야 하다는 주장에 집중되어 있다.

유전공학은 세계 종의 상실을 늘려갈 것 같다. 생물자원—동식물 종—은 세계에 고르게 분배되어 있지 않다. 지도 14. 2는 지구의 종들의 절반 이상이 발견되는 주요 '생물다양성 지지기반'이 동식물 종이 가득한 열대원생지역으로 주로 육지의 2%에만 분포한다는 것을 보여준다.

그것은 또한 국제법이 누구나 혜택을 받을 수 있는 인류 모두의 자원인 집합재로 규정한 많은 종을 인간의 활동이 불안하게 하거나 잠재적으로 파괴할 것 같은 지역인 '식물다양성 위험지역'의 위치를 보여준다. UN에 따르면 세계 공동체가 생물다양성 보존과 관리정책의 윤리

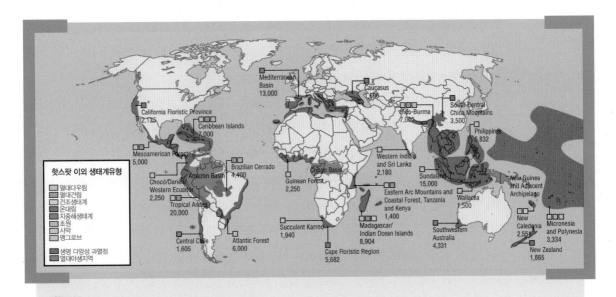

지도 14.2
생물다양성 보루의 분포와 멸종위기에 이른 생물다양성 집중지역
이 지도는 이들 생물다양성의 '집중지역'에서 멸종위기에 빠진 동식물종의 추정 수를 밝혀주면서 세계의 '위험지대' 양상을 보여준다. 독일 환경장관 지그마 가브리엘(Sigmar Gabriel)은 2008년에 "매일 150여 종이 멸종되고 있다."고 추정했다.

와 씨름할 때 매년 대략 5만여 종의 동식물 종이 멸종되고 있다.

줄어든 삼림과 모래폭풍지대 그리고 물 부족   1980년대 이후 경향은 세계의 많은 지역에서 상당한 삼림개간(deforestation)을 지향하고 있었다. 지난 8천여 년 동안 세계자원연구소(WRI)는 한때 지구를 덮고 있던 삼림의 거의 절반이 목축경영, 농장, 목초지, 그 외 다른 용도로 전환되었고, "지구의 원래 삼림의 1/5이 대규모의, 상대적으로 자연적인 생태계―'미개척 삼림'으로 알려진 것―에 남아 있다."고 추정했다. 세계 삼림의 76.1%는 남반구에 위치해 있다(WDI, 2013). "삼림 소실은 아마존, 서아프리카, 그리고 동남아시아 일부의 열대 습한 삼림에서 가장 빠르게 진행된다.(WDR, 2008, p. 191)." 브라질, 인도네시아, 말레이시아와 같은 지역에서 열대우림지역의 파괴는 특별히 관심을 가져야 할 일이다. 왜냐하면 세계의 유전적 유산의 상당부분이 그곳에서 발견되기 때문이다.

그럼에도 불구하고 남반구는, 특히 적극적으로 세계의 삼림은 공동의 재산 자원, '인류의 공동유산'이라는 사회적으로 구축된 시각에 반대했다. 이러한 개발도상국들은 법적으로 이러한 시각을 받아들이는 것이 북반구 국가들로 하여금 열대림 자원의 지역관리에 간섭할 수 있게 할 것을 두려워했다. 나이지리아의 조림 담당자 오거 아삼 에파(Ogar Assam Effa)는 "부국이든 빈국이든 숨 쉴 수 있는 공기는 우리 모두를 위하는 것이므로, 선진국들은 우리가 숲을 지

삼림개간

삼림을 개간하고 파괴하는 과정

키기를 원한다. 그러나 우리는 숨은 쉬지만, 배고픈 상태다." 그는 되묻는다. "공기가 우리에게 단백질을 줄 수 있을까? 공기가 당신에게 탄수화물을 줄 수 있는가? 대안이 있다면, 숲을 제거하지 않아야 함은 명백하다(Harris, 2008, p. A2)."

반면 높은 인구성장률, 산업화, 그리고 도시화는 경작에 맞지 않는 삼림과 불모지에서 농사를 짓도록 하는 압력을 높였다. 이는 삼림개간과 사막화(desertification)를 이끌었다. 그것은 지구의 광대한 땅의 많은 부분을 농업 생산이나 야생의 서식지로 쓸 수 없는 사막으로 변화시켰다. "세계에는 신선한 물이 부족해져 가고 있다. 물론 물은 어디에나 있다. 그러나 그 물의 3% 미만이 신선하고, 대부분은 실질적으로 사용이 어려운 북극의 만년설이나 빙하 속에 가둬져 있다. 호수, 강, 습지, 대수층, 그리고 대기 중의 증기 등은 지구의 전체 물의 1%가 안 되고, 사람들이 이미 접근할 수 있는 물의 절반 이상을 사용하고 있다. 많은 지역에서 물 수요와 물 사용은 이미 공급을 재충전할 자연의 능력을 초과하고 있고(심층 논의: '지구적 물 부족' 참조), 이러한 경향은 2025년 56%의 공급을 초과하는 수요로 이어질 것이라 예측된다.

게다가, 토양 파괴는 생산적인 농경으로부터 지구 표면상의 수십 억 에이커를 제거했다. 토양 부식과 오염은 인구가 밀집한 개발도상국에서도 기계화된 산업 농경의 보다 선진화된 지역에서도 문제였다. "세계적 식량수요는 향후 50년 동안 도시화가 진행되고 소득이 올라감에 따라 두 배가 될 것으로 예상된다. 그러나 1인당 경작 가능한 토지는 줄어들고 있다(WDI 2007, 124)." 토지 황폐화가 증가하고 있기 때문에 위협은 분명히 증가하고 있다. 삼림개간은 매년 약 44,000㎢ 계속된다(WDI, 2013). 지도 14. 3은 사막화가 가장 급속도로 일어나고 있는 지역의 경향을 보여준다.

북반구에서 나무심기는 어느 정도의 위험을 줄였다. 그러나 이것은 각기 달리 빠른 파괴요인이 존재하는, 자금이 부족한 많은 남반구 국가들의 경우는 그렇지 못하다. 동남아시아에서 숲은 불타거나, 화장품과 식품가공을 포함하여 많은 종료의 생산품에 사용되는 오일을 얻기 위한 종려나무의 대규모 재배를 위해 잘려져 나간다. 남미의 숲 중, 가장 두드러진 아마존은 대개 공업용 대두 재배 혹은 방목을 위해 불에 태워진다(Harris, 2008).

무서운 속도로 숲이 제거되고 있는 아마존에 대한 국가적 논란이 가열되고 있다. 즉 숲이 유지되고 있는 아마존 내 삼림보존율 80%를 완화하는데 대한 브라질 삼림법(Brazil's Forest Code)에 대한 논쟁이다. 현재 법에 대한 지지자들은 변화가 아마존 우림에 대한 더 큰 파괴를 이끌 것이라 두려워하고 있다. 반면 규제 완화를 지지한 자들은 그 법이 현재 경제발전을 막아 왔음을 주장한다. 아마존 지역 내 지속가능형 목장운영 추진을 위한 비영리 단체의 설립자 존 카터(John Carter)는 "당신들은 아마존을 보호하지 못 한다. 아마존을 파괴하여 얻는 대가가 너무 많기 때문이다."라며 애통해 했다. 하지만 지속적 경제성장과 동시에 최근 삼림벌

사막화

경작지를 비생산적인 볼모지로 전환시키는 토양 치식, 무리한 경작, 삼림개간으로 인한 사막의 확장

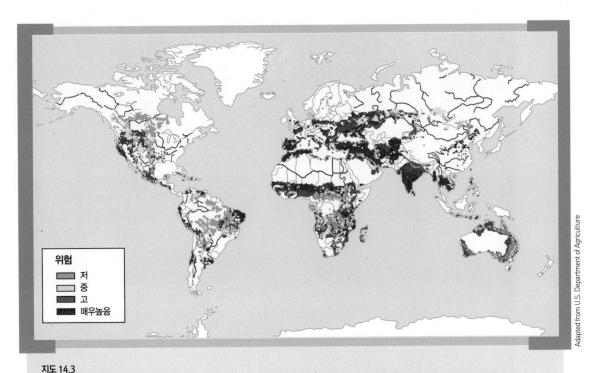

지도 14.3
인간이 야기한 사막화
사막화는 세계 대륙의 대략 25%에 영향을 미친다. UN은 사막 및 사막화 방지 10년(2010–2020)을 발족하여, 이에 대한 관심을 일깨우고, 행동을 촉진하고 있다. 이 지도는 자연의 환경 요소들에 반한 인간 활동이 지구 전역의 토지를 사막화 혹은 저하를 어느 정도 규모로 이끌고 있는지 나타낸다.

지도 범례:
위험
- 저
- 중
- 고
- 매우높음

Adapted from U.S. Department of Agriculture

채가 감소하여, 삼림벌채와 경제성장 간 상관성은 희박한 것이 아닌가 하는 희망을 주고 있다 (Butler, 2012).

더욱 최근에는 바이오 연료에 대한 지구적 수요가 삼림벌채에 박차를 가하고 있다. 에탄올과 같은 바이오 연료가 종종 친환경적인 것으로 광고되고 있으나, 비평가들은 에탄올이 숲을 파괴하며, 지구온난화의 원인이 되고, 식품 가격을 상승시키고 있음을 지적한다. 게다가 농장과 목장에게 자리를 내주기 위한 열대우림의 개간과 방화는 두 배로 파괴적이다. 왜냐하면 농경은 전 세계적으로 신선한 물의 70%를 사용하기 때문이다(WDI, 2013). 기후변화의 관점에서 녹색식물은 광합성을 하면서 대기의 이산화탄소를 제거한다. 그래서 삼림이 줄어들면, 그리고 삼림이 파괴되거나 불에 타 버리면, 온실가스를 제거하는 자연과정이 파괴되어서 대기 중으로 배출되는 이산화탄소의 양이 증가한다. 아마존 우림은 "비할 데 없는 탄소저장소이며, 이 탄소라는 것은 대기로 방출되었을 때 지구를 덥히는 주범이 되는 것이다(Grunwald, 2008, p. 40)."

세계적 물 부족

3월 22일은 세계 물의 날이다. 1993년 UN이 채택하여, 이 연례적 감시로, 인간 삶의 지속과 행복을 위한 물의 중요한 역할에 지구적 관심을 끌게 되었다. 하지만 "만성적 물부족 국가에 살고 있는 사람의 비율은 21세기 들어 8%(5억 명)이며, 2050년까지 45%(40억 명)으로 늘어날 것이다(Grimond, 2010, p. 3)." 게다가 세계의 다섯 명 중 한 명은 안전한 음용수에 접근하기 어려운 처지다. 세계보건기구는 수질이 낮은 물과 부적절한 상수시설 혹은 위생불량으로 인한 질병으로 해마다 수백만 명이 죽어가고 있다고 측정하였다. UN 세계 수질 평가 프로그램에 의한 최근의 보고에 따르면, "세계적 물위기를 피하려면, 긴급조치가 필요함이 명백하다."

일부 인구통계학적 문제도 걸쳐져 있다. 세계 인구가 증가함에 따라, 물 수요 또한 증가해 왔다. 도시화 내에서의 동시적 성장에 따라, 남반구 전체에 걸친 대다수 도시에서 수요는 이미 충분한 물 공급 및 위생시설의 용량을 초과하였다. 예측에 따르면 "세계 물 소비는 20년 마다 두 배가 될 것이다. UN은 오는 2040년 30% 이상의 공급을 앞지르는 수요가 있을 것으로 예측한다(Interlandi, 2010, p. 42)." 게다가 세계 도처의 국가들이 부유해짐에 따라, 그들의 인구 식습관이 채식 중심에서 육식 중심으로 이동하는 경향이 있다. 이는 육식 생산을 위해 더 많은 물이 필요하게 되는 것이다. 이에 더하여 "지구온난화가 수문학 싸이클(hydrologic cycle)—이는 물이 증발되거나 떨어져 내렸다가, 다시 눈, 비가 되는 비율 … 우기 사이에 좀 더 긴 가뭄을 유발한다(The Economist, 2009h, p. 60)." 심각한 물 보존 조치 및 수원보호를 위한 물 사용자 간 상호협력이 부재한 상황에서, 인구증가와 소비증대로 인해 물의 효용은 지속적으로 커져가는 자원 이슈가 될 것이다.

최종으로 여러분의 판단은?

1. 소비재로써의 물에 대한 접근은 인간의 기본권인가?

2. 만약 그렇다면, 세계 70억 인구를 위해 국가들은 신선한 물 자원의 지속가능성을 보장해야만 할 어떤 의무가 있을까?

3. '공유의 비극'은 이러한 도전에 대해 어떤 이해를 제공하는가?

에너지 수요·공급의 생태학　　동식물 연구가 로렌 아이슬리(Loren Eiseley)에 따르면, 인간의 역사는 '열 사다리'의 등반이라 생각할 수 있다며 "석탄이 생산의 증폭기로써 장작의 소용을 뛰어 넘었으며, 석유와 천연가스가 석탄을 압도했다."고 말했다(Owen, 2009, p. 21). 20세기를 통틀어 석유의 수요와 소비—에너지를 공급하는 주요 화석연료—는 소용돌이쳐 올라갔다. 낮은 가격에 풍부한 석유공급은 제2차 세계 대전으로부터 서유럽과 일본의 복구를 쉽게 했고, 개인용 자동차와 같이 많은 에너지를 소비하는 기술의 소비자를 촉진했다.

전 세계적으로 에너지의 수요와 소비의 거대한 성장이 이어졌다. 국제에너지기구(IEA)는 효율성의 성취를 고려하여(미국은 1970년대 이래로 에너지 효율성을 두 배로 신장시켰다.), 세계가 현재보다 2030년까지 50% 이상의 석유를 사용할 것이라 예측하였다. 북반구가 주요 석유소비자로 남아있지만, 중국, 인도, 그리고 중동과 같은 신흥 시장에서의 석유 수요의 85% 급증으로, 동 세기 세계적 에너지 수요를 목격하게 되었다(Yergin, 2009).

지난 10년간 석유 공급자 또한 변화되었다. 애모코사(Amoco)와 같은 다른 기업들이 사라졌지만 셰브런(Chevron), 엑손모빌(ExxonMobile)과 같은 오래된 기업들은 구 산업지대 내에서 여전히 '수퍼메이저'이다. 그러나 전통적 다국적기업(MNC)이 더 이상 석유 산업에서 가장 중요한 통제 권력을 유지하지 못 한다. 이 보다 "더 큰 국영기업이 오늘날 세계 석유공급의 80% 이상을 통제한다. 세계 20대 거대 석유회사 중 15개는 국영기업이다(Yergin, 2009, p. 92)." 더욱이 이제는 석유가 금융자산 형태의 물질적 상품으로 전환되어, 엄청난 수의 석유투자자와 거래자들을 성장시키고 있다.

석유수출국기구(OPEC)과 같은 전통적 행위자들은 물론 여전히 중요하다. 이익을 최대화하기 위해 OPEC는 중요한 정부간기구(IGO) 카르텔로 부상했다. OPEC의 자원 통제는 쉽게 대체될 수 없기 때문에 독점권을 가졌다. 1999년 3월에 OPEC은 공급을 제한하기 위해 생산을 감축함으로써 경제 근육을 수축시키기 시작했다. 석유가격은 1년 안에 3배가 되었고, OPEC가 여전히 석유를 중요한 세계정치적 이슈로 만들 수 있다는 것을 보여주었다. 그것은 다시 2004년 이후 테러리즘에 대해 전개되고 있는 전쟁, 위협의 사용으로 영향을 미치는 강압외교의

농장에서 건조지대까지
사막화는 많은 지역을 굳게 만들었고, "자연적인 발생 이외에 인간이 조장한 기후변화 역시 심한 가뭄을 일으켜 왔다(Begley, 2008, p. 53)." 2012년 UN식량농업기구(FAO)는 중앙아프리카의 가뭄이 50% 이상의 곡물 생산을 감소시켜 천육백 만의 기아인구를 형성시킬 것이라 경고하였다.

도구로 석유가격을 사용하려고 했다.

석유공급은 석유가 사용되고 있는 것과 같은 비율로 발견되고 있지 않기 때문에 국제정치에서 매우 중요성을 갖는다. 거대 석유회사들은 땅에서 퍼낸 2배럴당 새로운 1배럴만 발견한다. 미국의 생산은 30년 전에 절정이었고 러시아는 1987년이 정점이었다. 오늘날 소비된 석유의 대략 70%는 25년 보다 더 오래 전에 발견되었다(Klare, 2008). 반면 석유 수요는 계속 증가하고 있고 값싸고 풍부한 석유의 시대는 끝나고 있다.

2008년 7월 11일 석유의 배럴당 가격이 147.27달러를 기록한 때 적어도 분석가들은 한 가지 생각을 하게 되었다. 감당할 수 있는 가격의 석유시대는 이미 끝났다고 믿게 된 것이다. 이는 여전히 하나의 사례이지만, 오늘날 상품으로써의 석유가격은 극심하게도 변덕스러운 것을 알 수 있다. 2008년 12월 유가는 배럴당 32.40달러로 떨어졌다; 2009년 7월 11일 유가 폭등 이후 정확히 일 년이 되던 날, 유가는 배럴당 59.87달러이었다. 2013년 6월 중순경 원유 배럴당 가격은 다시금 99달러로 치솟았다. 이와 같이 급격한 가격 변화는 낮은 가격으로 끝난다 해도 너무나 위협적이다. 이는 우리 글로벌 경제 및 정치 체제에 심대한 불안정성을 보여주는 것이며, 산업과 개인 소비자에게 영향을 주어, 미래 에너지 투자 계획을 어렵게 만들기 때문이다(그림 14.4 참조). 안정성에 대한 우리의 탐색에도 불구하고, "수요와 공급의 균형 변화─경제, 정치, 기술, 소비자 기호, 그리고 모든 종류의 사건·사고에 의해 형성되는─는 지속적으로 가격을 움직일 것이다(Yergin, 2009, p. 95)."

증가하는 수요에 대한 석유공급을 연구하는 사람들의 마음에서 두렵게 느껴지는 것은 석유가 풍부하게 남아 있다는 일반적인 '환상'이다. 줄어드는 지구 석유보존량은 생산의 지속적 증가를 제한할 것이다(Samuelson, 2008). 놀랄 만한 상황은 '석유의 새로운 지정학'이 어떻게 석유 공급국이 그들의 공급을 공급 중단에 취약하고 의존적인 석유 수입국들과의 국제협상에 사용할 것인가에 관해서 일어나고 있음을 암시한다. 오늘날 세계는 석유 고갈의 직접적 위협에 직면하지 않았다. 그것은 대신에 확인된 석유 매장량의 절반 이상이 소수의 석유수출기구 국가들에 집중되어 있는데, 그들은 현재 세계 평균의 절반비율로 생산량을 줄이고 있다. 세계 석유시장의 OPEC의 몫이 증가할 것은 거의 피할 수 없을 것 같다. 이는 OPEC가 세계 석유공급에 있어 중요하고, 중동이 석유수출기구에 있어 중요하며, 이러한 변덕이 심한 불안정한 공급자로부터 석유수입에 의존하는 국가들은 중단에 몹시 취약하다는 것을 의미한다. "세계 석유공급의 무게중심은 단호히 OPEC 공급국 및 러시아와 같은 국가 중심형 에너지 공급자들에게 넘어갔다. 이들은 시장 요소보다 지정학적 요인으로 시장을 지배할 것이다(Klare, 2008, p. 19)."

실제로 2008년 러시아와 그루지아 간 전쟁은 '서구 시장을 향한 카스피 해 에너지 흐름에 대한 긴장된 지정학적 다툼'으로 간주되었다.

세계가 직면한 또 다른 도전은 2010년 멕시코 만에서의 엄청난 원유 유출로 설명된다. 이는 환경, 경제 및 보건 위기에 대한 석유의 수요에 대해 어떻게 균형을 잡을 것인가에 관한 것이다. 미국 시추 관련 자문위원회는 다음과 같이 제기하였다. "기술적 그리고 경영상의 실패에 대한 후폭풍—불완전한 작업을 포함하여—은 재앙을 야기한다(Burdeau and Weber, 2011)." 그러나 대중은 정부가 산업규제를 행하는 대신, 모험적인 시추에 의한 값싼 석유의 선택권을 발휘하기 위해 투표함을 이용한다. 정치 역사가 사라 엘킨드(Sarah Elkind)는 "정부의 실패는 미국시민이 행하길 원하는 것을 말하도록 하는 방법을 대행할 때이다."

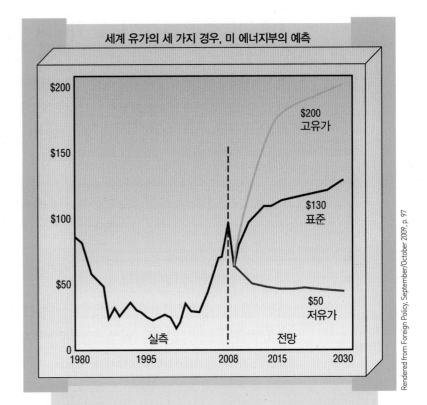

그림 14.4
유가의 등락
보이는 바와 같이, 현재와 2030년 사이의 세계 유가와 관련한 매우 다른 세 개의 그림가 있다. 대부분의 분석가들은 세계 경기가 회복함에 따라, 석유수요가 빠르게 증가할 것이라 기대한다. 가격인상은 여러 요인에 기인한: OPEC에 의한 석유공급 제한, 거래자들에 의한 미래 석유 결핍 예측, 그리고 남반구의 에너지 열망—이들은 다음 10년의 수요에서 90% 급등할 것으로 생각된다. 하지만 또한 이라크 및 미국의 석유 산출 증가로 가격이 떨어질 가능성도 있다(Macalister, 2012).

우리는 에너지 생산과 소비를 변화시킬 능력과 의지를 가지고 있는가? 석유에 대한 향후 부족과 심대한 의존의 위기에 대한 응답을 위해, 북반구는 글로벌 정치경제에서 석유의 중추적 역할을 전환하는 잠정적인 역사적 시점의 벼랑에 처해 있다. 2008년 중국과 일본은 동중국해의 2개 천연가스 필드를 공동으로 개발함에 합의함으로써, 장기간의 분쟁을 종식하였다; 2009년 8월 아나톨리아 반도를 경유하는 흑해로부터 지중해를 잇는 가스 파이프라인 건설에 러시아는 터키와 합의하였다. 더불어 화석 연료에 대한 의존성을 깨트리기 위해 풍력, 태양력과 같은 대체 청정에너지 연료자원의 개발 노력도 진행 중이다.

지속가능성과 인간안보를 위하여

전 세계인들은 깨끗하고 초록의 자연에서 살기를 원하며, 오염되고, 유해한 환경, 홍수, 허리케인, 토네이도 및 태풍을 피하려 한다. 인간 이익과 가치 사이의 대립적 관계에도 불구하고, 지구생태에 대한 인간의 위협은 어째서 늘어나고 있는가? 환경 활동가들은 지구가 현재 기로에 처해 있으며, 환경보존을 위한 더 많은 관심을 필요로 한다고 주장한다.

> *미래 자산 및 안정성은 우리가 지구의 자연 자원을 얼마나 고갈시키는지를 재고(再考)함을 의미한다.*
> — 반기문(Ban Ki-moon), UN 사무총장

지속가능한 발전에 대한 탐색

환경적 부패는 경계를 알지 못하는 것 같다. 그것은 전 세계적 문제이다. 빈국과 부국 모두에게 문제이다. "전반적으로 계속해서 우리가 의존하고 있는 많은 자원을 생산하는 생태계의 수용능력이 하락하고 있다는 상당한 조짐이 있다."고 세계자원연구소(WRI)는 경고한다. 수송수단이 지구 환경의 보호를 필요하게 만들었지만, 많은 사람들이 인류 모두의 이익보다는 자신들의 개인 이득을 우선시 할 때 해결책은 찾기 어렵다. 지구의 생태를 보호하고 보존하는 추천되는 변화는 비용이 많이 들지도 모른다. 그러나 시도하는 것이 중요하다.

지속가능한 발전
삶과 번영을 유지하는 데 필요한 자원을 고갈시키지 않는 경제 성장

현재 지속가능한 발전(Sustainable development)은 규제받지 않는 성장추구의 대안으로써 일반화되고 있다. 운동은 1972년에 본격적으로 시작되었는데, 당시 UN 사무총장은 스톡홀름에서 최초의 인간환경회의를 소집했다. 그때부터 환경 토픽의 광범위한 회의가 수많은 조약들을 만들어냈고 협력을 촉진하고 환경개발을 감시하는 새로운 국제 행위자들을 만들었다.

지속가능한 개발의 개념은 의장직을 맡고 있던 노르웨이 수상의 이름을 딴 브룬드란트 위원회로 대중적으로 알려져 있는 세계환경개발위원회(WCED)의 1987년 보고서 「*우리 공동의 미래(Our Common Future)*」에서 보다 더 직접적으로 유래될 수 있다. 위원회는 세계는 경제적 팽창, 공평, 자원 관리, 에너지 효용성 등의 기본적 이슈들에 대해 근본적으로 다른 접근법을 채택하지 않는다면 세계의 인구성장의 염원과 요구를 충족하는 성장을 감당할 수 없다고 결론 내렸다. 위원회는 신맬서스주의자들 간에 대중적인 격언인 '성장의 한계'를 거부하면서, 대신에 '한계의 성장'을 강조했다. 위원회는 "그들의 요구에 맞는 미래 세대의 능력을 손상시키지 않으면서 현재의 요구에 맞는" 것으로써 '지속가능한 사회'를 규정한다.

또 다른 획기적인 사건이 있었다. 지배적인 풍요주의의 사회적 패러다임에 대한 다른 획기적인 사건은 스톡홀름회의 20주년을 기념한 1992년 브라질의 리우데자네이루에서의 지구정상회담에서 일어났다. 그 모임에는 대략 150여개 국가들, 1,400여개의 NGO, 8,000여 명의 기자들이 모였다. 지구정상회담 이전에 환경과 경제개발은 분리해서 다뤄져 왔었다. 그동안 경제성장은 빈번하게 환경을 위태롭게 하고 붕괴시키기 때문에 종종 서로 갈등하는 것으로 간주되었을 뿐이다. 리우에서 지속가능성의 개념은 환경이슈와 개발 이슈를 동시에 다루도록 자극했다.

그 후 다른 국제회의들은 다음과 같은 명제를 전제로 강력한 합의를 끝냈다. 그 명제란 모든 정치—심지어 세계정치도—는 지역적이고, 특정 장소에서 일어나는 것이 궁극적으로 모든 장소의 상황에 영향을 미치며, 따라서 지구 환경의 보호는 주요한 국제안보 이슈라는 것이다. 2009년 12월 코펜하겐 기후회의의 준비에서 반기문 UN 사무총장은 회원국들에게 기후변화 및 온실가스 배출을 구체적으로 다루어 줄 것을 요구하였다. "우리는 야심찬 신기후협약의 처리를 확정지을 정치적 의지를 활용하여야 한다. … 이에 실패한다면 인간과 지구는 파멸적 위기에 직면할 것이다."라 그는 설명한다. 다른 이들은 지구적 협약에 이른 도전은 위대하나, 코펜하겐회의에서 포괄적 조약에 도달한 것은 아니라고 예상한다(Bueno de Mesquita, 2009; Levi, 2009).

다수의 학자 및 정책결정자들은 기본적 안녕과 안보를 위협하는 것과 같이 글로벌 커먼즈(Global Commons)의 보존에 대한 위협을 확신하고 있다. 지속가능한 개발은 인간 삶과 자산을 유지하는데 필요한 자원을 제공하고, 지구 환경을 보존하기 위한 책임 있는 균형을 향해 나아가는 결정이다. 하지만 지속가능성은 광범위한 변화가 없이는 실현될 수 없다. 이것이 가능할 것인가? 개인들은 공동선을 위해 사적 소비를 기꺼이 희생할 것인가? 우리는 다음 세대를 풍요롭게 하기 위해 현재를 희생할 것인가? 어떠한 접근이 진행 중인가?

비록 지속가능한 개발의 목표가 잃어버린 기회로부터 동떨어져 불만스럽다 하더라도, 정부 및 비정부 행위자의 개념 동의는 창의적이고 환경적으로 민감한 응답을 지속적으로 고무시킬 것이다. 인구증가가 에너지, 식량, 그리고 다른 자원에 대한 늘어나는 수요를 의미하는 정치학적 세계에서 결핍의 정치학은 대단히 중요해 졌다. 이는 상호 의존적 글로벌리제이션에 의해 형성된 취약성이다. 억제하지 않고 내버려 두면 환경안보에 대한 위협은 인간안보와 절충하려 할 것이다. "정부가 막중한 역할을 담당해야 하나, … 비정부기구, 자선가, 사적 영역, 사회적 기업, 그리고 기술자들이 환경의 효과가 저하되는 것을 극복하기 위해 도울 수 있다(Brainard et al., 2009, p. 1)." 환경악화에 대응하기 위한 다음의 몇몇 핵심 글로벌 이니셔티브를 고찰해 보자.

대량식량공급

UN 식량농업기구(FAO)에 따르면, 2050년 90억을 초과할 것으로 예측되는 세계인구의 늘어나는 수요를 충족하기 위해, 식량생산은 적어도 70% 증가해야만 한다. 그러나 식량 불안정성이 늘어나면서, 이러한 공포는 정치적 불안을 이끌고 있다. 2008년 식량가격의 급등과 식량 결핍의 우려가 만연화 됨에 따라, 약 40개국에서 광범위한 폭동이 발생했다. "기묘하게도, 어떠한 식량폭동도 식량 결핍 때문에 발생하지 않았다.… 폭동은 식량구매를 위한 돈의 결핍에 의해 일어났다(Kaufman, 2009, p. 51)."

2011년 세계 식량가격은 또 다시 급등했다(그림 14.5 참조). 3년 전 도달했던 정점을 지난 이후, 전 세계인들을 이미 빈곤하게 만든 고난을 야기한 것이다(지도 14.4 참조). 식량가격 폭등은 당해 다수의 아랍국가 내 정치적 불안정과 저항을 이끈 주요 원인이기도 했다.

이 세 개의 불길한 추세는 미래 식량결핍에 대한 공포를 부추긴다; 작물 수확량의 증가 비율은 느리게 나타나고, 농업 연구의 확장은 축소되어 왔으며(특히 아프리카에서), 세계적 식량 공급은 식량가격이 인상됨에 따라, 수요에 비해 감소하기 시작했다(Runge and Runge, 2010). 식량 가력의 상승요인 중 일부는 환경 탓이다. 침식과 삼림개간은 경작을 어렵게 만들

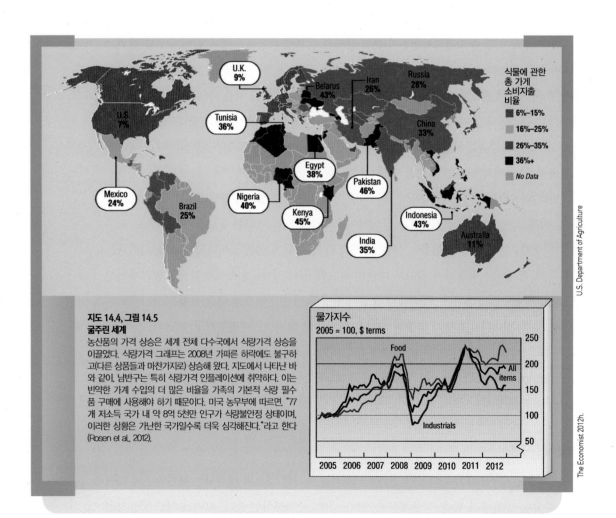

지도 14.4, 그림 14.5
굶주린 세계
농산품의 가격 상승은 세계 전체 다수국에서 식량가격 상승을 이끌었다. 식량가격 그래프는 2008년 가파른 하락에도 불구하고(다른 상품들과 마찬가지로) 상승해 왔다. 지도에서 나타난 바와 같이, 남반구는 특히 식량가격 인플레이션에 취약하다. 이는 빈약한 가계 수입의 더 많은 비율을 가족의 기본적 식량 필수품 구매에 사용해야 하기 때문이다. 미국 농무부에 따르면, "77개 저소득 국가 내 약 8억 5천만 인구가 식량불안정 상태이며, 이러한 상황은 가난한 국가일수록 더욱 심각해진다."라고 한다(Rosen et al., 2012).

었다(Daniel, 2011). 극심한 기후 사태—중국, 러시아 및 아르헨티나의 가뭄, 그리고 캐나다, 파키스탄 및 미국의 홍수—는 농작물을 파괴하고, 시장 붕괴를 이끌었다. 세계 식량 불안정성의 다른 요인은 단기적 전환을 꺼리는 구조적 변화의 결과이다(논쟁: 왜 세계적 식량 불안정이 존재하는가? 참조).

인구의 성장 그리고 남반구 내 메가시티의 폭발적 증가는 급증하는 부와 도시화를 초래하여 식습관의 변화를 가져왔다. 연료가격의 급등—2011년 중동 및 북아프리카 내 연료, 그리고 불안에 대한 글로벌 수요를 증가시키는데 연계된—은 또한 식량가격 상승의 원인이 되었다.

그러나 식량 생산의 큰 증가를 이룰 수 있을 것 같지는 않다. "왜냐하면 생산을 일으킬 수 있는 경작되지 않은 땅이 거의 없고, 더 이상 물도 없으며, 풍부한 비료도 거의 얻을 수 없기 때문이다(The Economist, 2011d, p. 12)."

이는 생존문제를 야기시킨다.—어떻게 이 위기에 대응할 수 있을까? 가격이 급등함에 따라, 식량안보 이슈가 더 큰 관심을 끌며, 정치적 어젠다로 부상하였다. 글로벌 공동체에 더 많은 조치를 요구하며, 전 프랑스 대통령 사르코지(Nicolas Sarkozy)는 무대책의 비참한 결과를 경고하였다; "우리가 어떠한 일도 하지 않는다면, 최빈국의 식량폭동의 위기를 무릅쓰게 되며, 글로벌 경제 성장에 비호의적인 영향을 입게 된다."

UN 세계 식량 프로그램의 전직 상임이사 조셋 시런(Josette Sheeran)도 유사하게 이러한 우려를 표명하였다. 그는 "만일 우리가 재빨리 조치하지 않으면, 식량과 연료가격이 두 배가 됨에 따라 구매력이 절반으로 떨어지게 되어 최저 빈곤 10억 명이 밤새 20억 최저가 될 것이다."

다수의 국제기구들은 몇 가지 종류의 대응책을 설명하기 시작했다. 2011년 세계은행은 4천 만 명에게 채소, 육고기, 과일, 그리고 식용유를 공급하기 위해 15억 달러를 제공하였다. 그리고 해마다 농업 장려를 위해 70억 달러 지출을 약속하였다(Sambidge, 2011). 이는 2012년 농업과 관련 영역에 할당된 93억 달러의 약속을 초과하는 것이며, 2015년까지 100억 달러로 지원을 증가할 것으로 계획되었다(World Bank, 2013i).

하지만 본질적 변화를 행하는 정치적 의지를 유지함이란 항상 어렵다. 예컨대, 선진국은 농업 보조금 감축에 저항하고 있는 것이다. 게다가 제안된 해결책 중 일부, 즉 유전공학(genetic engineering)및 유전자 조작 농산물(transgenic crops), 그리고 가축들과 같은 방안은 논쟁 중이다. 다양한 국가와 NGO에 의해 지지를 받지 못하고 있다.

식량 불안정에 대한 다수의 해결책이 생산 식량의 양적, 질적 향상에 초점을 맞추고 있으나, "대부분 최근의 기아는 식량이 충분치 않아서가 아니라, 잘못된 관리—충분한 식량의 빈약한 배분을 이끈 제도적 실패, 혹은 다른 지역이 기아에 직면해 있음에도 비축하고 저장하는 일—에 의한 것"이라는 점을 지적하는 것이 중요하다(Banerjee and Duflo, 2011, p. 71). 아

유전공학

자연적으로 만들어진 품종들에 대한 대체로서 사용되고 팔리는 인류와 식물의 새로운 식물 유형을 위한 종자를 개발하려는 연구

유전자 조작 농산물

자연적이 아닌 이종교배로 된 품종들로부터 유전자를 결합하는 유전자 공학을 통해 인공적으로 만들어진 개량된 특성을 가진 새로운 농산물

왜 세계적 식량 불안정이 존재하는가?

식료품 가게를 휙 둘러보면 흥미로운 점이 있다.—2003년 이래로 빵 가격은 거의 75% 올랐고, 돼지고기 가격은 두 배 이상이며, 바나나 값은 40% 이상 상승하였다(Dykman, 2008, p. 35). 전 지구적으로 식료품 가격상승은 개도국 내 시민 불안 및 인도주의적 위기를 야기시키켰다. 2007년에서 2009년 초반, 거의 40개 국가에서 식량 폭동—멕시코의 '토르띠아(Tortilla) 폭동', 이탈리아의 '파스타 폭동'—이 일어났다(Landau, 2010). 2011년 식품가격 상승은 아랍 국가 전역을 휩쓴 불안정 및 반정부 저항을 주입하였다(Zurayk, 2011). 식량부족에 대한 두려움의 확산으로 공포의 사재기가 잇따르며, 정부는 수출금지 및 긴급 가격통제로 대응해야 했다.

　　　　이러한 딜레마는 특히 가난한 자들에게 식량 폭동은 흔한 일이 될 수 있다는 경고를 보여준 것이었다(Ahmed, 2013). 게다가 완강하게 높고 변덕스런 식품가격은 기아 및 저영양 상태에 영향을 미칠 뿐만 아니라 '높은 가격 때문에 가족을 먹이기 위해 영양이 덜 하지만 더 싼 식품을 선택하는 사람들에 따른 비만'과 같은 건강 문제까지 영향을 준다(World Bank, 2013h).

　　　　어떤 요소가 '위험 구역'을 빈곤하게 하도록 우리를 내모는가? 지구적 위협의 상호연결된 본성 및 인간욕구를 충족하기 위한 내재된 거래로 인한 식량 불안정성의 몇몇 주된 원인을 검토해 보자. 또한 개별 국가와 국제기구의 정책이 전체적으로 국제 시스템에 영향을 주는 방식을 고찰하자.

- **환경 스트레스**　인구통계적 그리고 기후의 변화는 위기에 영향을 미쳤다. 예컨대, 도시화의 진전은 농업 분야 스트레스를 증가시켜 왔다.—핵심 농토는 빠르게 증가하는 도시지역으로 포함될 뿐 아니라, 정부가 공식적으로 지정한 농업 영역(관개 및 농장시설의 보조와 같은)지원함으로써, 도시개발로 전환될 수도 있다(Teslik, 2008). 기후 변화의 주요 효과 중 하나는 '심각한 기상' 사건을 증가시켰다. 이러한 사태는 농업생산에 피해를 입히는데 주요 역할을 하였다. "과학자들은 만일 세계가 섭씨 2도씨 더워지면,—20년에서 30년 만에 도달할 수 있는 더위——광범위한 식량 부족, 전례 없는 무더위, 그리고 더욱 강한 싸이클론을 야기시킬 수 있다."라고 2013년 6월 세계은행장 김용(Jim Yong Kim)은 경고했다. 예를 들어, 중국의 가뭄은 밀 생산의 1/3을 감소시켰으며, 에콰도르의 홍수는 최근 바나나 가격상승의 주요 역할을 하였다. 또한 "40년 이상 농부들은 모든 이들을 위해 충분하게 생산하는 것이 더욱 어렵다는 것을 알게 될 것이다. 이는 토지, 물 및 비료의 제약 때문이다(The Economist, 2011e, p. 16)." 이에 더해, 반기문 UN사무총장은 "계속되는 토지의 질적 저하—기후 변화에 의한 기상, 지속불가능한 농업 혹은 수자원의 빈약한 관리—는 식량 결핍에 대한 위협이다. 이는 대부분 강력히 영향을 받는 공동체에 기아를 일으킨다."라 언급하였다.
- **정부 정책**　11장에서 언급한 바와 같이, 정부는 전통적으로 보조금과 관세를 통해 자국의 농업시장을 보호해 왔다. 이는 다수의 농업 상품가격을 증가시키는 주요 원인이 되었다. 게다가 최근 식량부족은 정부 개입의 또 다른 형태로 급증하게 되었다.—밀, 쌀과 같은 농산품의 수출을 제한하는 것. 실제로, UN 세계 식량 프로그램은 40개 국가가 이러한 수출 금지에 묶여 있다(Teslik, 2008).
  이러한 금지 조치는 가격이 상승한 이들 상품의 대 세계 공급을 저하시킨다. 이러한 맥락에서 바이오 연료 생산에 대한 정부의 장려는 식량가격에 영향을 미친다. "오는 수십 년 간 세계 식량 가격상승의 약 30%는 세계적 바이오 연료 생산증가에 기여할 수 있다(Runge and Runge, 2010, p. 14)."
- **가격**　농업 투입의 비용은 급격히 상승하였다. 농업은 생산 측면과 더불어 수송에 이르기까지 석유에 대단히 의존적이다. 그래서 농업은 에너지 가격 상승에 심한 타격을 입는다. 게다가 비료 가격 또한 급격히 오르게 되어 더욱 그러하다. 예컨대, 질소비료 가격은 1999년 이래로 350% 상승하였다(Financial Times, 2007).

계속

왜 세계적 식량 불안정이 존재하는가?

- **식량소비 패턴** 중국, 인도, 러시아 및 브라질과 같은 신흥시장에서 국가가 발전함에 따라 사람들의 식습관도 변화되어 왔다. 특히 이러한 국가들은 육류 및 낙농 제품의 소비를 급격히 증가해 왔다. 예를 들어, 전통적으로 채식 위주 사회였던 중국의 육류소비는 1980년대 이후 두 배가 되었다.—그리고 이제는 미국의 두 배이다.—그리고 낙농류 소비는 세 배가 되었다(Larsen, 2012; Dymkan, 2008). 브라질의 낙농제품 소비는 2005년에서 2007년 간 두 배가 되었다(Financial Times, 2007).이는 생산품의 수요를 증가시킬 뿐 아니라, 이들 생산을 위한 투입 필수품의 증가 또한 불러일으킨다(사료와 같은 것).

  뚜렷한 소비에 대한 권리를 강조하는 지배적으로 풍부한 사회 패러다임은 지구적으로 공격을 받고 있으나, 지속가능한 발전을 이루기 위한 많은 도전이 남아있다.

여러분은 어떻게 생각하는가?

- 여기에서 언급한 식량 위기의 원인 중—환경 스트레스, 정부정책, 농업 투입비용, 그리고 식량소비 패턴—당신은 어떤 것이 위기를 극복하는데 가장 중요하다고 생각하는가? 이유는?
- 정책결정자로서, 당신은 국내 빈곤에 대한 처리 필요와 국제 간 인도주의적 식량위기 대응의 필요 간 어떻게 균형을 잡을 것인가?
- 식량위기는 우리 존재에 대한 기본적 문제를 야기한다: 우리 세계는 자체를 지원할 능력이 있을까? 현실주의, 자유주의, 그리고 구성주의 이론들은 우리의 미래 전망에 대하여 어떠한 시각을 제공하는가?

마르티야 센(Amartya Sen)의 관측에 따르면, "상대적으로 덜 위압적인 독립 민주주의 국가에서 어떠한 광범위한 기아도 일어난 적이 없다."라고 한다. 국내 관행과 정책의 개혁이 식량 불안정을 예방하고 대응하는 노력의 본질적인 측면이며 지속가능한 발전을 추진하는 일이다.

재생가능한 자원의 에너지로 전환하기

국가들은 글로벌 커먼즈의 진화와 보존에 직접적으로 영향을 미치는 에너지 수요의 증가를 어떻게 충족할 것인가? 새롭고 덜 파괴적인 에너지의 원천은 태양, 풍력, 그리고 수소와 같이 풍부하고 신재생적 에너지 원천으로부터 끌어내어 혁신적 신기술의 출현에 의해 곧 나타나게 될 것이다. 지난 125년 동안의 국제 에너지 발전과 소비의 패턴을 뒤집는 그러한 지구적 변환의 영향은 클 것이다. '큰 석유(big oil)'의 시대는 정말 끝날 수 있는가? 그것이 사례가 될 수 있다. 폭넓게 변동하지만 오르고 있는 석유가격과 지구온난화에 대한 대중의 경고는 있지만 모두 망설이면서 보다 더 깨끗하고 값싼 에너지 체계로 세계를 강제하고 있다. 화석연료의 공급이 곧

바닥나지는 않을 것이지만, 외부적 영향이나 환경과 보건에 대한 위험은 화석연료의 연소를 지나치게 위험하게 인식케 할 것이다. 석유와 석탄의 연소는 폐암과 그 밖의 많은 건강에 유해한 것의 원인이 된다. 더욱이 그것은 삼림, 물의 질, 그리고 토양을 훼손시키는 대기오염, 도시 스모그, 산성비(acid rain)를 이끈다. 기술로 재생가능한 자원의 에너지로 이전하는 강력한 동기이다. 그림 14.6이 보여주듯이, 석유의 대체재 중 지열, 생물연료뿐만 아니라 태양열, 조류, 풍력 등 대부분이 기술적으로, 경제적으로 실행가능 할 것 같다.

산성비

이산화황과 이산화질소의 결합을 통해 산성으로 만들어진 강수

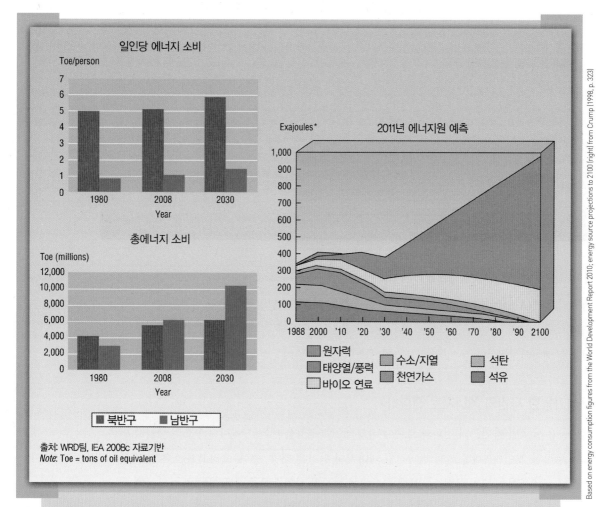

그림 14.6
2100년경까지 증가하는 에너지 요구에 대한 공급
에너지 수요는 지속적으로 상승하여, 비재생 자원으로부터 궁극적으로 가용한 분량 이상의 에너지를 요구하게 된다. 북반구는 남반구보다 평균 일인당 4배 반 이상의 에너지를 소비한다(좌측 위쪽). 하지만 개도국의 에너지 소비는 증가세이다. 향후 20년 간 세계 에너지 소비의 계획된 증가에서 90% 가량을 담당할 것으로 예측된다(좌측 아래). 비화석 연료의 공급은 아마도 증가하여(우측), 21세기 후반 세계 전체 에너지 수요를 충족하는 신재생 자원에 맞출 수 있을 것이다.

알려진 기술 가운데 핵에너지는 전기와 열을 발전시키는 핵 처리를 지속시킨다는 어떤 점에서, 종종 화석연료 의존에 대한 뛰어난 대체재로써 종종 옹호되어 왔다(그림 14.7 참조). 현

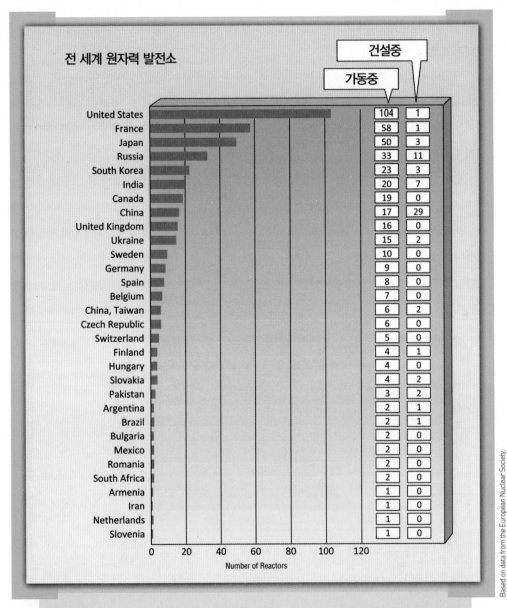

그림 14.7
폭탄부터 전구까지
1954년 러시아 오브닌스크(Obninsk)에 상업용 전기를 생산하기 위한 원자력 발전소가 세계 최초로 건설되었다. 수치가 나타내는 바와 같이, 2013년 원자력 발전소의 수는 31개국 437개소로 확장되었으며, 15개국에서 68개의 추가적 원자로를 건설 중이다. 미국은 1980년대 이래 첫 원자력 계획을 승인하였으며, 두 개의 원자로를 건설하기 위해 83억 달러의 국채 담보를 제공하였다. 2017년 원자로가 활성화되면, 150만 인구에 전기를 발전할 것이다.

존하는 핵발전소는 미국 전력의 약 19%를 제공하고 있다(Nuclear Energy Institute, 2013). 하지만 2012년 미국 내 소비되는 석유의 대략 40%를 제공하는 해외 공급에 의존을 완화할 새로운 핵발전소 건설에 수조 달러를 지출하고 있다(U.S. Energy Information Administration, 2013).

그러나 안전과 재정적 비용은 이러한 핵발전소에 대한 예정된 급등을 낮출 수도 있다. 이러한 문제들로(독일, 스웨덴, 스페인과 같은) 일부 국가들을 그들의 핵 프로그램을 줄였거나 단계적으로 폐지하게 했다.

미국에서 널리 알려진 1979년 펜실베이니아 쓰리마일 아일랜드 핵발전소 사고, 그리고 1986년 우크라이나의 체르노빌 사고, 1995년과 1999년 사이에 (일본 전력의 대략 1/3을 제공하는) 일본의 52개의 핵발전소에서 일어난 5회의 사고는 핵발전소의 잠재적 위험성을 두드러지게 나타냈다.

2011년 3월 11일 9.0의 지진 및 해일이 일본을 강타하여, 그 곳의 핵발전소에 대한 막대한 피해를 일으켰다. 방사능물질의 유출로 인해 후쿠시마 다이이치 핵발전소의 12마일 반경 내 7만 인구가 대피해야만 했다. 이 때 이후, 원자력에 대한 안전 우려가 전 세계적으로 확산되었다. 2011년 5월 독일은 2022년까지 원자력 발전소를 전면적으로 철폐할 것이라 공언하였다. 스위스 전력의 40%가 원자력에서 공급되고 있음에도, 그들의 생활 반경에 닿은 원자

잘못을 허용하지 않는 핵발전 실패의 비용
우크라이나의 프리피아티(Pripyat). 이곳은 체르노빌 핵사고 이후 폐쇄되었다. 이러한 교훈으로부터 배우지 않고, 오히려 대중의 강력한 반대에도 불구하고 러시아는 향후 20년 동안 수십억 달러를 벌어들이겠다는 희망으로 가장 큰 국제 방사능 핵폐기물 저장고가 되기 위해 국경을 개방했다.

로를 모두 폐쇄할 것이라 발표하였으며, 나머지 공장들도 2034년 내 철폐할 것이라 하였다 (Mufson, 2011).

핵발전의 위험에 대한 관심은 안전을 넘어 확장되었다. 전 세계 437개 핵발전소에서 나오는 고준위 방사성 폐기물을 어떻게, 어디에서 처리할 것이냐는 사실상 어느 곳에서도 해결되지 않은 문제이다(European Nuclear Society, 2013). 5만 2천 톤의 독성 방사성 폐기물을 다룰 안전한 과정이 없고, 그중 일부는 수백 수천 년 동안 그대로 남을 것이다. 님비(NIMBY: 내 뒷마당에서는 안 된다)는 세계 생태의제에 관한 불화를 일으키는 외침이다. 북반구 국가들은 영토 밖으로 폐기물을 버리고자 하고, 남반구는 폐기되지 않기를 선호할 것이지만 종종 이뤄졌다.

상관된 두려움은 지금 핵기술을 갖지 못한 국가들이 핵무기를 개발할 수 있다는 것이다. 대부분의 핵에너지 생산시설은 계속해서 무기급 물질, 특히 고농축 우라늄과 플루토늄을 쉽게 생산한다. 그것은 국가안보 관심사이다. 왜냐하면 "기본적인 기술적 기반시설로 무기와 전자를 지원할 수 있고, [이란, 북한, 그리고 시리아와 같은 국가들에 의해] 무기를 만들 능력 없이도 핵에너지가 개발될 수 있다고 확신할 수 있는 명확한 방법이 없기 때문이다(*Vital Signs 2006-2007*, p. 34)." 이러한 딜레마는 북한의 핵개발 프로그램에 관한 심대한 우려에서 강조된다.

잠재적인 대체연료 자원을 개발하려는 다른 노력 또한 화석연료 의존성을 중단한다는 희망을 가지고 시작되었다. 이러한 노력의 중요성을 인식한 미 오바마(Obama) 대통령은 "우리의 경제를 진실되게 변형하고, 우리의 안보를 수호하며, 기후변화의 황폐화로부터 지구를 구하는 것, 우리는 궁극적으로 깨끗한 신재생에너지, 적합한 종류의 에너지를 만들어 낼 필요가 있다."고 선언하였다. 토마스 프리드먼(Thomas L. Friedman, 2008)은 이러한 정서에 반향하여 다음과 같이 주장하였다. 화석연료를 고수하는 국가들은 신재생에너지 기술을 개척한 국가와 비교하여, 자국의 안보와 자산의 감소를 보게 될 것이다. 이러한 강조는 지난 10년 간 관례적인 환경오염 이슈에 대한 집중에서 클린 에너지 기회에 관한 것으로의 이슈 전환을 반영한다.

반사되는 백색 지붕은 에어컨디셔닝 비용을 약 20% 절감하며, 이는 이산화탄소 배출을 줄인다. 즉 에너지 절감 및 지구온난화에 대처하는 방법으로 유명해졌다(Barringer, 2009). 해초와 조류(藻類) 분야는 미래 잠재적 물결로써 내세워지고 있다. 즉 "해조오일은 바이오 디젤 혹은 비석유 가솔린으로 처리될 수 있으며, 탄수화물을 에탄올로, 프로틴을 동물 사료로, 혹은 인간의 영양 보충제로 가공할 수 있다(Gies, 2008, p. 3)." '환태평양 화산대' 내에 위치한 인도네시아와 필리핀은 지열의 원천으로 화산력을 이용하려 하고 있다. 인도네시아는 적어도 130개의 활화산을 보유하고 있다. 지구정책기구 회장 브라운(Lester Brown)에 따르면, "인도네시아는 자국 경제를 전적으로 지열 에너지로 운영할 수 있지만, 아직 잠재자원을 이용조차 하지 못했다(Davies and Lema, 2008, p. 13)."

현재는 대부분의 사람들에게 너무 비싸지만, 혼다자동차는 세계에서 처음으로 수소연료 전지 자동차를 생산하기 시작했다. 후쿠이 다케오(Takeo Fukui) 혼다 회장은 "이것은 지구 미래를 위해 반드시 가져야 할 기술이다."라고 말했다(Fackler, 2008, p. 16). 기술, 경제, 문화, 그리고 환경 변화는 공급 부족 및 수요 급증에 처한 주요 에너지의 초기 단계 전환을 제시한다.

재생가능한 자원의 에너지로의 전환은 세계 환경파괴로부터 먼 가능한 길을 의미한다. 많은 사람들이 충분히 곧 일어날 이것을 기다리지 못하고 있다. 그들은 위험을 줄일 다른 길을 제안한다. 환경을 보호하는 규칙과 규제 준수 메커니즘을 설립하여 준수하도록 하는 강력한 규칙을 포함한 국제조약으로 국가 간에 협정을 맺는 것이다.

환경보호를 위한 국제조약들 1992년 스톡홀름에서의 지구정상회담은 하나의 선례가 되었다. 그 정상회담에서의 개별적인 조약이 전 세계를 통틀어 생물다양성의 보존을 위한 포괄적인 협정을 만들어냈다. 그것은 국가 정부로 하여금 서식지를 보존하는 국가 전략을 고안하고, 멸종될 위기에 처한 종들을 보호하며, 보호 지역을 확장하고, 훼손된 지역을 복구하도록 했다. 그때 이후로 세계는 지원된 인류 공동자산을 보호하기 위해 합의에 이르고 비준된 조약들로 그 협정을 지원하는 점차 협의된 노력을 통해 협조하려고 했다.

*성공은 성공을 낳았다. 생물다양성 조약*은 협정에 따라 국제적으로 환경문제를 다루는 국제적 노력을 잇따르게 했다. 대표적인 사례는 2005년의 교토의정서였다. 그 의정서로 세계 온실가스 배출량을 적어도 55%까지 책임지는 156개 국가들이 지구온난화와 연계하는 가스방출을 2012년까지 1990년 수준 아래로 하는 줄이겠다고 서약했다. 미국만이 협력에 거부했다.

2012년 데드라인이 임박하여 교토의정서의 계승을 논의하기 위해, 북반구는 기후변화를 야기한 문제점들을 퇴치하기 위해, 2020년까지 총 천억 달러를 남반구에 제공하기로 약속하였다. 그러나 국가들은 글로벌 기후변화에 대한 장기 구속력 있는 협정에 이르지 못하여, 이전 대상을 확대하는 포스트 2012 프레임워크에 대한 전망이 어두운 상태다. 이어진 2011년 더반 기후회담에는 오직 34개 산업국가(글로벌 온실가스 배출에 오직 15%만이 책임이 있는)만이 2013년 시작하는 두 번째 약속에 동의하였다.

다수의 국제환경조약은 지난 130년 동안 기하급수적으로 증가했다. 그러나 많은 회의론자들은 이러한 노력이 너무 약소하고, 너무 늦었으며, 미래 세대를 위해 인류공동의 자산을 구하기 위해서는 충분하지 않다고 우려한다. 많은 사람들이 제기하지 않으면 안 되는 환경의 위험을 관리하는 오늘날 현존하는 조약의 능력에 의문을 제기한다. 일부는 약하고, 그들이 주장하는 다양한 문제들을 개선할 필요한 정책변화를 강요하지 않으면서 우려를 표현하고 있다.

특별한 우려 중에는 세계의 초강대국인 미국이 지원을 주저한다는 사실이었다. 미국은 UN의 31개 주요 세계 환경협정 중 1/3에만 비준했다. 환경보호 활동가들은 미국이 주도하는 것을 거절하면, 환경보존 레짐의 규칙을 강화할 전망이 어둡다고 우려한다.

무역, 환경, 그리고 지속가능한 발전

다국적기업들은 진행되고 있는 환경경제학 게임에서 지구의 운명을 결정할 핵심 플레이어이다. 기업들은 세계적으로 통제하고, 그들은 자유무역의 로비스트들을 가진 강력한 지지자들이다. 그들의 힘과 추구가 지속가능한 발전에 도움이 되느냐 아니면 해가 되느냐? 그 질문은 특히 급속한 세계화된 세계에 적절하다. 그 세계에서 무역은 정치, 경제, 생태, 그리고 사회와 문화를 계속해서 연결하는 상호의존의 네트워크로 존재하고 있다.

무역으로부터 얻는 이득과 비용의 문제를 넘어서 환경론자들과 자유주의 경제학자들은 환경 기준들을 향상시키는 데 무역을 사용하는 지혜에 대한 평가가 다르다. 자유주의 경제학자들은 그러한 노력을 시장 왜곡으로 보지만, 환경론자들은 그것들을 환경개발의 외부 효과(예를 들어, 화학공장에 의한 대기오염)에 대한 보상하지 못하는 시장의 무능력과 같은 시장의 실패를 교정하는 유용한 도구로 본다. 그러나 일부 국가들, 특히 남반구에 있는 국가들

RUTH FREMSON / The New York Times/Redux Pictures

"독성 연못에서의 놀이"
역사상 최악의 산재 현장 중 한 곳인, 인도 보팔의 이전 캐바이드 공장 근처에서 아이들이 놀고 있다. 아이들이 놀고 있는 이 '연못'은 이전 살충제 공장의 화학생산물을 포함한 폐기물 구덩이였다. 1984년 보팔에서는 화학물질 누출에 의해, 3천명 이상의 사망자가 발생하였음에도, 이 지역은 – 여전히 400톤 이상의 유독성 폐기물이 잔류하여 – 정화되어야만 한다. 사진은, 환경위기가 얼마나 오랜동안 지속될 수 있는지에 대해 냉혹히 상기시키며, 정치가 이를 해결할 필요성을 상기시켰다.

은 무역 메커니즘의 사용을, 환경을 보호하기 위한 무역 메커니즘의 사용을, 부유한 국가들이 남반구가 영구히 불리한 조건을 갖도록 유지하기 위해 유리한 북반구 시장으로의 진입을 막는 다른 방식으로 본다.

거래는 때때로 원칙적으로 모두가 인간의 복지와 안보를 증가시키는 것으로 보이는 목표 사이에 이뤄짐에 틀림없다. 그러나 다른 분석은 무역이 국가들로 하여금 그들의 경제적 능력 이상으로 활동하게 조장한다고 주장한다. 일부 생태학자들에 따르면 무역은 국가 경계를 넘어서 상품을 위한 시장을 확대함으로써 생산과 소비의 훼손하는 생태적 영향을 확대한다. 그들의 자원 토대를 고갈시키거나 그것들을 보호하는 엄격한 법칙을 통과시킨 국가들은 높은 소비에 의한 환경적 스트레스를 다른 국가의 뒤뜰에 이동시키는 식으로 쉽게 필요한 상품을 해외에서 찾을 수 있다.

공동 자산의 비극은 어두운 미래를 제시한다. 인류가 돌진해야만 하는 목적지는 파멸인가? 아니면 보다 낙관적인 시나리오는 가능한가? 경향이 세계적으로 소비자 수요가 늘어나고 있는 상품에 투자하고 개발한다면, 그들의 이익이 향상될 것이라는 점을 인식하기 시작한 세계 기업의 가능성에 있어 좋은 징조가 있는 기업의 세계 재정의 문화에서 진행 중이다.

게다가 환경보호 상품을 팔고자 하는 환경친화적인 산업의 맥락에서 새로운 '기업의 책임 코드'는 환경을 보호하기 위해 기획된 새로운 상품을 개발하는 변화의 시대를 낳을 수 있다 것을 용인하고 있다(표 14.1 참조). 국제정치경제가 세계 환경 지속가능성에 기여할 수 있는 상품을 생산할 경제적 유인을 제공할 가능성은 환경 보전에 대한 위험이 억제될 수 있다는 희망을 고무하고 있다. 그 희망은 일부 정부와 개인들이 환경의 지속가능성의 지역적 해결책을 찾고 있기 때문에 점증하고 있다.

거대한 관심이 현재 세계 서열 체계에서 유리한 지위에 있는 일부 매우 강력한 국가들이 고통스럽고 값비싸게 조정하는데 이기적으로 저항하고 있다는 것이다. 그 강력한 국가들은 기존의 환경보호 정책의 개선에 저항하고 있다. 하지만 일부 강국들은 환경 파괴에 대해 다른 반응을 보이고 있다. 많은 국가들이 발전을 동반한 지속가능한 성장을 경험하게 할 수 있는 재생 가능하고 값비싼 프로그램들에 투자함으로써 장기적 경제성장의 기대로 단기적 이익 손실의 위기를 가까스로 감수하고 있다. 그림 14.8을 분석해 보자. 이것은 환경성과지수에 따라 국가들의 순위를 표로 만든 것이다. 성적은 그들의 미래 환경을 보호하기 위한 그들의 투자를 측정한다. 명확히 일부 국가들은 환경의 지속가능성을 그들의 이익을 보호하는 우선과제로 보았다.

전 세계는 중대한 시점에 서 있다. 인류가 취한 길은 먼 장래의 인간 안보에 영향을 미칠 것이다. 심각한 자연환경의 문제의 증거는 점점 더 무시하기 어려워지게 하고 있다. 위험이 너

표 14.1	글로벌 기업의 환경성과 순위					
순위	기업/영역/ 국가	환경 영향 점수	환경 관리 점수	환경 공시 점수	녹색 점수	주작용
1	Santander Brasil / 금융 / 브라질	88.5	88.4	61.5	85.7	Santander는 잠재적 고객의 환경적 실천에 투자하는 관행을 채택하여, 고객을 위한 대출 혹은 신용한도 승인 이전에 잠재적 문제를 바로잡는다.
2	Wipro / 정보기술 및 서비스 / 인도	70.2	100.0	88.3	85.4	Wipro는 환경보전의 덕망 있는 역사를 가졌다. 이들은 향후 몇 년 간 '생물다양성 지역'을 5개소 선정하여 만드는 것으로 자신의 전통을 이어나갈 계획이다. 이에 Wipro 북부 캐롤라이나 데이터 센터는 LEED Gold를 수상했다. −Wipro의 지속가능성에 대한 약속의 표시
3	Bradesco / 금융 / 브라질	87.9	75.9	99.9	83.7	환경개혁을 시작하기 원하는 회사에 자금을 제공하는 한편, 자기업의 환경 영향을 줄이기 위해, Bradesco는 지금까지 아마존 우림의 천 만 핵타르−약 4만 평방 마일−을 비영리로 보호해 왔다.
4	IBM / 정보기술 및 서비스 / 미국	78.9	87.0	82.9	82.9	운영효율성을 개선하고, 1990년대 시간당 51억 킬로와트의 자기업 전력사용을 감축하며, 다른 사업에서도 똑같이 할 수 있도록 컴퓨터 체제를 제공한 성공적 역사를 가지고 있다.
5	국립 오스트레일리아 은행 / 금융 /호주	82.0	79.5	99.8	82.7	2010년 말 경 탄소중립을 성취하였으며, 재활용, 종이 절약 계획 및 신규 건물 건립 시 환경 표준을 포함함으로써, 환경보존을 지속하고 있다.
6	BT Group / 전기통신 / 영국	77.3	84.2	99.8	82.7	탄소배출의 59% 감축에 도달한 BT Group은 2020년까지 80% 배출 감소할 계획이다. 동 계획은 2016년까지 에너지소비의 25%를 생산하기 위한 풍력발전지역을 설립하는 것을 포함한다.
7	Munich Re / 금융 / 독일	87.6	78.2	79.0	82.5	Munich Re는 환경적 책임에 관한 오랜 역사를 가져왔다. 동 기업은 1974년 이래 기후변화를 연구해 왔으며, 최근 보험업계가 가 기후에 대한 영향을 줄이는 방법을 찾을 수 있도록 돕는데 연구를 이용하기 시작했다.

순위	기업/영역/국가	환경 영향 점수	환경 관리 점수	환경 공시 점수	녹색 점수	주작용
표 14.1			글로벌 기업의 환경성과 순위			
8	SAP / 정보 기술 및 서비스 / 독일	80.7	78.9	99.8	81.8	SAP는 전기사용에서 시간당 80억 킬로와트를 절감- 약 5억 5천만 달러 가치의 에너지, 가격으로 환경영향을 언급하는 것은 아니지만,- 하는 것으로 측정된 에너지 절감상품을 생산한다.
9	KPN / 전기통신 / 네덜란드	76.1	81.3	98.3	80.6	KPN은 현재 '그린 에너지'를 통해 모든 에너지 수급을 거의 충족하고 있다. 2020년까지 완벽한 탄소중립이 되기 위한 궤도에 올랐다.
10	Marks & Spencer / 소매업 / 영국	65.7	92.0	95.8	80.5	5년간의 지속가능성 프로그램을 통해, 이 영국 소매기업은 탄소중립 상태이다. 동 기업은 쓰레기를 결코 매립하지 않는다. 더구나 여기서 팔리는 모든 생선은 '가장 지속가능한 가용 자원'에서 나온다.

자료: 2012년 10월 글로벌 컴퍼니의 Newsweek Green Rankings 2012에서 기초하였다. 녹색점수는 환경영향점수의 가중평균이다(45%). 이는 700 단위계 이상에 기초한다; 환경관리점수(45%), 이는 기업계획 및 정책을 평가한다; 그리고 환경공시점수(10%), 이는 CEO, 교수 및 환경 공무원의 설문에 기초한다.

무 크기 때문에 퍼즐의 모든 조각들―인구증가, 천연자원, 기술, 그리고 삶의 방식의 선호 변화―은 동시에 움직여져야 한다.

필요가 정말 발명의 어머니라면, 희망은 있다. 지구는 구해져야만 한다. 그렇지 않으면 모든 다른 기회들은 막힐 것이고, 지구 환경은 확실히 파멸에 직면할 것이며, 인간의 역사는 끝날 것이다. 그러므로 아마도 위험이 큰 만큼 해결책도 발견될 것이다. 세계가 투쟁할 때, 해결책에 대한 논의는 두 가지 진로로 계속될 것 같다. 즉, 인류의 집중이 환경 악화를 역전하려는 방향으로 조정되어야 한다는 사람들과 환경 훼손을 억제하는 새로운 기술을 만드는데 집중하는 것을 선호하는 사람들이 그것이다. 두 가지 전략들은 당장 필요한 것처럼 보인다.

우리 전체 지구, 육지와 수역, 지구표면과 지층은 오늘날 전 세계경제 경쟁의 장을 제공한다.
그와 같은 다양한 부분들의 서로에 대한 의존은 영속화 되어왔다.

―레온 트로츠키(Leon Trotsky), 러시아 급진공산주의 이론가

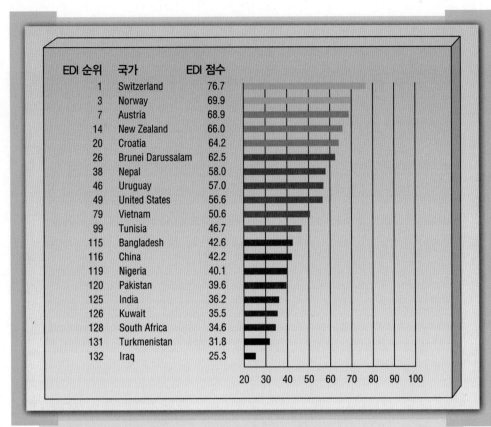

Figure created from data from the 2012 Environmental Performance Index.

그림 14.8
환경의 지속가능성에 대한 국가별 이행 측정
환경보호 이행의 측정은 일부 국가들이 그들의 환경이 보호되고 있다고 확신하는 많은 다른 국가들보다 훨씬 많이 행하고 있음을 보여준다. 환경성과지수(EPI)는 환경 보건, 대기 오렴, 수자원 보존, 생물다양성과 서식지, 생산적 자연자원 및 기후변화의 국가별 상대적인 이행을 가늠케 해준다. 위의 이러한 결과는 차이들을 드러내는 선별된 국가들의 EPI 순위를 나타내고 있다.

STUDY. APPLY. ANALYZE.

핵심 용어

공유의 비극	삼림개간	온실효과	지속가능한 발전
미래주의자	생물다양성	유전공학	지식공동체
빈곤의 정치학	수용능력	유전자 조작 농산물	환경안보
사막화	신맬서스주의자	인류공동의 자산	
산성비	오존층	인클로저 운동	

추천 도서

Brainard, Lael, Abigail Jones, and Nigel Purvis, eds. (2009) *Climate Change and Global Poverty.* Washington, DC: Brookings Institution Press.

Brown, Lester B. (2012) *Full Planet, Empty Plates: The New Geopolitics of Food Scarcity.* New York: W. W. Norton & Co.

Friedman, Thomas L. (2008) Hot, Flat, and Crowded: Why We Need a Green *Revolution, and How It Can Renew America.* New York: Farrar, Straus and Giroux.

Hannigan, John. (2012) *Disasters Without Borders: The International Politics of Natural Disasters.* Cambridge: Polity.

Hittner, Jeffrey. (2010, September 23) "Sustainability: An Engine for Growth," http://www.carnegiecouncil.org/resources/ethics_online/0049.html.

Levi, Michael A. (2009) "Copenhagen's Inconvenient Truth: How to Salvage the Climate Conference." *Foreign Affairs* 88, no. 5: 92–104.

Coyle, Eugene D. and Melissa J. Dark, eds. (2014) *Understanding the Global Energy Crisis.* West Lafayette, IN: Purdue University Press.

Vanderheiden, Steve. (2011) "Globalizing Responsibility for Climate Change," *Ethics & International Affairs* 25, no. 1 (Spring):65–84.

World Bank. (2010) *World Development Report 2010: Development and Climate Change.* Washington, DC: The International Bank for Reconstruction and Development/ The World Bank.

PART 5

세계정치의 미래

Jay Directo/AFP/Getty Images

미래 세계에 대한 예측 대부분은 과거의 사건이나 경험으로부터의 추론에 근거한 것이다. 사람들은 흔히 거대한 경향 혹은 추세에 대한 이해에 기초하여 미래를 예측한다. 하지만 세계정치를 둘러싼 복잡한 불확실성은 그러한 예측을 어렵게 만든다. 어떤 경향은 같은 방향으로 나아가는 것처럼 보이지만, 또 어떤 것들은 방향을 전환한다. 어떤 경향은 서로 교차하는데, 또 어떤 것들은 시간이 지나면서 서로 분리되어 나아간다. 그리고 어떤 경향은 다른 경향의 변화를 더욱 빠르게 만드는데, 어떤 세계적 경향은 다른 경향의 영향력을 약화시킨다. 거대하면서도 서로 다른 경향의 의미를 해석하는데 여러분이 해야 할 일은 다음의 두 가지이다. 1)일시적 경향과 세계정치에 지속적인 영향을 미치는 중요한 경향 사이의 차이를 구분하고 2)하나의 특정한 경향이 아닌 여러 중요한 경향들이 어떻게 연결되었는지 들여다보는 것이다.

오늘날 세계정치에서 여러분의 미래 세계에 영향을 미치는 중요한 경향은 어떤 모습으로 서로 연결되어 나타날 것인가? 글로벌 질서를 이루기 위한 과거의 노력들은 유용한가? 아니면 새로운 이슈들이 글로벌 아젠다로 등장하여 과거의 접근법들은 거부될 것인가?

이 책의 5부는 어떤 답을 구하거나 예측을 하는 결론의 성격보다는 여러분이 21세기를 전망하는데 필요한 아이디어를 불러일으키는 질문의 성격을 띤다. 이러한 질문들이 제기하는 이슈들에 대해 생각하면서 보다 평화롭고 정의로운 미래 세계를 만들기위해 그것들을 어떻게 설명해야 할 것인지 스스로에게 질문해보라.

글로벌 목적지: 희망일까, 절망일까?

이 사진은 세계 여러 도시들에서 나타나는 극적인 불평등을 보여준다. 어떤 곳에서는 번영을 구가하지만, 어떤 곳의 삶은 절망적이고 지저분하다. 이 두 가지 조건은 모두 세계정치의 거대한 경향이 만들어낸 것이다. 미래 세계의 사람들 대부분은 과연 어떤 곳에서 살게 될 것인가?

"우리가 이 멋진 시대를 살아가는 방법은 여러 가지가 있다. 우리가 공상과학소설 속의 유토피아를 향해 발전하는 것을 상상해볼 수 있다. 그 안에서 우리는 엄청나게 부유하고 번영을 누리며, 지구는 건강에 넘친다. 하지만 반대로 우리가 암울한 미래로 나아간다는 우려도 일리가 있다."

– *라메즈 나암(Ramez Naam), 컴퓨터 과학자*

CHAPTER 15
글로벌 경향과 변환을 내다보기

우리의 글로벌 목적지를 내다보기

지구의 밤 모습을 담은 이 위성 이미지는 국경 없이 통합된 세계 공동체를 상징적으로 보여준다. 하지만 번영과 발전의 수준이 다 똑같지는 않다. 경향과 변화의 모습과 달리 인류는 글로벌화 된 세상에서 많은 딜레마에 직면하고 있다. 미국 국무장관을 지낸 힐러리 클린턴(Hillary Clinton)이 설명한 것처럼 "변화의 도전은 언제나 힘들다. 그러한 도전을 우리가 펼쳐보는 것이 중요하다. 그리고 우리들 각각은 우리 자신의 미래를 만들기 위해 변화하고 더 큰 책임을 가져야 한다는 사실을 깨달아야 한다."

고려해야 할 질문들

▪ 학자들이 예상하는 세계정치의 가장 뚜렷한 경향은 과연 정확한가?
▪ 사람들이 어떻게 미래의 세계정치를 생각하는지에 영향을 미치는 것은 무엇인가?
▪ 정치의 미래에 관련하여 언급되어야할 가장 중요한 질문은 무엇인가?
▪ 우리는 새로운 세계 질서로 나아가는가, 아니면 새로운 세계 무질서로 나아가는가?

수많은 세계적 경향이 전개되고 있으며 때때로 서로 충돌하기까지 한다. 어떤 사람들은 통합을 지적하지만, 또 어떤 사람들은 분열을 가리킨다. 세상은 점점 함께하는 것처럼 보이면서도 동시에 점점 분리되는 것처럼 보인다. 새로운 세계 체계가 등장하고 있지만 그것의 성격이 어떤 것인지 아직은 불투명하다. 오늘날 우리가 알 수 있는 것은 미래는 불확실하며 예측이 어렵다는 것이다. 하지만 분명한 사실은 과거의 믿음과 전통적 견해에 근거한 지혜가 현재 전개되고 있는 지각변동의 도전을 받고 있다는 점이다. 오늘날의 국제정세가 혼란과 격동으로 묘사되기 때문에 전통적인 아이디어에 대해 비전통적인 질문을 던질 필요가 있다. 그러한 질문은 우리로 하여금 세계 속의 국가들과 그 안에서 살아가는 사람들, 그리고 그들 사이의 상호관계와 관련된 정치, 군사, 경제, 인구, 환경의 압력을 생각하게끔 만든다.

미래를 맞이하면서 여러분은 놀라운 도전적 탐구를 시작하게 된다. 즉, 미래의 세계정세 모습이 어떨 것인지 예측하고, 그 원인을 이론적으로 설명하는 것이 바로 그것이다. 여기서 여러분은 전 세계적인 글로벌 아젠다로부터 만들어지는 이례적이고 상충적인 수많은 질문들을 고려해야만 한다. 여러분들이 도움을 구하게 되는 전문가들은 당연히 그에 대한 정보를 어느 정도 가지고 있다. 하지만 자칭 미래예측가들이 마구 제시하는 서로 다른 결론들은 명확한 것 같지도 않고, 서로 모순적인 것이 많다.

> *혁명적 변화를 통해 반전을 모색하는 사람은 그것의 궁극적 중요성을 이해하지 못한다.*
> – 부트로스 부트로스–갈리(Boutros Boutros–Ghali), 전 UN사무총장

글로벌 경향과 예측

21세기 인류는 여러 가지 문제들과 도전에 직면하게 될 전망이다. UN 전 사무총장 코피 아난 (Kofi Annan, 2006, p. 205)이 지적하듯이 "우리는 매우 예외적인 도전과 새로운 상호연관성의 세상을 맞이하고 있다. 우리는 모두 새로운 안보위협에 취약하며, 옛 위협들은 복잡하고 예측 불가능한 방식으로 전개되고 있다." UN의 『보다 안전한 세상(*A More Secure World*, 2002, p. 2)』보고서는 세상이 지금부터 향후 몇 십 년간 주시해야 하는 6개의 위협 요소들을 다음과 같이 진단했다.

- 경제적, 사회적 위협 – 빈곤, 국가부채, 치명적 전염병 등
- 국가 간 분쟁

- 국내 분쟁 – 내전, 집단학살, 기타 대규모 잔학행위
- 핵, 방사능, 화학 및 생물무기
- 테러
- 초국가적 조직범죄

이 목록은 앞으로 다가올 시대에 세상이 어떤 모습일지를 암시한다. 미래의 세계정세에 대한 여러분의 아이디어를 구축하기 위해 앞으로 다가올 십여 년에 국제관계를 지배하게 될 핵심 질문이 무엇일까를 생각해보라. 그러한 질문들에 어떻게 대답하느냐에 따라 어떤 가상적 시나리오가 여러분의 미래 세계를 가장 잘 이해하게끔 해주는지를 결정할 것이다. 이 책은 몇 가지 추가적으로 고려해야 할 질문들을 제기할 것이고, 그 질문들은 여러분들로 하여금 미래의 세계를 지적으로 이해하는데 어떤 해석이 보다 설득력 있는지를 판단하도록 도울 것이다.

사람들이 어떻게 세상을 이해하는지를 어떻게 이해할 것인가?

여러분들이 다양한 미래 세계에 관한 시나리오를 만드는데 있어 먼저 시작해야 할 것은 현실에 대한 과거의 개념들과 전통적 가치들, 그리고 그것들에 기초한 예측에 의해 여러분의 마음속 이미지가 만들어진다는 점을 염두에 두는 것이다(1장 참조). 신중하게 접근하되 여러분이 지금 가지고 있는 생각과 다른 견해에 대해서도 열린 마음을 가져야 한다. 아래에 표현된 것들처럼 사람들이 어떻게 생각하는지에 대한 지혜를 여러분도 가지기 바란다.

- "무지에 대해 정면으로 공격하는 것은 실패할 수밖에 없다. 왜냐하면 대중들은 언제나 자신들에게 가장 소중한 것, 즉 무지를 지키려하기 때문이다."

  ㅡ헨드릭 빌렘 반 룬(Hendrik Willem van Loon), 네덜란드계 미국 언론인

- "가장 치명적인 환상은 고착된 관점이다. 인생은 성장과 활동이기 때문에 고착된 관점은 그러한 관점을 가진 사람을 죽여 버린다."

  ㅡ브룩 애킨슨(Brook Atkinson), 미국 극평론가

■ "광신주의는 여러분이 목표를 잃어버릴 때 노력을 배가하는 것 안에 들어 있다."

　　　　　　　　　　　　　　　　　— 조지 산타야나(George Santayana), 스페인 출신 미국인 철학자

■ "인간은 특정한 관찰을 할 때보다 일반화를 시도할 때 더 많이 실수를 저지른다."

　　　　　　　　　　　　　　　— 니콜로 마키아벨리(Niccolo Machiavelli), 17세기 이탈리아 현실주의 이론가

■ "인간으로서 자부심의 한 가지 원천은 장기적 목적의 이익을 위해 현재의 좌절을 참을 수 있다는 점이다."

　　　　　　　　　　　　　　　　　　　— 헬렌 메렐 린드(Helen Merrel Lynd), 미국 사회학자

■ "한 시대의 철학은 다음 시대에는 불합리한 것이 되며, 어제의 멍청한 짓은 내일의 지혜가 된다."

　　　　　　　　　　　　　　　　　— 윌리엄 오슬러 경(Sir William Osler), 캐나다 의학자 겸 교육자

■ "모든 해답을 아는 것보다 몇 가지 문제를 아는 것이 더 낫다."

　　　　　　　　　　　　　　　　　　　　— 제임스 서버(James Thurber), 미국 문학가

　　국제관계 수업의 학기말 시험을 준비하기 위해서 여러분은 어떻게 국제관계에 대한 개념이 형성되는지, 그리고 그 개념은 어떻게 유지, 거부, 혹은 대체되는지를 철저하게 공부했다고 가정해보자. 교수님은 여러분의 학점이 한 가지 질문에 대한 에세이에 의해서 결정될 것이라고 말씀하신다. 이제 여러분은 답안지를 펴고 심각하게 앉아서 다음과 같은 문제를 읽고 놀라게 된다. '1)이 과목의 시험에서 질문받기를 원하는 문제를 정의하시오. 2)그 문제에 답하시오. 학점은 응시자 본인이 질문한 문제에 대한 본인의 이해수준과 그것에 대한 본인의 답에 의해 결정될 것임.' 여러분은 과연 어떻게 답할 것인가?

　　믿거나 말거나 이런 종류의 문제는 터무니없는 것이 아니다. 이런 형태의 문제는 이미 여러 나라에서 외교관 시험에 응시한 사람들을 선발하기 위해 종종 사용된 바 있다. 이런 문제에는 국제관계에 대한 정답도 오답도 없다. 실제로 국제정세에서 가장 중요한 경향과 이슈에 대한 합의가 존재하는 것은 아니며, 오늘날 가장 관심을 받을만한 문제가 무엇인가에 대한 학문적 합의가 전문가와 정책결정가들 사이에 존재하는 것도 아니다.

　　답안지 작성을 위해 먼저 이 책에서 얻은 지식에 근거하여 세계의 미래에 대한 예측을 하는데 중요하다고 생각되는 질문의 목록을 만들어보자. 과연 어떤 순위로 질문의 리스트를 만

들 것인가? 여러분은 어떻게 여러분 스스로의 문제를 해석할 것인가? 경쟁적 이론들 가운데(2장 참조) 여러분은 분석의 틀로써 어떤 것에 의존할 것인가? 이러한 지적 훈련은 여러분의 평가 능력을 보다 정교하게 만들뿐만 아니라, 오늘날의 세계적 정황을 설명하고, 미래의 과정을 예측하며, 왜 *세계정치*는 변화하는지를 설명하는 여러분의 능력을 보여주는 한편, 여러분의 인식과 논리적 관점도 함께 보여준다.

여러분만 아니라 이 책의 저자들도 함께 그 문제에 답을 해야 한다. 이제 논쟁의 가장 중요한 글로벌 아젠다가 걸려 있는 미래에 관한 일련의 질문을 정리함으로써 이 책의 결론을 맺고자 한다. 여러분 자신의 사고의 틀을 형성하는 것을 돕기 위해 다음에 제시되는 질문들을 비판적으로 생각해보자. 이 문제들이 어떻게 답해지느냐에 따라 남은 21세기의 세계정치의 모습이 만들어질 것이다.

글로벌 곤경: 격동하는 세계에 관한 핵심 질문들

이 책은 국제관계는 반복되는 유형과 규칙성을 따른다는 점을 주장했다. 변화와 혼동에도 불구하고 지구상의 초국가적 행위자들의 행동은 나름대로의 의미가 있는 것이다. 즉, 행동은 유형화된 특징의 지배를 받으며, 따라서 행위와 반응의 '법칙'이나 일반적 유형을 발견할 수 있다. 현실주의 이론가인 한스 모겐소(Hans J. Morgenthau)가 고전적 교재인 『*국가들의 정치(Politics Among Nations)*』에서 주장한 바와 같이 과거의 역사적 사실들은 국제정치의 과학적 연구가 의미 있는 지적 탐구가 될 수 있음을 계속해서 보여주고 있다. 어떻게 국가들은 시공간적으로 끊임없이 교차하는 상호작용을 하는가에 대한 교훈이 존재한다. "이러한 규칙성과 인과 메커니즘은 우리에게 중요한 결과를 설명하고 더 나아가 예측을 가능하게 만들 경우 많은 주목을 받는다(Lebow, 2010, p. 4)." 그러한 종류의 교훈들을 발견하고 역사가 제시하는 교훈으로부터 좋은 정책결정을 내리는 것이 학문의 목적이다.

어떤 조건 하에서는 특정 유형의 초국가적 행위자들이 같은 종류의 자극에 대해서 같은 방식으로 대응한다는 가정을 할 수 있다. 하지만 예외는 있다. 때로는 같은 상황의 유사한 행위자들도 다른 결정을 내릴 수 있다. 따라서 세계정치에 규칙성이 존재한다고 하더라도 사회과학자들은 미래 세계를 정확하게 예측하는 일정하고 결정적인 법칙을 도출할 수 없다. "일반화와 특성화는 서로 다른 것이지만 이 두 가지는 반드시 구분되는 것도 아니며 그것을 발견하는 경로 역시 분리된 것이 아니다(Yetiv, 2011, p. 94)."

어떤 일이 발생할 것인가를 예측하기 어렵게 만드는 또 다른 요인은 세계정치에서의 갑작스런 사건이다. 세계정치의 패턴을 찾는 것은 "행위의 근간이 되는 기존의 규칙과 이해를 깨뜨리는 균열을 조사하는 것과 함께 이루어져야 한다(Lebow, 2010, p. 5)." 역사는 그리스 철학자 아리스토텔레스가 말한 우연적 연속, 즉 사건들이 우연히 동시에 발생하는 상황의 반복이다. 예를 들어 제1차 세계 대전의 발발을 생각해보라. 4장에서 설명한 바와 같이 전쟁의 직접적 원인은 오스트리아의 프란츠 페르디난트(Franz Ferdinand) 황태자가 1914년 6월 28일 사라예보에서 암살된 것이다. 사건이 발생하기 며칠 전에도 황태자 암살기도가 몇 차례 기회를 놓쳐 실패하였고 결국 좌절된 것으로 보였었다. 페르디난트의 차량 행렬이 시립병원 환자 방문을 위한 정해진 루트에서 잘못 길을 드는 바람에 한 카페 앞에서 잠시 멈춰 섰는데, 마침 그 카페에 암살자의 한 명인 가브릴로 프린치프(Gavrilo Princip)가 식사를 하고 있었다. 불과 5피트 앞에 황태자의 무개차가 서있음을 알고 깜짝 놀란 프린치프는 2발을 발사하였고, 황태자와 황태자비가 살해되었다. 당시 유럽의 정치상황에서 볼 때, 프란츠 페르디난트가 암살되지 않았다고 할지라도 다른 무언가가 전쟁을 촉발할 수 있었을 것이다. 하지만 정치학자 스튜어트 브레머(Stuart Bremer, 2000)가 질문하였듯이, "하루 혹은 한달, 아니면 1년 후에 발생할 수 있는 다른 촉발적 사건이 제1차 세계 대전을 야기한 일련의 사건들을 똑같이 만들어낼 것이라고 누가 말할 수 있겠는가?"

수많은 가능성이 미래에 존재한다. 어떤 것은 바람직하겠지만, 어떤 것은 놀라운 것이 될 것이다. 비록 우리가 어떤 것이 현실화 될지 정확히 예측할 수는 없지만, 우리는 현재의 경향이 어떻게 발전할 것이고, 우리가 희망하는 미래 세계를 향해서 어떤 조치들이 이루어져야 하는지를 예측함으로써 가능성의 범위를 줄일 수 있다.

다음의 6가지 질문들은 여러분들이 미래의 세계정치에 대해 생각해볼 수 있도록 고안된 것이다. 각각의 질문은 앞에서 배운 내용들로부터 만들어진 것이다. 이들 질문의 장기적 측면의 적용을 고려하면서 아래의 내용을 시도해보기 바란다.

- 가능성 있는 미래 세계의 모습들은 어떤 것들이 있는지 생각해보고,
- 그 가운데에서 가장 가능한 것은 무엇인지 평가하고,
- 여러분이 바라는 미래 세계가 이루어지는데 가장 도움이 될 만한 정책이 어떤 것인지 생각해보라.

인류에게 있어 영광스러운 것은 인류가 계속해서 세상을 변화시켰다는 점이다.
압도되는 것에 맞서 투쟁할 수 있는 인간의 능력이야말로 주목할 만하며 기운 나는 일이다.
— 로레인 한스베리(Lorraine Hansberry), 미국 작가

글로벌리제이션은 해결책인가, 아니면 저주인가?

세상과 국가들이 통제력을 잃고 헤매는 것처럼 보이는 이유가 무엇일까? 한 가지 답은 상호의
존적 복잡성이 증대하는 새로운 시대에 거버넌스의 위기를 일소하는 대전환으로 이해되는 사
회적 코드로써 받아들여지는 '글로벌리제이션'에서 얻어진다. 글로벌리제이션은 지구상의 모
든 것이 과거보다 훨씬 밀접하게 연결되어 있다는 개념을 의미하지만, 그것의 불안정한 제도
적 기반은 미래를 준비하기에는 크게 부족하다.

이처럼 변화되고 상호 연결되며 경계 없는 공동의 코스모폴리탄 문화 속에서 세계의 통합
은 오랫동안 유지해온 독립, 정체성, 자율성 등에 대한 인식을 사라지게 만들고, 많은 국가들
로 하여금 경쟁적인 세계시장에서 협력적 참여를 통해 혜택을 얻기 위해 주권의 일부를 포기
하도록 만들었다. "글로벌리제이션은 우리들이 어디에 살고 있든지 멀리 떨어진 세계에 그 어
느 때보다도 보다 빨리, 보다 깊숙하게, 보다 값싸게 서로 닿을 수 있게 만들뿐만 아니라, 세계
가 보다 빨리, 보다 깊숙하게, 보다 값싸게 연결되도록 만든다(Friedman and Kaplan, 2002,
p. 64)." 고독한 고립 속으로 국가를 단절시키는 민족주의적 시도로는 경계와 장벽이 다시 되
살아날 수 없다는 외침이 세계 곳곳에서 등장하고 있다. 프랑스의 수상이었던 에두와르 발라
뒤르(Edouard Ballaur)가 묘사한 것처럼 "세계에 참여하라, 그렇지 않으면 뒤쳐질 것이다."는
표현은 '민족주의의 종말'을 잘 나타낸다.

낙관론자들은 모든 사람이 공동의 목표를 가지며 주권국가들은 더 이상 일방적인 *자력구
제* 접근법을 가지고 지구적 문제를 해결하려 하지 않을 것이라고 생각한다. 이들은 국가 간 경
쟁이 발생하지 않도록 만들기 위해 노력한다. 이러한 논리에 따르면 지구적인 교통, 통신, 교
역의 혁명이 가져오는 여러 도전들에 맞서 국경선과 바다가 더 이상 보호막이 되지 못한다는
사실을 더 많이 깨닫게 될수록 분쟁은 점점 줄어들 것이다. 이러한 공통의 문제들은 집단적이
고 다자적인 협력을 통해서만 해결될 수 있다. 글로벌리제이션은 세계적 상호작용의 네트워크
에 연결된 사람들의 외교정책 행위에 대해 강력한 제약을 가하는 연계망을 형성한다(Rodrik,
2011). 그 결과 글로벌리제이션이 모든 사람의 안녕에 필수적인 협력을 가져오기 때문에 국가
간 연계의 지속적 강화는 환영받게 될 것이다.

글로벌리제이션에 관련하여 특히 중요한 것은 모든 사람들이 서로 의존하게 되는 경우 반
드시 누구나 함께 일해야 한다는 점이다. 글로벌 상호의존은 국가들이 경쟁을 포기하도록 만
드는데, 왜냐하면 국가들은 협력할수록 더 많은 공통의 이익을 얻는 반면 서로 싸워야할 이유
가 점점 사라지기 때문이다. 낙관론자들은 글로벌리제이션이 단결과 진보를 향한 되돌릴 수
없는 원동력이며, 궁극적으로 모든 곳의 모든 이의 부를 증대시킬 것이기 때문에 반드시 증진
되어야 한다고 주장한다(Norberg, 2006).

Middle East/Alamy

글로벌을 향하여

전 UN사무총장 코피 아난은 이렇게 언급했다. "글로벌리제이션에 맞서는 것은 중력의 법칙에 맞서는 것과 같다는 말이 있다." 이 책 『세계 정치론』을 읽고 여러분은 글로벌리제이션의 다양한 모습을 보았을 것이고, 지구상의 국가와 사람들이 점점 더 상호 연결되는 것이 내포하는 긍정적 측면과 부정적 측면에 대해서 생각해봤을 것이다. 사진은 이집트 거리의 맥도널드 앞에 서있는 마차들이다. 이것은 문화와 경제, 전통과 현대가 서로 혼재되어 있는 상황을 보여준다. 글로벌리제이션은 다양한 도전을 제기하지만 동시에 학습, 번영을 가져다주고 다양성과 가능성이 넘치는 세상을 즐기도록 만든다.

하지만 비관론자들은 글로벌리제이션의 속도가 줄어들 것이라고 지적한다(Abdelal and Segal, 2007). 현재의 글로벌리제이션 추세가 계속된다 하더라도 '평평하며 뜨겁고 붐비는' 지구를 어떻게 다루어야 하느냐에 대해서 비관론자들은 걱정이다(Friedman, 2008). 더욱이 글로벌리제이션의 성공에도 불구하고 글로벌 차원의 계획을 추진하는데 필수적인 정치적 의지(특히 경제적 글로벌리제이션에 대한 정치적 의지)를 지속시키기가 어려우며, 국제기구들이 그것을 대신하기에는 아직 부족하다. 경제학자 다니 로드릭(Dani, Rodrik, 2011, p. 88)이 주장하듯이 "글로벌리제이션이 멈추는 상황을 관리하는데 필요한 국내적, 글로벌적 전략이 없다는 것이 현실이다." 얼마나 수요를 이끌어내고 얼마나 혜택을 가져다주든 상관없이, 접촉의 증가와 국가들의 단일사회로의 통합 추세는 우호적 느낌이 아니라 적대적 감정을 불러일으킬 수 있다.

글로벌리제이션과 관련한 또 다른 이슈는 혜택의 분배에 관한 것이다. 비관론자들은 글로벌리제이션은 부국과 빈국 사이의 새로운 불평등을 확대함으로써 선진국에게는 유리하지만 약소국의 발전은 제약된다고 주장한다. 제임스 서로위키(James Surowiecki, 2007)는 이렇게 말한다. "글로벌리제이션 시대에 삶의 수준을 극적으로 개선한 나라들이 많지 않다는 사실이 문제다. 자신들은 여전히 그대로이거나 아니면 더 빈곤해진 반면에 다른 사람들은 더 부자가 되었다는 관점에서 사람들이 행복을 느끼지 않는다는 사실은 놀라운 일이 아니다."

글로벌리제이션의 혜택이 평등하게 분배되지 않기 때문에 글로벌리제이션은 승자와 패자 사이의 갈등을 초래하게 될 것이다. 신현실주의 이론가인 케네스 월츠(Kenneth Waltz)는 "상호의존은 평화뿐만 아니라 전쟁을 증진시킨다"고 주장했다. 서로 얽혀 있는 경제는 달콤한 관계라기보다는 오히려 불쾌한 관계가 될 것이다. 치열한 경쟁과 희소성, 그리고 민족주의의 회생이라는 조건 하에서 무역을 포함한 여러 가지 거래에서의 장벽을 쌓아 국가 자율성에 대한 글로벌리제이션의 충격으로부터 벗어나고자 하는 고립주의적 유혹은 피할 수 없을 것이다. 군사력으로 정치적 이익을 달성하려는 유혹도 계속될 것이다. 따라서 글로벌리제이션의 긴밀한 연계망은 위험을 초래할 수도 있고, 기회를 가져다 줄 수도 있다.

기술적 혁신은 지구적 문제들을 해결할 것인가?

20세기 후반 마이크로 전자공학과 정보처리의 발전으로부터 이어지는 글로벌리제이션의 물결은 혁명적 변화를 불러일으키고 있다. 과학철학자인 프리만 다이슨(Freeman Dyson, 2007)은 "지난 50년 동안 컴퓨터가 우리의 삶을 지배한 것처럼, 바이오기술이 향후 50년 동안 우리의 삶을 지배할 것"이라고 예측했다. 하지만 기술혁명의 결과가 확실한 것만은 아니다. 기술혁신이 어떤 문제들은 해결하지만 오히려 또 다른 문제들을 유발하기도 한다. 노벨상 수상자인 경제학자 바실리 레온티예프(Wassily Leontief)는 "마치 억누를 수 없는 힘과 같이 기술은 우리에게 꿈꿔보지도 못한 혜택을 가져다주지만 동시에 치유할 수 없는 피해도 끼친다."고 설명한다. 기술혁신은 생산성과 경제적 산출을 증대시키지만, 동시에 노동자들을 해고시키고 사회적 불안과 환경피해를 유발한다.

비록 새로운 기술의 확산과 그것이 만들어내는 변화에 사회가 적응하는 것 사이에는 상당한 시간차가 존재한다는 사실을 알고 있지만, 일부 사람들은 기술혁신이 인류에게 보다 안전하고 풍요로운 미래를 약속한다고 주장한다(Fidler and Gostin, 2008). 실제로 이들 가운데 가장 낙관적인 입장을 펴는 사람들은 바이오기술과 디지털 소프트웨어와 같은 영역에서의 커다란 발전으로 인류는 역사상 가장 혁신적 시기로 접어들었다고 믿는다. 그들의 시각에서 볼 때, 지속적인 진보를 이끌어낼 자원은 충분하다. 인내를 가지고 지켜보면 결국 오늘날 세계가 직면한 가장 심각한 문제들은 기술적으로 쉽게 해결될 것이다.

그들이 예로 드는 영양부족과 질병문제는 아직도 존재하지만 농업과 의학의 기술발전의 결과로써 지난 세기에는 이미 사망했을지도 모르는 많은 사람들이 오늘날에는 생을 유지하고 있다. 농업생태학의 혁신은 식량생산을 획기적으로 증대시킬 뿐만 아니라 지방 경제를 회복시키고 천연자원 부존량을 유지할 수 있게 만든다(Worldwatch Institute, 2013a). 어떤 사람들은 미래의 농업공학기술로 만든 "거대한 냉각탑과 같은 장치로 공기를 직접 세정하여(Victor et al., 2009, p. 68)" 지구온난화를 완화시킬 수 있을 것이라고 기대한다.

기술은 새로운 자원을 개발하고 기존 자원을 보다 효율적으로 사용하게 함으로써 미래 에너지를 위해서 매우 중요하다(14장 참조). 예를 들어 MIT와 하버드의 연구진은 햇빛과 물로부터 에너지를 만들 수 있으며 자기치유가 가능한 인조 나뭇잎을 발명했다(Quick, 2013). 그리고 첨단기술의 비용이 점점 감소하고 접근성이 높아지면서 광범위한 영향을 가져올 것으로 예상된다. 인터넷 관련 상품과 서비스에 특화된 다국적 기업 구글(Google)은 그린에너지 사용을 일부러 늘리고 있는데, 이는 전통적인 에너지원이 점점 비싸지면서 그린에너지가 보다 비용대비 효율적이기 때문이다(Kanellos, 2013). 아마도 이러한 발전은 국가들이 희소자원을 위해 서로 경쟁할 필요성을 감소시키고, 그만큼 글로벌 분쟁의 원인을 줄일 수 있을 것이다.

이와 같이 기술혁신이 경제성장을 높이고 사회복지문제를 완화할 것이라고 기대하는 사람들과 달리, 어떤 사람들은 일부 기술적 해결들이라고 제시된 것들이 현재의 문제를 복잡하게 만든다고 여전히 우려하고 있다. 낙관론은 유전자조작 곡물이 기아를 줄일 수 있는 방법으로 여겨지지만, 비관론은 유전조작에 따른 대중적 건강이 우려되는 것이다. 그들은 심지어 소위 녹색혁명(green revolution)도 문제점이 있다고 주장한다. 비록 비료, 살충제, 제초제가 남반구 세계 여러 국가에서 초기에는 작물수확을 증가시켜주었지만, 그것들은 결국 물 공급원의 오염과 같은 새로운 문제를 낳았다. 현명한 관리 없이는 기술발전은 해로운 부작용을 만들어낼 수 있다.

세계 수산업 사례를 생각해보자. 처음에 대형 어선과 항해기술의 발전은 대양에서의 어획량의 증가를 가져왔다. 하지만 시간이 지나면서 많은 수자원이 고갈되었다. 더 많은 기술을 사용한다고 해도 일단 생태계가 파괴되면 어획량을 늘릴 수 없다. 이러한 주장을 펴는 사람들의 한 지도자는 이렇게 말했다. "우리의 많은 신기술들은 우리에게 새로운 힘을 주었지만, 자동적으로 우리에게 새로운 지혜도 준 것은 아니다(Gore, 2006, p. 247)."

마찬가지로 비관론자들은 정부가 광범위하게 정보를 수집하고 멀리서도 민간인 표적 살인을 할 수 있게끔 기술이 발전하는 것을 비난하고 있다. 무인기(드론)의 확산으로부터 비밀전자정보 프로그램에 이르기까지 투명성이 제고되어야 할 필요가 있으며, 그러한 기술의 사용을 정당화 하는 근거는 무엇이며 국가주권, 개인의 권리, 정당한 법절차에 대한 용납할 수 없는 침해는 어떤 것인지에 대한 논의가 필요하다. 미국의 드론 사용증가에 대한 논쟁을 바라보면서 공공정책 전문가인 오드리 크로닌(Audrey Kurth Cronin, 2013, p. 54)은 다음과 같이 평가했다. "인간 조종사를 리모콘 조작요원으로 대체하는 것 자체가 잘못된 것이 아니다. … 문제는 워싱턴이 어떻게 드론을 사용해야 하는지에 관한 지침이 너무나 쉽게 미국이 드론에 의존하는 경향을 따라가지 못한다는 것이며, 이로 인해 단기적 이익이 장기적 위험을 가려버리고 있다."

여러분의 생각은 어떠한가? 기술적 발견을 진보의 원동력이라고 보는 일반적인 방식이 정말 타당한가? 아니면 신기술의 긍정적 효과를 높게 평가하는 것은 희망사항일 뿐인가? "어떻게 신기술을 만드는지 배우는 것과 어떻게 신기술을 사용하는지 배우는 것은 별개의 문제이다(Shapin, 2007, p. 146)." 여러분이 (줄기세포, 나노기술, 인간게놈 등) 신기술을 바라볼 때는 조건법적으로 생각하기 바란다. 다시 말해, 만약 신기술이 발명되지 않았더라면 세상이 어떻게 변했을지, 혹은 신기술이 앞으로 지구의 생명에 미치는 영향이 좋은 것인지 아니면 나쁜 것인지를 상상해보기 바란다.

어떤 형태의 무력분쟁이 전략지정학적 지형의 단층선이 될 것인가?

노예제나 결투, 식민주의 사례들이 보여주듯이 널리 행해지던 행동도 그것이 의도하는 목적에 더 이상 도움이 되지 않게 되면 사라지게 마련이다. 이러한 현상이 현재 거의 사라지는 수준까지 감소한 국가 간 전쟁에도 나타날 수 있다는 가능성이 지적되고 있다. 1945년 이후 이루어진 강대국 사이의 평화가 16세기 이래 가장 오랜 기간 지속된 것이라는 사실은 매우 고무적이다. 이러한 성과는 국가 간의 대규모 전쟁이 사라질 것이고 국가 간 무력침공도 쇠퇴하게 될 것이라는 기대를 불러일으킨다. 이러한 예측에 대한 믿음은 기대되는 보상의 규모가 대량파괴의 비용보다 훨씬 클 것이기 때문에 온전한 판단을 하는 국가 지도자라면 다른 나라에 대해 감히 전쟁을 일으키지 않을 것이라는 가정에 근거한 것이다.

물론 대부분의 지도자들은 다른 국가에 대해 전통적인 형태의 전쟁을 여전히 준비하고 있으며, "방벽을 갖지 않은 민족은 선택권이 없는 민족이다."라는 고대 그리스 철학자 아리스토텔레스의 경구를 마음속에 간직하고 있다. 하지만 오늘날 지구를 불안하게 만드는 위협의 등장에 대해 전통적인 전쟁무기를 사용하는 것은 그 효과가 의심스럽다. 목적을 위해 자살폭발로 기꺼이 목숨을 내놓는 보이지 않는 비국가 테러분자들의 위협에 맞서서 국가는 기존의 무기로 어떻게 효과적으로 싸울 수 있을까? 이러한 테러분자들이 구체적인 영토를 가지고 있지 않은 상황에서 그들을 상대로 어떻게 테러를 억지할 수 있을까? 그러한 적들을 공격할만한 구체적인 지리적 위치나 가치를 알 수 없는 상황에서 어떻게 국가들은 선제공격으로 적을 파괴할 수 있을까?

오늘날에도 국가들이 사용하는 군사력의 고전적 형태는 계속해서 중요하겠지만, 아무리 높은 수준의 군사력일지라도 국가의 약화를 막는 것을 보장하지 못한다. 국가들의 최우선적 안보문제가 더 이상 다른 국가로부터의 공격이 아니라, 내부로부터의 공격(내전) 혹은 알카에다와 같은 초국가적 테러 네트워크로부터의 공격인 경우에 오늘날 지구상의 중요 군사적 위협에 맞서 어떻게 싸울 것인가가 문제이다.

30년 전쟁을 종식하고 근대국가 체계를 탄생시킨 이후 전쟁 수행은 수차례의 '세대적' 변화를 겪어왔다. 군사력에 대한 '제3세대' 사고가 제2차 세계 대전 이후 거의 대부분의 국가들에게 영향을 미쳤지만, 오늘날 다른 국가로부터 군사적 공격을 받을 것이라는 위협은 특히 북반구 세계에서는 크게 줄었다. 대신 전쟁의 '제4세대'가 등장했는데, 이것은 국가가 적대적인 비국가행위자와 맞서게 되는 상황으로, 전선이 없으며 병사와 민간인 사이의 뚜렷한 구분이 없다(Hammes, 2004). 비전통적 전술을 사용하는 비정규적 군대는 전장에서의 재래식 군대를 누찌를 수 없기 때문에 장기적이고 지루한 투쟁의 지속으로 비용을 가중시켜 적이 굴복하도록 만들기 위해 인내력과 창의성, 그리고 무자비한 폭력 행사를 통해 적의 의지에 초점을 맞춘다.

국가와 비국가 행위자는 모두 정보기술과 인터넷을 비정규적 전쟁무기로 여기고 있다. 전세계적으로 "군과 정보기관은 이른바 '논리폭탄(logic bomb)'과 '보안통로(trap door)'를 가지고 사이버 전쟁을 대비하고 있으며, 이러한 무기는 평시에도 다른 나라에서 가상의 폭탄이 될 수 있다(Clark and Knake, 2010, p. xi)." 수천 개의 목표물을 신속하게 공격하고 마비시키는 하이테크 무기는 매우 불안한 위기를 초래할 수 있다. 미국 국방장관을 지낸 레온 파네타(Leon Panetta)는 다음과 같이 경고했다. "우리는 현재 우리의 전력망과 금융 시스템, 정부 시스템과 은행 시스템을 마비시킬 수 있는 사이버 공격에 직면해 있으며, 이것은 진주만 공격에 버금가는 것이 될 것이다. 그러한 공격은 이 나라를 사실상 마비시킬 수 있다. 우리는 이에 대한 대비를 해야만 한다."

하지만 일부 정치 지도자들과 군사 지도자들은 여전히 전쟁이 제3세대에 머물러 있다고 보고, 이와 같은 전쟁의 새로운 모습을 결정적인 대규모 교전 준비를 가로막는 교란행위의 하나로 평가절하 한다(Woodward, 2006). 최근 아프가니스탄과 이라크에서의 전쟁은 미래의 전쟁 모습을 보여주는 것일까? 21세기 초반의 많은 군사적 충돌이 이러한 패턴을 따를 것인가?

글로벌 공동체는 인권을 보호하기 위해 개입해야 하는가?

국가 내의 분쟁이 전 세계적으로 점점 많아지고 있다. 법과 질서를 수호하는 것이 목적인 정부에 의해 오히려 많은 민간인들이 압제와 폭력의 대상이 되고 있다. 국제법적으로 인정되는 행동 기준이 공공연하게 무시되는 나라에서 발생하는 인권침해를 종식시킬 목적으로 글로벌 공동체가 합의를 통해 평화유지와 평화조성을 위해 개입하는 것은 과연 도덕적으로 정당한지에 대해 논란이 제기된다. 여러 실패한 국가들에서의 잔악행위는 매년 수천만 난민들의 탈출극을 초래하고 있으며, 사람들은 자신들의 고향을 떠나 안전한 곳을 찾아 나선다. 세계 공동체는 그

STRINGER/AFP/Getty Images

인권유린은 언제 문제가 되는가?
2011년 영국과 유럽 국가들은 "에티오피아 정부군이 저지르는 지속적인 인종청소와 집단구금, 고문의 남용과 불법적 살인"에 대한 보고서를 외면했다는 비난을 받으면서도 아프리카의 핵심 동맹과의 전략적 이해관계를 위해 에티오피아에 대한 해외원조를 늘렸다(Waterfield, 2011). 이러한 행위는 세계의 강대국들이 단지 중요한 안보적 이익이나 석유와 같은 필수자원이 위협받을 때에만 보통 사람들의 인권을 보호하기 위해 개입한다는 깊은 우려를 불러일으켰다. 사진에서 한 여성이 에티오피아군과 반정부 무장세력 사이의 충돌로 인해 입은 상처를 치료받고 있다.

들을 보호하기 위해 엄청난 비용을 치르면서까지 자신의 진정한 이상과 능력을 발휘할 것인지 시험받고 있다. 몰살 직전의 피해자들을 위한 인도주의적 우려가 과연 구체적인 대응으로 나타날 것인가? 아니면 무관심의 바다 속에서 희생자들이 죽어갈 것인가?

원칙적으로 오늘날 인권법은 모든 곳의 인간들이 두려움 없이 자유롭게 살아갈 수 있는 전례 없는 보호를 제공한다. 국가주권에 대한 전통적인 법적 규칙과 국가 내정에 대한 외부적 개입을 금지하는 불간섭 규범이 다시 부활했다. 국가 정부가 저지르는 대규모 인권유린으로 고통 받는 사람들에 대한 *글로벌 보호책임(responsibility to protect)*을 지지하는 목소리가 국제 공동체 내에서 커지고 있다. 전 UN 사무총장 코피 아난은 "오늘날 국가들은 주민들에게 봉사하는 제도로써 인식되고 있지, 그 반대가 아니다."라고 언급하여 주권에 대한 재정의를 적절히 표현했다.

인도적 고통을 예방하기 위한 원칙은 있지만 현실은 다르다. 글로벌화 된 공동체 하에서 강대국들과 주요 비국가 행위자들은 인류를 대량살상의 압제로부터 자유롭게 할 것이라는 약속을 실행으로 옮길 것인가? "어디서든 인권의 총체적 위반이 발생하는 것에 대한" 군사적 대응의 정당화를 결정하는 인도주의적 개입의 규칙들에 과연 강대국들은 합의할 것인가? 보스니아-헤르체고비나, 아이티, 르완다, 소말리아, 세르비아와 같은 나라에서의 인종청소, 집단학살, 극악한 인권유린으로 점철된 시대가 시작되자 코피 아난 사무총장이 UN 총회에 요구한 것처럼(Slaughter, 2005) 세계는 "단순히 인권에 대한 집단적이고 체계적인 위반이 금지되어야 한다는 원칙에 대해서만 합의하는 것이 아니라 언제, 누구에 의해, 어떠한 행동이 필요한지를 결정하는 방식에도 합의를 이룰 수 있을 것인가?" 2013년 시리아에서 화학무기가 사용되었다는 주장이 제기되면서 국제 공동체가 시리아 주민들의 고통을 중단시키기 위해 개입해야 하는가에 대한 논란이 불거졌는데, 이는 이러한 질문이 여전히 해결되지 못하고 있음을 보여준다.

도전과제는 기존의 주권에 대한 인식을 넘어서고 개입에 대한 글로벌 합의를 이루는 것이며, 이는 인권운동가 마틴 루터 킹(Martin Luther King, Jr.)의 언급에서도 나타난다. "어떤 곳에서의 부당함은 모든 곳에서의 정의를 위협한다." 만약 글로벌 공동체가 모든 사람의 인권은 국경을 초월함을 진정으로 인식하고, 그러한 인권을 공동체의 '글로벌 공통의 이익'으로 정의하게 된다면 다음과 같은 미해결 상태의 근본적 문제들에 대해 답하고 행동할 수 있을 것이다. 공통의 이익은 무엇인가? 누가 그것을 정의할 수 있는가? 누가 그것을 지킬 수 있는가? 누구의 권위에 의해 그것이 가능한가? 어떻게 개입할 수 있는가?

세계는 잘못된 전쟁을 준비하고 있는가?

평화를 유지하기 위해서 전쟁을 준비해야만 한다. 이것은 국가안보를 위한 고전적인 현실주의의 공식이다. 하지만 국가들이 번영, 자유, 복지를 해치는 조건을 제거하기 위해 준비하도록 더 현명해질 수는 없을까?

오래 전부터 지도자들은 다른 국가와의 맹목적 경쟁에 빠지는 것을 경계해왔다. 프랑스의 전직 대통령 프랑수와 미테랑(François Mitterrand)은 다음과 같이 주장했다. "다같이 우리는 실업과 저발전과 같은 당면한 현실문제의 해법을 시급히 찾아야 한다. 이것이 바로 미래의 윤곽이 그려지게 될 전쟁터이다." 인도 수상을 지낸 인디라 간디(Indira Gandhi)도 다음과 같이 경고했다. "핵전쟁이 인류를 멸망시키고 지구를 파괴하는 것으로 미래를 끝내버리든가, 아니면 남녀 모든 인간이 소리 높여 평화를 주장하고 오늘날의 지식으로 여러 다른 문명들의 지혜를 모으는 시도를 하든가 둘 중 하나이다. 우리는 인류가 하나임을 인식함으로써, 그리고 다함께 세계적 문제를 직시함으로써 평화와 온정 속에서 살아남을 수 있다." 이러한 진단은 핀란드 대통령 마르티 아티사리(Martti Ahtisaari)가 말한 기본 약속을 따르는 것이다. 그는 이렇게 말했다. "인구증가, 대량 살상무기의 확산, 범죄, 환경악화, 민족갈등 등과 같은 우리 시대의 거대한 안보적 도전을 해결하기 위해서, 우리는 변화를 관리하고 글로벌 안보를 구축하는 새로운 방식을 결연하게 받아들여야 한다."

이러한 진술들은 이들 지도자가 국내외에서 직면하는 문제들과 이익을 반영한다. 그럼에도 불구하고 그들의 견해는 소수의 의견에 불과하다. 만인의 만인에 대한 투쟁은 계속된다. 인간안보는 여전히 불안정하다.

수많은 사람들은 기아, 빈곤, 기본적 인권의 무시 등을 겪고 있다. 수백만의 인구가 집단학살과 자국 정부가 후원하는 테러에 위협받고 있다. 또한 에릭 아사도리안(Erik Assadourian, 2010, p. 117)은 "인간의 행위가 더 많은 생태계를 파괴함에 따라 국가안보의 가장 큰 위협은 다름 아닌 지구 상태의 악화라는 사실이 더욱 확실해지고 있다."고 주장한다. 인간은 자기 파괴적일 수 있다. 이는 기회가 없어서가 아니라 기회를 발견하고 잡지 못하는 집단적 무능력 때문이다. "아마도 우리는 우리 스스로를 파괴할 것이다. 아마도 우리 내부의 공동의 적은 우리가 인식하고 극복하기에는 너무나 강력할 것이다."라고 저명한 천문학자 칼 세이건(Carl Sagan)

은 탄식했다. 그는 또 이렇게 말했다. "하지만 나는 희망한다. … 결국에는 우리 인간이 정신을 차리고 인류와 지구를 위해서 함께 일하는 것을 시작할 수 있지 않을까?"

"역사의 종말"인가 아니면 해피엔딩의 끝인가?

많은 사람들에게 세계정세의 역사는 폭정과 자유 사이의 투쟁이다. 고대 이래로 그러한 대결은 여러 형태로 이루어져왔다. 국왕과 대중 사이의 대결, 독재정치와 민주정치의 대결, 이념적 원칙과 실용적 정치의 대결 등이 그것이다. 이에 대해 특정한 이름을 붙이는 것은 오해를 불러 일으킬 수 있으며, 때로는 위험하다. 하지만 그러한 이름을 붙임으로써 새로운 외교용어가 등장하고, 거버넌스와 국정운영에 대한 이론적 논의가 이루어진다(Rousseau 2006). 이러한 관점에서 역사는 마음을 사로잡기 위한 전투다. 그것은 특정 형태의 정치적, 사회적, 경제적 기구에 대한 인류사회의 헌신을 둘러싼 이념적 대결이다.

제2차 세계 대전에서 파시즘이 패배함으로써, 그리고 한 세대 이후에 국제공산주의 운동이 붕괴함으로써 세상이 거대한 규모의 역사적 대결의 종식을 목도하게 되었다는 주장이 유행처럼 번져갔다. 그것은 곧 자유주의의 승리였으며, 프란시스 후쿠야마(Francis Fukuyama, 1989, p. 3)가 말하는 역사의 종말이었다.

20세기는 선진 세계가 이념적 폭력의 분출로 치닫던 시기였다. 자유주의는 먼저 절대주의의 잔재들과 대결을 벌였고, 그리고 볼셰비즘과 파시즘, 끝으로는 핵전쟁의 궁극적 파멸로 이끈다고 위협했던 수정된 마르크스주의와 대결을 벌였다. 하지만 서구의 자유민주주의의 궁극적 승리에 대한 충만한 자신감으로 시작된 20세기는 그것이 시작했던 원점으로 한 바퀴 돌아온 것 같다. … 경제적, 정치적 자유주의의 당당한 승리로 돌아온 것이다. 자유민주주의적 자본주의가 세계 대부분에 걸쳐 승리했다는 점에서 공산주의에 대한 갑작스런 부정은 역사가 정말로 '끝났다'라는 기대를 불러일으켰다. "자유민주주의와 시장지향적 경제질서는 근대 사회의 유일한 가능한 선택(Fukuyama, 1999b; Fukuyama, 2004)"이라는 믿음으로 충만한 자유주의자들은 1980년대 중반부터 다당제 선거와 국내외 무역에서의 자본주의를 실행하는 나라가 두 배로 증가하면서 크게 힘을 얻었다. 그들은 세계 질서가 자유무역을 시행하는 자유정부에 의해서 가장 잘 만들어질 수 있다고 믿었다. 우드로 윌슨(Woodrow Wilson)이 주장한 것처럼 세상을 "민주주의에 안전하게끔" 만드는 것은 세상 그 자체를 안전하게 만드는 것이다. 이러한 자유주의적 관점에서 민주적 자본주의의 확산은 세계정치의 미래에 좋은 징조이다.

하지만 역사가 '끝나지' 않았으며, 전체주의와 민주주의 사이의 전투가 완전히 종식된 것이 아니라는 덜 확정적인 가능성도 제시된다. "21세기 민주주의의 지속적 확산은 불가능하기 보다는 더 이상 필연적이지 않다(Mandelbaum, 2007)." 민주주의 확산의 행진이 멈추었다는 신호가 감지되고 있으며, 많은 민주주의 국가들이 비록 선거로 당선되었지만 자신의 권력에 대한 헌법의 제약을 무시하고 시민들의 기본적인 정치적 자유와 종교 및 경제적 인권을 외면하는 일당 독재자에 의해 지배되고 있다. 더 심각한 것은 신생 민주국가들이 종종 법의 지배나 정당 또는 자유언론을 결여하고 있으며, 그 결과 불안정해지고 전쟁의 가능성이 높아진다는 사실이다(Mansfield and Snyder, 2005). 유권자들에게 책임을 지지 않는 이러한 지도자들의 아집은 우리가 아직은 역사의 종말을 목격하고 있는 것이 아니라는 사실을 시사한다.

글로벌 경제위기 역시 글로벌 자본주의의 장점과 단점에 대한 인식을 새롭게 하였다. "만약 마르크스가 현재의 경제침체를 보게 된다면 그는 틀림없이 자본주의의 내생적 결함이 어떻게 현재의 위기를 불러일으켰는지를 지적하면서 웃을 것이다. 그는 또한 금융증권화와 파생상품과 같은 현대의 금융발전이 어떻게 시장으로 하여금 글로벌 경제통합의 위험성을 키우도록 만들었는지를 보게 될 것이다(Panitch, 2009, p. 141)." 많은 나라들이 재정기반을 새롭게 수립하고 있지만 상업적 자유주의가 우월하다는 합의는 깨어졌다. 자유시장경제는 금융피해의 위험에 그대로 노출되어 있으며 인도, 중국과 더불어 몰도바와 같이 덜 개방된 나라들은 경제침체에 덜 영향을 받는다.

> *변화는 삶의 법칙이다. 과거 혹은 현재만을 바라보는 사람은 틀림없이 미래를 놓치게 된다.*
> – 존 F. 케네디(John F. Kennedy), 미국 대통령

신세계 질서인가 아니면 신세계 무질서인가?

오늘날 세계정치의 역설은 강대국들 사이의 무시무시한 전면전의 공포에 더 이상 사로잡히지 않게 된 세계가, 이제는 국가 간 전쟁만큼이나 위협적이고 다루기 어려운 일련의 도전들에 직면하게 되었다는 사실이다. 글로벌리제이션은 더 큰 책임을 가져오면서 동시에 직면한 문제들을 확대시켰다. 안정적이고 번영을 구가하며, 평화와 경제성장에 대한 신뢰가 컸던 시대에 대통령의 자리에 있었던 미국의 빌 클린턴 대통령은 다음과 같이 경고했다. "심오하고 강력한 힘이 세상을 뒤흔들며 새롭게 만들고 있다. 우리 시대 가장 시급한 문제는 우리가 과연 적이 아닌 친구를 변화시킬 수 있느냐 하는 문제이다."

최근의 변화는 민족주의, 민족갈등, 실패한 국가, 분리주의 반란의 분출뿐만 아니라 세계질서에 대한 초국가적 위협을 낳았다. 여기에는 전염병, 인신매매와 마약밀매, 기후변화, 성 불평등, 에너지와 식량부족, 사막화와 삼림벌채, 청년팽창과 인구노령화, 금융위기와 경제붕괴

등이 포함된다.

이러한 추가적 위협의 잠재적 충격은 가공할 만하다. 일부 지역에서의 국가 간 전쟁과 세계 도처에서 시도 때도 없이 발생하는 테러뿐만 아니라 내전에서의 무력침공의 계속되는 위협과 더불어 비군사적인 위험성도 배가될 것임을 보여주는 경향이 나타나고 있다. 전쟁과 평화에 관련된 국가 및 국제 안보의 전략지정학적 문제들과 정부와 시민들 사이의 관계에서의 경제, 사회, 인구, 환경적 측면에 관한 글로벌 문제들 사이의 구분이 점차 사라질 것이다. 수많은 상호 연관된 이슈들과 문제들로 가득 찬 지구에서 정의와 함께하는 평화와 번영이 널리 퍼지기 위해서 인류는 그러한 문제들의 우선순위를 어떻게 설정할 것인가?

이 책은 글로벌 변화에 대해 초점을 맞추었다. 현재 진행 중인 가장 중요한 변

다음번 개척지?
인도와 중국은 우주개척의 주요 행위자로서 미국, 러시아, 유럽, 일본과 어깨를 나란히 하고 있다. 우주 공간에서의 지식과 경계, 그리고 권력의 추구가 지상의 정치를 만드는 기회와 긴장, 그리고 이익과 유사한 성격을 띠게 될 것인가? 사진은 2012년 6월 16일 우주선 발사 기념식장에 등장한 중국 최초의 여성 우주인 류양(劉洋)의 모습이다. 마오쩌둥(毛澤東)의 어록에는 하늘을 떠받치는 절반은 여성이라는 말이 있다. 그녀의 업적은 이제 여성이 과거를 박차고 올라가는 것을 보여준다 (Branigan, 2012).

화들은 앞으로 세계정치에서의 거대한 변환을 만들게 될 것이다. 변화는 우리가 보아왔던 것과 같이 갑작스러운 것일 수도 있고, 천천히 이루어지는 것일 수도 있다. 변화는 계속해서 이루어지지만 그 나름의 진행 속도를 유지한다. 그리고 역사는 세계적 변화의 진화론적 방향이 불확실하다는 사실을 우리에게 보여준다. 많은 경향들이 동시에 전개되고 있으며, 그것들이 어우러져 만들어내는 충격은 예상치 못한 방향으로 세계가 나아가도록 만든다. 더욱이 여러 경향들은 서로 반대 방향으로 나아갈 수도 있으며, 각각은 고유한 속도를 가지고 전진한다. 어떤 경향은 진화론적 과정에서 믿을 수 없을 정도로 더디게 나아감으로써 수세기에 걸친 극적인 변천을 만들어내지만, 어떤 것들은 급속하게 변화하여 단기간에 이루어짐으로써 더 많은 변화를 만들어내지 못하고 끝난다.

여러 경향이 어울려 서로에게 영향을 미치는 다양한 방식을 이해하기 위해서 여러분은 과거의 경험을 살리는 방법과 미래에 대한 비전을 불러일으키는 방법을 모두 사용하여 여러분의 아이디어를 구축할 필요가 있다. 1775년 미국의 독립운동가 패트릭 헨리(Patrick Henry)

는 역사의 중요성을 강조하면서 다음과 같이 말했다. "나는 나의 발길을 비추는 등불 하나만을 가지고 있는데, 그것은 바로 경험의 등불이다. 나는 과거를 통해 미래를 판단하는 방법만을 알고 있을 뿐이다." 수십 년 후인 1848년, 또 다른 영웅인 이탈리아 정치 지도자 주세페 마치니(Guiseppe Mazzini)는 미래에 대한 사고를 강조하면서 다음과 같이 말했다. "위대한 것들은 자신의 시대가 나아갈 방향을 추측함으로써 얻어질 수 있다." 우리 모두는 이 두 가지 관점을 다 필요로 한다. 지난 역사와 미래에 대한 고찰은 우리 스스로와 우리의 국가가 다른 사람들이 우리를 어떻게 다르게 바라보는지 고려하지 않고 우리가 보고자 하는 것만 바라보고자 하는 유혹을 피할 수 있게 해준다.

진행 중인 다양한 경향들의 종합적 충격이 세계정치에서의 거대한 변천의 신호가 되고 있다고 여겨진다. 하지만 혁명적인 변화와 달리 지속적인 변화도 존재한다. 즉, 오랜 의식(儀式)과 현존하는 규칙, 기존에 수립된 제도들, 그리고 장기간의 관습은 최근의 세계정치적인 중요한 변화들의 흡입력에 저항하는 역할을 한다. 지속과 변화의 공존이 쉽지는 않으며, 이러한 결합은 미래를 불확실하게 만든다.

두 개의 경주의 결과가 현재의 세상과 미래의 세상 사이의 차이를 결정지을 것이다. 첫 번째 경주는 지식과 망각 사이의 경주이다. 세계적 진보와 정의의 길 앞에 무지함이 버티고 서 있다. 과학과 기술의 발전은 그것이 만들어낸 사회적, 정치적 문제의 해결보다 훨씬 앞서 있다. 이러한 문제에 직면하여 지식을 구축하는 것은 따라서 가장 궁극적인 도전이 될 것이다. 알버트 아인슈타인(Albert Einstein)은 이렇게 경고했다. "핵분열은 우리의 사고방식을 제외한 모든 것을 바꾸었으며, 그 결과 우리는 미증유의 재앙을 향해 표류하고 있다. 만약 우리들 서로에 대한 태도와 미래에 대한 인식을 근본적으로 바꾸지 않는다면 세상은 전례 없는 재앙을 직면하게 될 것이다."

"지식은 우리의 운명이다."라고 철학자 제이콥 브로노브스키(Jacob Bronowski)는 주장했다. 만약 세상이 밝은 미래를 만들어낸다면, 보다 정교한 지식을 개발하게 될 것이다. 정교화는 우리가 세상을 개별적 부분의 측면뿐만 아니라 전체로써 바라볼 것을 요구한다. 그것은 우리의 자기 이미지에 따라 다른 사람을 그리거나 우리의 목적과 가치를 다른 사람들에게 투사하는 것을 인정하지 않는다. 우리는 더 나은 미래에 대한 공식이 하나뿐이라는 믿음을 버려야 하며, 개혁에 대한 단일 주제적 접근을 거부해야 한다. 모호함을 용인하고, 심지어 그것을 수용하는 것이 필수적이다.

세계정치의 미래는 국가들이 서로 협력하여 행동할 수 있는 능력과 국가들이 서로 경쟁하고 싸우는 역사적 경향 사이의 경주 결과에 달려있다. 조화로운 국제협력만이 무력분쟁과 무자비한 경쟁으로의 퇴행을 가로막을 수 있다. 미래의 글로벌 도전에 대처하기 위해서는, 그리고 보다 안전하고 정의로운 세상을 만드는데 필요한 변화를 이끌어내는 현명한 결정을 내리기 위해서는 비전이 요구된다.

만약 우리의 미래 이미지가 서로 다르다면 오늘의 결정도 서로 다를 것이다. 고무적 비전은 우리로 하여금 행동을 취하게끔 만들 것이다. 그러나 만약 추구해야 할 가치에 대해 공동으로 가지는 이미지가 없다면 지구 사회는 동기와 지향점을 모두 잃게 될 것이다.

— 윌리스 하먼(Willis Harman), 정책평론가

미래는 정해지지 않았고, 신문 헤드라인은 주가추세선이 아니다. 따라서 우리는 현명하고 윤리적인 선택을 함으로써 현재의 위험 요소들의 위협을 극복할 수 있다. 그렇다면 어떻게 우리는 나아갈 수 있는가?

미래학자 데이비드 스나이더(David Pearce Snyder, 2006, p. 17)는 이렇게 조언한다. "지금과 같은 시대에 최상의 조언은 오랜 시간의 시험을 거쳐 온 선조들의 아이디어로부터 나온다." 2500년 전 그리스 철학자 헤라클레이토스(Heraclitus)는 이렇게 말했다. "미래에 대한 그 어떤 것도 변화를 제외하고 피할 수 없다." 그로부터 200년이 지난 다음 고대 중국의 전략가 손자(孫子)는 이런 말을 남겼다. "현명한 지도자는 불가피한 운명을 개척하는 자이다." 이러한 선현의 가르침을 종합하면 다음과 같은 명확한 메시지를 얻게 된다. "현명한 지도자는 변화를 개척한다."

따라서 우리는 미래 세계에 대한 두려움을 가지기 보다는, 훨씬 평화롭고 정의로운 세상을 만들기 위해 투쟁함과 동시에 미래의 기회를 포착해야 한다. 존 F. 케네디 대통령의 명연설이 우리가 가져야 할 자세를 잘 설명해준다. "때때로 우리가 어둡고 깊은 심연에 가까이 있는 것처럼 여겨질지라도 평화롭고 자유로운 사람을 절망시키지는 말자. 그는 혼자가 아니기 때문이다. … 우리는 다함께 우리의 지구를 구하거나, 아니면 다 같이 불꽃 속에서 멸망할 것이다. 우리가 구할 수 있는 것을 구하고, 우리가 구해야 하는 것을 구하라. 그러면 우리는 인류로부터 영원한 감사를 받게 될 것이다."

STUDY. APPLY. ANALYZE.

추천 도서

Bueno de Mesquita, Bruce. (2009) *The Predictioneer's Game: Using the Logic of Brazen Self-Interest to See & Shape the Future.* New York: Random House.

Carland, Maria Pinto, and Candace Faber, eds. (2008) *Careers in International Affairs.* Washington, DC: Georgetown University Press.

Denemark, Robert A., ed. (2010) *The International Studies Encyclopedia.* Boston, MA: Blackwell Publishing.

Detraz, Nicole. (2012) *International Security and Gender.* Malden, MA: Polity Press.

Haigh, Stephen Paul. (2013) *Future States: From International to Global Order.* Burlington, VT: Ashgate Publishing Company.

Glenn, Jerome C., Theodore J Gordon, and Elizabeth Florescu. (2011) *2011 State of the Future.* Washington, DC: The Millennium Project.

Lebow, Richard Ned. (2010) *Forbidden Fruit: Counterfactuals and International Relations.* Princeton, NJ: Princeton University Press.

The World Bank. (2013) *World Development Report 2013: Jobs.* Washington, DC: The World Bank.

Worldwatch Institute. (2013b) *State of the World 2013: Is Sustainability Still Possible?* New York: Norton.

Yetiv, Steve. (2011) "History, International Relations, and Integrated Approaches: Thinking about Greater Interdisciplinarity," *International Studies Perspectives* 12, no. 2 (May):94-118.

Aaronson, Susan, and Rodwan Abouharb. (2011) "Unexpected Bedfellows: The GATT, the WTO and *Some* Democratic Rights," *International Studies Quarterly* 55(2): 379–408.

Aaronson, Susan, and Jamie Zimmerman. (2007) *Trade Imbalance: The Struggle to Weigh Human Rights Concerns in Trade Policymaking*. Cambridge: Cambridge University Press.

Abbot, Sebastian. (2012) "Pakistan Tests Missile Days after India's Launch," Associated Press (April 25). Available at: http://news.yahoo.com/pakistan-tests-missile-days-indias-launch-074942245.html.

Abdelal, Rawi, and Adam Segal. (2007) "Has Globalization Passed Its Peak?" *Foreign Affairs* 86 (January/February): 103–114.

Abedine, Saad, Joe Sterling, and Laura Smith-Spark. (2013) "U.N.: More Than 1.5 million Fled Syria, 4 million More Displaced Within Nation," *CNN* (May 18). Accessed June 3, 2013. Available at: http://edition.cnn.com/2013/05/17/world/meast/syria-civil-war/?hpt=hp_t1.

Abouharb, Rodwan, and David Cingranelli. (2007) *Human Rights and Structural Adjustment*. New York: Cambridge University Press.

Abramowitz, Morton. (2002) "The Bush Team Isn't Coping," *International Herald Tribune* (August 20): 6.

Acemoglu, Daron and James A. Robinson. (2012) *Why Nations Fail: The Origins of Power, Prosperity, and Poverty*. New York: Random House.

Ackerly, Brooke and Jacqui True. (2008) "Reflexivity in Practice: Power and Ethics in Feminist Research on International Relations," *International Studies Review* 10: 693–707.

Adams, Gordon, and Matthew Leatherman. (2011) "A Leaner and Meaner Defense: How to Cute the Pentagon's Budget While Improving Its Performance," *Foreign Affairs* 90(1): 139–52.

AFP. (2012) "China Shuts Coke Plant after Chlorine Reports," *AFP* (April 29). Accessed June 25, 2012. Available at: http://www.google.com/hostednews/afp/article/ALeqM5jyi25j7iM5ZD_1EGBEBBflzJyeVg?docId=CNG.dbf0c47a5473a69f8ee5b06a64081dce.21.

Agence France-Presse. (2013) "Report: Taiwan to Aim 50 Medium-Range Missiles at China," *DefenseNews* (March 18). Accessed July 27, 2013. Available at: http://www.defensenews.com/article/20130318/DEFREG03/303180012/Report-Taiwan-Aim-50-Medium-Range-Missiles-China.

Ahmed, Nafeez Mosaddeq. (2013) "Why Food Riots Are Likely to Become the New Normal," *The Guardian* (March 6). Accessed June 25, 2013. Available at: http://www.guardian.co.uk/environment/blog/2013/mar/06/food-riots-new-normal.

Ajami, Fouad. (2010) Review of *The Frugal Superpower* by Michael Mandelbaum. *Foreign Affairs* (1 November).

Alessi, Christopher and Stephanie Hanson. (2012) "Expanding China-Africa Oil Ties," Council of Foreign Relations (February 8). Last accessed November 22, 2013. Available at: http://www.cfr.org/china/expanding-china-africa-oil-ties/p9557.

Ali, Shimelse, Uri Dadush, and Rachel Esplin Odell. (2011) "Is Protectionism Dying?" *International Economics* (May).

Aljazeera. (2011) "Child Slaves," Aljazeera. Accessed June 24, 2013. Available at: http://www.aljazeera.com/programmes/slaverya21stcenturyevil/2011/10/20111010152040468529.html.

Allen, Susan Hannah and David J Lektzian. (2013) "Economic Sanctions: A Blunt Instrument?" *Journal of Peace Research*, 50(1): 121–135.

Allison, Graham T. (2010) "Nuclear Disorder: Surveying Atomic Threats." *Foreign Affairs* 89, no. 1 (January/February): 74–85.

——— (1971) *Essence of Decision: Explaining the Cuban Missile Crisis*. Boston: Little, Brown.

Allison, Graham T., and Philip Zelikow. (1999) *Essence of Decision: Explaining the Cuban Missile Crisis*, 2nd ed. New York: Longman.

Al-Sadig, Ali. (2013) "Outward Foreign Direct Investment and Domestic Investment: The Case of Developing Countries," *IMF Working Paper*. Accessed July 27, 2013. Available at: http://www.imf.org/external/pubs/ft/wp/2013/wp1352.pdf.

Altman, Daniel. (2005) "China: Both a Powerhouse and a Pauper," *International Herald Tribune* (October 8–9): 16.

Altman, Lawrence K. (2002) "AIDS Is Called a Security Threat," *International Herald Tribune* (October 2): 1, 10.

Altman, Roger. (2013) "The Fall and Rise of the West," *Foreign Affairs* (January/February). Accessed June 27, 2013.

Available at: http://www.foreignaffairs.com/articles/138463/roger-c-altman/the-fall-and-rise-of-the-west.

————— (2009) "Globalization in Retreat: Further Geopolitical Consequences of the Financial Crisis." *Foreign Affairs* 88(4): 2–16.

Altman, Roger C., and C. Bowman Cutter. (1999) "Global Economy Needs Better Shock Absorbers," *International Herald Tribune* (June 16): 7.

Amnesty International. (2012) *Death Penalty in 2011*. London: Amnesty International Publications. Available at: http://www.amnesty.org/en/death-penalty/death-sentences-and-executions-in-2011.

————— (2009a) *Death Sentences and Executions in 2008*. London: Amnesty International Publications.

————— (2009b) "Children's Rights: The Future Starts Here" Available at: http://www.amnesty.org/en/library/info/ACT76/014/1999/en.

Amoore, Louise (ed.). (2005) *The Global Resistance Reader: Concepts and Issues*. New York: Routledge.

Anderlini, Sanam N. (2007) *Women Building Peace: What They Do, Why It Matters*. Boulder, CO: Lynne Rienner.

Andersen, Camila. (2009) "New Rules of Engagement for IMF Loans," *IMF Survey Online*. Available at: http://www.voxeu.org/content/collapse-global-trade-murky-protectionism-and-crisis-recommendations-g20.

Anderson, Kym. (1996) "Social Policy Dimensions of Economic Integration: Environmental and Labour Standards," *NBER Working Paper No. 5702*. Cambridge, Mass: National-Bureau for Economic Research.

Andreas, Peter. (2005) "The Criminalizing Consequences of Sanctions," *International Studies Quarterly* 49 (June): 335–60.

Angell, Norman. (1910) *The Grand Illusion: A Study of the Relationship of Military Power in Nations to Their Economic and Social Advantage*. London: Weidenfeld & Nicholson.

Annan, Kofi. (2006) "Courage to Fulfill Our Responsibilities," pp. 205–09 in Helen E. Purkitt (ed.), *World Politics 05/06*. Dubuque, Iowa: McGraw-Hill/Dushkin.

————— (1999) "Two Concepts of Sovereignty," *Economist* (September 18): 49–50.

Appiah, Kwame Anthony. (2006) *Cosmopolitanism: Ethics in a World of Strangers*. New York: Norton.

Ariely, Dan. (2013) *The (Honest) Truth About Dishonesty: How We Lie to Everyone—Especially Ourselves*. New York: Harper.

————— (2010) *The Upside of Irrationality: The Unexpected Benefits of Defying Logic at Work and at Home*. New York: Harper Collins.

————— (2008) *Predictably Irrational: The Hidden Forces That Shape Our Decisions*. New York: Harper.

Arms Control Association. (2013) "Worldwide Ballistic Missile Inventories," *Arms Control Association*. Accessed June 13, 2013. Available at: http://www.armscontrol.org/factsheets/missiles.

Armstrong, David, and Jutta Brunée. (2009) *Routledge Handbook of International Law*. Taylor & Francis.

Arquilla, John. (2010) "The War Issue." *Foreign Policy* (March/April): 61–62.

Arreguín-Toft, Ivan. (2006) *How the Weak Wins Wars: A Theory of Asymmetric Conflict*. New York: Cambridge University Press.

Art, Robert J. (2005) "Coercive Diplomacy," pp. 163–77 in -Robert J. Art and Robert Jervis (eds.), *International Politics*, 7th ed. New York: Pearson Longman.

Asbury, Neal. (2013) "The End of Outsourcing?" *The Manzella Report* (May 1). Accessed July 27, 2013. Available at: http://www.manzellareport.com/index.php/manufacturing/658-the-end-of-outsourcing.

Ash, Timothy Garton. (2004) *Free World: America, Europe, and the Surprising Future of the West*. New York: Random House.

Assadourian, Erik. (2010) "Government's Role in Design." *State of the World: Transforming Cultures, From Consumerism to Sustainability*. New York: W. W. Norton & Company.

Associated Press. (2013) "India Flood and Landslide Death Toll Nears 600 as Army Steps up Evacuations," *The Guardian* (June 21). Accessed June 25, 2013. Available at: http://www.guardian.co.uk/world/2013/jun/21/india-floods-uttarakhand-600-deaths.

ATKearney. (2012) "2012 Global Cities Index and Emerging Cities Outlook." Accessed August 8, 2012. Available at: http://www.atkearney.com/index.php/Publications/2012-global-cities-index-and-emerging-cities-outlook.html.

Auboin, Marc. (2009) "Restoring Trade Finance: What the G-20 Can Do." In *The Collapse of Global Trade, Murky Protectionism, and the Crisis: Recommendations for the G20*, Baldwin, Richard and Simon Evenett (eds.), London: VoxEU.org. Available at: http://www.voxeu.org/content/collapse-global-trade-murky-protectionism-and-crisis-recommendations-g20.

Auguste, Byron G. (1999) "What's So New about Globalization?" pp. 45–47 in Helen E. Purkitt (ed.), *World Politics 99/00*, 20th ed. Guilford, Conn.: Dushkin/ McGraw-Hill.

Australian Government Department of Foreign Affairs and Trade. (2012) "Taiwan Brief," Australian Government. Accessed June 25, 2012. Available at: http://www.dfat.gov.au/geo/taiwan/taiwan_brief.html.

Avlon, John. (2011) "The 21st-Century Statesman." *Newsweek*. Available at: http://www.thedailybeast.com/newsweek/2011/02/20/a-21st-century-statesman.html.

Axelrod, Robert M. (1984) *The Evolution of Cooperation*. New York: Basic Books.

Aydin, Aysegul. (2010) "The Deterrent Effects of Economic Integration," *Journal of Peace Research* 47(5): 523–33.

————— and Patrick M. Regan. (2012) "Networks of Third-Party Interveners and Civil War Duration," *European Journal of International Relations* 18 (3): 573–597.

Ayoob, Mohammed. (2004) "Third World Perspectives on Humanitarian Intervention," *Global Governance* 10 (January/March): 99–18.

————— (1995) *The Third World Security Predicament.* Boulder, Colo.: Lynne Rienner.

Babai, Don. (2001) "International Monetary Fund," pp. 412–18 in Joel Krieger (ed.), *The Oxford Companion to Politics of the World*, 2nd ed. Oxford: Oxford University Press.

Babcock, Linda and Sara Laschever. (2003) *Women Don't Ask: Negotiation and the Gender Divide.* Princeton: Princeton University Press.

Babones, Jonathan, and Jonathan H. Turner. (2004) "Global Inequality," pp. 101–20 in George Ritzer (ed.), *Handbook of Social Problems.* London: Sage.

Bacchus, James. (2012) "A Way Forward for the WTO," pp. 6–9 in Ricardo Meléndez-Ortiz, Chistophe Bellmann, and Miguel Rodriguez Mendoza (eds.), *The Future and the WTO: Confronting the Challenges*, edited by [G1]. Geneva, Switzerland: International Centre for Trade and Sustainable Development.

Bacevich, Andrew J. (2005). *The New American Militarism: How Americans Are Seduced by War.* New York: Oxford University Press.

————— (ed.). (2003) *The Imperial Tense.* Chicago: Ivan R. Dee/Rowman & Littlefield.

————— (2002) *American Empire.* Cambridge, Mass.: Harvard University Press.

Badey, Thomas J. (ed.). (2005) *Violence and Terrorism 05/06*, 8th ed. Guilford, Conn.: Dushkin/McGraw-Hill.

Badwal, Karun. (2012) "Deforestation: A Major Threat to the Des-truction of Our Planet," *Earth Reform* (April 21). Accessed June 25, 2013. Available at: http://earthreform.org/deforestation-a-major-threat-to-the-destruction-of-our-planet/.

Baines, Erin K. (2004) *Vulnerable Bodies: Gender, the UN, and the Global Refugee Crisis.* Burlington, Ver.: Ashgate.

Bajoria, Jayshree. (2011) "Escalation and Uncertainty in Libya." *Council on Foreign Relations.* Available at: http://www.cfr.org/libya/escalation-uncertainty-libya/p24730.

Bakke, Kristen M. (2005) "Clash of Civilizations or Clash of Religions?" *International Studies Review* 7 (March): 87–89.

Baker, Aryn and Kajaki Olya. (2008) "A War That's Still Not Won," *Time* (July 7): 37–43.

Baker, Aryn and Loi Kolay. (2009) "The Longest War," *Time* (April 20): 25–29.

Baker, Peter and Dan Bilefsky. (2010) "Russia and U.S. Sign-Nuclear Arms Reduction Act." *The New York Times* (April 8): A8.

Baldwin, David A. (1999/2000) "The Sanctions Debate and the Logic of Choice," *International Security* 24 (Winter): 80–107.

————— (ed.). (1993) *Neorealism and Neoliberalism: The Contemporary Debate.* New York: Columbia University Press.

————— (1989) *Paradoxes of Power.* New York: Basil Blackwell.

Baldwin, Richard. (2011) 21ˢᵗ Century Regionalism: Filling the Gap between 21ˢᵗ Century Trade and 20ᵗʰ Century Trade Rules. Gevena, Switzerland: World Trade Organization.

————— and Simon Evenett. (2009) "Introduction and Recommendations for the G-20." In Baldwin, Richard and Simon Evenett (eds.) *The Collapse of Global Trade, Murky Protectionism, and the Crisis: Recommendations for the G20,.* London: VoxEU.org. Available at: http://www.voxeu.org/content/collapse-global-trade-murky-protectionism-and-crisis-recommendations-g20.

————— Masahiro Kawai, and Ganeshan Wignaraja, (eds.) (2013) *The Future of the World Trading System: Asian Perspectives.* London, UK: Centre for Economic Policy Research.

Bamford, James. (2005) *A Pretext for War: 9/11, Iraq, and the Abuse of America's Intelligence Agencies.* New York: Anchor Vintage.

Bandy, Joe, and Jackie Smith. (2004). *Coalitions Across Borders: Transnational Protest and the Neoliberal Order.* Lanham, Md: Rowman & Littlefield.

Banerjee, Abhijit, and Esther Duflo. (2011) "More Than 1 Billion People Are Hungry in the Word: But What If the Experts Are Wrong?" *Foreign Policy* (May/June): 66–72.

Bank for International Settlements (BIS). (2012) *Semiannual OTC Derivatives Statistics.* Available at: http://www.bis.org/statistic/derstats.htm.

Bapat, Navin A. (2011) "Transnational Terrorism, US Military Aid, and the Incentive to Misrepresent." *Journal of Peace Research* 48 (3): 202–18.

————— and T. Clifton Morgan. (2009) "Multilateral versus Unilateral Sanctions Reconsidered: A Test Using New Data," *International Studies Quarterly* 53 (4): 1468–2478.

————— Tobias Heinrich, Yoshiharu Kobayashi, and T. Clifton Morgan. (2013) "Determinants of Sanctions Effectiveness: Sensitivity Analysis Using New Data," *International Interactions: Empirical and Theoretical Research in International Relations*, 39(1): 79–98.

Baratta, Joseph Preston. (2005) *The Politics of World Federation.* New York: Praeger.

Barber, Benjamin R. (2003) *Fear's Empire.* New York: Norton.

————— (1995) *Jihad vs. McWorld.* New York: Random House.

Barbieri, Katherine. (2003) *The Liberal Illusion: Does Trade Promote Peace?* Ann Arbor: University of Michigan Press.

Barbieri, Katherine, and Gerald Schneider. (1999) "Globalization and Peace," *Journal of Peace Research* 36 (July): 387–404.

Barboza, David. (2005) "For China, New Malls Jaw-Dropping in Size," *International Herald Tribune* (May 25): 1, 4.

Bardhan, Pranab. (2005) "Giants Unchained? Not So Fast," *International Herald Tribune* (November 3): 6.

Barkin, Samuel. (2003) "Realist Constructivism," *International Studies Review* 5 (September): 328–42.

———— (2001) "Resilience of the State," *Harvard International Review* 22 (Winter): 40–46.

Barnes, Joe, Amy Jaffe, and Edward L. Morse. (2004) "The New Geopolitics of Oil," *National Interest* (Winter/Energy Supplement): 3–6.

Barnet, Michael. (2005) "Social Constructivism," pp. 251–270 in John Baylis and Steve Smith (eds.), *The Globalization of World Politics*, 3rd ed. New York: Oxford University Press.

Barnet, Richard J. (1980) *The Lean Years*. New York: Simon & Schuster.

———— (1977) *The Giants: Russia and America*. New York: Simon & Schuster.

Barnet, Richard J. and John Cavanagh. (1994) *Global Dreams: Imperial Corporations and the New World Order*. New York: Simon & Schuster.

Barnet, Richard J. and Ronald E. Müller. (1974) *Global Reach: The Power of the Multinational Corporations*. New York: Simon & Schuster.

Barnett, Michael. (2005) "Social Constructivism," pp. 251–70 in John Baylis and Steve Smith (eds.), *The Globalization of World Politics*, 3rd ed. New York: Oxford University Press.

Barnett, Thomas P. M. (2004) *The Pentagon's New Map*. New York: G. P. Putnam's Sons.

Bar-On, Tamir and Howard Goldstein. (2005) "Fighting Violence: A Critique of the War on Terrorism," *International Politics* 42 (June): 225–45.

Baron, Samuel H., and Carl Pletsch (eds.). (1985) *Introspection in Biography*. Hillsdale, N.J.: Analytic Press.

Barratt, Bethany. (2007) *Human Rights and Foreign Aid: For Love or Money?* New York: Routledge.

Barringer, Felicity. (2009) "Cool Roofs Offer a Tool in Fight against Global Heat," *International Herald Tribune* (July 29): 1.

Barrett, Scott. (2007) *Why Cooperate? The Incentive to Supply Global Public Goods*. New York: Oxford University Press.

Barry, Colin M., K. Chad Clay, and Michael E. Flynn. (2012) "Avoiding the Spotlight: Human Rights Shaming and Foreign Direct Investment," *International Studies Quarterly*. DOI: 10.1111/isqu.12039.

Bast, Andrew. (2011) "Pakistans' Nuclear Surge," *Newsweek* (May 23): 45–46.

Bates, B.C., Z.W. Kundzewicz, S. Wu, and J.P. Palutikof, (eds.) (2008) *Climate Change and Water*, Technical Paper of the Intergovernmental Panel on Climate Change, IPCC Secretariat, Geneva, 210 pp.

Battelle and R&D Magazine. (2012) "2013 Global R & D Funding Forecast," Battelle and *R & D Magazine*. Accessed May 29, 2013. Available at: http://www.battelle.org/docs/r-d-funding-forecast/2013_r_d_funding_forecast.pdf?sfvrsn=0.

———— (2008) "2009 Global R&D Funding Forecast," Battelle and *R&D Magazine*. Available at: http://www.battelle.org/news/pdfs/2009RDFundingfinalreport.pdf.

Baylis, John, and Steve Smith (eds.). (2005) *The Globalization of World Politics*, 3rd ed. New York: Oxford University Press.

Bayne, Nicholas, and Stephen Woolcock (eds.). (2004) *The New Economic Diplomacy*. Burlington, Ver.: Ashgate.

BBC. (2010) "Historic Taiwan-China Trade Deal Takes Effect."Available at: http://www.bbc.co.uk/news/world-asia--pacific-11275274 (September 12).

Beattie, Alan. (2011) "Watchdog Says IMF Missed Crisis Risks," *Financial Times* (February 9). Available at: http://www.ft.com/intl/cms/s/0/59421568-344e-11e0-993f-00144feabdc0.html#axzz1V7p2MKKP.

———— and Jean Eaglesham. (2009) "Still No Deadline for Doha Accord," *Financial Times* (April 2).

Becker, Elizabeth. (2003) "WTO. Rules against U.S. on Steel Tariff," *The New York Times* (March 27).

Beckman, Peter R., and Francine D'Amico (eds.). (1994) *Women, Gender, and World Politics*. Westport, Conn.: Bergin & Garvey.

———— (2005) "The Great Thrift Shift," *Economist* (September 24): 3.

Begley, Sharon. (2011) "I Can't Think!: The Twitterization of Our Culture Has Revolutionized Our Lives, but with an Unintended Consequence—Our Overloaded Brains Freeze When We Have to Make Decisions," *Newsweek* (March 7): 28–33.

———— (2010) "What the Spill Will Kill." *Newsweek* (June 14): 25–30.

———— (2009) "Climate-Change Calculus: Why It's Even Sores Than We Feared," *Newsweek* (August 3): 30.

———— (2009b) "Good Cop/Bad Cop Goes Green," *Newsweek* (May 4): 49.

———— (2008) "Global Warming Is a Cause of This Year's Extreme Weather," *Newsweek* (July 7/14): 53.

———— (2007) "Get Out Your Handkerchiefs," *Newsweek* (June 4): 62.

Behe, Michael J. (2005) "Rationalism and Reform," *First Things* (August/September): 75–79.

Beitz, Charles R. (2001) "Human Rights as a Common Concern," *American Political Science Review* 95 (June): 269–82.

Bell, James John. (2006) "Exploring the 'Singularity'," pp. 207–10 in Robert M. Jackson (ed.), *Global Issues 05/06*. Dubuque, Iowa: McGraw-Hill/Dushkin.

Bellamy, Alex J. and Paul D. Williams. (2005) "Who's Keeping the Peace?" *International Security* 29 (Spring): 157–97.

Benhabib, Seyla. (2005) "On the Alleged Conflict Between Democracy and International Law," *Ethics and International Affairs* 19(1): 85–100.

Benner, Thorsten, Stephan Mergenthaler, and Philipp Rotman. (2008) "Rescuing the Blue Helmets," *International Herald Tribune* (July 23): 6.

Bennett, Scott and Allan C. Stam. (2004) *The Behavioral Origins of War*. Ann Arbor: University of Michigan Press.

Benson, Michelle. (2007) "Extending the Bounds of Power Transition Theory," *International Interactions* 33 (July/September): 211–15.

Ben-Yehuda, Hemda and Meirav Mishali-Ran. (2006) "Ethnic Actors and International Crises," *International Interactions* 32 (January/March): 49–78.

Bercovitch, Jacob and Scott Sigmund Gartner. (2008) *International Conflict Mediation.* New York: Routledge.

Berdal, Mats and Mónica Serrano (eds.). (2002) *Transnational Organized Crime and International Security.* Boulder, Colo.: Lynne Rienner.

Bergen, Peter L. (2006) *The Osama bin Laden I Know.* New York: Free Press.

——— and Samuel P. Huntington (eds.). (2002) *Many Globalizations: Cultural Diversity in the Contemporary World.* Oxford: Oxford University Press.

Bergesen, Albert and Ronald Schoenberg. (1980) "Long Waves of Colonial Expansion and Contraction, 1415–1969," pp. 231–77 in Albert Bergesen (ed.), *Studies of the Modern World-System.* New York: Academic Press.

Bergholt, Drago and Paivi Lujala. (2012) "Climate-Related Natural Disasters, Economic Growth, and Armed Civil Conflict," *Journal of Peace Research* (49): 147–62.

Bergsten, C. Fred. (2009) "The Global Crisis and the International Economic Position of the United States," pp. 1–10 of *The Long-Term International Economic Position of the United States*, edited by Fred Bergsten. Washington, DC: Petersen Institute for International Economics.

——— (2005) *The United States and the World Economy.* Washington, DC.: Institute of International Economics.

——— (2004) "The Risks Ahead for the World Economy," *Economist* (September 11): 63–65.

Bernstein, Jeremy. (2010) "Nukes for Sale." *The New York Review* (May 13): 44–46.

Bernstein, Richard. (2003) "Aging Europe Finds Its Pension Is Running Out," *New York Times International* (June 29): 3.

Berthelot, Yves. (2001) "The International Financial Architecture—Plans for Reform," *International Social Science Journal* 170 (December): 586–96.

Bhagwati, Jagdish. (2008a) *Termites in the Trading System: How Preferential Agreements Undermine Free Trade.* New York: Oxford University Press.

——— (2008b) *In Defense of Globalization.* New York: Oxford University Press.

——— (2005) "A Chance to Lift the 'Aid Curse,'" *Wall Street Journal* (March 22): A14.

——— (2004) *In Defense of Globalization.* New York: Oxford University Press.

Bhatia, Ujal Singh. (2011) "Salvaging Doha," VoxEU.org (May 10). Available at: http://voxeu.org/index.php?q5node/6497.

Bijian, Zheng. (2005) "China's 'Peaceful Rise' to Great-Power Status," *Foreign Affairs* 84 (October): 18–24.

Bishop, William. (1962) *International Law.* Boston Little, Brown.

Bjerga, Alan. (2010) "Broadband Trumps Farmer Payments in Rural Aid." *Bloomberg.* Available at: http://www.bloomberg.com/news/2010-08-26/broadband-trumps-farmer-payments-as-obama-remakes-assistance-to-rural-u-s-.html.

Blackmon, Pamela. (2008) "Rethinking Poverty Through the Eyes of the International Monetary Fund and the World Bank." *International Studies Review* 10 (2): 179–202.

Blanton, Robert G. (2012) "Zombies and International Relations: A Simple Guide for Bringing the Undead into Your Classroom," *International Studies Perspectives* (14): 1–13.

Blanton, Robert G. and Shannon Lindsey Blanton. (2012a) "Rights, Institutions, and Foreign Direct Investment: An Empirical Assessment," *Foreign Policy Analysis* 8(4): 431–452.

——— (2012b) "Labor Rights and Foreign Direct Investment: Is There a Race to the Bottom?" *International Interactions* 38(3): 267–294.

——— (2009) "A Sectoral Analysis of Human Rights and FDI: Does Industry Type Matter?" *International Studies Quarterly* 53(2): 473–498.

——— (2008) "Virtuous or Vicious Cycle? Human Rights, Trade, and Development," pp. 91–103 in Rafael Reuveny and William R. Thompson (eds.), *North and South in the World Political Economy.* Malden, MA: Blackwell.

——— (2007) "Human Rights and Trade," *International Interactions* 33 (April/June): 97–117.

——— (2001) "Democracy, Human Rights, and U.S.-Africa Trade," *International Interactions* 27(2): 275–95.

Blanton, Shannon Lindsey. (2005) "Foreign Policy in Transition? Human Rights, Democracy, and U.S. Arms Exports," *International Studies Quarterly* 49 (December): 647–67.

——— (1999) "Instruments of Security or Tools of Repression? Arms Imports and Human Rights Conditions in Developing Countries," *Journal of Peace Research* 36 (March): 233–44.

Blanton, Shannon Lindsey and David L. Cingranelli. (2010) "Human Rights and Foreign Policy Analysis," in Robert Denmark et al. (eds.), *The International Studies Compendium Project.* Oxford: Wiley-Blackwell.

Blanton, Shannon Lindsey and Katharine Andersen Nelson. (2012). "Arms Transfers," in George Ritzer (ed.), *Encyclopedia of Globalization.* Oxford: Wiley-Blackwell.

Blanton, Shannon Lindsey and Robert G. Blanton. (2007) "What Attracts Foreign Investors? An Examination of Human Rights and Foreign Direct Investment," *Journal of Politics* 69 (1): 143–55.

Blanton, Shannon Lindsey and Charles W. Kegley, Jr. (1997) "Reconciling U.S. Arms Sales with America's Interests and Ideals," *Futures Research Quarterly* 13 (Spring): 85–101.

Blas, Lorena. (2013) "Angelina Jolie Visits Africa on a Mission to Fight Rape," *USA Today* (March 26). Accessed June 3, 2013. Available at: http://www.usatoday.com/story/life/people/2013/03/25/jolie-congo-rwanda-ape-war-weapon/2018539/.

Bloom, Mia. (2005) *Dying to Kill: The Allure of Suicide Terror.* New York: Columbia University Press.

Bloomberg News. (2011) "Vietnam Cheaper-than-China Appeal Diminishes as Labor Strikes." Available at: http://www .bloomberg.com/news/2011-06-15/vietnam-cheaper-than-china-appeal-diminshes-as-labor-strikes.html (June 15).

Blum, Andrew, Victor Asal, and Jonathan Wilkenfeld (eds.). (2005) "Nonstate Actors, Terrorism, and Weapons of Mass Destruction," *International Studies Review* 7 (March): 133–70.

Blustein, Paul. (2010) "R.I.P., WTO." *Foreign Policy* (January/February): 66.

Boehmer, Charles and Timothy Nordstrom. (2008) "Intergovernmental Organization Memberships: Examining Political Community and the Attributes of International Organizations," *International Interactions* 34: 282–309.

Boehmer, Charles, Erik Gartzke, and Timothy Norstrom. (2005) "Do International Organizations Promote Peace?" *World Politics* 57 (October): 1–38.

Boin, Arjen, Paul't Hart, Eric Stern, and Bengt Sunderlius. (2007) *The Politics of Crisis Management.* Cambridge, U.K.: Cambridge University Press.

Boli, John, and Frank L. Lechner. (2004) *World Culture.* London: Blackwell.

Boli, John, Michael A. Elliott and Franziska Bieri. (2004) "Globalization," pp. 389–415 in George Ritzer (ed.), *Handbook of Social Problems.* London: Sage.

Bollyky, Thomas. (2012) "Reinventing the World Health Organization," *Council on Foreign Relations* (March 23). Accessed August 8, 2012. Available at: http://www.cfr .org/global-health/reinventing-world-health-organization/ p28346.

Bolton, M. Kent. (2005) *U.S. Foreign Policy and International Politics: George W. Bush, 9/11, and the Global-Terrorist Hydra.* Upper Saddle River, N.J.: Prentice Hall.

Bolzendahl, Catherine. (2009) "Making the Implicit Explicit: Gender Influences on Social Spending in Twelve Industrialized Democracies, 1980–1999," *Social Politics* 16: 40–81.

Boot, Max. (2013) "The Evolution of Irregular War: Insurgents and Guerrillas from Akkadia to Afghanistan," *Foreign Affairs* (March/April). Accessed June 3, 2013. Available at: http://www.foreignaffairs.com/articles/138824/max-boot/ the-evolution-of-irregular-war#.

———— (2006) *War Made New.* New York: Gothan.

Borenstein, Seth. (2006) "Pentagon Accused of Wasteful Spending," *The Idaho Statesman* (January 24): Main 3.

———— (2005) "Mankind Is Using Up the Earth, Scientists Say," Columbia, S.C., *The State* (March 30): A8.

———— (2003) "U.S. to Revive Dormant Nuclear-Power Industry," Columbia, S.C., *The State* (June 16): A5.

Borer, Douglas A., and James D. Bowen. (2007) "Rethinking the Cuban Embargo," *Foreign Policy Analysis* 3 (April): 127–43.

Borgerson, Scott G. (2008) "Arctic Meltdown: The Economic and Security Implications of Global Warming," *Foreign Affairs* 87 (2): 63–77.

Borrows, Mathew and Jennifer Harris. (2009) "Revisiting the Future: Geopolitical Effects of the Financial Crisis," *Washington Quarterly* 32 (2): 37–48.

Bosco, David. (2011) "Dreaming of SDRs," *Foreign Policy.* Available at: http://www.foreignpolicy.com/articles/2011/09/07/ dreaming_of_sdrs?page=0,0 (September 7). Last accessed November 22, 2013.

Boswell, Terry. (1989) "Colonial Empires and the Capitalist World-Economy," *American Sociological Review* 54 (April): 180–96.

Boyer, Mark A., Brian Urlacher, Natalie Florea Hudson, Anat Niv-Solomon, Laura L. Janik, Michael Butler, and Andri Ioannou. (2009) "Gender and Negotiation: Some Experimental Findings from an International Negotiation Simulation." *International Studies Quarterly* 53 (1): 23–47.

Boyle, Francis A. (2004) *Destroying World Order.* London: Clarity/Zed.

Bradsher, Keith. (2009) "China Gearing Up in Crisis to Emerge Even Stronger," *International Herald Tribune* (March 17): 1, 12.

Brainard, Lael, Abigail Jones, and Nigel Purvis, (eds.) (2009) *Climate Change and Global Poverty.* Washington, D.C.: Brookings Institution Press.

Branigan, Tania. (2012) "China's First Female Astronaut Shows How 'Women Hold Up Half the Sky,'" *The Guardian* (16 June). Accessed September 5, 2012. Available at: www .guardian.co.uk/world/2012/jun/17/china-woman-space-liu-yang.

Brams, Steven J. (1985) *Rational Politics: Decisions, Games, and Strategy.* Washington, D.C.: CQ Press.

Braudel, Fernand. (1973) *The Mediterranean and the Mediterranean World at the Age of Philip II.* New York: Harper.

Braveboy-Wagner, Jacqueline Anne (ed.). (2003) *The Foreign Policies of the Global South.* Boulder, Colo.: Lynne Rienner.

Breitmeier, Helmut. (2005) *The Legitimacy of International Regimes.* Burlington, Ver.: Ashgate.

Bremer, Ian. (2007) *The J Curve: A New Way to Understand Why Nations Rise and Fall.* New York: Simon and Schuster.

Bremer, Stuart A. (2000) "Who Fights Whom, When, Where, and Why?" pp. 23–36 in John A. Vasquez (ed.), *What Do We Know About War?* Lanham, Md.: Rowman & Littlefield.

Bremmer, Ian, and Nouriel Roubini. "A G-Zero World." Available at: http://www.americanfuture.net/journal-articles/ foreign-affairs/2011-03-ian-bremmer-and-nouriel-roubini-a-g-zero-world/.

Breuning, Marike. (2007) *Foreign Policy Analysis: A Comparative Introduction.* New York: Palgrave Macmillan.

Bresnitz, Dan and John Zysman. (2013) *The Third Globalization: Can Wealthy Nations Stay Rich in the Twenty-First Century?* Oxford: Oxford University Press.

Brinkley, Joel. (2005) "As Nations Lobby to Join Security Council, U.S. Resists Giving Them Veto Power," *New York Times International* (May 15): 12.

Broad, Robin (ed.). (2002) *Global Backlash: Citizen Initiatives for a Just World Economy*. Lanham, Md.: Rowman & Littlefield.

Broad, William J. (2005) "U.S. Has Plans to Again Make Own Plutonium," *New York Times* (June 27): A1, A13.

Brody, William R. (2007) "College Goes Global," *Foreign Affairs* 56 (March/April): 122–133.

Bromley, Daniel, and Glen Anderson. (2013) *Vulnerable People, Vulnerable States: Redefining the Development Challenge*. London, UK: Routledge.

Bronfenbrenner, Urie. (1961) "The Mirror Image in Soviet-American Relations," *Journal of Social Issues* 17 (3): 45–56.

Brooks, David. (2007) "The Entitlements People," Columbia, S.C., *The State* (October 2): A7.

——— (2005a) "Hunch Power," *New York Times Book Review* (January 16): 1, 12–13.

——— (2005b) "Our Better Understanding of Who the Terrorists Are," Columbia, S.C., *The State* (August 6): A11.

Brooks, Doug, and Gaurav Laroia. (2005) "Privatized Peacekeeping," *The National Interest* 80 (Summer): 121–25.

Brown, John. (2006) "Beyond Kyoto," pp. 209–13 in Helen E. Purkitt (ed.), *World Politics 05/06*. Dubuque, Iowa: McGraw-Hill/Dushkin.

Brown, Justin. (1999) "Arms Sales: Exporting U.S. Military Edge?" *Christian Science Monitor* (December 2): 2.

Brown, Lester R. (2012) *Full Planet, Empty Plates: The New Geopolitics of Food Scarcity*. New York, NY: W. W. Norton & Company.

——— and Brian Halweil. (1999) "How Can the World Create Enough Jobs for Everyone?" *International Herald Journal* (September 9): 9.

Brunk, Darren C. (2008) "Curing the Somalia Syndrome: Analogy, Foreign Policy Decision Making, and the Rwandan Genocide," *Foreign Policy Analysis* 4 (July): 301–20.

Brysk, Alison and Austin Choi-Fitzpatrick, (eds.) (2012) *From Human Trafficking to Human Rights: Reframing Contemporary Slavery*. Philadelphia, PA: University of Pennsylvania Press.

Brysk, Alison. (2009) *Global Good Samaritans: Human Rights as Foreign Policy*. Oxford: Oxford University Press.

Brzezinski, Zbigniew. (2010) "From Hope to Audacity: Appraising Obama's Foreign Policy." *Foreign Affairs* 89, no. 1 (January/February): 16–30.

——— (2005) "George W. Bush's Suicidal Statecraft," *International Herald Tribune* (October 14): 6.

——— (2004) *The Choice: Global Domination or Global Leadership*. New York: Basic Books/Perseus.

Bueno de Mesquita, Bruce. (2009) *The Predictioneer's Game: Using the Logic of Brazen Self-Interest to See & Shape the Future*. New York: Random House.

Bugaric, Bojan. (2013) "Europe against the Left? On Legal Limits to Progressive Politics," *LSA 'Europe in Question' Discussion Paper Series* (May). Accessed June 27, 2013. Available at: http://www.lse.ac.uk/europeanInstitute/LEQS/LEQSPaper61.pdf.

Burdeau, Cain, and Harry R. Weber. (2011) "BP Sues Partners as Gulf Marks Year Since Spill," Associated Press (April 21). Available at http://www.washingtontimes.com/news/2011/apr/21/bp-sues-partners-gulf-marks-year-spill/.

Buruma, Ian. (2005) "The Indiscreet Charm of Tyranny," *New York Review of Books* 52 (May 12): 35–37.

Bush, Richard. (2011) "Taiwan and East Asian Security," *Orbis* 55(2): 274–89.

Bussmann, Margit, and Gerald Schneider. (2007) "When Globalization Discontent Turns Violent: Foreign Economic Liberalization and Internal War," *International Studies Quarterly* 51 (March): 79–97.

Butt, Yousaf. (2011) "Billions for Missile Defense, Not a Dime for Common Sense: At a Time of Tight Budgets, Doubling Down on a Risky, Easily Foiled Technology Is More Foolish Than Ever," *Foreign Policy* (June 10). Available at: http://www.foreignpolicy.com/articles/2011/06/10/billions_for_missile_defense_not_a_dime_for_common_sense?page50,1

Buzan, Barry. (2005) "The Dangerous Complacency of Democratic Peace," *International Studies Review* 7 (June): 292–93.

——— (2004) *From International to World Society? English School Theory and the Social Structure of Globalization*. Cambridge, UK: Cambride University Press.

——— and Gerald Segal. (1998) *Anticipating the Future*. London: Simon & Schuster.

——— and Ole Weaver. (2003) *Regimes of Power*. Cambridge: Cambridge University Press.

Byers, Michael and George Nolte (eds.). (2003) *United States Hegemony and the Foundations of International Law*. New York: Columbia University Press.

Byman, Daniel. (2005) *Deadly Connections: States That Sponsor Terrorism*. Cambridge: Cambridge University Press.

Byrne, Andrew. (2013) " Conflicting Visions: Liberal and Realist Conceptualisations of Transatlantic Alignment," *Transworld* (March). Accessed June 13, 2013. Available at: http://www.iai.it/pdf/Transworld/TW_WP_12.pdf.

Caldwell, Christopher. (2004) "Select All: Can You Have Too Many Choices?" *New Yorker* (March): 91–93.

Caldwell, Dan and Robert E. Williams, Jr. (2006) *Seeking Security in an Insecure World*. Lanham, Md.: Rowman & Littlefield.

Calvocoressi, Peter, Guy Wint, and John Pritchard. (1989) *Total War: The Causes and Courses of the Second World War*, 2nd ed. New York: Pantheon.

Campbell, Ian. (2004) "Retreat from Globalization," *National Interest* 75 (Spring): 111–17.

Canetti-Nisim, Daphna, Eran Halperin, Keren Sharvit, and Stevan E. Hobfoll. (2009) "A New Stress-Based Model of

Political Extremism: Personal Exposure to Terrorism, Psychological Distress, and Exclusionist Political Attitudes." *Journal of Conflict Resolution* 53 (3): 363–89.

Canton, James. (2007) *The Extreme Future*. New York Penguin.

Capaccio, Tony. (2013) "China's Anti-Carrier Missile Now Opposite Taiwan, Flynn Says," Bloomberg (April 18). Accessed July 27, 2013. Available at: http://www.bloomberg.com/news/2013-04-18/china-s-anti-carrier-missile-now-opposite-taiwan-flynn-says.html.

Caporaso, James A. (1993) "Global Political Economy," pp. 451–481 in Ada W. Finifter (ed.), *Political Science: The State of the Discipline II*. Washington, D.C.: American Political Science Association.

Caprioli, Mary. (2005) "Primed for Violence: The Role of Gender Inequality in Predicting International Conflict," *International Studies Quarterly* 49 (June): 161–78.

———— (2004) "Feminist IR Theory and Quantitative Methodology," *International Studies Review* 6 (June): 253–69.

Carr, E. H. (1939) *The Twenty-Years' Crisis, 1919–1939*. London: Macmillan.

Carter, Jimmy. (2005) *Our Endangered Values: America's Moral Crisis*. New York: Simon and Schuster.

Carty, Anthony. (2008) "Marxist International Law Theory as Hegelianism," *International Studies Review* 10 (March): 122–125.

Caryl, Christian. (2009) "1979: The Great Backlash." *Foreign Policy* (July/August): 50–64.

———— (2005) "Why They Do It," *New York Review of Books* 52 (September 22): 28–32.

Casetti, Emilio. (2003) "Power Shifts and Economic Development: When Will China Overtake the USA?" *Journal of Peace Research* 40 (November): 661–75.

Cashman, Greg and Leonard C. Robinson. (2007) *An Introduction to the Causes of War*. Lanham, Md.: Rowman & Littlefield.

Caspary, William R. (1993) "New Psychoanalytic Perspectives on the Causes of War," *Political Psychology* 14 (September): 417–46.

Cassese, Antonio and Andrew Clapham. (2001) "International Law," pp. 408–11 in Joel Krieger (ed.), *The Oxford Companion to Politics of the World*, 2nd ed. Oxford: Oxford University Press.

Cassidy, John. (2005) "Always with US?" *New Yorker* (April 11): 72–77.

Cassis, Youssef. (2007) *Capitals of Capital*. New York: Cambridge University Press.

Castles, Stephen, Mark J. Miller; Guiseppe Ammendola. (2003) *The Age of Migration: International Population Movements in the Modern World*. New York: The Guilford Press.

Castles, Stephen and Mark Miller. (2004) *The Age of Migration*, 3rd ed. London: Palgrave Macmillan.

Cavallo, Alfred. (2004) "Oil: The Illusion of Plenty," *Bulletin of the Atomic Scientists* (January/February): 20–22, 70.

CCEIA (Carnegie Council for Ethics in International Affairs). (2005) *Human Rights Dialogue*. Carnegie Council for Ethics in International Affairs, Series 2 (Spring) 1–34.

Cederman, Lars-Erik and Kristian Skrede Gleditsch. (2004) "Conquest and Regime Change," *International Studies Quarterly* 48 (September): 603–29.

Center for World Indigenous Studies. (2005) *The State of Indigenous People*. Olympia, Wash.: Center for World Indigenous Studies.

Central Intelligence Agency. (2012) *The World Factbook*. Available at: http://www.cia.gov/library/publications/the-world-factbook/.

———— (2010) *The World Factbook*. Available at https://www.cia.gov/library/publications/the-world-factbook/geos/us.html.

———— (2002) *Global Trends 2015*. Washington, D.C.: Central Intelligence Agency.

———— (2001) *Handbook of International Economic Statistics 2000*. Langley, Va.: Central Intelligence Agency.

CGD/FP (Center for Global Development/Foreign Policy). (2005) "Ranking the Rich," *Foreign Policy* (September/ October): 76–83.

Chaliand, Gérald, and Jean-Pierre Rageau. (1993) *Strategic Atlas*, 3rd ed. New York: Harper Perennial.

Chant, Sylvia and Cathy McIlwaine. (2009) *Geographies of Development in the 21st Century: An Introduction to the Global South*. Edward Elgar Publishing.

Chapman, Dennis. (2005) "US Hegemony in Latin America and Beyond," *International Studies Review* 7 (June): 317–19.

Chapman, Terrence and Scott Wolford. (2010) "International Organizations, Strategy, and Crisis Bargaining." *The Journal of Politics* 72, no. 1 (January): 227–42.

Charette, Robert N. (2008) "What's Wrong with Weapons Acquisitions?" IEEE Spectrum Special Report. Available at: http://www.spectrum.ieee.org/aerospace/military/whats-wrong-with-weapons-acquisitions/0

Chase-Dunn, Christopher and E. N. Anderson (eds.). (2005) *The Historical Evolution of World-Systems*. London: Palgrave.

Chauffour, Jean-Pierre and Mariem Malouch. (2011) *Trade Finance During the Great Trade Collapse*. Washington, DC: World Bank.

Chen, Lincoln, Jennifer Leaning, and Vasant Narasimhan (eds.). (2003). *Global Health Challenges for Human Security*. Cambridge, Mass.: Harvard University Press.

Chernoff, Fred. (2008) *Theory and Metatheory in International Relations*. London: Palgrave Macmillan.

———— (2004) "The Study of Democratic Peace and Progress in International Relations," *International Studies Review* 6: 49–77.

Chesterman, Simon (ed.). (2007) *Secretary or General?: The UN Secretary-General in World Politics*. New York: Cambridge University Press.

————, Michael Ignatieff, and Ramesh Thakur (eds.). (2005) *Making States Work: State Failure and the Crisis of Governance*. Tokyo: United Nations University Press.

China Post. (2010) "China may up missiles aimed at Taiwan to 1,900." Available at: http://www.chinapost.com.tw/taiwan/china-taiwan-relations/2010/07/22/265570/China-may.htm (July 22).

Chinn, Menzie, and Jeffry Freiden. (2011) *Lost Decades: The Making of America's Debt Crisis and the Long Recovery*. New York: W.W. Norton & Company.

Choi, Ajin. (2004) "Democratic Synergy and Victory in Wars, 1816–1992," *International Studies Quarterly* 48 (September): 663–82.

Choi, Seung-Whan, and Patrick James. (2005) *Civil–Military Dynamics, Democracy, and International Conflict*. New York: Palgrave Macmillan.

Chomsky, Noam. (2004) *Hegemony or Survival: America's Quest for Global Dominance*. New York: Metropolitan Books/Henry Holt.

Chua, Amy. (2008) *Day of Empire: How Hyperpowers Rise to Global Dominance—and Why They Fail*. New York: Doubleday.

Chuluv, Martin. (2010) "Iraq Violence Set to Delay US Troop Withdrawl." *Guardian* (May 12). Available at http://www.guardian.co.uk/world/2010/may/12/iraq-us-troop-withdrawal-delay.

CIA. (2013) *The World Factbook*. Central Intelligence Agency. Accessed June 27, 2013. Available at: https://www.cia.gov/library/publications/the-world-factbook/.

Cincotta, Richard P. and Robert Engelman. (2004) "Conflict Thrives Where Young Men Are Many," *International Herald Tribune* (March): 18.

Cirincione, Joseph. (2008) "The Incredible Shrinking Missile Threat," *Foreign Policy* (May/June): 68–70.

Clapham, Andrew. (2001) "Human Rights," pp. 368–70 in Joel Krieger (ed.), *The Oxford Companion to Politics of the World*, 2nd ed. New York: Oxford University Press.

Clark, Gregory. (2008) *A Farewell to Alms: A Brief Economic History of the World*. Princeton, N.J.: Princeton University Press.

Clark, Ian and Christian Reus-Smit. (2007) "Preface," *International Politics* 44 (March/May): 153–56.

Clarke, Michael. (2013) "Pakistan and Nuclear Terrorism: How Real Is the Threat?" *Comparative Strategy* 32 (2): 98–114.

Clarke, Richard A. (2004) *Against All Enemies*. New York: Simon & Schuster.

———— and Robert Knake. (2010) *Cyber War: The Next Threat to National Security and What to Do About It*. New York: HarperCollins.

Claude, Inis L., Jr. (1989) "The Balance of Power Revisited," *Review of International Studies* 15 (January): 77–85.

———— (1967) *The Changing United Nations*. New York: Random House.

———— (1962) *Power and International Relations*. New York: Random House.

Clemens, Michael A. (2007) "Smart Samaritans," *Foreign Affairs* (September/October): 132–40.

Cline, William. (2004) *Trade Policy and Global Poverty*. Washington D.C.: Institute for International Economics.

Clover, Charles, Robin Harding, and Alice Ross. (2013) "G20 Agrees to Avoid Currency Wars," *Financial Times* (February 17). Accessed June 27, 2013. Available at: http://www.ft.com/intl/cms/s/0/789439ae-784f-11e2-8a97-00144feabdc0.html#axzz2XRhfLrrQ.

Cobb, Roger, and Charles Elder. (1970) *International Community*. New York: Harcourt, Brace & World.

Cohen, Benjamin J. (ed.). (2005) *International Political Economy*. Burlington, Ver.: Ashgate.

———— (1973) *The Question of Imperialism*. New York: Basic Books.

Cohen, Daniel. (2006) *Globalization and its Enemies*. Cambridge, Mass.: MIT Press.

Cohen, Eliot A. (1998) "A Revolution in Warfare," pp. 34–46 in Charles W. Kegley, Jr., and Eugene R. Wittkopf (eds.), *The Global Agenda*, 4th ed. New York: McGraw-Hill.

Cohen, Joel E. (1998) "How Many People Can the Earth Support?" *New York Review of Books* 45 (October 8): 29–31.

Cohen, Roger. (2005) "Next Step: Putting Europe Back Together," *New York Times International* (June 5): Section 4, 3.

———— (2000) "A European Identity," *New York Times* (January 14): A3.

Cohen, Saul Bernard. (2003) *Geopolitics of the World System*. Lanham, Md.: Rowman & Littlefield.

Cohn, Carol and Sara Ruddick. (2008) "A Feminist Ethical Perspective on Weapons of Mass Destruction," pp. 458–477 in Karen A. Mingst and Jack L. Snyder (eds.), *Essential Readings in World Politics*, 3rd ed., New York: W.W. Norton & Company.

Colapinto, John. (2012) "Looking Good: The New Boom in Celebrity Philanthropy," *The New Yorker* (March 26): 56.

Cole, Juan. (2006) "9/11," *Foreign Policy* 156 (September/October): 26–32.

Coleman, Isobel. (2010) "The Better Half: Helping Woman Help the World." *Foreign Affairs* 89(1) (January/February): 126–130.

———— (2010) "The Global Glass Ceiling: Why Empowering Women Is Good for Business." *Foreign Affairs* 89, no. 3 (May/June): 13–20.

Coll, Steve. (2011) "Democratic Movements," *The New Yorker* (January 31): 21–22.

———— (2009) "Comment: No Nukes," *The New Yorker* (April 20): 31–32.

Collier, Paul. (2009). "The Dictator's Handbook," *Foreign Policy* (May/June): 146–49.

———— (2007) *The Bottom Billion*. New York: Oxford University Press.

———— (2005) "The Market for Civil War," pp. 28–32 in Helen E. Punkitt (ed.), *World Politics 04/05*. Dubuque, Iowa: McGraw-Hill/Dushkin.

———— (2003) "The Market for Civil War," *Foreign Policy* 136 (May/June): 38–45.

Comisky, Mike and Pawan Madhogarhia. (2009) "Unraveling the Financial Crisis of 2008." *PS: Political Science & Politics* 42: 270–75.

Commercial Appeal. (2012) "Pope Benedict Arrives in Cuba," *The Commercial Appeal* (March 27): A3.

Commission of the European Communities. (2009) *2009 Aging Report.* Luxembourg.

Conteh-Morgan, Earl. (2005) "Peacebuilding and Human Security: A Constructivist Perspective," *International Journal of Peace Studies* 10 (Spring/Summer): 69–86.

CRS (Congressional Research Service). (2012) *FY2013 Defense Budget Request: Overview and Context.* Washington, D.C.: Congressional Research Service (April 20; prepared by Stephen Daggett and Pat Towell).

———— (2011) *The Cost of Iraq, Afghanistan, and Other: Global War on Terror Operations Since 9/11.* Washington, D.C.: Congressional Research Service (March 29, prepared by Amy Belasco).

———— (2008) *Conventional Arms Transfers to Developing Nations, 2000–2007.* Washington, D.C.: Congressional Research Service (October 23; prepared by Richard F. Grimmett).

———— (2007) *Conventional Arms Transfers to Developing -Nations, 1999–2006.* Washington, D.C.: Congressional Research Service (September 26; prepared by Richard F. Grimmett).

Cook, John and Paul Nyhan. (2004) "Outsourcing's Long-Term Effects on U.S. Jobs an Issue," *Seattle Post-Intelligencer.* March 10.

Cooper, Richard N. (2004) "A False Alarm: Overcoming -Globalization's Discontents," *Foreign Affairs* 83 (January/February): 152–55.

Coplin, William D. (1971) *Introduction to International Politics.* Chicago: Markham.

———— (1965) "International Law and Assumptions about the State System," *World Politics* 17 (July): 615–34.

Copeland, Dale C. (2006) "The Constructivist Challenge to Structural Realism: A Review Essay," pp. 1–20 in Stefano Guzzini and Anna Leander (eds.), *Constructivism and International Relations.* New York: Rutledge.

Cornish, Edward. (2004) *Futuring: Re-Exploration of the Future.* Bethesda, Md.: World Future Society.

Correlates of War (COW). (2010) "News and Notes." Available at: http://www.correlatesofwar.org/.

Cortright, David and George A. Lopez (eds.). (2008) *Uniting against Terror.* Cambridge, Mass.: MIT Press.

Cox, Robert J. with Timothy J. Sinclair. (1996) *Approaches to World Order.* Cambridge: Cambridge University Press.

Coyne, Christopher J. (2007) *After War: The Political Economy of Exporting Democracy.* Palo Alto, Calif.: Stanford University Press.

Craig, Gordon A. and Alexander L. George. (1990) *Force and Statecraft,* 2nd ed. New York: Oxford University Press.

Crawford, Neta C. (2003) "Just War Theory and the U.S. Counterterror War," *Perspectives on Politics* 1 (March): 5–25.

Crenshaw, Martha. (2003) "The Causes of Terrorism," pp. 92–105 in Charles W. Kegley, Jr. (ed.), *The New Global Terrorism.* Upper Saddle River, N.J.: Prentice Hall.

Cronin, Audrey Kurth. (2013) "Why Drones Fail," *Foreign Affairs* (July/August). Accessed July 4, 2013. Available at: http://www.foreignaffairs.com/articles/139454/audrey-kurth-cronin/why-drones-fail.

Crook, Clive. (2003) "A Cruel Sea of Capital," *Economist* (May 3): 3–5.

———— (1997) "The Future of the State," *Economist* (September 20): 5–20.

Crump, Andy. (1998) *The A to Z of World Development.* Oxford: New Internationalist.

Cumming-Bruce, Nick. (2008) "World Refugee Population Jumps to 11.4 Million," *The New York Times* (June 17). Last accessed November 4, 2013. Available at: http://www.nytimes.com/2008/06/17/news/17iht-refuge.3.13776120.html?_r=0.

Daadler, Ivo H., and James M. Lindsay. (2005) "Bush's Revolution," pp. 83–90 in Helen E. Purkitt (ed.), *World Politics 04/05.* Dubuque, Iowa: McGraw-Hill/Dushkin.

———— (2004) "An Alliance of Democracies," *Washington Post* (May 24): B.07.

———— (2003) *America Unbound: The Bush Revolution in Foreign Policy.* Washington, D.C.: Brookings Institution Press.

Dadush, Uri, Shimelse Ali, and Rachel Esplin Odell. (2011) "Is Protectionism Dying?" Washington, D.C.: Carnegie Endowment for International Peace. Available at: http://carnegieendowment.org/files/is_protectionism_dying.pdf.

Dadush, Uri, and William Shaw. (2011) "The Poor Will Inherit the Earth," *Foreign Policy* (June 20). Available at: http://www.foreignpolicy.com/articles/2011/06/20/the_poor_will_inherit_the_ earth?hidecomments5yes.

———— (2011) *Juggernaut: How Emerging Powers Are Reshaping Globalization.* New York: Carnegie Endowment for International Peace.

Dafoe, Allan, John R. Oneal, and Bruce Russett. (2013) "The Democratic Peace: Weighing the Evidence and Cautious Inference," *International Studies Quarterly* 57 (1): 201–214.

Dahl, Robert Alan, Ian Shapiro, and Jose Antonio Cheibub. (2003) *The Democracy Sourcebook.* Cambridge: MIT Press.

D'Amico, Francine, and Peter R. Beckman (eds.). (1995) *Women in World Politics.* Westport, Conn.: Bergin and Garvey.

Daniel, Trenton. (2011) "Haiti Again Feels Pinch of Rising Food Prices," *Associated Press* (May 2). Available at: http://www.usatoday.com/news/world/2011-05-01-haiti-food-prices_n.htm.

Danner, Mark. (2005) "What Are You Going to Do with That?" *New York Review of Books* 52 (June 23): 52–57.

Davenport, Andrew. (2013) "Marxism in IR: Condemned to a Realist Fate?" *European Journal of International Relations* 19(1): 27–48.

Davies, Ed, and Karen Lema. (2008) "Pricey Oil Making Geothermal Projects More Attractive," *International Herald Tribune* (June 30): 13.

Davis, Julie Hirschfield, Laura Lilvan, and Greg Stohr. (2013) "Obama Faces Bipartisan Pressure on Drone Big Brother Fear," *Bloomberg* (March 7). Accessed June 17, 2013. Available at: http://www.bloomberg.com/news/2013-03-08/obama-faces-bipartisan-pressure-on-drone-big-brother-fear.html.

de las Casas, Gustavo. (2008) "Is Nationalism Good for You?" *Foreign Policy* (March/April): 51–57.

de Rugy, Veronique. (2012) "Depression-era Farm Subsidies Should End," *The Examiner* (June 7). Accessed June 25, 2012. Available at: http://washingtonexaminer.com/article/702816.

DeBardeleben, Joan. (2012) "Applying Constructivism to Understanding EU-Russian Relations," *International Politics*, 49(4): 418–433.

Debusman, Bernd. (2012) "America's Decline - Myth or Reality?" (April 20, 2012). Available at: http://www.reuters.com/article/2012/04/20/column-debusmann-idUSL2E8FK5IH20120420. Last accessed November 22, 2013.

Deen, Thalif. (2009) "Tied Aid Strangling Nations, Says U.N." Inter Press Service, July 6. Available at: http://ipsnews.net/interna.asp?idnews524509.

Deets, Stephen. (2009) "Constituting Interests and Identities in a Two-Level Game: Understanding the Gabcikovo-Nagymaros Dam Conflict" *Foreign Policy Analysis* 5 (January): 37–56.

Deffeyes, Kenneth. (2005) "It's the End of Oil," *Time* (October 31): 66.

Dehio, Ludwig. (1962) *The Precarious Balance*. New York: Knopf.

Dempsey, Judy. (2008) "War Scrambles Strategic Map of Europe," *International Herald Tribune* (August): 1, 3.

Denmark, Robert A., Jonathan Friedman, Barry K. Gills, and George Modelski (eds.). (2002) *World System History: The Social Science of Long-Term Change*. London: Routledge.

Deng, Yong, and Thomas G. Moore. (2006) "China Views Globalization: Toward a New Great-Power Politics," pp. 147–56 in Helen E. Purkitt (ed.), *World Politics 05/06*. Dubuque, Iowa: McGraw-Hill/Dushkin.

DeParle, Jason. (2007) "Migrant Money Flow," *New York Times* (November 18): Week in Review, 3.

DeRouen, Karl R. Jr., and Jacob Bercovitch. (2008) "Enduring Internal Rivalries: A New Framework for the Study of Civil War." *Journal of Peace Research* 45 (January): 55–74.

——— and Christopher Sprecher. (2006) "Arab Behaviour towards Israel: Strategic Avoidance or Exploiting Opportunities?" *British Journal of Political Science* 36 (3): 549–60.

Desai, Raj M. and James Raymond Vreeland. (2011) "Global Governance in a Multipolar World: The Case for Regional Monetary Funds," *International Studies Review* 13, no. 1 (March): 109–121.

De Soysa, Indra, Thomas Jackson, and Christin Ormhaug. (2009) "Does Globalization Profit the Small Arms Bazaar?" *International Interactions* 35: 86–105.

Destler, I. M. (2005) *American Trade Politics*, 4th ed. Washington, DC: Institute of International Economics.

Detraz, Nicole. (2012) *International Security and Gender*. Malden, Mass.: Polity Press.

Deutsch, Karl W. (1957) *Political Community and the North Atlantic Area*. Princeton, NJ: Princeton University Press.

Diamond, Jared. (2003) "Environmental Collapse and the End of Civilization," *Harper's* (June): 43–51.

Diamond, Larry. (2005) *Squandered Victory: The American -Occupation and the Bungled Effort to Bring Democracy to Iraq*. New York: Henry Holt.

Diehl, Paul F. (ed.). (2005) *The Politics of Global Governance*, 3rd ed. Boulder, Colo.: Lynne Rienner.

——— and J. Michael Greig. (2012) *International Mediation*. Cambridge: Polity Press.

Dietz, Mary G. (2003) "Current Controversies in Feminist Theory." *Annual Review of Political Science*. Vol. 6: 399–431.

Dillon, Dana. (2005) "Maritime Piracy: Defining the Problem," *SAIS Review* 25 (Winter/Spring): 155–65.

Dimerel-Pegg, Tijen and James Moskowitz. (2009) "US Aid Allocation: The Nexus of Human Rights, Democracy, and Development" *Journal of Peace Research* 46 (2): 181–98.

Dinan, Stephen. (2012) "U.S. Borrows 46 Cents of Every Dollar It Spends," *The Washington Times* (December 7). Accessed June 27, 2013. Available at: http://www.washingtontimes.com/news/2012/dec/7/government-borrows-46-cents-every-dollar-it-spends/.

DiRenzo, Gordon J. (ed.). (1974) *Personality and Politics*. Garden City, NY: Doubleday-Anchor.

Dittmer, Lowell. (2013) "Asia in 2012: The Best of a Bad Year?" *Asian Survey* 53(1): 1–11.

Dobson, William J. (2006) "The Day Nothing Much Changed," *Foreign Policy* 156 (September/October): 22–25.

DOD (Department of Defense). (2013) "United States Department of Defense Fiscal Year 2014 Budget Request." Accessed June 12, 2013. Available at: http://comptroller.defense.gov/budget.html.

Dolan, Chris. (2005) *In War We Trust: The Ethical Dimensions and Moral Consequences of the Bush Doctrine*. Burlington, VT.: Ashgate.

Dollar, David. (2005) "Eyes Wide Open: On the Targeted Use of Foreign Aid," pp. 80–83 in Robert J. Griffiths (ed.), *Developing World 05/06*. Dubuque, IA: McGraw-Hill/Dushkin.

——— and Aart Kraay. (2004) "Spreading the Wealth," pp. 43–49 in Robert Griffiths (ed.), *Developing World 04/05*. Guilford, CT: Dushkin/McGraw Hill.

Dombrowski, Peter and Eugene Gholz. (2007) *Buying Military Transformation.* New York: Columbia University Press.

Donadio, Rachel. (2011) "Greece Approves Tough Measures on the Economy," *New York Times* (June 29).

——— and Elisabetta Povoledo. (2009) "Earthquake Kills Scores in Italy," *International Herald Tribune* (April 7): 1.

——— and Scott Sayare. (2011) "Violent Clashes in the Streets of Athens," *The New York Times* (June 29): A8.

Donnelly, Sally B. (2005) "Foreign Policy," *Time Inside Business* (June): A17–A18.

Doran, Charles F. (2012) "Power Cycle Theory and the Ascendance of China: Peaceful or Stormy?" *SAIS Review* 32 (1): 73–87.

Dos Santos, Theotonio. (1971) "The Structure of Dependence," in K. T. Fann and Donald C. Hodges (eds.), *Readings in U.S. Imperialism.* Boston: Porter Sargent.

——— (1970) "The Structure of Dependence," *American Economic Review* 60 (May): 231–36.

Dougherty, James E. and Robert L. Pfaltzgraff, Jr. (2001) *Contending Theories of International Relations*, 5th ed. New York: Longman.

Dowd, Maureen. (2004) *Bushworld: Enter at Your Own Risk.* New York: G. P. Putnam's Sons.

Doyle, Michael W. (2011) "International Ethics and the Responsibility to Protect," *International Studies Review* 13: 72–84.

Draper, Robert. (2008) *Dead Certain: The Presidency of George W. Bush.* New York: Free Press.

Dreher, Axel, Noel Gaston, and Pim Martens. (2008) *Measuring Globalisation—Gauging its Consequences.* New York: Springer.

Drehle, David Von. (2011) "Don't Bet against the United States," *Time* (March 14): 34–35.

Drew, Jill. (2008) "Dalai Lama's Envoys in Beijing for Tibet Talks," *Washington Post* (July 1): A07.

Drezner, Daniel. (2011) "Sanctions Sometimes Smart: Targeted Sanctions in Theory and Practice," *International Studies Review* 13 (1): 96–108.

——— (2010a) *Theories of International Politics and Zombies.* Princeton, NJ: Princeton University Press.

——— (2010b) "Night of the Living Wonks," *Foreign Policy* (July/August): 34–38.

——— (2010c) "Why Is the WTO Protest-Free?" *Foreign Policy* (September 15). Available at: http://drezner.foreignpolicy.com/posts/2010/09/15/ why_is_the_wto_protest_free.

——— (2009) "Backdoor Protectionism," *The National Interest Online.* Available at: http://www.nationalinterest.org/Article.aspx?id521192.

——— (2007) *All Politics Is Global.* Princeton, NJ: Princeton University Press.

——— (2000) "Bottom Feeders," *Foreign Policy* (November/December): 64–70.

——— and Henry Farrell. (2006) "Web of Influence," pp. 12–19 in Helen E. Purkitt (ed.), *World Politics 05/06.* Dubuque, IA: McGraw-Hill/Dushkin.

Drezner, Daniel, Gideon Rachman, and Robert Kagan. (2012) "The Rise or Fall of the American Empire," Foreign Policy (February 14). Last accessed November 23, 2013. Available at: http://www.foreignpolicy.com/articles/2012/02/14/ the_rise_or_fall_of_the_american_empire?page=full.

Drost, Nadja. (2009) "Postcard: Medellin," *Time* (May 4): 8.

Druba, Volker. (2002) "The Problem of Child Soldiers," *International Review of Education* 48(3/4): 271–77.

Drucker, Peter F. (2005) "Trading Places," *The National Interest* 79 (Spring): 101–07.

Dunne, Tim. (2005) "Liberalism," pp. 185–203 in John Baylis and Steve Smith (eds.), *The Globalization of World Politics*, 3rd ed. New York: Oxford University Press.

Dupont, Alan. (2002) "Sept. 11 Aftermath: The World Does Seem to Have Changed," *International Herald Tribune* (August 6): 6.

Dur, Andreas. (2010) *Protectionism for Exporters: Power and Discrimination in Transatlantic Trade Relations 1930–2010.* Ithaca, NY: Cornell University Press.

Durch, William J. (2005) "Securing the Future of the United Nations," *SAIS Review* 25 (Winter/Spring): 187–91.

Dworkin, Ronald. (2001) *Sovereign Virtue.* Cambridge, Mass.: Harvard University Press.

Dykman, Jackson. (2008) "Why the World Can't Afford Food," *Time* (May 19): 34–35.

Dyson, Freeman. (2007) "Our Biotech Future," *The New York Review of Books* 54 (July 19): 4–8.

Easterbrook, Gregg. (2002) "Safe Deposit: The Case for Foreign Aid," *New Republic* (July 29): 16–20.

Easterly, William. (2007) "The Ideology of Development," *Foreign Policy* (July/August): 31–35.

——— (2006) *The White Man's Burden: Why the West's Efforts to Aid the Rest Have Done So Much Ill and So Little Good.* New York: Penguin.

——— and Laura Freschi. (2009) "Unsung Hero Resurrects US Tied Aid Reporting." Accessed August 13, 2009. Available at http://blogs.nyu.edu/fas/dri/aidwatch/2009/02/unsung _hero_ resurrects_us_tied.html.

——— and Tobias Pfutze. (2008) "Where Does the Money Go? Best and Worst Practices in Foreign Aid," *Journal of Economic Perspectives* 22(2): 29–52.

Easton, Stewart C. (1964) *The Rise and Fall of Western Colonialism.* New York: Praeger.

Eberstadt, Nicholas. (2011) "The Demographic Future: What Population Growth—and Decline—Means for the Global Economy," *Foreign Affairs* (November/December): 54–64.

——— (2004) "The Population Implosion," pp. 168–77 in Robert J. Griffiths (ed.), *Developing World 04/05*, Guilford, Conn: McGraw-Hill/Dushkin.

Economist. (2013) "Back to the Futures?" *The Economist* February 4): Accessed June 27, 2013. Available at: http://www.economist.com/blogs/freeexchange/2013/02/derivatives-markets-regulation.

——— (2012a) "New Rivers of Gold," *The Economist* (April 28): 77–78.

——— (2012b) "Rustling with Kalashnikovs," *The Economist* (March 24): 50.

——— (2012c) "Threat Multiplier: Dangerous Complacency about Nuclear Terrorism," *The Economist* (March 31). Accessed August 8, 2012. Available at: http://www.economist.com/node/21551465.

——— (2012d) "Bad Timing: An Atlantic Alliance with Less Ambition Looks Inevitable; But It Should Not Be Allowed to Fade Away," *The Economist* (March 31). Accessed September 4, 2012. Available at: http://www.economist.com/node/21551491.

——— (2012e) "Big Mac Index," *The Economist* (January 12). Available at: http://www.economist.com/blogs/graphicdetail/ 2012/01/daily-chart-3.

——— (2012f). "Global Poverty: A Fall to Cheer," *The Economist* (March 3): 81–2.

——— (2012g) "Speaking in Tongues," *The Economist*. Accessed June 24, 2013. Available at: http://www.economist.com/blogs/graphicdetail/2012/02/daily-chart-9.

——— (2011a) "Another Project in Trouble: First the Euro, Now Schengen. Europe's Grandest Integration Projects Seem to be Suffering," *The Economist* (April 30): 57.

——— (2011b) "Trade: Buy American Tea," *The Economist* (November 10). Available at: http://rss.economist.com/blogs/freeexchange/2010/11/trade.

——— (2011c) "Hope Over Experience," *The Economist* (January 15):83.

——— (2011d) "Crisis Prevention: What Is Causing Food Prices to Soar and What Can be Done about It?" *The Economist* (February 26): 12.

——— (2011e) "A Prospect of Plenty: For the First Time in History, the Whole of Mankind may Get Enough to Eat," *The Economist* (February 26): 16.

——— (2011f) "A Tale of Many Cities," *The Economist* (February 12): 91–92.

——— (2011g) "Threatening a Sacred Cow: America's Fiscal Crisis Has Put Defence Spending in the Crosshairs," *The Economist* (February 12): 33–34.

——— (2011h) "Ali Baba Gone, but What about the 40 Thieves?" *The Economist* (January 22): 31–33.

——— (2011i) "Redback and Forth," *The Economist* (August 20).

——— (2010a) "Harmony—for Now: There were Smiles and Handshakes in Lisbon, but the Road Ahead Is Bumpy," *The Economist* (November 27): 67–68.

——— (2010b) "Climbing Mount Publishable," *The Economist* (November 14): 95–96.

——— (2010c) "Fewer Dragons, More Snakes," *The Economist* (November 13): 27–29.

——— (2010d) "The Power of Nightmares," *The Economist* (June 26): 61–62.

——— (2010e) "It Takes Two," *The Economist* (April 3): 61–62.

——— (2010f) "Marching through Red Square," *The Economist* (May 22): 53–54.

——— (2010g) "An Awkward Guest-list," *The Economist* (May 1): 60–61.

——— (2010h) "Loaned Goals," *The Economist* (June 5): 67–68.

——— (2010i) "The Cruel Sea," *The Economist* (February 11): 54.

——— (2010j) "Old Worry, New Ideas," *The Economist* (April 17): 67.

——— (2010k) "Fear of the Dragon," *The Economist* (January 9): 73–75.

——— (2010l) "Counting Their Blessings," *The Economist* (January 2): 25–28.

——— (2010m) "By Fits and Starts," *The Economist* (February 6): 25–27.

——— (2010n) "Passage to India," *The Economist* (June 26): 69.

——— (2010o) "Economic and Financial Indicators," *The Economist* (May 1): 97–98.

——— (2010p) "Consensus Costs," *The Economist* (June 3). Available at: http://www.economist.com/node/16274169.

——— (2009a) "Go Forth and Multiply a Lot Less," *The Economist* (October 31): 29–32.

——— (2009b) "Agricultural Subsidies," *The Economist* (July 23): 93.

——— (2009c) "Cheesed Off," *The Economist* (July 18): 74.

——— (2009d) "Not Just Straw Men," *The Economist* (June 20): 63:65.

——— (2009e) "Cuba and the United States: It Takes Two to Rumba," *The Economist* (April 18): 39–40.

——— (2009f) "Taking the Summit by Strategy," *The Economist* (April 11): 42.

——— (2009g) "Mission: Possible," *The Economist* (April 11): 69.

——— (2009h) "Sin aqua non," *The Economist* (April 11): 59–61.

——— (2009i) "Coca-Cola and China: Hard to Swallow," *The Economist* (March 21): 68–69.

——— (2009j) "Not so Nano; Emerging-Market Multinationals," *The Economist* (March 28): 20.

——— (2009k) "Trickle-Down Economics," *The Economist* (February 21): 76.

——— (2009l) "Wanted: Fresh Air," *The Economist* (July 11): 60–62.

——— (2008a) "Winning or Losing? A Special Report on al-Qaeda," *The Economist* (July 19): 1–12.

—— (2008b) "Ireland's Voters Speak; The European Union," *The Economist* (June 21): 61.

—— (2007a) "Magnets for Money," *The Economist* (September 15): 3–4.

—— (2007b) "Finance and Economics: Smaller Shares, Bigger Slices," *The Economist* (April 7): 84.

—— (2007c) *Pocket World in Figures*, 2007 Edition. London: The Economist.

Economy, Elizabeth C. (2007) "The Great Leap Backward?" *Foreign Affairs* 86 (September/October): 38–59.

Edgerton, David. (2007) *The Shock of the Old: Technology and Global History Since 1900*. New York: Oxford University Press.

Eggen, Dan, and Scott Wilson. (2005) "Suicide Bombs Potent Tools of Terrorists," *Washington Post* (July 17): A1, A20.

Ehrlich, Sean. (2011) "The Fair Trade Challenge to Embedded Liberalism," *International Studies Quarterly* 54 (1): 1013–33.

Eichengreen, Barry. (2011a) *Exorbitant Privilege: The Rise and Fall of the Dollar and the Future of the International Monetary System*. Oxford, UK: Oxford University Press.

—— (2011b) "The G20 and Global Imbalances," VoxEU.org (June 26).

—— (2000) "Hegemonic Stability Theories of the International Monetary System," pp. 220–44 in Jeffrey A. Frieden and David A. Lake (eds.), *International Political Economy*. Boston: Bedford/St. Martin's.

Eichengreen, Barry and Kevin O'Rourke. (2009) "A Tale of Two Depressions," VoxEU.org, June 4. Available at: http://www.voxeu.org/index.php?q5node/3421.

Eisler, Riane. (2007) "Dark Underbelly of the World's 'Most Peaceful' Countries," *Christian Science Monitor* (July 26): 9.

Ekhoragbon, Vincent. (2008) "Nigeria: Influx of Illegal Immigrants Worries Immigration Service," Available at: http://allafrica.com/stories/200808080481.html.

Eland, Ivan. (2004) *The Empire Has No Clothes: U.S. Foreign Policy Exposed*. New York: Independent Institute.

Elliott, Kimberly Ann. (1998) "The Sanctions Glass: Half Full or Completely Empty?" *International Security* 23 (Summer): 50–65.

—— (1993) "Sanctions: A Look at the Record," *Bulletin of the Atomic Scientists* 49 (November): 32–35.

Elliott, Michael. (1998) "A Second Federal Democratic-Superpower Soon," *International Herald Tribune* (November 24): 8.

Ellis, David C. (2009) "On the Possibility of "International Community," VoxEU.org, *The International Studies Review* 11 (March): 1–26.

Elms, Deborah Kay. (2008) "New Directions for IPE: Drawing from Behavioral Economics," *International Studies Review* 10 (June): 239–265.

Elshtain, Jean Bethke. (2003) *Just War against Terror: The Burden of American Power in a Violent World*. New York: Basic Books.

Emporis. (2012) "Press Release: World's 10 Biggest Shopping Malls," Emporis. Accessed June 20, 2012. Available at: http://www.emporis.com/pdf/Pressrelease_20120207_ENG.pdf.

Engardio, Pete, Michael Arndt, and Dean Foust. (2006) "The Future of Outsourcing: How Its Transforming Whole Industries and Changing the Way We Work," in *Businessweek* (January 30).

Engelhardt, Henriette, and Alexia Prskawetz. (2004) "On the Changing Correlation between Fertility and Female Employment over Space and Time," *European Journal of Population* 20 (1): 1–21.

Englehart, Neil A. (2009). "State Capacity, State Failure, and Human Rights," *Journal of Peace Research* 46 (2): 163–80.

Enloe, Cynthia H. (2007) "The Personal Is International" pp. 202–206, in Karen A. Mingst and Jack L. Synder (eds.) *Essential Readings in World Politics*, 3rd ed. New York: W.W. Norton & Company.

—— (2004) *The Curious Feminist*. Berkeley: University of California Press.

—— (2001) "Gender and Politics," pp. 311–15 in Joel Krieger (ed.), *The Oxford Companion to Politics of the World*, 2nd ed. New York: Oxford University Press.

—— (2000) *Maneuvers: The International Politics of Militarizing Women's Lives*. Berkeley: University of California Press.

Enriquez, Juan. (1999) "Too Many Flags?" *Foreign Policy* 116 (Fall): 30–50.

EPA (2013). "Causes of Climate Change," *Environmental Protection Agency*. Accessed June 25, 2013. Available at: http://www.epa.gov/climatechange/science/causes.html.

Epatko, Larisa. (2012). "In Syria, Aid Groups Look for Break in Fighting to Deliver Supplies," PBS NewsHour. Last accessed November 22, 2013. Available at: http://www.pbs.org/newshour/rundown/2.012/03/syria-aid.html

Eshchenko, Alla, and Maxim Tkachenko. (2011) "Russia Threatens Nuclear Build-up over U.S. Missile Shield," *CNN* (May 18). Available at: http://articles.cnn.com /2011-05-18/world/russia.nuclear.missiles_1_missile-defense-missile-shield-europe-based-system?_s5PM:WORLD.

Esty, Daniel C., M. A. Levy, C. H. Kim, A. de Sherbinin, T. Srebotniak, and V. Mara. (2008) *2008 Environmental Performance Index*. New Haven, CT: Yale Center for Environmental Law and Policy.

Esty, Daniel. (2002) "The World Trade Organization's Legitimacy Crisis," *World Trade Review* 1 (1): 7–22.

Etzioni, Amitai. (2005) *From Empire to Community: A New Approach to International Relations*. London: Palgrave Macmillan.

Eurostat. (2013) "Eurostat," *European Commission*. Accessed June 27, 2013. Available at: http://epp.eurostat.ec.europa.eu/portal/page/portal/eurostat/home/.

European Commission. (2012) *The 2012 Ageing Report: Economic and Budgetary Projections for the 27 EU Member States (2010–2060)*. Brussels, Belgium: European Commission.

European Nuclear Society. (2013) "Nuclear Power Plants, Worldwide." Available at: http://www.euronuclear.org/info/encyclopedia/n/nuclear-power-plant-world-wide.htm.

European Union: Commission of the European Communities, *Communication from the Commission to the European Parliament, the Council, The European Economic and Social Committee and the Committee of the Regions. Dealing with the Impact of an Ageing Population in the EU*, April 14, 2009, COM (2009) 180 Final. Available at: http://eur-lex.europa.eu/LexUriServ/LexUriServ.do?uri5COM:2009:0180:FIN:EN:PDF.

Evans, Gareth. (2011) "Viewpoint: 'Overwhelming' Moral Case for Military Path," *BBC* (March 8). Available at: http://www.bbc.co.uk/news/world-africa-12676248.

———— (2008) *The Responsibility to Protect: Ending Mass Atrocity Crimes Once and for All*. Washington, DC: Brookings Institution Press.

Evans, Peter B. (2001) "Dependency," pp. 212–14 in Joel Krieger (ed.), *The Oxford Companion to Politics of the World*, 2nd ed. New York: Oxford University Press.

Evenett, Simon J. (2013) "Is Murky Protectionism a Real Threat to Asian Trade?" pp. 65–73 in Richard Baldwin, Masahiro Kawai, and Ganeshan Wignaraga (eds.), *The Future of the World Trading System: Asian Perspectives*. London, UK: Centre for Economic Policy Research.

Evenett, Simon J., and John Whalley. (2009) "Resist Green Protectionism—or Pay the Price at Copenhagen," in Baldwin, Richard, and Simon Evenett (eds.) *The Collapse of Global Trade, Murky Protectionism, and the Crisis: Recommendations for the G20*. London: VoxEU.org. Available at: http://voxeu.org/reports/Murky_Protectionism.pdf.

EWG. (2013) "EWG Farm Subsidies," *Environmental Working Group*. Accessed July 27, 2013. Available at: http://farm.ewg.org/.

Ewing, Jack, and Louise Story. (2011) "Finland Could Upend Fragile Consensus on Greece," *The New York Times*. Available at: http://www.nytimes.com/2011/08/29/business/global/finland-casts-doubt-on-aid-for-greece.html?ref5europeanfinancialstabilityfacility.

Fabbrini, Sergio. (2010) "Anti-Americanism and U.S. Foreign Policy: Which Correlation?" *International Politics* 47, no 6: 557–73.

Fackler, Martin. (2009) North Korea Vows to Produce Nuclear Weapons, *The New York Times* (June 14): A12.

———— (2008) "Honda Rolls Out Hydrogen-Powered Car," *International Herald Tribune* (June 18): 16.

Fahrenthold, David A., and Paul Kane. (2011) "Lawmakers Urging Speedy Pullout in Afghanistan Unlikely to Make Headway," *The Washington Post* (May 5). Available at: http://www.washingtonpost.com/politics/lawmakers_urging_speedy_pullout_in_afghanistan_unlikely_to_make_headaway/2011/05/05/AFgvJf1F_story.html?nav5emailpage.

Fahrenthold, David A. and Paul Kane. (2011) "On Hill, Renewed Calls for Rapid Afghan Pullout," *Washington Post* (May 11).

Falk, Richard A. (2001a) "The New Interventionism and the Third World," pp. 189–98 in Charles W. Kegley, Jr., and Eugene R. Wittkopf (eds.), *The Global Agenda*, 6th ed. Boston: McGraw-Hill.

———— (2001b) "Sovereignty," pp. 789–91 in Joel Krieger (ed.), *The Oxford Companion to Politics of the World*, 2nd ed. Oxford: Oxford University Press.

———— (1970) *The Status of Law in International Society*. Princeton, N.J.: Princeton University Press.

Falk, Richard, and Andrew Strauss. (2001) "Toward Global Parliament," *Foreign Affairs* 80 (January/February): 212–18.

Fallows, James. (2005) "Countdown to a Meltdown," *The Atlantic Monthly* 51 (July/August): 51–63.

———— (2002) "The Military Industrial Complex," *Foreign Policy* 22 (November/December): 46–48.

———— (1993) "How the World Works," *The Atlantic* (December).

Farber, David (ed.). (2007) *What They Think of Us: International Perceptions of the United States Since 9/11*. Princeton, NJ: Princeton University Press.

Farrell, Theo. (2002) "Constructivist Security Studies: Portrait of a Research Program," *International Studies Review* 4 (Spring): 49–72.

Fathi, Nazila. (2009) "In Tehran, A Mood of Melancholy Descends," *The New York Times* (June 28): A6.

Federman, Josef. (2013) "Benjamin Netanyahu, Israel's Prime Minister, Says Iran Has Not Yet Reached 'Red Line,'" *Huffington Post* (April 29). Accessed June 17, 2013. Available at: http://www.huffingtonpost.com/2013/04/29/benjamin-netanyahu-israel-iran_n_3178864.html.

Feingold, David A. (2005) "Human Trafficking," *Foreign Policy* (September/October): 26–31.

Feinstein, Lee, and Anne-Marie Slaughter (2004) "A Duty to Prevent," *Foreign Affairs* 83 (January/February): 136–50.

Feldman, Noah. (2013). *Cool War: The Future of Global Competition*. New York: Random House.

Feldsten, Martin. (2010) "Let Greece Take a EuroZone 'Holiday,'" *Financial Times* (February 16).

Ferguson, Charles. (2010) "The Long Road to Zero: Overcoming the Obstacle to a Nuclear-Free World." *Foreign Affairs* 89(1) (January/February): 86–94.

Ferguson, Niall. (2011) "The Mash of Civilizations: Social Networks Might Promote Democracy, but They Also Empower the Enemies of Freedom," *Newsweek* (April 18): 9.

———— (2010) "Complexity and Collapse: Empires on the Edge of Chaos." *Foreign Affairs* 89, no. 2 (March/April): 18–32.

———— (2009) "The Axis of Upheaval," *Foreign Policy* (March/April): 56–58.

———— (2008) *The Ascent of Money*. New York: Penguin Press.

———— (2004) *Colossus: The Price of America's Empire*. New York: Penguin.

———— (2001) *The Cash Nexus*. New York: Basic Books.

Ferrell, Theo. (2002) "Constructivist Security Studies: Portrait of a Research Program." *International Studies Review* 4 (1):49–72.

Fetini, Alyssa. (2009) "Changing U.S.-Cuba Policy," *Time* (February 24).

Fidler, David P., and Lawrence O. Gostin. (2008) *Biosecurity in the Global Age*. Palo Alto, CA: Stanford University Press.

Fieldhouse, D. K. (1973) *Economics and Empire, 1830–1914*. Ithaca, NY: Cornell University Press.

Fields, A. Belden, and Kriston M. Lord (eds.). (2004) *Rethinking Human Rights for the New Millennium*. London: Palgrave.

Filkins, Dexter. (2009) "Afghan Women Protest Restrictive Law," *International Herald Tribune* (April 6): 1.

Financial Times. (2007) "Why Are Food Prices Rising," Available at: http://media.ft.com/cms/s/2/f5bd920c-975b-11dc-9e08–0000779fd2ac.html?from5textlinkindepth.

Finnegan, William. (2007) "The Countdown," *New Yorker* (October 15): 70–79.

———— (2002) "Leasing the Rain," *New Yorker* (April 18): 43–53.

Finnemore, Martha. (2013) "Constructing Norms of Humanitarian Intervention," in *Conflict After the Cold War: Arguments on Causes of War and Peace*, 4th edition. Rickard K Betts, ed. Boston, MA: Pearson. pp 262–279.

———— (2009) "Legitimacy, Hypocrisy, and the Social Structure of Unipolarity: Why Being a Unipole Isn't All It's Cracked Up to Be," *World Politics* 61: 58–85.

———— (2003) *The Purpose of Intervention: Changing Beliefs about the Use of Force*. Ithaca, N.Y: Cornell University Press.

Fishman, Ted C. (2005) *China, Inc.* New York: Scribner.

Flanagan, Stephen J., Ellen L. Frost, and Richard Kugler. (2001) *Challenges of the Global Century*. Washington, D.C.: Institute for National Strategic Studies, National Defense University.

Fletcher, Dan. (2010) "Friends Without Borders." *Time* (May 31): 32–38.

Flint, Colin (ed.). (2004) *The Geography of War and Peace*. New York: Oxford University Press.

Florida, Richard. (2007) "America's Looming Creativity Crisis," pp. 183–190 in Robert M. Jackson, ed., *Global Issues 06/07*. Dubuque, IA: McGraw-Hill Contemporary Learning Series.

———— (2005a) *The Flight of the Creative Class: The New Global Competition for Talent*. New York: HarperBusiness.

———— (2005b) "The World Is Spiky," *Atlantic Monthly* 296 (October): 48–52.

Flynn, Stephen. (2004) *America the Vulnerable*. New York: HarperCollins.

Fogel, Robert. (2010) "$123,000,000,000,000." *Foreign Policy* (January/February): 70–75.

Foley, Conor. (2008) *The Thin Blue Line: How Humanitarianism Went to War*. New York: Verso Books.

Føllesdal, Andreas, Johan Karlsson Schaffer, and Geir Ulfstein (eds.), (2013) *The Legitimacy of International Human Rights Regimes: Legal, Political and Philosophical Perspectives*. Cambridge, UK: Cambridge University Press.

Foster, Dennis M. and Jonathan W. Keller. (2013) "Leaders' Cognitive Complexity, Distrust, and the Diversionary Use of Force," *Foreign Policy Analysis* (May 2). DOI: 10.1111/fpa.12019

Forbes. (2013; various years) "The World's Biggest Public Companies," *Forbes*. Last accessed November 4, 2013. Available at: http://www.forbes.com/global2000/.

Fordham, Benjamin. (2010) "Trade and Asymmetric Alliances," *Journal of Peace Research* 47 (6): 685–696.

Foreign Policy /A.T. Kerney Inc. (2013) "The Failed States Index." Available at: http://ffp.statesindex.org/rankings-2013-sortable

———— (2008) "The Terrorism Index," *Foreign Policy* 168 (September/October): 79–85.

———— (2007) "Sanctioning Force," *Foreign Policy* (July/August): 19.

———— (2005) "Measuring Globalization," *Foreign Policy* (May/June): 52–60.

Forero, Juan. (2005) "Bolivia Regrets IMF Experiment," *International Herald Tribune*, (December 14).

Foust, Joshua and Ashley S. Boyle. (2012) "The Strategic Context of Lethal Drones: A Framework for Discussion," *American Security Project*. Accessed June 17, 2013. Available at: http://www.scribd.com/doc/102744195/The-Strategic-Context-of-Lethal-Drones.

Frank, Andre Gunder. (1969) *Latin America: Underdevelopment or Revolution*. New York: Monthly Review Press.

Frankel, Jeffrey. (2008) "The Euro Could Surpass the Dollar within Ten Years," VoxEU.org (March 18).

Frankel, Max. (2004) *High Noon in the Cold War: Kennedy, Khrushchev, and the Cuban Missile Crisis*. New York: Random House.

Frankel, Rebecca. (2011) "War Dog: There's a Reason They Brought One to Get Osama bin Laden," *Foreign Policy* (May 4). Available at: http://www.foreignpolicy.com/articles/2011/05/04/war_dog.

Frantz, Ashley. (2013) "Syria Death Toll Probably at 70,000, U.N. Human Rights Official Says," *CNN* (February 12). Accessed June 3, 2013. Available at: http://www.cnn.com/2013/02/12/world/meast/syria-death-toll/index.html.

Frasquieri, Manuel Hevia. (2011) The Seven-League Giant. Havana, Cuba: Editorial Capitan San Luis.

Frazier, Derrick V., and William J. Dixon. (2006) "Third-Party Intermediaries and Negotiated Settlements, 1946–2000," *International Interactions* 32 (December): 385–408.

Frederking, Brian, Michael Artine, and Max Sanchez Pagano. (2005) "Interpreting September 11," *International Politics* 42 (March): 135–51.

Freeland, Chrystia. (2012) "The Cost of Modern Revolution," *The Atlantic Magazine* (July/August). Accessed August 8,

2012. Available at: http://www.theatlantic.com/magazine/archive/2012/07/the-cost-of-modern-revolution/9035/.

Freedman, Lawrence. (2010) "Frostbitten: Decoding the Cold War, 20 Years Later." In *Foreign Affairs* (March/April).

——— (2005) "War," pp. 8–11 in Helen E. Purkitt (ed.), *World Politics 04/05*. Dubuque, Iowa: McGrawHill/Dushkin.

——— (2004) *Deterrence*. Cambridge, Mass: Polity Press.

Freedom House. (2013) *Freedom in the World 2013*. Available at: http://www.freedomhouse.org/report/freedom-world/freedom-world-2013

Freeman, Charles. (2010) "President Obama to Meet the Dalai Lama," *Center for Strategic and International Studies* (February 17). Accessed June 3, 2013. Available at: http://csis.org/publication/president-obama-meet-dalai-lama.

French, George. (2009) "A Year in Bank Supervision: 2008 and a Few of Its Lessons." *Supervisory Insights* 6 (1): 3–18.

Freud, Sigmund. (1968) "Why War," pp. 71–80 in Leon Bramson and George W. Goethals (eds.), *War*. New York: Basic Books.

Fried, John H. E. (1971) "International Law—Neither Orphan nor Harlot, Neither Jailer nor Never-Never Land," pp. 124–76 in Karl W. Deutsch and Stanley Hoffmann (eds.), *The Relevance of International Law*. Garden City, N.Y: Doubleday-Anchor.

Friedheim, Robert L. (1965) "The 'Satisfied' and 'Dissatisfied' States Negotiate International Law," *World Politics* 18 (October): 20–41.

Friedman, Benjamin M. (2005a) *The Moral Consequences of Economic Growth*. New York: Knopf.

——— (2005b) "Homeland Security," *Foreign Policy* (July/August): 22–28.

Friedman, George. (2011) *The Next Decade: Where We've Been… and Where We're Going*. New York: Doubleday, Random House.

Friedman, Jeffrey. (2007) *Global Capitalism: Its Rise and Fall in the Twentieth Century*. New York: Norton.

Friedman, Thomas L. (2008) *Hot, Flat, and Crowded: Why We Need a Green Revolution, and How It Can Renew America*. New York: Farrar, Straus and Giroux.

——— (2007a) "It's a Flat World, After All," pp. 7–12 in Robert M. Jackson, (ed.), *Global Issues 06/07*. Dubuque, Iowa: McGraw-Hill Contemporary Learning Series.

——— (2007b) *The World Is Flat 3.0: A Brief History of the 21st Century*. New York: Farrar, Straus, and Giroux.

Friedman, Thomas and Robert Kaplan. (2002) "States of Discord," *Foreign Policy* 129 (March/April): 64–70.

Friedmann, S. Julio, and Thomas Homer-Dixon. (2004) "Out of the Energy Box," *Foreign Affairs* 83 (November/December): 72–83.

Frum, David, and Richard Perle. (2004) *An End to Evil: How to Win the War on Terror*. New York: Random House.

Fukuyama, Francis. (2011) *The Origins of Political Order: From Prehuman Times to the French Revolution*. New York: Farar, Straus and Giroux.

——— (ed.). (2008) *Blindside: How to Anticipate Future Events and Wild Cards in Global Politics*. Washington, DC: Brookings Institution.

——— (2004) *State-Building: Governance and World Order in the 21st Century*. Ithaca, NY: Cornell University Press.

——— (1999a) *The Great Disruption: Human Nature and the Reconstitution of Social Order*. New York: Free Press.

——— (1999b) "Second Thoughts: The Last Man in a Bottle," *National Interest* 56 (Summer): 16–33.

——— (1992) "The Beginning of Foreign Policy," *New Republic* (August 17 and 24): 24–32.

Funk, McKenzie. (2007) "Cold Rush: The Coming Fight for the Melting North," *Harper's* (September): 45–55.

Futurist. (2007) "Forecasts From the Futurist Magazine." Available at: http://www.wfs.org/book/export/html/68.

Gall, Carlotta. (2008) "Afghan Highway Drenched in Blood," *The Commercial Appeal* (August 17): A18.

Gallagher, Kevin. (2011) "The IMF Must Heed G20 Decisions," *The Guardian* (November 29). Accessed June 27, 2013. Available at: http://www.guardian.co.uk/commentisfree/cifamerica/2011/nov/29/imf-must-heed-g20-decisions.

Gallagher, Maryann E. and Susan H. Allen. (2013) "Presidential Personality: Not Just a Nuisance," Foreign Policy Analysis (February): 1–21.

Galtung, Johan. (1969) "Violence, Peace, and Peace Research," *Journal of Peace Research* 6 (3): 167–91.

Gamberoni, Elisa and Richard Newfarmer. (2009) "Trade Protection: Incipient but Worrisome Trends," *World Bank Trade Note* 37. Available at: http://siteresources.worldbank.org/NEWS/Resources/Trade_Note_37.pdf.

Gambetta, Diego (ed.). (2005) *Making Sense of Suicide Missions*. New York: Oxford University Press.

Gamel, Kim. (2009) "FBI Notes: Saddam Hussein Sought Familiar Refuge," Associated Press (July 3). Available at: http://hosted.ap.org/dynamic/stories/u/us_saddam_fbi_interviews?site5ap&section5home&template5default&ctime52009–07–03–01–59–01.

Gardner, Richard N. (2003) "The Future Implications of the Iraq Conflict," *American Journal of International Law* 1997 (July): 585–90.

Garfield, Richard. (1999) "Morbidity and Mortality among Iraqi Children from 1990 through 1998." Available at: http://www.cam.ac.uk/societies/casi/info/garfield/dr-garfield.html.

Garrett, Geoffrey. (2004) "Globalization's Missing Middle," *Foreign Affairs* 83 (November/December): 84–96.

Garrett, Laurie. (2007) "The Challenge of Global Health," *Foreign Affairs* 86 (January/February): 14–38.

——— (2005) "The Scourge of AIDS," *International Herald Tribune* (July 29): 6.

——— (2000) *The Coming Plague: Newly Emerging Diseases in a World Out of Balance*, rev. ed. London: Virago.

Garrison, Jean. (2006) "From Stop to Go in Foreign Policy," *International Studies Review* 8 (June): 291–93.

Gartzke, Erik. (2007) "The Capitalist Peace," *American Journal of Political Science* 51 (1): 166–91.

Gartzke, Erik and Matthew Kroenig. (2009) "A Strategic Approach to Nuclear Proliferation," *Journal of Conflict Resolution* 53: 151–60.

Gartzke, Erik and Quan Li. (2003) "How Globalization Can Reduce International Conflict," in Nils Petter Gleditsch, Gerals Schneider, and Katherine Barbieri (eds.), *Globalization and Armed Conflict*. New York: Rowman & Littlefield Publishers, 123–40.

Gartzke, Erik and Alex Weisiger. (2013) "Permanent Friends? Dynamic Difference and the Democratic Peace," *International Studies Quarterly* 57 (1): 171–185.

Gayle, Damien. (2013) "The Incredible U.S. Military Spy Drone That's So Powerful It Can See What Type of Phone You're Carrying from 17,500 ft," *Daily Mail* (January 28). Accessed June 17, 2013. Available at: http://www.dailymail.co.uk/sciencetech/article-2269563/The-U-S-militarys-real-time-Google-Street-View-Airborne-spy-camera-track-entire-city-1-800MP.html.

Gazzaniga, Michael S. (2005) *The Ethical Brain*. New York: Dana Press.

Gebrekidan, Fikru. (2010) "Ethiopia and Congo: A Tale of Two Medieval Kingdoms," *Callaloo* 33 (1) (Winter): 223–38.

Gelb, Leslie H. (2009) *Power Rules: How Common Sense Can Rescue American Foreign Policy*. New York: HarperCollins.

———— and Morton H. Halperin. (1973) "The Ten Commandments of the Foreign Affairs Bureaucracy," pp. 250–59 in Steven L. Spiegel (ed.), *At Issue*. New York: St. Martin's.

Georgy, Michael. (2013) "Pakistan's Sharif Calls for Warmer Ties with India," *Reuters* (May 8). Accessed June 17, 2013. Available at: http://www.reuters.com/article/2013/05/08/us-pakistan-election-idUSBRE94704U20130508.

Gereffi, G. and J Lee. (2012) "Why the World Suddenly Cares about Global Supply Chains," *Journal of Supply Chain Management* 48(3): 24–32.

German, F. Clifford. (1960) "A Tentative Evaluation of World Power," *Journal of Conflict Resolution* 4 (March): 138–44.

Gershman, Carl. (2005) "Democracy as Policy Goal and Universal Value," *The Whitehead Journal of Diplomacy and International Affairs* (Winter/Spring): 19–38.

Gerson, Michael. (2006) "The View from the Top," *Newsweek* (August 21): 58–60.

Gertz, Bill. (2013) "U.S. Says Deal Violates International Accord," *The Washington Times* (March 21). Accessed June 12, 2013. Available at: http://www.washingtontimes.com/news/2013/mar/21/china-pakistan-reach-secret-reactor-deal-pakistan/?page=all.

Ghosh, Bobby. (2011) "Yemen: The Most Dangers Domino," *Time* (March 14): 44–49.

———— (2009) "Obama in Moscow," *Time* (July 13): 14.

Gibbs, Nancy. (2011) "The Best Investments: If You Really Want to Fight Poverty, Fuel Growth and Combat Extremism, Try Girl Power," *Time* (February 14): 64.

Gibler, Douglas M. (2007) "Bordering on Peace," *International Studies Quarterly* 51 (September): 509–532.

Giddens, Anthony. (1984) *The Constitution of Society: Outline of the Theory of Structuration*. Cambridge: Polity.

Gies, Erica. (2008) "New Wave in Energy: Turning Algae to Oil," *International Herald Tribune* (June 30): 3.

Gilbert, Alan. (2000) *Must Global Politics Constrain Democracy?* Princeton, NJ: Princeton University Press.

Gilboa, Eytan. (2005) "Global Television News and Foreign Policy," *International Studies Perspectives* 6 (August): 325–41.

———— (2003) "Foreign Policymaking in the Age of Global Television," *Georgetown Journal of International Affairs* 4 (Winter): 119–26.

———— (2002) "Global Communication and Foreign Policy," *Journal of Communication* 52 (December): 731–48.

Giles, Martin. (2010) "A World of Connections." *The Economist* (January 30): 3–4.

Gill, Stephen. (2001a) "Group of 7," pp. 340–41 in Joel Krieger (ed.), *The Oxford Companion to Politics of the World*, 2nd ed. Oxford: Oxford University Press.

———— (2001b) "Hegemony," pp. 354–86 in Joel Krieger (ed.), *The Oxford Companion to Politics of the World*, 2nd ed. Oxford: Oxford University Press.

Gilligan, Michael, and Stephen John Stedman. (2003) "Where Do the Peacekeepers Go?" *International Studies Review* 5 (4): 37–54.

Gilpin, Robert. (2004) "The Nature of Political Economy," pp. 403–10 in Karen A. Mingst and Jack L. Snyder (eds.), *Essential Readings in World Politics*, 2nd ed. New York: Norton.

———— (2002) *Global Political Economy: Understanding the International Economic Order*. Princeton, NJ: Princeton University Press.

———— (2001) "Three Ideologies of Political Economy," pp. 269–86 in Charles W. Kegley, Jr., and Eugene R. Wittkopf (eds.), *The Global Agenda*, 6th ed. Boston: McGraw-Hill.

———— (1981) *War and Change in World Politics*. Cambridge: Cambridge University Press.

Glaberson, William. (2001) "U.S. Courts Become Arbiters of Global Rights and Wrongs," *New York Times* (June 21): A1, A20.

Gladwell, Malcolm. (2001) *Blink*. New York: Little, Brown.

Glaeser, Edward. (2011) *Triumph of the City: How Our Greatest Invention Makes Us Richer, Smarter, Greener, Healthier and Happier*. New York: Penguin.

Glaser, Charles L. (2011) "Security Dilemma in Structural International Relations Theory," *The Encyclopedia of Peace Psychology* (November). DOI: 10.1002/9780470672532.wbepp245

Glasius, Marlies. (2009) "What Is Global Justice and Who Decides?: Civil Society and Victim Responses to the

International Criminal Court's First Investigations," *Human Rights Quarterly* 31: 496–520.

Glass, Ira and Adam Davidson. (2008) *This American Life: The Giant Pool of Money.* Radio Episode Aired on National Public Radio, May 9, 2008. Available at: http://www.thisamerican-life.org/extras/radio/355_transcript.pdf.

Gleditsch, Kristian Skrede. (2004) "A Revised List of Wars-Between and within Independent States, 1816–2002," *International Interactions* 30 (July/September): 231–62.

Glenn, Jerome C., Theodore J. Gordon, and Elizabeth Florescu. (2011) *2011 State of the Future.* Washington, DC: The Millennium Project.

Globalfirepower.com. (2013) *World Military Strength Ranking 2013.* Available at: globalfirepower.com.

———— (2009) *UN Finance,* Available at http://www.globalpolicy.org/un-finance.html.

———— (2006) *UN Finance,* Available at http://www.globalpolicy.org/finance/index.htm.

Goertz, Gary. (2003) *International Norms and Decision Making: A Punctuated Equilibrium Analysis.* Lanham, MD.: Rowman & Littlefield.

Goldberg, Jeffrey. (2005) "Breaking Ranks: What Turned Brent Scowcroft against the Bush Administration?" *New Yorker* (October 31): 52–65.

Goldsmith, Jack. (2008) *The Terror Presidency: Law and Judgment Inside the Bush Administration.* New York: Norton.

Goldsmith, Jack I., and Eric A. Posner. (2005) *The Limits of International Law.* New York: Oxford University Press.

Goldstein, Joshua S. (2005). *The Real Price of War.* New York: New York University Press.

———— (2002) *War and Gender.* Cambridge: Cambridge University Press.

Goldstone, Jack. (2010) "The New Population Bomb: The Four Megatrends That Will Change the World." *Foreign Affairs* 89, no. 1 (January/February): 31–43.

Gordon, John Steele. (2004) *An Empire of Wealth.* New York: HarperCollins.

Gordon, Joy. (2011) "Smart Sanctions Revisited," *Ethics & International Affairs* 25(3): 315–35.

Gore, Al. (2006) *An Inconvenient Truth: The Planetary Emergency and What We Can Do About It.* Emmaus, PA: Rodale.

Gottlieb, Gidon. (1982) "Global Bargaining," pp. 109–30 in Nicholas Greenwood Onuf (ed.), *Law-Making in the Global Community.* Durham, NC: Carolina Academic Press.

Goudreau, Jenna. (2013) "Eight Leadership Lessons from the World's Most Powerful Women," *Forbes* (March 21). Accessed June 27, 2013. Available at: http://www.forbes.com/sites/jennagoudreau/2013/03/21/eight-leadership-lessons-from-the-worlds-most-powerful-women/.

———— (2012) "With JPMorgan Chase's Ina Drew Out, Few Top Wall Street Women Left Standing," *Forbes* (May 14). Available at: http://www.forbes.com/sites/jenna goudreau/2012/05/14/with-jpmorgan-chases-ina-drew-out-few-top-wall-street-women-left-standing/.

Graff, James. (2007) "Fight for the Top of The World," *Time* (October 1): 28–36.

Graham, Edward. (2000) *Fighting the Wrong Enemy: Antiglobal Activists and Multinational Enterprises.* Washington, DC: Institute for International Economics.

Grant, Jason H. and Kathryn A. Boys. (2011) "On the Road to Doha," *Foreign Policy* (April 18). Accessed July 28, 2013. Available at: http://www.foreignpolicy.com/articles/2011/04/18/on_the_road_to_doha?page=0,1.

Grant, Ruth W., and Robert O. Keohane. (2005) "Accountability and Abuses of Power in World Politics," *American Political Science Review* 99 (February): 29–43.

Gray, John. (2010) "World Wide Web: The Myth and Reality of the United Nations." *Harper's Magazine* (June): 78–82.

Greenhill, Brian. (2010) "The Company You Keep: International Socialization and the Diffusion of Human Rights Norms." *International Studies Quarterly* 54: 127–45.

Greenstein, Fred I. (1987) *Personality and Politics.* Princeton, N.J.: Princeton University Press.

Gregory, Rob, Christian Henn, Brad McDonald, and Mika Saito. (2010) *Trade and the Crisis: Protect or Recover.* International Monetary Fund. Available at: http://www.imf.org/external/pubs/ft/spn/2010/spn1007.pdf.

Grey, Edward. (1925) *Twenty-Five Years, 1892–1916.* New York: Frederick Stokes.

Grieco, Joseph M. (1995) "Anarchy and the Limits of Cooperation: A Realist Critique of the Newest Liberal Institutionalism," pp. 151–71 in Charles W. Kegley, Jr. (ed.), *Controversies in International Relations Theory.* New York: St. Martin's.

Griffin, Penny. (2013) "Gendering Global Finance: Crisis, Masculinity, and Responsibility" *Men and Masculinities* 16 (1): 9–34.

Grimond, John. "For Want of a Drink," *The Economist* (May, 20, 2010): 3.

Groll, Elias. (2013) "Russia Is No Longer Worried about U.S. Missile Defense Systems," *Foreign Policy* (April 16). Accessed June 17, 2013. Available at: http://blog.foreignpolicy.com/posts/2013/04/16/russia_is_no_longer_worried_about_us_missile_defense_systems.

Grosby, Steven. (2006) *Nationalism.* New York: Oxford University Press.

Grunwald, Michael. (2009) "How Obama Is Using the Science of Change," *Time* (April 13): 28–32.

———— (2008) "The Clean Energy Scam," *Time* (April 7): 40–45.

Grusky, Sara. (2001) "Privatization Tidal Wave: IMF/World Bank Water Policies and the Price Paid by the Poor," *The Multinational Monitor* 22 (September). Available at: http://www.multinationalmonitor.org/mm2001/01september/sep-01corp2.htm.

Grussendorf, Jeannie. (2006) "When the Stick Works: Power in International Mediation," *International Studies Review* 8 (June): 318–20.

Gugliotta, Guy. (2004) "Scientists Say Warming to Increase -Extinctions," Columbia, S.C., *The State* (January 8): A6.

Gvosdev, Nikolas K. (2005) "The Value(s) of Realism," *The SAIS Review of International Affairs* 25 (Winter/Spring) 17–25.

Habermas, Jürgen. (1984) *The Theory of Communicative-Action,* 2 vols. Boston: Beacon Press.

Hafner-Burton, Emilie M., Kiyoteru Tsutsui, and John W. Meyer. (2008) "International Human Rights Law and the Politics of Legitimation: Repressive States and Human Rights Treaties," *International Sociology* 23 (January): 115–41.

Haggard, Stephan, and Beth A. Simmons. (1987) "Theories of International Regimes," *International Organization* 41 (Summer): 491–517.

Hales, Mike and Andres Pena. "2012 Global Cities Index and Emerging Cities Outlook." ATKearny. Accessed November 22, 2013. Available at http://www.atkearney.com/documents/10192/dfedfc4c-8a62-4162-90e5-2a3f14f0da3a

Hall, Anthony J. (2004) *The America Empire and the Fourth World.* Montreal: McGill-Queen's University Press.

Hall, John A. (2001) "Liberalism," pp. 499–502 in Joel Krieger (ed.), *The Oxford Companion to Politics of the World*, 2nd ed. Oxford: Oxford University Press.

Halper, Stephan. (2010) *The Beijing Consensus: How China's Authoritarian Model Will Dominate the Twenty-First Century.* New York: Basic Books.

Hamilton, Alexander. (1913 [1791]) *Report on Manufactures.* Washington, DC: U.S. Government. Accessed August 1, 2009. Available at books.google.com.

Hammes, Thomas X. (2004) *The Sling and the Stone: On War in the 21st Century.* St. Paul, Minn.: Zenith Press.

Hannah, Mark. (2009) "Issue Advocacy on the Internet, Part 1," *Mediashift.* (May 7). Available at: http://www.pbs.org/mediashift/2009/05/issue-advocacy-on-the-internet-part-1127.html.

Hannigan, John. (2012) *Disasters without Borders: The International Politics of Natural Disasters.* Cambridge: Polity.

Hanson, Daniel, Dayne Batten, and Harrison Ealey. (2013) "It's Time for the U.S. to End Its Senseless Embargo of Cuba," *Forbes* (January 16). Accessed July 27, 2013. Available at: http://www.forbes.com/sites/realspin/2013/01/16/its-time-for-the-u-s-to-end-its-senseless-embargo-of-cuba/.

Hanson, Victor Davis. (2003) *Ripples of Battle.* New York: Doubleday.

Hardin, Garrett. (1993) *Living within Limits.* Oxford: Oxford University Press.

———— (1968) "The Tragedy of the Commons," *Science* 162 (December): 1243–48.

Hardy, Quentin. (2013) "Global Slavery, by the Numbers," *The New York Times.* Accessed June 24, 2013. Available at: http://bits.blogs.nytimes.com/2013/03/06/global-slavery-by-the-numbers/?_r=0.

Harknett, Richard J. and Hasan B. Yalcin. (2012). "The Structure for Autonomy: A Realist Structural Theory of International Relations." *International Studies Review* 14 (4): 499–521.

Harries, Owen. (1995) "Realism in a New Era," *Quadrant* 39 (April): 11–18.

Harris, Edward. (2008) "World Chopping Down Trees at Pace That Affects Climate," *The Cincinnati Enquirer* (February 3): A2.

Hartung, William. (2007) "Exporting Instability." *The Nation* (September 10–17): 8.

———— and Michelle Ciarrocca. (2005) "The Military Industrial-Think Tank Complex," pp. 103–7, in Glenn P. Hastedt (ed.), *American Foreign Policy 04/05*, 10th ed., Guiford, Conn: Dushkin/McGraw-Hill.

Hartzell, Caroline, and Matthew Hoddie. (2007) *Crafting Peace: Power-Sharing Institutions and the Negotiated Settlement of Civil Wars.* University Park, PA: The Pennsylvania State University Press.

Harvey, David. (2004) *The New Imperialism.* Oxford: Oxford University Press.

Haskin, Jeanne. (2005) *The Tragic Congo: From Decolonization to Dictatorship.* New York: Algora Publishing.

Hathaway, Oona A. (2007) "Why We Need International Law," *The Nation* (November 19): 35–39.

Hayden, Patrick. (2005) *Cosmopolitan Global Politics.* Burlington, Ver.: Ashgate.

Haynes, Jeffrey. (2005) *Comparative Politics in a Globalizing World.* Cambridge, UK: Polity.

———— (2004) "Religion and International Relations," *International Politics* 41 (September): 451–62.

He, Fan. (2013) "China Must Push Ahead with Exchange Rate Reforms," *East Asia Forum* (April 29). Accessed June 27, 2013. Available at: http://www.eastasiaforum.org/2013/04/29/china-must-push-ahead-with-exchange-rate-reforms/.

Hecht, Jeff. (2007). "Military Wings Ig-Nobel Peace Prize for 'Gay Bomb.'" *New Scientist.* Available at: http://www.newscientist.com/article/dn12721.

Hedges, Chris. (2003) "What Every Person Should Know about War," *New York Times* (July 6). Available at: http://www.nytimes.com/2003/07/06/books/chapters/0713-1st-hedges.html?pagewanted5all

Hegre, Håvard. (2004) "The Duration and Termination of Civil War," *Journal of Peace Research* 41 (May): 243–52.

———— John R. Oneal, and Bruce M. Russett. (2010) "Trade Does Promote Peace: New Simultaneous Estimates of the Reciprocal Efforts of Trade and Conflict," *Journal of Peace Research* 47(6): 763–774.

Hehir, J. Bryan. (2002) "The Limits of Loyalty," *Foreign Policy* (September/October): 38–39.

Hellion, Christophe. (2010) "The Creeping Nationalism of the EU Enlargement Policy." *Swedish Institute for European Policy Studies (SIEPS).* (November), No. 6.

Hellman, Christopher. (2009) "Analysis of the Fiscal Year 2010 Pentagon Spending Request," Center for Arms Control and Non-Proliferation. (May 8). Available at: http://www.armscontrolcenter.org/policy/missiledefense/articles/050809_analysis_fy2010_pentagon_request/.

Hensel, Howard M. (ed.). (2007) *The Law of Armed Conflict.* Burlington, Ver.: Ashgate.

Heredia, Blanca. (1999) "Prosper or Perish? Development in the Age of Global Capital," pp. 93–97 in Robert M. Jackson (ed.), *Global Issues 1999/00,* 15th ed. Guilford, Conn.: Dushkin/McGraw-Hill.

Heritage Foundation. (2013) "2013 Index of Economic Freedom." *The Heritage Foundation.* Available at: http://www.heritage.org/index/.

Hermann, Charles F. (1988) "New Foreign Policy Problems and Old Bureaucratic Organizations," pp. 248–65 in Charles W. Kegley, Jr., and Eugene R. Wittkopf (eds.), *The Domestic Sources of American Foreign Policy.* New York: St. Martin's.

Hermann, Margaret G. (2007) *Comparative Foreign Policy Analysis: Theories and Methods.* Upper Saddle River, N.J.: Prentice Hall.

———— (1976) "When Leader Personality Will Affect Foreign Policy," pp. 326–33 in James N. Rosenau (ed.), *In Search of Global Patterns.* New York: Free Press.

———— and Joe D. Hagan. (2004) "International Decision Making: Leadership Matters," pp. 182–88 in Karen A. Mingst and Jack L. Snyder (eds.), *Essential Readings in World Politics,* 2nd ed. New York: Norton.

———— and Charles W. Kegley, Jr. (2001) "Democracies and Intervention," *Journal of Peace Research* 38 (March): 237–45.

Hernandez-Truyol, Berta Esperanza, and Stephen J. Powell. (2012) *Just Trade: A New Covenant Linking Trade and Human Rights.* New York: NYU Press.

Herrmann, Richard K., and Richard Ned Lebow (eds.). (2004) *Ending the Cold War: Interpretations, Causation, and the Study of International Relations.* London: Palgrave Macmillan.

Hersh, Seymour M. (2005) "The Coming Wars: What the Pentagon Can Now Do in Secret," *New Yorker* (January 24 and 31): 40–47.

Herszenhorn, David M. and Michael R. Gordon. (2013) "U.S. Cancels Part of Missile Defense That Russia Opposed," *The New York Times* (March 16). Accessed June 13, 2013. Available at: http://www.nytimes.com/2013/03/17/world/europe/with-eye-on-north-korea-us-cancels-missile-defense-russia-opposed.html?_r=1&.

Hertsgaard, Mark. (2003) *The Eagle's Shadow: Why America Fascinates and Infuriates the World.* New York: Picador/Farrar, Straus & Giroux.

Herz, John H. (1951) *Political Realism and Political Idealism.* Chicago: University of Chicago Press.

Higgins, Michelle. (2011) "New Ways to Visit Cuba—Legally," *New York Times* (June 30): TR3.

Hillion, Christophe. (2010) *The Creeping Nationalisation of the EU Enlargement Policy.* Stockholm, Sweden: Swedish Institute for European Policy Studies. Available at: http://wider-europe.org/sites/default/files/attachments/events/SIEPS%20report.pdf

Hindle, Tim. (2004) "The Third Age of Globalization," pp. 97–98 in *The Economist, The World in 2004.* London: Economist.

Hironaka, Ann. (2005) *Neverending Wars.* Cambridge, MA: Harvard University Press.

Hirsh, Michael. (2003) *At War with Ourselves: Why America Is Squandering Its Chance to Build a Better World.* Oxford: Oxford University Press.

Hirschman, Albert. (1945) *National Power and the Structure of Foreign Trade.* Berkeley: University of California Press.

Hobson, John A. (1965 [1902]) *Imperialism.* Ann Arbor: University of Michigan Press.

Hodge, Carl Cavanagh. (2005) *Atlanticism for a New Century.* Upper Saddle River, NJ: Prentice Hall.

Hoekman, Bernard M. and Petros C. Mavroidis. (2012) "WTO 'à la carte' or WTO 'menu du jour'? Assessing the Case for Plurilateral Agreements." Accessed July 27, 2013. Available at: http://globalgovernanceprogramme.eui.eu/wp-content/uploads/2012/11/Hoekman_Mavroidis_Plurilaterals.pdf.

Hoffman, David E. (2011) "The New Virology: The Future of War by Other Means," *Foreign Policy* (March/April): 77–80.

Hoffman, Eva. (2000) "Wanderers by Choice," *Utne Reader* (July/August): 46–48.

Hoffmann, Matthew. (2009) "Is Constructivist Ethics and Oxymoron." *International Studies Review* 11 (2): 231–52.

Hoffmann, Stanley. (1998) *World Disorders.* Lanham, MD.: Rowman & Littlefield.

———— (1992) "To the Editors," *New York Review of Books* (June 24): 59.

———— (1971) "International Law and the Control of Force," pp. 34–66 in Karl W. Deutsch and Stanley Hoffmann (eds.), *The Relevance of International Law.* Garden City, N.Y.: Doubleday-Anchor.

———— (1961) "International Systems and International Law," pp. 205–37 in Klaus Knorr and Sidney Verba (eds.), *The International System.* Princeton, N.J.: Princeton University Press.

———— with Frédéric Bozo. (2004) *Gulliver Unbound: America's Imperial Temptation and the War in Iraq.* Lanham, MD.: Rowman & Littlefield.

Hoge, James F., Jr. (2006) "A Global Power Shift in the Making," pp. 3–6 in Helen E. Purkitt (ed.), *World Politics 05/06.* Dubuque, IA: McGraw-Hill/Dushkin.

Hollander, Jack M. (2003) *The Real Crisis: Why Poverty, Not Affluence, Is the Environment's Number One Enemy.* Berkeley: University of California Press.

Holstein, William J. (2005) "One Global Game, Two Sets of Rules," *The New York Times* (August 14): BU9.

Holsti, Kalevi J. (2004) *Taming the Sovereigns: Institutional Changes in International Politics.* Cambridge: Cambridge University Press.

———— (1991) *Peace and War.* Cambridge: Cambridge University Press.

Holsti, Ole R. (2001) "Models of International Relations: Realist and Neoliberal Perspectives on Conflict and Cooperation," pp. 121–35 in Charles W. Kegley, Jr., and Eugene R. Wittkopf (eds.), *The Global Agenda*, 6th ed. Boston: McGraw-Hill.

Holt, Jim. (2005) "Time-Bandits," *New Yorker* (February 28): 80–85.

Homer-Dixon, Thomas. (2006) "The Rise of Complex Terrorism," pp. 214–20 in Thomas J. Badey (ed.), *Violence and Terrorism 06/07.* Dubuque, IA: McGraw-Hill.

Hooper, Charlotte. (2001) *Manly States.* New York: Columbia University Press.

Hopkins, Terence K., and Immanuel Wallerstein (eds.). (1996) *The Age of Transitions: Trajectory of World Systems 1945–2025.* London: Zed.

Horkheimer, Max. (1947) *Eclipse of Reason.* New York: Oxford University Press.

Horowitz, Michael. (2009) "The Spread of Nuclear Weapons and International Conflict: Does Experience Matter?" *Journal of Conflict Resolution* 53 (2): 234–257.

Hosenball, Mark. (2009) "The Danger of Escalation," *Newsweek* (April 27): 43.

Hough, Peter. (2004) *Understanding Global Security.* New York: Routledge.

House, Karen Elliot. (1989) "As Power Is Dispersed among Nations, Need for Leadership Grows," *Wall Street Journal* (February 21): A1, A10.

Howard, Michael E. (1978) *War and the Liberal Conscience.* New York: Oxford University Press.

Howell, Llewellyn D. (2003) "Is the New Global Terrorism a Clash of Civilizations?" pp. 173–84 in Charles W. Kegley, Jr. (ed.), *The New Global Terrorism.* Upper Saddle River, NJ: Prentice Hall.

———— (1998) "The Age of Sovereignty Has Come to an End," *USA Today* 127 (September): 23.

Htun, Mala, and S. Laurel Weldon. (2010) "When Do Governments Promote Women's Rights? A Framework for the Comparative Analysis of Sex Equality Policy." *Perspectives on Politics* 8(1) (March): 207–216.

Hudson, Kimberly A. (2009) *Justice, Intervention, and Force in International Relations: Reassessing Just War Theory in the 21st Century.* New York: Routledge.

Hudson, Natalie F. (2005) "En-Gendering UN Peacekeeping Operations," *International Journal* 60 (3): 785–807.

Hudson, Valerie M. (2012) *Sex and World Peace.* New York, NY: Columbia University Press.

———— (2007) *Foreign Policy Analysis: Classic and Contemporary Theory.* New York: Rowman & Littlefield Publishers.

Hufbauer, Gary Clyde, Jeffrey J. Schott, and Kimberly Ann Elliott. (1990) *Economic Sanctions Reconsidered*, 2nd ed. Washington, DC: Institute for International Economics.

———— and B. Oegg. (2007) *Economic Sanctions Reconsidered*, 3rd ed. Washington, DC: Institute for International Economics.

Hughes, Emmet John. (1972) *The Living Presidency.* New York: Coward, McCann and Geoghegan.

Hulsman, John C, and Anatol Lievan. (2005) "The Ethics of Realism," *The National Interest* 80 (Summer): 37–43.

Hulsman, John C., and A. Wess Mitchell. *The Godfather Doctrine: A Foreign Policy Parable.* Princeton, NJ: Princeton University Press.

Human Rights Dialogue (2005). Series 2 (Spring): 1–34. New York: Carnegie Council for Ethics in International Affairs.

Human Security Centre. (2006) *Human Security Brief 2006.* Vancouver: The University of British Columbia, Canada.

Hume, David. (1817) *Philosophical Essays on Morals, Literature, and Politics*, Vol. 1. Washington, D.C.: Duffy.

Hunt, Swanee, and Cristina Posa. (2005) "Women Making Peace," pp. 212–17 in Robert J. Griffiths (ed.), *Developing World 05/06.* Dubuque, IA: McGraw-Hill/Dushkin.

Huntington, Samuel P. (2005) "The Lonely Superpower" pp. 540–550 in G. John Ikenberry (ed.), *American Foreign Policy: Theoretical Essays.* New York: Pearson/Longman.

———— (2004) "The Hispanic Challenge," *Foreign Policy* (March/April): 30–45.

———— (2001a) "The Coming Clash of Civilizations, or the West against the Rest," pp. 199–202 in Charles W. Kegley, Jr., and Eugene R. Wittkopf (eds.), *The Global Agenda*, 6th ed. Boston: McGraw-Hill.

———— (2001b) "Migration Flows Are the Central Issue of Our Time," *International Herald Tribune* (February 2): 6.

———— (1996) *The Clash of Civilizations and the Remaking of World Order.* New York: Simon & Schuster.

———— (1991a) *The Third Wave: Democratization in the Late Twentieth Century.* Norman: University of Oklahoma Press.

———— (1991b) "America's Changing Strategic Interests," *Survival* (January/February): 5–6.

Hurwitz, Jon and Mark Peffley. (1987) "How Are Foreign Policy Attitudes Structured?" *American Political Science Review* 81 (December): 1099–1120.

Hutchings, Kimberly. (2008) "1988 to 1998: Contrast and Continuity in Feminist International Relations." *Millennium—Journal of International Studies* (37): 97–105.

Huth, Paul K. and Todd L. Allee. (2003) *The Democratic Peace and Territorial Conflict in the Twentieth Century.* Cambridge: Cambridge University Press.

Hymans, Jacques E. C. (2012) "Botching the Bomb: Why Nuclear Weapons Programs Often Fail on Their Own—and

Why Iran's Might, Too," *Foreign Affairs* (May/June). Accessed August 8, Available at: http://www.foreignaffairs.com/articles/137403/jacques-e-c-hymans/botching-the-bomb.

Ibrahim, Abadir M. (2013) "International Trade and Human Rights: An Unfinished Debate." German Law Journal 14: 321.

Ikenberry, G. John. (2011) *Liberal Leviathan: The Origins, Crisis, and Transformation of the American World Order*. Princeton, NJ: Princeton University Press.

Ignatieff, Michael. (2005a) "Human Rights, Power, and the State," pp. 59–75 in Simon Chesterman, Michael Ignatieff, and Ramesh Thakur (eds.), *Making States Work: State Failure and the Crisis of Governance*. Tokyo: United Nations University Press.

———— (2005b) "Who Are the Americans to Think That Freedom Is Theirs to Spread?" *New York Times Magazine* (June 28): 40–47.

———— (2004a) "Hard Choices on Human Rights," pp. 54–55 in *The Economist, The World in 2004*. London: Economist.

———— (2001a) "The Danger of a World without Enemies," *New Republic* 234 (February 26): 25–28.

———— (2001b) *Human Rights as Politics and Ideology*. Princeton, N.J.: Princeton University Press.

Ikenberry, G. John. (2011) "The Future of the Liberal World Order: Internationalism after America," *Foreign Affairs* (May/June): 56–68.

———— (2008) "The Rise of China and the Future of the West," *Foreign Affairs* 87 (January/February): 23–37.

———— (2004) "Is American Multilateralism in Decline?" pp. 262–82 in Karen A. Mingst and Jack L. Snyder (eds.), *Essential Readings in World Politics*, 2nd ed. New York: Norton.

Iklé, Fred Charles. (2007) *Annihilation from Within*. New York: Columbia University Press.

Independent Evaluation Office, International Monetary Fund. (2011) *IMF Performance in the Run-Up to the Financial and Economic Crisis*. Washington, DC: International Monetary Fund.

Interlandi, Janeen. (2010) "The Race to Buy Up the World's Water," *Newsweek* (18 October): 39–46.

International Labour Office. (2004) *Working Out of Poverty*. Geneva: International Labour Office.

International Monetary Fund (IMF). (2013a) *World Economic Outlook: Hopes, Realities, Risks*. Washington, DC: International Monetary Fund Publication Services.

———— (2013b) "Currency Composition of Official Foreign Exchange Reserves (COFER)" Accessed June 27, 2013. Available at: http://www.imf.org/external/np/sta/cofer/eng/cofer.pdf.

———— (2012a) "World Economic Outlook Database." Accessed June 21, 2012. Available at: http://www.imf.org/external/pubs/ft/weo/2012/01/weodata/index.aspx.

———— (2012b) "Currency Composition of Official Foreign Exchange Reserves (COFER)." Available at: http://www.imf.org/external/np/sta/cofer/eng/cofer.pdf.

———— (2011) "Global Financial Stability Report." *International Monetary Fund* (September 18). Available at: http://www.imf.org/external/pubs/ft/gfsr.

———— (2010) "Currency Composition of Official Foreign Exchange Reserves." Available at http://www.imf.org/external/np/sta/cofer/eng/cofer/pdf.

———— (2009) "Global Economy Contracts." *IMF Survey Online*. Available at: http://www.imf.org/external/pubs/ft/survey/so/2009/RES042209A.htm.

———— (2009) "De Facto Classification of Exchange Rate Regimes and Monetary Policy Frameworks". Available at: http://www.imf.org/external/np/mfd/er/2008/eng/0408.htm.

———— (2007) *World Economic Outlook: Spillovers and Cycles in the Global Economy*. New York: International Monetary Fund.

———— (2005) *World Economic Outlook, April 2005*. New York: International Monetary Fund.

Inglehart, Ronald and Christian Welzel. (2009) "How Development Leads to Democracy," *Foreign Affairs* 88 (March/April): 33–48.

International Herald Tribune. (2009) "Pakistan Hits Taliban Sites in Key Area Near Capital," *International Herald Tribune* (April 29): 1.

International Work Group for Indigenous Affairs. "The Indigenous World." Accessed June 3, 2013. Available at: http://www.iwgia.org/regions.

———— (2012) "The Indigenous World." Available at: http://www.iwgia.org/regions.

———— (2011) *The Indigenous World 2011*. (June 2). Available at: http://shop.iwgia.org/pi/The_Indigenous_World_2011_2125_80.aspx.

Iqbal, Zaryab and Christopher Zorn. (2010) "Violent Conflict and the Spread of HIV/AIDS in Africa." *The Journal of Politics* 72(1) (January): 149–162.

Irwin, Douglas. (2009) *Free Trade Under Fire*, 3rd ed. Princeton, NJ: Princeton University Press.

IUCN (International Union for the Conservation of Nature). (2012) "Biodiversity." Accessed August 8, 2012. Available at: http://www.iucn.org/what/tpas/biodiversity/.

Jackson, Derrick Z. (2007) "Spreading Fear, Selling Weapons," Columbia, S.C., *The State* (August 6): A9.

Jackson, Patrick. (2004) "Bridging the Gap: Towards a Realist-Constructivist Dialogue," *International Studies Review* 6: 337–352.

Jackson, Richard. (2013) "Balancing Adequacy and Sustainability: Lessons from the Global Aging Preparedness Index," *Over 65* blog (May 3). Accessed June 22, 2013. Available at: http://www.over65.thehastingscenter.org/balancing-adequacy-and-sustainability-lessons-from-the-global-aging-preparedness-index/.

Jacobson, Harold K. (1984) *Networks of Interdependence*. New York: Knopf.

Jaeger, Hans-Martin. (2007) "Global Civil Society and the Political Depoliticization of Global Governance," *International Political Sociology* 1 (September): 257–277.

Jaffe, Greg, and Jonathan Karp. (2005) "Pentagon Girds for Big Spending Cuts," *Wall Street Journal* (November 5): A7.

James, Barry. (2002a) "Summit Aims, Again, for a Better World," *International Herald Tribune* (August 8): 1, 8.

———— (2002b) "Talks to Tackle Threat to Biodiversity," *International Herald Tribune* (August 23): 1, 9.

Janis, Irving. (1982) *Groupthink: Psychological Studies of Policy Decisions and Fiascoes*, 2nd ed. Boston: Houghton Mifflin.

Janowski, Louis. (2006) "Neo-Imperialism and U.S. Foreign Policy," pp. 54–61 in John T. Rourke (ed.), *Taking Sides*. Dubuque, IA: McGraw-Hill/Dushkin.

Jenkins, Michael. (2009) "Linking Communities, Forests, and Carbon," in Lael Brainard et al. (eds.), *Climate Change and Global Poverty: A Billion Lives in the Balance?* Washington, DC: The Brookings Institution.

Jennings, Ralph. (2010) "China on Track to Aim 2,000 Missiles at Taiwan: Report." *Reuters* (19 July). Available at: http://www.reuters.com/article/2010/07/19/us-taiwan/china-idUS TRE66I13F20100719?feedType5RSS.

Jensen, Lloyd. (1982) *Explaining Foreign Policy.* Englewood Cliffs, N.J.: Prentice Hall.

Jentleson, Bruce and Ely Ratner. (2011) "Bridging the Beltway-Ivory Tower Gap" *International Studies* 13 (1): 6–11.

Jervis, Robert. (2008) "Unipolarity: A Structural Perspective," *World Politics* 61:188–213.

———— (2005) *American Foreign Policy in a New Era.* New York: Routledge.

———— (1992) "A Usable Past for the Future," pp. 257–68 in Michael J. Hogan (ed.), *The End of the Cold War.* New York: Cambridge University Press.

———— (1985c) *World Politics* 38 (October): 58–79.

———— (1976) *Perception and Misperception in World Politics.* Princeton, NJ: Princeton University Press.

Joffe-Walt, Chana. (2013) "The Cotton Wars," NPR (May 3). Accessed July 27, 2013. Available at: http://www.npr.org/blogs/money/2013/05/03/180912847/episode-224-the-cotton-wars.

Johnson, Chalmers. (2004a) *Blowback: The Costs and Consequences of American Empire.* New York: Henry Holt.

———— (2004b) *The Sorrows of Empire.* New York: Metropolitan Books/Henry Holt.

Johnson, James Turner. (2005) "Just War, as It Was and Is," *First Things* 149 (January): 14–24.

———— (2003) "Just War Theory: Responding Morally to Global Terrorism," pp. 223–38 in Charles W. Kegley, Jr. (ed.), *The New Global Terrorism.* Upper Saddle River, NJ: Prentice Hall.

Johnson, Robert. (2012) "For the First Time Ever Taiwan Has Cruise Missiles Aimed at Mainland China," *Business Insider* (May 29). Accessed June 25, 2012. Available at: http://www.businessinsider.com/for-the-first-time-ever-taiwan-has-cruise-missiles-aimed-at-mainland-china-2012–5.

Johnston, Michael. (2006) *Syndromes of Corruption.* Cambridge: Cambridge University Press.

Jolly, David. (2013) "G-20 Pushes for Measures to End Tax Evasion," *New York Times* (April 19). Accessed June 27, 2013. Available at: http://www.nytimes.com/2013/04/20/business/global/g-20-pushes-for-measures-to-end-tax-evasion.html?_r=0.

Jones, Bruce, Carlos Pascual, and Stephen John Stedman. (2009) *Power & Responsibility: Building International Order in an Era of Transnational Threats.* Washington DC: Brookings.

Jones, Dorothy V. (2002) *Toward a Just World.* Chicago: University of Chicago Press.

———— (1991) *Code of Peace: Ethics and Security in the World of the Warlord States.* Chicago: University of Chicago Press.

Jones, Terril Yue. (2013) "China Has 'Mountains of Data' about U.S. Cyber Attacks: Official," *Reuters* (June 5). Accessed June 7, 2013. Available at: http://news.yahoo.com/china-mountains-data-u-cyber-attacks-official-042422920.html.

Joyce, Mark. (2005) "From Kosovo to Katrina," *International Herald Tribune* (August 8): 6.

Joyner, Christopher C. (2005) *International Law in the 21st Century.* Lanham, Md.: Rowman & Littlefield.

Joyner, James. (2011) "Back in the Saddle: How Libya Helped NATO Get Its Groove Back," *Foreign Policy* (April 15). Available at: http://www.foreignpolicy.com/ articles/2011/04/15/back_in_the_saddle

Judis, John B. (2005) *The Folly of Empire.* New York: Scribner.

———— (2004) "Imperial Amnesia," *Foreign Policy* (July/August): 50–59.

Judt, Tony. (2007) "From Military Disaster to Moral High Ground," *New York Times* (October 7): 15.

———— (2005) "The New World Order," *New York Review of Books* 52 (July 14): 14–18.

———— and Denis Lacurne (eds.). (2005) *With US or against US: Studies in Global Anti-Americanism.* London: Palgrave Macmillan.

Juergensmeyer, Mark. (2003) "The Religious Roots of Contemporary Terrorism," pp. 185–93 in Charles W. Kegley, Jr. (ed.), *The New Global Terrorism.* Upper Saddle River, N.J.: Prentice Hall.

Justino, Patricia. (2009) "Poverty and Violent Conflict: A Micro-Level Perspective on the Causes and Duration of Warfare," *Journal of Peace Research* 46 (3): 315–33.

Kagan, Robert. (2007) *Dangerous Nation.* New York: Knopf.

Kahneman, Daniel. (2011) *Thinking, Fast and Slow.* New York: Farrar, Straus, and Giroux.

———— (2003) "Maps of Bounded Nationality," *American Economic Review* 93 (December):1449–1475.

Kaiser, David. (1990) *Politics and War.* Cambridge, MA: Harvard University Press.

Kam, Cindy D. and Elizabeth N. Simas. (2010) "Risk Orientations and Policy Frames," *Journal of Politics* 72(2): 381–396.

Kaminski, Matthew. (2002) "Anti-Terrorism Requires Nation Building," *Wall Street Journal* (March 15): A10.

Kan, Shirley A. and Wayne M. Morrison. (2013) "U.S.-Taiwan Relationship: Overview of Policy Issues," *Congressional Research Service* (July 23). Accessed July 27, 2013. Available at: http://www.fas.org/sgp/crs/row/R41952.pdf.

Kanellos, Michael. (2013) "Google Explains Why the Future of Energy Is Green," *Forbes* (March 20). Accessed July 4, 2013. Available at: http://www.forbes.com/sites/michaelkanellos/2013/03/20/google-explains-why-the-future-of-energy-is-green/.

Kaneko, Kaori. (2013) "Japan Wins Approval from Member Countries to Join Tran-Pacific Tade Talks," *Reuters* (April 20). Accessed May 29, 2013. Available at: http://www.reuters.com/article/2013/04/20/us-trade-asiapacific-japan-idUSBRE93J09Y20130420.

Kanet, Roger. (2010) "Foreign Policy Making in a Democratic Society." *International Studies Review* 12: 123–127.

Kant, Immanuel. (1964; 1798). *Anthropologie in Pragmatischer Hinsicht*. Darmstadt, Germany: Werke.

Kaplan, Morton A. (1957) *System and Process in International Politics*. New York: Wiley.

Kaplan, Robert D. (2012) "John J. Mearsheimer is Right (About Some Things)" Financial Review (February 10). Last accessed November 22, 2013. Available at: http://www.afr.com/p/lifestyle/review/john_mearsheimer_is_right_about_0gGV0Ha2WZnzbvW2Sp1XVN.

———— (2009a) "The Revenge of Geography" *Foreign Policy* (May/June): 96–105.

———— (2009b) "Center Stage for the Twenty-first Century," *Foreign Affairs* 88 (2): 16–32.

———— (2005a) "How We Would Fight China," *Atlantic Monthly* 295 (May): 49–64.

———— (2005b) "Supremacy by Stealth," pp. 91–100 in Helen E. Purkitt (ed.), *World Politics 04/05*. Dubuque, IA: McGraw-Hill/Dushkin.

Kapstein, Ethan B. (2006) "The New Global Slave Trade," *Foreign Affairs* 85 (November/December): 103–115.

———— (2004) "Models of International Economic Justice," *Ethics & International Affairs* 18 (2): 79–92.

Kapur, Devesh, and John McHale. (2003) "Migration's New Payoff," *Foreign Policy* (November/December): 49–57.

Karns, Margaret P., and Karen A. Mingst. (2004) *International Organizations*. Boulder, Colo: Lynne Rienner.

Kasher, Asa, and Amos Yadlin. (2005) "Assassination and Preventive Killing," *SAIS Review* 25 (Winter/Spring): 41–57.

Kassimeris, Christos. (2009) "The Foreign Policy of Small Powers" *International Politics* 46 (1):84–101.

Kastner, Scott L. (2010) "The Security Consequences of China-Taiwan Economic Integration," *Testimony before the U.S.-China Economic and Security Review Commission* (March 18).

———— and Phillip C. Saunders. (2012) "Is China a Status Quo or Revisionist State? Leadership Travel as an Empirical Indicator of Foreign Policy Priorities," *International Studies Quarterly* 56 (1): 163–177.

Kathman, Jacob D. (2010) "Civil War Contagion and Neighboring Interventions," *International Studies Quarterly* 54: 989–1012.

Katznelson, Ira and Helen V. Milner (eds.) (2002) *Political Science: State of the Discipline*. Centennial edition. New York: W.W. Norton & Company.

Kaufman, Frederick. (2009) "Let Them Eat Cash," *Harper's* (June): 51–59.

Kaufman, Joyce P. and Kristen P. Williams. (2007) *Women, the State, and War: A Comparative Perspective on Citizenship and Nationalism*. Lanham, MD: Lexington Books.

Kavanagh, Jennifer. (2011) "Selection, Availability, and Opportunity: The Conditional Effect of Poverty on Terrorist Group Participation," *Journal of Conflict Resolution* 55 (1): 106–132.

Kay, Katty and Claire Shipman. (2009) "Fixing the Economy Is Women's Work." *The Washington Post* (July 12). Available at: //http://www.washingtonpost.com/wp-dyn/content/article/2009/07/10/AR2009071002358.html.

Kearney, A. T. (2004) "Measuring Globalization" *Foreign Policy* (March/April): 54–69.

———— (2002) "Globalization's Last Hurrah?" *Foreign Policy* (January/February): 38–71.

Keating, Joshua. (2011) "How Do You Hire Mercenaries?: It Helps to Have Connections in Post-Conflict Countries," *Foreign Policy* (February 23). Available at: http://www.foreignpolicy.com/articles/2011/02/23/how_do_you_hire_mercenaries.

———— (2009) "The Longest Shadow" *Foreign Policy* (May/June): 28.

———— (2009b) "The New Coups" *Foreign Policy* (May/June): 28.

Keck, Margaret E., and Kathryn Sikkink. (2008) "Transnational Advocacy Networks in International Politics," pp. 279–90 in Karen A. Mingst and Jack L. Snyder (eds.), *Essential Readings in World Politics*, 3rd ed. New York: Norton.

———— (1998) *Activists Beyond Borders: Advocacy Networks in International Politics*. Ithaca, NY: Cornell University Press.

Keegan, John. (1999) *The First World War*. New York: Knopf.

———— (1993). *A History of Warfare*. New York: Knopf.

Kegley, Charles W., Jr. (ed.). (1995) *Controversies in International Relations Theory: Realism and the Neoliberal Challenge*. New York: St. Martin's.

———— (1994) "How Did the Cold War Die? Principles for an Autopsy," *Mershon International Studies Review* 38 (March): 11–41.

———— (1993) "The Neoidealist Moment in International Studies? Realist Myths and the New International Realities," *International Studies Quarterly* 37 (June): 131–46.

——— (1992) "The New Global Order: The Power of Principle in a Pluralistic World," *Ethics & International Affairs* 6: 21–42.

——— and Margaret G. Hermann. (2002) "In Pursuit of a Peaceful International System," pp. 15–29 in Peter J. Schraeder (ed.), *Exporting Democracy.* Boulder, Colo.: Lynne Rienner.

——— (1997) "Putting Military Intervention into the Democratic Peace," *Comparative Political Studies* 30 (February): 78–107.

Kegley, Charles W., Jr., and Gregory A. Raymond. (2007a) *After Iraq: The Imperiled American Imperium.* New York: Oxford University Press.

——— (2007b) *The Global Future*, 2nd ed. Belmont, Calif.: Wadsworth/Thomson Learning.

——— (2004) "Global Terrorism and Military Preemption: Policy Problems and Normative Perils," *International Politics* 41 (January): 37–49.

——— (2002a) *Exorcising the Ghost of Westphalia: Building World Order in the New Millennium.* Upper Saddle River, N.J.: Prentice Hall.

——— (2002b) *From War to Peace: Fateful Decisions in World Politics.* Belmont, Calif.: Wadsworth.

——— (1999) *How Nations Make Peace.* Boston: Bedford/St. Martin's.

——— (1994) *A Multipolar Peace? Great-Power Politics in the Twenty-First Century.* New York: St. Martin's.

——— (1990) *When Trust Breaks Down: Alliance Norms and World Politics.* Columbia: University of South Carolina Press.

Kegley, Charles W., Jr., Gregory A. Raymond, and Margaret G. Hermann. (1998) "The Rise and Fall of the Nonintervention Norm: Some Correlates and Potential Consequences," *Fletcher Forum of World Affairs* 22 (Winter/Spring): 81–101.

Kegley, Charles W., Jr., with Eugene R. Wittkopf. (2006) *World Politics*, 10th ed. Belmont, Calif.: Wadsworth/Thomson Learning.

——— (1982) *American Foreign Policy*, 2nd ed. New York: St. Martin's.

Kekic, Laza. (2010) "The State of the State," *The Economist: The World in 2011* (November 22): 90.

Keller, Jonathan W. (2005) "Leadership Style, Regime Type, and Foreign Policy Crisis Behavior," *International Studies Quarterly* 49 (June): 205–31.

Kellman, Barry. (2007) *Bioviolence.* Cambridge: Cambridge University Press.

Kelsen, Hans. (2009) *General Theory of Law and State.* Cambridge, MA: Harvard University Press.

Kennan, George F. (1985) "Morality and Foreign Policy," *Foreign Affairs* 64 (Winter): 205–218.

——— (1984) *The Fateful Alliance.* New York: Pantheon.

——— ["X"]. (1947) "The Sources of Soviet Conduct," *Foreign Affairs* 25 (July): 566–82.

Kennedy, Paul. (2006) "The Perils of Empire," pp. 69–71 in Helen E. Purkitt (ed.), *World Politics 05/06.* Dubuque, IA: McGraw-Hill/Dushkin.

——— (1987) *The Rise and Fall of the Great Powers.* New York: Random House.

Keohane, Robert O. (2012) "Hegemony and after," *Foreign Affairs* (July/August). Accessed June 27, 2013. Available at: http://www.foreignaffairs.com/articles/137690/robert-o-keohane/hegemony-and-after.

——— (1998) "Beyond Dichotomy: Conversations between International Relations and Feminist Theory." *International Studies Quarterly* 42 (1): 193–197

——— (1984) *After Hegemony: Cooperation and Discord in the World Political Economy.* Princeton: Princeton University Press.

Keohane, Robert O., and Joseph S. Nye. (2013) "Power and Interdependence," in *Conflict after the Cold War: Arguments on Causes of War and Peace*, 4th edition. Richard K. Betts, ed. Boston, MA: Pearson. pp164–171.

——— (2001) *Power and Interdependence*, 3rd ed. New York: Addison WesleyLongman.

Keynes, John. (1936) *The General Theory of Employment, Interest, and Money*, Macmillan Cambridge University Press.

Khanna, Parag. (2010) "Beyond City Limits: The Age of Nations Is Over. The New Urban Era Has Begun," *Foreign Policy* (September/October): 120–123.

——— (2006) "United They Fall," *Harper's* (January): 31–40.

Kher, Unmesh. (2006) "Oceans of Nothing," *Time* (November 13): 56–57.

Kibbe, Jennifer D. (2004) "The Rise of Shadow Warriors." *Foreign Affairs* 83 (March/April): 102–15.

Kifner, John. (2005) "A Tide of Islamic Fury, and How It Rose," *New York Times* (January 30): Section 4, 4–5.

Kilkenny, Allison. (2013) "Thousands Protest the UK Government's Brutal Austerity," *The Nation* (April 1). Accessed June 27, 2013. Available at: http://www.thenation.com/blog/173602/thousands-protest-uk-governments-brutal-austerity#axzz2X9O8OVGt.

Kim, Dae Jung, and James D. Wolfensohn. (1999) "Economic Growth Requires Good Governance," *International Herald Tribune* (February 26): 6.

Kim, Samuel S. (1991) "The United Nations, Lawmaking and World Order," pp. 109–24 in Richard A. Falk, Samuel S. Kim, and Saul H. Mendlovitz (eds.), *The United Nations and a Just World Order.* Boulder, CO: Westview.

Kindleberger, Charles. (2001) *Manics, Panics, and Crashes: A History of Financial Crises*, 5th ed. Hoboken, NJ: John Wiley and Sons.

——— (2000) *Manics, Panics, and Crashes: A History of Financial Crises*, 4th ed. New York: John Wiley and Sons.

——— (1973) *The World in Depression, 1929–1939.* Berkeley: University of California Press.

————, Robert Ailber, and Robert Solow. (2005) *Manics, Panics, and Crashes: A History of Financial Crises*, 5th ed. Hoboken, NJ: Wiley.

King, Gary, and Langche Zeng. (2007) "When Can History be Our Guide?" *International Studies Quarterly* 51 (March): 183–210.

———— (2005) "Battle Splits Conservative Magazine," *New York Times* (13 March): 12.

Kingsbury, Kathleen. (2007) "The Changing Face of Breast Cancer," *Time* (October 15): 36–43.

Kinnas, J. N. (1997) "Global Challenges and Multilateral Diplomacy," pp. 23–48 in Ludwik Dembinski (ed.), *International Geneva Yearbook*. Berne, Switzerland: Peter Lang.

Kirk, Donald. (2010) "Obama's Asian Odyssey: Speaking in Home Runs but Never Reaching First Base," *WorldTribune.com* (November 15). Available at: www.worldtribune.com/worldtribune/WTARC/2010/ea_korea1124_11_15.asp.

Kissinger, Henry A. (2012a) *On China*, 2nd ed. New York, NY: Penguin Press.

———— (2012b) "The Future of U.S.-Chinese Relations: Conflict Is a Choice Not a Necessity," *Foreign Affairs* (March/April). Accessed August 8, 2013. Available at: http://www.foreignaffairs.com/articles/137245/henry-a-kissinger/the-future-of-us-chinese-relations.

———— (1979) *White House Years*. Boston: Little, Brown.

Rosenau (ed.) *International Politics and Foreign Policy*. New York: Free Press.

Klare, Michael. (2008) *Rising Powers, Shrinking Planet*. New York: Metropolitan Books.

———— (1994) *World Security: Challenges for A New Century*, 2nd ed. New York, NY: St. Martin's Press.

———— (1990) "An Arms Control Agenda for the Third World." *Arms Control Today* 20 (3) : 8–12.

Klein, Naomi. (2008) "China's All-Seeing Eye," *Rolling Stone* (May 29): 59–66.

———— (2007) *The Shock Doctrine: The Rise of Disaster Capitalism*. New York: Metropolitan Books/Henry Holt.

Klimová-Alexander, Ilona. (2005) *The Romani Voice in World Politics: The United Nations and Non-State Actors*. Burlington, VT.: Ashgate.

Kluger, Jeffrey. (2007) "What Makes Us Moral," *Time* (December 3): 54–60.

———— (2006) "The Big Crunch," pp. 24–25 in Robert M. Jackson (ed.), *Global Issues 05/06*. Dubuque, Iowa: McGraw-Hill/Dushkin.

———— (2001) "A Climate of Despair," *Time* (April 9): 30–35.

Knickerbocker, Brad. (2007) "Might Warming be 'Normal'," *Christian Science Monitor* (September 20): 14, 16.

Knight, W. Andy. (2000) *A Changing United Nations*. London: Palgrave.

Knorr, Klaus, and James N. Rosenau (eds.). (1969) *Contending Approaches to International Politics*. Princeton, N.J.: Princeton University Press.

Knorr, Klaus, and Sidney Verba (eds.). (1961) *The International System*. Princeton, NJ: Princeton University Press.

Knox, MacGregor, and Williamson Murray. (2001) *The Dynamics of Military Revolution: 1300–2050*. Cambridge: Cambridge University Press.

KOF Index of Globalization. (2013) "KOF Index of Globalization." Available at: http://globalization.kof.ethz.ch/static/pdf/rankings_2012.pdf.

Kohli, Atul. (2004) *State-Directed Development*. Cambridge: Cambridge University Press.

Kolb, Deborah M. (1996) "Her Place at the Table: Gender and Negotiation," pp. 138–144 in Mary Roth Walsh (ed.), *Women, Men, and Gender: Ongoing Debates*. New York: Hamilton.

Kolbert, Elizabeth. (2008) "What Was I Thinking? The Latest Reasoning about Our Irrational Ways," *The New Yorker* (February 25): 77–79.

———— (2005) "The Climate of Man-II," *New Yorker* (May 2): 64–73.

Kolodziej Edward. (2005). *Security and International Relations*. Cambridge: Cambridge University Press.

Koser, Khalid. (2010) "The Impact of the Global Financial Crisis on International Migration." *The Whitehead Journal of Diplomacy and International Relations* 11(1) (Winter/Spring): 13–20.

Kotz, David M. (2013) "The Current Economic Crisis in the United States: A Crisis of Over-Investment," *Review of Radical Political Economics* (June 6). Accessed June 27, 2013. Available at: DOI: 10.1177/0486613413487160.

Krauthammer, Charles. (2003) "The Unipolar Moment Revisited," *National Interest* 70 (Winter): 5–17.

Kristof, Nicholas D and Sheryl WuDunn. (2009) *Half the Sky: Turning Oppression into Opportunity For Women Worldwide*. New York: Vintage Books.

Kroenig, Matthew. (2009) "Exporting the Bomb: Why States Provide Sensitive Nuclear Assistance," *American Political Science Review* 103: 113–133.

Krueger, Alan B. (2007) *What Makes a Terrorist*. Princeton, N.J.: Princeton University Press.

Krueger, Anne O. (2006) "Expanding Trade and Unleashing Growth," pp. 4–19 in John T. Rourke (ed.), *Taking Sides*. Dubuque, IA: McGraw-Hill/Dushkin.

Krugman, Paul. (1987) "Is Free Trade Passé?" *Journal of Economic Perspectives* 1 (Autumn): 131–44.

Kugler, Jacek. (2006) "China: Satisfied or Dissatisfied, the Strategic Equation," paper presented at the Annual Meeting of the International Studies Association, March 22–25, San Diego.

———— (2001) "War," pp. 894–96 in Joel Krieger (ed.), *The Oxford Companion to Politics of the World*. 2nd ed. New York: Oxford University Press.

————, Ronald L. Tammen, and Brian Efird. (2004) "Integrating Theory and Policy," *International Studies Review* 6 (December): 163–79.

Kuhn, Patrick M., and Nils B. Weidman. (2013) "Unequal We Fight: The Impact of Economic Inequality within Ethnic Groups on Conflict Initiation," Draft at Princeton University. Accessed June 6, 2013. Available at: https://www.princeton.edu/politics/about/file-repository/public/KuhnWeidmann_PrincetonIRTalk.pdf.

Kuhnhenn, Jim. (2009) "Trillions Devoted to Bank Bailout," *The Commercial Appeal* (July 21): A1.

Kunzig, Robert. (2003) "Against the Current," *U.S. News & World Report* (June 2): 34–35.

Kupchan, Charles A. (2003) *The End of the American Era: U.S. Foreign Policy and the Geopolitics of the Twenty-First Century.* New York: Knopf.

——— and Clifford A. Kupchan. (2000) "Concerts, Collective Security, and the Future of Europe," pp. 218–265 in Michael Brown, et. al. (eds.), *America's Strategic Choices.* Cambridge, MA: The MIT Press.

——— (1992) "A New Concert for Europe," pp. 249–66 in Graham Allison and Gregory F. Treverton (eds.), *Rethinking America's Security.* New York: Norton.

Kurlantzick, Joshua. (2010) "Dazzled by Asia." *The Boston Globe* (February 7).

Kurzweil, Ray. (2005) *The Singularity Is Near: When Humans Transcend Biology.* New York: Penguin Group (USA).

Kutcher, Ashton. (2009) "Builders and Titans," *Time* (May 11): 60.

Kuwait Times. (2013) "Kuwait's Construction Projects Valued at $250.6bn," *Kuwait Times.* Accessed May 27, 2013. Available at: http://news.kuwaittimes.net/2013/05/15/kuwaits-construction-projects-valued-at-250-6bn/.

Lacayo, Richard. (2009) "A Brief History of: Photographing Fallen Troops," *Time* (March 16): 19.

Laeven, Luc and Fabian Valencia. (2010) "Resolution of Banking Crises: The Good, the Bad, and the Ugly." IMF Working Paper 10/146. Washington, D.C.: The International Monetary Fund.

——— (2008) "Systemic Banking Crises: A New Database." IMF Working Paper. Available at: http://www.imf.org/external/pubs/ft/wp/2008/wp08224.pdf.

Lamy, Pascal. (2013) "A Trade Facilitation Deal Could Give a $1 Trillion Boost to World Economy—Lamy," WTO (February 1). Accessed July 27, 2013. Available at: http://www.wto.org/english/news_e/sppl_e/sppl265_e.htm.

——— (2011) "Time for a System Upgrade." Available at: http://www.foreignpolicy.com/articles/2011/04/18/system_upgrade.

Landau, Julia. (2010) "Food Riots or Food Rebellions?: Eric Holt-Giménez Looks at the World Food Crisis." CommonDreams.org (March 25). Available at http://www.commondreams.org/view/2010/03/25–11.

Landes, David S. (1998) *The Wealth and Poverty of Nations: Why Are Some So Rich and Some So Poor?* New York: Norton.

Landler, Mark and David E. Sanger. (2009) "Leaders Reach $1 Trillion Deal," *International Herald Tribune* (April 3): 1,4.

Lanz, R. and S. Miroudot (2011) "Intra-Firm Trade: Patterns, Determinants and Policy Implications," *OECD Trade Policy Working Papers*, No. 114, OECD Publishing. Available at: http://dx.doi.org/10.1787/5kg9p39Irwnn-en.

Laqueur, Walter. (2006) "The Terrorism to Come," pp. 229–36 in Thomas J. Badey (ed.), *Violence and Terrorism 06/07.* Dubuque, IA: McGraw Hill/Dushkin.

——— (2003) "Postmodern Terrorism," pp. 151–59 in Charles W. Kegley, Jr. (ed.), *The New Global Terrorism.* Upper Saddle River, N.J.: Prentice Hall.

——— (2001) "Terror's New Face," pp. 82–89 in Charles W. Kegley, Jr., and Eugene R. Wittkopf (eds.), *The Global Agenda*, 6th ed. Boston: McGraw-Hill.

Larkin, John. (2005) "India Bets on Nuclear Future," *Wall Street Journal International* (November 4): A12.

Larsen, Janet. (2012) "Plan B Updates," *Earth Policy Institute* (April 24). Accessed June 25, 2013. Available at: http://www.earth-policy.org/plan_b_updates/2012/update102.

Lauricella, Tom, Christopher S. Stewart, and Shira Ovide. (2013) "Twitter Hoax Sparks Swift Stock Swoon," *The Wall Street Journal* (April 23). Accessed June 27, 2013. Available at: http://online.wsj.com/article/SB10001424127887323735604578441201605193488.html.

Leander, Anna. (2005) "The market for Force and Public Security: The Destabilizing Consequences of Private Military Companies" *Journal of Peace Research* 42 (5): 605–22.

LeBeau, Philip. (2013) "U.S. Manufacturing No More Expensive Than Outsourcing To China by 2015: Study," *Huffington Post* (April 19). Accessed July 27, 2013. Available at: http://www.huffingtonpost.com/2013/04/19/china-manufacturing-costs_n_3116638.html.

Lebovic, James H. (2004) "Uniting for Peace?" *Journal of Conflict Resolution* 48 (December): 910–36.

——— and Erik Voeten. (2009) "The Cost of Shame: International Organizations and Foreign Aid in the Punishing of Human Rights Violators" *Journal of Peace Research* 46 (1): 79–97.

Lebow, Richard Ned. (2010) *Forbidden Fruit: Counterfactuals and International Relations.* Princeton, N.J.: Princeton University Press.

——— (2003) *The Tragic Vision of Politics: Ethics, Interests, and Orders.* Cambridge: Cambridge University Press.

——— (1981) *Between Peace and War.* Baltimore: Johns Hopkins University Press.

Lechner, Frank and John Boli. (2007) *The Globalization Reader*, 3rd ed. Hoboken, NJ: Wiley-Blackwell.

Leffler, Melvyn. (2007) *For the Soul of Mankind: The United States, the Soviet Union, and the Cold War.* New York: Hill and Wang.

——— and Westad (ed.). (2009) *The Cambridge History of the Cold War.* Cambridge, UK: Cambridge University Press.

Legrain, Philippe. (2003) "Cultural Globalization Is Not Americanization," *Chronicle of Higher Education* (May 9): B7–B70.

Legro, Jeffrey W. (2007) *Rethinking the World: Great Power Strategies and International Order.* Ithaca, NY Cornell University Press.

———— and Andrew Moravcsik. (1999) "Is Anybody Still a Realist?" *International Security* 24 (Fall): 5–55.

Lehrer, Jonah. (2012) "Groupthink: The Brainstorming Myth." The New Yorker (January 30).

Lektzian, David and Mark Souva. (2009) "A Comparative Theory Test of Democratic Peace Arguments, 1946–2000." *Journal of Peace Research* 46 (1): 17–37.

Lemke, Douglas. (2003) "Development and War," *International Studies Review* 5 (December): 55–63.

Lentner, Howard H. (2004) *Power and Politics in Globalization: The Indispensable State.* New York: Routledge.

Leopard, Brian D. (2010) *Customary International Law: A New Theory with Practical Applications.* New York: Cambridge University Press.

Leow, Rachel. (2002) "How Can Globalization Become 'O.K.' for All?" *International Herald Tribune* (February 15): 9.

Levi, Michael. (2009) "Copenhagen's Inconvenient Truth: How to Salvage the Climate Conference" *Foreign Affairs* 88 (September/October): 92–104.

———— (2008) "Stopping Nuclear Terrorism," *Foreign Affairs* 87 (January/February): 131–40.

Levitt, Peggy. (2007) *God Needs No Passport.* New York: New Press.

Levy, Jack S. (2001) "War and Its Causes," pp. 47–56 in Charles W. Kegley, Jr., and Eugene Wittkopf (eds.), *The Global Agenda*, 6th ed. Boston: McGraw-Hill.

———— (1989) "The Causes of War: A Review of Theories and Evidence," pp. 209–333 in Philip E. Tetlock, Jo L. Husbands, Robert Jervis, Paul C. Stern, and Charles Tilly (eds.), *Behavior, Society, and Nuclear War.* New York: Oxford University Press.

Lieber, Robert J. (2005) *The American Era.* New York: Cambridge University Press.

Lin, Justin Yifu. (2013) "Youth Bulge: A Demographic Dividend or a Demographic Bomb in Developing Countries?" World Bank blog (January 5). Accessed June 19, 2013. Available at: http://blogs.worldbank.org/developmenttalk/youth-bulge-a-demographic-dividend-or-a-demographic-bomb-in-developing-countries.

Lindberg, Todd (ed.). (2005) *Beyond Paradise and Power: Europe, America, and the Future of a Troubled Relationship.* New York: Routledge.

Lipson, Charles. (1984) "International Cooperation in Economic and Security Affairs," *World Politics* 37 (October): 1–23.

List, Friedrich. (1841) *National System of Political Economy.* Available at: http://socserv2.socsci.mcmaster.ca/~econ/ugcm/3ll3/list/list.

Lobe, Jim. (2013) "Drone Provoke Controversy in U.S.," *Inter Press Service New Agency.* Accessed June 12, 2013. Available at: http://www.ipsnews.net/2013/01/drones-provoke-growing-controversy-in-u-s/.

Lodal, Jan, et al. (2010) "Second Strike: Is the U.S. Nuclear Arsenal Outmoded?" *Foreign Affairs* 89(2) (March/April): 145–52.

Loescher, Gil. (2005) "Blaming the Victim: Refugees and Global Security," pp. 126–29 in Robert J. Griffiths (ed.), *Developing World 05/06.* Dubuque, IA: McGraw-Hill/Dushkin.

Lomborg, Bjørn. (2007) *Solutions for the World's Biggest Problems.* New York: Cambridge University Press.

———— (ed.). (2004) *Global Crisis, Global Solutions.* Cambridge: Cambridge University Press.

Longman, Phillip. (2005) "The Global Baby Bust," pp. 173–79 in Robert J. Griffiths (ed.), *Developing World 05/06.* Dubuque, IA: McGraw-Hill/Dushkin.

Lopez, George A. (2012) "In Defense of Smart Sanctions: A Response to Joy Gordon," *Ethics & International Affairs* 26(1): 135–45.

Lopez, J. Humberto, et al. (2010) "Big Senders." *Foreign Policy* (January/February): 35.

Lorenz, Konrad. (1963) *On Aggression.* New York: Harcourt, Brace & World.

Lowrey, Annie. (2012) "U.S. Candidate Is Chosen to Lead the World Bank," *The New York Times* (April 16): B3.

Löwenheim, Oded. (2007) *Predators and Parasites.* Ann Arbor: Pluto Books, University of Michigan Press.

Lupovici, Amir. (2009) "Constructivist Methods: A Plea and Manifesto for Pluralism," *Review of International Studies* 35: 195–218.

Lupu, Yonatan and Vincent A Traag. (2013) "Trading Communities, the Networked Sructure of International Relations and the Kantian Peace," *Journal of Conflict Resolution* 57 (4): DOI:10.1177/0022002712453708.

Lutz, Ellen L. (2006) "Understanding Human Rights Violations in Armed Conflict," pp. 23–38 in Julie Mertus and Jeffrey W. Helsing (eds.), *Human Rights and Conflict: Exploring the Links Between Rights, Law, and Peacebuilding.* Washington, D.C.: United States Institute of Peace Press.

Lynch, Colum. (2008) "U.N. Chief to Prod Nations on Food Crisis," *Washington Post* (June 2): A07.

Lynn, Jonathan. (2008) "Diplomats See Reason for Hope in WTO Talks," *International Herald Tribune* (May 29).

Lyons, Daniel. (2010) "Short-Circuiting Malaria." *Newsweek* (April 19): 36–41.

Macalister, Terry. (2012) "Oil Demand in 2013 to Rise as World Economy Recovers, IEA says," *The Guardian* (December 12). Accessed June 25, 2013. Available at: http://www.guardian.co.uk/business/2012/dec/12/oil-demand-rise-2013-iea.

MacAskill, Ewen. (2011) "Barack Obama to Back Middle East Democracy with Billion in Aid: President Pledges Cash to Support Egypt and Tunisia after Criticism US Has been too Slow to Support Uprisings," *Guardian* (May 19). Available at: http:// www.guardian.co.uk/world/2011/may/19/barack-obama-middle-east-aid

————, Nick Davies, Nick Hopkins, Julian Borger, and James Ball. (2013) "GCHQ Intercepted Foreign

Politicians' Communications at G20 Summits," *The Guardian* (June 16). Accessed June 22, 2013. Available at: http://www.guardian.co.uk/uk/2013/jun/16/gchq-intercepted-communications-g20-summits.

Mackinder, Sir Halford. (1919) *Democratic Ideals and Reality.* New York: Holt.

Magee, Christopher and Tansa George Massoud. (2011) "Openness and Internal Conflict," *Journal of Peace Research* 48 (1): 59–72.

Mahan, Alfred Thayer. (1890) *The Influence of Sea Power in History.* Boston: Little, Brown.

Mahbulbani, Kishore. (2009) *The New Asian Hemisphere: The Irresistible Shift of Global Power to the East.* Basic Civitas Books.

——— (2005) "Understanding China," *Foreign Affairs* 84 (October): 49–60.

Malaquias, Assis V. (2001) "Humanitarian Intervention," pp. 370–74 in Joel Krieger (ed.), *The Oxford Companion to Politics of the World,* 2nd ed. New York: Oxford University Press.

——— (2008) "The Benefits of Goliath," pp. 55–64 in Eugene R. Wittkopf and James M. McCormick (eds.), *The Domestic Sources of American Foreign Policy.* Lanham, MD.: Rowman and Littlefield.

Malcomson, Scott. (2008) "Humanitarianism and Its Politicization," *International Herald* Tribune (December 13–14): 9.

Mallaby, Sebastian (2011) "The Wrong Choice to Head the IMF," *Council on Foreign Relations* (June 1). Available at: http://www.cfr.org/economics/wrong-choice-head-imf/p25166.

——— (2011) "The Wrong Choice to Head the IMF," *Washington Post* (June 1).

Malmgren, Harald and Mark Stys. (2011) "Computerized Global Trading 24/6: A Roller Coaster Ride Ahead?" *The International Economy* (Spring): 30–32.

Manasse, Paolo. (2011) "Greece, the Unbearable Heaviness of Debt," *Vox* (24 May). Available at: http://www.voxeu.org/index.php?q5node/6553.

Mandelbaum, Michael. (2010) *The Frugal Superpower: America's Global Leadership in a Cash-Strapped Era.* New York: PublicAffairs.

——— (2007) "Democracy without America," *Foreign Affairs* 86 (September/October): 119–30.

——— (2006a) "David's Friend Goliath," *Foreign Policy* (January/February): 49–56.

——— (2006b) *The Case for Goliath: How America Acts as the World's Government in the 21st Century.* New York: Public Affairs.

——— (2002) *The Ideas That Conquered the World: Peace, Democracy, and Free Markets in the Twenty-First Century.* New York: Public Affairs/Perseus.

Mankoff, Jeffrey. (2009) *Russian Foreign Policy: The Return of Great Power Politics.* New York: Rowman and Littlefield.

Mann, Charles C. (2005) "The Coming Death Shortage," *Atlantic Monthly* 295 (May): 92–102.

Mann, James. (2004) *Rise of the Vulcans: The History of Bush's War Cabinet.* New York: Viking.

Mansfield, Edward D., Helen V. Milner, and B. Peter Rosendorff. (2002) "Replication, Realism, and Robustness: Analyzing Political Regimes and International Trade," *American Political Science Review* 96 (March): 167–69.

———, and Brian M. Pollins (eds.). (2003) *Economic Interdependence and International Conflict.* Ann Arbor: University of Michigan Press.

———, and Jack Snyder. (2005a) *Electing to Fight.* Cambridge, MA.: MIT Press.

——— (2005b) "When Ballots Bring On Bullets," *International Herald Tribune* (November 29–30): 6.

Maoz, Zeev and Errol A. Henderson. (2013) "The World Religion Dataset, 1945–2010: Logic, Estimates, and Trends." *International Interactions,* 39(3): 265–91.

Mapel, David R. (2007) "The Right of National Defense," *International Studies Perspectives* 8 (February): 1–15.

Maplecroft. (2013) *Digital Inclusion Index.* Available at: http://maplecroft.com.

——— (2011) *Maplecroft Ranking Highlighting the 'Digital Divide' Reveals India Lagging Behind Brazil, Russia and China.* Available at: http://maplecroft.com/about/news/digital_inclusion_index.html.

Margolis, Max, and Alex Marin. (2010) "Venezuela and the Tyranny of Twitter." *Newsweek* (June 14): 6.

Markoe, Lauren and Seth Borenstein. (2005) "We Overpay by 20% for Military Goods," Columbia, S.C., *The State* (October 23): A1, A8.

Markoff, John. (2009) "A Map of the World, in 4 Billion Pockets," *International Herald Tribune* (February 188): 1, 11.

Markusen, Ann R. (2003) "The Case Against Privatizing National Security" *Governance* 16 (4): 471–501.

Marshall, Monty G., and Ted Robert Gurr. (2003) *Peace and Conflict 2003.* College Park, MD.: Center for International Development and Conflict Management.

Martel, William C. (2008) *Victory in War.* New York: Cambridge University Press.

Martell, Luke. (2007) "The Third Wave in Globalization Theory," *International Studies Review* 9 (Summer): 173–96.

Marx, Anthony W (2003) *Faith in Nation: Exclusionary Origins of Nationalism.* New York: Oxford University Press.

Masters, Jonathan. (2011) "Backgrounder: The International Monetary Fund," *Council of Foreign Relations.* Available at: http://www.cfr.org/economics/international-monetary-fund/p25303.

Mathews, Jessica T. (2000) "National Security for the Twenty-First Century," pp. 9–11 in Gary Bertsch and Scott James (eds.), *Russell Symposium Proceedings.* Athens: University of Georgia.

Matlock, Jack F. (2004) *Reagan and Gorbachev: How the Cold War Ended*. New York: Random House.

Mattes, Michaela, and Burcu Savun. (2010) "Information, Agreement Design, and the Durability of Civil War Settlements," *American Journal of Political Science* 54 (2) (April): 511–24.

May, Ernest R. (2000) *Strange Victory*. New York: Hill and Wang.

Mayall, James. (2001) "Mercantilism," pp. 535 and 540 in Joel Krieger (ed.), *The Oxford Companion to Politics of the World*, 2nd ed. New York: Oxford University Press.

Mazarr, Michael J. (1999) *Global Trends 2005*. London: Palgrave.

Mazower, Mark. (2009) *No Enchanted Palace: The End of Empire and the Ideological Origins of the United Nations*. Princeton, NJ: Princeton University Press.

Mazur, Amy G. (2002) *Theorizing Feminist Policy*. New York: Oxford University Press.

McCrae, R. R., and Paul T. Costa. (2003). *Personality in Adulthood: A Five-Factor Theory Perspective* (2nd ed.). New York: Guilford Press.

McDermott, Rose. (2013) "The Biological Bases for Aggressiveness and Nonaggressiveness in Presidents," *Foreign Policy Analysis* : 1–15.

———, James H. Fowler and Oleg Smirnov. (2008) "On the Evolutionary Origin of Prospect Theory Preferences." *The Journal of Politics* 70 (April): 335–50.

McGinnis, John O. (2005) "Individualism and World Order," *The National Interest* 28 (Winter): 41–51.

McGirk, Tim. (2010) "Armed Farces." *Time* (June 14): 52–55.

McGrew, Anthony. (2005) "The Logics of Globalization," pp. 207–34 in John Ravenhill (ed.), *Global Political Economy*. New York: Oxford University Press.

McGurn, William. (2002) "Pulpit Economics," *First Things* 122 (April): 21–25.

McNamara, Robert S. (2005) "Apocalypse Soon," *Foreign Policy* (May/June): 29–35.

Mead, Nick. (2012) "Rise of the Megacities," *The Guardian* (October 4). Accessed June 22, 2013. Available at: http://www.guardian.co.uk/global-development/interactive/2012/oct/04/rise-of-megacities-interactive.

Mead, Walter Russell. (2010) "The Carter Syndrome." *Foreign Policy* (January/February).

——— (2008) *God and Gold: Britain, America, and the Making of the Modern World*. New York: Knopf.

Mearsheimer, John J. (2004) "Anarchy and the Struggle for Power," pp. 54–72 in Karen A. Mingst and Jack L. Snyder (eds.), *Essential Readings in World Politics*, 2nd ed. New York: Norton.

——— (2001) *The Tragedy of Great Power Politics*. New York: Norton.

——— (1990) "Back to the Future: Instability in Europe after the Cold War," *International Security* 15 (Summer): 5–56.

——— and Stephen W. Walt. (2003) "An Unnecessary War," *Foreign Policy* (January/February): 50–58.

Meernik, James David. (2004) *The Political Use of Military Force in US Foreign Policy*. Burlington, VT.: Ashgate.

Melander, Erik. (2005) "Gender Equality and Intrastate Armed Conflict," *International Studies Quarterly* 49 (December): 695–714.

Melloan, George. (2002) "Bush's Toughest Struggle Is with His Own Bureaucracy," *Wall Street Journal* (June 25): A19.

Meltzer, Joshua. (2011) "The Future of World Trade." Available at: http://www.foreignpolicy.com/articles/2011/04/18/the_future_of_trade.

Mendelsohn, Jack. (2005) "America and Russia: Make-Believe Arms Control," pp. 205–9 in Glenn P. Hastedt (ed.), *America Foreign Policy 04/05*, 10th ed. Guilford, Conn.: Dushkin/McGraw-Hill.

Menkhaus, Ken. (2002) "Somalia: In the Crosshairs of the War on Terrorism," *Current History* (May): 210–18.

Menon, Rajan. (2007) *The End of Alliances*. New York: Oxford University Press.

Mentan, Tatah. (2004) *Dilemmas of Weak States: Africa and Transnational Terrorism in the Twenty-First Century*. Burlington, VT: Ashgate.

Merkelson, Suzanne, and Joshua E. Keating. (2011) "What Not to Wear: Five Countries Where the Term 'Fashion Police' Is Meant Literally," *Foreign Policy* (April 11). Available at: http://www.foreignpolicy.com/articles/2011/04/11/what_not_ to_wear.

Mertus, Julie. (2009a) *Human Rights Matters: Local Politics and National Human Rights Institutions*. Stanford, CA: Stanford University Press.

——— (2009b) *The United Nations and Human Rights: A Guide for a New Era*, 2nd ed. New York: Routledge.

de Mesquita, Bruce Bueno. (2009) "Recipe for Failure." *Foreign Policy* (November): 76–81.

Michael, Marie. (2001) "Food or Debt," pp. 78–79 in Robert J. Griffiths (ed.), *Developing World 01/02*. Guilford, CT.: Dushkin/McGraw-Hill.

Micklethwait, John, and Adrian Wooldridge. (2001) "The Globalization Backlash," *Foreign Policy* (September/October): 16–26.

Miller, Mark Crispin. (2006) "What's Wrong with This Picture?" pp. 115–17 in Robert M. Jackson (ed.), *Global Issues 05/06*. Dubuque, IA: McGraw-Hill/Dushkin.

Milner, Helen V., and Andrew Moravcsik. (2009) *Power, Interdependence, and Nonstate Actors in World Politics*. Princeton University Press.

Minorities at Risk Project. (2010) "Minorities at Risk Dataset." College Park, MD: Center for International Development and Conflict Management. Accessed June 3, 2013. Available at: http://www.cidcm.umd.edu/mar/.

Mintz, Alex. (2007) "Why Behavioral IR?" *International Studies Review* 9 (June): 157–72.

Missile Defense Agency (MDA). (2013a) "Elements," *Missile Defense Agency*. Accessed June 13, 2013. Available at: http://www.mda.mil/system/aegis_bmd.html.

———— (2013b) "Historical Funding for MDA FY85-13," *Missile Defense Agency*. Accessed June 13, 2013. Available at: http://www.mda.mil/global/documents/pdf/histfunds.pdf.

Mitchell, Sara McLaughlin, Kelly M. Kadera, and Mark J.C. Crescenzi (2008) "Practicing Democratic Community Norms: Third Party Conflict Management and Successful Settlements," pp. 243–64 in Jacob Bercovitch and Scott Sigmund Gartner (eds.), *International Conflict Mediation*. New York: Routledge.

Mo, Lavinia. (2012) "New Bird Flu May Be Capable of Human to Human Spread–Study," *Reuters* (May 24). Accessed June 22, 2013. Available at: http://www.reuters.com/article/2013/05/24/us-hongkong-birdflu-idUSBRE94N0AR20130524.

Modelski, George. (1964) "The International Relations of Internal War." In James N. Rosenau, ed., *International Aspects of Civil Strife*. Princeton, NJ: Princeton University Press : 14–44.

Modelski, George, and William R. Thompson. (1999) "The Long and the Short of Global Politics in the Twenty-First Century," *International Studies Review*, Special Issue, ed. by Davis B. Bobrow: 109–40.

Moens, Alexander. (2005) *The Foreign Policy of George W Bush*. Burlington, VT: Ashgate.

Moghadam, Reza. (2009) "Transcript of a Conference Call on the New Lending Framework for Low-Income Countries," International Monetary Fund. Available at: http://www.imf.org/external/np/tr/2009/tr072909a.htm.

Mohanty, Chandra Talpade. (1988) "Under Western Eyes: Feminist Scholarship and Colonial Discourse" *Feminist Review* 30 (Autumn): 61–88.

Møller, Bjørn. (1992) *Common Security and Nonoffensive Defense: A Neorealist Perspective*. Boulder, CO.: Lynne Rienner.

Mondak, Jeffery J. and Karen D. Halperin. (2013) "A Framework for the Study of Personality and Political Behaviour," *British Journal of Political Science* 38: 335–362.

Moon, Bruce E. (2008) "Reproducing the North-South Divide: The Role of Trade Deficits and Capital Flows," pp. 39–64 in Rafael Reuveny and William R. Thompson (eds.), *North and South in the World Political Economy*. Malden, MA: Blackwell.

Moorehead, Caroline. (2007) "Women and Children for Sale," *New York Review of Books* (October 11): 15–18.

Moran, Theodore H., Edward M. Graham, and Magnus Blomström (eds.). (2005) *Does Foreign Direct Investment Promote Development?* Washington, DC: Institute for International Economics.

Morgan, Patrick. (2005) *International Security: Problems and Solutions*. Washington, DC: CQ Press.

Morgan, T. Clifton, Navin A. Bapat, and Valentin Krustev. (2009) "The Threat and Imposition of Sanctions 1971–2000," *Conflict Management and Peace Science* 26 (1): 92–110.

Morgenthau, Hans J. (1985) *Politics Among Nations*, 6th ed. Revised by Kenneth W. Thompson. New York: Knopf.

———— (1948) *Politics among Nations*. New York: Knopf.

Morphet, Sally. (2004) "Multilateralism and the Non-Aligned Movement," *Global Governance* 10 (October/December): 517–37.

Morris, Ian. (2010) *Why the West Rules—For Now: The Patterson of History, and What They Reveal about the Future*. New York: Farrar, Straus and Giroux.

Morse, Edward L., and James Richard. (2002) "The Battle for Energy Dominance," *Foreign Affairs* 81 (March/April): 16–31.

Morton, David. (2006) "Gunning for the World," *Foreign Policy* (January/February): 58–67.

Mosley, Layna. (2011) *Labor Rights and Multinational Production*. Cambridge, UK: Cambridge University Press.

———— (2008) "Workers' Rights in Open Economies: Global Production and Domestic Institutions in the Developing World," *Comparative Political Studies* 41 (4/5): 674–714.

Mousseau, Michael. (2013) "The Democratic Peace Unraveled: It's the Economy," *International Studies Quarterly* (57): 180–197.

Mueller, John. (2004) *The Remnants of War*. Ithaca: Cornell University Press.

———— and Karl Mueller. (1999) "Sanctions of Mass Destruction," *Foreign Affairs* 78 (3): 43–52.

Mufson, Steven. (2011) "Germany to Close All of Its Nuclear Plants by 2022," *The Washington Post* (May 30). Available at: http://www.ashingtonpost.com/ business/economy/germany-to-close-all-of-its-nuclear-plants-by-2022/2011/05/30/AG0op1EH_story.html.

Mullenbach, Mark J. (2005) "Deciding to Keep Peace," *International Studies Quarterly* 49 (September): 529–55.

Muller, Jerry Z. (2013) "Capitalism and Inequality: What the Right and the Left Get Wrong," *Foreign Affairs* (March/April). Accessed June 27, 2013. Available at: http://www.foreignaffairs.com/articles/138844/jerry-z-muller/capitalism-and-inequality.

———— (2008) "Us and Them: The Enduring Power of Ethnic Nationalism," *Foreign Affairs* 87 (March/April): 18–35.

Münster, Johannes and Klaas Staal. (2011) "War with Outsiders Makes Peace Inside," *Conflict Management and Peace Science* 28 (2): 91–110.

Munz, Philip, Ioan Hudea, Joe Imad, and Robert J. Smith. (2009) "When Zombies Attack!: Mathematical Modeling of an Outbreak of Zombie Infection," *Infectious Disease Modeling Research Progress*. pp. 133–50.

Murdie, Amanda M. and David Davis. (2012) "Shaming and Blaming: Using Events Data to Assess the Impact of Human Rights INGOs," *International Studies Quarterly* 56(1): 1–16.

Murdoch, James C. and Todd Sandler. (2004) "Civil Wars and Economic Growth," *American Journal of Political Science* 48 (January): 138–51.

Murithi, Timothy. (2004) "The Myth of Violent Human Nature," *Peace & Policy* 8: 28–32.

Murray, Williamson, and Allan R. Millett. (2000) *A War to be Won.* Cambridge, Mass.: Harvard University Press.

Myers, Steven Lee and David M. Herszenhorn. (2013) "U.S.-Russian Diplomacy, with a Personal Touch," *New York Times* (May 17). Accessed May 18, 2013. Available at: http://www.nytimes.com.

Naím, Moisés. (2007) "The Free-Trade Paradox," *Foreign Policy* (September/October): 96–97.

——— (2006a) "The Five Wars of Globalization," pp. 61–66 in Robert M. Jackson (ed.), *Global Issues 05/06.* Dubuque, IA: McGraw-Hill/Dushkin.

——— (2006b) "The Most Dangerous Deficit," *Foreign Policy* (January/February): 94–95.

Nakatomi, Michitaka. (2013) "Plurilateral Agreements: A Viable Alternative to the WTO?" pp. 131–140 in Richard Baldwin, Masahiro Kawai, and Ganeshan Wignaraja (eds.), *The Future of the World Trading System: Asian Perspectives.* London, UK: Centre for Economic Policy Research.

Nardin, Terry. (2005) "Humanitarian Imperialism," *Ethics and International Affairs* 19 (No. 2, Special Issue): 21–26.

National Institute of Justice. (2012) "Transnational Organized Crime." Available at: http://www.nij.gov/topics/crime/transnational-organized-crime/welcome.htm.

——— (2007) "Transnational Organized Crime." Available at: http://www.nij.gov/topics/crime/transnational-organized-crime/welcome.htm.

National Intelligence Council (NIC). (2004) *Mapping the Global Future.* Washington, D.C.: National Intelligence Council.

NCTC. (National Counter-Terrorism Center). (2009) *2008 NCTC Report on Terrorism.* Washington, DC: National Counter-Terrorism Center.

——— (2007) *NCTC Report on Terrorist Incidents.* Washington, DC: National Counter-Terrorism Center.

Neack, Laura. (2004) "Peacekeeping, Bloody Peacekeeping," *Bulletin of the Atomic Scientists* 57 (July/August): 40–47.

Nelson, Rebecca, Paul Belkin and Derek Mix. (2010) *Greece's Debt Crisis: Overview, Policy Responses and Implications.* Washington, DC: Congressional Research Service.

Neumann, Iver B. (2007) "'A Speech That the Entire Ministry May Stand For,' or: Why Diplomats Never Produce Anything New," *International Political Sociology* 1 (June): 183–200.

Neumayer, Eric and Indra de Soysa. (2005) "Trade Openness, Foreign Direct Investment, and Child Labor," *World Development* 33(1): 43–63.

Newhouse, John. (2003) *Imperial America: The Bush Assault on World Order.* New York: Knopf.

Newell, Richard G. (2005) "The Hydrogen Economy," *Resources for the Future* 156 (Winter): 20–23.

Newsweek. (2008) "The United States Doesn't Have Any Oil," *Newsweek* (July 7/14): 44–45.

Nexon, Daniel H. (2009) "The Balance of Power in the Balance," *World Politics* 61: 330–59.

Ng, Rebecca. (2013) "Growing Inter-ASEAN Trade Creates New Opening for Marine Insurance," tradingcharts.com. Accessed June 1, 2013. Available at: http://futures.tradingcharts.com/news/futures/Growing_Inter_ASEAN_Trade_Creates_New_Opening_for_Marine_Insurance_198381908.html.

Nichols, Michelle. (2013) "Syria Death Toll at Least 80,000, Says U.N. General Assembly President," *Reuters* (May 15). Accessed June 3, 2013. Available at: http://in.reuters.com/article/2013/05/15/syria-crisis-un-deaths-idINDEE94E0CJ20130515.

Nicholls, Natsuko H., Paul K. Huth and Benjamin J. Appel. (2010) "When Is Domestic Political Unrest Related to International Conflict? Diversionary Theory and Japanese Foreign Policy, 1890–1941," *International Studies Quarterly* 54: 915–37.

Nichols, John. (2002) "Enron's Global Crusade," *The Nation* (March 4). Available at http://www.thenation.com/doc/20020304/nichols.

Niebuhr, Reinhold. (1947) *Moral Man and Immoral Society.* New York: Scribner's.

9/11 Commission. (2004) *Final Report of the National Commission on Terrorist Attacks upon the United States: The 9/11 Commission Report.* New York: Norton.

Norberg, Johan. (2006) "Three Cheers for Global Capitalism," pp. 52–60 in Robert M. Jackson (ed.), *Global Issues 05/06.* Dubuque, IA: McGraw-Hill/Dushkin.

Norris, Robert S., and Hans M. Kristensen. (2009) "Nuclear Notebook: U.S. Nuclear Forces, 2009." *The Bulletin of the Atomic Scientists.* Available at: http://www.thebulletin.org/files/065002008.pdf.

Nossel, Suzanne. (2004) "Smart Power," *Foreign Affairs* 83 (March/April): 31–142.

Nuclear Energy Institute (NEI). (2013) "U.S. Nuclear Power Plants." Accessed August 10, 2012. Available at: http://www.nei.org/resourcesandstats/nuclear_statistics/U-S-Nuclear-Power-Plants.

Nuclear Threat Initiative (NTI). (2013) "Nuclear Nonproliferation Treaty Meeting Ends with Concerns on Disarmament," *Global Security Newswire* (May 3). Accessed June 17, 2013. Available at: http://www.nti.org/gsn/article/nuclear-treaty-meeting-ends-concerns-disarmament/.

Nye, Joseph S., Jr. (2008) "Soft Power and American Foreign Policy," pp. 29–43 in Eugene R. Wittkopf and James M. McCormick (eds.), *The Domestic Sources of American Foreign Policy.* Lanham, MD.: Rowman and Littlefield.

——— (2007) *Understanding International Conflicts*, 6th ed. New York: Pearson Longman.

——— (2005) *Power in the Global Information Age.* New York: Routledge.

——— (2004a) "America's Soft Learning Curve," pp. 31–34 in *The World in 2004*, London: Economist Newspapers.

——— (2004b) *Soft Power.* New York: Public Affairs.

———— (1990) *Bound to Lead: The Changing Nature of American Power*. New York: Basic Books.

Nygren, Bertil. (2012) "Using the Neo-classical Realism Paradigm to Predict Russian Foreign Policy Behaviour as a Complement to Using Resources," International Politics 49 (July): 517–529.

Oatley, Thomas. (2012) *International Political Economy*, 5th ed. New York: Norton.

O'Brien, Conor Cruise. (1977) "Liberty and Terrorism," *International Security 2* (Fall): 56–67.

Obuah, Emmanuel. (2006) "Combating Global Trafficking in Persons," *International Politics* 43 (April): 241–65.

OECD. (2013a) *OECDiLibrary*. Accessed May 29, 2013. Available at: http://www.oecd-ilibrary.org/development/development-aid-net-official-development-assistance-oda-2012_aid-oda-table-2012-1-en.

———— (2013b) "FDI in Figures," OECD (April). Accessed June 27, 2013. Available at: http://www.oecd.org/daf/inv/FDI%20in%20figures.pdf.

———— (2011) *Development: Aid Increases, but with Worrying Trends*. Paris: Organisation for Economic Co-operation and Development.

———— (2010) "Government Support to Farmers Rises Slightly in OECD Countries." OECD. Available at: http://www.oecd.org/document/34/0,3746,de_34968570_45565602_1_1_1_1,00.html.

———— (2007a) *Trends and Recent Developments in Foreign Direct Investment*. Paris: Organisation for Economic Co-operation and Development.

———— (2005) *Distribution of Aid by Development Assistance Committee (DAC) Members*. Paris: Organization for Economic Cooperation and Development.

Office of the High Commissioner for Human Rights. (2011) "Work Group on Indigenous Populations." Available at: http://www2.ohchr.org/english/issues/indigenous/groups/groups-01.htm.

Office of the Under Secretary of Defense. (2011) "Program Acquisition Costs by Weapon System." Accessed 18, June 2012. Available at: http://comptroller.defense.gov/defbudget/fy2012/FY2012_Weapons.pdf.

Olson, Laicie. (2011) *Analysis of Fiscal Year 2012 Defense Appropriations Bill as Approved by House Appropriations Committee*. The Center for Arms Control and Non-Proliferation (June 15). Available at: http://armscontrolcenter.org/policy/securityspending/articles/FY_2012_House_Defense_Approps_Committee/

Oneal, John R., and Jaroslav Tir. (2006). *International Studies Quarterly* 50 (December): 755–79.

Greenwood Onuf (ed.) *Law-Making in the Global Community*. Durham, NC: Carolina Academic Press.

Opello, Walter C, Jr. and Stephen J. Rosow. (2004) *The Nation-State and Global Order*, 2nd ed. Boulder, CO: Lynne Rienner.

O'Reilly, Kelly. (2013) "A Rogue Doctrine? The Role of Strategic Culture on US Foreign Policy Behavior," *Foreign Policy Analysis* 9: 57–77.

———— (2005) "U.S. Arms Sales and Purchaser's Governments," Occasional Paper, Walker Institute of International Studies. Columbia: University of South Carolina.

O'Reilly, Marc J. and Wesley B. Renfro. (2007) "Evolving Empire," *International Studies Perspectives* 8 (May): 137–51.

O'Rourke, Lindsey. (2009) "V-22 Osprey Tilt-Rotor Aircraft: Background and Issues for Congress," Washington, DC: Congressional Research Service. (July 14).

———— (2008) "The Woman behind the Bomb," *International Herald Tribune* (August 5): Op-Ed.

Ostler, Nicholas. (2003) "A Loss for Words," *Foreign Policy* (November/December): 30–31.

O'Sullivan, John. (2005) "In Defense of Nationalism," *The National Interest* 78 (Winter): 33–40.

Owen, David. (2009) "Comment: Economy vs. Environment," *The New Yorker* (March 30): 21–22.

Owen, John M., IV. (2005) "When Do Ideologies Produce Alliances?" *International Studies Quarterly* 49 (March): 73–99.

Oxfam International. (2011) "Oxfam to IMF: Your Loans Should Not Punish the World's Poorest Citizens." (June 16). Available at: http://www.oxfam.org/en/news/2008/pr080327_IMF_reform.

Pacala, Stephen, and Robert Socolow. (2004) "Stabilization Wedges: Solving the Climate Problem for the Next 50 Years with Current Technologies," *Science* 305 (August): 968–72.

Pakpahan, Beginda. (2013) "Can the WTO Deliver on Its Promise to Find a Breakthrough for Doha Round Talks in Bali?" *Global Policy Journal* (March 21). Accessed July 27, 2013. Available at: http://www.globalpolicyjournal.com/blog/21/03/2013/can-wto-deliver-its-promise-find-breakthrough-doha-round-talks-bali.

Palan, Ronen. "A World of Their Making: An Evaluation of the Constructivist Critique in International Relations," in *Review of International Studies* 26(4): 575–98.

Palmer, Glenn, and T. Clifton Morgan. (2007) "Power Transition, the Two-Good Theory, and Neorealism: A Comparison with Comments on Recent U.S. Foreign Policy," *International Interactions* 33 (July/September): 329–46.

Panagariya, Arvind. (2005) "Agricultural Liberalisation and the Least Developed Countries: Six Fallacies," *The World Economy* 28(9): 1277–1299.

———— (2003) "Think Again: International Trade," *Foreign Policy* (November/December): 20–28.

Pangestu, Mari. (2011) "No Plan B for Completing Doha." *East Asia Forum*. Available at: http://www.eastasiaforum.org/2011/06/01/no-plan-b-for-completing-doha.

Panitch, Leo. (2009) "Thoroughly Modern Marx," *Foreign Policy* (May/June): 140–43.

Papachristou, Harry. (2012) "Factbox: Greek Austerity and Reform Measures," *Reuters* (February 19). Available at: http://www.reuters.com/article/2012/02/19/us-greece-austerity-idUSTRE81I05T20120219.

Pape, Robert A. (2003) "The Strategic Logic of Suicide Terrorism," *The American Political Science Review*, 97.3 (August): 343–361.

Parker, Alice. (2010) "How to Live 100 Years," *Time* (February 22).

Parker, Georg, Guy Dinmore and Alan Beattie. (2009) "Leaders Seek Trade Deal by 2010," *Financial Times* (July 9, 2009). Available at: http://www.ft.com/cms/s/0/f42cf9e2-6c7e-11de-a6e6-00144feabdc0.html?nclick_check51.

Parker, John. (2010) "Another Year, Another Billion," *The Economist: The World in 2011* (December): 28.

Parker, Owen and James Brassett. (2005) "Contingent Borders, Ambiguous Ethics: Migrants in (International) Political Theory," *International Studies Quarterly* 49 (June): 233–53.

Patrick, Stewart. (2011) "The Brutal Truth," in *Foreign Policy* (July/August). Available at: http://www.foreignpolicy.com/articles/2011/06/20/the_brutal_truth.

———— (2010) "Irresponsilbe Stakeholders?: The Difficult of Integrating Rising Powers," *Foreign Affairs* (November/December): 44–53.

Patterson, Eric. (2005) "Just War in the 21st Century: Reconceptualizing Just War Theory after September 11," *International Politics* 42 (March): 116–34.

Paul, T. V., G. John Ikenberry, and John A. Hall (eds.). (2003) *The Nation-State in Question*. Princeton, NJ: Princeton University Press.

Pauly, Louis W. (2005) "The Political Economy of International Financial Crises," pp. 176–203 in John Ravenhill (ed.), *Global Political Economy*. New York: Oxford University Press.

Paust, Jordan J. (2008) *Beyond the Law*. New York: Cambridge University Press.

———— (2007) *Beyond the Law: The Bush Administration's Unlawful Responses in the War on Terror*. New York: Cambridge University Press.

Payne, Richard J. (2007) *Global Issues*. New York: Pearson Longman.

Peirce, Neal R. (2000) "Keep an Eye on 'Citistates' Where Economic Action Is," *International Herald Tribune* (January 11): 8.

———— (1997) "Does the Nation-State Have a Future?" *International Herald Tribune* (April 4): 9.

Peksen, Dursun. (2012) "Does Foreign Military Intervention Help Human Rights?" *Political Research Quarterly* 65 (3): 558–571.

———— (2011) "Economic Sanctions and Human Security: The Public Effect of Economic Sanctions," *Foreign Policy Analysis*, 7(3): 237–251.

Pells, Richard. (2002) "Mass Culture Is Now Exported from All Over to All Over," *International Herald Tribune* (July 12): 9.

Peterson, V. Spike. (2003) *A Critical Rewriting of Global Political Economy: Retrospective, Productive and Virtual Economies*. London: Routledge.

———— and Anne Sisson Runyan. (2010) *Global Gender Issues in the New Millennium*. 3rd ed. Boulder, CO: Westview Press.

———— (2009) *Global Gender Issues in the New Millennium*. 3rd ed. Boulder, CO: Westview Press.

———— (1993) *Global Gender Issues*. Boulder, CO.: Westview Press.

Petras, James. (2004) *The New Development Politics*. Williston, Vt.: Ashgate.

Petras, James and Henry Veltmeyer. (2004) *A System in Crisis: The Dynamics of Free Market Capitalism*. London: Palgrave.

Pfaff, William. (2001a) "Anti-Davos Forum Is Another Sign of a Sea Change," *International Herald Tribune* (July 25): 6.

———— (2001b) "The Question of Hegemony," *Foreign Affairs* 80 (January/February): 50–64.

———— (1999) "A Chronicle of Man's Descent into the Abyss of War." (September 7). Available at: http://articles.chicagotribune.com/1999-09-07/news/9909070157_1_war-crimes-civil-war-civilians.

Pfanner, Eric. (2008) "U.S. Will Trail Emerging Markets in Media Growth, Study Says." *New York Times* (June 18).

Pfetsch, Frank L. (1999) "Globalization: A Threat and a Challenge for the State," paper presented at the European Standing Conference on International Studies, Vienna, September 11–13.

Pham, J. Peter. (2005) "Killing to Make a Killing," *The National Interest* 81 (Fall): 132–37.

Phillips, Nicola (ed.). (2005) *Globalizing Political Economy*. London: Palgrave.

Piasecki, Bruce. (2007) "A Social Responsibility Revolution in the Global Marketplace," *Christian Science Monitor* (August 9): 9.

Piazza, James. (2008) "Incubators of Terror: Do Failed and Failing States Promote Transnational Terrorism?" *International Studies Quarterly* 52 (3).

Pickering, Jeffrey. (2009). "The International Military Intervention Dataset: An Updated Resource for Conflict Scholars" *Journal of Peace Research* 46(4): 589–99.

Pickering, Jeffrey and Mark Peceny. (2006) "Forging Democracy at Gunpoint," *International Studies Quarterly* 50 (September): 539–59.

Pei, Minxin. (2013) "China's Economic Reform: Don't Hold Your Breath," *CNNMoney* (May 28). Accessed June 27, 2013. Available at: http://management.fortune.cnn.com/2013/05/28/china-economy/.

Pogge, Thomas. (2005) "World Poverty and Human Rights," *Ethics & International Affairs* 19 (1): 1–7.

Politi, James and Jonathan Wheatley. (2010) "Tariff Move by Brazil Risks US Trade War," *Financial Times* (March 9). Accessed July 27, 2013. Available at: http://www.ft.com/intl/cms/s/0/c5da3202-2b1a-11df-93d8-00144feabdc0.html#axzz2aN0Zfze8.

Polsky, Andrew. (2010) "Staying the Course: Presidential Leadership, Military Stalemate, and Strategic Inertia." *Perspectives on Politics* 8(1): 127–39.

Porter, Gareth. (1995). "Environmental Security as a National Security Issue," pp. 215–22 in Gearoid O Tauthail, Simon Dalby and Paul Routledge (eds.), *The Geopolitics Reader.* New York, NY: Routledge.

Posen, Barry R. (2004) "The Security Dilemma and Ethnic Conflict," pp. 357–66 in Karen A. Mingst and Jack L. Snyder (eds.), *Essential Readings in World Politics*, 2nd ed. New York: Norton.

Potts, Malcom and Martha Campbell. (2009) "Sex Matters," *Foreign Policy* (July/August): 30–31.

Pouliot, Vincent. (2007) "'Sobjectivism': Toward a Constructivist Methodology," *International Studies Quarterly* 51: 359–84.

Pound, Edward T. and Danielle Knight. (2006) "Cleaning Up the World Bank," *US News & World Report* 140(12): 40–51.

Powell, Colin L. (1995) *My American Journey.* New York: Random House.

Powell, Emilia Justyna and Staton, Jeffrey K. (2009). " Domestic Judicial Institutions and Human Rights Treaty Violation," *International Studies Quarterly.* 53: 149–74.

Powell, Jonathan. (2011) "Global Instances of Coups from 1950 to 2010: A New Dataset." *Journal of Peace Research* 48(2): 249–59.

——— (2004) "United Nations—Much Maligned, but Much Needed," *International Herald Tribune* (February 26): 6.

Powers, Thomas. (1994) "Downwinders: Some Casualties of the Nuclear Age," *Atlantic Monthly* (March): 119–24.

Prakash, Aseem and Matthew Potoski. (2007) "Investing Up," *International Studies Quarterly* 51 (September): 723–44.

——— (2006) "Racing to the Bottom? Globalization, Environmental Governance, and ISO 14001," *American Journal of Political Science* 50 (2): 350–64.

Prempeh, E. Osei Kwadwo, Joseph Mensah, and Senyo B. S. K. Adjibolosoo (eds.). (2005) *Globalization and the Human Factor.* Burlington, Ver.: Ashgate.

Prestowitz, Clyde. (2005) *Three Billion New Capitalists.* New York: Basic Books.

——— (2003) *Rogue Nation: American Unilateralism and the Failure of Good Intentions.* New York: Basic Books/Perseus.

Price, Richard. (2003) "Transnational Civil Society and Advocacy in World Politics," *World Politics* 55 (July): 519–606.

Puchala, Donald J. (2003) *Theory and History in International Relations.* New York: Routledge.

Puchala, Donald, Katie Verlin Laatikainen, and Roger A. Coate. (2007) *United Nations Politics.* Upper Saddle River, NJ: Prentice Hall.

Puddington, Arch. (2010) "Freedom in the World 2010: Erosion of Freedom Intensifies." Washington, DC. Freedom House. Available at http://www.freedomhouse.org/template.cfm?page5130&year52010.

Purlain, Ted. (2013) "HIV/AIDS Deaths Decrease in Sub-Saharan Africa," Vaccine News Daily (January 7). Last accessed November 23, 2013. Available at: http://vaccinenewsdaily.com/medical_countermeasures/325750-african-countries-reduce-new-hiv-infections-among-children-by-50-percent/.

Putnam, Robert D. (1988) "Diplomacy and Domestic Politics: The Logic of Two-Level Games," *International Organization* 42 (Summer): 427–60.

Qing, Koh Gui. (2012) "China Gives Currency More Freedom with New Reform," *Reuters* (April 14). Accessed June 27, 2013. Available at: http://www.reuters.com/article/2012/04/14/us-china-cbank-yuan-band-idUSBRE83D02020120414.

Quester, George H. (1992) "Conventional Deterrence," pp. 31–51 in Gary L. Guertner, Robert Haffa, Jr., and George Quester (eds.), *Conventional Forces and the Future of Deterrence.* Carlisle Barracks, PA: U.S. Army War College.

Quick, Darren. (2013) "Self-Healing 'Artificial Leaf' Produces Energy from Dirty Water," *Gizmag.* (April 10). Accessed July 4, 2013. Available at: http://www.gizmag.com/artificial-leaf-self-healing/27004/.

Quinn, David, Jonathan Wilkenfeld, Kathleen Smarick, and Victor Asal. (2006) "Power Play: Mediation in Symmetric and Asymmetric International Crises," *International Interactions* 32 (December): 441–70.

Quinn, Jane Bryant. (2002) "Iraq: It's the Oil, Stupid," *Newsweek* (September 30): 43.

Quinn, Michael J., T. David Mason, and Mehmet Gurses. (2007) "Sustaining the Peace: Determinants of Civil War Recurrence." *International Interactions* 33 (2): 167–93.

Quirk, Matthew. (2007) "The Mexican Connection," *The Atlantic* (April) 26–27.

Raasch, Chuck. (2009) "Obama Is America's First Global President, Historian Says," *USA Today News: Opinions* (April 7). Available at: http://www.usatoday.com/news/opinion/columnist/ raasch/2009–04–07–newpolitics_N.htm.

Rabkin, Jeremy A. (2005) *Law without Nations? Why Constitutional Government Requires Sovereign States.* Princeton, NJ: Princeton University Press.

Raloff, Janet. (2006) "The Ultimate Crop Insurance," pp. 166–68 in Robert J. Griffiths (ed.), *Global Issues 05/06.* Dubuque, IA: McGraw-Hill/Dushkin.

Ramcharan, Bertrand. (2010) *Preventive Human Rights Strategies.* New York: Routledge.

Ranasinghe, Dhara. (2013) "Consumer Spending Playing a Greater Role in China's Economy," *NBC News* (March 12). Accessed July 27, 2013. Available at: http://www.nbcnews.com/business/consumer-spending-playing-greater-role-chinas-economy-1C8827106.

Rapkin, David, and William R. Thompson, with Jon A. Christopherson. (1989) "Bipolarity and Bipolarization in the Cold War Era," *Journal of Conflict Resolution* 23 (June): 261–95.

Rasler, Karen A. and William R. Thompson. (2006) "Contested Territory, Strategic Rivalries, and Conflict Escalation," *International Studies Quarterly* 50 (March): 145–167.

———— (2005) *Puzzles of the Democratic Peace: Theory, Geopolitics, and the Transformation of World Politics*. London: Palgrave Macmillan.

Rathbun, Brian. (2012) "Politics and Paradigm Preferences: The Implicit Ideology of International Relations Scholars," *International Studies Quarterly* 56: 607–622.

Ravallion, Martin. (2004) "Pessimistic on Poverty?" *Economist* (April 10): 65.

Ravenhill, John. (2008) *Global Political Economy*. New York: Oxford University Press.

———— (2004) *Global Political Economy*. New York: Oxford University Press.

Raymond, Gregory A. (1999) "Necessity in Foreign Policy," *Political Science Quarterly* 113 (Winter): 673–88.

Redfield, Robert. (1962) *Human Nature and the Study of Society*, Vol. 1. Chicago: University of Illinois Press.

Regan, Patrick M., and Aida Paskevicute. (2003) "Women's Access to Politics and Peaceful States," *Journal of Peace Research* 40 (March): 287–302.

Reich, Robert B. (2010) "The Job Picture Still Looks Bleak," *Wall Street Journal* (April 12). Available at: http://online.wsj.com/article/SB10001424052702304222504575173780671015468.html.

———— (2007a) "How Capitalism Is Killing Democracy," *Foreign Policy* (September/October) 39–42.

———— (2007b) *Supercapitalism*. New York: Knopf.

Reid, T. R. (2004) *The United States of Europe: The New Superpower and the End of American Supremacy*. New York: Penguin.

Reimann, Kim D. (2006) "A View from the Top: International Politics, Norms and the Worldwide Growth of NGOs," *International Studies Quarterly* 50: 45–67.

Reinares, Fernando. (2002) "The Empire Rarely Strikes Back," *Foreign Policy* (January/February): 92–94.

Reinhart, Carmen M. and Kenneth S. Rogoff. (2009) *This Time Is Different: Eight Centuries of Financial Folly*. Princeton: NJ: Princeton University Press.

Reiter, Dan. (2009) *How Wars End*. Princeton, NJ: Princeton University Press.

———— (2003) "Exploring the Bargaining Model of War," *Perspectives on Politics* 1 (March): 27–43.

Renshon, Jonathan and Stanley A. Renshon. (2008) "The Theory and Practice of Foreign Policy Decision Making," *Political Psychology* 29: 509–36.

Reuveny, Rafael, and William R. Thompson. (2008) " Observations on the North-South Divide," pp. 1–16 in Rafael Reuveny and William R. Thompson (eds.), *North and South in the World Political Economy*. Malden, MA: Blackwell.

———— (2004) "World Economic Growth, Systemic Leadership and Southern Debt Crises," *Journal of Peace Research* 41 (January): 5–24.

———— (eds.) (2008) *North and South in the World Political Economy*. Malden, Mass.: Blackwell.

Revel, Jean-Francois. (2004) *Anti-Americanism*. San Francisco: Encounter.

Rich, Frank. (2004) "The Corporate-Military Whiz Kids," *International Herald Tribune* (January 24–25): 8.

Ridley, Matt. (2003) *Nature vs. Nurture: Genes, Experiences and What Makes Us Human*. New York: HarperCollins.

Riedel, Bruce. (2007) "Al Qaeda Strikes Back," *Foreign Affairs* 86 (May/June) 24–40.

Rieff, David. (2005) *At the Point of a Gun: Democratic Dreams and Armed Intervention*. New York: Simon & Schuster.

Rifkin, Jeromy. (2004) *The European Dream: How Europe's Vision of the Future Is Quietly Eclipsing the American Dream*. New York: Tarcher.

Riggs, Robert E., and Jack C. Plano. (1994) *The United Nations*, 2nd ed. Belmont, CA: Wadsworth.

Riker, William H. (1962) *The Theory of Political Coalitions*. New Haven, CT.: Yale University Press.

Riley-Smith, Jonathan. (1995) "Religious Warriors," *Economist* (December 23/January 1): 63–67.

Ripsman, Norrin M. (2005) "Two Stages of Transition from a Region of War to a Region of Peace," *International Studies Quarterly* 49 (December): 669–93.

———— and T. V. Paul. (2005) "Globalization and the National Security State," *International Studies Review* (June): 199–227.

Risse-Kappen, Thomas. (1996) "Identity in a Democratic Security Community: The Case of NATO," pp. 357–400 in Peter Katzenstein (ed.), *The Culture of National Security: Norms and Identity in World Politics*. New York, Columbia Press.

Roche, Douglas. (2007) "Our Greatest Threat," pp. 137–140 in Robert M. Jackson, ed., *Global Issues 06/07*. Dubuque, Iowa: McGraw-Hill Contemporary Learning Series.

Rochester, J. Martin. (2006) *Between Peril and Promise: The Politics of International Law*. Washington, DC: CQ Press.

Rodenbeck, Max. (2011) "Volcano of Rage," *The New York Review* (March 24): 4–7.

Rodrik, Dani. (2011) *The Globalization Paradox: Democracy and the Future of the World Economy*. New York: W. W. Norton.

———— (2008) *One Economics, Many Recipes: Globalization, Institutions, and Economic Growth*. Princeton, NJ: Princeton University Press.

Rogers, Simon. (2012) "Drones by Country: Who Has all the UAVs?" *The Guardian* (August 3). Accessed June 17, 2013. Available at: http://www.guardian.co.uk/news/datablog/2012/aug/03/drone-stocks-by-country.

Rogoff, Kenneth. (2003) "The IMF Strikes Back," *Foreign Policy* 134 (January/February): 38–46.

Rosato, Sebastian. (2003) "The Flawed Logic of Democratic Peace Theory." *The American Political Science Review* 97(4): 585–602.

Rose, Gideon. (2005) "The Bush Administration Gets Real," *International Herald Tribune* (August 19): 7.

Rosecrance, Richard. (2005) "Merger and Acquisition," *The National Interest* 80 (Summer): 65–73.

Rosen, Stacey, Shahla Shapouri, and Birgit Meade. (2012) "Global Food Security," *United States Department of Agriculture.* Accessed August 10. Available at: http://www.ers.usda.gov/topics/international-markets-trade/global-food-security.aspx.

Rosenau, James N. (1980) *The Scientific Study of Foreign Policy.* New York: Nichols.

Rosenberg, Justin. (2005) "Globalization Theory: A Post-Mortem," *International Politics* 42 (March): 2–74.

Rosenthal, Elisabeth. (2005) "Global Warming: Adapting to a New Reality," *International Herald Tribune* (September 12): 1, 5.

Rosenthal, Joel H. (2009, July 20) "Leadership as Practical Ethics," *The Essence of Ethics,* retrieved from http://www.carnegiecouncil.org/education/001/ethics/0003.html.

Ross, Dennis. (2007) *Statecraft and How to Restore America's Standing in the World.* New York: Farrar, Straus, and Giroux.

Ross, Michael L. (2004) "What Do We Know about Natural Resources and Civil War?" *Journal of Peace Research* 41 (May): 337–56.

Ross, Philip E. (1997) "The End of Infantry?" *Forbes* (July 7): 182–85.

Rostow, W. W. (1960) *The Stages of Economic Growth.* Cambridge: Cambridge University Press.

Rothkopf, David. (2012). *Power, Inc: The Epic Rivalry between Big Business and Government—and the Reckoning That Lies Ahead.* New York: Farrar, Straus, and Giroux.

——— (2005) *Running the World.* New York: Public Affairs.

Rousseau, Jean Jaques. (1976). *Social Contract.* London: Penguin Books.

Rowe, David M. (2010) "Economic Sanctions and International Security," *The International Studies Encyclopedia.* Denmark: Robert A. Blackwell Publishing, 2010. Blackwell Reference Online. Available at: http://www.isacompendium.com/subscriber/tocnode?id1g9781444336597_chunk_g97814443365977_ss1-4.

Roxburgh, Charles, Susan Lund, and John Piotrowski. (2011). *Mapping Global Capital Markets 2011.* McKinsey Global Institute. Available at: http://www.mckinsey.com/insights/mgi/research/financial_markets/mapping_global_capital_markets_2011.

Rubenstein, Richard E. (2003) "The Psycho-Political Sources of Terrorism," pp. 139–50 in Charles W. Kegley, Jr. (ed.), *The New Global Terrorism.* Upper Saddle River, NJ: Prentice Hall.

Rudolph, Christopher. (2005) "Sovereignty and Territorial Borders in a Global Age," *International Studies Review* 7 (March): 1–20.

Ruggie, John Gerald. (1982) "International Regimes, Transaction, and Change: Embedded Liberalism in the Postwar Economic Order." *International Organization* 36 (2).

Runge, Carlisle Ford and Carlisle Piehl Runge. (2010) "Against the Grain: Why Failing to Complete the Green Revolution Could Bring the Next Famine." *Foreign Affairs* 89(1) (January/February): 8–14.

Russett, Bruce. (2005) "Bushwhacking the Democratic Peace," *International Studies Perspectives* 6 (November): 395–408.

——— (2001a) "How Democracy, Interdependence, and International Organizations Create a System for Peace," pp. 232–42 in Charles W. Kegley, Jr. and Eugene Wittkopf (eds.), *The Global Agenda,* 6th ed. Boston: McGraw-Hill.

Russia Times. (2012) "'It's a trap!'—Russian Leftists Hold Protests against WTO Entry," *Russia Times.* Accessed July 27, 2013. Available at: http://rt.com/politics/leftists-hold-protests-entry-296/.

Rynning, Sten and Jens Ringsmose. (2008) "Why Are Revisionist States Revisionist? Reviving Classical Realism as an Approach to Understanding International Change," *International Politics* 45 (January): 19–39.

Sabastenski, Anna (ed.). (2005) *Patterns of Global Terrorism 1985–2004.* Great Barrington, Mass.: Berkshire.

Sachs, Jeffrey. (2005) *The End of Poverty.* New York: Penguin Press.

Sagan, Carl. (1989) "Understanding Growth Rates: The Secret of the Persian Chessboard," *Parade* (February 14): 14.

——— (1988) "The Common Enemy," *Parade* (February 7): 4–7.

Sageman, Marc. (2008) *Leaderless Jihad: Terror Networks in the Twenty-First Century.* Philadelphia: University of Pennsylvania Press.

——— (2004) *Understanding Terror Networks.* Philadelphia: University of Pennsylvania Press.

Salam, Reihan. (2009) "The Death of Macho," *Foreign Policy* (July/August): 65–71.

Sambanis, Nicholas. (2004) "What Is Civil War?" *Journal of Conflict Resolution* 48 (December): 814–58.

Sambidge, Andy. (2011) "Global Food Prices Rise 36% in Year, World Bank Says: Soaring Costs Partly Driven by Higher Fuel Costs Connected to Middle East Political Unrest," Arabian Business.com. Available at: http://www.arabianbusiness.com/global-food-prices-rise-36-in-year-world-bank-says-393963.html?sms_ss5 twitter&at_xt54da9251570d7fafa,0.

Samin, Amir. (1976) *Unequal Development.* New York: Monthly Review Press.

Samuelson, Robert J. (2012) "Can Globalization Survive 2013?" *The Washington Post* (December 30). Accessed July 27, 2013. Available at: http://articles.washingtonpost.com/2012-12-30/opinions/36071260_1_production-workers-capital-flows-cost-advantage.

——— (2008) "Learning from the Oil Shock." *Newsweek* (June 23): 39.

gust 8): A7.

——— (2006) "This Year Could Mark the End of Pax Americana," Columbia, SC: *The State* (December 19): A9.

Sandler, Todd. (2010) "New Frontiers of Terrorism Research: An Introduction." *Journal of Peace Research* 48: 279–86.

——— (2010) "Terrorism and Policy: Introduction." *Journal of Conflict Resolution.* 54(2): 203–13.

Sandler, Todd and Walter Enders. (2007) "Applying Analytical Methods to Study Terrorism," *International Studies Perspectives* 8 (August): 287–302.

Sands, Phillippe. (2005) *Lawless World: America and the Making and Breaking of Global Rules.* New York: Viking Penguin.

Saner, Raymond. (2012) "Plurilateral Agreements: Key to Solving Impasse of WTO/Doha Round and Basis for Future Trade Agreements within the WTO Context," *CSEND Policy Brief Nr. 7.* Accessed July 27, 2013. Available at: http://www.csend.org/site-1.5/images/files/CSEND_Policy_Brief_Nr_7_Plurilaterals_April_2012_1.pdf.

Sang-Hun, Choe. (2008) "Hundreds Injured in South Korean Beef Protest," *International Herald Tribune* (June 29).

Sanger, David E. (2009b) "Obama's Worst Pakistan Nightmare," *New York Times Magazine* (January 11).

——— (2005) "The New Global Dance Card," *New York Times* (September 18): Section 4, 3.

Sassen,, Saskia. (2008) *Territory, Authority, Rights: From Medieval to Global Assemblages.* Princeton, NJ: Princeton University Press.

Saul, John Ralstom. (2004) "The Collapse of Globalism and the Rebirth of Nationalism," *Harper's* 308 (March): 33–43.

Saunders, Phillip and Scott Kastner. (2009) "Bridge over Troubled Water? Envisioning China-Taiwan Peace Agreement," *International Security* 33 (4): 87–114.

Saurin, Julian. (2000) "Globalization, Poverty, and the Promises of Modernity," pp. 204–29 in Sarah Owen Vandersluis and Paris Yeros (eds.), *Poverty in World Politics.* New York: St. Martin's.

Savage, Charlie. (2011) "Attack Renews Debate over Congressional Consent" *The New York Times* (March 21): A14.

Saxton, Gregory D. (2005) "Repression, Grievances, Mobilization, and Rebellion," *International Interactions* 31 (1): 87–116.

Schelling, Thomas C. (2006) *Strategies of Commitment and Other Essays.* Cambridge, Mass.: Harvard University Press.

——— (1978) *Micromotives and Macrobehavior.* New York: Norton.

Scherer, Michael. (2010) "The New Sheriffs of Wall Street." *Time* (May 13). Available at: http://www.time.com/time/magazine/article/0,9171,1989144,00.html.

——— (1986) *The Cycles of American History.* Boston: Houghton Mifflin.

Schmidt, Blake and Elisabeth Malkin. (2009) "Leftist Wins Salvadoran Election for President" *International Herald Tribune* (March 19): 5.

Schmidt, Eric and Jared Cohen. (2010) "The Digital Disruption: Connectivity and the Diffusion of Power," *Foreign Affairs* (November/December): 75–85.

Schneider, Gerald, Katherine Barbieri, and Nils Petter Gleditsch (eds.). (2003) *Globalization and Armed Conflict.* Lanham, Md.: Rowman & Littlefield.

Schnepf, Randy. (2011) "Brazil's WTO Case against the U.S. Cotton Program," Congressional Research Service (June 21). Accessed July 27, 2013. Available at: http://www.fas.org/sgp/crs/row/RL32571.pdf.

Schraeder, Peter J. (ed.). (2002) *Exporting Democracy.* Boulder, Colo.: Lynne Rienner.

Schroeder, Paul W. (1989) "The Nineteenth-Century System," *Review of International Studies* 15 (April): 135–53.

Schulz, William F. (2001) *In Our Own Best Interest: How Defending Human Rights Benefits Us All.* Boston: Beacon Press.

Schwab, Susan. (2011) "After Doha: Why the Negotiations Are Doomed and What We Should Do About It," *Foreign Affairs* (May/June).

Schwarz, Benjamin. (2005) "Managing China's Rise," *Atlantic Monthly* 295 (June): 27–28.

Schweller, Randall L. (2004) "Unanswered Threats: A Neoclassical Realist Theory of Underbalancing," *International Security* 29 (Fall): 159–201.

——— (1999) "Review of *From Wealth to Power* by Fareed Zakaria," *American Political Science Review* 93 (June 1999): 497–99.

Scowcroft, Brent and Samuel R. Berger. (2005) "In the Wake of War: Getting Serious about Nation-Building," *The National Interest* 81 (Fall): 49–60.

Secor, Laura. (2005) *Sands of Empire.* New York: Simon and Schuster.

Selck, Torsten J. (2004) "On the Dimensionality of European Union Legislative Decision-Making," *Journal of Theoretical Politics* 16 (April): 203–22.

Sen, Amartya. (2006) *Identity and Violence: The Illusion of Destiny.* New York: Norton.

Sending, Ole Jacob and Iver B. Neumann. (2006) "Governance to Governmentality: Analyzing NGOs, States, and Power," *International Studies Quarterly* 50: 651–672.

Sengupta, Somini. (2005) "Hunger for Energy Transforms How India Operates," *New York Times International* (June 5): Section 4, 3.

Senese, Paul D. and John A. Vasquez. (2008) *The Steps to War.* Princeton, N.J.: Princeton University Press.

Serfaty, Simon. (2003) "Europe Enlarged, America Detached?" *Current History* (March): 99–102.

Sezgin, Yüksel. (2005) "Taking a New Look at State-Directed Industrialization," *International Studies Review* 7 (June): 323–325.

Shaffer, Gregory. (2009) "The Future of the WTO," University of Chicago Law School Faculty Blog, February 23, 2009. Available at: http://uchicagolaw.typepad.com/faculty/2009/02/future-of-the-wtorelevance.html.

Shah, Timothy Samuel. (2004) "The Bible and the Ballot Box: Evangelicals and Democracy in the 'Global South,'" *SAIS Review of International Affairs* 24 (Fall): 117–32.

Shambaugh, David. (2013) *China Goes Global: The Partial Power.* Oxford, UK: Oxford University Press.

Shane, Scott. (2005) "The Beast That Feeds on Boxes: Bureaucracy," *New York Times* (April 10): Section 4, 3.

Shaker, Thom, David E. Sanger, and Martin Fackler. (2013) " U.S. Is Bolstering Missile Defense to Deter North Korea," *The New York Times* (March 15). Accessed June 13, 2013. Available at: http://www.nytimes.com/2013/03/16/world/asia/us-to-bolster-missile-defense-against-north-korea.html?pagewanted=all.

Shanker, Thom and Steven Erlanger. (2010) "Blunt U.S. Warning Reveals Deep Strains in NATO," *The New York Times* (June 11): A1.

———— (2009) "Afghanistan Presents NATO a Choice of Fusion or Fracture," *International Herald Tribune* (April 3): 1.

Shannon, Megan. (2009) "Preventing War and Providing the Peace? International Organizations and the Management of Territorial Disputes," *Conflict Management and Peace-Science* 26 (2): 144–63.

Shannon, Thomas Richard. (1989) *An Introduction to the World-System Perspective.* Boulder, CO: Westview.

Shapin, Steven. (2007) "What Else Is New," *The New Yorker* (May 14): 144–48.

Shapiro, Ian. (2008) *Futurecast: How Superpowers, Populations, and Globalization Will Change the Way You Live and Work.* St. Martin's Press, New York.

Sharp, Travis. (2009) "Fiscal Year 2010 Pentagon Defense Spending Request: February 'Topline,'" Center for Arms Control and Non-Proliferation. (February 26). Available at: http://www.armscontrolcenter.org/policy/securityspending/articles/022609_fy10_topline_growth_decade/.

Shearman, Peter. (2013) *Power Transition and International Order in Asia: Issues and Challenges.* New York: Routledge.

Sheffer, Gabriel. (2003) *Diaspora Politics: At Home Abroad.* Cambridge: Cambridge University Press.

Shifrinson, Joshua R Itzkowitz, and Michael Beckley. (2012/2013) "Debating China's Rise and U.S. Decline," *International Security*, 37(3): 172–181.

Shiffman, Gary M. (2006) *Economic Instruments of Security Policy.* Basingstoke, U.K.: Palgrave MacMillan.

Shlapentorkh, Vladmir, Eric Shirae, and Josh Woods (eds.). (2005) *America: Sovereign Defender or Cowboy Nation?* Burlington, VT: Ashgate.

Shreeve, Jamie. (2005) "The Stem-Cell Debate," *New York Times Magazine* (April 10): 42–47.

Shuman, Michael. (2012) "The Jobless Generation," *Time* (April 16). Last accessed November 23, 2013. Available at: http://content.time.com/time/magazine/article/0,9171,2111232,00.html.

Shwayder, Maya and Lisa Mahapatra. (2013) "Drone: Which Countries Have Them for Surveillance and Military Operations?" *International Business Times* (May 18). Accessed June 17, 2013. Available at: http://www.ibtimes.com/drones-which-countries-have-them-surveillance-military-operations-map-1264271.

Siegle, Joseph T, Michael M. Weinstein, and Morton H. Halperin. (2004) "Why Democracies Excel," *Foreign Affairs* 83 (September/October): 57–71.

Sikkink, Kathryn. (2008). "Transnational Politics, International relations Theory and Human Rights," pp. 172–79 in Karen A. Mingst and Jack L. Snyder (eds.), *Essential Readings in World Politics*, 3rd ed. New York: Norton.

Simão, Licínia. (2012). "Do Leaders Still Decide? The Role of Leadership in Russian Foreign Policy," *International Politics* 49: 482–97.

Simmons, Beth A. and Allison Danner. (2010) "Credible Commitments and the International Criminal Court," *International Organization* 64 (2): 225–256.

Simmons, Beth A. and Zachary Elkins. (2004) "The Globalization of Liberalization: Policy Diffusion in the International Political Economy," *American Political Science Review* 98 (February): 171–89.

Simmons, Beth A. and Richard H. Steinberg. (2007) *International Law and International Relations.* New York: Cambridge University Press.

Simon, Herbert A. (1997) *Models of Bounded Rationality.* Cambridge, MA: MIT Press.

Singer, David. (2010) "Migrant Remittances and Exchange Rate Regimes in the Developing World." *American Political Science Review* 104(2) (May): 307–323.

Singer, Hans W. and Javed A. Ansari. (1988) *Rich and Poor Countries*, 4th ed. London: Unwin Hyman.

Singer, J. David. (2000) "The Etiology of Interstate War," pp. 3–21 in John A. Vasquez (ed.), *What Do We Know About War?* Lanham, Md.: Rowman & Littlefield.

———— (1991) "Peace in the Global System," pp. 56–84 in Charles W. Kegley, Jr. (ed.), *The Long Postwar Peace.* New York: HarperCollins.

———— (ed.). (1968) *Quantitative International Politics.* New York: Free Press.

Singer, P. W. (2013) "The Global Swarm," *Foreign Policy* (March 11). Accessed June 13, 2013. Available at: http://www.foreignpolicy.com/articles/2013/03/11/the_global_swarm.

———— (2010) "We, Robot: Is It Dangerous to Let Drones Fight Our Wars for Us?" *Slate* (May). Available at: http://www.slate.com/id/2253692.

———— (2009a) "Robots at War: The New Battlefield," *The Wilson Quarterly* (Winter).

———— (2009b) "Wired for War: The Robotics Revolution and Conflict in the 21st Century". The Penguin Press.

Singer, Peter. (2004) *One World: The Ethics of Globalization*, 2nd ed. New Haven, Conn.: Yale University Press.

SIPRI (Stockholm International Peace Research Institute). (2013) *SIPRI Yearbook*. New York: Oxford University Press.

———— (2012) *SIPRI Yearbook*. New York: Oxford University Press.

———— (2012b) "Trends in International Arms Transfers in 2011" (March, prepared by Paul Holtom, Mark Bromley, Pieter D. Wezeman, and Siemon T. Wezeman).

———— (2012c) "The SIPRI Top 100 Arms-Producing and Military Services Companies, 2010."

———— (2011) *SIPRI Yearbook*. New York: Oxford University Press.

———— (2009) *SIPRI Yearbook*. New York: Oxford University Press.

Sivard, Ruth Leger. (1991) *World Military and Social Expenditures 1991*. Washington, DC: World Priorities.

Siverson, Randolph M. and Julian Emmons. (1991) "Democratic Political Systems and Alliance Choices," *Journal of Conflict Resolution* 35 (June): 285–306.

Sivy, Michael. (2013) "Why Derivatives May be the Biggest Risk for the Global Economy," *Time* (March 27). Accessed June 27, 2013. Available at: http://business.time.com/2013/03/27/why-derivatives-may-be-the-biggest-risk-for-the-global-economy/.

Skeldon, Ronald. (2010) "Managing Migration for Development Is Circular Migration the Answer?" *The Whitehead Journal of Diplomacy and International Relations* 11(1) (Winter/Spring): 21–33.

Skinner, E. Benjamin. (2010) "The New Slave Trade." *Time* (January 18): 54–57.

———— (2008) "A World Enslaved," *Foreign Policy* (March/April): 62–67.

Sklair, Leslie. (1991) *Sociology of the Global System*. Baltimore: Johns Hopkins University Press.

Slackman, Michael. (2008) "Dreams Stifled, Egypt's Young Turn to Islamic Fervor," *The New York Times* (February 17): 1.

Slater, David. (2005) *Geopolitics and the Post-Colonial: Rethinking North-South Relations*. Malden, Mass: Blackwell.

Slaughter, Anne-Marie. (2005) "Help Develop Institutions and Instruments for Military Intervention on Humanitarian Grounds," *Restoring American Leadership:13 Cooperative Steps to Advance Global Progress*. Accessed July 4, 2013. Available at: http://www.princeton.edu/~slaughtr/Articles/Chapter5RALHumanitarian-Intervention_rev2.pdf.

Small, Melvin and J. David Singer. (1982) *Resort to Arms: International and Civil Wars, 1816–1980*. Beverly Hills, CA: Sage.

Smith, Adam. (1904) "An Inquiry into the Nature and Causes of the Wealth of Nations." Edwin Cannan, ed. *Library of Economics and Liberty*. Available at: http://www.econlib.org/library/Smith/smWN.html.

Smith, Jackie and Timothy Patrick Moran. (2001) "WTO 101: Myths about the World Trade Organization," pp. 68–71 in Robert J. Griffiths (ed.), *Developing World 01/02*. Guilford, CT: Dushkin/McGraw-Hill.

Smith, Michael J. (2000) "Humanitarian Intervention Revisited," *Harvard International Review* 22 (April): 72–75.

Smith, Roger W. (2010) "Review of *Genocide: A Normative Account - by Larry May*," *Ethics & International Affairs* 24(4) (Winter): 433–435.

Smith, Steve and Patricia Owens. (2005) "Alternative Approaches to International Theory," pp. 271–93 in John Baylis and Steve Smith (eds.), *The Globalization of World Politics*, 3rd ed. New York: Oxford University Press.

Smith, Tony. (2007) *Pact with the Devil: Washington's Bid for World Supremacy and the Betrayal of the American Promise*. New York: Routledge.

Smith-Cannoy, Heather. (2012) *Insincere Commitments: Human Rights Treaties, Abusive States, and Citizen Activism*. Washington, DC: Georgetown University Press.

Snyder, David Pearce. (2006) "Five Meta-Trends Changing the World," pp. 13–17 in Robert M. Jackson (ed.), *Global Issues 05/06*. Dubuque, IA: McGraw-Hill/Dushkin.

Snyder, Glenn H. (1991) "Alliance Threats: A Neorealist First Cut," pp. 83–103 in Robert L. Rothstein (ed.), *The Evolution of Theory in International Relations*. Columbia: University of South Carolina Press.

Snyder, Jack. (2005) "A Perfect Peace," *The Washington Post National Review Weekly Edition* (January 10): 33.

———— (2004) "One World, Rival Theories," *Foreign Policy* (November/December): 53–62.

Sobek, David. (2005) "Machiavelli's Legacy: Domestic Politics and International Conflict," *International Studies Quarterly* 49 (June): 179–204.

Sofaer, Abraham. (2010) "The Best Defense?: Preventive Force and International Security." *Foreign Affairs* 89(1) (January/February): 109–118.

Somavia, Juan. (2004) "For Too Many, Globalization Isn't Working," *International Herald Tribune* (February 27): 6.

Sorensen, Theodore C. (1963) *Decision Making in the White House*. New York: Columbia University Press.

Soros, George. (2003) *The Bubble of American Supremacy: Correcting the Misuse of American Power*. New York: Public Affairs.

Spar, Debora. (1999) "Foreign Investment and Human Rights." *Challenge* 42(1): 55–80.

Sperandei, Maria. (2006) "Bridging Deterrents and Compellence," *International Studies Review* 8 (June): 253–280.

Spiegel, Peter. (2013) "Hostility to the EU deepens," *Financial Times* (January 16). Accessed June 3, 2013. Available at: http://www.ft.com/intl/cms/s/0/d585cdaa-5fca-11e2-8d8d-00144feab49a.html#axzz2VB01jBjR.

Sprout, Harold and Margaret Sprout. (1965) *The Ecological Perspective on Human Affairs*. Princeton, NJ: Princeton University Press.

Spykman, Nicholas. (1944) *The Geography of Peace*. New York: Harcourt Brace.

Stark, Sam. (2007) "Flaming Bitumen: Romancing the Algerian War," *Harper's* (February): 92–98.

Starr, Harvey. (2006) "International Borders," *SAIS Review* 26 (Winter/Spring): 3–10.

———— and Benjamin Most. (1978) "A Return Journey: Richardson, 'Frontiers' and Wars in the 1945–1965 Era," *Journal of Conflict Resolution* 22 (September): 441–67.

Steans, Jill. (2006) *Gender and International Relations*. Cambridge, UK: Polity.

Steele, Brent J. (2007) "Liberal-Idealism: A Constructivist Critique," *International Studies Review* 9 (Spring): 23–52.

Stefan Halper (2010) *The Beijing Consensus: How China's Authoritarian Model Will Dominate the Twenty-First Century*. New York: Basic Books.

Steil, Benn and Manuel Hinds. (2009) *Money, Markets, and Sovereignty*. New Haven: Yale University Press.

Steinberg, Richard. (2009) "The Future of the WTO," University of Chicago Law School Faculty Blog, February 23. Available at: http://uchicagolaw.typepad.com/ faculty/2009/02/future-of-the-wtorelevance.html.

Stephenson, Carolyn M. (2000) "NGOs and the Principal Organs of the United Nations," pp. 270–94 in Paul Taylor and R. J. Groom (eds.), *The United Nations at the Millennium*. London: Continuum.

Stephenson, Max and Laura Zanotti. (2012) *Peacebuilding Through Community-Based NGOs: Paradoxes and Possibilities*. Boulder, CO: Kumarian Press.

Stewart, Devin T., Nikolas K. Gvosdev, and David A. Andelman. (2008) "Roundtable: The Nation-State" Carnegie Council, August 29. Available at: http://www.carnegiecouncil.org/resources/ethics_online/0024.html/:pf_printable.

Stiglitz, Joseph (2011) "The IMF Cannot Afford to Make a Mistake with Strauss-Kahn's Successor," *The Telegraph (UK)* (May 21).

———— (2006) *Making Globalization Work*. New York: Norton.

———— (2003) *Globalization and Its Discontents*. New York: Norton.

Stiglitz, Joseph and Andrew Charlton. (2006) *Fair Trade for All: How Trade Can Promote Development*. New York: Oxford University Press.

Stiles, Kendall. (2005) "The Ambivalent Hegemon: Explaining the 'Lost Decade' in Multilateral Trade Talks, 1948–1958," *Review of International Political Economy* 2 (1): 1–26.

Stohl, Rachel. (2005) "Fighting the Illicit Trafficking of Small Arms," *SAIS Review* 25 (Winter/Spring): 59–68.

Stokes, Doug. (2013) "Achilles' Deal: Dollar Decline and US Grand Strategy after the Crisis," *Review of International Political Economy* (May 8). Accessed June 27, 2013. Available at: http://www.tandfonline.com/doi/abs/10.1080/09692290.2013.779592#.UcyERD54awF.

Stopford, John. (2001) "Multinational Corporations," pp. 72–77 in Robert J. Griffiths (ed.), *Developing World 01/02*. Guilford, CT: Dushkin/McGraw-Hill.

Story, Louise, Landon Thomas Jr., and Nelson Schwartz. (2010) "Wall St. Helped to Mask Debt Fueling Europe's Crisis." *New York Times* (February 13). Available at: http://www.nytimes.com/2010/02/14/business/global/14debt.ntml?pagewanted5all.

Strang, David. (1991) "Global Patterns of Decolonization, 1500–1987," *International Studies Quarterly* 35 (December): 429–545.

Streeten, Paul. (2001) "Human Development Index," pp. 367–68 in Joel Krieger (ed.), *The Oxford Companion to Politics of the World*, 2nd ed. New York: Oxford University Press.

Stross, Randall E. (2002) "The McPeace Dividend," *U.S. News & World Report* (April 1): 36.

Struett, Michael J. 2012. "Why the International Criminal Court Must *Pretend* to Ignore Politics," *Ethics and International Affairs* 26(1): 83–92.

Stuckler, David and Sanjay Basu. (2013) "How Austerity Kills," *The New York Times* (May 12). Accessed June 27, 2013. Available at: http://www.nytimes.com/2013/05/13/opinion/how-austerity-kills.html?pagewanted=all&_r=0.

Suddath, Claire. (2009). "U.S.-Cuba Relations." Time. Accessed on November 22, 2013. Available at: http://content.time.com/time/nation/article/0,8599,1891359,00.html.

Suganami, Hidemi. (1983) "A Normative Enquiry in International Relations," *Review of International Studies* 9: 35–54.

Summers, Lawrence H. (2006) "America Overdrawn," pp. 25–27 in Helen E. Purkitt (ed.), *World Politics 05/06*. Dubuque, IA: McGraw-Hill/Dushkin.

Suominen, Kati. (2013) "RTA Exchange: Resuming WTO's Leadership in a World of Regional Trade Agreements," *International Development Bank* (June). Accessed July 27, 2013. Available at: http://e15initiative.org/wp-content/uploads/2013/06/E15_RTA_Suominen.pdf.

Surowiecki, James. (2007) "The Myth of Inevitable Progress," *Foreign Affairs* 86 (July/August): 132–39.

Sutherland, Peter. (2008) "Transforming Nations: How the WTO Boosts Economies and Opens Societies," *Foreign Affairs* 87 (March): 125–36.

Sylvester, Christine. (2002) *Feminist International Relations*. New York: Cambridge University Press.

Talbott, Strobe, and Nayan Chanda (eds.). (2002) *The Age of Terror*. New York: Basic Books.

Taliaferro, Jeffrey, S. E. Lobell, and N. M. Ripsman. (2009) *Neo-Classical Realism, the State, and Foreign Policy*. Cambridge, UK: Cambridge University Press.

Talmadge, Eric. (2010) "US-Japan Security Pact Turns 50, Faces New Strains," Associated Press (June 22).

Tan, Sor-hoon (ed.). (2005) *Challenging Citizenship: Group Membership and Cultural Identity in a Global Age*. Burlington, VT: Ashgate.

Tarrow, Sidney. (2006) *The New Transnational Activism*. New York: Cambridge University Press.

Tayler, Jeffrey. (2009) "'What Crisis?' Why Europe's Poorest Country Is a Paragon of Financial Stability," *The Atlantic* 304 (1): 28–30.

Taylor, Guy. (2013) "Secretary of State John Kerry Outlines Vision for 'Pacific Dream' Asia," *The Washington Times* (April 15). Accessed May 18, 2013. Available at: http://www.washingtontimes.com.

Tellis, Ashley J. (2005) "A Grand Chessboard," *Foreign Policy* (January/February): 51–54.

Terlinden, Claire and Louise Hilditch. (2003) *Towards Effective Partnership: Untie Aid*. Brussels: Action Aid Alliance.

Teslik, Lee Hudson. (2008) "Council for Foreign Relations Backgrounder: Food Prices," Available at: http://www.cfr.org/publication/16662/price_of_food.html? breadcrumb 5%2 Findex.

Tessman, Brock, and Steve Chan. (2004) "Power Cycles, Risk Propensity and Great Power Deterrence," *Journal of Conflict Resolution* 48 (April): 131–53.

Tetlock, Philip. (2006) *Expert Political Judgment*. Princeton, NJ: Princeton University Press.

Thachuk, Kimberley. (2005) "Corruption and International Security," *SAIS Review* 25 (Winter/Spring): 143–52.

Thakur, Ramesh and Thomas G. Weiss. (2009) "United Nations 'Policy': An Argument with Three Illustrations," *International Studies Perspectives* 10: 18–35.

———— (eds.) (2009) *The United Nations and Global Governance: An Unfinished Journey*. Bloomington: Indiana University Press.

Than, Ker. (2012) "'Shocking' Greenland Ice Melt: Global Warming or Just Heat Wave?" *National Geographic* (July 25). Accessed August 10. Available at: http://news.nationalgeographic.com/news/2012/07/120725-greenland-ice-sheet-melt-satellites-nasa-space-science/.

Thant, U. (1978) *View from the UN*. New York: Doubleday.

The Center for Arms Control and Non-Proliferation. (2013) "Fact Sheet: Global Nuclear Weapons Inventories in 2013." Accessed June 12, 2013. Available at: http://armscontrolcenter.org/issues/nuclearweapons/articles/fact_sheet_global_nuclear_weapons_inventories_in_2012/.

The Hunger Project. (2009) "Bolivia." Available at: http://www.thp.org/where_we_work/latin_america/bolivia?gclid5CP2K7cvIxpwCFVhJ2godk22zKg.

The Institute for Economics and Peace. (2013) *Global Peace Index: 2013* Accessed July 31, 2013. Available at: http://www.visionofhumanity.org/pdf/gpi/2013_Global_Peace_Index_Report.pdf.

Themnér, Lotta and Peter Wallensteen. (2013) "Armed Conflicts, 1946–2012," Journal of Peace Research, 50: 509–521.

Thomas, Ward. (2005) "The New Age of Assassination," *SAIS Review* 25 (Winter/Spring): 27–39.

Thompson, Mark. (2011) "Air Boss: From Her Base in Germany, Major General Maggie Woodward Ruled the Skies over Libya. It was another First for Women in Combat," *Time* (April 18): 37–39.

———— (2007) "Flying Shame," *Time* (October 8): 34–41.

Thomson, James W. (2011) "How the Mighty Are Falling," *USA Today* (March): 14–18.

Thrall, Trevor and Jane Cramer, (eds.) (2009) *American Foreign Policy and the Politics of Fear: Threat Inflation since 9/11*. New York: Routledge.

Thurow, Lester C. (1999) *Building Wealth*. New York: HarperCollins.

———— (1998) "The American Economy in the Next Century," *Harvard International Review* 20 (Winter): 54–59.

Thyne, Clayton L. (2007) *Cheap Signals, Costly Consequences: How International Relations Affect Civil Wars*. Ph.D. Diss., University of Iowa.

———— (2006) "Cheap Signals with Costly Consequences: The Effect of Interstate Relations on Civil War," *Journal of Conflict Resolution* 50 (December): 937–61.

Tickner, J. Ann. (2013) "Men, Women, and War," in *Conflict After the Cold War: Arguments on Causes of War and Peace*. Boston, MA: Pearson. 280–293.

———— (2010) "Searching for the Princess?" pp. 36–41 in Russell Bova (ed.), *Readings on How the World Works*. New York: Pearson.

———— (2005) "What Is Your Research Program? Some Feminist Answers to International Relations Methodological Questions," *International Studies Quarterly* 49 (March): 1–21.

———— (2002) *Gendering World Politics*. New York: Columbia University Press.

———— (1997) "You Just Don't Understand: Troubled Engagements between Feminists and IR Theorists," *International Studies Quarterly* 41 (1997): 611–32.

———— and Laura Sjoberg. (2006) "Feminism," in Tim Dunne, Milya Kurki, and Steve Smith, (eds.) *Theories of International Relations: Discipline and Diversity*. Oxford: Oxford University Press, pp 185–202.

Tiessen, Rebecca. (2010) "Global Actors in Transnational and Virtual Spaces." *International Studies Review* 12: 301–4.

Tilford, Earl H., Jr. (1995) *The Revolution in Military Affairs*. Carlisle Barracks, PA: U.S. Army War College.

Tilly, Charles. (2003) *The Politics of Collective Violence*. Cambridge: Cambridge University Press.

Timmerman, Kenneth. (1991) *The Death Lobby: How the West Armed Iraq*. Boston: Houghton Mifflin.

Tocqueville, Alexis de. (1969 [1835]) *Democracy in America*. New York: Doubleday.

Todd, Emmanuel. (2003) *After the Empire: The Breakdown of the American Order*. Translated by C. Jon Delogu. New York: Columbia University Press.

Toft, Monica Duffy. (2007) "Population Shifts and Civil War: A Test of Power Transition Theory," *International Interactions* 33 (July/September): 243–69.

Toner, Robin. (2002) "FBI Agent Gives Her Blunt Assessment," Columbia, SC, *The State* (June 7): A5.

Tonkiss, Fran. (2012) "Economic Globalization," *Wiley-Blackwell Encyclopedia of Globalization* (February 29). DOI: 10.1002/9780470670590.wbeog163.

Townsend-Bell, Erica. (2007) "Identities Matter: Identity Politics, Coalition Possibilities, and Feminist Organizing," *Iowa Research Online* (May 1). Accessed June 3, 2013. Available at: http://ir.uiowa.edu/cgi/viewcontent.cgi?article=1008&context=polisci_pubs.

Toynbee, Arnold J. (1954) *A Study of History.* London: Oxford University Press.

Trading Economics (2013) "Greece Government Spending," Tradingeconomic.com. Accessed June 27, 2013. Available at: http://www.tradingeconomics.com/greece/government-spending.

Transparency International. (2013) "Corruption Perceptions Index 2012," Transparency International. Accessed May 29, 2013. Available at: http://www.transparency.org/cpi2012/results.

Traub, James. (2005) "The New Hard-Soft Power," *New York Times Magazine* (January 30): 28–29.

Traynor, Ian and John Hooper. (2011) "France and Italy in Call to Close UE Borders in Wake of Arab Protests: Sarkozy and Berlusconi Want Passport-Free Travel within the EU Suspended as North African Migrants Flee North," *The Guardian* (April 27). Available at: http://www.guardian.co.uk/world/2011/apr/26/eu-borders-arab-protests.

Trumbull, Mark and Andrew Downie. (2007) "Great Global Shift to Service Jobs," *The Christian Science Monitor* (September): 1, 10.

Tuchman, Barbara W. (1984) *The March of Folly.* New York: Ballantine.

——— (1962) *The Guns of August.* New York: Dell.

Tures, John A. (2005) "Operation Exporting Freedom," *The Whitehead Journal of Diplomacy and International Relations* 6 (Winter/Spring): 97–111.

UC Atlas of Global Inequality. Created by Ben Crow and Suresh Lodha. (2008) University of California Press. Accessed August 5, 2013. Available at: http://www.ucatlas.ucsc.edu.

UIA (Union of International Associations). (2012/2013) *Yearbook of International Organizations.* Munich: K.G. Saur.

UNAIDS. (2013) "Data and analysis," *United Nations.* Accessed June 22, 2013. Available at: http://www.unaids.org/en/dataanalysis/.

——— (2010) "Global Report." Available at: http://www.unaids.org/globalreport/documents/20101123_ GlobalReport_full_en.pdf.

UNCTAD. (2013) *World Investment Report.* New York: United Nations.

Underhill, Geoffrey R. D. and Xiakoe *Zhang* (eds.). (2003) *International Financial Governance under Stress: Global Structures versus National Imperatives.* Cambridge: Cambridge University Press.

UNDESA. (2013) "DESA News," UNDESA. Accessed June 24, 2013. Available at: http://www.un.org/en/development/desa/newsletter/desanews/2013/05/index.html.

——— (2012) "World Urbanization Prospects, the 2011 Revision," *United Nations.* Accessed June 22, 2013. Available at: http://www.un.org/en/development/desa/publications/world-urbanization-prospects-the-2011-revision.html.

UNDP (United Nations Development Programme). (2013) *Human Development Report 2013.* New York: United Nations.

——— (2011) *Human Development Report 2011.* New York: United Nations.

UNESCO. (2013) UNESCO Institute for Statistics. Accessed May 29, 2013. Available at: http://stats.uis.unesco.org/unesco/ReportFolders/ReportFolders.aspx?IF_ActivePath=P,54&IF_Language=eng.

——— (2010) *UNESCO Science Report 2010: The Current Status of Science around the World.* Paris, France: UNESCO.

Ungerer, Jameson Lee. (2012) "Assessing the Progress of the Democratic Peace Research Program," *International Studies Review* (14) (March): 1–31.

UNHCR. (2013) *Global Appeal 2013 Update.* Geneva: UN High Commissioner for Refugees.

——— (2011) *2010 Global Trends.* Geneva: UN High Commissioner for Refugees.

——— (2009) *2008 Global Trends: Refugees, Asylum-seekers, Returnees, Internally Displaced and Stateless Persons.* Geneva: UN High Commissioner for Refugees.

UNIFEM (UN Women). (2013) "Democratic Governance," *UN Women.* Accessed June 24, 2013. Available at: http://www.unifem.org/gender_issues/democratic_governance/.

——— (2012) "Democratic Governance." Accessed August 8, 2012. Available at: http://www.unifem.org/gender_issues/democratic_governance.

UN (United Nations). (2013) "Scale of assessments to the apportionment of the expenses of the United Nations." Accessed June 3, 2013. Available at: http://www.un.org/ga/search/view_doc.asp?symbol=A/67/693.

——— (2012) "Security Council Fails to Adopt Resolution on Syria," *UN News Centre.* Accessed June 3, 2013. Available at: http://www.un.org/apps/news/story.asp?NewsID=42513#.UazORWR4ZMN.

——— (2012) "Improving the Financial Situation of the United Nations." Available at: http://www.un.org/ga/search/view_doc.asp?symbol=A/66/521/Add.1.

United Nations. (2013a) "Cyberschoolbus," *United Nations.* Accessed June 24, 2013. Available at: http://www.un.org/cyberschoolbus/briefing/soldiers/.

——— (2013b) *Annual Report of the Secretary-General on Children and Armed Conflict.* Accessed June 24, 2013.

Available at: http://childrenandarmedconflict.un.org/annual-report-of-the-secretary-general-on-children-and-armed-conflict/.

———— (2011) "Welcome to the United Nations: It's Your World." Available at: http://un-regionaloffice.org/.

———— (2004) *A More Secure World: Out Shared Responsibility.* United Nations Foundation. Available at: http://www.un.org/secureworld/report2.pdf.

United Nations Department of Economic and Social Affairs. (2009) "World Population Age 80 or Older." Appeared in *Time Health* (February 22, 2010).

United Nations Department of Peacekeeping Operations. (2010) *Fact Sheet: United Nations Peacekeeping* (March). New York: United Nations.

United Nations Environment Programme (UNEP). "Status of Ratification." Available at: http://ozone.unep.org/new_site/en/treaty_ratification_status.php.

UN Office on Drugs and Crime. (2010) "Executive Summary." Available at: http://www.unodc.org/documents/data-and-analysis/tocta/Executive_summary.pdf.

———— (2010) *The Globalization of Crime: A Transnational Organized Crime Threat Assessment.* Vienna: UN Office on Drugs and Crime.

United Nations Peace Operations. (2013) "United Nations Peacekeeping Operations." Accessed August 5, 2013. Available at: http://www.un.org/en/peacekeeping

UNICEF. (2009) *The State of the World's Children 2009.* Available at http://www.unicef.org/sowc09/.

UNIFEM. (2010) "Democratic Governance." Available at http://www.unifem.org/gender_issues/democratic_governance/.

———— (2009) *Who Answers to Women? Gender and Accountability.* Available at: http://www.unifem.org/progress/2008/media/POWW08_Report_Full_Text.pdf.

UNODC. (2010) "The Globalization of Crime: A Transnational Organized Crime Threat Assessment." Available at: http://www.unodc.org/documents/data-and-analysis/tocta/TOCTA_Report_2010_low_res.pdf

Urdal, Henrik. (2011) "A Clash of Generations? Youth Bulges and Political Violence," *United Nations Expert Group Meeting on Adolescents, Youth and Development.* Accessed June 6, 2013. Available at: http://www.un.org/esa/population/meetings/egm-adolescents/p10_urdal.pdf.

Urquhart, Brian. (2010) "Finding the Hidden UN." *The New York Review* (May 27): 26–28.

U.S. Agency for International Development. (2004). *Trafficking in Persons: USAIDs Reponse* [On-line]. Available at: http://www.usaid.gov/our_work/cross-cutting_programs/wid/pubs/trafficking_in_person_usaids_response_march2004.pdf. Accessed August 24, 2009.

U.S. Department of Treasury. (2013a) "U.S. Gross External Debt." Accessed June 27, 2013. Available at: http://www.treasury.gov/resource-center/data-chart-center/tic/Pages/external-debt.aspx.

———— (2013b) "Major Foreign Holders of Treasury Securities." Accessed June 27, 2013. Available at: http://www.treasury.gov/resource-center/data-chart-center/tic/Documents/mfh.txt.

———— (2012) "Major Foreign Holders of Treasury Securities." Available at: http://www.treasury.gov/resource-center/data-chart-center/tic/Documents/mfh.txt.

———— (2010) "Gross External Dept Position." Available at http://www.ustreas.gov/tic/debta310.html.

———— (2009) "Major Holders of Treasury Securities," Available at: http://www.treas.gov/tic/mfh.txt.

U.S. Energy Information Administration. (2013) "How Dependent Are We on Foreign Oil?" *USEIA* (May 10). Accessed June 25, 2013. Available at: http://www.eia.gov/energy_in_brief/article/foreign_oil_dependence.cfm.

U.S. National Counterterrorism Center (NCTC). (2011) *2010 NCTC Report on Terrorism.* Washington, DC: National Counterterrorism Center.

Valentino, Benjamin. (2004) *Final Solutions: Mass Killing and Genocide in the Twentieth Century.* Ithaca, NY Cornell University Press.

Vandersluis, Sarah Owen, and Paris Yeros. (2000a) "Ethics and Poverty in a Global Era," pp. 1–31 in Sarah Owen Vandersluis and Paris Yeros (eds.), *Poverty in World Politics.* New York: St. Martin's.

Van der Ploeg, Frederick and Dominic Rohner. (2012) "War and Natural Resourc Exploitation," *European Economic Review* 56 (8): 1714–1729.

Van Evera, Stephen. (1994) "Hypotheses on Nationalism and War," *International Security* 18 (Spring): 5–39.

———— (1990–91) "Primed for Peace," *International Security* 15 (Winter): 6–56.

Van Riper, Tom. (2009) "The World's Largest Malls," *Forbes* (January 15).

Vasquez, John A. (2009) *War Puzzle Revisited.* Cambridge, UK: Cambridge University Press.

———— (1997) "The Realist Paradigm and Degenerative versus Progressive Research Programs," *American Political Science Review* 91 (December): 899–912.

———— and Marie Henehan. (2010) *Territory, War and Peace.* London: Routledge.

Verba, Sidney. (1969) "Assumptions of Rationality and Nonrationality in Models of the International System," pp. 217–31 in James N. Rosenau (ed.), *International Politics and Foreign Policy.* New York: Free Press.

Verwimp, Philip, Patricia Justino, and Tilman Bruck. (2009) "The Analysis of Conflict: A Micro-Level Perspective," *Journal of Peace Research* 46 (3): 307–314.

Victor, David G., M. Granger Morgan, Fay Apt, John Steinbruner, and Katharine Ricke. (2009). "The Geoengineering Option: A Last Resort against Global Warming," *Foreign Affairs* 88 (March/April): 64–76.

Vidal, Gore. (2004). *Imperial America.* New York: Nation Books.

Vietnamnet. (2012) "Rising Salaries, Amending Law to Reduce Strikes," Vietnamnet.com (January 5). Accessed June 20, 2012. Available at: http://english.vietnamnet.vn/en/special-report/20273/raising-salaries--amending-law-to-reduce-strikes.html.

Vital Signs 2006–2007. New York: Norton, for the Worldwatch Institute.

Voeten, Erik. (2004) "Resisting the Lonely Superpower: Responses of States in the United Nations to U.S. Dominance," *Journal of Politics* 66 (August): 729–54.

Vogel, David. (1995) *Trading Up: Consumer and Environment Regulation in a Global Economy.* Cambridge, MA: Harvard University Press.

Von Drehle, David. (2011) "Don't Bet against the United States." *Time* (March 3).

Vreeland, James Raymond. (2003) *The IMF and Economic Development.* Cambridge: Cambridge University Press.

Wagner, R. Harrison. (2007) *War And The State.* Ann Arbor: Pluto Books, University of Michigan Press.

Walker, Richard. (2010) "Hello Country Number 193: Introducing South Sudan," *The Economist: The World in 2011* (November 22): 82.

Walker, Stephen, Akan Malici, and Mark Schafer. (2011) *Rethinking Foreign Policy Analysis: States, Leaders, and the Microfoundations of Behavioral International Relations.* New York: Routledge.

Wall, Timothy. (2013) "The Economics of Declining Birth Rates," *Futurity* (April 30). Accessed June 19, 2013. Available at: http://www.futurity.org/society-culture/the-economics-of-declining-birth-rates/.

Wallace, Brian. (1978) "True Grit South of the Border," *Osceola* (January 13): 15–16.

Wallerstein, Immanuel. (2005) *World-Systems Analysis.* Durham, N.C.: Duke University Press.

———— (2002) "The Eagle Has Crash Landed," *Foreign Policy* (July/August): 60–68.

———— (1988) *The Modern World-System III.* San Diego: Academic Press.

Walsh, Bryan. (2010) "The Spreading Stain." *Time* (June 21): 51–59.

———— (2006) "The Impact of Asia's Giants," *Time* (April 3): 61–62.

Walt, Stephen M. (2009) "Alliances in a Unipolar World," World Politics 61: 86–120.

———— (2005) *Taming American Power.* New York: Norton.

———— (1998) "International Relations: One World, Many Theories," *Foreign Policy* 110 (Spring): 29-32 + 34-46.

Walter, Barbara F. (2004) "Does Conflict Beget Conflict?" *Journal of Peace Research* 41 (May): 371–88.

Waltz, Kenneth N. (2013) "The Origins of War in Neorealist Theory," *Conflict after the Cold War: Arguments on Causes of War and Peace,* 4th edition. Richard K. Betts, ed. Boston, MA: Pearson. pp. 100–106.

———— (2000) "Structural Realism after the Cold War," *International Security* 25 (Summer): 5–41.

———— (1979) *Theory of International Politics.* Reading, MA: Addison-Wesley.

Walzer, Michael. (2004) *Arguing About War.* New Haven, CT: Yale University Press.

WANGO. (2009) "Worldwide NGO Directory." World Association of Non-Governmental Organizations: New York. Accessed June 8, 2009. Available at http://www.wango.org/resources.aspx?section5ngodir.

Ward, Andrew. (2011) "Finnish Poll Turns on Anti-Euro Feeling." Financial Times (16 April). Available at: http://www.ft.com/intl/cms/s/0/aeed63d4-68d6-11e0-9040-00144fe-ab49a.html#axzz1dvjxCoHr.

Warner, Bernard. (2008) "A Muddy Victory for Downloaders," *Times Online* (January 30).

Waterfield, Bruno. (2011) "Britain and EU Increase Aid to Ethiopia While Ignoring Human Rights Warnings," *The Telegraph* (August 4). Available at: http://www.telegraph. co.uk/news/worldnews/africaandindianocean/ethiopia/8681975/Britain-and-EU-increase-aid-to-Ethiopia-while-ignoring-human-rights--warnings.html.

Watson, Douglas. (1997) "Indigenous Peoples and the Global Economy," *Current History* 96 (November): 389–91.

Watson, Fiona. (2013) "Brazil's Treatment of Its Indigenous People Violates Their Rights," *The Guardian* (May 29). Accessed June 3, 2013. Available at: http://www.guardian.co.uk/commentisfree/2013/may/29/brazil-indigenous-people-violates-rights.

Wattenberg, Ben J. (2005) *Fewer: How the Demography of Depopulation Will Shape Our Future.* Chicago: Ivan R. Dee.

WDI. (2013) *World Development Indicators 2013.* Washington, DC: World Bank.

———— (2012) *World Development Indicators 2012.* Washington, DC: World Bank.

———— (2011) *World Development Indicators 2011.* Washington, DC: World Bank.

———— (2010) *World Development Indicators 2010.* Washington, DC: World Bank.

———— (2007) *World Development Indicators 2007.* Washington, DC: World Bank.

Weber, Cynthia. (2005) *International Relations Theory*, 2nd ed. New York: Routledge.

Weidenbaum, Murray. (2009) "Who Will Guard the Guardians? The Social Responsibility of NGOs," *Journal of Business Ethics* 87: 147–55.

———— (2004) "Surveying the Global Marketplace," *USA Today* (January): 26–27.

Weiner, Tim. (2005) "Robot Warriors Becoming Reality," Columbia, S.C., *The State* (February 18): A17.

Weir, Kimberly A. (2007) "The State Sovereignty Battle in Seattle," *International Politics* 44 (September): 596–622.

Weisbrot, Mark. (2005) "The IMF Has Lost Its Influence," *International Herald Tribune* (September 23): 7.

Weiss, Thomas, Richard Jolly, Louis Emmerij. (2009) *UN Ideas That Changed the World*. Bloomington, IN: Indiana University Press.

Weitsman, Patricia A. (2004) *Dangerous Alliances: Proponents of Peace, Weapons of War*. Stanford, CA: Stanford University Press.

Welch, David A. (2005) *Painful Choices: A Theory of Foreign Policy Change*. Princeton, NJ: Princeton University Press.

Wenar, Leif. (2011) "Clean Trade in Natural Resources," *Ethics & International Affairs* 25(1): 27–39.

Wendt, Alexander. (2013) "Anarchy Is What States Make of It," in Richard K. Betts, (ed.) *Conflict after the Cold War: Arguments on Causes of War and Peace*, 4th ed. Boston, MA: Pearson. pp. 214–235.

——— (1999) *Social Theory of International Politics*. Cambridge, UK: Cambridge University Press.

Wesley, Michael. (2005) "Toward a Realist Ethics of Intervention," *Ethics & International Affairs* 19 (No. 2, Special Issue): 55–72.

Western, Jon. (2006) "Doctrinal Divisions: The Politics of U.S. Military Interventions," pp. 87–90 in Glenn P. Hastedt (ed.), *American Foreign Policy*, 12th ed. Dubuque, IA: McGraw-Hill/Dushkin.

Westing, Arthur H. (2013) "Nuclear War: Its Environmental Impact," *SpringerBriefs of Pioneers in Science and Practice*, Vol. 1. pp. 89–113.

Wheaton, Henry. (1846) *Elements of International Law*. Philadelphia: Lea and Blanchard.

Wheelan, Charles. (2003) *Naked Economics: Undressing the Dismal Science*. New York: Norton.

White, Ralph K. (1990) "Why Aggressors Lose," *Political Psychology* 11 (June): 227–42.

WHO (World Health Organization). (2012a) "World Health Organization." Accessed August 8. Available at: http://www.who.int/en.

——— (2012b). *Global Tuberculosis Report 2012*. Accessed June 22, 2013. Available at: http://apps.who.int/iris/bitstream/10665/75938/1/9789241564502_eng.pdf.

WHO Malaria Report. (2012) *World Malaria Report 2012*. Accessed June 22, 2013. Available at: http://www.who.int/malaria/publications/world_malaria_report_2012/en/index.html.

Widmaier, Wesley W. (2007) "Constructing Foreign Policy Crises: Interpretive Leadership in the Cold War and War on Terrorism," *International Studies Quarterly* 51: 779–94.

Wiegand, Krista E. (2011) "Militarized Territorial Disputes: States' Attempts to Transfer Reputation for Resolve," *Journal of Peace Research* 48(1): 101–13.

Wight, Martin. (2002) *Power Politics*. Continuum International Publishing Group.

Wilkenfeld, Jonathan, Kathleen J. Young, David M. Quinn, and Victor Asal. (2005) *Mediating International Crises*. London: Routledge.

Wilkinson, Paul. (2011) *Terrorism versus Democracy: The Liberal State Response*, 3rd ed. New York: Routledge.

Will, George F. (2005) "Aspects of Europe's Mind," *Newsweek* (May 9): 72.

Williams, Glyn, Paula Meth, and Katie Willis (2009) *New Geographies of the Global South: Developing Areas in a Changing World*. Taylor & Francis.

Williams, Laron K. (2013) "Flexible Election Timing and International Conflict," *International Studies Quarterly* (April 30). DOI: 10.1111/isqu.12054

Wills, Garry. (2004) "What Is a Just War?" *New York Review of Books* (November 18): 32–32.

Wilmer, Franke. (2000) "Women, the State and War: Feminist Incursions into World Politics," pp. 385–95 in Richard W Mansbach and Edward Rhodes (eds.), *Global Politics in a Changing World*. Boston: Houghton Mifflin.

Wilson, James Q. (1993) *The Moral Sense*. New York: Free Press.

Wise, Michael Z. (1993) "Reparations," *Atlantic Monthly* 272 (October): 32–35.

Wittkopf, Eugene R., Christopher M. Jones and Charles W Kegley, Jr. (2008) *American Foreign Policy*, 7th ed. Belmont, CA: Thomson Wadsworth.

Wolfe, Tom. (2005) "The Doctrine That Never Died," *New York Times* (January 30): Section 4, 17.

Wolfensohn, James. (2004) "The Growing Threat of Global Poverty," *International Herald Tribune* (April 24–25): 6.

Wolfers, Arnold. (1962) *Discord and Collaboration*. Baltimore: Johns Hopkins University Press.

Wolfsthal, Jon B. (2005) "The Next Nuclear Wave," *Foreign Affairs* 84 (January/February): 156–61.

Wong, Edward. (2005) "Iraq Dances with Iran, While America Seethes," *New York Times* (July 31): Section 4, 3.

Woodard, Colin. (2007) "Who Resolves Arctic Disputes?," *Christian Science Monitor* (August 20): 1, 6.

Woods, Ngaire. (2008) "Whose Aid? Whose Influence? China, Emerging Donors and the Silent Revolution in Development Assistance," *International Affairs* 84: 1205–21.

Woodward, Bob. (2006) *State of Denial*. New York: Simon and Schuster.

——— (2004) *Plan of Attack*. New York: Simon and Schuster.

Woodward, Susan L. (2009) "Shifts in Global Security Policies: Why They Matter for the South," *IDS Bulletin* 40:121–28.

Woodwell, Douglas. (2008) *Nationalism in International Relations*. London: Palgrave Macmillan.

The World Bank. (2013a) "World Bank Launches Initiative on Migration, Releases New Projections on Remittance Flows." Accessed May 29, 2013. Available at: http://www.worldbank.org/en/news/press-release/2013/04/19/world-bank-launches-initiative-on-migration-releases-new-projections-on-remittance-flows.

———— (2013b) *Migration and Remittances Data*. Accessed May 29, 2013. Available at: http://econ.worldbank.org/WBSITE/EXTERNAL/EXTDEC/EXTDECPROSPECTS/0,,contentMDK:22759429~pagePK:64165401~piPK:64165026~theSitePK:476883,00.html#Remittances.

———— (2013c) "Agreements Library." Accessed May 29, 2013. Available at: http://wits.worldbank.org/gptad/library.aspx.

———— (2013d) "India's Massive I.D. Program Exemplifies 'Science of Delivery,'" *World Bank* (May 2). Accessed June 3, 2013. Available at: http://www.worldbank.org/en/news/feature/2013/05/02/India-8217-s-Massive-I-D-Program-Exemplifies-8216-Science-of-Delivery-8217.

———— (2013e) "People: Population Growth and Transition," *World Bank*. Accessed June 19, 2013. Available at: http://www.app.collinsindicate.com/worldbankatlas-global/en-us.

———— (2013f) *Atlas of Global Development*, 4th ed. Washington, DC: World Bank.

———— (2013g) "South Asia's Greenhouse Gas Footprint," The World Bank. Accessed June 25, 2013. Available at: http://web.worldbank.org/WBSITE/EXTERNAL/COUNTRIES/SOUTHASIAEXT/0,,contentMDK:21641942~pagePK:146736~piPK:146830~theSitePK:223547,00.html.

———— (2013h) "Food Prices Decline but Still High and Close to Historical Peaks," World Bank (March 27). Accessed June 25, 2013. Available at: http://www.worldbank.org/en/news/press-release/2013/03/27/food-prices-decline-still-high-close-historical-peaks.

———— (2013i) "Food Crisis," World Bank (April 15). Accessed June 25, 2013. Available at: http://www.worldbank.org/foodcrisis/bankinitiatives.htm.

———— (2013j) *International Debt Statistics*. Washington, DC: World Bank.

———— (2013k) *Capital for the Future: Saving and Investment in an Interdependent*. Washington, DC: The World Bank.

———— (2013l) *World Development Report 2013: Jobs*. Washington, DC: The World Bank.

———— (2013m) "Social Analysis," Accessed November 2, 2013. Available at: http://web.worldbank.org/WBSITE/EXTERNAL/TOPICS/EXTSOCIALDEV/0,,contentMDK:21154393~menuPK:3291389~pagePK:64168445~piPK:64168309~theSitePK:3177395,00.html

———— (2009) *Atlas of Global Development*, 2nd ed. Washington, DC: World Bank.

World Resources Institute (WRI). (2009) "What Is the State of EcoSystems Today?" Available at: http://archive.wri.org/newsroom/-wrifeatures_text.cfm?ContentID5288.

World Trade Organization (WTO). (2013a) "Trade to Remain Subdued in 2013 after Sluggish Growth in 2012 as European Economies Continue to Struggle," WTO (April 10). Accessed July 27, 2013. Available at: http://www.wto.org/english/news_e/pres13_e/pr688_e.htm.

———— (2013b) "Members and Observers," WTO. Accessed July 28, 2013. Available at: http://www.wto.org/english/thewto_e/whatis_e/tif_e/org6_e.htm.

———— (2013c) "Chronological List of Disputes Cases," WTO. Accessed July 27, 2013. Available at: http://www.wto.org/english/tratop_e/dispu_e/dispu_status_e.htm.

———— (2013d) "Lamy: 'The World Economy Needs More Trade to Stave Off Recession,'" *WTO*. Accessed July 27, 2013. Available at: http://www.wto.org/english/news_e/news12_e/trdev_28nov12_e.htm.

———— (2013e) "Regional Trade Agreements," WTO. Accessed July 27, 2013. Available at: http://www.wto.org/english/tratop_e/region_e/region_e.htm.

———— (2013f) *World Trade Report 2013: Factors Shaping the Future of World Trade*. Geneva, Switzerland: WTO.

———— (2013g) "Panel Established on Measures Imposed by China on Certain Steel from Japan," WTO (May 24). Accessed July 27, 2013. Available at: http://www.wto.org/english/news_e/news13_e/dsb_24may13_e.htm.

———— (2012a) "Trade Growth to Slow in 2012 after Strong Deceleration in 2011," WTO (April 12). Accessed June 25, 2012. Available at: http://www.wto.org/english/news_e/pres12_e/pr658_e.htm.

———— (2012b) "Statistics Database." Accessed June 22, 2012. Available at: http://stat.wto.org/Home/WSDBHome.aspx?Language=.

———— (2011) "Briefing Notes: Rules." Available at: http://www.wto.org/english/tratop_e/dda_e/status_e/rules_e.htm.

———— (2010b) *World Trade Report 2010: Trade in Natural Resources*. Geneva: World Trade Organization.

Worldwatch Institute. (2013a) "Food and Agriculture," *Worldwatch Insitute*. Accessed July 4, 2013. Available at: http://www.worldwatch.org/food-agriculture.

———— (2013b) *State of the World 2013: Is Sustainability Still Possible?* New York: Norton.

Wright, Quincy. (1953) "The Outlawry of War and the Law of War," *American Journal of International Law* 47 (July): 365–76.

———— (1942) *A Study of War*. Chicago: University of Chicago Press.

Wroughton, Lesley. (2013a) "Global Finance Officials Endorse World Bank Target to End Poverty," *Reuters* (April 21). Accessed June 3, 2013. Available at: http://www.reuters.com/article/2013/04/21/us-worldbank-idUSBRE93K00E20130421.

———— (2013b) "Global Finance Leaders to Discuss IMF Voting Power Reforms," *Reuters* (April 17). Accessed June 27, 2013. Available at: http://www.reuters.com/article/2013/04/18/us-imf-voting-idUSBRE93H04520130418.

Xinhuanet.org. (2013) "Coca-Cola to Invest Further in China," *Xinhua News Online*. Accessed July 27, 2013. Available at: http://news.xinhuanet.com/english/china/2013-05/09/c_132371245.htm.

Yang, David W. (2005) "In Search of an Effective Democratic Realism," *SAIS Review* 15 (Winter/Spring): 199–205.

Yellin, Jessica and Tom Cohen. (2013) "Obama, Netanyahu Agree of Preventing Nuclear-Armed Iran," *CNN*. Accessed May 6, 2013. Available at: http://www.cnn.com/2013/03/20/politics/israel-obama-visit.

Yergin, Daniel. (2009) "It's Still the One" *Foreign Policy* September/October, pp. 88–95.

———— (2006) "Thirty Years of Petro-Politics," pp. 106–7 in Robert M. Jackson (ed.), *Global Issues 05/06*. Dubuque, IA: McGraw-Hill/Dushkin.

———— (2005) "An Oil Shortage?" Columbia, S.C., *The State* (August 2): A9.

Yetiv, Steve. (2011) "History, International Relations, and Integrated Approaches: Thinking about Greater Interdisciplinarity," *International Studies Perspectives* 12, no. 2 (May): 94–118.

Youde, Jeremy. (2005) "Enter the Fourth Horseman: Health Security and International Relations Theory," *The Whitehead Journal of Diplomacy and International Affairs* 6 (Winter/Spring): 193–208.

Zagare, Frank C. (2004) "Reconciling Rationality with Deterrence," *Journal of Theoretical Politics* 16 (April): 107–41.

———— (1990) "Rationality and Deterrence," *World Politics* 42 (January): 238–60.

Zakaria, Fareed. (2009) *The Post-American World*. New York: W.W.Norton.

Zartner, Dana. (2010) "The Rise of Transnational Crime: International Cooperation, State Contributions, and the Role of the Global Political Economy." *International Studies Review* 12 (2): 316–19.

Zelikow, Philip. (2006) "The Transformation of National Security," pp. 121–27 in Robert M. Jackson (ed.), *Global Issues 05/06*. Dubuque, IA: McGraw-Hill/Dushkin.

Zeigler, Sean, Jan H. Pierskalla, and Sandeep Masumder. (2013) "War and the Reelection Motive: Examining the Effects of Term Limits," *Journal of Conflict Resolution* (March 13). 10.1177/0022002713478561.

Zenko, Micah. (2013a) "To Protect and Defend …" *Foreign Policy* (June 11). Accessed June 17, 2013. Available at: http://www.foreignpolicy.com/articles/2013/06/11/to_protect_and_defend_obama_constitution?wp_login_redirect=0.

———— (2013b) "How Does the Recent Shift in U.S. Drone Policy Impact 'Signature Strikes'? *Council on Foreign Relations* (June 11). Accessed June 17, 2013. Available at: http://www.cfr.org/united-states/does-recent-shift-us-drone-policy-impact-signature-strikes/p30885.

Ziegler, Charles. (2012) "Conceptualizing Sovereignty in Russian Foreign Policy: Realist and Constructivist Perspectives." International Politics 49: 400–17.

Zoellick, Robert B. (2012) "Why We Still Need the World Bank: Looking Beyond Aid," *Foreign Affairs* 91 (2): 66–78.

Zurayk, Rami. (2011) *Food, Farming, and Freedom: Sowing the Arab Spring*. Charlottesville, VA: Just World Books.

GLOSSARY

ㄱ

가상성 실세 사물, 사람, 경험의 가상 사진을 생상하는 개체와 현상의 컴퓨터 기술에 의해 만들어진 이미지. (CHAPTER 12)

강대국들 세계 체제에 있어서 군사 및 경제적으로 가장 강한 국가들 (CHAPTER 1)

강압외교 적대국가의 외교정책 혹은 국내정책을 변경하게끔 설득할 목적으로 군사력 사용을 위협하거나 제한적인 군사력을 사용하는 행위 (CHAPTER 8)

강제전략 적이 자신의 의지를 포기하고 양보하도록 만들기 위해 사용되는 강압외교의 수단으로서 보통 전쟁수행이나 위협을 포함한다. (CHAPTER 8)

개발도상국 1인당 국민총소득이 1,025달러 미만인 저임금 남반구 국가들과 1,026달러 이상 12,476달러 미만인 중임금 국가들을 규정하기 위해 세계은행에서 사용하는 범주(WDI, 2013) (CHAPTER 5)

개인적 분석수준 국가 또는 기타 글로벌 행위자들을 대신하여 외교정책을 결정하는 사람들에게 있어서처럼 그러한 사람들의 동기를 부여하는 데 관계되는 심리적이고 인지적인 변수를 강조하는 분석 접근법 (CHAPTER 1)

개체적 오류 법적인 통치권을 가진 지도자는 국민 전체와 국민의 의견을 반영하기 때문에 국민을 위해 통치하는 지도자의 미덕과 악덕에 대한 비난과 신뢰는 모두 전체 국민에게 책임이 있다고 가정하는 논리적 오류 (CHAPTER 7)

거울 이미지 경쟁적인 상호작용 관계에 있는 국가와 국민들이 서로를 비슷하게 인지하는, 즉 상대방이 그들을 호전적인 것으로 보는 것과 똑같이 상대방을 호전적인 것으로 보는 경향 (CHAPTER 1)

게임 이론 결과가 한 행위자의 선호도뿐만 아니라 또한 관련된 모든 행위자들의 선택에 의하여 결정되는 전략적 상호작용에 관한 수학적 모델 (CHAPTER 3)

결과주의 취해진 어떤 행동의 결과에 기초하여 도덕적 선택을 평가하는 접근법 (CHAPTER 2)

경제 제재 부적절한 행위에 대해 보복하기 위해 하나의 글로벌 행위자에 의해 취해지는 글로벌 무역 혹은 금융 유대관계의 중단과 같은 가혹한 경제 조치 (CHAPTER 11)

경제적 평화 계약 중심적 경제제도가 국가 간 평화의 원인이라고 설명하는 논리 (CHAPTER 7)

고립주의 다른 국가들과 함께 세계문제에 대해 적극적으로 참여하지 않고 대신 국내문제를 관리하는데 노력을 집중하는 정책 (CHAPTER 4)

고전적 자유주의 경제 이론 개인이 그들의 이익을 추구할 때, 사회적 이익과 경제적 이윤을 강조하면서, 시장에서의 공급과 수요의 힘에 관한 아담 스미스의 생각에 토대를 둔 이론 (CHAPTER 5)

고정환율 교환가치가 세계통화시장에서 자유롭게 변동하지 않도록 정부가 통화의 가치를 다른 나라의 통화와의 관계에서 고정된 환율로 설정한 체제 (CHAPTER 10)

공격적 현실주의 무정부상태의 국제 체제에서 국가들은 항상 더 많은 힘을 얻을 수 있는 기회들을 찾아야 함을 강조하는 현실주의의 한 이형 (CHAPTER 2)

공동주권 지금까지 각 주권국가들에 의하여 배타적으로 다루어졌던 공공정책의 특정 측면에 대하여 정부간기구가 집단적 결정을 내릴 수 있도록 회원국들이 부여하는 법적인 권위 (CHAPTER 6)

공산주의 사회 모든 사람이 그들의 능력에 따라 생산하고, 그들의 욕구에 따라 소비하도록 조직된다면, 계급 차별 없는 공동체가 등장할 것이고, 주권 국가는 더 이상 필요 없게 되며, 식민지 정복의 제국주의 전쟁은 역사로부터 사라질 것이라고 주장하는 급진적 이념 (CHAPTER 5)

공산주의의 제국주의 이론 제국주의 전쟁을 자본창출을 위한 자본주의의 해외시장 필

요에 따른 정복으로 설명하는 마르크스-레닌주의의 경제적 해석 (CHAPTER 7)

공유의 비극 개인에 의한 합리적 사리 추구의 행동이 얼마만큼 파괴적으로 원치 않는 집합적 영향력을 미치는지에 화해 설명하는 생태학 체계에서의 인간 행동을 폭 넓게 설명하는데 이용되는 은유적 표현 (CHAPTER 14)

공익 공기 혹은 태양열 정화와 같은 집합적 이익의 사용이 사실상 배타적이지 않고, 비독립적인 것; 따라서 만일 누구라도 이익을 향유할 수 있으면, 모두가 가능하다는 것. (CHAPTER 11)

공적개발원조(ODA) 공적개발원조. 통상 경제개발과 복지의 촉진을 주목적으로 하는 세계은행과 같은 다국적 원조기구를 통해 들어가는 공여국들의 다른 국가들에 대한 보조금이나 대부 (CHAPTER 5)

관료정치 모델 외교정책의 선택이 경쟁하는 정부 부서들 간의 흥정과 타협에 기초하여 이루어지는 것으로 보는 정책결정의 설명. (CHAPTER 3)

관료제 중앙정부 또는 비국가·초국가적 행위자의 기능을 수행하는 기관들 또는 부서들 (CHAPTER 3)

관세 국가에 수입되는 상품에 부과하는 세금 (CHAPTER 11)

관점 페미니즘 여성은 실제에 대하여 남성과 매우 다른 경험을 하는 것으로 보아 결과적으로 국제문제에 대하여 다른 관점을 지니게 되는 것으로 보는 페미니즘의 한 범주V

구매력평가지수(PPP) 동등성이—구매될 수 있는 것이 똑같을 때—달성되었을 때 통화사이에 진정한 교환율을 계산하는 지수; 이 지수는 각 통화의 한 단위를 가지고 무엇을 구매할 수 있는지 결정한다. (CHAPTER 13)

구성주의 세계정치는 국가들이 현실에 대한 이미지를 구성하고 그리고 나서 이를 받아들이며 나중에 권력정치에 부여한 의미들에 반응하는 방식의 함수라는 전제에 기초하는 패러다임이다; 합의적 개념정의들이 바뀜에 따라 갈등적 또는 협력적 관행의 발전이 가능하다. (CHAPTER 2)

구조주의 국가의 행위가 개별 지도자 혹은 국가적 속성의 변화가 아니라 세력균형의 변화와 같은 글로벌 체계의 속성의 변화에 의해 주로 결정된다고 설명하는 현실주의 이론 (CHAPTER 4)

국가 통치하는영토와 국민에 대하여 배타적인 통제력을 행사하는 하나의 독립적인 법적 실체 (CHAPTER 1)

국가 환율 국제시장에서 한 국가의 통화가 다른 국가의 통화로 교환되는 비율 (CHAPTER 10)

국가안보 국내외로부터의 위협으로 국가의 생존과 가치를 지킬 수 없을지도 모른다는 불안감으로부터 벗어나려는 국가의 심리적 욕구 (CHAPTER 8)

국가이익 국가들이 그들의 국가를 위하여 이기적으로 최선이라고 인식하는 것을 극대화하기 위하여 추구하는 목표들 (CHAPTER 2)

국가적 분석수준 국가들의 내부적 속성이 그들의 외교정책결정에 어떻게 영향을 미치는지를 강조하는 분석 접근법 (CHAPTER 1)

국가주권 내부문제와 대외관계를 관리하는 국가의 최고 권위 (CHAPTER 1)

국가후원 테러 국가가 외교정책적 목적을 달성하기 위해 외국의 테러분자들을 공식적으로 지원, 훈련, 무장시키는 행위 (CHAPTER 7)

국내총생산(GDP) 한 해 동안 국가 내에서 생산된 모든 상품과 서비스의 총 가치 (CHAPTER 10)

국민성 한 국가 내의 주민들에 속하는 총체적인 특징 (CHAPTER 7)

국민총소득(GNI) 국민총소득, 생산의 지리적 범위를 정하기 위해 사용되는 주어진 기간 내의 재화와 용역의 생산 측정. GNI는 생산이 발생된 장소에 개의치 않고 국가의 국민들과 기업들에 의한 생산을 측정한다. (CHAPTER 5)

국제 유동성 국제계정을 지불하기 위해 사용되는 보유자산. (CHAPTER 10)

국제레짐 어떤 특정의 문제에 대하여 범세계적인 기대감이 수렴하는 일련의 규범, 원칙, 규칙, 그리고 제도들 (CHAPTER 2)

국제사법재판소(ICJ) 국가 간 법적 갈등을 해결하고 국제기구와 UN총회에 대해 법률적 자문을 제공하기 위해 UN이 설립한 최고 법원 (CHAPTER 9)

국제전범재판소 전시 잔학행위와 집단학살을 저지른 사람을 기소하고 피해자를 법적으로 구제하며 그러한 범죄의 재발을 억제하기 위해 UN이 설립했던 특별 재판소 (CHAPTER 9)

국제통화 체제 자본이 무역, 투자, 해외원조, 대부를 통해 국가 간에 이전될 때 통화와 신용의 가치를 평가하는 데 사용되는 금융 절차 (CHAPTER 10)

국제형사재판소(ICC) 전쟁범죄를 저지른 사람들을 기소하고 형을 집행하기 위해 국제협정에 따라 설립된 법원 (CHAPTER 9)

군비경쟁 둘 이상의 국가가 안보를 위해 군사적 우위가 필수적이라는 인식에 의해 경쟁하면서 무기와 군사력을 증강시켜 서로를 위협하는 상황 (CHAPTER 9)

군비의 상대적 부담 군사 활동에 대한 경제적 부담을 보여주는 지표로써 각국의 국내총생산(GDP)에서 군비지출로 할당되는 비율로 측정된다. (CHAPTER 8)

군비축소 무기 혹은 여타 공격 수단을 줄이거나 폐기하기로 한 협정 (CHAPTER 9)

군비통제 국가들이 허용하는 무기의 숫자와 종류에 제한을 둠으로써 군비경쟁을 억제하기 위한 다자적 혹은 쌍무적 협정 (CHAPTER 9)

군사기술혁신(RMT) 대규모 군대를 사용하지 않고도 전쟁을 치룰 수 있도록 만드는 정교한 신무기기술 (CHAPTER 8)

군사력 역풍 국가안보를 위해 이루어진 행동이 훗날 상대 국가와의 관계가 나빠지면서 보복 공격을 유발하는 의도하지 않은 결과를 초래하게 되는 현상 (CHAPTER 8)

군사적 필요성 극단적인 비상시국에 전쟁 규칙의 위반은 방어적 목적인 경우 면제될 수 있다는 법 원칙 (CHAPTER 9)

군산복합체 군비지출을 높여 이익을 얻는 군부, 군수업체, 정부기관 사이의 연합으로써, 군사적 태세를 위한 군비지출을 확대할 목적으로 서로 제휴하여 로비활동을 벌인다. (CHAPTER 8)

권력 이양 좀 더 큰 자치권은 그 집단의 새로운 국가로서의 독립 추구를 감소시킬 것이라는 기대 하에 국가들이 특정의 민족지역에 있는 소수민족집단이나 토착원주민집단에게 정치권력을 인정하는 것이다. (CHAPTER 13)

규범들 일단 받아들여지면 적절한 행동과 관련하여 집단적 기대감을 좌우하는 행동의 일반적 표준 (CHAPTER 2)

균형자 세력균형 체계 하에서 방어적 연합에 결정적인 힘을 실어줄 수 있는 국제적 혹

은 지역적으로 영향력 있는 강대국 (CHAPTER 8)

극성 힘의 중심 즉, '축'의 수를 결정하는 것으로 세계 체제에 있어서 군사 및 경제적 힘이 집중되어 있는 정도 (CHAPTER 3)

극화 경쟁 중인 주요 힘의 축 또는 중심과 연대하는 동맹국들로 구성된 경쟁적인 연합이나 진영의 형성 (CHAPTER 3)

근대화 부는 능률적인 생산, 자유기업, 그리고 자유무역을 통해 창출되며, 국가의 상대적인 부는 기후나 자원과 같은 부존자원보다는 기술적 혁신과 교육에 달려 있다고 보는 남반구에 유행하는 발전 시각 (CHAPTER 5)

글로벌 통합 기업들 많은 국가들에 위치한 공장에서 똑같은 상품을 생산하여 판매하면서 경영과 생산에 있어서 수평적으로 조직된 다국적기업들. (CHAPTER 6)

글로벌리제이션 접촉, 소통 및 무역 그리고 이러한 통합의 지구적 자각이 증가함에 따른 국가 간 통합

금융의 세계화 전 세계적인 자본흐름의 통합으로 인해 증가하는 국내 시장의 다국적화 (CHAPTER 10)

기업 내 무역 같은 기업 내 상품과 서비스를 중개하는 국경 간 거래 (CHAPTER 11)

기회비용 한 가지 선택을 결정하는 것이 다른 선택으로 얻게 되는 이익을 상실하는 경우 발생하는 희생 (CHAPTER 8)

긴 평화 군사적 강대국들 사이에 장기간 지속되는 평화 (CHAPTER 7)

ㄴ

나선형 모델 국방력을 강화하려는 노력이 군비경쟁의 확대를 초래하는 경향이 있음을 묘사하는 비유적 표현 (CHAPTER 9)

난민 정치적 공포, 환경적 악화 혹은 기근의 근거가 충분한 공포로 인해 타국으로 안전을 위해 도망을 친 사람 (CHAPTER 12)

남반구 주로 남반구에 위치해 있는 저개발 국가들을 지칭하는 제3세계 대신에 현재 종종 쓰는 용어 (CHAPTER 5)

내전 한 구가 내의 적대적 집단 사이에 발생하거나 정부에 대한 반란세력에 의해 이루어지는 전쟁 (CHAPTER 7)

냉전 42년 동안(1949~1991) 미국과 소련 및 그들의 연합세력들 사이에 경쟁적 라이벌 관계가 지속된 시기로, 상대방의 팽창을 봉쇄하고 전 세계적 지배권을 차지하고자 경쟁했다. (CHAPTER 4)

노동의 글로벌리제이션 노동시장의 통합은 생산의 글로벌 본성뿐 아니라, 글로벌 노동인력의 늘어나는 규모와 이동성에 의해 예측되어 진다. (CHAPTER 11)

니어-소싱 효율성을 증가시키기 위해, 상품 혹은 서비스가 판매되는 장소에 근접하여 생산 혹은 서비스 시설을 위치하는 것. (CHAPTER 11)

ㄷ

다국적 기업(MNCs) 모국에 본사를 두고 다수의 다른 국가에서 광범위하게 운영되는 비즈니스 기업 (CHAPTER 5)

다극 체제 세 개 이상의 강대국 중심으로 권력의 배분이 이루어지고 다른 대부분의 나라들은 경쟁하는 강대국과 동맹을 맺는 체제 (CHAPTER 4)

다자주의 집단적이고 조율적인 조치를 통해 공동의 문제를 관리하기 위한 협력적 접근 (CHAPTER 4)

다자협정 미래의 무기능력의 제한과 같은

공동의 문제를 해소하기 위한 정책의 협조를 이루기 위해 3개국 이상의 국가들이 체결하는 협정 (CHAPTER 9)

다탄두 개별 유도미사일(MIRVs) 여러 무기가 하나의 미사일로부터 발사될 수 있도록 만든 기술적 혁신 (CHAPTER 8)

단극 체제 하나의 지배적 강대국 혹은 패권국가가 존재하는 글로벌 체제. (CHAPTER 4)

단극적 다극 체제 하나의 지배적 국가가 존재하지만 중요한 국제적 이슈는 항상 지배적 강대국과 다른 강대국이 힘을 합쳐 해결해야 하는 글로벌 체제 (CHAPTER 4)

단일 행위자 내적으로 통일되어 있는 것으로 가정되는 하나의 초국가적 행위자(보통 주권국가)로서 그 내부 여론의 변화는 그 행위체의 지도자가 세계적 환경변화를 극복하기 위해 내리는 정책결정만큼 큰 영향을 미치지 않는다. (CHAPTER 3)

달러 과잉상태 미 중앙은행 의부의 달러 총보유가 실제 금교환 가능한 달러 총량을 초과하여, 브레턴우즈 시기 종식을 촉발한 상황 (CHAPTER 10)

대량보복 아이젠하워 행정부가 소련 공산주의를 봉쇄하기 위해 구상한 정책으로, 어떠한 침략적 행동에 대해서도 핵무기를 포함한 가장 파괴적 능력으로써 대응하는 것을 천명하는 정책 (CHAPTER 8)

대량학살 소수의 종족, 종교, 또는 민족적 집단을 전체 또는 부분적으로 제거하려는 시도 (CHAPTER 12)

대인지뢰(APL) 인간(군인 혹은 민간인)이 밟을 경우 폭발하게끔 지표면 바로 아래에 매설된 무기 (CHAPTER 9)

대체출산율 수준 한 국가의 인구가 안정적으로 유지되도록 하기 위해, 커플 한 쌍이 평균적으로 자신들을 대체하는 두 아이를 가지는 것 (CHAPTER 12)

데탕트 전쟁 가능성을 낮추기 위해 적대국들 간의 긴장 완화를 추구하는 전략 (CHAPTER 4)

도덕 선악의 차이를 구분하고 선과 악이 대립되는 상황을 규정하는 원칙들 (CHAPTER 9)

도미노 이론 연속해서 쓰러지는 일련의 도미노처럼 한 국가가 공산주의로 넘어가면 인접한 국가들도 연쇄적으로 공산화될 것이라고 예측한 냉전시대에 유행했던 비유 (CHAPTER 4)

도식적 추론 기억구조, 즉 도식에 따라 새로운 정보가 해석되는 추론과정으로써 여기에서 기억구조 또는 도식은 관찰되는 대상과 현상에 대한 포괄적인 대본, 은유, 그리고 단순화된 특징화들의 연계망을 포함한다. (CHAPTER 1)

동맹 둘 이상의 국가가 상호안보를 증진시키기 위해 군사력을 결합하고 정책을 협력하기로 약속하는 경우에 체결하는 정치적 제휴 (CHAPTER 8)

동종 내 공격 행위 같은 종 구성원을 죽이는 행위 (CHAPTER 7)

디아스포라 종교적 또는 종족적 소수집단이 그 원래의 영토 또는 관습에 대해 소속감을 유지하면서도 외국 땅에 이주해 살고 있는 상태 (CHAPTER 6)

디지털 격차 인터넷 이용자 및 호스트 비율에서 기술이 풍부한 북반구와 남반구 간 기술 격차 (CHAPTER 5)

ㄹ

레짐 일련의 국가들에 의해 상호작용을 위해 합의된 규범, 규칙, 절차들 (CHAPTER 6)

ㅁ

망명 시민권을 가지고 있는 국가 박해의 위험으로부터 피난하는 난민들의 안전을 보호하기 위해 피난처를 제공하는 행위 (CHAPTER 12)

맞대응 전략 협상에서 상대의 보상에 대해서는 그에 상응하는 정도의 보상을 제공하고, 상대의 처벌에 대해서는 그에 상응하는 처벌로 보복함으로써 상대가 제시 혹은 위협하는 것과 동일한 내용의 대응을 지속하는 상호주의의 협상전략 (CHAPTER 9)

메가시티 인구 천만 이상의 대도시 지역 (CHAPTER 12)

면역결핍바이러스(HIV) 치명적인 후천성 면역결핍증을 이끌 수 있는 바이러스 (CHAPTER 12)

무국가 민족들 권력과 또는 국가성을 획득하기 위해 투쟁하는 민족 또는 소수종족집단들 (CHAPTER 6)

무기확산 무기 성능이 일부 국가에서 많은 국가로 연쇄반응을 일으켜 퍼져나가는 현상으로서, 그 결과 점점 더 많은 국가가 파괴적인 무기(예를 들어 핵무기)로 다른 국가를 공격할 수 있게 된다. (CHAPTER 8)

무력 분쟁 둘 이상의 국가나 집단의 군사력 사이에 벌어지는 전투행위 (CHAPTER 7)

무역통합 총무역비율과 국내총생산 간의 차이 (CHAPTER 11)

무임승차자 통상의 비용과 노력 없이 다른 사람의 비용으로 이득을 챙기는 사람 (CHAPTER 8)

무정부상태 세계 체제에 있어서 그 단위 행위체들이 그들의 행동을 규제하는 상위 제도들의 통제 하에 거의 있지 않은 상태 (CHAPTER 1)

무차별 국내외에서 생산된 상품은 동일한 수입과 수출 협정으로 다뤄져야 한다고 명기하고 있는 자유무역의 원칙들로, 최혜국 대우 원칙과 무차별 모두를 수용한 규칙 (CHAPTER 11)

문명 충돌 21세기에 세계의 주요 문명들은 서로 충돌하여, 지난 500년 동안 국가들 사이의 갈등으로부터 귀결된 것과 유사한 무정부 상태와 전쟁에 이를 것이라는 정치학자 새뮤얼 헌팅턴의 논란이 있는 주장 (CHAPTER 6)

문화적 조건 침공과 같은 국가의 정책결정을 묵인하는 문화가 존재한다는 전제 하에서 국가의 행동에 영향을 미치는 국가의 전통과 사회적 가치 (CHAPTER 7)

미래주의자 성장한계 관점에 의문을 가지고, 시장이 인구, 자원, 그리고 환경 간 효율적으로 균형을 유지해야 한다고 주장하는 낙관론자들 (CHAPTER 14)

민간군사산업 무장보안, 장비수리, IT 서비스, 군수, 정보서비스 등 전문적 군사업무를 민간기업으로 아웃소싱(외주) 한다. (CHAPTER 8)

민족 사람들이 동일한 인종적 특징, 문화 또는 언어를 공유함으로써 그들 자신을 동일한 집단의 구성원으로 보는 하나의 집합체 (CHAPTER 1)

민족자결주의(자결주의) 사람들은 자신들의 업무를 관리할 정부를 결정할 수 있어야 한다는 자유주의 독트린 (CHAPTER 5)

민족주의 특정 국가 혹은 그 국가 내에 거주하는 특정 민족집단을 미화하고, 국가 이익을 최상의 가치로 여기는 사고방식 (CHAPTER 4)

민주평화론 민주주의 국가들은 비민주국가들과 전쟁을 벌이지만 민주주의 상호 간에는 싸우지 않는다는 이론 (CHAPTER 7)

ㅂ

반덤핑관세 생산비용보다 낮은 가격으로 제품을 파는 것으로 추정되는 다른 수출 국가에 대해 부과하는 세금 (CHAPTER 11)

반인도적 범죄 뉘른베르크 전범재판소에서 불법으로 규정된 행위의 한 범주로, 인권을 유린한 국가에 대해 유죄 선고가 내려졌다. (CHAPTER 9)

발전 한 국가가 국민들의 기본적 인간욕구를 충족시키고 그들의 생활수준을 향상시킬 능력을 늘리기 위해 발전하는 경제적, 정치적 과정들 (CHAPTER 5)

방어적 현실주의 행위자의 주된 안보목적으로 힘의 확장보다는 힘의 보존을 강조하는 현실주의의 한 이형 (CHAPTER 2)

범세계적 분석수준 외교정책 행위와 인간의 복지에 대한 세계적인 조건들의 영향을 강조하는 분석 접근법 (CHAPTER 1)

법실증주의 이론 국가의 관습과 관습적 행동 양식이 국제법의 가장 중요한 연원이라고 주장하는 이론 (CHAPTER 9)

벼랑끝외교 적과의 협상에서 적의 굴복을 강요하기 위해 핵공격 위협과 같이 의도적이고 무모한 위험을 감수하고자 하는 행동 (CHAPTER 8)

변동환율 정부가 공식 환율을 수립하지 않거나, 그들의 통화가치에 영향을 주기 위해 개입하지 않고, 대신에 시장의 힘과 민간 투자가 국가 간의 상대적 환율에 영향을 미치도록 하는 식으로 관리하지 않는 방식 (CHAPTER 10)

변환 세계정치에 있어서 가장 적극적인 참여자들 간의 상호작용 유형과 관련하여 하나의 글로벌 체제가 또 다른 것을 대체하는 것으로 보일 만큼 높은 강도의 특징적인 변화 (CHAPTER 1)

보호주의 해외경쟁으로부터 지역산업을 보호하기 위한 관세 및 할당과 같은 해외 무역의 장벽들 (CHAPTER 11)

보호책임 2005년 유엔 총회에 의하여 만장일치로 채택된 결의에서, 이 보호책임원칙은 국제사회가 전쟁범죄, 종족청소, 대량학살, 그리고 반인도범죄로부터 사람들을 보호하는 데 조력해야 한다고 주장한다. (CHAPTER 2)

복수국 간 협정 특정 이슈에 적용하는 WTO 회원국 하위집단 간 조약 (CHAPTER 11)

복수의 옹호집단들 어떤 정책결정이 집단이라는 맥락 속에서 내려질 때 보다 낫고 보다 합리적인 선택에 도달될 수 있다는 개념인데, 그것은 서로 다른 정책대안들의 옹호자들이 그들의 입장을 표현하고 이에 대하여 비판적으로 평가할 가능성이 허용되기 때문이다. (CHAPTER 3)

복합적 상호의존 세계정치의 한 모델로 국가들이 유일하게 중요한 행위자가 아니며, 안보는 국가의 지배적인 목표가 아니고, 또 군사력은 외교정책에 있어서 유일하게 의미가 있는 외교정책의 도구가 아니라는 가정에 기초하고 있다. 이 이론은 초국가적 행위자들 사이의 점증하는 유대가 그들로 하여금 서로의 행동에 취약하고 또 각자의 필요에 민감하게 만드는 복잡하게 얽힌 방식을 강조한다. (CHAPTER 2)

봉쇄정책 경쟁세력이 영향권을 확대하려는 시도에 맞서 무력 혹은 무력사용의 위협을 통해 세력균형의 변경을 막기 위한 전략 (CHAPTER 4)

부시 독트린 미국은 다른 국가들의 불평에 수긍하거나 그들의 승인을 얻기 위해서가 아니라 그 나름대로 인식하는 국가이익에 부응하는 방향으로 정책을 결정할 것이라고 선언한 조지 W. 부시 행정부의 일방적 정책노선들 (CHAPTER 3)

북대서양조약기구(NATO) 서유럽에 대한 소련의 공격을 억지하기 위해 1949년에 만들어진 군사동맹으로, 설립 이후 규모를 확대하고, 그 임무를 평화의 유지뿐만 아니라 민주주의의 증진으로 재규정하였다. (CHAPTER 8)

북반구 주로 북반구에 위치해 있는 세계의 부유하고 산업화된 국가들을 언급할 때 쓰는 용어 (CHAPTER 5)

분리운동 또는 분리주의 반란 종교적 또는 종족적 소수집단이 종종 폭력적 수단에 의해 기존의 주권국가로부터 영토를 분리함으로써 독립적인 국가 지위를 얻으려는 노력들. (CHAPTER 6)

분석수준들 어떤 분석자가 초점을 두고자 하는 '전체(완전한 세계 체제와 커다란 집합체들)' 또는 '부분들(개별 국가들 또는 사람들)' 여부에 따라 글로벌 현상들을 해석하고 설명하는 데 있어서 특별히 강조될 수 있는 국제문제의 서로 다른 여러 측면들과 행위자들 (CHAPTER 1)

분쟁 국제관계에서 상충하는 이익을 두고 발생하는 불화 (CHAPTER 7)

불간섭 규범 전통적으로 다른 국가의 내정에 대해 국가가 간섭하는 것을 불법으로 정의한 국제법의 근본 원칙으로 오늘날 도전받고 있다. (CHAPTER 8)

불평등요소를 반영한 인간개발지수(IHDI) 어떤 국가에 있어서 불평등요소가 국민들의 인간개발에 미치는 영향을 설명하는 지수 (CHAPTER 13)

블로그 언론인의 방식으로 생각과 정보를 전 세계에 전파하는 온라인 일지들 (CHAPTER 12)

비관세장벽(NTBs) 직접세 징수 없이 수입하는 데 대해 차별하면서, 국제규제의 범위를 넘어서는 관세 이외의 수단들 (CHAPTER 11)

비교 우위 국가가 상대적으로 값싸게 생산할 수 있는 상품에 특화하고 보다 높은 비용으로 생산할 수밖에 없는 상품을 교역을 통해 획득한다면 이득이 될 것이라는 자유주의 경제학의 개념 (CHAPTER 11)

비대칭 전쟁 교전 세력들 사이의 군사력이 크게 불균형한 경우의 무력 분쟁으로, 대부분 약한 쪽은 비전통적 전술에 의존하는 비국가 행위자이다. (CHAPTER 7)

비동맹 국가가 불필요한 전쟁 개입에 말려들게 할 공식적 동맹을 우려해 경쟁 블록들과의 군사동맹 참여를 거부하는 외교정책 입장 (CHAPTER 8)

비밀작전 다른 나라에 관해서 정치적 혹은 군사적 목적을 달성하기 위해 자국의 영토 밖에서 비밀스러운 방식으로 수행되는 비밀 군사작전 (CHAPTER 8)

비살상무기(NLWs) 전투원이나 민간인의 살상 없이 적의 주민, 차량, 통신 시스템, 혹은 전체 도시를 마비시킬 수 있는 여러 가지 방식의 '소프트 킬(soft kill)', 즉 저강도 처치 (CHAPTER 8)

비정부기구(NGOs) 유엔과 협의지위를 유지하는 사적인 시민들의 초국가적 조직들로 이러한 기구들에는 전문가 협회, 재단, 다국적기업들 또는 그저 공통의 이해관계를 위해 서로 다른 국가들에서 서로 힘을 합쳐 일하며 적극적으로 활동하는 국제적인 단체들이 포함된다. (CHAPTER 1)

빈곤의 정치학 식량, 에너지, 물과 같은 생명을 유지하는 데 필요한 자원이 없으면 군사적 침략과 유사한 정도의 안보 침해가 이뤄질 수 있다는 시각 (CHAPTER 14)

ㅅ

사막화 경작지를 비생산적인 불모지로 전환시키는 토양 치식, 무리한 경작, 삼림개간으로 인한 사막의 확장 (CHAPTER 14)

사이버공간 지정학적 세계의 경계에 의해 방해받지 않는 인터넷상에서 사람들, 생각들 그리고 상호교류의 전 세계적 전산망을 기술하는 데 사용하는 은유 (CHAPTER 12)

사회적 구성주의 관념과 정체성의 발전에 있어서 사회적 담론의 역할을 강조하는 구성주의의 이형 (CHAPTER 2)

사회화 인간이 살아가는 사회의 문화에 담겨 있는 믿음과 가치 및 행동의 수용을 학습하는 과정 (CHAPTER 7)

산성비 이산화황과 이산화질소의 결합을 통해 산성으로 만들어진 강수 (CHAPTER 14)

삼림개간 삼림을 개간하고 파괴하는 과정 (CHAPTER 14)

상계관세 외국 정부가 자국의 생산자들에게 제공한 것으로 의심되는 보조금을 차감 계산하는 정부의 관세 (CHAPTER 11)

상대적 박탈 개인과 집단이 가지는 부와 지위 사이의 불평등으로 인해 최저 계층이 최상위 계층으로부터 착취된다고 여기는 분노

(CHAPTER 7)

상대적 이득 협력적 상호작용에서 몇몇 참여자가 다른 참여자들보다 더 많은 이익을 얻는 조건 상태 (CHAPTER 2)

상업적 자유주의 번영을 이루는 기폭제로써 자유시장을 옹호하고 무역과 자본흐름의 장벽의 철폐를 주장하는 경제 이론 (CHAPTER 7)

상호확증파괴(MAD) 양측 모두가 대량살상무기에 의한 1차 공격을 받고도 생존하여 치명적인 보복공격을 가할 수 있는 능력을 가지는 상호억지의 상태 (CHAPTER 8)

생물다양성 지구의 다양한 생태계에서 살고 있는 다양한 동식물 품종들 (CHAPTER 14)

생산의 세계화 그들의 최종판매지 외부의 다수 국가로부터 재료를 의존하여 상품을 마감하는 생산과정의 초국가화 (CHAPTER 11)

생태적 오류 개개인은 모두 똑같이 전체 집단의 특징들(문화, 국가 혹은 문명)을 공유한다고 가정하는 논리적 오류 (CHAPTER 7)

선별적 관여 강대국이 개입주의적인 '글로벌 경찰' 역할과 무관심적인 고립주의 사이에서 균형을 유지하면서 오로지 중요한 특정 상황이나 국가 혹은 글로벌 이슈에 대해 영향을 미치기 위해 경제적, 군사적 힘을 사용하는 강대국 전략 (CHAPTER 4)

선제 전쟁 적이 공격을 개시할 준비를 하거나 보복적 대응을 취하기 이전에 적을 굴복시키기 위해 이루어지는 신속한 1차 공격 (CHAPTER 8)

선진국 연평균 1인당 국민총소득이 12,476달러 이상인 북반구 국가들을 규정하기 위해 세계은행에서 사용하는 범주(WDI, 2013) (CHAPTER 5)

선천성 대 후천성 인간 행위가 생물학적 '

인간'으로서의 특징에 의해 더 결정되는가 아니면 인간이 경험하는 환경적 조건들에 의해 만들어지는 것인가에 대한 논쟁 (CHAPTER 7)

세계 체제 주요 세계적 조건들을 지배적으로 정의하여 인간과 국가의 활동에 중대한 영향을 미치는 행동과 신념의 우세한 유형들 (CHAPTER 1)

세계정치 글로벌 행위자들의 활동이 그들의 목표와 이상을 성취하고 방어하기 위한 영향력의 행사에 어떻게 관계되는지, 그리고 그것이 세계 전체에 대하여 어떻게 영향을 미치는지 연구하는 학문 분야 (CHAPTER 1)

세계주의 거주민이 있는 특정 지역의 대도시나 도시, 예를 들어 인디애나폴리스나 미니애폴리스와 같은 다른 정체에 대해 반대하고, 우주 혹은 전 세계를 최선의 정책 혹은 정치적 지배 체제와 개인 정체성의 단위로 보면서 평가하는 전망 및 시각. (CHAPTER 12)

세계체제 이론 자본주의 세계경제는 16세기에 전 세계를 아우르는 상호연결된 분석 단위에서 기원하며 여기에는 국제적 노동분업과 모든 초국가적 행위자들의 행동을 제한하고 공유하는 복수의 정치적 중심부들과 문화들의 규칙이 존재하는 것으로 보는 이론 집단들 (CHAPTER 2)

세력균형 평화와 안정은 군사력이 단 하나의 초강대 패권국 또는 진영이 세계를 통제할 수 없도록 분포될 때 가장 잘 유지될 가능성이 있다는 이론 (CHAPTER 2)

세력전이 이론 지배적인 강대국은 도전세력의 급속한 국력신장으로 국력의 상대적 차이가 축소됨에 따라 위협을 느끼게 되고, 이로 인해 전쟁이 일어날 가능성이 커진다는 이론 (CHAPTER 7)

소수민족성 어떤 특정의 인종 집단에 있어서 그 구성원들 간에 서로 유사성을 인식하면서 그 구성원들로 하여금 그 집단 밖의 다른 민족집단에 대해서는 편견에 의해 외부자로 보게 하는 현상 (CHAPTER 6)

소수민족주의 어떤 문화, 종족, 또는 언어 공동체에 대한 헌신성 (CHAPTER 6)

소수민족집단 기본적으로 공통 조상의 민족성, 언어, 문화유산, 혈연을 공유한다는 의식에 의하여 정의되는 정체성의 사람들 (CHAPTER 6)

소수종족집단 기본적으로 공통 조상에서 유래하는 민족성, 언어, 문화유산, 혈연을 공유한다는 의식에 기초하여 단일한 정체성을 갖는 것으로 정의되는 사람들 (CHAPTER 1)

소프트 파워 국가의 가치관과 제도에 대한 호감과 같이 무형적 요소를 통해 사람들을 끌어들이는 능력으로서 군사적 힘으로 강제하는 하드 파워에 대비된다. (CHAPTER 4)

송금 부유한 국가에서 벌어들인 수입(거의 대부분 그들 본국에서 일한 대가를 초과한다)을 본국 가족에게 보내는 돈 158

수용능력 주어진 영토가 지원할 수 있는 최대의 인류와 살아 있는 종의 수 (CHAPTER 14)

수입 대체 산업화 해외로부터의 상품수입을 감소시키기 위해 대체 상품을 생산하는 국내 투자자에게 인센티브를 제공하는데 중점을 둔 경제 발전 전략 (CHAPTER 5)

수입할당제 수입될 수 있는 특정 상품의 양에 대한 수치적 제한 (CHAPTER 11)

수직적 핵확산 기존의 핵보유 국가가 핵능력을 확대하여 자신의 핵무기의 파괴력을 더욱 강하게 만드는 현상 (CHAPTER 8)

수출 지향 산업화 해외 시장과 경쟁할 수 있는 국내 수출 산업을 육성하는데 집중하는

성장 전략 (CHAPTER 5)

수출자율규제(VERs) 수출하는 구가들이 보다 더 부담이 되는 수입할당제 부과를 막기 위해 수입국가와 특정 상품의 선적을 제한하기로 합의하는 1980년대와 1990년대 초에 유행하던 보호주의 수단 (CHAPTER 11)

수출할당제 국내생산자들을 보호하기 위해 두 개의 무역 국가들이 합의한 자유무역에 대한 장벽 (CHAPTER 11)

수평적 핵확산 핵무기를 보유한 국가의 수가 증가하는 현상 (CHAPTER 8)

스마트 폭탄 폭탄이 스스로 목표를 탐색하여 정확한 시간에 폭발하도록 하여 가장 큰 피해를 입힐 수 있도록 하는 정밀유도 미사일기술 (CHAPTER 8)

시대정신 어떤 특정 시대에 살고 있는 사람들의 행동에 영향을 미치는 것으로 가정되는 '시대의 정신'이나 지배적인 문화 규범 (CHAPTER 3)

시민사회 인간복지를 향상시키기 위한 목표를 갖는 정책결정을 위해 강제성 없고 평화적 및 민주적 절차를 통하여 집단적으로 문제를 관리하는 공유 규범과 윤리적 표준을 지니는 공동체 (CHAPTER 6)

시장질서유지협정(OMAs) 특수한 무역 규칙을 따르는 정부 대 정부의 협정을 통한 자발적인 수출 제한 (CHAPTER 11)

식민주의 특정 지역에 대한 외부 주권의 통치 (CHAPTER 4)

신국제경제질서(NIEO) 신국제경제질서. 남반구의 저개발 국가들이 국제경제질서를 형성하는데 보다 충분히 참여할 수 있도록 길을 열어주는 북-남 대화를 요청하는 1974년 UN 정책 결의안 (CHAPTER 5)

신맬서스주의자 통제되지 않는 인구 증가의 전 지구적인 환경 정치적 위험을 경고하는 비관주의자들 (CHAPTER 14)

신보수주의 다른 국가들에게 자유와 민주주의를 전파하기 위하여 군사력과 경제력의 사용을 요구하는 미국의 한 정치운동 (CHAPTER 2)

신자유주의 국제제도가 개혁을 위한 집단적 프로그램을 통해 세계적 변화, 협력, 평화, 그리고 번영을 증진하는 방법을 설명하는 새로운 자유주의적 이론 관점 (CHAPTER 2)

신정정치 정부가 종교적인 신조를 중심으로 조직된 국가 (CHAPTER 6)

신현실주의 국가의 도덕적 가치나 정부유형 혹은 국내 환경보다는 주로 세계 위계질서 내 군사력의 분포에 의해 정의되는 상대적 힘의 차이에 의해 결정되는 국가의 행동을 설명하는 이론 (CHAPTER 2)

신흥공업국(NICs) 자본재를 수출하는 주요 선진국들에 대해 수입시장뿐만 아니라 제조 상품의 중요한 수출국이 된 남반구의 가장 번영한 국가들 (CHAPTER 5)

신흥세력 국제문제에서 적극적 역할을 맡아 나아감에 따라, 정치적, 군사적 혹은 경제적 능력 및 영향력 측면에서 부상하는 국가 (CHAPTER 5)

실지회복주의 혈연적 민족집단이 상실한 영토의 통제권을 회복하여 국가의 새로운 경계가 더 이상 민족집단을 분할하지 않도록 하자는 운동 (CHAPTER 4)

실패한 국가 정부의 심각한 정책 실패로 인하여 시민들이 나라를 분리하여 독립하려는 반란세력에 동조하는 위험에 처한 국가 (CHAPTER 7)

심판 국제재판소에서 제3자가 갈등에 대한 구속력 있는 판정을 내리는 분쟁해결 절차 (CHAPTER 7)

쌍무(양자) 가령 미래의 관계를 지배하는데 수용한 조약과 같은 두 초국가적 행위자 간의 상호작용 (CHAPTER 5)

쌍무협정 두 국가 사이에 체결되는 협정으로, 군사력 수준의 제한을 정하기 위해 협력적으로 합의된 군비통제협정이 대표적 (CHAPTER 9)

ㅇ

안보 딜레마 적대국가의 방어 목적 군사력을 위협으로 간주하여 그에 맞서 자신도 군사력을 증강하는 성향으로 결과적으로 모든 국가들의 안보가 쇠퇴 (CHAPTER 2)

안보공동체 국가들 사이에 높은 수준의 제도적인 또는 관습적인 협력이 존재하여 분쟁에 대한 해결이 군사력이 아니라 타협에 의해 이루어지는 국가집단들 (CHAPTER 6)

약소국 제한된 정치적, 군사적 혹은 경제적 능력 및 영향력을 지닌 국가 (CHAPTER 5)

얄타회담 세계질서를 집단적으로 관리할 UN의 표결과 전후 영토문제 해결을 위해 논의한 연합 승전국들의 1945년 정상회담 (CHAPTER 4)

양극 체제 권력이 두 개의 경쟁적 핵심국가에 집중되어 있는 상태로, 나머지 국가들은 두 개의 경쟁적 초강대국(극極) 사이에서 어느 한쪽과 밀접한 관계를 맺음 (CHAPTER 4)

양면 게임 국가 정책결정자들이 정책결정을 할 때 국내와 국외의 목표를 모두 만족시킬 결정을 해야 할 필요성이 증가하고 있음을 가리키는 개념 (CHAPTER 3)

양분론 국가를 주요 도시 중심으로 현대화하고 번영한 부문과 주변부에 경시되고 가난한 부문의 두 개의 부문으로 분할하는 주장

(CHAPTER 5)

양성불평등 국가의 대외 및 국내정책을 안내하는 가치에 의해 결정되는 기회와 보상에 있어서 남성들과 여성들 사이의 차이 (CHAPTER 13)

양성불평등지수(GII) 여성의 생식보건, 정치 및 교육적 역량강화, 그리고 노동시장 참여를 사용하여 양성불평등이 어떤 국가의 인간개발 성취를 잠식하는 정도를 나타내는 지수 (CHAPTER 13)

억제 적이 하고자 하는 행동을 못하도록 단념시킬 목적으로 고안된 예방적 전략 (CHAPTER 7)

여성학살 특정 성의 구성원들에 대한 체계적인 살해 (CHAPTER 13)

역사창조적 개인모델 역사적 진로에 영향을 미치는 외교정책결정은 강한 의지의 지도자들이 그들의 개인적 신념에 기초하여 행동한 산물이라는 세계정치의 해석 (CHAPTER 3)

역할 법이나 관습에 씌어있는 제한으로서 어떤 특정의 정부 직위에 있는 정책결정자들로 하여금 그들의 역할이 일반적으로 어떻게 수행되어야 하는지에 대해 기대가 수렴되는 방식과 스타일에 부합되는 방향으로 행동하도록 미리 방향을 제시해준다. (CHAPTER 3)

연계전략 지도자들은 특정 이슈에 관한 협정을 맺을지 결정할 때 다른 국가의 전반적인 행위를 고려하여 협력과 보상을 연결시켜야 한다는 전략 (CHAPTER 4)

영합 완전히 갈등적인 관계에서 한 경쟁자가 얻는 것은 다른 경쟁자가 잃게 되는 교환관계 (CHAPTER 2)

영향권 강대국에 의해 주도되는 일부 지역 (CHAPTER 4)

N번째 핵국가 문제 추가적인 새로운 핵무

기 보유국가의 확대 (CHAPTER 8)

예방 전쟁 언젠가 먼 미래에 적이 필요한 군사적 능력을 획득하게 될 경우 공격할 의도를 품을 것이라 예상하여 이를 막기 위해 적을 상대로 치르는 전쟁. 국제법상 명백한 불법이다. (CHAPTER 8)

예방외교 위기의 발생이 예상되는 경우 폭력을 예방하거나 제한하기 위해 취해지는 외교적 행위 (CHAPTER 9)

오존층 살아 있는 유기체에 태양의 해로운 영향으로부터 지구를 보호하는 지구 표면 위의 상층부 대기의 보호막 (CHAPTER 14)

온실효과 화석연료를 태움으로써 방출되는 가스가 대기의 담요로서 작용하고, 지구온난화를 야기하여 기온이 증가하는 현상 (CHAPTER 14)

외교 무력의 사용에 의존하지 않고 협력적 해결책을 모색하는 글로벌 행위자들 간의 소통과 협상 (CHAPTER 2)

외국인 혐오 외국 국적자, 타 민족, 이질 언어집단에 대한 의심스러운 반감, 무례 및 무시 (CHAPTER 12)

외부효과 방만한 정부 지출로부터 귀결되는 인플레이션과 같이 정책결정 당시에는 고려되지 않았지만 어떤 선택으로부터 나타나는 의도되지 않은 부대효과 (CHAPTER 3)

외주(外注) 일반적으로 북반구 국가들에 본부를 두고 있는 기업들이 비교적 낮은 임금에도 훈련된 노동자들을 공급할 수 있는 남반구 국가들로 일거리를 이전하는 것 (CHAPTER 6)

위기 전쟁의 확대 위협이 높아지고, 결정을 내리고 협상에 의한 타협적 해결에 도달할 수 있는 시간이 촉박해지는 상황 (CHAPTER 9)

유럽연합 유럽석탄철강공동체, 유럽원자

력공동체, 유럽경제공동체가 통합하여 창설된 지역기구로(1993년까지는 유럽공동체로 불림) 이후 지리적으로 그리고 그 권위에 있어서 확대되어 왔다.V

유럽집행위원회 유럽연합의 행정적 책임을 맡는 집행 기관 (CHAPTER 6)

유전공학 자연적으로 만들어진 품종들에 대한 대체로서 사용되고 팔리는 인류와 식물의 새로운 식물 유형을 위한 종자를 개발하려는 연구 (CHAPTER 14)

유전자 조작 농산물 자연적이 아닌 이종교배로 된 품종들로부터 유전자를 결합하는 유전자 공학을 통해 인공적으로 만들어진 개량된 특성을 가진 새로운 농산물 (CHAPTER 14)

유치산업 국제시장에서 성숙한 외국의 생산업자들과 경쟁하기에는 아직까지 충분히 강하지 못한 새로이 조성된 산업 (CHAPTER 11)

유화정책 상대가 만족하여 더 이상의 요구를 하지 않을 것이라 희망하면서 다른 나라에 양보하는 전략 (CHAPTER 4)

윤리 개인과 집단의 행동 및 동기의 옳고 그름을 평가하기 위한 기준 (CHAPTER 9)

은밀한 보호주의 환경 이니셔티브 그리고 정부 지출과 같은 무역에 직접적이지 않은 정부정책에 숨겨져 있는 무역에 관한 비관세장벽. (CHAPTER 11)

의제설정 통신 미디어가 이슈를 규정하고 공표하는 능력으로 정부와 국제기구로부터 주목을 받는 문제들을 결정한다는 가설 (CHAPTER 12)

이데올로기 정치, 정치 행위자의 이익, 사람들이 행동해야 하는 방식에 관해 지도자와 국민들이 집단적으로 구축하는 일련의 핵심 철학 원리 (CHAPTER 4)

이론 특정의 목표를 추구하고 윤리적 원칙들을 따르기 위한 정책처방을 하고 현상들에 대해 묘사, 설명, 또는 예측하기 위해 발전된 것으로 변수들 또는 조건들 간의 관계를 어떤 근거에 의해 가정하는 일련의 가설들 (CHAPTER 2)

이익집단 정부와 기타 단체의 개인들이 그들의 공통 이익을 증진하기 위해 참여하는 비공식적 집단 (CHAPTER 3)

이종 간 공격 행위 자신의 종이 아닌 다른 종을 죽이는 행위 (CHAPTER 7)

2차 타격능력 대량살상무기에 의한 적의 1차 공격을 받은 이후에도 적에게 보복할 수 있는 국가의 능력 (CHAPTER 8)

인간개발지수(HDI) 어떤 국가가 그 국민들의 복지와 안전을 위해 제공하는 정도의 성적을 평가하는 데 활용하는 기대수명, 문자해득률, 평균 교육연한 및 소득 등의 지수 (CHAPTER 13)

인간안보 개인의 복지가 보호되고 증진되는 정도를 평가하는 척도로 자유주의 이론에서 각광받고 있으며, 현실주의 이론이 다른 목표들에 비해 국가의 이익을 우선시하며 군사 및 국가안보를 강조하는 것과 대비된다. (CHAPTER 8)

인간의 필요물 음식과 자유 같은 기본적인 물질적, 사회적, 그리고 정치적 필요물로 생존과 안전을 위해서 필수적인 것이다. (CHAPTER 13)

인구내파 이전의 빠르게 증가하던 인구의 경향이 역변한 인구의 빠른 감소; 세계인구의 심각한 감소 (CHAPTER 12)

인구밀도 각 거주자들이 이용가능한 평균 공간의 비율로, 인구통계학적 집중을 측정하는 각 국가, 지역 혹은 도시 내의 인구수 (CHAPTER 12)

인구통계학 인구변화, 변화의 원인, 그리고 변화의 영향에 관한 학문 (CHAPTER 12)

인권 국제사회에 의하여 모든 국가들의 개인들에 대하여 그 자신의 인간성에 기초하여 불가양이며 타당한 것으로 인정되는 정치적 권리 및 시민적 자유들 (CHAPTER 13)

인도주의적 개입 위험에 처한 사람들을 그들의 인권유린과 대량학살로부터 보호하기 위하여 외국 또는 국제기구에 의한 평화유지군의 사용 (CHAPTER 13)

인류공동의 자산 전 인류의 공동유산이고 인간생활을 좌우하는 대기 중의 공기와 육지, 바다의 상태와 같은 전 지구의 자원과 그 물리적, 유기적 특성 (CHAPTER 14)

인종청소 국가가 소수 종족집단을 절멸하여, 국제법을 위반하는 행위 (CHAPTER 12)

인지적 불일치 어떤 사람의 기존 믿음(인지)과 새로운 정보 사이의 불일치를 거부하는 일반적 심리 경향 (CHAPTER 1)

인클로저 운동 국가나 사적 이익이 공유재산을 요구하는 것 (CHAPTER 14)

일방주의 독립적이고 자력구제적인 외교정책에 의존하는 접근법 (CHAPTER 4)

입헌민주주의 국민들이 그들의 선출 대표자들을 통해 권력을 행사하고 국가의 정책에 영향을 미칠 수 있도록 허용하는 통치과정 (CHAPTER 3)

ㅈ

자력구제 국제적 무정부상태에서 세계의 모든 행위자들은 독립적이기 때문에 그들의 안보와 복지를 공급하기 위해 그들 자신에게 의존할 수밖에 없다는 원칙 (CHAPTER 2)

자민족중심주의 자기의 민족 또는 국가를 세계의 중심으로 여기고 따라서 특별하게 보려는 성향으로 다른 집단의 가치나 관점은 제대로 이해되지 못하고 조소당하는 결과로 나타난다. (CHAPTER 13)

자유국제경제질서(LIEO) 통화 안정성을 도모하고 무역과 자본의 흐름에 대한 장벽을 제거하기 위해 전후 설립된 레짐의 집합 (CHAPTER 10)

자유방임주의 경제학 정부의 최소한의 통제로 사람들이 자유 선택할 수 있도록 하는 자유시장과 자유무역의 학문 원칙 (CHAPTER 5)

자유주의 국제관계에 대한 이성과 보편적 윤리의 적용으로 인류는 보다 질서 있고 정의로우며 협력적인 세계에 도달할 수 있다는 희망에 기초하고 있는 패러다임으로, 무정부상태와 전쟁이 국제기구와 국제법에 힘을 실어주는 제도적 개혁에 의해 감시될 수 있다고 가정한다. (CHAPTER 2)

자유주의적 페미니즘 수완과 능력에 있어서 남성과 여성을 동등한 것으로 보아 기존의 정치, 법, 그리고 사회적 제도와 관행 하에서 여성의 동등한 참여를 고양하고자 하는 페미니스트 이론의 한 범주 (CHAPTER 2)

잔학성 일정한 시민집단 또는 전쟁포로들을 목표물로 하여 잔인하고 야만적인 행동을 저지르는 것으로 국제법에서 불법으로 규정됨 (CHAPTER 12)

잠재국력 국가가 다른 국가에 대한 영향을 미치기 위해 필수적이라고 간주되는 능력과 자원 (CHAPTER 8)

장기간 대항관계 서로 반대편에 있는 행위자들이 깊게 자리한 상호 간 증오심에 의해 추동되어 오랜 기간 동안 그들의 갈등을 해결하지 못하면서 서로 불화하고 싸우는 장기

적인 경쟁 (CHAPTER 1)

장주기 이론 근대 세계 체계의 핵심적 정치 과정으로 주도적 글로벌 강대국의 성장과 몰락에 초점을 맞춘 이론 (CHAPTER 4)

적자생존 살인하지 말라는 도덕률을 어길 지라도 생존을 위한 잔인한 경쟁은 윤리적으로 허용된다고 설명하는 찰스 다윈의 진화론에 기반한 현실주의적 인식 (CHAPTER 7)

전략공격무기감축협정(SORT) 전략 탄두 숫자를 2012년까지 1,700-2,200개로 줄이기로 한 미국과 러시아 사이의 협정 (CHAPTER 9)

전략무기감축협정(START) 1993년에 시작된 미국과 러시아 사이의 일련의 협상으로, 핵전쟁의 위험성을 낮추기 위해 양측에서 냉전시대 최고조의 80% 수준으로 핵무기를 감축하기로 공약한 1997년의 START-III 협정은 2000년에 러시아가 비준하였다. (CHAPTER 9)

전략무기제한협정(SALT) 1970년대 전략 핵 운반 체계에 관해 제한을 두기위해 체결된 미국과 소련 사이에 합의된 2차례의 협정 (CHAPTER 9)

전략적 무역 외국 생산자들에 대해 경쟁우위를 확보하기 위해 국내특정 산업에 대한 정부의 보조금 (CHAPTER 11)

전망 이론 불확실성과 위험의 상황 하에서 개인적 위험 성향과 손실회피 및 큰 이득 실현에 대한 인지적 전망 사이의 관계를 보는 정책결정을 설명하는 사회-심리학적 이론 (CHAPTER 3)

전쟁 국가 내(내전) 혹은 국가 간 (국제전) 행위자들이 자신의 적을 파괴하고 적이 굴복하게끔 강제하기 위해 폭력적 수단을 사용하는 상태 (CHAPTER 7)

전쟁 목적의 정당성 정의의 전쟁론을 구성하는 논리의 하나로, 정의의 전쟁을 벌일 수 있는 기준을 규정한다. (CHAPTER 9)

전쟁 수단의 정당성 정의의 전쟁론을 구성하는 논리의 하나로, 무력사용이 허용되는 제한을 설정V

전쟁범죄 전쟁 중에 이루어지는 행위로, 국제공동체가 전쟁포로나 적국 시민 혹은 자국의 소수파 주민들에 대한 범죄로 규정한 행위 (CHAPTER 9)

전쟁의 관심전환 이론 지도자들은 논란적인 국내 정책 쟁점들과 내부의 문제들로부터 여론을 전환시킴으로써 국내에서 국민들의 응집력을 증가시키기 위한 방법으로 때때로 해외에서 갈등을 일으킨다는 가설 (CHAPTER 3)

전쟁의 협상 모델 전쟁은 적에 대한 공격을 통해 적과 흥정하기 위해 선택한 것이라는 해석으로, 도발자는 특정 이슈에서 승리하거나 영토, 석유 등의 가치를 협상으로 쟁취하고자 한다. (CHAPTER 7)

전쟁피로 가설 대규모 전쟁을 치루는 것은 인명과 재산의 손실을 가져오기 때문에 이러한 손실에 대한 기억을 잊을 수 있는 충분한 시간이 지나기 전까지 국가는 새로운 전쟁을 수행할 의지를 크게 상실한다는 가설 (CHAPTER 7)

전제적 통치 단 한 명의 지도자에게 무제한적인 권력이 집중되어 있는 권위주의적 또는 전체주의적 정부 체제 (CHAPTER 3)

절대 우위 국가는 다른 국가들과 비교하여 가장 낮은 생산비용을 가지는 상품의 생산에만 특화해야 한다는 자유경제 개념 (CHAPTER 11)

정보기술(IT) 컴퓨터화와 인터넷 데이터 기록 그리고 연구 지식을 이용하여 저장, 검색 및 전파를 가능하게 하는 기술 (CHAPTER 5)

정보전 적의 국방과 경제활동에 치명적일 수 있는 기술 체계에 악영향을 미치기 위해 적의 통신 및 컴퓨터 네트워크를 공격하는 활동 (CHAPTER 7)

정보화시대 매스컴을 통해 급속히 만들어지고 전파되는 정보가 지식의 세계화에 기여하는 시대. (CHAPTER 6)

정부간기구(IGOs) 국가 정부들에 의해 창설되고 가입되는 제도들로 국가 정부들은 이러한 제도들에게 세계적 의제 중 특정의 문제들을 관리하기 위한 집단적 결정을 내릴 수 있는 권위를 부여한다. (CHAPTER 1)

정의의 전쟁론 어떤 경우에 정의의 전쟁이 수행될 수 있으며, 어떻게 전쟁이 수행되어야 하는가를 구분하는 도덕적 기준 (CHAPTER 9)

정책 네트워크 어떤 특정의 외교정책결정에 영향을 미치는 일시적 연합체를 형성하는 정치지도자들과 기관의 이해관계(예를 들면, 로비집단) (CHAPTER 3)

정책 현안들 정부들이 어떤 주어진 순간에 특별한 주의를 기울이는 문제 또는 쟁점들의 변화하는 목록 (CHAPTER 3)

정치경제 국제 관계에 있어 정치학과 경제학이 만나는 부분에 초점을 맞춘 학문 분야 (CHAPTER 4)

정치적 통합 많은 또는 모든 국가들의 국민들이 그들의 충성심을 통합된 정치 및 경제적 단위체에 이전하는 과정과 활동들 (CHAPTER 6)

정치적 효능성 정책결정자들의 자신감이 그들 자신에게 그들은 효과적으로 합리적

선택을 할 수 있다는 믿음을 고취하는 정도 (CHAPTER 3)

제1세계 미국, 일본, EU, 캐나다, 호주, 뉴질랜드를 포함해 민주적 정치제도와 발달된 시장경제의 다양한 형태에 대한 헌신을 공유하는 상대적으로 부유한 산업화된 국가들 (CHAPTER 5)

제2세계 냉전시기 동안 소련을 비롯한 동유럽 동맹국들. 중국을 포함해 경제성장을 촉진하기 위한 중앙계획과 공산주의를 채택한 국가들의 그룹 (CHAPTER 5)

제3세계 아프리카, 아시아, 카리브해 제국, 라틴아메리카의 저개발 국가들을 기술하는 냉전 용어 (CHAPTER 5)

제3의 길 자유주의적 자본주의에 대한 대안이 거의 없다는 것을 인정하면서도 사회적 정의를 보존하고 세계경제의 혼란에 의해 야기되는 물질적 박탈을 방지하기 위해 정부의 개입을 허용함으로써 자유-시장 개인주의의 잔인한 사회적 영향을 완화시키고자 하는 유럽의 많은 지도자들에 의해 주로 옹호된 거버넌스 접근법 (CHAPTER 6)

제국의 과잉팽창 패권국가가 경쟁국가의 경제관계에서 자국경제를 약화시킬 만큼의 값비싼 제국적 정책과 군사지출을 지속하여 자신의 힘을 쇠진하는 역사적 경향. (CHAPTER 4)

제국주의 외국 영토의 정복 또는 군사적 지배를 통해 국가 권력을 팽창하는 정책 (CHAPTER 2)

제한된 합리성 정책결정자들이 최선의 방안을 선택할 수 있는 능력은 종종 인간과 조직에서 비롯되는 많은 장애요소에 의해 제한을 받는다는 개념 (CHAPTER 3)

제휴 외부의 적으로부터 위협받는 중립국가가 자신을 보호해줄 수 있는 강한 국가와 특별한 관계를 맺는 행위로 공식적 동맹관계보다는 낮은 수준의 관계이다. (CHAPTER 8)

종속 이론 세계 자본주의가 저발전 국가들로 하여금 무역과 생산의 착취적 규칙을 만든 부국(富國)들에 의존하도록 만들기 때문에 저발전 국가들이 착취된다고 가정하는 이론 (CHAPTER 2)

주권평등 국제법 하에서 국가들은 법적으로 평등하게 보호되어야 한다는 원칙 (CHAPTER 9)

주기들 전에 존재했던 상태들과 유사한 상태들이 정기적으로 다시 등장하는 것 (CHAPTER 1)

주선 갈등 당사자 사이의 협상의 장소를 제공하는 것으로, 협상에서 제3자가 중개자로서 행동하지는 않는다. (CHAPTER 7)

준비통화 국제채무를 대비하고, 자국통화의 가치를 지원할 목적으로 정부들이 보유한 다량의 통화 (CHAPTER 10)

중개 갈등 당사자에게 제3자가 구속력 없는 갈등해소 방안을 제시하는 분쟁해결 절차 (CHAPTER 7)

중거리핵미사일협정(INF) 300-3,500마일 범위의 사정거리를 가지는 모든 규모의 중거리 및 단거리 핵미사일을 유럽에서 철폐하기 위한 미국과 소련 사이의 조약 (CHAPTER 9)

중립성 국가가 서로 전쟁을 벌이는 적대 국가들과 비동맹인 상태를 유지할 수 있는 권리를 부여하는 법적 원칙 (CHAPTER 9)

중상주의 수출을 장려하고 수입을 자제시킴으로써 국가의 부와 권력을 축적하는 정부의 무역정책 (CHAPTER 5)

중재 갈등 당사자 사이에서 제3자가 판정

을 위한 위원회를 구성하여 구속력 있는 판정을 내리는 분쟁해결 절차 (CHAPTER 7)

지구촌 세계는 통합되고, 상호의존적으로 변화하며, 모든 사람들이 공동의 운명을 나눔을 자각하는 범세계적 시각의 묘사 (CHAPTER 12)

지대 투자에 대해 정부의 간섭과 같은 시장결함으로부터 실현되는 정상 이윤보다 높은 재정 확보 (CHAPTER 11)

지리경제학 생산, 무역 그리고 상품과 용역의 소비 수준을 규정하는 '국가들의 경제 환경과 행위'와 '지리' 간의 관계 (CHAPTER 10)

지속가능한 발전 삶과 번영을 유지하는 데 필요한 자원을 고갈시키지 않는 경제 성장 (CHAPTER 14)

지속적 국내경쟁(EIR) 국가 내에서 정부와 저항세력 사이의 폭력적 분쟁이 지속되는 상태 (CHAPTER 7)

지식공동체 지구온난화와 같은 연구주제에 관하여 NGO와 같이 국제적으로 조직된 과학 전문가들. 이들은 지구적 변화 문제의 로비를 위한 '지식'의 조직적 이해를 이용하고 상호 소통하기 위한 단체임 (CHAPTER 14)

지역무역협정(RTA) 무역장벽의 제거를 통해 회원국 경제를 통합하는 조약 (CHAPTER 11)

지역통화연합 대규모 유동성 위기의 가능성을 줄이기 위해 통화블록 내의 지역 중앙은행이 통제하는 지역의 회원국들을 위한 (유럽연합의 유로화와 같은) 공동의 통화와 단일통화 체제를 만드는 주권의 합동 (CHAPTER 10)

지정학파 국가들의 외교정책은 그들의 위치, 자연자원, 그리고 물리적 환경에 의하여

결정된다는 이론적 가정 (CHAPTER 3)

집단사고   어떤 집단의 구성원들이 그들 자신의 소신을 소리 높여 말하기보다는 집단의 지배적인 태도를 수용하고 그에 맞추고자 하는 성향 (CHAPTER 3)

집단안보   평화유지를 위한 규칙을 정하는 강대국들에 의해 합의되는 안보 레짐으로, 어떤 국가의 침략행위도 나머지 국가들의 집단적인 대응에 부딪치게 될 것이라는 원칙에 의해 지도 된다. (CHAPTER 2)

집단행동의 딜레마   집단 이익의 공급에 관한 역설, 이는 만약 유지비용을 지불하거나 공익을 제공하는 것의 어떤 책임성이 없다면, 존재가 중단될 수도 있다는 것. (CHAPTER 11)

ㅊ

차익거래   변화하는 환율을 통해 이익을 보기 위해 통화(혹은 상품)와 다른 물품을 팔거나 다른 통화(혹은 상품)을 사는 것 (CHAPTER 10)

착근된 자유주의   브레턴우즈 시스템 동안 지배적인 경제 접근, 이는 완전 고용 및 사회복지와 같은 목표를 완수하기 위한 국내의 정부 개입과 개방된 국제시장을 결합한 방식임. (CHAPTER 10)

책임의 주권   국가들이 그들 자신의 국민들을 보호해야 할뿐만 아니라 국경을 넘어 지구 자원을 보호하고 초국가적 위협을 다뤄야 함을 요구하는 원칙 (CHAPTER 6)

청년 팽창   국가의 인구 구성에서 청년층이 많아지는 현상으로써, 시민 분쟁을 더 많이 발생시키는 경향이 있다고 여겨진다. (CHAPTER 7)

초국가적 관계   국가나 정부간기구의 요원이 아닌 사람을 최소한 한 명 이상 포함하면서 국경을 넘나드는 상호작용이 일어나는 관계 (CHAPTER 2)

초국가적 종교 운동체   초월적 신성의 숭배와 행동을 위한 그 원칙들을 선양하기 위하여 종교집단들에 의해 정치적으로 관리되는 일련의 믿음, 관행, 그리고 이념들 (CHAPTER 6)

최빈개도국(LLDCs)   남반국에서 가장 빈곤한 국가들 (CHAPTER 5)

최혜국 원칙   특정 WTO의 회원국에게 주어지는 이익은 모든 다른 WTO 회원국들에게도 적용되어야 한다는 WTO의 규칙. 이를 강조하는 참여국들 간의 무역에서 무조건적이고 무차별적 대우의 관세 및 무역에 관한 일반협정(GATT)의 중심 원칙 (CHAPTER 11)

출산율   여성의 일생 동안 낳은 평균 아이들의 수 (CHAPTER 12)

77그룹(G-77)   북-남 무역에 있어 보다 평등이 이뤄지도록 개혁하자는 요구인 1963년 개발도상국들의 합동 선언을 지원한 제3세계 국가들의 연합 (CHAPTER 5)

ㅋ

카르텔   경쟁을 제한하거나, 서비스 가격을 설정하거나, 집단의 이익을 높이기 위해 연합을 형성하는 것과 같은 집단행동을 위해 결합한 정치 집단이나 독립적인 기업들의 집합 (CHAPTER 12)

켈로그-브리앙 조약   1928년 국가 간 분쟁을 해결하기 위한 수단으로 전쟁을 불법화한 다자적 조약 (CHAPTER 2)

쿠데타   국가 내의 소수 집단에 의해 정부가 갑작스럽게 강제적으로 전복되는 현상으로, 일반적으로 자신의 새로운 권력 리더십을 수립할 목적으로 폭력적 혹은 불법저거 방식으로 이루어진다. (CHAPTER 7)

ㅌ

탄도미사일 방어(BMD)   적이 발사한 탄도미사일이 지구 대기권 안으로 진입하기 전에 우주에서 레이저 등으로 요격하여 파괴하는 체계의 수립계획 (CHAPTER 8)

탈구조적 페미니즘   세계정치에 대하여 성의 의미가 반영된 언어가 갖는 함의에 초점을 두는 페미니스트 이론의 한 범주 (CHAPTER 2)

탈근대 테러리즘   월터 라퀘르에 따르면, 이러한 종류의 테러리즘은 점점 늘어나는 행위자들에 의하여 새로운 무기의 사용을 통해 사회에 공포감을 조성함으로써 현 정부를 약화시키거나 심지어 전복시키기 위해, 그리고 정치적 변화를 일으키기 위해 실행된다. (CHAPTER 6)

탈식민적 페미니즘   여성들의 경험에 있어서 차이에 주목하면서 보편적인 여성적 관점이나 접근법은 존재하지 않는다고 주장하는 페미니즘 이론의 한 범주 (CHAPTER 2)

탈식민지화   한 때 강대국 식민지였던 국가들이 주권 독립을 성취해 나아가는 과정 (CHAPTER 5)

테러리즘   보통 어떤 청중들에게 영향을 미치려는 의도로 국가 하위 단위체, 초국가적 집단 또는 비밀의 첩자에 의해 비전투적 목표물들에 대하여 자행되는 사전에 계획된 폭력 (CHAPTER 6)

토착민   '제4세계'로 언급되는 다른 국가들에 의해 통제되는 정부에 의해 지배되는 국가들 내의 인종적, 문화적 거주민들 (CHAPTER 5)

토착원주민들 다른 사람들에 의해 통제되는 어떤 정부에 의해 통치되는 국가들 내의 소수 민족 및 문화적 배경을 가진 주민들 (CHAPTER 6)

통신기술 정보통신을 이동시키는 기술 수단 (CHAPTER 5)

통화공급 상업은행들의 당좌예금 계좌와 같은 요구불 예금과 저축은행들의 보통예금과 채권과 같은 정기예금을 포함해 유통되고 있는 한 국가의 총 유통통화량 (CHAPTER 10)

통화정책 통화공급과 금리와 같은 재정정책을 이용해 국내경제를 관리하고, 물가 상승을 통제하고자 국내의 통화공급을 변경하는 국가의 중앙은행에서 하는 결정 (CHAPTER 10)

투기공격 미래가치의 급락에 대한 예측으로 기인한 국가 통화의 막대한 판매 (CHAPTER 10)

투명성 자유무역과 관련하여, 무역을 막는 원칙은 알아 볼 수 있어야 하며, 그래서 목표로 하기 쉬워야 한다. (CHAPTER 11)

트루먼 독트린 미국의 해리 트루먼 대통령이 선언한 미국외교정책 노선으로 공산주의의 팽창적 정복에 맞서 미국과 동맹을 맺은 국가의 주민들을 지원하기 위해 개입정책을 펼칠 것임을 표방 (CHAPTER 4)

ㅍ

파시즘 극단적 국수주의와 독재 리더십의 유일당을 중심으로 만들어진 권위주의 사회의 수립을 표방하는 극우 이념 (CHAPTER 4)

팟캐스트 개인이 만든 오디오 그리고 동영상. 이들은 디지털 다운로드로 확산된다. (CHAPTER 12)

패권국가 국제정치경제 관계의 운영을 주도할 수 있는 우월적 능력을 가진 국가 (CHAPTER 4)

패권안정 이론 하나의 강대국이 세계지배적 패권을 유지하는 것이 상업 거래와 국제 군사안보에서의 글로벌 질서의 필수조건이라는 일련의 이론들 (CHAPTER 7)

패러다임 사례, 모델 또는 근본적 유형을 의미하는 그리스어(paradeigma)에서 파생된 것으로 어떤 연구 분야에 대한 사고의 구조를 형성한다. (CHAPTER 2)

페미니스트 이론 세계정치의 연구에 있어서 성의 측면을 강조하는 학문적인 접근들 (CHAPTER 2)

편승 약소국이 이념이나 정부 형태와 무관하게 강대국과 동맹을 체결하여 안보를 증진시키고자 하는 행위 (CHAPTER 8)

평화강제 일반적으로 국제적 승인에 따라 교전 당사자에 대해 군사력을 사용하거나 무력사용의 위협을 가함으로써 평화와 질서를 유지 혹은 회복하기 위해 만들어진 결의 혹은 제재에 따를 것을 강요하는 활동 (CHAPTER 9)

평화공존 1956년 소련 지도자 니키타 흐루시초프가 선언한 외교정책 노선으로 자본주의 국가와 공산주의 국가 사이의 전쟁은 피할 수 있으며 양 블록이 평화적으로 경쟁할 수 있음을 표방 (CHAPTER 4)

평화구축 무력 분쟁에 다시 의존하는 것을 막기 위해 주로 정부와 제도의 인프라를 강화하고 재건하는 분쟁 이후의 외교적, 경제적 활동 (CHAPTER 9)

평화유지 UN과 같은 제3자가 내전이나 국가 간 전쟁에 개입하거나, 잠재적 교전자들의 적대감이 증폭되는 것을 예방하는 노력으로, 갈등이 협상에 의한 해결에 이르도록 완충장치의 역할 (CHAPTER 9)

평화조성 갈등을 종식시키고 분쟁을 일으키는 문제를 해소하는 외교, 중개, 협상, 혹은 그 밖의 평화적 해결과정 (CHAPTER 9)

평화주의 국가의 허락에 의한 것일지라도 타인의 생명을 앗아가는 것을 정당화하는 조건을 절대로 인정하지 않는 자유주의적 이상주의 윤리학파 (CHAPTER 7)

평화활동 갈등 당사자들 사이에 평화를 수립하고 유지하기 위해 수행되는 평화유지활동과 평화강제활동을 포괄하는 광범위한 범위의 활동 (CHAPTER 9)

포함외교 적을 겁먹게 하기 위해 군사력으로 시위하는 행위로, 역사적으로 해군력이 사용되었다. (CHAPTER 8)

표준운용절차 특정의 상황 유형에 대하여 정책결정에 도달하는 규칙 (CHAPTER 3)

피난처 피난과 보호의 장소 (CHAPTER 12)

ㅎ

합리적 선택 상황의 조심스런 정의, 목표의 가늠, 모든 대안의 고려, 그리고 최고의 목표를 성취할 가능성이 있는 대안의 선택 등에 의해 안내되는 정책결정절차들 (CHAPTER 3)

해외 원조 다양한 목적으로 수원국에 제공되는 공여국의 대부와 보조금 형식의 경제적 지원 (CHAPTER 5)

해외직접투자(FDI) 한 국가에 토대를 둔 개인이나 기업이 다른 국가에 공장이나 은행과 같은 자산을 구매하거나 구축해 외부인의 성과에 의해 기업 통제와 장기적 관계가 이뤄지는 국가 간 투자 (CHAPTER 5)

핵겨울 핵무기가 사용될 경우 연기와 먼지의 방사능 낙진에 의해 태양이 가려지고 최초 폭발로부터 살아남은 동식물까지 파괴하

는 등 지구의 대기에 영향을 주어 발생할 것으로 예상되는 결빙현상 (CHAPTER 8)

핵확산 금지조약(NPT)   더 이상의 핵무기 거래나 획득 및 제조를 금지함으로써 수평적 핵확산을 막으려는 국제적 합의 (CHAPTER 8)

행위자   세계정치에서 주요한 역할을 하는 개인, 집단, 국가 또는 기구 (CHAPTER 1)

행위자-지향적 구성주의   관념과 정체성이 독립적인 행위자들에 의하여 부분적으로 영향 받는 것으로 보는 구성주의의 이형 (CHAPTER 2)

행위주체   어떤 선택을 하고 목적을 성취할 수 있는 어떤 행위자의 능력 (CHAPTER 2)

현실정치   국가들은 다른 국가들과 경쟁하고 지배하기 위해 세력과 부를 늘려야 한다고 규정하는 이론적 전망 (CHAPTER 5)

현실주의   세계정치는 근본적으로 그리고 변함없이 무정부상태 하에서 권력과 위상을 추구하기 위한 이기적인 국가들의 투쟁으로, 이 과정에서 각 국가는 그 자신의 국가이익을 추구한다는 전제에 기초하고 있는 패러다임 (CHAPTER 2)

협상   둘 이상의 행위자들 사이의 주고받기 (give-and-take) 거래를 통해 이해관계의 차이와 그에 따른 분쟁을 해결하려는 목적을 가진 외교적 대화와 토론. 교섭(交涉)이라고도 한다. (CHAPTER 9)

협조 체제   강대국들이 함께 글로벌 체계를 운영하기로 하는 협력적 합의 (CHAPTER 4)

호전적 종교 운동체들   강한 종교적 확신에 기초하여 정치적으로 적극적인 조직으로, 그 구성원들은 종교적 믿음의 세계적 선양에 광신적일 만큼 헌신적이다. (CHAPTER 6)

호혜   무역장벽의 상호 혹은 호혜적 낮춤. (CHAPTER 11)

화해   외교에서 적대국 사이의 정상적인 우호관계를 재정립하기 위한 정책 (CHAPTER 4)

확산금지 레짐   무기 혹은 기술을 보유하지 않은 국가들로 무기 혹은 기술이 확산되지 않게끔 군비경쟁을 통제하는 규칙 (CHAPTER 8)

환경안보   지구생명 체계에 대한 환경 위협이 무력 충돌의 위협만큼 위험하다고 인식하는 개념 (CHAPTER 14)

후천성면역결핍증(AIDS)   면역결핍바이러스(HIV) 감염으로 야기될 수 있는 종종 치명적인 건강 상태 (CHAPTER 12)

힘   한 행위자가 다른 행위자로 하여금 그의 선호에 반하는 행동을 하도록 변화시킬 수 있게 하는 요소들 (CHAPTER 1)

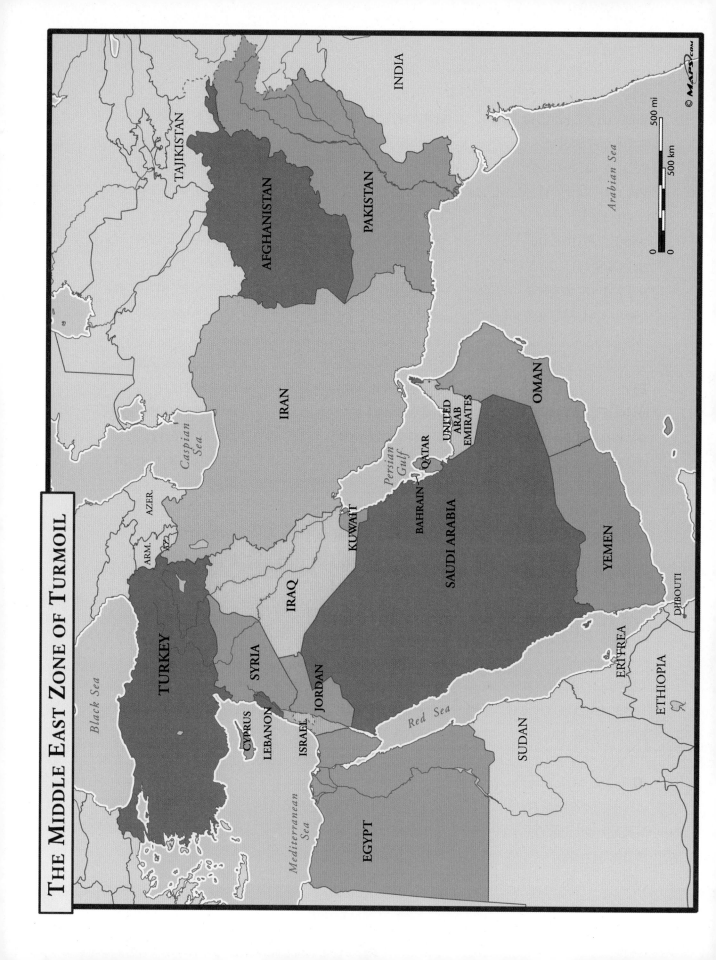

THE MIDDLE EAST ZONE OF TURMOIL

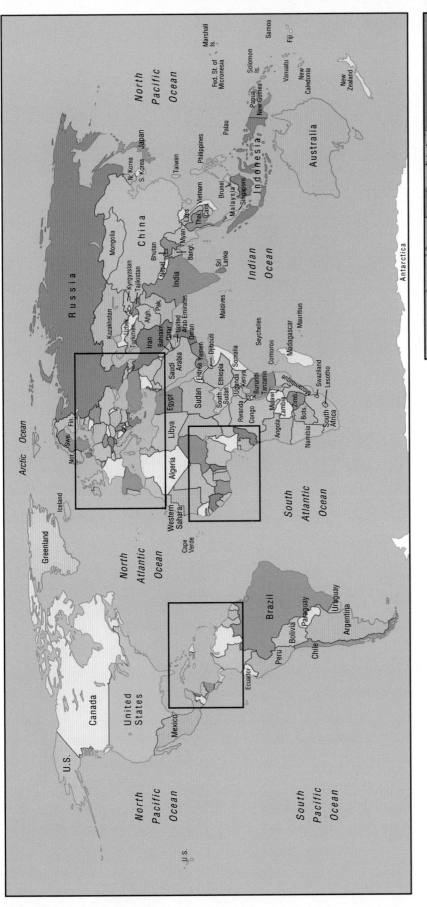
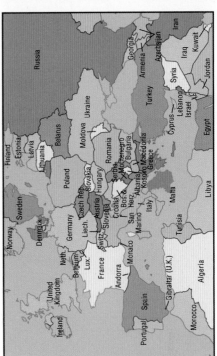
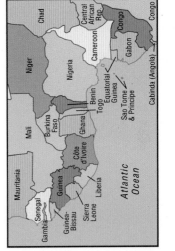